ISBN 3-920 105-01-X

1974 · 43. Auflage

Erscheint im Birken-Verlag GmbH, 8000 München 2, Altheimer Eck 13, Tel. 089/2 60 30 91

Titelzeichnung: Prof. Emil Preetorius, München

Farbaufnahmen: Studio Teubner, Füssen

Satz und Druck: J. G. Weiß'sche Buchdruckerei München
Printed in Germany

Bayerisches Kochbuch

MARIA HOFMANN
Oberregierungs-Landwirtschaftsrätin a. D.

Dr. med. HELMUT LYDTIN

BIRKEN-VERLAG MÜNCHEN

Vorwort

Diese Ausgabe ist eine sorgfältig durchgeführte Neubearbeitung. Verjüngt, modernisiert und in wesentlichen Teilen beträchtlich erweitert bietet das „Bayerische Kochbuch“ der Hausfrau neue und interessante Anregungen und beachtenswerte Ratschläge in großer Fülle. Für Anfänger, Lernende und Lehrende will es wie eh und je in besonderer Weise der verläßliche und zielstrebige Führer sein, der rasch Selbständigkeit und Sicherheit vermittelt und in Bälde zur Beherrschung einer gepflegten einfachen wie auch der feinen Küche führt unter Berücksichtigung der Erkenntnisse der Ernährungswissenschaften.

Die erprobte und bewährte Rezeptsammlung hat an Umfang und Aktualität zugenommen. In der vorliegenden Neuauflage trägt das „Bayerische Kochbuch“ dem sehr viel reichhaltiger gewordenen Angebot an Nahrungsmitteln Rechnung. Die Vermittlung wichtiger lebensmittelkundlicher Kenntnisse, die Fortschritte in der modernen Küchentechnik und die veränderten Lebensgewohnheiten unserer Zeit finden darin Berücksichtigung.

Immer eindringlicher weisen Ärzte auf die große Bedeutung der Ernährung für die Gesundheit der Menschen und auf die erschreckende Zunahme ernährungsabhängiger Krankheiten hin. Der Wichtigkeit dieses Komplexes entsprechend wurde der Abschnitt „Krankenernährung“ gründlich überarbeitet.

Den Verfassern ist es eine Freude, allen zu danken, die an der Neubearbeitung mitgewirkt haben. Im besonderen Maße gilt dieser Dank den Kolleginnen und Kollegen, die uns mit Rat und Hilfe unterstützt haben. Seit seinem ersten Erscheinen ist das „Bayerische Kochbuch“ unzähligen Hausfrauen ein unentbehrlicher Helfer geworden. Möge diese 40. Auflage alte Bindungen vertiefen und neue Freunde in großer Zahl gewinnen.

Juli 1971

MARIA HOFMANN
Dr. med. HELMUT LYDTIN

Inhaltsübersicht

Farbbilder

Französische Zwiebelsuppe – Leberknödelsuppe – Klare Gemüsesuppe
Pichelsteiner Eintopf

Roastbeef gebraten, mit Gemüsen garniert
Kalbsnierenbraten, gerollt

Pute gebraten, mit Gemüsen garniert
Gebratener Rehrücken, kalt, garniert

Gebratener Fasan auf Ananaskraut
Schweinshaxe gebraten bzw. gegrillt, mit Sauerkraut und rohen Kartoffelklößen

Filetsteak gegrillt, mit Champignons garniert
Schaschlik auf Reis mit Salat

Lehrtafel von wichtigen Seefischen
Lehrtafel von wichtigen Süßwasserfischen

Forellen blau mit Kräuterbutter
Fischschnitten gegrillt mit Champignonsoße

Stangenspargel mit Holländischer Soße, Pfannenkuchen und rohem Schinken
Schinkentoast mit Ananas – Schlemmertoast

Rohe Salate mit kalter Rahmsoße mit Dill
Feine gemischte Salate: Krabbencocktail – Selleriesalat roh mit Früchten – gemischter Champignonsalat – Dänischer Salat

Italienische Pizza
Kirschenmännchen

Schaumomelette mit Sauerkirschen
Wiener Apfelstrudel

Obstsalat mit Melone
Orangensulze – Rohe feine Fruchtcreme

Hefekleingebäck
Weihnachtsstollen – Mohnwickelkuchen

Gugelhupf – Faschingskrapfen – Strauben
Schwäbischer Apfelkuchen – Mohnstritzel – Quarkstreuselkuchen

Biskuitrolle mit Früchteschlagrahm
Weihnachtliches Kleingebäck

Einfache Käseplatte
Schwedenplatte

Gesunde Ernährung für jedermann!

Gesundheit und Leistungsfähigkeit des Menschen setzen eine richtige Ernährung voraus. Jeder einzelne muß deshalb darauf achten, daß die tägliche Kost in Menge und Zusammensetzung seinem Bedarf entspricht. Nur so lassen sich die Gefahren der Über- bzw. Unterernährung oder einer einseitigen Mangelernährung verhüten. In der Familie muß die Frau dafür sorgen, daß im Rahmen der wirtschaftlichen Möglichkeiten alle, entsprechend ihrem individuell verschiedenen Bedarf, vollwertig ernährt werden. Diese schwierigen Aufgaben müssen auch bei knappem Haushaltsgeld und bei Doppelbelastung durch Beruf und Haushalt richtig gelöst werden.

Der Nahrungsbedarf

Der menschliche Organismus unterliegt einem ständigen Ab-, Um- und Aufbau. Hierbei entstehende Stoffwechselendprodukte werden vom Körper ausgeschieden. Die im Stoffwechsel verbrauchten Bausteine des Körpers müssen durch ein entsprechendes Angebot an Baustoffen in der Nahrung ersetzt werden. Die Vorgänge des Auf-, Um- und Abbaues erfordern ebenso wie die Erhaltung einer gleichmäßigen Körpertemperatur Energie; vor allem durch körperliche Arbeit steigt der Energiebedarf des Menschen. So stellt sich die Forderung nach richtiger Ernährung als ein Bilanzproblem dar. Die vom Körper verbrauchten Baustoffe und Energien müssen durch Nährstoffe, sowohl Baustoffe wie energieliefernde Brennstoffe, im Rahmen der täglichen Kost ersetzt werden. Ein Über- wie ein Unterangebot energieliefernder Substanzen ist über längere Zeit unter allen Umständen zu vermeiden.

In den Jahren seit dem letzten Krieg haben sich die Ernährungsgewohnheiten großer Teile unserer Bevölkerung entscheidend geändert. Die Freude am Essen ist parallel zu Quantität und Genußwert der Kost gewachsen. Damit sehen wir uns heute vielfach weniger mit der Gefahr der Unterernährung als vielmehr der Überernährung konfrontiert. Die Zunahme an Gichtkranken, an Fettsüchtigen und Diabetikern, an Herz- und Gefäßkranken ist ein warnendes Signal.

Kalorie und Kalorienbedarf

Der Nahrungsbedarf des Menschen, d. h. die Nährstoffmenge, die optimale Leistungsfähigkeit und Lebenskraft ermöglicht, wird in *Kalorien* ausgedrückt. Eine Kalorie ist die Wärmemenge, die nötig ist, um die Temperatur von 1 Liter Wasser um 1° C zu erhöhen (1 kcal). Der tägliche Kalorienbedarf eines Erwachsenen mittleren Alters bei leichter körperlicher Arbeit beträgt:

bei Männern i. D.: 2400–3000 kcal (je nach Größe und Körpergewicht);

bei Frauen i. D.: 1900–2500 kcal (je nach Größe und Körpergewicht).

Gesteigerte körperliche Tätigkeit durch Arbeit erhöht den Kalorienbedarf laut Angaben der Deutschen Gesellschaft für Ernährung wie folgt:

Geschlecht	Leistung	Mehrbedarf für 1 Std. kcal	Mehrbedarf für 8 Std. kcal
Mann	mittelschwere Arbeit	75–150	600–1200
Frau		60–120	480– 960
Mann	schwere Arbeit	150–225	1200–1800
Frau		über 120	über 960
Mann	schwerste Arbeit	über 225	über 1800

Nährstoffe: Als Kalorienlieferanten dienen die Nährstoffe Eiweiß (1 g=4,1 kcal) Fett (1 g=9,3 kcal) und Kohlenhydrate (Stärke und Zucker, 1 g=4,1 kcal); darüber hinaus aber sind Mineralstoffe und Vitamine als wichtige Bau- und Reglerstoffe unentbehrlich.

Eiweiß Eiweiß ist wichtigster Baustoff aller Zellen des Organismus und unentbehrlicher Bestandteil zahlreicher lebenswichtiger Fermente, die den Stoffwechsel steuern. Eiweiß ist deshalb lebenswichtiger Nährstoff und nicht ersetzbar. Etwa 15% des gesamten Kalorienbedarfes sollen durch Eiweiß gedeckt werden. Man kann als Norm 1 g Eiweiß pro kg Körpergewicht je Tag für den Erwachsenen mittleren Alters annehmen. Bei durchschnittlichem Körpergewicht ergibt dies einen Richtwert von 60–90 g Eiweiß pro Tag. Wachstum, Alterungsvorgänge, Gravidität und Stillzeit, auch Streßsituation erhöhen den Eiweißbedarf (bis 1,5 g je kg Körpergewicht und Tag). Der Körper ist gezwungen, im Rahmen des Stoffwechsels aus dem Aminosäuregemisch des Nahrungseiweißes körpereigenes Eiweiß aufzubauen. Die Eiweißstoffe verschiedener Nahrungsmittel sind dafür, je nach ihrem Gehalt an lebenswichtigen (essentiellen) Aminosäuren, verschieden wertvoll. Es wird empfohlen, die Hälfte des täglichen Eiweißbedarfes durch hochwertiges tierisches Eiweiß (Milch, Quark, Käse, Ei, Fleisch, Fisch) zu decken. 40–50 g hochwertiges tierisches Eiweiß werden im Rahmen einer Tagesverpflegung angeboten durch:

½ l Milch, evtl. z. T. als Joghurt oder Buttermilch *und*
50 g Käse oder magere Wurst oder 2 Eier *und*
100 g mageres Fleisch, Leber oder Magerquark *oder*
150 g Seefischfilet oder Räucherfisch.

Der restliche Eiweißbedarf wird leicht befriedigt durch pflanzliches Eiweiß mit Kartoffeln, Brot, Getreideprodukten, Gemüsen. Bei der Speisezettelerstellung ist darauf zu achten, daß pflanzliches Eiweiß durch *gleichzeitigen* Verzehr tierischer Eiweißspender in Form von Milch, Quark, Käse, Ei, Fleisch oder Fisch aufgewertet wird. Besonders gute Ergänzungswerte zeigen Eiweißgemische von Ei mit Kartoffeln, Ei mit Weizenprodukten, Ei mit Bohnen, Milch mit Weizen bzw. Weizenprodukten.

Fett

Fett ist durch seinen hohen Kaloriengehalt ein sehr hochwertiger Energiespender mit hohem Sättigungswert. Auch als Träger fettlöslicher Vitamine (Vitamin A, D, E und K) und essentieller, deshalb lebenswichtiger hochungesättigter Fettsäuren ist es für den menschlichen Organismus wichtig. Der Fettbedarf des Menschen ist abhängig von dessen Energiebedarf, insbesondere vom Ausmaß und der Schwere körperlicher Arbeit. Bei leichter körperlicher Arbeit, die heute überwiegt, soll der Anteil der Fettkalorien rund 25% des Gesamtkalorienbedarfes betragen; im höheren Alter darf er keinesfalls 25% übersteigen, bei Schwerarbeit ist er entsprechend zu erhöhen. So errechnet sich für einen Erwachsenen bei leichter körperlicher Arbeit bei einem Tagesbedarf von 2000 kcal ein Fettbedarf von etwa 55 g täglich, bei 2500 kcal Tagesbedarf beträgt der wünschenswerte Fettgehalt der Nahrung je Tag ca. 67 g, bei 3000 kcal etwa 80 g Fett je Tag. Bei höherem Energieverbrauch ist der Anteil der Fettkalorien auf 30% des täglichen Kalorienbedarfs zu erhöhen. Als Richtwert kann bei durchschnittlich leichter Arbeit gelten: 1 g Fett je kg Körpergewicht und Tag, 0,8 g bei nicht mehr arbeitenden, älteren Menschen. Diese Bedarfszahlen schließen aber das mit vielen Nahrungsmitteln unsichtbar verzehrte, sogenannte versteckte Fett (wie es in Milch, Käse, Eigelb, Fleisch, Wurst, Fischen, Nüssen usw. enthalten ist), ein. Das in diesen Nahrungsmitteln von Natur aus enthaltene Fett macht etwa ⅓ der gesamten erlaubten Tagesmenge aus (etwa 20–25 g), so daß nur ⅔ der Tagesmenge für reine Nahrungsfette verbleiben. Dieser Rest wird zweckmäßig je zur Hälfte zum Zubereiten der Nahrung und als Brotaufstrich verwendet.
Im Hinblick auf den unterschiedlichen Gehalt der verschiedenen Nahrungsfette an essentiellen, hochungesättigten Fettsäuren und an Vitaminen sowie ihren unterschiedlichen küchenpraktischen Eigenschaften werden zur täglichen Bedarfsdeckung zweckmäßig verschiedene Fette verwendet: als Brotaufstrich vor allem Butter, u. U. auch hochwertige Pflanzenmargarine, für die Küche neben Butter oder guter Margarine vorwiegend Pflanzenöle mit hohem Gehalt an hochungesättigten Fettsäuren wie Sonnenblumen- oder Maiskeimöl, aber auch Olivenöl wegen seiner sehr guten Verträglichkeit; zum Ausbacken von Pfannengerichten wasserfreie Pflanzenfette oder z. T. wirtschaftseigene tierische Fette (z. B. Butterschmalz), die hohe Hitzegrade vertragen, ohne zu stark zu bräunen. Überhitzte Fette sind gesundheitsschädlich. Fette, die erst bei Temperaturen über 37° C schmelzen (Rinder- und Hammeltalg), sind sehr schwer verdaulich und wenig bekömmlich. Im Bedarfsfall können Fette als Energielieferanten weitgehend durch entsprechende Mengen verdaulicher Kohlenhydrate (Stärke und Zucker) ausgetauscht werden.

Der durchschnittliche Fettverbrauch ist heute in der Regel stark überhöht, um so mehr, als körperliche Arbeit und Bewegung stark reduziert sind. Um den überhöhten Fettverzehr auf die wünschenswerte Höhe zu reduzieren, wird empfohlen beim Einkauf fettarme Nahrungsmittel zu bevorzugen (Magerquark, Magerkäse, Buttermilch, mageres Fleisch, magerer Fisch, fettarme Wurst u. ä.), fettreichen Brotbelag durch fettarmen auszutauschen (Quark und Magerkäse statt Butter, fette Wurst und fettreichen Käsen), fettreiches Gebäck, fette Soßen und in Fett gebackene Speisen nur ausnahmsweise und in geringer Menge zu verzehren, fettarme Zubereitungsweisen zu bevorzugen wie das Dämpfen, Dünsten und Grillen oder das Garen in Aluminiumfolie.

Kohlenhydrate

Kohlenhydrate in Form von Stärke und Zucker dienen dem Körper als Energiespender; sie liefern den Hauptanteil der gesamten Kalorien. Die wünschenswerte Menge beträgt im Durchschnitt 50–60% der gesamten Kalorienaufnahme (bei geringem Kalorienbedarf die untere, bei höherem Kalorienverbrauch die obere Grenze). Als Richtwerte können für den Erwachsenen bei leichter körperlicher Arbeit je kg Körpergewicht und Tag gelten:

von 18–35 Jahren:	6 g Kohlenhydrate
von 35–55 Jahren:	6–5 g Kohlenhydrate
über 55 Jahre:	5–4 g Kohlenhydrate.

Für den Erwachsenen mittleren Gewichts bei leichter körperlicher Arbeit können durchschnittlich 300–375 g Kohlenhydrate als ausreichend gelten. Für den Kohlenhydratstoffwechsel benötigt der Körper eine ausreichende Versorgung mit Vitamin B_1; je kohlenhydratreicher die Kost, desto mehr Vitamin B_1 ist nötig. Vitamin B_1 findet sich in allen Arten von Vollkornprodukten, insbesondere in Haferflocken, in Schweinefleisch, Leber, Niere und Eigelb.

Eine i. D. ausreichende Kohlenhydratversorgung liefert eine Tagesverpflegung, die folgende Mengen an Kohlenhydratspendern enthält:

250 g Brot, wenn möglich zum Teil als Vollkornbrot *und*
30 g Nährmittel und Mehl *und*
30 g Marmelade oder Honig *und*
30 g Zucker *und*
250 g Kartoffeln oder 60 g Teigwaren bzw. Reis *und*
250 g Frischgemüse *und*
200–250 g frisches Obst.

Zellulose

Zellulose als unverdauliches Kohlenhydrat ist als Ballaststoff für die Sättigung und zur Anregung der Darmperistaltik nötig. Gemüse, Salate, Vollkornbrot und Obst enthalten reichlich Zellulose und schützen vor Darmträgheit.

Mineralstoffe einschließlich der Spurenelemente sind wichtige Bausteine und lebensnotwendige Reglerstoffe für die Erhaltung biologischer Vorgänge im Körper. Die Gefahr eines Mangels kann bestehen bei Kalk, Eisen und u. U. auch bei Jod. Reichlicher Verzehr von Milch (täglich $^1/_2$ l), Quark, Käse, Spinat, Grünkohl, Kresse, Meerrettich, Lauch verhindert die Gefahr des Kalkmangels; blutreiche innere Organe wie Leber und Niere sowie grüne Gemüse, besonders auch Feldsalat und Blaukraut sind reich an Eisen und sollen häufiger verwendet werden. Die wichtigsten Jodspender sind Seefische einschließlich der Heringe; sie sollen wöchentlich mindestens 2 mal (Mittags- bzw. Abendmahlzeit) ihren festen Platz im Speisezettel haben. *Mineralstoffe*

Vitamine sind Bestandteile vielerlei Fermentsysteme und an zahlreichen Stoffwechselvorgängen entscheidend beteiligt; sie sind als Regler- und Schutzstoffe unentbehrlich. Der Vitaminbedarf ist in gewissen Lebensphasen erhöht: während des Wachstums, bei hohen Leistungsanforderungen, in Zeiten von Krankheit und im Alter. Bei ungenügender Vitaminversorgung ist die lebenswichtige Fermentbildung und -wirkung im Körper gestört, wodurch verschiedene schwerwiegende Folgeschäden im Organismus verursacht werden können. *Vitamine*

Eine ausreichende Vitaminversorgung mit allen lebenswichtigen Vitaminen gewährleistet am besten eine abwechslungsreiche, vielseitige, gemischte Kost mit reichlich frischen Gemüsen, Salaten, reichlich frischem Obst oder Obstsäften (insbesondere von schwarzen Johannisbeeren, Zitrusfrüchten) und täglich $^1/_2$ l Milch; Vollkornprodukte wie Haferflocken und Vollkornbrot, Innereien wie Leber, Niere, Herz, Keimöle und Eigelb sollen wegen ihres Vitamingehalts häufig verwendet werden. Hefe als Würzmittel ist ein wertvoller Vitamin B-Spender.

Eine sorgfältige Zubereitung der Nahrung muß die Gefahr des Vitaminverlustes bewußt vermeiden. Dabei ist besonders die Wasserlöslichkeit und Hitzeempfindlichkeit einiger Vitamine (Vitamin C und einige B-Faktoren) sowie die Empfindlichkeit bestimmter Vitamine gegen Licht und Luftsauerstoffeinwirkung (Vitamin A, D, E, K) zu berücksichtigen. Es ist deshalb empfehlenswert, einen Teil der Vitaminspender täglich als „Frischkost“ zu verzehren.

Zusammenfassend läßt sich sagen: Unser wissenschaftlich gesichertes Wissen von einer gesunden, richtigen Ernährung ist heute wohl noch in manchen Bereichen lückenhaft. Doch ist die Entwicklung zu einer vielseitig zusammengesetzten, abwechslungsreichen, schmackhaften Kost mit sorgsamer Zubereitung grundsätzlich zu begrüßen, da durch sie die Gefahr von Mangelschäden vermindert wird. Heute liegt die Gefahr vor allem in der Störung des Gleichgewichtes von Zufuhr und Bedarf mit der Entstehung von Übergewicht und seinen Folgeschäden. Ein bewußtes Maßhalten ist deshalb heute vordringlich und zwar um so mehr, je geringer die körperliche Beanspruchung ist.

Die Mahlzeiten – ein Fahrplan für richtige Ernährung

Die Verteilung der Mahlzeiten soll die Nährstoffzufuhr mit dem Bedarf des Körpers zeitlich in Einklang bringen und eine gewisse Regelmäßigkeit aufweisen. Als guter Hinweis kann gelten:

Frühstücke wie ein König,
iß mittags wie ein Bürger
und abends wie ein Bettelmann.

Frühstück, eine Hauptmahlzeit!

Das *Frühstück* soll die *erste Hauptmahlzeit* sein und alle Nähr- und Reglerstoffe in harmonischer Mischung dem Körper anbieten; es soll etwa knapp 1/3 des Tagesnahrungsbedarfs umfassen. Das bei uns meist übliche Frühstück mit Tee oder Kaffee und Brot, Butter und Marmelade ist einseitig, liefert vorwiegend nur Brennstoffe, ist damit unphysiologisch, da es dem Nährstoffbedarf des Körpers nach der langen Nachtpause nicht gerecht wird. Es muß mit hochwertigen Eiweißspendern (Milch, Quark, Käse, Ei oder etwas magerer Wurst) und Vitaminspendern (frisches Obst oder Obstsaft) aufgewertet und vollwertig gestaltet werden. Auf abwechslungsreiche Gestaltung ist auch beim Frühstück Wert zu legen. Für Kinder sind Flockenspeisen in verschiedener Form besonders zu empfehlen z. B. als Müsli, als Flockenspeise mit Quark oder als Porridge mit Milch oder Rahm. Auf Vollwertigkeit des Frühstücks ist besonders zu achten, wenn die Mittagsmahlzeit nicht zu Hause eingenommen wird und u. U. nicht vollwertig zusammengestellt ist. Unter Umständen muß z. B. bei Appetitmangel am frühen Morgen, das erste Frühstück durch ein zweites Frühstück vormittags sinnvoll ergänzt werden (siehe Zwischenmahlzeiten). Das Frühstück darf nicht in Hast und Hetze eingenommen werden.

Mittagessen

Das *Mittagessen* soll ein gutes Drittel des Tagesnahrungsbedarfs (etwa 40% der Tageskalorien) enthalten; es tritt bei einem vollwertigen Frühstück in seinem Umfang gegenüber früher etwas zurück. Wichtig ist jedoch, daß auch die Mittagsmahlzeit vollwertig ist, d. h. durch überlegte Zusammenstellung und sorgsame Zubereitung alle Nähr- und Reglerstoffe enthält. Darüber hinaus ist auf große Abwechslung, Schmackhaftigkeit, reichlich Gemüse, Salate und auch Obst, möglichst auch als Frischkost, großes Gewicht zu legen. Hoher Fettgehalt ist zu vermeiden. Ruhige und freundliche Atmosphäre sind wichtig!

Abendessen

Das *Abendessen* darf nicht zu umfangreich und nicht zu schwer sein; es soll nur ein knappes Drittel (etwa 20–25%) des Tageskalorienbedarfs enthalten. Wichtig ist, daß es hochwertiges Eiweiß enthält, mineralstoff- und vitaminreich ist und damit auch evtl. Mängel der Tagesverpflegung ausgleicht. Die Zusammenstellung erfordert Überlegung und Berücksichtigung unterschiedlicher Bedürfnisse der Familienmitglieder. Stark blähende Gerichte sind grundsätzlich zu meiden. Mageres Fleisch oder Fisch, Quark, Milch, magerer bis halbfetter

Käse, Eierspeisen, Salate, Frischkost von Gemüse oder Obst und Vollkornerzeugnisse bieten vielseitige Abwechslung bei leichter Verdaulichkeit. Ob man abends warm oder kalt ißt, hängt von der jeweiligen Familiensituation ab, immer aber ist auf Vollwertigkeit, leichte Verdaulichkeit und große Abwechslung zu achten.

Heute erhält das Abendessen als die Hauptmahlzeit des Tages oft an Umfang und Nährstoffgehalt mehr Gewicht als ernährungsphysiologisch wünschenswert ist; umfangreiche und fettreiche Abendmahlzeiten sind schwer verdaulich, belasten Magen und Leber und begünstigen Fettansatz. Dies sollte aber aus gesundheitlichen Gründen unbedingt vermieden werden.

Grundsätzlich soll die Abendmahlzeit mindestens 2 Stunden vor dem Schlafengehen, keinesfalls zu spät eingenommen werden; vor allem für ältere Menschen muß die Abendmahlzeit frühzeitig und in leicht verdaulicher Form gegeben werden.

Zwischenmahlzeiten

Zwischenmahlzeiten sind auf den tatsächlichen Bedarf individuell abzustellen. Kinder, Jugendliche und ältere Menschen können häufig bei der Hauptmahlzeit, speziell beim Frühstück, die Nährstoffe nicht in der nötigen Menge aufnehmen. Sie müssen deshalb durch 2 Zwischenmahlzeiten, insbesondere durch ein zweites Frühstück, das erste ergänzen und aufwerten. Gut geeignet für Zwischenmahlzeiten sind Obst oder Obstsäfte, auch Tomaten oder Radieschen mit Vollkorn- oder Knäckebrot, Milch, Buttermilch, Joghurt oder Milchmischgetränke, leichte Quarkspeisen oder auch Käsebrote. Solch überlegt zusammengesetzte Zwischenmahlzeiten sollen eiweiß-, mineralstoff- und vitaminreich sein, damit sie dem besonderen Bedarf von Kindern, Jugendlichen und älteren Menschen an diesen Stoffen entsprechen und einen unerwünschten Leistungsabfall verhindern. Zwischenmahlzeiten müssen leicht verdaulich sein, dürfen nicht belasten und nicht den Charakter von Hauptmahlzeiten annehmen. Für ältere Menschen ist u. U. Vollkornbrot durch Misch- oder Weißbrot oder Zwieback auszutauschen.

Falsch ist es, Kindern anstelle überlegt ausgewählter Nahrungsmittel für Zwischenmahlzeiten Geld mitzugeben – es wird meist in falscher Richtung für Süßigkeiten und Näschereien verausgabt, und der Bedarf des kindlichen Organismus an Eiweiß, Mineralien und Vitaminen bleibt ungedeckt.

Körperlich angestrengt Arbeitende benötigen Zwischenmahlzeiten, die neben Eiweiß, Mineralien und Vitaminen auch fetthaltig und damit gute Kalorienlieferanten sind.

Ernährung von Kindern und Jugendlichen

Die *Ernährung von Kindern und Jugendlichen* muß über das Gesagte hinaus berücksichtigen, daß Wachstum und die Entwicklung einen erhöhten Eiweißbedarf und erhöhten Gesamtkalorienbedarf im Vergleich zum Erwachsenen bedingen.

Alter	Körper-gewicht in kg	Eiweiß-bedarf in g je kg	gesamter Kalorienbedarf kcal
1-3 Jahre	10–14	2,5	800
4-6 Jahre	16–20	2,2	1500
7-9 Jahre	22–28	2,0	1500–1800
10-14 Jahre männl.	30–45	1,8	1800–2700
weibl.	29–47		1700–2300
15-18 Jahre männl.	50–62	1,5	2800
weibl.	50–55		2400
Erwachsene bei leichter Arbeit			
männl.	65–75	1,0	2400–3000
weibl.	55–65		1900–2500
Erwachsene über 65 Jahre ohne körpl. Arbeit	55–75	1,2	1550–2300

Der durch Wachstum und Entwicklung erhöhte Eiweißbedarf wird zweckmäßig durch vollwertige Hauptmahlzeiten und Zwischenmahlzeiten mit hochwertigen Eiweißspendern (Milch, Milchmischgetränke, Joghurt, Quark, Quarkspeisen, Käse, Ei u. a.) befriedigt. Reichlich frisches Obst und Vollkornbrot kommt dem gleichzeitig erhöhten Bedarf an Mineralstoffen und Vitaminen sinnvoll entgegen, scharfes Salzen oder Würzen ist zu vermeiden. Bei großer körperlicher Anstrengung ist darüber hinaus durch fetthaltigen Brotbelag bei Zwischenmahlzeiten der erhöhte Kalorienbedarf zu decken. Unter allen Umständen sollen Kinder und Jugendliche täglich ½ l Milch zu sich nehmen. Auf Regelmäßigkeit der Haupt- und Zwischenmahlzeiten ist zu achten und Kinder sind an gründliches Kauen zu gewöhnen.

Ernährung älterer Menschen

Die Ernährung des alternden Menschen wird durch die Änderung seiner physischen und psychischen Verhaltensweise bestimmt. Im Verlauf des Alterns nehmen körperliche Bewegung und Muskelarbeit ab und die Leistungsfähigkeit von Kreislauf-, Atmungs- und Verdauungsorganen sowie der endokrinen Drüsen wird geringer. Mit fortschreitendem Alter sinken also sowohl der Grundumsatz wie der Arbeitsumsatz. Daraus folgert eine Verminderung des Energiebedarfs.
Die Ernährung älterer Menschen erfordert deshalb in erster Linie einen reduzierten Kaloriengehalt der Kost bei einem höheren Eiweißanteil (mindestens 1,2 g Eiweiß je kg Körpergewicht) und reichlichem Vitamingehalt. Auf ausreichende Versorgung mit hochwertigen tierischen Eiweißspendern in leicht verdaulicher Form (Quark, Käse, mageres Fleisch, Fisch, Eier) und auf beschränkten Fettgehalt der Kost ist sorgfältig zu achten. Vom gesamten Kalorienwert der Nahrung soll der Anteil der Fette nur etwa 20–25% ausmachen. Die Hauptmahlzeiten werden im Umfang – nicht jedoch in ihrer vollwertigen Zusammensetzung – zweckmäßig etwas verkleinert zu-

gunsten von 2 eiweiß- und vitaminreichen Zwischenmahlzeiten mit leichten Quarkspeisen, Joghurt, Buttermilch oder Obstsäften bzw. frischem, gut reifem Obst, etwas leicht verdaulichem, nicht zu fettreichem Käse mit etwas Misch- oder Weißbrot. Gut verträgliche Frischkost muß täglicher Bestandteil der Nahrung sein. Auf Abwechslung, sehr sorgfältige Zubereitung, gute Verdaulichkeit und insbesondere gute Schmackhaftigkeit ist zu achten, um Appetit, altersgemäße Leistungsfähigkeit und Lebensfreude zu erhalten. Überlegtes Würzen ist wichtig; stark blähender Kohl und individuell schlecht verträgliche Nahrungsmittel sollen gemieden werden.

Vom Speisezettel

Der Speisezettel wird zweckmäßig für einige Tage, besser für eine Woche im voraus überlegt und festgehalten. Er muß die gesunde Ernährung aller Familienmitglieder und deren Zufriedenheit gewährleisten, gleichzeitig aber auch dem verfügbaren Wirtschaftsgeld und der Arbeitskraft und Arbeitszeit der Hausfrau sinnvoll angepaßt sein. Ein guter Speisezettel verlangt Überlegung, erleichtert dann einen rationellen Einkauf und eine gute Arbeitsplanung. Vorzeitige Speisezettelplanung schließt selbstverständlich die Berücksichtigung überraschender verbilligter Marktangebote ebenso wenig aus wie die Abwandlung durch Änderung der Familien- oder der Arbeitssituation.

Bei der Speisezettelerstellung ist zu berücksichtigen:

Vollwertigkeit

1. Die Vollwertigkeit der täglichen Kost, insbesondere hinsichtlich des Eiweißgehaltes, des Vitamin- und Mineralstoffwertes. Spezielle Bedürfnisse einzelner Familienmitglieder beachten, u. U. durch entsprechende Zwischenmahlzeiten befriedigen (siehe Zwischenmahlzeiten Seite 15). Jahreszeitliche Bedürfnisse berücksichtigen (Winter-Sommerkost!), Einseitigkeit vermeiden. Reichlich Obst und Salate als Frischkost und $^1/_2$ l Milch pro Kopf sollen in der Tageskost enthalten sein.

Abwechslungsreiche Zusammenstellung

2. Eine abwechslungsreiche und schmackhafte Zusammenstellung der Gerichte unter Berücksichtigung von Verdaulichkeit, Sättigung, gutem Aussehen und Vielseitigkeit sind erforderlich. Eintönigkeit vermeiden! Persönliche Wünsche und Vorlieben im Rahmen des Möglichen erfüllen!

Arbeits- und Zeitaufwand

3. Der Arbeits- und Zeitaufwand für die Vor- und Zubereitung der einzelnen Gerichte ist zu bedenken; bei vermehrter Arbeitsbelastung der Hausfrau mögliche Zeit- und Arbeitsersparnis durch Vorverlegung von Küchenarbeiten in ruhige Zeit, durch Bevorzugung von Schnell-

gerichten (siehe Seite 19–21), Verwendung koch- oder tischfertiger Produkte und Tiefgefrierwaren u. ä. nutzen; sonntägliche Mahlzeiten durch vorbereitete oder vorgefertigte Gerichte arbeitssparend gestalten.

Kostenaufwand

4. Die Höhe der Verpflegungskosten muß dem verfügbaren Wirtschaftsgeld angepaßt sein. Dafür ist nicht eine tägliche Verpflegungskostenberechnung nötig, aber ein öfterer Überschlag erleichtert die Anpassung und ermöglicht einen rechtzeitigen Ausgleich. Information über Markt- und Preislagen und Preisvergleiche vor dem Kauf erleichtern preisgünstigen Einkauf; preisgünstige Sonderangebote, sinkende Preise bei Massenangeboten, oft jahreszeitlich bedingt, ausnützen. Marktberichte (Rundfunk, Presse) beachten.

Überlegter, kritischer Einkauf

5. Überlegt, kritisch und sachkundig einkaufen, Angaben über Güte (Handelsklassen), Gewicht, Herstellungszeitpunkt bzw. Haltbarkeitsdauer, Kennzeichnung bei Zusatz von Fremdstoffen (z. B. Konservierungs- und Färbemitteln) beachten. Besonderheiten hierfür siehe jeweils unter der einschlägigen Kochlehre.

Sorgfältige Zubereitung

6. Sorgsame Vor- und Zubereitung muß die Nähr- und Wertstoffe der Nahrungsmittel bestmöglich erhalten, soll abwechslungsreich sein und den Wohlgeschmack erhöhen; sie soll jedoch nicht zu arbeitsaufwendig sein. Dabei arbeitserleichternde und zeitsparende Küchengeräte und -maschinen vielseitig einsetzen, rationelle Arbeitsverfahren überlegt und sinnvoll anwenden.

Regelmäßige Mahlzeiten

7. Regelmäßigkeit und Pünktlichkeit der Mahlzeiten, Ruhe und eine freundliche Atmosphäre bei Tisch sind wichtige Voraussetzungen für Zufriedenheit und Wohlbefinden aller Familienmitglieder.
Bei Mangel an Zeit besteht die Gefahr, daß der Speisezettel häufig einseitig ist und den Anforderungen an eine gesunde Ernährung nicht entspricht. Aus diesem Grunde sei anschließend auf Grundsätzliches über „Schnelle Küche“ verwiesen.

Schnelle Küche

„Schnelle“ oder „kurze“ Küche ist für viele berufstätige, alleinstehende Frauen und Männer und für berufstätige Hausfrauen von Wichtigkeit. Sie muß eine gesunde, vollwertige Ernährung gewährleisten und darf nicht der Gefahr der Eintönigkeit und Einseitigkeit unterliegen. Sie erfordert gründliches Überlegen und vorausschauendes Planen, zweckmäßiges Einkaufen unter Einbeziehung von Fertig- und Halbfertigprodukten sowie Tiefgefrierwaren, eine gewisse Vorratshaltung neben durchdachtem, konzentriertem Arbeiten mit geschickter Nutzung von elektrischen Hilfsgeräten bzw. Maschinen. In vielen Fällen erleichtert ein Vorbereiten oder Vorgaren von Nahrungsmitteln am Vortag die schnelle Fertigstellung einer Speisenfolge; geschickte Resteverwertung spielt speziell in Haushalten von Einzelpersonen eine wichtige Rolle.

Schnellgerichte, die innerhalb von 30 Minuten herzustellen sind, werden in diesem Buch durch * gekennzeichnet.

Schnellgerichte

Geeignet als Schnellgerichte sind:

Suppen: Klare Suppen aus Brühwürfeln, eingestreute Suppen, rasch zu fertigende Einlagen evtl. als gute Resteverwertung (z. B. Pfannenkuchen), Gemüsesuppen (insbesondere unter Verwendung von Gemüseresten oder tiefgefrorenem oder vorbereitetem Suppengemüse, Tomatenmark u. a. m).

Fleischspeisen: Portionierte Fleischgerichte, die als Pfannen- oder Grillgerichte geeignet sind, Hackfleischgerichte, Leber-, Nieren- und Schinkenspeisen sowie tiefgefrorene Fertiggerichte von Fleisch.

Fischgerichte: Portionierte Fischgerichte von Seefischfilets oder Flußfischen (auch tiefgefroren) gedünstet, gebraten, gegrillt, gebacken und tiefgefrorene Fertiggerichte.

Eiergerichte, warm und kalt.

Quark- und Käsegerichte verschiedenster Art.

Beilagen schnell zu bereitender Art: Reis (insbesondere Minuten-Reis, Reis-fit), Teigwaren, Kartoffelgerichte aus gekochten Kartoffeln, Salzkartoffeln, Kartoffelbrei (aus Kartoffelpüreeflocken bzw. -pulver als Halbfertigprodukt), Kartoffelknödel (tiefgefroren oder aus Kartoffelkloßmehl), Kartoffelpuffer (aus Kartoffelkloßmehl), Semmelknödel (tiefgefroren oder aus Halbfertigware).

Salate roh und gekocht je nach Jahreszeit (auch aus tiefgefrorenem Gemüse).

Gemüse frisch oder tiefgefroren je nach Jahreszeit und Garzeit.

Süßspeisen: Als Hauptgerichte vorwiegend auf der Pfanne ausgebackene Mehlteig- und Semmelgerichte, als Nachtisch vorwiegend Obst, Obstspeisen, Joghurt- und Quarkspeisen mit Obst, auch einfache Sulzen und Cremes (nach Möglichkeit am Vortag hergestellt).

Speisenfolge für schnelle Küche

Als Beispiel einige Speisenfolgen zur Anregung:

1. Kalbs- oder Schweineschnitzel gebraten, Reis, Tomatensalat, rohes Obst je nach Jahreszeit.

2. Steaks gegrillt, Kartoffelbrei (Halbfertigprodukt), Salat je nach Jahreszeit, Früchte-Joghurtbecher.

3. Wiener Schnitzel (paniert gebacken), gemischter Salat, einfache Quarkspeise mit Preiselbeeren.

4. Rahmschnitzel gedünstet, Reis, Mischgemüse (tiefgefroren), rohe Beeren (frisch oder tiefgefroren) gezuckert, mit Rahm oder Milch.

5. Geschnetzeltes Kalbfleisch, Teigwaren, Bohnengemüse (tiefgefroren), Orangensalat.

6. Deutsches Beefsteak, Kartoffelbrei (Halbfertigprodukt) und Salat oder Salzkartoffeln und Spinat (tiefgefroren), frisches Obst.

7. Königsberger Klopse in Kapernsoße, Salzkartoffeln, Rotrübensalat (Fertigware oder am Vortag hergestellt), einfache Quarkspeise.

8. Saure Leber, Reis, Salat nach Wahl, Ananaskompott (aus Dose).

9. Leber gebraten Berliner Art (mit Äpfeln und Zwiebeln), Kartoffelbrei (Halbfertigprodukt), Salat je nach Jahreszeit, Grapefruits gekühlt.

10. Italienische Leber, Reis gedünstet, Chicoréesalat, Sauerkirschkompott.

11. Leberkäse abgebräunt mit Spiegelei oder in Eierteig gebacken, gemischter Salat, Preiselbeerschnee.

12. Brotsuppe mit Leberwurst, Quarkspeise mit gemischtem Obst.

13. Eingemachtes Hirn oder Bries, Gemüsereis gedünstet (mit tiefgefrorenem Gemüse), Salat nach Wahl, Knusperflockenspeise mit Obst.

14. Tomatensuppe, Geflügelleberreis, Salat je nach Jahreszeit, frisches Obst.

15. Pikantes Hackfleischgericht, grüner Salat, Quarkspeise mit Früchten.

16. Szegediner Gulasch (im Dampfdrucktopf gegart), rohe Beeren (frisch oder tiefgefroren) mit süßem Rahm.

17. Kasseler Rippchen mit Sauerkraut und Salzkartoffeln (im Dampfdrucktopf gegart) oder Kartoffelbrei (Halbfertigprodukt), Kompott nach Wahl.

18. Gulasch, Reis (beides im Dampfdrucktopf hergestellt), grüner Salat, Quarkschaumspeise.

19. Schinken mit Chicorée gedünstet, Risotto, rohes Obst.

20. Schinkeneierkuchen mit Tomaten gefüllt, Kartoffeln, grüner Salat, Bananen mit Rahm.

21. Tomatensuppe, Schinken-Käse-Toast (oder Hawaii-Toast), grüner Salat, Orangensalat.

22. Seefisch in Currysoße mit Salzkartoffeln (günstig im Dampfdrucktopf gegart), Salat nach Jahreszeit, Weinschaumsoße mit Biskuits.

23. Fischpichelsteiner (im Dampfdrucktopf gegart), Salat nach Jahreszeit, rohes Obst.

24. Forelle oder Renke (tiefgefroren) nach Müllerin Art, gemischter Salat, Pfirsichkompott.

25. Seefisch gebacken, gemischter Salat, frisches Obst.

26. Lauchsuppe, Goldschnitten, Spinatgemüse (tiefgefroren), Birnenkompott.

27. Minestra (von tiefgefrorenem Suppengemüse), Schmarrn nach Wahl, Kompott.

28. Selleriesuppe, Obstpfannenkuchen, Kompott.

29. Gefüllte Tomaten mit Käsefülle, grüner Salat, Risotto, Schokoladenflammeri (am Vortag hergestellt) mit Vanillemilch.

30. Eier in feiner Tomaten- oder Senfsoße, Salzkartoffeln, grüner Salat, Quarkspeise mit Schokoladestreusel.

Bei überraschendem Besuch:

1. Krabben-Cocktail, kalter Braten (fertig gekauft), Remouladensoße, Salat nach Wahl, frische Brötchen, Käse, Butter und verschiedene Brotarten.

2. Kasseler gekocht (gegart gekauft), in Aluminiumfolie heiß gemacht, gedünstete Tomaten, Reis, Obstsalat.

3. Eierkuchen mit Champignons gefüllt, grüner Salat, Toast, Käse mit Butter und Brot.

4. Tomaten gefüllt mit Rührei, Schinken, Salat nach Wahl, Brot, Birnen Hélène mit Schokoladensoße.

5. Tomatensuppe, Schinken, holländischer Eiersalat, Toast.

6. Bouillon mit Ei, Schinken-Käse-Toast mit Ananas (Hawaii-Toast), grüner Salat, frisches Obst.

7. Sellerie-Cremesuppe legiert, Thunfischsalat, Toast oder frische Brötchen, Käseplatte.

Von der Tiefkühlkost

Vorzüge

Tiefkühlkost in Form von küchenfertigen Nahrungsmitteln und auch von schon gegarten Fertiggerichten gewinnt in unserer Ernährung zunehmend an Bedeutung, insbesondere für Haushalte, die auf Schnellgerichte angewiesen sind. Tiefkühlkost wird in sehr vielseitiger Weise in stets gleichbleibender Qualität und zu stabilen Preisen angeboten. Sie bietet eine große Bereicherungsmöglichkeit für den Speisezettel, gleichzeitig macht sie weitgehend von jahreszeitlichem Angebot und Preisschwankungen des Marktes unabhängig. Dank dem Fortschritt der technischen Entwicklung kommt die Qualität der Tiefkühlware dem Wert frischer Nahrungsmittel fast gleich; Obst- und viele Gemüsearten haben bei entsprechender Sortenwahl sehr guten Geschmack und hervorragendes Aroma. Die großen arbeitswirtschaftlichen Vorteile der Tiefkühlkost durch Zeit- und Arbeitsersparnis und die bedeutende Verringerung von Energiekosten (besonders bei Fertiggerichten) haben in entscheidender Weise zum steigenden Verbrauch beigetragen. Tiefgefrieren ist die beliebteste, zweckmäßigste und schnellste Konservierungsart (für Fleisch, Geflügel, selbstgefertigte Wurstwaren, Gemüse, Obst und Backwaren), die den Haushalt mit hochwertigen und wertvollen Konserven versorgt.

Ernährungsphysiologischer Wert und Vorgänge bei Gefrierlagerung

Der ernährungsphysiologische Wert der Tiefkühlkost liegt vor allem darin, daß die Nähr-, Wert- und Aromastoffe des Tiefkühlgutes weitgehend erhalten bleiben, zum Teil während der Tieffrostung sogar verbessert werden: Eiweiß (besonders von Fleisch) erfährt durch das Tiefgefrieren eine schonende, die Verdaulichkeit fördernde Veränderung (Denaturierung), Eisen in grünen Gemüsen (z. B. Spinat) wird gleichzeitig in einen besser verwertbaren Zustand überführt; gleiches gilt für einzelne Vitamine der B-Gruppe. Der Vitamin-C-Gehalt bleibt zunächst verhältnismäßig gut erhalten, bei längerer Lagerung wird er langsam abgebaut. Der Geschmackswert einzelner Nahrungsmittel gewinnt durch das Tiefgefrieren. Diese positiven Veränderungen des Tiefkühlgutes werden während des Tiefkühlprozesses durch Fermente und Enzyme verursacht, die entgegen früheren Auffassungen nicht getötet, sondern nur in gewissen Grenzen inaktiviert werden.
Es können aber auch durch bestimmte Fermente, insbesondere durch Kohlenhydrat und Fett verändernde Enzyme nachteilige Veränderungen am Tiefkühlgut eintreten. Fett neigt bei längerer Tiefkühllagerung zum Ranzigwerden durch Oxydation; fettreiche Nahrungsmittel sind daher für Tiefkühlung nur begrenzt geeignet und vor allem begrenzt lagerfähig. Luftdichte Verpackung ist deshalb besonders wichtig, wenn sie auch die Oxydation nicht ausschließen kann. In Obst und Gemüse wird der Vitamin-C-Gehalt bei längerer Lagerdauer langsam abgebaut. Die *Lagerdauer* von tiefgefrorenen Nahrungsmitteln ist *spezifisch begrenzt* und muß eingehalten werden.

Qualitätsbestimmende Faktoren

Der ernährungsphysiologische Wert der Tiefkühlkost wird beeinflußt von:

1. dem Qualitäts- und Frischezustand der Rohware, deren Gefriereignung, entsprechender Sortenwahl und dem Erntezeitpunkt bei Gemüse und Obst;

2. der sorgsamen Behandlung vor dem Tiefgefrieren: Fleisch gut abhängen (reifen) lassen, bis Totenstarre beendet und Glykogen abgebaut ist, sonst ungünstige Geschmacksveränderung. Gemüse und einige Obstarten sehr sorgsam und nur kurzfristig blanchieren; einzufrostende Nahrungsmittel vor Druck, Stoß und Beschädigung bewahren, da hierdurch Qualitätsminderung während des Tiefgefrierens eintritt;

3. dem vorschriftsmäßigen Verpacken;

4. dem raschen Einfrosten bei möglichst tiefen Temperaturen (mindestens –18° C, besser ca. –30–45° C), damit die Zellmembranen unbeschädigt und die Zellstrukturen erhalten bleiben; langsames Einfrosten bei geringeren Temperaturen führt zu grober Eiskristallbildung des Gewebewassers und zerstört die Zellmembranen, was eine schwere Qualitätsminderung bewirkt;

5. der lückenlosen Aufrechterhaltung der Tiefkühlkette vom Hersteller bis zum Verbraucher bei –18° C;

6. Einhaltung der spezifischen Lagerdauer der einzelnen Nahrungsmittel bei vorschriftsmäßiger Tiefkühllagerung bei mindestens –18° C;

7. dem schonenden Auftauen und der sorgsamen Zubereitung.

Empfehlenswerte Lagerdauer:

Fleisch- und Fleischwaren i. D. (je nach Fettgehalt):	6–10 Monate
Obst und Gemüse i. D.:	6–12 Monate
Fertiggerichte i. D.:	3 Monate

Ratschläge für den Einkauf von Tiefgefrierwaren

1. Nur in zuverlässigen Fachgeschäften mit einwandfreier Wartung der Tiefkühlgeräte einkaufen. An- oder aufgetaute Ware nochmal einzufrosten und zu verkaufen ist nicht zulässig.

2. Tiefkühlkost jeweils unmittelbar dem Tiefkühllagergerät entnehmen. Auf Beschickungsgrenze (Lademarke) achten, Ware darf nicht über dieser liegen.

3. Tiefkühllagertruhen müssen eine Mindesttemperatur von –18° C an der Beschickungsgrenze aufweisen – auf Thermometer achten! Truhen mit dickem Eisbelag an den Innenflächen der Truhe meiden, sie haben eine ungenügende Kälteleistung, der Eispelz wirkt kälteisolierend und eine Temperaturerhöhung im Truhenraum ist die Folge.

4. Auf saubere, unbeschädigte Verpackung, auf Kennzeichnung mit Name und Ort des Herstellers, Art und Menge des Nahrungsgutes und evtl. Datum der Herstellung bzw. Lagerdauer achten. Nur unbeschädigte Verpackung verhindert ein Austrocknen der Ware, den Zu-

tritt von Luftsauerstoff, das Eindringen von Mikroben und Übertragung von Geruchs- und Geschmacksstoffen. Mengen dem Bedarf anpassen, um Reste möglichst zu vermeiden.

5. Tiefkühlware mit Schneebildung und Gefrierbrand oder weichem Inhalt zurückweisen. Schneebildung innerhalb der Packung deutet darauf hin, daß die Ware schon einmal aufgetaut war, die Zellflüssigkeit ist ausgelaufen und gefriert bei tieferen Temperaturen als Schnee. Solches Nahrungsgut kann an Qualität verloren haben. Weiße Flecken oder braun-rötliche Verfärbungen größeren Ausmaßes bei Geflügel, Fleisch, Fisch sind sogen. Gefrierbrandflecke und ein Anzeichen für Qualitätsminderung durch stellenweises Austrocknen mit Veränderung von Geschmack und Konsistenz tierischer Lebensmittel. (Meist durch starke Temperaturschwankungen im Lagerfach verursacht).

6. Tiefgefrorene Lebensmittel für den Heimweg in mehrfaches Zeitungspapier einpacken, um durch dieses Isolierungsmaterial einen Temperaturanstieg und evtl. Antauen während des Transportes möglichst zu vermeiden.

7. Tiefkühlkost für sofortigen Verzehr nach Möglichkeit kurz vor der Zubereitung kaufen; Tiefkühlkost, die nicht sofort verbraucht wird, kann im Kühlschrank nur eine begrenzte Zeit aufbewahrt werden.

Aufbewahrungsmöglichkeiten von Tiefkühlkost

Im Kühlschrank bei +2 bis +5° C:

Fleisch, Hackfleisch, Fisch, Fertiggerichte	6– 8 Stunden
Obst	6– 8 Stunden
Gemüse	10–12 Stunden

Im Verdampfungsfach des Kühlschrankes bei –2 bis –6° C:

Fleisch, Hackfleisch, Fisch	1– 2 Tage
Fertiggerichte	1– 2 Tage
Gemüse, Obst	1– 2 Tage
große Fleischstücke, Geflügel	5– 7 Tage

Im Kaltfach des Kühlschrankes bei –12° C:

Fertiggerichte, Hackfleisch, Fisch	3 Tage
gezuckertes Obst	3 Tage
sonstiges Tiefkühlgut	2– 4 Wochen

Im Tiefgefrierfach oder Tiefgefriergerät bei –18° C:

Fertiggerichte	2– 3 Monate (ab Herstellungsdatum)
Fleisch, Wild, Geflügel	3– 6 Monate (6–9 Monate ab Herstellungsdatum)
Fisch	5– 8 Monate
Obst, Gemüse	3– 6 Monate (8–12 Monate ab Herstellungsdatum)

Längere Lagerzeiten sind zu vermeiden, um Qualitätsminderung zu verhüten.

Bereits stark angetaute oder gar aufgetaute Ware, gleichgültig ob Rohware oder Fertiggericht, muß schnell und möglichst vollständig verbraucht werden; keinesfalls darf solche Ware wieder eingefrostet werden.

Reste von Tiefkühlkost zum Wiederaufwärmen sind unbedingt zu vermeiden, da rasch Qualitätsminderung eintritt und die Gefahr bakterieller Zersetzung besteht!

Zubereitung von Tiefkühlkost siehe jeweils einschlägige Kochlehre; bei industriell hergestellter Tiefkühlkost Aufdruck beachten. Verkürzte Garzeit bei Tiefkühlkost berücksichtigen.

Tischfertigmachen von tiefgekühlten Fertiggerichten

Industriell hergestellte Fertiggerichte sind fertig abgeschmeckt in Einzelportionen verpackt. Sie können direkt aus dem Tiefkühlgerät genommen und auf 85° C erhitzt und damit tischfertig gemacht werden. In Spezialauftauöfen ist dies bei Dampf- oder Lufttemperatur von 200° C in 20-30 Minuten möglich, in besonderen Auftaugeräten mit Mikrowellen erfolgt es in 4-5 Minuten. Für das Erhitzen in Dampf oder im Backofen sind sowohl Aluminiumfolie wie Kunststoffverpackung, für Behandlung durch Mikrowellen sind nur Kunststoffverpackungen geeignet. Die Gefrierpäckchen sollen aber nicht dicker sein als 2–3 cm, sonst verlängert sich die Auftau- und Erhitzungsdauer.

Im Haushalt sind solche Spezialauftaugeräte selten; hier erfolgt das Auftauen und Tischfertigmachen meist auf dem Herd oder in der Backröhre. Bei panierten Gerichten ist es ratsam, die Abdeckfolie einigemale zu durchstechen und im Backofen zu erhitzen, dadurch wird das gebackene Gericht knuspriger; Kartoffelkroquetten, Fischkroquetten und Pommes frites am besten in gefrorenem Zustand in heißem Fett schwimmend nachbacken.

Selbsthergestellte tiefgefrorene Fertiggerichte sind meist in Familienpackungen tiefgefroren, sie müssen noch fertig abgeschmeckt, evtl. gebunden und auf 85° C erhitzt werden, damit sie tischfertig sind. Das Auftauen kann erfolgen mit oder ohne Verpackung in der Elektroröhre bei 200° C, bei kochfester Verpackung im Wasserbad, ohne Verpackung in einem Geschirr auf der Platte unter Zugabe von wenig Flüssigkeit, je nach Art des Gerichtes auch in der Bratpfanne unter Zugabe von etwas Fett oder unverpackt im Grill. Als Grundregel gilt dabei: Soßengerichte im Kochtopf unter Zugabe von wenig Flüssigkeit, trockene Gerichte im Backofen bei 200° C, gebackene Gerichte auf der Stielpfanne in etwas Fett erhitzen.

Die Tiefkühlkost wird vielleicht die Ernährungsgrundlage der Zukunft bilden. Deshalb ist nicht nur eine weitergehende Verbesserung der technischen Einrichtungen, sondern auch eine weitgestreute, gut gelenkte und sachverständige Aufklärung der Bevölkerung eine wichtige Forderung der Gegenwart.

Für die Selbstherstellung von Tiefkühlkost sei auf die zahlreichen kostenlosen Informationsschriften des Deutschen Tiefkühlinstitutes Köln-Riehl, An der Flora 11, hingewiesen und das Gefrier-Kochbuch für den Haushalt von R. Glaser – v. Roman, DLG Verlag, Frankfurt/Main, empfohlen.

Wichtiges über die Garmachungsarten

Das Garen (oder Garmachen) soll Nahrungsmittel vorwiegend durch Hitzeeinwirkung in gewünschter Weise weich machen, dadurch ihre Verdaulichkeit und Bekömmlichkeit begünstigen und gleichzeitig ihren Wohlgeschmack erhöhen. Viele Gerichte werden erst durch das Garen genußfähig z. B. alle Teige, die durch das Garen eine gewisse Struktur und lockere Beschaffenheit erhalten.

Garmachungsarten

Das Garen von Nahrungsmitteln durch Hitze kann durch verschiedene Garmachungsarten erfolgen:

Kochen

Ein Garen von Nahrungsmitteln in meist reichlich Flüssigkeit bei gleichbleibenden Temperaturen von 96–100° C; hierbei werden Nähr-, Wert- und Geschmackstoffe gelöst und gehen z. T. in die Kochflüssigkeit über. Ein Zusetzen in kalter Flüssigkeit erhöht die auslaugende Wirkung, das Zusetzen in kochender Flüssigkeit mindert sie herab. Beim Kochen in Milch ist die auslaugende Wirkung praktisch bedeutungslos, da es sich hierbei vorwiegend um stärkereiche, stark quellende Nahrungsmittel handelt, die die Kochflüssigkeit aufsaugen.

Anwendungsbereich: Hülsenfrüchte, Trockenobst, ausgesprochene Kochgemüse wie Blumenkohl, Spargel, Spinat, Wirsing u. ä., bestimmte Fleischarten, stärkereiche Nahrungsmittel wie Kartoffeln, Teigwaren, Spätzle, Reis und ähnliche Nahrungsmittel.

Beachte:
Kalt zusetzen, was auslaugen (Geschmackszutaten) oder gut quellen soll (Hülsenfrüchte, Grütze, Haferflocken, Trockenobst, Milchreis).
Kochend zusetzen, wenn Nähr- und Wertstoffe bestmöglich erhalten bleiben (Fleisch, Gemüse) oder die Nahrungsmittel die Form behalten sollen (Brühreis, Teigwaren, Spätzle u. a. m.).

Sud mit wertvollen Nähr-, Wert- und Geschmacksstoffen (insbesondere von Gemüse, Fleisch, Obst) voll verwerten.

Garziehen

Ein Garen von Nahrungsmitteln in reichlich Flüssigkeit unter der Siedetemperatur, um Platzen oder Zerfallen empfindlicher Gerichte

zu verhüten. Gargut in der Regel in kochender Flüssigkeit zusetzen, u. U. einmal aufwellen lassen, dann bei Temperaturen von 75–95° C, je nach Gargut, garen lassen. Voraussetzung für die Anwendung ist, daß bei diesen Temperaturen die Gare erreicht werden kann.
Anwendungsbereich: Fisch, Brühwürstchen, Knödel und Klöße, Nokkerl, Grieß, Milchreis, einige Gemüsearten, Kompott, Trockenobst.

Dämpfen

Ein Garen von Nahrungsmitteln in strömendem Wasserdampf ohne Druck bei Temperaturen von etwa 100° C im Dämpfer oder auf Siebeinsatz in geschlossenem Topf. Die Nähr- und Wertstoffe bleiben hierbei besser erhalten als beim Kochen, weshalb das Dämpfen dem Kochen vorzuziehen ist.
Anwendungsbereich: Gemüse, Kartoffeln, insbesondere Salzkartoffeln, Fisch.

Druckgaren

Ein Garen von Nahrungsmitteln in hermetisch verschließbaren Dampfdrucktöpfen unter Druck; das Garen kann erfolgen durch Kochen in Flüssigkeit oder Dämpfen auf Siebeinsatz in Wasserdampf unter Druck oder auch durch Dünsten oder Schmoren unter Dampfdruck; das notwendige Anbräunen erfolgt im offenen Topf, das Druckgaren anschließend im geschlossenen Topf. In jedem Fall auf die vorgeschriebene Flüssigkeitsmenge auf Topfboden vor Schließen des Topfes achten! Bei 0,2–1,0 atü (Atmosphäre Überdruck) werden Temperaturen von 104-120° C erreicht, wodurch die Garzeit wesentlich verkürzt wird. Die Zeitersparnis beim Garen beträgt im Durchschnitt 50-70 %, bei Gerichten mit langer Garzeit bis zu 80%; die Minderung des Energieverbrauches beträgt 30–40% im Vergleich zum Garen im üblichen Kochgeschirr. Die Nähr- und Wertstoffe bleiben beim Druckgaren trotz der höheren Temperaturen infolge der kurzen Erhitzungsdauer und des Luftabschlusses weitgehend erhalten, ebenso der biologische Wert der Eiweißstoffe. Der Vitamin C-Verlust ist bei 0,2–0,5 atü um ca. 10% geringer, bei 0,8–1,0 atü um etwa 10% größer als bei üblichem Dämpfen. Der Vitamin C-Gehalt verschiedener Gemüse verhält sich etwas unterschiedlich. Der Vitamin B_1-Verlust beim Druckgaren entspricht im Durchschnitt dem Verlust durch sonstige Garmethoden.
Anwendungsbereich: Besonders günstig für Nahrungsmittel mit längerer Garzeit wie Fleisch, Geflügel, Hülsenfrüchte, Eintöpfe. Gemüse. Kartoffeln und Obst durchschnittlich bei niedrigem Druck (0,2-0,5 atü) garen, Garzeiten einhalten, nicht überschreiten! Gleichzeitiges Garen mehrerer Nahrungsmittel setzt etwa gleiche Garzeit voraus, Nahrungsmittel mit unterschiedlicher Garzeit nacheinander, entsprechend ihrer Gardauer, einsetzen. Gebrauchsanweisung der Herstellerfirmen genau beachten!

Dünsten

Ein Garen von Nahrungsmitteln im eigenen Saft unter Zugabe von wenig Fett und, falls nötig, wenig Flüssigkeit bei gleichbleibender Temperatur von etwa 96-100° C in geschlossenem Geschirr. Gargut hierbei zunächst in zerlassenem Fett wenden, Fleisch nach

Belieben leicht anbräunen, im eigenen Saft oder nach Zugabe von wenig kochender Flüssigkeit zugedeckt, bei mäßiger Hitze garen. Dünsten verbessert den Geschmack, verkürzt die Garzeit etwas und erhält die Nähr- und Wertstoffe; es ist die schonendste und eine besonders leicht verdauliche Zubereitungsweise und wird deshalb in der Krankenkost bevorzugt.
Anwendungsbereich: Für fast alle Nahrungsmittel gut geeignet, besonders günstig für Gemüse, Fisch, Fleisch, Geflügel, Eintopfgerichte.

Schmoren Ein kräftiges Anbräunen des Nahrungsmittels in heißem Fett bei guter Hitze (ca. 180° C) im offenen Geschirr und anschließendes Garen unter Zugabe von wenig kochender Flüssigkeit bei etwa 100° C im geschlossenen Geschirr; der Topfboden muß jeweils mit etwas Flüssigkeit bedeckt sein, so daß sich Dampf bilden kann, der das Garen begünstigt. Bei Bedarf jeweils nur wenig kochende Flüssigkeit zugießen. Das Bräunen in heißem Fett entwickelt Röst- und Aromastoffe, ergibt kräftig schmeckende Gerichte und Soßen, verkürzt auch die Garzeit ein wenig, macht aber Geschmortes etwas schwerer verdaulich.
Anwendungsbereich: Beliebte Schmorgerichte sind Rouladen, Gulasch, Schmorbraten von Ochsen-, Hammel- oder Schweinefleisch, Krautwickerl u. a. m. Schmoren wird bevorzugt für Fleischgerichte von ausgewachsenen oder älteren Tieren, für älteres Geflügel und älteres Wild, auch für Weißkraut (Schmorkraut).

Braten Ein Garen unter Bräunung in wenig heißem Fett auf der Pfanne oder in heißem Fett und heißer Luft in der Röhre im offenen Bratentopf bzw. Bräter.

Das Braten auf der Pfanne erfolgt bei Temperaturen zwischen 120–180° C (im Höchstfall bis 200° C), je nach Bratgut und Fettart. Es ist die beliebteste Garmachung für portionierte Fleischstücke aller Art einschließlich Fleischteig, für Portionsfische, Fischschnitten, für Kartoffeln, Eiergerichte u. a. m. *Pfannengerichte* sind als *Schnellgerichte* besonders bevorzugt.
Spezialbratpfannen mit besonderen Überzügen ermöglichen ein Braten ohne oder mit nur sehr wenig Fett. Gebrauchsanweisung beachten!

Das Braten in der Röhre in heißem Fett unter Einwirkung heißer Luft erfolgt bei Temperaturen von 180-250° C in der Fett- oder Bratpfanne mit aufsetzbarem Rost oder im offenen Bräter bzw. in der Bratraine. Zur Erzielung guter Bratensoße erfolgt während des Bratens häufig die Zugabe von wenig kochender Flüssigkeit. Es wird angewandt für größere Fleischstücke aller Art (Mindestgewicht ³/₄ kg), Wild, Geflügel, ganze Fische und große Fischstücke bzw. Fischfilets. Das Braten erfordert stets *heißes Fett,* um rasch Porenverschluß zu erreichen und durch Bräunung die Bildung von Röst- und Aromastoffen zu bewirken. Gebratenes ist dadurch sehr saftig und besonders wohlschmeckend. Ein *Überhitzen von Fett* während des

Bratens ist unbedingt zu *vermeiden,* da überhitztes Fett schlecht bekömmlich und sogar gesundheitsschädlich sein kann.
Gebratenes ist wohlschmeckender, aber auch etwas kalorienreicher und u. U. etwas schwerer verdaulich als Gedünstetes.

Grillen oder Grillieren

Ein Garen unter Bräunung durch Strahlungshitze auf dem Rost oder am Spieß ohne oder mit geringer Fettzugabe bei hohen Umgebungstemperaturen.
Der Grillheizkörper erreicht je nach Heizleistung und Art des Materials durchschnittliche Temperaturen von 700–800° C (u. U. bis zu 1000° C). Die hohen Umgebungstemperaturen bewirken sofortigen Porenverschluß in den Randschichten (durch gerinnendes Eiweiß), dadurch bleiben der Saft des Grillgutes sowie seine Nähr- und Wertstoffe fast vollständig erhalten. Die nur leichte Bräunung ohne oder mit nur geringer Krustenbildung und die kurze Grilldauer machen Gegrilltes ganz besonders wohlschmeckend, saftig und leicht verdaulich, zumal ohne oder mit nur wenig Fett gegrillt werden kann. Grillgerichte sind in der Schnellküche wie in der feinen Küche ebenso beliebt wie in der kalorienarmen Ernährung und in vielen Diätformen.
Anwendungsbereich siehe Grillgerichte Seite 227 ff.

Backen

Ein Garen von Nahrungsmitteln unter leichter oder stärkerer Bräunung und evtl. Krustenbildung in heißer Luft oder in heißem Fett.
Das Backen in heißer Luft erfolgt in der Röhre bei Temperaturen von 120-250° C je nach Backgut; es kommt zur Anwendung bei Kuchen und Gebäck aller Arten und bei Aufläufen. Während des Backens quillt und verkleistert die Stärke im Teig, die Eiweißstoffe (z. B. Kleber und Albumin) gerinnen und bilden das Gerüst des Gebäcks; in den Randschichten erfolgt meist eine leichte Krustenbildung und Bräunung, die jedoch nicht zu früh einsetzen darf, damit die Teiglockerung nicht beeinträchtigt wird. Backtemperaturen für verschiedene Teigarten siehe Backtabelle Seite 561.
Das Backen in heißem Fett kann auf der Stielpfanne oder schwimmend in heißem Fett (Ausbacken im Fettbad, Fritieren) erfolgen.
Die Backtemperaturen liegen je nach Backgut und Backfett zwischen 170-200° C (Pommes frites benötigen etwa 200° C, Schmalzgebäck etwa 170–180° C). Als Backfett sind nur wasserfreie Fette, welche die Backhitze ohne zu starkes Bräunen ermöglichen, geeignet wie Butterschmalz, gutes Pflanzenöl, reine gehärtete Pflanzenfette oder auch eine Mischung dieser Fette. Das heiße Backfett führt zu rascher Krustenbildung und Bräunung, verhindert Saftverlust, erhöht durch Bildung von Röststoffen den Wohlgeschmack und verkürzt die Garzeit wesentlich. In Fett Ausgebackenes ist durch die Anreicherung mit Fett schwerer verdaulich und sehr kalorienreich.
Anwendungsbereich: Portionierte Fleisch- und Fischstücke, in Panade oder in Backteig gehüllt, werden entweder in reichlich Fett auf der

Stielpfanne oder auch in Fett schwimmend gebacken wie Wiener Schnitzel oder Koteletten, Backhähnchen, paniertes Fischfilet u. a. m. Pfannenkuchen, Schmarrngerichte und gebackene Kartoffelteiggerichte werden auf der Stielpfanne ausgebacken. Schmalzgebäck wie Faschingskrapfen u. a. m. wird immer schwimmend in heißem Fett gebacken.

Garen in Aluminiumfolie

Ein Garen von Nahrungsmitteln im eigenen Saft ohne oder mit nur wenig Fettzugabe (siehe anschließend).

Bei allen Garmachungsarten ist die Gebrauchsanweisung der Herdfirmen hinsichtlich der Hitzeregulierung zu berücksichtigen!

Die in den Rezepten angegebenen Temperaturen und Garzeiten sind als *Durchschnittswerte* anzusehen.

Aluminium-Haushaltfolie in der Küche

Aluminium-Haushaltfolie wird in Rollen zu 30 cm und 45 cm Breite in Abreißpackung und als Nachfüllrolle angeboten. Die 45 cm breite Folie ist extra dick und kann auch zum Verpacken von Tiefgefrierware verwendet werden.
Aluminium-Haushaltfolie ist unter verschiedenen Markennamen verschiedener Firmen auf dem Markt.

Eigenschaften der Folie

Wichtige Eigenschaften für die Verwendung:

1. Aluminiumfolie kommt *keimfrei* geglüht aus der Fabrikation und ist frei von Fremdstoffen. Sie entspricht den amtlichen hygienischen Vorschriften für Lebensmittelverarbeitung und -aufbewahrung. Sie ist appetitlich, sauber und ihre metallene Oberfläche bildet keinen Nährboden für Bakterien.

2. Sie ist *porenfrei* und *gasdicht,* erhält Eigenaroma des Füllgutes und verhütet Geruchs- und Geschmacksübertragung.

3. Sie ist *undurchlässig für Wasser, Wasserdampf und Fett,* schützt das Füllgut vor dem Austrocknen und eignet sich gut zum Frischhalten empfindlicher Lebensmittel im Kühlschrank.

4. Sie *reflektiert* auftreffende *Wärmestrahlen,* dadurch bleibt kaltes Füllgut kühl, warmes Füllgut warm. Sie *überträgt Kontaktwärme gut* und ist dadurch ein wertvoller *Helfer beim Garen* von Nahrungsmitteln durch Kochen, Dünsten, Braten, Grillen und Backen.

5. Sie ist *lichtundurchlässig,* bietet Lichtschutz, wichtig für Fette zum Schutz vor Ranzigwerden.

Verwendung der Folie in der Küche

Frischhalten empfindlicher Nahrungsmittel in Aluminiumfolie im Kühlschrank:
Diese sorgsam und dicht in Folie einschlagen, so daß diese dicht am Füllgut anliegt und keine Luftpolster zwischen Füllgut und Folie sind, Päckchen in den Kühlschrank legen. Besonders geeignet für Wurst,

Schinken, geschnittenen Braten, Käse, Obst und Speiseresten. Das Aufbewahren von angeschnittenem Kuchen in Folie hat sich sehr gut bewährt. Die Kühlhaltung erfolgt ohne Austrocknung und ohne Aromaverlust oder Geruchsübertragung.

Garen von Nahrungsmitteln wie Fleisch, Gemüse und Obst in der Folie:

Das Garen in Aluminiumfolie ist ein schonendes Verfahren, erhält alle Nähr-, Wert- und Aromastoffe, ermöglicht fettfreies oder fettarmes Garen im eigenen Saft, verhindert ein Auslaugen von Nähr- oder Wertstoffen, verhindert die Bildung von Röststoffen, die im Rahmen der Schonkost unerwünscht sind, ermöglicht aber auf Wunsch auch eine leichte Bräunung. Das Garen in Aluminiumfolie kann in kochendem Wasser oder Dampf, durch Erhitzen auf der Kochplatte, in der Pfanne, im Rohr oder im Grill erfolgen; immer geschieht das Garen im eigenen Saft. Dabei wird unangenehme Geruchsausbreitung vermieden und die Reinigung von Geschirr und Herd wesentlich erleichtert. Garen in Folie ist für Diätkost wertvoll und wird für einzelne Diäten bevorzugt. Sehr gut können bereits gare Gerichte z. B. gebratenes Huhn mit Butter bestrichen in der Aluminiumfolie gewärmt bzw. aufgebraten werden, ohne daß das Gericht an Aroma verliert.

Backen von Kuchen: Sachgemäßes Auslegen der Kuchenform mit Aluminiumfolie begünstigt eine allseitige, gleichmäßige Bräunung des Backgutes, da die Folie die Kontakthitze gut leitet und gleichmäßig verteilt; gleichzeitig verhindert sie ein Anhaften des Kuchens in der Form. Ein Abdecken des Kuchens mit Folie verhütet im Bedarfsfall zu starke Bräunung und erleichtert ein gutes Ausbacken.

Arbeitsregeln für das Garen in Aluminiumfolie

Beim Garen in Aluminiumfolie ist zu beachten:

1. *Vorbereiten der Nahrungsmittel und aller Zutaten* wie üblich; Fettzugabe kann, muß aber nicht erfolgen.

2. *Richtiges Einhüllen in Folie:*

a) Folie in der Länge abtrennen, daß das Füllgut einmal locker in Folie eingeschlagen werden kann (Abb 1 a).

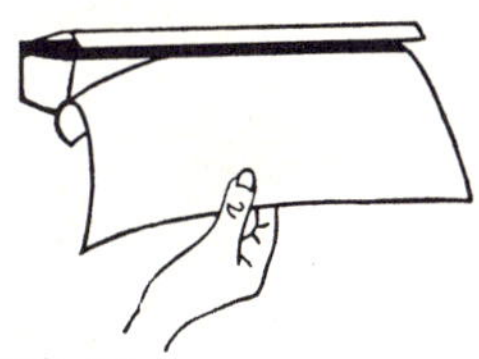
Abb. 1 a

b) Innenseite der Folie – gleichgültig ob die glänzende oder matte Seite dafür verwendet wird – auf glatter Unterlage mit gutem Speiseöl oder zerlassener Butter einpinseln; für Backwaren weiche Butter verwenden (Abb. 1 b).

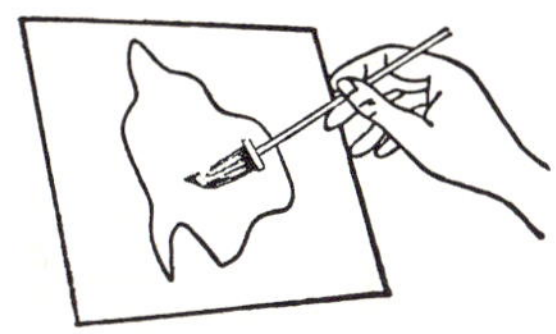
Abb. 1 b

c) Vorbereitetes Füllgut in die Mitte der gefetteten Folie legen; sollen mehrere Portionsstücke in Folie gegart werden, jeweils nur 2 Portionen auf ein gefettetes Folienstück nebeneinander legen (Abb. 1 c), Geschmackszutaten beifügen.

Abb. 1 c

Abb. 1 d

Abb. 1 e

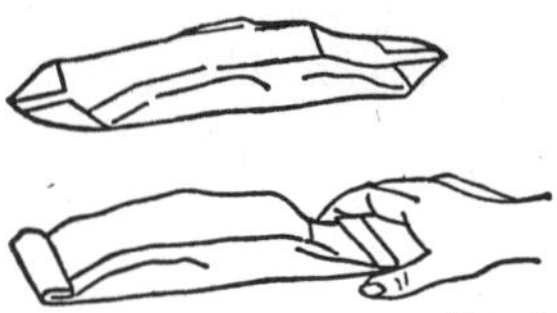

Abb. 1 f

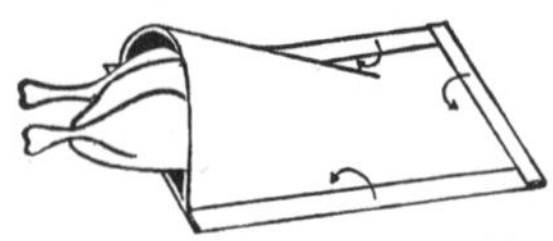

Abb. 1 g

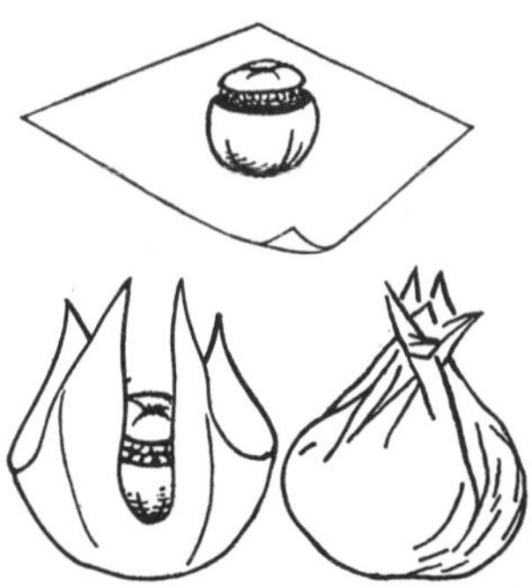

Abb. 1 h

d) Folie locker um Füllgut legen, da dieses sich beim Erhitzen ausdehnt; Folie soll dem Füllgut nicht unmittelbar anliegen (Abb. 1 d).

e) Längskanten der Folie oben mit schmalem Falz schließen, den Falz dann nach einer Seite umlegen (Abb. 1 e).

f) An den Schmalseiten des Päckchens die vier Ecken nach oben falzen und die Endkanten zweimal einfalzen, gut andrücken (Abb. 1 f).

g) Für großes Füllgut (z. B. größerer Braten, Schinken, Geflügel) zwei gleichlange Folienstücke 10 cm länger als Länge des Füllgutes abtrennen, beide Abschnitte je auf einer Seite ölen, die geölten Seiten gegeneinander legen, drei Seiten durch 2-3 maliges Umfalzen schließen, so daß Tüte entsteht, vorbereitetes Füllgut und Geschmackszutaten einlegen, Tüte mit einem weiteren Falz dicht schließen (Abb. 1 g). Alle in Folie gehüllten Päckchen stets *gut und dicht verschließen!*

h) Gemüse, gefülltes Gemüse, ganze Kartoffeln und Obst werden in der Regel als Beutel verpackt. Quadratisches Folienstück nach dem Ölen und Belegen jeweils an den gegenüberliegenden Ecken über dem Füllgut hochnehmen, alle Zipfel oben zusammenfassen, durch Zusammendrehen dicht verschließen (Abb. 1 h).

3. *Richtig garen!*

Wichtig dafür ist *gute Hitze,* damit gutes Garen erreicht wird. Mehrere Päckchen können gleichzeitig gegart werden, doch sollte jeweils das Gargut ähnliche Gardauer haben. Beim Garen Folie nicht beschädigen, damit Saft nicht ausläuft! Das Garen kann auf verschiedene Weise erfolgen, die Garzeit für das Garen in Folie ist etwas länger als sonst. Im einzelnen ist dabei zu beachten:

Garen auf der Kochplatte (für portionierte Gerichte):

Kochplatte auf Stufe III vorheizen bis zur „Zischprobe" (1 Tropfen Wasser auf die Platte gegeben, zischt), Päckchen direkt auf Platte legen, je nach Gargut auf Stufe II oder I zurückschalten und garen unter Wenden wie bei Pfannengerichten, Gardauer je nach Füllgut. Günstig für 1-2 Portionspäckchen, für größere Stücke nicht geeignet.

Garen auf der Pfanne (für portionierte Gerichte):
Nur Pfannen aus Stahl oder Aluminium dafür verwenden!
Pfanne erhitzen bis zur „Zischprobe". Vorbereitete Päckchen auf die heiße Pfanne legen und garen, evtl. wenden. Schaltung je nach Gargut.

Garen in der Röhre:

Backröhre bei höchster Temperatur vorheizen (300 bzw. 250° C), Blech oder Rost, mit den zu garenden Päckchen belegt, auf die zweite Leiste von unten einschieben, dann auf 250° C (Stufe 3) schalten, nach halber Garzeit auf 200-190° C (Stufe 2) zurückschalten. Ist Bräunung erwünscht, Päckchen aufschneiden und noch etwa 10-15 Minuten bei sehr guter Oberhitze in der Röhre belassen. Bei mit Gas beheizten Backröhren mit größter Flamme vorheizen, Blech oder Rost mit den zu garenden Päckchen gleichfalls auf der zweiten Leiste von unten einschieben und mit $^{3}/_{4}$ Flammengröße garen. Zum Bräunen wie oben angegeben verfahren.

Garen im Grill:

Grill gut vorheizen, Päckchen auf Rost oder Blech einschieben, Heizdauer 3-5 Minuten verlängern im Vergleich zum sonstigen Grillen. Wird Bräunung erwünscht, kurz vor Ende der Garzeit Folie oben öffnen und bei guter Grillhitze leicht bräunen lassen.

Garen im Wasserbad bzw. Dampf:

Wasser im Kochtopf (5–6 cm hoch) zum Kochen bringen, vorbereitete Päckchen in kochendes Wasser oder auf Sieb einlegen, Kochtopf schließen. Garzeit je nach Füllgut.

Hinweise für das Backen in Aluminiumfolie:

1. Backformen mit Folie richtig „füttern", um gleichmäßiges Backen zu erreichen:
Bleche oder Springformen so mit Folie auslegen, daß sie innen ganz damit bedeckt sind und Folie am Rand einige cm übersteht. Ecken sorgsam falten, sie müssen gut dicht bleiben, damit kein Saft oder Teig ausfließen kann.
Kastenformen umstürzen, Folie darüber legen und Form nachformen, soviel Folie abtrennen, daß Deckblatt für die Oberseite des Kuchens verfügbar bleibt. Ecken vorsichtig falten und anlegen; vorgeformte Folie von der Kastenform abheben und als „Futter" in die Kastenform setzen (siehe Abbildungen rechts).

2. Folie zum Backen von Kuchen oder Süßspeisen mit weicher oder zerlassener Butter (statt Öl) gut bestreichen.

3. Backtemperaturen und Backdauer entsprechend den jeweiligen Teigarten einhalten! Formen und Bleche aber 1 Stufe tiefer in die Röhre einschieben.

4. Kuchen nach der halben Backzeit bei Bedarf mit Folie abdecken, um zu starkes Bräunen zu verhüten.

5. Nach dem Backen etwas abkühlen lassen, Folie vorsichtig lösen.

6. Feste Kuchenteige kann man auf der abgetrennten Folie auswellen, Teig mit der Folie auf das Blech legen, dann Rand formen. Brüchiger, stark fetthaltiger Mürbteig kann zwischen Aluminiumfolie, die leicht mit Stärkemehl bestäubt wurde, gut ausgewellt und mit der Folie auf das Blech gelegt werden.

7. Für saftige Obstkuchen ist das Auslegen der Bleche mit Folie besonders günstig, da sie auslaufenden Obstsaft auffängt und eine Verschmutzung von Blech und Backröhre verhindert.

8. Kuchen und Backwerk, nach dem Erkalten in Folie eingeschlagen, hält sich längere Zeit frisch und saftig.

Arbeitsregeln für das Backen in Aluminiumfolie

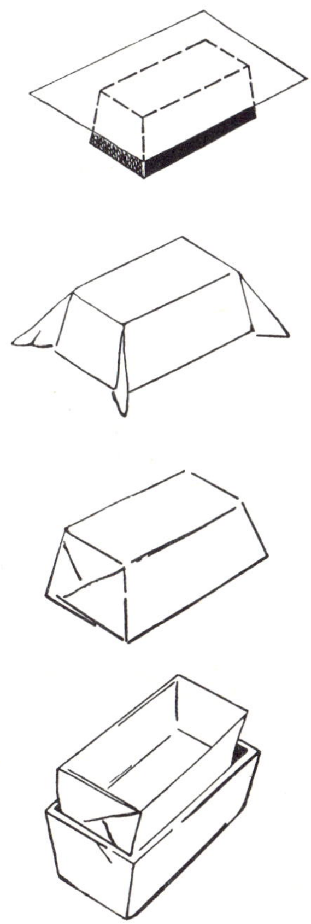

Automatisches Garen

Automatische Temperaturregelung

Selbsttätige Temperaturregelung von Kochplatten und Backröhre sind wichtige Voraussetzungen für automatisches Garen auf der Platte oder in der Backröhre.

Neuzeitliche Elektroherde sind mit 1-2 Automatikplatten, d. h. automatisch oder selbsttätig temperaturgeregelten Spezialplatten und mit temperaturgeregelter Backröhre ausgestattet. Die wählbare Temperatur ist je nach Art des Gargutes, seiner Menge und Garmachungsart zu bestimmen und wird dann selbsttätig, ohne zusätzliche Schalterbetätigung, auf der gewählten Höhe gehalten durch selbsttätigen, also automatischen Wechsel von Heizzeiten mit Stromzufuhr und stromlosen Heizpausen, ähnlich wie beim temperaturgeregelten Bügeleisen. Ist ein niedriger Temperaturbereich gewählt, dauern die Heizpausen länger, je höher die gewählte Temperatur ist, desto kürzer sind die Heizpausen. Auf diese Weise kann jede gewünschte Gartemperatur gehalten und ein Überhitzen vermieden werden.

Automatikplatten (14,5 cm Durchmesser mit 1500 Watt, 18 cm Durchmesser mit 2000–2100 Watt) sind auf einer Skala von 1–12 stufenlos durch einen Schalterknebel einzustellen.

Richtiges Garen auf Automatikplatten setzt die Wahl der richtigen Gartemperatur voraus:

Der Bereich von 1–4 dient zum Wärmen, Warmhalten, Quellen u. ä., der Bereich von 5-7 dient vorwiegend zum Dünsten, Kochen, Dämpfen, der Bereich von 8-12 ist für Braten und Backen in Fett nötig (meist ist dafür 8-11 ausreichend), für rasches Erhitzen großer Flüssigkeitsmengen ist Stufe 12 erwünscht.

Ohne Rücksicht auf den gewählten Temperaturbereich wird die Automatikplatte mit dem Einschalten mit *voller Leistung aufgeheizt,* wodurch die Dauer des Aufheizens sehr kurz ist – meist nur wenige Minuten – sie ist etwas abhängig von der gewählten Temperaturhöhe und der Menge des Gargutes. Trotz des intensiven und raschen Aufheizungsvorganges kommt es nicht zum Überkochen oder Anbrennen, denn es erfolgt nun sofort automatisch der Übergang zum Garen im gewähltem Temperaturenbereich; diese Temperatur wird konstant gehalten. Das selbsttätige Umschalten von der starken Ankochleistung auf die schwache Fortkochleistung und die gleichmäßige Erhaltung dieser Temperatur macht eine Schaltung von Hand während des Garens auf Automatikplatten überflüssig und ermöglicht ein sehr schonendes Garen. Der betreuenden Hand obliegt nur die richtige Wahl des Wärmebereichs, entsprechend der Art und Menge des Gargutes und das rechtzeitige Ausschalten bei Ende der Garzeit. Schmorgerichte erfordern die Anwendung von zwei unterschiedlichen Temperaturbereichen: gute Hitze (Stufe 9-11 der Automatikplatte) zum Anbräunen, nach Flüssigkeitszugabe mäßige Hitze zum Garen im geschlossenen Topf (Stufe 5-6 der Automatikplatte). Das Umschalten von Brattemperatur auf Dünsttemperatur nach dem Anbräunen muß hier per Hand erfolgen.

Elektrogeschirr ist für das Garen auf Automatikplatten wünschenswert, da dadurch Strom gespart wird.

Die Temperatureinstellung für die Backröhre ermöglicht ein Schalterknebel mit einer Skala von 0–300. Ein eingebauter Regler hält auch hier die gewählte Temperatur konstant, eine Kontrollampe zeigt das automatische Ein- und Ausschalten der Stromzufuhr an. Ist ein Vorwählschalter vorhanden, so muß er immer mit dem Temperaturschalter des Backofens zusammen entsprechend eingestellt werden.

Über die verschiedenen wünschenswerten Temperaturhöhen für verschiedene Brat- und Backgerichte geben die Gebrauchsanweisungen der Herdfirmen genaue Auskunft – siehe auch Angaben bei den Grundrezepten.

Automatisches Garen durch Temperatur- und Zeitschaltautomatik

Die Kopplungsmöglichkeit von automatischer Temperaturregelung mit der Zeitschaltautomatik ermöglicht das automatische Garen. Die Zeitschaltautomatik kann sowohl mit der Automatikplatte wie mit dem temperaturgeregelten Backofen durch eine entsprechend gekennzeichnete Drucktaste gekoppelt werden (siehe Gebrauchsanweisung der Herdfirmen). Wird durch die Zeitschaltautomatik (gekoppelt mit der Temperaturautomatik) nur das Ein- oder Ausschalten zu einem gewählten Zeitpunkt übernommen, spricht man von halbautomatischem Garen; werden sowohl Einschalten wie Ausschalten automatisch nach gewählter Zeit bewirkt, spricht man von vollautomatischem Garen.

Die Zeitschaltautomatik ermöglicht bis zu 12 Stunden im voraus das Ein- und Ausschalten zu bestimmen, ermöglicht damit, trotz vielstündiger Abwesenheit der Hausfrau, ein pünktliches und schmackhaftes Essen für die Familie zur vorgewählten Zeit. Voraussetzung ist, daß die Zeitschaltautomatik auf das gewählte Garzeitende (Betriebszeitende) und die richtige Garzeitdauer (Betriebszeitdauer) richtig eingestellt wurde. Grundsätzlich sind hierfür die speziellen Anweisungen der Herdfirmen genau zu beachten. Die Zeitschalter können als Zeituhr oder als Einstellring mit Schaltknebel angebracht sein, in der Bedienung bezwecken sie das gleiche, nämlich das rechtzeitige Ein- und Ausschalten des Stromes. Die vorgewählte Gardauer kann meist bis zu 4 Stunden eingestellt werden.

Vollautomatisches Garen auf der Automatikplatte

Arbeitsschritte für vollautomatisches Garen auf der Automatikplatte:

1. Vorbereitetes Gargut mit allen Geschmackszutaten und nötiger Flüssigkeit in geeignetem, gut schließendem Geschirr (Elektrogeschirr) zugedeckt auf Automatikplatte setzen. Zutaten wie üblich vorbereiten,

solche mit langer Garzeit evtl. etwas kleiner schneiden. Bei Dünstgerichten Fett, Speck und Fleisch als unterste Lage in den Topf geben.

2. Zeitschaltautomatik einstellen:

a) Gewünschtes Garzeitende (Ende der Betriebsdauer = Uhrzeit des Ausschaltens) so einstellen, daß die entsprechende Uhrzeit deutlich wird.

b) Garzeitdauer (Betriebsdauer) einstellen – entsprechend der tatsächlichen Garzeit. Garzeit richtet sich nach der Zutat mit der längsten Gardauer.

3. Automatik für Kochplatte einschalten durch Drücken der entsprechenden Drucktaste.

4. Gewünschten Temperaturbereich einstellen, in der Regel Bereich Dünsten, Kochen, Dämpfen Stufen 5-7; für Eintöpfe für 4 Personen i. D. Stufe 6, Fischgerichte Stufe 5; geringe Mengen etwas niedriger, größere Mengen etwas höher einstellen.

Das Ein- und Ausschalten erfolgt nun entsprechend der Zeitschaltung automatisch – das Garen vollzieht sich selbsttätig bei der gewählten Temperatur.

Die Zeitschaltautomatik und die selbsttätige Temperaturregelung vollbringen die vom Menschen vorgedachte Arbeit – richtiges Vorausdenken ist aber Voraussetzung für erfolgreichen Vollzug!

5. Nach Ende des automatischen Garens Temperaturwähler wieder auf 0 schalten.

Nach dem Garen Gericht abschmecken, nach Bedarf evtl. nachwürzen, mit frischen Kräutern, etwas Rahm oder Milch aufwerten.

Soll Gericht mit Mehl gebunden werden, erfolgt dies zweckmäßig nach dem Garen durch Buttermehlkloß oder durch Mehlteiglein.

Mahlzeit nach Möglichkeit mit rohem Salat und frischem Obst ergänzen.

Für Anfänger ist es günstig, Gerichte, die sie automatisch garen wollen, erst einmal ohne die Zeitschaltautomatik auszuprobieren hinsichtlich Wärmebereich, Flüssigkeitsbedarf und Gardauer, um die Erfahrungswerte der Automatik zugrunde zu legen.

Geeignete Gerichte sind Koch- und Dünstgerichte mit längerer Garzeit wie Ochsenfleisch mit Gemüsen, Suppenhuhn mit Gemüsen, Schweinefleisch mit Sauerkraut, Hülsenfrüchte und die meisten Eintopfgerichte mit Fleisch oder Fisch, Gemüsen, Kartoffeln oder Reis.

Ungeeignet sind ausgesprochene Schnellgerichte und gebratene oder gebackene Pfannengerichte, sowie empfindliche feine Gerichte, sie bedürfen persönlicher Betreuung und Überwachung.

Wenig empfehlenswert sind Eintöpfe mit Teigwaren. Bei Schmorgerichten muß das Anbräunen vor dem automatischen Garen erfolgen.

Vollautomatisches Garen im temperaturgeregelten Backofen

Vollautomatisches Garen in dem temperaturgeregelten Backofen ermöglicht die gleichzeitige Herstellung eines vollständigen Mittagessens aus mehreren Gerichten bestehend, z. B. Fleisch- oder Fischgericht, Kartoffeln oder Reis, Gemüse gedünstet und Kompott, Auflauf oder Kuchen, evtl. auch noch Suppe.

Arbeitsschritte für vollautomatisches Garen im Backofen:

1. Geeignetes Geschirr auswählen und seine Unterbringung ausprobieren (siehe Geschirrauswahl bei nachfolgenden Ratschlägen).

2. Alle Nahrungsmittel mit Geschmackszutaten wie üblich vorbereiten und in die jeweiligen Geschirre geben.

3. Rost mit Kröpfung nach oben auf den Boden des Backofens legen und die gefüllten Geschirre einsetzen: alles, was kochen, dünsten oder dämpfen soll, mit Deckel schließen und meist unten auf den Rost stellen – alles, was braten, backen oder bräunen soll, ohne Deckel möglichst hoch einschieben (z. B. Braten auf 3. Schiene von unten), entweder auf Rost einschieben oder auf das unten eingestellte Gemüse- bzw. Kartoffelgeschirr setzen.

4. Zeitautomatik einschalten:

a) Garzeitende (Betriebszeitende) einstellen – Gebrauchsanweisung der Herstellerfirmen genau beachten!

b) Garzeitdauer (Betriebsdauer) einstellen, dabei ist von dem Gericht mit der längsten Garzeit (meist Fleisch) auszugehen.

5. Automatik einschalten durch Drücken der für den Backofen zuständigen Automatiktaste.

6. Vorwählschalter und Temperaturwähler auf gewünschte Temperatur einstellen. Hierbei sind für Fleisch- oder Fischgerichte Temperaturen von 220–225° C notwendig – für Aufläufe genügen 200° C, wird nur Kuchen gebacken, bestimmen Teigart und Dicke des Gebäcks die Temperaturhöhe. Gebrauchsanweisungen der Herdfirmen beachten!
Ein- und Ausschalten des Stromes zur vorgewählten Zeit und das Garen bei der gewählten Temperatur erfolgt nun auch hier automatisch und machen Beaufsichtigung überflüssig.

7. Nach Ende des automatischen Garens Vorwählschalter und Temperaturwähler auf 0 schalten.

Ratschläge für automatisches Garen in der Backröhre

1. *Speisezettel* überlegt zusammenstellen im Hinblick auf automatisches Garen; Garzeiten berücksichtigen! Gut geeignet sind alle Arten von Fleisch gebraten oder gedünstet, Fisch gedünstet, alle Arten von gedünsteten Gemüsen, Schal- und Salzkartoffeln, Reis, Gemüsesuppen, salzige und süße Aufläufe, Kompotte, Kuchen verschiedener Art aus Hefe- und Backpulverteig.

2. *Geschirrauswahl:* Alle Arten von Kochgeschirr können verwendet werden, es muß nicht Elektrogeschirr sein, auch feuerfestes Glas- und

Porzellangeschirr ist gut geeignet; ungeeignet ist Geschirr mit hitzeempfindlichen Griffen aus Kunststoffen. Gut schließende Deckel sind nötig für alle Koch-, Dünst- und Dämpfgerichte.

Nach Möglichkeit für automatisches Garen im Backofen jeweils das gleiche, schon erprobte Geschirr verwenden; Deckel evtl. umgekehrt auflegen.

Für Kuchen Weißblechformen, feuerfeste Glasformen oder Aluminiumformen bevorzugen.

3. *Vorbereiten der Speisen:*

a) Fleisch:

Zum Braten flache Bratenstücke bevorzugen (Garzeit!) – vorbereiten wie üblich – nur von unten salzen. Magere Braten mit Butterflocken oder mit Speckscheiben belegen. Auf umgekehrten Deckel von feuerfestem Glasgeschirr oder in flachen Bratentopf legen, nicht zudecken, so hoch wie möglich einsetzen (3. Schiene von unten auf Rost oder auf Gemüse- bzw. Kartoffeltopf).

Fleisch zum Dünsten mit Fett, wenig Flüssigkeit und Geschmackszutaten in geschlossenem Geschirr gleichfalls ausnahmsweise hoch einsetzen.

Fleisch zum Kochen mit allen Geschmackszutaten und Flüssigkeit im geschlossenen Topf einsetzen, auf Bodenrost stellen. Tiefgefrorenes Fleisch vorher gut antauen lassen, es soll bei Beginn des Garens aufgetaut sein.

b) Gemüse:

Frischgemüse wie üblich vorbereiten, durch gröberes oder feineres Schneiden kann Garzeit etwas angeglichen werden; mit Fett, allen Geschmackszutaten (außer Essig für Blaukraut) und der notwendigen Flüssigkeitsmenge (1/4 l für 1 kg) in geschlossenem Geschirr auf den Rost am Backofenboden einstellen. Bei Verwendung von Speck diesen vorher auslassen. Essig nach dem Garen zugeben.

Tiefgefrorene Gemüse zweckmäßig etwas antauen lassen, vor allem, wenn die Zeit bis zum Garen nur kurz ist – geringeren Flüssigkeitsbedarf beachten.

Falls Gemüse gebunden werden soll, erfolgt dies erst nach dem Garen durch Buttermehlkloß oder Mehlteiglein.

c) Kartoffeln:

Schal- wie Salzkartoffeln immer mit etwas Wasser (ca. 1/4 l für 1 kg Kartoffeln) in geschlossenem Topf unten auf Bodenrost des Backofens einsetzen. Bei Salzkartoffeln erst Salz in das Geschirr, darauf die Kartoffeln und das Wasser darüber gießen – anhaftendes Salz würde die Kartoffeln verfärben. Ein Bestreichen der nicht mit Wasser bedeckten Kartoffeln mit Öl verhindert ein Verfärben bei längerem Stehen vor dem Garen.

d) Reis:

Hartreis wie üblich vorbereiten; für 250 g Reis knapp 3/4 l Brühe oder Wasser, 30-40 g Butter oder Fett, 1/2-1 Zwiebel fein gewürfelt, Geschmackszutaten sonst nach Wahl. Alle Zutaten in geschlossenem Topf auf Bodenrost unten einstellen.

e) Gemüsesuppen:

Gemüse vorbereiten wie üblich, mit Flüssigkeit und Geschmackszutaten in dicht schließenden, nicht zu flachen Topf geben; zum Binden kann bereits Butter-Mehlkloß beigefügt werden (für 4 Personen je 30 g Butter und Mehl). Stets mit Rost auf Backofenboden einsetzen.

f) Aufläufe:

Süße oder salzige Aufläufe jeweils nach Rezept, aber ohne Eischnee, sondern mit ganzen Eiern herstellen. Stets auf der 3. Schiene von unten auf Rost hoch einsetzen; mit Deckel oder Aluminiumfolie abdecken, wenn sie mit Fleischgerichten und Kochgerichten gleichzeitig garen; offen backen, wenn sie allein oder mit Kuchen gebacken werden.

g) Kompotte:

Obst nach Rezept jeweils vorbereiten, mit Geschmackszutaten und 1/8–1/4 l Wasser in geschlossenem Geschirr zusetzen, bei Gefahr des Verfärbens mit Zitronensaft beträufeln. Obst, das leicht verkocht, mit etwas erhöhter Flüssigkeitsmenge zusetzen. In der Regel Kompott auf Rost oben einstellen, dadurch Gefahr des Verkochens vermindern.

h) Kuchen:

Kuchen aus Rührteig (ohne Eischnee) und Hefeteig kann gleichzeitig mit Fleisch- oder Fischgerichten, die kurze Garzeit aufweisen (1–1 1/4 Stunde), gebacken werden; eine Geschmacksübertragung ist hierbei nicht zu befürchten. Kuchen mit Deckel oder Aluminiumfolie abdekken, wenn er gleichzeitig mit Fleisch-, Fisch- und Kochgerichten gebacken wird; offen backen, wenn Kuchen allein oder mit Auflauf gebacken wird.

Backtemperatur und Einschubhöhe dem Kuchen anpassen; Einschubhöhe für Kasten- und Napfkuchen 1. Schiene von unten, Backtemperaturen siehe Grundrezepte. Hefeteiggebäck wie Rohrnudeln, Hefekranz u. ä. ungegangen einsetzen, wenn noch reichlich Zeit zum Gehen bis zum Einschalten verbleibt.

4. *Temperatureinstellung:*

Für automatisches Garen verschiedener Gerichte im Backofen sind Temperaturen von 200–225° C nötig; werden Fleisch- oder Fischgerichte mitgegart, sind jeweils 225° C nötig, für Aufläufe genügen 200° C. Bei gleichzeitigem Backen eines Kuchens ist die Temperatur auf den Kuchen abzustellen.

5. *Garzeit:*

Die Garzeit ist jeweils nach dem Gericht mit der längsten Garzeit einzustellen; sie wird meist von dem Fleischgericht (Fleischart und Dicke des Fleischstückes) bestimmt. Die Garzeitdauer wird darüber hinaus beeinflußt von der Temperaturhöhe, der Art des Kochgeschirrs und der Menge des Gargutes; kleinere Mengen haben kürzere, größere Mengen etwas längere Garzeit.

6. *Abschmecken* der Gerichte nach dem Garen ist nötig, da sie vor dem Garen nur mild gewürzt sind, evtl. ist nachträgliches Binden erwünscht.

7. *Aufwertung* durch frische Kräuter, etwas Rahm. Beilagen von rohen Salaten und frischem Obst sind günstig.

Beispiele von Speisenfolgen für automatisches Garen in der Röhre

Speisenfolgen für automatisches Garen in der Röhre (den Garzeiten liegen Mengen für 4 Personen zugrunde):

1. Schweinebraten, Blaukraut gedünstet, Salzkartoffeln, Birnenkompott (1$^1/_2$ Stunden bei 225° C).

2. Kalbsbraten, Gelbrübengemüse gedünstet, Salzkartoffeln, Quarkauflauf mit Äpfeln (80 Minuten bei 225° C).

3. Schweinerollbraten, Blumenkohlgemüse, Salzkartoffeln, Apfelkompott (100 Minuten bei 225° C).

4. Hackbraten, grüne Bohnen, Kartoffeln, Kompott aus Trockenobst (60 Minuten bei 225° C).

5. Paprikaschoten mit Hackfleisch gefüllt, gedünstet, Tomaten gedünstet, Reis (1–1$^1/_4$ Stunden je nach Größe der Paprikaschoten bei 225° C).

6. Fischfilet gedünstet, gedünsteter Chicorée, Reis, Backpulverteig-Obstkuchen (1 Stunde bei 225° C).

7. Hammelbraten, grüne Bohnen, Salzkartoffeln, Semmelauflauf mit Obst nach Wahl (1$^1/_2$ Stunden bei 225° C).

8. Schinkenspaghetti aufgezogen, Tomaten gedünstet, Schlupfkuchen oder Kastenkuchen aus Rührteig (1 Stunde bei 200° C).

Beim Zusammenstellen von Speisenfolgen für automatisches Garen in der Röhre kann auf eine Vielzahl von Rezepten des „Bayerischen Kochbuches“ zurückgegriffen werden, die Kombination kann unter Berücksichtigung der Garzeiten nach individuellem Geschmack erfolgen.

Aus der Küchensprache

Abbrennen
Teigmasse von Brand- oder Brühteig im Topf unter ständigem Rühren bei mäßiger Hitze so lange erhitzen, bis sie sich als Kloß vom Topfboden löst.

Ablöschen
Einbrenne (oder auch Bratensatz) mit wenig Flüssigkeit nach und nach unter Rühren aufgießen und aufkochen lassen.

Abschrecken
Gekochte oder gebrühte Nahrungsmittel kurz mit kaltem Wasser überbrausen, um Verkleben zu verhindern (Teigwaren, Reis) oder um Schälen zu erleichtern (gekochte Zunge, harte Eier, Hirn, Tomaten u. a. m.).

Absengen
Von gerupftem, trockenem Geflügel vor dem Waschen restliche Flaumfedern über offener Flamme abbrennen.

Abwellen
Siehe Blanchieren.

Anbraten
Nahrungsmittel, insbesondere Fleischstücke bei guter Hitze in heißem Fett von allen Seiten bräunen, damit durch raschen Porenverschluß Saftverlust vermieden wird.

Andünsten
Nahrungsmittel (Zwiebel, Gemüse, auch Fleisch oder Fisch) in zerlassenem Fett bei mäßiger Hitze ohne Bräunung, bei Fleisch und Fisch u. U. bis zu lichter Farbgebung erhitzen, dann nur wenig Flüssigkeit zugeben.

Aprikotieren
Dünnes Überziehen von fertigem Gebäck mit glatt gerührter, nicht zu dicker Aprikosenmarmelade vor dem Glasieren; es verhindert rasches Austrocknen von Kuchen und Guß.

Aufgießen
Notwendige Flüssigkeitsmenge nach und nach kalt, heiß oder kochend, je nach Art der Speise, zugeben.

Aufziehen
Quellen und Garen von meist stärkehaltigen Nahrungsmitteln in Flüssigkeit in der Röhre; flaches feuerfestes Geschirr, Auflaufform oder Bratraine sind dazu gut geeignet.

Ausbacken
Garen unter Bräunung in heißem Fett auf der Stielpfanne oder in Fett schwimmend; je nach Fettart und Backgut beträgt die Temperatur 175-200° C.

Ausschnitt
Er besteht aus je 1 Stückchen Herz, Leber und Milz vom Rind – beliebt zum Mitkochen bei gekochtem Ochsenfleisch.

Backen Garen von Speisen oder Nahrungsmitteln unter leichter oder stärkerer Bräunung und evtl. Krustenbildung in heißem Fett oder in heißer Luft (siehe Garmachungsarten Seite 29).

Bähen Ein Trocknen und lichtes Bräunen von garem, in Scheiben geschnittenem Gebäck (Brot, Weißbrot, Zwieback u. ä.) in heißer Luft in der Röhre oder im Toaster. Dadurch wird Verdaulichkeit erhöht, Haltbarkeit verlängert.

Beizen Einlegen von rohem Fleisch in leicht gesalzene, würzige, gut abgeschmeckte Essig-Wasserlösung bzw. in gewürzten Rotwein oder in Sauer- oder Buttermilch. Beizen macht Fleisch mürbe, gibt typische, würzige Geschmacksveränderung und verlängert die Aufbewahrungsmöglichkeit von Fleisch. Beizdauer je nach Jahreszeit 3–8 Tage, Fleisch jeweils zugedeckt kalt stellen, Beize soll Fleisch bedecken. Im Sommer Essigbeize kurz aufkochen, völlig erkaltet über Fleisch geben. Bevorzugt für Fleisch älterer Tiere.

Beizzutaten Sie machen Beize würzig und schmackhaft: 1 Gewürzdosis mit 3 Gewürzkörnern (Pimentkörnern), 3 Pfefferkörnern, 1–2 Nelken, 1–2 Lorbeerblättern, außerdem 4–6 Wacholderbeeren, 1 Zwiebel, Wurzelwerk, Essig nach Bedarf (je nach Schärfe), evtl. Rotwein, Salz.

Binden Dicken oder Sämigmachen von Flüssigkeit (z. B. bei Suppen, Soßen, Gemüsen u. a. m.) durch:

a) Mehl oder Stärkemehl in Form von Mehl- oder Stärkemehlteiglein, Buttermehlkloß, Stauben (Gemüse mit geringer Flüssigkeitsmenge) und Einbrenne (Mehlschwitze). Die enthaltene Stärke quillt und verkleistert, nimmt dabei Flüssigkeit auf und bindet;

b) andere stärkehaltige Nahrungsmittel wie Getreideprodukte z. B. Grieß, Flocken und Kartoffeln;

c) Eigelb beim Legieren; das Dicken beruht hier auf der Bindekraft der Eiweißstoffe im Eigelb (siehe „Legieren“).

Blanchieren, Brühen (Abwellen) Kurzfristiges Erhitzen roher Nahrungsmittel durch Übergießen mit kochender Flüssigkeit und kurzes Ziehenlassen oder auf Siebeinsatz im Wasserdampf etwa 5 Minuten erhitzen; oder rohes Nahrungsmittel in kalter Flüssigkeit zusetzen, auf 60–70° C erhitzen, dann abgießen und meist mit kaltem Wasser überbrausen. Es erleichtert das Häuten bzw. Schälen (Hirn, Bries, Tomaten, Pfirsiche, Mandeln u. ä.), entfernt unliebsamen Geschmack oder schädliche Stoffe (altes Kraut) und macht rohe, zellulosereiche Gemüse etwas weich (Paprika, Kraut für rohe Salate).

Braten Ein Garen unter Bräunung in wenig heißem Fett auf der Pfanne oder in heißem Fett unter Einwirkung heißer Luft in der Röhre (siehe Garmachungsarten Seite 28).

Brät
Gut verarbeitetes, feines Hackfleisch von Rind-, Kalb- oder Schweinefleisch, vom Metzger hergestellt, mit etwas Wasser, Salz und evtl. Gewürzen maschinell abgeschlagen.

Bratzutaten
Wurzelwerk bestehend aus: 1 dicken Scheibe oder etwa 1/4 Knolle Sellerie, 1 mittelgroßen gelben Rübe, 1 Petersilienwurzel, 1 kleinen Stange Lauch sowie 1/2–1 Zwiebel und 1 Stück Schwarzbrotrinde. Bratzutaten nur grob schneiden, beim Braten mitbräunen, sie machen Bratensoße schmackhafter und ergiebiger.

Buttermehlkloß
Er dient zum Binden von Gemüsen und Soßen anstelle von Einbrenne. Gleiche Mengen Butter oder Margarine und Mehl (je 10–20 g) verkneten, in das fast gare Gemüse oder in Soße geben, 3–5 Minuten unter leichtem Durchrühren leise garen lassen.

Consommé
Konzentrierte, eingedickte Fleischbrühe.

Dämpfen
Garen in Wasserdampf bei geschlossenem Topf (siehe Seite 27).

Dressieren
Küchenfertigem Geflügel vor dem Braten durch Verschränken der Flügel auf dem Rücken und Zurückbinden der Beine die gewünschte Form geben. Dadurch wird der Brustteil des Geflügels etwas gehoben und ein zu rasches Bräunen abstehender Teile verhindert.

Dressing
Fertige, würzige Salat- und Grillsoße (siehe Seite 61 und 387).

Dünsten
Garen von Nahrungsmitteln im eigenem Saft unter Zugabe von wenig Fett und falls nötig, wenig Flüssigkeit (siehe Seite 27).

Einbrenne od. Mehlschwitze
Mehl in zerlassenem Fett lichtgelb oder mittelbraun bis kräftig braun rösten (je nach gewünschter Farbe der Einbrenne), mit Flüssigkeit unter Rühren nach und nach aufgießen, glatt rühren, bei mäßiger Hitze garen (helle Einbrenne 5–10 Minuten, dunkle Einbrenne 20–30 Minuten).

Eischwer
Eier abwiegen, ihrem Gewicht entsprechend Butter, Zucker und Mehl abwiegen oder abmessen; Eischwerteige können mit und ohne Fett hergestellt werden (siehe Grundrezept Nr. 1311, 1316).

Entbeinen
Knochen aus Fleisch lösen.

Entfetten
Fette Fleisch- oder Hühnerbrühen und fette Bratensoßen am besten erkalten lassen, damit Fett erstarrt, dieses dann abnehmen. Das Abschöpfen des flüssigen Fettes bei warmen Brühen und Soßen ermöglicht kein völliges Entfetten. Bei fetten Braten ausgebratenes Fett während des Bratens mehrmals abschöpfen.

Farce
Feine Fleischfülle für Fleisch, Geflügel, Gemüse, Fische, Pastetchen, salziges Gebäck.

Filetieren Ablösen der Fischfilets von den Rückengräten, meist nach vorherigem Häuten (beliebt bei Schollen, Seezungen, evtl. auch bei Süßwasserfischen).

Flambieren Gare heiße Speisen mit hochprozentigem (40–55%ig) Alkohol (Rum, Weinbrand, Kirschwasser u. a. m.) übergießen, anzünden und evtl. brennend servieren oder erst bei Tisch abbrennen. Es verbessert den Geschmack; bei Süßspeisen beliebt. Alkohol mit Schöpfkelle oder langstieligem Flambierlöffel über das Flambiergut geben, nie direkt aus der Flasche! Am besten in Flambierpfanne flambieren, Flamme durch Abdecken mit Pfannendeckel rechtzeitig löschen.

Flammeri Kalt gereichte, süße Milchspeise, die mit stärkehaltigen Bindemitteln gekocht und dadurch gesteift wurde; sie kann nach dem Erkalten gestürzt werden.

Fond Bratenrückstand, der in der Pfanne haftet nach dem Braten von Fleisch oder Fisch mit wenig Flüssigkeit aufkochen, zur Soße verwenden.

Fritieren Garen in heißem Fett schwimmend unter Bräunung bei Temperaturen von 175–200° C je nach Fettart und Gargut (Ausbacken in heißem Fett schwimmend). Anwendungsbereich: Fleisch, Geflügel, Fisch, Kartoffeln, Gemüse in Backteig oder paniert, Schmalzgebäck, Obst in Backteig gehüllt.

Gewürzdosis 3 Gewürz- oder Pimentkörner, 3 Pfefferkörner, 1–2 Nelken, 1–2 Lorbeerblätter; zur Geschmacksgebung beliebt für Fleischbeize, Wildbraten und Fischsud.

Glasieren Überziehen von Gebäck nach dem Backen mit zuckerhaltigem Guß oder auch von Fleischgerichten mit leicht gebundener Soße.

Gratinieren Überkrusten und Bräunen der Oberfläche von Speisen durch Überbacken bei guter Oberhitze in der Röhre bzw. im Grill (250–300° C).

Grillen oder Grillieren Ein Garen durch Strahlungshitze im vorgeheizten Grill (s. Seite 29).

Julienne In feine Streifen geschnittene gelbe Rüben, Sellerie und Lauch (auch in Beuteln frisch und getrocknet käuflich).

Karamelisieren Trockenen Zucker in Eisenpfännchen meist ohne Fett zu kräftig goldbrauner Farbe bräunen, bis er zu schäumen beginnt, mit heißem Wasser ablöschen, leise kochen, bis Karamel gelöst ist, dann verwenden. Karamelisierung mindert die Süßkraft des Zuckers.
(Nie mit Milch ablöschen, da sie durch die große Hitze des Karamels gerinnen kann.)

Kochen Garen von Nahrungsmitteln in reichlich Flüssigkeit (siehe Seite 26).

Zucker mit geringer Wassermenge nach Rezeptangabe kochen: *Läutern von Zucker*

1. Grad = Breitlauf, d. h. Zuckerlösung fällt in breiten Tropfen vom Löffel (Anwendung beim Einkochen).

2. Grad = Fadenziehen oder Spinnen, d. h. es bildet sich ein dünner Zuckerfaden beim Hochziehen eines Tropfens (Anwendung für Springglasur).

3. Grad = Kettenflug d. h. ein feines Häutchen umschließt den Ring eines eingetauchten Schneebesens und fliegt beim Durchblasen in kettenförmig gebundenen Blasen weg (Anwendung bei der Herstellung feiner Marmeladen).

Binden und Verbessern von Suppen, Soßen und evtl. Breien mit Eigelb; es verbessert Aussehen, Geschmack und Nährwert. Die Eiweißstoffe des Eigelbs binden bei vorsichtigem Erhitzen Flüssigkeit: Eigelb mit 1–2 Eßlöffeln Rahm, Milch oder Wasser verrühren, etwas heiße Suppe oder Soße unterrühren, das Ganze unter Rühren an die zu legierende heiße Masse geben, nicht mehr kochen lassen, da sonst grobes Ausflocken eintritt (evtl. in Wasserbad warm halten). *Legieren*

Salatsoße meist aus Essig oder Zitronensaft, Salz, Geschmackszutaten und Öl oder Rahm bzw. Joghurt bestehend. *Marinade*

Leichtes Säuern mit Essig oder Zitronensaft, meist unter Zugabe von etwas Salz und würzenden Kräutern, Senf oder Gewürzen zur Geschmacksverbesserung. *Marinieren*

Anwendung für Fleisch, Fische, besonders Heringe, Salate von gekochten Gemüsen.

Meist portionierte Nahrungsmittel erst in wenig Mehl, dann in verschlagenem Ei (Eireste mit wenig Wasser) und anschließend in Semmelbröseln wenden, dann sofort in heißem Fett backen. Panieren begünstigt rasche und starke Krustenbildung beim Backen und verhindert Austreten von Saft, macht aber das Backgut fettreicher und dadurch schwerer verdaulich. Beliebt bei portioniertem Fleisch, Fischfilet, einigen Kartoffel- und Mehlspeisen. *Panieren*

Nahrungsmittel oder Speisen durch feines Sieb streichen. *Passieren*

Aufgeschlagene Eier in kochendes Essig-Salzwasser gleiten und leise kochen bzw. ziehen lassen, bis Eiklar geronnen ist (Verlorene Eier). *Pochieren*

Salzige oder süße, in festschließender Puddingform im Wasserbad gekochte Speise, die heiß gestürzt und sofort gereicht wird. *Pudding*

Pürieren Weiche Nahrungsmittel zu glattem Brei verarbeiten (z. B. Kartoffeln, Gemüse, Obst u. a. m.). Elektrischer Mixer ist dafür gut geeignet.

Ragout Gericht von kleinen, garen Fleisch-, Geflügel-, Wild- oder Fischstückchen, evtl. mit Pilzen und anderen Verbesserungszutaten, in pikanter Soße.

Rösten Lichtes oder stärkeres Bräunen in wenig heißem Fett zur Geschmacksverbesserung und Farbgebung unter häufigem Rühren oder Wenden. Anwendungsbereich für Zwiebeln, Wurzelwerk, Mehl oder andere Getreideprodukte, Semmelbrösel oder Semmelbröckchen, gekochte Kartoffeln u. a. m. Ein Garen durch Dünsten, Schmoren oder Kochen kann sich anschließen.

Schaumig rühren Einrühren bzw. Einschlagen von Luft zum Lockern. Elektrisches Handrührgerät beschleunigt und erleichtert die Arbeit.

Schaummasse Schaumig gerührte, eierreiche, oft fetthaltige Masse, die stark mit Luft angereichert ist, zur Lockerung. Einzelheiten siehe Kochlehre Seite 478.

Elektrische Küchenmaschine oder elektrisches Handrührgerät spart hierbei Zeit und Arbeit.

Schmoren Kräftiges Anbräunen in heißem Fett bei guter Hitze im offenen Geschirr und Garen unter Zugabe von wenig kochender Flüssigkeit im geschlossenen Geschirr (siehe Seite 28).

Spicken Anreichern von magerem Fleisch oder Fisch mit geräuchertem Speck zur Geschmacksverbesserung und Fettanreicherung. Entweder Einziehen feiner Speckstreifen mit Spicknadel z. B. bei Filet, Wild, Kalbsschlegel (streifenförmiges Spicken) oder kleine Speckkeile mit spitzem Messer in Fleischeinschnitte schieben (keilförmiges Spicken z. B. Rinderbraten). Zweckmäßiger ist das Belegen oder Umwickeln mit Speckscheiben, es erspart Arbeit und verhindert Saftverlust.

Stauben Binden mit trockenem Mehl. Bevorzugt bei einigen Gemüsen und gebundenen Suppen: Mehl trocken über das gare oder fast gare Gemüse (das nur wenig Flüssigkeit haben darf) streuen durchrühren, aufkochen lassen bzw. bei Suppen aufgießen und gar kochen lassen.

Steaks Portionierte Fleischscheiben mit besonders zarter Faser ohne Knochen, meist kurz gebraten oder gegrillt.

Kalb-, Hammel-, Schweine-, Reh- und Hirschsteaks werden jeweils aus dem Filet, dem ausgelösten Kotelettengrat oder auch aus dem Schlegel (Keule) geschnitten, jeweils etwa 1 1/2-2 cm dick.

Steaks von Ochsenfleisch werden aus dem Filet und aus dem Roastbeef geschnitten und haben jeweils verschiedene Bezeichnungen:

Filetbeefsteak: vorwiegend vom dicken Filetende, etwa 2 cm dick geschnitten.

Tournedos: vom Mittelstück des Filets geschnitten, 2–3 cm dick.

Chateaubriand: vom Mittelstück des Filets 4–6 cm dick geschnitten, für 2 Personen.

Filet mignon: vom dünnen Ende des Filets, gut 2 cm dick geschnitten.

Rumpsteak: Scheibe vom flachen Teil des Roastbeefs, etwa 1½–2 cm dick, auch Entrecôte genannt.

Entrecôte double: Scheibe vom flachen Roastbeef mit 3—4 cm Dicke, für 2 Personen.

Lendenschnitte: Scheibe vom flachen Roastbeef, etwa 1 cm dick geschnitten.

Gewürzte Kochbrühe von Fleisch, Fisch oder Gemüse.	*Sud*
Weiß- oder Schwarzbrotscheiben trocken ohne Fett beiderseitig lichtgelb rösten, so daß Oberfläche knusprig, das Innere aber weich bleibt, sofort frisch verwenden. Am günstigsten im elektrischen Toaströster oder behelfsmäßig auf heißer Elektroplatte toasten.	*Toasten*
Form- und sachgerechtes Zerlegen und Portionieren von gegartem Fleisch aller Art, einschließlich Wild und Geflügel.	*Tranchieren*
Siehe Gratinieren Seite 44.	*Überbacken, Überkrusten*
Gefäß mit kochendem Wasser zum Garen von Puddingen, empfindlichen Soßen und Cremes; auch zum Heißhalten empfindlicher Gerichte (z. B. legierten Soßen, feinen Gemüsen, Kartoffelbrei u. a. m.).	*Wasserbad*
Es enthält 1 dicke Scheibe oder ¼ Knolle Sellerie, 1 mittelgroße gelbe Rübe, 1 Petersilienwurzel, 1 kleine bis mittelgroße Stange Lauch; nach dem Waschen nur grob schneiden. Verwendung als „Suppengrün“ oder als Bratzutaten zur Geschmacksverbesserung von Brühe bzw. Soße.	*Wurzelwerk*
Garen in Flüssigkeit unter Siedetemperatur (75–95° C); siehe auch Seite 26.	*Ziehen lassen*
Rücken von Hase, Reh und Hirsch.	*Ziemer*
Zuckerfarbe aus stark karamelisiertem Zucker mit etwas Flüssigkeit gekocht und dadurch gelöst. Für dunkle Soßen, Wildsoßen etc. beliebt.	*Zuckercouleur*

Die Kunst des rechten Würzens

Die moderne Gewürzforschung steht noch in den ersten Anfängen. Vorliegende Forschungsergebnisse zeigen jedoch, daß Gewürze als geschmacklich optimale Zusätze durch ihre physiologische Wirkung Verdauung und Ausnutzung der Nahrung günstig beeinflussen können z. B. durch Begünstigung der Speichel- und Magensaftsekretion, durch Steigerung der Verdauungstätigkeit des Magens und des Dünndarmes und Intensivierung der Gallensekretion. Darüber hinaus konnte nachgewiesen werden, daß mit gezielter Gewürzanwendung die Beeinflussung von Herzschlagvolumen und Schlagfrequenz, von Blutdruck und Durchblutungsintensität der Körperoberfläche u. a. m. möglich ist. Eine praktische Auswertung solcher Erkenntnisse bedarf freilich noch eingehender und spezieller wissenschaftlicher Forschungen auf breiter Basis.

Immerhin aber bestätigten diese Forschungsergebnisse langjährige praktische Erfahrungen. Immer schon hat man die Güte einer Küche am guten und sorgfältigen Würzen erkannt und daran gemessen. Die rechte Auswahl, sinnvolle Anwendung und das rechte Maß sind dafür entscheidend, daß die Ergebnisse der Kochkunst uns schmecken und auch vom Körper freundlich aufgenommen und gut verwertet werden. Dafür gibt es kein Rezept nach Maß und Gewicht, es kommt vielmehr auf feines Geschmacksempfinden, etwas Fingerspitzengefühl, ein wenig Erfahrung und eigenes Können und vor allem auf Sorgfalt und Probieren an.

Grundsätzliche Empfehlungen:

Ratschläge für rechtes Würzen

1. *Mildes, aber sorgfältiges Würzen* bevorzugen, um den Eigengeschmack der Nahrungsmittel zu erhalten bzw. zur Geltung zu bringen. Zu scharfes Würzen überdeckt den Eigengeschmack und macht vielfach durstig, was unzweckmäßig ist.
In der Kost älterer Menschen spielt das sorgfältige Würzen eine besondere Rolle, um dadurch eine vermehrte Sekretion der Speicheldrüsen, des Magens und der Gallenwege anzuregen und dadurch die Verdauungsfunktionen zu fördern. Dies ist um so nötiger, als die Reizempfindlichkeit der Geruchs- und Geschmacksorgane im Verlauf des Alterungsprozesses abzunehmen scheint.

2. *Salz sparsam* verwenden – nachsalzen ist immer möglich, versalzene Speisen können nur schwer gemildert werden, z. B. durch etwas Rahm, Eigelb, Milch, evtl. Mitkochen von einigen rohen Kartoffelscheiben. Vollsalz (mit Spuren von Jod angereichertes Salz) nur bei bestehenden Jodmangelerscheinungen auf ärztl. Anraten bevorzugen. In der Regel wird Salz vor oder während des Garens zugefügt mit Ausnahme von Leber, Niere sowie zu bratenden oder zu grillenden portionierten Fleischgerichten, die erst nach dem Garen gesalzen werden. (Siehe einschlägige Kochlehre).

3. *Küchenkräuter* sind sehr *feinwürzig, vitaminreich* und *abwechslungsreich* in der Verwendung, sie sollten *viel häufiger, in größerem Umfang und vielseitiger* verwendet werden! Frisch verwendet haben sie den höchsten Aroma- und Vitaminwert, aber auch tiefgefroren und auch getrocknet sind sie eine wertvolle Hilfe.
In der Regel erfolgt die Zugabe frischer Kräuter erst kurz vor dem Anrichten, sie werden nicht oder nur kurz mitgegart mit wenigen Ausnahmen (siehe einzelne Kräuterarten).

4. *Gewürze* im engeren Sinn *je nach ihrer Würzkraft dosiert* verwenden. Bei Verwendung mehrerer Gewürze auf gute Geschmacksabrundung achten, Überdosis einzelner Gewürze vermeiden. Gewürze schmecken frisch gemahlen am besten, deshalb nur in kleinen Mengen, aber in guter Qualität kaufen, einzeln in Dosen dicht verschlossen aufbewahren, um Aromaverlust zu verhüten. Pfeffer am besten in kleiner Pfeffermühle jeweils bei Bedarf frisch mahlen.

5. *Fertige Speisewürzen, Würzsoßen, Streuwürzen* etc. sachkundig, überlegt und sparsam verwenden – Gebrauchsanweisungen vor der Verwendung lesen, evtl. vorher probieren! Spezielles siehe bei einzelnen Speisewürzen Seite 59/61.

Verwendungsübersicht von Würz- oder Küchenkräutern

Für gedünstete und gebratene Fleischgerichte, Hackfleischgerichte, warme und kalte Kräutersoßen, Kräutermischungen. Starkes Aroma, frisch und getrocknet in begrenzter Menge verwenden.	*Basilikum*
Für fette Braten, besonders Gänse- (auch gefüllt) und fette Schweinebraten, auch für Beizen. Frisch oder getrocknet in begrenzter Menge verwenden.	*Beifuß*
Frisch und getrocknet für Bohnengemüse und -salat, Hülsenfrüchte, Hammel- und Schweinefleisch. Starke Würzkraft, meist im ganzen verwenden, während oder nach dem Garen entfernen.	*Bohnen- oder Pfefferkraut*
Nur frisch verwenden für Gurkensalat, grüne Salate, kalte Kräutersoße. Erfrischendes, starkes Aroma!	*Borretsch oder Gurkenkraut*
Frisch für vielerlei Salate, besonders Gurkensalat, warme und kalte Soßen, Fischspeisen, salzigen Quarkaufstrich, Kräutermischungen, Kräuterbutter. Sehr erfrischendes Aroma, nicht mitkochen!	*Dill*

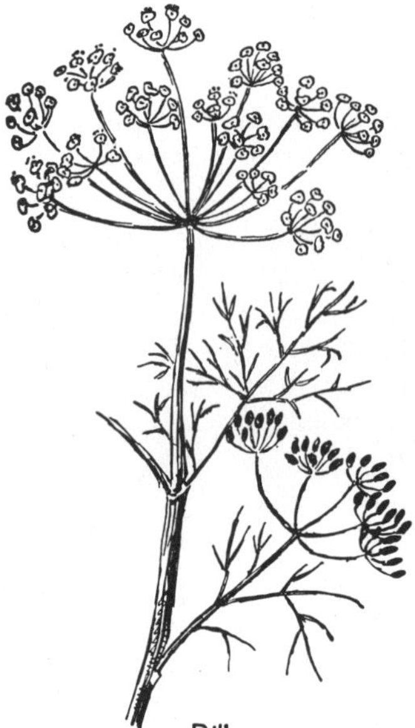

Dill

Borretsch

Liebstöckel

Bohnenkraut

Beifuß

Estragon

Majoran

Salbei

Zitronenmelisse

Thymian

Basilikum

Estragon Beliebt für Salatmarinaden, grüne Salate, Fisch- und Fleischspeisen und zur Aromatisierung von Essig: 1–2 Stengel in Essigflasche einlegen; frisch und getrocknet zu verwenden.
Intensives Aroma!

Kerbel Stets frisch verwenden für Kräuter- und Frühlingssuppen, Kräutersoße warm und kalt, zu Kräutermischungen für Kräuterbutter, Kräuterquark, rohe Salate.
Sehr aromatisch.

Liebstöckel oder Maggikraut Frisch für Wurzel-, Knochen- und Fleischbrühen, gekochte und gedünstete Fleischspeisen, Eintopfgerichte; es kann mitgegart werden.
Sehr intensives Aroma, in begrenzter Menge verwenden!

Majoran Grün und getrocknet für Kartoffelsuppe, Kartoffelgerichte vieler Art, Lebergerichte, Hackfleischteig, fette Braten, Wurst.
Sehr aromastark, bevorzugt getrocknet verwenden.

Oregano Wilder Majoran getrocknet, bevorzugt für Tomatengerichte, Eintöpfe, Pizza; sehr würzig, für Gerichte italienischer Geschmacksrichtung beliebt.

Petersilie Beliebtestes und meist verwendetes Küchenkraut für Suppen, Fleisch- und Fischgerichte, Fleischteig und Füllen, Gemüse und Salate, Eintopfgerichte, Eierspeisen, Soßen und Kartoffelgerichte, Quarkaufstrich, Kräuterbutter. Reich an Vitamin C und Eisen, zartem Aroma, am besten frisch oder tiefgefroren verwenden.

Pimpinelle Geeignet für Salatmarinade, Beize, Fischspeisen, Kräutersoßen kalt und warm, Kräutermischungen; zum Aromatisieren von Kräuteressig: 1–2 Zweiglein in Essigflasche legen. Nur frisch verwenden!

Rosmarin Vorzüglich für Kalbfleisch, Hammelfleisch, Geflügel, für Gerichte italienischer Geschmacksrichtung beliebt, besonders für Marinaden, Beizen, für Wildbraten und Fleischgerichte nach Wildbretart, Ragouts u. a. m.; frisch und getrocknet zu verwenden.
Mildes, herbwürziges Aroma.

Salbei Bevorzugt für Lebergerichte, Hammelfleisch, Wild gedünstet und gebraten, gegrillte Spießchen, Fischspeisen, Kalbfleisch, für alle pikanten Soßen italienischer Geschmacksrichtung. Milder, aber würziger Geschmack; frisch und getrocknet zu verwenden.

Sauerampfer Für grüne Suppen und grüne Kräutersoßen aller Art mit anderen Kräutern gemischt, allein für Suppe oder Soße. Nur junge Blätter frisch verwenden!

Selleriekraut
In Brühe kurz mitkochen – stark würzend!

Schnittlauch
Reich an Vitamin C und Eisen, nur frisch und roh verwenden für Suppen, grüne Soßen, Eierspeisen, Salate verschiedener Art, Quark- und Butteraufstrich, einige Gemüse, Rohkost.

Thymian
Würziges Aroma für Schweine- und Hammelfleisch (gedünstet wie gebraten), Wild, Geflügel, Hackfleischgerichte, feine Ragouts, warme Tomatengerichte, Kartoffelgerichte, Fisch, würzige Eintöpfe.
Frisch oder getrocknet, sparsam verwenden.

Zitronenmelisse
Zitronenähnliches, kräftiges Aroma, nur frisch in kleiner Menge verwenden für Fischspeisen, Salatmarinaden, grüne Soßen, zu Kräutermischungen, Kräuterbutter.

Kräutermischungen
Sie sind besonders beliebt für kalte und warme grüne Soßen, Kräuterbutter, Salatmarinaden und Kräutersuppen. Sie können aus verschiedenen Kräutern nach Wahl zusammengestellt werden, z. B. Borretsch, Dill, Estragon, Kerbel, Petersilie, Pimpinelle, Schnittlauch und Zitronenmelisse. Menge je nach Würzkraft der einzelnen Kräuter.

Verwendungsübersicht von in- und ausländischen Gewürzen

Anis
Getrocknet für Kuchen, Kleingebäck, Likörherstellung und Teebereitung (wirkt gegen Blähungen).
Deutsche Ware ist kleinkörnig, dunkelfarbig, spanische Ware ist schlanker, größer und heller.
Starker, aromatisch-süßlicher Geschmack und Geruch durch den Gehalt an Anisöl.

Cayennepfeffer, Chillies
Aus Südamerika, West- und Ostafrika und Hinterindien kommend; aus kleinen roten bis gelbroten Früchten, den Chillies (kleine Paprikaart) gewonnen, die sehr reich an Capsaicin sind. Sehr scharf, vorsichtig verwenden, nur für pikant-scharfe Soßen, unzerkleinert zu Mixed Pickles.

Curry
Eine Mischung von zahlreichen gemahlenen, tropischen Gewürzen wie Kurkuma, Kardamom, Pfeffer, Ingwer, Piment, Zimt, Gewürznelken, Muskatblüte, Cayennepfeffer, Koriander, Kümmel, Senfsamen u. a. m. Für Reisgerichte, Geflügel, Hammelfleisch, Fisch, pikante Soßen u. ä. beliebt. Sehr scharf, gut verschlossen aufbewahren.

Fenchel
Als Gewürz für Brot, Gebäck, Tee- und Likörherstellung verwendet. Anisähnliches, süßliches Aroma durch den Gehalt an Fenchelöl. In Italien und Frankreich als Gemüsepflanze kultiviert.

Gewürzkörner Siehe Piment.

Ingwer Die getrocknete Wurzel der Ingwerpflanze; Jamaika-Ingwer ist die beste Sorte, China-Ingwer wird meist zu kandiertem Ingwer verarbeitet.
Gemahlener Ingwer ist Gewürz für Lebkuchen, Printen und ähnliches Gewürzgebäck, z. T. auch für Reis, Gulasch verwendet; ganzer Ingwer dient als Gewürz bei der Herstellung von eingemachtem Kürbis, eingemachten Birnen mit Ingweraroma.
Würziger, aromatischer, scharfer Geschmack.

Kapern Sie sind die Blütenknospen des Kapernstrauches, vorwiegend von den Mittelmeerküsten Südfrankreichs und Spaniens, in Essigbeize haltbar gemacht. Je kleiner die Kapern, desto besser ist die Qualität.
Feine, pikante, aber milde Würze für Ragout, Frikassee, warme und kalte Soßen, Mayonnaise, gemischte feine Salate, kalte Eiergerichte, auch beliebt zu Garnituren.

Kardamom Samenkerne aus den Früchten des Kardamomstrauches, eines Ingwergewächses gewonnen, das in Indien und Ceylon heimisch ist; Malabar-Kardamom ist am hochwertigsten. Die kurz vor der Reife geernteten und getrockneten Fruchtkapseln umschließen die Samenkerne, die die Würzstoffe enthalten; meist werden die ganzen Früchte vermahlen.

Verwendung zu Lebkuchen und ähnlichem Gewürzgebäck, ist auch in gemischtem Backgewürz meist enthalten.
Sparsam verwenden, da starkes Aroma.

Knoblauch Knoblauchzwiebeln werden in Franken und Südeuropa angebaut. Die Zwiebeln bestehen aus mehreren weißen Zehen. Verwendung für fette Braten, Hammelfleisch, würzige Eintopfgerichte, gegrilltes Fleisch, einige Gemüse, auch für grünen Salat (nur Salatschüssel mit Zehe ausreiben). Knoblauch hat sehr intensiven, zwiebelähnlichen Geschmack und diätetische Wirkung; sehr sparsam verwenden. In der Regel Zehe vor der Verwendung mit wenig Salz fein zerdrücken.

Koriander Ein einheimisches Samengewürz, in Franken und Württemberg angebaut; gemahlen als Lebkuchengewürz verwendet.

Kümmel Die Kümmelpflanze ist ein Doldenblütler, wächst in Europa wild auf Wiesen, wird jedoch auch feldmäßig in Kulturen angebaut z. B. in Ostfriesland, Holland, Rußland u. a. m. Die Früchte sind mehrsamige Schließfrüchte und zerfallen bei der Reife in die beiden Teilfrüchte, die als beliebtes Gewürz verwendet werden. Gute Ware ist hellfarbig und reich an ätherischem Kümmelöl.

Beliebtes Gewürz für Brot, Käse, Quark, Schweinebraten, Hammelfleisch, verschiedene Kartoffel- und Weißkrautgerichte, Irish Stew, Rotrübensalat, Brennsuppe, dunkle Soße, salziges Gebäck, Kümmeltee und Likör.

Kümmel hat kräftiges Aroma und verdauungsfördernde, entblähende Wirkung.

Lorbeerblätter

Die getrockneten, dunkelgrünen, lederartigen Blätter des in allen Mittelmeerländern heimischen edlen Lorbeerbaumes werden aus der Türkei, Griechenland und Italien eingeführt. Getrocknete Lorbeerblätter sollen möglichst grüne Farbe haben und frei von Stielen sein. Der Gehalt an Lorbeeröl bedingt ihren aromatischen Duft und ihren würzigen, leicht bitteren Geschmack.

Beliebt für Beizen, Fischsud, Wildbraten und Braten auf Wildart, Ragouts, Sauerbraten, dunkle Soßen.

Sparsam verwenden, da aromastark.

Muskatblüte, Macis

Macis oder Muskatblüte ist der fleischige, getrocknete Samenmantel der pfirsichähnlichen Früchte des echten Muskatnußbaumes, der auf den Molukken heimisch ist, aber auch in tropischen Gebieten Asiens, Mittel- und Südamerikas angebaut wird. Die getrockneten Samenmäntel haben feine dünne Lappen, sind hornartig, orangengelb, etwas bitter schmeckend, feinwürziger als Muskatnuß. Beste Sorte ist Banda-Macis. Verwendung als Lebkuchengewürz, evtl. zu Pasteten.

Muskatnuß

Der Kern der pfirsichähnlichen Frucht des echten Muskatnußbaumes (siehe Macis). Beste Sorte ist die runde Banda-Nuß, die etwas größere, längliche Papua-Nuß hat geringeren Würzwert. Der weiße Belag ist durch Kalkung bedingt.

Kräftiges, bitter-würziges Aroma, in der Regel nicht mitkochen, sparsam anwenden. Das im Muskatöl enthaltene Myristizin wirkt bei einer Muskatmenge von 5 g giftig.

In kleiner Menge beliebt für einige Gemüse wie Wirsing, evtl. Blumenkohl, einige Suppeneinlagen z. B. Grießnockerl, Fleischteig, auch für Lebkuchen.

Nelken

Getrocknete Blütenknospen des Gewürznelkenbaumes, von den Molukken stammend. Sie enthalten das hocharomatische, ätherische Nelkenöl. Ölreiche Nelken sind voll, schwer, das Blütenköpfchen darf nicht herausgebrochen sein. Gute Nelken sinken im Wasser oder schwimmen mit dem Köpfchen nach oben, alte Ware schwimmt waagrecht.

Hauptausfuhrgebiete außer den Molukken sind Madagaskar, Sansibar, Pemba, Réunion und die Antillen.

Ganze Nelken werden verwendet zu Beizen, Wildgerichten, Fleisch auf Wildart, Blaukraut, eingemachten Birnen, Kürbissen und Zwetschgen, Glühwein und Likör. Gemahlene Nelken sind beliebt für Lebkuchen und gewürzreiches Kleingebäck verschiedener Art.

Starke Würzkraft, sparsam verwenden.

Paprika Aus den leuchtend roten, kleinen, getrockneten Schotenfrüchten der einjährigen Gewürzpaprikapflanzen durch Vermahlen gewonnen, vorwiegend aus Südosteuropa bezogen. (Für Gemüse werden milde, großfruchtige Sorten bevorzugt). Die Früchte sind reich an Vitamin C und Karotin; der brennend scharfe Geschmack ist durch den Gehalt an Capsaicin bedingt, das hauptsächlich in den Scheidewänden und Samen der Früchte liegt, während das Fruchtfleisch mild schmeckt. Verschiedene Sorten haben unterschiedliche Schärfe, z. B.:

Delikateß-Edelsüß: mild, ohne Schärfe, aromatisch, hellrot, nur aus Fruchtfleisch und wenig Scheidewänden und ohne Samen hergestellt.

Edelsüß-Paprika: ist schärfer, die Farbe etwas dunkler, Scheidewände werden mitvermahlen.

Halb-süß-Paprika: ist würzig bis scharf, von dunkelroter Farbe, nicht so fein gemahlen.

Rosen-Paprika: ist scharf, die Farbe matt, die ganze Frucht wird vermahlen.

Scharf-Paprika: ist die geringste Qualität, sehr scharf, Farbe braunrot, vorwiegend aus Scheidewänden und weniger guten Früchten hergestellt.

Paprika ist beliebtes Fleischgewürz, besonders für Gulasch, Geflügel, Pfannen- und Grillgerichte, Käse- und Quarkspeisen. Nicht in heißes Fett geben, da die rote Farbe sehr rasch in Braun übergeht.

Pfeffer Schwarzer Pfeffer stammt von den unreifen, ungeschälten, weißer Pfeffer von den vollreifen, geschälten Früchten des Pfefferstrauches aus tropischen Ländern wie Indien, Brasilien, Java, Sumatra u. a. m. Das brennend scharfe Piperin und der Gehalt an ätherischem Pfefferöl bestimmen den Würzwert und die Schärfe des Pfeffers. Weißer Pfeffer ist milder und aromatischer, auch teurer als schwarzer Pfeffer. Am besten ist das Aroma frisch gemahlener Pfefferkörner (Pfeffermühle).

Pfefferkörner werden verwendet für Beizen, Wildgerichte, Fischsud; gemahlener Pfeffer ist geschätzt für viele Fleisch-, Geflügel-, Wild- und Fischgerichte; für einzelne Gemüse, Suppen und Soßen sowie Salate nur in Auswahl und nach persönlichem Geschmack.

Pfeffer wirkt verdauungsfördernd, bei Verwendung jeweilige Schärfe berücksichtigen, sparsam verwenden, Vorsicht bei Krankenkost.

Piment, Nelkenpfeffer Gewürzkörner

Es sind die unreifen, getrockneten Beerenfrüchte des Pimentbaumes, meist aus Mexiko und Jamaika kommend. Der Würzwert wird durch den Gehalt an ätherischem Pimentöl bestimmt. Das Aroma ist würzig und erinnert gleichzeitig an Nelken, Pfeffer und Zimt, deshalb oft auch „Allgewürz" genannt. Gewürzkörner sind beliebt für Beizen, Fischsud, Ragouts, Wildbraten, Fleisch auf Wildart, Sauerbraten. Gemahlener Piment ist geschätzt für Gewürzlebkuchen.

Safran

Ein sehr teures Gewürz, aus den Griffeln der Blüte des Safrankrokus gewonnen, rot-orangefarben, stark färbend, mild-bitteres Aroma. Beliebt für Reisgerichte und Hammelfleisch.

Senfkörner

Gelbe Senfkörner stammen von der heimischen Familie der Kreuzblütler (Sinapsis alba) und sind milder als schwarze. Gelbe Senfkörner werden verwendet zu Marinaden, Beizen, zum Einmachen von Gurken und werden außerdem vorwiegend zu Senfmehl für Senfbereitung verarbeitet. Über Senf siehe Seite 59/60.

Vanille

Die geschlossene, nicht ausgereifte, fermentierte Kapselfrucht oder Schote einer tropischen Orchidee mit dem Aromastoff Vanillin. In geschlossenen Behältnissen scheiden sich mitunter Teile des Vanillins als seidenhaarartige, feinste Kristallnadeln aus und die Schote überzieht sich damit.
Beste Qualitäten sind mexikanische und Bourbon-Vanille. Samenkernreiche, weiche, lange aber dünnschalige, fettglänzende Schoten sind bevorzugt.
Vanilleschote ist sehr geschätzt für alle Arten von Süßspeisen, süße Soßen, Gebäck und zur Selbstherstellung von Vanillezucker (durch Einlegen der gespaltenen Schote in Zucker).
Vanille besitzt feinstes, stark duftendes Aroma, stets gut verschlossen, jedoch nicht zu lange aufbewahren.

Vanillinzucker

Er besteht aus Zucker und synthetischem Vanillin; durch monatelanges Lagern erfolgt Schwund des Vanillins. Er wird häufig als Ersatz von Vanilleschote verwendet.

Wacholderbeeren

Es sind die erbsengroßen, runden Scheinbeeren (Beerenzapfen) des Wacholderstrauches, der in Berg- und Heidelandschaften Europas wächst; die Früchte reifen erst im zweiten Jahr, sind dunkelviolett bis schwarzbraun und leicht bereift, enthalten das ätherische Wacholderbeeröl und sind zuckerreich. Ihr würziger, aromatischer, süßlichbitterer Geschmack macht sie zu einem beliebten Gewürz für Wildfleisch, Fleisch auf Wildart, Beizen, Sauerkraut, Soßen und Fischsud. Wacholderbeeröl dient auch zum Aromatisieren von Wacholderbranntwein. Wacholderbeersaft findet medizinische Verwendung.

Wacholderbeeren in der Regel ganz verwenden; zum Würzen von Fleisch Beeren zerdrücken, Fleisch damit leicht einreiben.

Zimt Die getrocknete Rinde von jungen oder mehrjährigen Trieben des immergrünen Zimtbaumes ist als Stangenzimt und gemahlen in Verwendung: Zimtstangen für Kompott, Glühwein, Soßen, Punsch, Obstsuppen; gemahlen für Süßspeisen verschiedener Art und Gebäck.

Ceylon-Zimt oder *Kaneel* stammt von jungen, 1–2jährigen Schößlingen. Zimtstangen davon sind doppelseitig gerollt; je dünner und feiner die Stangen, um so besser ist die Qualität. Kaneel ist hoch aromatisch, würzig und süßlich, reich an ätherischem Zimtöl und von gelbbrauner Farbe.

Kassia-Zimt aus Südchina, Indonesien und Sansibar kommend, stammt von 6–10jährigen Zweigen, der Geschmack ist kräftig, würzig, mehr scharf und herb. Zimtstangen hiervon sind einseitig gerollt und von rotbrauner bis grauer Farbe.

Zitronen Deutschland führt Zitronen vor allem von Italien, Sizilien, z. T. von Spanien, Griechenland, Israel und Kalifornien ein. Mit Fremdstoffen behandelte Zitronen sind kennzeichnungspflichtig, ihre Schale ist zum Verzehr nicht geeignet. Der Zitronenbaum trägt Knospen, Blüten, unreife und reife Früchte oft gleichzeitig während des ganzen Jahres. Sommerzitronen haben oft leicht grünliche, etwas derbere Schale und sind weniger haltbar als die gut haltbaren, dünnschaligen, gelben Winterzitronen. Aber auch grüne Zitronen können reif und vollwertig sein, sie können durch besonderes Verfahren entgrünt werden. Kennzeichen der Reife ist der Glanz der Schale. Zitronensaft enthält bis zu 8% Zitronensäure und ist reich an Vitamin C; die Schale enthält das aromatische ätherische Zitronenöl. Große, saftreiche, dünnschalige und kernarme Früchte bevorzugen. *Zitronenschale* nur von reifen, nicht mit Fremdstoff behandelten Früchten verwenden. Früchte gut waschen, dünn schälen oder abreiben. Beliebt für Gebäck aller Art, Süßspeisen, Kompotte, süße Suppen und Soßen, Getränke, auch für Beizen, Fischsud und Fleischteige. *Zitronensaft* ist unentbehrlich für Obst- und Süßspeisen vielerlei Art, Soßen, Ragouts, Fischspeisen, Getränke, Salate. Zitronen vor dem Auspressen leicht durchwalken, damit sie den Saft leichter abgeben; Zitronensaft wegen seines Aromas und Vitamin C-Gehaltes nach Möglichkeit nicht kochen lassen!

Zwiebeln Sie sind ein unentbehrliches Würz- und Verbesserungsmittel für fast alle Brühen, Fleisch- und Fischgerichte in verschiedenster Zubereitung, Gemüse und Salate, Suppen und Soßen, Beizen und Marinaden; auch für Quarkaufstrich und Kartoffelgerichte beliebt. Zwiebeln sind reich an Vitamin C und sehr gesund, wirken besonders roh verdauungsfördernd, jedoch ist ihre Bekömmlichkeit individuell verschieden. Durch ihren Zuckergehalt bräunen sie rasch in heißem Fett. Küchenzwiebeln werden in verschiedenen Sorten mit verschiedenen Formen, Farben und in verschiedener Schärfe angeboten: die länglichen blauen Zwiebeln sind zarter und milder als die gelbschaligen; Schalotten, länglich-eiförmig und aus mehreren Teilzwiebeln bestehend, haben besonders milden Geschmack; die kleinen, weißen, runden Perlzwiebeln sind in der feinen Küche geschätzt und werden zu Mixed Pickles verwendet und in gewürztem Essig konserviert. Große, sehr milde Zwiebeln werden als ausgesprochene „Gemüsezwiebeln" geschätzt.

Sonstige Würzen

Essig

Essig kann sowohl durch Essigsäure aus weingeisthaltigen Flüssigkeiten („Gärungsessig") sowie durch Verdünnen von Essigsäure mit Wasser („Essig aus Essigsäure") hergestellt werden.

Essig enthält als wesentlichen Bestandteil einen auf mindestens 5 g und höchstens auf 15,5 g in 100 g begrenzten Anteil an wasserfreier Essigsäure (lt. Verordnung v. 25. 4. 72). Jeder Essig ist durch Angabe der Ausgangs- und Rohstoffe und durch Angabe des Gehalts an Essigsäure (in g oder %) zu kennzeichnen. Essig über 11% Essigsäure darf nur in verschlossenen Behältnissen abgegeben werden, welche den Warnhinweis tragen müssen: „Vorsicht! Nicht unverdünnt genießen!"

5%iger Essig gilt als küchenfertig, Essig mit höherem Gehalt an Essigsäure wird vor der Verwendung entsprechend verdünnt.
Essig für die Küche soll *„Gärungsessig"* sein, d. h. auf biologischem Wege durch Gärung aus Wein oder Branntwein (Sprit) hergestellt sein.

***„Echter Weinessig"* ist die beste, sehr aromatische Essigsorte, aus reinem Wein hergestellt.**

***„Weinessig"* ist eine Mischung von Branntweinessig mit einem Anteil von 40% oder 20% echtem Weinessig. Der Anteil an echtem Weinessig beeinflußt Aroma und Preis und muß deshalb auf der Flasche angegeben sein, die Mischung darf als „Weinessig" bezeichnet werden.** Der Gehalt an Essigsäure kann 5%, 7%, 10% oder bis höchstens 11% (Doppelessig) betragen.

***„Kräuteressig"* ist in der Regel „Weinessig" mit 20 oder 40 Hundertteilen reinem Weinessig und entsprechendem Anteil Spritessig, der** einen natürlichen Auszug von Kräutern (z. B. Estragon, Wacholder, Dill u. a. m.) enthält und besonders würzig schmeckt; eine Aromatisierung mit künstlichen Geschmackstoffen ist verboten.

„Branntweinessig" oder *„Spritessig"*, aus Sprit hergestellt, ist auch Gärungsessig; der Gehalt an Essigsäure kann 5% oder 10%, höchstens bis 11% betragen.

*„Essig aus Essigsäure"**) oder aus „Essigessenz"*) enthält auf chemisch-synthetischem Weg gewonnene Essigsäure und hat keine natürlichen Aromastoffe wie der Gärungsessig.

Senf oder Mostrich

Senf macht schwere, fette Speisen bekömmlicher und fördert die Verdauung. Verwendung zu kaltem Braten und Wurst, gefüllten Eiern,

---

*) *„Essigsäure"* oder *„Essigessenz"*, die an Haushalte zur Verwendung als Lebensmittel abgegeben wird, darf nur 15,5 bis höchstens 25% wasserfreie Essigsäure enthalten lt. Verordnung vom 25. 4. 1972. Sie darf nur in besonderen Behältern, verschlossen, mit Beschilderung und mit dem Warnhinweis: „Vorsicht! Nicht unverdünnt genießen!" verkauft werden. Konzentriertere Essigsäure oder Essigessenz darf wegen ihrer lebensgefährlichen ätzenden Wirkung nicht mehr an Haushalte abgegeben werden.

zu Soßen, Salatmarinaden, zum Bestreichen von Hammelfleisch vor dem Braten.

Je nach der Schärfe sind verschiedene Geschmacksrichtungen zu unterscheiden: mild-süß, mild, leicht scharf, mittelscharf, scharf, sehr scharf. Je nach Zugabe von Gewürzen, Kräutern, Tomaten, Meerrettich, Sardellen oder Wein erhält er eine besondere Geschmacksrichtung, die in der Regel angegeben ist. Brauner Senfsamen ergibt schärferen Senf als gelber.

Stets verschlossen, kühl und vor Licht geschützt aufbewahren, nicht mit oxydierbarem Metall in Berührung bringen (Geschmacksveränderung).

Fleischextrakt Es ist der eingedickte, fett-, myogen- und leimfreie Wasserauszug aus frischem Muskelfleisch von Schlachttieren, vorwiegend Rindern und Schafen. Fleischextrakt ist ungesalzen, ungewürzt, entfettet und enthält vor allem die geschmackgebenden Stoffe des Fleisches. Verwendung als Würze für Suppen und Soßen, entsprechend verdünnt auch zur Herstellung von Bouillon.

Fleischbrühwürfel Sie enthalten außer Fleischextrakt Auszüge von Suppenkräutern, Gemüse, evtl. Pilzen und Kochsalz, evtl. auch Fett.

Hühnerbrühwürfel enthalten den Extrakt und evtl. Fett von Hühnerfleisch stammend.

Hefeextrakt Er wird aus entbitterter Brauerei- oder Brennereihefe hergestellt, ist reich an Eiweiß, Mineralstoffen und Vitamin B-Faktoren. Der würzige, fleischbrühähnliche Geschmack macht ihn zu einem wertvollen Würzmittel. Verwendung wie Fleischextrakt.

Suppen- oder Speisewürzen Suppen- oder Speisewürzen werden aus eiweißhaltigen, pflanzlichen oder tierischen Stoffen (z. B. Hülsenfrüchten, Getreidekleber, Blutmehl, Fleischmehl u. a. m.) hergestellt und enthalten in der Regel Auszüge aus Suppenkräutern, Gemüsen, Gewürzen und Kochsalz. Sie kommen in Originaltropfflaschen flüssig oder als Würzpasten in den Handel. Verwendung wie Fleischextrakt; sparsam verwenden, da sehr ausgiebig!

Spezielle Würzmischungen Spezielle Würzmischungen wie z. B. für gebratenes Fleisch, für Fleischgerichte in heller Soße oder für Geflügel- bzw. Fischgerichte u. a. m. können als Streuwürzen nach Aufdruck verwendet werden.

Glutamat Es ist ein Natriumsalz der Glutaminsäure (Aminosäure) – aus Weizenkleber, Sojamehl und Rückständen der Rübenzuckergewinnung gewonnen. Es hat leicht fleischbrühähnlichen Geschmack, wirkt geschmackverstärkend, ist trocken, weiß und leicht löslich. Verwendung für Suppen, Soßen, evtl. auch für Gemüse; kein eigentliches Gewürz.

Tischfertige Würzsoßen, Dressings

Tomatenketchup wird gerne verwendet zu warmem oder kaltem, gebratenem oder gekochtem Fleisch, Eierspeisen, Teigwaren, Suppen, Soßen, Salaten, Ragouts und zu gegrillten Gerichten.

Tomatenketchup wird aus aromatischen, reifen, gedämpften, passierten Tomaten unter Zusatz von Würzmitteln hergestellt, doch ist die Würzung mild, so daß der feine Tomatengeschmack vorherrscht; vom Tomatenmark unterscheidet es sich durch die Würzung.

Tomaten-Chutney darf nicht mit Tomtenketchup verwechselt werden; es wird ähnlich hergestellt, doch hat es nicht den feinen aromatischen Geschmack, ist schärfer gewürzt und enthält auch Tomatenkerne. Verwendung anstelle von Tomatenketchup möglich, doch ohne dessen Qualität.

Worcester-Soße wird nur tropfenweise (scharf) zum Würzen von pikanten Fleisch- und Fischgerichten, feinen Ragouts, Soßen und Suppen verwendet. Tropfflasche vor Gebrauch jeweils schütteln, da die Soße gemahlene Gewürze enthält. Sie wird aus Weinessig, Sherry, Tamarindenmus, Tomatenmark, Meerrettich, Schalotten, Knoblauch, Salz, Zucker und vielerlei Gewürzen nach speziellen Herstellerrezepten bereitet.

Chilli-Soße, eine sehr scharfe, feurig brennende Soße, aus Mus von Chillies und Tomaten hergestellt, wird nur selten und von Liebhabern für scharfe Fleisch- oder Fischgerichte in sehr geringer Menge verwendet.

Tabasco-Soße, gleichfalls aus Chillies sowie Essig und Salz hergestellt, ist ebenfalls eine sehr scharfe Würzsoße, nur sparsam tropfenweise zu verwenden für pikante Fleischgerichte z. B. Gulasch, evtl. für scharfe Soßen, für Austern und einige scharfe Cocktails.

Sojasoße, aus Ostasien stammend, wird in Japan und China in verschiedener Geschmacksrichtung hergestellt. Sie ist ein Gärungsprodukt aus Sojabohnen mit aromatisch-würzigem Geruch und Geschmack, bevorzugt für Reis-, Fleisch- und Fischgerichte.

Cumberland-Soße besteht aus Johannisbeergelee, Rotwein, feingewiegter Orangenschale, Senf, Zitronensaft, etwas Salz und evtl. Zucker; sie kann leicht selbst hergestellt werden. Sehr wohlschmeckend zu Wildbraten, zu kaltem Fleisch.

Mango-Chutney, eine scharf süß-saure, stark würzige Spezialität aus Mangofrüchten mit vielerlei Würzzusätzen; von Kennern geschätzt zu Rind-, Lamm- und Geflügelfleisch.

Barbecue-Sauce, eine sehr würzige Soße mit reichlich Tomatenmark, die leichten Rauchgeschmack hat; für gegrilltes oder kurz gebratenes Fleisch.

Rationalisierung der Küchenarbeit
Bedeutung der Grundrezepte

Rationalisierung aller Arbeit, auch der Küchenarbeit steht im Dienste der Arbeitserleichterung, der Arbeitsvereinfachung und der Zeitersparnis. Die moderne Wirtschaft bietet dafür eine Fülle von Möglichkeiten: zweckmäßige Küchenausstattung und Arbeitsplatzgestaltung, erprobte Arbeitsgeräte und Maschinen mannigfacher Art, Herde mit automatisch arbeitenden Thermostaten und Zeitschaltern, schließlich eine Reihe von küchen- oder sogar tischfertigen Gerichten in hygienisch einwandfreier Verpackung.

Die in diesem mannigfachen Angebot vorgeleistete Arbeit muß aber bezahlt werden und erfordert deshalb überlegte Wahl und sinnvollen Einsatz. Dazu sind kritisches Urteilsvermögen, selbständiges Abwägen von Vor- und Nachteilen, Erfassen von inneren Zusammenhängen und zweckentsprechende Handhabung und damit Erwerb von Erfahrungen wichtige Voraussetzung. Erhöhte Rationalisierung erfordert erhöhte Denkleistung. Diese beginnt zweckmäßig immer wieder bei der eigenen kritischen Arbeitskontrolle und Arbeitsverbesserung.

Aus dieser Auffassung hat das Bayerische Kochbuch schon immer eine Vereinfachung und Vereinheitlichung einer Vielzahl von Rezepten erstrebt, hat nach einer Ordnung gemäß innerer Zusammengehörigkeit gesucht: *Grundrezepte waren und sind das Gerüst dieses Lehrbuches.*

Grundrezepte erleichtern die Küchenarbeit

Grundrezepte geben die notwendigen Zutaten und ihre Mengen im richtigen Verhältnis zueinander an; sie führen durch Grundregeln für die Vor- und Zubereitung zu richtigem Arbeitsablauf und gewährleisten dadurch ein sicheres und gutes Gelingen.

Jedes Grundrezept enthält demnach:

Grundzutaten und ihre Mengen – ihr richtiges Mengenverhältnis ist Voraussetzung für gutes Gelingen.

Verbesserungszutaten und ihre Mengen – sie können innerhalb gewisser Grenzen etwas verändert werden, wodurch Rezepte verbessert oder vereinfacht werden können.

Geschmackszutaten und ihre Mengen – sie können nach eigenem Geschmack variiert, geändert und ausgetauscht werden, ohne das Gelingen zu gefährden.

Grundregeln für die Vor- und Zubereitung einschließlich Formgebung und Garen; sie sichern die richtige Arbeitsfolge, schonende Zubereitung und gutes Gelingen.

Grundrezepte sind in diesem Buch, sofern nicht anders angegeben, für 4 Personen berechnet und können dadurch leicht für jede beliebige Personenzahl umgerechnet werden.

Die Abwandlungsmöglichkeit von Grundrezepten ist außerordentlich vielfältig: durch Austausch im Bereich der Geschmackszutaten können sehr unterschiedliche Geschmacksrichtungen erzielt werden, durch Änderung der Mengen der Verbesserungszutaten können die Gerichte verschiedentlich verbessert, damit natürlich auch verteuert oder aber auch einfacher und dadurch billiger gestaltet werden – dies freilich nur in begrenztem Rahmen; durch Wandel in der Formgebung oder in der Garmachungsart entstehen wiederum neue Gerichte. Das Grundrezept mittelfester Hefeteig ist für die Bedeutung der Grundrezepte besonders einleuchtend – mehr als 30 verschiedene Gerichte und Gebäckarten lassen sich von diesem Grundrezept auf vorgenannte Weise selbständig ableiten, ohne das Gedächtnis zu belasten. Grundrezepte erleichtern also die Küchenarbeit wesentlich, führen auch Anfängerinnen rasch zu einer gewissen Sicherheit, Selbständigkeit und Unabhängigkeit vom gedruckten Rezept und erleichtern die Übersicht. Sie sind deshalb eine wertvolle und unentbehrliche Arbeitshilfe in der Küche, die aber gleichzeitig individuellen Gestaltungsmöglichkeiten breiten Raum gewähren.

Aus diesem Grunde sind die Grundrezepte im Bayerischen Kochbuch besonders herausgestellt; die abzuleitenden Gerichte schließen sich in der Regel an oder es ist in den Rezepten auf das zuständige Grundrezept verwiesen.

Grundmengen an Nahrungsmitteln pro Mahlzeit

(Durchschnittswerte)

	für 1 Person:	für 4 Personen:
Suppe als Vorgericht	1/4 l	1 l
Suppe als Hauptgericht	1/2 l	2 l
Fleisch mit Knochen	150-200 g	600-750 g
Fleisch ohne Knochen	100-150 g	400-600 g
Fleisch als Steak ohne Knochen	150 (200) g	600 (800) g
Hackfleisch je nach Semmelzugabe	75–125 g	300–500 g
Huhn (gebraten)	250 g	1000 g
Fisch im ganzen mit Gräten	200-250 g	1000 g
Fischfilet	150-200 g	600-750 g
Gemüse als Beilage (Frischgemüse)	200-250 g	750-1000 g
Gemüse tiefgefroren	ca. 150 g	ca. 600-750 g
Gemüse sterilisiert (Füllgut)	ca. 150 g	ca. 600-750 g
Gemüse als Rohsalat (je nach Gemüseart)	100-150 g	400-600 g
Kartoffeln als Beilage	200-250 g	750-1000 g
Teigwaren als Beilage	65-75 g	250-300 g
Teigwaren als Hauptgericht	75-100 g	300-400 g
Teigwaren als Suppeneinlage	15 g	60 g
Reis als Beilage	65-75 g	250-300 g
Reis als Hauptgericht	75-100 g	300-400 g
Reis als Suppeneinlage	15 g	60 g
Reis als Süßspeise	50-65 g	200-250 g
Soße i. D.	1/8 l	1/2 l
Bratensoße	2-3 Eßl.	1/8-1/4 l
Obst frisch je nach Art	125-250 g	500-1000 g
Flüssigkeit für Süßspeisen (als Nachtisch)	1/8 l	1/2 l
Flüssigkeit für Getränke	knapp 1/4 l	ca. 1 l

Die obigen Mengen sind allgemeine *Richtwerte*, die u. U. besonderen Bedürfnissen anzupassen sind durch Reduzierung oder evtl. auch Erhöhung obiger Durchschnittswerte. Die Berücksichtigung der jeweiligen Wirtschaftslage muß durch überlegten Einkauf unter Beachtung der Marktverhältnisse und preiswerter Marktangebote etc. erfolgen.

Messen und Wiegen

Gutes Gelingen hat die Genauigkeit der Rezepte zur Voraussetzung. Diese verlangt die Mengenangabe in Gramm. Bei feinen und empfindlichen Gerichten, insbesondere bei Backwaren, ist deshalb *genaues Abwiegen* notwendig. Bei einfacheren Gerichten jedoch empfiehlt sich im Interesse der Arbeitsvereinfachung statt des Wiegens das *Abmessen* aufgrund folgender Maße und Gewichte:

	1 gestrichener Teelöffel sind etwa:	1 gestrichener Eßlöffel sind etwa:
Öl oder Fett zerlassen	4 g	10 g
Mehl	3-4 g	10 g
Stärkemehl bzw. Speisestärke	5 g	15 g
Salz	5 g	12 g
Zucker	5 g	15 g
Grieß	4 g	12 g
Reis	5 g	15 g
Haferflocken	—	10 g
Rollgerste, Graupen	—	15 g
Backpulver	3 g	—

5 mittelgroße Kartoffeln	ca. 500 g
5 mittelgroße Äpfel	ca. 500 g
8 Eßlöffel Flüssigkeit	ca. $^1/_8$ l
4 Eßlöffel Flüssigkeit	ca. $^1/_{16}$ l

Bei größeren Mengen *Meßbecher* verwenden!

Wichtige Mengenverhältnisse:

Reis: Flüssigkeit für körnigen Reis 1 : 2, d. h. auf eine Tasse Reis benötigt man etwa 2 Tassen kochende Brühe.

Hefemenge für 500 g Mehl i. D.	20 g
Backpulvermenge für 500 g Mehl i. D.	1 Päckchen = 18–20 g (6 kl. Teel. gestrichen)
Salzmenge für 1 l Fleisch- oder Gemüsesud	ca. 10 g = 1 Eßlöffel
Salzmenge für 1 l Fischsud	15–20 g = $1^1/_2$–2 Eßlöffel

Austauschmöglichkeit von süßem Rahm als Verbesserungszutat besteht durch Kondensmilch, evtl. auch durch Vollmilch, von saurem Rahm, durch Joghurt, Sauer- oder Buttermilch.

Suppen

Suppe – ja oder nein?

Suppe kann *sehr verschiedenen Zwecken* dienen:

a) Als *Appetitwecker* durch Anregung der Verdauungsdrüsen zu reichlicher Sekretion. Dies ist wichtig bei älteren Menschen, Kranken und Genesenden. Hierfür muß die Suppe anregende Wirk- und Geschmackstoffe enthalten, sie soll leicht verdaulich und nicht zu kalorienreich sein, so z. B. klare Brühe mit leichter Einlage oder Beilage.

b) Als *Ergänzung* des Hauptgerichtes bzw. der übrigen Mahlzeit hinsichtlich Nährwert, Sättigung und Geschmack. Sie muß deshalb im Einzelfall sinnvoll als *richtige* Ergänzung der Mahlzeit gewählt werden.

c) Als *Hauptgericht*, z. B. als „dicke" Suppe muß sie entsprechend reich an Nähr- und Wertstoffen sein und genügend Sättigungswert haben.
Menschen mit Übergewicht oder mit bestimmten Herzerkrankungen, mit Hochdruck, unter Umständen auch mit Nierenerkrankungen, sollen auf Suppe vor der Hauptmahlzeit *verzichten.*

Kochlehre:

Klare Suppen (Brühe) mit Einlagen oder Beilagen. Verwendung finden Fleisch-, Knochen-, Wurzel- und Gemüsebrühen sowie Brühen aus Brühwürfeln oder sonstigem Fleischextrakt hergestellt. Sie wirken wegen ihrer Geschmacks- und Extraktivstoffe besonders appetitanregend und können je nach Wahl der Einlage oder Beilage kalorienarm oder kalorienreich gehalten werden. Im Rahmen festlicher Speisenfolgen und in der Krankenkost haben sie ihren besonderen Platz.

Gebundene Suppen, meist auf der Grundlage von Nährmitteln oder Mehl. Unter ihnen spielen die *Gemüsesuppen* eine Hauptrolle, da sie sehr abwechslungsreich, meist leicht verdaulich und schmackhaft zu gestalten sind; sie sind vor Mehlspeisen als Hauptgericht besonders zweckmäßig und gesund. Allgemein werden heute die Gemüsesuppen ungebunden oder nur wenig gebunden (kalorienarm) bevorzugt. Sie können jedoch durch Beigabe von etwas Rahm oder Milch und Eigelb als „Cremesuppe" legiert und dadurch aufgewertet und mit Kalorien angereichert werden, was für ältere Menschen, Kranke und Genesende wichtig sein kann.

„Schleimsuppen" aus Nährmitteln haben bei akuten Magen-Darmstörungen besondere Bedeutung.

Dicke Suppen als Hauptgerichte werden meist auf der Grundlage von Kartoffeln, Hülsenfrüchten, Reis oder Teigwaren hergestellt und haben mit Fleisch- oder Wursteinlage den Charakter von Eintopfgerichten. Sie haben ihren Platz an arbeitsreichen Tagen oder als Hauptgericht vor leichten, wenig sättigenden Süßspeisen.

Süße Suppen haben Milch oder Obst als Grundlage. Milchsuppen sowie Obstsuppen werden in der Ernährung von Kindern und Kranken bevorzugt. Als „Kaltschalen" sind sie im Sommer zur Erfrischung besonders geschätzt.

Bei der Wahl der Suppe ist zu bedenken, daß sie die Mahlzeit sinnvoll und harmonisch im Sinne einer vollwertigen Kost *ergänzen* soll; im Einzelfall ist deshalb zu *beachten:*

1. *Nährwert* und *Kaloriengehalt:*

Nährstoffarme und kalorienarme klare Suppen vor nährstoffreichen Speisefolgen, nährstoffreiche z. B. legierte Suppen vor nährstoffärmeren Gemüsespeisen, Gemüsesuppen vor mineralstoffärmeren Mehlspeisen u. ä.

2. *Verdaulichkeit:*

Fettarme, leicht verdauliche Suppen vor fettreicheren Gerichten und umgekehrt, nicht zellstoffreiche Hülsenfruchtsuppen vor Kohl- bzw. Krautgerichten, nicht dunkle Einbrennsuppen vor fetten Braten u. ä.

3. *Sättigungswert:*

Suppen mit hohem Sättigungswert z. B. Kartoffelsuppe, Hülsenfruchtsuppe vor wenig sättigendem Hauptgericht wie gekochtem Fisch, leichter Mehlspeise – und umgekehrt; unter Umständen ist Verzicht auf die Suppe am Platz!

4. *Geschmack und Farbe* im Sinne harmonischer Ergänzung:

Nicht Reissuppe vor Kalbsfrikassee – besser: klare Gemüsesuppe, Tomaten- oder Kerbelsuppe,
nicht Grießsuppe vor Reisauflauf – besser: Gemüse- oder Kartoffelsuppe,
nicht Kartoffelsuppe vor Kartoffelpuffern – besser: Lauchsuppe,
nicht Kerbelsuppe vor Spinat – besser: Käsesuppe, Tomatensuppe,
nicht Milzsuppe vor saurer Lunge – besser: Einlaufsuppe, Selleriesuppe oder bunte Gemüsesuppe.

5. *Zeit- und Arbeitsaufwand:*

An arbeitsreichen Tagen Suppen wählen, deren Herstellung wenig Zeit- und Arbeitsaufwand benötigt, z. B. eingestreute Suppen, Einlaufsuppe u. a. m.

Für festliche Essen mit größerem Zeit- und Arbeitsaufwand Suppen bevorzugen, die ganz oder teilweise vorher fertiggestellt werden können z. B. klare Brühen mit Beilagen oder solchen Einlagen, die ebenfalls wenig Arbeitsaufwand verursachen, z. B. Leberspätzle, Brätknöderl aus fertigem Brät oder fertige, tiefgefrorene Einlagen.

Für die Herstellung von Suppen merke:

1. *Mengen:* pro Kopf 200–250 g, also etwa 1/5 bis 1/4 l fertige Suppe als Vorgericht, für 4 Personen 1 Liter, bei umfangreicher Speisenfolge etwas weniger.
Zum Quellen von Einlagen oder Verdampfen während des Garens rechnet man insgesamt etwa bis 1/4 l; diese Verdampfungsmenge ist auch bei etwa 2 l Suppe ausreichend berechnet.

2. Um *starkes Auslaugen* von Geschmacksstoffen zu erreichen, Knochen, Wurzelwerk usw. mit kalter Flüssigkeit zusetzen.

3. *Binden* von Suppen kann erfolgen durch:

Mehl in Form von Einbrenne oder durch Stauben der angedünsteten Zutaten, aber auch als Mehlteiglein, mit kalter Flüssigkeit glatt gerührt oder als Buttermehlkloß.

Nährmittel wie Grieß, Reis, Sago, Haferflocken oder Rollgerste; diese in kochende Flüssigkeit einstreuen oder vorher in wenig Fett leicht rösten. Beim Rösten trockene Zutat wie Nährmittel zuerst leicht bräunen, dann erst Wurzelwerk oder Zwiebel zugeben.
Getreideprodukte langsam garen und gut ausquellen lassen!

Kartoffeln können durch ihren Stärkegehalt binden; mehlige Sorten bevorzugen.

4. *Suppeneinlagen* wie Teigwaren, Nockerl, Klößchen stets in kochender Flüssigkeit garen. Teigwaren zweckmäßig in kochendem Salzwasser garen und dann in klare Brühe einlegen.

Probenockerl vor dem Formen des übrigen Teiges kochen!

5. *Gebackene Suppeneinlagen,* z. B. Pfannenkuchen mit kochender, gut abgeschmeckter Brühe übergießen, zugedeckt ziehen, aber nicht kochen lassen oder z. B. Mehlerbsen gesondert dazu reichen.

6. *Abschmecken* mit Salz erst nach evtl. Zugabe von Suppenwürzen oder Suppenwürfeln, da diese meist Salz enthalten. Suppenwürze auf Hefebasis ist besonders vitaminreich!

7. *Aufwerten* mit frischen gewiegten Kräutern z. B. Petersilie, Schnittlauch; bei gebundenen Suppen auch mit Eigelb, etwas Rahm oder Milch oder mit wenig frischer Butter unmittelbar vor dem Anrichten, dann nicht mehr kochen lassen!

Für das Tiefgefrieren von Suppen und Suppeneinlagen merke:

Sehr gut geeignet zum Tiefgefrieren sind klare Brühen, gebundene Suppen und fast alle Arten von Suppeneinlagen. Suppeneinlagen stets getrennt von der Brühe eingefrieren.

Mögliche Lagerdauer: Fettarme klare Brühe 4–6 Monate, gebundene Suppen und Suppeneinlagen etwa 3 Monate.

Klare Brühen wie Fleischbrühe, Hühnerbrühe u. a. m. nach Rezept herstellen, seihen, abschmecken, nach Belieben entfetten, in Weißblechdosen 1–2 Tage vorgefrieren, dann unter fließendes Wasser halten, stürzen, gefrorene Brühe in Polyäthylenbeutel oder -folie vorschriftsmäßig verpacken, in Tiefgefriergerät stellen.

Auftauen: Gefroren in Kochtopf geben, erhitzen, abschmecken.

Gebundene Suppen jeweils nach Rezept herstellen, Fett- und Zwiebelmenge etwas verringern, da diese beim Tiefgefrieren leicht Geschmacksveränderung bewirken. Suppe vorsichtig abschmecken, in Gefrierdosen, Aluminium- oder Kunststoffbehälter oder Pergabecher füllen, tiefgefrieren.

Auftauen: Gefroren mit geringer Wasserzugabe in Kochtopf unter öfterem Umrühren erhitzen, gut abschmecken, evtl. mit gerösteten Zwiebeln verbessern oder je nach Art legieren.

Suppeneinlagen können roh und gegart eingefroren werden.
Zum Eingefrieren in rohem Zustand sind Markklößchen, Grießnockerl u. ä. gut geeignet: Teig nach Rezept herstellen, formen, roh auf Teller oder Platte vorfrieren, damit sie die Form behalten, dann in Polyäthylenbeutel nach Vorschrift verpacken, tiefgefrieren.

Lebernockerl, Leberklöße, Fleischklößchen, Butternockerl, Semmelklößchen u. ä. werden in gegartem Zustand eingefroren: Teig nach Rezept herstellen, formen, garen, aus der Brühe nehmen, erkalten lassen, auf Platte oder Brett kurz vorfrieren lassen, damit sie gute Form behalten, dann ohne Suppe vorschriftsmäßig verpacken und einfrieren. Lagerzeit 2 bis 3 Monate.

Auftauen: Gefroren in kochende Brühe legen, rohe Einlagen gar ziehen lassen.

Gebackene Suppeneinlagen, z. B. Pfannenkuchen, Suppenbiskuit u. ä. nach dem Backen erkaltet schneiden, in Polyäthylenbeuteln nach Vorschrift portionsweise verpacken, tiefgefrieren. Lagermöglichkeit 2–3 Monate.

Auftauen: Pfannenkuchen kurz antauen, aus der Folie in heiße Brühe geben; Suppenbiskuit bei Zimmertemperatur etwa 1 Stunde auftauen, zur heißen Brühe reichen.

Klare Suppen

1. Fleischbrühe

Grundrezept

250–300 g Rinderknochen
evtl. etwas Markknochen
250–500 g Ochsenfleisch
(Bruststpitz, Zwerchrippe, Schwanzstück, dünner Nabel, Wadschenkel oder Schulter)
1 Zwiebel mit der Schale
Wurzelwerk
etwas Liebstöckel
$1^1/_2$–2 l Wasser
Salz

Arbeitsweise:

1. *Vorbereitungsarbeiten:* Wurzelwerk waschen, putzen, nochmal waschen, grob schneiden, Zwiebel mit der Schale halbieren, nach Belieben leicht anbräunen an der Schnittfläche, um gute Farbe der Brühe zu erzielen. Knochen, Fleisch und Liebstöckel kurz kalt waschen.

2. *Zubereitung:* Alle vorbereiteten Zutaten in *kaltem Wasser* zusetzen, leicht salzen, zugedeckt bei *mäßiger* Hitze zum Kochen bringen, *leise kochen* lassen. Legt man Wert auf *saftiges Fleisch,* dieses in *kochender* Brühe zusetzen und *leise kochend* garen (Fortkochstufe bei elektrischen Herden, Stufe 4–5 bei Automatikplatten).

3. *Garzeit:* $1^1/_2$–2 Stunden.
Verwendung von Dampfdrucktopf empfehlenswert; Garzeit hier etwa 25–35 Minuten.

4. *Tischfertig machen!*
Nach dem Garen Brühe abseihen, nach Bedarf entfetten; soll sie für Diätzwecke völlig entfettet werden, Brühe erkalten und Fett erstarren lassen, dieses abnehmen, Brühe nochmals heiß werden lassen, gut abschmecken, nach Belieben verwenden.

Verwendung: Fleischbrühe ist als klare Bouillon oder klare Brühe für alle Suppen mit Einlagen oder Beilagen und für Sulzen sehr gut geeignet, auch als Aufgußflüssigkeit für feine gebundene Suppen und Soßen sehr geschätzt. Ochsenfleisch frisch als gekochtes Ochsenfleisch oder zu Restegerichten verwenden wie: Haschee, Zwiebelfleisch, Hascheereis, Rindfleisch in Zwiebelsoße, Rindfleisch mit Ei, Tiroler Geröstel, Fleischküchlein u. a. m.

2. Hühnerbrühe

1 Suppenhuhn mit Herz und Magen
2–3 l Wasser, Salz
Wurzelwerk
1 kleine Zwiebel ungeschält
Liebstöckel nach Belieben
etwas Petersilie

Huhn vorbereiten wie auf Seite 178 angegeben; Wurzelwerk waschen, putzen, nochmals waschen, grob schneiden, ungeschälte Zwiebel halbieren. Vorbereitetes Huhn sowie Herz und sehr gut gesäuberten Magen für kräftige Brühe in kaltem Wasser mit vorbereitetem Wurzelwerk und Zwiebeln zusetzen, andernfalls Huhn in kochenden Sud geben, salzen, nach Belieben etwas Liebstöckel und Petersilie zugeben, zum Kochen bringen, dann 2–$2^1/_2$ Stunden *leise* kochen lassen, bis sich Fleisch von den Knochen lösen läßt. Huhn aus dem Sud nehmen, Brühe seihen, sehr fette Brühe erkalten lassen, entfetten, dann erhitzen, abschmecken, nach Belieben mit etwas feinwürfelig geschnittenem Hühnerfleisch als klare Hühnersuppe reichen oder als feine Brühe zu beliebigen klaren oder feinen gebundenen Suppen oder hellen Soßen verwenden. Günstig im Dampfdrucktopf zu garen, Garzeit hier etwa 25-35 Minuten. Hühnerfleisch verwenden wie bei Nr. 287 angegeben.

Grundrezept

500 g Rinderknochen
ein Teil davon Markknochen
Wurzelwerk
1 Zwiebel mit der Schale
10–20 g Fett
(nach Belieben)
1½–2 l Wasser
Salz
etwas Liebstöckel
etwas Selleriegrün

3. Knochenbrühe

Arbeitsweise:

1. *Vorbereitungsarbeiten:* Vom Metzger etwas klein gehackte Knochen waschen, Wurzelwerk waschen, putzen, nochmals waschen, grob schneiden, Zwiebel mit der Schale halbieren, nach Belieben mit der Schnittfläche auf heißer Herdplatte bräunen, Liebstöckel und Selleriegrün gut waschen.

2. *Zubereitung:* Knochen und Wurzelwerk entweder in heißem Fett leicht anrösten, kalt aufgießen, Salz und Gewürzkräuter zugeben und zugedeckt leise kochen lassen oder vorbereitete Zutaten ohne anzurösten in kaltem Wasser zusetzen und ebenso kochen. Dampfdrucktopf verwenden!

3. *Kochzeit:* 2 Stunden, im Dampfdrucktopf 20 Minuten.

4. *Tischfertig machen:*
Brühe abseihen, bei Bedarf entfetten, abschmecken. Knochen können zweimal für Brühe verwendet werden, auch Knochen von Braten sind dafür gut geeignet – jedoch jeweils frisches Wurzelwerk verwenden. Kalbsknochen ergeben trübe Brühe!

Verwendung: Wie Fleischbrühe, auch zu allen eingestreuten und gebundenen Suppen.

Grundrezept

10–20 g Fett
1–2 gelbe Rüben
1–2 Petersilienwurzeln
¼ Knolle Sellerie
1 Stange Lauch
1 Zwiebel mit der Schale
1½–2 l Wasser, Salz
etwas Liebstöckel

4. Wurzelbrühe

Arbeitsweise:

1. *Vorbereitungsarbeiten:* Wurzelwerk gründlich waschen, putzen, nochmals rasch waschen, grob schneiden, Zwiebel vierteln, Liebstöckel waschen. Soll Wurzelwerk in der Brühe belassen bleiben, dieses gleichmäßig in kleine Würfel oder Streifen schneiden.

2. *Zubereitung:* Vorbereitetes Wurzelwerk und Zwiebel in Fett leicht anrösten, mit kaltem Wasser aufgießen, salzen, Liebstöckel zugeben, zugedeckt langsam zum Kochen bringen, *leise* kochen lassen, da Brühe sonst trüb wird.

3. *Kochdauer:* 1–2 Stunden, bei kleingeschnittenem Wurzelwerk ½–¾ Stunde.

4. *Tischfertig machen:* Brühe abseihen, abschmecken.

Verwendung: Wie Knochen- und Fleischbrühe.
An Stelle von Wurzelbrühe kann *Gemüsesud* von einigen Gemüsen verwendet werden z. B. Sud von Blumenkohl, Spargel, Schwarzwurzeln.

Pro Person:
⅕–¼ l fertige kräftige Brühe
Salz, 1 frisches Eigelb

5. Bouillon mit Ei*

Fertige klare Brühe abseihen, evtl. entfetten, abschmecken. Pro Person 1 frisches Eigelb in Teller oder Suppentasse geben, kochende Brühe vorsichtig darüber gießen, mit Schnittlauch bestreuen.

6. Suppe mit Eierstich oder Eierkäse

Ganze Eier mit Salz und Flüssigkeit gut verquirlen, in gut gebuttertes Förmchen oder Tasse geben, zugedeckt im Wasserbad bei schwacher Hitze fest werden, aber nicht kochen lassen, evtl. in Röhre garen. Garzeit etwa 30 Minuten, stürzen, in Würfel schneiden, in heißer, gut abgeschmeckter Brühe oder gebundener Suppe z. B. Tomatensuppe mit Petersilie oder Schnittlauch bestreut, zu Tisch geben.

zum Eierstich:
2 Eier, Salz
4 Eßl. Milch od. Fleischbrühe
Fett zur Form
1 l fertige Brühe oder Suppe
Petersilie gewiegt

7. Nudelsuppe, Suppe mit Teigwaren*

Selbsthergestellte bzw. gekaufte Suppennudeln oder Teigwaren in kochendes Salzwasser einstreuen, etwa 10 Minuten kochen lassen, abseihen, in kochend heiße, gut abgeschmeckte Brühe geben, mit fein geschnittenem Schnittlauch oder Petersilie anrichten. Verzichtet man auf eine klare Brühe, kann man Nudeln oder Teigwaren direkt in die kochende Brühe einstreuen, benötigt dafür aber $1^1/_4$–$1^1/_2$ l Brühe.

60 g Suppennudeln oder andere Teigwaren
Salzwasser zum Kochen
1 l fertige, abgeschmeckte Brühe
Schnittlauch oder Petersilie

8. Einlaufsuppe*

Mehl mit Eiern und Wasser zu glattem, dünnflüssigem Teig rühren, in kochende Brühe unter leichtem Rühren langsam einlaufen lassen, kurz aufkochen, salzen, abschmecken, mit Schnittlauch oder Petersilie anrichten. Milch statt Wasser und größere Mehlmengen machen Suppe trüb.

20 g Mehl, 2 Eier,
1–2 Eßlöffel Wasser
1 l Brühe, Salz
Schnittlauch oder Petersilie

9. Geriebene Teigsuppe

Mehl, Ei und Salz zu sehr festem Teig verarbeiten, auf Reibeisen oder Reibmaschine reiben, antrocknen lassen, in kochende Brühe einstreuen, 10 Minuten kochen lassen, abschmecken, mit Schnittlauch oder Petersilie anrichten. Geriebener Teig kann gut auf Vorrat hergestellt werden, muß aber vor dem Aufbewahren sehr gut trocknen.

50–60 g Mehl
$^1/_2$ Ei, Salz
1–$1^1/_4$ l Brühe
Schnittlauch oder Petersilie

10. Riebelesuppe*

Ei mit Salz verquirlen, auf das Mehl verteilen, mit Gabel mischen, dann mit den Händen verreiben bis alles Mehl gebunden ist, in kochende Brühe einstreuen, etwa 5–10 Minuten kochen lassen, abschmecken, mit Schnittlauch oder Petersilie anrichten.

Riebelesuppe kann auch süß hergestellt werden: Riebele in kochende Milch einstreuen, 5–10 Minuten kochen lassen, mit Zucker abschmecken.

50–60 g Mehl, Salz
$^1/_2$ Ei
1–$1^1/_4$ l Brühe
Schnittlauch oder Petersilie

11. Suppe mit Schlickkrapferln (6 Personen)

Festen Nudelteig herstellen wie bei Nr. 918 beschrieben, dünne Flecke auswellen, runde Plätzchen von etwa 6 cm Durchmesser oder Quadrate von etwa 6 cm Kantenlänge ausstechen bzw. ausradeln, Ränder mit Eiweiß bestreichen, füllen, zusammenklappen, Ränder andrücken, in kochender Brühe 5 Minuten leise kochen, 10 Minuten ziehen lassen, mit Schnittlauch oder Petersilie anrichten.

Nudelteig von:
125 g Mehl, 1 großes Ei oder
1 Ei u. 1–2 Eßl. Wasser, Salz
zur Fülle: 100 g Schinken
30 g Speck, $^1/_2$ Zwiebel
Salz, 1 Eigelb
zum Bestreichen: Eiweiß
$1^3/_4$–2 l Brühe

Fülle: Schinken oder Fleischreste wiegen, fein schneiden oder mixen, in fein gewürfeltem, ausgelassenem Speck mit fein geschnittener Zwiebel zusammen andünsten, mit Eigelb mischen, salzen, abschmecken.

12. Suppe mit grünen Maultaschen oder grünen Krapfen (6 Personen)

Nudelteig wie Nr. 11
zur Fülle:
125 g Spinat, 1 Handvoll Kerbel, 1 Zwiebel
20 g Butter, 125 g Brät
1/8 l Milch, 1 Ei, Salz
5 Eßlöffel Semmelbrösel
zum Bestreichen: Eiweiß
1 3/4–2 l Brühe

Festen Nudelteig herstellen wie bei Nr. 918 beschrieben, dünne Flecke auswellen, runde Plätzchen von etwa 6 cm Durchmesser ausstechen oder Quadrate von etwa 6 cm Kantenlänge ausradeln, mit Fülle belegen, Ränder mit Eiweiß bestreichen, zusammenklappen, andrücken, in kochende Brühe geben, 5 Minuten leise kochen, 10 Minuten ziehen lassen.

Fülle: Gewaschenen Spinat, Kerbel und Zwiebel durch Maschine drehen oder fein mixen, in Butter andünsten; Brät mit Milch abrühren, Ei, Gemüse, Salz und Semmelbrösel unterrühren, abschmecken.

13. Ulmer Gerstensuppe, Semmeleinlaufsuppe*

1 alte Semmel, eingeweicht
1 Ei, Salz, etwas Muskatnuß
Petersilie, 1 l Brühe

Semmel in Wasser einweichen, dann leicht ausdrücken, mit Ei und Geschmackszutaten zu leichtem Teig abrühren, in abgeschmeckte kochende Brühe einlaufen und einige Male aufkochen lassen bis Suppe wieder klar ist.

14. Klare Gemüsesuppe, Juliennesuppe (Farbbild neben Seite 96)

30 g Fett
250–500 g Wurzelwerk oder gemischtes Gemüse
z. B. etwas Blumenkohl, Bohnen, Kohlrabi, grüne Erbsen
evtl. 1 rohe Kartoffel
1 1/4–1 3/4 l Flüssigkeit, Salz
Petersilie

Gemüse waschen, putzen, nochmal waschen, in feine Streifen schneiden, Blumenkohl in Röschen teilen, Erbsen auspalen, Kartoffel schälen und in kleine Würfel schneiden. Gemüse außer Blumenkohl, Erbsen und Kartoffeln in Fett andünsten, aufgießen, salzen, nach etwa 20 Minuten Blumenkohlröschen und Erbsen sowie evtl. Kartoffelwürfel zugeben, gar kochen. Garzeit insgesamt etwa 40 Minuten. Suppe abschmecken, mit gewiegter Petersilie anrichten.

Juliennesuppe: Sellerie, gelbe Rüben und Lauch in gleichmäßige dünne Streifen schneiden, andünsten und garen wie beschrieben, keine Kartoffeln zugeben.

15. Italienische Gemüsesuppe, Minestra

50 g durchwachsener geräucherter Speck oder
4 Eßlöffel Öl, 1 Zwiebel
500 g verschiedene Gemüse
evtl. 1/4–1/2 Knoblauchzehe
2 Eßl. konz. Tomatenmark oder 3–4 frische Tomaten
Kräuter nach Belieben, Salz
1 1/2–2 l Flüssigkeit
zur Einlage: 40 g Teigwaren oder Reis, 50–100 g Reibkäse (Parmesan)

Gemüse waschen, putzen, nochmal kurz waschen, in feine, gleichmäßige Streifen schneiden; frische Tomaten brühen, kalt überbrausen, häuten, vierteln; Knoblauchzehe mit etwas Salz zerdrücken, Kräuter wie Basilikum, Petersilie waschen. Geräucherten Speck fein würfeln, anrösten, darin oder in Öl feingeschnittene Zwiebel und Gemüse außer Tomaten gut andünsten, nach Belieben vorbereiteten Knoblauch mitdünsten, Tomatenmark oder frische Tomaten zugeben, durchdünsten, aufgießen, salzen, zugedeckt leise gar kochen, kurz vor Ende der Garzeit gewiegte Kräuter zugeben, abschmecken. Garzeit 30–40 Minuten. In der Zwischenzeit Teigwaren oder gewaschenen Reis in Salzwasser kochen, vor dem Anrichten in Suppe geben; Reis kann auch in der Suppe gegart werden. Geriebenen Käse zur Suppe reichen.

16. Französische Zwiebelsuppe (Farbbild neben Seite 96)

Zwiebeln schälen, in feine Ringe schneiden, in Butter oder Öl lichtgelb dünsten, salzen, etwas Pfeffer zugeben, mit Brühe ablöschen und 30 Minuten leise kochen lassen, abschmecken, mit Wein verbessern. Fertige Suppe in Suppentassen oder Terrine geben, getoastete Weißbrotscheiben dick mit Reibkäse bestreuen, auf Suppe legen und in heißer Röhre überbacken oder grillen, bis Käse schmilzt.

500 g Zwiebeln, 50 g Butter oder 5 Eßl. Öl, Salz, Pfeffer
1 l Fleischbrühe
1/4 l Weißwein
zum Gratinieren:
4 kleine Scheiben Weißbrot
4–6 Eßl. geriebenen Käse

17. Grießnockerlsuppe I. Art*

Butter schaumig rühren, erst etwas Grieß, dann Ei, übrigen Grieß und Salz abwechselnd zugeben und schaumig rühren, Teig zum Quellen etwas stehen lassen. Brühe zum Kochen bringen, Probenockerl einlegen, ist dieses gut, übrige Nockerl formen und in kochende Brühe legen, 20–25 Minuten zugedeckt leise ziehen lassen. Nockerl in gut abgeschmeckter Brühe mit etwas Petersilie oder Schnittlauch bestreut anrichten. Grießnockerl von rohem Grieß quellen sehr stark, deshalb ist mehr Brühe nötig.
Bei Verwendung von speziellem „Nockerlgrieß“ nach aufgedruckter Gebrauchsanweisung verfahren, diesen Teig nicht zum Quellen stehen lassen!
Bei größeren Mengen Grießnockerlteig kann 1 Ei durch 1 gestrichenen Teelöffel Backpulver ersetzt werden; diese Nockerl nach dem Garen sofort zu Tisch geben.
Gekochte Grießnockerl können sehr gut auf Vorrat eingefroren werden; siehe Kochlehre Seite 68.

40 g Butter, 60 g grober Hartweizengrieß
1 Ei, Salz
1 3/4 l Brühe
Schnittlauch oder Petersiliengrün

18. Grießnockerlsuppe II. Art* (ohne Fett)

Eiklar mit etwas Salz zu steifem Schnee schlagen (mit Gabel), Eigelb und Grieß, mit Backpulver vermischt, unterheben, (Grießmenge ist von Eigröße abhängig), sofort Probenockerl formen und in kochende Brühe legen; ist dieses gut, sofort übrige Nockerl formen und in kochende Brühe einlegen, zugedeckt 5 Minuten leise kochen, 20 Minuten ziehen lassen, mit Petersilie oder Schnittlauch bestreut anrichten.

1 Ei getrennt
etwa 12 Teelöffel (gestr.) grober Hartweizengrieß
1 Messerspitze Backpulver
Salz, etwas Muskat
1 3/4 l Brühe, Petersiliengrün

19. Grießnockerlsuppe III. Art (gekochter Grieß ohne Fett)

Grießnockerlteig herstellen: In kochende Milch Salz und Grieß einstreuen, *sehr steifen Brei* kochen, etwas abkühlen lassen, Ei und nach Belieben eine Spur Muskat beifügen, in gut abgeschmeckte, kochende Brühe Probenockerl einlegen – ist dieses gut, übrige Nockerl formen und in kochende Brühe einlegen, 5 Minuten *leise* kochen lassen, anrichten mit Petersilie oder Schnittlauch.

1/4 l Milch, Salz
80 g grober Hartweizengrieß
1–2 Eier
etwas Muskat nach Belieben
1 1/4 l Brühe
Schnittlauch oder Petersilie

20. Grießspätzlesuppe*

Grießnockerlteig herstellen wie bei Nr. 17 angegeben, Teig durch Spatzenseiher in kochende, gut abgeschmeckte Brühe stoßen, 5 Minuten *leise* kochen, 5–10 Minuten ziehen lassen, mit Petersilie oder Schnittlauch bestreut anrichten.

Zutaten wie Grießnockerlsuppe Nr. 17

21. **Butternockerlsuppe*** (4–6 Personen)

40 g Butter, Salz, 2 Eier
60–70 g Mehl
1 Teel. gewiegte Petersilie
1 1/2–1 3/4 l Brühe

Nockerlteig herstellen: Butter mit etwas Salz schaumig rühren, Mehl und Eier abwechselnd unterrühren, fein gewiegte Petersilie zugeben, vom weichen Teig Probenockerl formen und kochen; ist dieses gut, übrige Nockerl formen und in kochende, gut abgeschmeckte Brühe einlegen, zugedeckt 5 Minuten leise kochen, 10 Minuten ziehen lassen. Zum Einfrosten geeignet, siehe Kochlehre Seite 68.

22. **Markklößchensuppe***

40 g Rindermark
1/2 alte Semmel in Wasser eingeweicht
1 Ei, Salz
40–50 g Semmelbrösel
eine Spur Muskat
1 1/4 l Brühe
Petersilie oder Schnittlauch

Rindermark klein schneiden, in Töpfchen schmelzen lassen, durchseihen, etwas abgekühlt schaumig rühren; gut eingeweichte, sehr gut ausgedrückte Semmel, das leicht angewärmte Ei und Semmelbrösel unterrühren, würzen, Probeklößchen formen und kochen, ist dieses gut, übrige Klößchen etwa schussergroß formen, in kochende, abgeschmeckte Brühe einlegen, 10 Minuten ziehen lassen. Ein Teil des Rindermarkes kann durch Butter ersetzt werden. Suppe mit Petersilie oder Schnittlauch anrichten.
Zum Einfrosten gut geeignet, siehe Kochlehre Seite 68.

23. **Suppe mit feinen Semmelknöderln oder -klößchen*** I. Art

30 g Butter
ca. 40 g Semmelbrösel
1 großes Ei, Salz
etwas Petersilie
wenig Fett zum Andünsten
1 1/4 l Brühe

Butter schaumig rühren, Semmelbrösel und Ei abwechselnd zugeben, Salz und fein gewiegte, in wenig Fett angedünstete Petersilie unterrühren, soviel Semmelbrösel zugeben, daß Teig sich formen läßt, die Menge schwankt etwas nach Eigröße, abschmecken; Probeknöderl oder Klößchen formen und in abgeschmeckte, kochende Brühe geben, ist dieses gut, übrige Knöderl formen, in kochende Brühe einlegen, 3 Minuten leise kochen, 10 Minuten offen ziehen lassen.
Semmelklößchen sind zum Einfrosten gut geeignet, siehe Kochlehre Seite 68.

24. **Suppe mit feinen Semmelknöderln oder -klößchen*** II. Art

2 Semmeln vom Vortag
10 Eßl. kochende Fleischbrühe oder Milch
Petersilie gewiegt
etwas Fett zum Andünsten
30 g Butter
1 Ei, Salz, 1 Prise Muskat
1 1/4 l Brühe

Rinde der Semmeln abreiben, Semmeln in feine Scheibchen schneiden, mit wenig kochender Fleischbrühe oder Milch übergießen, zugedeckt durchziehen lassen; gewaschene Petersilie abtropfen lassen, sehr fein wiegen, in wenig Fett andünsten. Butter schaumig rühren, angefeuchtete Semmeln (evtl. ausgedrückt) zugeben, Ei, Petersilie und abgeriebene Semmelbrösel von den 2 Semmeln unterrühren, abschmekken, Probeklößchen formen und in kochende Brühe einlegen; ist es gut, übrige Klößchen formen, in kochende Brühe geben, etwa 5 Minuten ziehen lassen. Sollte der Teig zu weich sein, etwas Semmelbrösel untermengen.
Semmelklößchen können nach dem Garen eingefrostet werden, siehe Kochlehre Seite 68.

25. Lebernockerlsuppe

Leber waschen, häuten, schaben und fein wiegen oder durch Fleischmaschine oder in Mixer geben. Butter schaumig rühren, abwechselnd Semmelbrösel, Ei und Salz unterrühren, fein gewiegte Zwiebel, Petersilie, Majoran, Leber und abgeriebene Zitronenschale zugeben, abschmecken, Teig kalt stellen. In abgeschmeckte kochende Brühe Probenockerl einlegen, ist dieses gut, übrige Nockerl mit Teelöffel formen, in kochende Brühe einlegen, 10 Minuten ziehen lassen, mit Schnittlauch anrichten.
Lebernockerl können nach dem Garen eingefrostet werden, siehe Kochlehre Seite 68.

100 g Rinds- od. Geflügelleber
40 g Butter
40 g Semmelbrösel, Salz
1 Ei, etwas Zitronenschale
1 kleine Zwiebel
Petersiliengrün, Majoran
$1\frac{1}{4}$–$1\frac{1}{2}$ l Brühe
Schnittlauch

26. Leberspätzlesuppe, Leberreissuppe

Teig herstellen wie zu Lebernockerl, bei größeren Mengen Zwiebeln mit der Leber durch Fleischmaschine geben. Teig durch Spätzleseiher oder durch ein umgekehrtes Reibeisen in abgeschmeckte, kochende Brühe streichen, 5–10 Minuten ziehen lassen, nach Belieben mit Schnittlauch oder Petersiliengrün abschmecken.

Zutaten wie Lebernockerlsuppe Nr. 25
Buttermenge kann auf 20 g reduziert werden

27. Leberknödelsuppe

(Farbbild neben Seite 96)

Semmeln in feine Scheiben schneiden, salzen, mit lauwarmer Milch übergießen, zugedeckt durchziehen lassen; Leber und evtl. Milz waschen, häuten, mit Zwiebel durch Fleischmaschine geben oder fein mixen; gewiegte Petersilie in Butter andünsten, mit allen übrigen Zutaten zu Semmeln geben, Teig abarbeiten, abschmecken, kleinen Probeknödel formen, in kochender Brühe garen, hält er, dann 8 kleine oder 4 große Knödel mit nassen Händen formen, in kochende, gut abgeschmeckte Brühe einlegen, 15–25 Minuten je nach Größe erst leise kochen, dann ziehen lassen, mit Schnittlauch anrichten. Sollte Teig zu weich sein und Probeknödel abkochen, etwas Semmelbrösel zugeben.
Leberknödel sind nach dem Garen zum Einfrosten gut geeignet; siehe Kochlehre Seite 68.

4 alte Semmeln, Salz
$\frac{3}{16}$–$\frac{1}{4}$ l lauwarme Milch
150–200 g Rindsleber
evtl. 50 g Milz
1 kleine Zwiebel
1–2 Eier, etwas Pfeffer
etw. Zitronenschale (gerieb.)
30 g Butter
Petersilie, Majoran
$1\frac{1}{4}$ l Brühe, Schnittlauch

28. Suppe mit feinen Schinkenklößchen oder Schinkennockerln

Semmeln abreiben, feinblättrig schneiden, leicht salzen, mit lauwarmer Milch übergießen, zugedeckt durchziehen lassen. Mageren gekochten Schinken sehr fein wiegen, mixen oder durch Fleischmaschine geben; Butter schaumig rühren, Eier, Schinken, gewiegte Petersilie und angefeuchtete Semmeln unterrühren, Probeklößchen oder Probenockerl formen, in abgeschmeckte, kochende Brühe einlegen, hält es die Form, übrige Klößchen oder Nockerl formen, in kochende Brühe geben, 5–10 Minuten leise ziehen lassen. Sollte der Teig zu weich sein und abkochen, etwas Semmelbrösel untermengen. Suppe mit Petersilie oder Schnittlauch anrichten.
Schinkenklößchen können nach dem Garen gut eingefrostet werden, siehe Kochlehre Seite 68.

2 alte Semmeln, Salz
6–8 Eßlöffel Milch
40 g Butter, 2 Eier
60–80 g magerer, gekochter Schinken, 1 Teel. Petersilie
$1\frac{1}{4}$ l Brühe
Petersilie oder Schnittlauch

29. Schinkenknödelsuppe

3 alte Semmeln, Salz
1/8 l Milch, 2 Eier
1/2 Zwiebel
1 Teelöffel Petersilie gewiegt
20 g Butter zum Andünsten
80–100 g magerer, gekochter Schinken oder Geräuchertes
etwas Semmelbrösel nach Bedarf
1 1/4–1 1/2 l Brühe
Petersilie oder Schnittlauch

Semmeln feinblättrig schneiden, salzen, mit lauwarmer Milch übergießen, zugedeckt durchziehen lassen, dann mit Eiern, feingewiegter, angedünsteter Zwiebel und Petersilie sowie fein gewiegtem oder durch Fleischmaschine gedrehtem Schinken oder Geräuchertem gut mischen, abschmecken. Kleinen Probeknödel formen und in kochende Brühe einlegen, ist dieser gut, mit nassen Händen kleine Knödel formen, in kochende, abgeschmeckte Brühe einlegen, 15 Minuten leise ziehen lassen. Sollte der Teig zu weich sein und der Probeknödel etwas abkochen, Semmelbrösel unter den Teig mengen. Suppe mit Petersilie oder Schnittlauch anrichten.
Schinkenknödel als Suppeneinlage sind zum Einfrosten gut geeignet, siehe Kochlehre Seite 68.

30. Suppe mit Brätklößchen*

100–150 g Kalbsbrät
30 g Butter
30 g Semmelbrösel
1 Ei, Salz
1 Teelöffel gew. Petersilie
1–1 1/4 l Brühe

Butter schaumig rühren, abwechselnd Semmelbrösel, Ei und Kalbsbrät zugeben, Salz und fein gewiegte Petersilie unterrühren, abschmecken, Probenockerl oder -knöderl formen und in kochende, abgeschmeckte Brühe einlegen, behält es die Form, übrige Masse zu Nockerl oder Klößchen formen, in kochende Brühe einlegen, 5 Minuten leise kochen, 10 Minuten ziehen lassen.
Wenn es eilt, kann man auch den Inhalt von 2 Paar rohen Kalbsbratwürstchen direkt in die abgeschmeckte, kochende Brühe als kleine Klößchen einlegen und 10 Minuten ziehen lassen.
Diese Einlage eignet sich sowohl für klare Brühe, wie auch für Tomatensuppe, Königinsuppe oder andere feine gebundene Suppen.

31. Suppe mit Schwemmklößchen oder Profitklößchen (6 Personen)

Brandteig von:
1/8 l Wasser, 25 g Butter
Salz, 75 g Mehl, 2 Eier
1 kleine Prise Backpulver
zum Blech für Profitklößchen: Fett und Mehl
1 1/2 l Brühe

Brandteig herstellen: Wasser mit Butter und Salz zum Kochen bringen, *sofort* zurückziehen, gesiebtes Mehl auf einmal unter flottem Rühren zugeben, glattrühren, bei mäßiger Hitze abrühren oder „abbrennen“, (Name!) bis sich Masse als Kloß vom Topf löst und sich eine weiße Haut am Topfboden anlegt, dann vom Herd nehmen, in die noch heiße Masse vorsichtig 1 Ei unterrühren, etwas abkühlen lassen, dann restliches Ei unterrühren, erkalten lassen, eine Prise Backpulver mit wenig Mehl vermischt, zugeben.

Für *Schwemmklößchen* erst Probenockerl formen und in kochende Brühe einlegen, ist dieses gut, aus dem Teig mit Teelöffel kleine Nockerl oder Klößchen formen, in abgeschmeckte, kochende Brühe einlegen, 5 Minuten leise kochen, 10 Minuten ziehen lassen.

Für *Profitklößchen* kleine Tupfen oder Häufchen auf gefettetes und gemehltes Blech mit Spritzbeutel aufspritzen oder mit Teelöffel aufsetzen, bei guter Mittelhitze (etwa 210° C) goldbraun backen; Profitklößchen zur heißen, abgeschmeckten Brühe reichen.

32. Suppe mit gebackenen Mehlerbsen (6 Personen)

Brandteig herstellen wie bei Nr. 31. Erkalteten Brandteig durch Spatzenseiher in heißes Ausbackfett geben oder mit Straubenspritze mit glatter Tülle kleine, erbsengroße Tropfen in heißes Backfett spritzen, goldgelb backen, mit Seihlöffel herausnehmen, sehr gut abtropfen lassen, zur heißen Brühe reichen oder vor dem Anrichten in heiße Brühe geben.

Brandteig wie Nr. 31
Ausbackfett
1½ l Brühe

33. Suppe mit gebackenen Tropfteigerbsen (6 Personen)

Mehl, Eier, Milch und Geschmackszutaten zu glattem Teig abschlagen, in Portionen durch groblöcheriges Sieb oder Spätzleseiher in heißes Backfett rühren, Teigtropfen lichtgelb bis goldgelb backen lassen, mit Schaumlöffel herausnehmen, gut abtropfen lassen, mit gut abgeschmeckter, heißer Brühe übergießen und sofort zu Tisch geben oder zur Brühe reichen.

Zum Teig:
60 g Mehl, 2 Eier
2 Eßlöffel Milch, Salz
1 Pr. Muskat nach Belieben
Backfett, 1½ l Brühe

34. Pfannenkuchensuppe* (6 Personen)

Dünnen Pfannenkuchenteig herstellen aus Mehl, Salz, Ei und Milch; sehr dünne Pfannenkuchen mit wenig Fett goldgelb backen, erkalten lassen; dann nudelartig fein schneiden, mit abgeschmeckter, kochender Brühe übergießen und *sofort* mit etwas Schnittlauch bestreut zu Tisch geben. Nicht mehr kochen lassen! Günstige Resteverwertung!
Pfannenkuchen als Suppeneinlage können sehr gut eingefrostet werden, siehe Kochlehre Seite 68.

Pfannenkuchenteig von:
125 g Mehl, Salz
¼ l Milch knapp, 1–2 Eier
zum Backen: Fett
2 l Brühe
Schnittlauch

35. Milzrollensuppe (6 Personen)

Pfannenkuchenteig herstellen und dünne, fettarme Pfannenkuchen backen. Fülle herstellen: Milz ausschaben, Butter schaumig rühren, alle Zutaten zugeben; Pfannenkuchen mit Fülle bestreichen bis auf schmalen Rand, Ränder gut mit Eiweiß bestreichen, aufrollen, evtl. leicht binden, in kochend heiße, abgeschmeckte Brühe legen, 20 Minuten leise ziehen, *nicht kochen* lassen oder in gebrühtes Tuch binden, in kochendes Salzwasser geben und ebenso ziehen lassen; nach dem Garen herausnehmen, etwas abgekühlt in Scheiben schneiden, in heißer, klarer Brühe reichen oder eigens zur Brühe geben.

Pfannenkuchenteig wie Nr. 34
Fett zum Ausbacken
zur Fülle:
120 g Milz, 30–50 g Butter
1 Ei, Salz, 2 Teel. Mehl
1 Teel. Petersilie
1 Eiweiß z. Bestreichen
2 l Brühe

36. Suppe mit Biskuit

I. Art: Eiweiß zu sehr steifem Schnee schlagen, Eigelb, Salz und gesiebtes Mehl rasch unterheben, etwa kleinfingerdick in gebutterte und bemehlte flache Kastenform geben oder Backblech mit gebuttertem Pergamentpapier belegen, Biskuitmasse 1 cm dick aufstreichen, in vorgeheizter Röhre bei Mittelhitze (ca. 180–200° C) goldgelb backen, Backzeit 10–15 Minuten; aus Form stürzen oder vom Blech nehmen, Pergamentpapier vorsichtig abziehen, nach dem Abkühlen in gleichmäßige Würfel oder Rauten schneiden, zum Anrichten mit heißer abgeschmeckter Brühe übergießen oder zur Brühe reichen.

II. Art: Butter schaumig rühren, abwechselnd Eigelb, gesiebtes Mehl und Milch oder Wasser zugeben, würzen, sehr steifen Eischnee unter-

Suppenbiskuit I. Art
(4 Personen)
2 Eier getrennt, 1 Prise Salz
40 g Mehl
Suppenbiskuit II. Art:
(6 Personen)
30 g Butter, 2 Eier getrennt
1 Eßl. Wasser oder Milch
60 g Mehl
1 Prise Muskat, Salz
zur Form: Butter und Mehl
1–1½ l Brühe

heben, in gebutterter und bemehlter flacher Kastenform oder auf gefettetem Pergamentpapier auf Blech bei Mittelhitze (180–200° C) goldgelb backen, Backzeit 15–20 Minuten. Fertigstellen wie I. Art.

37. Suppe mit Schinkenbiskuit (6 Personen)

Suppenbiskuit Nr. 36, II. Art
40 g magerer, gekochter Schinken, 1 Teel. Petersilie
1 1/2 l Brühe

Suppenbiskuit herstellen wie bei Nr. 36, II. Art angegeben, unter den Teig feingewiegten, mageren, gekochten Schinken und feingewiegte Petersilie mengen, fertigstellen wie bei Nr. 36 beschrieben.

38. Suppe mit Käsebiskuit

I. Art ohne Fett:
Zutaten wie Nr. 36/I
1 Teelöffel Zucker
Petersilie gewiegt
20 g geriebener Parmesan

II. Art mit Butter:
Zutaten wie Nr. 36/II mit
50 g geriebenem Käse

zum Backen:
Pergamentpapier
Butter und Mehl
1–1 1/2 l Brühe

Käsebiskuit I. Art: Eiweiß zu sehr steifem Schnee schlagen, Zucker und Salz unterschlagen, weiterschlagen, bis Masse schnittfest ist, übrige Zutaten locker unterheben, auf mit gut gebuttertem und bemehltem Pergamentpapier ausgelegtem Blech 1–1 1/2 cm dick aufstreichen, durch Falz Auslaufen des Teiges verhindern, bei guter Hitze (etwa 180–190° C) rasch lichtgelb backen, Backzeit etwa 8 Minuten; nach dem Backen sofort auf mit Böseln bestreutes Blech oder Brett stürzen, abgekühlt in kleine verschobene Vierecke oder Rauten schneiden, zu guter, heißer Bouillon reichen.

Käsebiskuit II. Art: Butter schaumig rühren, würzen, Eigelb und Flüssigkeit abwechselnd unterrühren, geriebenen Käse untermengen, sehr steifen Eischnee auf Schaummasse legen, Mehl darüber sieben, locker unterheben, fertigstellen wie I. Art.

39. Suppe mit Käseschöberl

40 g Butter, 2 Eier getrennt
Salz, 1 Prise Muskat
40 g Mehl
20 g geriebener Parmesan
zur Form: Butter und Mehl
1 1/4 l Brühe

Butter schaumig rühren, abwechselnd Eigelb, Salz, Mehl, Gewürz und Käse unterrühren, zuletzt sehr steifen Eischnee unterheben, in gebutterter und bemehlter, flacher Kastenform bei mäßiger Mittelhitze (ca. 180° C) etwa 20 Minuten lichtgelb backen, aus der Form nehmen, erkaltet in gleichmäßige Rauten oder Würfel schneiden, in gut abgeschmeckter, heißer Brühe anrichten oder zur heißen Brühe reichen.

40. Suppe mit Leberschöberl

60 g Rinds- od. Geflügelleber
20 g Butter
2 kl. Eier getrennt, Salz
1 alte Semmel
1/16 l Milch zum Einweichen
etwas Zwiebel, Majoran
zur Form: Butter und Brösel
1 1/4 l Brühe

Leber waschen, häuten, schaben, wiegen oder mixen; Butter schaumig rühren, Eigelb, Leber, die eingeweichte, gut ausgedrückte und fein zerzupfte Semmel sowie Geschmackszutaten zugeben, steifen Eischnee unterheben, abschmecken. Boden der Kastenform mit Pergamentpapier oder Aluminiumfolie auslegen, buttern und bröseln, Masse einfüllen, bei Mittelhitze (ca. 180–190° C) etwa 1/2 Stunde hellbraun backen, stürzen, Papier abziehen, nach dem Erkalten in etwa 1 cm große Würfel schneiden. In heißer, gut abgeschmeckter Brühe anrichten oder eigens zur Suppe reichen.

41. Suppe mit Goldwürfeln*

Semmeln in gleichmäßige Würfel schneiden; Eier, Milch und Salz verquirlen, über Semmelwürfel geben, kurz durchziehen lassen, in heißer Butter auf der Stielpfanne oder in heißem Fett schwimmend goldgelb backen, dabei öfter wenden, gut abtropfen lassen. Zum Anrichten in heiße Brühe geben oder eigens dazu reichen.
Oder: Semmeln in 1/2 cm dicke Scheiben schneiden, wie Goldwürfel zubereiten.

2 alte Semmeln
2 Eier, Salz
3 Eßl. Milch
30 g Butter od. Ausbackfett
1 1/4–1 1/2 l Brühe

42. Waffelschnittensuppe (6–8 Personen)

Butter schaumig rühren, abwechselnd Eigelb, Salz, Mehl und die in lauwarmer Milch gelöste Hefe zugeben, zuletzt steifen Eischnee unterheben, in gebutterte und gemehlte flache Kastenform geben, *kalt* gehen lassen, bei Mittelhitze (ca. 180° C) lichtgelb etwa 20–30 Minuten backen, stürzen, erkaltet in Würfel oder Rauten schneiden, in heißer, gut abgeschmeckter Brühe anrichten, sofort zu Tisch geben. Diese Einlage kann gut am Tag vor Gebrauch gebacken werden.

50 g Butter
2 Eier getrennt, Salz
60 g Mehl
3 Eßl. Milch, 5 g Hefe
zur Form: Butter und Mehl
1 1/2–2 l Brühe

43. Ochsenschwanzsuppe klar

Ochsenschwanz in Gelenken durchtrennen, mit kleingehackten Rindsknochen, Zwiebel und grob geschnittenem Wurzelwerk in Butter sorgfältig anrösten bis die Knochen schöne Farbe haben, dann aufgießen, angegebene Gewürze zugeben, 2 bis 3 Stunden *leise* kochen lassen, öfter abschäumen und entfetten; dann Brühe abseihen, Weißwein zugeben, gut abschmecken, heiß stellen; Fleisch von den Knochen des Ochsenschwanzes ablösen, in kleine Würfel schneiden, auf Suppentassen oder -teller verteilen, mit etwas Sherry beträufeln, mit sehr heißer, kräftiger Brühe begießen, sofort zu Tisch geben.

500 g Ochsenschwanz
500 g Rindsknochen
1 Zwiebel, Wurzelwerk
evtl. 1 Knoblauchzehe
40 g Butter, 2 1/2 l Wasser
4 Pfefferkörner
etwas Thymian
1–2 Tomaten, Salz
1 Glas Weißwein
z. Anrichten: 1 Glas Sherry

44. Suppe mit Hirnschöberl

Hirn wässern, brühen, häuten, in kochendem Salzwasser etwa 5 Minuten kochen, abseihen, etwas abgekühlt in kleine Würfel schneiden. Semmeln inzwischen in Wasser gut einweichen, sehr gut ausdrücken, mit der Hälfte der Butter und mit feingewiegter Zwiebel und Petersilie bei mäßiger Hitze dünsten. Rest der Butter schaumigrühren, Eigelb, Semmelmasse, Gewürze unterrühren, vorbereitetes Hirn zugeben, zuletzt steifen Eischnee unterheben; flache Kastenform oder Backblech mit Pergament auslegen, gut buttern und böseln, Masse gut fingerdick aufstreichen, bei Mittelhitze, (ca. 180 bis 190° C) etwa 20 Minuten goldgelb backen, aus der Form stürzen oder vom Blech nehmen, Papier abziehen, erkaltet in gleichmäßig große Würfel schneiden, beim Anrichten mit abgeschmeckter, kochender Brühe übergießen oder zur Suppe reichen.

1 Kalbshirn, Salzwasser
2 alte Semmeln, Wasser zum Einweichen
40 g Butter
etwas Zwiebel, Petersilie
2 Eier getrennt
1 Prise Muskat, Salz
zur Form: Butter und Brösel
1 1/4 l Brühe

45. Suppe mit Milz- oder Leberschnitten

100 g Milz oder Leber
20 g Butter, 1 Ei, Salz
Petersilie und Majoran
2 Semmeln oder
4 Toastscheiben
Butter zum Backen
$1^1/_4$ l Brühe

Milz bzw. Leber waschen, ausschaben, fein wiegen oder mixen; Butter schaumig rühren, Milz bzw. Leber, Ei, Salz, Petersilie und Majoran unterrühren. Semmeln in dünne Scheiben schneiden, diese oder Toastscheiben mit Fülle bestreichen, in Butter auf Stielpfanne mit der bestrichenen Seite erst backen, dann wenden, Unterseite nur kurz backen oder Schnitten in vorgeheizter Röhre bzw. im Grill ein paar Minuten überbacken. Zur heißen Brühe oder in Brühe reichen.

46. Suppe mit Geflügelbrötchen

Herz u. Leber v. 2 Hühnern
1 Sardelle, je 1 Teel. Kapern
Zwiebeln u. Petersilie, Salz
20 g Semmelbrösel
10 g Butter, 1 Eigelb
1 Eßl. Rotwein
2 Semmeln od. 4 Toastscheiben
zum Rösten: 30 g Butter
zum Bestreuen:
2 Eßl. Reibkäse
etwas Butter, zerlassen
$1^1/_4$ l Brühe

Herz, Leber, Kapern, geputzte Sardelle sowie Zwiebel und Petersilie sehr fein wiegen oder durch die Maschine geben bzw. mixen, Semmelbrösel zugeben, salzen, in Butter etwa 1 Minute durchdünsten, vom Feuer nehmen, Eigelb und nach Belieben Rotwein zugeben, abschmecken. Semmeln abreiben, in etwa $^1/_2$–$^3/_4$ cm dicke Scheiben schneiden, diese oder Toastscheiben in Butter auf der Stielpfanne auf beiden Seiten lichtgelb rösten, bergartig mit der Masse bestreichen, mit geriebenem Käse bestreuen, mit etwas zerlassener Butter beträufeln, in vorgeheizter Röhre oder im Grill kurz überbacken. Zur heißen Brühe reichen.

47. Suppe mit Kümmelstangen

$^1/_2$ Rezept Kümmelstangen
Nr. 1555 von Mürbteig
oder Quarkmürbteig oder
Hefemürbteig
1 l Brühe oder feine
gebundene Suppe

Kümmelstangen nach Wahl aus einem der genannten Teige herstellen wie dort jeweils beschrieben.

Die goldgelb gebackenen Kümmelstangen zu klarer, heißer Brühe oder zu gut abgeschmeckter, gebundener Suppe z. B. Tomatensuppe reichen.

48. Suppe mit Käsegebäck

Käsegebäck von $^1/_4$ Rezept
Käsemürbteig Nr. 1556
1 l Brühe oder
feine, gebundene Suppe

Käsegebäck aus Käsemürbteig herstellen und lichtgelb backen wie bei Nr. 1556 beschrieben.

Käsegebäck kann aber auch aus Quarkmürbteig Nr. 1557 hergestellt werden. Schön gebackenes Käsegebäck zu heißer, gut abgeschmeckter Brühe oder zu feiner, gebundener Suppe reichen.

Gebundene Suppen

49. Eingestreute Grieß-,* Reis-,* Sago-, Rollgersten- oder Grützesuppe*

Getreideprodukt nach Wahl unter Rühren in kochende, abgeschmeckte Brühe einstreuen, Reis und Rollgerste vorher gründlich waschen, bei mäßiger Hitze offen leise gar kochen lassen; vor dem Anrichten nach Belieben mit Ei legieren, mit Schnittlauch oder Petersilie anrichten.

Die Menge an Getreideprodukten richtet sich danach, ob Suppe dünner oder gebundener gewünscht wird und ob die Suppe mit Ei verbessert wird oder nicht.

Garzeiten: Grieß: 10 Minuten; Reis: 20 Minuten; Sago: 15–45 Minuten je nach Sagoart; Rollgerste: 45 Minuten; Grütze: 15–20 Minuten.

$1^1/_4$–$1^1/_2$ l Brühe je nach Kochdauer, Salz
50–60 g Grieß, Reis, Sago Rollgerste oder Grütze

zum Verbessern:
Ei nach Belieben

zum Anrichten: Schnittlauch oder Petersilie

50. Schleimsuppe aus Haferflocken*, Rollgerste, Reis od. Grünkern

Reis oder Rollgerste gründlich waschen, gewaschenes Wurzelwerk klein schneiden; Getreideprodukte und nach Belieben vorbereitetes Wurzelwerk mit *kalter* Flüssigkeit zusetzen, salzen, für Rollgerstensuppe evtl. Zwiebel mit Nelken besteckt zugeben, bei *mäßiger* Hitze *langsam* kochen und gut ausquellen lassen, damit Suppe sämige, schleimige Beschaffenheit erhält. Kochzeit je nach Art der Getreideprodukte 5–60 Minuten. Suppe dann nach Bedarf durch Sieb streichen, nochmal aufkochen lassen, nach Belieben aufwerten, abschmecken.

Kochzeiten für Haferflocken: 5–10 Minuten je nach Qualität, hierbei auf Wurzelwerk verzichten; Rollgerste: 45–60 Minuten; Reis: 30 bis 40 Minuten; Grünkerngrütze: 45–60 Minuten.

Bei Verwendung von Grünkern-, Hafer- oder Reis*mehl* genügen 40–50 g; dieses mit kalter Flüssigkeit glatt anrühren, in kochende Flüssigkeit einrühren, bei mäßiger Hitze 10 Minuten leise kochen lassen, abschmecken, nach Belieben aufwerten. Beigabe von Wurzelwerk und Passieren entfällt in diesem Fall, als Flüssigkeit kann evtl. Gemüsebrühe verwendet werden.

60 g Haferflocken Rollgerste, Weichreis oder Grünkernschrot bzw. -mehl
evtl. etwas Wurzelwerk
1 Zwiebel mit 2 Nelken für Rollgerstenschleimsuppe
$1^1/_4$–$1^1/_2$ l Flüssigkeit, Salz

zum Aufwerten:
10–20 g Butter, etwas Milch oder Rahm
Petersilie oder Schnittlauch

51. Geröstete Grieß-*, Grünkern-, Haferflockensuppe*

Vorbereitetes Wurzelwerk sehr fein schneiden, wiegen oder fein raffeln, Zwiebel fein schneiden. Getreideprodukte in Fett lichtgelb rösten, dann erst Wurzelwerk und Zwiebel zugeben, mit andünsten, – umgekehrte Reihenfolge würde das Rösten der Getreideprodukte verhindern – mit kalter Flüssigkeit aufgießen, bei mäßiger Hitze gar kochen. Garzeit für Grieß und Haferflocken etwa 10 Minuten, für Grünkernschrot $^1/_2$ Stunde, abschmecken, nach Belieben verbessern, evtl. legieren, mit Schnittlauch oder Petersilie anrichten.

30 g Fett, 60–80 g Grieß Haferflocken oder Grünkernschrot, $^1/_2$ Zwiebel Wurzelwerk
$1^1/_4$–$1^1/_2$ l Flüssigkeit, Salz
etwas Brühwürze oder Hefeextrakt, evtl. 1 Ei zum Legieren, Petersilie

52. Italienische Reissuppe

30–40 g Fett, 1/2 Zwiebel
1/2 Stange Lauch, Petersilie
etwas Sellerie, 30–40 g Reis
3–4 Eßl. Tomatenmark
1 1/4 l Brühe, Petersilie
Salz, Käse gerieben

Feingeschnittene Zwiebel, in Streifen geschnittenen Lauch und Sellerie mit etwas Petersilie in Fett andünsten, gewaschenen, gut abgetropften Reis und Tomatenmark zugeben, durchdünsten, aufgießen, zum Kochen bringen, bei mäßiger Hitze 30 Minuten leise kochen lassen, abschmecken, mit geriebenem Käse und Petersilie reichen.

53. Aufgebrühte Brotsuppe*

120–150 g Schwarzbrot
Salz, 1 1/4 l Brühe
zum Verbessern: 30 g Fett
1–2 Zwiebeln oder 1 Ei u.
2–4 Eßl. saurer Rahm
oder 1 Leberwurst pro Kopf

Schwarzbrot feinblättrig aufschneiden, in Suppenschüssel geben oder auf Teller verteilen, leicht salzen, mit kochender, abgeschmeckter Brühe übergießen, zugedeckt kurz ziehen lassen, nach Belieben mit gerösteten Zwiebeln aufschmelzen oder mit Ei und Rahm legieren oder in Wasser erhitzte, frische oder geräucherte Leberwürste einlegen bzw. dazu reichen, mit Schnittlauch anrichten.

54. Geröstete Brotsuppe*

30 g Fett, 1 Zwiebel
Wurzelwerk
150 g Schwarzbrot
1 1/4 l Brühe, Salz
1–2 Eßl. saurer Rahm
Petersilie oder Schnittlauch

Zwiebel und vorbereitetes Wurzelwerk fein schneiden, in Fett andünsten, feingeschnittenes Brot zugeben, leicht anrösten, aufgießen, bei mäßiger Hitze zugedeckt etwa 20 Minuten kochen, abschmecken, nach Belieben sauren Rahm beifügen, mit Petersilie oder Schnittlauch bestreuen.

55. Verkochte Brotsuppe*

150 g alte Schwarzbrotreste
1 1/4 l kaltes Wasser
30 g Fett, 1 Zwiebel
2 Eßl. Wurzelwerk
etwas Flüssigkeit, Salz
2–4 Eßl. saurer Rahm
Schnittlauch

Sehr harte Schwarzbrotreste am besten über Nacht in kaltem Wasser einweichen, im Einweichwasser bei schwacher Hitze langsam weich kochen, durch Sieb streichen; feingeschnittene Zwiebel und klein geschnittenes Wurzelwerk in Fett gut anrösten, mit wenig Flüssigkeit weich dünsten, Brotsuppe zugeben, aufkochen lassen – Vorsicht, brennt leicht an, abschmecken, nach Belieben mit saurem Rahm und Schnittlauch verbessern.

56. Semmelsuppe*

30 g Fett, 2 alte Semmeln
1/2 Zwiebel, 1 1/4 l Brühe
Salz, etwas Brühwürze oder
Hefeextrakt, 2–3 Eßl. Rahm
evtl. 1 Eigelb

Semmeln in gleichmäßige Würfel schneiden, in Fett lichtgelb anrösten, feingeschnittene Zwiebel zugeben, mit anrösten, mit Flüssigkeit aufgießen, salzen, 5 Minuten kochen lassen, abschmecken, nach Belieben mit Eigelb und Rahm legieren, mit Petersilie oder Schnittlauch bestreut anrichten.

57. Helle und mittelfarbene Einbrenne*

Grundrezept

30 g Fett
1/2 Zwiebel
30–40 g Mehl
Flüssigkeit zum Aufgießen:
1 1/4 l für Suppen
1/2 l für Soßen
1/4–3/8 l für Gemüse
Salz
Geschmackszutaten je nach Verwendung

zum Verbessern:
etwas Rahm, 1 Eigelb
evtl. wenig Weißwein

Beachte:

Fettart kann beliebig gewählt werden; Öl, Butterschmalz oder andere wasserfreie Fette sind ausgiebiger als wasserhaltige Butter oder Margarine, Butter schmeckt besonders gut, bräunt aber leicht.

Mehlmenge kann dem individuellen Bedarf und Geschmack angepaßt werden; bei ausgiebigen Einlagen oder bei legierten Suppen und Soßen kann Mehlmenge verringert werden; bevorzugt man dickere Suppen oder Soßen, verwendet man die größere Mehlmenge.

Als *Flüssigkeit* kann verwendet werden: Fleisch-, Knochen-, Wurzel-, Gemüse-, Würfelbrühe oder Fischsud, aber auch Wasser, u. U. ergänzend Milch bzw. Rahm.

Arbeitsweise:

1. Feingeschnittene Zwiebel in Fett glasig dünsten, Mehl zugeben, *lichtgelb bis goldgelb rösten.*

2. Mit Flüssigkeit *nach und nach unter Rühren aufgießen*, gut glatt rühren, zum Kochen bringen. Kalte oder lauwarme Flüssigkeit vermindert die Gefahr der Klümpchenbildung durch langsameres Quellen und Verkleistern der Stärke, heiße oder kochende Flüssigkeit beschleunigt das Verkleistern und Garen.

3. Bei *mäßiger Hitze* (Stufe I oder bei Automatikplatte 5–6) *offen* 5–10 Minuten kochen lassen – Speicherwärme bei Elektroherden nutzen!

4. *Abschmecken* je nach Verwendung; evtl. *Verbesserungszutaten* beifügen, nicht mehr kochen lassen.

5. *Arbeitsgeschirr:* Jedes gute Kochgeschirr aus Metall, aber auch Pyroflam ist geeignet.

6. Muß aus Diätgründen die Einbrenne wegen der entstehenden Röststoffe entfallen, rührt man die angegebene Mehl- oder auch Stärkemehlmenge mit etwas kalter Milch zu glattem, dünnen Teiglein an, rührt dieses an die abgeschmeckte kochende Brühe und läßt unter Rühren gar kochen, dann nach Belieben mit Rahm und Eigelb legieren oder mit etwas Butter verbessern. Oder das Binden erfolgt durch Buttermehlkloß (siehe Seite 43). Dies gilt für alle durch helle Einbrenne gebundenen Suppen, Cremesuppen etc.

Verwendung: Zu *gebundenen Suppen* mannigfacher Art, insbesondere gebundenen Gemüsesuppen, z. B. Tomaten-, Blumenkohl-, Spargel-, Kräutersuppe u. a. m. und feinen hellen Cremesuppen verschiedener Art, z. B. Geflügelcreme-, Käsecreme-, Champignoncremesuppe, zu Fleischgerichten in heller Soße und vielen warmen salzigen Soßen.

Grundrezept

40 g wasserfreies Fett
50–60 g Mehl
Zwiebel nach Belieben
Flüssigkeit zum Aufgießen:
$1^1/_2$ l für Suppen
$^3/_4$ l für Soßen
Salz
Geschmackszutaten je nach Verwendung z. B. Wacholderbeeren, Lorbeerblatt, Pfefferkörner, Gewürzkörner, etwas Essig
zum Verbessern:
Rotwein oder Madeira
etwas Rahm

58. Dunkle Einbrenne

Beachte:
Nur *wasserfreies und eiweißfreies Fett* ist für das stärkere Erhitzen geeignet wie: Öl, Butterschmalz, reine Pflanzenfette, Mischfette; Butter und Haushaltsmargarine bräunen zu rasch und zu stark.
Mehlmenge ist erhöht, da stark geröstetes Mehl durch Dextrinbildung an Bindefähigkeit verliert.
Flüssigkeitsmenge ist infolge *längerer Kochzeit erhöht;* Wahl der Flüssigkeitsart wie bei heller Einbrenne.
Arbeitsgerät: Nur gutes *Stahlgeschirr* verwenden.

Arbeitsweise:

1. *Wasserfreies Fett* in Stahltopf *erhitzen, Mehl darin goldbraun* rösten.
2. Dann erst geschnittene *Zwiebel* zugeben, mit *Mehl zu kräftig brauner Farbe,* jedoch nicht zu dunkel rösten, da Mehl sonst bitter schmeckt.
3. Geschirr von der Kochstelle nehmen, *vorsichtig unter Rühren aufgießen,* glatt rühren, zum Kochen bringen, Geschmackszutaten nach Wahl zugeben.
4. Bei *mäßiger Hitze* (Stufe I bzw. 5–6 auf Automatikplatte) *20–30 Minuten offen kochen* lassen, dunkle Einbrenne soll durch längeres Kochen Glanz bekommen.
5. *Abschmecken* je nach Verwendung, evtl. durch Sieb geben, *verbessern.*

Verwendung: Da die Verdaulichkeit und Bekömmlichkeit durch das starke Rösten vermindert wird, findet die dunkle Einbrenne nur zu besonderen Gerichten Verwendung, z. B. Brennsuppe, Zwiebelsuppe, Wildsuppe, dunkle Ochsenschwanzsuppe und ähnlichen Soßen. Sie ist von der Diätkost auszuschließen. Heute wird die dunkle Einbrenne vielfach durch die Zuckereinbrenne ersetzt.

30 g Fett 10 g Zucker
40 g Mehl, evtl. $^1/_2$ Zwiebel
$^1/_2$ l Flüssigkeit, Salz
nach Belieben: Lorbeerblatt, Wacholderbeeren, etwas Essig
Rotwein, etwas Rahm

59. Zuckereinbrenne

Zucker in heißem Fett *hellgelb* bräunen, Mehl zugeben, *goldgelb rösten,* nach Belieben geschnittene Zwiebel beifügen, mitrösten, bis *Mehl goldbraun* ist, dann *sofort* aufgießen, Lorbeerblatt und Wacholderbeeren nach Geschmack zugeben, etwa 10 Minuten kochen lassen, evtl. durch Sieb geben, Rotwein oder Rahm als Verbesserungszutaten zugeben, abschmecken.
Merke: Zucker darf nicht zu dunkel bräunen, da er sonst bitter schmeckt!
Verwendung: Vielfach anstelle von dunkler Einbrenne sowie zu Fleischgerichten mit reichlicher, kräftiger Soße wie Soßfleisch oder Boeuf à la mode, Siebenbürgerfleisch, Hammelbraten auf Wildart, Sauerbraten, Gänse- und Entenjung, Hasen-, Reh- und Hirschragout, Karpfen in brauner oder polnischer Soße u. a. m.

60. Gebundene Gemüsesuppe*

Viele Gemüsesuppen können sowohl durch Dünsten und Stauben wie durch Einbrenne gebunden werden.

Arbeitsweise:

I. Art: Gedünstet, gestaubt (auch für Diätkost bevorzugt):

1. *Geeignete Gemüse:* Gelbe Rüben, Sellerie, Lauch, Kohlrabi, frische Pilze, Endivien, Wirsing, Kartoffeln.

2. *Vorbereitungsarbeiten:* Gemüse waschen, putzen, nochmals waschen, entsprechend der Gemüseart zerkleinern, Zwiebel fein schneiden.

3. *Zubereiten:* Vorbereitete Zwiebel und Gemüse in Fett gut *andünsten*, mit Mehl *stauben*, mit *andünsten*, mit Flüssigkeit *aufgießen*, bei *mäßiger Hitze* leise gar kochen lassen. Nach Belieben kann ein Teil des Mehles als Teiglein zugegeben werden, oder Suppe mit Buttermehlkloß binden.

4. *Garzeit:* Je nach Gemüseart 20–25 Minuten.

5. *Abschmecken, Aufwerten:* Suppe mit Salz, Kräutern nach Belieben und evtl. mit etwas Milch oder Rahm abschmecken, nicht mehr kochen lassen.

Anwendungsbereich: Für alle Suppen von oben genannten Gemüsen.

II. Art.: Mit Einbrenne:

1. *Geeignete Gemüse:* Alle ausgesprochenen *Kochgemüse* wie Spargel, Blumenkohl, Schwarzwurzeln, Spinat, getrocknete Pilze, Hülsenfrüchte, aber auch Sellerie, Lauch, Tomaten, Kerbel, gemischte Kräuter u. a. m.

2. *Vorbereitungsarbeiten:* Gemüse waschen, putzen, nochmals kurz waschen, der Gemüseart entsprechend zerkleinern; Zwiebel fein schneiden.

3. *Zubereiten:* Vorbereitete Gemüse (je nach Gemüseart) in wenig kochendem Salzwasser *kernig-weich dämpfen oder kochen* (z. B. Blumenkohl, Schwarzwurzel, Spargel usw.), evtl. nach dem Garen zerkleinern (z. B. Spinat).
Helle Einbrenne herstellen wie bei Grundrezept Nr. 57, mit Gemüsesud *auffüllen*, offen 5–10 Minuten kochen lassen, Gemüse zugeben und 1 mal aufkochen lassen.
Oder: *Helle Einbrenne* herstellen, vor dem Aufgießen zerkleinertes *rohes Gemüse* wie Sellerie, Lauch, Kräuter oder gegartes Gemüse wie Spinat *zugeben, durchdünsten, aufgießen,* bei mäßiger Hitze leise gar kochen lassen.

4. *Garzeit:* Bei schon garem Gemüse etwa 5–10 Minuten, bei rohem Gemüse je nach Gemüseart 15–30 Minuten.

5. *Abschmecken, Aufwerten:* Wie bei I. Art.

Anwendungsbereich: Für alle gebundenen Gemüsesuppen.

Grundrezept

I. Art: Gedünstet, gestaubt:
250–500 g Gemüse je nach Jahreszeit
1/2 Zwiebel
30 g Fett
20–40 g Mehl
1 1/4 l Flüssigkeit
Salz

II. Art: Mit Einbrenne:
250–500 g Gemüse je nach Jahreszeit
Salzwasser nach Bedarf
Grundrezept helle Einbrenne:
30 g Fett, 1/2 Zwiebel
30–40 g Mehl
1 1/4 l Gemüsesud, Salz

zum Verbessern:
frische Küchenkräuter wie Schnittlauch, Petersilie
wenig Liebstöckel
etwas Milch oder Rahm

61. Kräutel- oder Kerbelsuppe*

100–250 g Kräutel (Kerbel)
helle Einbrenne Nr. 57
zum Verbessern:
etwas Rahm oder Milch
als Beilage: geröstete Semmelbröckchen oder gebähte Semmelscheibchen

Kräutel verlesen, von groben Stielen befreien, gründlich waschen, fein wiegen oder im Mixer fein zerkleinern, evtl. durch Fleischmaschine geben. Helle Einbrenne herstellen, aufgießen, 5–10 Minuten kochen, Kräutel zugeben, einmal aufkochen lassen, evtl. durch Sieb streichen, abschmecken, Verbesserungszutaten zugeben, mit gerösteten Semmelbröckchen oder gebähten Semmelscheibchen anrichten.
Oder: Helle Einbrenne herstellen, vor dem Aufgießen vorbereitetes Kräutel zugeben, durchdünsten, aufgießen, fertigstellen wie oben.

62. Petersiliensuppe*

Zutaten und Zubereitung wie Kerbelsuppe, statt Kerbel Petersiliengrün.

63. Frühlingssuppe, Kräutersuppe*

250 g gemischte Kräuter wie: Kerbel, Kresse, Sauerampfer, Petersilie, junge Brennesselblätter, Spinat
helle Einbrenne Nr. 57
zum Verbessern n. Belieben:
1/8 l Milch oder süßer Rahm
1 Eigelb, etwas Reibkäse

Kräuter verlesen, grobe Stiele entfernen, gut waschen, abtropfen lassen, fein wiegen, mixen oder durch Fleischmaschine geben; helle Einbrenne herstellen, vor dem Aufgießen Kräuter zugeben, durchdünsten, aufgießen, 5–10 Minuten kochen lassen, nach Belieben durch Sieb streichen, mit Milch oder Rahm verbessern, nach Belieben legieren und zuletzt geriebenen Käse unterschlagen, sofort zu Tisch geben, nicht mehr kochen lassen. Oder vorbereitete Kräuter in fertige Einbrenne geben, einmal aufkochen lassen, abschmecken, verbessern.

64. Sauerampfersuppe*

200–250 g Sauerampfer
helle Einbrenne Nr. 57
zum Verbessern:
4–6 Eßl. Rahm oder Milch
1 Eigelb nach Belieben

Sauerampfer verlesen, von groben Stielen befreien, gründlich waschen, gut abtropfen lassen, fein wiegen, mixen oder durch die Fleischmaschine geben. Helle Einbrenne herstellen, Sauerampfer zugeben, durchdünsten, aufgießen, 5–10 Minuten leise kochen lassen, Milch oder Rahm zugeben, nach Belieben legieren, abschmecken, nicht mehr kochen lassen; oder vorbereiteten Sauerampfer in der fertigen Einbrenne aufkochen lassen und fertigstellen wie oben.

65. Spinatsuppe

250 g Spinat
helle Einbrenne Nr. 57
zum Verbessern:
etwas Rahm oder Milch
zur Einlage: Eierstich Nr. 6
oder zur Beilage: geröstete Semmelbröckchen oder gebähte Semmelscheiben

Herstellen wie Kerbelsuppe Nr. 61 oder: 2/3 des verlesenen, gewaschenen Spinats in wenig kochendem Salzwasser kurz aufkochen, abseihen, mixen, wiegen oder durch Fleischmaschine geben. Helle Einbrenne herstellen, vor dem Aufgießen gekochten Spinat zugeben, durchdünsten, mit Spinatsud aufgießen, 5–10 Minuten leise kochen lassen, dann rohen, gemixten oder durch Fleischmaschine gegebenen Spinat zugeben, einmal aufkochen lassen, Verbesserungszutaten beifügen, abschmecken.

66. Tomatensuppe*

Suppe mit frischen Tomaten: Gut reife, gewaschene Tomaten klein schneiden, in etwas Salzwasser mit wenig Thymian weich kochen, durch Sieb streichen; helle Einbrenne mit Zwiebeln herstellen, mit Tomatenbrühe aufgießen, 5–10 Minuten kochen lassen, würzen, mit Zitronensaft und wenig Zucker abschmecken, nach Belieben mit süßem Rahm abschmecken, zur Suppe geriebenen Käse reichen.
Anstelle der Einbrenne kann Suppe auch mit Buttermehlkloß gebunden werden.
Suppe mit Tomatenmark: Helle Einbrenne mit Zwiebeln herstellen, vor dem Aufgießen Tomatenmark beifügen, gut durchdünsten, aufgießen, mit Salz, wenig Thymian und 1 Prise Zucker würzen, 5–10 Minuten leise kochen lassen, nach Belieben mit süßem Rahm verbessern und mit geriebenem Käse reichen.
Als Einlage sind geeignet: Eierstich (Nr. 6), Kalbsbrätnockerl (Nr. 30), 4 Eßlöffel gekochter Reis oder 4 Eßl. junge grüne Erbsen (gekocht).
Als Beilage kommen in Frage: geröstete Semmelbröckchen oder Käsegebäck (Nr. 1556/1557).

1 kg gut reife Tomaten oder
4 Eßl. konz. Tomatenmark
wenig Thymian, Salz
helle Einbrenne Nr. 57
zum Verbessern:
etwas Zitronensaft
1 Prise Zucker
2–3 Eßl. Rahm
evtl. 2–4 Eßl. Reibkäse

67. Tomatensuppe ungebunden*

Feingeschnittene Zwiebel in Öl glasig dünsten, Tomatenmark oder gewaschene, gehäutete, klein geschnittene Tomaten beifügen, gut durchdünsten, bis Tomaten weich sind, Thymian und nach Belieben etwas fein zerdrückten Knoblauch zugeben, aufgießen (bei frischen Tomaten Flüssigkeitsmenge vermindern), bei mäßiger Hitze 5–15 Minuten leise kochen lassen, falls nötig durch Sieb streichen, abschmecken, Rahm und nach Belieben etwas geriebenen Parmesan unterschlagen.

3–4 Eßl. Öl, 1–2 Zwiebeln
4 Eßl. Tomatenmark oder
1 kg reife Tomaten, Thymian
1/4 Zehe Knoblauch
1 1/4 l Flüssigkeit, Salz
etwas Zitronensaft
1 Prise Zucker, 2–4 Eßl. Rahm
geriebenen Parmesan

68. Tomatensuppe roh*

Gut reife Tomaten waschen, brühen, häuten, roh mixen oder durchpassieren, mit Wasser, Rahm und Dosenmilch gut verschlagen, mit Salz, 1 Prise Zucker, wenig Thymian und Oregano sowie etwas Tomatenketchup gut abschmecken, unter Schlagen am Herd erhitzen, jedoch nicht kochen, zuletzt Zitronensaft und etwas frische, gewiegte Petersilie beifügen, abschmecken, sofort zu Tisch geben.

1 kg schöne, reife Tomaten
1/8–1/4 l Wasser, Salz
1/8 l süßer Rahm
4–6 Eßl. Dosenmilch
Zitronensaft, 1 Pr. Zucker
Tomatenketchup
Kräuter nach Wahl

69. Spargelcremesuppe

Spargel waschen, sorgfältig schälen vom Kopf zum dicken Ende hin, nochmals kurz waschen, in gleichmäßige, 2–3 cm lange Stückchen schneiden, in kochendem Salzwasser mit 1 Prise Zucker weich dämpfen oder kochen, Garzeit ca. 20–30 Minuten; (aus Spargelschalen Sud kochen oder getrocknet als Suppenwürze verwenden). Helle Einbrenne mit Butter oder reiner Pflanzenmargarine herstellen, mit Spargelsud aufgießen, 5–10 Minuten kochen lassen, legieren, abschmecken, Spargelstückchen einlegen, oder Spargel durch Sieb gestrichen zugeben, nicht mehr kochen lassen.

250–500 g Suppenspargel
Salzwasser, 1 Prise Zucker
helle Einbrenne Nr. 57
zum Abschmecken:
etwas Zitronensaft
1 Prise Zucker, Salz
3–4 Eßl. Rahm, 1 Eigelb

70. Blumenkohlsuppe*

1 kleiner Blumenkohl
Salzwasser
helle Einbrenne Nr. 57
etwas Zitronensaft
1 Prise Zucker
evtl. 1 Prise Muskat
zum Legieren:
1 Eigelb, 2 Eßl. Rahm

Blumenkohl putzen, in Röschen teilen, waschen, in kochendem Salzwasser kernig-weich dämpfen oder kochen; helle Einbrenne am besten mit Butter oder guter Pflanzenmargarine herstellen, mit Blumenkohlsud aufgießen, 5–10 Minuten kochen lassen, nach Belieben legieren, abschmecken, Blumenkohl zugeben, durchziehen, aber nicht mehr kochen lassen.
Falls Blumenkohl beim Garen zum Verfärben neigt, etwas Zitronensaft in den Sud geben.

71. Schwarzwurzelsuppe

250–500 g Schwarzwurzeln
Essig-Mehlwasser
Salzwasser
etwas Zitronensaft
helle Einbrenne Nr. 57
Zitronensaft, 1 Prise Zucker
zum Legieren:
2–4 Eßl. Rahm, 1 Eigelb

Schwarzwurzeln waschen, putzen, in Essig-Mehlwasser legen, damit sie nicht dunkel werden, dann in gleichmäßige, 2–3 cm lange Stückchen schneiden, in kochendem Salzwasser mit etwas Zitronensaft kernig-weich dämpfen oder kochen, Garzeit etwa 20–40 Minuten je nach Alter und Dicke (günstig im Dampfdrucktopf zu garen). Helle Einbrenne herstellen, mit Schwarzwurzelsud aufgießen, 5–10 Minuten leise kochen lassen, nach Belieben legieren, abschmecken, Schwarzwurzeln zugeben, nicht mehr kochen lassen.

72. Selleriesuppe, Selleriecremesuppe*

1 Knolle Sellerie, mittelgroß
30 g Butter oder Fett
20–30 g Mehl
1¼ l Flüssigkeit, Salz
etwas Zitronensaft
1 Prise weißer Pfeffer
zum Verbessern:
2–4 Eßl. süßer Rahm
1 Eigelb

Sellerie waschen, schälen, nochmals rasch waschen, in gleichmäßige kleine Würfel oder feine Streifchen schneiden, in Butter oder Fett andünsten, stauben, durchdünsten, aufgießen, leise kochen lassen, bis Sellerie gar ist, abschmecken. Garzeit etwa 20–30 Minuten.

Oder: Helle Einbrenne herstellen, vor dem Aufgießen vorbereiteten Sellerie zugeben, durchdünsten, aufgießen, fertigstellen wie oben. Suppe mit Rahm verbessern, nach Belieben legieren.
Selleriecremesuppe vor dem Legieren durch Sieb streichen.
Bei ungebundener Selleriesuppe entfällt die Mehlzugabe.

73. Lauchsuppe*

2–4 Stangen Lauch je nach Größe
30 g Fett, 20–40 g Mehl
1¼ l Flüssigkeit, Salz
etwas Milch oder süßer Rahm
evtl. 1 Eigelb

Lauch putzen, sehr gründlich waschen, in feine Scheiben schneiden, in Fett andünsten, stauben, durchdünsten, aufgießen oder helle Einbrenne herstellen, Lauch zugeben, durchdünsten, aufgießen, etwa 10–15 Minuten leise kochen lassen, bis Lauch weich ist, abschmecken; Suppe mit etwas Milch oder süßem Rahm verbessern, nach Belieben mit Eigelb legieren.

74. Gelbrübensuppe*

250 g gelbe Rüben (Möhren)
30 g Fett, 20–40 g Mehl
1¼ l Flüssigkeit, Salz
etwas Milch oder süßer Rahm, reichlich Petersilie

Gelbe Rüben waschen, putzen, nochmals waschen, fein schneiden oder raffeln, in Fett andünsten, mit Mehl stauben, durchdünsten, aufgießen, gar kochen lassen oder helle Einbrenne herstellen, vor dem Aufgießen vorbereitetes Gemüse zugeben, durchdünsten, aufgießen; Garzeit etwa 20–30 Minuten je nach Alter der gelben Rüben; mit Rahm oder Milch verbessern, abschmecken, mit reichlich fein gewiegter Petersilie anrichten.

75. Kohlrabisuppe*

Kohlrabi waschen, putzen, nochmals rasch waschen, in gleichmäßige kleine Würfel oder feine Streifchen schneiden oder raffeln, zarte Blätter nudelartig fein schneiden oder wiegen. Feingeschnittene Zwiebel in Fett glasig dünsten, Kohlrabi zugeben, andünsten, vorbereitete Blätter mitdünsten, stauben, durchdünsten, aufgießen, gar kochen lassen bei mäßiger Hitze oder helle Einbrenne herstellen, vor dem Aufgießen vorbereitete Kohlrabi und Blätter darin gut andünsten, aufgießen, bei mäßiger Hitze gar kochen. Garzeit etwa 20 Minuten. Suppe mit etwas Milch oder Rahm verbessern, abschmecken, mit Petersilie anrichten.

2 mittelgroße, junge Kohlrabi
30 g Fett, 1 kleine Zwiebel
20–40 g Mehl
1 1/4 l Flüssigkeit, Salz
etwas Milch oder Rahm
reichlich Petersilie

76. Wirsingsuppe

Wirsing putzen, waschen, teilen, in kochendem Salzwasser weich kochen, mixen oder durch Fleischmaschine geben oder wiegen; feingeschnittene Zwiebel in Fett glasig dünsten, Wirsing zugeben, andünsten, stauben, durchdünsten, aufgießen, 5–10 Minuten kochen lassen oder helle bis mittelfarbige Einbrenne herstellen, vor dem Aufgießen vorbereiteten Wirsing zugeben, durchdünsten, aufgießen, 5–10 Minuten kochen lassen wie oben; mit Milch oder Rahm und Gewürzen gut abschmecken.

Sehr junger, zarter Wirsing kann auch gedünstet statt gekocht werden: gewaschenen Wirsing in feine Streifchen schneiden, mit feingeschnittener Zwiebel in Fett dünsten, stauben, aufgießen, 15–20 Minuten leise kochen lassen, abschmecken wie oben.

1/2–1 Kopf Wirsing,
je nach Größe
Salzwasser zum Kochen
30 g Fett, 1 Zwiebel
20–40 g Mehl
1 1/4 l Flüssigkeit, Salz

nach Belieben:
etwas Muskat
1 Prise weißer Pfeffer
etwas Rahm oder Milch

77. Endiviensuppe*

Endivien putzen, gründlich waschen, nudelartig fein schneiden, mit fein geschnittener Zwiebel in Fett andünsten, stauben, durchdünsten, aufgießen, bei mäßiger Hitze etwa 20 Minuten leise kochen lassen oder helle Einbrenne herstellen, vor dem Aufgießen geschnittenen Endivien zugeben, durchdünsten, aufgießen, bei mäßiger Hitze leise gar kochen lassen, abschmecken.

1 Staude Endivien
30 g Fett, 1 kleine Zwiebel
20–40 g Mehl
1 1/4 l Flüssigkeit, Salz
etwas Milch oder Rahm

78. Schwammerlsuppe, Pilzsuppe von frischen Pilzen*

Nur *bekannte* und *frische* Pilze verwenden! Alle genießbaren Pilzarten können verwendet werden, am besten schmecken einige Pilzarten gemischt verarbeitet. Pilze putzen, waschen, feinblättrig schneiden; feingeschnittene Zwiebel in Fett glasig dünsten, Pilze zugeben, etwa 5 Minuten dünsten lassen, wenn Saft eingezogen ist mit Mehl stauben, durchdünsten, aufgießen, salzen, bei mäßiger Hitze etwa 20 Minuten leise kochen lassen oder Suppe mit Mehlteiglein binden, mit Rahm und reichlich gewiegter Petersilie abschmecken.

250–500 g frische Pilze
(Steinpilze, Rehlinge oder gemischte Pilze)
30–40 g Fett oder Butter
1 Zwiebel, 20–40 g Mehl
1–1 1/4 l Flüssigkeit, Salz
4 Eßl. Rahm, Petersilie

79. Champignoncremesuppe*

150–250 g Champignons
1 kleine Zwiebel
30–40 g Butter, 20–40 g Mehl
1 l Flüssigkeit, Salz
Zitronensaft, 1 Prise Zucker
4 Eßl. süßer Rahm, 1 Eigelb
2 Eßlöffel Weißwein

Frische Champignons putzen, waschen, gut abtropfen lassen, feinblättrig schneiden; feingeschnittene Zwiebel in Butter glasig dünsten, Champignons zugeben, etwas Zitronensaft beifügen, dünsten lassen, wenn Saft eingezogen ist, stauben, durchdünsten, aufgießen, salzen, bei mäßiger Hitze etwa 10–15 Minuten leise kochen lassen, mit Rahm und Eigelb legieren, mit Wein abschmecken, nicht mehr kochen lassen.

80. Pilzsuppe von getrockneten Pilzen

20–30 g getrocknete Pilze
1/2 l Wasser zum Einweichen
helle oder mittelfarbene Einbrenne Nr. 57
2–4 Eßlöffel Rahm
reichlich Petersilie, Salz

Getrocknete Pilze evtl. waschen, in 1/2 l Wasser über Nacht einweichen, im Einweichwasser weich kochen, abseihen, im Mixer zerkleinern oder wiegen; helle bis mittelfarbene Einbrenne herstellen, vor dem Aufgießen gehackte Pilze zugeben, durchdünsten, mit Pilzbrühe aufgießen, nach Bedarf Brühe oder Wasser zugeben, etwas 5–10 Minuten leise kochen lassen, mit Rahm, Petersilie und Salz abschmecken.

81. Kartoffelsuppe gebunden*

250–500 g Kartoffeln
30 g Speck oder Fett
1 Zwiebel, Wurzelwerk
20 g Mehl
1 1/4 l Flüssigkeit, Salz
Petersilie oder Majoran

Kartoffeln waschen, schälen, in gleichmäßige Würfel schneiden; Wurzelwerk waschen, putzen, nochmal waschen, klein schneiden oder raffeln; fein geschnittene Zwiebel mit Wurzelwerk in Fett gut andünsten, dann Kartoffelwürfel zugeben, mit andünsten, stauben, durchdünsten, aufgießen, mit Salz und Majoran würzen, bei mäßiger Hitze gar kochen lassen, Garzeit etwa 20–25 Minuten, mit reichlich Petersilie abschmecken. (Statt zu stauben kann mit Mehlteiglein gebunden werden).

82. Kartoffelsuppe aufgeschmelzt*

500 g Kartoffeln
reichlich Wurzelwerk
1 1/4–1 1/2 l Flüssigkeit
Salz, Majoran
zum Aufschmelzen:
30 g Fett oder Räucherspeck
1–2 Zwiebeln

Wurzelwerk putzen, waschen, nochmal rasch waschen, klein schneiden, geschälte Kartoffeln in Würfel schneiden; alle Zutaten in heißer Flüssigkeit mit etwas Salz und Majoran weich kochen, nach Belieben durch Sieb streichen, nochmal aufkochen lassen, abschmecken; Garzeit etwa 25–30 Minuten.
Zum Aufschmelzen Zwiebelscheiben in Fett oder in gewürfeltem, leicht angeröstetem Speck goldgelb rösten, auf angerichtete Suppe geben.

83. Milchkartoffelsuppe*

500 g Kartoffeln
Salzwasser zum Kochen
3/4 l Milch
Salz
Petersiliengrün, süßer Rahm

Kartoffeln schälen, in Scheiben schneiden, in soviel Salzwasser, daß sie knapp bedeckt sind, weich kochen, mit Kartoffelkochwasser zerstampfen und gut verrühren, mit heißer Milch glatt schlagen, evtl. durch Sieb streichen, nochmal aufkochen lassen, abschmecken, Garzeit etwa 20–30 Minuten.

84. Kartoffeleinlaufsuppe*

1–2 mittelgroße Kartoffeln
1 Ei, Salz, 1 1/4 l Brühe
Petersilie, Schnittlauch
Majoran oder Bohnenkraut

Kartoffeln schälen, reiben, mit Ei und Salz abrühren, in gut abgeschmeckte, kochende Brühe einrühren, 15–20 Minuten kochen lassen, abschmecken mit Petersilie oder Schnittlauch, mit Majoran bzw. Bohnenkraut.

85. Hülsenfruchtsuppe, Erbsen-, Linsen-, Bohnensuppe

Hülsenfrüchte waschen, über Nacht in reichlich kaltem Wasser einweichen, im Einweichwasser mit vorbereitetem Wurzelwerk kalt zusetzen, weich kochen, Garzeit 1½ Stunden, am besten im Dampfdrucktopf garen. Erbsen oder Bohnen durch Sieb streichen, Linsen ganz lassen. Einbrenne in Farbe der Hülsenfrüchte herstellen, mit Hülsenfruchtsud aufgießen, etwa 5–10 Minuten kochen lassen, Hülsenfrüchte zugeben, aufkochen lassen, abschmecken. Essig für Linsensuppe erst beim Anrichten beifügen.
Als *Einlage* sind geeignet: Würstchen oder Geräuchertes, Speck- oder Schinkenknödel, geröstete Speckwürfel oder geröstete Semmelbröckchen, außerdem für Linsensuppe gekochte Spätzle, für Erbsensuppe gekochte Suppennudeln, gekochte Kartoffelwürfel sowohl für Erbsen- wie Linsensuppe.

200–250 g Hülsenfrüchte
1½ l Wasser zum Einweichen
Wurzelwerk nach Belieben
zur Einbrenne:
40 g Fett oder Räucherspeck
1 Zwiebel
20 g Mehl
Hülsenfruchtsud
Salz, Essig für Linsensuppe
Einlage nach Wahl

86. Rumfordsuppe

Erbsen waschen, über Nacht in kaltem Wasser einweichen, im Einweichwasser weich kochen; Rollgerste waschen, mit feingeschnittener Zwiebel und klein geschnittenem Wurzelwerk in Fett oder gewürfeltem Speck andünsten, auffüllen, salzen, wenn halbgar, Kartoffelwürfel zugeben, weich kochen; Erbsen durch Sieb streichen, mit Rollgerste mischen, nochmal aufkochen lassen, abschmecken. Garzeit 1½–2 Stunden, günstig im Dampfdrucktopf herzustellen. Diese Suppe ist sehr ergiebig und sättigend.

100 g getrocknete Erbsen
1½ l Wasser zum Einweichen
40 g Speck oder Fett
1 Zwiebel, Wurzelwerk
40 g Rollgerste, Salz
1 Kartoffel gewürfelt
Petersiliengrün

87. Buttermehlsuppe*

Helle Einbrenne herstellen, auffüllen, salzen, 5–10 Minuten leise kochen lassen; Eigelb mit Milch gut verquirlen, Suppe damit legieren, nicht mehr kochen lassen, abschmecken, Petersilie zugeben.

Helle Einbrenne Nr. 57
1¼ l Brühe, Salz
1 Eigelb, 1 Eßl. Milch

88. Falsche Eiergerstensuppe, Eiermehlsuppe*

Helle Einbrenne herstellen; Eier mit Aufgußflüssigkeit gut verquirlen, Einbrenne damit unter kräftigem Schlagen mit dem Schneebesen aufgießen, glatt schlagen, salzen, 5–10 Minuten leise kochen lassen, abschmecken.

Helle Einbrenne Nr. 57
1¼ l Brühe, 1–2 Eier, Salz
Petersilie oder Schnittlauch

89. Käsecremesuppe*

Helle Einbrenne herstellen, leicht salzen, 5–10 Minuten leise kochen lassen, legieren, geriebenen Käse unterschlagen, nicht mehr kochen lassen.
An Stelle von Reibkäse kann man auch 1 Eckchen streichfähigen Schmelzkäse verwenden: Schmelzkäse in Stückchen zerpflücken, in die kochende, noch nicht legierte Suppe einschlagen, leise kochen lassen, bis Käse geschmolzen ist, abschmecken, dann erst legieren.

Helle Einbrenne Nr. 57
1¼ l Flüssigkeit, Salz
1 Eigelb, 2 Eßl. süßer Rahm
50 g geriebener Käse oder
1 Ecke streichfähiger
Schmelzkäse

90. Geflügelcremesuppe

1/2 Suppenhuhn, Wurzelwerk
1 1/2 l Wasser, Salz
helle Einbrenne Nr. 57
(ohne Zwiebel)
zum Verbessern:
1–2 Eigelb, 2–4 Eßl. süßer Rahm, etwas Weißwein
zur Einlage nach Belieben:
Hühnerfleisch
Champignons gedünstet

Suppenhuhn kochen wie bei Nr. 287 angegeben; Fleisch von Knochen, Haut und Fett lösen, Fleischstücke in der Brühe erkalten lassen, dann in gleichmäßige Streifen oder Würfel schneiden. Helle Einbrenne mit Butter ohne Zwiebel herstellen, mit entfetteter Hühnerbrühe aufgießen, 5–10 Minuten leise kochen lassen, geschnittenes Hühnerfleisch zugeben, etwas durchziehen lassen, mit Rahm und Eigelb legieren, mit Weißwein abschmecken, nach Belieben mit einigen gedünsteten Champignons verbessern, sofort zu Tisch geben. (Für Diät evtl. mit Mehl- oder Stärkemehlteiglein oder Butter-Mehlkloß binden.)

91. Königinsuppe*

Helle Einbrenne Nr. 57
1 1/4 l Brühe, 1–2 Eigelb
2 Eßl. süßer Rahm
Weißwein, Zitronensaft
Salz, 1 Prise Zucker
Hühner- od. Kalbfleischreste

Helle Einbrenne herstellen, 5–10 Minuten leise kochen lassen, mit Eigelb, Rahm oder Dosenmilch legieren, mit Zitrone, Wein, wenig Zucker und Salz pikant abschmecken, nach Belieben mit gleichmäßig feingeschnittenen, gekochten Hühner- oder Kalbfleischresten oder gekochten Spargelspitzen anrichten.

92. Hirnsuppe

1 Kalbshirn, Salzwasser
30 g Butter
30–40 g Mehl
1 1/4 l Brühe, Salz
1 Stückchen Zitronenschale
zum Legieren:
1 Eigelb
2 Eßl. süßer Rahm od. Milch

Hirn wässern, brühen, häuten, fein wiegen oder mixen, in Butter andünsten, mit Mehl stauben, etwa 5 Minuten durchdünsten, mit Brühe aufgießen, ein Stückchen Zitronenschale zugeben, 5–10 Minuten leise kochen lassen, Zitronenschale entfernen, abschmecken, nach Belieben legieren. Oder: Helle Einbrenne herstellen, aufgießen, mit Zitronenschale etwa 5–10 Minuten kochen, dann Zitronenschale entfernen, wie oben vorbereitetes Hirn zugeben, unter Rühren nochmal gründlich aufkochen lassen, abschmecken, nach Belieben legieren.

93. Suppe mit Kalbsbries

1 Kalbsbries, 1/2 l Brühe, Salz
helle Einbrenne Nr. 57
1 1/4 l Brühe, 1 Pr. Muskat
zum Verbessern:
1 Eigelb, 2 Eßl. süßer Rahm

Bries wässern, brühen, häuten, in einem Teil der abgeschmeckten Brühe 20 Minuten kochen, erkalten lassen, feinwürfelig schneiden. Helle Einbrenne herstellen, mit Briesbrühe und beliebiger Flüssigkeit aufgießen, 5–10 Minuten leise kochen lassen, Bries zugeben, nochmal aufkochen lassen, abschmecken, nach Belieben legieren.

94. Schinkensuppe*

30 g Butter
1/2 Zwiebel, Petersilie
60 g gekochter Schinken
30–40 g Mehl, 1 1/4 l Brühe
1 Eigelb, 2 Eßl. Rahm, Salz
Semmelscheiben

Feingeschnittene Zwiebel in Butter andünsten, Schinken in feine Würfel geschnitten zugeben, durchdünsten, mit Mehl stauben, kurz andünsten, mit Brühe aufgießen, bei mäßiger Hitze 5–10 Minuten kochen, abschmecken, mit Eigelb und süßem Rahm legieren, feingewiegte Petersilie zugeben, nicht mehr kochen lassen; geröstete oder gebähte Semmelschnitten dazu reichen.

95. Hascheesuppe*

Fleischreste durch Fleischmaschine geben, fein geschnittene Zwiebel in Fett andünsten, Fleischreste mitdünsten, mit Mehl stauben, mit andünsten, aufgießen, etwa 5–10 Minuten kochen lassen, abschmecken, nach Belieben mit Rahm und Tomatenmark verbessern. Oder: Mittelfarbene Einbrenne herstellen, aufgießen, 5–10 Minuten kochen lassen, gewiegtes Fleisch zugeben, einmal aufkochen lassen und verbessern wie oben.

100–150 g Fleischreste
30 g Fett, 1 Zwiebel
30–40 g Mehl
1 1/4 l Flüssigkeit, Salz
2 Eßlöffel Rahm oder Dosenmilch, Tomatenmark

96. Hefesuppe*

Helle Einbrenne herstellen, vor dem Aufgießen zerbröselte Hefe zugeben, etwas andünsten, bis sie flüssig wird, dann aufgießen, 5–10 Minuten leise kochen lassen unter Beigabe von etwas Liebstöckel, abschmecken, nach Belieben mit Milch verbessern, mit Petersilie oder Schnittlauch anrichten.

Helle Einbrenne Nr. 57
1 1/4 l Flüssigkeit, Salz
50 g Preßhefe, Liebstöckel
etwas Milch, Petersilie

97. Fischsuppe

Fischsud abseihen, Gemüse des Sudes durch Sieb streichen; helle Ein-Einbrenne herstellen, mit Fischbrühe aufgießen, 5–10 Minuten leise kochen lassen, abschmecken, nach Belieben mit Rahm und Eigelb legieren, mit Weißwein verbessern.

1 1/2 l Fischsud wie Nr. 496 v. Fluß- oder Seefischen mit 3–4 Tomaten in Scheiben
helle Einbrenne Nr. 57
2 Eßl. süßer Rahm, 1 Eigelb
1 Glas Weißwein

98. Fischsuppe mit Fischklößchen

Fischsud abseihen, abschmecken. Fischklößchen herstellen: rohes Fischfleisch entgräten, zweimal durch die Fleischmaschine drehen, mit eingeweichter, sehr gut ausgedrückter Semmel oder mit Semmelbröseln und übrigen Zutaten zu glattem Teig verarbeiten, Probeklößchen formen und garen, ist es gut, übrige Klößchen formen, in kochender, gut abgeschmeckter Fischbrühe leise ziehen lassen, Garzeit etwa 10 Minuten. Klößchen anrichten, Brühe mit Rahm und Weißwein abschmecken, heiß über die Klößchen geben.

1 1/4 l Fischsud
zu Fischklößchen:
250 g rohes Fischfleisch, 1 Ei
1/2 alte Semmel, eingeweicht oder 2–3 Eßl. Semmelbrösel
Salz, Petersilie gewiegt
wenig Zitronenschale
2 Eßl. süßer Rahm
2 Eßl. Weißwein

99. Lebersuppe

Gewaschene Leber schaben, wiegen oder mixen, notfalls durch Fleischmaschine drehen; mittelfarbene Einbrenne herstellen, aufgießen, 5–10 Minuten leise kochen lassen, vorbereitete Leber mit Schneebesen unterschlagen, aufkochen lassen, nach Belieben durch Sieb streichen, abschmecken und verbessern.

Oder: Mittelfarbene Einbrenne herstellen, vor dem Aufgießen vorbereitete Leber zugeben, kurz andünsten, mit Flüssigkeit aufgießen, unter Schlagen mit dem Schneebesen zum Kochen kommen lassen, würzen, etwa 5 Minuten leise kochen lassen, nach Belieben durch Sieb streichen, abschmecken und verbessern.

100–150 g Rinds- oder Geflügelleber
mittelf. Einbrenne Nr. 57
1 1/4 l Flüssigkeit
Majoran, 1 Prise Pfeffer
zum Verbessern:
etwas süßer Rahm
2 Eßlöffel Rotwein
als Beilage:
geröstete Semmelwürfel

100. Milzsuppe

150 g Milz
übrige Zutaten
wie Lebersuppe Nr. 99

Milz waschen, seitlich aufschlitzen, mit Eßlöffel ausschaben, fein wiegen oder im Mixer pürieren. Übrige Zubereitung wie Lebersuppe Nr. 99.

101. Gulaschsuppe

300–400 g mageres Ochsenfleisch, 50 g Öl oder Fett
4 Zwiebeln, 1 Zehe Knoblauch
2 Teel. Rosenpaprika, Salz
20–30 g Mehl, 1 Pr. Thymian
je 1/2 Teel. Majoran u. Kümmel
2–3 Eßl. Tomatenmark oder
3 Tomaten, 1 1/2 l Brühe
etwas Tomatenketchup
einen Spritzer Worcestersoße
2 Glas Rotwein
einige Eßl. süßer Rahm

Gut abgehangenes, mageres Ochsenfleisch im ganzen waschen, häuten, in gleichmäßige Würfel von etwa 1 1/2–2 cm Kantenlänge schneiden, Zwiebeln in Ringe schneiden. Fleischwürfel in heißem Fett bei guter Hitze rasch von allen Seiten anbräunen, Zwiebelringe zugeben und bei mäßiger Hitze lichtgelb rösten, mit etwas Salz zerdrückte Knoblauchzehe und Paprika zugeben, kurz mitrösten, Mehl darüber stauben, etwas anrösten, Gewürze zugeben (Kümmel gewiegt), gebrühte, gehäutete und in Achtel geschnittene Tomaten bzw. Tomatenmark beifügen, kurz durchdünsten, mit kochender Brühe aufgießen, bei mäßiger Hitze *leise* kochen lassen, Garzeit 1–1 1/2 Stunden; Suppe dann gut abschmecken, Rotwein und Rahm nicht mitkochen lassen.

102. Ochsenschwanzsuppe gebunden

250–500 g Ochsenschwanz
30 g Fett, Wurzelwerk
2 l Wasser, Salz
mittelfarbene oder dunkle Einbrenne Nr. 57/58
1 1/2 l Ochsenschwanzbrühe
1 Teel. Tomatenmark
1 Pr. Paprika, 1 Gl. Rotwein

Ochsenschwanz waschen, in den Gelenken durchschneiden (besser schon vom Metzger durchhacken lassen), in Fett gut anrösten, Wurzelwerk mit anrösten, kalt aufgießen, salzen, etwa 2 Stunden leise kochen lassen (am besten im Dampfdrucktopf kochen), dann abseihen. Fleisch von den Knochen lösen, kleinwürfelig schneiden. Mittelfarbene oder dunkle Einbrenne herstellen, mit Ochsenschwanzbrühe aufgießen, 1/2 Stunde offen leise kochen lassen, pikant abschmecken, mit gewürfelten Fleischstückchen anrichten.

103. Wildsuppe

Wildknochen, Wurzelwerk
1 1/2 l Flüssigkeit, Salz
100–125 g Wildfleischreste
dunkle Einbrenne Nr. 58
1 1/4 l Wildknochenbrühe
süßer Rahm, 1/2 Gl. Rotwein
1 Pr. Zucker, Zitronensaft

Wildknochen mit Wurzelwerk und Salz in kaltem Wasser zusetzen, gründlich auskochen lassen; Wildfleischreste wiegen oder in feine Streifen schneiden. Dunkle oder mittelfarbene Einbrenne herstellen, mit Wildknochenbrühe aufgießen, 1/2 Stunde offen leise kochen lassen, pikant abschmecken, mit den vorbereiteten Fleischresten anrichten; Fleisch nicht mitkochen, da es sonst gerne faserig und strohig wird. Anstelle von dunkler Einbrenne kann auch Zuckereinbrenne verwendet werden.

104. Dunkle Zwiebelsuppe

Dunkle Einbrenne Nr. 58
mit 3 großen Zwiebeln
1 1/2 l Flüssigkeit, Salz
Zitronensaft, wenig Rahm
etwas Rotwein

Dunkle Einbrenne mit reichlich Zwiebeln herstellen wie Grundrezept Nr. 58, aufgießen, salzen, 1/2 Stunde offen leise kochen lassen, nach Belieben durch Sieb streichen, abschmecken, nach Belieben mit etwas Rahm und Rotwein verbessern.

105. Brennsuppe

Dunkle Einbrenne herstellen wie bei Grundrezept Nr. 58 angegeben, Kümmel entweder mit den Zwiebeln etwas anrösten oder nach dem Aufgießen zugeben; Suppe nach dem Aufgießen 1/2 Stunde offen leise kochen lassen, abschmecken, mit Rahm und Rotwein verbessern.

Dunkle Einbrenne Nr. 58
1 1/2 l Flüssigkeit
Salz, etwas Kümmel
2–3 Eßlöffel Rahm
2–4 Eßlöffel Rotwein

106. Kochfertige Suppe*

Zutaten und Zubereitung jeweils nach Gebrauchsanweisung. Fertige Suppe durch Zugabe von frischem Rahm oder Milch und frischen Kräutern aufwerten!

107. Buttermilchsuppe salzig*

Buttermilch oder Mischung von Buttermilch und Vollmilch mit Stärkemehl und Salz gut verschlagen, unter tüchtigem Schlagen mit Schneebesen zum Kochen bringen, einmal aufpuffen lassen, abschmekken, nach Belieben über feingeschnittenem Schwarzbrot anrichten.

Oder: Vollmilch zum Kochen bringen, Stärkemehl mit Buttermilch glatt rühren, in kochende Vollmilch einschlagen, einmal aufpuffen lassen, abschmecken.

1 l Buttermilch oder halb Buttermilch, halb Vollmilch
20–25 g Stärkemehl, Salz
nach Belieben:
etwas Kümmel, etwas Rahm
Schwarzbrot feingeschnitten

Süße Suppen

Grundrezept

1 l Milch, 1 Prise Salz
Geschmackszutaten n. Wahl:
1/4 Stange Vanille oder
Zitronenschale von
1/4 Zitrone oder
20–30 g Kakao oder
80 g Schokoladepulver
zum Binden:
20–25 g Stärkemehl oder
30 g Weizenmehl oder
30–40 g Grieß, Sago,
Haferflocken oder Reis
zum Abschmecken:
40 g Zucker
zum Verbessern:
1–2 Eier getrennt
als Einlage nach Wahl:
50 g Rosinen oder
500–700 g rohes, weiches
Obst wie Beeren, Bananen,
Mandarinen, Orangen
oder gekochtes Obst wie
Kirschen, Sauerkirschen,
Aprikosen u. a. m.
Zucker für Obst

108. Milchsuppe, Milchkaltschale*

Arbeitsweise:

1. *Milch* mit Geschmackszutaten zum *Kochen* bringen; *Obst vorbereiten:* Beeren verlesen, waschen (außer Himbeeren), gut abtropfen lassen, abstielen, einzuckern – Steinobst waschen, entsteinen, in etwas Zuckersud kochen – Bananen oder Zitrusfrüchte sorgfältig schälen, klein schneiden.

2. *Milch binden:* Stärkemehl oder Mehl mit wenig kalter Flüssigkeit zu Teiglein anrühren, in kochende Milch einrühren – Grieß oder Sago unter Rühren in kochende Milch einstreuen – Haferflocken oder vorbereiteten Reis in kalter Milch zusetzen, zum Kochen bringen, gut quellen lassen. *Garzeiten:* Stärkemehlbrei einigemale aufkochen lassen, Grieß 10 Minuten, Sago 20–30 Minuten, Reis 20–25 Minuten und Haferflocken 5–10 Minuten.

3. Milchsuppe während des Garens *süßen* durch Zuckerzugabe; nach Belieben *verbessern:* Eigelb mit 1 Eßlöffel Milch verrühren, unter noch heiße Masse rühren, steifen Eischnee unterziehen, nicht mehr kochen lassen; nach Belieben weiches rohes oder gekochtes, gesüßtes Obst, nach Bedarf zerkleinert, unterschlagen. Bei Kaltschalen Obst erst unmittelbar vor dem Anrichten beifügen.

Oder:
Eigelb mit Zucker und Stärkemehl verrühren, Flüssigkeit und Geschmackszutaten zugeben, am Feuer abschlagen, bis Masse aufpufft, abschmecken, Eischnee unter die noch heiße Masse ziehen, unmittelbar vor dem Anrichten vorbereitetes Obst nach Belieben unterschlagen. Nur geeignet bei Verwendung von Stärkemehl als Bindemittel.
Als Obst sind geeignet: rohe Beeren, Bananen, Mandarinen, Orangen oder gekochte Kirschen, Sauerkirschen, Aprikosen u. a. m.

Anwendung: Für alle Arten von warmen Milchsuppen und Milchkaltschalen. Für Kaltschalen kann Bindemittelmenge etwas vermindert werden, insbesondere wenn Ei verwendet wird.
Für *Fruchtsuppen* kann statt Milch Fruchtsaft, Fruchtmark, Süßmost oder Kompott verwendet werden; dafür ist die Zuckermenge je nach Säuregehalt des Obstes zu erhöhen und Geschmackzutaten sind dem jeweiligen Obst entsprechend zu wählen.

109. Süße Buttermilchsuppe*

1 l frische Buttermilch
40 g Zucker, 1 Prise Salz
20–25 g Stärkemehl
evtl. 2–4 Eßl. süßer Rahm

Alle Zutaten mit Schneebesen glatt schlagen, unter ständigem Schlagen mit dem Schneebesen rasch zum Kochen bringen, kurz aufpuffen lassen, mit Rahm verbessern, abschmecken.

Klare Gemüsesuppe – Rezept S. 72
Französische Zwiebelsuppe – Rezept S. 73
Leberknödelsuppe – Rezept S. 75

110. Fruchtsuppe, Fruchtkaltschale*

Reife Beeren waschen (außer Himbeeren), gut abtropfen lassen, entstielen, roh durch Fruchtpresse drehen, Fruchtmark mit soviel Wasser auffüllen, daß Masse gut 1 Liter ergibt. Kirschen oder Sauerkirschen waschen, entsteinen, mit Wasser und etwas Zucker weich kochen; Fruchtmark bzw. Kompott oder Fruchtsaft mit Zucker und Zitronensaft abschmecken, zum Kochen bringen, kalt angerührtes Stärkemehlteiglein einrühren, gut aufkochen lassen oder Grieß bzw. Sago in kochende Masse einrühren, gar kochen lassen, gut abschmecken, nach Belieben mit Wein verbessern. Fruchtsuppe heiß oder kalt reichen, dafür gut kühlen.
Garzeit für Grieß 10 Minuten, für Sago 20–30 Minuten.

3/4–1 kg Erdbeeren,
Himbeeren, Johannisbeeren,
evtl. gemischte Beeren,
Kirschen oder Sauerkirschen
1/2–3/4 l Wasser je n. Obstart
oder 1 l Fruchtsaft
Zitronensaft, 50–80 g Zucker
zum Binden:
20–25 g Stärkemehl oder
30–40 g Grieß oder Sago
etwas Wein je nach Fruchtart

111. Holundersuppe, Holunderkaltschale*

Gut reife Holunderbeeren entstielen, mit Wasser, Zucker und Gewürzen kochen, nach Belieben durch Sieb streichen. Fruchtmark zum Kochen bringen, mit kalt angerührtem Stärkemehlteiglein binden, gut aufkochen lassen, abschmecken, nach Belieben mit Wein verbessern. Heiß oder kalt reichen.

3/4–1 kg Holunder, 3/4 l Wasser
1 Stück Zimt, 2–3 Nelken
50–80 g Zucker, etw. Rotwein
zum Binden:
20–25 g Stärkemehl

112. Rhabarbersuppe, Rhabarberkaltschale*

Jungen Rhabarber waschen, nicht schälen, klein schneiden, mit Wasser, Zucker und Zitronen- oder Orangenschale weich kochen, nach Belieben durch Sieb streichen, zum Kochen bringen, mit in wenig kaltem Wasser angerührtem Stärkemehl binden oder Grieß bzw. Sago einstreuen, gar kochen: Stärkemehl gut aufkochen lassen, Grieß 10 Minuten, Sago 20–30 Minuten kochen lassen, abschmecken, heiß oder gut kalt reichen.

3/4–1 kg junger Rhabarber
3/4 l Wasser, etwas Zitronen-
oder Orangenschale
100–150 g Zucker
zum Binden:
20–25 g Stärkemehl oder
30–40 g Grieß oder Sago

113. Apfelsuppe, Apfelkaltschale*

Gewaschene Äpfel dünn schälen, Kernhaus entfernen, in Stücke schneiden, in Sud mit Zitronensaft und -schale weich kochen, pürieren, mit Zucker und Wein abschmecken, zum Kochen bringen, mit kalt angerührtem Stärkemehlteiglein binden, gut aufkochen lassen, nach Belieben mit gewaschenen, gebrühten Rosinen vermengen, heiß oder gut kalt reichen; nach Belieben Makronen dazugeben.

1/2–3/4 kg Äpfel, 3/4 l Wasser
Zitronenschale, 60 g Zucker
Zitronensaft, 1/4 l Weißwein
zum Binden:
20–25 g Stärkemehl
50 g Rosinen

114. Weinsuppe*

Eigelb mit Zucker schaumig rühren, Stärkemehl, Wein und Wasser unterrühren, bei Weißwein Zitronenschale und -saft, bei Rotwein Zimt und Nelken zugeben, am Feuer mit Schneebesen abschlagen, bis Masse aufpufft, gut heiß oder sehr kalt reichen.

2 Eigelb, 60–100 g Zucker
Zitronenschale und -saft od.
1 Stückchen Zimt, 2–3 Nelken
3/4 l Weiß- oder Rotwein
1/4 l Wasser, 20 g Stärkemehl

115. Biersuppe*

Zubereitung wie Weinsuppe Nr. 114; Wein und Wasser durch 1/2 l Bier und 1/2 l Milch austauschen. Eier evtl. ganz verwenden.

2 Eigelb, 60 g Zucker
20 g Stärkemehl
1/2 l Milch, 1/2 l Bier

◀ Pichelsteiner Eintopf
Rezept S. 307

Fleischspeisen

Fleisch im engeren Sinn ist die Skelettmuskulatur warmblütiger Tiere, insbesondere von Schlachttieren, Geflügel, Wild, Kaninchen, einschließlich der genießbaren Innereien.

Der zunehmende Fleischverbrauch ist eine Begleiterscheinung steigenden Lebensstandards und hat mehrere Ursachen:

1. Großer Wohlgeschmack des Fleisches dank seines hohen Gehaltes an Extraktivstoffen;

2. vielseitige Abwechslungsmöglichkeit durch die Verschiedenheit der Fleischarten und ihre mannigfachen Zubereitungsweisen;

3. hoher Sättigungswert bei guter Verdaulichkeit (Verweildauer im Magen etwa $3^1/_2$–5 Stunden je nach Fettgehalt und Alter des Tieres);

4. geringer Arbeitsaufwand bei der Zubereitung und die Möglichkeit, daraus zahlreiche und beliebte **Schnellgerichte** herzustellen;

5. hoher ernährungsphysiologischer Wert des Fleisches:

a) der Gehalt an *biologisch hochwertigem Eiweiß* ist um so höher (12–22% i. D.), je höher sein Anteil an Muskelfasern und je geringer sein Gehalt an Bindegewebe und Fett ist.

Durchschnittlicher Eiweißgehalt je 100 g eßbarem Anteil (nach Prof. Souci und Dr. Bosch):

Rindfleisch	*16–22%*
Kalbfleisch	*18–21%*
Schweinefleisch	*12–21%*
Hammelfleisch	*12–18%*
Wildfleisch	*21–22%*
Geflügel	*16–23%*
Leber	*19–21%*
sonstige Innereien	*10–17%*

Ein wichtiger *Haupteiweißspender* ist demnach *mageres Fleisch*. Der Eiweißgehalt schwankt je nach Tierart, Alter, Ausmästung und Güte des jeweiligen Fleischstückes; bei fettem Fleisch kann der Fettgehalt den Eiweißgehalt übersteigen.

b) Der *Fettgehalt* des Fleisches ist unterschiedlich je nach Tierart, Alter, Fütterung und Art des Fleischstückes (2–46%). Er beeinflußt den gesundheitlichen Wert des Fleisches: fettes Fleisch birgt bei der heutigen verminderten Muskelarbeit des Menschen die Gefahr zu hohen Fettverzehrs mit den Folgeschäden von Überernährung, Übergewicht und schließlich der ungünstigen Erhöhung des Cholesterinspiegels.
Mageres Fleisch ist deshalb aus gesundheitlichen Gründen zu *bevorzugen;* für *Diät* steht unter allen Umständen *mageres Fleisch junger Tiere* im Vordergrund wie Kalbfleisch, mageres Junggeflügel und auch Wild.

c) Fleischgerichte bedürfen hinsichtlich der *Vitamine, Mineralstoffe* und der *Kohlenhydrate* einer *sinnvollen Ergänzung* durch reichlich *Salate* und *Gemüse*, denn Fleisch ist im Durchschnitt arm an Vitamin A und C sowie an Calcium, nur Leber enthält reichlich Vitamin A und B, im Schweinefleisch finden sich reichlich Vitamine der B-Gruppe. Die dem Fleisch fehlenden Kohlenhydrate liefern *Beilagen* wie Kartoffeln, Reis, Teigwaren u. ä.

d) *Verdaulichkeit und Bekömmlichkeit* des Fleisches sind gut, jedoch abhängig von dem Alter des Tieres, der Qualität und Reife des Fleisches, seinem Fettgehalt und der Zubereitungsweise. Fleisch junger Tiere hat zarte Muskelfasern und wenig Bindegewebe und ist deshalb leichter verdaulich; mageres Fleisch ist leichter verdaulich und bekömmlicher als fettes oder durch die Zubereitung stark mit Fett angereichertes Fleisch.

Ganz frisch geschlachtetes Fleisch ist „unreif" und deshalb zäh, es muß abhängen und dadurch Reife erreichen.

Kochlehre:

I. Ratschläge für Fleischeinkauf

1. Die **Preise** werden, abgesehen von den Güteklassen, durch Angebot und Nachfrage beeinflußt. *Information vor* dem Kauf durch Marktberichte (Tageszeitung und Rundfunk) sowie *Preis-* und *Qualitätsvergleiche* sind wichtig! Preisgünstige Marktangebote und günstige Sonderangebote bevorzugen!

2. Die **Fleischqualität** hängt in erster Linie von der Beschaffenheit der Muskelfasern und vom Anteil an Bindegewebe ab. Die Muskelfasern sollen mengenmäßig das Bindegewebe überwiegen. Je älter das Tier ist oder je schlechter das Schlachttier gefüttert wurde, desto größer ist der Anteil an Bindegewebe im Fleisch, um so zäher ist dieses. Die Muskelfasern sollen zartwandig, kurz und saftreich sein – grobe und lange Fasern sind nicht erwünscht. Gute Fleischqualität zeigt zwischen den Muskelfasern leichte Fetteinlagerung.
Die Fleischqualität richtet sich demnach nach der Qualität der Schlachttiere (Schlachtwertklasse) und nach der Art der Fleischstücke (Güteklassen). Maßgebend für die Einstufung in die *Schlachtwertklassen* der Schlachttiere sind Rasse, Geschlecht, Alter, Körperbau, Gewicht, Ernährungszustand, Fleisch- und Fettansatz sowie die Ergiebigkeit der Ausschlachtung.
Die *Güteklassen* der einzelnen *Fleischstücke* hängen jeweils vom Gehalt an hochwertigem Muskeleiweiß, zarten Fleischfasern und vom Anteil an Fett, Knochen und Knorpeln ab und beeinflussen damit die küchentechnischen Verwendungsmöglichkeiten.
Beste Güteklasse mit zartester Fleischfaser sind immer Filet und Lende (Roastbeef); sie sind auch am teuersten.
In der Qualität folgen die Rückenstücke mit zartem Fleisch wie Kotelettengrat, Nierenstück (Filetgrat), Schlegel (Keule), Bug (Vorderschlegel), u. U. auch Schultergrat.
Geringerer Güteklasse sind in der Regel zugehörig Brust, Bauch, Hals und Kopfteile wegen größerem Anteil an Knochen, Bindegewebe oder Fett.
(Siehe Abbildungen der verschiedenen Teilstücke der einzelnen Schlachttiere und ihre Verwendung Seite 100 und 101.)

Deshalb:

Bevorzuge beim Fleischeinkauf gute Metzgereien!
Der beabsichtigte *Verwendungszweck* soll die *Wahl des Fleischstückes* (Güteklasse) bestimmen, man sollte sich hierbei von einem tüchtigen Metzger beraten lassen.

3. Qualitätsmerkmale einzelner Fleischarten beachten:

Fleischfarbe, Fleischfaser, Fettfarbe und *Fleischmaserung* durch Einlagerung von Fettadern sind wichtige Merkmale für die Beurteilung von Fleischqualität.

Rind- bzw. Ochsenfleisch ist die allgemeine Bezeichnung für Fleisch von Tieren verschiedenen Geschlechts und verschiedenen Alters wie von weiblichen Jungrindern oder Färsen, Kühen, Ochsen und Bullen verschiedenen Alters. Fleischfarbe, Fleischfaser, Fettfarbe und Fleischmaserung geben hierbei wichtige Auskünfte, wie nachstehende Übersicht zeigt.

	Fleischfarbe	Fleischfaser	Fettfarbe und Fleischmaserung
1. Färse	kräftig rot	feinste Faser	weiß, Fettadern
2. Jungstier	rot bis mittelrot	feine Faser	hell, Fettadern
3. Mastochse	mittel- bis braunrot	mittelfeine Faser	hell, starke Fettadern
4. Jungbulle	hell- bis mittelrot	mittelfeine Faser	hell, ohne Fettadern
5. Fleischkuh	braun- bis dunkelrot	mittel-grobfaserig	hellgelb bis quittenfarben, Fettadern
6. Bulle	dunkelrot	stark- bis grobfaserig	mittel- bis dunkelgelb, ohne Fettadern

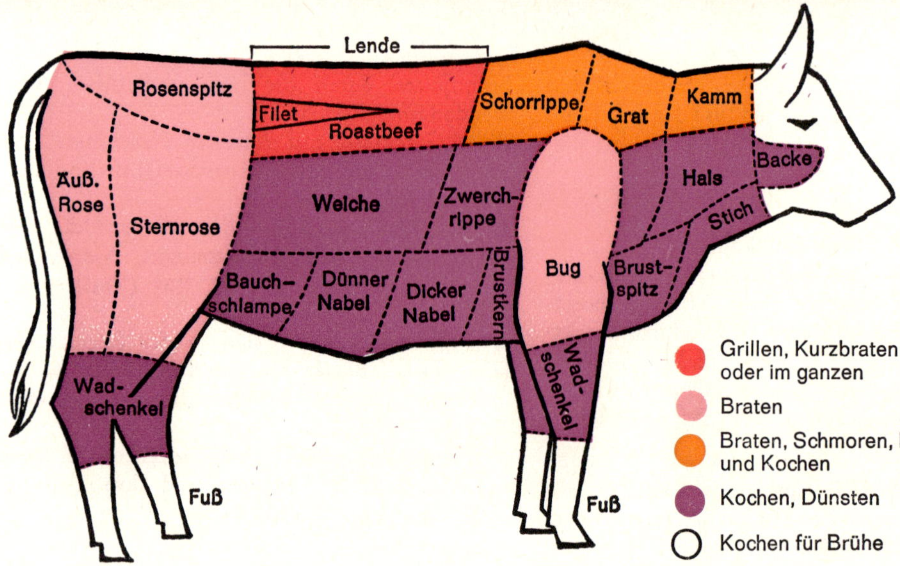

Teilstücke beim Rind und ihre übliche Verwendung:

- Grillen, Kurzbraten in Portionen oder im ganzen
- Braten
- Braten, Schmoren, Dünsten und Kochen
- Kochen, Dünsten
- Kochen für Brühe

Bestes Fleisch liefern Mastochsen im Alter von 3–4 Jahren und Jungbullen mit 1¹/₂–2 Jahren. Die Fleischfasern von Mastochsenfleisch sind zartwandig und saftig, die Fleischmaserung ist durch die das Fleisch durchziehenden Fettadern bedingt. Gut abgehangenes Fleisch zeigt dunklere Farbe.

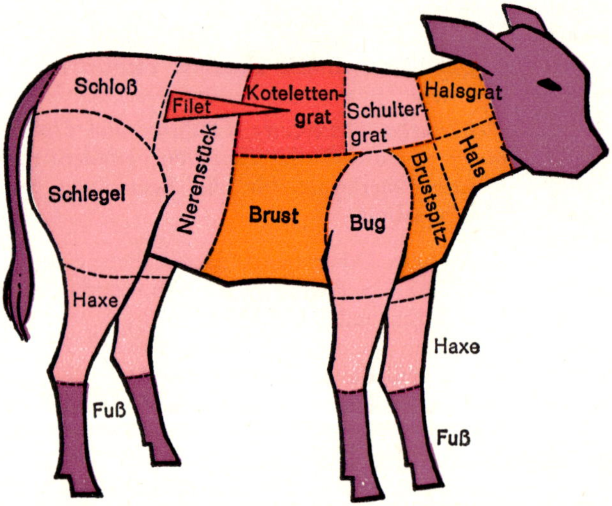

Teilstücke beim Kalb und ihre übliche Verwendung:

- Grillen, Kurzbraten in Portionen
- Braten im ganzen und in Portionen
- Dünsten, Schmoren, Braten
- Kochen

Kalbfleisch: Bestes Fleisch liefern Mastkälber mit 4–8 Wochen; zu junge, unreife Kälber haben wäßriges, minderwertiges, ältere Kälber (vor allem über 3 Monate alte „Fresser") haben gröberes, etwas trockenes Fleisch. Qualitätsmerkmale sind weiße bis blaßrosarote Fleischfarbe, weißes Fleisch stammt von Milchmastkälbern; Fleischfasern sind zart und fein, nur wenig von weißem Fett durchzogen; in der Umgebung der Niere findet sich reichlich weißes Fettgewebe. Das Kalbsfilet ist das zarteste Stück, für die beliebten Kalbsmedaillons bevorzugt. Die zartesten Schnitzel liefert die Kalbsnuß, ein Teil des Schlegels; besonders wohlschmeckend ist das Fleisch der Kalbshaxe (gebraten). Kalbfleisch ist in der Krankenernährung sehr geschätzt.

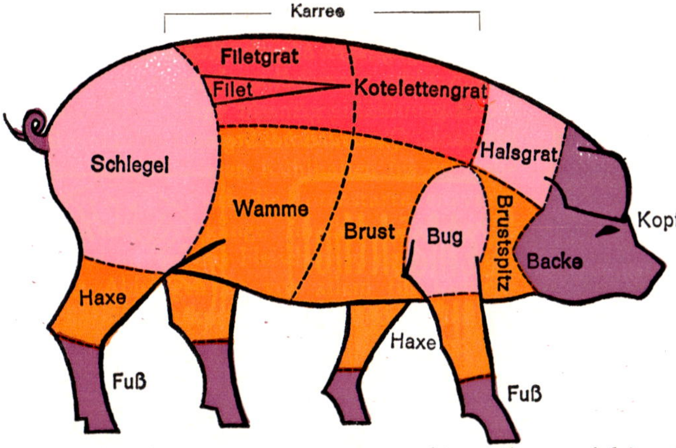

Teilstücke beim Schwein und ihre übliche Verwendung:

- Grillen, Kurzbraten in Portionen und im ganzen
- Braten im ganzen und in Portionen
- Braten, Dünsten, z. T. Kochen
- Kochen (beliebt für Sulze und im Sauerkraut)

Schweinefleisch: Junge (6–7 Monate alt), vollfleischige, aber nicht zu fette Tiere mit 80–100 kg liefern bei guter Rasse und entsprechender Fütterung das beste Fleisch. Schweinefleisch guter Qualität zeigt blaßrosa bis blaßrote Fleischfarbe, die Muskulatur ist von Fettgewebe durchwachsen und umwachsen, die Fleischfaser soll zart und fein sein. Der Rückenspeck muß fest, kernig, rein weiß und soll nicht dicker als etwa 2–3 cm sein.
Auch beim Schwein ist das zarteste Stück das Filet und für Schnellgerichte bevorzugt. Als besondere Delikatesse gelten Spanferkel (Saugferkel) im Alter von ca. 4 Wochen.

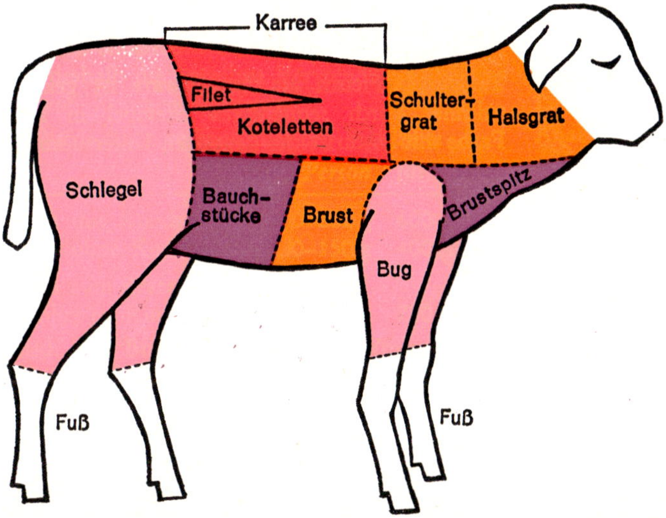

Teilstücke beim Hammel und Lamm und ihre übliche Verwendung:

- Grillen, Kurzbraten (portioniert)
- Braten im ganzen und in Portionen
- Dünsten, Schmoren, Eintopfgerichte
- Eintopfgerichte, Kochen

Hammelfleisch ist das Fleisch jüngerer (1½–2-jährig) kastrierter männlicher Tiere sowie gut gemästeter Mutterschafe; als *Schaffleisch* wird das Fleisch älterer weiblicher Tiere mit minderer Qualität verkauft. *Lammfleisch* stammt meist von 3–4 Monate alten Tieren, von 4–6 Wochen alten Lämmern ist es besonders zart. Fleisch von Weidetieren ist meist schmackhafter, in der Farbe etwas dunkler als das Fleisch von im Stall gemästeten Tieren, das meist fettreicher und heller in der Farbe ist. Gutes Hammelfleisch soll matthellrot bis ziegelrote Farbe haben, feine und kurze Fleischfasern aufweisen und nur mäßig mit Fett durchwachsen sein; Hammelfett muß rein weiß sein, gelbes Fett ist ein Zeichen alter Tiere! Fett stets vor dem Garen entfernen!

auf etwa $1/2$ Stunde verkürzt, Nährwert und Geschmacksstoffe bleiben voll erhalten. Dabei nach Gebrauchsanweisung arbeiten!

4. *Tranchieren:* Gares Fleisch aus der Brühe nehmen, 5 Minuten zugedeckt warm stellen, damit der Fleischsaft beim Tranchieren nicht ausfließt. Dann Fleisch in Scheiben schneiden, auf heißer Platte anrichten, leicht salzen, mit etwas kochend heißer Brühe übergießen.

5. *Garnieren:* Nach Belieben rasch garnieren mit Preiselbeeren, Gewürzgurken, süß-sauren Kürbissen, Tomaten oder Essigzwetschgen, mit Mixed Pickles oder Meerrettich mit Schlagrahm.

Beilagen: Gemüse nach Belieben wie Spinat, Wirsing, Kartoffelgemüse mit Petersilie, Meerrettich-, Dill-, Kräutersoße oder ähnliche Soßen und Brüh- und Salzkartoffeln.

Anwendungsbereich: Für alle gekochten Fleischgerichte verschiedener Fleischarten wie gepökelte Rinderbrust, Soßfleisch oder Boeuf à la mode, Siebenbürgerfleisch;

Kalbskopf gekocht, Kalbshaxe sauer oder eingemacht in Soße, Kälberfüße in Soße, Kalbs- oder Schweinszüngerl eingemacht;
Schweinefleisch gekocht, Kasseler Rippenspeer gekocht, Schweinshaxe in Kraut;
Hammelfleisch gekocht;
Suppenhuhn gekocht.

117. Gepökelte Rinderbrust gekocht

750 (500) g gepökelte Rinderbrust, sonstige Zutaten wie gekochtes Ochsenfleisch Nr. 116, kein Salz!

Vor- und Zubereitung wie gekochtes Ochsenfleisch Nr. 116, gepökeltes Fleisch in ungesalzener Brühe kochen.
Beilagen: Meerrettichgemüse, Meerrettichsoße, Meerrettich mit Schlagrahm neben den bei Nr. 116 angegebenen Möglichkeiten.

118. Soßfleisch, Boeuf à la mode

$1/2$ kg Ochsenfleisch (Rose oder Bug) oder Schweinefleisch (Bruststpitz, Kopffleisch)

zur Beize:
$3/4$ l Wasser, Salz
$1/8$–$1/4$ l Essig gebrauchsfertig
Wurzelwerk, 1 Zwiebel
1 Gewürzdosis (3 Gewürzkörner, 3 Pfefferkörner 1–2 Nelken, 1–2 Lorbeerblätter), 4–6 Wacholderbeeren

zur Zuckereinbrenne:
30 g Fett, 1 Teelöffel Zucker
40 g Mehl, $1/2$ l Beizbrühe
zum Verbessern:
Rahm, etwas Rotwein

Beize herstellen; gewaschenes Fleisch in kalte Beize einlegen, so daß es bedeckt ist, zugedeckt kalt stellen; im Sommer Beize aufkochen und erkaltet über Fleisch gießen. Beizdauer 3–8 Tage.

Beize mit Wurzelwerk zum Kochen bringen, falls zu scharf, etwas verdünnen, Fleisch in kochende, abgeschmeckte Beizbrühe geben, salzen, leise 1–$1\frac{1}{2}$ Stunden gar, aber nicht zu weich kochen lassen – Garzeit ist durch das Beizen verkürzt. Garen im Dampfdrucktopf günstig! Zuckereinbrenne herstellen (wie Nr. 59), mit abgeschmeckter Brühe auffüllen, etwa 10 Minuten kochen lassen, durchseihen, abschmecken, verbessern.

Wird zur Herstellung der Soße Soßlebkuchen verwendet, Mehlmenge verringern. Fleisch in Scheiben schneiden, in Soße einlegen, kurz durchziehen lassen, in Soße anrichten.

Beilagen: Salzkartoffeln, Knödel aus gekochtem oder rohem Kartoffelteig, halbseidene Kartoffelknödel, Semmelknödel oder Mehlknödel; Salate nach Belieben.

119. Siebenbürgerfleisch

$^1/_2$–$^3/_4$ kg Ochsenfleisch
30 g Speck nach Belieben
Salz, 2–3 Eßl. Wurzelwerk
etwas Basilikum
$^1/_2$–$^3/_4$ l kalte Vollmilch oder Butter- oder Sauermilch
zur Zuckereinbrenne:
15 g Fett, $^1/_2$ Teelöffel Zucker
20 g Mehl, $^3/_8$ l Flüssigkeit
2–4 Eßlöffel saurer Rahm
etwas Tomatenmark

Fleisch waschen, klopfen, salzen, auf Speckscheiben in den Kochtopf legen, mit feingewiegtem oder geraffeltem Wurzelwerk bestreuen. Basilikum zugeben, mit *kalter* Milch zusetzen, zum Kochen bringen, *leise* kochen lassen bis Milch aufgesogen ist. Garzeit etwa 2 Stunden. Zuckereinbrenne herstellen (wie Nr. 59), 10 Minuten kochen, zum Fleisch geben, noch 5–10 Minuten mitkochen lassen, mit Rahm und Tomatenmark abschmecken. Fleisch in Scheiben schneiden, in Soße anrichten.
Beilagen: Salzkartoffeln, Knödel aus gekochtem Kartoffelteig, Semmelknödel, Teigwaren, Spätzle oder gebackene Kartoffelspeisen, Salate nach Belieben.

120. Ochsenschwanz in dunkler Soße, Ochsenschwanzragout

1 kg Ochsenschwanz
zum Sud: 2 l Wasser, Salz
reichlich Wurzelwerk
1–2 Zwiebeln, 2 Gewürzdosen
zur Soße:
Zuckereinbrenne Nr. 59 oder dunkle Einbrenne Nr. 58 mit $^1/_2$ l Sud
etwas Tomatenmark, Rahm
1 Glas Rotwein oder Madeira

Ochsenschwanz vom Metzger in Stücke hacken lassen, rasch waschen, im Sud weich kochen, Garzeit 2–3 Stunden; am besten im Dampfdrucktopf garen. Dann Fleisch von den Knochen lösen, gleichmäßig schneiden. Zuckereinbrenne oder dunkle Einbrenne herstellen, mit abgeschmecktem Sud auffüllen, gar kochen lassen, Fleisch zugeben, etwas durchziehen lassen, mit Rahm und Rotwein oder Madeira abschmecken.
Beilagen: Kartoffelnudeln, Kartoffelküchlein oder Kartoffelrand und Gemüse wie Schmorkraut, Paprikagemüse oder gekochte Salate.

121. Kalbshaxe sauer

1 große Kalbshaxe
zum Sud:
$1^1/_2$–2 l Wasser, Salz
Essig nach Geschmack
Wurzelwerk reichlich
3 Zwiebeln, 2 Gewürzdosen

Sud herstellen; Kalbshaxe waschen, im kochenden Sud zusetzen, leise kochen lassen. Garzeit etwa 2 Stunden; am besten im Dampfdrucktopf garen. Haxe im ganzen oder Fleisch vom Knochen gelöst, in Portionsstücke zerlegt, mit den gekochten Zwiebel- und Wurzelwerkscheiben und reichlich heißem Sud anrichten.
Beilagen: Salzkartoffeln in Petersilie geschwenkt; Salate.

122. Kalbshaxe eingemacht in Soße

1 große Kalbshaxe
zum Sud wie Nr. 121
zur Soße:
helle oder mittelfarbene Einbrenne Nr. 57, $^1/_2$ l Sud
Kapern, etwas süßer Rahm

Kalbshaxe in Sud kochen (wie Nr. 121), dann Fleisch vom Knochen lösen, in Portionsstücke zerlegen. Helle oder mittelfarbene Einbrenne herstellen, mit abgeschmecktem Sud aufgießen, 5–10 Minuten kochen lassen, abschmecken, mit Rahm und Kapern verbessern. Fleischstücke in Soße legen, kurz durchziehen lassen, in Soße anrichten.
Beilagen: Salzkartoffeln, Kartoffeln in Butter und Petersilie geschwenkt, Brühkartoffeln, Reis; Salate nach Wahl.

123. Kalbskopf mit Soße Vinaigrette (feiner Kräutersoße)

$^1/_2$ gebrühter Kalbskopf
Sud wie Nr. 121
Soße Vinaigrette Nr. 978
Kapern nach Belieben

Kalbskopf sehr gut waschen, in gut abgeschmecktem Sud langsam weich kochen, jedoch nicht zu weich werden lassen, Garzeit etwa $1^1/_2$ Stunden. Fleisch ablösen, in Portionsstücke schneiden, nach Belieben mit Kapern bestreuen, mit feiner Soße Vinaigrette reichen.
Beilagen: Salzkartoffeln od. Butterkartoffeln mit Petersilie geschwenkt.

124. Kalbskopf in dunkler Soße, en tortue

$1/2$ gebrühter Kalbskopf
Sud wie Nr. 121
zum Marinieren: Paprika
1 Glas Rotwein
dunkle Einbrenne Nr. 58
mit $3/4$ l Sud, $1/2$ Zehe Knoblauch, etwas Thymian
einige weiße Pfefferkörner
1 Lorbeerblatt, Salz
1 Gl. Sherry, Tomatenmark

Kalbskopf am Tag vor Gebrauch in Sud langsam gar, aber nicht zu weich kochen, Garzeit etwa $1^1/_2$ Stunden; Fleisch ablösen, im Sud über Nacht erkalten lassen. Am anderen Tag Sud leicht erwärmen, Fleisch herausnehmen, in Portionsstücke schneiden, mit etwas Paprika und Rotwein marinieren, durchziehen lassen. Dunkle Einbrenne herstellen wie bei Nr. 58 angegeben, mit Sud auffüllen, 20–30 Minuten kochen lassen, Rotweinmarinade und Fleischstücke zugeben, etwas durchziehen lassen, abschmecken, mit Tomatenmark und Sherry verbessern.
Beilagen: Kartoffelgerichte nach Wahl; Salate.

125. Kälberfüße in heller Soße

4 Kälberfüße
zum Sud: 2 l Wasser
Salz, reichlich Wurzelwerk
zur Soße:
helle Einbrenne Nr. 57
$1/2$ l Brühe, Zitronensaft
etwas süßer Rahm

Kälberfüße der Länge nach vom Metzger spalten lassen, in Sud sehr weich kochen, am besten im Dampfdrucktopf garen, ablösen, pressen, erkalten lassen, in Streifen schneiden. Helle Einbrenne herstellen, mit Sud aufgießen, 5–10 Minuten kochen lassen, abschmecken, geschnittene Kälberfüße zugegeben, nur kurz aufkochen lassen, mit Rahm und Zitronensaft verbessern, nochmals abschmecken.
Beilagen: Salzkartoffeln, Bouillonkartoffeln, Reis; Salate nach Wahl.

126. Hammelfleisch, Schaffleisch gekocht

$1/2$–$3/4$ kg mageres Hammelfleisch oder Schaffleisch (Halsgrat oder Bauchstück)
etwas Knoblauch, einige Salbeiblätter oder Kümmel
sonstige Zutaten wie Nr. 116

Zubereitung wie Grundrezept gekochtes Ochsenfleisch Nr. 116. Zubereitungsweise ist für Fleisch älterer Tiere günstig. Garzeit je nach Alter des Tieres etwa $1^1/_2$–$2^1/_2$ Stunden, am besten im Dampfdrucktopf garen. Sehr heiß zu Tisch geben.
Beilagen: Reis und Currysoße; Bohnengemüse, weiße Rüben gedünstet oder Teltower Rübchen; Salzkartoffeln.

127. Schweinefleisch, Schweinshaxe, Eisbein gekocht in Sauerkraut

$1/2$–$3/4$ kg Schweinefleisch od. 1–2 Schweinshaxen je nach Größe, frisch oder gepökelt
Salz für frisches Fleisch
zum Garen: 30 g Fett
1 Zwiebel, $3/4$ kg Sauerkraut
2 Äpfel, Salz nach Bedarf
einige Wacholderbeeren
evtl. etwas Knoblauch
$3/8$–$1/2$ l Flüssigkeit

Geschnittene Zwiebel in Fett andünsten, Kraut und Apfelschnitze zugeben, andünsten, Gewürze beifügen, aufgießen, zum Kochen bringen. Fleisch waschen, leicht salzen – Eisbein nicht salzen – in kochendes Kraut geben, zugedeckt garen. Garzeit je nach Dicke des Fleischstückes $1^1/_2$–2 Stunden. Besonders günstig im Dampfdrucktopf zu garen. Gares Fleisch aus dem Kraut nehmen, Kraut abschmecken, Fleisch in Portionen schneiden und auf angerichtetes Kraut legen.
Beilagen: Salzkartoffeln, Kartoffelbrei.

128. Kasseler Rippenspeer gekocht

$1/2$–$3/4$ kg Kasseler Rippenspeer
zum Kochen:
2–3 l Wasser ohne Salz oder
Sauerkraut wie bei Nr. 127

Fleisch auslösen, wie Rollschinken binden oder unausgelöst in kochendes Wasser oder in kochendes Kraut geben, leise $1^1/_2$ Stunden kochen, am besten im Dampfdrucktopf garen.
Beilagen: Sauerkraut und Erbsenbrei oder Kartoffelbrei und junge Gemüse.

Gebratenes Roastbeef mit Gemüse garniert
Rezept S. 135 ▶

Gedünstetes und geschmortes Fleisch

129. Rind-, Kalb-, Schweine-, Hammelfleisch gedünstet

Arbeitsweise:

1. *Vorbereiten:* Fleisch rasch waschen, klopfen, bei Bedarf häuten, mit Salz und Würzkräutern nach Belieben einreiben; Zwiebel und geputztes Wurzelwerk klein schneiden.

2. *Dünsten:* Fleisch in *heißem* Fett von allen Seiten nur *leicht anbräunen* bei offenem Geschirr, Zwiebel und Wurzelwerk zugeben, *andünsten*, mit *wenig kochender Flüssigkeit seitlich* etwas aufgießen, nach Belieben Tomaten zugeben, in *geschlossenem Topf* bei *mäßiger Hitze gar dünsten*, bei Bedarf nur wenig kochende Flüssigkeit nachgießen, so daß Topfboden jeweils bedeckt ist. (Bei Elektroplatten anbräunen bei Stufe II bzw. Schaltung 9–7 für Automatikplatte, garen auf Stufe I bzw. 5–4.)

3. *Garzeit:* Je nach Fleischart und Größe des Fleischstückes:
Kalbfleisch etwa 1 Stunde
Rindfleisch und Hammelfleisch etwa 1½–2 Stunden
Schweinefleisch etwa 1½ Stunden.

4. *Fertigstellen:* Soße nach Belieben mit wenig Mehl binden, mit Rahm und Tomatenmark verbessern, abschmecken; Zwiebel und Wurzelwerk in Soße belassen.

5. *Tranchieren:* Gares Fleisch aus der Soße nehmen, zugedeckt etwa 5 Minuten warm gestellt ruhen lassen, dann in Scheiben schneiden, auf heißer Platte mit Wurzelwerk anrichten, mit etwas heißer Soße begießen.

Beilagen: Kartoffelgerichte aller Art, Reis, Spätzle oder Teigwaren; Gemüse oder Salate nach Belieben.

Anwendungsbereich: Er ist besonders vielseitig, geeignet für größere wie portionierte Fleischstücke aller Fleischarten, einschließlich Wild, Geflügel und Innereien. Große Abwechslungsmöglichkeit kann durch Änderung der Geschmackszutaten erreicht werden.

Gedünstetes Fleisch ist durch geringe Fettzugabe und Vermeidung großer Hitze und starken Bräunens *leichter verdaulich* als gebratenes oder geschmortes und *schmackhafter* als gekochtes Fleisch; es wird deshalb in der Diätkost bevorzugt.

Beliebte Dünstgerichte:

Kalbfleisch: Gedünstetes Kalbfleisch, eingemachtes Kalbfleisch, Kalbsfrikassee, Kalbsschnitzel und -koteletten verschiedener Art, Kalbs-

Grundrezept

½–¾ kg Fleisch (Bug, Halsgrat, Brust, Schulter oder Schlegel), Salz
Kräuter nach Belieben wie: Basilikum, Liebstöckel, Rosmarin, Salbei oder käufliche Würzmischung

zum Dünsten:
30–40 g Fett
etwas Speck nach Belieben
1 Zwiebel, Wurzelwerk
1–2 Tomaten nach Belieben
¼–⅜ l kochende Flüssigkeit

zum Binden nach Belieben:
1–2 Teelöffel Mehl

zum Verbessern:
Rahm, etwas Tomatenmark

◀ Gerollter Kalbsnierenbraten
Rezept S. 136

filet, Kalbslende, geschnetzeltes Kalbfleisch, Eingeweidegerichte wie gedünstete Leber, Nieren, Herz, Hirn und Bries.

Ochsenfleisch: Gedünstetes Ochsenfleisch verschiedener Art, Wurzelschnitten, Lendenschnitten u. a. m.

Schweinefleisch: Gedünstetes Schweinefleisch, Schweineschnitzel und -koteletten verschiedener Art, Schweinslende, Schweinsfilet, Eingeweidegerichte verschiedener Art u. a. m.

Hammelfleisch: Gedünstetes Hammelfleisch, Hammelkoteletten gedünstet u. a. m.

Wild und Geflügel gedünstet auf verschiedene Art.

Eintopfgerichte mit verschiedenen Fleischarten.

130. Rind-, Kalb-, Schweine-, Hammelfleisch geschmort

Grundrezept

1/2–3/4 kg Fleisch
(Schlegel, Rose, Bug, Grat)
Salz, Paprika
Pfeffer nach Belieben,
(am besten frisch gemahlen)

zum Schmoren:
30–40 g Fett oder Öl
etwas Speck nach Belieben
1 Zwiebel, Wurzelwerk
1 Stückchen Brotrinde
1/4–3/8 l kochende Flüssigkeit
etwas Zitronenschale
nach Belieben: 1–2 Tomaten
1–2 Paprikaschoten
Gewürzkräuter wie
Basilikum, Rosmarin
Salbei, Thymian
Bohnenkraut für
Hammelfleisch

zum Binden nach Belieben:
1/2–1 Eßlöffel Mehl

zum Verbessern:
etwas Tomatenmark
2–4 Eßlöffel Rahm
etwas Wein

Arbeitsweise:

1. *Vorbereiten:* Fleisch rasch waschen, häuten, klopfen, mit Pfeffer oder Paprika einreiben; geputztes, sorgfältig gewaschenes Wurzelwerk und Zwiebel grob schneiden, Tomaten in Scheiben, Paprikaschoten, von Kernen und Rippen befreit, in Streifen und Speck in kleine Würfel schneiden.

2. *Schmoren:* Gewürztes Fleisch in *heißem, aber nicht überhitztem Fett von allen Seiten bei guter Hitze in offenem Geschirr rasch anbräunen* (bei **Elektroplatten Bratstufe III**, bei Automatikplatte Schaltung 11–10), wenn Fleisch gute Farbe hat – Ochsen- und Hammelfleisch etwas dunkler als Kalb- und Schweinefleisch – Speck, Zwiebel, Wurzelwerk und Brotrinde zugeben, *mitbräunen* (Stufe II bzw. Schaltung 9), dann mit nur *wenig kochender Flüssigkeit seitlich etwas aufgießen,* so daß der Topfboden mit Flüssigkeit bedeckt ist; *salzen,* Tomaten, Paprikaschoten und Gewürzkräuter beifügen, in *geschlossenem Topf* unter *öfterem Wenden* und nur *geringem Nachgießen bei Bedarf, bei mäßiger Hitze* gar schmoren (Stufe I bzw. 7–4). Die Einwirkung des Dampfes trägt zum Garen bei. Zu starkes Schmoren macht Fleisch faserig und trocken und erhöht Flüssigkeitsbedarf.

3. *Garzeit:* Je nach Fleischart und Größe der Fleischstücke 1–2 Stunden. Dampfdrucktopf ist für Schmorgerichte besonders gut geeignet, Verkürzung der Garzeit auf 10–25 Minuten je nach Fleischart und Größe des Fleischstückes, Gebrauchsanweisung genau beachten!

4. *Fertigstellen:* Große Fleischstücke aus der Soße nehmen, zugedeckt etwa 5 Minuten warm stellen, um Saftaustritt beim Tranchieren zu verhüten, Fleisch dann gegen die Faser schneiden. Portioniertes Fleisch bleibt in der Soße.

Soße mit Wurzelwerk und Gemüse evtl. durch Sieb streichen, aufkochen lassen, evtl. mit Mehlteiglein binden, nach Bedarf etwas auffüllen, Verbesserungszutaten zugeben, abschmecken. Fleisch in der Soße anrichten.
Man kann auch Fleisch vor dem Anbräunen leicht in Mehl wenden, um rascheres Bräunen zu erreichen und Saftaustritt zu verhindern, jedoch ist dann beim Schmoren besondere Sorgfalt nötig. Mehlteiglein entfällt in diesem Fall.

Beachte: Der Übergang von Dünsten und Schmoren ist fließend: beim Dünsten erfolgt nur ein leichtes, beim Schmoren ein kräftigeres Anbräunen je nach Fleischart; wichtig für beide Garmachungsarten ist, daß jeweils bei *Bedarf nur geringe, kochende Flüssigkeitsmenge* aufgegossen wird und daß Fleisch in *geschlossenem* Topf gegart, aber nicht „gekocht" wird!
Beim Schmoren entstehen durch starkes Bräunen in gut heißem Fett viele Röst- und Geschmackstoffe, die reichlich und kräftig schmekkende Soßen ergeben und dadurch das Gericht ausgiebiger, aber schwerer verdaulich machen. Überhitzen des Fettes während des Anbräunens auf alle Fälle vermeiden! Schmorgerichte sind wegen der guten und ergiebigen Soßen sehr beliebt, aber in der *Diät für Magen-, Galle-* und *Leberkranke verboten.*

Anwendungsbereich: Schmoren ist für alle Fleischarten, insbesondere für Fleisch älterer Tiere geeignet, sowohl für größere Fleischstücke wie portioniertes bzw. kleingeschnittenes Fleisch. Kleingeschnittenes Fleisch erfordert zum Anbräunen besonders starke Hitze, um vermehrtes Saftziehen zu vermeiden; dieserhalb empfiehlt sich hierfür auch ein nachträgliches Salzen.

Beliebte Schmorgerichte:

Ochsenfleisch: Rindsgulasch, Szegediner Gulasch, Rinderrouladen, Schmorbraten u. a. m.

Kalbfleisch: Kalbsgulasch, Kalbsrouladen verschiedener Art, geschnetzeltes Kalbfleisch – diese Gerichte können statt geschmort auch gedünstet werden.

Schweinefleisch: Schweinefleischgulasch, Schweinefleischrouladen, Schweinepfeffer u. a. m.

Hammelfleisch: Hammelgulasch verschiedener Art.

Wild: Gulasch von Reh, Hirsch, Wildschwein.

Älteres Geflügel wird bevorzugt geschmort.

Beilagen: Kartoffelgerichte aller Art, Knödel nach Wahl, Spätzle, Teigwaren oder Reis; Gemüse wie Rosenkohl, Blaukraut, Lauch, Chicorée, Paprika, Zucchini u. a. m.; Salate nach Belieben.

$^1/_2$–$^3/_4$ kg Ochsenfleisch
(Schlegel, Grat, Kamm, Bug)
50 g Speck
$^1/_2$ Zehe Knoblauch, Salz
Pfeffer, einige Wacholderbeeren zerdrückt oder
evtl. käufl. Gewürzmischung
zum Dünsten:
30–40 g Fett, 1 Zwiebel
3–4 Pfefferkörner
1 Lorbeerblatt, 1 Stückchen
Brotrinde, $^1/_4$–$^3/_8$ l Flüssigkeit
zum Verbessern:
Rahm, etwas Tomatenmark
1 Glas Rotwein

131. Gedünstetes Ochsenfleisch auf Wildbretart

Gut abgehangenes Fleisch rasch waschen, klopfen, häuten, am Tag vor der Zubereitung mit Gewürzmischung aus Pfeffer, gewiegtem Knoblauch, zerdrückten Wacholderbeeren und feingeschnittenem Speck einreiben, kalt stellen. So vorbereitetes Fleisch vor dem Zusetzen salzen, in gut schließendem Bratentopf in heißem Fett von allen Seiten anbräunen, Zwiebel in Scheiben geschnitten mit anbräunen, übrige Geschmackszutaten zugeben, etwas kochende Flüssigkeit seitlich zugießen, zugedeckt unter öfterem Wenden des Fleisches und etwas Flüssigkeitszugabe nach Bedarf bei mäßiger Hitze gar dünsten. Garzeit etwa $1^1/_2$–2 Stunden. Garen im Dampfdrucktopf besonders günstig! Soße durchseihen, Rahm, Tomatenmark und etwas Rotwein zugeben, abschmecken. Fleisch schneiden, mit etwas heißer Soße übergießen, restliche Soße eigens reichen.

Beilagen: Salzkartoffeln, Kartoffelbrei, Butterkartoffeln mit Petersilie, Kartoffelknödel aus gekochtem Kartoffelteig, Semmelknödel, Kartoffelküchlein, Spätzle oder Teigwaren; Gemüse nach Wahl.

4 Scheiben Ochsenlende oder
-filet, Salz, etwas Paprika
reichl. gewiegte Kräuter wie:
2 Eßl. Petersilie
$^1/_2$ Eßl. Liebstöckel
$^1/_2$ Teel. Basilikum
etwas Bohnenkraut
zum Dünsten: 40 g Fett
4 gelbe Rüben
3–4 Petersilienwurzeln
1 kleine Sellerieknolle
1–2 Stangen Lauch
3 Tomaten
$^1/_4$–$^3/_8$ l Flüssigkeit
evtl. 1 Teel. Mehl, Rahm

132. Wurzelschnitten

Fleischscheiben mit feuchtem Tuch abreiben, häuten, leicht klopfen, mit Salz, Paprika und gewiegten Kräutern einreiben. Wurzelwerk klein schneiden, wiegen oder raffeln, Tomaten brühen, häuten, in Scheiben schneiden. In flachem Bratentopf Fett erhitzen, Fleischscheiben darin auf beiden Seiten rasch bei guter Hitze andünsten, dann lagenweise mit Wurzelwerk einschichten, andünsten, Tomatenscheiben zugeben, etwas kochende Flüssigkeit seitlich zugießen, in geschlossenem Topf bei mäßiger Hitze 30 Minuten dünsten, dann Fleisch wenden, gar dünsten unter Zugabe wenig kochender Flüssigkeit nach Bedarf. Garzeit 1 Stunde. Fleisch herausnehmen, Soße nach Belieben mit Mehlteiglein binden, mit Rahm verbessern, abschmecken, mit dem Wurzelwerk über angerichtete Fleischschnitten geben.

Beilagen: Salzkartoffeln, Kartoffelbrei, Kartoffelschnee, aufgezogene Kartoffeln, Reis, Spätzle oder Teigwaren; Salate nach Belieben.

$^1/_2$–$^3/_4$ kg Ochsenfleisch
(Rose, Bug, Schulter,
Schorrippe, Grat oder
Wadschenkel)
zum Schmoren: 40–50 g Fett
2–3 Zwiebeln, Paprika
evtl. $^1/_2$ Knoblauchzehe
$^3/_8$–$^1/_2$ l kochende Brühe, Salz
nach Belieben: 2–3 Tomaten
1 Paprikaschote, Thymian
etwas Zitronenschale

133. Rindsgulasch

Fleisch rasch waschen, in Würfel von etwa 2 cm Kantenlänge schneiden, Zwiebeln in Scheiben, gebrühte, gehäutete Tomaten in Viertel und Paprikaschoten, von Kernen und Rippen befreit, in feine Streifen schneiden.

Fleisch ungesalzen in heißem Fett bei guter Hitze rasch von allen Seiten kräftig anbräunen in offenem Bratentopf, größere Fleischmengen portionsweise anbräunen um starkes Saftziehen zu vermeiden; wenn Saft eingesogen und Fleisch schön gebräunt ist, Zwiebeln zugeben, etwas bräunen lassen, mit Paprika bestauben, leicht anrösten, nach Belieben wenig Knoblauch beifügen, mit nur *wenig kochender Flüssigkeit* aufgießen, *salzen,* vorbereitete Tomaten, Paprikastreifen

und Thymian beifügen, *zugedeckt* bei *mäßiger Hitze* gar schmoren unter allmählicher Zugabe geringer Flüssigkeitsmenge je nach Bedarf. Kurz vor Ende der Garzeit mit Mehlteiglein binden, Verbesserungszutaten beifügen, noch etwa 10 Minuten durchziehen lassen; Zitronenschale nur kurz in Soße belassen, dann entfernen, abschmecken. Man kann auch angebräuntes Fleisch und Zwiebeln mit trockenem Mehl bestauben, etwas bräunen lassen, dann aufgießen und fertigstellen wie oben. Diese Art erfordert mehr Sorgfalt beim Schmoren; Binden durch Mehlteiglein entfällt dann. Garzeit etwa $1^1/_2$ Stunden. Gulasch wird günstig im Dampfdrucktopf hergestellt, Garzeit ist hierbei auf etwa 15 Minuten verkürzt.
Beilagen: Salzkartoffeln, Kartoffelbrei, Knödel aus gekochtem Kartoffelteig, Semmelknödel, Spätzle oder Teigwaren; Salate nach Belieben.

zum Binden: 1–2 Eßl. Mehl

zum Verbessern:
etwas Tomatenmark
4 Eßlöffel Rahm
etwas Zitronensaft
etwas Wein

134. Filetgulasch*

Sehr gut abgelagertes Filetendstück mit feuchtem Tuch abreiben, häuten, in gleichmäßige Würfelstücke von etwa $1^1/_2$ cm Kantenlänge schneiden, bei *guter Hitze in heißem Fett von allen Seiten rasch anbräunen in offenem* Bratentopf, geschnittene Zwiebeln zugeben, leicht anbräunen lassen, Paprika darüber stauben, leicht anrösten, dann übrige Gewürze und Salz zugeben, mit etwas kochender Flüssigkeit aufgießen, bei *mäßiger Hitze zugedeckt* schmoren, kochende Flüssigkeit und Rahm nach Bedarf nach und nach zugeben, etwa 20 Minuten leise schmoren lassen, nach Belieben mit Mehlteiglein leicht binden, mit Wein verbessern, abschmecken.
Man kann Mehl auch trocken über angebräuntes Fleisch und Zwiebeln stauben, etwas anbräunen und fertigstellen wie oben, das Garen verlangt aber mehr Vorsicht, Mehlteiglein entfällt dann.
Beilagen: Kartoffelbrei, Reis oder Spätzle; Salate nach Belieben.

$^1/_2$–$^3/_4$ kg Ochsenfilet (schmales Endstück, Seitenstrang)

zum Schmoren:
40–50 g Fett bzw. Öl
1–2 Zwiebeln, etwas Paprika
etwas Thymian, Salz
$^1/_8$ l Flüssigkeit, $^1/_8$ l Rahm

zum Binden:
1 Eßlöffel Mehl nach Belieben

zum Verbessern:
Tomatenmark
etwas Madeira

135. Szegediner Gulasch

Fleisch rasch waschen oder mit feuchtem Tuch abreiben, in gleichmäßige Würfel von etwa 2 cm Kantenlänge schneiden; Speck klein würfeln, Zwiebeln in Scheiben, Paprikaschoten, von Rippen und Kernen befreit, in Streifen schneiden. Fleisch und Speck in heißem Fett bei *guter Hitze von allen Seiten rasch anbräunen* wie Rindsgulasch, Zwiebeln beifügen, leicht bräunen, Paprikaschoten zugeben, gut durchschmoren lassen, Gewürze, Salz und Tomatenmark untermischen, das kleingeschnittene Kraut untermengen, andünsten, mit etwas kochender Flüssigkeit aufgießen, zugedeckt bei mäßiger Hitze schmoren lassen, nach Bedarf kochende Flüssigkeit zugeben; 15 Minuten vor Ende der Garzeit Rahm beifügen, etwas mitschmoren lassen, nach Belieben binden, pikant abschmecken, mit etwas Wein verbessern.
Garzeit: $1^1/_2$ Stunden; günstig im Dampfdrucktopf herzustellen.
Beilagen: Kartoffelgerichte aller Art oder Spätzle.

500 g Ochsenfleisch oder halb Ochsen-, halb Schweinefleisch

zum Schmoren:
40–50 g Fett, am besten Öl
etwas Speck nach Belieben
400–500 g Zwiebeln
1–2 Paprikaschoten
1 Knoblauchzehe zerdrückt
Paprika, Thymian, Salz
Kümmel nach Belieben
2 Teelöffel Tomatenmark
500 g Sauerkraut
$^1/_4$–$^3/_8$ l Flüssigkeit
evtl. 1 Eßlöffel Mehl
Rahm, etwas Wein

136. Rindsrouladen, Rinderrollen

4 dünne Scheiben Ochsenfleisch (Schlegel oder Lende)
Salz, Pfeffer nach Belieben
Senf nach Belieben

zur Fülle:
50 g Speck oder 100 g durchwachsenes Rauchfleisch
2 Zwiebeln
reichlich Petersiliengrün
1–2 Gewürzgurken

zum Schmoren:
40–50 g Fett, 1 Zwiebel
Wurzelwerk, grob geschnitten
etwa $^3/_8$–$^1/_2$ l Flüssigkeit

zum Binden:
$^1/_2$–1 Eßlöffel Mehl

zum Verbessern:
Rahm, Tomatenmark

Dünne Fleischscheiben am besten vom Metzger schneiden lassen, klopfen, salzen, nach Belieben leicht pfeffern, evtl. mit etwas Senf dünn bestreichen. Fülle herstellen: Speck oder Rauchfleisch fein schneiden oder durch Fleischmaschine geben, mit feingehackter Zwiebel und Petersilie zusammen andünsten; Gewürzgurke der Länge nach vierteln, kleine halbieren. Fleischscheiben mit Fülle bestreichen, mit Gurke belegen, aufrollen, binden oder mit Hölzchen, Rouladennadeln bzw. Rouladenklammern befestigen. Einfacher kann man vorbereitete Fleischscheiben mit je einer durchwachsenen Speckscheibe belegen, mit gehackter Zwiebel und Petersilie bestreuen, mit Gurke belegen, dann rollen wie beschrieben.

Rouladen in *heißem Fett bei guter Hitze rasch von allen Seiten anbräunen*, Zwiebel und Wurzelwerk zugeben, mit *anbräunen*, mit *wenig kochender Flüssigkeit seitlich* etwas aufgießen, in *geschlossenem Topf bei mäßiger Hitze* unter Zugabe von wenig kochender Flüssigkeit nach Bedarf gar schmoren. Garzeit $1^1/_2$ Stunden, bei Lendenscheiben etwa 40 Minuten, im Dampfdrucktopf 25–30 Minuten.

Nach dem Garen Rouladen aus der Soße nehmen, Fäden, Hölzchen, Nadeln oder Klammern entfernen; Soße durch Sieb streichen, evtl. mit Mehlteiglein binden, aufkochen lassen, verbessern, abschmecken, über angerichtete Rouladen gießen.

Man kann die rohen Rouladen auch vor dem Anbräunen leicht in Mehl wenden, dann sorgfältig schmoren wie beschrieben, ein späteres Binden der Soße kann hierbei entfallen.

Beilagen: Alle Arten von Kartoffelgerichten, Spätzle, Teigwaren oder Semmelknödel; Gemüse oder Salate nach Belieben.

137. Wiener Lendenschnitten geschmort*

4 schöne Lendenschnitten (nicht zu dünn)
Salz, Pfeffer
evtl. 1 Knoblauchzehe

zum Schmoren:
40–50 g Fett
etwas Speck gewürfelt
4 große Zwiebeln
$^1/_8$ l Brühe
$^1/_{16}$–$^1/_8$ l Rahm

zum Binden:
$^1/_2$–1 Eßlöffel Mehl

Sehr gut abgelagerte Lendenschnitten mit feuchtem Tuch abreiben, Sehnen- und Fettrand mehrmals einschneiden, damit sie sich nicht wölben, mit Gewürzmischung aus Salz, Pfeffer und evtl. zerdrückter Knoblauchzehe einreiben; Fett erhitzen, Lendenschnitten bei *guter Hitze rasch auf beiden Seiten anbräunen*, herausnehmen, warm stellen. Speckwürfel im heißen Fett etwas anbraten, Zwiebelringe zugeben, goldgelb bräunen, mit wenig kochender Brühe aufgießen, mit Mehlteiglein leicht binden, Rahm zugeben, abschmecken, Lendenschnitten einlegen, zugedeckt gar schmoren lassen. Garzeit: 20–30 Minuten.

Man kann Lendenschnitten kurz vor dem Anbräunen leicht in Mehl wenden, dann schmoren wie beschrieben; Binden der Soße durch Mehlteiglein kann hierbei entfallen.

Beilagen: Kartoffelbrei, Kartoffelschnee, Spätzle, Teigwaren oder Reis; Gemüse und Salate nach Belieben.

138. Filet- oder Lendensteaks in Aluminiumfolie gegart*

Gut abgelagertes dickes Steak mit feuchtem Tuch abreiben, mit der Hand leicht klopfen, formen mit Salz und etwas Pfeffer oder Paprika oder mit feingewiegten Kräutern leicht einreiben, auf geölte Folie legen, mit Butter oder Kräuterbutter, Tomatenscheiben oder blättrig geschnittenen Champignons und geriebenem Käse nach Belieben belegen, Folie nach Vorschrift einschlagen (siehe S. 31/32), so daß kein Saft austreten kann, entweder direkt auf vorgeheizter Platte bei guter Hitze oder in vorgeheizter Backröhre (Temp. 200–220° C) garen, Garzeit je Seite 8–10 Minuten je nach Dicke des Steaks. Steak in Folie mit dem Saft anrichten. Für Diätzwecke kann auf Zugabe von Butter verzichtet werden.
Sofern Bräunung erwünscht ist, Folie vor Ende der Garzeit auf Oberseite aufschneiden und bei sehr guter Oberhitze noch etwa 5 Minuten leicht bräunen lassen.

Pro Person:
1 gut abgelagertes, dickes Steak von Filet oder Lende
wenig Salz
etwas Pfeffer oder Paprika
etwas fein gewiegte Kräuter
zum Belegen: 10 g Butter oder Kräuterbutter
1 Tomate in Scheiben oder 3–4 Champignons
evtl. 1 Eßl. geriebener Käse
Aluminiumfolie
Öl zum Bestreichen

139. Geschnetzeltes Fleisch Schweizer Art*

Sehr gut abgehangenes Fleisch mit feuchtem Tuch abreiben, häuten, in dicke Scheiben schneiden, diese klopfen, mit Zitronensaft beiderseitig marinieren, zugedeckt 1/2–1 Stunde kalt stellen, dann mit scharfem Messer gegen die Faser in feine Scheibchen schneiden. Feingeschnittene Zwiebel in heißem Fett auf Stielpfanne andünsten, Fleischscheibchen zugeben und sofort bei *guter Hitze rasch anbräunen,* größere Mengen in Portionen anrösten, da Fleisch sonst zu viel Saft zieht – sofort Mehl darüberstreuen und bei *guter Hitze leicht anbräunen,* mit *wenig* kochender Brühe aufgießen, salzen, zugedeckt garen, mit Rahm und etwas Wein abschmecken, sofort zu Tisch geben. *Garzeit* bis zu 30 Minuten; sehr zartes Fleisch nur ein paarmal aufkochen lassen, zu langes Garen macht Fleisch trocken und faserig! Wenig zartes Fleisch ist dafür nicht geeignet.
Beilagen: Reis, Kartoffelbrei, Butterkartoffeln mit Petersilie, Spätzle oder Teigwaren; Gemüse und Salate nach Wahl.

1/2–3/4 kg Ochsenfleisch (Filetspitze, Seitenstrang v. Filet oder Lende) oder Kalbsfilet bzw. -lende
etwas Zitronensaft

zum Schmoren:
40–50 g Fett (halb Öl, halb Butter oder gute Margarine)
1 Zwiebel, 1/2–1 Eßl. Mehl
1/8–1/4 l kochende Brühe, Salz

zum Verbessern:
4–6 Eßlöffel Rahm
etwas Wein nach Belieben

140. Eingemachtes Kalbfleisch (in heller Soße)

Vorbereitetes Fleisch in heißem Fett von allen Seiten lichtgelb anbräunen, salzen, Wurzelwerk zugeben, kurz mitdünsten, mit etwas kochender Flüssigkeit seitlich aufgießen, übrige Geschmackszutaten zugeben, in *geschlossenem* Topf bei *mäßiger Hitze knapp gar dünsten,* Garzeit 3/4–1 Stunde. Oder vorbereitetes Fleisch in gut abgeschmecktem Sud aus 3/4 l Wasser, Salz, Wurzelwerk, 1 Zwiebel und 2 Zitronenscheiben sowie etwas Liebstöckel und Basilikum zusetzen, bei mäßiger Hitze *leise kochend* knapp garen. Helle bis mittelfarbene Einbrenne herstellen, mit Dünst- oder Kochbrühe aufgießen, 5–10 Minuten kochen lassen, abschmecken. Fleisch in Portionsstücke schneiden, in Soße noch 5–10 Minuten durchziehen lassen, Verbesserungszutaten zugeben, nochmal abschmecken, Fleisch in Soße anrichten. Für Diätzwecke Einbrenne evtl. durch Buttermehlkloß austauschen.

1/2–3/4 kg Kalbfleisch (Brust, Schulter, Halsgrat oder Bug)
Salz
zum Dünsten:
30 g Fett, Wurzelwerk
1 Zwiebel, 2 Zitronenscheiben
etwa 1/2 l Flüssigkeit, etwas Liebstöckel und Basilikum
helle Einbrenne Nr. 57 mit 1/2 l Dünst- oder Kochbrühe
etwas Zitronensaft
1 Pr. Zucker, etw. Weißwein
Rahm, 1–2 Eßl. Kapern

141. Kalbsfrikassee

Zutaten wie eingemachtes Kalbfleisch Nr. 140

zum Verbessern zusätzlich:
1 Eigelb
Champignons gedünstet oder aus Dose

Zubereitung wie eingemachtes Kalbfleisch Nr. 140; Fleisch dünsten oder kochen, bis es weich ist. Garzeit etwa $^3/_4$–1 Stunde. Kurz vor dem Anrichten Fleisch in Portionen oder Würfel schneiden, gare Soße mit Eigelb und Rahm legieren, alle Verbesserungszutaten beifügen, pikant abschmecken, *nicht mehr kochen* lassen, Fleisch in heiße Soße geben, evtl. in Reisrand anrichten.
Beilagen: Reis als Risotto, Gemüse- oder Tomatenreis, Salzkartoffeln, feine Kartoffelküchlein, Teigwaren, Spätzle; Salate nach Belieben.

142. Kalbfleisch mit Gemüse gedünstet

400 g Kalbfleisch ohne Knochen (Schulter)
$^1/_2$ kg Schwarzwurzeln oder Champignons
$^1/_4$ kg junge, zarte Erbsen (frisch, tiefgefroren oder aus Dose)

zum Dünsten:
40 g Butter, 1 kl. Zwiebel
$^3/_8$ l Fleischbrühe, Salz
1–2 Teelöffel Mehl
$^1/_8$ l süßer Rahm

zum Legieren: 1–2 Eigelb

Fleisch rasch waschen oder mit feuchtem Tuch abreiben, mit scharfem Messer in Würfel von etwa $1^1/_2$ cm Kantenlänge schneiden. Schwarzwurzeln sorgfältig waschen, putzen, nochmal waschen (siehe Nr. 723), in etwa 2–3 cm lange Stücke schneiden, durch Einlegen in Essig-Mehlwasser Verfärben verhüten. Oder Champignons putzen, waschen, große blättrig schneiden, kleine halbieren. Fein geschnittene Zwiebel in Butter glasig dünsten, vorbereitetes Fleisch bei guter Hitze *rasch* andünsten, damit es nicht zu viel Saft zieht, nur lichtgelb anbräunen, salzen, mit wenig kochender Brühe aufgießen, vorbereitetes Gemüse zugeben, in zugedecktem Geschirr bei mäßiger Hitze dünsten, bis Fleisch und Gemüse halb weich sind, dann junge, zarte Erbsen zugeben, gar dünsten lassen, bei Bedarf mit etwas kochender Flüssigkeit aufgießen. Kurz vor Ende der Garzeit mit Mehlteiglein binden, noch ein paar Minuten kochen lassen, etwas Rahm zugeben, dann mit restlichem Rahm und Eigelb legieren, abschmecken.
Garzeit mit Schwarzwurzeln etwa 45 Minuten, mit Champignons etwa 35–45 Minuten.
Beilagen: Butterreis oder Risotto; Salat nach Wahl.

143. Kalbsfilet gedünstet, Kalbslende gedünstet*

$^1/_2$–$^3/_4$ kg Kalbsfilet oder ausgelöste Kalbslende
Salz, etwas Paprika

zum Dünsten:
40 g Fett
evtl. 2–3 Speckscheiben
1–2 ganze Zwiebeln
$^1/_8$–$^1/_4$ l Flüssigkeit

zum Binden nach Belieben:
1 Teelöffel Mehl

zum Verbessern:
2–4 Eßlöffel Rahm
etwas Weißwein nach Belieben
etwas Tomatenmark

Sehr gut abgehangenes Fleisch mit feuchtem Tuch abreiben, häuten, mit Paprika bestreuen, in heißem Fett von allen Seiten *leicht anbräunen*, salzen, ganze Zwiebel zugeben, ebenfalls leicht anbräunen, nach Belieben Fleisch mit Speckscheiben belegen, mit *wenig kochender Flüssigkeit* seitlich aufgießen, *zugedeckt* bei *mäßiger Hitze* dünsten, nach Bedarf jeweils etwas kochende Flüssigkeit zugeben. Garzeit 30–45 Minuten, je nach Dicke des Filets oder der Lende. Zwiebel aus Soße nehmen, nach Belieben mit Mehlteiglein binden, Verbesserungszutaten zugeben, abschmecken. Fleisch warmgestellt etwa 5 Minuten ruhen lassen, dann in schräge Scheiben schneiden, schuppenförmig anrichten, mit etwas heißer Soße übergießen.
Garnituren: Junge Gemüse in Butter gedünstet wie Bohnen, Erbsen, Karotten, Tomaten, Champignons, Blumenkohl gekocht, mit Butter beträufelt.
Beilagen: Feine Kartoffelgerichte, Reis, junge feine Gemüse, Salate nach Wahl.

144. Kalbssteaks gedünstet*

Sehr gut abgehangenes Kalbsfilet oder ausgelöste Kalbslende mit feuchtem Tuch abreiben, häuten, in 2 cm dicke Scheiben schneiden, leicht klopfen, formen, mit etwas Zitronensaft beträufeln und beiderseits mit Öl bestreichen, zugedeckt 1–2 Stunden kalt stellen; dann leicht mit Paprika bestreuen, in heißem Fett auf beiden Seiten *goldbraun anbraten,* mit *wenig kochender Flüssigkeit* seitlich aufgießen, salzen, zugedeckt bei *mäßiger Hitze* 10–15 Minuten *gar dünsten,* Gesamtgarzeit 15–20 Minuten. Soße nach Belieben binden, mit Verbesserungszutaten abschmecken, mit gedünsteten Champignons anrichten. *Garnituren und Beilagen* wie Kalbsfilet Nr. 143.

4–6 (2 cm dicke) Scheiben Kalbsfilet oder Kalbslende
Zitronensaft
1–2 Eßlöffel Öl, Paprika
zum Dünsten:
40–50 g Butter oder Fett
$^1/_8$ l Flüssigkeit, Salz
evtl. 1 Teelöffel Mehl
zum Verbessern: 4 Eßl. Rahm
gedünstete Champignons

145. Kalbsschnitzel gedünstet*

Schnitzel mit feuchtem Tuch abreiben, klopfen, bei Bedarf häuten, nach Belieben mit Paprika leicht bestäuben, evtl. leicht in Mehl wenden, in heißem Fett auf beiden Seiten leicht bräunen, salzen, gehacktes oder gewiegtes Wurzelwerk mit andünsten, mit wenig kochender Flüssigkeit seitlich aufgießen, Salbeiblätter zugeben, *zugedeckt* bei *mäßiger Hitze* gar dünsten, bei Bedarf jeweils wenig kochende Flüssigkeit zugießen. Garzeit 15–20 Minuten. Rahm und Tomatenmark beifügen, abschmecken, Wurzelwerk in Soße belassen.
Beilagen: Reis, Salzkartoffeln, Kartoffelbrei oder Spätzle; feine Gemüse wie Bohnen, Karotten, Erbsen, Blumenkohl, Schwarzwurzeln, Tomaten gedünstet, Pilze, Spinat oder Salat nach Wahl.

4 Kalbsschnitzel, Salz
etwas Paprika nach Belieben
evtl. 1–2 Eßlöffel Mehl
zum Dünsten:
40–50 g Butter oder Fett
2–4 Eßlöffel Wurzelwerk
2 Salbeiblätter
$^1/_8$–$^1/_4$ l Flüssigkeit
etwas Rahm, Tomatenmark

146. Kalbsschnitzel gedünstet mit Pilzen*

Kalbsschnitzel vorbereiten und dünsten wie bei Nr. 145, jedoch ohne Wurzelwerk. Pilze sorgfältig putzen, gründlich waschen, feinblättrig schneiden, in Butter unter Zugabe von Salz und wenig Brühe, für Champignons etwas Zitronensaft, zugedeckt bei mäßiger Hitze 10–15 Minuten dünsten, Pilze nach Belieben etwas binden, mit Rahm abschmecken, Gesamtgarzeit etwa 20 Minuten. Gare Schnitzel auf heißer Platte anrichten, dick mit Pilzen belegen, nach Belieben mit gewiegter Petersilie bestreuen, sofort zu Tisch geben.
Beilagen: Reis, Salzkartoffeln, Kartoffelbrei, aufgezogene Kartoffeln oder gedünstete Kräuterkartoffeln; Salate nach Belieben.

Zutaten wie Kalbsschnitzel Nr. 145 ohne Wurzelwerk
für Pilzgemüse:
250 g Champignons oder Steinpilze
20 g Butter, Salz
etwas Zitronensaft für Champignons
4-6 Eßl. Brühe, 4 Eßl. Rahm
evtl. 1 Teel. Mehl, Petersilie

147. Zigeuner-Schnitzel gedünstet

Paprikaschoten waschen, Stielansatz, Zwischenrippen und Samenkerne entfernen, in feine Streifen schneiden; Pilze putzen, waschen, blättrig schneiden oder Tomaten häuten, in dickere Scheiben schneiden. Vorbereitete Schnitzel klopfen, häuten, leicht mit Mehl bestäuben, in heißem Öl auf beiden Seiten schön bräunen, aus Fett nehmen und warm stellen. Feingeschnittene Zwiebelringe in dem Bratfett glasig dünsten, Paprikastreifen beifügen, halb gar dünsten, dann Pilze oder vorbereitete Tomatenscheiben beifügen, Schnitzel einlegen, würzen, mit wenig Brühe nach Bedarf und etwas Wein aufgießen, in geschlossenem Geschirr etwa 20 Minuten garen lassen, abschmecken.
Beilage: Reis; Salat nach Wahl.

4 schöne Kalbsschnitzel
wenig Mehl zum Wenden
zum Dünsten:
4 Eßlöffel Öl, 1 Zwiebel
1 rote Paprikaschote
1 grüne Paprikaschote
50–100 g Champignons oder
2 Tomaten, Salz, Pfeffer
$^1/_8$ l Brühe, $^1/_8$ l Weißwein
etwas Petersilie

148. Rahmschnitzel gedünstet*

4 Kalbsschnitzel, Salz
Paprika nach Belieben
1–2 Eßl. Mehl n. Belieben
zum Dünsten:
40–50 g Fett
4–6 Eßl. süßer Rahm
etwa 1/8 l Flüssigkeit
etwas Zitronensaft
1 kleine Prise Zucker
etwas Weißwein
evtl. wenig Tomatenmark

Schnitzel mit feuchtem Tuch abreiben, klopfen, bei Bedarf häuten, nach Belieben mit etwas Paprika bestreuen, evtl. in Mehl wenden, in heißem Fett auf beiden Seiten leicht anbraten, salzen, Rahm zugeben, etwas anbräunen lassen, mit wenig kochender Flüssigkeit aufgießen, bei mäßiger Hitze Schnitzel zugedeckt gar dünsten, bei Bedarf wenig kochende Flüssigkeit zugießen. Garzeit etwa 15–20 Minuten. Verbesserungszutaten zugeben, gut abschmecken. Schnitzel auf heißer Platte mit Soße anrichten.
Garnieren mit Petersilie, Tomaten, gestürztem Reis in Förmchen, feinen Kartoffelgerichten, feinen Gemüsen.
Beilagen wie gedünstete Schnitzel Nr. 145.

149. Käseschnitzel gedünstet*

Zutaten wie Rahmschnitzel Nr. 148
60 g geriebener Käse oder
4 Scheiben Emmentaler Käse

Rahmschnitzel herstellen wie Nr. 148, die fast gar gedünsteten Schnitzel dick mit geriebenem Käse bestreuen oder jedes Schnitzel mit einer Scheibe Käse belegen, zugedeckt noch solange erhitzen, bis Käse schmilzt, abschmecken, wie Rahmschnitzel anrichten.
Beilagen: Reis, Kartoffelbrei, Spätzle; junge zarte Gemüse oder Salate nach Belieben.

150. Kalbsschnitzel gedünstet mit Kräutern*

4 dicke Kalbsschnitzel
zum Würzen: Salz
etwas Pfeffer, 1-2 Zwiebeln
etwa 4 Eßl. fein gewiegte Kräuter: Petersilie, Salbei
etwas Estragon
zum Dünsten: 40–50 g Fett
einige Eßlöffel Fleischbrühe
etwas Zitronensaft
3–4 Eßlöffel Rahm
150 g Pilze, gedünstet

Dicke Schnitzel mit feuchtem Tuch abreiben, klopfen, häuten, leicht mit Pfeffer einreiben, jedes Schnitzel dreimal schräg einschneiden, aber nicht durchschneiden. In jeden Einschnitt fein gewiegte oder geriebene Zwiebeln und gewiegte, gemischte Kräuter geben; vorbereitete Schnitzel auf der Unterseite in heißer Butter anbräunen, salzen, Rahm zugeben, leicht bräunen lassen, dann etwas Zitronensaft und kochende Brühe zugießen, bei mäßiger Hitze Schnitzel zugedeckt garen ohne sie zu wenden. Soße mit gedünsteten Pilzen verbessern, abschmecken, anrichten. Gesamtgarzeit etwa 20–30 Minuten.
Beilagen: Butterreis, Kartoffelbrei, Salzkartoffeln oder Spätzle; Salate nach Wahl.

151. Kalbskoteletten gedünstet*

4 Kalbskoteletten
sonstige Zutaten wie Kalbsschnitzel gedünstet Nr. 145

Koteletten mit feuchtem Tuch abreiben, Haut den Rippenknochen entlang einschneiden, Fleisch von den Rippen lösen bis fast zum Wirbelknochen, das breite Stück des Wirbelknochens abhacken oder Koteletten vom Metzger auslösen lassen. Koteletten klopfen, etwas rund formen, würzen und fertigstellen wie gedünstete Schnitzel Nr. 145. Garzeit 20–25 Minuten je nach Dicke der Koteletten, Wurzelwerk in der Soße belassen, anrichten mit verschiedenen Gemüsen.
Beilagen wie gedünstete Schnitzel.

152. Kalbsschnitzel, Kalbskotelett, Kalbssteak in Aluminiumfolie gegart*

Gut abgelagertes, portioniertes Fleisch vorbereiten (Kotelettknochen auslösen), leicht klopfen, würzen mit Salz, Paprika und Kräutern nach Belieben, auf geölte Aluminiumfolie legen, mit Butter oder Kräuterbutter und Tomatenscheiben oder blättrig geschnittenen Champignons belegen, mit etwas Zitronensaft beträufeln, nur wenig salzen, mit geriebenem Käse bestreuen, Folie nach Vorschrift (s. Seite 31/32) einschlagen, so daß kein Saft ausfließen kann. Direkt auf vorgeheizter Platte oder in vorgeheizter Röhre (Temperatur 200–220° C) bei guter Hitze garen, Garzeit je Seite etwa 8–10 Minuten, dicke Stücke etwas länger. Fleisch in der Folie mit dem Saft auf heißer Platte anrichten. Falls aus Diätgründen nötig, kann Fleisch auch ohne Fettzugabe in geölter Folie gegart werden.

Ist Bräunung erwünscht, Folie auf Oberseite 5 Minuten vor Ende der Garzeit aufschneiden, in Röhre bei sehr guter Oberhitze noch etwa 5 Minuten leicht bräunen lassen.

Beilagen: Reis, Kartoffelbrei; Gemüse oder Salate nach Belieben.

Pro Person:
1 Kalbsschnitzel, Kotelett oder Steak von Kalbsfilet oder Kalbslende, Salz
etwas Paprika
1–2 Teelöffel feingewiegte Kräuter oder etwas Salbei

zum Belegen:
10 g Butter oder Kräuterbutter
1 Tomate in Scheiben oder 3–4 Champignons
1 Teel. Zitronensaft, 1 Prise Salz, 1 Eßl. geriebener Käse
Aluminiumfolie
Öl zum Bestreichen

153. Kalbsgulasch, Rahmgulasch

Fleisch rasch waschen, in gleichmäßige Würfel von etwa $1^1/_2$ cm Kantenlänge schneiden (etwas kleiner als zu Rindsgulasch), Zwiebeln fein schneiden, nach Belieben Tomaten brühen, häuten, vierteln, Paprikaschote von Rippen und Kernen befreien und in feine Streifen schneiden, Salbeiblätter waschen. Fleisch *ungesalzen in heißem Fett* bei *guter Hitze rasch von allen Seiten in offenem Geschirr lichtgelb bis goldbraun anbräunen* – größere Mengen portionsweise anbräunen, um starkes Saftziehen des Fleisches zu verhüten – wenn Fleischsaft eingesogen und Fleisch entsprechend gebräunt ist, Zwiebeln zugeben, anrösten, leicht mit Paprika bestäuben, mit *wenig kochender Brühe* aufgießen, salzen, Salbeiblätter, Paprikaschote und Tomate nach Belieben beifügen, *zugedeckt* bei *mäßiger Hitze* gar dünsten bzw. schmoren, bei Bedarf wenig kochende Flüssigkeit zufügen. Garzeit $^3/_4$–1 Stunde. Zitronenschale nur kurz mitdünsten, dann entfernen. Kurz vor Ende der Garzeit mit Mehlteiglein binden, aufkochen lassen, Verbesserungszutaten zugeben, abschmecken.

Man kann angebräuntes Fleisch und Zwiebeln mit wenig Mehl überstäuben, kurz mitrösten, dann aufgießen und Gulasch fertigstellen wie angegeben; Binden durch Mehlteiglein entfällt in diesem Fall, besondere Sorgfalt beim Garen ist hierbei jedoch nötig.

Beilagen: Reis als Risotto oder Gemüsereis, Kartoffelbrei, Spätzle, Semmelknödel oder Teigwaren; feine Gemüse oder Salate.

$^1/_2$–$^3/_4$ kg Kalbfleisch (Bug, Schulter, Brustspitz, Schlegel)

zum Dünsten bzw. Schmoren:
40 g Fett, 2 Zwiebeln
Paprika
etwa $^3/_8$ l kochende Brühe
nach Belieben:
1–2 Salbeiblätter
1–2 Tomaten
1 Paprikaschote
Salz, 1 Stück Zitronenschale

zum Binden: $^1/_2$–1 Eßl. Mehl

z. Verbessern n. Belieben:
etwas Tomatenmark
etwas Zitronensaft
1 kleine Prise Zucker
4–6 Eßlöffel Rahm
1 Glas Weißwein
gedünstete Champignons

154. Kalbsgulasch mit Curry

1/2–3/4 kg Kalbfleisch
zum Dünsten bzw. Schmoren:
40 g Fett, 1–2 Zwiebeln
evtl. 1/2 Zehe Knoblauch
1–2 Teelöffel Currypulver
1/4 l kochende Brühe
1/8 l Weißwein, Salz
zum Binden: 1/2–1 Eßl. Mehl
4–6 Eßlöffel Rahm
einige Eßlöffel Weißwein

Fleisch vorbereiten wie bei Kalbsgulasch Nr. 153, in heißem Fett von allen Seiten rasch leicht anbräunen, fein geschnittene Zwiebeln zugeben, etwas anrösten lassen, nach Belieben zerdrückten Knoblauch und Currypulver darüber streuen, kurz anschmoren lassen, mit etwas kochender Brühe aufgießen, salzen, zugedeckt bei mäßiger Hitze garen, bei Bedarf etwas Weißwein nachgießen, Garzeit 3/4–1 Stunde. Kurz vor Ende der Garzeit mit Mehlteiglein leicht binden, dann Rahm und Wein beifügen, nicht mehr kochen lassen.
Beilagen: Reis, Salate nach Wahl.

155. Kalbsrouladen, Kalbsvögerl

4 dünne Kalbsschnitzel, Salz
Paprika nach Belieben
zur Fülle wie Nr. 136

zum Dünsten bzw. Schmoren:
40 g Fett, 1 Zwiebel
Wurzelwerk, grob geschnitten
1/4–3/8 l Flüssigkeit
zum Binden: 1/2–1 Eßl. Mehl
Tomatenmark, Rahm
etwas Zitronensaft, 1 Prise
Zucker, etwas Weißwein

Vor- und Zubereiten wie Rindsrouladen Nr. 136, jedoch ohne Senf; Kalbsrouladen weniger stark anbräunen. Garzeit 3/4–1 Stunde, im Dampfdrucktopf etwa 20 Minuten. Soße nach Zugabe von Rahm, Zitronensaft und Wein nicht mehr kochen lassen, gut abschmecken.

Kalbsrouladen in der Soße anrichten.

Beilagen: Kartoffelbrei, Salzkartoffeln, Petersilien-Schwenkkartoffeln, gedünstete Kräuterkartoffeln, Reis, Spätzle oder Teigwaren; gedünstete Gemüse aller Art (außer derbe Kohlgemüse) oder Salate.

156. Züricher Kalbsrouladen

4 große, dünne Kalbsschnitzel, Salz, Paprika

zur Fülle:
4 dünne Scheiben magerer, gekochter od. roher Schinken
4 Eßlöffel Zwiebeln und Petersilie gewiegt
10 g Butter
4 (2) hartgekochte Eier

zum Garen und Verbessern: wie Kalbsrouladen Nr. 155, jedoch ohne Wurzelwerk

Große, sehr dünne Kalbsschnitzel am besten vom Metzger schneiden lassen, klopfen, leicht salzen und mit etwas Paprika bestreuen, füllen; jedes Schnitzel mit einer Scheibe Schinken belegen, mit angedünsteter Zwiebel und Petersilie bestreichen, mit hartgekochtem, geschältem Ei (u. U. der Länge nach halbiert) belegen, aufrollen, festbinden oder -stecken wie Rindsrouladen und wie diese garen, jedoch weniger stark anbräunen. Garzeit 3/4–1 Stunde, Soße leicht binden, pikant abschmecken. Zum Anrichten Rouladen nach Belieben quer durchschneiden, auf heiße Platte in etwas Soße stellen, mit feinen Gemüsen garnieren.

Nach Belieben kann bei der Fülle das harte Ei durch jeweils 1 Eßlöffel geriebenen Parmesankäse ausgetauscht werden.

Beilagen: Kartoffelbrei, Kartoffelschnee, Salzkartoffeln, Reis, Spätzle oder Teigwaren; feine Gemüse oder Salate nach Belieben.

157. Ragout fin, Kalbsragout fein (8 Personen)

Kalbszunge waschen, in Salzwasser etwa 1 Stunde weich kochen, abziehen. Bries wässern, 15 Minuten kochen, häuten, mit Kalbfleisch zusammen etwa 30–45 Minuten bei mäßiger Hitze dünsten, erkalten lassen. Zunge, Fleisch und Bries sowie Schinken oder Ochsenzunge in gleichmäßige, etwa 1/2–1 cm große Würfel schneiden. Frische Champignons putzen, waschen, in Scheiben schneiden, in etwas Butter mit 1 Teelöffel Zitronensaft und Salz etwa 15 Minuten dünsten. Helle Einbrenne herstellen, mit Dünstflüssigkeit und etwas Kochbrühe aufgießen, 5–10 Minuten kochen lassen, mit Eigelb und Rahm legieren, abschmecken, alle vorbereiteten Zutaten zugeben, nochmal abschmecken, nicht mehr kochen lassen, im Wasserbad warm stellen. Anrichten in Blätterteigpastetchen oder im Reisring.
Sehr gut als *warme Vorspeise* geeignet.

1 kleine Kalbszunge
Salzwasser zum Kochen
375 g Kalbfleisch (Schlegel)
1/2 Kalbsbries
30 g Butter, 1/4 l Flüssigkeit
60 g magerer, gekochter Schinken oder geräucherte, gekochte Ochsenzunge
150 g Champignons, gedünstet oder aus Dose
zur Soße: 50 g Butter
50 g Mehl, 1/2 Zwiebel
1/2 l Brühe, Salz
Zitronensaft, 1 Pr. Zucker
3–4 Eßl. Weißwein
2 Eigelb, 4 Eßl. Rahm

158. Ragout fin überbacken

Ragout fin herstellen wie bei Nr. 157, gut abschmecken, in kleine gebutterte Förmchen füllen, mit Butterflöckchen belegen, mit Reibkäse bestreuen, kurz bei Oberhitze oder im Grill überbacken bis Käse schmilzt.
Fehlen geeignete Förmchen, kann das Ragout auf getoasteten Weißbrotscheiben überbacken werden; hierzu Soße etwas dicker halten.
Als *Vorspeise* gut geeignet.

Zutaten wie Ragout fin Nr. 157
zum Überbacken:
20 g Butter
30 g Reibkäse

159. Schweinsfilet gedünstet*

Zubereitung und Beilagen wie Kalbsfilet gedünstet Nr. 143.
Garzeit: 30–40 Minuten je nach Dicke.

1/2–3/4 kg Schweinsfilet
sonst. Zutaten wie Nr. 143

160. Schweinsschnitzel gedünstet*

Schnitzel mit feuchtem Tuch abreiben, gut klopfen, evtl. Schwarte entfernen, bei Bedarf häuten, mit Pfeffer leicht einreiben, nach Belieben mit Paprika bestäuben, evtl. in Mehl wenden, in heißem Fett auf beiden Seiten leicht anbräunen, salzen, gewiegtes oder gehacktes Wurzelwerk und Tomatenscheiben oder Tomatenmark zugeben, etwas andünsten, mit wenig kochender Flüssigkeit seitlich aufgießen, Salbeiblätter beifügen, zugedeckt bei mäßiger Hitze gar dünsten, bei Bedarf jeweils wenig kochende Flüssigkeit zufügen. Garzeit etwa 30 Minuten; evtl. noch etwas Tomatenmark und Rahm beifügen, abschmecken, Wurzelwerk in der Soße belassen. Man kann Schnitzel, ohne sie in Mehl zu wenden, anbräunen, dann Soße mit wenig Mehl leicht binden, Rahm zugeben.
Beilagen: Alle Arten von Kartoffelgerichten oder Reis; Gemüse nach Belieben.

4 magere Schweinsschnitzel
Salz, Pfeffer frisch gemahlen
Paprika nach Belieben
evtl. 1–2 Eßlöffel Mehl
zum Dünsten:
40 g Fett
2–4 Eßlöffel Wurzelwerk
4 Salbeiblätter
1/8–1/4 l Flüssigkeit
etwas Tomatenmark oder 2 frische Tomaten
etwas Rahm

161. Schweinsschnitzel gedünstet in Rahmsoße*

4 magere Schweinsschnitzel
Salz, Pfeffer
zum Dünsten:
40 g Fett
2 große Zwiebeln
1/2 kleiner Fleischbrühwürfel, gelöst in 2 Eßlöffel Wasser
6 Eßlöffel süßer Rahm
etwa 1/8 l Flüssigkeit

Schnitzel mit feuchtem Tuch abreiben, gut klopfen, falls nötig häuten, Schwarte abschneiden, mit etwas Pfeffer bestreuen; Zwiebeln in feine Scheiben schneiden, in heißem Fett leicht andünsten, vorbereitete Schnitzel auf Zwiebeln geben, unter Rütteln etwa 5 Minuten *leicht anbräunen*, wenden und andere Seite gleichfalls anbräunen, leicht salzen, gelösten Fleischbrühwürfel zugeben, bei *mäßiger Hitze zugedeckt* dünsten. Wenn Flüssigkeit eingesogen, Rahm zugeben, leicht bräunen lassen, mit wenig kochender Flüssigkeit aufgießen, zugedeckt bei mäßiger Hitze 15–20 Minuten dünsten, bei Bedarf wenig kochende Flüssigkeit zugeben, abschmecken. Gesamtgarzeit etwa 30 Minuten.
Beilagen wie gedünstete Schweinsschnitzel Nr. 160.

162. Schweinskoteletten gedünstet*

4 magere Schweinskoteletten
Salz, etwas Pfeffer (frisch gemahlen), etwas Paprika
evtl. 1–2 Eßl. Mehl
Zutaten zum Dünsten wie bei Nr. 160

Koteletten mit feuchtem Tuch abreiben, Haut am Rippenknochen einschneiden und Fleisch von Rippe lösen bis fast zum Wirbelknochen, Wirbelknochen abhacken – oder Koteletten schon vom Metzger auslösen lassen; Fleisch gut klopfen, rund formen, würzen, dünsten wie Schweinsschnitzel Nr. 160. Garzeit 30–35 Minuten je nach Dicke der Koteletten, Wurzelwerk in Soße belassen.
Beilagen wie Schweinsschnitzel gedünstet Nr. 160.

163. Schweinskotelett, Schweinesteak in Aluminiumfolie gegart*

Pro Person:
1 mageres, ausgelöstes Schweinskotelett oder
1 dickes Steak von Schweinslende oder -filet
1 Teel. Cognac, Zitronensaft
Salz, Pfeffer, Paprika oder Curry, 10 g Butter, 1 Eßl. Zwiebeln, 1 Pr. Knoblauch
Aluminiumfolie
Öl zum Bestreichen

Vorbereitetes Fleisch mit der Hand etwas flach klopfen, formen, auf beiden Seiten mit Cognac bestreichen, mit wenig Zitronensaft beträufeln, mit Salz und Gewürz nach Wahl leicht einreiben, auf geölte Folie legen, mit Butter oder Kräuterbutter und reichlich feingehackten Zwiebeln belegen, Folie nach Vorschrift einschlagen, so daß kein Saft austreten kann (siehe Seite 31/32), auf vorgeheizter Platte direkt oder in vorgeheizter Röhre (200–220° C) bei guter Hitze garen. Garzeit etwa 10–15 Minuten je Seite, Fleisch in Folie mit dem Saft auf heißer Platte anrichten. Sollte Bräunung erwünscht sein, Folie in den letzten 5 Minuten auf Oberseite aufschneiden, bei sehr guter Oberhitze noch etwa 5 Minuten bräunen.
Beilagen: Salzkartoffeln, Kartoffelbrei oder Reis; Gemüse oder Salat.

164. Ungarische Schweinskoteletten

4 magere Schweinskoteletten
Paprika, 1–2 Eßl. Mehl
z. Dünsten bzw. Schmoren:
40–50 g Fett, 1 Zwiebel
2 gelbe Rüben, 1 kl. Sellerie
1–2 Petersilienwurzeln
1 Stange Lauch, 1–2 Tomaten
1 Paprikaschote, 1/4 l Brühe
Salz, 4 Eßl. saurer Rahm
4 Eßl. Wein

Koteletten mit feuchtem Tuch abreiben, Haut an Rippenknochen einschneiden, Rippen auslösen (oder Koteletten vom Metzger auslösen lassen), klopfen, mit Paprika einreiben. Wurzelwerk fein schneiden oder wiegen, Zwiebel in Ringe, Paprikaschote, von Rippen und Kernen befreit, in Streifen schneiden, Tomaten brühen, häuten, vierteln. Vorbereitete Koteletten leicht in Mehl wenden, in heißem Fett in Bratentopf auf beiden Seiten goldgelb bis goldbraun anbraten, herausnehmen, Zwiebel und Wurzelwerk in dem Fett gut andünsten, leicht bräunen lassen, Paprikaschote und Tomaten zugeben, mit wenig kochender Brühe aufgießen, Koteletten einlegen, salzen,

04,90 209,8000
0,4,90 -42,8542
09,80 156,9458

,432
,109
,343

0,3924:3,6=

03,925:36=0,10890
325
288
37 10

2
3
3

4287,5 : 1225 = 3,5
3675
\- 6125
125 2 1 1

in *geschlossenem* Topf bei *mäßiger* Hitze dünsten bzw. schmoren, nach halber Garzeit wenden, bei Bedarf jeweils wenig kochende Flüssigkeit zugießen. Garzeit etwa 40–45 Minuten. Soße mit saurem Rahm und Wein verbessern, pikant abschmecken, Koteletten mit Wurzelwerk anrichten.
Beilagen: Kartoffelgerichte aller Art, Spätzle oder Teigwaren, Reis; Salate nach Belieben.

165. Schweinsgulasch

Zubereitung wie Rindsgulasch Nr. 133, Schweinefleisch etwas kleiner schneiden, weniger stark anbräunen als Rindsgulasch, mit etwas Pfeffer würzen. Garzeit 1½ Stunden.
Beilagen wie bei Rindsgulasch.

½–¾ kg mageres Schweinefleisch (Bug, Schulter, Schlegel, Halsgrat)
sonstige Zutaten wie Rindsgulasch Nr. 133

166. Schweinepfeffer

Fleisch rasch waschen, in Portionsstücke schneiden, in heißem Fett bei *guter* Hitze von allen Seiten *anbräunen,* aus Fett nehmen, in Scheiben geschnittene Zwiebeln zugeben, andünsten, Mehl darüber streuen, hellbraun rösten, mit Flüssigkeit aufgießen, alle Gewürze zugeben, etwa 15 Minuten kochen lassen, abschmecken, Fleisch zugeben, in Soße garen, Gesamtgarzeit etwa ¾–1 Stunde, Soße zuletzt seihen, gut abschmecken, Fleisch in Soße anrichten.
Beilagen: Kartoffelgerichte oder Knödel aller Art; Gemüse oder Salate nach Belieben.

½–¾ kg Schweinefleisch (Schulter, Bug, Schlegel)
zum Garen: 30–40 g Fett
2-3 Zwiebeln, 1-2 Eßl. Mehl
½–¾ l Flüssigkeit
Salz, 2 Eßlöffel Essig
1–2 Lorbeerblätter
einige Wacholderbeeren
einige Pfefferkörner

167. Schweinsrouladen

Zubereitung wie Rindsrouladen Nr. 136, jedoch weniger stark anbräunen, Garzeit etwa 1–1½ Stunden.
Beilagen wie bei Rindsrouladen.

4 dünne, magere Schweinsschnitzel, sonstige Zutaten wie Rindsrouladen Nr. 136

168. Gulasch oder Rouladen aus Dosen*

Abschöpffett aus Dose zerlassen, feingeschnittene Zwiebeln darin leicht anrösten, nach Belieben wenig Mehl darüber streuen, leicht rösten, mit Fleischsaft und etwas Brühe aufgießen, einige Minuten kochen lassen, pikant abschmecken. In der Zwischenzeit Fleisch in Dose im Wasserbad erwärmen, zur fertigen Soße geben, nur einmal aufkochen lassen, sofort anrichten. Durch längeres Kochen würde Fleisch faserig werden und zerfallen.
Beilagen wie bei Rindsrouladen Nr. 136.

1 Dose mit Gulasch oder 4 Fleischrouladen
zur Soße: Fett aus Dose
1–2 Zwiebeln, evtl. 1 Eßl. Mehl, etwas Brühe, Salz, Fleischsaft aus der Konserve
Tomatenmark, etwas Zitronensaft, 1 kl. Prise Zucker, 2–3 Eßl. Rahm

169. Lamm- oder Kitzfleisch eingemacht

Zutaten wie eingemachtes Kalbfleisch Nr. 140

Zubereitung wie eingemachtes Kalbfleisch Nr. 140, Garzeit etwa $^3/_4$ Stunden.
Beilagen wie bei eingemachtem Kalbfleisch.

170. Hammelschnitzel, Hammelkoteletten gedünstet

4 schöne magere Hammelschnitzel oder
4–8 magere Hammelkoteletten (je nach Größe)
zum Würzen: Salz, Pfeffer
1 Zwiebel gerieben
1 Knoblauchzehe, 1 Teel. Basilikum, 1–2 Salbeiblätter
zum Wenden: 1–2 Eßl. Mehl
zum Dünsten: 40–50 g Fett
4 Eßl. Rahm, 2 Eßl. Tomatenmark, etwa $^3/_8$ l Flüssigkeit
3 Eßlöffel Madeira

Hammelfleisch muß sehr gut abgehangen sein! Schnitzel bzw. Koteletten wenn nötig entfetten, mit feuchtem Tuch abreiben, Koteletten vom Rippenknochen etwa 2 cm lang ablösen; Fleisch klopfen, bei Bedarf häuten, mit Gewürzmischung auf beiden Seiten einreiben, leicht in Mehl wenden, in heißem Fett auf beiden Seiten etwas anbräunen, Rahm und Tomatenmark zugießen, etwas anbräunen lassen, mit wenig kochender Flüssigkeit aufgießen, so daß der Topfboden bedeckt ist, bei geschlossenem Topf bei mäßiger Hitze dünsten, bei Bedarf jeweils wenig kochende Flüssigkeit zugeben. Garzeit $^3/_4$ bis 1 Stunde. Zuletzt Soße mit Madeira abschmecken. Schnitzel oder Koteletten in Soße auf heißer Platte anrichten, gut heiß zu Tisch geben.
Beilagen: Kartoffelbrei, Kartoffelküchlein oder Reis; Bohnengemüse.

171. Hammelgulasch

$^1/_2$–$^3/_4$ kg mageres Hammelfleisch (Schultergrat, Bug oder Schlegel)
sonstige Zutaten wie Rindsgulasch Nr. 133
etwas Knoblauch

Gut abgehangenes Hammelfleisch sorgfältig entfetten, vor- und zubereiten wie Rindsgulasch Nr. 133, mit etwas Knoblauch würzen. Garzeit je nach Alter des Tieres und Reife des Fleisches etwa $1^1/_2$ Std.
Beilagen: Salzkartoffeln, Kartoffelbrei oder Reis; gekochte Salate.

172. Hammelgulasch mit Curry

$^1/_2$–$^3/_4$ kg mageres Hammelfleisch (Schultergrat, Bug oder Schlegel)
zum Schmoren:
40 g Speck oder Fett
2 Zwiebeln
1–2 Knoblauchzehen
1–2 Teel. Curry
etwas Thymian, 1–2 Äpfel
Salz, $^3/_8$–$^1/_2$ l Flüssigkeit
z. Binden: $^1/_2$–1 Eßl. Mehl
zum Verbessern: 4 Eßl. Rahm

Hammelfleisch sorgfältig entfetten, rasch waschen, in gleichmäßige, etwa $1^1/_2$–2 cm große Würfel schneiden, in ausgelassenem Speck oder heißem Fett bei guter Hitze von allen Seiten anbräunen, in Ringe geschnittene Zwiebeln und zerdrückten Knoblauch zugeben, weiter bräunen, Curry darüber streuen, kurz anrösten, dann geschälte, in Scheiben oder Würfel geschnittene Äpfel beifügen, kurz durchdünsten, mit Salz und Thymian würzen, wenig kochende Flüssigkeit zugießen, bei geschlossenem Topf und mäßiger Hitze garen, bei Bedarf jeweils wenig kochende Flüssigkeit nachgießen. Garzeit etwa $1^1/_2$ Stunden. Soße mit Mehlteiglein etwas binden, mit Rahm verbessern, pikant abschmecken.
Beilagen: Reis oder Salzkartoffeln; gekochte Salate.

Gebratenes Fleisch

173. Magerbraten, Kalbsbraten

Grundrezept

$^3/_4$ kg Fleisch (Schlegel, Bug, Rückenstück, Kotelettengrat)
Salz
nach Belieben:
Paprika, Pfeffer
Würzkräuter wie Salbei, Rosmarin oder käufliche fertige Gewürzmischung
zum Braten:
40–60 g Fett
etwas Speck nach Belieben
Bratzutaten:
1–2 Zwiebeln ganz oder halbiert
Wurzelwerk grob geschnitten
1 Stück Brotrinde
evtl. Knochen klein gehackt
$^3/_8$–$^1/_2$ l kochende Flüssigkeit
zum Binden nach Belieben:
$^1/_2$–1 Eßlöffel Mehl oder
1–2 Teelöffel Stärkemehl
zum Verbessern:
4–6 Eßlöffel saurer Rahm
evtl. etwas Tomatenmark

Arbeitsweise:

1. *Vorbereiten:* Sehr gut abgehangenes Fleisch rasch waschen, klopfen, nach Bedarf häuten, unmittelbar vor dem Zusetzen mit Salz und nach Belieben mit Gewürzkräutern einreiben; Bratzutaten vorbereiten, Knochen waschen. Tiefgefrorenes Bratfleisch auftauen lassen. Röhre vorheizen, Brattemperatur je nach Fleischart und Bratengröße einstellen.

2. *Braten:* Vorbereitetes Fleisch in Bräter oder Bratraine legen, große Bratenstücke in Fettpfanne oder auf Rost der Fettpfanne geben, gut mit *Butter bestreichen* oder *mit heißem Fett* übergießen, in vorgeheizte Röhre geben. *Bratzutaten* bei kleinen Braten gleich mit in den Bräter oder in Fettpfanne geben, bei größeren Braten mit längerer Garzeit Bratzutaten erst nach $^1/_2$ Stunde Bratzeit beifügen, um zu dunkles Bräunen derselben zu vermeiden. Bei *guter Brathitze offen* in der Röhre braten lassen, öfter mit *heißem Bratensaft begießen* oder mit *Butter bestreichen,* evtl. mit Speckscheiben belegen. Größere Braten mit Oberseite nach unten zusetzen, nach halber Bratzeit wenden, damit beide Seiten gute Bräunung erhalten. Bei elektrischen Bratröhren kann das Begießen des Bratens mit Bratensaft entfallen.

Sobald Braten und Bratzutaten *schöne Farbe* haben, *wenig kochende Flüssigkeit* in Bräter oder Fettpfanne *seitlich* zugießen, unter *öfterem Begießen mit Bratensaft* gar braten; nur *bei Bedarf wenig kochende Flüssigkeit seitlich* nachgießen!

Ein guter Braten soll goldbraun, knusprig und saftig sein und gute Soße haben. Bräunen und Garen erfolgen beim Braten in der Röhre durch heißes Fett, heiße Luft und durch die Einwirkung von etwas Dampf. Etwa 10–15 Minuten vor Ende der Bratzeit Braten nach Belieben mit dickem saurem *Rahm* bestreichen, diesen leicht *anbräunen* lassen.

Bei Gas- und Kohleherden kann vorbereitetes Fleisch *auf dem Herd* im *offenen Bräter bei guter Hitze in heißem Fett von allen Seiten angebraten* werden, dann Bratzutaten zugeben und in vorgeheizter Röhre weiterbraten wie beschrieben.

Gutes Bräunenlassen der Bratzutaten ergibt gute, kräftig schmeckende Soße.

3. *Brathitze und Bratdauer:* Die Höhe der Brattemperatur wird durch Fleischart, Fleischqualität, Größe des Bratens und Art der gewünschten Gare beeinflußt. Kleine Bratenstücke unter 750 g werden zweckmäßiger auf dem Herd geschmort als in der Röhre gebraten.

Kleine Braten und solche mit kurzer Bratzeit bei höherer Temperatur braten, etwa 240–220° C.

Große Braten und Fleisch mit längerer Garzeit bei niedrigerer Temperatur braten, etwa 220–200° C; durch längere Bratzeit erfolgt dennoch gute Bräunung. (Magerbraten werden durch zu hohe Temperaturen gerne trocken, deshalb zweckmäßig Bratdauer etwas verlängern.)

Englisch gebratenes Fleisch, das innen rot bis rosa bleiben soll, bei *hohen Temperaturen kurze Zeit* braten z. B. Filet oder Roastbeef bei 230–250° C (siehe Nr. 178 und Nr. 179).

Einschubhöhe des Bratens in der Regel auf *Mittelschiene, hohe Braten auf unterer* Schiene.

Garzeit hängt ab von Fleischart, Fleischqualität, Art der gewünschten Gare und der Dicke des Bratens.

Garzeiten von 3/4–1 kg Magerbraten durchgebraten:

Kalbsbraten:	1–1 1/2 Stunden
Rinderbraten:	1 1/2–2 Stunden
magerer Schweinebraten:	1 1/2–2 Stunden
Hammelbraten mager:	1 1/2–2 Stunden

Größere Braten haben längere Garzeit!

4. *Garprobe:* Mit Löffel auf den Braten drücken: Durchgebratener, garer Braten gibt dem Druck nicht mehr nach – halb englisch gebratenes Fleisch, das innen noch rosa ist, gibt dem Druck noch nach. Fleischsaft durchgebratenen Fleisches ist farblos, grau – Fleischsaft *halb-englisch* gebratenen Fleisches ist rosa, aber klar, *englisch gebratenes* Fleisch hat roten, blutigen Fleischsaft. Anstechen des Fleisches während des Bratens bedeutet Saftverlust, deshalb vermeiden!

5. *Bratgeräte:* Kleinere Fleischstücke im Bräter oder in Bratraine, große Braten in der Fettpfanne des Herdes oder auf Rost, auf Fettpfanne liegend, braten. Das Braten auf dem Rost der Fettpfanne ist für Fettbraten besonders günstig, da hierbei ausbratendes Fett abtropfen kann. Zum Wenden des Bratens 2 Löffel, Bratenzange oder Backschaufel verwenden (diese stets in eigenes Bratentöpfchen mit etwas heißer Flüssigkeit an Herdseite abstellen).

6. *Fertigstellen:* Garen Braten aus Soße nehmen, zugedeckt *warm stellen* und 5–10 Minuten *ruhen* lassen, damit Saft beim Tranchieren nicht ausfließt.

Soße fertig machen: Bratenansatz lösen, in Soße (Bratenfond) aufkochen lassen, falls nötig wenig kochende Brühe zugeben, nach Belieben mit Mehlteiglein wenig binden, bei Bedarf seihen, verbessern, abschmecken.

7. *Tranchieren:* Fleisch mit *scharfem Messer gegen die Faser* in *nicht zu dicke, gleichmäßige Scheiben schneiden,* schuppenförmig auf *heißer Platte anrichten,* mit etwas heißer Soße übergießen.

8. *Garnieren* nach Belieben mit *jungen Gemüsen*, in Butter geschwenkt, wie Bohnen, Karotten, Erbsen, Champignons, Blumenkohl, Spargel, Schwarzwurzeln, gedünsteten Tomaten oder mit *geeigneten Früchten* wie Preiselbeeren, Orangenscheiben, geschälten Mandarinenspalten, Sauerkirschen, Trauben, Ananasscheiben, Weintrauben, gebratenen Bananen u. a. m. Das Garnieren muß *rasch* erfolgen, damit Fleisch heiß bleibt.

Beilagen: Kartoffelgerichte wie Kartoffelbrei, Kartoffelschnee, Kartoffelring, Schwenkkartoffeln, Pommes frites, Pommes chips, Kartoffelbällchen, Reis, Spätzle oder Teigwaren; alle feinen Gemüse und Salate nach Belieben.

Anwendungsbereich der Zubereitung als Magerbraten: Für alle Arten von im Stück gebratenem magerem Fleisch wie:

gebratenes Ochsenfleisch z. B. Rindsbraten, Sauerbraten, Burgunderbraten, Roastbeef, Filetbraten u. a. m.;

gebratenes Kalbfleisch wie Rahmschlegel, Kalbsnierenbraten, gefüllte Kalbsbrust, Kalbsfilet oder -lende, Kalbshaxe u. a. m.;

magerer Schweinsbraten wie Rollbraten, Schweinslende, Schweinsfilet, Spanferkel u. ä.;

magerer Hammelbraten verschiedener Art;

mageres gebratenes Wild wie Hase, Reh, Hirsch, Wildgeflügel;

mageres Geflügel wie Huhn, Poularde, Pute;

im ganzen gebratene Fische.

Grundrezept

$^3/_4$ kg Schweinefleisch (Schlegel, Bug, Kotelettengrat, Filetgrat, Halsgrat)
Salz, wenig Pfeffer
nach Belieben:
Kümmel, etwas Knoblauch
Majoran oder
Basilikum oder
käufliche Gewürzmischung
zum Dämpfen:
$^1/_8$ l kochendes Wasser
zum Braten:
Bratzutaten: 1–2 Zwiebeln
Wurzelwerk grob geschnitten
1 Stück Brotrinde
evtl. Knochen
$^3/_8$–$^1/_2$ l kochende Flüssigkeit
zum Binden nach Belieben:
1–2 Teelöffel Stärkemehl
zum Bestreichen:
etwas Bier oder Wasser

174. Fettbraten, Schweinebraten

Arbeitsweise:

1. *Vorbereiten:* Fleisch rasch waschen, klopfen, evtl. Knochen auslösen, Fleisch mit Salz und Gewürzen einreiben (Knoblauch mit wenig Salz zerdrücken); Bratzutaten vorbereiten, Knochen waschen. Bratröhre evtl. auf 220° C vorheizen. (Fettbraten kann man auch in kalter Röhre zusetzen, damit Fett gut ausbrät, Bratzeit aber entsprechend verlängern.)

2. *Dämpfen:* Vorbereitetes Fleisch mit der Fett- bzw. *Schwartenseite nach unten* in Bräter, Bratraine, Fettpfanne oder auf den Rost auf Fettpfanne legen, mit *wenig kochendem Wasser zugedeckt* etwa $^1/_4$ Stunde *dämpfen;* dadurch soll das Ausschmelzen des Fettes erleichtert und Schwarte etwas weich werden. *Schwarte* dann etwa $^1/_2$ cm tief karoförmig *einschneiden* (sofern nicht vom Metzger bereits besorgt), damit Fett gut ausbraten kann, Bratzutaten und Knochen zugeben. Sobald alles Wasser verdampft ist, beginnt das Braten.

3. *Braten: Fleisch offen bei guter Hitze* in der Röhre braten, mit ausgebratenem Fett öfter begießen. Sobald Fleisch und Bratzutaten schöne *Farbe* haben, *wenig kochende Flüssigkeit seitlich* zugießen, *bei guter Mittelhitze unter öfterem Begießen mit Bratensaft braten,* bis Braten braun, knusprig und gar ist; bei Bedarf jeweils wenig kochende Flüssigkeit zugießen. Größere Braten während des Bratens einmal wenden. Bei sehr fetten Braten ausgebratenes Fett abschöpfen.

Um knusprige Schwarte zu erhalten, diese unmittelbar vor Ende der Garzeit mehrmals mit kaltem Wasser oder Bier bestreichen und noch kurz in heißer Röhre überbraten.

4. *Brattemperatur und Garzeit:* Kleinere Braten bei 230–220° C, größere Fettbraten bei 220–200° C braten.
Garprobe wie bei Magerbraten Nr. 173. Schweinebraten wird immer völlig durchgegart.
Bratzeit je nach Fleischqualität und Dicke des Bratenstücks; bis 1 kg Fleisch $1^1/_2$–2 Stunden, große Braten länger.

5. *Bratgeräte* wie bei Magerbraten Nr. 173.

6. *Fertigstellen:* Garen Braten aus der Soße nehmen, zugedeckt heißstellen und 5–10 Minuten ruhen lassen, damit Fleischsaft beim Tranchieren nicht ausfließt.

Soße fertigstellen: Sehr fette Soße *entfetten, Bratenansatz lösen,* in der Soße (Bratenfond) aufkochen lassen, falls nötig wenig Brühe zugeben, nach Belieben mit Stärkemehlteiglein wenig binden, seihen, abschmecken.

7. *Tranchieren* und *Anrichten* wie Magerbraten Nr. 173.

8. *Garnieren* je nach Jahreszeit, z. B. mit gedünsteten Tomaten, Rosenkohl, Blaukraut, Kastanien glasiert, Ananaskraut, Bohnen, gebratenen Apfelscheiben, kleinen Bratkartoffeln u. a. m.

Beilagen: Alle mageren Kartoffelgerichte nach Wahl, alle Arten von Knödeln oder Klößen; kräftig schmeckende Gemüse wie Wirsing, Blaukraut (Rotkraut), Sauerkraut, Ananaskraut, Rosenkohl u. ä.

Anwendung der Zubereitung als Fettbraten:
Für alles fettreiche Fleisch wie Schweineschlegel, Schweinerücken, Schweinebrust gefüllt, Schweinshaxe, Kasseler Rippenspeer, auch *fettes Geflügel* wie Ente und Gans; mageres Schweinefleisch dagegen wird als Magerbraten zubereitet.

175. Rindsbraten (Magerbraten)

$^3/_4$ kg Ochsenfleisch (Rose, Rosenspitz, Bug)
sonstige Zutaten wie Grundrezept Magerbraten Nr. 173

Zubereitung wie Grundrezept Magerbraten Nr. 173.
Brattemperatur: 220–210° C, *Garzeit* etwa 2 Stunden, dickes Bratenstück etwas länger als dünnes Stück.
Ungenügend abgelagertes Fleisch bleibt leicht zäh; in diesem Fall Fleisch zunächst in geschlossenem Topf halbgar dünsten oder schmoren, dann erst braten, um das Weichwerden zu begünstigen und Trockenwerden des Fleisches und zu starkes Bräunen zu vermeiden.
Garnitur: Gedünstete Tomaten, Blumenkohl mit Butter und Bröseln, Rosenkohl, Steinpilze, Butterbohnen u. a. m.
Beilagen: Kartoffelbrei, feinere Kartoffelgerichte aller Art, Spätzle, Teigwaren; Gemüse je nach Jahreszeit wie Blaukraut, Rosenkohl, Paprikagemüse, Schwarzwurzeln, Bohnen, Tomaten gedünstet, Chicorée u. a. m.

176. Sauerbraten (Ochsenfleisch, Schweinefleisch – Magerbraten)

$^3/_4$ kg Ochsenfleisch (Rose, Rosenspitz, Bug) oder mageres Schweinefleisch (Halsgrat, Bug, Schlegel)
Beize wie Nr. 118
etwas Rosmarin nach Belieben
evtl. 30 g Speck für Ochsenfleisch, Salz
zum Braten: 40 g Fett
$^1/_2$ l abgeschmeckte Beize
1 Stückchen Brotrinde oder Soßlebkuchen
1 Apfelschnitz und evtl. 1–2 Essigzwetschgen
zur Soße: $^1/_2$–1mal Zuckereinbrenne Nr. 59 mit $^3/_8$ l Bratensoße, 4 Eßl. Rahm, etwas Rotwein

Fleisch rasch waschen, Beize herstellen – im Sommer abkochen und erkaltet über Fleisch geben, Fleisch soll von Beize bedeckt sein, zugedeckt kalt stellen; Beizdauer 3–8 Tage. Fleisch aus Beize nehmen, abtrocknen, nach Bedarf häuten, Ochsenfleisch nach Belieben spicken (oder während des Bratens mit Speckscheiben belegen, Schweinefleisch nicht mit Speck anreichern); schwach salzen, in heißem Fett im Bräter von allen Seiten bei *guter Hitze* anbraten, Bratzutaten zugeben, wie Magerbraten Nr. 173 braten unter öfterem Begießen und allmählichem Aufgießen mit abgeschmeckter, evtl. verdünnter, heißer Beize. Brathitze ca. 220–210° C. Garzeit für Ochsenfleisch $1^1/_2$–2 Stunden, Schweinefleisch $1^1/_2$ Stunden, große Bratenstücke länger. Zuckereinbrenne herstellen, mit Bratensoße auffüllen, bei Bedarf etwas abgeschmeckte Beize zugeben, 10 Minuten durchkochen lassen, seihen, mit Rahm und Rotwein verbessern, abschmecken. Fleisch schneiden und mit heißer Soße übergießen.
Beilagen: Knödel aller Art, Spätzle oder Teigwaren; Blaukraut oder Rosenkohlgemüse.

177. **Burgunderbraten** (Magerbraten)

$^3/_4$ kg Ochsenfleisch (Rose, Rosenspitz, Bug, Lende)
Rotweinbeize Nr. 321
Salz, einige zerdrückte Wacholderbeeren
40 g Fett, $^3/_8$–$^1/_2$ l Beize
zur Soße: wie bei Nr. 176

Fleisch rasch waschen, 4–8 Tage in Rotweinbeize einlegen, täglich wenden; Fleisch dann abtrocknen, nach Bedarf häuten, mit Salz und einigen zerstoßenen Wacholderbeeren einreiben, braten wie Sauerbraten Nr. 176; *Garzeit* etwa $1^1/_2$ Stunden, große Bratenstücke länger. Zuckereinbrenne herstellen und Soße fertig machen wie bei Nr. 176.
Beilagen wie bei Sauerbraten Nr. 176.

178. **Rindsfilet gebraten** (Magerbraten) (6–8 Personen)

1–$1^1/_2$ kg Rindsfilet (Mittelstück, sehr gut abgehangen)
60 g Speck nach Belieben
Salz, Pfeffermühle

zum Braten:
60–80 g Fett, davon 30 g Butter
1–2 Zwiebeln
evtl. 4–6 Eßl. saurer Rahm

zur Soße:
$^1/_4$–$^3/_8$ l Fleischbrühe
$^1/_2$–1 Eßlöffel Mehl oder 1–2 Teelöffel Stärkemehl
etwas Rahm
etwas Burgunder oder Madeira

Sehr gut abgehangenes, *mürbes* Filetmittelstück mit feuchtem Tuch abreiben, leicht klopfen, häuten, von Fett, Sehnen und Seitenlappen befreien, evtl. mit der Faser laufend spicken. Häutige Abfälle mit einer Zwiebel in etwas Fett anbräunen, kalt aufgießen, auskochen, Brühe zur Herstellung der Soße verwenden. Filetspitze und Seitenstrang zu Filetgulasch verwenden. Filet erst unmittelbar vor dem Braten würzen. Bratröhre rechtzeitig auf Brattemperatur von 250–240° C vorheizen.
Braten wie *Magerbraten* Nr. 173: Vorbereitetes *Fleisch mit Butter* bestreichen, auf gefetteten Rost legen, Fettpfanne mit Wasser ausspülen, Zwiebel einlegen oder vorbereitetes Filet in Bräter setzen, Zwiebel beifügen, in den gut vorgeheizten Bratofen auf Mittelschiene einschieben. Hat man keinen temperaturgeregelten Bratofen, vorbereitetes Filet mit *sehr heißem Fett übergießen*, in gut heiße Röhre geben. Filet bei guter Hitze (250–230° C) braten unter öfterem Begießen mit Bratenfett, nicht gespicktes Filet dabei nach Belieben mit Speckscheiben belegen; *für englisch gebratenes Fleisch keine Flüssigkeit während des Bratens zugeben!* Etwa 5 Minuten vor Ende der Bratzeit Braten mit dickem saurem Rahm bestreichen, kurz überbraten, damit er Farbe bekommt. Dann Fleisch herausnehmen, 10 Minuten zugedeckt heiß gestellt ruhen lassen, damit Saft beim Tranchieren nicht so stark ausfließt.
Inzwischen Soße herstellen: Mit etwas Fleischbrühe auffüllen, falls nötig entfetten, Bratenansatz lösen, in Soße aufkochen lassen, etwas binden, seihen, abschmecken, nach Belieben mit Rahm oder Burgunder bzw. Madeira verbessern.
Falls Bratenfett einmal während des Bratens zu dunkel und bitter geworden sein sollte, dieses vor dem Aufgießen mit Fleischbrühe abgießen und ein Stückchen Butter zugeben.
Filet mit sehr scharfem Messer gleichmäßig in *dünne* Scheiben schneiden, schuppenartig eng zusammengesetzt auf heißer Platte anrichten, mit wenig Soße überziehen, evtl. rasch garnieren mit *vorbereiteten* Garnituren, sofort zu Tisch geben.
Garzeit: Filetbraten soll innen noch zart rosa, aber nicht mehr blutig sein, Fleischsaft muß noch rosa ober klar sein. Fleischstück gibt dem Druck mit Löffel etwas nach.

Garzeit für dickes Stück	bis zu 1 kg	: 20 Minuten je 500 g
	bis zu 2 kg	: 15 Minuten je 500 g
für flaches Stück	bis zu 1 kg	: 15 Minuten je 500 g
	bis zu 2 kg	: 12 Minuten je 500 g
für großes Stück	über 2 kg	: 10 Minuten je 500 g

Filet eignet sich gut zum Grillen, siehe Nr. 435.

Garnituren: Feine Gemüse in Butter geschwenkt wie Bohnen, Karotten, Erbsen, Blumenkohl, Spargel, gedünstete Pilze, Tomaten; Pommes frites, Pommes chips, Kartoffelbällchen, Pastetchen, Blätterteighalbmonde.

Beilagen: Wie Garnituren, auch Kartoffelbrei, feine Salate.

Kaltes Filet sehr fein aufschneiden, mit Soße Cumberland oder mit Remouladensoße reichen. Sehr beliebt zu kaltem Büffet.

179. Roastbeef oder Lende gebraten (Magerbraten)
(6–8 Personen) Farbbild neben Seite 112

1–1½ kg Roastbeef sehr gut abgehangen, Salz
etwas Pfeffer nach Belieben
zum Braten:
60–80 g Fett, davon etwa 30 g Butter
2 ganze Zwiebeln
evtl. 4 Eßl. dicker saurer Rahm
zur Soße:
¼–⅜ l Fleischbrühe
½–1 Eßlöffel Mehl oder
1–2 Teelöffel Stärkemehl
etwas Rahm
etwas Madeira nach Belieben

Sehr gut abgehangenes *mürbes* Roastbeef rasch waschen oder mit feuchtem Tuch abreiben, leicht klopfen, häuten, fette Sehnenhaut am Rande etwas einschneiden, erst unmittelbar vor dem Braten mit Salz und nach Belieben mit wenig Pfeffer einreiben; Bratröhre rechtzeitig auf 250–240° C vorheizen.
Braten wie *Filetbraten Nr. 178:* Vorbereitetes Fleisch mit der fetten Sehnenhaut nach unten in Bräter, Fettpfanne oder auf Rost über die Fettpfanne legen, ganze Zwiebeln, Häute, evtl Knochen in Bräter oder Fettpfanne legen, Fleisch mit Butter bestreichen oder mit *gut heißem Fett übergießen* und bei guter Hitze (250–230°C) auf Mittelschiene in die Röhre geben, unter öfterem Begießen mit Bratenfett braten. Sobald Fleisch Farbe hat, Braten mit Bratenzange wenden, nicht anstechen! Bei guter Hitze unter öfterem Begießen mit Bratenfett weiter braten, *englisch gebratenes Fleisch ohne Flüssigkeitszugabe braten!* Sollte Bratenfett zu dunkel werden, Bratenfett abgießen und ein Stückchen frische Butter zugeben.

Nach Belieben etwa 5 Minuten vor Ende der Garzeit Fleisch mit dickem saurem Rahm bestreichen, kurz überbraten bis er gebräunt ist. Fleisch dann herausnehmen, 10 Minuten zugedeckt, heiß gestellt ruhen lassen, damit der Fleischsaft beim Tranchieren nicht so stark ausfließt.
Inzwischen Soße herstellen: Bratenfond mit etwas Fleischbrühe auffüllen, Bratenansatz lösen, aufkochen lassen, nach Belieben etwas binden, seihen, verbessern, abschmecken. Sollten Zwiebel, Häute etc. während des Bratens zu wenig Farbe bekommen haben, diese vor dem Aufgießen auf oberste Schiene einschieben, rasch bei guter Hitze etwas bräunen lassen, dann aufgießen und Soße fertigstellen; falls Bratenfond sehr fett, etwas abgießen.
Roastbeef mit sehr scharfem Messer in *dünne,* gleichmäßige Scheiben schneiden, schuppenartig eng zusammengesetzt anrichten, mit etwas

heißer Soße überziehen, evtl. rasch mit *vorbereiteten* Garnituren verzieren, sofort zu Tisch bringen.

Garzeit: Roastbeef soll innen noch zart rosa, aber nicht mehr blutig sein, der Fleischsaft muß rosa, aber klar sein, Braten gibt dem Druck mit einem Löffel etwas nach.

Garzeit bis 2 kg für dickes Stück:	15–20 Minuten	je 500 g
bis 2 kg für dünnes Stück:	12–15 Minuten	je 500 g
für großes Stück über 2 kg Gewicht:	10 Minuten	je 500 g

Roastbeef eignet sich gut zum Grillen, siehe Nr. 436.

Garnituren wie Filet gebraten Nr. 178.

Beilagen wie Filet gebraten Nr. 178.

Gebratenes kaltes Roastbeef sehr fein aufschneiden, mit Remouladensoße reichen. Sehr beliebt zu kaltem Büffet.

180. **Rahmschlegel** (Magerbraten)
(4–6 Personen)

3/4–1 kg Kalbsschlegel (Kalbsnuß), Salz
etwas Paprika nach Belieben
einige Salbeiblätter
zum Braten: 40–60 g Fett
etwas Speck nach Belieben
Bratzutaten wie bei Nr. 173
etwa 3/8 l kochende Flüssigkeit
1/8–1/4 l saurer Rahm
zum Binden nach Belieben:
1/2–1 Eßlöffel Mehl
evtl. etwas Tomatenmark
wenig Zitronensaft
1 kleine Prise Zucker
Kapern, etwas Weißwein

Gut abgehangenen Kalbsschlegel und Bratzutaten vorbereiten wie bei Grundrezept Magerbraten Nr. 173 beschrieben; Bratröhre auf 220° C vorheizen. Vorbereitetes Fleisch mit Oberseite nach unten zusetzen, mit Butter bestreichen oder mit heißem Fett begießen, Bratzutaten zugeben, auf Mittelschiene in vorgeheizte Röhre schieben, braten wie im Grundrezept Magerbraten angegeben, während des Bratens einmal wenden, nach Belieben mit Speckscheiben belegen, nur bei Bedarf wenig kochende Flüssigkeit seitlich zugeben. Gegen Ende der Bratzeit mehrmals dick mit saurem Rahm bestreichen, diesen jeweils anbräunen lassen. Braten fertigstellen wie bei Grundrezept Magerbraten. Soße nach Belieben etwas binden, mit Verbesserungszutaten pikant abschmecken.

Garzeit: $1^1/_4$–$1^1/_2$ Stunden, Brattemperatur 220° C.

Beilagen: Wie bei Magerbraten Nr. 173, auch Serviettenkloß; feine Gemüse nach Belieben und Salate nach Wahl.

181. **Kalbsnierenbraten gerollt** (Magerbraten)
(8 Personen) Farbbild neben Seite 113

$1^1/_2$ kg Kalbsnierenstück mit Niere, Salz
etwas Zitronensaft
40 g Speck nach Belieben
zum Braten: 60 g Fett
Bratzutaten wie Magerbraten Nr. 173, ausgelöste Knochen, 1/2 l Flüssigkeit
zum Binden nach Belieben:
1 Eßlöffel Mehl oder
2 Teelöffel Stärkemehl
4–6 Eßl. saurer Rahm

Man benötigt, um die ganze Niere in den Braten rollen zu können, mindestens 1 kg, besser $1^1/_2$ kg Kalbsnierenstück. Braten zweckmäßig vom Metzger auslösen und bratfertig rollen lassen, andernfalls *vorbereiten* wie folgt: Fleisch rasch waschen, Wirbelknochen auslösen, Kalbsniere evtl. entfetten, der Länge nach halbieren, gründlich waschen, sorgfältig häuten, Innenseite mit Zitronensaft einreiben, kurz durchziehen lassen. Fleisch salzen, nach Belieben Innenseite mit ein paar dünnen Speckscheiben belegen, Nierenhälften einlegen, fest und gleichmäßig aufrollen, binden. Bratzutaten wie zu Magerbraten vorbereiten. Röhre auf 220° C vorheizen.

Nierenrollbraten mit Oberseite nach unten zusetzen, braten mit Bratzutaten wie *Magerbraten* Nr. 173, während des Bratens einmal wenden; hat Braten allseitig gute Farbe, kann Brathitze auf 200° C gemindert werden. Kurz vor Ende der Garzeit Braten dick mit Rahm bestreichen, bräunen lassen, wie Magerbraten fertig machen.

Garzeit 1½–2 Stunden je nach Dicke des Bratens, Brattemperatur 220–200° C.
Bindematerial des Bratens nach dem Garen und Ruhen entfernen, mit sehr scharfem Messer Fleisch vorsichtig in etwa ½ cm dicke Scheiben schneiden, Niere soll jeweils in der Mitte bleiben, schuppenförmig anrichten, mit etwas heißer Soße übergießen, nach Belieben mit jungen Gemüsen garnieren.

Beilagen: Junge, feinere Gemüse aller Art, Butterkartoffeln, gedünstete Kräuterkartoffeln oder Kartoffelbrei; Salate nach Belieben.

182. Gefüllte Kalbsbrust gebraten (Magerbraten) (8 Personen)

1½ kg Kalbsbrust, Salz

zur Semmelfülle:
3–4 alte Semmeln
3–4 Eier
Salz, 1 Prise Muskat
⅛ l Milch reichlich
2 Eßlöffel Zwiebeln und Petersilie gewiegt, in 20 g Butter angedünstet
etwas Zitronenschale gerieben

zur Fleischfülle:
250 g Kalbsbrät oder Hackfleisch
1 Ei
1 alte, eingeweichte Semmel
2 Eßlöffel Zwiebeln und Petersilie gewiegt und in 20 g Fett angedünstet

zum Braten:
60 g Fett, Knochen
Wurzelwerk, 1–2 Zwiebeln
etwa ½ l Flüssigkeit

zum Binden nach Belieben:
1 Eßlöffel Mehl oder
2 Teelöffel Stärkemehl

evtl. zum Verbessern:
6 Eßlöffel saurer Rahm

Gefüllter Brustbraten erfordert mindestens 1 kg, besser 1½ kg Brust von der Brustspitze. Fleisch am besten vom Metzger auslösen und untergreifen lassen, andernfalls selbst *vorbereiten:* Kalbsbrust rasch waschen, Rippen und Wirbel auslösen (erleichtert das Tranchieren), untergreifen, so daß eine Tasche entsteht; vor dem Füllen innen und außen mit Salz einreiben. Bratzutaten vorbereiten; Röhre vorheizen auf 220–200° C.
Semmelfülle: Brötchen in etwa 1 cm große Würfel schneiden, Eier, Milch, Salz und nach Belieben Muskat verquirlen, über Semmelwürfel geben, etwas durchziehen lassen. Feingewiegte Zwiebeln und Petersilie in etwas Fett andünsten, mit den übrigen Geschmackszutaten vorsichtig unter die Semmelmasse geben – Semmelwürfel sollen ihre Form behalten – dann Brust damit nicht zu prall füllen und zunähen.

Semmelfülle kann durch Zugabe von 150 g gewiegtem Schinken oder 150 g roher, durchgedrehter Leber geschmacklich abgewandelt werden.

Braten wie Magerbraten: Kalbsbrust mit heißem Fett übergießen, Bratzutaten und Knochen zugeben, in *heiße Röhre* geben und unter öfterem Begießen mit dem Bratensaft bei mäßiger Hitze braten; siehe Magerbraten Nr. 173. Zu starke Krustenbildung, die das Tranchieren sehr erschwert, ist zu vermeiden – man kann deshalb die ersten 15 Minuten zugedeckt braten, dadurch läuft die Fülle besonders gut auf; u. U. ist auch noch ein späteres Zudecken erforderlich; 10 Minuten vor Ende der Garzeit nach Belieben mit dickem saurem Rahm bestreichen, diesen etwas bräunen lassen.

Garzeit: etwa 2 Stunden, *Brattemperatur* 220–200° C.

Fertigstellen wie Magerbraten: Fertigen Braten 10 Minuten zugedeckt warm stellen, damit sich Fleisch und Fülle besser schneiden lassen; inzwischen Soße nach Bedarf etwas aufgießen, Bratenansatz lösen, aufkochen lassen, nach Belieben binden, seihen, abschmecken. Braten dann vorsichtig tranchieren: Nähfaden entfernen, mit scharfem Messer in nicht zu dünne, etwa 1 cm dicke Scheiben schneiden, schuppen-

förmig anrichten. (Große Fleischstücke evtl. mit Geflügelschere vorsichtig einschneiden.)
Fleischfülle: Kalbsbrät oder Hackfleisch mit sehr gut ausgedrückter Semmel und allen übrigen Zutaten abrühren, gut abschmecken, in die vorbereitete Brust füllen, zunähen und braten wie angegeben. Mit Fleisch gefüllte Kalbsbrust kann, kalt aufgeschnitten, mit Remouladensoße gereicht werden.
Beilagen wie bei Kalbsnierenbraten Nr. 181.

183. Kalbshaxe gebraten (Magerbraten)

1 mittelgroße Kalbshaxe
Salz, Paprika
etwas Pfeffer nach Belieben
zum Braten:
40 g Fett
1 Zwiebel
etwas Wurzelwerk
etwa 1/4 l Flüssigkeit

Kalbshaxe rasch waschen, leicht trocken tupfen, mit Salz und Pfeffer einreiben, mit etwas Paprika bestäuben, mit Fett bestreichen oder mit heißem Fett begießen bzw. in heißem Fett von allen Seiten anbraten, in gut vorgeheizter Röhre unter öfterem Begießen mit Bratensaft wie *Magerbraten* Nr. 173 braten, bei Bedarf seitlich etwas kochende Flüssigkeit nachgießen. Kalbshaxe von allen Seiten schön goldbraun braten, deshalb während des Bratens wenden.
Bratzeit etwa 1 1/2 bis 2 Stunden je nach Größe, *Brathitze* 220 bis 200° C. Soße bleibt ungebunden. Die Haxe im ganzen anrichten oder Fleisch vom Knochen lösen, Portionen schneiden, mit etwas Soße begießen.
Kalbshaxe, vom Metzger ausgelöst, vor dem Braten würzen und binden.
Beilagen: Kartoffelsalat und gemischte Salate oder Kartoffelbrei und Gemüse.

184. Kalbsfilet, Kalbslende gebraten (Magerbraten)

3/4 kg Kalbsfilet oder Kalbslende
Salz, etwas Paprika
zum Braten:
40 g Fett
(halb Butter, halb Öl)
evtl. 2–3 dünne Speckscheiben
1 Zwiebel
etwa 1/8 l Flüssigkeit
4–6 Eßlöffel dicker saurer Rahm nach Belieben
zum Verbessern:
100 g Champignons
1–2 Eßlöffel Weißwein

Sehr gut abgelagertes Kalbsfilet bzw. ausgelöste Kalbslende mit feuchtem Tuch abreiben, leicht klopfen, häuten, würzen, in Bräter legen und mit heißem Fett begießen oder in heißem Fett von allen Seiten anbräunen, Zwiebel ganz zugeben, Fleisch nach Belieben mit Speckscheiben belegen, in gut vorgeheizter Röhre unter öfterem Begießen mit Bratensaft braten. Sobald gute Bräunung erreicht ist, wenig kochende Flüssigkeit seitlich zugießen, wie Magerbraten Nr. 173 fertigbraten; während der letzten 10 Minuten mehrmals mit saurem Rahm bestreichen.
Garzeit 30–40 Minuten, je nach Dicke des Filets bzw. der Lende, *Brathitze* 230–220° C.
Zum Verbessern Champignons putzen, waschen, in Scheiben schneiden, während des Bratens in die Soße geben, etwa 10–15 Minuten garen lassen. Soße mit Wein abschmecken, nicht binden. Beim Tranchieren Lende in nicht zu dünne Scheiben, Filet in schräge Scheiben schneiden, schuppenförmig anrichten, mit den Champignons belegen, etwas Soße darüber geben.
Beilagen: Alle feinen Gemüse, gedünstete Tomaten, Reis, Kartoffelbrei, Pommes frites, Pommes chips oder Bratkartoffeln; Salate nach Belieben.

185. Lammbraten, Kitzbraten (Magerbraten)

Zubereitung wie Magerbraten Nr. 173, Garzeit $^{3}/_{4}$–1 Stunde.

Zutaten wie Magerbraten Nr. 173

186. Gefüllte Kitzbrust gebraten (Magerbraten)

Vor- und Zubereitung wie Kalbsbrustbraten Nr. 182. Garzeit etwa $1^{1}/_{2}$ Stunden.

Zutaten wie gefüllte Kalbsbrust Nr. 182 mit
$^{1}/_{2}$ Rezeptmenge für Fülle

187. Schweinshaxe gebraten (Fettbraten)

1–2 Schweinshaxen je nach Größe
sonstige Zutaten wie Grundrezept Fettbraten Nr. 174

Schwarte der Schweinshaxe vom Metzger karoartig einschneiden lassen, mit Salz, Pfeffer und etwas Paprika einreiben, zunächst mit wenig kochendem Wasser in geschlossenem Bräter dämpfen (evtl. nach etwa 15–20 Minuten Schwarte karoartig einschneiden), dann Bratzutaten zugeben und bei guter Mittelhitze (220–200° C) unter öfterem Begießen wie Fettbraten Nr. 174 offen braten, nur bei Bedarf etwas kochende Flüssigkeit seitlich nachgießen.

Bratzeit etwa $1^{1}/_{2}$ Stunden, je nach Größe der Haxe, *Brathitze* 220–200° C.

Kurz vor beendeter Garzeit mehrmals mit Bier bestreichen und kurz überbraten, wodurch Schwarte schön knusprig wird.

Schweinshaxe im ganzen oder Fleisch vom Knochen abgelöst in Portionsstücke geteilt, anrichten.

Beilagen wie Schweinebraten; sehr beliebt sind auch Kartoffelsalat und gemischte Salate, auch Krautsalat.

188. Schweinsbrustbraten gefüllt (Fett- oder Magerbraten) (8 Personen)

$1^{1}/_{2}$ kg Schweinsbrust mit Spitze, Salz, Pfeffer

zur Fülle:
wie Kalbsbrustfülle Nr. 182
etwas Speck für Fleischfülle

zum Dämpfen für fettes Fleisch: $^{1}/_{8}$ l kochendes Wasser

z. Braten für magere Brust:
40 g Fett, 1–2 Zwiebeln
Wurzelwerk, 1 Stück Brotrinde, ausgelöste Knochen
$^{3}/_{8}$–$^{1}/_{2}$ l kochende Flüssigkeit

z. Binden: 1 Teel. Stärkemehl

Schweinsbrust am besten vom Metzger auslösen und untergreifen lassen, andernfalls vorbereiten wie Kalbsbrust Nr. 182. Fülle nach Wahl herstellen, bei Fleischfülle etwas durchgetriebenen Speck einarbeiten. Schweinebrust füllen und zunähen. Fette Schweinebrust wie Fettbraten erst $^{1}/_{4}$ Stunde dämpfen, dann offen bei guter Hitze braten wie Nr. 174, magere Schweinebrust wie Magerbraten braten, siehe Kalbsbrust Nr. 182.

Garzeit etwa $1^{1}/_{2}$–2 Stunden je nach Größe, *Brattemperatur* 220 bis 200° C. Fertigstellen wie Kalbsbrustbraten Nr. 182.

Mit Fleisch gefüllte Schweinsbrust wird gerne als Aufschnitt zu kalten Platten verwendet.

Beilagen wie bei Schweinebraten Nr. 174.

189. Kasseler Rippenspeer gebraten (Fettbraten)

$^3/_4$ kg Rippenspeer (gepökeltes, geräuchertes, rohes Rückenstück)
zum Dämpfen:
$^1/_8$ l kochendes Wasser
zum Braten:
1 Zwiebel, Wurzelwerk
3 Wacholderbeeren
3 Pfefferkörner
$^3/_8$–$^1/_2$ l kochende Flüssigkeit
zum Binden nach Belieben:
$^1/_2$–1 Eßlöffel Mehl oder
1 Teelöffel Stärkemehl
zum Verbessern:
3–4 Eßlöffel saurer Rahm
3–4 Eßl. Rotwein

Fleisch waschen, nach Belieben Knochen auslösen, *nicht salzen;* (bei scharfer Pökelung einige Stunden in kaltes Wasser legen). Rippenspeer mit Fettseite nach unten in Bräter oder Fettpfanne legen, mit *wenig kochendem Wasser in geschlossenem Bräter* etwa $^1/_4$ Stunde in der heißen Röhre *dämpfen,* damit Fett austritt; dann wenden, Bratzutaten zugeben und unter öfterem Begießen mit Bratensaft und allmählicher Zugabe von jeweils wenig kochender Flüssigkeit nach Bedarf bei Mittelhitze offen in der Röhre *braten.*
Brattemperatur 230–210° C, *Bratdauer* 1–1$^1/_2$ Stunden.
Kurz vor Ende der Garzeit mit Rahm bestreichen, anbräunen lassen. Garen Braten aus der Soße nehmen, zugedeckt etwa 5 Minuten heißgestellt ruhen lassen. Bratensoße nach Bedarf entfetten, Bratenansatz lösen, in Soße aufkochen lassen, evtl. wenig Flüssigkeit zugeben, nach Belieben binden, seihen, verbessern, abschmecken.

Beilagen: Sauerkraut mit Erbsenbrei oder Kartoffelbrei, Mischgemüse, Rotkraut, feine Kartoffelgerichte.

Kalt als Aufschnitt in dünne Scheiben schneiden.

190. Schweinerollbraten (Magerbraten)

$^3/_4$–1 kg Kotelettengrat (ausgelöst)
Salz, Pfeffer
nach Belieben:
etwas Knoblauch
Kümmel nach Geschmack
etwas Paprika
zum Braten:
40–60 g Fett
2 ganze Zwiebeln
Wurzelwerk grob geschnitten
ausgelöste Knochen
$^3/_8$–$^1/_2$ l kochende Flüssigkeit
zum Binden nach Belieben:
1–2 Teelöffel Stärkemehl

Kotelettengrat am besten vom Metzger bratfertig kaufen, andernfalls selbst *vorbereiten:* Rippen und Wirbelknochen auslösen, Schwarte und Fettschicht ablösen, mit Salz und Pfeffer, nach Belieben mit zerdrückter Knoblauchzehe oder etwas Kümmel einreiben, fest rollen und binden, außen leicht mit Paprika überstäuben; ausgelöste Knochen kleinhacken. Bratzutaten vorbereiten, Röhre vorheizen auf 220° C.

Vorbereitetes Fleisch in Bräter oder Fettpfanne oder auf dem Rost mit vorbereiteten Bratzutaten wie *Magerbraten* Nr. 173 *braten;* wenn Bratzutaten und Braten Farbe haben, wenig kochende Flüssigkeit seitlich zugießen, Braten unter öfterem Begießen mit Bratensaft auf Mittelschiene braten, bei Bedarf jeweils wenig kochende Flüssigkeit seitlich zugeben. Braten muß von allen Seiten schön bräunen.

Brathitze: 220–200° C, *Bratdauer* je nach Alter des Tieres und Dicke des Bratens 1$^1/_2$–2 Stunden.
Garen Braten zugedeckt 5–10 Minuten heiß stellen, Soße fertigmachen: Bratenansatz ablösen, im Bratenfond aufkochen, falls nötig wenig Flüssigkeit zugeben, aufkochen lassen, nach Belieben binden, durch Sieb geben, abschmecken.
Bindematerial vom Braten lösen, diesen mit scharfem Messer in schöne Scheiben schneiden, schuppenförmig anrichten, mit wenig Soße übergießen.

Garnituren und *Beilagen* wie bei Magerbraten Nr. 173 oder wie Schweinebraten Nr. 174.

191. Schweinebraten auf Wildschweinart (Magerbraten)

Fleisch rasch waschen, für mehrere Tage in Beize legen, zugedeckt kalt stellen, täglich wenden. Fleisch vor dem Zubereiten leicht trocken tupfen, mit Mischung aus Salz, Pfeffer und zerdrückten Wacholderbeeren einreiben, braten wie *Magerbraten* Nr. 173, mit Schwartenseite nach unten in den Bräter legen, nach 15 Minuten wenden, Schwarte etwa ½ cm tief einschneiden, weiterbraten, bei Bedarf jeweils wenig kochende Rotweinbeize zugießen, während des Bratens öfter mit Bratensaft begießen.

Brathitze: 220–200° C, *Garzeit* 1½ Stunden.
Garen Braten zugedeckt etwa 5 Minuten heiß stellen und ruhen lassen, Soße evtl. mit etwas Beize aufgießen, Bratenansatz lösen, aufkochen lassen, seihen, binden, mit Johannisbeersaft oder -gelee verbessern, pikant abschmecken.

Beilagen: Feine Kartoffelgerichte, Blaukraut.

¾ kg Schweineschlegel mager
Beize: ½ l billiger Rotwein
⅛ l Essig, ⅛ l Wasser
1 Zwiebel, Wurzelwerk
2 Gewürzdosen
1 Eßlöffel Wacholderbeeren
etwas Rosmarin
2 Scheiben Zitrone
zum Einreiben: Salz, Pfeffer
Wacholderbeeren zerdrückt
40 g Fett, ⅜–½ l Beize
1 Teel. Stärkemehl
etwas Johannisbeersaft
oder -gelee

192. Schweinebraten als Sauerbraten (Magerbraten)

Siehe Sauerbraten Nr. 176 ohne Speckzugabe.
Garzeit etwa 1½ Stunden.

193. Schweinslende, Schweinsfilet gebraten (Magerbraten)

Sehr gut abgehangene, ausgelöste Lende bzw. Schweinsfilets mit feuchtem Tuch abreiben, mit der Hand leicht klopfen, wenn nötig entfetten, häuten, mit Salz, Pfeffer und etwas Paprika leicht einreiben. Vorbereitetes Fleisch in heißem Fett im Bräter anbraten, geschälte ganze Zwiebeln zugeben, unter öfterem Begießen mit Bratensaft wie Magerbraten in vorgeheizter Röhre braten, bei Bedarf wenig kochende Flüssigkeit seitlich zugeben, Tomaten nach etwa 10–15 Minuten in Bräter setzen, mitbraten.

Bratzeit 30–40 Minuten, *Brathitze* 230–220° C.
10 Minuten vor Ende der Garzeit nach Belieben mit Rahm bestreichen, etwas anbräunen, gares Fleisch herausnehmen, 5 Minuten heiß gestellt ruhen lassen. Soße fertigstellen: Bratenansatz lösen, aufkochen lassen, falls nötig wenig Flüssigkeit zugeben, seihen, evtl. mit Rahm und Wein abschmecken, nicht binden. Schweinslende in schöne Scheiben, Filets nicht zu dünn in schräge Scheiben schneiden, schuppenförmig dicht anrichten, mit etwas Soße überziehen, nach Belieben mit gedünsteten Tomaten oder Pilzen und mitgebratenen Zwiebeln garnieren.

Filets von Jungschweinen auf dem Herd schmoren oder grillen.

Beilagen: Feine Kartoffelgerichte, Reis; Pilzgemüse, Paprikagemüse, Rosenkohl, Blaukraut u. a. m.

¾ kg Schweinslende ausgelöst
oder 2 Schweinsfilets
Salz, etwas Pfeffer, Paprika

zum Braten:
40 g Butter oder Fett
1–2 ganze Zwiebeln
1–2 Tomaten nach Belieben
⅛ l Flüssigkeit

zum Verbessern n. Belieben:
3–4 Eßlöffel Rahm
1–2 Eßlöffel Wein

194. Spanferkel gebraten (Magerbraten) (8–10 Personen)

1 Spanferkel
(etwa 2–4 Wochen alt)
zum Würzen:
Salz, Pfeffer
Wacholderbeeren zerdrückt
Majoran
Kümmel nach Belieben
zum Braten:
80–100 g Butter
1 Stück Speckschwarte,
etwa 1/4–3/8 l Flüssigkeit
1/8–1/4 l Bier
zum Binden:
1/2–1 Teelöffel Stärkemehl
zum Anrichten:
Zitrone
zur Fleischfülle:
250–300 g Bratwurstbrät
Leber, Lunge und
Herz des Spanferkerls
1–2 Eier, 1–2 Semmeln
(eingeweicht)
Salz, etwas Pfeffer
Majoran
wenig Knoblauch
gewiegte, angedünstete
Zwiebeln
Petersiliengrün gewiegt

Bratfertiges Spanferkel vom Metzger beziehen oder selbst *vorbereiten:* Sehr gut ausgeblutetes Tier brühen, Borsten abkratzen, ausnehmen, sehr gut waschen, dabei besonders auf Ohren und Rüssel achten, Augen entfernen, nochmals gründlich waschen, mindestens 24 Stunden abhängen lassen.

Spanferkel im ganzen braten; mit Tuch abreiben, außen mit Salz, innen mit Salz und Gewürzmischung einreiben, Bauch mit weißem Papier ausstopfen, Vorderfüße nach hinten und Hinterfüße nach vorne unter den Bauch binden, so auf dem Bratenrost der Fettpfanne festbinden, auf dem es mit den Füßen zu liegen kommt. In die Fettpfanne etwas Wasser geben, den Bratenrost mit dem festgebundenen Spanferkel darauflegen, dieses gut mit zerlassener Butter bestreichen, Ohren und Schwänzchen vorsichtshalber mit gefetteter Aluminiumfolie oder Pergamentpapier für die erste Hälfte der Bratzeit abdecken, da sie leicht zu dunkel bräunen. So vorbereitetes Spanferkel wie *Magerbraten auf untere Schiene einschieben und braten;* erst bei guter Hitze (220–210° C), dann bei mäßiger Hitze (200° C) *langsam braten,* während des Bratens häufig mit Butter bestreichen und Haut mehrmals mit Gabel oder Spicknadel einstechen, um Blasenbildung zu vermeiden. *Garzeit* 1 1/2–2 Stunden. Während der letzten 15 Minuten mehrmals mit Bier bestreichen, damit die Kruste schön knusprig wird. Ohren und Schwänzchen in der letzten halben Stunde ohne Schutzhülle mitbraten. Das fertige Spanferkel soll schön braun gebraten sein. Da der Spanferkelrücken wegen des zarten Fleisches meist eher gar ist als die Schlegel, ist es ratsam, den Rücken während der ersten halben Stunde mit einer Speckschwarte abzudecken. Spanferkel entweder im ganzen mit Zitrone im Maul, oder, in Portionsstücke zerlegt, auf sehr heißer Platte anrichten. Soße wie Magerbratensoße fertigstellen, nach Belieben nur leicht binden.

Spanferkel kann auch mit Fleischfülle *gefüllt* gebraten werden.

Zur Fülle: Bratwurstbrät mit den durch die Fleischmaschine gedrehten Eingeweiden mischen, Eier und eingeweichte, gut ausgedrückte Semmeln untermengen, mit Salz, Gewürzen und gewiegten, angedünsteten Zwiebeln und Petersilie gut abarbeiten, abschmecken, in den Bauch des vorbereiteten Spanferkels füllen, zunähen, braten wie oben beschrieben. Garzeit ist hierfür um etwa 3/4 Stunden länger.

195. Hammelbraten (Magerbraten)

3/4 kg mag. Hammelfleisch
Salz, Pfeffer, Knoblauch
40 g Fett, etwas Speck
Bratzutaten, Basilikum
Estragon, Rosmarin oder
Salbei, 3/8–1/2 l Flüssigkeit
1–2 Teel. Stärkemehl
4–6 Eßl. saurer Rahm
4 Eßl. Rotwein

Sehr gut abgehangenes Hammelfleisch (Schlegel oder Rückenstück) rasch waschen, klopfen, häuten, entfetten, mit Mischung aus Salz, Pfeffer und zerdrückter Knoblauchzehe einreiben, wie Magerbraten Nr. 173 in vorgeheizter Röhre braten. *Brattemperatur:* 220–210° C, *Garzeit* 1 1/2–2 Stunden, der Rücken hat etwas kürzere Garzeit als der Schlegel. Soße wie bei Magerbraten fertigstellen.

Hammelbraten ***sehr heiß*** auf gut *vorgewärmtem* Geschirr reichen! *Beilagen* wie bei Nr. 196.

196. Hammelbraten mit Senf gebeizt (Magerbraten)

Fleisch rasch waschen, klopfen, häuten, falls nötig entfetten, evtl. auslösen, mit Knoblauchzehe einreiben, evtl. spicken, von allen Seiten dünn mit Senf bestreichen, 3–4 Tage zugedeckt kalt stellen, unmittelbar vor dem Zusetzen leicht salzen.
Vorbereitetes Fleisch wie Magerbraten Nr. 173 braten: In heißem Fett im Bräter anbraten oder mit heißem Fett übergießen, Bratzutaten mit anbraten, ungespicktes Fleisch mit Speckscheiben belegen und in vorgeheizter Röhre unter öfterem Begießen mit Bratensaft braten, bei Bedarf jeweils wenig kochende Flüssigkeit seitlich zugießen. *Brathitze:* 220–210° C, *Garzeit:* 1½–1¾ Stunden. Kurz vor beendeter Garzeit dick mit Rahm bestreichen, bräunen lassen. Garen Braten aus der Soße nehmen, zugedeckt warm stellen und 10 Minuten ruhen lassen. Soße fertigstellen: Bratenansatz lösen, aufkochen lassen, falls nötig, wenig Flüssigkeit zugießen, evtl. binden, durchseihen, verbessern, abschmecken.
Hammelrücken tranchieren: Fleisch im ganzen vom Rücken lösen, schräg in Scheiben schneiden, nach Belieben auf dem Rücken anrichten, mit etwas heißer Soße überziehen, gut heiß reichen.
Beilagen: Kartoffelgerichte aller Art, Teigwaren, Spätzle, Reis; grüne Bohnen, Teltower Rübchen, Rotkraut u. a. m.

¾ kg Hammelschlegel oder Rückenstück (mager)
zum Würzen:
1 Zehe Knoblauch
2–3 Eßlöffel Senf, Salz
zum Braten:
40 g Fett, etwas Speck
1–2 Zwiebeln, Wurzelwerk
einige Salbeiblätter
⅜–½ l kochende Flüssigkeit
zum Binden nach Belieben:
½–1 Eßlöffel Mehl oder
1–2 Teelöffel Stärkemehl
zum Verbessern:
4–6 Eßlöffel Rahm
2–4 Eßlöffel Rotwein

197. Hammelbraten auf Wildbretart, Sauerbraten (Magerbraten)

Gut abgehangenes Fleisch rasch waschen, klopfen, evtl. Fett ablösen, häuten; Beize herstellen, Fleisch 3–8 Tage beizen, dabei zugedeckt kalt stellen, täglich wenden. (Im Sommer Beize abkochen, völlig erkaltet über Fleisch geben.) Fleisch aus der Beize nehmen, evtl. auslösen, leicht abtrocknen, mit Gewürzmischung einreiben, wie *Magerbraten* Nr. 173 braten, während des Bratens mit Speckscheiben belegen, unter öfterem Begießen mit Bratensaft und allmählichem Aufgießen mit heißer, abgeschmeckter Beize fertig garen.
Brathitze: 230–210° C, *Bratdauer:* etwa 1½ Stunden.
Gegen Ende der Bratzeit Braten dick mit Rahm bestreichen, anbräunen lassen, in der Soße einige Essig-Zuckerfrüchte mitbraten. Garen Braten aus der Soße nehmen, zugedeckt heiß stellen. Nach Belieben Zuckereinbrenne herstellen, mit Bratensoße auffüllen, 5–10 Minuten kochen lassen, durchseihen, verbessern, abschmecken. Soße ohne Zuckereinbrenne mit Mehlteiglein binden, durchseihen, abschmecken, mit Wein verbessern. Fleisch in Soße anrichten.
Beilagen wie Sauerbraten Nr. 176.

¾ kg Hammelschlegel mager
Rotweinbeize Nr. 321 oder
Essigbeize Nr. 322 mit
1 Scheibe Zitrone und
etwas Rosmarin
Salz, Pfeffer, Knoblauch
Wacholderbeeren zerdrückt
zum Braten: 40 g Fett
30–50 g Speck nach Belieben
Wurzelwerk, 1 Zwiebel
⅜–½ l abgeschmeckte Beize
4–6 Eßl. dicker saurer Rahm
einige Zucker-Essigfrüchte
½ Rezept Zuckereinbrenne Nr. 59 mit ¼–⅜ l Bratensoße, 4 Eßl. Rotwein

198. Gefüllte Hammelbrust gebraten (Magerbraten) (6–8 Personen)

Vor- und Zubereitung wie gefüllte Kalbsbrust gebraten Nr. 182, nach Belieben etwas kräftiger würzen.
Beilagen: Salzkartoffeln, Butterkartoffeln oder Reis; gedünstete Gemüse nach Wahl.

1–1½ kg Hammelbrust
sonstige Zutaten wie gefüllte Kalbsbrust Nr. 182

Fleischspeisen als Pfannengerichte gebraten und gebacken

Kochlehre:

Pfannengerichte von Fleisch werden vor dem Garen in *Portionsstücke* geschnitten und durch *Braten* oder *Backen* in der Pfanne gegart. Hierfür ist bei allen Fleischarten *sehr gut abgehangenes, mürbes Fleisch bester Qualität* Voraussetzung.

Pfannengerichte sind als Schnellgerichte besonders beliebt.

Für das **Braten** von Fleisch in der Pfanne merke:

1. Das Braten in der *offenen* Pfanne bewirkt das *Garen unter Bräunung durch heißes Fett* bei Temperaturen von 120–200° C je nach Fettart: Butter, Margarine etwa 120° C, Pflanzenöle etwa 200° C.

2. *Fleisch richtig vorbereiten:* Nicht waschen, nur mit feuchtem Tuch abreiben, nach dem Portionieren leicht klopfen, sorgfältig häuten, evtl. formen, u. U. leicht mit Zitronensaft und Öl bestreichen und zugedeckt einige Zeit kalt stellen, um das Mürbwerden zu begünstigen. *Salzen nicht vor, sondern während oder nach dem Braten,* um Saftverlust und verzögertes Bräunen zu vermeiden; *sonstiges Würzen* erfolgt *vor dem Braten.*

3. *Fette* zum Braten von Pfannengerichten:
Butter und gute Margarine geben sehr gutes Aroma, begünstigen das Bräunen, sind jedoch gegen längeres, hohes Erhitzen empfindlich.

Wasserfreie Fette guter Qualität wie Butterschmalz, gute Öle, reine gehärtete Pflanzenfette guter Qualität sind weniger hitzeempfindlich, haben reinen Geschmack und sind bei längeren Bratzeiten oder höheren Brattemperaturen zu bevorzugen. Geeignet ist auch eine Mischung aus Butter und Öl zu gleichen Teilen; sie gibt gutes Aroma, schöne Bräunung und ist nicht so hitzeempfindlich wie reine Butter.
Überhitzen von Bratfett unter allen Umständen *vermeiden!*

4. *Gute Bratpfannen* (Silitstahl, Chromnickelstahl, Aluminium) mit massiven Böden sind zweckmäßig. *Spezialpfannen,* die ein Braten und Backen mit nur *wenig oder ohne Fett* ermöglichen, sind zu bevorzugen, z. B. mit Teflonüberzug; sie müssen gesundheitlich unbedenklich sein – Gebrauchsanweisung beachten!

5. Pfannen vor dem Einlegen des Bratgutes *gut heiß* werden lassen. *Anbraten* bei *guter Hitze* (Elektroplatte Stufe III, Automatikplatte Stufe 12 bis 10), *gar braten bei mäßiger Hitze* (Stufe II bzw. 9–8). Bei Elektroplatten Speicherhitze nutzen.

6. *Bratzeiten einhalten; helles Fleisch* wie Kalb- und Schweinefleisch immer *durchbraten, Ochsenfleisch* (z. B. Steak) ist saftiger, wenn *es halb englisch* gebraten und innen noch rosa, also *nicht durchgebraten* ist. *Englisch Gebratenes* ist innen noch leicht blutig.

7. *Das Braten in Fett erfolgt ohne Wasserzugabe.* Sofern Soße hergestellt werden soll, gebratenes Fleisch aus der Pfanne nehmen, einige Eßlöffel Brühe in die Pfanne geben, Bratenansatz aufkochen lassen, evtl. Rahm zugeben, abschmecken, zum Fleisch geben; evtl. gebratenes Fleisch in der Soße *ziehen,* aber *nicht kochen* lassen, Fleisch wird sonst leicht hart!

8. *Tiefgefrorene portionierte Fleischstücke angetaut vorbereiten und braten wie frisches Fleisch.*

Gebackene Pfannengerichte aus portioniertem Fleisch sind besonders beliebt, z. B. panierte Schnitzel, Koteletten verschiedener Fleischarten, Backhähnchen u.a.m. Das Fleisch erfährt hierbei den *geringsten Gewichtsverlust,* da die *kurzen Garzeiten* und die gute *Krustenbildung* das *Fleisch sehr saftig* erhalten. Da in der Kruste eine *Anreicherung mit Fett* erfolgt, sind diese Pfannengerichte wohl sehr *sättigend und wohlschmeckend,* aber *kalorienreich.*

Das Backen bzw. Ausbacken kann erfolgen auf der Stielpfanne mit geringerer Fettmenge oder in Fett schwimmend, was größere Fettmengen benötigt.

Für das **Ausbacken** von Fleisch in Fett merke:

1. Beim *Backen (Ausbacken)* erfolgt das *Garen unter Bräunung* in ***heißem*** *Fett* bei Temperaturen zwischen 175–200° C. Die hohen Temperaturen bewirken ein *rasches Garen.*

2. *Fleisch vorbereiten: nicht* **waschen, nur mit feuchtem Tuch abreiben, portionieren,** evtl. klopfen, häuten, nach Bedarf formen, salzen, würzen und unmittelbar vor dem Backen sachgerecht *panieren* oder in *Backteig tauchen.*

3. *Als Backfett ist nur wasserfreies Fett* bzw. eine entsprechende Fettmischung geeignet, z. B. Butterschmalz, gutes Öl, gute gehärtete Pflanzenfette und Mischungen daraus.

4. *Backfett auf Backtemperatur erhitzen* (Stufe III bzw. 12–10), **vorbereitetes Fleisch einlegen, bei** *guter Hitze* ***anbacken*** **lassen, bei** ***mäßiger*** *Hitze* (Stufe II bzw. 9–8) gar **backen** ***Überhitzen*** **von Backfett und zu schnelles Bräunen** *vermeiden,* **damit volles Garen des Backgutes erreicht und** Zersetzung **des Backfettes vermieden wird. Zu** niedrige **Backtemperatur führt zu starkem** Ansaugen **der Kruste mit Fett und ist aus gesund-**heitlichen **wie geschmacklichen Gründen zu** vermeiden! *Backzeit einhalten!*

5. *Backgeschirr:* **Zum Ausbacken gutes** *Stahlgeschirr,* bzw. **Bratpfannen mit massiven Böden,** evtl. temperaturgeregelte Friteuse bevorzugen.

6. *Tiefgefrorene portionierte Fleischstücke antauen* lassen, **wie frische vor- und zubereiten.**

199. Filetbeefsteaks, Filetschnitten gebraten*

4 dicke (2–2½ cm) Scheiben gut abgehangenes Ochsenfilet (¾–1 kg Filet)
etwas Zitronensaft, Öl
zum Braten:
60–80 g Butter oder Pflanzenmargarine
Salz, etwas Pfeffer
evtl. 6–8 Eßl. Fleischbrühe
zum Anrichten:
2 Zwiebeln in Scheiben, geröstet oder 4 Spiegeleier oder Kräuter-, Meerrettich- oder Sardellenbutter oder Champignons gedünstet

Filetscheiben mit **feuchtem Tuch abreiben, bei Bedarf häuten, mit der Hand leicht klopfen, formen, beiderseits mit etwas Zitronensaft, dann mit Öl bestreichen, aufeinander legen, zugedeckt 1–2 Stunden** kalt stellen. Vorbereitete Steaks auf der Stielpfanne in *heißem* Bratfett bei *guter Hitze* auf beiden Seiten *rasch braten,* je Seite 4–5 Minuten, nur einmal wenden. *Garzeit* 8–10 Minuten; Filetsteaks müssen innen rosa und saftig bleiben, auf Druck muß Fleisch elastisch reagieren. Will man Steaks innen nur schwach rosa gebraten, Bratzeit je Seite auf etwa 6 Minuten erhöhen, sollen Steaks innen noch etwas blutig sein, nur etwa 3–4 Minuten je Seite braten. **Filetsteaks sofort auf heißer Platte anrichten, nun erst** *salzen,* **mit wenig Pfeffer bestreuen, mit etwas heißer Butter übergießen, mit** ***vorbereiteten*** *Garnituren* verzieren: Gebratene Zwiebelringe oder auf jedes Beefsteak 1 Spiegelei oder zu Kugeln geformte, kalt gestellte Kräuter-, Meerrettich- oder Sardellenbutter legen oder gedünstete, gut abgeschmeckte Champignons auf die Steaks geben, sofort zu Tisch geben. Wird etwas Soße gewünscht, einige Eßlöffel Fleischbrühe in die Stielpfanne geben, Bratensatz aufkochen lassen, abschmecken, eigens reichen.
Filetbeefsteaks eignen sich sehr gut zum Grillen, siehe Nr. 402.
Filetschnitten **sind etwas dünner geschnitten,** *Bratzeit* je Seite **nur etwa 2–3 Minuten, sonst wie Filetsteaks zubereiten.**
Beilagen: Kartoffelbrei, Pommes frites, Pommes chips, Reis; feine Gemüse, Champignons, Mixed Pickles, Remouladensoße; Salate nach Wahl.

200. Rumpsteaks, Lendensteaks, Lendenschnitten gebraten*

4 dicke (2 cm) Rumpsteaks
(1 kg Ochsenlende)
etwas Zitronensaft, Öl
zum Braten:
60–80 g Butter
Pfeffer frisch gemahlen
Salz
6–8 Eßlöffel Fleischbrühe
(nach Belieben)
zum Anrichten:
Zwiebelringe von
2–3 Zwiebeln, geröstet
oder Kräuter-, Meerrettich-
oder Sardellenbutter geformt

Sehr gut abgelagerte Roastbeefscheiben mit feuchtem Tuch abreiben, leicht klopfen, häuten, Fetthaut mit Sehnen mehrmals einschneiden, formen, mit etwas Zitronensaft, dann mit Öl auf beiden Seiten bestreichen, aufeinanderlegen, 1–2 Stunden zugedeckt kalt stellen. Vorbereitete Rumpsteaks auf der Stielpfanne in *heißer* Butter bei *guter Hitze* auf beiden Seiten *rasch*, je Seite etwa 5 Minuten braten, nur einmal wenden. *Gesamtbratzeit* etwa 10 Minuten; Rumpsteaks sollen außen schön gebräunt, innen noch rosa und saftig sein, Fleischsaft muß rosa, aber klar sein, auf Druck soll Fleisch elastisch nachgeben. Gare Steaks sofort auf heißer Platte anrichten, leicht salzen und mit Pfeffermühle versehen, mit restlicher heißer Butter übergießen, nach Belieben mit gerösteten Zwiebelringen oder je mit einer kleinen Kugel Kräuter-, Meerrettich- oder Sardellenbutter belegen, sofort zu Tisch geben.
Falls etwas Soße gewünscht wird, zum Bratenansatz einige Eßlöffel Brühe geben, aufkochen lassen, abschmecken, als Soße reichen. Rumpsteaks eignen sich gut zum Grillen siehe Nr. 405.
Lendenschnitten sind etwas dünner geschnitten wie Steaks, *Bratzeit* je Seite nur 2–3 Minuten, sonst wie Lendensteaks zubereiten.
Beilagen wie Filetsteaks Nr. 199.

201. Rostbraten*

4 Lendenschnitten (ca. 3/4 kg
Ochsenlende)
etwas Pfeffer frisch gemahlen
evtl. 1–2 Eßlöffel Mehl
zum Braten:
60–80 g Butter oder Öl
Salz
2 Zwiebeln, 1/8 l Brühe

Sehr gut abgelagerte Lendenschnitten mit feuchtem Tuch abreiben, leicht klopfen, Fetthaut mit Sehnen mehrmals einschneiden, mit wenig Pfeffer würzen, evtl. in Mehl leicht wenden, in *heißer* Butter oder *heißem* Öl bei *guter Hitze* auf beiden Seiten rasch braten, Bratzeit je Seite 3–4 Minuten, *Gesamtbratzeit* 6–8 Minuten; aus der Pfanne nehmen, leicht salzen, heiß stellen. Im Bratfett die in Ringe geschnittenen Zwiebeln bräunen, aufgießen, Soße gut aufkochen lassen, abschmecken, über angerichtete Lendenschnitten geben.
Beilagen: Kartoffelbrei, Salzkartoffeln; Gemüse nach Belieben.

202. Entrecôte (2 Personen)*

400–500 g flache Ochsenlende
zum Würzen: 1–2 Teel.
Zitronensaft, 2 Eßl. Öl
1/2 Eßl. Cognac
etwas frische Pfeffermühle
1/4 Teel. Curry
zum Braten:
60–80 g Butter oder Öl
zum Anrichten: etwas frische
Butter oder Kräuterbutter

Sehr mürbe Ochsenlende mit feuchtem Tuch abreiben, Sehnenhaut entfernen, leicht klopfen, mit den gemischten Würzzutaten gut einstreichen, zugedeckt etwa 1 Stunde kalt stellen, dann auf der Stielpfanne in *heißem Fett* bei *guter Hitze* im ganzen braten, je Seite 8–10 Minuten; Entrecôte muß außen schön gebräunt, innen aber noch kräftig rosa und saftig sein; dann auf heißer Platte anrichten, leicht salzen, mit etwas frischer Butter oder Kräuterbutter belegen.
Beilagen wie zu Filetsteaks Nr. 199.
Entrecôte ist zum Grillen gut geeignet, siehe Nr. 406.

203. Filet Stroganoff*

Sehr gut abgehangenes Filet mit feuchtem Tuch abreiben, häuten, in gleichmäßige, kurze Streifen von 1–1½ cm Kantenlänge schneiden; Zwiebeln fein schneiden, Tomaten brühen, häuten, vierteln oder in Scheiben schneiden; frische Champignons geschnitten, in wenig Butter dünsten. Vorbereitetes Fleisch in *heißer* Butter bei *guter Hitze* auf der Pfanne von allen Seiten *rasch* leicht goldbraun braten (2–3 Minuten), aus der Pfanne nehmen, mit frisch gemahlenem Pfeffer und etwas Salz würzen, heiß stellen. Feingeschnittene Zwiebeln in dem Bratenfett goldgelb rösten, vorbereitete Tomaten zugeben, rasch weich dünsten oder Tomatenketchup beifügen, mit Paprika und Zitronensaft würzen, Rahm beifügen, aufkochen lassen, salzen, gedünstete Champignons (oder aus Dose) zugeben, abschmecken, über die gebratenen Filetstreifen gießen und sofort zu Tisch geben.
Gesamtgarzeit etwa 10–15 Minuten.
Beilagen: Reis, Spätzle, Kartoffeln in Butter und Petersilie geschwenkt, Kartoffelbrei oder auch Weißbrot; grüner Blattsalat je nach Jahreszeit.

600 g Ochsenfilet
(Mittelstück oder Spitze)
zum Braten:
60–80 g Butter
Pfeffer, Salz
1–2 große Zwiebeln
2 schöne Tomaten oder
2 Eßl. Tomatenketchup
etwas Paprika, Zitronensaft
8 Eßl. Rahm, Salz
100 g Champignons (Dose)
oder frisch gedünstet

204. Kalbsschnitzel, Kalbskoteletten gebraten, naturell*

Schnitzel oder Koteletten von gut abgelagertem Kalbfleisch mit feuchtem Tuch abreiben (Koteletten vom Metzger auslösen, dicke Wirbelknochen abschlagen lassen); falls Koteletten nicht ausgelöst sind, Haut dem Rippenknochen entlang einschneiden, Fleisch bis fast zum Wirbel vom Rippenknochen lösen; Fleisch klopfen, nach Bedarf häuten, Koteletten formen, nach Belieben leicht mit Paprika einreiben und evtl. in Mehl wenden, in *heißer* Butter bzw. Öl bei *guter Hitze* auf beiden Seiten schön braun braten, nur einmal wenden, dann leicht salzen. *Bratzeit* für Schnitzel je nach ihrer Dicke 8–12 Minuten, für Koteletten 10–15 Minuten.
Schnitzel bzw. Koteletten sofort auf heißer Platte anrichten, mit wenig Butter beträufeln, mit vorbereiteten Zitronenspalten, Petersiliengrün und einigen Tomatenscheiben garnieren und rasch zu Tisch geben. Durch längeres Stehen werden Schnitzel trocken und hart.
Falls etwas Soße gewünscht wird, einige Eßlöffel heiße Fleischbrühe zum Bratenansatz in die Pfanne geben, aufkochen lassen, abschmecken, zu den Schnitzeln reichen.
Beilagen: Feine Gemüse, Kartoffelbrei oder Reis; Salate.

4 Kalbsschnitzel oder
4 Kalbskoteletten
Paprika nach Belieben
zum Wenden nach Belieben:
1–2 Eßl. Mehl
zum Braten:
50–60 g Butter oder Öl
Salz
zum Anrichten:
Zitronenspalten
Petersiliengrün
Tomatenscheiben

205. Kalbsschnitzel à la Holstein*

Kalbsschnitzel vorbereiten und braten wie Kalbschnitzel naturell Nr. 204. Während der zweiten Hälfte der Bratzeit 4 Spiegeleier braten. Fertig gebratene Schnitzel leicht salzen, mit etwas Kräuter- oder Sardellenbutter belegen, auf jedes Schnitzel ein fertiges Spiegelei setzen, mit sehr dünn geschnittenen Sardellenstreifen und mit Kapern verzieren, sofort zu Tisch geben.
Beilagen wie bei Schnitzel naturell Nr. 204.

Zutaten wie Kalbsschnitzel
Nr. 204
zum Anrichten:
etwas Kräuter- oder
Sardellenbutter
4 Spiegeleier, 4–6 Sardellen
2 Eßl. Kapern

206. Paprikaschnitzel*

4 Kalbsschnitzel, Paprika
zum Braten:
50–60 g Butter oder Öl
Salz, 2 Zwiebeln
1/2 Eßl. Mehl
2 Teel. Paprika (Delikateß)
4–6 Eßl. saurer Rahm, Salz
2–4 Eßl. Fleischbrühe

Kalbsschnitzel vorbereiten, leicht mit Paprika einreiben, in heißer Butter bzw. Öl auf beiden Seiten schön goldbraun braten, *Bratzeit* etwa 10 Minuten, leicht salzen, aus der Pfanne nehmen und heiß stellen. In dem Bratfett fein geschnittene Zwiebeln goldgelb bräunen, mit wenig Mehl bestäuben, Paprika zugeben, kurz mischen, sauren Rahm beifügen, salzen, mit einigen Eßlöffeln Fleischbrühe aufkochen lassen, abschmecken, über die Schnitzel geben, sofort zu Tisch geben. Schnitzel nicht mit der Soße aufkochen lassen, da sie sonst hart und trocken werden.
Beilagen: wie Schnitzel naturell Nr. 204.

207. Schnitzel nach Jägerart*

4 Kalbsschnitzel, etwas Pfeffer
zum Braten:
50–60 g Butter oder Öl
1 gelbe Rübe
1/4 kleine Sellerieknolle
100 g Champignons oder andere Pilze, Salz
1/2 Eßl. Mehl, 2 Eßl. Rahm
6 Eßl. Weißwein

Schnitzel vorbereiten, leicht pfeffern, in heißer Butter bzw. Öl auf beiden Seiten schön goldbraun braten wie bei Schnitzel naturell Nr. 204, *Bratzeit* etwa 10 Minuten, leicht salzen, aus der Pfanne nehmen, heiß stellen. Im Bratenfett sehr fein geschnittenes oder geraffeltes Gemüse und blättrig geschnittene Pilze kurz rösten, mit wenig Mehl bestäuben, salzen, Rahm und Wein zugeben, rasch garen, abschmecken, Schnitzel einlegen, kurz *durchziehen,* aber *nicht kochen* lassen, Schnitzel anrichten, Gemüse und Pilze auf die Schnitzel geben, sofort zu Tisch geben.
Beilagen: Reis, Kartoffelbrei, Spätzle, Teigwaren; Salate nach Wahl.

208. Salbeischnitzel gebraten*

4 dicke (2 cm) Kalbsschnitzel
zum Füllen:
4 schöne Salbeiblätter
4 Scheiben durchwachsener Speck
zum Braten:
50–60 g Butter oder Öl
Salz

Dicke Kalbsschnitzel mit feuchtem Tuch abreiben, klopfen, häuten, mit scharfem, spitzen Messer seitlich so einschneiden, daß in jedem Schnitzel eine Tasche entsteht, in jede Tasche eine Scheibe durchwachsenen Speck und ein Salbeiblatt geben, mit Hölzchen oder Zahnstocher zusammenstecken, Schnitzel in heißer Butter oder Öl langsam auf beiden Seiten goldbraun braten, *Bratzeit* etwa 12–15 Minuten, auf heißer Platte anrichten, salzen, Hölzchen entfernen. Nach Belieben mit gedünsteten Tomaten oder Pilzen garnieren.
Beilagen: Reis, feine Gemüse oder Salate nach Wahl.

209. Kalbsschnitzel überbacken*

4 Kalbsschnitzel
50–60 g Butter oder Öl
4 Scheiben magerer Schinken, roh oder gekocht
4 Scheiben Emmentaler Käse
2 Tomaten in Scheiben
6–8 Eßl. Fleischbrühe, etwas Tomatenmark, evtl. wenig Ketchup, 2 Eßl. Rahm
2–3 Eßl. Wein, Salz

Kalbsschnitzel mit feuchtem Tuch abreiben, klopfen, häuten, in heißer Butter auf beiden Seiten goldgelb braten, *Bratzeit* etwa 10 Minuten, leicht salzen, auf feuerfeste Platte geben, jedes Schnitzel mit 1 Scheibe magerem Schinken und 1 Scheibe Käse sowie einigen Tomatenscheiben belegen, bei guter Oberhitze in der Röhre oder im Grill überbacken, bis Käse schmilzt, sofort zu Tisch geben.
Zur Soße: Bratenansatz mit angegebenen Zutaten kräftig aufkochen lassen, abschmecken, eigens reichen.
Beilagen: Risotto oder Butterreis, Kartoffelbrei; feine Gemüse, Salate nach Wahl.

210. Kalbssteaks, Kalbsmedaillons gebraten, garniert*

Sehr gut abgelagertes Kalbsfilet oder Kalbslende mit feuchtem Tuch abreiben, häuten, in 2 cm dicke Scheiben schneiden, vorsichtig mit der Hand klopfen, formen, in *heißer* Butter oder Öl auf beiden Seiten bei *guter Hitze* schön braun braten unter fleißigem Begießen mit heißer Butter; *Bratzeit* je Seite 4–5 Minuten, Fleisch soll außen schön goldbraun, innen noch saftig sein; sofort auf heißer Platte anrichten, leicht salzen und mit Pfeffermühle bestreuen, mit vorbereiteten Garnituren rasch verzieren und sofort zu Tisch geben.

Garnitur mit Champignons: Pilze sorgsam putzen, waschen, gut abtropfen lassen, in Scheiben schneiden, kleine vierteln, in Butter andünsten, mit Zitronensaft beträufeln, etwa 10 Minuten dünsten, salzen, binden, mit Wein und Rahm abschmecken, heiß stellen bis zum Gebrauch.

Garnitur mit Obst: Bananen schälen, mit etwas Zitronensaft beträufeln, nach Belieben mit wenig Curry leicht bestäuben, halbieren, im Bratenfett nach den Medaillons rasch braten; gut abgetropfte Ananasscheiben in der Pfanne rasch erhitzen, gebratene Medaillons auf Ananasscheiben legen, mit gebratenen halbierten Bananen garnieren, Medaillons mit 2–3 gehäuteten Mandarinenspalten belegen oder mit Ananasstückchen garnieren.

Die Garnituren müssen vor dem Braten der Medaillons vorbereitet sein und rasch aufgesetzt werden, damit Fleisch heiß und saftig bleibt.
Beilagen: Reis, Toast oder Weißbrot, feine Gemüse, grüner Salat.

4 dicke (2 cm) Scheiben Kalbsfilet oder Kalbslende
50–60 g Butter oder Öl
Salz, etwas weißer Pfeffer

zur Garnitur:
200 g Champignons
20 g Butter
1 Teel. Zitronensaft, Salz
1–2 Eßl. Weißwein
1–2 Teel. Mehl
2–3 Eßl. süßer Rahm

oder:
4 Bananen
etwas Curry nach Belieben
etwas Zitronensaft
20 g Butter
1 Mandarine geschält und gehäutet
4–6 Scheiben Dosen-Ananas

211. Wiener Schnitzel, Kalbsschnitzel paniert gebacken* Kalbskoteletten Wiener Art, paniert gebacken*

Schnitzel bzw. Koteletten mit feuchtem Tuch abreiben, (Koteletten vom Metzger von der Rippe lösen und Wirbelknochen abhacken lassen, andernfalls auslösen wie bei Nr. 204 beschrieben), klopfen, häuten, salzen; zum Panieren erst in Mehl, dann in dem mit Wasser und Öl verquirltem Ei und anschließend in Bröseln wenden oder in fertiger Paniermischung lt. Gebrauchsanweisung panieren, *sofort* in reichlich *heißem Fett* bei mäßiger Hitze auf beiden Seiten goldbraun backen – Pfanne *nicht zudecken* – evtl. schwimmend in heißem Fett ausbacken.

Backzeit 8–10 Minuten, falls in Fett schwimmend gebacken 6–8 Minuten. Auf heißer Platte mit Zitronenspalten, Petersiliengrün und Preiselbeeren anrichten. Backfett nie über angerichtetes Backgut geben!

Sollten gebackene Koteletten oder Schnitzel für kurze Zeit warm gehalten werden, sie *unzugedeckt* in mittelheiße offene Röhre stellen – beim Zudecken löst sich Panade.

Beilagen: Kartoffelsalat mit Salaten verschiedener Art.

4 Kalbsschnitzel oder Kalbskoteletten, Salz

zum Panieren:
2 Eßl. Mehl
1 Ei oder Eireste mit
1–2 Eßl. Wasser und
½ Eßl. Öl verquirlt
6 Eßl. Semmelbrösel oder
6–8 Eßl. fertige Paniermischung

zum Backen:
wasserfreies Ausbackfett

zum Anrichten: Zitronenspalten, Petersiliengrün
Preiselbeeren

212. Schnitzel in Backteig gebacken*

4 Schnitzel, Salz
Mehl zum Wenden
Backteig:
100 g Mehl, Salz
1/8 l dunkles Bier oder Apfelwein oder Sprudel
1 Ei getrennt, 1 Teel. Öl, evtl. 50 g geriebener Emmentaler
zum Ausbacken:
wasserfreies Fett oder Öl
Zitronenspalten, Petersilie

Schnitzel mit feuchtem Tuch abreiben, klopfen, häuten, salzen, leicht in Mehl wenden, in Backteig tauchen, in heißem Ausbackfett schwimmend schön goldbraun backen, *Backzeit* etwa 6–8 Minuten, sofort auf heißer Platte mit Petersilie und Zitronenspalten zu Tisch geben.
Backteig: Mehl mit Salz und evtl. Reibkäse mischen, mit Flüssigkeit, Eigelb und wenig Öl glattschlagen, Eischnee unterziehen, sofort verwenden. Bei Käsezugabe nicht zu dunkel backen lassen, da Teig sonst bitter schmeckt.
Beilagen: Verschiedene Salate nach Wahl.

213. Gefülltes Kalbsschnitzel gebacken, „Cordon bleu"*

4 dicke Kalbsschnitzel, Salz
zum Füllen:
4 Scheiben magerer Schinken, roh oder gekocht
4 kl. Scheiben Emmentaler
etwas Tomatenketchup
zum Panieren: wie Nr. 211 oder Backteig wie Nr. 212
zum Backen: Ausbackfett
zum Anrichten: Zitronenspalten, Petersiliengrün

Dicke Kalbsschnitzel mit feuchtem Tuch abreiben, klopfen, häuten, mit scharfem spitzem Messer seitlich so aufschneiden, daß jeweils eine große Tasche entsteht, diese nach Belieben mit etwas Ketchup ausstreichen; je eine kleine, aber nicht zu dünne Käsescheibe mit einer Schinkenscheibe umwickeln, Tasche damit füllen, mit Hölzchen zustecken (siehe Abb. unten). Schnitzel salzen, in Mehl wenden, panieren oder in Backteig tauchen, in reichlich heißem Fett, evtl. schwimmend bei mäßiger Hitze von beiden Seiten goldbraun backen, auf heißer Platte anrichten, Hölzchen entfernen, mit Zitronenspalten und Petersiliengrün garnieren.
Backzeit etwa 12 Minuten.
Beilagen: Salate nach Wahl, Pommes frites, Remouladensoße.

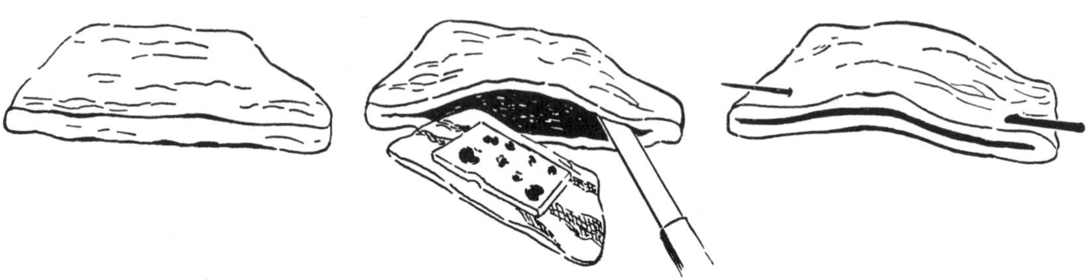

Füllen von „Cordon bleu"

214. Kalbshaxe gebacken oder abgebräunt

Sud herstellen, gewaschene Kalbshaxe in kochendem Sud zusetzen, weich kochen, am besten im Dampfdrucktopf garen. Garzeit etwa 1½–2 Stunden, im Dampfdrucktopf 12-15 Minuten. Fleisch im Sud etwas abkühlen lassen, vom Knochen lösen, in Portionsstücke teilen, leicht salzen, erst in Mehl, dann in dem mit Wasser und Öl verquirltem Ei und Semmelbröseln oder in fertiger Paniermischung wenden, sofort in heißem Fett auf der Stielpfanne auf beiden Seiten goldbraun backen. *Backzeit* 5 Minuten; mit Zitronenspalten anrichten.
Beilagen: Gemischter Salat.

1 große Kalbshaxe
zum Sud:
wie Kalbshaxe sauer Nr. 121
zum Panieren:
wie Nr. 211
zum Backen:
wasserfreies Fett oder Öl
zum Anrichten:
Zitronenspalten

215. Kalbskopf gebacken oder abgebräunt

Kalbskopf vorbereiten und kochen wie bei Nr. 123 beschrieben, dann ablösen, Fleisch pressen und am besten über Nacht erkalten lassen. Fleisch in Portionsstücke schneiden, leicht mit Senf bestreichen, panieren, sofort in heißem Fett auf der Stielpfanne goldgelb backen, *Backzeit* 5 Minuten, auf heißer Platte mit Zitronenspalten und Petersilie anrichten.
Beilagen: Gemischte Salate.

½ Kalbskopf, Sud wie
Kalbshaxe sauer Nr. 121
etwas Senf nach Belieben
zum Panieren: wie Nr. 211
(ohne Mehl)
wasserfreies Fett
Zitronenspalten, Petersilie

216. Kälberfüße gebacken

Kälberfüße vom Metzger der Länge nach durchhacken lassen, im Sud gut weich kochen, ablösen, pressen und am besten über Nacht erkalten lassen; dann salzen, in Portionsstücke schneiden, panieren, sofort backen und auf heißer Platte mit Zitronenspalten anrichten. *Backzeit:* 5 Minuten.
Beilagen: Gemischter Salat.

4 Kälberfüße
zum Sud: 2 l Wasser, Salz
reichlich Wurzelwerk
zum Panieren: wie Nr. 211
wasserfreies Fett
Zitronenspalten

217. Schweinsschnitzel, Schweinskoteletten gebraten, naturell*

Schnitzel bzw. Koteletten mit feuchtem Tuch abreiben, Rippe nicht ablösen, gut klopfen, mit Gewürz einreiben, nach Belieben leicht in Mehl wenden, in *heißem* Fett auf der Stielpfanne bei mäßiger Hitze auf beiden Seiten schön braun braten, *Bratzeit* etwa 10–12 Minuten; Fleisch muß ganz durchgebraten sein, salzen, auf heißer Platte mit Zitronenspalten und Tomatenvierteln anrichten.
Falls etwas Soße gewünscht wird, einige Eßlöffel Fleischbrühe zum Bratenansatz geben, aufkochen lassen, abschmecken, zu den Schnitzeln geben. (Schnitzel nicht mit Soße aufkochen lassen!)
Beilagen: Kartoffelgerichte aller Art; Gemüse nach Wahl.

4 magere Schweinsschnitzel
oder -koteletten
etwas Pfeffer oder Paprika
evtl. 1–2 Eßl. Mehl
zum Braten:
40–60 g Fett, Salz
zum Anrichten:
Zitronenspalten
schöne Tomaten, geviertelt

218. Schweinsschnitzel, Schweinskoteletten pikant*

4 magere Schweinsschnitzel oder -koteletten
zum Würzen:
Paprika, 1 Knoblauchzehe
etwas Salz
zum Wenden: 1–2 Eßl. Mehl
zum Braten: 40–60 g Fett
zur Soße: 4–6 Eßl. Rahm
1 Teel. Paprika
1 Teel. Tomatenmark
½ geriebene Zwiebel
6 Eßl. Brühe, Salz

Magere Schnitzel oder Koteletten mit feuchtem Tuch abreiben, klopfen; Knoblauchzehe fein schneiden, mit wenig Salz zerdrücken, mit Paprika und etwas Pfeffer mischen, Fleischscheiben damit einreiben, in Mehl wenden, in heißem Fett auf beiden Seiten bei mäßiger Hitze goldbraun braten, *Bratzeit* 10–12 Minuten, dann aus der Pfanne nehmen, heiß stellen. Rahm zum Bratenansatz geben, leicht bräunen lassen, Paprika, Tomatenmark und geriebene Zwiebel sowie Brühe oder Wasser zugeben, aufkochen lassen, abschmecken, Schweinsschnitzel bzw. -Koteletten in Soße einlegen, darin durchziehen, jedoch *nicht kochen* lassen.

Beilagen: Salzkartoffeln, Kartoffelbrei, Teigwaren; Gemüse nach Belieben.

219. Schweinsmedaillons, Schweinesteaks gebraten*

4 (8) Scheiben ausgelöste Schweinslende (oder -filet)
zum Würzen:
1–2 Teel. Zitronensaft
2 Eßl. Öl, ¼ Teel. Curry
1 Messerspitze Pfeffer
½ Eßl. Cognac
zum Braten:
60 g Butter, Salz

Steaks mit feuchtem Tuch leicht abreiben, mit der Hand etwas flachklopfen; Würzzutaten gut mischen, Steaks auf beiden Seiten damit einstreichen, aufeinanderlegen, etwa ½–1 Stunde zugedeckt kalt stellen; vorbereitete Steaks in *heißer* Butter auf beiden Seiten auf Stielpfanne goldbraun braten, *Bratdauer je Seite* 4–6 Minuten. Steaks sollen gar, innen aber noch saftig sein, sofort auf heißer Platte anrichten, leicht salzen.

Beilagen: Feine Gemüse, Salate, nach Belieben etwas Ketchup oder Remouladensoße, Weißbrot oder Pommes frites.

220. Schweinsschnitzel, Schweinskoteletten Wiener Art* (paniert gebacken)

4 magere Schweinsschnitzel oder -koteletten
Salz, Pfeffer
etwas Senf nach Belieben
zum Panieren: wie Nr. 211
zum Backen:
wasserfreies Ausbackfett
Zitronenspalten, Petersilie

Schweinsschnitzel oder Koteletten mit feuchtem Tuch abreiben, leicht mit Salz und Pfeffer einreiben, nach Belieben leicht mit Senf bestreichen, erst in Mehl, dann in mit Wasser und Öl verquirltem Ei, dann in Semmelbröseln wenden, in heißem, wasserfreiem Fett, evtl. in Fett schwimmend auf beiden Seiten goldbraun und knusprig backen. *Backzeit* etwa 8–10 Minuten, mit Zitronenspalten und Petersilie anrichten.

Beilagen: Gemischte Salate.

Schnellgerichte, die innerhalb 30 Minuten herzustellen sind, wurden durch * gekennzeichnet.

221. Gebackenes Lamm oder Kitz*

Fleisch *junger* Tiere *roh* backen: Fleisch mit feuchtem Tuch abreiben, in Portionsstücke schneiden, falls nötig flach klopfen, mit Salz und Pfeffer leicht einreiben, erst in Mehl, dann in dem mit Wasser und Öl verquirltem Ei, hierauf in Semmelbröseln oder in fertiger Paniermischung wenden, in reichlich heißem Fett, evtl. schwimmend, auf beiden Seiten *langsam* backen, damit Fleisch völlig durchbäckt. *Backzeit* 10–12 Minuten je nach Dicke.

Fleisch *älterer* Tiere erst dünsten: Fleisch in Portionsstücke teilen, würzen, in Fett mit Zwiebel andünsten, Tomate zugeben, mit wenig kochender Flüssigkeit aufgießen, in geschlossenem Topf bei mäßiger Hitze etwa 15–20 Minuten dünsten lassen. Fleisch dann herausnehmen, gut abtropfen lassen, evtl. Knochen auslösen, panieren und in heißem Fett auf der Stielpfanne oder in Fett schwimmend backen; *Backzeit* hierfür etwa 10 Minuten ausreichend. Mit Zitronenspalten anrichten.

Beilagen: Verschiedene Salate.

$^3/_4$–1 kg Lamm oder Kitz (von hinterer Keule)
Salz, etwas Pfeffer
zum Panieren: wie Nr. 211 (doppelte Mengen)
zum Ausbacken: wasserfreies Ausbackfett
zum Anrichten: Zitronenspalten
zum Dünsten von Fleisch älterer Tiere:
40 g Fett, 1 Zwiebel
1 Tomate, $^1/_8$ l Flüssigkeit
2 Eßl. Wein

222. Hammelkotelettes gebraten, naturell*

Hammelfleisch muß sehr gut abgelagert sein! Zarte Hammelkoteletten mit feuchtem Tuch abreiben, Fleisch etwa 2 cm lang vom Rippenknochen lösen, leicht klopfen, formen, mit Würzmischung auf beiden Seiten einstreichen, aufeinander legen, zugedeckt etwa $^1/_2$ bis 1 Stunde kalt stellen. Vorbereitete Hammelkoteletten in *heißer* Butter oder Öl auf beiden Seiten unter fleißigem Begießen mit dem heißen Fett schön braun braten, dann salzen und mit wenig Zitronensaft beträufeln, auf heißer Platte anrichten, mit etwas frischer Kräuterbutter belegen oder mit heißen gebratenen Zwiebelringen bedecken, sofort zu Tisch geben. Bratzeit je Seite etwa 6 Minuten; Hammelkoteletten sollen außen schön gebräunt, innen saftig und noch leicht rosa sein.

Beilagen: Bohnen in Butter geschwenkt, gedünstete weiße Rüben oder Teltower Rüben; Kartoffelbrei.

4–8 magere, dicke Hammelkoteletten je nach Größe
zum Würzen:
2 Teel. Zitronensaft
2 Eßl. Öl, $^1/_4$ Teel. Curry
1 Messerspitze Pfeffer
$^1/_2$ Eßl. Cognac
etwas Pfefferminze
zum Braten:
40–60 g Butter oder Öl
zum Anrichten:
Salz, etwas Zitronensaft
gebratene Zwiebelringe oder frische Kräuterbutter

223. Hammelsteaks gebraten*

Hammelsteaks vom Rücken vom Metzger auslösen und schneiden lassen, mit feuchtem Tuch abreiben, leicht mit der Hand klopfen, formen, würzen und in Butter oder Öl braten wie Hammelkoteletten Nr. 222.

Bratzeit je Seite etwa 5–6 Minuten je nach Dicke der Steaks. Steaks nach dem Braten salzen, sofort auf heißer Platte anrichten, jedes Steak mit 1 Kugel Würzbutter belegen, sofort zu Tisch geben.

Würzbutter: Butter schaumig rühren, Geschmackszutaten unterrühren, abschmecken, etwas kalt stellen, zu Kugeln formen.

Beilagen: Reis, Kartoffelbrei, Bohnen in Butter geschwenkt.

8 zarte Hammelsteaks
zum Würzen: wie Nr. 222
zum Braten:
40–60 g Butter oder Öl
zum Anrichten: Salz
Würzbutter von:
40–60 g Butter, Salz, Pfeffer
1 Teel. Zitronensaft
einige Tropfen Worcestersoße
1 Teel. Petersilie
1 Messerspitze Rosmarin

Hackfleischgerichte

Grundrezept

375 g Hackfleisch gemischt (zu gleichen Teilen Ochsen-, Kalb- und mageres Schweinefleisch oder halb Ochsen- halb mag. Schweinefleisch)
1 (2) alte Semmel
Wasser zum Einweichen
1–2 Eier
Salz
1–2 Zwiebeln
1–2 Eßlöffel Petersilie
evtl. etw. Butter z. Andünsten
etwas gerieb. Zitronenschale
nach Belieben:
Pfeffer, Muskat
Majoran
Basilikum
Thymian

224. Fleischteig

Arbeitsweise:

1. *Vorbereiten:* Gemischtes Fleisch am besten schon vom Metzger frisch durchdrehen lassen, da es auch im Kühlschrank nur geringe Haltbarkeit hat. Gemischtes Hackfleisch schmeckt besser und ist saftiger. Stellt man Hackfleisch selbst her, Fleisch rasch waschen, häuten, 2mal durch die Fleischmaschine mit feiner Lochscheibe geben. Alte Semmeln in Wasser einweichen, fein gewiegte Petersilie und Zwiebeln nach Belieben in etwas Butter andünsten, übrige Kräuter in kleiner Menge fein wiegen oder pulverisiert verwenden. Nach Belieben kann man etwas rohe Paprikaschote gerieben als Würzmittel verwenden.

2. *Fleischteig herstellen:* Hackfleisch mit eingeweichten, *sehr gut ausgedrückten* Semmeln, Eiern und allen Würzmitteln *sehr gut abarbeiten,* je besser er abgearbeitet wird, desto bindiger wird der Teig, abschmecken. Hackfleisch aus der Gefriertruhe antauen lassen, bis es sich mit Messer schneiden läßt, dann zu Fleischteig verarbeiten; da es etwas geringere Bindekraft hat, sind 2 Eier auf die angegebene Menge zu empfehlen.

3. *Formen:* Es erfolgt je nach den verschiedenen Fleischteiggerichten; Fleischteig für Portionsgerichte in Portionen gleichmäßig *einteilen,* den feuchten Teig mit *nassen Händen gut glatt* formen, bis zum Garen auf angefeuchtetem Brett oder Teller kalt stellen.

4. *Garen und Verwendungsmöglichkeiten:* Das Garen der verschiedenen Hackfleischgerichte erfolgt auf verschiedene Weise:

Braten in der Röhre findet Anwendung beim Hackbraten;

Braten auf der Stielpfanne wird angewandt bei Deutschen Beefsteaks, Fleischküchlein u. ä.

Dünsten oder *Schmoren* erfolgt bei gefüllten Gemüsen wie Krautwickel, gefüllten Paprikaschoten, Gurken, Kohlrabis, Tomaten, Auberginen u. ä.

Kochen in Salzwasser oder in fertiger Soße findet Anwendung bei Fleischknödeln oder Klopsen, Kochen in Wasser bei Krautpudding.

Beachte: Reichlich *fettes* Schweinefleisch *mindert die Bindefähigkeit* des Fleischteiges!

Reste von rohem Fleischteig nur *kurzfristig* im Kühlschrank aufbewahren – besser gegart aufbewahren!

Bei Verwendung von *gekochten* oder *gebratenen Fleischresten* sollen diese nicht mehr als bis 1/4 der rohen Fleischmenge betragen, da sonst die Bindefähigkeit des Fleischteiges zu gering ist.

225. Hackbraten (Magerbraten)

Fleischteig herstellen wie bei Grundrezept Nr. 224 angegeben, sehr gut durcharbeiten, abschmecken, zu länglichem, glattem Wecken formen, in gewässertes Netz einschlagen oder in Mehl bzw. Semmelbröseln wenden, in *heißes Fett* in Bräter, Bratraine oder Fettpfanne evtl. auf 2 Speckscheiben setzen, Bratzutaten zugeben, mit *heißem Fett* Braten übergießen, auf Mittelschiene in vorgeheizte Röhre geben, wie Magerbraten Nr. 173 behandeln, jedoch *nicht wenden* und nur *ab und zu* mit heißem *Bratenfett begießen. Brathitze* etwa 240–230° C, *Bratzeit* 3/4–1 Stunde. Kurz vor Ende der Garzeit Braten mit Rahm bestreichen, anbräunen lassen, dann Braten vorsichtig herausnehmen, warm stellen. Soße mit etwas Flüssigkeit auffüllen, Bratenansatz lösen, aufkochen lassen, nach Belieben binden, Soße mit Wurzelwerk durch Sieb streichen, mit Rahm verbessern, abschmecken. Hackbraten in etwa 1 cm dicke Scheiben schneiden, schuppenförmig anrichten, Soße eigens reichen.
Beilagen: Kartoffelbrei und Gemüse nach Wahl oder Kartoffelsalat und gemischte Salate.

Grundrezept Fleischteig Nr. 224
1 Kalbsnetz zum Einhüllen
oder etwas Mehl
bzw. Semmelbrösel
zum Braten:
40 g Fett
2 Speckscheiben nach Belieben
1 Zwiebel, Wurzelwerk
Brotrinde
etwa 1/4 l Flüssigkeit
zum Binden nach Belieben:
1–2 Teelöffel Stärkemehl
zum Verbessern:
3–4 Eßlöffel Rahm

226. Hackbraten gefüllt

Fleischteig herstellen wie bei Grundrezept Nr. 224; hartgekochte, geschälte Eier in den geformten länglichen Wecken einhüllen, gut glatt formen, in Netz einhüllen und fertigstellen wie Hackbraten Nr. 225.
Als kalter Aufschnitt gut geeignet; in diesem Fall kann auf Herstellung von Soße verzichtet werden.

Zutaten wie zu Hackbraten Nr. 225
zum Einlegen:
3 hartgekochte Eier

227. Deutsches Beefsteak*

Fleischteig aus gehacktem Ochsenfleisch oder gemischtem Hackfleisch herstellen wie bei Grundrezept Nr. 224 angegeben, sehr gut abarbeiten, abschmecken, in Portionen teilen, mit nassen Händen gleichmäßige runde Beefsteaks formen, auf einer Seite mit Messerrücken einkerben, in *heißem Fett* auf der Stielpfanne bei *guter Hitze anbraten,* bei *mäßiger Hitze* beiderseitig *langsam gar braten. Bratzeit* etwa 10–15 Minuten. Beefsteaks auf heißer Platte anrichten, nach Belieben mit Spiegeleiern oder mit gebräunten Zwiebelringen belegen. Deutsches Beefsteak kann auch aus 2/3 Ochsenfleisch und 1/3 magerem Schweinefleisch hergestellt werden.
Beilagen: Kartoffelbrei, Gemüse und Salate nach Belieben.

375 g gehacktes Ochsenfleisch
sonstige Zutaten wie Fleischteig Nr. 224
zum Braten:
40 g Fett
2 Zwiebeln in Ringe geschnitten
zum Verbessern:
1 Spiegelei je Person

228. Fleischküchlein, Frikadellen*

Fleischteig herstellen wie Grundrezept Nr. 224, nach Belieben unter Verwendung garer Fleischreste; Fleischteig in Portionen einteilen, mit nassen Händen ovale Frikadellen oder runde Beefsteaks formen, mit Messerrücken einkerben, in heißem Fett bei guter Hitze anbraten, bei mäßiger Hitze langsam auf beiden Seiten gar braten. *Bratzeit:* 10–15 Minuten. *Beilagen* wie bei Nr. 225.

Fleischteig Nr. 224
nach Belieben 1/4 der Fleischmenge gegarte Fleischreste
zum Braten: 40 g Fett

229. Schweinefleischküchlein*

375 g mageres Schweinefleisch, gehackt
sonstige Zutaten wie Fleischteig Nr. 224
zum Braten: 40 g Fett

Fleischteig mit magerem Schweinehackfleisch herstellen wie Grundrezept Nr. 224. Teig gut abarbeiten, abschmecken, Teig in Portionen einteilen, gleichmäßig große Fleischküchlein mit nassen Händen formen, in heißem Fett anbraten, bei mäßiger Hitze langsam gar braten. *Garzeit* etwa 10–15 Minuten.
Beilagen wie bei Deutschen Beefsteaks Nr. 227.

230. Fleischknödel, Königsberger Klopse*

Grundrezept Fleischteig Nr. 224
3–4 gewiegte Sardellen oder etwas Sardellenpaste nach Belieben
zur Soße: helle Einbrenne Nr. 57 mit 3/4 l Flüssigkeit
zum Verbessern:
2 Eßlöffel Kapern
etwas Zitronensaft
3–4 Eßlöffel Rahm
etwas Weißwein nach Belieben

Fleischteig herstellen wie Grundrezept Nr. 224, nach Belieben mit feingewiegten Sardellen oder Sardellenpaste abschmecken. Helle oder mittelfarbene Einbrenne herstellen, durchkochen lassen, abschmecken; kleinen Probeknödel aus Fleischteig formen und in der Soße kochen; ist er gut, Fleischteig in Portionen einteilen, mit nassen Händen gleichmäßige, nicht zu große Klopse oder Knödel formen, in kochende Soße einlegen, 10 Minuten leise kochen, 10 Minuten ziehen lassen; Klopse in Schüssel anrichten, Soße verbessern, abschmecken, über die Klopse geben. Man kann die Knödel statt in der Soße auch in kochendem Salzwasser garen und mit diesem Sud Soße auffüllen, durchkochen lassen, abschmecken, verbessern, Knödel in Soße anrichten; in diesem Fall genügt für Soße 1/2 l Brühe.
Beilagen: Salzkartoffeln, Salate nach Belieben.

231. Fleischpudding (6–8 Personen)

2mal Fleischteig Nr. 224 oder:
500 g Schweinehackfl. (mag.)
250 g gehacktes Kalbfleisch
3 alte Semmeln, eingeweicht
3 Eier getrennt, 1 Zwiebel
1 Eßl. Petersilie gewiegt
20 g Butter, Salz, Basilikum
etwas Zitronenschale
zur Form: Butter u. Brösel

Fleischteig herstellen, sehr gut abarbeiten, abschmecken, zuletzt steifen Eischnee unterziehen, in gut gebutterte und gebröselte Form füllen, im Wasserbad wie Pudding kochen, *Garzeit* 1 1/4–1 1/2 Stunden. Dann Deckel abnehmen, etwas abdampfen lassen, vorsichtig lösen, auf heiße Platte stürzen, sofort zu Tisch geben. Fleischteig kann auch mit ganzen Eiern hergestellt werden.
Beilagen: Tomaten-, Sardellen-, Kräuter-, Kapern- oder Käsesoße, Salzkartoffeln und Salate.

232. Kalbfleischpudding

500 g Kalbfleisch, 3 Sardellen
50 g magerer roher Schinken
2 alte Semmeln, eingeweicht
30 g Butter, 3 Eier getrennt
1 Zwiebel, 2 Eßl. Petersilie
20 g Butter z. Andünsten
etwas Zitronenschale, Salz
evtl. 2–3 Eßl. geriebener Käse
zur Form: Butter und Brösel

Fleisch, geputzte, gewaschene Sardellen sowie die eingeweichten, sehr gut ausgedrückten Semmeln 2mal durch die Fleischmaschine mit feiner Lochscheibe geben, Schinken feinwürfelig schneiden oder mit durch die Fleischmaschine drehen. Feingeschnittene Zwiebel und gewiegte Petersilie in etwas Butter andünsten. Butter schaumig rühren, Eigelb, Fleischmasse und Geschmackszutaten unterrühren, zuletzt Eischnee unterheben, abschmecken, in gut gebutterte und gebröselte Puddingform füllen, im Wasserbad 1 Stunde kochen, 15 Minuten im heißen Wasserbad ziehen lassen, vorsichtig lockern, auf heiße Platte stürzen, sofort zu Tisch geben.
Beilagen wie Fleischpudding Nr. 231.

233. Beefsteak Tatar* (1 Person)

Hackfleisch aus bestem Ochsenfleisch (Filet oder Lende) vom Metzger frisch herstellen lassen oder Filet bzw. Lende nach dem Häuten selbst durch Fleischmaschine mit feiner Lochscheibe geben. Aus gehacktem Fleisch dickes rundes Beefsteak formen, anrichten, in der Mitte Vertiefung eindrücken (mit rohem, gewaschenem Ei), in Vertiefung rohes Eigelb setzen. Beefsteak mit geputzten, dünnen Sardellenstreifen belegen, nach Belieben mit Scheiben von Gewürzgurken, Tomaten oder Zwiebelringen oder mit Mixed Pickles garnieren. Alle Würzzutaten getrennt in kleinen Schälchen oder Glastellerchen reichen. Das Vermengen und Würzen erfolgt in diesem Fall bei Tisch mittels zwei Gabeln durch jeden Tischgast nach persönlichem Geschmack.
Einfacher ist es, das gehackte Fleisch vor dem Anrichten mit allen Gewürzzutaten gut abzuschmecken, Beefsteak dann zu formen, kleine Vertiefung einzudrücken, frisches Eigelb hineinzusetzen, nach Belieben zu garnieren.
Man reicht dazu Toast oder Schwarzbrot und Butter, nach Belieben Mixed Pickles.

100–125 g Ochsenfilet oder Lende, frisch gehackt
zum Würzen:
Salz, Pfeffer, Paprika
etwas Zitronensaft
etwa 1 Teel. Tomatenketchup
1/2 Zwiebel, fein gehackt
1/2 Eßl. Kapern
2–3 Oliven entkernt, gewiegt
2 Sardellenfilets oder etwas Sardellenpaste
zum Anrichten:
1 frisches Eigelb
Gewürzgurken
Mixed Pickles, Tomatenscheiben, Zwiebelringe
Zitronenspalten

234. Krautwickel, Kraut- oder Kohlrouladen

Vom Krautkopf soviel Krautblätter vorsichtig ablösen, wie man für die Krautwickel benötigt, waschen, Rippen abflachen, in Salzwasser *halbweich* kochen; oder den Krautkopf vom Strunk befreien, im ganzen *halbweich* kochen, Blätter dann vorsichtig ablösen und Rippen abflachen. Fleischteig herstellen, gekochte, gehackte Krautreste untermengen, abschmecken, in Portionen einteilen, auf die vorgekochten Blätter aufstreichen, Ränder einschlagen, aufrollen. Krautrollen in heißem Fett im Schmortopf von allen Seiten anbräunen, etwas Flüssigkeit zugeben und auf dem Herd bei geschlossenem Topf oder in der Röhre offen garen, Flüssigkeit nach Bedarf zugießen. *Garzeit* etwa 30 Minuten. 10 Minuten vor beendeter Garzeit Soße nach Belieben wenig binden, verbessern, abschmecken. Krautwickel mit Soße anrichten.
Beilagen: Kartoffelbrei, Salat.

1 mittelgroßer fester Kopf Weißkraut (Weißkohl)
zum Kochen: Salzwasser
zur Fülle: Fleischteig von 250 g Hackfleisch gemischt oder Schweinehackfleisch
Salz, Pfeffer, 1–2 Eier
1–2 alte Semmeln, eingeweicht
1 Zwiebel, 2 Eßl. Petersilie
etwas Thymian, Basilikum und Liebstöckel
2–3 Eßl. gekochtes Kraut
zum Dünsten oder Schmoren:
40 g Fett, 1/4–3/8 l Brühe
evtl. 1 Teel. Mehl
etwas Rahm, Tomatenmark

235. Gefüllter Krautkopf

Krautblätter ablösen, Rippen abflachen, waschen, in Salzwasser knapp *halbweich* kochen. Gefettete Puddingform damit auslegen, oder eine Serviette in der Mitte leicht fetten, mit vorbereiteten Krautblättern belegen, lagenweise gut abgeschmeckten Fleischteig und vorgekochte Krautblätter einschichten, als Deckblatt Krautblätter auflegen. Puddingform schließen oder Serviette locker zusammenbinden, im Wasserbad oder Dampf (Kartoffeldämpfer) 1 Stunde kochen.
Beilagen: Tomaten- oder Kapernsoße, Salzkartoffeln; Salate.

Zutaten wie Krautwickel Nr. 234

236. Gefüllte Tomaten mit Fleischfülle*

10–12 große, feste Tomaten
zur Fülle nach Wahl:
a) Fleischteigfülle:
Fleischteig Nr. 224 von 250 g Hackfleisch, etwas Fleischreste
50–80 g Rauchfleisch od. Speck
b) Hackfleisch mit Käse:
300 g Hackfleisch, 30 g Fett, 1 große Zwiebel, Paprika, Salz, 100 g Emmentaler Käse
zum Dünsten:
30–40 g Butter oder Öl
1/8 l Rahm
etwas Mark der Tomaten
3–4 Eßl. Reibkäse
zum Binden: 1 Teel. Mehl

Rohe Tomaten waschen, Deckel abschneiden, vorsichtig aushöhlen, leicht salzen, kühl stellen, mit Fleischfülle nach Wahl füllen, in gefettete feuerfeste Form setzen, in vorgeheizter Röhre knapp 10 Minuten zugedeckt dünsten oder offen braten, Tomatendeckel auflegen, etwas von dem Mark der Tomaten zwischen die Tomaten geben, noch weitere 10 Minuten dünsten oder braten, Rahm beifügen und Reibkäse darüber streuen, offen überbraten, Soße nach Belieben leicht binden, abschmecken, in der Form zu Tisch geben.

Fleischteigfülle: Herstellen wie im Grundrezept Fleischteig Nr. 224 beschrieben, Fleischreste und Rauchfleisch oder Speck durch die Fleischmaschine geben, unter Fleischteig mengen, gut abschmecken.

Hackfleischfülle mit Käse: Fein geschnittene Zwiebel in heißem Fett andünsten, Hackfleisch zugeben, bei guter Hitze rasch *anbräunen, sofort* unter heiße Fleischmasse feinwürfelig geschnittenen Käse mischen, gut abschmecken.

Beilagen: Gedünstete Kräuterkartoffeln, Kartoffelbrei, Reis, Blumenkohlgemüse, Salate.

237. Gefüllte Kohlrabi mit Fleischfülle

8–10 mittelgroße, junge Kohlrabi
zum Vorkochen: Salzwasser
zur Fülle: Fleischteig Nr. 224 von 250 g Hackfleisch, Fleischreste, 50–80 g Rauchfleisch
zum Dünsten:
40 g Fett, 1/4–3/8 l Flüssigkeit
zum Binden: 1 Teel. Mehl
zum Verbessern: 4 Eßlöffel Rahm, etwas Tomatenmark

Kohlrabi putzen, schälen, waschen, in Salzwasser halbweich kochen, Deckel abschneiden, aushöhlen; Fleischteig herstellen, Rauchfleisch oder Speck und Kohlrabireste durch Fleischmaschine zum Fleischteig geben. Fülle gut abschmecken, in vorbereitete Kohlrabi füllen, Deckel auflegen, in Fett leicht andünsten, etwas Flüssigkeit zugeben und in geschlossenem Topf auf dem Herd oder in vorgeheizter Röhre garen. *Dünstzeit* etwa 1/2 Stunde. Kurz vor Ende der Garzeit mit Rahm bestreichen, diesen etwas anbräunen lassen, Soße binden, verbessern, abschmecken. Kohlrabi in der Soße anrichten. Bei sehr jungen, zarten Kohlrabis kann das Vorkochen entfallen.

Beilagen: Kartoffelbrei, gedünstete Kräuterkartoffeln, Salate.

238. Gefüllte Paprikaschoten mit Fleischfülle

8 mittelgroße Paprikaschoten
Salz, Zitronensaft
a) Fleischteigfülle:
Fleischteig Nr. 224 von 250 g Hackfleisch, Fleischreste
50–80 g Rauchfleisch od. Speck
b) Hackfleischfülle mit Reis:
250 g Hackfleisch
1 große Zwiebel
2 Eßl. Petersilie gewiegt
20 g Butter zum Andünsten
1 Ei, Salz, Pfeffer
80–100 g (6 Eßl.) Reis roh

Paprikaschoten waschen, Stiel entfernen, Deckel abschneiden, auf Schärfe prüfen, sehr scharfe evtl. ausscheiden. Kerne, Stielansatz und Scheidewände sorgfältig entfernen, nochmals rasch waschen, gut austropfen lassen, leicht salzen, mit Zitronensaft beträufeln. Fleischteig wie Grundrezept Nr. 224 unter Zugabe von Rauchfleisch oder Speck und evtl. Fleischresten herstellen, gut abschmecken; oder Fleischfülle mit rohem Reis (siehe unten) herstellen, gut abschmecken. Vorbereitete Schoten füllen, Deckel ohne Stielansatz darauf legen, in heißem Fett andünsten, in geschlossenem Topf unter allmählicher Zugabe der Flüssigkeit je nach Bedarf gar dünsten. Bei Verwendung frischer Tomaten diese waschen, nach 15 Minuten Dünstzeit zwischen die Paprikaschoten setzen, mitdünsten; Tomatenmark erst in der zweiten Hälfte der Garzeit beifügen. Kurz vor Ende der Garzeit Soße evtl. binden, mit Rahm und Ketchup verbessern, abschmecken. *Garzeit* 30–45 Minuten je nach Größe der Schoten. Paprikaschoten mit der Soße anrichten.

Herstellen der Hackfleischfülle mit rohem Reis:
Reis waschen, brühen, gut abtropfen lassen; Hackfleisch mit allen Zutaten gut verarbeiten, abschmecken, zuletzt Reis untermengen, einfüllen. Diese Fülle eignet sich nur für Gemüse mit Garzeit von mindestens 30 Minuten.

Beilagen: Kartoffelbrei oder Reis, Salate.

zum Dünsten:
40 g Fett, 1/4–3/8 l Flüssigkeit
4 frische Tomaten oder
2 Eßl. Tomatenmark
zum Binden: 1 Teel. Mehl
zum Verbessern: 1/8 l Rahm
etwas Tomatenketchup

239. Gefüllte Gurken mit Fleischfülle

Gurken schälen, der Länge nach halbieren, Kerne herausschaben, salzen, mit Zitronensaft beträufeln, etwas durchziehen lassen. Fleischteig unter Zugabe von Rauchfleisch oder Speck herstellen, gut abschmecken, in Gurken füllen, Gurkenhälften aufeinanderlegen, zusammenbinden oder mit Zahnstocher zusammenstecken. Gurken in heißem Fett in Bräter anschmoren oder andünsten, so daß sie von allen Seiten etwas Farbe haben, bei Bedarf etwas Flüssigkeit seitlich zugeben, auf dem Herd oder in der Röhre dünsten oder schmoren. Nach Belieben kann man auch die halben Gurken bergartig füllen und nur von unten leicht andünsten, dann in vorgeheizter Röhre garen. *Garzeit* etwa 1/2 Stunde. Kurz vor beendeter Garzeit Gurken mit Tomatenmark oder -ketchup und Rahm bestreichen, etwas anbräunen lassen, Soße binden, abschmecken und Gurken im ganzen oder in Portionsstücken anrichten.

Beilagen: Kartoffelbrei, gedünstete Kräuterkartoffeln, Reis, Salate.

2 mittelgroße vollschlanke Gurken, Salz
etwas Zitronensaft
zur Fülle Fleischteig Nr. 224 von 250 g Hackfleisch
Fleischreste
50–80 g Rauchfleisch oder Speck
zum Dünsten:
30–40 g Fett
1/8–1/4 l Flüssigkeit
zum Binden: 1 Teel. Mehl
zum Verbessern:
4–6 Eßl. Rahm
etwas Tomatenketchup oder Tomatenmark

240. Ravioli

Nudelteig bereiten wie Grundrezept Nr. 918; Fleischteig aus angegebenen Zutaten herstellen, gut abschmecken mit feingewiegter, gedünsteter Zwiebel und Petersilie und wenig geriebenem Knoblauch. Nudelteig dünn zu Quadrat oder Rechteck auswellen, die halbe Teigfläche mit Eiweiß oder Eierresten bestreichen, im Abstand von etwa 4 cm mit Teelöffel Fülle aufsetzen, andere Teighälfte darüberschlagen, jeweils um die Fülle herum gut andrücken, kleine Vierecke ausradeln, etwas abtrocknen lassen, dann in kochendem Salzwasser zusetzen und etwa 10 Minuten leise kochen lassen, herausnehmen, sehr gut abtropfen lassen, auf heißer Platte anrichten, mit Tomatensoße mit Rahm verbessert, übergießen und mit Käse dick bestreuen.
Gekaufte Ravioli in Dosen im Wasserbad erwärmen, mit reichlich Käse anrichten, als Schnellgericht geeignet.

Beilagen: Grüner Salat.

Nudelteig Nr. 918
zur Fülle:
250 g Hackfleisch, Fleischreste
50–100 g Schinken oder durchwachsener Speck
1 Ei, Salz, 1/2 Zehe Knoblauch, 1 Zwiebel,
2 Eßl. Petersilie
30 g Butter oder Speck zum Andünsten
zum Bestreichen: 1 Eiweiß
zum Kochen: Salzwasser
zum Anrichten: Reibkäse
Tomatensoße Nr. 939
mit etwas Rahm

241. Auberginen, Eierfrüchte mit Fleischfülle

4 kleinere Auberginen, Salz
etwas Curry nach Belieben
zur Fülle:
250 g Schweinehackfleisch
1 Zwiebel, 2 Eßl. Petersilie
20 g Butter oder Speck
1 Ei, Salz, Pfeffer, etwas
Fruchtmark der Auberginen
zum Dünsten:
30–40 g Butter oder Öl
etwa 1/4 l Flüssigkeit
4–6 Eßl. Rahm
etwas Tomatenmark
1 Teelöffel Mehl nach Belieben
z. Anrichten: geriebener Käse

Auberginen waschen, schälen, der Länge nach halbieren, etwas Fruchtmark ausschaben; Früchte leicht salzen, nach Belieben mit etwas Curry bestäuben, füllen, beide Hälften aufeinander legen und zusammenbinden oder die Hälften bergartig füllen und einzeln garen. Gefüllte Früchte in gebutterter feuerfester Form dünsten, nach Bedarf etwas Flüssigkeit zugeben, etwa 15 Minuten vor Ende der Garzeit Rahm und Tomatenmark beifügen, Rahm etwas anbräunen lassen, dann mit Reibkäse bestreuen, in der Röhre lichtgelb überkrusten, Soße abschmecken, falls erwünscht leicht binden; *Garzeit* etwa 30-40 Minuten. Auberginen in der Soße anrichten, am besten in feuerfester Form belassen.

Fülle: Schweinehackfleisch mit angedünsteten Zwiebeln, Petersilie, Ei und Gewürzen sowie etwas Fruchtmark der Auberginen gut mischen und pikant abschmecken.

Beilagen: Butterreis; Salate nach Wahl.

242. Pikantes Hackfleischgericht*

250 g gemischtes oder
mageres Schweinehackfleisch
2–3 Zwiebeln
3 Paprikaschoten
2 mittelgroße Gurken
4–5 Tomaten, Salz, Paprika
zum Dünsten:
4 Eßl. Öl, 1/4 l Flüssigkeit
4 Eßl. Rahm
zum Binden nach Belieben:
1/2–1 Eßl. Mehl
reichlich Petersilie

Hackfleisch in heißem Öl leicht anrösten, fein geschnittene Zwiebeln zugeben, goldgelb rösten, die in feine Streifen geschnittenen, von Rippen und Kernen befreiten Paprikaschoten sowie die von Kernen befreiten, in fingergliedlange Stückchen geschnittenen Gurken beifügen, mit andünsten, dann die gebrühten, gehäuteten und geviertelten Tomaten zugeben, mit Salz und Paprika würzen, bei Bedarf etwas Flüssigkeit zugießen, bei mäßiger Hitze in geschlossenem Topf gar dünsten, *Garzeit* etwa 1/2 Stunde; mit etwas Rahm und reichlich gewiegter Petersilie verbessern, gut abschmecken, falls erwünscht, leicht binden.

Beilagen: Reis, Teigwaren, Kartoffelgerichte nach Belieben; Salate nach Wahl.

243. Hackfleischgericht mit Porree oder Lauch*

250 g gemischtes Hackfleisch
40 g Fett
500 g Lauch
20–30 g Mehl, etwa 1/4 l Brühe
Salz, etwas Tomatenketchup
2–4 Eßlöffel Rahm oder
Dosenmilch

Hackfleisch in heißem Fett gut anbraten, sehr gut gewaschenen, in feine Streifen geschnittenen Lauch zugeben, gut andünsten, Mehl darüber stauben, kurz durchdünsten, aufgießen, salzen, etwa 10-15 Minuten bei mäßiger Hitze in geschlossenem Topf dünsten lassen, abschmecken, verbessern mit Tomatenketchup und etwas Rahm oder Dosenmilch.

Beilagen: Reis als Butterreis oder Gericht in Reisrand anrichten.

244. Canneloni mit Fleischfülle

Grundrezept Nudelteig herstellen wie bei Nr. 918 angegeben, sehr dünn auswellen, in 10–12 cm breite Streifen, diese in Stücke von etwa 15 cm Länge radeln, kurz abtrocknen lassen, in reichlich kochendem Salzwasser ein paarmal aufkochen, dann gut abtropfen lassen. Die Teigstücke mit vorbereiteter Fülle dick bestreichen, locker aufrollen, in gebutterte feuerfeste Form nebeneinander setzen, mit gut abgeschmeckter Soße übergießen und in vorgeheizter Röhre ½ Stunde backen, dabei leicht bräunen lassen.

Fülle: Kalbfleisch und Schinken durch feine Lochscheibe der Fleischmaschine drehen; Butter schaumig rühren, Fleisch und Schinken unterrühren, Ei und Gewürze zugeben, pikant abschmecken, zuletzt Weißwein untermengen. Oder gehacktes Kalbfleisch und Schinken in etwas Butter anrösten, dann mit allen übrigen Zutaten mischen und abschmecken.

Soße: Feingewürfelten durchwachsenen Schinken in Butter etwas andünsten, Mehl darin leicht anrösten, evtl. mit wenig Wasser, dann mit Milch aufgießen, etwa 5–10 Minuten kochen lassen, mit Salz und Käse abschmecken.

Beilage: Salate.

Nudelteig Nr. 918
zum Kochen: reichlich Salzwasser
zur Fülle:
500 g Kalbfleisch, gehackt
100 g roher Schinken
50 g Butter
1 Ei, Salz
Pfeffer, Muskat, Rosmarin
½ Glas Weißwein
zur Soße: 40 g Butter
50–100 g Schinken
60 g Mehl, ⅛ l Wasser
¾ l Milch, Salz
50–100 g geriebener Käse

245. Spaghettifeingericht, Pasta asciutta

siehe Eintopfgerichte, Nr. 568.

246. Reiseintopf mit Sellerie

siehe Eintopfgerichte, Nr. 571.

247. Brätspätzle, Brätknöpfle*

Spätzle: Kalbsbrät mit Zutaten schaumig schlagen, Masse durch Spätzleseiher in kochendes Wasser geben, 5 Minuten kochen lassen, herausnehmen, gut abtropfen lassen, in heißem Fett abbräunen und nach Belieben die mit Milch verquirlten Eier darübergeben, fest werden lassen. Brätspätzle, nicht abgebräunt, sind auch eine beliebte Suppeneinlage.

Knöpfle: Kalbsbrät mit Zutaten schaumig schlagen, mit Eßlöffel Knöpfle (Nockerl) abstechen, in kochendem Salzwasser 5 Minuten kochen, 10 Minuten ziehen lassen, aus Sud nehmen, gut abtropfen lassen, in Fett leicht bräunen. Nicht gebratene Knöpfle können auch als Suppeneinlage verwendet werden.

Beilage zu abgebratenen Spätzle und Knöpfle: Salate verschiedener Art.

375 g Kalbsbrät
½ l Milch, 1 Ei
1 Eßl. heißes Fett
Salz, Petersilie gewiegt
4–6 Eßl. Semmelbrösel
2 Eßlöffel Mehl
zum Kochen: Salzwasser
zum Backen:
40 g Fett
1–2 Eier nach Belieben mit
1–2 Eßl. Milch, Salz

Eingeweidegerichte

Kochlehre:

Häufig verwendete Eingeweide oder Innereien sind: Hirn, Bries, Leber, Niere, Milz, Herz, Zunge und Lunge; seltener verwendet werden Gekröse, Euter und Kutteln.

Hirn:
Das Hirn aller Schlachttiere wird verwendet, besonders beliebt ist Kalbshirn. Ein Kalbshirn wiegt etwa 500 g, dem entsprechen etwa $^1/_2$ Rindshirn oder 3 Schweine- bzw. Hammelhirne.
Vorbereitung: Hirn in kaltem Wasser wässern, damit Blut ausgezogen wird, dann mit warmem Wasser übergießen, 10 Minuten zugedeckt stehen lassen, häuten. Oder blanchieren: In kaltem Salzwasser zusetzen, langsam zum Kochen kommen lassen, kalt überbrausen, dann Aderhaut entfernen.

Bries:
Bries, auch Kalbsmilch genannt, ist als Wachstumsdrüse nur bei jungen Tieren zu finden; vorwiegend wird Kalbsbries verwendet.
Vorbereitung: Bries waschen, in kaltem Salzwasser zusetzen, langsam zum Kochen kommen lassen, etwa 15–20 Minuten leise kochen lassen, kalt überbrausen, dann häuten.

Leber:
Leber ist besonders geschätzt, durch hohen Eiweiß-, Mineralstoff- und Vitamingehalt sehr wertvoll und vielseitig zu verwenden.
Rindsleber hat sehr kräftigen Geschmack und gibt gute Farbe; sie wird wegen ihres niedrigeren Preises bevorzugt für Suppeneinlagen z. B. Lebernockerl, Leberknödel, für leberhaltige Füllen u. ä., jedoch für selbständige Lebergerichte kaum verwendet.
Kalbsleber hat besonders feinen Geschmack, aber hohen Preis; sie ist sehr geschätzt für feine Lebergerichte aller Art, zum Grillen sehr gut geeignet.
Schweine- und Hammelleber werden ähnlich wie Kalbsleber verwendet.
Wildleber ist eine Delikatesse, sie bleibt meist den Jägern vorbehalten.
Geflügelleber wird wie Kalbsleber zu Lebergerichten, auch zu Füllen und Suppeneinlagen verwendet.
Vorbereitung: Leber waschen, Kalbs- bzw. Schweine- oder Hammelleber für Lebergerichte häuten; große Blutgefäße entfernen.
Scharfer Geschmack von Leber kann durch kurzes Einlegen in kalte Milch ($^1/_2$–1 Stunde, kalt stellen) gemildert werden (empfehlenswert für Schweinsleber).
Merke: Leber erst *nach dem Garen salzen* und *Garzeit einhalten,* sie wird sonst leicht hart und trocken.

Nieren:
Kalbs-, Schweine-, Hammelnieren werden bevorzugt verwendet; Rindernieren sind etwas derb und benötigen längere Garzeit.
Vorbereiten: Nieren von Fettschicht befreien, gut waschen, häuten; der Länge nach aufschneiden (spalten), alle Häute und Sehnen aus der inneren Niere sorgfältig entfernen, nochmal gründlich waschen, evtl. $^1/_2$–1 Stunde in etwas Milch oder in Wasser legen, evtl. mit Zitronensaft einreiben; je nach Zubereitungsart quer in feine oder dickere Scheiben schneiden.
Merke: Erst nach dem Garen salzen, Garzeit einhalten, wird sonst leicht hart!

Milz:
Die Milz aller Schlachttiere findet Verwendung; Rindermilz gibt besonders kräftige Farbe und wird deshalb gerne für Leberknödel mitverwendet; ein besonders beliebtes Gericht ist außerdem Milzwurst.
Vorbereitung: Gewaschene Milz auf einer Seite aufschneiden, Milz wenden und mit Messer fein schaben oder Milz von Haut lösen und durch Fleischwolf drehen; Milz zum Füllen untergreifen. (Siehe Nr. 285).

Herz:
Verwendung findet das Herz aller Schlachttiere sowie von Wild und Geflügel, letzteres wird vorwiegend zu Füllen verarbeitet. Besonders ge-

schätzt ist das Kalbsherz, das gerne gegrillt wird. Da der Herzmuskel sehr fettarm ist, wird das Herz gerne mit Speck zubereitet.
Vorbereitung: Gut waschen, evtl. noch vorhandene große Adern entfernen.

Zunge:
Die Zunge aller Schlachttiere wird in der Küche verwendet; Kalbs- und Schweinszunge werden in der Regel frisch, Schweinszunge auch gepökelt, Ochsenzunge wird vorwiegend gepökelt und evtl. geräuchert verwendet.
Vorbereiten: Zunge sehr gründlich waschen, evtl. mit etwas Salz abreiben; geräucherte Zunge über Nacht in kaltes Wasser legen.
Zunge immer durch Kochen garen, nach dem Kochen Haut abziehen; gepökelte Zunge ohne Salz kochen.

Lunge:
Kalbs- und Schweinslunge werden bevorzugt verwendet, doch kann Hammel- und Rinderlunge in gleicher Weise verwendet werden.
Vorbereiten: Lunge waschen, in würzigem Sud weich kochen, pressen und erkalten lassen, dann weiter verarbeiten.

Kalbgekröse:
Kalbsgekröse kann schon gekocht beim Metzger gekauft werden; andernfalls sehr gut waschen, in würzigem Sud wie Lunge kochen.

Euter:
Vorbereiten: Sehr gut waschen, einige Stunden wässern, in kräftig abgeschmecktem Sud weich kochen. Es wird anschließend in der Regel portioniert, paniert und gebacken oder wie Lunge in Soße zubereitet.

248. Eingemachtes Hirn, Hirn in heller Soße*

2 Kalbshirne, Salzwasser
zur Soße:
30 g Butter, 40 g Mehl
1/2 l Brühe, Salz
zum Verbessern:
etwas Zitronensaft
1 Eigelb, einige Eßl. Rahm
etwas Weißwein

Vorbereitetes, gehäutetes Hirn (siehe Seite 162) in Salzwasser etwa 5 Minuten kochen, herausnehmen, in Portionsstücke teilen oder in Würfel schneiden. Helle Einbrenne herstellen, etwa 5-10 Minuten kochen lassen, pikant abschmecken, mit Rahm und Eigelb legieren, mit etwas Wein verbessern, Hirn einlegen, noch etwa 5 Minuten durchziehen, aber *keinesfalls kochen* lassen.
Beilagen: Reis, Salzkartoffeln, Kartoffelbrei, gedünstete Kräuterkartoffeln, aufgezogene Kartoffeln, Butterkartoffeln mit Petersilie; Salat nach Wahl.

249. Gedünstetes Hirn*

2 Kalbshirne, Salzwasser
Salz, 2 Eßlöffel Mehl
30–40 g Butter
2–3 Eßl. Rahm
1/8–1/4 l Fleischbrühe
Zitronensaft, 1 Prise Zucker
2 Eßl. Wein, Petersilie

Vorbereitetes, gehäutetes Hirn in Salzwasser einige Minuten kochen, herausnehmen, gut abtropfen lassen, teilen, leicht salzen, in Mehl wenden, in heißer Butter leicht anbräunen, Rahm zugeben, etwas bräunen lassen, dann aufgießen, zugedeckt 10–15 Minuten dünsten lassen, Zitronensaft, Wein und eine Prise Zucker zugeben, abschmekken, mit Petersilie bestreut anrichten.
Beilagen wie bei eingemachtem Hirn Nr. 248.

250. Hirn gedünstet mit Champignons*

2 Kalbs- od. 3 Schweinshirne
250–500 g Champignons
40 g Butter, 1 kl. Zwiebel
etwas Zitronensaft, Salz
1/8–1/4 l Brühe
zum Binden: 1 Eßl. Mehl
zum Verbessern: 4–6 Eßlöffel Rahm, etwas Weißwein

Vorbereitetes, gehäutetes Hirn gut abtropfen lassen, teilen, leicht salzen; feingeschnittene Zwiebel in Butter andünsten, sorgfältig geputzte, gewaschene und in Scheiben geschnittene Champignons zugeben, andünsten, etwas Zitronensaft beifügen, durchdünsten, Hirn zugeben, leicht andünsten, mit Brühe etwas aufgießen, salzen, etwa 10–15 Minuten in geschlossenem Topf dünsten lassen, nach Belieben etwas binden, mit Rahm und Wein abschmecken.
Beilagen wie Hirn eingemacht Nr. 248.

251. Gratiniertes Hirn, Hirn überbacken*

2 Kalbshirne, Salzwasser
zur Soße:
30 g Butter, 30 g Mehl
1/8 l Brühe, 1/8 l Milch, Salz
30–40 g geriebener Käse
einige Tropfen Worcestersoße
1 Eigelb, etwas Rahm
zum Überbacken:
20 g Butterflöckchen
2 Eßl. geriebener Käse

Kalbshirn vorbereiten wie auf S. 162 beschrieben, nach dem Häuten in kochendem Salzwasser etwa 5 Minuten garen, dann abtropfen lassen, in Würfel schneiden. Béchamelsoße herstellen, 5–10 Minuten kochen lassen, pikant abschmecken, legieren, mit gewürfeltem Hirn mischen, nochmal abschmecken. Masse in kleine gebutterte Förmchen oder in flache Auflaufform geben, mit etwas Käse bestreuen und mit Butterflöckchen belegen, in vorgeheizter Röhre etwa 10 Minuten überbacken.
Gratiniertes Hirn ist gut als kleine *Vorspeise* geeignet.
Beilage: Toast.

252. Hirn mit Ei*

2 Kalbshirne, Salzwasser
zum Dünsten:
40 g Butter, 1 Zwiebel
Petersilie, Salz
1 Prise Pfeffer
3–4 Eier
Petersilie gewiegt

Vorbereitetes, gehäutetes Hirn in Salzwasser einige Minuten kochen, herausnehmen, gut abtropfen lassen, grob hacken; feingeschnittene Zwiebel und Petersilie in Butter andünsten, Hirn zugeben, leicht andünsten oder kurz rösten, salzen, die verschlagenen, wenig gesalzenen Eier darübergeben, unter leichtem Durchrühren fest werden lassen, sofort auf vorgewärmtem Geschirr anrichten, mit gewiegter Petersilie bestreuen.
Beilage: Grüner Salat, Toast.

253. Hirn gebacken*

2 Kalbshirne, Salz
zum Panieren: wie Nr. 211
zum Backen: wasserfreies Fett oder Öl
zum Anrichten:
Zitronenspalten, Petersilie

Vorbereitetes, gehäutetes Hirn (siehe Seite 162) in flache Portionsstücke teilen, leicht salzen, erst in Mehl, dann in dem mit Wasser und Öl verquirltem Ei und dann in Semmelbröseln wenden, sofort in heißem Fett auf der Stielpfanne backen. *Backzeit* etwa 8–10 Minuten; mit Zitronenspalten und Petersilie anrichten.
Beilagen: Kartoffelsalat und grüner Salat, Remouladensoße.

254. Hirnschnitten, Hirnbavesen

8 Scheiben (1/2 cm dick)
Toastbrot oder Weißbrot
zur Fülle:
1 1/2 Kalbshirne oder
1/2 Rindshirn
30 g Butter, 1 Eßl. Zwiebel
1 Eßl. Petersilie
1 Semmel, eingeweicht
1 ganzes Ei, 1 Eigelb
Salz, Pfeffer, Muskat
zum Teig:
3–4 Eßl. Mehl
1/4 l Milch, Salz, 2 Eier
zum Backen:
wasserfreies Fett oder Öl

Vorbereitetes, gehäutetes Hirn (siehe Seite 162) fein hacken oder wiegen; feingewiegte Zwiebel und Petersilie in Butter andünsten, eingeweichte, sehr gut ausgedrückte Semmel mitdünsten, zum Kloß abbacken, Hirn zugeben, kurz mitdünsten, dann etwas abkühlen lassen, Eier und Gewürze zugeben, gut abschmecken. Hirnmasse dick zwischen je 2 Weißbrotscheiben aufstreichen, etwas andrücken, damit Scheiben zusammenhalten. Mehl mit Milch, Eiern und Salz gut glatt schlagen, gefüllte Brotscheiben darin wenden, etwas durchziehen lassen, dann in heißem Backfett auf der Stielpfanne von beiden Seiten goldbraun backen.
Hirnmasse kann man aber auch auf die *einzelnen* Brotscheiben dick aufstreichen, leicht mit Butter beträufeln und sie, ohne in Mehlteig zu wenden, auf gut gebuttertem Backblech bei guter Hitze in der Röhre überbacken.
Beilagen: Grüner Salat oder Spinatgemüse.

255. Eingemachtes Bries, Bries in heller Soße*

2 Kalbsbriese, Salzwasser
sonstige Zutaten wie
eingemachtes Hirn Nr. 248

Briese vorbereiten wie Seite 162 beschrieben, dann häuten, in Scheiben schneiden. Helle Einbrenne herstellen, etwa 5-10 Minuten kochen lassen, abschmecken, mit Rahm und Eigelb legieren, mit Wein verbessern, Briesscheiben einlegen, noch 5 Minuten durchziehen, aber *nicht mehr kochen* lassen.
Beilagen wie eingemachtes Hirn Nr. 248.

256. Gratiniertes Bries, Bries überbacken

2 Kalbsbriese, Salzwasser
Salz, Pfeffer, 2 Eßl. Mehl
zum Braten: 40 g Butter.
zur Soße: Butter vom
Braten, 1–2 Eßl. Mehl
1/4 l Fleischbrühe, Salz·
Zitronensaft, etwas Wein
30–40 g geriebener Käse
1–2 Eigelb, 2 Eßl. Rahm
zum Überbacken:
30 g Butterflöckchen
Käse gerieben

Kalbsbriese waschen, in kaltem Salzwasser zusetzen, zum Kochen bringen, 15–20 Min. leise kochen lassen, dann kalt überbrausen, häuten, in Scheiben schneiden, diese leicht mit Salz und Pfeffer bestreuen, in Mehl leicht wenden, in heißer Butter goldgelb braten, in flache feuerfeste Form legen. In der Bratbutter Mehl lichtgelb rösten, mit Fleischbrühe aufgießen, 5-10 Minuten kochen lassen, abschmecken, Käse beifügen, mit Eigelb und Rahm legieren, nicht mehr kochen lassen; fertige Soße über die Briesscheiben geben, mit Butterflöckchen belegen, nach Belieben mit etwas Käse bestreuen und in vorgeheizter Röhre etwa noch 10 Minuten überbacken.
Beilagen: Toast oder Butterreis; Salate.

257. Gedünstetes Bries mit Champignons*

2 Kalbsbriese, Salzwasser
zum Dünsten:
40 g Butter, 1/2 Zwiebel
250–500 g Champignons
etwas Zitronensaft, Salz
2–4 Eßl. Rahm, 1/8 l Brühe,
etwas Weißwein
zum Binden nach Belieben:
1–2 Eßl. Mehl

Kalbsbriese waschen, in kaltem Salzwasser zusetzen, zum Kochen bringen, 15–20 Min. kochen lassen, kalt überbrausen, häuten, in etwa fingerdicke Scheiben schneiden. Feingeschnittene Zwiebel in Butter andünsten, sorgfältig geputzte, gewaschene und in Scheiben geschnittene Champignons zugeben, andünsten, mit Zitrone beträufeln, Salz, Rahm und Flüssigkeit nach Bedarf beifügen, Brieschenscheiben einlegen, etwa 10 Minuten zusammen dünsten lassen, gut abschmecken, nach Belieben etwas binden.
Beilagen: Reis, grüner Salat.

258. Briesfrikassee mit Zunge

1 Kalbsbries, Salzwasser
1 kleine Kalbszunge
zum Sud: 1 l Salzwasser,
Wurzelwerk, 1 Zwiebel
zur Soße: 30 g Fett
40 g Mehl, 3/8–1/2 l Sud
zum Verbessern n. Belieben:
Zitronensaft, 1 Prise Zucker
etwas Weißwein, Kapern
Champignons gedünstet
1 Eigelb, 2 Eßl. Rahm

Bries waschen, in Salzwasser zusetzen, etwa 15-20 Minuten leise kochen lassen, kalt überbrausen, häuten; sehr gut gewaschene Kalbszunge in Sud weich kochen, häuten. Bries und Zunge in gleichmäßig große Würfel von etwa 1 1/2 cm Seitenlänge schneiden. Helle Einbrenne herstellen, mit Sud aufgießen, 5-10 Minuten kochen lassen, mit Verbesserungszutaten pikant abschmecken, Bries und Zunge zugeben, durchziehen lassen, zuletzt nach Belieben legieren, nicht mehr kochen lassen.
Gut geeignet als Pastetenfülle für warme *Vorspeise.*
Beilagen für Hauptgericht: Reis, Salzkartoffeln; Salate.

259. Bries gebacken*

2 Kalbsbriese, Salzwasser
Salz, Pfeffer
sonstige Zutaten wie gebackenes Hirn Nr. 253

Kalbsbriese waschen, in Salzwasser zum Kochen bringen, 15–20 Minuten leise kochen lassen, kalt überbrausen, häuten, in fingerdicke Scheiben schneiden, leicht mit Salz und Pfeffer bestreuen, panieren und backen wie gebackenes Hirn Nr. 253.
Beilagen: Gemischter Salat, Kartoffelbrei; grüner Salat.

260. Saure Leber*

1/2 kg Kalbs- oder Schweinsleber
zum Dünsten:
30–40 g Butter oder Fett
1 große Zwiebel
1–2 Eßl. Mehl nach Belieben
1/8–1/4 l Brühe
zum Abschmecken:
4 Eßl. Rahm, Zitronensaft
1 Pr. Zucker, Majoran
evtl. Tomatenmark, Salz

Leber waschen, häuten, Schweinsleber einige Zeit in kalte Milch legen, damit sie bitteren Geschmack verliert; Leber in etwa messerrückendicke kleine Scheibchen schneiden. Feingeschnittene Zwiebel in heißer Butter oder Fett andünsten, Leber zugeben, dünsten bis alle Leberscheibchen grau aussehen und kein Blut mehr austritt, Mehl darüberstreuen, leicht rösten, mit ungesalzener Brühe aufgießen, zugedeckt noch etwa 3 Minuten dünsten, dann Soße abschmecken, *zuletzt salzen, sofort* zu Tisch geben, da Leber leicht hart wird. *Gesamtgarzeit* etwa 8-10 Minuten.
Beilagen: Röstkartoffeln, Salzkartoffeln, Kartoffelbrei, Reis; Salate.

261. Gedünstete Leberschnitten*

4 schöne Scheiben Kalbsleber (1 cm dick)
2 Eßl. Mehl nach Belieben
zum Dünsten: 40 g Butter
Wurzelwerk, 1 Zwiebel
1/8–1/4 l Flüssigkeit
zum Abschmecken:
4 Eßl. Rahm, Zitronensaft
1 Prise Zucker, etwas Tomatenmark, Salz

Leberscheiben vorsichtig häuten, große Adern entfernen; Zwiebel und Wurzelwerk fein schneiden oder wiegen. In Butter oder heißem Fett Zwiebel und Wurzelwerk andünsten, mit 2–3 Eßlöffel ungesalzener Flüssigkeitszugabe fast weich dünsten: Leberscheiben evtl. in Mehl wenden, in heißem Fett auf beiden Seiten leicht anbräunen, ungesalzene Flüssigkeit und Wurzelwerk zugießen, zugedeckt etwa 10 Minuten dünsten, dann Verbesserungszutaten zugeben, zuletzt salzen, abschmecken, sofort auf heißer Platte mit der Soße zu Tisch geben.
Beilagen: Reis oder Kartoffelbrei; Salate.

262. Italienische Leber*

4 schöne, 1 cm dicke Kalbsleberscheiben
2 Eßl. Mehl nach Belieben
zum Dünsten:
40–60 g Öl oder Butter
3 Zwiebeln, 2 Eßl. Tomatenmark, Paprika, 4–6 Eßl. saurer Rahm, 1/8–1/4 l Flüssigkeit, 1/8 l Weiß- oder Rotwein, Oregano, Salz

Leberscheiben häuten bzw. Leber im ganzen waschen, häuten, in 1 cm dicke Scheiben schneiden; Zwiebeln fein schneiden, in Fett andünsten, Leberscheiben evtl. leicht in Mehl wenden, zu den Zwiebeln geben, auf beiden Seiten anbräunen lassen, dann Tomatenmark und Paprika zugeben, kurz durchdünsten, Rahm beifügen, leicht bräunen lassen, mit etwas ungesalzener Brühe und Weiß- oder Rotwein aufgießen, kurz durchdünsten lassen. Leberscheiben anrichten, leicht salzen, Soße abschmecken, über Leberscheiben geben und sofort zu Tisch geben. *Garzeit* etwa 10 Minuten.
Beilagen: Kartoffelbrei, Reis als Risotto oder Butterreis; Salat nach Belieben.

263. Leber gebraten mit Äpfeln und Zwiebeln, Berliner Art*

Leber waschen, häuten, in etwa 1 cm dicke, handtellergroße Scheiben schneiden bzw. Leberscheiben häuten; Zwiebeln in Ringe schneiden, ganze Äpfel schälen und Kernhaus ausstechen, in dicke Ringe schneiden. In heißem Fett Zwiebelringe bräunen, auf heiße Platte geben, warm stellen; Apfelscheiben in heißem Fett auf beiden Seiten braten, neben den Zwiebeln anrichten, heiß stellen. Dann Leberscheiben, nach Belieben leicht in Mehl getaucht, in heißer Butter oder Öl rasch braten, je Seite etwa 3 Minuten, (darf nicht mehr blutig sein), etwas Rahm kurz mit anbräunen, Leber auf heiße Platte zu Zwiebeln und Äpfeln legen, mit Zitronensaft beträufeln, würzen, leicht salzen; Bratenansatz in der Pfanne mit Flüssigkeit und restlichem Rahm aufkochen, abschmecken, zur Leber geben. *Gesamtgarzeit* 10–15 Minuten. *Beilagen:* Kartoffelbrei, Reis, feine Gemüse, Champignons.

1/2 kg Kalbs- oder Geflügelleber oder
4 Scheiben Kalbsleber
2–3 Eßl. Mehl nach Belieben
zum Braten:
60 g Butter oder Öl
2–3 Zwiebeln
2–3 Äpfel
1/8 l Flüssigkeit knapp
3–4 Eßlöffel saurer Rahm
Zitronensaft, Majoran, Salz

264. Kalbsleber in Folie gegart*

Kalbsleberscheibe sorgfältig häuten, mit Cognac auf beiden Seiten bestreichen, mit gewiegten Kräutern, etwas weißem Pfeffer und sehr wenig Salz würzen, nach Belieben mit etwas Tomatenketchup bestreichen; feingehackte Zwiebeln in wenig Butter glasig dünsten, ein Teil davon auf geölte Aluminiumfolie geben, vorbereitete Leberscheibe darauf legen, restliche gedünstete Zwiebeln zugeben, mit Champignonscheiben oder Apfelscheiben belegen, mit Zitrone leicht beträufeln, Aluminiumfolie einschlagen, nach Vorschrift falten (siehe Seite 31/32), so daß kein Saft austreten kann, auf vorgeheizter Platte direkt oder in vorgeheizter Röhre bei guter Hitze (200–220° C) garen, *Garzeit je* Seite 10–12 Minuten. Leber in der Folie auf heißer Platte anrichten. *Beilagen:* Reis, Kartoffelbrei; feine Gemüse, Salate nach Wahl.

Pro Person: 1 Scheibe Kalbsleber (1–1 1/2 cm dick)
zum Würzen: 1/2 Eßl. Cognac
fein gewiegte Petersilie oder Majoran, 2 Eßl. Zwiebeln
wenig Pfeffer, Salz
10 g Butter oder Öl
3–4 Champignons oder
3–4 Apfelscheiben (geschält)
einige Tropfen Zitronensaft
Aluminiumfolie
Öl zum Bestreichen

265. Kalbsleber im ganzen gebraten oder gedünstet

Kalbsleber im ganzen waschen, häuten, nach Belieben garen.
Braten: Vorbereitete Leber in heißem Fett im Bräter von allen Seiten leicht anbraten, nach Belieben mit Speckscheiben belegen, in vorgeheizter Röhre unter öfterem Begießen mit Bratfett und Bestreichen mit Rahm braten, bis beim Anstechen kein Blut mehr austritt, Bratzeit etwa 30–35 Minuten je nach Dicke des Stückes. Soße nach Belieben leicht binden, gut abschmecken.
Gare Leber in Scheiben schneiden, leicht mit Pfeffer und Salz bestreuen, mit Zitronensaft beträufeln, Soße über angerichtete Leber geben.
Dünsten: Feingeschnittene Zwiebel und feingewiegtes Wurzelwerk in heißem Fett fast weich dünsten, vorbereitete Kalbsleber und evtl. Speckscheiben zugeben, von allen Seiten leicht anbräunen, etwas Rahm zugeben, leicht anbräunen lassen, Wein zugeben, in geschlossenem Topf unter allmählicher Zugabe der restlichen Flüssigkeit bei mäßiger Hitze dünsten, bis beim Anstechen kein Blut mehr austritt, *Garzeit* etwa 30–40 Minuten je nach Dicke des Stückes. Soße nach Belieben

1/2 kg Kalbsleber
zum Braten:
30 g Butter, evtl. 20–30 g Speckscheiben, 1/8 l Rahm
etwas Tomatenmark
4 Eßl. Weißwein, Pfeffer
Zitronensaft, Salz
oder zum Dünsten:
30 g Butter, 1 Zwiebel
2 Eßl. Wurzelwerk
evtl. wenig Speck
4–6 Eßl. Rahm, 1/8 l Brühe
4–6 Eßl. Weißwein
Tomatenmark, Zitronensaft
Salz, evtl. 1/2 Teel. Mehl zum Binden

binden, verbessern, abschmecken. Leber in schöne Scheiben schneiden, leicht salzen, mit Zitronensaft beträufeln, heiße Soße darübergeben, sofort zu Tisch geben.
Beilagen: Kartoffelbrei, Reis, grüner Salat.

266. Schaumomeletten mit Leber gefüllt

Zutaten zu Schaumomeletten von 6 Eiern siehe Nr. 625
zur Fülle:
400 g Kalbs- oder Geflügelleber
zum Dünsten:
40 g Butter oder Öl
2 Zwiebeln, 1–2 Eßl. Mehl
2 Eßl. Tomatenmark
etwas Paprika
4–6 Eßl. saurer Rahm
1/8 l Weißwein
etwas Zitronensaft, Salz

Leber waschen, häuten, in feine Scheibchen schneiden; feingeschnittene Zwiebeln in Butter oder Öl lichtgelb rösten, Leberscheibchen zugeben, andünsten, bis sie grau geworden sind und kein Blut mehr austritt, mit Mehl überstauben, unter öfterem Wenden leicht rösten, Tomatenmark und Paprika zugeben, etwas durchdünsten lassen, Rahm beifügen, leicht bräunen lassen, mit Wein aufgießen, einmal aufkochen lassen, abschmecken, Salz erst unmittelbar vor Verwendung zugeben. Schaumomeletten herstellen wie bei Nr. 625 angegeben, sorgfältig backen, gut abgeschmeckte, heiße Leber jeweils auf eine Hälfte des Omelettes geben, zusammenklappen, auf heiße Platte gleiten lassen, nach Belieben rasch garnieren und sofort zu Tisch geben.
Garnituren: Feine, in Butter geschwenkte Gemüse.
Beilagen: Feine Gemüse oder Salate.

267. Gebackene Leber*

4 schöne Scheiben Kalbs- oder Schweinsleber
zum Panieren: wie Nr. 211
zum Backen:
60 g wasserfreies Fett
zum Anrichten: Salz
Zitronenspalten, Petersilie

Leber waschen, häuten, in etwa 1 cm dicke Scheiben schneiden, Schweinsleberscheiben etwa 20-30 Minuten in kalte Milch legen, damit sie bitteren Geschmack verlieren. Leberscheiben erst in Mehl, dann in dem mit Wasser und Öl verquirlten Ei, dann in Semmelbröseln wenden oder in fertiger Paniermischung nach Gebrauchsanweisung panieren, in heißem Fett auf beiden Seiten goldbraun backen, *Backzeit* etwa 6–8 Minuten, salzen, mit Zitronenspalten anrichten, sofort zu Tisch geben.
Beilagen: Kartoffelsalat und grüner Salat oder Kartoffelbrei und Gemüse, Preiselbeeren.

268. Leberpastete, Leberpudding (6–8 Personen)

1/2 kg Kalbs-, Schweins-, Geflügel- oder Wildleber
1/2 kg Schweinebauch, gekocht
evtl. 50 g Sardellenfilets
2 Eier, 20 g Butter, 1 Zwiebel
1–2 Semmeln, eingeweicht
Salz, Thymian, Majoran
1 Prise Cayennepfeffer
2–4 Eßl. Cognac
zur Form:
Speckscheiben oder Fett

Rohe, gewaschene, gehäutete Leber, gekochtes Bauchfleisch und gewässerte Sardellenfilets zweimal durch die Fleischmaschine mit feiner Lochscheibe drehen; feingeschnittene Zwiebel in Butter glasig dünsten, die eingeweichten, sehr gut ausgedrückten Semmeln mitdünsten, zum Kloß abbacken, ausgekühlt mit allen Gewürzen und Eiern zur Lebermasse geben, sehr gut mischen, pikant abschmecken, zuletzt Cognac untermengen. Kasten- oder Puddingform mit Speckscheiben auslegen oder gut fetten, Masse einfüllen, mit Speckscheiben belegen, im Wasserbad bei mäßiger Hitze auf dem Herd oder in der Röhre zugedeckt 1 1/2 Stunden *kochen,* (nicht backen), dann abkühlen lassen, stürzen, *erkaltet* in feine Scheiben schneiden und kalt reichen.

269. Leberrisotto, Leberreis*

Reis waschen, brühen, sehr gut abtropfen oder ausgebreitet auf Tuch abtrocknen lassen; feingeschnittene Zwiebel in Öl oder Fett glasig dünsten, Reis zugeben, leicht anrösten, nach Belieben etwas Tomatenmark beifügen, durchdünsten, mit *kochender, abgeschmeckter* Brühe aufgießen, zugedeckt, ohne zu rühren, bei mäßiger Hitze gar quellen lassen, am besten in der Röhre; Reis muß körnig bleiben. *Garzeit* etwa 20–25 Minuten.
Gewaschene Leber häuten, in etwa 2 cm breite Streifen, diese in etwa 1/2–3/4 cm dicke Scheibchen schneiden, leicht mit Mehl bestäuben, in heißer Butter oder in Öl braten, bis kein Blut mehr austritt, *Bratzeit* etwa 5-8 Minuten, leicht salzen, locker unter den garen Risotto mischen. Schweinsleber vor dem Garen etwa 1/2 Stunde in kalte Milch legen.
Falls Soße gewünscht wird, Bratenansatz mit etwas Brühe, Rahm und Wein aufkochen, abschmecken, zum Risotto reichen.
Beilagen: Grüner Salat.

zum Risotto:
250 g Hartreis
30 g Öl oder Fett
1–2 Zwiebeln
1/2–3/4 l abgeschmeckte Brühe
1 Eßlöffel Tomatenmark
zum Braten der Leber:
250–400 g Geflügel-, Kalbs- oder Schweinsleber
30–40 g Butter oder Öl
1–2 Eßl. Mehl, Salz
zur Soße nach Belieben:
3–4 Eßl. Brühe
3–4 Eßl. Rahm
etwas Wein, Salz

270. Leberknödel

Feingeschnittene alte Semmeln (Knödelbrot) salzen, mit lauwarmer Milch übergießen, zugedeckt durchziehen lassen; Leber und evtl. Milz waschen, häuten, durch Fleischmaschine mit feiner Lochscheibe drehen – man kann bis 1/4 der Lebermenge durch Milz austauschen, die sehr gute Farbe gibt. Feingeschnittene Zwiebel und Petersilie in etwas Butter oder Fett andünsten, mit allen übrigen Zutaten zur Semmelmasse geben, Teig gut abarbeiten, abschmecken, Probeknödel kochen, ist er gut, dann Teig einteilen entsprechend der benötigten Knödelzahl, Knödel formen, in kochendem Salzwasser 20-30 Minuten halboffen leise kochen lassen, anrichten; nach Belieben angerichtete Knödel mit gerösteten Zwiebelscheiben oder mit Schnittlauch bestreuen.
Leberknödelteig darf etwas weicher gehalten sein als Semmelknödelteig, da Leber bindet.
Beilage: Sauerkraut oder Leberknödel als Suppeneinlage verwenden.

8–10 alte Semmeln, Salz
3/8–1/2 l lauwarme Milch
3 Eier
300–500 g Rindsleber, davon evtl. 100 g Milz
50 g Butter oder Fett
1 Zwiebel, Petersilie
1/2–1 Eßlöffel Majoran
etwas Zitronenschale gerieben
Muskat nach Belieben
zum Kochen: Salzwasser

271. Geröstete Nieren*

Nieren vorbereiten: Waschen, häuten, spalten, alle Häute und Sehnen aus dem Inneren der Niere entfernen, nochmals sehr gründlich waschen, evtl. 1/2-1 Stunde in Milch einlegen, dann quer in feine Scheibchen schneiden. Feingeschnittene Zwiebel in Fett glasig dünsten, geschnittene Nieren zugeben, bei guter Hitze etwa 5 Minuten rösten, würzen, kurz durchrösten, zuletzt salzen. Sofort zu Tisch geben.
Beilagen: Geröstete Kartoffeln und Salat.

1/2 kg Kalbs-, Schweins- oder Hammelnieren
etwas Milch
zum Rösten:
40 g Fett, 1 Zwiebel
etwas Paprika, Pfeffer
Majoran nach Belieben
Salz

272. Saure Nieren*

1/2 kg Kalbs-, Schweins- oder Hammelnieren, etwas Milch
zum Dünsten: 30–40 g Fett
1 Zwiebel, 1–2 Eßl. Mehl
1/8–1/4 l Flüssigkeit
zum Abschmecken:
2–4 Eßl. saurer Rahm
etwas Zitronensaft oder Essig
1 Prise Zucker, evtl. Majoran
Salz

Nieren vorbereiten: Waschen, häuten, spalten, alle Häute und Sehnen aus dem Innern der Niere entfernen, nochmals gründlich waschen, in Milch legen, dann quer in feine Scheibchen schneiden. Feingeschnittene Zwiebel in Fett glasig dünsten, geschnittene Nieren zugeben, dünsten, bis Nierenscheibchen grau sind und kein Blut mehr austritt, Mehl darüber stauben, leicht anbräunen lassen, aufgießen, zugedeckt etwa 5 Minuten dünsten lassen, dann Rahm, Zitronensaft und Gewürze beifügen, zuletzt erst salzen, abschmecken, sofort zu Tisch geben. Zu langes Garen macht Nieren hart!
Beilagen: Salzkartoffeln, Röstkartoffeln, Kartoffelbrei; Salat.

273. Kalbsniere in Aluminiumfolie gegart

Für 1–2 Personen: 1/2 Kalbsniere (längs gespalten)
etwas Milch zum Einlegen
z. Würzen: 1–2 Eßl. Cognac
etwas Zitronensaft, reichlich Petersilie, wenig Pfeffer
Salz, 2 Eßl. Zwiebel
10 g Butter oder Öl
1 Eßl. Meerrettich gerieben od. 2 Teel. Tomatenmark oder Ketchup, 3–4 Apfelscheiben, geschält
wenig Zitronensaft
Aluminiumfolie
Öl zum Bestreichen

Gespaltene Niere sehr gut waschen, häuten, alle Sehnen und Häute von der Innenseite entfernen, 1/2–1 Stunde in Milch einlegen. In der Zwischenzeit feingeschnittene Zwiebel in wenig Butter glasig dünsten, Meerrettich reiben oder Apfel schälen, in Scheiben schneiden und leicht mit Zitrone beträufeln. Vorbereitete Niere mit Cognac bestreichen, mit Zitrone beträufeln, mit reichlich gewiegter Petersilie und wenig Pfeffer und Salz würzen. Ein Teil der gedünsteten Zwiebeln auf vorbereitete Folie legen, Niere darauf legen, Rest der gedünsteten Zwiebeln daraufgeben, mit geriebenem Meerrettich oder mit etwas Tomatenmark oder Ketchup und Apfelscheiben belegen, diese mit Zitronensaft beträufeln, Folie nach Vorschrift einschlagen und falten (siehe Seite 31/32), auf vorgeheizter Platte oder in vorgeheizter Röhre bei guter Hitze (220–200° C) garen, *Garzeit* je Seite 10–15 Minuten je nach Dicke der Niere. Gare Niere in Folie auf heißer Platte anrichten.
Beilagen: Kartoffelbrei, Kartoffelschnee, Reis; Salat.

274. Kalbs- oder Schweinszüngerl in heller Soße, eingemachtes Kalbs- oder Schweinszüngerl

1 frische Kalbs- oder 2 Schweinszungen
sonstige Zutaten wie Briesfrikassee mit Zunge Nr. 258

Zunge waschen, in kochendem Sud zusetzen, weich kochen, Kochzeit etwa 1 Stunde, kurz kalt überbrausen, häuten. Helle Einbrenne herstellen, mit Sud aufgießen, 5–10 Minuten kochen lassen, Verbesserungszutaten zugeben, abschmecken. Zunge in Scheiben schneiden, in Soße einlegen, kurz durchziehen, nicht mehr kochen lassen, nach Belieben legieren.
Beilagen: Reis oder Salzkartoffeln; Salat.

275. Kalbs- oder Schweinszunge gebacken, abgebräunt

1 frische Kalbs- oder 2 Schweinszungen
z. Kochen: Sud wie Nr. 258
zum Panieren: wie Nr. 211
zum Backen: wasserfreies Fett

Kalbs- oder Schweinszungen vorbereiten und kochen wie bei Nr. 274 angegeben, häuten, im Sud erkalten lassen, damit Zunge saftig bleibt. Erkaltete Zunge in etwa 3/4–1 cm dicke Scheiben oder der Länge nach in 2-3 Stück schneiden, panieren, in heißem Fett bei guter Hitze rasch ausbacken, mit Zitronenspalten anrichten.
Beilagen: Gemischter Salat, Remouladensoße.

276. Frische Ochsenzunge gekocht (8 Personen)

Frische Ochsenzunge sehr gut waschen, evtl. mit Salz abreiben, vom Schlund befreien, in Salzwasser mit reichlich Wurzelwerk zusetzen, weich kochen; Garprobe: Zungenspitze muß sich weich stechen. *Garzeit* etwa 2½-3 Stunden, im Dampfdrucktopf 30-40 Minuten. Gare Zunge rasch kalt überbrausen, Haut abziehen, in heißem Sud heiß halten. Helle Einbrenne herstellen, mit Zungensud aufgießen, 5–10 Minuten kochen lassen, mit Wein, Kapern und Rahm abschmecken. Zunge in schräge Scheiben schneiden, in fertige Soße einlegen oder Zungenscheiben schuppenförmig anrichten, mit heißer Soße übergießen.

1 frische Ochsenzunge
Salzwasser, Wurzelwerk
zur Soße:
2mal helle Einbrenne Nr. 57
Zungenbrühe zum Aufgießen
etwas Weißwein
2 Eßl. Kapern
einige Eßl. Rahm

Beilagen: Reis, Salzkartoffeln, kleine Semmelknödel; Salat nach Belieben.

Ochsenzunge gebacken: Von der gekochten, gehäuteten Zunge etwa kleinfingerdicke, schräge Scheiben schneiden, panieren und in heißem Fett auf beiden Seiten backen. Mit Salaten verschiedener Art reichen.

277. Gepökelte Ochsenzunge gekocht

Frische Ochsenzunge sehr gründlich waschen, mit Mischung aus Salz, zerstoßenen Wacholderbeeren und Zwiebeln sehr gut einreiben, in kleinen Steintopf legen; Zutaten zur Pökellake aufkochen lassen, *erkaltet* über die Zunge geben, Pökellake muß Zunge bedecken; man benötigt für 1 Zunge 2½-3 Liter je nach der Größe der Zunge und Weite des Steintopfes. Zunge zugedeckt 2–3 Wochen pökeln, wöchentlich 2 mal wenden, evtl. mit Brettchen beschweren. Pökelzunge wird gekocht verwendet zu verschiedenen Gerichten.

1 frische Ochsenzunge
zum Einsalzen:
100–150 g Salz je nach Größe
15 Stück Wacholderbeeren, zerstoßen
1–2 Zwiebeln, geschnitten
zur Pökellake auf 1 l Wasser:
60 g Salz
10 g Zucker
1 kleine Messerspitze Salpeter
zum Kochen:
Wasser, evtl. Wurzelwerk

Zum Kochen gepökelte Ochsenzunge in Wasser, nach Belieben mit Wurzelwerk, aber *ohne Salz* kochen, *Garzeit* je nach Größe etwa 2½–3 Stunden, im Dampfdrucktopf etwa 30–40 Minuten. *Garprobe:* Zungenspitze muß sich weich stechen. Gare Zunge rasch kalt überbrausen, häuten, in Sud heiß halten bis zum Anrichten. Zunge in feine schräge Scheiben schneiden, schuppenförmig auf vorgewärmter Platte anrichten, garnieren, sofort zu Tisch geben.

Garnituren: Feine Gemüse in Butter geschwenkt wie Erbsen, Karotten, Butterbohnen, Champignons, Blumenkohl, Pastetchen, Blätterteighalbmonde, Petersilie.

Beilagen: Feine Gemüse in Butter geschwenkt, Erbsenbrei, Kartoffelbrei.

Gepökelte Ochsenzunge gekocht ist auch *kalt* zu kalten Platten und als Einlage in Aspik sehr geschätzt; gekochte Zunge am besten im Sud erkalten lassen.

Gepökelte Ochsenzunge kann nach dem Pökeln auch 3-4 Tage *geräuchert* werden. Geräucherte Ochsenzunge vor dem Kochen mindestens 12 Stunden, am besten über Nacht in kaltes Wasser legen, **ohne Salzzugabe kochen.** Geräucherte, gekochte Ochsenzunge kann wie gepökelte Ochsenzunge heiß oder kalt verwendet werden.

278. Ochsenzunge in Madeirasoße (8 Personen)

1 Ochsenzunge frisch, gepökelt oder geräuchert
zum Kochen:
Salzwasser bzw. Wasser
Wurzelwerk
zur Madeirasoße:
siehe Nr. 963
Zungensud zum Aufgießen

Frische Ochsenzunge sehr gut waschen, evtl. mit Salz abreiben, in Salzwasser mit Wurzelwerk zusetzen; gepökelte oder geräucherte Zunge in Wasser *ohne Salz* garen – geräucherte Zunge vorher über Nacht in kaltes Wasser legen. Zunge leise kochen lassen, bis sie weich ist, *Garzeit* etwa 2 1/2-3 Stunden, im Dampfdrucktopf 30-40 Minuten – Zungenspitze muß sich weich stechen. Gare Zunge rasch kalt überbrausen, Haut abziehen, Zunge im Sud warm halten. Madeirasoße herstellen wie bei Nr. 963 angegeben, pikant abschmecken. Zunge in schräge, etwa 1/2 cm dicke Scheiben schneiden, schuppenförmig auf heißer Platte anrichten, mit reichlich Madeirasoße überziehen.
Beilagen: Kartoffelbrei, feine Kartoffelgerichte, junge feine Gemüse in Butter geschwenkt wie Erbsen, Bohnen oder Pilze gedünstet.

279. Zungenragout in Burgundersoße (8 Personen)

1 Ochsenzunge gepökelt oder geräuchert
zum Sud:
etwa 3 l Wasser
Wurzelwerk, 2 Zwiebeln
2mal Rezept Burgundersoße Nr. 963
zum Verbessern:
250–300 g Steinpilze oder Champignons
20 g Butter zum Dünsten
Salz
etwas Zitronensaft für Champignons

Geräucherte Zunge mindestens über Nacht wässern, in *ungesalzenem* Wasser wie Pökelzunge mit reichlich Wurzelwerk und Zwiebelringen weichkochen. *Garprobe:* Zungenspitze muß sich weich anstechen, *Garzeit* 2 1/2-3 Stunden, am besten im Dampfdrucktopf garen, rasch in kaltes Wasser tauchen oder kalt überbrausen, häuten, im Sud erkalten lassen.
Burgundersoße wie Nr. 963 herstellen, 10 bzw. 20 Minuten kochen lassen, sehr gut abschmecken. In der Zwischenzeit Pilze putzen, waschen, in Scheiben schneiden, in Butter dünsten, leicht salzen, Champignons unter Zugabe von etwas Zitronensaft garen, damit sie sich nicht so stark verfärben. *Garzeit* 10-15 Minuten. Pilze zur Burgundersoße geben, nochmal abschmecken. Zunge in Scheiben oder Würfel schneiden, zur Soße geben, in Blätterteigpastetchen (vorher heiß stellen) füllen oder in tiefer heißer Platte, mit Blätterteighalbmonden garniert oder in Reisrand anrichten.

280. Herz gedünstet

1–2 Kalbs- oder
2 Schweinsherzen, Salz
30 g Speck nach Belieben
zum Dünsten: 30–40 g Fett
1 Zwiebel, 4–6 Eßl. Wurzelwerk, etwas Basilikum
3/8–1/2 l Flüssigkeit
evtl. 1 Eßl. Mehl
zum Verbessern:
Zitronensaft, 1 Prise Zucker
Tomatenmark, 3 Eßl. Rahm
evtl. 2–3 Eßl. Wein

Herzen halbieren, evtl. noch vorhandene Adern entfernen, gut waschen, salzen, nach Belieben an der Oberfläche spicken, in heißem Fett von allen Seiten leicht anbräunen; sofern Herz nicht gespickt ist, Speckscheiben auf Herzen legen, sehr fein geschnittenes Wurzelwerk und Zwiebel zugeben, gut andünsten, etwas aufgießen, Basilikum zugeben, zugedeckt bei mäßiger Hitze unter allmählicher Flüssigkeitszugabe 3/4–1 Stunden dünsten. Kurz vor Ende der Garzeit Soße nach Belieben binden, mit Verbesserungszutaten abschmecken, Wurzelwerk in der Soße belassen, Basilikumstengel entfernen. Herz in Scheiben schneiden, in Soße anrichten.
Beilagen: Kartoffelbrei, Reis; Gemüse oder Salate.

281. Gefülltes Kalbsherz gedünstet

Kalbsherz von Fett befreien, aufschneiden, grobe Adern entfernen, innere Scheidewand und häutige Klappen herausschneiden, gut waschen, innen und außen leicht salzen, füllen, zunähen oder zubinden, nach Belieben streifenförmig spicken oder Speckscheiben zum Dünsten zugeben. Herz dünsten wie gedünstetes Herz Nr. 280, *Garzeit* etwa $1^1/_2$ Stunden. Soße nach Belieben binden, verbessern, gut abschmecken, Wurzelwerk in der Soße belassen. Herz in Scheiben schneiden, Faden entfernen und mit Soße anrichten.

Fülle: Klein gewürfelten Speck etwas anbraten, feingeschnittene Zwiebeln und gewiegte Petersilie darin andünsten, eingeweichte, sehr gut ausgedrückte Semmel zugeben, mit andünsten, vom Feuer nehmen, etwas abkühlen lassen, Ei zugeben, würzen, in Herz einfüllen.

Beilagen wie gedünstetes Herz Nr. 280.

1 großes Kalbsherz, Salz
30 g Speck nach Belieben
zur Fülle:
30–40 g Speckwürfel
2 Eßlöffel Zwiebeln
2 Eßl. Petersiliengrün
$1^1/_2$ alte Semmeln, eingeweicht
1 Ei, Salz, Pfeffer
zum Dünsten und Verbessern: wie gedünstetes Herz Nr. 280

282. Rinderherz geschmort

Rinderherz von Adern befreien, gut waschen, in kochendem Sud gut halbweich kochen, dann aus dem Sud nehmen, abtropfen lassen, in Mehl wenden, in heißem Speck von allen Seiten anbräunen, geschnittene Zwiebel zugeben, mitbräunen, mit etwas Sud auffüllen, Tomatenmark zugeben und in geschlossenem Topf bei mäßiger Hitze unter allmählicher Zugabe von Sud weich schmoren. Kurz vor Ende der Garzeit Rahm und Rotwein beifügen, abschmecken. *Garzeit* $1^1/_2$-2 Stunden. Rinderherz kann auch erst gebeizt, dann in Beize gekocht und wie Boeuf à la mode oder aber wie Sauerbraten fertiggestellt werden.

Beilage: Kartoffelgerichte nach Wahl, Reis, Teigwaren; Salat.

$^1/_2$–$^3/_4$ kg Rinderherz
zum Sud: 1 l Salzwasser
1 Zwiebel, 1 Zitronenscheibe
reichlich Wurzelwerk
2 Lorbeerblätter, 2 Pfefferkörner, 3 Gewürzkörner
etwas Thymian
zum Wenden: 2 Eßl. Mehl
zum Schmoren:
40 g Speck, 1 Zwiebel
$^1/_2$ l Sud, Tomatenmark
2 Eßl. Rahm, 3 Eßl. Rotwein

283. Saure Lunge, Wiener Beuschel

Sud mit reichlich Wurzelwerk, Zwiebelscheiben und Gewürzen herstellen. Lunge waschen, in kochendem Sud zusetzen, Kalbs- und Schweinslunge $^3/_4$–1 Stunde, Rinderlunge $1^1/_2$–2 Stunden kochen, dann herausnehmen, pressen, erkalten lassen; erkaltete Lunge nudelartig fein schneiden, in etwas Sud mit Essig kräftig abgeschmeckt, marinieren, am besten über Nacht durchziehen lassen. Mittelfarbene Einbrenne herstellen, mit Marinade und mit Sud aufgießen, etwa 5-10 Minuten durchkochen lassen, marinierte Lunge und 1 Stückchen Zitronenschale zugeben, noch 10 Minuten leise kochen lassen, dann mit Zitronensaft, Zucker, Wein und Rahm nach Belieben verbessern, Zitronenschale entfernen.

Beilagen: Semmelknödel.

$^1/_2$ kg Kalbs-, Schweins- oder Rinderlunge
zum Sud: 2–3 l Salzwasser
Wurzelwerk, 2 Zwiebeln
2–3 Lorbeerblätter
3–6 Gewürzkörner
3–4 Pfefferkörner, 2 Nelken
2 Zitronenscheiben, $^1/_8$ l Essig
zur Soße: 1–$1^1/_2$ Rezept mittelfarbene Einbrenne Nr. 57 mit Sud
1 Stück Zitronenschale
Zitronensaft, 1 Prise Zucker
2–3 Eßl. Rahm, 2–3 Eßl. Wein

284. Kalbsgekröse in Soße

1 Kalbsgekröse
sonstige Zutaten wie saure Lunge Nr. 283

Zubereitung wie saure Lunge Nr. 283, Soße kann mit mittelfarbener oder heller Einbrenne hergestellt werden. *Garzeit* 1½ Stunden. Gekröse kann nach dem Kochen und Schneiden auch mit saurer Lunge gemischt angerichtet werden.
Beilagen: Kartoffeln oder Knödel verschiedener Art.

285. Milzwurst (fertig gekauft*)

1 Kalbsmilz, 200 g Kalbsleber
1 Kalbsbries, 250–500 g Kalbsbrät od. Bratwurstbrät
1–2 Zwiebeln
2–3 Eßl. Petersilie
etwas Zitronenschale
1–2 Eier
2 Semmeln in Milch eingeweicht
Salz, Pfeffer
zum Einschlagen: 1 Kalbsnetz
zum Kochen: Salzwasser
zum Braten: Fett
Panade nach Belieben

Milzwurst kann beim Metzger fertig gekauft werden; sie wird nur in Scheiben auf der Pfanne gebraten bzw. paniert und gebacken. In dieser Form ist Milzwurst ein beliebtes Schnellgericht.

Herstellung von Milzwurst:

Kalbsmilz waschen, an kurzer Breitseite mit langem Messer aufschneiden, vorsichtig in ganzer Länge untergreifen, so daß in der Milz eine große, tiefe Tasche entsteht in der Größe der Milz, Haut dabei nicht verletzen. Bries gut waschen, in Salzwasser 15 bis 20 Minuten leise kochen, kalt überbrausen, häuten, in Würfel schneiden. Kalbs- oder Bratwurstbrät mit der durch die Fleischmaschine gedrehten oder in Würfel geschnittenen Leber, Brieswürfeln, feingewiegter Zwiebel und Petersilie sowie etwas geriebener Zitronenschale, Ei und den eingeweichten, sehr gut ausgedrückten Semmeln sehr gut mischen, kräftig würzen; Masse fest in hohle Milz einfüllen, diese in das gut gewässerte Netz wickeln, wie Rollbraten binden, in Salzwasser 1–1½ Stunden leise kochen lassen, während des Kochens einmal wenden; dann aus dem Sud nehmen, etwas abgekühlt in etwa 1 cm dicke Scheiben schneiden, diese unpaniert oder paniert auf der Stielpfanne backen.
Beilagen: Kartoffelsalat und grüner Salat.

286. Euter gebacken

½ kg Euter, Salzwasser
Wurzelwerk
Salz, Pfeffer
zum Panieren wie Nr. 211
zum Backen: Backfett
Zitronenspalten

Euter waschen, wässern, in Salzwasser mit Wurzelwerk weich kochen (etwa 2 Stunden), im Sud erkalten lassen, erkaltet in Scheiben schneiden, leicht mit Salz und Pfeffer bestreuen, panieren, in heißem Fett auf der Stielpfanne auf beiden Seiten goldbraun backen, mit Zitronenspalten anrichten.
Beilagen: Kartoffelsalat und grüner Salat.

Geflügel

Kochlehre:

Schlachtgeflügel erfreut sich steigender Beliebtheit, vor allem Hühner und Puten; ihr mageres, weißes Fleisch ist besonders zart, wohlschmeckend, eiweißreich, leicht verdaulich und gut bekömmlich, für Diät gut geeignet. Vielseitige Zubereitungsmöglichkeiten bieten auch mannigfache Abwechslung. Geflügel ist heute zu jeder Jahreszeit in bester Qualität auf dem Markt und vielfach auch preiswert.

Gemäß der Verordnung über gesetzliche Handelsklassen für geschlachtetes Geflügel und Geflügelteile dürfen – ausgenommen im Erzeuger-Verbraucher-Direktverkehr ab Hof – Geflügel und Geflügelteile nur nach festgelegten Sorten, Handelsklassen, Herrichtungsformen und Angebotszuständen verkauft und müssen entsprechend gekennzeichnet werden.

I. Übersicht über Marktangebot:

Arten:	Haushühner mit Ausnahme der Zwerghühner	Enten	Gänse	Puten	Geflügelteile
Sorten:	1. Brathähnchen a) Brathähnchen (Poulets) b) Junghühner (Poularden) c) Jungmasthähne 2. Suppenhühner	1. Frühmastenten 2. Junge Enten 3. Über 1 Jahr alte Enten	1. Frühmastgänse 2. Junge Gänse 3. Über 1 Jahr alte Gänse	1. Junge Puten 2. Über 1 Jahr alte Puten	1. Hälfte 2. Brust 3. Ganzer Schenkel 4. Oberschenkel 5. Unterschenkel
Handelsklassen:	jeweils A B C				
Angebotszustände:	jeweils frisch – tiefgefroren – gefroren				
Herrichtungsformen:	jeweils geschlossen – entdärmt – brat- oder kochfertig – grillfertig – spießfertig				

Dies besagt im einzelnen:

Hühner:

1. *Brathühnchen* = *Jungmasthühner* sind vor der Geschlechtsreife geschlachtete Tiere, deren Brustbeinfortsatz biegsam ist. Es können männliche und weibliche Tiere sein.

a) *Brathähnchen (Poulets)* wiegen bei Mastende mit 7–8 Wochen bratfertig 700–1150 g, für 2 bis 3 Personen ausreichend.

b) *Junghühner (Poularden)* wiegen bratfertig über 1150 g, reichen für 3–4 Personen.

c) *Jungmasthähne* wiegen bratfertig mehr als 1750 g, reichen für 4–5 Personen.

2. *Suppenhühner* sind nach Geschlechtsreife geschlachtet, haben verknöchertes Brustbein, früher 2–4 jährige Legehennen, heute meist nach einer Legeperiode geschlachtet, 1–1½ Jahre alt; Schlachtgewicht bei leichten Hybridrassen durchschnittlich 1,5 kg, für 4 Personen ausreichend.

Enten:

1. *Frühmastenten* sind vor der ersten Federnreife geschlachtete Tiere, Knorpelteile sind noch nicht verknöchert, Brustbeinfortsatz ist biegsam; am Markt im Alter von meist 8 Wochen mit einem Gewicht von etwa 1,5 kg bratfertig, für 4 Personen gut ausreichend. Der Markt bietet vorwiegend Frühmastenten an.

2. *Junge Enten* sind nach der ersten Federnreife geschlachtete Tiere, Brustbeinfortsatz muß noch biegsam sein.

3. *Über 1 Jahr alte Enten* haben verknöcherte Knorpelteile und verknöcherten Brustbeinfortsatz.

Gänse:

1. *Frühmastgänse:* Durch Schnellmast vor der ersten Federnreife schlachtreif, Knorpelteile noch nicht verknöchert, Brustbeinfortsatz biegsam. Gewicht nach meist 12 Wochen Mast etwa 2,4 kg bratfertig.

2. *Junge Gänse* sind nach der ersten Federnreife geschlachtete Tiere; Brustbeinfortsatz noch biegsam. Bevorzugt in der Zeit von Oktober bis Januar als Kirchweih-, Martini- und Weihnachtsgans, meist 6–8 Monate alt, bratfertig etwa 4 bis 6 kg Gewicht.

3. *Über 1 Jahr alte Gänse* haben verknöcherte Knorpelteile und verknöcherten Brustbeinfortsatz.

Puten:

1. *Junge Puten:* Knorpelteile sind noch nicht verknöchert, Brustbeinfortsatz ist noch biegsam. Weibliche Tiere bis zur Schlachtreife meist 20 Wochen, männliche Tiere 24 Wochen alt; bratfertig durchschnittlich 4–6 kg schwer, sehr unterschiedlich nach Rasse, Geschlecht und Alter.

2. *Über 1 Jahr alte Puten* haben verknöcherte Knorpelteile und verknöcherten Brustbeinfortsatz; selten im Marktangebot, meist aus Zuchtstämmen kommend.

Güteeigenschaften nach Handelsklassen:
Die Schlachttiere werden je nach ihrem äußeren Zustand in Handelsklassen eingeordnet. Gemeinsam für alle Handelsklassen ist, daß die Tiere gerupft, gut ausgeblutet und frei von Blut und Schmutz sein müssen. Werden die Innereien dem Geflügel beigelegt, so muß der Muskelmagen geschält, d. h. von der Hornschicht befreit, sowie Herz, Leber und Hals müssen gesäubert sein.
Je nach den Güteeigenschaften (insbesondere Fleischansatz, Fettansatz, Federkiele, Verletzungen und Verfärbungen bzw. Frostbrand) wird das Schlachtgeflügel in folgende Handelsklassen eingeordnet:

Handelsklasse A
Handelsklasse B
Handelsklasse C

Herrichtungsformen des Marktangebotes:

1. *Geschlossen,* d. h. geschlachtetes, vollständig gerupftes Geflügel mit oder ohne Kopf und Ständer, jedoch *nicht ausgenommen.* Dem Tier fehlen also nur Blut und Federn, es muß vom Verbraucher erst ausgenommen werden.

2. *Entdärmt* d. h. geschlachtetes, vollständig gerupftes Geflügel, dessen Därme entfernt sind. Entdärmte Tiere müssen vom Verbraucher noch teilweise ausgenommen werden, da nur die Därme entfernt sind.

3. *Brat- oder kochfertig,* d. h. geschlachtetes, vollständig gerupftes und ausgenommenes Geflügel ohne Kopf, Kropf, Speiseröhre, Luftröhre, Hals, After und Geschlechtsorgane. Ständer sind im Fußgelenk oder unmittelbar darunter entfernt. Genießbare Innereien wie Leber, Herz, Muskelmagen (vom Magensack befreit) und Hals sind hygienisch einwandfrei verpackt, vollständig oder teilweise dem Tierkörper beigelegt. Bei Wassergeflügel sind die Bürzeldrüsen entfernt.

4. *Grillfertig* entspricht dem bratfertigen Angebot, nur sind die Innereien nicht beigelegt.

5. *Spießfertig* d. h. geschlachtetes, vollständig gerupftes und ausgenommenes Geflügel, jedoch mit Kopf, Hals und Ständern und ohne Innereien.

II. Angebotszustände:

Die Geflügelsorten und Herrichtungsformen kommen in verschiedenen Angebotszuständen auf den Markt:

1. *Frisch,* d. h. das Geflügel darf von der Schlachtung an nicht durch Kälteeinwirkung erstarrt sein. Frisches Schlachtgeflügel soll im allgemeinen 3 Tage nach dem Schlachten verbraucht werden; es behält jedoch bis zu 6 Tagen seine Qualität, wenn vom Zeitpunkt des Schlachtens an die Temperaturspanne von –2 bis +2° C genau eingehalten wird.

2. *Tiefgefroren,* d. h. Schlachtgeflügel nach dem Vorbereiten rasch eingefroren (geschockt bei –40° C) und anschließend bei mindestens –18° C gelagert und transportiert. Wichtig für die Qualität ist die geschlossene Tiefkühlkette vom Schlachten bis zum Verbraucher. Bei Transport

Gebratene Pute mit Gemüsen garniert
Rezept S. 188

und Abgabe an den Verbraucher darf in den Geflügelrandschichten eine Temperaturerhöhung um höchstens 3° C, also Steigerung auf –15° C vorübergehend eintreten.

3. *Gefroren* ist durch Kälteeinwirkung auf eine Kerntemperatur von – 12° C eingefrorenes und auf dieser Temperatur gehaltenes Geflügel. Nur bei Entnahme aus dem Transportraum und bei Abgabe an den Verbraucher darf eine vorübergehende Temperaturerhöhung der Geflügelrandschicht um höchstens 3° C auf – 9° C eingetreten sein.

Entsprechen geschlachtetes Geflügel oder Geflügelteile nicht mehr den Angebotszuständen „tiefgefroren" oder „gefroren", so sind sie wie folgt zu kennzeichnen:

a) Durch Kälteeinwirkung noch erstarrtes Geflügel bzw. Geflügelteile mit dem Hinweis: „Angebotszustand gefroren nicht mehr erfüllt – zum alsbaldigen Verbrauch bestimmt".

b) Nicht mehr durch Kälteeinwirkung erstarrtes Geflügel bzw. Geflügelteile mit dem Hinweis: „Aufgetaut – zum sofortigen Verbrauch bestimmt."

Einkauf von tiefgefrorenem Geflügel: Siehe Ratschläge für Einkauf von Tiefkühlwaren S. 23–25.

Kennzeichnung von Schlachtgeflügel:
Das vom Handel angebotene geschlachtete Geflügel unterliegt der *Kennzeichnungspflicht.* Die Kennzeichnung ist in deutscher Sprache, deutlich sichtbar und in leicht lesbarer Schrift anzubringen und muß folgende Angaben enthalten:

1. Handelsklasse
2. Sorte
3. Angebotszustand
4. Name und Anschrift des Betriebes, der die Ware gekennzeichnet hat oder hat kennzeichnen lassen; dies gilt nicht für unverpackte Ware
5. Herstellungsland; bei inländischer Ware kann statt dessen das engere Herstellungsgebiet angegeben werden
6. Herrichtungsform bei geschlachtetem Geflügel
7. Bei Geflügelteilen die Bezeichnung des Teils.

Für den Verbraucher sind die Bestimmungen der *Umklassifizierung* wichtig. Eine Ware, die nach einer gesetzlichen Handelsklasse gekennzeichnet ist, aber die Eigenschaften für diese Handelsklasse nicht mehr aufweist, ist nach der gesetzlichen Handelsklasse zu kennzeichnen, die dem veränderten Zustand der Ware entspricht.

Der Verbraucher sollte darauf achten, daß von Erzeuger und Handel die Bestimmungen der Handelsklassenverordnung eingehalten werden. Ferner sollte der Käufer wissen, daß ein besonderes *Gütezeichen für Deutsches Markengeflügel* vom Verband der Landwirtschaftskammern geschaffen wurde: das bekannte *Adlerzeichen* mit der *Aufschrift „Deutsche landwirtschaftliche Markenware"*. Dieses Gütezeichen wird nur an Betriebe verliehen, die sich besonders strengen Bedingungen und Kontrollen unterwerfen. Es garantiert damit dem Käufer beste Qualität.
Als deutsches Markengeflügel wird z. Z. nur Jungmastgeflügel der Handelsklasse A abgegeben, also Brathähnchen, Poularden, Frühmastenten und junge Puten. Deutsches Markengeflügel darf frisch, gefroren oder tiefgefroren, aber nur brat-, grill- oder spießfertig angeboten werden.

III. Verwendungsmöglichkeiten:

Frisches Geflügel soll abgehangen, bzw. abgelagert sein bei Lagertemperaturen von –2° C bis + 2° C bis zu 6 Tagen, bei höheren Temperaturen nur bis zu 3 Tagen; oder aber es soll so frisch geschlachtet sein, daß die Totenstarre vor dem Zusetzen nicht mehr eintreten kann; darauf sollte z. B. bei Schlachtung im eigenen Betrieb geachtet werden.

Junges Mastgeflügel wird am besten *gebraten* oder *gegrillt;* fettarmes Geflügel (Brathähnchen, Poularden, Puten) wird wie Magerbraten Nr. 173, fettes Geflügel (Gans, evtl. auch Ente) wird wie Fettbraten Nr. 174 behandelt. Nach Belieben kann man mageres Geflügel in Speckscheiben wickeln oder während der ersten Hälfte der Bratzeit damit belegen. Ganz junge Hähnchen können auch in Fett schwimmend *gebacken* werden.

Junges wie älteres Geflügel wird auch gerne *gedünstet.* Diese Zubereitungsart ermöglicht sehr geringe Fettzugabe; sie wird deshalb für Geflügelzubereitung in der Diätkost ebenso wie das *Garen in Aluminiumfolie* bevorzugt.

◀ Gebratener Rehrücken, kalt, garniert
Rezept S. 202

Älteres Geflügel, z. B. Suppenhühner eignen sich vorwiegend zum *Kochen;* Kochdauer dem Alter des Tieres anpassen. Altes Geflügel am besten im Dampfdrucktopf garen, Gebrauchsanweisung hierfür beachten!

Garzeiten richten sich nach Größe, Alter und Qualität des Geflügels.

Garprobe: Sticht sich die *Keule* des Geflügels weich an und ist der austretende Fleischsaft wasserhell, so ist das Geflügel gar; man vermeide aber unnötiges Anstechen während des Garens.

Innereien können verschieden verwendet werden:

Geflügelleber frisch braten oder grillen oder zu Lebergerichten wie saurer Leber, gedünsteter Leber usw. oder zu Füllen und Suppeneinlagen verarbeiten. Gänseleber gilt als Delikatesse.

Herz von Geflügel zu Füllen verarbeiten oder von Großgeflügel zu Gänse- oder Entenklein (Jung) verwenden.

Geflügelmagen mitbraten oder kochen bzw. zu Füllen oder zu Jung verwenden.

Hals, Flügel und Kopf von Großgeflügel zu Jung oder Geflügelklein geben, *Ständer* evtl. in Brühe oder mit Geflügelklein kochen.

Geflügelfett gründlich waschen und gesondert auslassen siehe Nr. 1722.

IV. Vorbereiten von Geflügel in der Küche:

Der Umfang der einschlägigen Arbeiten richtet sich bei gekaufter Ware jeweils nach der Herrichtungsform des Geflügels.
Bei Eigenschlachtung fallen nach dem Schlachten folgende Arbeiten an:

1. *Rupfen, Putzen, Sengen:*
Junges Mastgeflügel mit 60° C heißem Wasser (Sterilisierthermometer!), Suppenhühner mit 70° C heißem Wasser brühen, rupfen. Gänse und Enten trocken rupfen, evtl. Rupfwachs verwenden; bleiben hierbei noch viele Stoppeln zurück, notfalls pechen.
Noch verbliebene Federkiele oder Stoppeln mit spitzem Messer herausziehen, restliche Flaumhaare über offener Flamme absengen, Füße abtrennen; bei Großgeflügel die Haut am Gelenk der Ständer nur einschneiden, durch Hin- und Herdrehen der Ständer im Gelenk die Sehnen etwas lockern, dann Ständer abreißen und die Sehnen mit aus den Keulen herausreißen, so daß dadurch die Keulen entsehnt werden. Dieses Entsehnen ist besonders nötig bei selbst geschlachteten Puten (und bei Fasanen); man kann bei Puten die Sehnen auch freilegen durch einen Schnitt vom Fußballen bis zum Fußgelenk und die 6 Sehnen einzeln herausziehen. Bratfertig gekaufte Puten (auch Fasane) sind meist entsehnt.
Luft- und Speiseröhre freilegen durch einen Längsschnitt am unteren Hals und beide mit dem Kropf herausholen.
Kopf mit Hals dicht am Rumpf abtrennen; wird der Kopf verwendet, diesen brühen, Schnabel schälen, Augen und Ohren entfernen, evtl. Ständer brühen und schälen.
Bei Gans, Pute und Ente Flügel 4 cm vom Rumpf entfernt abhacken und zu Geflügelklein (Jung) verwenden.

2. *Ausnehmen:*
Von der Halsöffnung aus erst Lunge und Leber vorsichtig lockern, dann Afterring abschneiden, Bauchhaut vom After bis zum Brustbeinfortsatz vorsichtig einschneiden, evtl. vorhandenes Bauchfett herausnehmen, hinter den Magen fassen und mit ihm die Eingeweide herausziehen. Darmausgang und gelbe Afterdrüse entfernen.
Leber, Herz und Magen von den Eingeweiden lösen, Galle behutsam von der Leber trennen, vom Herzen die Blutgefäße entfernen. Den Magen an der weißen Haut vorsichtig aufschneiden, den derben Magensack samt Inhalt herausnehmen, so daß der Muskelmagen zurückbleibt. Bei Gans Darmfett ablösen, wässern, getrennt auslassen. Därme, Galle und Lungen kommen in den Abfall.
Ausgenommenes Geflügel innen mit sauberem Tuch trocken ausreiben, kalt abhängen lassen oder nach dem Abkühlen tiefgefrieren, sofern es nicht bald zubereitet werden soll.
Innereien, Kopf, Hals und Flügel (Geflügelklein) sehr gründlich waschen und alsbald verbrauchen.

3. *Gründlich waschen:*
Dies ist auch für bratfertig gekauftes Geflügel nötig, nach dem Waschen gut abtropfen lassen, mit sauberem Tuch leicht abtrocknen, sofern Geflügel gebraten oder gegrillt wird.

4. *Würzen:*

Geflügel innen und außen mit Salz, nach Belieben mit Mischung von Salz und weißem Pfeffer oder wenig Paprika einreiben und etwas durchziehen lassen; großes Geflügel wie Pute und Gans am Abend vor der Zubereitung gut würzen, kalt stellen, austretenden Fleischsaft zur Soße mitverwenden. Nach Belieben in die Bauchhöhle von Hühnern frisches Petersiliengrün und ein Stückchen Butter, von Gänsen etwas Beifuß stecken.

5 *Füllen:*

Füllmöglichkeiten sind je nach Geflügelart verschieden, siehe jeweils Rezeptangaben. Die fertige Füllmasse kommt in die Bauchhöhle und in den unteren Hals anstelle des Kropfes; Brust dafür etwas untergreifen. Nicht zu prall füllen, um Platzen zu vermeiden. Füllmenge richtet sich nach der Größe des Tieres, siehe Rezeptangaben. Füllöffnungen zunähen, um Austreten der Fülle zu verhüten, beide Fadenenden gut überstehen lassen, nicht verknoten, damit Faden beim Anrichten leicht zu entfernen ist.

Die Bratzeit bei gefülltem Geflügel verlängert sich etwa um die Hälfte gegenüber ungefülltem.

6. *Dressieren oder Formen des Geflügels:*

Flügel auf dem Rücken verschränken, Keulen an den Rumpf pressen und zusammenbinden oder einen starken Faden durch beide Keulen und Flügel ziehen und am Rücken zusammenbinden. Dadurch soll erreicht werden, daß das Geflügel beim Braten die gute Form behält und weder Keulen noch Flügel abstehen, wodurch diese beim Braten und Grillen vorzeitig bräunen und leicht schwarz werden (siehe Abbildung).

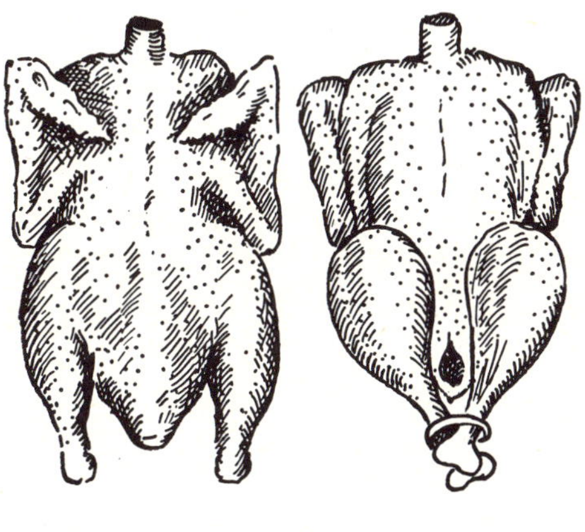

Dressieren von Geflügel

7. *Entbeinen:*

Gefülltes Geflügel, das als kalter Aufschnitt verwendet werden soll, wird vor dem Füllen entbeint. Hierbei wird am rohen Geflügel das Knochengerippe ausgelöst, dann das Geflügel gefüllt und gegart; es ermöglicht ein sehr leichtes und schönes Tranchieren; es wird deshalb auch für warme gefüllte Geflügelgerichte angewandt.

Das Entbeinen erfolgt nach dem Rupfen und Sengen, vor dem Ausnehmen: Geflügel auf die Brust legen, mit spitzem, scharfem Messer Rükkenhaut entlang dem Rückgrat durchschneiden, Fleisch samt Haut mit Hilfe des Messers auf beiden Seiten vorsichtig vom Knochengerüst lösen, am Hals beginnend, zuerst die zwei vorderen, einzelstehenden Rippen auslösen, dann die Flügel bis zum Flügelgelenk, hier Gelenkbänder durchschneiden und Flügelrest abstreifen; dann Schlegel im Gelenk durch Abschneiden der Bänder vom Knochengerippe lösen, Schenkelknochen der besseren Form wegen nicht auslösen; dann Haut vorsichtig von der Bauchwand lösen, so daß Gerippe im ganzen herausgelöst werden kann. Vom ausgelösten Gerippe u. U. Därme vorsichtig entfernen, Gerippe gründlich waschen, klein hacken, zur Brühe verwenden. Das entbeinte Geflügel rasch waschen, abtrocknen, würzen und mit beliebiger Fülle versehen, zunähen und nach Rezept garen; Herz, Leber und Magen können jeweils zur Fülle mitverwendet werden.

8. *Einwickeln in Speck:*

Fettarmes Geflügel kann für die erste Hälfte der Bratzeit in Speckscheiben gewickelt oder die Brustseite damit belegt werden. Um aber schönes Bräunen zu erreichen, müssen sie während der zweiten Hälfte der Bratzeit abgenommen werden. Bei Schonkost und Diätkost ist auf Speck zu verzichten.

9. *Tiefgefrorenes Geflügel richtig auftauen:*

Langsames Auftauen erhält die Qualität des Fleisches *besser* als rasches Auftauen, deshalb ist das Auftauen im Kühlschrank besonders günstig; andernfalls bei Zimmertemperatur auftauen. Das Auftauen im Kühlschrank benötigt etwa die doppelte Zeitdauer als das Auftauen bei Zimmertemperatur.

Tiefgefrorenes Geflügel *aus der Packung* nehmen, in ein Gefäß legen und für die Dauer des Auftauens zudecken, vollständig, am besten über Nacht auftauen lassen;

Auftauzeiten sind abhängig von der Größe und dem Gewicht des Tieres und von der Auftautemperatur:

temperatur:		im Kühlschrank	Zimmertemp.
Brathähnchen bis	1 kg	12–16 Std.	5–7 Std.
Huhn, Ente	mit 1,5 kg	22–25 Std.	12–15 Std.
Pute, Gans	mit 4–6 kg	35–38 Std.	16–20 Std.

Muß das *Auftauen* ausnahmsweise *beschleunigt* werden, Gefriergut in der Verpackung in kaltes fließendes Wasser legen, Wasser mehrmals wechseln; Auftauzeiten können dadurch auf etwa 5 Stunden verkürzt werden – oder Gefriergut in der Verpackung in das auf 40–50° C vorgewärmte Backrohr geben.

Bratgeflügel aus der Verpackung nehmen, vollständig *auftauen* lassen; mit eingefrorene Innereien nach den Antauen sofort herausnehmen und getrennt auftauen.

Suppenhühner (Kochgeflügel) aus Verpackung nehmen, *antauen* lassen und noch *leicht gefroren* oder *völlig aufgetaut in kochendem Sud zusetzen.*

Geflügelteile und *Innereien* können *angetaut oder aufgetaut* zubereitet werden.

Aufgetautes Geflügel möglichst bald zubereiten, dabei wie *frisches* Geflügel behandeln. Fleischsaft, der während des Auftauens austritt, am Ende der Garzeit mit etwas Mehl verrührt zur Soße geben; ohne Mehl flockt er durch gerinnendes Eiweiß stark aus.

Garzeiten von tiefgefrorenem Geflügel sind etwas *verkürzt,* da das Tiefgefrieren das Fleisch mürbe und locker macht.

10. *Menge:*

Man rechnet pro Kopf 250–400 g bratfertiges Geflügel.

V. Zerlegen, Tranchieren von gebratenem Geflügel

Es erfolgt zweckmäßig mit einem scharfen Messer und einer Geflügelschere.

Kleines Geflügel z. B. Hähnchen, Tauben halbieren, evtl. vierteln.

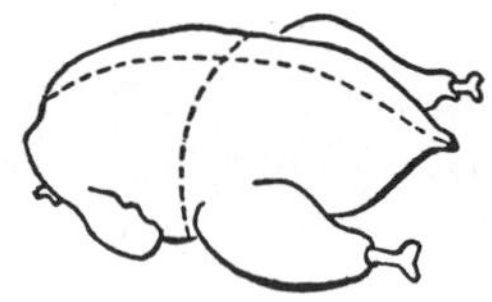

Tranchieren von kleinem Geflügel

Größeres Geflügel z. B. Poularde, Ente, Gans, Pute: Schlegel und Flügel jeweils nahe dem Kugelgelenk ablösen, Schlegel nochmal im Kniegelenk teilen. Dann Brustteil vom Rückenteil mit der Geflügelschere trennen, in Portionsstücke zerlegen, auf heißer Platte anrichten.

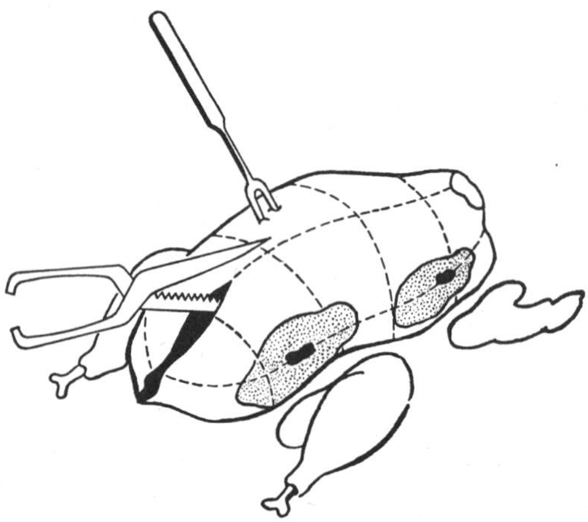

Tranchieren von größerem Geflügel

Man kann auch mit scharfem Messer das Fleisch vom Brustbein beiderseits ablösen, in schöne Portionsstücke teilen, bei Gans und Pute in breite schräge Streifen schneiden und auf heißer Platte bergartig anrichten.

287. Huhn gekocht (4–6 Personen)

Vorbereitetes Huhn (siehe Seite 178/179) in kochende Brühe geben, die mit Wurzelwerk, Zwiebel und Kräutern kalt angesetzt wurde; leise kochen lassen; *Garzeit* ca. 1½–2 Stunden, je nach Alter des Tieres; Garzeichen: Keule sticht sich weich an. Huhn herausnehmen, nach Belieben zu Nudelsuppe oder Reissuppe mit Huhn, eingemachtem Huhn, Huhn in Currysoße, Hühnerfrikassee oder Geflügelsalat weiter verarbeiten. Brühe seihen, sehr fette Hühnerbrühe am besten erkaltet entfetten.

Das Garen im Dampfdrucktopf ist für älteres Geflügel besonders zu empfehlen, Garzeit 20–30 Minuten, Gebrauchsanweisung genau beachten.
Bei Verwendung von gekochtem Huhn zu kalten Gerichten, z. B. Geflügelsalat, das Fleisch noch warm von den Knochen lösen, *Fleisch in der Brühe erkalten* lassen.

1 Suppenhuhn
2–3 l Wasser
Wurzelwerk, Salz
1 Zwiebel mit der Schale
Petersilie
Liebstöckel

288. Nudel- oder Reissuppe mit Huhn (4–6 Personen)

Huhn wie bei Nr. 287 angegeben weich kochen, aus Brühe nehmen, Brühe seihen, zum Kochen bringen und Suppennudeln einkochen; oder Reis waschen, brühen, mit abgeschmeckter Hühnerbrühe aufquellen lassen, während das Huhn gar kocht und dann zur abgeseihten, fertig abgeschmeckten Hühnerbrühe geben. Fleisch von den Knochen lösen, in kleine Stücke schneiden und in die fertige, abgeschmeckte Suppe geben. Mit Petersilie oder Schnittlauch anrichten. Sehr fette Hühnerhaut ablösen, evtl. durch Fleischmaschine drehen und u. U. unter Suppe geben oder zu Haschee verwenden; für Schonkost und Diät stets entfernen und nicht mitverwenden!

Suppennudeln oder Reis können, statt in Hühnerbrühe, auch in Salzwasser gegart und in die klare, gut abgeschmeckte, heiße Brühe gegeben werden.

Zutaten wie Nr. 287
250 g fertige Suppennudeln oder Grundrezept Nudelteig Nr. 918
oder 250 g Reis
Petersilie oder Schnittlauch

289. Eingemachtes Huhn (4–6 Personen)

Huhn kochen wie bei Nr. 287 angegeben, wenn weich, aus der Brühe nehmen, nach Belieben entbeinen und in Portionsstücke teilen, in etwas Brühe warmstellen. Helle Einbrenne herstellen, mit durchgeseihter Hühnerbrühe aufgießen, etwa 5–10 Minuten kochen lassen, mit Verbesserungszutaten abschmecken; portionierte Hühnerstücke in die Soße geben, durchziehen, aber nicht mehr kochen lassen. In Reisrand anrichten. Garzeit je nach Alter des Huhnes 1½–2 Stunden. Für Schon- und Diätkost entfettete Brühe mit Mehl- oder Stärkemehlteiglein oder mit Buttermehlkloß binden.

Man kann die Soße noch verbessern durch Legieren mit Eigelb und mit gedünsteten Champignons anreichern = Hühnerfrikassee.

Beilagen: Reis, Salate nach Belieben.

1 Suppenhuhn
zum Kochen: 2–3 l Wasser
Salz, Wurzelwerk
1 Zwiebel mit der Schale
zur Soße:
30–40 g Fett
1 Zwiebel, 40 g Mehl
½ l Hühnerbrühe
zum Verbessern:
Zitronensaft, 1 Prise Zucker
Weißwein, 4 Eßl. Rahm
Kapern

290. Hühnerfrikassee (4–6 Personen)

1 Suppenhuhn, Salz
zum Dünsten:
30–40 g Butter
1 Zwiebel, Wurzelwerk
etwa 1/2 l Flüssigkeit
1 Zitronenscheibe
1 Stückchen Zitronenschale
Liebstöckel, Basilikum
zur Soße:
helle Einbrenne Nr. 57 mit 1/2 l Dünstbrühe
zum Verbessern:
Zitronensaft, 1 Prise Zucker
Weißwein, Kapern
einige Eßl. Rahm, 1–2 Eigelb
100–150 g Champignons, gedünstet oder
Spargelspitzen gekocht

I. Art: Vorbereitetes Huhn salzen, dünsten wie eingemachtes Kalbfleisch Nr. 140, *Garzeit* je nach Alter des Huhnes ca. 1 1/2 Stunden. Helle Einbrenne herstellen, mit Dünstbrühe aufgießen, 5-10 Minuten kochen lassen, abschmecken, legieren; Huhn in Portionsstücke teilen, nach Belieben entbeinen, in Soße einlegen, Spargel bzw. Champignons zugeben, durchziehen lassen, abschmecken, nicht mehr kochen lassen. Für Schon- bzw. Diätkost Dünstbrühe mit Mehl- oder Stärkemehlteiglein oder Buttermehlkloß binden.

II. Art: Huhn roh entbeinen, in Portionsstücke zerlegen, salzen, in Mehl wenden, in Butter andünsten, Zwiebel und Wurzelwerk mitandünsten, mit etwas Flüssigkeit aufgießen, in geschlossenem Topf bei mäßiger Hitze gar dünsten, bei Bedarf Flüssigkeit nachgießen. *Garzeit* 1-1 1/2 Stunden, Fleischstücke aus Soße nehmen, warm stellen; Soße durch Sieb streichen, mit Verbesserungszutaten abschmecken, falls nötig noch etwas binden, legieren, nicht mehr kochen lassen, Fleischstücke sowie Champignons und Spargel in Soße anrichten.

Hühnerfrikassee kann auch aus gekochtem Suppenhuhn hergestellt werden, siehe Nr. 287, doch ist das Fleisch weniger saftig.

Beilagen: Reis, evtl. Frikassee im Reisring anrichten, Spätzle, Teigwaren; Salate.

291. Feines Hühnerragout

Zutaten wie zu Hühnerfrikassee Nr. 290
Spargelspitzen gekocht
150 g Champignons, gedünstet
100 g magerer Schinken oder geräucherte, gekochte Ochsenzunge
zum Überbacken:
20 g Butterflocken
reichlich geriebener Käse

Hühnerfrikassee herstellen wie bei Nr. 290; gares Huhn von den Knochen lösen, etwas abgekühlt in gleichmäßig große Würfel schneiden, ebenso Schinken und gekochte Zunge würfelig schneiden, diese Zutaten in fertige, abgeschmeckte Soße geben, durchziehen, nicht kochen lassen, zuletzt gekochte Spargelspitzen und gedünstete Champignons zugeben, pikant abschmecken.

Hühnerragout ist sehr gut geeignet als Fülle für Blätterteigpasteten oder es kann als selbständiges Gericht auch überbacken werden: fertiges Ragout in Portionsförmchen füllen, mit Butterflocken und geriebenem Käse belegen, kurz überbacken.

Beliebt als feine *Vorspeise;* als Hauptgericht Reis und Salat dazu reichen.

292. Huhn in Currysoße

1 Suppenhuhn
zum Kochen:
2–3 l Wasser
1 Zwiebel mit der Schale
Wurzelwerk, Salz
Rezept Currysoße Nr. 952

Huhn vorbereiten wie Seite 178/179 angegeben, in Sud weich kochen, in Portionsstücke zerlegen, nach Belieben entbeinen, in wenig Brühe heiß stellen. Currysoße herstellen wie bei Nr. 952 angegeben, zum Aufgießen Hühnerbrühe verwenden, pikant abschmecken, nach Belieben legieren, Fleisch in Soße einlegen, etwas durchziehen, aber nicht mehr kochen lassen.

Beilagen: Reis, grüner Salat.

293. Huhn gedünstet

Huhn vorbereiten wie auf Seite 178/179 beschrieben, salzen, in Bauchhöhle etwas Petersilie geben, in heißem Fett von allen Seiten leicht anbräunen, klein geschnittene Zwiebel und fein geschnittenes Wurzelwerk zugeben, mit andünsten, dann erst mit wenig Flüssigkeit aufgießen, Zitronenscheiben zugeben, in geschlossenem Topf bei mäßiger Hitze gar dünsten, Flüssigkeit nach Bedarf zugießen. *Garzeit* 3/4 bis 1 1/4 Stunden, je nach Größe und Alter des Huhnes. Wenn Huhn weich ist (Keule sticht sich weich an), Huhn in Portionsstücke zerlegen, auf heißer Platte anrichten; aus der Soße Zitronenscheiben entfernen, nach Belieben etwas binden, mit Rahm verbessern, abschmecken, mit Wurzelwerk über angerichtetes Huhn geben. Günstig im Römertopf in der Röhre zu dünsten.

Man kann auch das rohe Huhn in Portionsstücke zerlegen und portioniert in Fett anbräunen, dann dünsten, fertigstellen wie oben.

Beilagen: Reis, Spätzle, Teigwaren, Kartoffelbrei, Kräuterkartoffeln; Gemüse und Salate nach Wahl.

1 junges, fleischiges Huhn
Salz, Petersilie

zum Dünsten:
30–40 g Fett
1 Zwiebel, Wurzelwerk
3/8 l Flüssigkeit
1–2 Zitronenscheiben

zum Binden nach Belieben:
1–2 Teel. Mehl
evtl. als Butter-Mehlkloß
(20 g Butter, 20 g Mehl)

zum Verbessern: etwas Rahm

294. Huhn gedünstet mit Curry oder Paprika
Curryhuhn, Paprikahuhn

Vorbereitetes Huhn vierteln, in heißer Butter mit Zwiebeln schön anbräunen, Curry und geschälten, kleinwürfelig geschnittenen Apfel oder Paprika und Tomatenmark zugeben, salzen, gut durchdünsten, mit etwas heißer Brühe aufgießen und in geschlossenem Topf bei mäßiger Hitze gar dünsten, bei Bedarf jeweils etwas Flüssigkeit nachgießen. *Garzeit* etwa 1 Stunde. Wenn Huhn gar ist, Soße binden durch Buttermehlkloß (10 g Mehl, 10 g Butter) oder Mehlteiglein, mit Rahm, Wein, Zitronensaft und Zucker verbessern, abschmekken. Huhn in Soße anrichten. Günstig im Römertopf in der Röhre zu dünsten.

Beilagen: Reis, Salzkartoffeln, Salate.

1 junges Masthuhn, Salz
zum Dünsten: 30–40 g Butter
oder Öl, 1 Zwiebel
2 Teel. Curry und 1 Apfel
oder 1 Eßl. Paprika und
1–2 Eßl. Tomatenmark
3/8 l Flüssigkeit

zum Binden: 1–2 Teel. Mehl
(evtl. als Buttermehlkloß)

zum Verbessern: 4 Eßl. Rahm
etwas Wein, wenig Zitronensaft, 1 Prise Zucker

295. Huhn gedünstet mit Pilzen

Vorbereitetes Huhn vierteln, mit Paprika bestreuen, in heißer Butter schön anbräunen, salzen, feingeschnittene Zwiebel zugeben, andünsten, mit wenig heißer Flüssigkeit aufgießen, in geschlossenem Topf bei mäßiger Hitze dünsten, bei Bedarf etwas Flüssigkeit nachgießen. Nach etwa 3/4 Stunden geputzte, feinblättrig geschnittene Pilze zugeben, mit dem Huhn weich dünsten, bei Champignons etwas Zitronensaft zugeben. *Garzeit* insgesamt etwa 1 Stunde, je nach Alter und Größe des Huhns. Sobald Huhn weich ist, Soße mit Mehlteiglein oder Buttermehlkloß (10 g Mehl, 10 g Butter) binden, mit Rahm verbessern, abschmecken, Huhn mit den Pilzen anrichten.

Beilagen: Reis, feine Kartoffelgerichte; Salat.

1 junges Masthuhn
etwas Paprika, Salz

z. Dünsten: 30–40 g Butter
1 Zwiebel, 3/8 l Flüssigkeit
250 g Steinpilze oder
Champignons

zum Binden: 1–2 Teel. Mehl
oder Butter-Mehlkloß

zum Verbessern:
4–6 Eßlöffel Rahm

296. Huhn gedünstet mit jungen Gemüsen

1 junges Masthuhn
Salz, Petersilie
zum Dünsten:
50 g Butter
2 Speckscheiben nach Belieben
$^3/_8$ l Flüssigkeit
250 g Karotten
250 g junge zarte Erbsen
250 g junge Bohnen
100 g Champignons, Salz
zum Binden nach Belieben:
1 Teel. Stärkemehl
zum Anrichten:
reichlich Petersilie gewiegt

Vorbereitetes Huhn salzen, in Bauchhöhle Petersilie geben, in etwas heißer Butter (ein Teil der Gesamtmenge) von allen Seiten leicht anbräunen, Brust nach Belieben mit Speckscheiben belegen, mit wenig heißer Flüssigkeit aufgießen, in geschlossenem Topf bei mäßiger Hitze, am besten in der Röhre *halbgar* dünsten, Huhn dabei 1mal wenden. In der Zwischenzeit Gemüse vorbereiten: putzen, waschen, Karotten ganz lassen, Bohnen brechen, Erbsen auspalen, Champignons in Scheiben schneiden; vorbereitete Gemüse mit restlicher Buttermenge um das Huhn legen, etwas andünsten, leicht salzen, bei Bedarf etwas Flüssigkeit zugeben, in geschlossenem Topf mit dem Huhn am besten in der Röhre gar dünsten. *Gesamtgarzeit* etwa $^3/_4$–$1^1/_4$ Stunden. Sobald Huhn gar ist, dieses aus dem Topf nehmen, vierteln oder in Portionsstücke teilen, auf heißer Platte mit den garen Gemüsen anrichten, heiß stellen; Soße nach Bedarf mit einigen Eßlöffeln Brühe aufgießen, nach Belieben leicht binden, abschmecken, etwas über das Huhn geben, Rest zum Huhn reichen; Gemüse mit reichlich gewiegter Petersilie bestreuen. Oder rohes Huhn portionieren und dünsten wie beschrieben. Günstig im Römertopf zu dünsten in der Röhre.
Beilagen: Pommes frites, Pommes chips, Kartoffelbrei oder Reis.

297. Huhn gedünstet mit Wein

1 Masthuhn, Salz
etwas Pfeffer
Kräuter nach Wahl wie
etwas Salbei, Rosmarin
wenig Thymian, fein gewiegt
zum Dünsten: 40 g Butter
oder Öl, 2 Zwiebeln
100 g Champignons
$^1/_8$ l Brühe
$^1/_4$ l Weiß- oder Rotwein
$^1/_2$ Eßl. Mehl als Teiglein

Vorbereitetes Huhn vierteln, mit Würzmischung aus Salz, Pfeffer und fein gewiegten Kräutern von allen Seiten einreiben, in heißer Butter oder in Öl goldbraun anbräunen, fein geschnittene Zwiebelwürfel beifügen, glasig dünsten, mit wenig Fleischbrühe aufgießen, zugedeckt bei mäßiger Hitze fast fertig garen lassen, dann blättrig geschnittene Champignons zugeben, durchdünsten, nach und nach mit Wein aufgießen und fertig garen; *Garzeit* etwa $^3/_4$–$1^1/_4$ Stunden, je nach Alter und Größe des Huhns. Wenn Huhn weich ist, Soße mit Mehlteiglein etwas binden, aufkochen lassen, pikant abschmecken, Huhn in Soße anrichten.
Beilagen: Reis; Salate nach Wahl.

298. Brathähnchen, Brathuhn (Magerbraten)

1–2 Brathähnchen oder
1 großes, junges Masthuhn
Salz, Paprika oder fertige
Geflügel-Gewürzmischung
zum Einlegen in Bauchhöhle:
10 g Butter, Petersiliengrün
Herz und Magen
zum Braten: 50 g Butter
4 Speckscheiben nach Belieben
Wurzelwerk nach Belieben
etwa $^1/_4$ l Brühe
zum Binden nach Belieben:
1 Teelöffel Mehl

Bratfertig vorbereitete Tiere (siehe Seite 178/179) würzen: innen und außen mit Salz und Paprika oder mit fertiger Geflügel-Gewürzmischung einreiben, in Bauchhöhle etwas Butter, Petersilie sowie Herz und Magen legen, dressieren, nach Belieben Brust und Keulen mit Speckscheiben umbinden, Röhre auf 250–240° C vorheizen.
Geflügel kann im Bräter, in Bratraine, in der Fettpfanne oder auf dem Rost gebraten werden. Vorbereitetes Geflügel mit Butter gut bestreichen oder mit heißer Butter begießen, mit *Brustseite nach unten* zusetzen, braten bis der Rücken goldbraune Farbe hat, dann wenden und weiter braten. Während des Bratens mehrmals mit Butter bestreichen oder mit Bratensaft begießen – bei elektrischem Backofen kann dies evtl. entfallen. Während der zweiten Hälfte der Bratzeit

Speckscheiben abnehmen, damit Brust und Keulen gute Bräunung erfahren. Sobald schöne Bräunung erreicht ist, etwas kochende Brühe seitlich zugießen. Brathähnchen und Brathühner werden wie Magerbraten Nr. 173 gebraten. *Brathitze:* 250–240° C, *Einschubhöhe:* mittlere oder untere Schiene. *Bratzeit:* Hähnchen etwa 45 Minuten, größeres Masthuhn 1–1 1/2 Stunden. *Garprobe:* Keulen stechen sich weich an, Fleischsaft ist wasserhell.
Gares Geflügel aus Röhre nehmen, dabei etwas kippen, damit der Saft aus der Bauchhöhle in die Soße läuft, dann heiß stellen. Soße falls nötig etwas aufgießen, Bratenansatz lösen, aufkochen lassen, nach Belieben etwas binden, abschmecken.
Geflügel zerlegen (siehe Seite 180), auf heißer Platte anrichten, mit jungen Gemüsen, Pommes frites oder Pommes chips, Tomaten oder Petersiliengrün garnieren, rasch zu Tisch geben.
Beilagen: Bratkartoffeln, Butterschwenkkartoffeln, feine Gemüse, Apfelbrei; Salate.

299. Brathähnchen, Brathuhn gefüllt, gebraten (Magerbraten)

Geflügel bratfertig vorbereiten (s. Seite 178/179), innen und außen mit Salz und Paprika oder fertiger Geflügel-Würzmischung einreiben, etwas durchziehen lassen.
Fülle herstellen: Semmeln abreiben und in Milch einweichen; feingewiegte Zwiebel und Petersilie in Butter andünsten, sehr gut ausgedrückte, zerzupfte Semmeln zugeben, mit andünsten, zum Kloß abbacken; Leber, Herz und Magen durch Fleischmaschine geben, mit allen Zutaten mischen, gut abschmecken. Geflügel füllen, zunähen, dressieren, wie Brathähnchen braten siehe Nr. 298. *Brathitze* 240 bis 230° C, *Bratdauer* ist durch die Fülle um etwa 50% verlängert und beträgt etwa 1 1/4–1 3/4 Stunden. Soße fertigstellen wie bei Brathähnchen; vorsichtig tranchieren, mit Fülle anrichten.
Beilagen wie Brathähnchen Nr. 298.

Zutaten wie Nr. 298
Semmelfülle:
2 Semmeln, 1/8 l Milch
20 g Butter, 1 Eßl. Zwiebel
2 Eßl. Petersilie, 2 Eier
Herz, Leber, Magen des Geflügels, Salz, Pfeffer
geriebene Zitronenschale
Basilikum
od. 1/2 Rezept Fleischfülle wie Nr. 182 mit Geflügelinnereien

300. Poularde mit Champignons gefüllt, gebraten (Magerbraten)

Bratfertig vorbereitete Poularde (siehe Seite 178/179) innen und außen mit etwas Zitronensaft bestreichen, mit Salz und frisch gemahlenem Pfeffer einreiben, an der Brust Haut lockern, untergreifen. Champignons putzen, waschen, in Scheiben schneiden, in die untergriffene Tasche Champignonscheiben oder Fülle von Nr. 299 mit gehackten Champignons schieben, Rest in Bauchhöhle legen. Geflügel dressieren, Brust und Keulen evtl. mit rohen Speckscheiben umbinden. Gefüllte Poularde mit Butter bestreichen, in vorgeheizte Bratröhre geben und wie Magerbraten erst mit der Brust nach unten braten; hat Rücken schöne Bräunung, wenden, weiterbraten, nach etwa der halben Garzeit Speck abbinden, unter fleißigem Bestreichen mit Butter und Begießen mit Bratensaft fertig braten, bei Bedarf jeweils etwas Brühe seitlich zugießen. *Brathitze:* 240–230° C, *Einschubhöhe* untere Schiene; *Bratdauer* 1 1/4 bis 1 3/4 Stunden je nach Größe des

1 Poularde, etwas Zitronensaft, Salz, Pfeffer, (frisch gemahlen)
250 g Champignons oder Fülle von Nr. 299 mit 150 g gehackt. Champignons
zum Braten:
4 rohe Speckscheiben
50–60 g Butter
1/4 l Brühe, reichlich
evtl. 1 Gläschen Sherry
zum Binden nach Belieben:
1 Teel. Mehl od. Stärkemehl

Geflügels. Sobald Geflügel gar ist, aus der Soße nehmen, Saft aus Bauchhöhle zur Soße gießen, heiß stellen; Soße fertigstellen: Bratansatz lösen, aufkochen lassen, nach Belieben wenig binden, abschmecken, mit etwas Sherry verbessern. Poularde sorgfältig tranchieren, auf heißer Platte mit etwas Soße überziehen.
Beilagen: Stangenspargel mit Butter, feine Kartoffelgerichte oder Reis; Salate nach Wahl.

301. Brathähnchen in Aluminiumfolie gegart

1–2 Brathähnchen oder
1 junges Masthuhn, Salz
etwas Rosmarin oder
Petersilie
Öl oder Butter
Aluminiumfolie

Vorbereitetes Geflügel nach dem Waschen halbieren (mit Geflügelschere schneiden), Innenseiten mit etwas Salz und Rosmarin oder gewiegter Petersilie einreiben, Außenseite nach Belieben mit etwas Butter oder Öl bestreichen. Aluminiumfolie für jede Geflügelhälfte abtrennen, sorgfältig ölen. Geflügelhälften auf je eine Aluminiumfolie legen, diese locker einschlagen, zweimal umfalzen, dabei soll zwischen Fleisch und Folie etwa 2–3 cm Luftschicht bleiben; Schmalseiten der Folie zweimal umfalzen und nach oben schlagen, so daß kein Saft ausfließen kann (siehe Seite 31/32). Verpackte Hähnchen vorsichtig (Folie nicht verletzen) auf Blech oder Fettpfanne in gut vorgeheizte Bratröhre geben und Geflügel bei etwa 230–225° C garen. *Garzeit* etwa 45–60 Minuten. Geflügel mit dem Eigensaft auf heißer Platte anrichten.
Soll Geflügel etwas Bräunung bekommen, dann Folie nach etwa 30 Minuten vorsichtig öffnen, Geflügel mit Butter bestreichen und bei guter Oberhitze auf hochgestelltem Blech oder Fettpfanne noch etwa 15 Minuten braten, bis gute Bräunung erreicht ist.
Auch *gefüllte Hähnchen* können in Aluminiumfolie gegart werden. Hierzu gefüllte Hähnchen (siehe Nr. 299) im ganzen einzeln sorgfältig in geölter Folie einschlagen (siehe Abb. Seite 31/32) und in gut vorgeheizter Röhre auf Blech oder in Fettpfanne liegend garen.
Brattemperatur für gefüllte Hähnchen: in den ersten 30 Minuten bei 220–200° C, in den zweiten 30 Minuten bei 200–180° C in geschlossener Folie garen; soll Bräunung erzielt werden, dann nach 1 Stunde Bratzeit Folie öffnen, Geflügel bei guter Oberhitze auf hochgestelltem Blech noch etwa 20–30 Minuten bräunen. Bei mancher Diät ist auf Bräunung zu verzichten.

302. Backhähnchen Wiener Art*

2 junge Hähnchen, Salz
zum Panieren:
2–3 Eßl. Mehl
2 Eier mit 2 Eßl. Milch
oder Wasser und
1 Eßl. Öl verschlagen
10–12 Eßl. Semmelbröseln
wasserfreies Backfett
zum Anrichten:
Zitronenspalten, Petersilie

Vorbereitete Backhähnchen nach dem Waschen trocken tupfen, vierteln oder in etwas kleinere Portionen schneiden, nach Belieben entbeinen, dickere Stücke etwas flachklopfen; dann salzen, erst in Mehl, dann in die mit Milch oder Wasser und Öl verquirlten Eier tauchen, dann in Semmelbröseln wenden, sofort in heißem Fett schwimmend backen. Backzeit etwa 12 Minuten, dickere Stücke länger. Mit Zitronenspalten und Petersilie anrichten.
Man kann auch einige Petersiliensträußchen, sehr gut abgetrocknet, in heißem Fett backen und mit auf die Platte geben.
Beilagen: Gemischte Salate, Remouladensoße.

303. Tauben gebraten (Magerbraten)

Vorbereitete Tauben (s. Seite 178/179) – mindestens 2 Tage abgehangen – innen und außen mit Salz und etwas Pfeffer einreiben, Brustseite mit Speckscheiben umbinden, mit Brustseite nach unten in heißes Fett in den Bräter geben oder auf dem Rost garen, unter häufigem Begießen mit Bratenfett braten, bis Rücken etwas gebräunt ist, dann wenden, bei Bedarf nur wenig heiße Brühe seitlich zugießen, weiterbraten, etwa 20 Minuten vor Ende der Garzeit Speckseite abnehmen, damit gute Bräunung erreicht wird, unter fleißigem Begießen gar braten. *Brattemperatur* etwa 240–230° C, *Einschubhöhe:* Mittelschiene; *Bratzeit:* 3/4 Stunde. Tauben aus Soße nehmen, heiß stellen, Soße nach Belieben mit etwas Sauerrahm verbessern, gut abschmecken; Täubchen ganz oder halbiert mit etwas Soße anrichten.
Beilagen: Kartoffelbrei, feine Gemüse; Salate.

4 junge Tauben
Salz, etwas Pfeffer
4 Speckscheiben
zum Braten:
40–60 g Butter oder Fett
1/4 l Brühe
4 Eßlöffel Rahm nach Belieben

304. Gefüllte Tauben gebraten (Magerbraten)

Vorbereitete Tauben – mindestens 2 Tage abgehangen – evtl. nach Belieben entbeinen (siehe Seite 179), innen und außen mit Salz und etwas Pfeffer einreiben. Fülle herstellen: Innereien der Tauben durch Fleischmaschine geben oder im Mixer pürieren, Semmeln fein schneiden und in lauwarmer Milch einweichen; feingewiegte Zwiebel und Petersilie in Butter andünsten, eingeweichte, ausgedrückte Semmeln zugeben, mit andünsten, zu Kloß abbacken, etwas abkühlen lassen, alle Zutaten unterrühren, abschmecken, in Tauben füllen, zunähen. Tauben auf Brustseite nach Belieben mit dünnen Speckscheiben umbinden, mit der Brustseite nach unten in heißem Fett braten wie Nr. 303, dann wenden, weiter braten, nach Bedarf etwas Flüssigkeit seitlich zugeben, unter fleißigem Begießen mit Bratensaft braten; etwa 20 Minuten vor Ende der Garzeit Speckscheiben entfernen, Brustseite unter fleißigem Begießen schön bräunen lassen. *Brattemperatur* 230–220° C, *Bratdauer* 1–1 1/4 Stunden, *Einschubhöhe:* Mittelschiene. Tauben aus Soße nehmen, Faden entfernen, ganz oder halbiert anrichten; Bratenansatz in der Soße aufkochen lassen, Soße nach Belieben mit etwas Rahm verbessern, gut abschmecken, zu den Tauben reichen. *Beilagen* wie bei gebratenen Tauben Nr. 303.

4 junge Tauben
Salz, etwas Pfeffer
evtl. 4 Speckscheiben
zur Fülle:
Magen, Herzen und Leber der Tauben
2–3 alte Semmeln
Milch zum Einweichen
20 g Butter, 2 Teel. Zwiebeln
2 Teel. Petersilie
2 Eier, Salz, etwas Pfeffer
etwas Zitronenschale
zum Braten:
40–60 g Butter oder Fett
etwa 1/4 l Brühe
evtl. etwas saurer Rahm

305. Tauben auf Wildbretart gedünstet

Vorbereitete Tauben (siehe Seite 178/179) 2–3 Tage in Beize legen, täglich wenden; vor dem Zusetzen mit Salz und etwas Pfeffer leicht einreiben, in heißem Fett von allen Seiten anbräunen, feingeschnittene Zwiebel und Wurzelwerk zugeben, mit andünsten, mit etwas abgeschmeckter, evtl. verdünnter Beize wenig aufgießen, 1 Stückchen Zitronenschale beifügen, zugedeckt bei mäßiger Hitze gar dünsten; 10 Minuten vor Ende der Garzeit Rahm zugeben, bei Bedarf etwas Beize nachgießen. Sind die Tauben gar, Soße evtl. etwas binden, abschmecken. Tauben in der Soße anrichten. *Garzeit* 3/4 bis 1 Stunde. *Ältere Tauben* nach dem Vorbereiten halbieren, beizen, in abge-

4 junge oder 3 ältere Tauben
Beize Nr. 322
Salz, etwas Pfeffer
30–40 g Butter oder Fett
1 Zwiebel, Wurzelwerk
1 Stückchen Zitronenschale
etwa 1/4 l abgeschmeckte Beize
2–3 Eßl. Rahm
zum Binden nach Belieben:
1 Eßl. Mehl

schmeckter Beize halbweich kochen, dann dünsten und fertigstellen wie oben. *Garzeit* je nach Alter bis $1^1/_2$ Stunden.
Beilagen: Semmelknödel, gekochte Kartoffelknödel, Kartoffelgerichte verschiedener Art, Gemüse oder Salate.

306. Pute, Truthahn, Indian gebraten
Farbbild neben S. 176
(Mager-, evtl. Fettbraten) (6–12 Personen je nach Größe)

1 junge Pute
Salz, Pfeffer nach Belieben
zum Braten:
80 g Butter
$^1/_2$–$^3/_4$ l Flüssigkeit
zum Dämpfen älterer, fetter Tiere:
$^3/_4$–1 l kochendes Wasser
zum Binden nach Belieben:
1 Eßl. Mehl oder
2 Teel. Stärkemehl
zum Garnieren:
Orangen- oder Ananasscheiben
Mandarinenspalten enthäutet
sterilisierte Kirschen
feines Apfelmus
glasierte Kastanien u.a.m.

Truthennen haben meist zarteres Fleisch als Truthähne.
Pute vorbereiten wie Seite 178/179 angegeben, evtl. Brustbein eindrücken, nach dem Waschen und Abtrocknen am Vorabend innen mit Salz und Pfeffer, außen nur mit Salz einreiben, kühl stellen, vor dem Zusetzen dressieren. Pute gut mit Butter bestreichen oder mit heißer Butter übergießen, auf unterer Schiene in vorgeheizte Röhre mit Brustseite nach unten einschieben; wenn Rücken gebräunt ist, mit Brustseite nach oben braten wie Magenbraten Nr. 173, während des Bratens häufig mit Butter bestreichen und mehrmals mit Bratensaft übergießen, damit Pute von allen Seiten schön bräunt. Keulen evtl. mit Speckscheiben belegen. Bei Bedarf jeweils wenig heiße Flüssigkeit seitlich zugießen.
Brattemperatur: 210–190° C, die letzten 10 Minuten 240° C. *Einschubhöhe* untere Schiene – *Bratdauer:* $2^1/_2$–3, evtl. $3^1/_2$ Stunden, je nach Größe. Gare Pute muß von allen Seiten schön gebräunt sein, Keulen müssen sich weich anstechen. Um knusprige Haut zu erzielen, kann man Geflügel in den letzten 10 Minuten mehrmals mit Salzwasser bestreichen und bei guter Oberhitze überbraten. Gare Pute aus der Soße nehmen, heiß stellen; Soße entfetten, Bratansatz lösen, in Soße aufkochen, nach Belieben binden, abschmecken. Tranchieren s. Seite 180.
Fette und ältere Tiere mit der Brustseite nach unten in den Bräter oder auf Rost legen, mit kochendem Wasser *zugedeckt* etwa $1^1/_2$ Stunden in der Röhre *dämpfen,* damit Fett austritt; dann *offen* in der heißen Röhre im eigenen Fett braten wie Fettbraten Nr. 174, erst mit der Brustseite nach unten; ist Rücken gebräunt, mit Brustseite nach oben braten unter öfterem Begießen mit Bratensaft; jeweils bei Bedarf wenig kochende Flüssigkeit seitlich zugießen. Fertigstellen des Bratens und der Soße wie oben angegeben.
Garnituren müssen vorbereitet und heiß sein, damit Braten nicht zu sehr abkühlt. Beliebte Obstgarnituren sind: Gefüllte Äpfel, Ananas- oder entkernte Orangenscheiben, in wenig Butter leicht gebraten, enthäutete Mandarinenspalten, feines Apfelmus, Preiselbeeren, sterilisierte Kirschen. An Gemüsen kommen alle feinen, jungen Gemüse, auch Rosenkohl, in Butter geschwenkt und glasierte Kastanien zur Verwendung.
Putenschlegel tiefgefroren sehr gut antauen lassen, würzen und braten wie oben beschrieben. Verkürzte Garzeit beachten.
Beilagen: Kartoffelbrei, gedünstete Kartoffeln; Ananaskraut, alle feinen Gemüsearten, glasierte Kastanien; feine Salate.

307. **Gefüllte Pute gebraten** (Magerbraten) (10–12 Personen je nach Größe)

Pute vorbereiten wie Seite 178/179 angegeben, am Vorabend nach dem Waschen und Abtrocknen innen mit Salz und Pfeffer, außen mit Salz einreiben, kalt stellen. Am anderen Tag füllen, zunähen, dressieren, mit Brustseite nach unten zusetzen und braten wie bei Pute gebraten Nr. 306 angegeben. *Brattemperatur* 210–190° C, *Einschubhöhe* untere Schiene, *Bratdauer* etwa 3½ Stunden je nach Größe; evtl. in der ersten Stunde der Garzeit im geschlossenen Bräter garen, um zu rasches Bräunen zu verhindern. Tranchieren wie auf Seite 180 angegeben, Fülle in Scheiben schneiden und mit anrichten.

Fülle: Fleisch, Leber und Herz zweimal durch Fleischmaschine mit feiner Lochscheibe drehen; feingewiegte Zwiebeln und Petersilie in Butter andünsten, in Milch eingeweichte Semmeln sehr gut ausdrücken, mit andünsten, etwas abkühlen lassen, mit Hackfleisch, Eiern und Gewürzen mischen, gut abarbeiten, abschmecken.

Garnituren und *Beilagen* wie bei Pute gebraten Nr. 306.

1 junge Pute, Salz, Pfeffer
Fülle: 250 g Kalbfleisch, 250 g Schweinefleisch (nicht zu fett)
Putenleber und Herz
3 Eier, 50 g Butter
1–2 Zwiebeln, reichlich Petersilie, etwas Majoran
2 Semmeln, in Milch eingeweicht, Salz
zum Braten: 80 g Butter
¾–1 l Flüssigkeit
zum Binden nach Belieben:
1 Eßl. Mehl oder
2 Teel. Stärkemehl
zum Garnieren: wie Nr. 306

308. **Ente gebraten, Ente gefüllt gebraten** (Mager-, evtl. Fettbraten) (4–6 Personen)

Junge Mastente vorbereiten wie auf Seite 178/179 angegeben, 1–2 Stunden vor dem Zusetzen mit Salz und nach Belieben mit etwas Pfeffer innen und außen einreiben, kalt stellen. Junge Mastente entweder ungefüllt braten oder mit Fülle nach Wahl füllen, zunähen und dann braten.

Junge fleischige Mastenten als Magerbraten wie Nr. 173 braten: Mit Brustseite nach unten in Bräter oder auf Rost der Fettpfanne geben, Zwiebel im ganzen beifügen, mit heißem Fett übergießen oder mit Butter bestreichen, in vorgeheizter Röhre unter öfterem Begießen mit Bratfett (kann in Elektrobratofen evtl. entfallen) braten lassen, bei Bedarf nur wenig heiße Flüssigkeit seitlich zugießen. Wenn Rücken gebräunt ist, Geflügel wenden, mit Brustseite nach oben unter öfterem Begießen mit Bratensaft schön braun braten. In den letzten 10 Minuten mehrmals mit Bier oder Salzwasser bestreichen und bei etwas erhöhter Brathitze überbraten, wodurch Haut sehr rösch und knusprig wird.

Brattemperatur: 220–200° C, in den letzten 10 Minuten etwa 240° C; *Einschubhöhe:* mittlere oder untere Schiene, *Bratdauer* etwa 1 bis 1½ Stunden, gefüllte Ente etwa ½ Stunde länger.

Nach dem Garen Ente aus Soße nehmen, heiß stellen, vor dem Tranchieren evtl. Nähfaden entfernen; Soße fertigstellen: Bratenansatz lösen, aufkochen lassen, evtl. Soße entfetten, nach Belieben binden, abschmecken; Ente tranchieren (siehe Seite 180), Fülle auf heißer Platte mit anrichten.

Junge Mastenten eignen sich auch zum Grillen (siehe Nr. 444).

Fette Enten wie *Fettbraten* Nr. 174 behandeln: mit Brustseite nach unten in Bräter oder auf Rost der Fettpfanne legen, mit etwa ¼ Liter

1 junge Mastente, Salz
Pfeffer, 1 Zwiebel
zum Braten:
60 g Fett, ⅜ l Flüssigkeit
etwas Bier zum Bestreichen
zum Binden nach Belieben:
1 Teel. Stärkemehl
Füllmöglichkeiten:
Apfelfülle:
5–6 mürbe, mittelgroße Äpfel
Kastanienfülle:
750 g geschälte Kastanien
30 g Butter, 1 Teel. Zucker
Salz, etwas Flüssigkeit
Gemischte Fülle:
½ Rezept Apfelfülle
½ Rezept Kastanienfülle
Kartoffelfülle: 6–8 kleine, geschälte Kartoffeln, Salz
Semmelfülle:
3 alte Semmeln, 12 Eßl. Milch, 2 Eier, 2 Eßl. Rahm
Herz, Leber, Magen d. Ente
20 g Butter, Zwiebel und Petersilie, Salz, Pfeffer

kochendem Wasser zunächst zugedeckt in vorgeheizte Röhre geben, durch Wasserdampf soll Fett austreten. Das Braten beginnt hier erst, wenn alles Wasser verdampft ist, dann offen braten; während des Bratens Ente mehrmals mit ausgebratenem Fett begießen. Sobald Rücken gebräunt ist, Ente wenden und mit Brustseite nach oben ebenso braten, nach Bedarf jeweils wenig kochende Flüssigkeit seitlich zugießen. Während des Bratens Haut seitlich und unterhalb der Keulen mehrmals anstechen (aber nicht das Fleisch!), damit Fett gut ausbraten kann. Fertigstellen des Bratens wie oben angeben. *Garzeit* je nach Größe und Alter etwa 1–1½ Stunden, gefüllte Enten ½ Stunde länger. Soße entfetten, fertigmachen wie oben.

Apfelfülle: 5–6 mürbe, geschälte, vom Kernhaus befreite Äpfel in vorbereitete, gewürzte Ente füllen, zunähen. Fülle beim Anrichten mit auf die Platte legen.

Kastanienfülle: Kastanien einschneiden, in vorgeheizter Röhre trokken erhitzen, bis äußere Schale und innere Haut leicht zu entfernen sind, schälen, in Fett mit Zucker, Salz und wenig Flüssigkeit halbweich dünsten, in vorbereitete Ente füllen, zunähen.

Gemischte Fülle: Apfel- und Kastanienfülle etwa in halber Menge herstellen, abwechselnd in vorbereitete Ente füllen, zunähen.

Kartoffelfülle: 6–8 kleine, geschälte Kartoffeln etwas salzen, evtl. mit etwas Majoran oder Beifuß mischen, in vorbereitete Ente einfüllen, zunähen.

Semmelfülle: Semmelwürfel mit Milch übergießen, durchziehen lassen; Innereien durch Maschine treiben, feingewiegte Zwiebel und Petersilie in etwas Butter andünsten, alle Zutaten sehr gut mischen, würzen, abschmecken, in vorbereitete Ente füllen, zunähen.

Garnituren: Jeweilige Fülle, Entenleber für sich gebraten mit Apfelscheiben, gefüllte Äpfel, Orangen- oder Grapefruitscheiben entkernt, in Butter kurz gebraten, sterilisierte Sauerkirschen, feines Apfelmus, glasierte Kastanien, Rosenkohl, Petersilie. Garnituren müssen vorbereitet und gut heiß sein, damit Braten nicht zu sehr abkühlt.
Beilagen: Rosenkohl, Ananaskraut, Blaukraut (Rotkohl), glasierte Kastanien, Apfelmus, Kartoffelklöße, Kartoffelbrei, evtl. in Soße mitgebratene Kartoffelschnitze, Selleriesalat und andere Salate.

309. Gefüllte Äpfel als Bratengarnitur

Kleinere, nicht verkochende Äpfel
Sud: kochendes Wasser
Zucker, Zitronenschale
Zitronensaft nach Geschmack
etwas Weißwein
zum Füllen: Johannisbeergelee oder Preiselbeeren

Äpfel schälen, Kernhaus ausstechen, rasch waschen, sofort in soviel gut abgeschmecktem, kochenden Sud zusetzen, daß Äpfel bedeckt sind, damit sie sich nicht verfärben, unter einmaligem Wenden vorsichtig gar kochen, müssen aber Form gut behalten; mit Seihlöffel auf Platte setzen, mit Johannisbeergelee oder eingemachten Preiselbeeren füllen, warm stellen.

310. Gans gebraten (Fettbraten) (6–8 Personen)

1 junge Gans
Salz, Pfeffer
Beifuß nach Belieben
zum Garen:
$^{3}/_{4}$–1 l Wasser
zum Binden nach Belieben:
1–2 Teelöffel Stärkemehl
zum Bestreichen:
Bier oder Salzwasser

Vorbereitete Gans am Vorabend innen und außen mit Salz und Pfeffer einreiben, kalt stellen, nach Belieben vor dem Braten ein Sträußchen Beifuß in Bauchhöhle geben. Gans mit Brust nach unten in Bratgeschirr (Fettpfanne) legen, mit etwa $^{1}/_{4}$–$^{3}/_{8}$ l kochendem Wasser zugedeckt in vorgeheizter Röhre etwa $^{3}/_{4}$ Stunde dämpfen, damit Fett schmilzt und austritt; wenn Flüssigkeit verdampft ist, offen in der Röhre im eigenen Fett wie Fettbraten Nr. 174 *braten*, dabei öfter mit dem ausbratendem Fett begießen. Um Ausbraten von Fett zu erleichtern, Haut an den Seiten unter den Flügeln und unterhalb der Keulen während des Bratens mehrmals leicht einstechen – aber nicht Fleisch anstechen! Brät reichlich Fett aus, dieses mehrmals abschöpfen. Während des Bratens je nach Bedarf nach und nach etwas kochende Flüssigkeit seitlich zugießen. Hat der Rücken Farbe bekommen, Gans wenden und mit der Brustseite nach oben unter öfterem Begießen mit Bratfett schön braun und knusprig braten. Etwa 10 Minuten vor Ende der Garzeit, wenn Geflügel schön braun und gar ist (Keulen stechen sich weich an), Gans mit Salzwasser oder Bier bestreichen und bei guter Oberhitze überbraten, um rösche, knusprige Haut zu erzielen. *Brattemperatur:* Erste Hälfte der Bratzeit 220–210, zweite Hälfte 200–190° C, in den letzten 10 Minuten etwa 240° C; *Einschubhöhe:* untere Schiene auf Rost oder in Fettpfanne; *Garzeit:* 2–3 Stunden je nach Größe und Alter der Gans.

Nach dem Braten Gans aus Soße nehmen, heiß stellen; Soße entfetten, Bratenansatz lösen, aufkochen lassen, nach Belieben binden, abschmecken. Gans in Portionsstücke teilen (siehe Seite 180), auf heißer Platte anrichten, *rasch* mit vorbereiteten Garnituren verzieren und zu Tisch geben.

Sehr junge, fettarme Gänse wie *Jungmastente* Nr. 308 mit Fettzugabe braten; nach Belieben eine Zwiebel mitbraten.

Garnituren: Gefüllte Äpfel, glasierte Kastanien, feines Apfelmus, Rosenkohl, Preiselbeeren, Petersilie.

Beilagen: Blaukraut, Rosenkohl, Ananaskraut, Wirsing, Kastanien, Kartoffelknödel, Kartoffelbrei, feines Apfelmus, Selleriesalat.

311. Gans gefüllt gebraten

1 junge Gans, Salz, Pfeffer
etwas Beifuß nach Belieben
Fülle nach Wahl
wie bei Nr. 308
zum Garen und Binden:
wie Nr. 310

Gans vorbereiten und würzen wie bei Gans gebraten Nr. 310, nach Belieben innen mit etwas Beifuß einreiben; vorbereitete Gans mit Fülle nach Wahl füllen, zunähen, braten wie bei Nr. 310. Angegebene *Garzeit* der gefüllten Gans erhöht sich um etwa $^{1}/_{2}$ Stunde. Beim Tranchieren Nähfaden entfernen, Gans in Portionen schneiden, Fülle beim Anrichten mit auf Platte geben, Semmelfülle in schöne Scheiben schneiden.

Füllmöglichkeit wie Nr. 308, Apfel- oder Kastanienfülle $1^{1}/_{2}$ mal, Semmelfülle $1^{1}/_{2}$–2 mal mit 150 g Kalbsleber.

Garnituren und Beilagen wie bei Nr. 308 oder 310.

312. Ente, Pute oder Huhn entbeint und gefüllt

1 ältere Ente, Pute oder älteres Huhn
Salz, etwas Pfeffer

Fülle für 1 Ente:
150 g Kalbs- od. Geflügelleber, 20–30 g Butter
2 Schalotten oder Zwiebeln
375 g Kalbsschlegel
250 g Schweinefl. mittelfett
60 g gekochte, geräucherte Ochsenzunge oder Schinken
zum Mehlkloß: 40 g Butter
50 g Mehl, 1/8 l Brühe
1 Eigelb, 1 ganzes Ei
1 Eßl. dicker saurer Rahm

60–100 g Speckscheiben

zum Garen: gebrühtes Tuch
3–5 l Fleischbrühe
je nach Garzeit

zum Garnieren:
helles Aspik, harte Eier
Tomatenscheiben, Petersilie

Geflügel entbeinen wie auf Seite 179 beschrieben, rasch waschen, leicht abtrocknen, mit Salz und etwas Pfeffer einreiben. Knochen klein hacken, etwas anbräunen, Brühe davon kochen.

Fülle herstellen: (für 1 Huhn 1/2 Rezeptmenge, für 1 große Pute 3 mal Rezeptmenge). Leber im ganzen mit Schalotten oder Zwiebeln in Butter leicht andünsten; die Hälfte der Leber mit Zwiebeln mit vorbereitetem Kalb- und Schweinefleisch dreimal durch Fleischmaschine drehen, die andere Hälfte der Leber mit Zunge oder Schinken in kleine Würfel schneiden.

Mehlkloß herstellen: Butter zerlassen, Mehl zugeben, licht rösten, mit Brühe aufgießen, gut abbacken, etwas auskühlen lassen, Eigelb, ganzes Ei und Rahm untermengen, abgekühlt mit durchgetriebenem Fleisch sehr gut verarbeiten, damit die Fülle bindig wird, gut abschmecken, zuletzt gewürfelte Leber und Zunge oder Schinken untermengen.
Entbeintes und gewürztes Geflügel gleichmäßig füllen, zunähen, Brustseite mit Speckscheiben belegen, in gebrühtes Tuch binden, in kochender, abgeschmeckter Brühe zusetzen und bei mäßiger Hitze langsam und leise weich kochen lassen. Garprobe: Schenkel müssen sich weich anstechen. *Garzeit* je nach Geflügelart, Größe und Alter: ca 2–3 1/2 Stunden.

Nach dem Garen Geflügel im Sud erkalten lassen, dann aus der Brühe nehmen, Tuch und Fäden entfernen, leicht beschweren, kalt stellen. Für kalte Platte in feine Scheiben schneiden, garnieren, evtl. mit Aspik überziehen, kalt stellen.

Garnituren: Aspik, Scheiben von harten Eiern, Tomaten und Gewürzgurken, Petersiliengrün.

313. Risotto mit Geflügelleber

250 (300) g Hartreis
3–4 Eßl. Öl, 1 Zwiebel
1/2 l Geflügelbrühe (reichlich)

zur gedünsteten Leber:
250–400 g Geflügelleber
40 g Butter, 1–2 Zwiebeln
1 Eßl. Mehl, 1/8 l Brühe
4 Eßl. Rahm
1–2 Teel. Tomatenmark
etwas Zitronensaft, Salz
Weißwein nach Geschmack

Risotto herstellen: Reis waschen, brühen, sehr gut abtropfen, evtl. ausgebreitet etwas abtrocknen lassen; feingeschnittene Zwiebel in Öl glasig dünsten, Reis zugeben, etwas anrösten, mit gut abgeschmeckter, kochender Brühe auffüllen, aufkochen lassen und bei mäßiger Hitze zugedeckt, am besten in der Röhre gar quellen lassen, *Garzeit* etwa 20 Minuten, Reis muß körnig bleiben.
Gewaschene Geflügelleber nach Belieben in etwas Milch einlegen, dann in feine Scheibchen schneiden; feingeschnittene Zwiebeln in Butter lichtgelb andünsten, Leber zugeben, bei guter Hitze rasch andünsten, bis kein Blut mehr austritt, dann leicht mit Mehl stauben, etwas anrösten, mit Brühe aufgießen, knapp 5 Minuten zugedeckt dünsten lassen, mit Rahm, Tomatenmark, Zitronensaft und etwas Wein, zuletzt mit Salz pikant abschmecken, locker mit Gabel unter den Risotto mischen, sofort zu Tisch geben.

Beilage: Salate.

314. Geflügelleber mit Pilzen und Reis

Reis waschen, brühen, in reichlich kochendem Salzwasser springend knapp 20 Minuten kochen, abseihen, überbrausen, sehr gut abtropfen lassen, in der offenen, vorgeheizten Röhre trocknen und gut heiß werden lassen. Geflügelleber waschen, in etwas kalte Milch legen, dann in feine Scheibchen schneiden. Pilze sorgfältig putzen, gründlich waschen, in Scheibchen schneiden. Feingeschnittene Zwiebel in Butter oder Öl andünsten, Pilze zugeben, dünsten bis der Saft eingesogen ist, Leberscheibchen zugeben, andünsten, bis kein Blut mehr austritt, dann mit wenig Mehl überstauben, kurz anrösten, mit Brühe ablöschen, ein paarmal gründlich aufkochen lassen, mit Rahm und Wein verbessern, zuletzt mit Salz abschmecken, locker unter den heißen Reis mengen, sofort zu Tisch geben.
Beilage: Salate.

250 (300) g Hartreis
reichlich Salzwasser
250 g Geflügelleber
40 g Butter oder Öl
1–2 Zwiebeln
150 g Champignons oder Steinpilze
1 Eßl. Mehl, 1/8 l Brühe
etwas Weißwein
2–4 Eßl. Rahm, Salz

315. Geflügelrisotto

Reis waschen, brühen, sehr gut abtropfen und auf Tuch liegend etwas trocknen lassen; feingeschnittene Zwiebel in Öl glasig dünsten, abgetrockneten Reis zugeben, etwas anrösten, mit kochender, kräftig abgeschmeckter Geflügelbrühe aufgießen, einmal aufkochen lassen, zugedeckt bei mäßiger Hitze gar quellen lassen. Reis muß körnig bleiben. *Garzeit* etwa 20–25 Minuten. Während des Garens vom Reis Geflügelfleischreste in gleichmäßige, nicht zu große Würfel schneiden, fein geschnittene Zwiebel in Butter andünsten, Geflügelfleisch, Tomatenmark und Fleischbrühe sowie etwas Rahm zugeben, abschmecken, kurz aufkochen lassen, mit gewiegter Petersilie und Reibkäse vorsichtig unter den garen Reis mischen, in gefettete, feuerfeste Form füllen, dicht mit Käse und Butterflöckchen bestreut noch etwa 10 Minuten in vorgeheizter Röhre überbacken.
Beilagen: Pikante Soßen nach Belieben wie Currysoße, Champignonsoße, Tomatensoße; Salate nach Wahl.

Zum Risotto:
250 (300) g Hartreis
4 Eßl. Öl, 1 große Zwiebel
1/2 l Geflügelbrühe (reichlich)
zum Geflügelragout:
250–350 g Geflügelfleischreste (gekocht od. gebraten)
30 g Butter, 1 Zwiebel
1 Eßl. Tomatenmark
4 Eßl. Geflügelbrühe
1–2 Eßl. Rahm, Petersilie
50 g geriebener Käse
zum Überbacken: 20 g Butter
30–50 g geriebener Käse

316. Geflügelreis mit Curry

Rohes Suppenhuhn entbeinen, Fleisch in Würfel von etwa 1 1/2–2 cm Kantenlänge oder in Streifen schneiden; feingeschnittene Zwiebel in Butter glasig dünsten, geschnittenes Hühnerfleisch zugeben und bei guter Hitze goldgelb anbräunen, Curry und Mehl darüber streuen, mit andünsten, dann geschälte, in kleine Würfel geschnittene Äpfel zugeben, etwas durchdünsten, salzen, mit Brühe aufgießen und bei mäßiger Hitze zugedeckt garen, zuletzt mit Rahm verbessern. *Garzeit* etwa 1 Stunde.
In der Zwischenzeit Reis waschen, brühen, in reichlich kochendem Salzwasser springend kochen bis Reis körnig weich ist, *Garzeit* knapp 20 Minuten. Reis abseihen, überbrausen, sehr gut abtropfen lassen, in gebutterter feuerfester Form in vorgeheizter offener Röhre etwas abtrocknen lassen, dann Geflügelfleisch mit abgeschmeckter Soße

1/2 Suppenhuhn roh oder gekocht
zum Dünsten: 40 g Butter
1 große Zwiebel
2 Teel. Curry, 1 Eßl. Mehl
1–2 Äpfel, Salz
1/2 l Brühe, 2–4 Eßl. Rahm
zum Reis: 250 g Hartreis
reichlich Salzwasser
etwas Butter
z. Überbacken: 20 g Butter
geriebener Käse n. Belieben

locker darunter mengen, mit geriebenem Käse und Butterflocken belegen, bei mäßiger Hitze noch etwa 10 Minuten überbacken.
Oder: Gekochtes Suppenhuhn in der Brühe etwas abkühlen lassen, dann Fleisch von den Knochen lösen, Haut entfernen, Fleisch in gleichmäßige Würfel schneiden, in einigen Eßlöffeln heißer Brühe warmstellen.
Curryreis als *Risotto* herstellen: Hartreis waschen, brühen, sehr gut abtropfen, eventuell auf Tuch ausgebreitet etwas trocknen lassen. Feingeschnittene Zwiebel in Öl oder Butter glasig dünsten, Reis zugeben, leicht anrösten, Currypulver zugeben, kurz mitrösten, 1–2 geschälte, geriebene Äpfel beifügen, mit gut abgeschmeckter, kochender Hühnerbrühe (auf 250 g Reis gut $^{1}/_{2}$ l) aufgießen, aufkochen lassen, zugedeckt bei mäßiger Hitze, am besten in der Röhre gar quellen lassen; Reis muß körnig bleiben. Wenn Reis gar ist, vorbereitetes Hühnerfleisch locker untermischen, mit Käse abschmecken, in feuerfester Form in der Röhre noch etwa 10 Minuten überbacken.
Beilagen: Salat, gedünstete Tomaten.

317. Gemüserisotto mit Geflügelfleisch

250 (300) g Hartreis
40 g Butter oder Öl, 1 Zwiebel
1 kleine Sellerieknolle
2 mittelgroße gelbe Rüben
1–2 Stangen Lauch
1–2 Petersilienwurzeln
$^{1}/_{2}$ l Brühe (reichlich)
250-300 g Geflügelfleischreste
Petersilie, geriebener Käse

Wurzelwerk waschen, putzen, nochmals waschen, kleinwürfelig schneiden, mit feingeschnittener Zwiebel in heißem Fett halb gar dünsten, salzen; Reis waschen, brühen, sehr gut abtropfen und auf Tuch abtrocknen lassen, zum Gemüse geben, gut andünsten, mit kochender, gut abgeschmeckter Brühe aufgießen, einmal aufkochen lassen, würfelig geschnittenes gares Geflügelfleisch locker untermengen, zugedeckt bei schwacher Hitze, am besten in vorgeheizter Röhre ohne umzurühren garen lassen, *Garzeit* etwa 20–30 Minuten. Nach Belieben mit reichlich geriebenem Käse und mit gewiegter Petersilie vor dem Anrichten mischen und abschmecken.
Beilagen: Salate, zarte Gemüse nach Wahl oder Tomatensoße.

318. Gänse- oder Entenjung, Gänse- oder Entenklein

1 Gänse- oder Entenjung (Kopf, Hals, untere Flügelglieder, Magen, Herz und evtl. Ständer)
Essigbeize, Nr. 322
zur Soße:
Zuckereinbrenne Nr. 59 mit $^{1}/_{2}$ l Beizsud, Salz
zum Verbessern:
1 Glas Rotwein, etwas Rahm

Gans- oder Entenjung waschen, Beize mit allen Zutaten kalt darübergießen, kalt stellen, 2–5 Tage in Beize liegen lassen. Zum Garen Beize abschmecken, salzen, zum Kochen bringen, Gansjung zusetzen, weich kochen. Zuckereinbrenne herstellen, mit geseihtem Beizsud aufgießen, 15–20 Minuten leise kochen lassen, abschmecken. Fleisch von Knochen lösen, gleichmäßig schneiden, in der Soße kurz durchziehen lassen, Verbesserungszutaten beifügen, abschmecken. *Garzeit* etwa 1–1$^{1}/_{2}$ Stunden. Sofern Blut bei Eigenschlachtung vorhanden ist, kann dieses geseiht und mit etwas Essig verschlagen unter die heiße Soße geschlagen werden. Soße darf aber nicht mehr kochen!
Beilagen: Semmelknödel, Kartoffelknödel aus gekochtem Kartoffelteig, Salz- oder Schalkartoffeln, gekochte Salate.

Geflügelfleischsalate

Siehe gemischte Salate Nr. 844–848.

Wild und Wildgeflügel

Kochlehre:

Wildfleisch stammt von jagdbaren Säugetieren und Vögeln, die waidgerecht erlegt und behandelt werden.

Bevorzugte Verwendung findet das Fleisch von Hasen, Rehen, Hirschen (Haarwild) sowie von Fasanen und Rebhühnern (Wildgeflügel); eine geringere Rolle spielt das Fleisch von Wildschweinen (Schwarzwild) und sonstiges Wildgeflügel wie Schnepfen, Birkhühner, Wildenten u. a. m.

Schuß- oder Jagdzeiten für Haarwild und Wildgeflügel werden durch Verordnung des Bundesministeriums für Ernährung, Landwirtschaft und Forsten festgelegt und bekanntgegeben; die Bundesländer können diese Termine im Hinblick auf besondere Erfordernisse ihrer Länder etwas ändern, dadurch die Jagd- bzw. die Schonzeiten verlängern.

Das Angebot an frisch geschossenem inländischen Wild ist demgemäß auf die Jagdzeiten beschränkt; jedoch werden die Schonzeiten durch das Angebot an tiefgefrorenen Wild und Einfuhrware überbrückt, so daß während des ganzen Jahres Wildbret angeboten wird.

Wildbretfleisch unterscheidet sich vom *Schlachttierfleisch* durch seine *dunkelrote bis braunrote Farbe*, es ist *weniger stark ausgeblutet, feinfaserig*, hat aber ein *dichtes Fasergefüge* und benötigt eine *längere Reifezeit* (8–14 Tage).

Ernährungsphysiologisch ist Wildfleisch *sehr wertvoll:* es ist *sehr eiweißreich* (21,4% i. D.), *arm an Bindegewebe und Fett und hat zarte Fleischfasern;* es zeichnet sich deshalb aus durch *leichte Verdaulichkeit* und *gute Bekömmlichkeit* neben seinem sehr guten *Eigengeschmack* (Wildgeschmack) und eine *vielseitige Zubereitungsmöglichkeit.* Wildbret ist deshalb beim *Verbraucher* sehr *beliebt* und auch in der *Krankenküche* sehr geschätzt, mit Ausnahme von Wildschweinfleisch. Männliche Tiere haben im allgemeinen einen kräftigeren Wildgeschmack, weibliche Tiere zartere Fleischfasern. Als besondere Delikatesse gilt Rehleber.

Beispiel für Hauptschußzeiten:	Bund:	Bayern:
Hasen	16. 10.–15. 1.	16. 10.–31. 12.
Rehwild, männlich	16. 5.–15. 10.	1. 6.–15. 10.
Rehwild, weiblich	1. 9.–31. 1.	1. 9.–15. 1.
Rotwild, männlich (Hirsch)	1. 8.–31. 1.	1. 8.–31. 12. (bzw. 15. 1. oder 30. 9. je nach Klassifikation)
Rotwild, weibl. (einschl. Kälber)	1. 8.–31. 1.	1. 8.–15. 1.
Rebhuhn	1. 9.–15. 12.	1. 9.–15. 12.
Fasan, männlich	16. 10.–15. 1.	16. 10.–31. 12.
Fasan, weiblich	16. 10.–15. 1.	1. 12.–10. 12.

Für Wildschweine und Wildkaninchen ist die Jagd nicht begrenzt.

Ratschläge für den Einkauf von Wild:

1. *Bestes Fleisch* liefert *junges Wild:*

Hasen im Alter von 3–8 Monaten; sie haben leicht einreißbare Löffel, zeigen noch Flaumhaare am Unterbauch, die Rippen des Brustkorbes sind leicht zu brechen.

Rehe im Alter bis zu 3 Jahren;

Hirsche im ersten Lebensjahr als Hirsch- oder Wildkalb.

Wildschweine als Frischlinge (im 1. Lebensjahr)

Wildgeflügel hat, solange es jung ist, weichen Schnabel, biegsames Brustbein, zarte, feine Haut und helle Ständer.

2. *Gute Fachgeschäfte* bieten Gewähr für waidgerecht erlegtes Wild, für gute Qualität und sachgerechtes Zerwirken (Zerlegen) und Herrichten des Wildes für alle, die nicht die Möglichkeit haben, Wild vom Jäger direkt oder durch eigene Jagd zu beziehen.

3. ***Wild muß sehr gut abgelagert*** sein!

In kalten Wintern Haarwild am besten im Fell, Wildgeflügel im Federkleid mehrere Tage (nach Entfernung der Därme) an der frischen, kalten Luft abhängen lassen, dadurch entwickelt sich der Wildgeschmack sehr gut. Nach dem Abziehen bzw. Rupfen Wild so lange kalt lagern lassen, bis das Fleisch reif und mürbe ist. Vollreifes Wildfleisch ist sehr mürbe, hat dunkelbraune Farbe, kürzere Garzeit. Bei Kühllagerung von –2° C bis +2° C hält sich Wildfleisch gut bis zu 2 Wochen; abgelagertes und vorschriftsmäßig tiefgefrorenes Wildbret hat eine Lagerfähigkeit bis zu 8–10 Monaten. Wildgeflügel wird nach dem Entdärmen häufig im Federkleid tiefgefroren. Beizen kann die Lagerzeit von frischem Wildfleisch im Haushalt etwas verlängern. Wildschweinfleisch hat geringere Haltbarkeit und wird zweckmäßig bald in Beize gelegt.

Genußuntauglich aber ist grünlich schimmerndes Wildfleisch, hier ist der Reifungsprozeß in gefährliche Fäulnis übergegangen, die durch grünlichen Schimmer der Unterhaut und widerlich süßlichen Geruch erkennbar ist.

4. *Verwendungszweck beachten* bei Kauf von zerwirktem (zerlegtem) Wildbret:

Zum Braten ist junges Wild besonders geeignet, und zwar:

Rücken (Ziemer) von Hase, Reh und Hirsch – er ist das zarteste Stück,

Schlegel von Hase, Reh und Hirsch,

evtl. Blatt (Bug mit Schulterblatt) von Reh, Hirsch (notfalls auch Hase);

Leber von Wild.

Zum Schmoren bzw. Dünsten sind die Bratstücke älteren Wildes zu empfehlen sowie Bug von Reh und Hirsch zu Gulasch; auch Herz von Reh und Hirsch wird gedünstet oder geschmort.

Zum Grillen geeignet sind: Rücken vom Hasen, Steaks bzw. Schnitzel aus Rücken bzw. den Hinterkeulen von Reh und Hirsch sowie Rehleber.

Zu Ragout wird das sogenannte „Kleinfleisch" verwendet, wie Brust- und Bauchlappen, Hals auch Hasenbug, Herz und Kopf zum Mitkochen. Hasenblut kann zu Ragout verwendet werden.

5. *Bedarfsmenge:*

Man rechnet pro Kopf im Durchschnitt 200 g Wildbret für Bratgerichte.

Ratschläge für das Vor- und Zubereiten von Wildbret:

1. Wildbret möglichst *nicht waschen,* nur mit feuchtem, in Essigwasser getauchtem Tuch gut abreiben. Wird Wildbret gewaschen, so rasch als möglich waschen.

2. *Fleisch* von *jungem Wild nicht beizen;* um seine Haltbarkeit zu verlängern, evtl. Fleisch mit Gewürzen der Beize trocken belegen, mit in Essig getauchtem Tuch einschlagen, in den Kühlschrank legen (Trockenbeize).

3. *Fleisch von älterem Wild* kann durch *Beizen* rascher reif und mürbe werden.

Beizmöglichkeiten:
Butter- oder Sauermilchbeize (siehe Nr. 320) ist besonders mild, laugt Fleisch weniger aus, muß aber nach etwa 3–4 Tagen erneuert werden.
Weinbeize (siehe Nr. 321) ist besonders aromatisch; sie kann nach Belieben durch Zugabe von etwas Wasser und Essig gestreckt und verbilligt werden.
Essigbeize (siehe Nr. 322) ist die billigste Beize; sie muß in der Schärfe sorgfältig abgeschmeckt werden, zu große Schärfe ist zu vermeiden.
Vor dem Beizen sperrige Knochen nach Möglichkeit *auslösen,* von *Wildschwein* (Frischling) *Schwarte* ablösen.
Beizzutaten jeweils mischen, kalt über Wildbret geben, Beize soll Wild bedecken, zugedeckt während der Beizdauer *kalt stellen;* im Sommer Beizzutaten für Essig- und Weinbeize abkochen, erkalten lassen, dann über Fleisch geben.
Beizdauer im Durchschnitt 2–8 Tage; sie hängt vom Alter des Tieres und der Dicke des Stückes ab; u. U. kann Beizdauer bei Kälte bis zu 14 Tagen ausgedehnt werden, dabei evtl. nachschärfen.

4. *Wildbret zum Braten* erst *unmittelbar vor dem Zubereiten sorgfältig häuten,* evtl. anhaftendes *Fett* entfernen (Geschmack!); Knochen von Schlegel nach Möglichkeit *auslösen,* um Tranchieren zu erleichtern.
Bei Hasen evtl. Hinterschlegel vom Rücken trennen (sie haben etwas längere Garzeit); brät man sie mit dem Rücken, den Schloßknochen zwischen beiden Schlegeln durchhacken, um flaches Aufliegen des Bratens zu erreichen.

5. *Wild pikant, aber nicht zu scharf würzen;* beliebte Gewürze für Wild sind: etwas Pfeffer, Wacholderbeeren zerdrückt, Gewürzkörner, Pfefferkörner, etwas Lorbeerblatt und Gewürzkräuter wie Basilikum, Estragon, Bohnenkraut, Thymian, Salbei und etwas Rosmarin. Vorbereitetes Fleisch wird am besten vor dem Zusetzen mit einer Mischung von etwas Salz und den gewünschten Gewürzen gut eingerieben.
Wildleber und *Grillgerichte erst nach dem Garen salzen.*

6. *Fleisch von jungem Wild* wird als *Magerbraten* gegart unter Zugabe von Fett: *Belegen* oder *Spicken mit Speck* gibt sehr würzigen Geschmack, Zugabe von *Butter* beim Braten begünstigt schöne Bräunung, *Sauerrahm* verbessert die Soße; diesen kurz vor Ende der Garzeit zugeben, leicht bräunen lassen.

Spicken von Reh- oder Hirschrücken

Fleisch älteren Wildes oder sehr kleine Portionen besser *schmoren* als braten, evtl. vorher beizen. *Ragoutteile* nach dem Beizen *kochen* und in Soße anrichten.

7. Während des Bratens von Wildbret zu *starke Brathitze vermeiden,* sie macht Wild leicht trocken; lieber Bratdauer etwas verlängern. Brattemperatur i. D. 200–220° C, je nach Bratdauer; bei kurzer Garzeit höhere, bei längerer Garzeit niedrigere Brattemperatur.

8. *Garzeit* von gebratenem Hasen, Reh- und Hirschrücken *sorgfältig einhalten* – diese Braten sollen *innen noch zart rosa und saftig,* aber nicht blutig sein!

9. *Kalter Braten* von Reh oder Hirsch, fein aufgeschnitten, ist mit Cumberlandsoße sehr wohlschmeckend und beliebt.

10. *Tiefgefrorenes* Wild und Wildgeflügel: Große Stücke auftauen, kleine Portionsstücke antauen, bis sie sich biegen lassen; evtl. zum Auftauen in Milch legen. Würzen und Zubereiten erfolgt wie bei frischen Wild, verkürzte Garzeit beachten!

319. Vorrichten eines Hasens (oder Kaninchens)

Das Küchenfertigmachen eines Hasens erstreckt sich auf:

1. *Ausziehen oder Ausbalgen:*

a) Fell um beide untere Gelenke der Hinterläufe mit scharfem Messer abschneiden und auf der Innenseite der Schlegel bis zum Schwanz vorsichtig aufritzen. (Siehe obere Abbildung).

b) Aufhängen des Hasens an den Hinterläufen, so daß Bauchseite dem Arbeitenden zugekehrt ist. (Siehe obere Abbildung).

c) Fell abziehen: an den eingeschnittenen Stellen der Hinterläufe beginnend, über Rücken und Vorderläufe, hier an den unteren Gelenken abschneiden; Fell dabei jeweils vorsichtig mit der Hand vom Fleisch lösen (siehe untere Abbildung); zuletzt Fell über den Kopf ziehen, dabei vorsichtig ablösen. Fell spannen und an der Luft trocknen lassen.

2. *Ausnehmen:*

a) Bauchseite der Länge nach vorsichtig mit flach gehaltenem Messer aufschneiden, dabei Eingeweide nicht verletzen; evtl. Blut in Schüssel auffangen.

b) Eingeweide vorsichtig herausnehmen mit Ausnahme der Nieren und des Nierenfettes; Leber und Herz vorsichtig lösen.

c) Leber vorsichtig von der Galle trennen, evtl. in Milch legen.

3. *Zerlegen, Zurichten* (Zerwirken):

a) Darmausgang ausschneiden; Hasen dann abhängen.

b) Die Läufe im unteren Gelenk abschneiden, Kopf, Hals, dünne Brust- und Bauchstücke abtrennen, dabei Rippen durchhacken.

c) Vorderschlegel oder Bug mit den Schulterblättern, den Muskeln folgend, mit scharfem Messer ablösen.

d) Schloßknochen am Ende der Wirbelsäule zwischen den beiden Hinterschlegeln durchschlagen, um flaches Aufliegen des Hasenbratens zu ermöglichen; evtl. Schlegel vom Rücken trennen, falls sie getrennt gebraten werden; nach Belieben Knochen aus Schlegeln auslösen, um das Tranchieren zu erleichtern.

4. *Verwendungsmöglichkeit* der einzelnen Teile:

Rücken, (Ziemer), Schlegel, (evtl. auch Bug oder Blatt) sowie Leber zum *Braten*, evtl. auch zum *Grillen;* dagegen von älteren Hasen günstiger schmoren bzw. dünsten.
Brust- und Bauchstücke, evtl. Bug sowie Hals, Kopf und Herz zu Hasenragout; diese Teile einige Tage beizen, dann in abgeschmeckter Beize kochen, mit Soße zu Ragout verarbeiten.

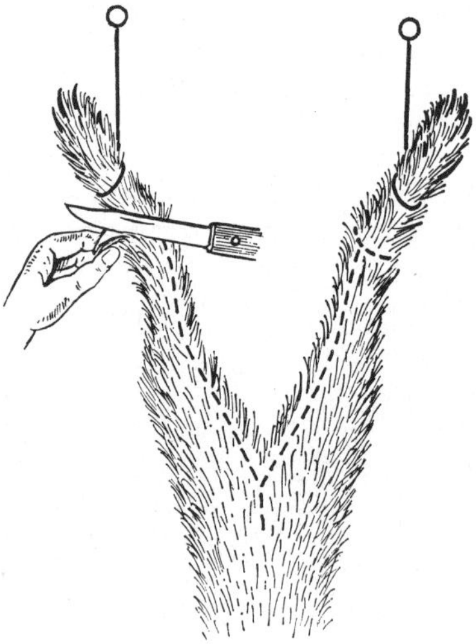

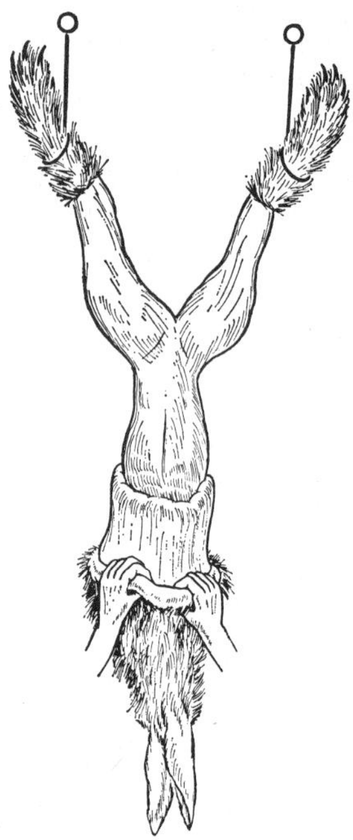

Ausziehen eines Hasen

320. Butter- oder Sauermilchbeize

Gewürzzutaten zwischen das Fleisch streuen, Butter- oder Sauermilch nach Belieben mit herbem Wein und Zitronenscheiben mischen, über vorbereitetes Fleisch geben, zugedeckt kalt stellen.
Butter- oder Sauermilchbeize ist besonders mild, müßte aber nach etwa 3 bis 4 Tagen erneuert werden; sie ist deshalb nur für kurze Beizdauer geeignet. Sie kann sehr gut zum Aufgießen während des Bratens und zum Abschmecken der Soße verwendet werden.

Anwendungsmöglichkeit: Zum Beizen von Hase, Reh, Hirsch, Ochsen- und Hammelfleisch, Wildgeflügel und evtl. für Wildschwein.

3/4–1 l Butter- od. Sauermilch
2 Zitronenscheiben
1/2 Eßlöffel Wacholderbeeren
3–4 Gewürzkörner
3–4 Pfefferkörner
2 Lorbeerblätter, 2 Nelken
1 Zwiebel in Scheiben
1/2 Zehe Knoblauch gerieben
evtl. bis 1/4 l herber Wein

321. Weinbeize

Vorbereitetes Fleisch mit Gewürzen einlegen, falls Wein nicht genügend herb ist, mit etwas Essig mischen. Wein (bzw. Wein gemischt mit Essig und Wasser) über Fleisch gießen, zugedeckt kalt stellen. Während der warmen Jahreszeit Beizflüssigkeit aufkochen, völlig erkalten lassen, dann kalt über das eingelegte Fleisch gießen, zugedeckt kalt stellen. Fleisch soll von Beize bedeckt sein, andernfalls Fleisch alle 1–2 Tage wenden.
Liegt Fleisch länger als 1 Woche in dieser Beize, muß evtl. etwas Wein oder Essig nachgegossen werden.
Weinbeize wird für zartes Wild und feines Fleisch bevorzugt; sie wird beim Braten zum Aufgießen der Soße verwendet und gibt dieser besonderen Wohlgeschmack.

3 Teile herber Rotwein
1 Teil Weinessig oder
1–2 Teile herber Rotwein
1 Teil Weinessig
1 Teil Wasser
2 Zitronenscheiben
Gewürze wie bei Nr. 320
nach Belieben: Thymian, Salbei, Rosmarin

322. Essigbeize

Beizzutaten mischen, aufkochen, erkalten lassen, völlig erkaltet über vorbereitetes Fleisch gießen, zugedeckt kalt stellen. Durch das Aufkochen gewinnt Beize an würzigem Geschmack und an Haltbarkeit (bis zu 14 Tagen); im Winter kann man Beizflüssigkeit auch ohne Aufkochen verwenden, doch hat sie nicht den guten Geschmack. Beize soll Fleisch bedecken, andernfalls Fleisch täglich, mindestens alle 2 Tage wenden.
Essigmenge ist von der Essigschärfe abhängig.
Anwendungsmöglichkeit: Essigbeize kann für alle Fleischarten verwendet werden, sowohl für alle Arten von Wild, Wildgeflügel, Wildschwein wie auch für Ochsen- und Hammelfleisch. Essigbeize kann als *„Schnellbeize“* verwendet werden: Beizzutaten aufkochen, kochend über vorbereitetes Fleisch geben, kalt stellen. Fleisch ist nach 1 Tag verwendungsfähig und wird in der kurzen Zeit weniger stark ausgelaugt.

3/4 l Wasser, 1/8–1/4 l Essig
Wurzelwerk
1–2 Zwiebel in Ringen
1 Stückchen Zitronenschale
1/2 Eßlöffel Wacholderbeeren
3–4 Gewürzkörner
3–4 Pfefferkörner
2 Stück Nelken
2 Lorbeerblätter
etwas Thymian, Salbei und Rosmarin nach Belieben

323. **Hasenbraten** (Magerbraten)
(4–6 Personen)

1 Hasenziemer und
2 Hasenschlegel
zum Würzen: Salz, Pfeffer
einige Wacholderbeeren, zerstoßen
40–60 g Speck zum Belegen oder Spicken
zum Braten:
60–80 g Butter
1 Zwiebel
Wurzelwerk
einige Wacholderbeeren
1 Lorbeerblatt nach Belieben
evtl. Hasenknochen
1/4–3/8 l Flüssigkeit
6–8 Eßlöffel dicker saurer Rahm
zum Binden nach Belieben:
1 Teelöffel Mehl oder Stärkemehl
zum Verbessern:
etwas Rotwein
1–2 Teel. Johannisbeergelee
1–2 Teel. Zucker als Karamel

Gut abgelagerten Hasen mit feuchtem Tuch abreiben, Schlegel evtl. vom Rücken trennen und auslösen. Fleisch sorgfältig häuten, mit Mischung aus Salz, wenig Pfeffer und zerstoßenen Wacholderbeeren einreiben, evtl. streifenförmig spicken oder während des Bratens mit Speckscheiben belegen. Beide Schlegel mit Oberseite nach unten in Bräter oder Fettpfanne auf Speckscheiben legen, mit Butter oder Fett bestreichen oder mit heißer Butter begießen, Bratzutaten, Gewürze und kleingehackte Knochen in den Bräter mit einlegen, in vorgeheizter Röhre auf Mittelschiene einschieben und gut anbraten lassen, nach etwa 10 Minuten Ziemer zugeben, diesen gleichfalls mit Butter bestreichen oder mit heißer Butter begießen; nicht gespickten Braten mit Speckscheiben belegen, unter öfterem Begießen mit Bratenfett und Bestreichen mit Butter wie Magerbraten Nr. 173 behandeln. Sobald Bratzutaten Farbe haben, mit wenig kochender Flüssigkeit seitlich etwas aufgießen, bei Bedarf jeweils wenig kochende Flüssigkeit seitlich nachgießen. Schlegel nach halber Bratzeit wenden, Rücken nicht wenden. Etwa 15-20 Minuten vor Ende der Bratzeit Speckscheiben abnehmen, damit Braten Farbe bekommt; in den letzten 10 Minuten der Garzeit Braten dick mit saurem Rahm bestreichen, diesen leicht bräunen lassen.

Beläßt man die Schlegel zum Braten am Ziemer, so ist zu raten, zunächst den Ziemer mit Pergamentpapier oder Aluminiumfolie etwas abzudecken, da er kürzere Garzeit hat. Werden Bugstücke mitgebraten, so gibt man sie zweckmäßig 10 Minuten später zu.

Brathitze: 230-220° C sofern man den Ziemer allein brät, *Bratdauer* etwa 30-35 Minuten je nach Größe, *Einschubhöhe* Mittelschiene; 220–210° C für Schlegel oder Schlegel und Ziemer, Bratzeit etwa 50–60 Minuten für Schlegel, für große Hasen bis 1 1/4 Stunden. Hasenbraten soll am Knochen noch zart rosa und saftig, doch nicht blutig sein – Garzeit deshalb einhalten – zu langes braten macht Wild u. U. trocken.

Garen Braten aus Soße nehmen, warm stellen; Bratenansatz lösen, in Soße aufkochen, etwas Karamelflüssigkeit nach Belieben zugeben, Soße durch Sieb streichen, nach Belieben etwas binden, mit Rotwein, Johannisbeergelee und restlichem Rahm verbessern, abschmecken.

Ziemer in Portionsstücke teilen, indem man Wirbelsäule an den jeweiligen Gelenkstellen durchtrennt oder mit langem, scharfem Messer Fleisch von beiden Seiten im ganzen ablösen, in dicke, schräge Scheiben schneiden (siehe Abb. Seite 201) wieder auf dem Rücken der Form nach eng zusammensetzen wie bei Rehrücken, mit etwas heißer Soße überziehen, mit vorbereiteten heißen Garnituren rasch garnieren; Schlegel in etwas dünnere Scheiben schneiden, schuppenartig anrichten, ebenfalls mit Soße überziehen, evtl. garnieren. Bratenplatte sofort zu Tisch geben, Soße zusätzlich reichen.

Fleischreste von den Knochen ablösen, zu Wildsuppe oder Wildhaschee verarbeiten.

Garnituren: Preiselbeeren, gedünstete, gefüllte Äpfel, Sauerkirschen gekocht oder sterilisiert, feine Kartoffelgerichte, gedünstete Steinpilze oder Rehlinge, Blätterteighalbmonde.

Beilagen: Spätzle, Teigwaren, feine Kartoffelgerichte, Semmelknödel, Preiselbeeren, Rotkraut, Rosenkohl, Steinpilze oder gemischte Pilze.

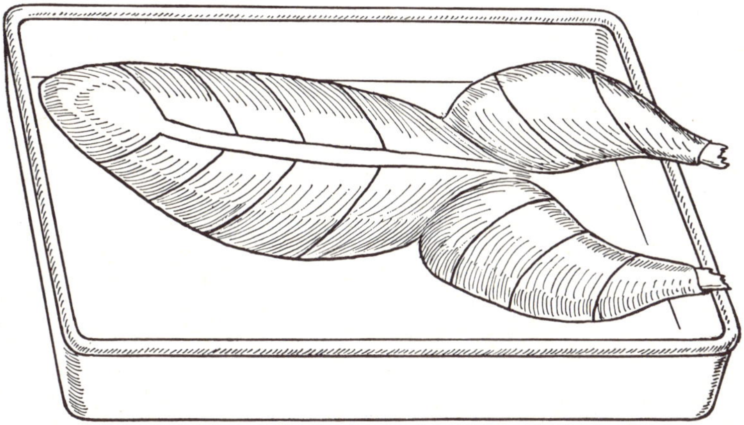

Tranchieren von Hasenbraten

324. Gebeizter Hase gebraten (Magerbraten) (4–6 Personen)

1 Hasenrücken und
2 Hasenschlegel
Beize nach Wahl Nr. 320–322
zum Würzen: wie Nr. 323
40–60 g Speck
zum Braten: wie Nr. 323
abgeschmeckte, kochende Beizflüssigkeit

Hasen vorbereiten, zwei bis vier Tage beizen je nach Alter, dann aus Beize nehmen, abtrocknen, häuten, würzen und braten wie bei Nr. 323 beschrieben; als Flüssigkeit zum Aufgießen abgeschmeckte, heiße Beize verwenden. Sonst fertig stellen wie bei Nr. 323. Garzeit kann bei älteren Tieren etwas verlängert sein, doch macht das Beizen das Fleisch mürbe.

325. Hasenleber gebraten* (Magerbraten) (1 Person)

1 Hasenleber frisch
zum Braten:
20 g Butter, 1 Zwiebel
1 Eßl. Petersilie gewiegt
2–3 Wacholderbeeren (zerstoßen)
2–3 Eßl. saurer Rahm
Zitronensaft, Salz

Frische Hasenleber, vorsichtig von der Galle befreit, rasch waschen, abtrocknen; fein gewiegte Zwiebel und Petersilie in Butter dünsten, sobald Zwiebeln weich sind, zerstoßene Wacholderbeeren beifügen, kurz mitdünsten, dann Leber zugeben und bei guter Hitze auf beiden Seiten in der Pfanne braten, Leber darf beim Anstechen nicht mehr blutig sein; dann Bratensatz mit etwas saurem Rahm auffüllen, aufkochen lassen, mit Zitronensaft und Salz würzen, *sofort* zu Tisch geben. *Garzeit:* 5-8 Minuten.

Beilage: Röstkartoffeln, Brötchen.

326. Rehrücken, Hirschrücken gebraten (Magerbraten) – (8–10 Personen)

Farbbild neben S. 177

1 Reh- oder junger Hirschziemer

zum Würzen:
Salz, etwas Pfeffer
einige Wacholderbeeren (zerstoßen)
60–100 g Speck zum Belegen oder Spicken

zum Braten:
80–100 g Butter
1 Zwiebel, Wurzelwerk
einige Wacholderbeeren
1–2 Lorbeerblätter
evtl. Wildknochen
ca. 1/2 l Flüssigkeit
1/4 l dicker saurer Rahm
1–2 Eßlöffel Karamelflüssigkeit

zum Binden:
1 Eßl. Mehl oder
2 Teel. Stärkemehl

zum Verbessern n. Belieben:
etwas Rotwein
1 Eßl. Johannisbeergelee
etwas Orangenschale

Gut abgelagerten Reh- oder Hirschrücken mit feuchtem Tuch abreiben, häuten, mit Mischung aus Salz, etwas Pfeffer und zerstoßenen Wacholderbeeren einreiben, nach Belieben streifenförmig spicken (wie aus der Abbildung auf Seite 197 zu ersehen) oder besser während des Bratens mit Speckscheiben belegen. Den so vorbereiteten Ziemer in Brat- oder Fettpfanne auf Speckscheiben setzen, mit Butter bestreichen oder mit heißer Butter begießen, mit Speckscheiben belegen, Bratzutaten und Gewürze zugeben, in vorgeheizter Röhre wie Magerbraten Nr. 173 braten, während des Bratens öfter mit Butter bestreichen und mit Bratenfett begießen; wenn Bratzutaten Farbe haben, wenig kochende Flüssigkeit seitlich zugießen, bei Bedarf jeweils nur wenig kochende Flüssigkeit seitlich nachgießen. Nach etwa der halben Bratzeit Speckscheiben abnehmen, um Bräunung des Fleisches zu erreichen, jedoch mehrmals mit Butter bestreichen. Etwa 15 Minuten vor Ende der Bratzeit Fleisch mehrmals dick mit saurem Rahm bestreichen, bräunen lassen.

Brathitze: 220-210° C, *Einschubhöhe:* Mittelschiene, *Bratzeit:* für Rehziemer 3/4-1 1/4 Stunde je nach Größe, für jungen Hirschziemer 1 1/4-2 Stunden je nach Größe. Fleisch soll am Knochen noch zart rosa und saftig, doch nicht mehr blutig sein, Bratzeit deshalb einhalten.
Garen Braten aus Soße nehmen, heiß stellen, Soße fertig stellen: Bratenansatz lösen, in Soße aufkochen lassen, etwas Karamelflüssigkeit zugeben, Soße leicht binden, durch Sieb streichen, mit Rotwein, Johannisbeergelee und nach Belieben mit wenig feingeschnittener oder geriebener Orangenschale (ungespritzte Früchte!) und restlichem Rahm pikant abschmecken.

Mit langem, scharfem Messer vom fertigen Braten Fleisch ablösen, dieses in schräge dicke Scheiben schneiden (s. Abb. Seite 203), auf dem Rückgrat der Form entsprechend wieder eng zusammensetzen, mit etwas heißer Soße überziehen, rasch mit bereitgestellten, heißen Garnituren verzieren und sofort zu Tisch geben; Soße eigens reichen. Falls Rücken gebeizt war, Braten mit etwas abgeschmeckter Beize während des Bratens aufgießen.

Fleischreste von den Knochen zu Wildsuppe oder Wildhaschee verarbeiten.

Garnituren: Preiselbeeren, gedünstete, gefüllte Äpfel, feine Kartoffelgerichte, Blätterteighalbmonde oder Blätterteigpastetchen mit Pilzen gefüllt, feine Gemüse; oder Rücken belegen mit sterilisierten Sauerkirschen, gehäuteten kernlosen Mandarinenspalten (aus Dose) oder entkernten, halbierten, kurz gebratenen Orangenscheiben; Obst vorher heiß stellen, damit Braten nicht abkühlt.

Beilagen: Spätzle, Teigwaren, Semmelknödel oder feine Kartoffelgerichte, Blaukraut oder Pilze.

Rehrücken für kaltes Büffet kalt tranchieren, wieder der Form nach auf dem Rückgrat zusammensetzen, mit Cumberlandsoße reichen (siehe Farbbild neben Seite 177).

Tranchieren von Reh- oder Hirschrücken

327. **Reh- oder Hirschschlegel gebraten** (Magerbraten) (8–10 Personen)

Gut abgelagerten Schlegel mit feuchtem Tuch abreiben, wenn möglich auslösen, sorgfältig häuten, mit Salz, Pfeffer und zerstoßenen Wacholderbeeren gut einreiben, evtl. spicken oder während des Bratens mit Speckscheiben belegen; vorbereiteten Schlegel in Bräter auf einige Speckscheiben setzen, mit heißer Butter übergießen, Bratzutaten seitlich zugeben (Knochen vorher etwas kleinhacken), in vorgeheizter Röhre wie Magerbraten Nr. 173 braten unter öfterem Bestreichen mit Butter und Begießen mit Bratensaft; sobald Bratzutaten gute Farbe haben, mit wenig kochender Flüssigkeit seitlich etwas aufgießen, jeweils nur nach Bedarf wenig Flüssigkeit zugeben. 15 Minuten vor beendeter Garzeit dick mit saurem Rahm begießen, anbräunen lassen.
Brathitze: 210–200° C, *Einschubhöhe* untere Schiene, *Bratdauer:* für **Rehschlegel 1¼–1¾ Stunden je nach Größe, für Hirschkalbschlegel etwa 1½–2 Stunden,** große Schlegel älterer Tiere länger (pro ½ kg mehr Gewicht, etwa 15 Minuten längere Bratzeit).

Fertigen Braten aus Soße nehmen, heiß stellen; Soße fertigstellen: Bratenansatz lösen, evtl. etwas aufgießen, Soße aufkochen lassen, binden, durch Sieb streichen, mit Verbesserungszutaten abschmecken. Fleisch in feine Scheiben schneiden, schuppenartig anrichten, mit etwas heißer Soße überziehen, rasch garnieren und sofort zu Tisch geben. War das Wild gebeizt, verwendet man zum Aufgießen des Bratens abgeschmeckte, heiße Beizflüssigkeit.

Garnituren wie bei Rehrücken Nr. 326.

Beilagen wie bei Rehrücken oder Hase gebraten Nr. 326 bzw. 323.

1 Rehschlegel oder Schlegel von Hirschkalb

zum Würzen:
Salz, etwas Pfeffer
einige Wacholderbeeren (zerstoßen)
100 g Speck zum Belegen oder Spicken

zum Braten: 80–100 g Butter
1 Zwiebel, Wurzelwerk
ausgelöste Knochen
einige Wacholderbeeren
1–2 Lorbeerblätter
½–¾ l Flüssigkeit (je nach Garzeit)
¼ l dicker saurer Rahm
1–2 Eßl. Karamelflüssigkeit

zum Binden: 1 Eßlöffel Mehl oder 2 Teelöffel Stärkemehl

zum Verbessern:
etwas Rotwein
1–2 Eßl. Johannisbeergelee
etwas Orangenschale, gerieb. (nach Belieben)

328. Reh- oder Hirschschlegel geschmort
(für älteres, gebeiztes Wildfleisch)

$^3/_4$–1 kg Schlegel oder Bug von Reh oder Hirsch, gebeizt
Salz, Pfeffer, einige Wacholderbeeren zerstoßen
Paprika, 1 Zehe Knoblauch
z. Schmoren: 40-50 g Speck oder Fett, 1–2 Zwiebeln ganz
Wurzelwerk, $^1/_2$ Eßl. Wacholderbeeren, 2 Lorbeerblätter
1 Stückchen Zitronenschale
ca. $^1/_2$ l Beizflüssigkeit
zur Soße: $^1/_2$ Rezept Zuckereinbrenne Nr. 59
mit $^3/_8$ l Soßenflüssigkeit
4–6 Eßl. Rahm
1 Glas Rotwein

Gebeiztes Reh- oder Hirschfleisch häuten, evtl. Knochen auslösen, mit Mischung aus Salz, Pfeffer, zerstoßenen Wacholderbeeren und evtl. etwas Paprika und geriebener Knoblauchzehe einreiben, in leicht angebratenen Speckscheiben oder heißem Fett von allen Seiten im Schmortopf anbräunen, Zwiebeln und Wurzelwerk zugeben, ebenfalls anbräunen, mit wenig kochender, *abgeschmeckter Beize* seitlich aufgießen, seitlich Gewürze beifügen, in geschlossenem Topf bei mäßiger Hitze unter öfterem Wenden und Nachgießen von etwas Beize gar schmoren. *Garzeit* etwa $1^1/_2$-2 Stunden je nach Alter der Tiere. Wenn Fleisch fast gar ist, Zuckereinbrenne herstellen, mit Schmorflüssigkeit aufgießen, etwa 10 Minuten kochen lassen, durch Sieb streichen, mit Rahm und Rotwein verbessern, abschmecken, Fleisch einlegen, noch etwas ziehen, aber nicht mehr kochen lassen, dann Fleisch in Scheiben schneiden, in Soße anrichten.

Beilagen: Semmelknödel, Knödel aus gekochtem Kartoffelteig, Spätzle oder Teigwaren, auch Salzkartoffeln, Blaukraut, Preiselbeeren.

329. Reh- oder Hirschschnitzel gedünstet in Rahmsoße*

4 Reh- oder Hirschschnitzel
30 g Speck nach Belieben
einige Wacholderbeeren
Pfeffer, Salz
evtl. 1–2 Eßl. Mehl
zum Dünsten: 40 g Butter
4 Eßl. dicker Rahm
$^1/_8$ l Brühe, etwas Rotwein
wenig Zitronensaft

Gut abgelagerte Reh- oder Hirschschnitzel junger Tiere klopfen, häuten, an Rändern etwas einschneiden, damit sie sich nicht wölben, nach Belieben spicken, mit gestoßenen Wacholderbeeren, Pfeffer und etwas Salz auf beiden Seiten leicht einreiben, evtl. in Mehl wenden, in heißer Butter auf beiden Seiten anbräunen, Rahm zugeben, leicht bräunen lassen, mit Brühe aufgießen, zugedeckt bei mäßiger Hitze gar dünsten, Soße gut abschmecken, Schnitzel in Soße anrichten, Garzeit etwa 20 Minuten. Nach Belieben etwa 100 g Pilze mitdünsten.

Beilagen: Kartoffelbrei, Kartoffelküchlein, Spätzle, Teigwaren; feine Gemüse, Pilze, Blaukraut, Preiselbeeren.

330. Reh- oder Hirschschnitzel gebraten*

4 Reh- oder Hirschschnitzel
30 g Speck nach Belieben
zum Marinieren:
2–3 Eßl. Öl, Zitronensaft
Pfeffer, Wacholderbeeren zerstoßen, 1 Eßl. Cognac
zum Braten: 40–60 g Butter
Salz, 4–6 Eßl. saurer Rahm
4 Eßl. Brühe, 2 Eßl. Rotwein nach Belieben

Gut abgelagerte Reh- oder Hirschschnitzel junger Tiere klopfen, häuten, an Rändern etwas einschneiden, damit sie sich nicht wölben, nach Belieben spicken, mit Gewürzmarinade bestreichen, zugedeckt einige Stunden, am besten über Nacht kalt stellen. Vorbereitete Schnitzel in heißer Butter bei guter Hitze auf beiden Seiten goldbraun braten, Fleisch soll innen noch leicht rosa bleiben, salzen, auf heißer Platte anrichten, heiß stellen. Sauren Rahm zum Bratenansatz geben, leicht bräunen lassen, mit wenig heißer Brühe aufkochen, gut abschmecken, über die Schnitzel geben. *Garzeit* etwa 10 Minuten.

Beilagen wie Nr. 329, auch kleine Semmelknödel, Rosenkohl.

331. Reh- oder Hirschschnitzel gebraten mit Apfelscheiben*

Sehr gut abgelagerte Schnitzel junger Tiere klopfen, häuten, an Rändern etwas einschneiden, damit sie sich nicht wölben; auf beiden Seiten mit Marinade gut bestreichen, aufeinander legen, zugedeckt mindestens 1 Stunde, besser über Nacht kalt stellen. Vorbereitete Schnitzel in heißer Butter von beiden Seiten bei guter Hitze rasch goldbraun braten, Fleisch soll innen zart rosa bleiben, leicht salzen, auf heißer Platte anrichten; geschälte Äpfel von Kernhaus befreien, in dicke Scheiben schneiden, in Butter braten, auf Schnitzeln anrichten, mit eingemachten Preiselbeeren füllen. *Bratzeit* etwa 10 Minuten. *Beilagen* wie bei Nr. 329.

4 Reh- oder Hirschschnitzel
z. Marinieren: wie Nr. 330
zum Braten:
40–60 g Butter, Salz
2 mittelgroße Boskopäpfel
2 Eßl. Preiselbeeren

332. Rehgulasch, Hirschgulasch

Wildfleisch mit feuchtem Tuch abreiben, häuten, in Würfel schneiden von etwa 1½-2 cm Kantenlänge, Zwiebel fein schneiden, Speck würfeln. Vorbereitetes Fleisch in ausgelassenen Speckwürfeln oder heißem Fett von allen Seiten bei guter Hitze anbräunen, Zwiebel zugeben, leicht anbräunen lassen, evtl. vorbereitete Pilze zugeben, gut andünsten, mit etwas Paprika überstäuben, durchrühren, mit wenig kochender Flüssigkeit aufgießen, Gewürze zugeben, zugedeckt bei mäßiger Hitze unter allmählicher Flüssigkeitszugabe (nach Bedarf) gar schmoren. *Garzeit* etwa 1 Stunde. Wacholderbeeren und Lorbeerblatt aus der Soße entfernen, diese etwas binden durch Mehlteiglein, aufkochen lassen, mit Rahm, Wein und etwas Johannisbeergelee verbessern, pikant abschmecken.
Wurde Wildfleisch vor der Zubereitung gebeizt, verwendet man von der Beizflüssigkeit zum Aufgießen des Fleisches.
Beilagen: Kartoffelbrei, Kartoffelküchlein, Spätzle, Teigwaren, Pilze.

¾ kg Reh- oder Hirschfleisch ohne Knochen (vom Blatt)
zum Schmoren:
40–50 g Fett oder Speck
1 Zwiebel, etwas Paprika
evtl. 100 g Pilze, gemischt
etwa ¼ l Flüssigkeit, Salz
etwas Thymian nach Belieben
einige Wacholderbeeren
1–2 Lorbeerblätter
z. Binden: ½–1 Eßl. Mehl
z. Verbessern: 4-6 Eßl. Rahm
1 Glas Rotwein
1–2 Teel. Johannisbeergelee

333. Reh- oder Hirschleber gebraten, mit Äpfeln gebraten*

Frische Leber in Milch einlegen, einige Stunden kalt stellen, dann sorgfältig häuten, alle sehnigen Blutgefäße sorgfältig entfernen, in schöne Scheiben oder große Streifen schneiden, mit Pfeffer und gestoßenen Wacholderbeeren leicht einreiben; würfelig geschnittenen Speck leicht anbraten, darin oder in Butter feingeschnittene Zwiebelringe goldgelb rösten, vorbereitete Leber nach Belieben leicht in Mehl wenden, in heißem Fett auf beiden Seiten braten, bis Leber nicht mehr blutig ist, Zwiebeln dürfen hierbei nicht zu dunkel werden. Leber zugedeckt ein paar Minuten ziehen lassen, dann mit Zwiebeln auf heißer Platte anrichten, Bratenansatz mit etwas Madeira oder Rotwein und Salz aufkochen, abschmecken, über die Leber gießen, sofort zu Tisch geben. Sehr gut mit frischem Weißbrot.
Garzeit: 5-8 Minuten.
Will man Apfelscheiben mitbraten, diese nach den Zwiebeln in der Pfanne braten, mit den Zwiebeln dann auf heißer Platte anrichten, dann erst die Leber braten wie beschrieben, bei Bedarf noch etwas Butter zugeben. Fertigstellen wie oben.

400–600 g frische Reh- oder Hirschkalbleber
etwa ¼ l Milch zum Einlegen
zum Würzen: etwas Pfeffer
einige Wacholderbeeren
zum Wenden nach Belieben: etwas Mehl
zum Braten:
60 g geräucherter Speck oder Butter, 2 Zwiebeln
2–3 Äpfel nach Belieben
zur Soße:
1 Glas Madeira od. Rotwein
Salz

334. Wildleber sauer nach Tiroler Art*

400–600 g frische Reh- oder Hirschkalbleber
1/4 l Milch zum Einlegen
50–60 g Butter, 2 Zwiebeln
evtl. etwas Speck
Zitronensaft, Salz
einige Eßlöffel Brühe
1/8 l Rahm, 1 Teel. Mehl
1 Eßl. Kapern, Zitronensaft
etwas Zitronenschale gerieben
Salz, 2 Eßl. Rotwein

Frische Wildleber einige Stunden in Milch legen, dann häuten, alle derben Blutgefäße entfernen, Leber in etwa 3/4 cm dicke Scheiben schneiden. In heißer Butter, evtl. mit etwas gewürfeltem Speck gemischt, fein geschnittene Zwiebelringe goldgelb rösten, vorbereitete Leberscheiben zugeben, rasch auf beiden Seiten braten (etwa 2-3 Minuten je Seite, Leber darf nicht mehr blutig sein), dann sofort auf heißer Platte anrichten, mit etwas Zitronensaft beträufeln, leicht salzen, heiß stellen. Bratenansatz mit einigen Eßlöffeln Brühe und Rahm aufkochen, binden, pikant abschmecken und über angerichtete Leber gießen, sofort zu Tisch geben.

Beilagen: Kartoffelbrei, Röstkartoffeln, Salzkartoffeln oder frisches Weißbrot.

335. Hasen-, Reh-, Hirschragout, Wildragout, Wildpfeffer

Ragoutteile frisch oder gebeizt: Brust- und Bauchteile Hals, vom Hasen auch Blatt, Kopf und Herz

I. Art: gekocht:
Brühe oder Beize Nr. 322
Zuckereinbrenne Nr. 59
mit 1/2 l Kochbrühe

II. Art: geschmort:
50 g Fett oder Speck
1–2 Zwiebeln, Salz, Pfeffer
2 Eßl. Mehl, 1/2 l Brühe oder Beize, 1 Gewürzdosis
einige Wacholderbeeren
etwas Thymian nach Belieben

zum Verbessern:
etwas Rahm, 1 Glas Rotwein
evtl. geseihtes Hasenblut

I. Art: Ragoutteile (frisch oder gebeizt) in Brühe mit Wurzelwerk und Gewürzen oder in abgeschmeckter Beize weich kochen, *Garzeit* 3/4-1 Stunde. Zuckereinbrenne herstellen, mit Kochbrühe aufgießen, etwa 10-15 Minuten kochen lassen, evtl. durch Sieb geben, abschmecken, Verbesserungszutaten zugeben, Fleisch einlegen, durchziehen, aber nicht mehr kochen lassen.

II. Art: Ragoutteile in gewürfeltem Speck oder heißem Fett anbräunen, geschnittene Zwiebeln zugeben, etwas bräunen lassen, dann Mehl darüber stauben, kurz bräunen, mit abgeschmeckter Brühe oder Beize aufgießen, Gewürze zugeben, zugedeckt bei mäßiger Hitze 3/4–1 Stunde garen. Fleisch dann aus Soße nehmen, Soße durch Sieb streichen, mit Rotwein und Rahm verbessern, abschmecken, Fleisch einlegen, durchziehen, nicht mehr kochen lassen. Kurz vor dem Anrichten evtl. Hasenblut unterschlagen, nicht kochen lassen.

Beilagen: Semmelknödel, Knödel aus gekochtem Kartoffelteig, Salz- oder Schalkartoffeln, Teigwaren, Spätzle, Mehlknödel.

336. Wildhaschee

250–400 g Wildfleischreste
30–40 g Speck oder Fett
30–40 g Mehl, 1 Zwiebel
3/8 l Wildbrühe, Zitronensaft
1 Pr. Zucker, 1 Gl. Rotwein
einige Eßl. Rahm, Salz

Gare Fleischreste von Wildknochen ablösen, Knochen mit Salz, Wurzelwerk, Zwiebel, 2 Gewürzdosen, Wacholderbeeren und etwas Thymian in kaltem Wasser aufsetzen, Brühe kochen. Wildfleischreste durch Fleischmaschine drehen oder fein schneiden; mittelfarbene oder dunkle Einbrenne herstellen, mit Wildbrühe aufgießen, 5–10 bzw. 20–30 Minuten leise kochen lassen, pikant abschmecken mit Zitronensaft, wenig Zucker, Rotwein und Rahm, Wildfleischreste zugeben, nicht mehr kochen lassen.

Beilagen: Schal- oder Salzkartoffeln, evtl. als Fülle für Pfannenkuchen verwenden; dazu Salat reichen.

337. Hasenpastete, Wildpastete

Hasen abziehen, evtl. rasch waschen, sofort mit Tuch abreiben. Schöne Fleischstücke vom Rücken sorgfältig häuten, vom Knochen ablösen, in fingerbreite Stücke schneiden, Filets ganz lassen. *Rotweinbeize* mit Gewürzen *aufkochen,* über vorbereitete Fleischstücke geben, kalt stellen.

Schlegel ebenfalls häuten, auslösen, Fleisch von allen Knochen des Hasens abschaben, einstweilen kalt stellen.

Wildessenz kochen: Hasenknochen etwas klein hacken, mit Zwiebeln in frischem, ungesalzenem Speck und Butter kräftig anbräunen, mit Salz und Pfeffer würzen, mit kaltem Wasser aufgießen, so daß Knochen knapp bedeckt sind, mindestens 1½ Stunden leise kochen lassen, abseihen, abschmecken, abkühlen lassen.

Sulzbrühe kochen unter Verwendung von Wildknochen wie bei Nr. 485 oder 486 beschrieben. Steht fertige Sulze zur Verfügung, entfällt das Kochen von Sulze.

Getrocknete Morcheln gut waschen, in wenig Wasser weich kochen, in Brühe erkalten lassen, in Streifen schneiden. Einen Teil der Pilzbrühe zur Farce geben.

Fleischfülle oder Farce herstellen: Gehäutete Hasenkeulen und alles von den Knochen abgeschabte Fleisch mit Schweinsleber und eingeweichten, sehr gut ausgedrückten Semmeln dreimal durch Fleischmaschine drehen; gibt man ungesalzenen Speck zu, diesen gleichfalls dreimal durch Maschine geben; die Fleischmasse gut abrühren, in Streifen geschnittene Pilze zugeben, Wildessenz unterrühren, bis Masse die richtige Beschaffenheit hat, gut abschmecken. Die in Rotweinbeize gelegten Fleischstücke leicht abtrocknen, nach Belieben in etwas Butter ein paar Minuten überbraten, auf Teller legen.

Pastetenform mit dünnen, rohen, ungesalzenen Speckscheiben auslegen, mit einem Teil der Fleischfarce auskleiden, vorbereitete Fleischstücke darauf legen, wieder mit Farce bedecken, evtl. eine zweite Lage legen, wieder mit Farce abdecken, gut glatt streichen, mit dünner Speckscheibe abdecken. Form in Wasserbad setzen und in vorgeheizter Röhre zugedeckt mindestens 1½ Stunden garen (Temperatur 200–210° C). Dann Pastete aus der Röhre nehmen, ausgeschmolzenes Fett abgießen, Pastete glatt streichen, mit abgeschmeckter Sulzbrühe, die mit etwas Wildessenz gemischt wurde, auffüllen, kalt stellen, am besten im Kühlschrank festwerden lassen.

Zum Frischverbrauch Form vorsichtig stürzen, in Scheiben schneiden, mit etwas Sulze garnieren.

Für längeres Aufbewahren Form sauber machen, Form mit ausgelassenem Schmalz zuschmelzen, kalt stellen.

Zur Farce:
1 ganzer Hase ausgezogen
½ Schweinsleber
3 alte Semmeln, Wasser oder Milch zum Einweichen
100 g getrocknete Morcheln oder eingemachte Trüffeln
evtl. 150 g ungesalzener roher Speck
Salz, Pfeffer, Piment
wenig Muskat
Zitronensaft nach Geschmack
1 Gläschen Cognac

zur Beize:
1 Glas Rotwein herb
1 Glas Essig (gebrauchsfertig)
2 Glas Wasser
1 Eßl. Wacholderbeeren
2 Gewürzdosen
2–3 Scheiben Zitrone
1 Zwiebel in Scheiben

zur Wildessenz:
100 g Butter
50 g ungesalzener Speck
reichlich Zwiebeln
Pfefferkörner, Wildknochen
knapp 1 l Wasser, Salz

zur Sulze: ½ l fertige Sulze
zur Form: dünne, rohe, ungesalzene Speckscheiben

338. **Wildschweinbraten** (Magerbraten) (6–8 Personen)

1 Rücken oder Schlegel vom Frischling (1jährig)
zum Würzen:
Salz, Pfeffer, Thymian
einige Wacholderbeeren
zum Braten:
60–80 g Butter oder Fett
etwas Speck nach Belieben
2 Zwiebeln, Wurzelwerk
einige Pfefferkörner
einige Gewürzkörner
1–2 Lorbeerblätter
1 Stückchen Brotrinde
Wacholderbeeren
1/4 l Brühe
1/4 l Rotwein (Kochwein)
zum Binden:
1–2 Teelöffel Stärkemehl
z. Verbessern: 6 Eßl. Rahm
1/8 l Johannisbeersaft oder
2–3 Eßl. Johannisbeergelee

Sehr gut abgelagertes Fleisch waschen, Schwarte immer ablösen, da durch das Abbrennen der Borsten sehr penetranter Geschmack entsteht; Fleisch mit Salz, Pfeffer, zerstoßenen Wacholderbeeren und etwas Thymian einreiben, mit heißer Butter oder heißem Fett übergießen, im Bräter unter etwas Speckzugabe mit Bratzutaten in vorgeheizter Röhre wie Magerbraten Nr. 173 braten; wenn Bratzutaten gebräunt sind, wenig heiße Flüssigkeit seitlich zugießen, Schlegel einmal wenden, in der zweiten Hälfte der Bratzeit mit etwas Rotwein aufgießen, Braten mehrmals mit Bratensaft begießen.
Brathitze: 220-200° C, *Einschubhöhe* untere Schiene, *Bratdauer:* für Rücken etwa 1–1 1/2 Stunden, für Schlegel 1 1/2–2 Stunden. Fleisch soll am Knochen noch zart rosa sein.
Garen Braten aus Soße nehmen, heiß stellen, Bratenansatz lösen, aufkochen lassen, Soße binden, seihen, mit Verbesserungszutaten abschmecken. Fleisch mit langem Messer vom Rücken lösen, schräg zur Faser in Scheiben schneiden, wieder dicht zusammensetzen, mit etwas heißer Soße überziehen; Fleisch vom Schlegel in dünne Scheiben quer zur Faser schneiden, schuppenartig dicht anrichten, mit Soße überziehen.
Fleisch zweijähriger Tiere vor dem Braten zweckmäßig 2–4 Tage beizen, da es nicht so zart ist. Fleisch älterer Tiere besser schmoren als braten.
Beilagen: Blaukraut (Rotkraut), Sauerkraut, Pilze, Kartoffelbrei, Knödel aller Art, Kartoffelküchlein.

339. **Wildschweinbraten als Burgunderbraten** (Magerbraten)

3/4 kg Wildschweinfleisch vom Schlegel
sonstige Zutaten wie Burgunderbraten Nr. 177

Wildschweinfleisch vorbereiten wie bei Nr. 338 angegeben, in Rotweinbeize etwa 4 Tage beizen, fertigstellen wie Burgunderbraten Nr. 177. Auch geeignet für Fleisch 2jähriger Tiere.

340. **Fasan gebraten** (Magerbraten)

Farbbild rechts

1 junger Fasan oder Fasanenhenne
zum Würzen:
1 Eßlöffel Zitronensaft
Salz, etwas Pfeffer
ungesalzene Speckscheiben
50 g Butter
etwa 1/4 l Brühe od. Wein
4 Eßl. saurer Rahm
zum Binden:
1 Teelöffel Stärkemehl
zum Verbessern:
evtl. 1 Glas Sherry

Nur *junge* Tiere mit *gutem Fleischansatz* sind zum Braten geeignet, andernfalls Geflügel besser dünsten oder schmoren.
Jungen, gut abgehangenen Fasan bzw. Fasanenhenne nach trockenem Rupfen und Ausnehmen sengen, mit feuchtem Tuch innen und außen abreiben, evtl. nachputzen (evtl. entsehnen s. S. 178), mit Zitronensaft beträufeln, mit Salz und Pfeffer einreiben, dressieren, Brust und Schenkel mit rohem ungesalzenen Speckscheiben umbinden. Fasan mit einer Brustseite nach unten in Bräter legen, mit heißer Butter begießen, von allen Seiten leicht anbräunen, in *geschlossenem* Bräter in vorgeheizter Röhre garen, nach einiger Zeit auf die andere Brustseite legen; bei Bedarf wenig heiße Brühe oder Wein seitlich zugießen, mit Bratensaft fleißig begießen, in geschlossenem Topf bei nicht allzu großer Hitze garen, bis Fasan fast weich ist. Geflügel auf den Rücken legen, Speckscheiben abnehmen, bei guter *Oberhitze* rasch bei *offenem*

Gebratener Fasan auf Ananaskraut mit Kartoffelbrei – Rezept s. oben ▶

Bräter Brustseite bräunen – Fasan darf aber nicht trocken werden, gut begießen. Nach Belieben Brust mit Rahm bestreichen, leicht bräunen lassen. Soße etwas binden, mit restlichem Rahm und Sherry abschmecken.

Brathitze: 210° C, *Einschubhöhe:* Mittelschiene, *Bratdauer:* 1–1½ Stunden, etwas ältere Tiere bis 2 Stunden; Fleisch soll am Brustknochen noch zart rosa sein, wird sonst leicht trocken. Fasan vierteln, auf heißer Platte anrichten, Soße ohne Speckscheiben eigens reichen.

Garnituren: Glasierte Kastanien, Geflügelbrötchen.

Beilagen: Ananaskraut, Weinkraut, Sauerkraut, Rotkraut (Blaukraut), Kartoffelbrei.

341. Fasan geschmort mit Pilzen

1 junger Fasan oder Fasanenhenne

zum Würzen:
1 Eßl. Zitronensaft
Salz, Pfeffer
4 rohe, dünne Speckscheiben
40–50 g Butter
1 kleine Zwiebel
250 g frische Champignons
⅛ l Madeira, ¼ l Brühe
4 Eßl. Rahm
zum Binden: 1 Teel. Mehl

Gut abgehangenen Fasan vorbereiten wie Fasan gebraten Nr. 340, ebenso würzen, dressieren und mit rohen, ungesalzenen Speckscheiben Brustseite und Schlegel umbinden. Vorbereitetes Geflügel im Schmortopf auf Herd in heißer Butter von allen Seiten anbräunen, zugedeckt bei mäßiger Hitze etwa 30 Min. schmoren unter Zugabe von etwas Madeira, dann feingeschnittene Zwiebel und blättrig geschnittene Pilze zugeben, gut andünsten, wenn Saft eingezogen ist, mit etwas Madeira aufgießen und unter allmählicher Zugabe von jeweils nur wenig Flüssigkeit in geschlossenem Topf gar schmoren. *Garzeit* ¾–1½ Stunden, je nach Alter des Geflügels. Wenn Geflügel weich, Soße nach Belieben wenig binden, mit Rahm verbessern, Fasan tranchieren, mit Pilzen anrichten.

Beilagen: Alle feinen Kartoffelgerichte.

342. Rebhühner gebraten

4 junge Rebhühner
Salz, etwas Pfeffer
Petersilie oder
2 geschälte Äpfel
80 g dünne Speckscheiben, ungesalzen

zum Braten:
60 g Butter, 4 Weinblätter od. Salbeiblätter nach Belieben
1 Zwiebel
einige Wacholderbeeren
Herz und Leber nach Belieben
⅛–¼ l Brühe oder Wein
4 Eßlöffel Rahm

zum Binden:
1 Teel. Stärkemehl

Nur junge Rebhühner sind zum Braten geeignet, kenntlich an gelber Farbe der Ständer, während ältere Tiere braune bis schiefergraue Ständer haben.

Gerupfte, gesengte und ausgenommene Rebhühner mit feuchtem Tuch außen und innen abreiben, mit Salz und wenig Pfeffer innen und außen einreiben, in Bauchhöhle Petersilie oder je 2 Viertel eines geschälten, vom Kernhaus befreiten Apfels stecken, dressieren, Brust und Schlegel mit dünnen Speckscheiben umbinden. Vorbereitete Rebhühner auf eine Seite in den Bräter legen, mit heißer Butter oder Fett übergießen, nach Belieben mit Wein- oder Salbeiblättern belegen, ganze Zwiebel und Wacholderbeeren zugeben, mit *geschlossenem Deckel* in gut vorgeheizte Röhre geben und bei *guter* Hitze braten, so daß Rebhühner leicht bräunen, während des Bratens Geflügel wenden und mit Bratenfett begießen; Herz und Leber feingeschnitten mit in den Bräter geben. Bei Bedarf jeweils nur wenig heiße Flüssigkeit oder Wein seitlich aufgießen, Geflügel mit Bratensoße öfter übergießen. Wenn Rebhühner fast gar sind, Speckscheiben abnehmen,

◀ Schweinshaxe, gebraten oder gegrillt auf Sauerkraut mit rohen Klößen Rezept S. 139 bzw. 245

Geflügel auf Rücken legen und nun Brustseite *offen rasch bräunen* bei guter Oberhitze, dann mit dickem Rahm bestreichen, diesen leicht mitbräunen. Rebhühner dürfen nicht trocken werden, deshalb nicht zu lange braten. *Brathitze:* 240° C, *Einschubhöhe:* Mittelschiene, *Bratdauer:* 35–45 Minuten. Rebhühner und Speck aus Soße nehmen, Bratenansatz lösen, aufkochen, Soßen binden, seihen, mit restlichem Rahm abschmecken. Rebhühner halbiert auf heißer Platte anrichten, Apfelfülle mit anrichten, nach Belieben evtl. auf Kraut legen. Soße eigens reichen.
Junge Rebhühner können auch gegrillt werden, siehe Nr. 445.
Beilagen: Ananaskraut, Weinkraut, Sauerkraut, Kartoffelbrei.

343. Rebhühner gedünstet

2–4 Rebhühner, Pfeffer
einige Wacholderbeeren
Salz
zum Dünsten: etwas Speck
50 g Butter, 1–2 Zwiebeln
Wurzelwerk, 1/8–1/4 l
Brühe, 1/4 l Rotwein
Estragon, Thymian
Rosmarin
1–2 Lorbeerblätter
etwas Rahm
evtl. 1 Teel. Stärkemehl

Zum Dünsten eignen sich sowohl junge wie auch etwas ältere Rebhühner, bei letzteren ist jedoch die Garzeit länger.
Gerupfte, gesengte und ausgenommene Rebhühner mit Tuch innen und außen abreiben, halbieren, mit Salz, wenig Pfeffer und einigen zerstoßenen Wacholderbeeren innen und außen einreiben. Vorbereitete Rebhühner in heißer Butter und etwas Speck von allen Seiten leicht anbräunen, Zwiebeln und Wurzelwerk zugeben, etwas mit anrösten, nur wenig Brühe und Wein seitlich zugießen, Kräuter beifügen und in *geschlossenem Topf bei mäßiger Hitze* dünsten, jeweils bei Bedarf etwas Brühe und Wein zugeben. Rebhühner unter mehrmaligem Wenden *zugedeckt* gar dünsten; in den letzten 10 Minuten Rahm zugeben, Soße wenig binden, durch Sieb streichen, abschmecken. Rebhühner evtl. vierteln, in Soße anrichten.
Garzeit: Junge Rebhühner 3/4 Stunde, ältere Tiere 1–1 1/2 Stunden.
Beilagen: Kartoffelbrei, Rotkraut, Weinkraut, Ananaskraut, Sauerkraut.

344. Wildente gebraten

1 junge Wildente, Pfeffer
Salz, Wacholderbeeren
Zitronensaft
3 Äpfel, Speckscheiben
zum Braten:
50 g Butter, 1 Zwiebel
2 Nelken, einige Wacholderbeeren, 2 Lorbeerblätter
1/8 l Brühe, 3/8 l Rotwein
etwas Orangenschale
1 Eßl. Johannisbeergelee
evtl. 1 Teel. Stärkemehl

Wildenten *immer frisch* verwenden, nicht abhängen lassen!
Wildente trocken rupfen, sengen, ausnehmen, mit trockenem Tuch außen und innen abreiben, Haut auf Trangeschmack prüfen: ein Stückchen Haut von der Bauchöffnung abschneiden, auf trockene, sehr heiße Pfanne legen: zeigt sich intensiver Trangeruch, Haut von Wildente abziehen – andernfalls kann Ente in der Haut gebraten werden. Wildente mit oder ohne Haut innen und außen mit Salz, etwas Pfeffer, einigen zerstoßenen Wacholderbeeren und Zitronensaft einreiben, in Bauchhöhle nach Belieben einige geschälte, vom Kernhaus befreite, säuerliche Äpfel geben, mit Zitronensaft beträufeln, zunähen, mit Speckscheiben umbinden. Vorbereitete Wildente mit heißer Butter übergießen, Gewürze zugeben, zunächst mit Brustseite nach unten *zugedeckt* in vorgeheizter Röhre unter öfterem Bestreichen mit Butter braten, sobald Zwiebel gebräunt ist, wenig kochende

Brühe und etwas Rotwein seitlich zugießen, während des Bratens öfter mit Bratensaft begießen, bei Bedarf jeweils wenig Brühe und Rotwein seitlich zugeben. 15 Minuten vor Ende der Garzeit Speckscheiben entfernen, Geflügel mit der Brustseite nach oben *offen* weiter braten, bis Geflügel gute Bräunung hat, dabei fleißig mit Butter bestreichen, um rasch Bräunung zu erzielen.
Brathitze: 220° C, *Einschubhöhe:* Mittelschiene; *Bratdauer:* etwa 1–1½ Stunden. Braten aus Soße nehmen, heiß stellen, Bratenansatz lösen, Soße aufkochen, evtl. wenig binden, mit geriebener Orangenschale und etwas Johannisbeergelee abschmecken. Wildente tranchieren, mit wenig Soße überziehen, Apfelfülle mit auf Platte legen, nach Belieben mit vorbereiteten Garnituren verzieren, rasch zu Tisch geben, Soße eigens reichen.
Garnituren: In Wein gekochte, gefüllte Äpfel, kernlose, kurz gebratene Orangenscheiben, Sauerkirschen sterilisiert.
Beilagen: Kartoffelbrei, feine Kartoffelküchlein, Ananaskraut, Blaukraut.

345. Kaninchen in heller Soße
Kaninchen eingemacht

½–¾ kg Kaninchenfleisch
sonstige Zutaten wie Kalbfleisch eingemacht oder Kalbsfrikassee Nr. 140/141

Kaninchen vorbereiten wie Hase Nr. 319.
Zubereitung wie eingemachtes Kalbfleisch Nr. 140 oder Kalbsfrikassee Nr. 141; als Stücke eignen sich Bug, Schlegel und Bauchfleisch.
Mit Wein pikant abschmecken.

346. Kaninchen gedünstet

½–¾ kg Kaninchenfleisch (Bug oder Schlegel)
sonstige Zutaten wie gedünstetes Fleisch Nr. 129

Kaninchen vorbereiten wie Hase Nr. 319, Zubereitung wie Grundrezept Gedünstetes Fleisch Nr. 129. Diese Zubereitungsweise ist für junge wie ältere Tiere geeignet.
Nach Belieben einige Champignons mitdünsten oder Fleisch mit Curry würzen, wodurch das Gericht an Geschmack gewinnt.

347. Kaninchen gebraten

¾–1 kg Kaninchen (Schlegel und Rücken)
sonstige Zutaten wie Hasenbraten Nr. 323 oder wie Hammelbraten mit Senf gebeizt Nr. 196

Zubereitung wie bei Nr. 323 oder Nr. 196 beschrieben.
Günstig mit etwas Speck braten, was kräftigen Geschmack verleiht. Garzeit je nach Alter des Tieres 1–1½ Stunden, Fleisch völlig durchbraten.

Fleisch- und Wurst-Resteverwertung

Fleischreste sollen möglichst *bald* verwertet werden! Reste von gekochtem Fleisch zweckmäßig mit etwas Brühe, von gebratenem Fleisch mit etwas Soße übergießen und zugedeckt kalt, am besten in den Kühlschrank stellen, damit Fleisch nicht trocken wird.
Sind die verfügbaren Fleischreste etwas knapp, so kann je nach Eigenart des Gerichtes dasselbe durch Zugabe von etwas frischem Hackfleisch, von Pilzen, Tomaten oder Paprikastreifen oder Gewürzgurken u. a. m. ausgiebiger gestaltet werden.

348. Fleischmus oder Haschee*

375 g Fleischreste, 30 g Fett oder Speck, 1–2 Zwiebeln
30 g Mehl, 1/2 l Brühe, Salz
nach Belieben: 1–2 Paprikaschoten, 1–2 Tomaten
Zitronensaft oder Essig
wenig Zitronenschale
Bratensoßenreste
2 Eßl. Rahm, Tomatenmark
1–2 Gewürzgurken

Fleischreste durch Maschine drehen oder fein schneiden; feingeschnittene Zwiebeln in ausgelassenem Speck oder in Fett andünsten, Fleisch zugeben, kurz andünsten, mit Mehl bestauben, etwas anrösten, mit Flüssigkeit auffüllen, etwa 5–10 Minuten leise kochen lassen, abschmecken. Nach Belieben klein gewürfelte Gewürzgurken beifügen. Geschälte, geviertelte Tomaten oder Paprikaschoten, in Streifen geschnitten, nach Belieben mit den Zwiebeln andünsten.
Beilagen: Schal- oder Salzkartoffeln, Salate nach Belieben.
Haschee ohne Gewürzgurken, etwas dick gehalten, kann als Fülle zu Pfannenkuchen verwendet werden.

349. Zwiebelfleisch*

375 g gare Fleischreste
40 g Fett, 2–3 Zwiebeln
1/8 l Fleischbrühe
Salz

Zwiebeln in feine Ringe schneiden, in heißem Fett andünsten, in feine Scheiben oder Streifen geschnittenes Fleisch zugeben, leicht anrösten, mit Fleischbrühe auffüllen, einmal aufkochen lassen, abschmecken.
Beilagen: Salz- oder Schalkartoffeln, Gemüse oder Salate nach Wahl.

350. Rindfleisch mit Zwiebelsoße*

375 g gare Rindfleischreste
30–40 g Fett oder Speck
2–3 Zwiebeln, 30–40 g Mehl
1/2–3/4 l Fleischbrühe, Salz
etwas Essig oder Zitronensaft
1 Prise Zucker, etwas Rotwein
1–2 Gewürzgurken

Fleischreste in Würfel oder Scheiben schneiden; mittelfarbene (Nr. 57) oder dunkle Einbrenne (Nr. 58) mit reichlich Zwiebeln herstellen, mit Brühe aufgießen, 5–10 bzw. 20–30 Minuten kochen lassen, würzen, Fleisch- und Gurkenwürfel zugeben, durchziehen lassen, abschmecken.
Beilage: Salz- oder Schalkartoffeln.

351. Rindfleisch mit Ei*

375 g gare Rindfleischreste
30–40 g Fett, 2 Zwiebeln
evtl. einige Champignons
einige Eßlöffel Fleischbrühe
2–3 Eier, 2 Eßl. Milch
1 Eßl. Mehl, Salz
reichlich Petersilie

Feingeschnittene Zwiebeln in Fett andünsten, das in messerrückendicke Scheibchen geschnittene Fleisch zugeben, kurz andünsten, dann vorbereitete Champignons mitdünsten, etwas Fleischbrühe zugeben, damit Fleisch nicht trocken wird; Eier, Mehl, Milch, Salz und reichlich gewiegte Petersilie verschlagen, über Fleisch geben, anziehen lassen und fertigstellen entweder als Omelette oder wie Rührei.
Beilagen: Röstkartoffeln, Salate.

352. Tiroler Geröstel*

Fleischreste oder Wurst in feine Scheiben oder Streifen, gekochte, geschälte Kartoffeln in Scheiben schneiden; feingeschnittene Zwiebelringe in heißem Fett mit wenig Speck leicht bräunen, Fleisch oder Wurst zugeben, leicht durchrösten, Kartoffeln zugeben, etwas rösten lassen, salzen, etwa 5 Minuten zugedeckt bei mäßiger Hitze durchziehen lassen. Kurz vor dem Anrichten die mit Milch und Schnittlauch oder Petersilie verquirlten Eier darüber geben, anziehen lassen, einmal wenden, auf heißer Platte anrichten.
Beilage: Grüner Salat.

250–400 g Fleisch- oder Wurstreste
750 g gekochte Kartoffeln
2–3 große Zwiebeln
40 g Fett, evtl. Speckreste
Salz
2–3 Eier, 2–3 Eßl. Milch
Schnittlauch oder Petersilie

353. Hascheereis*

Risotto herstellen: Gewaschenen, gebrühten Reis sehr gut abtropfen und abtrocknen lassen; feingeschnittene Zwiebel in Fett andünsten, Reis zugeben, anrösten, mit kochender, gut abgeschmeckter Brühe aufgießen, aufkochen lassen, zugedeckt bei mäßiger Hitze, am besten in vorgeheizter Röhre ohne Rühren gar quellen lassen.
Oder Butterreis herstellen wie Nr. 927.
Haschee herstellen: Fleischreste durch Fleischmaschine drehen, mit gedünsteten Pilzen, Rahm, Käse, reichlich gewiegter Petersilie mischen, abschmecken. In gefettete Auflaufform abwechselnd Reis, Hascheemasse und rohe Tomatenscheiben einschichten, oder Reis mit Fleischmasse mischen und mit Tomatenscheiben einschichten, Tomatenscheiben jeweils leicht salzen, letzte Schicht Reis mit Käse bestreuen, mit Butterflocken belegen, bei mäßiger Hitze 20–30 Minuten überbacken.
Beilage: Tomatensoße, Salate.

zum Risotto wie Nr. 929
zum Haschee:
250–400 g Fleischreste
100–150 g Pilze gedünstet
1/4 l Milch oder halb Milch, halb Rahm, Salz
3–4 Eßl. geriebener Käse
reichlich Petersilie
zum Einlegen:
6–8 Tomaten, gehäutet
zum Überbacken:
2–3 Eßl. geriebener Käse
20 g Butterflocken

354. Fleischküchlein*

Fleischreste, Speck und eingeweichte, sehr gut ausgedrückte Semmeln durch die Fleischmaschine drehen; feingeschnittene Zwiebel und gewiegte Petersilie in wenig Fett andünsten, alle Zutaten (Zitronenschale gerieben) mischen, gut abarbeiten, abschmecken. Fleischküchlein formen, nach Belieben in Semmelbröseln wenden, auf Stielpfanne in heißem Fett auf beiden Seiten goldbraun backen. *Backzeit* etwa 10 Minuten.
Beilagen: Salate nach Wahl oder Gemüse und Kartoffeln, auch Petersilienkartoffelgemüse.

350–400 g Fleischreste
30–50 g Speck oder fettes Rauchfleisch, 2 Eier
2 alte Semmeln, eingeweicht
1 Zwiebel, Petersilie
20 g Fett, Salz, Pfeffer
etwas Zitronenschale
zum Backen: Fett

355. Rindfleisch in Pfannenkuchenteig gebacken*

Mehl und wenig Salz mit Eiern und kalter Milch zu glattem, *dickem* Pfannenkuchenteig anrühren; Fleisch in etwas abgeschmeckter Fleischbrühe erwärmen, abtropfen lassen, in Scheiben oder Portionsstücke schneiden, leicht salzen, in dickem Pfannenkuchenteig wenden, in heißem Fett auf der Stielpfanne auf beiden Seiten goldgelb backen.
Beilage: Salate.

350–400 g Rindfleischreste
etwas Fleischbrühe
zum Pfannenkuchenteig:
125 g Mehl, Salz, 1–2 Eier
1/4 l Milch knapp
zum Backen: etwa 40 g Fett

356. Fleischstrudel

Pfannenkuchenteig Nr. 911
zum Ausbacken: Fett
250–400 g Fleischreste, Salz
1 alte Semmel, eingeweicht
1 Zwiebel, 20 g Butter
reichlich Petersilie
4–8 Eßl. Milch oder Rahm
etwas geriebener Käse
20 g Butter
1/4 l kochende Milch

Dünne Pfannenkuchen backen; Fleischreste mit eingeweichter, sehr gut ausgedrückter Semmel durch Fleischmaschine drehen, feingeschnittene Zwiebel und gewiegte Petersilie in wenig Fett leicht andünsten, alle Zutaten zur Fülle geben, gut mischen, abschmecken. Fülle auf gebackene Pfannenkuchen streichen, aufrollen, in Auflaufform setzen, mit etwas geriebenem Käse und wenig Butterflocken belegen, bei mäßiger Hitze im Rohr überbacken, nach etwa 10 Minuten etwas kochende Milch darüber gießen, backen, bis diese eingezogen ist. *Backzeit* etwa 20–30 Minuten.
Beilage: Salate.

357. Kartoffelschichtspeise

250–375 g Fleisch-, Rauchfleisch- oder Wurstreste
750 g gekochte Kartoffeln
500 g Sauerkrautreste
1/4 l Brühe
zum Überbacken:
etwas Fett oder Speck

Gekochte Kartoffeln schälen, in Scheiben schneiden, mit kleingeschnittenen Fleisch-, Rauchfleisch- oder Wurst- und Sauerkrautresten in gefettete Auflaufform schichten, mit gut abgeschmeckter Brühe übergießen, mit etwas durchwachsenem Speck oder wenig Fett belegen, in vorgeheizter Röhre 1/2 Stunde überbacken. Anstelle von gekochten Kartoffeln können auch Kartoffelbreireste verwendet werden.
Beilage: Salate.

358. Fleischsalat einfach*

300 g magere Fleischreste
2 säuerliche, saftige Äpfel
2 Gewürzgurken, 1 Zwiebel
1 Paprikaschote, Kapern
zur Marinade:
6–8 Eßl. entfettete Fleischbrühe, 2 Eßl. Zitronensaft
Salz, 1 Teel. Senf, 2 Eßl. Öl

Fleischreste, geschälte Äpfel und Gewürzgurken in gleichmäßige kleine Würfel oder feine Streifen schneiden; Paprikaschote waschen, von Stielansatz, Zwischenrippen und Samenkernen befreien, nochmal waschen, in sehr feine Streifchen, Zwiebel in feine Würfel schneiden. Alle vorbereiteten Zutaten mischen, mit gut abgeschmeckter Marinade anmachen, abschmecken, gut durchziehen lassen, evtl. vor dem Anrichten noch etwas nachwürzen. Fleischsalat beim Anrichten mit Scheiben von Gewürzgurken und harten Eiern verzieren, mit gewiegter Petersilie bestreuen.

Fleischsalat fein siehe Nr. 843.

359. Wurstsalat*

400 g magere Fleischwurst
2–3 Zwiebeln
50–100 g Emmentaler Käse
zur Marinade:
2–3 Eßl. Essig, Salz
2–3 Eßl. Öl
etwas Senf, 1 Prise Pfeffer

Kalbfleischwurst, Schinkenwurst, Bierschinken, Lyonerwurst o. ä. häuten, in feine Scheiben, Streifen oder Würfel schneiden, mit feingeschnittenen Zwiebelringen oder Zwiebelwürfeln und nach Belieben mit feingeschnittenen Käsescheibchen oder -würfelchen mischen; Salatmarinade gut abschmecken, Salat damit anmachen, abschmecken, kalt stellen, etwas durchziehen lassen, nach Belieben beim Anrichten mit etwas Pfeffer bestreuen, mit Tomatenscheiben oder Eischeiben verzieren.

Schinkenspeisen

Schinken ist sowohl in der „Schnellküche“ wie in der „feinen Küche“, als auch in der „Hausmannskost“ außerordentlich beliebt. Er ermöglicht eine Vielzahl von einfachen und feinen Gerichten ohne großen Zeit- und Arbeitsaufwand; als ergänzende Zutat verbessert er den Geschmack vieler anderer Gerichte.

Guter Schinken soll mild im Geschmack, saftig, fein in der Faser und nicht zu fett sein. Seine Qualität hängt nicht nur von Fütterung und Haltung der Tiere ab, sondern wird auch von der Pökelung, der Art des Räucherns und des Garens beeinflußt.

Für einfache Gerichte kann Schinken durch mageres Geräuchertes ausgetauscht werden.

360. Kochen von Schinken

1 Bein- oder Rollschinken mild gesalzen und geräuchert
Wasser ohne Salz

Mild gepökelten und geräucherten Schinken in lauwarmem Wasser gut waschen, wenn nötig abbürsten, in soviel handwarmem Wasser *ohne Salz*, daß Schinken gut bedeckt ist, zusetzen und zum Kochen kommen lassen bei mäßiger Hitze, nur *einmal aufkochen*, dann bei *schwacher Hitze „ziehen“* lassen, bis er gar ist; er darf *keinesfalls sprudelnd* kochen. Nach 1 Stunde Kochzeit Sud probieren; falls er sehr scharf schmeckt, Sud teilweise oder ganz durch frisches, kochendes, ungesalzenes Wasser ersetzen.

Garzeit: je nach Größe 2–3 Stunden (pro kg etwa 30–40 Minuten).

Garprobe: Schlußknochen läßt sich leicht lösen, garer Schinken läßt sich mit Spicknadel leicht durchstechen.

Schärfer gepökelten und geräucherten Schinken nach dem Waschen einige Stunden, evtl. sogar über Nacht in kaltes Wasser legen, dann garen wie oben beschrieben.

Wird Schinken *warm tranchiert*, diesen nach dem Garen etwa 1/2 Std. in der Kochbrühe liegen lassen, dann herausnehmen, Schwarte und nach Belieben einen Teil des Fettrandes abschneiden, Fleisch quer zur Faser in gleichmäßige, dünne Scheiben schneiden, schuppenförmig auf heißer Platte oder auf Sauerkraut anrichten.

Wird gekochter Schinken *kalt aufgeschnitten*, diesen nach dem Garen im Sud offen erkalten lassen, dann leicht zwischen zwei Holzbrettern pressen, vor dem Aufschneiden evtl. Schwarte und überschüssige Fettschicht abschneiden.

Besonders saftig bleibt Schinken, wenn er in Aluminiumfolie eingeschlagen (siehe Seite 31–33), gegart wird; dies ist insbesondere für halbierte Schinken zu bevorzugen, um Saftverlust zu verhüten.

Soll gekochter Schinken nochmal heiß gemacht werden, dann Schinken in Aluminiumfolie einschlagen, in leise ziehendem Wasser oder im Dampf (Kartoffeldämpfer) heiß werden lassen.

361. Schinken in Brotteig gebacken

1 kleiner, mild gepökelter und geräucherter Schinken
Wasser zum Kochen
zum Bestreichen:
4 Eßl. englischer Senf
1 Eßl. Zucker
etwas Weißwein
zum Backen:
1½–2 kg Weiß- oder Schwarzbrotteig vom Bäcker
Eiweiß

Schinken sehr gut waschen, evtl. über Nacht in kaltes Wasser legen, Schlußknochen ausbeinen; Schinken in handwarmem Wasser zusetzen, *einmal aufkochen* und 1 Stunde ziehen lassen, dann herausnehmen, Schwarte und überschüssiges Fett abschneiden. Englischen Senf mit Zucker und etwas Weißwein verrühren, Schinken damit allseits bestreichen. Brotteig etwa 1 cm dick auswellen, mit verschlagenem Eiweiß bestreichen, Schinken mit Oberseite nach unten auf Teigplatte legen, Teig sorgfältig über Schinken zusammenschlagen, Schinken so auf Backblech oder Fettpfanne legen, daß Teigränder nach unten kommen und Schinken völlig von Teig eingehüllt ist. Teighülle mit einigen „Fenstern" durch Ausschneiden kleiner Teigstückchen versehen, damit Dampf während des Backens entweichen kann. Beim Bäcker 2½–3 Stunden backen lassen. Brotkruste lösen, Schinken warm oder kalt fein aufschneiden.

362. Schinken in Burgunder (8–10 Personen)

1 kleiner, mild geräucherter Schinken
zum Kochen: Wasser
zum Braten:
40–50 g Butter, 3 Zwiebeln
1 Eßl. Gewürzkörner
1 Eßl. Pfefferkörner
3–4 Nelken, Wurzelwerk
3 Lorbeerblätter
1–2 Eßl. Zucker
3/8–1/2 l Burgunder
zum Binden:
2–3 Teel. Stärkemehl

Schinken waschen und kochen wie bei Nr. 360 angegeben, Schinken *nicht ganz weich kochen* (2–2½ Stunden je nach Größe), aus Sud nehmen, Schwarte und überschüssiges Fett vorsichtig ablösen, doch muß noch eine Fettschicht auf dem Schinken bleiben; diese karoartig einschneiden, mit Zucker bestreuen, mit etwas Butterflocken belegen und mit den angegebenen Gewürzen sowie 1 Glas Burgunderwein in vorgeheizte Röhre geben, unter häufigem Begießen und Nachgießen von Rotwein je nach Bedarf bei Mittelhitze in der Röhre noch etwa 1 Stunde braten, Schinkenoberseite soll schön goldbraun werden. *Brathitze* etwa 220–210° C, *Einschubhöhe* untere oder mittlere Schiene je nach Höhe des Schinkens. Wenn Schinken gar und gebräunt ist, Soße abseihen, mit Stärkemehl binden; oder Burgundersoße Nr. 963 dazu reichen. Oder halbgar gekochten Schinken mit Gewürzen, Wurzelwerk und Rotwein (ohne Butter und Zucker) und etwas Kochbrühe in geschlossenem Topf auf dem Herd dämpfen.
Beilagen: Kartoffelbrei oder Reis, Gemüse wie Rosenkohl, grüne Erbsen, Ananaskraut.

363. Schinken mit gebratenen Bananen*

4 (8) Bananen
Zitronensaft
40 (60) g Butter
4 (8) dünne Scheiben roher, magerer Schinken
2 (4) Eßl. geriebener Käse nach Belieben
etwas Tomatenketchup

Bananen, die nicht zu reif sein sollen, schälen, mit Zitronensaft bestreichen, damit sie sich nicht verfärben, in heißer Butter auf beiden Seiten kurz goldgelb braten, jede Banane sofort in eine dünne Schinkenscheibe wickeln – Vorsicht, Bananen brechen leicht – nach Belieben rasch in der Pfanne überbraten, mit geriebenem Käse bestreuen, sofort zu Tisch geben, nach Geschmack Tomatenketchup dazu reichen.
Beilagen: Toast, Risotto.
Gut als *Vorspeise* geeignet; hierfür genügt jeweils 1 Scheibe Schinken, als Hauptgericht rechnet man pro Person 2 Scheiben.

364. Schinken mit Äpfeln und Orangen*

Zunächst Fülle vorbereiten: Geschälte Äpfel vom Kernhaus befreien, raffeln, sofort mit Zitronensaft in wenig Butter zugedeckt gar dünsten, mit Zucker abschmecken, mit geschälten, gestiftelten Mandeln mischen; Orangen sehr sorgfältig schälen, alles Weiße entfernen, halbieren, in dicke Querscheiben schneiden, entkernen. Schinkenscheiben in Butter auf beiden Seiten rasch braten, mit Ketchup bestreichen, auf heiße Platte legen, vorbereitete Orangenscheiben im Bratenfett rasch erhitzen, auf Schinkenscheiben legen, darauf die gedünsteten Äpfel geben, leicht zusammenrollen, sofort zu Tisch geben.
Beilagen: Toast.
Gut als *Vorspeise* geeignet.

4 dicke Scheiben magerer, gekochter Schinken
50 g Butter, 2 Eßl. Ketchup

zur Fülle:
2–3 mittelgroße, säuerliche Äpfel, etwas Zitronensaft
20 g Butter, wenig Zucker
2 Orangen, 2 Eßl. geschälte, gestiftelte Mandeln

365. Schinken mit Stangenspargel

Farbbild neben S. 320

Stangenspargel waschen, sorgsam vom Kopf zum dicken Ende hin schälen, alle holzigen Teile entfernen, portionsweise bündeln, in kochendem Salzwasser mit 1 Prise Zucker weich kochen, *Garzeit* etwa 1/2 Stunde. Stangenspargel sehr gut abtropfen lassen, auf heißer Platte anrichten, mit kalter oder mit zerlassener heißer Butter oder mit holländischer Soße sofort zu Tisch geben, Schinken auf eigener Platte anrichten. Dazu lockere Pfannenkuchen oder neue Kartoffeln.

4 (8) Scheiben magerer, gek. oder roher Schinken
1 1/2 kg Stangenspargel (I. Qualität)
Salzwasser, 1 Prise Zucker
60–80 g Butter oder holländische Soße Nr. 956

366. Schinken mit Rührei*

Eier mit Milch, Salz und evtl. mit Streckzutaten mit Schneebesen gut verschlagen, fein geschnittenen oder gewiegten Schinken und Schnittlauch untermischen; Butter in Stielpfanne heiß, aber nicht braun werden lassen, Eiermasse zugeben, evtl. den vorbereiteten Schinken jetzt erst auf Eiermasse streuen, etwas anziehen lassen, Masse bei *mäßiger Hitze* unter öfterem leichtem Zusammenschlagen dicken lassen, bis Masse flockig, aber noch weich ist, sie zieht nachträglich noch etwas an; auf heißer Platte sofort zu Tisch geben.
Beilage: Grüner Salat.

Pro Person: 1–2 frische Eier
1–2 Eßl. Milch, Salz
Schnittlauch

evtl. zum Strecken pro Ei:
1/2 Teel. Mehl oder Stärkemehl und 1 Eßl. Milch

25–50 g magerer Schinken, roh oder gekocht

zum Garen: 10 g Butter

367. Schinkeneierkuchen*, Eieromelettes mit Schinken*

Mehl mit ganzen Eiern, Milch und Salz mit Schneebesen gut verschlagen, fein gewiegte Petersilie oder Schnittlauch und feingeschnittenen oder gewiegten Schinken unterschlagen. In kleiner Stielpfanne bei *schwacher Hitze* in heißer, aber nicht gebräunter Butter *dünne* Eierkuchen oder Omeletten von *einer* Seite anbacken lassen, sobald Unterseite lichtgelb ist, zudecken, damit Oberseite stockt; während des Garens nur leicht rütteln, nicht wenden, Omeletten sollen auf Oberseite noch etwas weich und locker sein. Zum Anrichten Omelette

Pro Person:
2 Eier, 1–2 Eßl. Milch
1/2–1 Teel. Mehl
Salz
Petersilie oder Schnittlauch
25–50 g magerer, gekochter Schinken
zum Backen: 10–20 g Butter

überschlagen und auf heiße Platte gleiten lassen oder stürzen, sofort zu Tisch geben.
Man kann vorbereiteten Schinken statt unter die Eiermasse auch als Fülle auf den gebackenen Eierkuchen legen, Omelette darüber schlagen und wie beschrieben anrichten.
Beilagen: Grüner Salat oder feine Gemüse wie Spargel, Schwarzwurzeln, Blumenkohl, Champignons, Spinat, grüne Erbsen.

368. Schinkeneierkuchen mit Tomaten* Eieromelettes mit Schinken und Tomaten*

Zutaten wie Schinkeneierkuchen Nr. 367
1–2 Tomaten je nach Größe
etwas Salz

Mehl, ganze Eier, Milch und Salz mit Schneebesen glatt schlagen, vorbereiteten Schinken und Petersilie oder Schnittlauch unterschlagen; gewaschene Tomaten brühen, häuten, in dicke Scheiben schneiden, in Butter auf kleiner Stielpfanne andünsten, leicht salzen, jeweils von der Eierkuchenmasse darauf gießen, *dünne* Eierkuchen backen wie bei Nr. 367, bei schwacher Hitze anbacken lassen, zugedeckt garen lassen, leicht rütteln, nicht wenden; wenn Eierkuchen gar, Omelette umschlagen, auf heiße Platte gleiten lassen, sofort zu Tisch geben.
Beilagen: Wie bei Schinkeneierkuchen Nr. 367.

369. Schinkenpfannenkuchen

Pfannenkuchenteig Nr. 911
zum Backen: Fett
zur Fülle: 20 g Butter
1 Zwiebel, reichl. Petersilie
200–250 g Schinken gekocht
4–6 Eßl. dicker saurer Rahm, Salz
zum Aufziehen: 20 g Butter
$^1/_8$–$^1/_4$ l kochende Milch

Pfannenkuchenteig herstellen wie bei Nr. 911 angegeben, dünne Pfannenkuchen backen. Feingewiegte Zwiebel und Petersilie in wenig Butter andünsten, gewiegten oder durch Fleischmaschine gedrehten Schinken und Rahm zugeben, abschmecken; Fülle auf Pfannenkuchen streichen, diese aufrollen, in gefetteter Auflaufform kurz überbacken, nach Belieben nach dem Anbacken mit etwas kochender Milch übergießen und bei *mäßiger Hitze* backen, bis diese eingezogen ist. *Backzeit* etwa 20–25 Minuten.
Beilagen: Tomatensoße, Salate.

370. Schinkenauflauf

200–250 g gekochter, magerer Schinken
30 g Butter, 40 g Mehl
$^3/_8$ l süßer Rahm oder Milch
Salz, 3–4 Eßl. ger. Käse
1 Pr. Paprika, 3 Eßl. Madeira
4 Eier getrennt
zum Bestreuen:
2–3 Eßl. Semmelbrösel
2–3 Eßl. geriebener Käse
20 g Butterflocken

Schinken durch Fleischmaschine (feine Lochscheibe) geben oder fein wiegen. Helle Einbrenne herstellen, mit Rahm oder Milch aufgießen, etwa 5 Minuten kochen lassen, würzen, Schinken unterrühren, abkühlen lassen, Eigelb und Käse untermengen, sehr steifen Eischnee und Madeira unterziehen. Masse in gebutterte, flache, feuerfeste Auflaufform oder in gebutterte, kleine feuerfeste Förmchen füllen, mit Semmelbröseln und geriebenem Käse bestreuen, mit Butterflöckchen belegen, bei *mäßiger Hitze* in großer Form etwa 30 Minuten, in kleinen Förmchen etwa 10 Minuten backen, sofort zu Tisch geben.
Gut als *Vorspeise* geeignet.
Beilagen als Hauptgericht: Gemüsereis, Salate.

371. Schinken mit Spargel überbacken

Spargel waschen, sorgfältig schälen, in etwa 3–4 cm lange Stücke schneiden, in Salzwasser mit einer Prise Zucker weich dämpfen bzw. kochen, aus Sud nehmen, gut abtropfen lassen.
Schinken wiegen oder kleinwürfelig schneiden. Helle Einbrenne herstellen, mit Spargelsud aufgießen, etwa 5–10 Minuten kochen lassen, Soße muß dicke Beschaffenheit haben; mit Rahm und Eigelb legieren, gut abschmecken, nach Belieben Reibkäse untermengen, steifen Eischnee unterziehen. In gebutterte, feuerfeste Form Spargelstücke einlegen, Schinken darüberstreuen, Überbackmasse darauf geben, bei *mäßiger Hitze* in vorgeheizter Röhre etwa 1/2 Stunde überbacken.
Beilagen: Reis, Salate.

3/4–1 kg Stangenspargel
Salzwasser, 1 Prise Zucker
250 g magerer, roher oder gekochter Schinken
Überbackmasse:
30 g Butter, 40 g Mehl
1/4 l Spargelsud, 1/8 l süßer Rahm, 2–3 Eier getrennt
Salz, etwas Zitronensaft
1 Prise Zucker
evtl. etwas geriebener Käse
zur Form: Butter

372. Schinken-Blumenkohl-Auflauf

Blumenkohl putzen, waschen, in Röschen teilen, in Salzwasser kernigweich dämpfen oder kochen; weitere Herstellung wie Spargel mit Schinken überbacken Nr. 371; bei *mäßiger Hitze* in vorgeheizter Röhre etwa 30 Minuten backen.
Beilagen: Reis, Salate.

1–2 Rosen Blumenkohl
Salzwasser
250 g magerer, gekochter Schinken
Überbackmasse wie Nr. 371
zur Form: Butter

373. Schinken mit Blumenkohl überbacken

Blumenkohl waschen, putzen, in Röschen teilen, in Salzwasser kernigweich dämpfen oder kochen. In gebutterte Auflaufform lagenweise Blumenkohlröschen und gewiegten Schinken geben; Rahm, Milch, Eigelb und Salz, nach Belieben eine Prise Muskat gut verquirlen, über vorbereiteten Blumenkohl gießen, mit Käse und Semmelbröseln bestreuen, mit Butterflocken belegen, bei *mäßiger Hitze* etwa 30 Minuten überbacken.
Beilagen: Reis, Salate.

1–2 Rosen Blumenkohl
Salzwasser
100–250 g mag., gekochter Schinken, 2–3 Eigelb
1/8 l saurer Rahm, 1/8 l Milch
Salz, 1 Prise Muskat
zur Form: Butter
z. Überbacken: 20 g Reibkäse
20 g Semmelbrösel
20 g Butterflocken

374. Schinken mit Chicorée überbacken

Chicorée putzen, waschen, große Stauden der Länge nach halbieren, kleinere ganz lassen, welke Außenblätter und bitteren Keil am Blattende entfernen, in kochendem Salzwasser rasch abwellen, jedoch nicht ganz weich kochen, gut abtropfen lassen. Überbackmasse herstellen wie bei Nr. 371; Chicoréestangen jeweils in eine Scheibe Schinken rollen, in gefettete, feuerfeste Form legen, mit Überbackmasse übergießen, in vorgeheizter Röhre bei *mäßiger Hitze* etwa 30 Minuten überbacken.
Beilage: Kartoffelbrei, in Butter und Petersilie geschwenkte Kartoffeln, Pommes frites oder Reis, Salate.

3/4–1 kg Chicorée
zum Abwellen: Salzwasser
8 Scheiben magerer, gekochter Schinken
Überbackmasse wie bei Nr. 371
zur Form: Fett

375. Schinken mit Lauch überbacken

8 dicke Stangen Lauch
Salzwasser
zum Überbacken:
8 kleine Scheiben magerer Schinken
Käsesoße Nr. 941–943
etwas Butter, Reibkäse

Lauch putzen, alles Grüne entfernen, gleichmäßig lang schneiden, (etwa 15–20 cm, entsprechend dem Durchmesser der Form), sehr sorgfältig waschen, in kochendem Salzwasser kernig-weich dämpfen oder kochen, sehr gut abtropfen lassen; jede Lauchstange in eine Schinkenscheibe rollen, in gefettete, feuerfeste Form legen, mit gut abgeschmeckter Käsesoße nach Wahl (Nr. 941–943) übergießen, mit etwas geriebenem Käse bestreuen und bei *mäßiger Hitze* in vorgeheizter Röhre etwa 20–30 Minuten überbacken.
Beilagen: Kartoffelgerichte nach Wahl, Salat.

376. Schinkenreis*

Risotto wie Nr. 929
zum Überbacken:
150–200 g gek. Schinken
1/4 l Rahm oder Milch
Salz, 3 Eßl. geriebener Käse
1 Eßl. Petersilie, gewiegt
zur Form: Fett
zum Bestreuen:
2 Eßl. geriebener Käse
20 g Butterflocken

Risotto herstellen wie bei Nr. 929 angegeben. *Garzeit* etwa 20–25 Minuten. Oder Butterreis kochen wie bei Nr. 927 beschrieben.
Schinken durch Fleischmaschine geben oder fein wiegen, mit Rahm oder Milch, Salz, Käse und Petersilie mischen, abschmecken; in gefettete Form Reis mit Schinkenmasse gemischt oder schichtweise einfüllen, auf oberste Reisschicht geriebenen Käse und Butterflocken geben, in vorgeheizter Röhre bei *mäßiger Hitze* etwa 1/2 Stunde überbacken.
Beilagen: Tomatensoße, gedünstete Tomaten, Champignongemüse oder Salate.

377. Schinkenreis mit Ananas*

250 (300) g Hartreis
reichlich Salzwasser
zum Aufziehen: 30 g Butter
150–250 g gek., magerer Schinken
200–250 g Ananas aus Dose
zum Belegen: 20 g Butter

Reis waschen, brühen, in reichlich kochendem Salzwasser springend knapp 20 Minuten kochen, abseihen, gut überbrausen, sehr gut abtropfen lassen; Schinken wiegen oder in feine Streifen, Ananasscheiben gleichfalls in Streifen schneiden; Schinken und Ananas in etwas Butter andünsten, Reis zugeben, locker mischen, mit Butterflocken belegen, zugedeckt in vorgeheizter Röhre bei *mäßiger Hitze* etwa 15–20 Minuten durchziehen lassen, bis Reis gut heiß ist.
Beilagen: Currysoße und Salat.

378. Schinkenreis-Auflauf oder -Pudding

250 (300) g Hartreis
reichlich Salzwasser
50–80 g Butter
3–4 Eier getrennt
200–250 g gekochter, magerer Schinken
50–80 g geriebener Käse, Salz
Butter, evtl. Brösel z. Form
für Auflauf:
2–3 Eßl. geriebener Käse
20 g Butterflocken

Reis waschen, brühen, in reichlich kochendem Salzwasser springend kochen, Garzeit knapp 20 Minuten, abseihen, überbrausen, gut abtropfen lassen. Schaummasse herstellen aus Butter, Eigelb, fein gewiegtem oder durch Fleischmaschine gedrehtem Schinken, geriebenen Käse und Reis untermengen, abschmecken, steifen Eischnee unterheben, in gefetteter Auflaufform, mit Butterflöckchen belegt, bei *mäßiger Hitze* in vorgeheizter Röhre etwa 1/2 Stunde backen, nach 20 Minuten mit geriebenem Käse bestreuen und goldgelb bräunen lassen.
Für Pudding Masse in gut gebutterte und gebröselte Form füllen, im Wasserbad etwa 3/4 Stunde kochen lassen, Puddingform dann öffnen, etwas abdampfen lassen, vorsichtig lockern, stürzen, sofort zu Tisch geben.
Beilagen: Tomaten-, Käse- oder Champignonsoße, Salate oder Gemüse.

379. Schinkennudeln, Schinkenmakkaroni*

Nudeln, evtl. selbst hergestellt wie bei Nr. 918 angegeben oder andere Teigwaren in reichlich kochendem Salzwasser kernig-weich kochen, abgießen, überbrausen, gut abtropfen lassen. Nudeln in heißem, jedoch nicht gebräuntem Fett kurz rösten, bis Nudeln gut heiß sind, klein geschnittenen Schinken untermengen, nach Belieben die mit Milch und Salz verquirlten Eier darüber geben, noch so lange rösten, bis Eier angezogen haben, nach Belieben mit geriebenem Käse und gewiegter Petersilie bestreut anrichten.
Beilagen: Tomatensoße, grüner Salat.

250 (300) g Bandnudeln, Spaghetti oder Makkaroni
reichlich Salzwasser
20–40 g Fett
100–250 g gek. Schinken oder mageres Geräuchertes
nach Belieben: 2–3 Eier
2 Eßl. Milch, Salz
30 g Reibkäse, Petersilie

380. Schinkennudeln, Schinkenmakkaroni aufgezogen*

Fertige Teigwaren oder selbst hergestellte Nudeln in reichlich kochendem Salzwasser kernig-weich kochen, abgießen, überbrausen, gut abtropfen lassen. Teigwaren abwechselnd mit fein geschnittenem Schinken in gefettete Auflaufform schichten; Eier mit Rahm oder Milch und Salz verschlagen, über Nudeln gießen, mit geriebenem Käse bestreuen und mit Butterflocken belegen, bei *mäßiger Hitze* in vorgeheizter Röhre zuerst zugedeckt (um zu starke Krustenbildung zu verhüten), dann offen etwa 1/2 Stunde aufziehen lassen.
Beilagen: Wie Schinkennudeln Nr. 379.

250 (300) g fertige Nudeln, Spaghetti oder Makkaroni
reichlich Salzwasser
100–250 g gek. Schinken, Geräuchertes oder Wurst
3 Eier, Salz
1/4 l saurer Rahm oder Milch
2–3 Eßl. Reibkäse
20 g Butterflocken

381. Nudelauflauf, Nudelpudding mit Schinken

Nudeln in reichlich kochendem Salzwasser kernig-weich kochen, abgießen, überbrausen, gut abtropfen lassen. Schinken durch Fleischmaschine drehen, mit Eigelb, Rahm, Käse und Geschmackszutaten vermengen, Nudeln zugeben, abschmecken, zuletzt steifen Eischnee unterheben, in gebutterter Auflaufform oder gebutterter und gebröselter Puddingform in vorgeheizter Röhre 3/4 Stunden backen, bzw. im Wasserbad 1 Stunde kochen; kurz vor Ende der Backzeit Auflauf mit etwas geriebenem Käse bestreuen, lichtgelb bräunen lassen. Pudding nach dem Garen etwas abdampfen lassen, lockern, auf heiße Platte stürzen, sofort zu Tisch geben.
Beilagen: Tomatensoße, gedünstete Tomaten, Spinatgemüse oder Salate.

250 (300) g Nudeln
reichlich Salzwasser
zum Auflauf:
100–250 g mag., gekochter Schinken
50–100 g geriebener Käse
3–4 Eier getrennt
3 Eßl. Rahm, Salz, Petersilie,
1 Prise Muskat nach Belieben
Butter, evtl. Brösel z. Form
etwas Reibkäse

382. Schinkenkartoffeln*

Gekochte Kartoffeln schälen, in dünne Scheiben schneiden; fein geschnittene Zwiebeln in Butter oder ausgelassenem Speck andünsten, Kartoffelscheiben zugeben, leicht rösten; gekochten Schinken oder Geräuchertes klein schneiden, mit Kartoffeln abwechselnd in gefettete feuerfeste Form schichten, lagenweise salzen; Rahm oder Milch mit Eigelb und Salz verquirlt über Kartoffeln gießen, mit Butterflocken belegen, bei *mäßiger Hitze* in vorgeheizter Röhre überbacken, nach 10 Minuten geriebenen Käse darüber streuen, goldgelb bräunen lassen. *Backzeit* etwa 20–30 Minuten.
Beilagen: Salate.

3/4 kg Kartoffeln
50 g Butter oder Speck
1–2 Zwiebeln, 250 g gek. Schinken oder Geräuchertes
1/4 l saurer Rahm oder Milch
2–3 Eigelb, Salz
zum Überstreuen:
20 g Butterflocken
2–3 Eßlöffel Reibkäse

383. Béchamelkartoffeln mit Schinken überbacken

3/4 (1) kg Schalkartoffeln
zur Béchamelsoße:
30 g Fett, 1/2 Zwiebel
100–125 g gekochter Schinken oder Geräuchertes
40 g Mehl
1/8–1/4 l Brühe, bis 3/8 l Milch
Salz, etwas Muskat
zum Belegen: Semmelbrösel
20 g Butterflocken

Gekochte Kartoffeln schälen, in Scheiben schneiden; Zwiebel feinwürfelig, Schinken oder Geräuchertes in etwas größere Würfel schneiden. Zwiebel in Fett glasig dünsten, Schinkenwürfel zugeben, leicht andünsten, Mehl beifügen, lichtgelb rösten, mit Brühe ablöschen, mit Milch aufgießen, salzen, etwa 5 Minuten kochen lassen, kräftig abschmecken, mit Kartoffelscheiben mischen, nochmal abschmecken, in Auflaufform füllen, mit Semmelbröseln bestreuen und mit Butterflocken belegen, bei *mäßiger Hitze* in vorgeheizter Röhre etwa 20–30 Minuten überbacken.

Beilagen: Salat.

384. Schinkenknödel*

Grundrezept Semmelknödel Nr. 922
200 g gekochter Schinken oder Geräuchertes
zum Kochen: Salzwasser

Semmelteig herstellen wie zu Semmelknödeln Nr. 922; gewiegten oder durch Fleischmaschine gedrehten Schinken untermischen, abschmekken, Probeknödel formen und kochen; ist dieser gut, Teig einteilen, Knödel mit nassen Händen formen, in kochendes Salzwasser einlegen, zum Kochen bringen, dann halboffen 15–20 Minuten gar ziehen lassen. Sollte der Probeknödel zu weich sein, etwas Semmelbrösel unter den Teig arbeiten. Überbrüht man Semmeln mit kochender Milch, verringert sich die Milchmenge auf etwa 1/4 l.

Beilage: Sauerkraut.

385. Speckknödel*

Grundrezept Semmelknödel Nr. 922
100 g geräucherter Speck
zum Kochen: Salzwasser

Semmelteig herstellen wie zu Semmelknödeln Nr. 922; Speck durch Fleischmaschine drehen oder sehr kleinwürfelig schneiden, leicht anrösten, Zwiebel und Petersilie darin leicht andünsten, zum Semmelteig geben. Sonstige Herstellung wie Schinkenknödel Nr. 384.

Beilage: Sauerkraut

386. Schinkenhörnchen

Quarkmürbteig Nr. 1358 od.
Quarkölteig ohne Zucker Nr. 1304 oder
Hefemürbteig Nr. 1241
zur Fülle:
200 g magerer gekochter Schinken, 2 Teel. Zwiebel
2 Teel. Petersilie gewiegt
10 g Butter zum Andünsten
2 Eßl. dicker saurer Rahm
zum Bestreichen: 1 Ei

Teig nach Wahl nach jeweiliger Rezeptangabe herstellen, kalt stellen. Fülle bereiten: Schinken sehr fein schneiden oder durch Fleischmaschine geben; fein gewiegte Zwiebel und Petersilie in wenig Butter leicht andünsten, mit Schinken und Rahm mischen, abschmecken. Teig etwa messerrückendick auswellen, Dreiecke von etwa 8–10 cm Seitenlänge radeln, Schinkenfülle darauf legen, von der Breitseite her aufrollen, Hörnchen formen, so auf kaltes Blech legen, daß Teigzipfel jeweils nach unten zu liegen kommt, vorsichtig mit Ei bestreichen, bei guter Backhitze (etwa 200° C) backen, *Backzeit* etwa 20 Minuten.
Sehr gut zu Salaten, zu feinen Gemüsen, auch zu Wein oder Bier.

387. Schinkenrollen in Blätterteig (6 Stück)

Blätterteig wie Nr. 1361 oder Rahmblätterteig wie Nr. 1362 herstellen, oder gekauften Blätterteig verwenden. Blätterteig messerrückendick auswellen, Rechtecke schneiden in Größe von 8×12 cm, jeweils eine Schinkenscheibe als Rolle einlegen, Teigränder vorsichtig mit Eiweiß bestreichen, Teig leicht aufrollen, mit offener Teigseite nach unten auf das mit kaltem Wasser gespülte Blech legen, kalt stellen, mit Eigelb bestreichen, bei guter *Backhitze* (etwa 220° C) goldgelb backen; *Backzeit* etwa 20 Minuten, sofort zu Tisch geben.
Beilagen: Salate.

1/2 Grundrezept Blätterteig Nr. 1361 oder Rahmblätterteig Nr. 1362 von 150 g Mehl
zur Fülle: 6 Scheiben magerer Saftschinken
zum Bestreichen: 1 Ei

388. Schinkentütchen, Schinkenrollen gefüllt (kalt)*

Schinkentütchen: Schinkenscheiben von Schwarte und Fett befreien, zu Tüten drehen, jede Tüte mit 4–5 Spargelspitzen füllen, diese mit Mayonnaise leicht überziehen, oder Tüten mit Sahnemeerrettich füllen, leicht spritzen.
Zu *Schinkenrollen* Spargelstückchen auf Schinkenscheiben legen, so daß Spitzen herausragen, locker aufrollen, Spitzen mit Mayonnaise oder Remouladensoße überziehen; oder Schinkenscheiben sehr locker zu Rollen drehen, diese auf beiden Enden mit Sahnemeerrettich einspritzen. Platte mit Tomatenscheiben, Scheiben von hartgekochten Eiern und Petersilie verzieren, bald zu Tisch geben, damit Schinken nicht trocken wird.
Beilage: Toast. Gut als *kalte Vorspeise* geeignet.

Pro Person:
1–2 Scheiben magerer Schinken, roh oder gekocht
zur Fülle: 5–7 Stück Spargelspitzen gekocht
1-2 Eßl. Mayonnaise Nr. 970 oder Remouladensoße Nr. 975 oder 2–4 Eßl. Sahnemeerrettich Nr. 981
zum Anrichten: Scheiben von Tomaten gekochten Eiern, Petersilie

389. Schinkenröllchen mit Apfel-Selleriesalat*

Gekochten Sellerie, geschälte Äpfel sowie Gewürzgurken in kleine, gleichmäßige Würfel schneiden, würzen, mit Mayonnaise mischen, gut abschmecken. Magere Schinkenscheiben zu Tüten oder Rollen drehen, mit Salat füllen, mit etwas frischen Salatblättern und hartgekochten Eiern garnieren.
Gut geeignet als *kalte Vorspeise* oder zu kaltem Büffet.
Beilage: Toast.

4 Scheiben gek. Schinken
250 g Sellerie gekocht
3 große, säuerliche Äpfel
1–2 Gewürzgurken
Zitronensaft, Salz, Zucker Paprika, 125 g Mayonnaise
zum Garnieren: Salatblätter, gekochte Eier

390. Schinken mit Melone*

Melone mehrere Stunden vor Gebrauch im Kühlschrank kalt stellen, unmittelbar vor Gebrauch in etwa 2–3 cm dicke Schnitten schneiden, von Schale und Kernen befreien, mit Schinkenscheiben anrichten und sofort zu Tisch geben.
Gut als *kalte Vorspeise* im Sommer geeignet.
Beilage: Toast.

Pro Person:
1–2 Scheiben mag. Schinken, roh oder gekocht
1–2 Scheiben Melone

391. Schinkenmus, Schinkenpastetchen

250 g magerer, gekochter Schinken
4 Eßl. kalte, entfettete Fleischbrühe
2 Blatt Gelatine (weiß)
Wasser zum Einweichen
2 Eßl. süßer Rahm
etw. Zitronensaft, Salz
wenig Cayennepfeffer
1/8 l Schlagrahm

Schinken durch feinste Lochscheibe der Fleischmaschine drehen, mit 2 Eßlöffeln Fleischbrühe, süßem Rahm oder Kondensmilch und den Gewürzen mischen, abschmecken; eingeweichte, gut gequollene Gelatine mit restlicher Fleischbrühe auflösen, unter Schinkenmasse geben, kalt stellen; sobald die Masse anzieht und zu steifen beginnt, den nicht ganz steif geschlagenen Schlagrahm unterziehen. Diese Masse als Fülle verwenden für gefüllte Eier, für zu Tüten gedrehte kalte Bratenscheiben oder in kleine Becherförmchen füllen, im Kühlschrank steifen lassen, kurz vor Gebrauch rasch in heißes Wasser tauchen, stürzen, als Garnitur für kalte Platten verwenden.
Garnituren: Scheiben von harten Eiern mit Kapern, Tomatenscheiben, Petersiliengrün, kleine Salatblätter.
Als *kalte Vorspeise* gut geeignet mit Toast.

392. Schinkenquark*

250 g frischer Quark
4–6 Eßl. süßer Rahm
Salz, etwas Paprika
50–80 g mag., roher oder gekochter Schinken
1 Gewürzgurke nach Belieben

Quark (Topfen) falls nötig durch Sieb streichen, mit Rahm oder Dosenmilch glatt schlagen, würzen, abschmecken; fein gewürfelten oder gewiegten Schinken und nach Belieben klein gewürfelte Gewürzgurke unterrühren.
Verwendung als Brotaufstrich, als Beilage zu frischen Schalkartoffeln oder Kümmelkartoffeln.

Schinken-Toastgerichte gegrillt siehe Nr. 465–470

393. Kurländer Speckkuchen

Grundrezept Hefeteig Nr. 1189 ohne Zucker von 375 g Mehl
zur Fülle:
250 g Schinken bzw. Rauchfleisch oder Speck
1/8 l saurer Rahm reichlich
2 Zwiebeln, 2 Eßl. Petersilie
20 g Butter zum Andünsten
zum Bestreichen: 1 Ei
zum Bestreuen: evtl. geriebener Käse

Mittelfesten Hefeteig ohne Zucker herstellen wie Nr. 1189, gehen lassen; 2/3 des Teiges auf gefettetem Blech dünn auswellen, mit Fülle bestreichen, mit dünner Teigdecke belegen, Ränder mit Eiweiß bestreichen, gut andrücken, nochmal gehen lassen, mit Eigelb bestreichen, bei *Mittelhitze* (etwa 200° C) goldgelb backen; nach Belieben kurz vor Ende der Backzeit noch leicht mit geriebenem Käse bestreuen, diesen lichtgelb bräunen lassen. *Backzeit* etwa 30–40 Minuten.
Fülle herstellen: Schinken, Rauchfleisch oder Speck durch Fleischmaschine drehen, gewiegte Zwiebeln und Petersilie leicht in Fett, durchgedrehtem Rauchfleisch oder Speck andünsten, alle Zutaten mischen.
Man kann den Teig auch knapp 1/2 cm dick auswellen, Plätzchen von 10–12 cm Durchmesser ausstechen, Ränder mit Eiweiß bestreichen, Fülle in die Mitte setzen, Plätzchen zu Halbmonden überschlagen, Ränder gut andrücken, zugedeckt etwas gehen lassen, mit Ei bestreichen und wie oben backen, *Backzeit* etwa 20–25 Minuten. Kurländer Speckkuchen schmeckt am besten frisch.
Beilagen: Sauerkraut, Spinat, grüner Salat.

394. Fränkischer Speckkuchen

Mittelfesten Hefeteig ohne Zucker herstellen wie Nr. 1189, gehen lassen, Speck in gleichmäßige kleine Würfel schneiden, mit Kümmel und etwas Salz mischen. Gegangenen Hefeteig auf gefettetem Blech etwa 1/2–3/4 cm dick auswellen, kurz gehen lassen, mit Eigelb bestreichen, mit vorbereitetem Speck gleichmäßig belegen, Belag leicht andrücken, nochmal kurz gehen lassen, bei *Mittelhitze* (etwa 200° C) hellbraun backen, *Backzeit* etwa 30 Minuten. Speckkuchen schmeckt am besten frisch.
Beilage: Sauerkraut, grüner Salat.

Grundrezept Hefeteig Nr. 1189 ohne Zucker von 375 g Mehl
zum Bestreichen: 2 Eigelb
zum Belegen:
200–250 g durchwachsener, geräucherter Speck
2 Eßlöffel Kümmel
etwas Salz

Griebenverwendung

Grieben sind der Rückstand beim Auslassen von Schweinefett (siehe Nr. 1721); die besten Grieben ergeben Schweinenieren- und -rückenfett. Gute Grieben sollen hellgelbe bis goldgelbe Farbe haben. Sie sind noch sehr fetthaltig und werden deshalb anstelle von Fett oder Speck verwendet. Da sie heute im Haushalt nur noch in begrenztem Ausmaß anfallen, sollen nur einige wenige Rezepte ihre Verwendungsmöglichkeit aufzeigen.

395. Apfelgriebenschmalz

Nicht zu stark ausgepreßte Grieben in flachem Topf erhitzen, fein geschnittene Zwiebelringe darin goldgelb rösten, geschälte, in dünne Scheibchen geschnittene Äpfel zugeben, dünsten, bis sie weich, aber nicht verkocht sind.
Verwendung als Fülle für Kartoffelmaultaschen, für Kurländer Speckkuchen, auch als Brotaufstrich.

1 kg Schweinegrieben
1/2 kg Äpfel geschält
2–3 große Zwiebeln

396. Griebenkartoffeln

Zutaten wie geröstete Kartoffeln Nr. 881, statt Fett Grieben verwenden. Herstellung wie Röstkartoffeln.

397. Griebenmaultaschen

Zutaten wie Kartoffelmaultaschen Nr. 904, statt Speck Schweinegrieben oder Apfelgriebenschmalz verwenden.
Zubereitung wie Kartoffelmaultaschen, Teig sehr dünn, tellergroß auswellen.

398. Griebenkuchen

Mittelfester Hefeteig Nr. 1189 ohne Zucker von 375 g Mehl
zur Fülle:
etwa 250 g Grieben
3 Zwiebeln
3 Eßl. Petersilie, Salz
oder: Apfelgriebenschmalz Nr. 395

Mittelfesten Hefeteig ohne Zucker herstellen, gehen lassen. Gegangenen Teig wie Kurländer Speckkuchen verarbeiten, als Fülle gedünstete Zwiebeln und Petersilie mit Grieben oder Apfelgriebenschmalz verwenden.
Zur Fülle Grieben leicht erhitzen, feingeschnittene Zwiebeln und reichlich gewiegte Petersilie kurz in dem ausgebratenen Fett andünsten, salzen, etwas abkühlen lassen.

399. Griebenschmarrn

Zutaten wie Kartoffelschmarrn Nr. 902
zum Ausbacken:
Schweinegrieben

Kartoffelschmarrn herstellen wie bei Nr. 902 angegeben; Grieben durch Fleischmaschine geben, in der Pfanne etwas erhitzen, darin Schmarrn ausbacken.
Beilagen: Sauerkraut.

400. Griebenpogatscherln

250 g Mehl
200 g Schweinegrieben, Salz
2 Eßlöffel saurer Rahm
2 Eßl. Weißwein oder Rum
2 Eigelb
15 g Hefe
4–6 Eßlöffel Milch
zum Backen: etwas Fett
Eireste, Salz und Kümmel

Erkaltete Grieben durch Fleischmaschine drehen, mit Mehl mischen, Rahm, Wein oder Rum, Eigelb und die in wenig Milch aufgelöste Hefe in den Teig einarbeiten, auf Brett abkneten, kalt stellen; Teig dann 3–4mal zu schmalem Band auswellen wie Blätterteig, wieder zusammenschlagen, nochmal etwa $^1/_2$–1 Stunde kalt stellen. Teig zu etwa $^1/_2$ cm dicker Teigplatte auswellen, runde Pogatscherl ausstechen, auf gefettetes Blech legen, mit Eiresten bestreichen, mit Kümmel und Salz bestreuen und bei *Mittelhitze* (etwa 200° C) goldgelb backen. *Backzeit* etwa 15–20 Minuten.
Beilage: Sauerkraut.

Grillgerichte

Kochlehre:

Grillen ist nicht nur modern, es bietet auch viele Vorzüge.

1. *Grillen ist ein Garen durch Strahlungshitze* auf dem Rost oder am Spieß unter Bräunung; es ermöglicht ein sehr rasches und schonendes Garen *ohne* oder mit *geringer Fettzugabe.* Bei besonders hohen Umgebungstemperaturen (bis 240° C 2,5 cm über dem Grillgut) wird Feuchtigkeitsentwicklung verhindert und rascher Porenverschluß an der Oberfläche des Grillgutes erreicht, so daß sein Saft und damit nahezu alle *Nähr- und Wertstoffe voll erhalten bleiben.*

2. *Grillgerichte* sind daher *gesünder* als Gebratenes oder Gebackenes. Der *Fett- und Kaloriengehalt* von gegrilltem Fleisch und Fisch ist *geringer* und sie sind *leichter verdaulich und bekömmlicher* als gebratene und gebackene Gerichte.

Für die Herstellung *fettarmer Diätkost* ist das Grillen von besonderer Bedeutung. Soll hierbei Bräunung verhindert werden, schlägt man das Grillgut vor dem Grillen in Aluminiumfolie ein (siehe Seite 31–33); der Eigengeschmack bleibt dadurch sehr gut erhalten.

Gegrillte Gerichte ergeben *keine* oder nur *wenig,* allerdings gehaltvolle *Soße,* da der Saft fast vollständig im Grillgut bleibt.

3. *Gegrilltes schmeckt besonders gut.* Der rasche Porenverschluß durch Eiweißgerinnung an der Oberfläche des Grillgutes *erhält Saft und Geschmackstoffe.* Die während der kurzen Grilldauer erzielte *leichte Bräunung* ohne oder mit nur leichter Krustenbildung (je nach Grilldauer) sowie das *Abtropfen überschüssigen* Fettes während des Grillens *erhöhen Wohlgeschmack und Bekömmlichkeit.* Gegrilltes Fleisch ist deshalb besonders saftig, zart und schmackhaft.

4. *Grillen spart Zeit- und Arbeitsaufwand* durch die sehr *kurzen Garzeiten* und die *einfache Handhabung.*

5. *Grillen* ermöglicht reiche *Abwechslung.*

Geeignet zum Grillen sind:

a) *Alle Fleischarten* einschließlich Innereien, Wild und Geflügel von *guter Qualität,* das *sehr gut abgehangen und mürbe ist.*
Bevorzugt ist Schlachttierfleisch bester Qualität, insbesondere Filet, Lende, Rückenstück und auch Schlegel; es wird vorwiegend als Steak (Fleischscheiben) oder in kleineren Stücken gegrillt. Bratenstücke im ganzen sollen ein Gewicht von 1,5 kg nicht überschreiten. Von Innereien sind Leber und Niere besonders geschätzt. Auch Hackfleischsteaks und Würstchen verschiedener Art werden gern gegrillt.
Geflügel muß jung sein; bevorzugt werden Hähnchen und junge Mastenten, nicht über 1 kg Gewicht.
Tiefgefrorene Fleischstücke müssen vor dem Grillen *gut angetaut* sein, so daß sie gut biegsam sind; tiefgefrorenes *Geflügel muß ganz aufgetaut* sein.

b) *Fische aller Art; Portionsfische* wie Forellen, Renken u. a. werden *im ganzen, größere Fische,* auch Seefische und Seefischfilets werden zweckmäßig in *Portionsschnitten* gegrillt. Für Fische, insbesondere auch für tiefgefrorene Seefischfilets, ist das Grillen in Aluminiumfolie günstig.

c) *Gemüse,* die sich zum Grillen gut eignen, sind: Zwiebeln, Tomaten, Paprikaschoten, Champignons, Eierfrüchte (Auberginen) und Zucchinis. Sie werden meist mit verschiedenen Fleischarten zu gemischten Spießchen verwendet. In Aluminiumfolie können auch andere Gemüse, selbst tiefgefrorene, gegrillt werden.

d) *Obst gegrillt* dient meist als Garnitur von Grillgerichten oder als Nachtisch. Verwendung finden vor allem Äpfel, Bananen, Birnen, Pfirsiche und Ananas.

e) *Gratinieren oder Überbacken im Grill* findet bevorzugt Anwendung für Toaste mit verschiedenem Belag und andere kleine Gerichte, da sie im Grill nur wenige Minuten Garzeit haben.

Grillgeräte liefern die notwendige Strahlungshitze in verschiedener Weise:

Holzkohlengrille haben als Hitzequelle zur Rotglut gebrachte Holzkohlen, die von unten auf das Grillgut strahlen; sie werden bevorzugt für das Grillen im Freien.

Gas- und Elektroherde neuzeitlicher Art haben vielfach Grillheizkörper in die Backröhre eingebaut. Hierbei finden sich die Grillheizkörper oben in der Röhre, so daß die Strahlungshitze von oben auf das Grillgut einwirkt.

Elektrische Einzel-Grillgeräte, vom Herd unabhängig, können direkt an die Steckdose angeschlossen werden.

Gute Grillgeräte müssen eine *gute Heizleistung* haben, damit das Garen in kurzer Grillzeit ohne Saftverlust ermöglicht werden kann:

Grillen mit Gas benötigt eine Heizleistung der Grillbrenner von 5000 kcal/h. Die Regulierung der Flammengröße ist dem Bedarf des jeweiligen Grillgutes leicht anzupassen. Die Wärmeübertragung auf das Grillgut erfolgt durch Strahlungswärme hocherhitzter Grillkörper aus Metall oder aus Keramik.

Grillen mit Elektrizität setzt für gute Grillleistung einen genügend hohen Anschlußwert voraus, zweckmäßig 2000–3000 Watt, je nach Größe des Gerätes, möglichst in *Stufenschaltung*, damit die Heizleistung dem jeweiligen Bedarf entsprechend reguliert werden kann. Der zu Rotglut erhitzte Rohrheizkörper erreicht eine Hitze von 700–1000° C im Heizkörper und wirkt durch Infrarotstrahlung (Wellenlänge 0,8 μm = 8/10 000 mm bis 1 mm) auf das Grillgut. Die Intensität der Wärmestrahlung hängt sehr vom Wärmegrad des strahlenden Körpers ab und wird erst bei Temperaturen über 525° C sichtbar. Mit wachsender Temperatur gerät ein strahlender Körper erst in dunkelrote, dann in hellrote Rotglut (700–1000° C), über dunkelorange- bis hellorangefarbene Glut (1100–1200° C) schließlich in Weißglut mit Temperaturen von 1500° C; diese findet jedoch zum Grillen keine Anwendung. Beim Grillen auf dem Rost werden in 2,5 cm Entfernung vom Grillgut Temperaturen von 225–240° C, beim Grillen am Spieß Temperaturen von etwa 130–160° C wirksam. In der Regel sind die elektrischen Grillgeräte mit einem Rohrheizkörper von oben, in seltenen Fällen mit zwei Heizkörpern von oben und unten beheizt. (Doppelte Heizkörper verkürzen die Grilldauer um die Hälfte.)

Zubehörteile:

Grillrost, der in verschiedener Höhe einschiebbar sein soll, da hierdurch eine Regulierung der Grillhitze möglich ist: je geringer der Abstand vom Heizkörper, desto höher die Temperatur, je größer der Abstand, desto niedriger die Temperatur.

Fettpfanne oder Auffangschale unter dem Rost einschieben, so tief setzen, daß abtropfendes Fett oder evtl. Saft nicht zu dunkel bräunt; gleichzeitig mit Rost einsetzen.

Drehspieß mit zwei Mitnehmerspießen, die Grillgut festhalten sowie *Schaschlik-Spießchengarnitur*, die am Drehspieß einzuhängen ist; evtl. *Grillkorb* für Braten, die man nicht mit Spieß durchbohren will z. B. Filet, Rehrücken u. ä. Der Drehspieß wird mittels Motor mit eigenem Schalter in langsame Umdrehung versetzt (je Minute ½–3 Umdrehungen). Stufenschaltung für die Grillheizleistung ist für das Grillen am Spieß besonders günstig, da hier die Entfernung vom Heizkörper nicht veränderbar ist.

Ein *Doppeldrehrost* erleichtert das Wenden empfindlichen Grillgutes z. B. von Fischen und ist als Handrost leicht zu handhaben; er kann u. U. in den Drehspieß eingehängt werden.

Strahlblech über dem Heizkörper ist wünschenswert, es erhöht die Heizwirkung, erleichtert die Reinigung und kann evtl. als Wärmeplatte genutzt werden.

Grillpfannen sind im Gegensatz zu den „Strahlungs-Grillgeräten“ durch *Kontakthitze* wirksam. Die am Pfannenboden befindlichen dicken Rippen stellen den Grillrost dar. Die Pfanne wird durch Strom oder Gas stark erhitzt, die Rippen werden geölt, und darauf wird das vorbereitete Grillgut gelegt. Der Fettverbrauch ist auch hierbei gering.

Wesentlich ist, daß die Hitzezufuhr dem Grillgut angepaßt wird, da durch unmittelbaren Kontakt des Grillgutes mit der erhitzten Pfanne die Gefahr des Überhitzens und zu starken Bräunens besteht. Richtiges Arbeiten mit der Grillpfanne erfordert deshalb Sorgfalt.

Der **Plattengrill** beruht auf dem gleichen Prinzip; seine beiden Metallplatten werden gleichfalls vorher stark erhitzt, das Grillgut wird dann zwischen diese Platten gelegt. Auch hier ist *Kontakthitze* wirksam. Der Plattengrill wirkt gleichzeitig von beiden Seiten der beiden erhitzten Rippenplatten auf das Grillgut ein, so daß ein Wenden des Grillgutes entfällt.

Regeln für das Grillen

1. *Gebrauchsanweisung* des Grillgerätes vor Benutzung gründlich lesen und danach arbeiten!

2. *Grill stets vorheizen* bei geöffnetem Grillraum; Rost und Tropfschale mit einschieben. Dauer des Vorheizens richtet sich nach Heizleistung des Grillgerätes und nach Art und Dicke des Grillgutes. Gebrauchsanweisung beachten! An Herden Schutzleiste für Schaltknebel anbringen.

3. *Grillrost* vor dem Auflegen des Grillgutes mit *Öl bestreichen,* um ein Anhängen des Grillgutes zu verhindern. Wird in Aluminiumfolie gegrillt, entfällt das Ölen des Rostes, jedoch Folie innen leicht ölen.

4. *Grillgut sorgsam vorbereiten:*

Fleisch muß zarte Faser haben, sehr gut abgelagert und mürbe sein; Ölbeize oder Öl-Zitronensaftmarinade machen Fleisch mürber. Fleisch mit feuchtem *Tuch abreiben,* nicht waschen, sorgsam häuten! Bei Bedarf mit *Hand klopfen, formen. Würzen* nach Belieben, z. B. durch Bestreuen mit Pfeffer (möglichst frisch gemahlen), Paprika oder durch Einreiben mit beliebigen gehackten Kräutern oder durch Einlegen bzw. Bestreichen mit Ölmarinade, siehe Rezept Nr. 401.

Nicht salzen vor dem Grillen, da Salz Saft entzieht, dadurch starkes Spritzen verursacht und raschen Porenverschluß an der Oberfläche sowie schönes Bräunen verhindert. Deshalb erst *nach dem Grillen salzen. Geflügel* vor dem Grillen innen mit Salz einreiben, außen wie alle *großen Braten* nach dem Angrillen und leichten Bräunen salzen.

Fische säubern, d. h. schuppen, ausnehmen, gut waschen, dann gut *trocken tupfen,* dicke Fische in Portionsscheiben teilen, Portionsfische der Länge nach mehrmals, dem Grätenlauf entsprechend schräg einschneiden, *säuern* durch Beträufeln mit Zitronensaft, *würzen* durch Bestäuben mit frisch gemahlenem Pfeffer oder beliebigen Würzen, *nicht salzen* (nur ganze Portionsfische innen leicht salzen), etwas *durchziehen* lassen. Das *Salzen* erfolgt *nach dem Grillen* wie bei Fleisch.

5. *Grillgut* vor dem Grillen *mit Öl bzw. zerlassener Butter* sorgfältig bestreichen. *Öl* ist besonders hitzebeständig und deshalb gut geeignet für Grillgut, das mit scharfer Hitze gegrillt wird oder lange Grilldauer hat; *Butter* begünstigt das Bräunen, ist für weißes Fleisch und für Fische gut geeignet, da diese geringere Grillhitze benötigen. Etwas Paprika unter die Butter gemischt und damit Grillgut bestreichen, ergibt eine besonders schöne und gleichmäßige Bräunung.

Grillen in Aluminiumfolie kann *ohne Fettzugabe* erfolgen.

6. *Grillen* erfolgt bei *geöffnetem Grillraum.*

7. *Für die Grillhitze* gilt als Faustregel:

Kleine Stücke: große Hitze, kurze Grilldauer. *Große Stücke:* geringere Hitze, längere Grilldauer; je größer das Stück, um so geringer die Hitze; jedoch bevorzugt man hierbei zum Angrillen höhere Temperaturen, um Saftverlust zu verhüten – zum Gargrillen niedrigere Temperaturen (siehe auch unter Grilldauer Seite 230).

Regulierung der Grillhitze erfolgt durch *Stufenschaltung* oder durch *Veränderung des Abstandes* zwischen Grillgut und Heizkörper: sowohl die Einschubhöhe des Grillrostes wie die Art des Einsetzens des Rostes – ob auf die Füßchen gestellt oder auf den Rücken gelegt, verringert oder vergrößert den Abstand des Grillgutes vom Heizkörper.

Beispiel:

Dünne Fleischscheiben wie Schnitzel, dünne Steaks benötigen hohe Grilltemperatur und kurze Grilldauer, deshalb geringen Abstand, also werden sie auf „stehendem" Rost *hoch* eingeschoben.

Dickes Grillgut zum Angrillen *hoch* einschieben für die Dauer von etwa 2–3 Minuten je Seite, dann zum Gargrillen *tiefer* setzen, um zu rasches und zu starkes Bräunen und zu starke Krustenbildung bei ungenügendem Garen im Inneren zu verhüten. Brenzliger Rauch ist immer ein Zeichen zu scharfer Hitze bzw. zu geringen Abstandes des Grillgutes vom Heizkörper.

8. *Portioniertes* Grillgut wie alle Arten von Steaks, halbierte oder geviertelte Hähnchen, Portionsfische oder Fischschnitten, Würste u. ä. werden auf dem *geölten Grillrost liegend beiderseitig* gegrillt. Wenn das Grillgerät nur einen Strahler hat, ist während des Grillens also ein *Wenden* nötig. Sobald sich z. B. auf der Oberseite kleine Saftperlen und leichte Bräunung zeigen, Grillgut wenden; die erste Seite dauert meist etwas länger als die zweite Seite. Dünne Grilladen nur 1mal, dicke Grilladen mehrmals wenden. Zum Wenden *Grillzange* oder doppelteiligen *Handrost* benützen. Der Handrost erleichtert das Wenden vor allem bei etwas empfindlichem Grillgut, z. B. bei Fischen oder bei kleinem Grillgut. *Grillgut nie mit Gabel anstechen,* da sonst Saft ausfließt!

9. *Großes Grillgut* wie Geflügel (bis 1 kg Gewicht), Kalbs- oder Schweinshaxe, Rollbraten (bis 1½ kg Höchstgewicht) sowie *kleines Grillgut* für die beliebten *Spießchen* auf dem *Drehspieß grillen!*

Grillgut hierbei so auf den Drehspieß stecken, daß dieser durch die Mitte des Bratens geht und einseitiges Übergewicht vermieden und gleichmäßige Rotation des Spießes mit dem Grillgut erreicht wird. Geflügel am besten am Spieß dressieren (siehe Seite 179). Will man das Durchstechen des Bratens mit dem Spieß vermeiden, klemmt man das Fleisch in den Grillkorb und schließt diesen an den Drehmotor an, wodurch der Braten während des Grillens gleichmäßig gedreht wird.

Auch bei Spießchen auf gleichmäßiges Belasten achten, um gleichmäßiges Rotieren zu ermöglichen.

Einschalten des Drehmotors erfolgt erst *nach dem Einsetzen* des mit dem Grillgut besetzten *Drehspießes!*

10. *Während des Grillens* bei längerer Grilldauer Grillgut mit abgetropftem Fett aus der Auffangschale oder mit gewürzter Ölmarinade Nr. 401 bzw. mit zerlassener Butter, evtl. mit Paprika oder anderen Gewürzen gemischt, *bepinseln;* dadurch wird Schmackhaftigkeit erhöht und Bräunung begünstigt.

Größere Braten salzen, sobald Oberfläche leicht gebräunt ist und die hygroskopische Wirkung des Salzes sich nicht mehr ungünstig auswirken kann.

11. *Grilldauer* ist abhängig von *der Art, der Qualität* sowie der *Dicke* des Grillgutes und dem *gewünschten Garezustand* desselben, außerdem vom *Abstand* des Grillgutes vom Heizkörper und von der *Heizleistung* des Grillgerätes.

Es lassen sich deshalb für die Grilldauer keine absolut verbindlichen Zeiten angeben; die angegebenen Zeiten in den Rezepten sind nur *Anhaltswerte* für Grillgeräte mit 1 Heizkörper.

Garzeichen für gegrilltes Fleisch:
Fleischscheiben wie Steaks zeigen auf der Oberseite nach dem Wenden leicht gebräuntes, glänzendes Aussehen mit kleinen Saftperlen.

Auch die *Druckprobe* gibt Auskunft über den Garezustand von Fleisch: Gibt das Fleisch dem Fingerdruck stark nach und fühlt es sich weich an, so ist es innen noch blutig und roh (englisch gebraten, auch „saignant" oder „bleu").

Gibt das Fleisch dem Druck elastisch nach, etwa wie ein Gummiball, dann ist es innen rosa, saftig, besonders geschätzt bei Filet, Roastbeef, Steaks (halbenglisch oder „rare").

Gibt das Fleisch dem Druck nicht mehr nach, fühlt es sich fest an, so ist es durchgebraten und innen grau.

Weißes Fleisch wie Kalbfleisch, Schweinefleisch und Geflügel wird immer ganz durchgegart; dagegen wird der Garezustand von Roastbeef, Rinderfilet und Steaks von Lende oder Filet wie

auch Steaks von Hammelfleisch und Reh oder Hirsch sehr unterschiedlich gewünscht, häufig ist die halbenglische Gare mit rosafarbenem, saftigem Fleisch bevorzugt. Im Einzelfall muß die Grilldauer auf den gewünschten Garzustand eingestellt werden (siehe Filetsteaks Nr. 402).
Bei doppelseitig beheizten Grillgeräten verkürzt sich die Grilldauer auf knapp die Hälfte der Zeit!

Erhöhte Grillzeiten hat in *Aluminiumfolie* eingeschlagenes Grillgut.

Beim Einschieben und Wenden des Grillgutes ist darauf zu achten, daß die Wärmestrahlen auf das Grillgut treffen, sonst werden Grillzeiten unnötig verlängert.

Schaltuhren moderner Grillgeräte können auf die erwünschte Grillzeit eingestellt werden; sie arbeiten automatisch, d. h. sie schalten nach Ablauf der Grillzeit selbsttätig den Strom ab.

12. *Grillen in Aluminiumfolie* ist sowohl im „Strahlungsgrill" wie im „Kontaktgrill" möglich. Grundsätzlich können alle zum Grillen geeigneten Fleisch- und Fischarten sowie Obst und Gemüse, auch tiefgefrorener Fisch oder tiefgefrorenes Gemüse in Aluminiumfolie gegrillt werden. Tiefgefrorenes Fleisch ist vorher auf- bzw. anzutauen.

Vorbereitetes Grillgut legt man auf gebutterte oder geölte Aluminiumfolie, gibt nach Geschmack Gewürze, Kräuter und nach Belieben etwas Butter darauf, – doch kann auch ohne Fettzugabe gegrillt werden –, schlägt die Folie locker nach Vorschrift über das Grillgut, schließt sie vorschriftsmäßig (siehe Seite 31/32) und legt das Päckchen auf den Rost unter den vorgeheizten Grill. Wenden nach halber Garzeit ist bei einseitig beheiztem Grill nötig.

Grilldauer wird für Fleischscheiben bis zu 2 cm Dicke um etwa 4 Minuten verlängert.

Grillen in Aluminiumfolie gibt keine Bräunung; wird jedoch Bräunung gewünscht, schneidet man die Folie nach halber Garzeit oben vorsichtig auf und grillt bei starker Hitze dicht unter dem Heizkörper in der zweiten Hälfte der Grillzeit, so daß gute Bräunung erreicht wird. Das Anrichten erfolgt zweckmäßig in der Folie.
Sehr günstig ist das Grillen in Aluminiumfolie für die Herstellung fettarmer Diät und für Fische, da diese leicht brechen.

13. *Fertige Grillgerichte sofort* auf *heißer Platte* zu Tisch geben, u. U. vorher noch leicht salzen; durch längeres Stehen oder Warmhalten verlieren sie an Geschmack und Aussehen. Saft und evtl. Fett aus Auffangschale kann als Soße verwendet werden, sofern Fett nicht überhitzt wurde; evtl. mit 1-2 Eßlöffeln heißer Brühe aufkochen lassen. Zum *Anrichten* gegrillter Fleisch- und Fischgerichte wird gerne etwas *pikant abgeschmeckte Butter* wie Kräuter-, Sardellen-, Paprika-, Tomatenbutter verwendet. Außerdem sind *pikante Soßen* beliebt wie Cumberlandsoße, Ketchup, Worcestersoße, Soße Tatar, Kräutermayonnaise, Remouladensoße, kalte Fonduesoße u. a. m.; durch sie wird aber der Kaloriengehalt der Gerichte u. U. beträchtlich erhöht.
Beliebte *Beilagen* zu Grillgerichten sind pikante Salate, Meerrettichsahne (Meerrettichschlagrahm), süßsaure Früchte, Mixed Pickles, rote Paprikaschoten in Essig und Öl eingelegt, Oliven, auch Pommes frites, Reisgerichte sowie frische Brötchen oder Toast.

14. *Grill nach jeder Benutzung sorgsam und nach Vorschrift reinigen!*
Die Reinigungsarbeit wird erleichtert:
Durch ein herausziehbares, leicht abwaschbares Strahlblech über dem Heizkörper;
durch Verwendung von geölter Aluminiumfolie, die mit dem vorbereiteten Grillgut auf den Rost gelegt wird; zweckmäßig wird an der Folie ein kleiner Rand hochgebogen – Rost und Tropfschale bleiben dadurch sauber;
durch Auslegen der Auffangschale mit Aluminiumfolie beim Grillen am Spieß ohne Rost.

Folgende Grillrezepte sollen Anregung geben, Grillgerichten bei der täglichen Kost mehr Raum einzuräumen und dabei nach individuellem Geschmack neue Gerichte und neue Zusammenstellungen mit eigener Phantasie zu erfinden! Die Möglichkeiten sind hier besonders vielseitig.

Gegrilltes Fleisch

401. Ölbeize für Steaks

4 Eßl. Öl
1 Eßl. englischer Senf
1/2–1 Eßl. Zitronensaft
1/2 geriebene Zwiebel
1 Pr. Knoblauch, gerieben
etw. Zitronenschale gerieben
1 Messerspitze Pfeffer, frisch gemahlen, 1 Messerspitze Curry nach Belieben
1 Eßl. Cognac

Alle Zutaten gut verrühren, Fleischscheiben auf beiden Seiten gut damit bestreichen, in kleiner, tiefer Schüssel zugedeckt oder in Aluminiumfolie eingeschlagen in Kühlschrank stellen, mindestens 1/2 Stunde, besser mehrere Stunden oder über Nacht durchziehen lassen, dann grillen. Ölbeize kann durch frische, feingewiegte Kräuter (Petersilie, Zitronenmelisse, Estragon) aromatisiert werden.
Statt mit dieser gewürzten Ölmarinade kann man Fleischscheiben auch nur mit Zitronensaft und dann gut mit Öl bestreichen und zugedeckt kalt gestellt, durchziehen lassen.
Für alle Arten von Fleisch anzuwenden.
Ölbeize oder Zitronensaft und Öl machen Fleisch mürber.

402. Filetsteak gegrillt*

Farbbild neben S. 240

Pro Person:
1 Filetscheibe (2–3 cm dick)
Öl oder Butter
etwas Pfeffer frisch gemahlen
Paprika nach Belieben, Salz
zum Anrichten nach Wahl:
Kräuterbutter oder
Sardellenbutter oder
Tomatenbutter oder
Meerrettichschlagrahm oder
Spiegelei oder
gegrillte Scheiben von:
Tomaten, geschälten Äpfeln oder Bananen oder
erwärmte Ananasscheibe

Sehr gut abgehangenes, mürbes Filet vom Mittelstück mit feuchtem Tuch abreiben, sorgfältig häuten, in 2–3 cm dicke Scheiben schneiden, mit der Hand nur leicht klopfen, formen durch Zusammenschieben zu ursprünglicher Form, von beiden Seiten ölen oder mit Butter bzw. Ölbeize Nr. 401 bestreichen, kalt stellen, dann mit frisch gemahlenem Pfeffer oder etwas Paprika würzen, auf geöltem Rost in vorgeheiztem Grill bei guter Hitze grillen; *Grilldauer* ist je nach gewünschtem Garzustand verschieden:
Englisch gegrillt (innen noch blutig): Fleisch gibt dem Druck gut nach, ist weich: je Seite 2 1/2–3 Minuten bei geringem Abstand vom Heizkörper grillen.
Halbenglisch gegrillt (innen rosa): Fleisch gibt dem Druck elastisch nach: je Seite 4–5 Minuten bei etwa 3 cm Abstand vom Heizkörper grillen.
Durchgebraten (innen vorwiegend grau): Fleisch fühlt sich fest an, gibt Druck nicht mehr nach: je Seite 5–7 Minuten bei etwa 5 cm Abstand vom Heizkörper grillen.
Die Grilldauer der zweiten Steakseite ist in der Regel etwas kürzer als bei der ersten.
Gegrillte Steaks sofort auf heißer Platte anrichten, leicht salzen, Abtropfsaft auf Steaks geben, rasch mit angebenen heißen Zutaten nach Wahl anrichten.
Steaks werden in der Regel nur englisch oder halbenglisch gegrillt.
Sofern Paprika zum Würzen verwendet wird, diesen mit etwas Öl verrühren, Steaks nach dem Angrillen mehrmals damit bestreichen; Paprika bräunt rasch, er darf nicht zu dunkel werden. Besteht Sorge, daß das Fleisch nicht mürbe genug ist, empfiehlt es sich, Fleischscheiben einige Stunden, am besten über Nacht in Ölbeize Nr. 401 zu legen, kalt zu stellen, dann zu grillen wie beschrieben.
Beilagen: Feine Gemüse oder Salate, Pommes frites, Pommes chips oder Reis.

403. Tournedos gegrillt*

Tournedos sind dicke (etwa 3 cm), kleine runde Filetschnitten aus dem Filetmittelstück gegen die Spitze hin geschnitten; Tournedos nur mit der Hand leicht klopfen, zu guter Form zusammenschieben, von beiden Seiten mit Ölbeize bestreichen und 1 Stunde zugedeckt kalt stellen oder mit Öl bestreichen und mit frisch gemahlenem Pfeffer würzen; im vorgeheizten Grill bei guter Hitze unter einmaligem Wenden grillen, *Grilldauer* je Seite 3–5 Minuten, dann leicht salzen, mit im eigenen Saft erhitzten, jedoch gut abgetropften Ananasscheiben oder halbierten sterilisierten Pfirsichen so belegen, daß Öffnung nach oben sieht, in Öffnung 2–3 mit Cognac getränkte, entsteinte Kirschen legen, Butterflöckchen darauf legen und nochmals kurz übergrillen (etwa 1–2 Minuten), auf heißer Platte sofort zu Tisch geben.

Beilagen: Frische Brötchen oder Toast, Salate.

Pro Person:
1–2 Tournedos (Filetscheiben vom Rind) je nach Größe
Ölbeize Nr. 401 oder Öl
Pfeffer, frisch gemahlen
Salz

zum Garnieren:
1 Scheibe Dosenananas oder
1–2 Pfirsichhälften sterilisiert
3–6 Kirschen entsteint (sterilisiert), 1 Teel. Cognac
Butterflöckchen

404. Chateaubriand gegrillt* (2 Personen)

Chateaubriand ist ein 4–6 cm dickes Stück vom Mittelstück des Filets, das im ganzen wie Filetsteak gegrillt wird.
Grilldauer je Seite 10 Minuten; Fleisch soll innen nicht mehr blutig, aber noch kräftig rosa sein, bei Druckprobe gibt das Fleisch elastisch nach. Nach dem Grillen salzen, auf heißer Platte anrichten, mit frischer Kräuterbutter belegen, sofort zu Tisch geben.

Beilagen: Wie bei Filetsteaks Nr. 402.

400–500 g Ochsenfilet vom Mittelstück im ganzen
Ölbeize Nr. 401 oder Öl
Pfeffer, frisch gemahlen
Salz

zum Anrichten: wie Filetsteaks Nr. 402 (doch keine Spiegeleier)

405. Rumpsteak gegrillt*
Lendensteak, Lendenschnitte gegrillt*

Sehr gut abgehangene Lende (Roastbeef) mit feuchtem Tuch abreiben, häuten, in etwa 2 cm dicke Scheiben schneiden, sehnigen Fettrand mehrmals einschneiden oder entfernen, mit der Hand nur leicht klopfen, formen, dick mit Ölbeize bestreichen und mindestens 1 Stunde kalt stellen oder beide Seiten gut ölen, mit frisch gemahlenem Pfeffer würzen, im vorgeheizten Grill bei guter Hitze grillen; *Grilldauer* je nach dem gewünschten Garzustand jede Seite 4–6 Minuten; Rumpsteak wird in der Regel englisch oder halbenglisch gegrillt. Steak nach dem Grillen leicht salzen, auf heißer Platte anrichten, Tropfsaft über Steak geben, mit Zutaten nach Wahl anrichten, rasch zu Tisch geben.

Beilagen: Wie bei Filetsteak Nr. 402.

Lendenschnitte etwas dünner schneiden, Zubereitung wie Rumpsteak, Grilldauer je Seite etwa 3–4 Minuten.

Pro Person:
1 dicke Scheibe (200 g) Ochsenlende (Roastbeef)
Ölbeize Nr. 401 oder Öl
Pfeffer, frisch gemahlen
Salz

zum Anrichten nach Wahl: reichlich geröstete Zwiebelringe oder frische Kräuter- oder Sardellenbutter oder Meerrettichschlagrahm oder Tomatenketchup

406. Entrecôte gegrillt* (2 Personen)

400–500 g Ochsenlende (Roastbeef)
Ölbeize wie Nr. 401 oder Öl
frisch gemahlener Pfeffer
Salz
zum Anrichten:
etwas Kräuterbutter oder Meerrettichschlagrahm

Entrecôte ist ein etwa 4–5 cm dickes Lendensteak, das im ganzen gegrillt wird. Sehr gut abgehangene, mürbe Lende (Roastbeef) mit feuchtem Tuch abreiben, leicht klopfen, häuten, auf allen Seiten mit Ölbeize dick bestreichen, 1 Stunde kalt stellen oder mit Öl bestreichen, mit frisch gemahlenem Pfeffer würzen. Vorbereitetes Entrecôte im vorgeheizten Grill bei guter Hitze grillen. *Grilldauer* je nach gewünschtem Garzustand je Seite 8–10 Minuten, dann leicht salzen, mit frischer Kräuterbutter belegen und sofort zu Tisch geben.
Beilagen: Pommes frites, Oliven, Ketchup, feine Gemüse nach Wahl.

407 Kalbsfilet, Kalbslende gegrillt*

3/4 kg Kalbsfilet oder ausgelöste Kalbslende
zum Würzen:
etwas Pfeffer oder Paprika oder Marinade von:
4 Eßl. Öl, 1–1 1/2 Eßl. Tomatenketchup
1 Eßl. Zitronensaft
1/2 Teel. Zucker, 1 Eßl. Cognac
1/2 Teel. Zwiebel, gerieben
etwas Meerrettich oder etwas Thymian u. Oregano
wenig Worcestersoße
1/2 Knoblauchzehe, gerieben
zum Bestreichen:
Butter, etwas Paprika, Salz

Kalbsfilet oder ausgelöste Kalbslende, sehr gut abgehangen und mürbe, mit feuchtem Tuch abreiben, sorgfältig häuten, mit etwas frisch gemahlenem Pfeffer oder Paprika einreiben, mit Öl oder mit angegebener Marinade dick bestreichen, zugedeckt etwa 1 Stunde kalt stellen, durchziehen lassen, dann bei *mäßiger Hitze* im vorgeheizten Grill auf Rost grillen, *Grilldauer* je nach Dicke des Fleisches 20–30 Minuten; Fleisch während des Grillens mehrmals wenden, damit es von allen Seiten schön bräunt und öfter mit Marinade oder mit etwas Butter mit Paprika verrührt, bestreichen. Zuletzt salzen, etwa 5 Minuten heiß stellen, damit sich Saft zurückzieht und beim Schneiden nicht ausfließt; dann Fleisch mit scharfem Messer schräg in Scheiben schneiden, Tropfsaft über Fleisch gießen, sofort zu Tisch geben.
Garnituren: Feine Gemüse in Butter geschwenkt, gedünstete Pilze, Tomatenscheiben, Petersilie.
Beilagen: Reisgerichte, Kartoffelbrei, feine Gemüse, Pilze, Salate.

408. Kalbssteaks, Kalbsmedaillons, gegrillt*

Pro Person:
1 dicke Scheibe (2–3 cm) Kalbsfilet oder Kalbslende
etw. Pfeffer, frisch gemahlen
zum Bestreichen:
Öl und Butter, etwas Paprika
Salz
zum Anrichten:
1 Scheibchen Räucherspeck, gegrillt oder gegrilltes bzw. gebratenes Obst wie:
1/2 Banane, 1 Apfelscheibe
1 Scheibe Ananas oder
1 dicke, kernlose Orangenscheibe, gebraten

Medaillons sind runde Fleischscheiben aus dem Filet geschnitten.
Sehr gut abgelagertes, mürbes Kalbsfilet oder ausgelöste Kalbslende mit feuchtem Tuch abreiben, sorgfältig häuten, in schöne, 2–3 cm dicke Scheiben schneiden, diese mit der Hand etwas flach drücken, formen, mit frisch gemahlenem Pfeffer bestreuen, beiderseits ölen, bei guter Hitze im vorgeheizten Grill auf Rost grillen; *Grilldauer* je Seite 3–4 Minuten je nach Dicke; nach Belieben während der zweiten Hälfte der Grillzeit Steaks mit wenig zerlassener, mit Paprika verrührter Butter bestreichen, damit gar grillen lassen. Nach dem Grillen salzen, auf heißer Platte anrichten und nach Belieben garnieren: je Steak ein Stückchen gegrillter durchwachsener Speck oder gegrillte oder gebratene Banane, Ananasscheibe, entkernte Orangenscheibe oder Apfelscheibe gebraten. Tropfsaft über Steaks geben. Kalbfleisch sorgfältig grillen, es muß gar und darf nicht mehr blutig sein, zu langes Grillen aber macht Kalbfleisch trocken.
Beilagen: Reisgerichte, Kartoffelbrei; feine Gemüse, Salate.

409. Kalbssteaks, Kalbsmedaillons gegrillt mit Champignons*

Champignons putzen, waschen, blättrig schneiden, in Butter mit wenig Zitronensaft dünsten, salzen, Saft einziehen lassen, mit 1 Eßlöffel dickem Rahm verbessern, abschmecken.
Kalbssteaks vorbereiten und grillen wie bei Nr. 408 angegeben, sobald Steaks auf zweiter Seite leichte Bräunung zeigen, mit abgeschmeckten Champignons dick belegen, mit etwas geriebenem Käse bestreuen, nochmal 1–2 Minuten übergrillen, sofort zu Tisch geben.
Beilagen: Reisgerichte, Kartoffelbrei; feine Gemüse, Salate.

4 dicke Scheiben Kalbsfilet oder Kalbslende (je 2–3 cm)
etw. Pfeffer, frisch gemahlen
Öl und Butter, etwas Paprika
Salz
150–200 g Champignons, gedünstet
zum Bestreuen: Reibkäse

410. Kalbsmedaillons mit Käse gegrillt*

Vorbereitete Scheiben von Kalbsfilet oder Kalbslende falls nötig häuten, leicht klopfen, formen, von beiden Seiten leicht mit Paprika oder etwas frisch gemahlenem Pfeffer würzen, mit Öl bestreichen, auf beiden Seiten bei guter Hitze 3–4 Minuten je Seite grillen, nach Belieben während des Grillens mit etwas Butter bestreichen. Jedes Medaillon leicht salzen, mit einem Salbeiblatt, einer Scheibe Schinken und einer Scheibe Käse belegen, nochmal 1–2 Minuten übergrillen, bis Käse schmilzt und sich färbt.
Beilagen und Garnituren: Wie Kalbsmedaillons Nr. 408.

4 Kalbssteaks, 2–3 cm dick (Filet oder Lende)
etwas Paprika oder Pfeffer, frisch gemahlen
Öl und etwas Butter, Salz
zum Belegen: Salbeiblätter
4 Scheiben gekochter, mag. Schinken, 4 Scheiben Chester- oder Emmentalerkäse

411. Kalbsschnitzel, Kalbskoteletten gegrillt*

Sehr gut abgelagerte, mürbe Schnitzel oder Koteletten von 1–2 cm Dicke mit feuchtem Tuch abreiben, leicht klopfen, sorgfältig häuten, Koteletten vom Knochen lösen, mit Paprika oder Pfeffer auf beiden Seiten leicht einreiben, auf beiden Seiten gut ölen, im gut vorgeheizten Grill bei guter Hitze grillen, *Grilldauer* je Seite etwa 4–6 Minuten, während des Grillens nach Belieben mit flüssiger Butter, mit etwas Paprika verrührt, bestreichen, wodurch sie gute Farbe bekommen. Gegrilltes Fleisch auf heißer Platte anrichten, evtl. Tropfsaft auf Fleisch geben, mit gegrillten Tomatenscheiben, gegrilltem Obst oder gedünsteten Pilzen anrichten.
Oder gegrilltes Fleisch mit gegrillten Garnituren belegen, mit etwas geriebenem Käse bestreuen und noch 1–2 Minuten grillen, bis Käse schmilzt.
Beilagen: Reisgerichte, Kartoffelbrei; Salate oder Gemüse nach Wahl.

4 Kalbsschnitzel oder Kalbskoteletten (1–2 cm dick)
zum Würzen: Paprika oder Pfeffer, frisch gemahlen
Öl und Butter, Salz
zum Anrichten: Tomatenscheiben, gegrillt
Champignons, gedünstet
Tomatenketchup oder Obst, gegrillt
evtl. etwas geriebener Käse

412. Kalbsschnitzel gegrillt mit Käse*

Vorbereitetes Schnitzel leicht klopfen, häuten, formen, mit wenig Pfeffer oder Paprika einreiben, von beiden Seiten mit Öl oder zerlassener Butter bestreichen, im vorgeheizten Grill bei guter Hitze Schnitzel grillen, *Grilldauer* je Seite 4–6 Minuten, wenn leichte Bräunung der zweiten Seite erreicht ist, jedes Schnitzel etwas salzen, mit gewaschenen, trockengetupften Salbeiblättern und einer dicken Scheibe Käse belegen, darauf je eine dünne Scheibe durchwachsenen Speck legen, nochmal bei guter Hitze 1–2 Minuten übergrillen, bis Speck leicht gebräunt ist und Käse zu schmelzen beginnt, sofort zu Tisch geben.
Garnituren und Beilagen wie bei Nr. 411.

4 Kalbsschnitzel (1–2 cm dick) etwas Paprika
Öl und Butter, Salz
zum Belegen: einige Salbeiblätter
4 Scheiben Emmentaler-, Chester- oder Goudakäse
4 Scheibchen durchwachsener Frühstücksspeck

413. Schweinsfilet, Schweinslende gegrillt*

2 Schweinsfilets ($^3/_4$ kg) oder
1 Schweinslende ausgelöst
etwas Paprika
Pfeffer, frisch gemahlen
Öl und Butter
Salz
zum Anrichten: Petersilie
eingemachte Paprikaschoten

Junge, gut abgehangene Schweinsfilets oder Lende evtl. entfetten, mit feuchtem Tuch abreiben, etwas flach klopfen, häuten, würzen, mit Öl bestreichen, im vorgeheizten Grill bei *guter Hitze* je Seite 2–3 Minuten *angrillen*, bei *mäßiger Hitze gar grillen* unter öfterem Bestreichen mit Tropffett oder Butter; gegen Ende der Garzeit mit Salz und Paprika bestreuen, nochmal mit Butter bestreichen, grillen bis Fleisch gar ist und schöne Farbe hat. *Grilldauer* je Seite 12-15 Minuten je nach Dicke. Schweinefleisch muß durchgegrillt sein. Gegrilltes Fleisch einige Minuten warm stellen, dann in dicke, schräge Scheiben schneiden, schuppenartig dicht zusammengesetzt anrichten, mit eingemachten Paprikaschoten und etwas Petersilie rasch garnieren, Tropfsaft und evtl. Tomatenketchup als Soße dazu reichen.
Beilagen: Reis- oder Kartoffelgerichte, Gemüse oder Salate nach Wahl.

414. Schweinskoteletten gegrillt*

4 Schweinskoteletten mager
($1^1/_2$–2 cm dick)
zum Würzen: Pfeffer, frisch gemahlen, evtl. etwas Kümmelpulver
$^1/_2$ Zehe Knoblauch
z. Bestreichen: Öl od. Butter
zum Anrichten: Salz
Tomatenketchup bzw. gegrillte, halbierte Tomaten

Gut abgelagerte Koteletten *junger* Tiere mit feuchtem Tuch abreiben, Knochen auslösen, leicht klopfen, falls nötig etwas entfetten, auf beiden Seiten nach Geschmack würzen, beiderseitig ölen oder mit Butter bestreichen, bei guter Hitze im vorgeheizten Grill garen; *Grilldauer* je Seite 5–7 Minuten je nach Dicke, Schweinefleisch muß gar und saftig sein. Gare Koteletten auf heiße Platte geben, leicht salzen, nach Belieben garnieren; als Garnituren können auch gebräunte Zwiebelringe oder gebratene oder gegrillte Bananen- oder Apfelscheiben verwendet werden, Tropfsaft als Soße reichen.
Beilagen: Kartoffelbrei, Reis; Gemüse nach Belieben.

415. Schweinsmedaillons gegrillt*

Pro Person: 1 dicke Scheibe Schweinsfilet oder -lende
Pfeffer, frisch gemahlen
zum Bestreichen: Öl und Butter, etwas Paprika
1–2 Apfelscheiben
Tomatenketchup, Salz

Vorbereiten und grillen wie Kalbsmedaillons Nr. 408; *Grilldauer* je Seite etwa 4 Minuten; gar gegrillte Medaillons leicht salzen, mit je 1–2 dicken, von Schale und Kernhaus befreiten Apfelscheiben belegen, leicht mit Butter bestreichen, nochmal 1–2 Minuten übergrillen, sofort auf heißer Platte anrichten, nach Wahl garnieren mit gegrillten Bananen, mit Tomatenketchup reichen.
Beilagen: Kartoffelbrei, Reisgerichte; feine Gemüse, Salate nach Wahl.

416. Gehackte Steaks vom Rost*

400–500 g gehacktes Ochsenfleisch (Tatar), Kalbfleisch oder gemischtes Hackfleisch
Salz, 1 Zwiebel, Petersilie
etwas Basilikum
Zitronenschale, gerieben
wenig Pfeffer, 1–2 Eier
1–2 Teel. Worcestersoße
evtl. 1 Semmel (eingeweicht)
1 Netz
zum Bestreichen: Öl

Fleischteig herstellen wie bei Nr. 224 angegeben (ohne oder mit wenig Semmel, in Milch eingeweicht), abarbeiten, pikant abschmecken, wie Beefsteaks formen, in Stückchen von gewässertem Netz einschlagen, auf beiden Seiten mit Öl bestreichen, auf gut geöltem Doppelrost bei guter Hitze in vorgeheiztem Grill grillen. *Grilldauer* je Seite 8–10 Minuten, auf heißer Platte mit gegrillten Tomaten und gegrillten oder gerösteten Zwiebelscheiben anrichten.
Gehackte Steaks aus magerem, gehacktem Hammelfleisch hergestellt schmecken sehr gut; diesen Fleischteig mit etwas Tomatenketchup und Majoran würzen. Fertigstellen wie oben.
Beilagen: Kartoffelbrei, junge Gemüse; Salate nach Wahl, Ketchup.

417. Lamm-, Hammelkoteletten gegrillt*

Dick geschnittene Koteletten *junger* Tiere, sehr gut abgelagert, mit feuchtem Tuch abreiben, Fleisch vom Knochen etwas ablösen, Rand der Koteletten mehrmals einschneiden, damit sie sich beim Grillen nicht wölben, alles Fett sorgfältig entfernen, vorsichtig klopfen, formen, mit würziger Ölbeize auf beiden Seiten bestreichen, 1 Stunde zugedeckt kalt stellen; vorbereitete Koteletten mit Öl bestreichen, in vorgeheiztem Grill bei guter Hitze grillen, *Grilldauer* jede Seite etwa 5–7 Minuten, während des Grillens mehrmals mit Butter, mit Paprika gemischt oder mit Würzbeize bestreichen. Gegrillte Hammelkoteletten sollen am Knochen noch zart rosa sein. Gare Koteletten leicht mit Salz bestreuen, mit je 1 Scheibchen gegrilltem, durchwachsenem Speck und nach Belieben mit gegrillten Ananasscheiben oder gegrillten Tomaten auf heißer Platte rasch anrichten.
Beilagen: Reisgerichte, Kartoffelbrei; grüne Bohnen.

4–8 Lamm- bzw. Hammelkoteletten junger Tiere je n. Größe (etwa 2 cm dick)
Ölbeize Nr. 401
z. Bestreichen: Öl u. Butter
Paprika, Salz
zum Anrichten: 4 Scheibchen durchwachsener, gegrillter Speck, 4 Scheiben Dosenananas, gegrillt oder gebraten gegrillte Tomaten

418. Lamm-, Hammelkoteletten nach Feinschmecker Art*

Lamm- bzw. Hammelkoteletten vorbereiten und grillen wie bei Nr. 417 beschrieben. Gegrillte Koteletten mit wenig Salz und etwas Curry bestreuen, mit je 1 dicken Käsescheibe und 1–2 dicken Tomatenscheiben belegen, mit wenig Reibkäse bestreuen, nochmals 1–2 Minuten übergrillen, bis Käse schmilzt, dann sofort auf heißer Platte anrichten, mit erhitzten Ananasscheiben aus Dose garnieren.
Beilage: Curryreis; grüne Bohnen oder Salate.

Fleisch und Ölbeize wie Nr. 417
z. Bestreichen: Öl u. Butter
z. Nachwürzen: Curry, Salz
z. Belegen: 4 dicke Scheiben Emmentaler, Tomatenscheiben, etwas Reibkäse
4 Scheiben Ananas

419. Reh-, Hirschmedaillons oder -steaks gegrillt*

Sehr gut abgelagerte, sorgfältig ausgelöste Reh- oder Hirschfilets bzw. ausgelösten Rücken mit feuchtem Tuch abreiben, häuten, mit angegebener Würzmischung von allen Seiten bestreichen, zugedeckt mindestens 1 Stunde, evtl. über Nacht im Kühlschrank kalt stellen; dann Fleisch in schöne, etwa 2–3 cm dicke Scheiben schneiden, diese mit Messer etwas breitdrücken, mit restlichem Öl der Marinade bestreichen, mit je 1 Speckscheibchen belegen, im vorgeheizten Grill bei guter Hitze grillen; *Grilldauer* der ersten Seite etwa 4 Minuten, dann wenden; ist Speck lichtgelb, diesen auf zweite Seite auflegen, ist er bereits stark gebräunt, nicht mehr verwenden, in diesem Fall Steaks mit Tropffett oder Butter während des Grillens bestreichen. *Grilldauer* auf der zweiten Seite 3–4 Minuten. Fleisch soll innen noch zart rosa sein. Medaillons bzw. Steaks dann leicht salzen, mit Bananenscheiben schuppenförmig belegen, mit wenig Zitronensaft beträufeln, noch 2–3 Minuten übergrillen, sofort auf heißer Platte anrichten, rasch garnieren und zu Tisch geben; Tropfsaft nach Belieben mit wenig Rahm aufkochen und als Soße gesondert reichen.
Beilagen: Kartoffelbrei, Kartoffelküchlein, Spätzle; Preiselbeeren, Rotkraut, Steinpilze.

Pro Person: 2 Rehsteaks bzw. -medaillons
Ölbeize: 4 Eßl. Öl
1 Eßl. Zitronensaft
zerstoßene Wacholderbeeren
1 Teel. geriebene Zwiebel
Thymian, Estragon, Petersilie gewiegt
Pfeffer, frisch gemahlen
1 Eßl. Cognac
z. Belegen: einige Scheiben durchwachs. Räucherspeck
Salz, Bananen, Zitronensaft
zum Anrichten: Preiselbeerkompott, gefüllte Äpfel oder gegrillte Apfelscheiben

420. Rehsteaks mit Bananen und Ananas*

4 schöne Rehsteaks
Öl oder Butter
4 Bananen, etwas Zitronensaft
4 Scheiben Ananas aus Dose
2 Eßl. geschälte, gestiftelte Mandeln, 50 g Butter, Salz
Pfeffer, frisch gemahlen

Rehsteaks vorbereiten. auf beiden Seiten mit Öl oder Butter bestreichen, je Seite 4 Minuten grillen; inzwischen gestiftelte Mandeln in etwas Butter hellgelb rösten, warm stellen; geschälte Bananen halbieren, mit etwas Zitronensaft beträufeln, in Butter rasch braten, auf heiße Anrichteplatte als Garnitur anrichten, heiß gestellte Ananasscheiben rasch in Butter erhitzen, ebenfalls als Garnitur auf Platte geben, mit gerösteten Mandeln bestreuen; Rehsteaks nach dem Garen mit frisch gemahlenem Pfeffer und etwas Salz würzen, in der Mitte der Platte anrichten, mit wenig heißem Ananassaft beträufeln, sofort zu Tisch geben. Garnituren müssen bei Ende der Grillzeit fertig angerichtet sein; diese als erstes herstellen und heiß stellen, bis Steaks gegrillt sind.
Beilagen wie bei Nr. 419 angegeben.

421. Steaks, Koteletten, Schnitzel in Aluminiumfolie gegrillt*

Pro Person:
1 Steak, Kotelett oder Schnitzel von Rind, Kalb Schwein, Hammel oder Wild
Gewürze nach Belieben
Salz, etwas Butter oder Kräuterbutter
evtl. Tomatenscheiben
etwas Käse nach Belieben
zum Einschlagen:
Aluminiumfolie etwas Öl

Fleisch vorbereiten wie zu gegrilltem Steak Nr. 402 bzw. 408, Kotelett oder Schnitzel wie Nr. 411, Knochen jeweils auslösen, leicht würzen und evtl. salzen, je nach Belieben mit etwas Kräuterbutter oder mit Tomatenscheiben und geriebenem Käse belegen; so vorbereitetes Fleisch auf geölte Aluminiumfolie setzen, nach Vorschrift einschlagen (siehe Seite 31/32), so daß kein Saft auslaufen kann, in gut vorgeheiztem Strahlergrill bei starker Hitze grillen, *je Seite* 6–8 Minuten, sehr dicke Fleischstücke etwa 10 Minuten; bei Plattengrill ist ein Wenden nicht nötig, hier beträgt die Grillzeit insgesamt nur 8–10 Minuten.
Wird Bräunung erwünscht, Folie auf Oberseite aufschneiden, die letzten 4–5 Minuten der Grillzeit bei guter Hitze (geringer Abstand!) offen grillen. Grillgut am besten in Folie mit dem Saft auf heißer Platte anrichten. Für Diätzwecke kann Zugabe von Butter entfallen.

422. Kalbsleber gefüllt gegrillt*

4 dicke Scheiben Kalbsleber
2 Äpfel
etw. Pfeffer, frisch gemahlen
etwas Zitronensaft
zum Bestreichen: Butter
zum Anrichten:
Salz, Zitronensaft

Kalbsleber häuten, 1½–2 cm dicke Scheiben schneiden; in Leberscheiben auf der Längsseite mit sehr scharfem Messer Taschen einschneiden, diese leicht mit etwas frisch gemahlenem Pfeffer einreiben; Äpfel schälen, Kernhaus ausstechen, in dicke Scheiben schneiden, mit Zitronensaft beträufeln; in die Tasche jeder Leberscheibe 2 Apfelscheiben stecken, Leberscheiben auf beiden Seiten gut mit Butter bestreichen, in gut vorgeheiztem Grill grillen, *Grilldauer je Seite* etwa 3–4 Minuten, Leber soll innen zart rosa, aber nicht mehr blutig sein. Leber dann leicht salzen, mit etwas Zitronensaft beträufeln, auf heißer Platte anrichten, Tropfsaft auf Leberscheiben gießen, sofort zu Tisch geben. Nach Belieben mit gegrillten Zwiebelscheiben anrichten.
Beilagen: Reisgerichte, Salate.

423. Leber gegrillt mit Speck oder Obst*

4 Scheiben (1–1½ cm dick)
Kalbs- oder Schweinsleber
etw. Pfeffer, frisch gemahlen
zum Bestreichen: Butter
zum Anrichten:
2 Zwiebeln, etwas Butter
durchwachsener
Räucherspeck, Salz
etwas Zitronensaft
oder
2 Äpfel geschält, 4 Scheiben
Ananas aus Dose, etwas
Butter, Zitronensaft

Leberscheiben häuten, Schweinsleber einige Zeit in Milch einlegen, dann trocken tupfen; Leber leicht mit frisch gemahlenem Pfeffer würzen, auf beiden Seiten mit Butter bestreichen, auf geöltem Doppelrost im vorgeheizten Grill bei guter Hitze grillen, *Grilldauer jede Seite* etwa 2–3 Minuten; Leber soll innen zart rosa, jedoch nicht mehr blutig sein.
Garnituren mitgrillen: Zwiebelscheiben mit etwas Butter schon beim Vorheizen des Grills auf kleinem Teller oder Pfännchen vorgrillen; durchwachsene Speckscheiben während des Grillens mitgrillen; geschälte Äpfel von Kernhaus befreien, in etwa 1 cm dicke Scheiben schneiden, leicht mit Zitronensaft beträufeln, mit Butter bestreichen, Ananasscheiben gut abgetropft gleichfalls buttern, Obstscheiben mit Leberscheiben mitgrillen oder in wenig Butter auf Stielpfanne braten. Gegrillte Leberscheiben auf heißer Platte anrichten, leicht salzen, mit etwas Zitronensaft beträufeln, mit gegrillten Zwiebelringen und gegrillten Speckscheibchen oder gegrillten bzw. gebratenen Obstscheiben anrichten, sofort zu Tisch geben. Tropfsaft mit 1 Eßlöffel Brühe oder Rahm aufkochen lassen, als Soße reichen.
Beilagen: Reisgerichte, Kartoffelbrei; Salate.
Leber kann auch in Aluminiumfolie gegrillt werden wie bei Nr. 421 beschrieben.

424. Leberspießchen*

Pro Person 1 Spießchen mit:
100–150 g Kalbs- oder
Schweinsleber
1-2 Scheiben durchwachsener Speck, 1-2 Äpfel
1 große Zwiebel
1 Paprikaschote nach Belieben
zum Bestreichen:
Öl oder Butter
zum Würzen:
Pfeffer, frisch gemahlen
Salz

Zutaten vorbereiten: Leber häuten, Schweinsleber etwas in Milch einlegen, dann trocken tupfen, Leber in mundgerechte Scheibchen schneiden, etwa 1 cm dick und von 3 cm Kantenlänge; Äpfel schälen, Kernhaus ausstechen, in gut 1 cm dicke Scheiben, geschälte Zwiebel in dicke Scheiben schneiden; Paprikaschote halbieren, Samen und Rippen entfernen, brühen, dann in breite Streifen schneiden. Zum Aufspießen verwendet man die Schaschlik-Spießchen, die in die Haltevorrichtung des großen Drehspießes eingehängt werden oder auch auf dem Rost liegend gegrillt werden können; hierbei ist ein Wenden nötig. Vorbereitete Zutaten abwechselnd locker auf Spießchen stecken bis Spieß voll ist, man rechnet pro Person ein volles Spießchen; bei mehreren Personen alle Spießchen so vorbereiten. Spießchen gut mit Öl oder flüssiger Butter bestreichen, in die Haltevorrichtung des Drehspießes einhängen, diesen in gut vorgeheizten Grill einstecken, dann Drehmotor anschalten, bei guter Hitze grillen. *Grilldauer* etwa 8–10 Minuten; oder Spießchen auf Grillrost liegend, je Seite etwa 5 Minuten grillen. Fertige Spießchen leicht mit Pfeffer und Salz bestreuen, sofort auf Reis anrichten, Tropfsaft darüber geben. Leber von Wild und Lamm kann ebenso zu Leberspießchen verwendet werden.
Beilagen: Reisgerichte, z. B. Curryreis, Risotto; Salate.

425. Schweizer Leberspießli*

Pro Person 1 Spießchen mit:
100–150 g Kalbsleber
1 Eßl. Zwiebel
1 Eßl. Petersilie
einige Salbeiblätter
1 Prise Salz
etwas Pfeffer, 1/2 Netz

Gewaschene, gehäutete Leber in etwa 1 cm dicke, daumengroße Streifen schneiden; Netz gut wässern, dann in gleiche Anzahl entsprechend große Stücke schneiden; auf Teller jeweils 1 Stückchen Netz auslegen, darauf etwas Salbei und Leberstückchen legen, feingewiegte Zwiebel und Petersilie darauf geben, nur sehr wenig salzen und nach Belieben etwas pfeffern, Netz zu Röllchen aufrollen, so daß Netz Inhalt zusammenhält – kein Paketchen machen! Wenn alle Leberstückchen so zu Röllchen eingewickelt sind, diese locker, so daß sie sich nicht gegenseitig berühren, auf Spießchen stecken, Spießchen in Haltevorrichtung des Drehspießes einhängen, bei guter Hitze schön goldbraun grillen – oder Spießchen auf Grillrost liegend unter einmaligem Wenden bei guter Hitze grillen. *Grilldauer* etwa 8–10 Minuten. Fertige Spießchen auf heißer Platte oder auf Reisgericht mit Tropfsaft anrichten.

Beilagen: Reisgerichte; Butterbohnen oder Salate.

426. Schweizer Spießchen mit Käse*

Pro Person 1 Spießchen mit:
100 g Kalbsleber
einige Salbeiblätter
50 g durchwachsener Räucherspeck
100 g Chester- oder Emmentalerkäse
1 Apfel
zum Bestreichen:
Öl oder Butter
zum Würzen:
Salz, Worcestersoße

Vorbereitete Leber in etwa 3/4 cm dicke Scheiben und diese in mundgerechte Stücke schneiden, Speck in messerrückendicke etwa 2–3 cm breite Streifen, Käse und geschälten, vom Kernhaus befreiten Apfel in nicht zu kleine Würfel von etwa 2 cm Kantenlänge schneiden.
Leberscheibchen mit Öl oder Butter bestreichen, in Salbeiblatt einrollen, alle Zutaten abwechselnd und sehr locker auf Spießchen stecken, mit Öl oder zerlassener Butter bestreichen, Spießchen auf Haltevorrichtung des Drehspießes einhängen, diesen gut in vorgeheizten Grill stecken, Drehmotor anschalten und bei voller Hitze grillen, *Grillzeit* etwa 8–10 Minuten, Leber soll zart rosa, aber nicht mehr blutig sein. Oder Spießchen nach dem Ölen bzw. Buttern auf geölten Rost in vorgeheizten Grill legen, je Seite etwa 4–5 Minuten grillen. Fertige Spießchen leicht salzen, auf heißer Platte anrichten, mit etwas Worcestersoße würzen.

Beilagen: Reis oder Weißbrot; Salate, nach Belieben Tomatenketchup.

427. Rehleberspießchen*

Pro Person 1 Spießchen mit:
100 g Rehleber frisch
50 g durchwachsener Räucherspeck, 1 Zwiebel
50 g Champignons, 1 Apfel
einige Wacholderbeeren
zum Bestreichen:
Butter oder Öl, Salz

Frische Rehleber in etwa 3/4 cm dicke Scheibchen, Speck in messerrückendicke, 2–3 cm breite Scheibchen, Zwiebel in dicke Scheiben schneiden; Champignons putzen, schnell waschen, auf Tuch trocknen, große halbieren, kleine ganz lassen; geschälten Apfel in größere Würfel schneiden, Wacholderbeeren sehr fein wiegen.
Vorbereitete Zutaten abwechselnd auf Spießchen locker aufreihen, mit gewiegten Wacholderbeeren bestreuen, dick mit Öl oder geschmolzener Butter bestreichen, Spießchen am Drehspieß oder auf Rost liegend in gut vorgeheiztem Grill bei guter Hitze grillen. *Grilldauer* am Drehspieß etwa 8–10 Minuten, auf Rost jede Seite etwa 4–5 Minuten. Nach dem Grillen leicht salzen, auf Reis anrichten.

Beilagen: Reisgerichte, Cumberlandsoße, Ketchup, Salate.

Gegrilltes Filetsteak mit Champignons garniert und Pommes frites ▶
Rezept S. 232

428. Nierenspießchen*

Vorbereitete Nieren (gründlich gewaschen, gewässert, gehäutet) in etwa 1 cm dicke Scheibchen schneiden; geschälte Zwiebel in dicke Scheiben, Speck in gut messerrückendicke Scheibchen schneiden, Salbeiblätter rasch waschen, leicht trocken tupfen. Auf Schaschlik-Spießchen abwechselnd Nierenscheibchen, 1/2 Salbeiblatt, Speckscheibchen und Zwiebelringe locker aufspießen, Zutaten gut mit Öl oder Butter bestreichen, Spießchen in Haltevorrichtung des Drehspießes einhängen, diesen in vorgeheizten Grill einstecken, Drehmotor anschalten und bei guter Hitze grillen; *Grilldauer* etwa 12 Minuten; auf Rost liegende Spießchen je Seite 4–6 Minuten bei guter Hitze grillen, Wenden nötig. Gares Spießchen leicht mit Salz und Pfeffer bestreuen, sofort auf heißer Platte oder auf Reisgericht zu Tisch geben. Tropfsaft über Gericht gießen.

Beilagen: Reis, nach Belieben Ketchup, Salate.

Pro Person 1 Spießchen mit:
100–150 g Kalbs-, Schweine- oder Hammelnieren
1–2 Scheiben durchwachsener Speck
1 große Zwiebel
einige Salbeiblätter

zum Bestreichen:
Öl oder Butter

zum Würzen:
etw. Pfeffer, frisch gemahlen
Salz

429. Gemischte Spießchen, Mixed Grill* (4 Personen)

Gemischte Spießchen können in der *Wahl der Zutaten eine große Abwechslung* erfahren und dem individuellen Geschmack immer angepaßt werden! Außer Filetstückchen von Rind, Kalb, Hammel und Schwein können Schinkenwürfel sowie Stückchen von Kasseler Rippenspeer und Würstchen aller Art verwendet werden.

An Gemüse kann man außer Tomaten und Paprikaschoten auch Champignonköpfchen und Scheiben von Auberginen (Eierfrüchten) einbeziehen sowie durch Verwendung von Oliven und Apfelscheiben noch größere Abwechslung schaffen.

Sehr mürbes, sorgfältig vorbereitetes Fleisch und gründlich gereinigte und gehäutete Eingeweide in mundgerechte Stückchen schneiden, etwa 1 cm dick, 3 cm lang, 30–40 g schwer; Räucherspeck in gut messerrückendicke Scheibchen, Zwiebeln in dicke Scheiben schneiden; gewaschene Paprikaschoten von Samenkernen und Zwischenrippen befreien, in 2–3 cm breite Streifen schneiden; feste kleine Tomaten nach dem Waschen abtrocknen, mehrmals stupfen, damit sie nicht platzen. Vorbereitete Zutaten ganz leicht mit frisch gemahlenem Pfeffer bestreuen, *abwechselnd und locker* auf Spießchen stecken, am Anfang und Ende jedes Spießchens soll ein Stückchen Fleisch stecken, Zutaten auf alle Spießchen gleichmäßig verteilen. Aufgespießte Zutaten sehr sorgfältig von allen Seiten mit Öl bestreichen, Spießchen am Drehspieß einhängen, diesen in gut vorgeheizten Grill einstecken, Drehmotor einschalten, *Grilldauer* bei guter Hitze 15–20 Minuten.

Oder Spießchen auf Rost liegend grillen, *Grilldauer* hierbei je Seite etwa 6–8 Minuten, zweite Seite hat meist etwas kürzere Grilldauer.

400–500 g Filet oder Lende (gemischt von Rind, Kalb, Schwein, Hammel)
200 g Leber und Niere (von Kalb, Hammel od. Schwein)
100–150 g durchwachsener Räucherspeck
3 große Zwiebeln
2 Paprikaschoten
4 kleine feste Tomaten
4 Cocktailwürstchen

zum Bestreichen: Öl

zum Würzen:
etwas frisch gemahlener Pfeffer, Salz

◀ Schaschlik auf Reis mit Salat
Rezept S. 242

Anrichten der fertigen Spießchen auf heißer Platte auf Reis, salzen, Tropfsaft darübergeben.

Beilage: Reisgerichte, Pommes frites oder Pommes chips; Cumberlandsoße, Ketchup, Salate.

430. Cocktailspießchen gegrillt* (4 Personen)

4 Paar Cocktailwürstchen
100–150 g Schinken, mager
100–150 g gute Fleischwurst
100–150 g Emmentaler- oder Chesterkäse, einige Oliven
1 Apfel, 2 Bananen
2 Scheiben Dosenananas
1 Pfirsich oder Aprikose
150 g durchwachsener Räucherspeck

Schinken, Wurst, Käse und vorbereitetes Obst in gleichmäßig große, mundgerechte Stücke schneiden: etwa 1 cm dick, 2 cm Seitenlänge, Cocktailwürstchen halbieren; Räucherspeck in sehr dünne Scheiben schneiden – so groß, daß gewürfelte Zutaten eingewickelt werden können. Gewürfelte Zutaten in dünne Speckscheiben wickeln, abwechselnd und sehr locker im Wechsel mit Cocktailwürstchen auf Spießchen stecken, im gut vorgeheizten Grill auf Rost liegend grillen, *Grilldauer jede Seite* etwa 3 Minuten bei guter Hitze; oder Spießchen auf Drehspieß grillen, *Grillzeit* hier etwa 6 Minuten, sofort heiß anrichten; dazu Brötchen oder Toast und Tomatenketchup reichen.

431. Schaschlik* (4 Personen)

(Farbbild neben Seite 241)

600 g Lamm- oder Hammelfleisch von ausgelöstem Kotelettengrat
4 große Zwiebeln
4 Paprikaschoten
100 g durchwachsener Räucherspeck

Würzmarinade für Fleisch:
6–8 Eßlöffel Öl, Saft von 1 Zitrone, 1 geriebene Zwiebel, etwas Pfeffer Thymian, Oregano
1 Zehe Knoblauch, gerieben
1–2 Teel. Tomatenketchup
1–2 Teel. scharfer Senf
1 Eßl. Cognac

zum Bestreichen:
Öl und Würzmarinade
Salz

Sehr gut abgelagertes Lamm- oder Hammelfleisch mit feuchtem Tuch abreiben, häuten, in mundgerechte, etwa 1 cm dicke und 3 cm lange Stückchen (30–40 g schwer) schneiden; alle Zutaten für Würzmarinade mischen, gut verrühren, Fleisch darin einige Stunden, evtl. über Nacht zugedeckt, kalt gestellt, marinieren.

Übrige Zutaten vorbereiten: Geschälte Zwiebeln in dicke Scheiben schneiden, kleinere Zwiebeln halbieren; gewaschene Paprikaschoten abtrocknen, Samenkerne und Zwischenrippen entfernen, in 2–3 cm breite Streifen schneiden, evtl. kurz überbrühen, falls sie sehr hart sind; Räucherspeck in gut messerrückendicke, 3 cm breite Streifen schneiden. Vorbereitetes Fleisch, Speck, Zwiebelscheiben und Paprikastreifen abwechselnd und locker auf Spießchen stecken, gut mit Öl bestreichen, am Drehspieß in vorgeheiztem Grill bei guter Hitze unter öfterem Bestreichen mit Würzmarinade grillen, *Grilldauer* 15–20 Minuten. Oder Spießchen auf geöltem Rost bei guter Grillhitze jede Seite etwa 6–8 Minuten grillen, während des Grillens mit Ölmarinade bestreichen. Fertige Spießchen leicht salzen, auf Reis oder mit frischem Weißbrot reichen.

Echtes Schaschlik ist aus Lamm- oder Hammelfleisch hergestellt; heute wird aber vielfach ein gemischtes Spießchen in beliebiger Zusammenstellung auch als Schaschlik bezeichnet.

Beilagen: Reisgerichte verschiedener Art; Cumberlandsoße, Ketchup, Salate nach Wahl.

432. Spießchen nach Feinschmecker Art*

Vorbereitetes Schweinsfilet in etwa 1 cm dicke Scheiben schneiden, von allen Seiten leicht mit Senf bestreichen; Käse in Würfel (etwa den Fleischstücken entsprechend), geschälte Zwiebeln in dicke Scheiben und geräucherten Speck in dünne Scheibchen schneiden, Ananasringe in 3–4 gleichmäßige Stücke schneiden. Alle Zutaten abwechselnd locker auf Spießchen stecken, wenig mit frisch gemahlenem Pfeffer bestäuben, von allen Seiten ölen oder mit Butter bestreichen, im vorgeheizten Grill bei guter Hitze grillen, *Grilldauer* am Drehspieß etwa 8–10 Minuten, bis Zutaten hellbraun sind; beim Grillen auf dem Rost ist Wenden nötig, *Grilldauer* je Seite etwa 4–5 Minuten.
Beilagen: Reisgerichte, Salat.

300 g Schweinsfilet
3–4 Zwiebeln
250 g Emmentaler oder Edamer Käse
100 g durchwachsener Frühstücksspeck
4 Scheiben Ananas (Dose)
etwas englischer Senf
Pfeffer, frisch gemahlen, Salz
zum Bestreichen: Öl o. Butter

433. Leberkäs gegrillt*

Leberkäs auf Rost im vorgeheizten Grill auf beiden Seiten je Seite 2 Minuten grillen, mit Tomatenscheiben, Zwiebelringen und Speckstreifchen belegen, mit Käsescheibe bedecken und nochmals bei mäßiger Hitze etwa 5 Minuten grillen (Tomaten und Zwiebeln müssen gar werden). Mit Petersilie anrichten.
Anstelle der Tomatenscheiben kann gegrillter Leberkäs auch mit Scheiben von hartgekochtem Ei und mit einer Käsescheibe belegt werden, dann *kurz* übergrillen. *Beilage:* Gemischter Salat.

Pro Person: 1 Scheibe Leberkäs (1 cm dick)
2 feste Tomaten
1/2 Zwiebel, 1 Scheibchen durchwachs. Räucherspeck
1 Scheibe Käse
Petersilie gewiegt

434. Würstchen vom Grill*

Bratwürste erst brühen, leicht trocken tupfen, mit Öl oder zerlassener Butter bestreichen, im geölten Handrost bei *mäßiger* Hitze grillen, *Grilldauer* je Seite etwa 4–5 Minuten, je nach Dicke der Würstchen.
Regensburger, Pfälzer oder Bockwürste häuten, auf Oberseite im Abstand von etwa 1–2 cm leicht schräg einschneiden, in Einschnitte jeweils abwechselnd einen Streifen Käse, Tomate oder Speck einlegen, Würstchen ebenso im Handrost im vorgeheizten Grill grillen, *Grilldauer* je Seite etwa 3–5 Minuten je nach Dicke der Wurstart.
Beilage: Für Bratwürste Sauerkraut, für andere Würstchen gemischter Salat, Brötchen.

Pro Person: 1 Paar Bratwürste oder Pfälzer, Regensburger od. Bockwürste
zum Grillen:
für Bratwürste etwas Butter
für sonstige Würste:
1–2 Scheiben Käse
2 Scheiben durchwachsener Räucherspeck, 2 Tomaten

435. Rindsfilet gegrillt (8–12 Personen)

Gleichmäßig dickes Mittelstück von sehr gut abgelagertem, mürbem Filet mit feuchtem Tuch abreiben, sorgfältig häuten, von allen Seiten ölen, leicht mit frisch gemahlenem Pfeffer bestreuen, auf Rost liegend im vorgeheizten Grill bei guter Hitze im Abstand von etwa 6–7 cm vom Grillheizkörper unter Wenden grillen, mehrmals mit zerlassener Butter bestreichen, salzen, sobald etwas Bräunung erreicht ist; oder Filet in Grillkorb klemmen, am Drehspieß bei guter Hitze drehend grillen, ebenso mit Butter bestreichen. *Grilldauer* je 1/2 kg Filet 12–15 Minuten je nach Dicke des Filets; Filet halbenglisch gebraten ist innen rosa und saftig, da nicht ganz durchgebraten. Gare prüfen durch Druckprobe (siehe Seite 230). Gegrilltes Filet 5–10

1–1 1/2 kg Rindsfilet (Mittelstück), Öl
Pfeffer, frisch gemahlen
Salz
etwas Butter
zum Anrichten:
Kräuterbutter oder Sardellenbutter oder Meerrettichschlagrahm oder Apfelscheiben gegrillt oder Bananen gegrillt

Minuten heiß gestellt ruhen lassen, dann in gleichmäßige dünne Scheiben schneiden, schuppenartig anrichten, nach Belieben mit vorbereiteten Garnituren rasch verzieren, evtl. mit Kräuterbutter belegen, sofort zu Tisch geben.

Als *Garnituren und Beilagen* eignen sich außer den angegebenen Möglichkeiten feine Gemüse in Butter geschwenkt, Tomaten gedünstet oder gegrillt, Pommes frites oder Pommes chips, auch Kartoffelbrei.

Gegrilltes Filet erkaltet dünn aufgeschnitten ist besonders zart und saftig; als Beilage dazu eignen sich Cumberlandsoße, Meerrettichschlagrahm oder Remouladensoße. Gut geeignet zu kaltem Buffet.

436. Roastbeef gegrillt (8–12 Personen)

1–1½ kg Roastbeef, Öl
etw. Pfeffer, frisch gemahlen oder Ölbeize wie Nr. 401 oder 431
Butter nach Belieben
Salz
zum Anrichten wie Filet Nr. 435

Sehr gut abgehangenes, mürbes Roastbeef mit feuchtem Tuch abreiben, häuten, mit Gewürzmischung nach Wahl von allen Seiten dick bestreichen, etwa 1 Stunde kalt stellen. Vorbereitetes Roastbeef im Grillkorb am Drehspieß im vorgeheizten Grill bei guter Hitze grillen, salzen sobald etwas Bräunung erreicht ist; oder auf Rost liegend grillen bei guter Hitze, Abstand etwa 6–7 cm, mehrmals wenden. Während des Grillens öfter mit Öl oder Butter bestreichen. *Grilldauer* bei flachem Stück je ½ kg etwa 12–15 Minuten, bei dickem Stück 15–20 Minuten.

Gegrilltes Roastbeef halbenglisch gegart soll innen noch rosa und saftig sein. Roastbeef nach dem Grillen 5–10 Minuten heiß stellen und ruhen lassen, dann in gleichmäßige dünne Scheiben schneiden, auf heißer Platte schuppenförmig anrichten, mit etwas frischer Kräuterbutter belegen, nach Belieben garnieren wie Filet Nr. 435.

Beilagen: Wie bei Filet Nr. 435.

Gegrilltes Roastbeef kalt dünn aufgeschnitten verwenden wie Filet Nr. 435.

437. Schweinerollbraten gegrillt am Drehspieß

¾–1 kg Schweinerollbraten
Pfeffer, Salz, etwas Knoblauch nach Belieben
Öl oder Butter
etwas Paprika

Gut abgelagertes Karreestück vom Metzger auslösen, entfetten, würzen, rollen und binden lassen. Vorbereitetes Fleisch leicht mit frisch gemahlenem Pfeffer und evtl. Knoblauch würzen, so auf Drehspieß stecken oder in den Grillkorb klemmen, daß einseitiges Übergewicht vermieden und gleichmäßiges Rotieren gewährleistet ist, mit Halteklammern befestigen, von allen Seiten mit Öl oder Butter bestreichen, erst bei *guter Hitze* im vorgeheizten Grill *angrillen,* dann bei *mäßiger Hitze* unter öfterem Bestreichen mit Tropffett oder Butter mit Paprika gemischt *gar grillen;* sobald leichte Bräunung erreicht ist, leicht salzen.

Grilldauer je nach Dicke des Stückes 60–90 Minuten, Schweinefleisch völlig durchgaren. Gegrillter Schweinebraten schmeckt kalt aufgeschnitten besonders gut.

Zum Anrichten: Tomatenketchup, gegrillte halbierte Tomaten, gegrilltes Obst wie Bananen, Apfelscheiben, Ananasscheiben nach Belieben.

Beilagen: Kartoffelbrei, Reisgerichte, Gemüse nach Belieben.

438. Kalbshaxe gegrillt

Sehr gut abgelagerte Kalbshaxe vom Metzger auslösen lassen, mit feuchtem Tuch abreiben, innen mit frisch gemahlenem Pfeffer und Salz einreiben, aufrollen, binden, auf Außenseite mit Paprika leicht einreiben, so auf *Drehspieß* (oder in Grillkorb) stecken, daß gleichmäßiges Rotieren des Spießes ermöglicht wird; Haxe mit Öl bestreichen, bei *scharfer Grillhitze angrillen,* dann mit Salz bestreuen, bei *mäßiger Hitze gar grillen,* während des Grillens mehrmals mit zerlassener Butter, Öl oder Speck und evtl. mit Abtropfsaft bestreichen. *Grilldauer* etwa 60–80 Minuten je nach Größe der Haxe; auf heißer Platte anrichten, Bindematerial entfernen, mit Tomaten und Petersilie garnieren, Tropfsaft als Soße reichen.
Will man die Haxe *auf dem Rost grillen,* ist ein Auslösen nicht nötig, doch ist mehrmaliges Wenden der Haxe während des Grillens wichtig
Beilagen: Gemischte Salate.

1 mittelgroße, ausgelöste Kalbshaxe
zum Würzen:
etwas Pfeffer frisch gemahlen
Salz, Paprika
zum Bestreichen:
Öl und Butter oder Speck
zum Anrichten:
Tomaten, Petersilie

439. Schweinshaxe gegrillt

Farbbild neben Seite 209

Zarte magere Schweinshaxen vom Metzger auslösen und Schwarte evtl. karoförmig einschneiden lassen; Fleisch mit feuchtem Tuch abreiben, Innenseite würzen und salzen, aufrollen, binden, so auf *Drehspieß* stecken, daß gleichmäßiges Rotieren des Drehspießes gewährleistet ist; von allen Seiten mit Öl bestreichen, im vorgeheizten Grill bei *guter Hitze allseitig angrillen,* bei *mäßiger Hitze* unter öfterem Bestreichen mit Tropffett *gar grillen;* sobald leichte Bräunung erreicht ist, leicht salzen. Während der zweiten Hälfte der Garzeit mehrmals mit Bier bestreichen, damit Haxe knusprig und rösch wird. *Grilldauer* je nach Größe der Haxen 45–80 Minuten. Fertige Schweinshaxen auf heißer Platte anrichten, Tropffett evtl. über Fleisch geben, mit Kraut garnieren. Auch sehr gut kalt aufzuschneiden.
Wird die Haxe *auf dem Rost* gegrillt, kann das Auslösen entfallen; während dem Grillen Haxe jedoch mehrmals wenden, um allseitiges Bräunen zu erzielen.
Beilagen: Kartoffelgerichte nach Wahl; Sauerkraut, Weinkraut, Ananaskraut, Blaukraut.

1–2 Schweinshaxen junger Tiere (je nach Größe)
Pfeffer, frisch gemahlen
evtl. etwas Kümmelpulver
evtl. 1 Knoblauchzehe
Salz
zum Bestreichen:
Öl, Bier

440. Hähnchen, Poularde am Spieß gegrillt

Vorbereitetes Geflügel (s. Seite 178/179) waschen, mit Tuch abreiben, falls tiefgefroren, völlig auftauen lassen; innen mit Salz und Pfeffer leicht einreiben, in Bauchhöhle gewaschene Petersilie und ein Stückchen Butter legen. Geflügel wie zum Braten dressieren (s. Seite 179) und so auf Drehspieß stecken, daß gleichmäßiges Rotieren des Drehspießes möglich ist, festschrauben, gut mit Butter bestreichen, in vorgeheiztem Grill bei guter Hitze unter öfterem Bestreichen mit Butter grillen; sobald lichte Bräunung erreicht ist, Geflügel außen leicht salzen. Größere Poularden bei *guter Hitze angrillen,* bei *mäßiger Hitze gar grillen. Grilldauer* je nach Größe des Geflügels und nach Grilleistung 45–55 Minuten. Gares Geflügel auf heißer Platte

1 großes Brathähnchen oder
1 Poularde
zum Würzen: Salz
Pfeffer, frisch gemahlen
Paprika, Petersilie
zum Bestreichen: Butter
Anrichten: Tomatenscheiben
Petersilie, Pommes frites

anrichten, rasch garnieren, Abtropfsaft und Saft aus Bauchhöhle als Soße getrennt reichen. Werden 2 Hähnchen an einem Spieß gegrillt, verlängert sich die Grilldauer um etwa 10–15 Minuten.
Beilagen: Salate.

441. Paprikahähnchen am Spieß gegrillt

Zutaten wie bei Nr. 440
zum Bestreichen:
40 g Butter oder Öl mit
2 Eßlöffeln Paprika

Geflügel vorbereiten und grillen wie bei Nr. 440 angegeben; während des Grillens mit Mischung aus Butter oder Öl mit Paprika mehrmals bestreichen. *Grilldauer* 45–55 Minuten, je nach Größe und Grillleistung. Fertigstellen und anrichten wie bei Nr. 440.
Beilagen: Salate.

442. Hähnchen am Rost gegrillt

1 großes Brathähnchen
zum Würzen:
etwas Paprika
zum Bestreichen:
Butter, evtl. Paprika
Salz
zum Anrichten:
Tomaten, Petersilie
Pommes frites

Vorbereitetes Geflügel waschen, mit Tuch abreiben, halbieren, Innenseite mit Salz einreiben, mit Butter bestreichen, auf geölten Rost mit Knochenseite zur Heizquelle legen, in vorgeheiztem Grill bei guter Hitze etwa 15 Minuten grillen, dann wenden, Hautseite gut buttern, bei guter Hitze angrillen, wenn Hautseite etwas Farbe hat, leicht salzen, Grilltemperatur durch Tiefersetzen leicht vermindern. Während des Grillens mehrmals mit Butter, evtl. mit Paprika gemischt, bestreichen. Hautseite muß knusprig braun sein. *Grilldauer* insgesamt etwa 40–50 Minuten. Nach dem Grillen sofort auf heißer Platte anrichten. Hähnchen vierteln, mit Tomatenscheiben, Petersilie, Pommes frites oder chips rasch garnieren.
Beilagen: Salate nach Wahl.

443. Hähnchen in Aluminiumfolie gegrillt

1 großes Brathähnchen
Salz
etwas Petersilie
etwas Rosmarin nach Bel.
Paprika nach Belieben
zum Bestreichen:
evtl. etwas Butter
zum Einschlagen:
Aluminiumfolie
Öl zum Bestreichen

Vorbereitetes Geflügel waschen, mit Tuch abreiben, halbieren, Innenseite mit Salz, etwas Paprika und gehackten Kräutern, Außenseite mit wenig Salz und evtl. mit etwas Paprika einreiben, nach Belieben mit Butter bestreichen. Jede Geflügelhälfte vorschriftsmäßig in Aluminiumfolie einschlagen (siehe Seite 31/32), in gut vorgeheizten Grill erst mit Innenseite nach oben auf den Rost legen, bei *guter Hitze* etwa 20 Minuten grillen, dann vorsichtig, ohne Aluminiumfolie zu beschädigen, *wenden,* mit Hautseite nach oben 25 bis 30 Minuten grillen. Soll Geflügel Bräunung erhalten, Aluminiumfolie in der zweiten Hälfte der Grillzeit aufschneiden, bei sehr guter Oberhitze offen grillen bis Oberseite gebräunt ist, evtl. während des Grillens noch mit Butter bestreichen. *Gesamtgrillzeit* etwa 50–60 Minuten je nach Größe. Gares Geflügel in der Folie auf heißer Platte anrichten.
Für Diätkost verzichtet man u. U. auf das Buttern und Bräunen des Geflügels. Geflügel mit etwas Tomatenketchup reichen.
Beilagen: Kartoffelbrei, Kartoffeln in Butter und Petersilie geschwenkt, Butterreis; zarte Gemüse gedünstet oder in Butter geschwenkt, Salate nach Wahl.

444. Ente gegrillt

Junge, geputzte Mastente waschen, mit Tuch abreiben, innen mit Salz und Pfeffer einreiben; etwas Beifuß in Bauchhöhle geben oder nach Belieben Schale von einer ungespritzten Orange fein abreiben, mit 1/2 Eßlöffel Wasser verrühren, damit Ente innen auspinseln; Hautseite außen mit etwas Pfeffer einreiben, mit Öl bestreichen. Vorbereitete Ente auf Drehspieß stecken und befestigen, so daß gleichmäßiges Rotieren des Drehspießes gewährleistet ist, in gut vorgeheizten Grill stecken, Drehmotor einschalten, bei *voller Hitze* etwa 25 Minuten grillen lassen, dann Ente außen leicht salzen, während des Grillens öfter mit Abtropffett bepinseln. Inzwischen feingeschnittene Zwiebel in 1/8 l Weißwein ziehen lassen, so daß er Zwiebelgeschmack annimmt; damit die Ente während der zweiten Hälfte der Grillzeit mehrmals bestreichen, wodurch Haut sehr knusprig wird. Während des Grillens Haut fetter Enten mehrmals leicht einstechen, damit Fett austreten kann. Tropft während des Grillens viel Fett ab, Tropfschale einmal entleeren, damit Soße nicht zu fett ist. *Grilldauer* etwa 60–75 Minuten je nach Größe. Schwerer als 1 kg soll Geflügel zum Grillen am Spieß nicht sein. Gegrillte Ente tranchieren, auf heißer Platte anrichten, nach Belieben mit gegrillten Orangen- oder Ananasscheiben, gegrillten Bananen oder gefüllten Äpfeln und glasierten Kastanien garnieren. Soße aus Tropfschale mit 1 Eßlöffel Brühe, nach Belieben mit etwas Sherry, evtl. wenig Orangensaft und sehr fein geschnittener Orangenschale (nur das Gelbe der Schale von ungespritzten Früchten) einmal aufkochen, abschmecken, eigens zur Ente reichen.
Wird Ente auf dem Rost gegrillt, dann Ente halbieren oder vierteln, grillen wie Huhn am Rost Nr. 442; *Grilldauer* beträgt hierbei etwa 50–70 Minuten.
Beilagen: Kartoffelgerichte; Rotkraut, Ananaskraut, Rosenkohl, Salate nach Wahl.

1 junge Mastente
Salz, Pfeffer
etwas Beifuß oder 1 Orange

zum Bestreichen:
Öl
1/8 l Weißwein, 1/2 Zwiebel

zum Anrichten nach Wahl:
gefüllte Äpfel mit Preiselbeeren
Ananas- und Orangenscheiben gegrillt
Bananen gegrillt
Kastanien glasiert

zur Soße:
Abtropfsaft, 1–2 Eßl. Brühe
1 Prise Pfeffer, Salz
nach Belieben etwas Sherry
evtl. etwas Orangensaft
wenig Orangenschale

445. Junge Rebhühner gegrillt

Junge, gut abgehangene, vorbereitete Rebhühner mit feuchtem Tuch außen und innen abreiben, innen mit Pfeffer, Salz und gewiegten Wacholderbeeren ausreiben, ein Sträußchen Petersilie und ein Stückchen Butter in Bauchhöhle geben, außen mit etwas Pfeffer und gewiegten Wacholderbeeren einreiben, dressieren, Brust und Schlegel mit dünnen Speckscheiben umbinden, mit zerlassener Butter oder Öl gut bestreichen, nach Belieben über den Rücken ein Weinblatt binden, auf Drehspieß stecken oder auf Rost, Brustseite nach unten liegend, grillen, nach halber Grillzeit Geflügel auf dem Rost wenden. Während des Grillens häufig mit Tropffett oder Butter bestreichen. *Grilldauer* bei guter Hitze je nach Größe der Rebhühner etwa 40–45 Minuten; in den letzten 10–15 Minuten ohne Speckscheiben und Weinblatt grillen, damit Rebhuhn leichte Bräunung erhält, leicht salzen.
Beilagen: Wie bei Rebhühnern gebraten Nr. 342.

Pro Person:
1 junges Rebhuhn
20 g ungeräucherter Speck in dünnen Scheiben

zum Würzen:
Pfeffer, frisch gemahlen
einige Wacholderbeeren, gewiegt, Salz
1 Petersiliensträußchen
1 Stückchen Butter

zum Bestreichen:
zerlassene Butter oder Öl
nach Belieben 1 Weinblatt

Gegrillte Fische

446. Portionsfische gegrillt*
Forelle, Felche, Renke, Schleie, Hering grün, gegrillt*

Pro Person:
1 Portionsfisch
Zitronensaft, Salz
evtl. 1 Prise Pfeffer
Petersilie
zum Bestreichen:
Butter
zum Anrichten:
etwas Kräuterbutter
Zitronenspalten, Petersilie

Fisch vorbereiten (Kochlehre S. 267–269): Säubern, säuern durch Beträufeln mit Zitronensaft innen und außen, etwa 1/2 Stunde durchziehen lassen; Fische innen leicht mit Salz und evtl. wenig Pfeffer einreiben, Petersilie in Bauchhöhle legen, Außenseite trocken tupfen, bei größeren Portionsfischen den Gräten entlang die Filets ein paarmal schräg leicht einschneiden, beide Seiten gut mit zerlassener Butter bestreichen, in gut geölten Handrost einlegen und in vorgeheiztem Grill Fische bei Mittelhitze grillen; *Grilldauer* je nach Dicke der Fische *jede Seite* 5–8 Minuten; nach dem Wenden zweite Seite nochmal gut mit Butter bestreichen. Gare Fische leicht mit Salz bestreuen, auf heißer Platte vorsichtig anrichten – gare Fische zerfallen leicht – mit etwas frischer Kräuterbutter belegen oder mit frischer heißer Butter beträufeln, mit Zitronenspalten und Petersilie zu Tisch geben.

Beilagen: Petersilienkartoffeln, Salzkartoffeln; Salate, Kräuter- oder Remouladensoße.

447. Seefischfilet gegrillt*

Pro Person:
150–200 g Fischfilet, frisch oder tiefgefroren
zum Säuern und Würzen:
Zitronensaft
evtl. etwas Weißwein
Salz, etwas Pfeffer, frisch gemahlen oder Paprika
zum Bestreichen:
Butter zerlassen
zum Überziehen:
20 g geriebenen Käse
1 Teel. Mehl, 1 Eßl.
Dosenmilch oder süßer Rahm
zum Belegen des Rostes:
Aluminiumfolie, Öl
zur Soße: 1 Eßl. Wein
1/2 Eßl. Rahm, Tomatenmark
etwas Salz, Tropfsaft

Fischfilet rasch säubern, etwas trocken tupfen, tiefgefrorenes Filet gut antauen lassen, mit Zitronensaft und nach Belieben etwas Weißwein säuern, kalt gestellt durchziehen lassen (tiefgefrorenes Filet nach dem Antauen in Portionsscheiben schneiden). Vorbereiteten Fisch leicht abtupfen, mit frisch gemahlenem Pfeffer oder Paprika auf beiden Seiten würzen, von beiden Seiten gut mit zerlassener Butter bestreichen. Rost bzw. Tropfblech mit Aluminiumfolie auslegen, diese ölen. Vorbereiteten Fisch auf geölte Folie auf Rost, besser in Handrost legen, im gut vorgeheizten Grill bei Mittelhitze erste Seite etwa 10 Minuten grillen, dann vorsichtig wenden, zweite Seite leicht mit Butter bestreichen, 5–8 Minuten grillen, dann Fischfilet leicht salzen und überziehen: Geriebenen Käse mit Mehl und Dosenmilch oder Rahm zu dickem Brei glatt rühren, Fischfilet dick damit bestreichen, noch weitere 5 Minuten grillen lassen, bis Masse goldbraun ist. *Gesamtgrilldauer* etwa 20–25 Minuten bei mittlerer Hitze. Fisch vorsichtig auf heißer Platte anrichten, mit Zitronenspalten, Tomatenscheiben und Petersilie garnieren, kurz heiß stellen, bis Soße fertiggestellt ist: Saft aus Folie in Töpfchen gießen, mit Rahm, Wein, Tomatenmark und Salz aufkochen lassen, abschmecken, eigens zum Fisch reichen.

Oder Fischfilet auf feuerfester Platte grillen statt im Handrost, wodurch ein Anrichten entfällt.

Beilagen: Salzkartoffeln, Petersilienkartoffeln, Salate.

448. Fischschnitten gegrillt*

Farbbild neben Seite 289

Fischscheiben vorbereiten: säubern, säuern durch Beträufeln und Einreiben mit Marinade aus Zitronensaft und etwas Weißwein, nach Belieben mit wenig frisch gemahlenem Pfeffer bestreuen, $^1/_2$–1 Stunde kalt gestellt durchziehen lassen. Fischscheiben dann trocken tupfen, mit zerlassener Butter auf beiden Seiten gut bestreichen, in geölten Handrost legen, im vorgeheizten Grill bei Mittelhitze grillen, *Grilldauer* jede Seite etwa 5–7 Minuten, sehr vorsichtig wenden, zweite Seite noch einmal mit Butter bestreichen; gare Fischschnitten auf heißer Platte vorsichtig anrichten, leicht salzen, mit frischer Kräuterbutter, Meerrettichschlagrahm, Zitronenspalten und Petersilie rasch zu Tisch geben.

Ist ein Handrost nicht verfügbar, Rost mit Aluminiumfolie auslegen, leicht ölen, Fisch auf Aluminiumfolie liegend grillen. Oder Fischschnitten statt im Handrost auf feuerfester Platte grillen (wenden nötig), ein Anrichten erübrigt sich hier.

Zu Fischschnitten gegrillt sind vorzüglich geeignet: Lachs, Heilbutt, Steinbutt, Karpfen.

Beilagen: Petersilienkartoffeln; Kräuter- oder Remouladensoße, Salate nach Wahl.

Pro Person:
1 Scheibe Fisch (2 cm dick)
zum Säuern und Würzen:
etwas Zitronensaft
Weißwein
Pfeffer, frisch gemahlen
zum Bestreichen: Butter
zum Anrichten: Salz
frische Kräuterbutter
Meerrettichschlagrahm
Petersilie, Zitronenspalten

449. Portionsfische in Aluminiumfolie gegrillt*
Forelle, Felche, Renke, Schleie, Hering grün in Aluminiumfolie gegrillt*

Fische vorbereiten wie Seite 267–269 angegeben: Gründlich säubern, säuern durch Einreiben mit Zitronensaft innen und außen, etwas durchziehen lassen, dann innen und außen leicht salzen, mit gewiegter Petersilie bestreuen und evtl. leicht mit frisch gemahlenem Pfeffer würzen; bei größeren Portionsfischen Filets den Gräten entlang ein paarmal leicht schräg einschneiden, mit zerlassener Butter auf beiden Seiten bestreichen; bei fettarmer Diät kann das Bestreichen mit Butter entfallen. 1–2 Stück der vorbereiteten Portionsfische in geölte Aluminiumfolie vorschriftsmäßig einpacken (siehe Seite 31/32), nie mehr als höchstens 2 Fische in 1 Stück Folie wickeln – im vorgeheizten Grill auf dem Rost (Handrost) bei Mittelhitze grillen, *Grilldauer je Seite* etwa 10–12 Minuten, vorsichtig wenden, *Gesamtgrillzeit* etwa 20– 25 Minuten. Gegrillten Fisch zweckmäßig in der Folie auf heißer Platte anrichten, da er leicht zerfällt; Folie oben aufschneiden, Folie etwas zur Seite schieben, Fisch mit Petersilie und Zitronenspalten sofort zu Tisch geben, nach Belieben wenig frische Kräuterbutter darauf geben; bei fettarmer Diät entfällt Zugabe von Kräuterbutter.

Beilagen wie bei Nr. 446.

Pro Person: 1 Portionsfisch
Zitronensaft, Salz
evtl. 1 Prise Pfeffer
Petersilie
zum Bestreichen:
etwas Butter, zerlassen
zum Einschlagen:
Aluminiumfolie, Öl
zum Anrichten:
etwas frische Kräuterbutter
Zitronenspalten, Petersilie

450. Seefischfilet in Aluminiumfolie gegrillt*

Pro Person:
150–200 g Seefischfilet, frisch oder tief gefroren
Zitronensaft, Salz
Pfeffer, Paprika
Zitronenschale, gerieben
1 kleine Zwiebel, gerieben
einige Tropfen Worcestersoße nach Belieben
zum Belegen nach Wahl:
pikante Butter, Speck
Tomaten, Petersilie
oder Käse u. a. m.
Aluminiumfolie, Öl

Frische Seefischfilets rasch säubern, leicht trocken tupfen; tiefgefrorene Filets antauen lassen; Filets in Portionsstücke schneiden, mit Zitronensaft säuern, leicht salzen, durchziehen lassen, dann nach Geschmack würzen. Vorbereitete Filets auf gefettete Folie setzen, nicht mehr als 1–2 Portionen in 1 Folienstück geben; Filets mit angegebenen Zutaten nach Wahl sorgfältig belegen, Aluminiumfolie nach Vorschrift über dem Fisch zu Paket falzen (s. Seite 31/32), mit Oberseite nach unten auf Rost in vorgeheizten Grill legen, *Grilldauer bei Mittelhitze je Seite* 8–10 Minuten, nach halber Grilldauer vorsichtig wenden ohne Folie zu verletzen, nochmal 8–10 Minuten grillen, auf heißer Platte in Folie anrichten, Folie rasch aufschneiden, sofort zu Tisch geben.
Zum Belegen vor dem Garen nach Wahl pro Portion:

1. 10 g Kräuterbutter oder Tomatenbutter; oder
2. 10 g Räucherspeck fein gewürfelt, 1 Tomate in Scheiben, Petersilie gewiegt; oder
3. 1 Eßlöffel Tomatenmark, 10 g geriebener Käse; oder
4. 30 g Champignons geschnitten, wenig Zitronensaft, 1/2 Eßlöffel dicker Rahm, Petersilie gewiegt; oder
5. 1 Scheibe Emmentaler- oder Chesterkäse, wenig Butter.

Beilagen: Petersilienkartoffeln, Salzkartoffeln, Reisgerichte, Salate.

451. Schollen- oder Seezungenfilets gegrillt in Aluminiumfolie*

Pro Person:
1–2 Schollen- oder Seezungenfilets, ausgelöst
Zitronensaft, etwas frisch gemahlener Pfeffer, Salz
100 g Champignons
20 g Butter, etwas Zitronensaft, Salz
1 Eßl. Weißwein
1 Eßl. dicker süßer Rahm
Petersilie gewiegt
Aluminiumfolie, Öl

Gehäutete, ausgelöste Seezungen- oder Schollenfilets (siehe Abb. Seite 268) mit Zitronensaft säuern, mit wenig Salz und frisch gemahlenem Pfeffer bestreuen, etwa 1/2 Stunde durchziehen lassen; inzwischen vorbereitete, blättrig geschnittene Champignons in wenig Butter dünsten, gut abschmecken. Aluminiumfolie in der Größe für je 2 Fischfilets mit Butter oder Öl bestreichen, Filets auf Folie legen, dick mit gedünsteten Champignons belegen, Folie vorschriftsmäßig über Filets schließen (s. Seite 31/32), Paket in gut vorgeheiztem Grill auf Rost legen, bei *Mittelhitze ohne zu wenden* 15–20 Minuten grillen, auf heißer Platte in der Folie anrichten, Folie rasch aufschneiden, sofort zu Tisch geben.
Beilagen: Petersilienkartoffeln, Salzkartoffeln oder Reis.

452. Überbackene Eier vom Grill*

Pro Person: 1 frisches Ei
1 Tomate, Salz
Pfeffer, frisch gemahlen
1 Eßl. Schlagrahm
1/2 Eßl. Parmesan, gerieben
für Förmchen: 5 g Butter

Feuerfestes Förmchen buttern; Tomate brühen, kalt überbrausen, häuten, in dicke Scheiben schneiden, in vorbereitetes Förmchen legen, leicht mit Salz und Pfeffer bestreuen; ein frisches Ei in Förmchen schlagen, 1 Eßlöffel steifgeschlagenen Schlagrahm darauf setzen, mit geriebenem Parmesan bestreuen, bei *mäßiger Hitze* im Grill garen bis Ei fest und Oberfläche leicht gebräunt ist, sofort zu Tisch geben.
Diese Speise ist als *Vorspeise* gut geeignet.
Beilagen: Toast, grüner Salat.

Gegrilltes Obst und Gemüse

453. Gegrillte Tomaten, evtl. in Aluminiumfolie*

Kleine bis mittelgroße, feste Tomaten waschen, abtrocknen, oben kreuzweise einschneiden, Haut etwas zurückziehen, mit Butter oder Öl bestreichen, oben nach Belieben würzen, in die Einschnitte jeweils Speck- oder Käsestreifen einlegen oder Butterflöckchen darauf setzen, bei *mäßiger* Hitze ohne zu wenden etwa 6–8 Minuten grillen.
Große Tomaten halbieren, Schnittfläche mit Butter oder Öl bestreichen, würzen, auf geöltem Grill ohne zu wenden etwa 3–4 Minuten grillen. Tomaten immer vorsichtig grillen, um ein Platzen und Auslaufen zu vermeiden!
Tomaten in Aluminiumfolie grillen: Tomaten gleicher Größe waschen, trocknen, Deckel abschneiden, fein geschnittenen Räucherspeck oder Käsestreifen, gewiegte Petersilie, nach Belieben etwas Paprika und Salz darauf geben, Deckel wieder auflegen. Vorbereitete Tomaten locker in geölte Aluminiumfolie wickeln, bei *mäßiger Hitze* 8–10 Minuten grillen (nicht wenden), auf heißer Platte in Folie anrichten, Folie rasch aufschneiden.
Beilagen: Reisgerichte, Salate, als Beilage zu gegrilltem Fleisch.

Kleine bis mittelgroße
Tomaten gleicher Größe
(feste Qualität)
etwas Butter oder Öl
Petersilie gewiegt oder
Oregano
etw. Pfeffer, frisch gemahlen
Salz
zum Einlegen:
geräucherte Speckstreifen
oder Käsestreifchen oder
Butterflöckchen
nach Belieben:
Aluminiumfolie, Öl

454. Gegrillte Zucchini, gegrillte Gurken*

Gewaschene Zucchinis abtrocknen, in etwa 1 cm dicke Scheiben schneiden; oder gewaschene Gurken schälen, ebenfalls in dicke Scheiben schneiden, Gemüsescheiben mit Zitronensaft beträufeln, 1/2 Stunde durchziehen lassen, dann trocken tupfen, auf beiden Seiten mit Öl oder zerlassener Butter bestreichen, auf geöltem Rost in vorgeheiztem Grill jede Seite etwa 4 Minuten grillen, Scheiben sollen goldgelb und gar sein. Gemüsescheiben dann leicht salzen, auf Oberseite mit geriebenem Käse bestreuen, nochmal kurz 1–2 Minuten übergrillen bis Käse lichtgelb ist. *Gesamtgrillzeit* etwa 8–10 Minuten.
Beliebt als *Garnitur* zu gegrilltem Fleisch oder als selbständiges Gericht zu Reis.

Zucchini oder Gurken
(ohne Kerne)
Zitronensaft
zum Bestreichen:
Öl oder Butter zerlassen
zum Bestreuen:
Salz, geriebenen Käse

455. Gegrillte Auberginen (Eierfrüchte)*

Auberginen oder Eierfrüchte waschen, abtrocknen, ungeschält in etwa gut 1 cm dicke Scheiben schneiden, diese mit Zitronensaft beträufeln, mit etwas Pfeffer und evtl. Knoblauchpulver leicht bestäuben, mindestens 1/2 Stunde durchziehen lassen; dann Scheiben trocken tupfen, von beiden Seiten gut mit Öl oder zerlassener Butter bestreichen, auf geöltem Rost im vorgeheizten Grill von beiden Seiten grillen bis Scheiben schöne goldbraune Farbe haben, dann leicht salzen und sofort zu Tisch geben.
Beliebt als *Beilage* zu gegrilltem Fleisch, als selbständiges Gericht zu Reis.

Auberginen oder Eierfrüchte
Zitronensaft
Pfeffer, frisch gemahlen
evtl. etw. Knoblauchpulver
zum Bestreichen:
Öl oder Butter zerlassen
Salz

456. Gegrillte Paprikaschoten*

Frische, zarte Paprikaschoten
etwas Zitronensaft
zum Bestreichen:
Öl oder zerlassene Butter
Salz

Paprikaschoten waschen, vierteln, Stielansatz, Zwischenrippen und Samenkerne sorgsam entfernen, am Rand etwas einschneiden, damit sie sich nicht so stark wölben, mit Zitronensaft leicht beträufeln und etwa 1/2 Stunde durchziehen lassen; Gemüsestückchen dann trocken tupfen, mit Öl oder zerlassener Butter bestreichen, so auf geölten Rost legen, daß Außenseite der Paprikastücke zur Heizquelle sieht, bei *mäßiger Hitze grillen ohne zu wenden* bis Paprikaschoten weich sind, dann leicht salzen. *Grilldauer* etwa 6–10 Minuten je nach Alter der Schoten.
Als *Beilage* zu Fleisch- oder Reisgerichten geeignet.

457. Zwiebelscheiben gegrillt*

Große, schöne Zwiebeln
Delikateß-Paprika edelsüß
zum Bestreichen: Öl
Salz nach Belieben

Zwiebeln schälen, in etwa 1 cm dicke Scheiben schneiden, leicht mit Paprika bestäuben, auf beiden Seiten mit Öl bestreichen oder in Öl tauchen, auf geöltem Rost im vorgeheizten Grill bei *guter Hitze* grillen, bis sie gar sind und schöne Farbe haben. *Grilldauer* etwa 4–6 Minuten. Ein Wenden ist nur mit dem doppelten Handrost möglich; fehlt ein solcher, verzichtet man auf ein Wenden der Zwiebelscheiben, da sie hierbei leicht auseinanderfallen, evtl. leicht salzen.
Beliebte *Beilage* zu gegrillten Fleisch- und Lebergerichten.

458. Tiefgefrorenes Gemüse in Aluminiumfolie gegrillt

Tiefgefrorenes Gemüse im Block, Salz
Petersilie gewiegt
etwas Butter
evtl. etwas Zwiebel
Aluminiumfolie, Öl

Aluminiumfolie in der Größe dem Gemüseblock entsprechend mit Öl bestreichen, tiefgefrorenen Gemüseblock darauf legen, mit Salz, evtl. mit gewiegter Petersilie, geriebener Zwiebel oder Gewürzen nach Wunsch belegen, kleine Butterflocken darauf setzen. Folie nach Vorschrift locker über Gemüse falten (siehe Seite 31/32), bei guter Hitze unter Wenden grillen. *Grilldauer* je nach Gemüseart je Seite etwa 15 Minuten. Geeignet für Mischgemüse, Pilze, Rosenkohl, Bohnen u. a. m.

459. Gegrillte Apfelscheiben*

Große, festfleischige Äpfel
zum Bestreichen:
etwas Zitronensaft
Butter zerlassen
zum Bestreuen:
etwas Zucker
Zimt nach Belieben
zum Füllen nach Belieben:
Sultaninen, Rum
Aluminiumfolie
Öl

Nur Äpfel, die beim Kochen die Form behalten, sind hierfür geeignet, z. B. Boskop, Grany Smith u. a. Gewaschene Äpfel schälen, Kernhaus ausstechen, in gut 1 cm dicke Scheiben schneiden, sofort leicht mit Zitronensaft bestreichen, um Verfärben zu verhüten. Vorbereitete Apfelscheiben dann mit zerlassener Butter auf beiden Seiten bestreichen, mit Zucker und nach Belieben mit etwas Zimt bestreuen, auf geölte Aluminiumfolie setzen, mit dieser auf den Rost geben und im vorgeheizten Grill etwa 3–5 Minuten grillen. Inzwischen Sultaninen waschen, brühen, etwas abtrocknen, mit Rum tränken; fertig gegrillte Apfelscheiben mit Folie auf heißer Platte anrichten, nach Belieben Kernhausöffnung mit vorbereiteten Sultaninen füllen.
Verwendung als Garnitur für feine Fleischgerichte oder als Nachtisch.

460. Gefüllte Äpfel in Aluminiumfolie gegrillt* (4 Personen)

Äpfel waschen, schälen, Kernhaus sorgfältig ausstechen, Äpfel mit Zitronensaft gut bestreichen; alle Zutaten zur Fülle mischen, Äpfel damit füllen, nach Belieben jeden Apfel mit je einem Butterflöckchen belegen. Aluminiumfolie in Quadrate, der Größe der Äpfel jeweils entsprechend, schneiden, mit Öl bestreichen, jeden Apfel auf ein eigenes Aluminiumfolienstück setzen, Folie locker über dem Apfel zur Beutelpackung zusammenschlagen (siehe Seite 32), Folie zusammendrücken, so daß die Ecken abstehen. Vorbereitete Äpfel auf feuerfester Platte im vorgeheizten Grill etwa 10–15 Minuten grillen je nach Apfelsorte; während des Grillens nicht wenden. Über den garen Äpfeln Folie kreuzweise öffnen, Ecken zurück ziehen, Äpfel mit Zucker besieben, in der Folie auf heißer Platte zu Tisch geben, Vanillesoße dazu reichen.

4 große, festfleischige Äpfel
Zitronensaft
zur Fülle:
2–3 Eßl. geschälte, geriebene Mandeln oder Nüsse
1 Eßl. Zucker
2 Eßl. Sultaninen (gebrüht)
1 Eßl. Orangenmarmelade
etwas Zitronensaft
zum Belegen: etwas Butter
zum Bestreuen: Zucker
zum Einschlagen: Aluminiumfolie, Öl

461. Gegrillte Ananasscheiben flambiert*

Frische Ananasscheiben schälen, alle holzigen Teile entfernen; oder Dosenananas sehr gut abtropfen lassen. Ananasscheiben mit Zucker bestreuen, jede Scheibe in ein aus Aluminiumfolie geformtes, leicht mit Butter bestrichenes Schälchen setzen, bei *Mittelhitze* grillen bis Zucker zu karamelisieren beginnt, dann rasch in den Schälchen auf heißer Platte anrichten, nach Belieben flambieren: Scheiben gut mit Zucker bestreuen, mit angewärmtem Rum (hochprozentiger Alkohol!) begießen, bei Tisch anzünden.

4–8 Scheiben Ananas frisch oder aus Dose
zum Bestreuen: Zucker
zum Grillen: Aluminiumfolie, Butter
zum Flambieren: Zucker, 1/8 l Rum

462. Gegrillte Pfirsiche flambiert*

Pfirsiche, die gut vom Stein gehen, waschen, abtrocknen, *nicht schälen*, halbieren, Stein entfernen, Schnittfläche mit Zitronensaft beträufeln, mit Zucker bestreuen. Pfirsichhälften vor oder nach dem Grillen füllen. Jede Pfirsichhälfte in ein kleines, aus Aluminiumfolie geformtes, gebuttertes Schälchen mit Schnittfläche nach oben setzen, bei *mäßiger Hitze* 3–5 Minuten grillen, dann in Vertiefung rasch Rumkirschen setzen, darauf etwas Rum oder Sherry gießen, auf heißer Platte in den Aluminiumfolienschälchen sofort zu Tisch geben. Will man die Früchte flambieren, Schnittflächen nach dem Grillen mit Zucker bestreuen, mit Rum begießen, bei Tisch entzünden.
Zu den Früchten reicht man leicht gesüßten Rahm oder Schlagrahm.

4 große, reife, saftige Pfirsiche, Zitronensaft
Zucker
zum Füllen: Himbeermarmelade oder 8 Rumkirschen
Rum oder Sherry
zum Grillen: Aluminiumfolie, Butter
zum Flambieren: Zucker, 1/8 l Rum

463. Gegrillte Orangenscheiben*

Früchte gründlich waschen, abtrocknen, in etwa 1½ cm dicke Querscheiben schneiden, evtl. Kerne entfernen, mit Cognac beträufeln, mit Zucker bestreuen, mit Butterflöckchen belegen, am besten auf gebutterte Aluminiumfolie auf Rost des vorgeheizten Grills setzen, etwa 3–5 Minuten grillen bis Zucker zu karamelisieren beginnt. Nach Belieben Scheiben halbieren.
Beliebte *Garnitur oder Beilage* zu pikantem Fleisch.

Gute, kernlose, nicht gespritzte Orangen
etwas Cognac, Zucker
Butterflöckchen
zum Grillen: Aluminiumfolie, Butter

464. Gegrillte Bananen*

4 große, schöne Bananen
Zitronensaft
Butter zerlassen
Zucker
zum Grillen:
Aluminiumfolie
etwas Butter oder Öl
zum Flambieren:
Zucker, einige Eßlöffel Gin

Bananen schälen, der Länge nach halbieren, mit Zitronensaft bestreichen, mit zerlassener Butter bestreichen, Schnittflächen gut mit Zucker bestreuen; Handrost mit Aluminiumfolie belegen, Folie leicht mit Butter oder Öl bestreichen, Bananenhälften mit gezuckerter Schnittfläche nach oben auf Folie legen, in vorgeheiztem Grill auf oberer Einschubleiste grillen bis Zucker zu karamelisieren beginnt; dann Handrost mit Bananen aus dem Grill nehmen, Folie mit Bananen vorsichtig auf heiße Platte setzen, Bananen mit Zucker bestreuen, mit vorgewärmtem Gin begießen, entzünden und brennend zu Tisch geben.

Bananen können auch in der Schale gegrillt werden: Ungeschälte Bananen waschen, abtrocknen, ein Stück der Schale an der Oberseite vorsichtig ablösen; Banane sofort leicht mit Butter bestreichen, leicht überzuckern, grillen bis Zucker karamelisiert, Grilldauer hierbei etwa 4–5 Minuten. Sofort zu Tisch geben in der restlichen Schale.

Toastgerichte, gegrillt

Als Toast bezeichnet man etwa 1 cm dicke, gleichmäßige Scheiben von feinporigem Weißbrot, dem sogenannten Toastbrot, das meist in viereckigen Formen gebacken wird. Am besten schmeckt Toast, wenn er frisch, im elektrischen Toaströster auf beiden Seiten leicht geröstet ist; hierbei sollen die Schnittflächen lichtgelb bis goldgelb geröstet, das Innere aber weich sein. Statt im Toaströster kann man Toast auch auf der elektrischen Kochplatte ein- oder doppelseitig toasten.

Übergrillte Toastgerichte bestehen aus Toastscheiben, die ein- oder doppelseitig leicht getoastet sind, auf einer Seite leicht mit Butter bestrichen und mit verschiedenem Belag in mannigfacher Kombination (jeweils dem individuellen Geschmack angepaßt) versehen und gegrillt oder bei guter Oberhitze in vorgeheizter Röhre überbacken werden.
Als Belag kommen zur Verwendung: Schinken, durchwachsener Schinkenspeck, Wurst und Käse verschiedenster Art, Eier in verschiedener Form, einige rohe Gemüse wie Tomaten, Paprikaschoten und Zwiebeln, gedünstete Pilze, z. B. Champignons oder gekochter Spargel, verschiedenstes Obst z. B. Apfelscheiben, Bananen, Ananasscheiben, Pfirsiche und verschiedenste Gewürze.

Die vielfachen Möglichkeiten des Belages und die verschiedensten Kombinationsmöglichkeiten der Zutaten ergeben so viele Varianten, daß hierbei persönlicher Phantasie und individuellem Geschmack großer Spielraum gegeben ist.

Übergrillte Toastgerichte sind als *pikante Schnellgerichte* sehr beliebt, als Abendessen mit Salat oder mit pikanter Soße gereicht, auch als *Vorspeise* oder *zu Wein oder Bier* nach dem Abendbrot. Als selbständiges Gericht zum Abendessen mit Salat rechnet man pro Kopf 2 Scheiben Toast, in den anderen Fällen 1 Scheibe pro Person.

Die *Mengen für den Belag* richten sich etwas nach der Zahl der verwendeten Zutaten; im Durchschnitt rechnet man

für 1 Scheibe Toast:

zum Bestreichen: 5 g Butter

zum Belegen: 1 Scheibe (40–50 g) magerer Schinken, Schinkenspeck, Leberkäse, Fleischwurst oder ähnliche Wurstarten und
1 dickere Scheibe Käse oder 25 g Käse gerieben
evtl. 1/2–1 Ei und
ergänzende Zutaten wie Tomaten, Obst und Gewürze je nach Belieben.

Nachfolgende Rezepte sind auf 1 belegte Toastscheibe pro Person abgestellt; sie sollen Anregung geben für eigene Kombinationen.

465. Schinkentoast mit Tomaten*

4 Scheiben Toast, 20 g Butter
4 Scheiben magerer Schinken, roh oder gekocht
4 schöne, feste Tomaten
Salz, Pfeffer, frisch gemahlen
4 Scheiben Emmentaler- oder Chesterkäse, Tomatenketchup

Weißbrotscheiben leicht toasten, auf einer Seite dünn mit Butter bestreichen, mit Schinken belegen, darauf schuppenartig dicke Tomatenscheiben geben, diese leicht mit Salz und wenig Pfeffer bestreuen, mit Käsescheibe abdecken, im Grill bei guter Hitze übergrillen bis Käse schmilzt, mit Tomatenketchup sofort zu Tisch geben.

Man kann die Reihenfolge auch ändern: auf Schinken Käse legen, darauf Tomatenscheiben anrichten, würzen, übergrillen.

466. Schinkentoast mit Ei*

4 Scheiben Toast, 20 g Butter
2–4 Scheiben magerer, gek. Schinken, 4 harte Eier
4 feste, reife Tomaten, Salz
etw. Pfeffer, frisch gemahlen
4 Scheiben Emmentaler-, Chester- oder Goudakäse
Tomatenketchup

Weißbrotscheiben nur leicht toasten, auf einer Seite dünn mit Butter bestreichen, mit Schinkenscheiben oder gewiegtem Schinken belegen, darauf schuppenartig Scheiben von harten Eiern legen, darauf Tomatenscheiben geben, diese leicht würzen, mit Käsescheibe oder geriebenem Käse abdecken, in vorgeheiztem Grill oder in vorgeheizter Röhre bei mäßiger Oberhitze überbacken bis Käse zu schmelzen beginnt, mit einem Tupfen Tomatenketchup verzieren, sofort heiß reichen.

467. Schinkentoast mit Paprikaschoten*

4 Scheiben Toast, 20 g Butter
2–4 Scheiben magerer Schinken, roh oder gekocht
2–3 schöne, saftige Paprikaschoten
evtl. 4–6 Sardellenfilets
4 Scheiben Emmentalerkäse

Weißbrotscheiben nur leicht toasten; gewaschene Paprikaschoten von Stielansatz, Zwischenrippen und Samenkernen befreien, in Streifen, gewaschene, geputzte Sardellenfilets in sehr feine Streifen schneiden. Toastscheiben auf einer Seite dünn mit Butter bestreichen, mit Schinken, Paprika- und Sardellenstreifen belegen, mit Käsescheibe abdecken, im vorgeheizten Grill oder in Röhre bei guter Oberhitze überbacken bis Käse schmilzt, sofort zu Tisch geben.

468. Schinkentoast mit Äpfeln und Käse*

4 Scheiben Toast, 20 g Butter
2–4 Scheiben magerer, gekochter Schinken
4 dicke Sch. Emmentaler-, Chester- oder Schmelzkäse
2–3 mürbe Äpfel
Zitronensaft, Butter
Preiselbeeren oder einige Sauerkirschen sterilisiert

Weißbrotscheiben nur leicht toasten, auf einer Seite dünn mit Butter bestreichen, mit Schinken und Käse belegen; Äpfel schälen, Kernhaus entfernen, in etwa 1 cm dicke Scheiben schneiden, mit Zitronensaft beträufeln und mit zerlassener Butter bestreichen, auf vorbereitete Toastscheiben legen, bei guter Hitze grillen oder in Röhre bei guter Oberhitze überbacken bis Äpfel weich sind und Käse schmilzt, dann rasch garnieren: In die Mitte der Apfelscheiben jeweils 1 Teelöffel Preiselbeeren oder 1 Sauerkirsche setzen, sofort zu Tisch geben.

469. Schinkentoast mit Ananas*, Hawaii-Toast*

Farbbild neben Seite 321

4 Scheiben Toast, 20 g Butter
4 Scheiben gekochter, magerer Schinken
evtl. 1 Teel. scharfer Senf
4 Scheiben Ananas
wenig Paprika nach Belieben
4 dicke Scheiben Chester- oder Emmentalerkäse
Tomatenketchup oder Sauerkirschen sterilisiert

Weißbrotscheiben nur leicht toasten, auf einer Seite dünn mit Butter bestreichen, mit je einer Scheibe Schinken belegen, diese nach Belieben nur ganz leicht mit Senf bestreichen, mit Ananasscheibe belegen, diese nach Geschmack mit wenig Paprika bestreuen, mit dicker Käsescheibe abdecken. Vorbereiteten Toast in vorgeheiztem Grill oder in Röhre bei guter Hitze überbacken bis Käse schmilzt und Oberfläche leicht goldgelb ist; dann mit einem Tupfen Tomatenketchup oder mit sterilisierten, gut abgetropften Sauerkirschen garnieren und sofort zu Tisch geben.

470. Schinkentoast mit Banane*

4 Scheiben Toast, 20 g Butter
2–4 Scheiben magerer, gek. Schinken, 3–4 Bananen
Zitronensaft
4 dicke Scheiben Chester, Emmentaler od. Schmelzkäse
Mandarinenspalten aus Dose

Weißbrotscheiben nur leicht toasten, auf einer Seite dünn mit Butter bestreichen, mit Schinken belegen, darauf geschälte, in nicht zu dünne Scheiben geschnittene Bananen schuppenförmig legen, mit wenig Zitronensaft betropfen, mit dicken Käsescheiben abdecken, im vorgeheizten Grill oder in vorgeheizter Röhre bei guter Oberhitze überbacken bis Käse schmilzt, dann rasch mit gut abgetropften, gehäuteten Mandarinenspalten belegen, sofort zu Tisch geben.

471. Pikanter Wursttoast*

4 Scheiben Toast, 20 g Butter
etwas Senf, 4 dicke Scheiben Schinkenwurst
3–4 kleine säuerliche Äpfel
etwas Zitronensaft
4 dicke Scheiben Chester-, Emmentaler- oder Schmelzkäse, Tomatenketchup

Weißbrotscheiben nur leicht toasten, auf einer Seite dünn mit Butter bestreichen, darauf gehäutete, mit etwas Senf dünn bestrichene Schinkenwurst legen; Äpfel schälen, raffeln, mit ein paar Tropfen Zitronensaft mischen, auf Toastscheiben verteilen, mit dicken Käsescheiben abdecken, bei guter Hitze im Grill oder bei Oberhitze in Röhre überbacken bis Käse schmilzt und die Äpfel weich sind, mit einem Tupfen Tomatenketchup anrichten, sofort zu Tisch geben.

472. Toast mit Tatar gegrillt*

Frisch gehacktes Ochsenfleisch von Lende oder Filet mit allen Zutaten wie zu Tatar gut verarbeiten, bei Verwendung von Sardellenfilets diese sehr fein wiegen, Masse pikant abschmecken; Weißbrotscheiben nur leicht toasten, auf einer Seite dünn mit Butter bestreichen, mit abgeschmecktem Tatar dick belegen, mit Butterflöckchen und Tomatenscheiben belegen, diese leicht würzen, im vorgeheizten Grill oder in Röhre bei guter Oberhitze etwa 10 Minuten überbacken, dann mit geriebenem Käse bestreuen, noch kurz überbacken bis Käse zu schmelzen beginnt und leicht goldgelbe Farbe bekommt. Sofort zu Tisch geben. (Rahm kann durch Dosenmilch ausgetauscht werden.)
Grilldauer richtet sich nach der Dicke des Tatarbelages.

4 Scheiben Toast, 20 g Butter
zum Belag: 350–400 g Tatar
2 Eigelb, 1 Zwiebel
1 Eßl. Kapern, gewiegt
evtl. 2–3 Sardellenfilets
Salz, Pfeffer, Paprika
etwas Tomatenketchup
1–2 Eßl. Rahm oder Dosenmilch
Butterflöckchen
2–4 Tomaten in Scheiben
4 Eßl. geriebener Käse

473. Toast mit Rührei*

Weißbrotscheiben nur leicht toasten, auf einer Seite dünn mit Butter bestreichen; durchwachsenen Frühstücksspeck fein würfelig schneiden, in Pfanne leicht anrösten, verquirlte Eier und Salz darüber geben, unter leichtem Zusammenschlagen zu lockerem Rührei stocken lassen, dieses auf Toastscheiben verteilen, mit gewiegter Petersilie bestreuen und mit Tomatenscheiben belegen, mit Käsescheibe abdecken und im Grill oder bei guter Oberhitze in Röhre überbacken bis Käse schmilzt, sofort zu Tisch geben.
Statt Rührei kann auch Rührei mit Pilzen (wie Nr. 611/612) von 4 Eiern verwendet werden.

4 Scheiben Toast, 20 g Butter
100 g durchwachsener Frühstücksspeck
4 Eier, 1 Prise Salz
Petersilie gewiegt
4 Tomaten
4 dicke Scheiben Emmentaler- oder Chesterkäse

474. Gemischter Toast*

Weißbrot nur leicht toasten, auf einer Seite dünn mit Butter bestreichen; Schinken, Cervelatwurst und Emmentaler Käse in gleichmäßige kleine Würfel schneiden von etwa ³/₄ cm Kantenlänge, mischen, auf Toastscheiben dick auflegen, mit Tomatenscheiben garnieren, diese wenig salzen und eine Prise Pfeffer darauf streuen, im vorgeheizten Grill oder in Röhre bei guter Oberhitze überbacken bis Käse schmilzt und Tomaten gar sind, sofort zu Tisch geben.

4 Scheiben Toast, 20 g Butter
100 g magerer, gekochter Schinken
100 g Cervelatwurst
150 g Emmentalerkäse
4 Tomaten
etwas Pfeffer, Salz

475. Einfacher Käsetoast*

Weißbrotscheiben nur leicht toasten, auf einer Seite dünn mit Butter bestreichen, mit Käse so belegen, daß Toastscheiben damit gut bedeckt sind, nach Belieben mit etwas Paprika oder wenig Cayennepfeffer bestäuben, im vorgeheizten Grill oder in Röhre bei guter Oberhitze überbacken bis Käse schmilzt, sofort mit etwas Tomatenketchup zu Tisch geben.
Nach Belieben kann man die mit Käse belegten Toastscheiben schuppenförmig mit Tomatenscheiben belegen, diese leicht salzen und pfeffern, mit geriebenem Käse überstreuen und dann grillen oder überbacken wie oben.

4 Scheiben Toast, 20 g Butter
4 große, dicke Scheiben Käse wie Emmentaler-, Chester-, Gouda- oder Schmelzkäse
etwas Paprika od. Cayennepfeffer, etwas Salz
4 schöne, reife Tomaten
wenig Pfeffer
4 Eßlöffel geriebener Käse
Tomatenketchup

476. Käsetoast mit Ananas oder Birnen*

4 Scheiben Toast, 20 g Butter
100–125 g Gorgonzola- oder Roquefort-Käse
4 Scheiben Ananas oder 4 sehr reife, weiche Birnen (evtl. sterilisiert)
etwas Paprika nach Belieben
4 dicke Scheiben Chester- oder Goudakäse

Weißbrotscheiben nur leicht toasten, auf einer Seite dünn mit Butter und gut mit Edelpilzkäse bestreichen. Ananasscheiben aus Dose oder sterilisierte Birnenhälften sehr gut abtropfen lassen oder rohe, sehr reife, weiche Birnen (Williams Christbirnen) schälen, halbieren, Kernhaus entfernen. Obst je nach Wahl auf vorbereitete Toastscheiben legen, nach Belieben leicht mit Paprika bestäuben, jeweils mit dicker Käsescheiben abdecken, bei *guter Hitze* im Grill oder in vorgeheizter Röhre mit Oberhitze so lange überbacken, bis Käse zu schmelzen und leicht zu bräunen beginnt, sofort zu Tisch geben.

477. Tomaten-Käsetoast*

4 Scheiben Toast
40 g durchwachsener Frühstücksspeck
3–4 Zwiebeln, 4–6 Tomaten
Salz, wenig Pfeffer
4 Scheiben Chester-, Emmentaler- oder Schmelzkäse
Tomatenketchup

Weißbrotscheiben nur leicht toasten; durchwachsenen Speck fein würfeln, leicht anrösten, fein geschnittene Zwiebelringe darin lichtgelb rösten; Toastscheiben mit gerösteten Zwiebeln und Speckwürfeln dicht belegen, darauf Tomatenscheiben schuppenartig anrichten, leicht salzen und mit wenig Pfeffer bestreuen, mit Käsescheiben belegen und im vorgeheizten Grill oder in Röhre bei guter Oberhitze überbacken bis Käse schmilzt und Tomaten gar sind. Mit Tomatenketchup sofort zu Tisch geben.

478. Käsetoast mit Paprikaschoten und Tomaten*

4 Scheiben Toast
zum Belag:
4 Scheiben durchwachsener Räucherspeck
3 Eßlöffel Öl, 3 Zwiebeln
4 Paprikaschoten
4 schöne Tomaten, Salz
4 dicke Scheiben Emmentaler- oder Goudakäse

Paprikaschoten waschen, von Stielansatz, Zwischenrippen und Samenkernen sorgfältig befreien, in feine Streifen schneiden; gewaschene Tomaten brühen, häuten, vierteln; Zwiebeln in feine Ringe schneiden. Speckscheiben leicht anrösten, dann aber aus dem Topf nehmen, Öl zugeben, feingeschnittene Zwiebelringe darin glasig dünsten, Paprikastreifen zugeben, unter häufigem Wenden vorsichtig fast weich dünsten, dann vorbereitete Tomaten beifügen, salzen, gar dünsten lassen, abschmecken; Saft muß eingezogen sein. Weißbrotscheiben nur leicht toasten, angebratene Speckscheiben auflegen, mit gedünstetem Gemüse dick belegen, mit dicken Käsescheiben abdecken, im vorgeheizten Grill oder in vorgeheizter Röhre bei guter Oberhitze überbacken bis Käse schmilzt, sofort heiß zu Tisch geben.

479. Champignontoast*

4 Scheiben Toast, 20 g Butter
300 g Champignons (gedünstet wie Nr. 744)
1 Eigelb zum Legieren
4 gehäufte Eßl. Reibkäse oder 4 Scheiben Chester-, Gouda- od. Emmentalerkäse
evtl. 100 g mag., gekochter Schinken, 3–4 ***harte Eier***

Champignons dünsten und binden wie bei Nr. 744 beschrieben, mit Rahm und Salz abschmecken, legieren; Pilzgemüse muß *dicke* Beschaffenheit haben; nach Belieben unter fertiges Champignongemüse feingeschnittenen Schinken mischen.
Weißbrotscheiben nur leicht toasten, auf einer Seite dünn mit Butter bestreichen, nach Belieben mit Scheiben von **hart gekochten Eiern** belegen, dick mit Champignongemüse überziehen, darauf geriebenen Käse oder je eine dicke Käsescheibe geben, im vorgeheizten Grill oder in Röhre bei guter Oberhitze rasch überbacken bis Käse zu schmelzen beginnt, sofort zu Tisch geben.

480. Spargeltoast*

Weißbrotscheiben nur leicht toasten, auf einer Seite dünn mit Butter bestreichen, mit magerem Schinken belegen; gekochten Spargel sehr gut abtropfen lassen, entsprechend der Länge der Toastscheiben schneiden, diese damit dicht belegen, darauf dicke, pikante Käsesoße gießen, so daß Spargelstücke bis auf die Spitzen gut damit bedeckt sind, im vorgeheizten Grill oder in Röhre bei guter Oberhitze etwa 10 Minuten überbacken, bis Soße goldgelbe Farbe und Kruste gebildet hat.

Soße herstellen: Mehl in Butter lichtgelb rösten, mit Spargelsud aufgießen, aufkochen lassen, dann Rahm oder Milch, Salz und geriebenen Käse beifügen, Käse in heißer Soße unter Rühren schmelzen lassen, abschmecken, zuletzt legieren; Soße muß dicke Beschaffenheit haben, sonst läuft sie vom Spargel ab.

4 Scheiben Toast, 20 g Butter
zum Belag:
100 g magerer, gekochter Schinken
300–400 g Spargel, frisch gekocht oder aus Dose
zur Soße:
20 g Butter, 20–30 g Mehl
1/8 l Spargelsud, 1/8 l süßer Rahm oder Milch, Salz
50 g geriebener Chesterkäse
2 Eigelb

481. Schlemmertoast Farbbild neben Seite 321

Weißbrotscheiben nur leicht toasten. Geflügelleber vorbereiten, in Butter leicht braten, bis sie auch innen nicht mehr blutig ist, erst unmittelbar vor dem Anrichten mit Pfeffer und etwas Salz bestreuen, pochierte Eier herstellen wie bei Nr. 617 beschrieben. Getoastete Weißbrotscheiben mit frisch gebratener, leicht gewürzter Geflügelleber belegen, darauf Rührei legen oder je ein pochiertes Ei geben, nach Belieben mit dicker, pikanter Tomatensoße überziehen, mit einem Eßlöffel geriebenem Käse bestreuen, evtl. noch etwa 1 Minute im Grill überbacken, sofort zu Tisch geben. Alle Zutaten für Belag unmittelbar vor dem Belegen herstellen!

4 Scheiben Toast
zum Belag:
300 g Geflügelleber
30 g Butter
etw. Pfeffer, frisch gemahlen
4 Eier, pochiert od. Rühreier
1/4 l (knapp) pikante, sehr dicke Tomatensoße n. Belieben
4 Eßl. geriebener Käse

482. Toast mit Thunfisch*

Weißbrotscheiben nur leicht toasten, auf einer Seite mit Mayonnaise bestreichen, Thunfisch aus Dose darauf legen, mit geschälten, dünnen Apfelscheiben belegen, mit Käsescheiben abdecken, im vorgeheizten Grill oder in Röhre bei guter Oberhitze nur wenige Minuten übergrillen bis Käse zu schmelzen beginnt; sofort zu Tisch geben.

4 Scheiben Toast
100–125 g Mayonnaise
250 g Thunfisch, 2–3 Äpfel
4 Scheiben Chester- oder Goudakäse

483. Toast mit Käsecreme*

Weißbrotscheiben nur leicht toasten, auf einer Seite dünn mit Butter bestreichen. Zur Käsecreme Eigelb, Rahm und Gewürze gut abrühren, mit geriebenem Chesterkäse mischen, abschmecken, dick auf gebutterte Toastseite streichen, nach Belieben mit etwas Paprika bestäuben, im vorgeheizten Grill oder in der Röhre bei guter Oberhitze etwa 3–4 Minuten überbacken, sofort zu Tisch geben.

4 Scheiben Toast, 20 g Butter
150–200 g Chesterkäse
2 Eigelb
3–4 Eßl. Rahm, Salz
Paprika, evtl. magerer gekochter Schinken, gewiegt

484. Überbackene Käsebrötchen*

Weißbrotscheiben nur leicht toasten, auf einer Seite dünn mit Butter bestreichen; grob geriebenen Chesterkäse mit allen übrigen Zutaten sehr gut abrühren, nach Belieben etwas erwärmen, bis Käse schmilzt, dann Masse dick auf gebutterte Weißbrotscheiben streichen, im vorgeheizten Grill oder in Röhre bei Oberhitze überbacken bis Käse lichtgelb wird, sofort heiß reichen.

4 Scheiben Toast, 20 g Butter
zum Bestreichen:
150–200 g Chesterkäse
4 Eßl. süßer Rahm, Salz
einige Tropfen Worcestersoße, 1 Teel. engl. Senf
1 Teel. Tomatenmark

Sulzen

Sulzen sind gesteifte, meist klare Flüssigkeiten von geleeartiger Beschaffenheit. Das Steifen erfolgt durch *Leimstoffe* (Kollagen, den Eiweißstoffen zugehörig), die *starkes Quellungsvermögen* haben, sich in *feuchter Hitze lösen* und beim *Erkalten unter Bindung von Flüssigkeit steifen.* Sulzen steifen also nur bei Kälte, in Wärme werden sie wieder flüssig.

Ernährungsphysiologisch sind Sulzen *leicht verdaulich, erfrischend,* können je nach Wahl der Zutaten *kalorienarm* oder *kalorienreich* gestaltet werden, ermöglichen vielseitige *Abwechslung* und sind in der *Krankenernährung beliebt.*

Kochlehre:

Salzige bzw. saure Sulzen:

Verwendung: Als kleine Vorspeisen, Garnituren für festliche kalte Platten und beliebte Abendbrotgerichte mit Einlage von mageren, gekochten Fleisch-, Zungen-, feinen mageren Wurst- oder Fischstücken oder von Eiern und feinen gegarten Gemüsen.

Herstellungsmöglichkeiten:

1. Unter Verwendung von Steifmitteln (Gelatine, Aspikpulver) aus fertiger Brühe,

2. durch langes Auskochen leimhaltiger Teile junger Tiere z. B. von Füßen, Haxen, Kopfteilen von Kalb und Schwein sowie von Schweineschwarten.

Herstellung von Sulzen unter Verwendung von Steifmitteln z. B. Gelatine ist *einfach bei geringem Zeit- und Arbeitsaufwand,* erfordert aber *Zeit zum Steifen.* Sulzspeisen werden deshalb zweckmäßig mindestens *einige Stunden vor Gebrauch,* am besten am *Vortag* bereitet.

Gelatine wird aus leimgebenden tierischen Häuten, Sehnen, Knorpeln und Knochen hergestellt; Knochen junger Tiere sind besonders reich an Leimstoffen.

Gute Gelatine muß farblos, klar, frei von Geruch und Geschmack (insbesondere Leimgeruch bzw. -geschmack) sein. Sie kommt in Blattform und gemahlen in den Handel.

Ihre Aufbewahrung erfolgt zweckmäßig in luftdicht-schließenden Behältern oder Beuteln, da Gelatine u. U. durch längere Einwirkung bestimmter Stoffe von außen, z. B. von gasförmigem Formaldehyd (oft Bestandteil mancher Kleb- und Kunststoffe, die zu modernen Küchenmöbeln verwendet werden oder mancher Desinfektions- und Konservierungsstoffe) „härtet", d. h. bei längerer Lagerung unter diesen Gegebenheiten ihre Löslichkeit einbüßt und damit ihre Brauchbarkeit als Steifmittel verlieren kann.

Gelatine quillt in kalter, löst sich in heißer Flüssigkeit und steift in Kälte unter Bindung von Flüssigkeit. Je besser gequollen Gelatine ist, desto rascher und leichter löst sie sich beim Erwärmen. Deshalb Gelatine *in kalter Flüssigkeit gut quellen* lassen.

Arbeitsregeln

für Herstellung salziger bzw. saurer Sulzen:

1. *Sulze mit Zusatz von Gelatine:*

a) *Als Sulzflüssigkeit* dient kräftig abgeschmeckte und sorgfältig entfettete, evtl. geklärte Fleisch-, Hühner-, Knochen- oder Gemüsebrühe oder Fischsud.

b) *Gelatinemenge* richtet sich nach der gewünschten Steife der Sulze, der verfügbaren Steifzeit und der Temperatur: Große Steife (zum Stürzen) in kurzer Zeit bei Zimmertemperaturen benötigt mehr Gelatine als geringere Steife bei längerer Steifzeit und tiefen Temperaturen.

Bedarf für schnitt- und stürzfeste Sulze von 1 l Brühe:
15 Blatt Gelatine bei raschem Steifen;
12 Blatt Gelatine bei Steifen über Nacht.
Bedarf für nicht stürzfeste Sulze in Schüsseln von 1 l Brühe:
12 Blatt Gelatine bei raschem Steifen;
10 Blatt Gelatine bei Steifen über Nacht bzw. im Kühlschrank.

Gemahlene Gelatine und Aspikpulver: Menge und Behandlung nach Gebrauchsanweisung! In der Regel entspricht 1 Teelöffel (gestrichen voll) gemahlene Gelatine = 1 Blatt Gelatine (2 g)

c) *Blattgelatine kalt* waschen, *mindestens 10 Minuten kalt einweichen* zum Quellen, dann *gut ausdrücken,* in *wenig heißer Flüssigkeit völlig lösen, nicht kochen* (kann bei minderer Qualität Leimgeschmack ergeben), mit Sulzbrühe mischen, möglichst *kalt stellen zum Steifen.*

2. *Sulze durch Auskochen leimhaltiger Knochen und Häute* junger Tiere:

a) Kalbskopf oder -füße bzw. Schweinskopf oder -füße nach dem Waschen in *kalter Flüssigkeit* mit Gewürzen zusetzen, mindestens *1½–2 Stunden leise kochen lassen,* damit sich viele Leimstoffe lösen.

b) Sulzbrühe durch Sieb geben, gut entfetten, *kräftig abschmecken,* für Aspik klären (siehe Nr. 487).

3. *Alle Sulzspeisen zum Steifen möglichst kalt stellen,* am besten über Nacht im Kühlschrank steifen lassen.

4. *Bei eingelegten Sulzen* erst Spiegel in Höhe von knapp ½ cm gießen, steifen lassen, Einlagen legen, angießen, steifen lassen, nach dem Erstarren Sulzbrühe aufgießen, erstarren lassen und so weiter jede Schicht sorgsam einlegen, angießen, steifen lassen, aufgießen und wieder steifen lassen.

5. *Zum Stürzen von Sulze Form kurz in heißes Wasser tauchen,* evtl. durch leichtes Schütteln *lockern, sofort* stürzen, bis zum Gebrauch kalt stellen.

Süße Sulzen siehe Seite 530 ff.

485. Einfache Sulze mit Gelatine oder Aspikpulver

1 l klare, entfettete, kräftig abgeschmeckte Brühe
Essig nach Geschmack
zum Steifen:
12 Blatt weiße Gelatine
Flüssigkeit zum Quellen
4 Eßl. heiße Brühe z. Lösen
zum Einlegen:
mageres, gekochtes Fleisch
Gewürz- oder Essiggurken
etwas gekochtes Gemüse
Scheiben von harten Eiern

Gekochtes Fleisch portionieren oder klein schneiden; Gewürz- oder Essiggurken in Scheiben schneiden.
Brühe seihen, entfetten, kräftig abschmecken; vorbereitete, gut gequollene Gelatine in wenig heißer Brühe vorschriftsmäßig lösen, zur Sulzbühe geben, einen Teil derselben über vorbereitetes, eingelegtes Fleisch und gekochtes Gemüse wie Erbsen, gelbe Rübenscheiben, Blumenkohlröschen, Spargelstückchen bzw. Ei- und Gurkenscheiben gießen, kalt stellen, Rest der Sulzflüssigkeit darübergeben, steifen lassen. Zweckmäßig am Tag vor Gebrauch herstellen, andernfalls Gelatinemenge erhöhen auf 15 Blatt.
Gemahlene Gelatine oder Aspikpulver nach Gebrauchsanweisung verwenden.
Beilagen: Kartoffeln, Brot.

486. Einfache Sulze gekocht, sauere Sulze

2 Kälberfüße
2 Schweinsfüße
1 Schweinsohr nach Belieben
Salz, Wurzelwerk, 1 Zwiebel
2 Gewürzdosen
⅛–¼ l Essig nach Geschmack
2–2½ l Wasser

Kälber- und Schweinsfüße vom Metzger spalten lassen, mit Ohr und Wurzelwerk waschen, mit allen Zutaten kalt zusetzen, mindestens 2, besser 2½ Stunden leise kochen lassen, dann beiseite stellen, damit Trübstoffe sich setzen; Brühe vorsichtig abseihen, erkalten lassen, sorgfältig entfetten, Sulzflüssigkeit dann wieder erwärmen, kräftig abschmecken, als Sulzflüssigkeit verwenden.
Haut- und Fleischteile von den Knochen zu Tellersulze verwenden.

487. Geklärte Sulze, Aspik

Zutaten wie einfache Sulze gekocht Nr. 486
oder Zutaten wie einfache Sulze mit Gelatine Nr. 485
mit kräftiger Fleischbrühe
etwas Wein
zum Klären:
2 Eiklar, 2 Eischalen

Sulzbrühe kochen wie saure Sulze Nr. 486; abgeseihten Sud bzw. gute Fleischbrühe erkalten lassen, sorgfältig entfetten, wieder erwärmen, kräftig abschmecken, mit Wein verbessern. Leicht verschlagenes Eiklar und zerstoßene Eischalen zur lauwarmen Brühe geben, unter ständigem Schlagen mit Schneebesen zum Kochen bringen, einmal aufkochen lassen, dann zugedeckt beiseite stellen, Brühe soll heiß bleiben, aber nicht mehr kochen; so lange stehen lassen, bis sich an der Oberfläche eine geschlossene Eiweißhaut bildet, die aufreißt und klare Brühe sich darunter zeigt. Brühe vorsichtig durch feines Sieb oder gebrühtes Tuch abseihen; geronnenes Eiweiß hat die trübenden Bestandteile eingeschlossen. Geklärte Sulzbrühe ist dann verwendungsfähig; geklärte Fleischbrühe mit vorbereiteter, gelöster Gelatine mischen und dann verwenden.
Sollte gekochte Sulzbrühe einmal nicht steif genug sein, z. B. durch zu kurze Kochzeit oder mit zu wenig Kalbsfüßen gekocht, so gibt man je nach Bedarf vorbereitete, sorgfältig gequollene und gelöste Gelatine zur abgeschmeckten Sulzbrühe.

488. Einfache Tellersulze

Zutaten wie Sulze gekocht Nr. 486
1–2 Schweinsohren

Sulze kochen wie bei Nr. 486 unter Mitkochen von sehr gut gewaschenen Schweinsohren. Haut und Fleisch von den gekochten, noch heißen Kälber- und Schweinsfüßen sorgfältig ablösen, in kleine Stücke oder Streifen, Schweinsohren ebenso in Streifen schneiden, auf tiefe Teller oder Platten verteilen. Entfettete, gut abgeschmeckte Sulzbrühe darüber gießen, so daß Einlage bedeckt ist, kalt stellen und steifen lassen.
Beilagen: Schal-, Salz- oder Röstkartoffeln oder Schwarzbrot.

489. Fleischsulze

Einfache Sulze gekocht wie Nr. 486 oder
einfache Sulze mit Gelatine Nr. 485
zum Einlegen:
500 g mageres Schweinefleisch
2–3 Gewürzgurken
2 harte Eier, 2 Tomaten

Sulzbrühe herstellen wie Nr. 485 oder Nr. 486; vorbereitetes Schweinefleisch am besten in der Sulzbrühe gar kochen, Garzeit 1–1½ Stunden; erkaltet Knochen auslösen, in Portionsstücke oder Würfel schneiden. Fleischportionen auf Platte anrichten, mit Scheiben von Gewürzgurken, harten Eiern und Tomaten verzieren, mit entfetteter, geseihter und kräftig abgeschmeckter Sulzbrühe übergießen, so daß Fleischstücke und Garnituren von Sulzbrühe bedeckt sind, kalt stellen, steifen lassen.
Beilagen: Schal-, Salz- oder Röstkartoffeln oder Schwarzbrot.

490. Gestürztes Aspik mit Einlage

Aspik herstellen wie bei Nr. 487 beschrieben; Förmchen z. B. Kotelettenformen, andere kleine Förmchen, Kastenform oder Jenaer Glasform mit kaltem Wasser ausspülen, Spiegel gießen in Höhe von etwa $1/2$ cm mit flüssigem Aspik, kalt stellen und erstarren lassen; wenn Aspikspiegel fest, Garnituren einlegen, mit der schönsten Seite nach unten, z. B. Ei-, Gewürz- oder Essiggurkenscheiben, Kapern oder Gemüse, sorgsam und gefällig anordnen; nun mit wenig kalter Sulzbrühe vorsichtig angießen, kalt stellen und steifen lassen, dann mit Aspikflüssigkeit etwa $1/2$–1 cm hoch aufgießen, wieder kalt stellen und steifen lassen; dann das der Form entsprechend geschnittene Fleisch einlegen, wieder etwas angießen, steifen lassen, dann aufgießen, steifen lassen und so weiter, bis Form gefüllt ist. Als letzte Schicht wieder einen Sulzspiegel von etwa $1/2$ cm Höhe gießen. *Nach jedem Angießen und jedem Aufgießen muß Aspikschicht erstarren,* ehe man fortfährt! *Nie mit warmer Sulzflüssigkeit an-* oder *aufgießen,* da sonst die untere Aspikschicht flüssig wird!

Beim Einlegen darauf achten, daß die Form gestürzt wird, also die Unterseite besonders gut aussehen muß. Gefüllte Formen kalt stellen und steifen lassen, am besten in Kühlschrank stellen, auf ebene Standfläche achten.

Bei Gebrauch *vorsichtig stürzen:* Formen *kurz* in *heißes* Wasser tauchen (nur einige Sekunden), leicht schütteln und sofort auf kalt gespülte Anrichteplatte stürzen, hierbei auf hübsches Anordnen achten. Fehlen geeignete Sulzförmchen, können auch tiefe Fleischplatten mit Rand verwendet werden, doch verzichtet man in diesem Fall auf das Stürzen, deshalb hier erst Fleisch, dann Garnituren einlegen und jeweils angießen bzw. aufgießen.

Beilagen: Toast, Senfmayonnaise, Remouladensoße, Kräutermayonnaise, abgeschlagene Meerrettichsoße oder ähnliche pikante Soßen.

Mindestens 1 l geklärtes Aspik wie Nr. 487 (je nach Menge der Einlagen und Größe der Formen)

zur Einlage nach Wahl:
gepökelte oder geräucherte, gekochte Ochsenzunge
gekochter, magerer Schinken
gare Geflügelbrust, gehäutet
ausgelöster, portionierter Braten oder Wildbraten

zum Verzieren:
Spargelspitzen, gekocht
grüne Erbsen extra fein, gekocht bzw. sterilisiert
Karotten oder gelbe Rübenscheiben, gekocht
Scheiben von harten Eiern
Gewürz- oder Essiggurken
Kapern, Tomatenscheiben

491. Schweinskoteletten gesulzt

Gebratenes oder gekochtes Fleisch abgekühlt auslösen, völlig erkalten lassen, Fett entfernen, dann in Portionsstücke teilen, bei Bedarf etwas der Form entsprechend zuschneiden. In Sulzkotelettenformen mit gut abgeschmeckter Sulzflüssigkeit einen Spiegel gießen von etwa $1/2$ cm Höhe, kalt stellen und steifen lassen; Garnituren in guter Anordnung einlegen wie Eischeiben, Fächer von Essiggürkchen, mit Buntmesser geschnittene Scheiben von gekochten gelben Rüben, Spargelspitzen bzw. gekochte grüne Erbsen; Garnituren mit wenig kalter Sulzflüssigkeit angießen, kalt stellen, steifen lassen, darauf Koteletten legen, dann soviel Sulzflüssigkeit aufgießen, daß Koteletten völlig bedeckt sind, wieder kalt stellen zum Steifen, am besten in den Kühlschrank stellen. Zum Anrichten Formen wenige Sekunden in heißes Wasser tauchen, leicht schütteln, auf mit kaltem Wasser gespülte, kalte Anrichteplatte stürzen, dabei auf gute Anordnung achten, mit Tomatenscheiben und Petersilie verzieren.

$3/4$ kg Kotelettengrat, gebraten oder gekocht
2–3 hartgekochte Eier
4–6 Essiggurken
etwas gekochtes Gemüse nach Wahl wie Stangenspargelspitzen, zarte grüne Erbsen extra fein, Karotten oder Scheiben von gelben Rüben

$3/4$–1 l Sulze Nr. 485 oder Aspik Nr. 487

zum Anrichten:
Tomatenscheiben, Petersilie

492. Sulzsalat, Sulze in Essig und Öl

Tellersulze Nr. 488 oder
Fleischsulze Nr. 489
1 Zwiebel, Essig, etwas Salz
Öl, Pfeffer

Tellersulze oder Fleischsulze herstellen wie Nr. 488 oder Nr. 489, steifen lassen; erkaltet stürzen, in Würfel oder Scheiben schneiden, mit in feine Ringe geschnittener Zwiebel bestreuen, mit Essig, Öl und wenig Salz pikant marinieren, mit etwas Pfeffer bestreuen, kalt reichen.
Beilagen: Schal-, Salz- oder Röstkartoffeln.

493. Fischsulze

1 l (knapp) Fischsud, kräftig abgeschmeckt
1 Glas Weißwein
Essig oder Zitronensaft nach Geschmack
12 Blatt Gelatine weiß
3–4 Eßl. Brühe zum Lösen

Fischsud vom Kochen des Fisches mit Gewürzen noch etwa 20 Minuten leise kochen lassen, Wein zugeben, einmal aufkochen lassen, dann durch Sieb oder feines Tuch seihen, pikant abschmecken unter Zugabe von Essig oder Zitronensaft nach Bedarf. Vorbereitete Gelatine vorschriftsmäßig lösen, zur Fischbrühe geben, nochmal abschmecken, erkalten lassen; sobald Sulze zu steifen beginnt, verwenden.
Verwendungsmöglichkeit: Zum Überglänzen von blau gekochten Fischen, z. B. Forellen oder zum Einlegen von gekochtem, sorgfältig entgrätetem Fischfleisch.

494. Forellen in Aspik

Pro Person:
1 Portionsforelle, blau gegart, siehe Nr. 497
zur Fischsulze:
1/4 l Fischsud, mit Wein abgeschmeckt
3 Blatt weiße Gelatine

Forelle vorbereiten und garen wie bei Nr. 497 beschrieben: In lauwarmem Sud zusetzen, langsam erhitzen bis er „perlt", nicht kochen lassen, in perlendem Sud gar ziehen lassen, Garzeit je nach Größe der Forellen 10–20 Minuten, im Sud erkalten lassen, dann vorsichtig auf Platte anrichten. Eingerissene Hautstellen mit Zitronenscheiben bedecken. Sud seihen, Bedarfsmenge abmessen, kräftig abschmecken, mit vorbereiteter, sorgsam gelöster Gelatine mischen, kalt stellen; Forelle mit Fischsulze, sobald sie zu steifen beginnt, von allen Seiten überglänzen. Platte mit restlichem Aspik ausgießen, kalt stellen und steifen lassen.
Garnituren: Zitronenspalten, Tomaten, Petersilie.

495. Fischstücke in Sulze

1/2–3/4 kg gekochter Fluß- oder Seefisch
etwas Zitronensaft
zur Verzierung:
Scheiben von gekochten gelben Rüben und von gekochtem Sellerie
Scheiben von hartgekochten Eiern, Kapern
Gewürz- oder Essiggurken
3/4–1 l Fischsulze Nr. 493 oder Aspik Nr. 487

Gekochten Fisch sorgsam häuten, von Gräten befreien, mit wenig Zitronensaft beträufeln, kurz durchziehen lassen; Fischstücke auf tiefer Platte hübsch anrichten, mit Scheiben von gekochten gelben Rüben, von Sellerie, harten Eiern, Gewürz- oder Essiggurken sowie Kapern verzieren, völlig erkalten lassen. Aus Fischsud der Süßwasserfische Sulze herstellen wie Nr. 493, gut abschmecken, bei Seefischen evtl. Aspik Nr. 487 verwenden. Sobald Sulzflüssigkeit zu steifen beginnt, diese vorsichtig über Fischstücke und Garnituren geben, steifen lassen, evtl. zweite Lage einlegen, mit Sulzflüssigkeit aufgießen, kalt stellen, steifen lassen. Mit Petersilie und Zitronenspalten anrichten.
Beilagen: Kartoffeln, evtl. Toast.

Fische, Krusten- und Schalentiere

Fischspeisen

Ernährungsphysiologischer Wert der Fische:

„Eßt mehr Fisch!“ fordert das überaus reiche und vielseitige Angebot des Marktes, das in bester Qualität und in reicher Auswahl in den Fachgeschäften vorliegt.

Fisch ist sehr gesund und wertvoll, denn Fischfleisch enthält *reichlich biologisch hochwertiges Eiweiß* (17–19 g in 100 g eßbarem Fischfleisch), *lebenswichtige Mineralien* wie Phosphor, Jod, Kalium und *unentbehrliche Vitamine,* besonders Vitamin A, B_1, B_2, Niacin und Vitamin D. Seefische sind wegen ihres *Jodgehaltes* in kropfgefährdeten Gegenden ganz besonders empfehlenswert!

Fischfleisch enthält meist *wenig Fett* mit Ausnahme von Hering, Makrele, Heilbutt, Karpfen, Lachs und Aal. Fische erleichtern deshalb eine kalorienarme Kost, sie machen nicht dick!

Fischfleisch ist besonders zart, da es wenig Bindegewebe hat, ist deshalb *sehr leicht verdaulich* und *gut bekömmlich.* Es ist für Kranke, ältere Menschen und Kinder besonders wertvoll!

Fische bieten größte Abwechslung und ergeben *sehr schmackhafte Gerichte,* auch für Feinschmecker, durch die vielen Fischarten, die zahlreichen Zubereitungsmöglichkeiten und mannigfachen Fertigwaren!

Fischzubereitung erfordert vielfach *wenig Zeit- und Arbeitsaufwand* und zeichnet sich durch *sehr kurze Garzeiten* aus; küchenfertige Fischfilets und tiefgefrorene Halbfertigwaren ermöglichen *vielerlei Schnellgerichte!*

Fisch ist auch preiswert, wenn man jeweils preisgünstige Marktangebote speziell bei Seefischen berücksichtigt; sie sind meist preiswertere Lieferanten hochwertigen Eiweißes als das Fleisch von Schlachttieren.

Fisch ist aber leicht verderblich infolge hohen Wassergehaltes und der lockeren Struktur seines eiweißreichen Fleisches.

Deshalb Fisch mit *Sachkenntnis einkaufen, sachgerecht behandeln und verwerten,* dann gibt es keine Fischvergiftung!

Kochlehre:

Das vielseitige Marktangebot umfaßt zahlreiche *Fischarten* an *See-* und *Flußfischen* in verschiedener Form:
frisch: Fische im ganzen, im Schnitt und Fischfilets;
tiefgefroren als küchenfertige Ware oder Halbfertigware, z. T. auch als Fertigware;
konserviert in verschiedener Weise.

Wichtige Konsumfische unter den Seefischen (siehe Farbbild neben Seite 272):

Rotbarsch liefert vor allem das beliebte weiße bis zart rosafarbene Seefischfilet.

Kabeljau (helle Seitenlinie) hat wohlschmeckendes, weiches, mildes, fettarmes Fleisch; vorsichtig garen, da es leicht zerfällt; wird als Filet und Schnittfisch angeboten.

Schellfisch (dunkle Seitenlinie) hat besonders wohlschmeckendes, fettarmes, weißes Fleisch, das beim Garen in Blättchen „schilfert“; angeboten als ganze Fische, als Schnittfisch und als Filet.
„Angelschellfisch“ ist eine Qualitätsbezeichnung für besonders ausgesuchte, schonend gefangene kleinere Schellfische; natürlich sind sie nicht mit der Angel gefangen!

Hering ist mit 15–19% Fettgehalt ein *„Fettfisch“;* Fettgehalt und Größe schwanken je nach Rasse und Reifezustand des Fisches. Vorwiegend zu Marinaden und Räucherware verarbeitet.
„Grüne Heringe“ sind ausgewachsene, *frische* Vollheringe mit Rogen oder Milch gefüllt.
„Matjesheringe“ sind junge, noch nicht geschlechtsreife Heringe ohne Rogen oder Milch, besonders zart und fettreich; durch milde Salzung haben sie jedoch eine wesentlich kürzere Haltbarkeit als die hartgesalzenen *Salzheringe;* im Kühlschrank bei Temperaturen v. 1–5° C nur kurzfristig aufbewahren.

Seelachs hat besonders eiweißreiches, kerniges, festes, wohlschmeckendes und fettarmes Fleisch, das beim Garen nicht zerfällt. Die leicht hellgraue Fleischfarbe wird beim Garen hell. Als Fischfilet und Schnittfisch angeboten.

Makrele hat fettreiches Fleisch (12% Fett im Fischfleisch), seltener als Frischfisch, häufig als Räucherware, mariniert oder als Konserve angeboten.

Scholle, ein geschätzter Vertreter der Plattfische, jedoch nicht so teuer wie die Edelfische; angeboten als Fisch im ganzen und als Filet.

Rotzunge, schlanker als Seezunge, Fleisch weniger fein, billiger als Seezunge.

„Edelfische" unter den Seefischen mit außerordentlichem Geschmackswert sind: **Heilbutt, Steinbutt** und **Seezunge.**

Von den Süßwasserfischen (siehe Farbbild neben Seite 273) sind besonders gefragt:

Portionsfische mit einem durchschnittlichen Gewicht von 150–300 g wie:

Forelle: Sehr beliebter und geschätzter Edelfisch; die Bachforelle wird der meist aus Teichwirtschaften stammenden Regenbogenforelle vorgezogen (2% Fettgehalt des Fischfleisches). Portionsforelle soll etwa 200–250 g wiegen. Sehr beliebt „blau gekocht", gebraten und auch warm geräuchert.

Schleie: Meist in Teichwirtschaften gezüchtet, erreicht erst dreijährig das Portionsgewicht von 200–300 g; gilt als Edelfisch mit zartem, wohlschmeckendem Fleisch, beliebt „blau gekocht".

Renken und Felchen meist aus süddeutschen Seen stammend, sind beliebte Bratfische.

Größere Süßwasserfische werden im ganzen oder als Schnittfische angeboten:

Karpfen: Sehr wohlschmeckend, Spiegelkarpfen besonders geschätzt, Winterkarpfen bevorzugt; meist in Teichwirtschaften gezogen, 3jährige Karpfen wiegen etwa 1,5–2 kg. Karpfen haben fettreiches Fleisch (i. D. 7% Fett). Teichkarpfen, vor allem ältere Tiere, können mitunter moosigen Geruch und Geschmack haben; solche Tiere werden zweckmäßig einige Zeit in einem Fischkasten in fließendes Wasser gesetzt, dadurch verliert sich dieser Geruch und Geschmack. Karpfen ist für jede Zubereitungsart geeignet.

Hecht: Ein gefräßiger Raubfisch, hat festes, weißes, feines, mageres, sehr schmackhaftes, aber etwas grätenreiches Fleisch, am wohlschmeckendsten zweijährig mit 1–2,5 kg Gewicht; er wird vorwiegend gekocht und gebraten.

Barsche sind Stachelflosser und Raubfische mit festem, weißem Fleisch, die vorwiegend gebraten werden.

Barben werden bis zu 80 cm lang und bis 5 kg schwer; ihr Rogen ist während der Laichzeit ungenießbar! Sie werden gerne „blau" gekocht oder gedämpft.

Zander oder Schill (Stachelflosser) ist sehr geschätzt ob seines sehr feinen Fleisches, ähnlich dem Hecht, guter Koch- und Bratfisch.

Lachs oder Salm gilt als der edelste Süßwasserfisch und als *Delikatesse;* er hat sehr feines, wohlschmeckendes und fettreiches Fleisch (über 10% Fettgehalt). Er erreicht eine Länge von 1,5 m und ein Gewicht von 30 kg. Er ist ein „Wanderer zwischen zwei Welten", d. h. er lebt im küstennahen Meer in der Nähe großer Flußmündungen; wenn er laichreif ist, wandert er die großen Süßwasserflüsse aufwärts zu seinen Laichplätzen; das Fleisch solcher Tiere ist besonders fett und wohlschmeckend. Die industrielle Verschmutzung deutscher Flüsse hat hier den Lachs zum Aussterben gebracht; der bei uns angebotene Lachs ist vorwiegend Importware aus nordischen Ländern.

Aal ist der fetteste Süßwasserfisch (18–25% Fett), als Frischaal oder „Grüner" Aal und als Räucheraal im Handel. Der Breitkopfaal ist fettärmer als der Spitzkopfaal.

Ratschläge für Fischeinkauf:

1. *Gute Fisch-Fachgeschäfte mit gutem Umsatz* bevorzugen; sie bürgen für frische und einwandfreie Ware.

2. *Marktangebot und Preise* berücksichtigen. Preisschwankungen werden durch unterschiedliche Fangergebnisse, Witterungseinflüsse und jahreszeitlich bedingte Einflüsse mitverursacht.

3. *Frischfische* möglichst erst am *Tage des Verbrauchs* einkaufen!

4. *Auf Kennzeichen der Frische* achten bei Einkauf von Fischen.

Fischhaut: festsitzende Schuppen, frischer Geruch.

Fischfleisch: frischer Geruch, fest, kernig und elastisch, so daß Druckstellen bald wieder verschwinden.

Augen: klar und durchsichtig.

Kiemen: frisch rot, bei geöffneten Kiemen frischer Geruch. Seefische müssen in Eis verpackt liegen. Flußfische möglichst lebend kaufen, vom Fischhändler töten, evtl. schuppen und ausnehmen lassen.

5. *Einkaufsmenge* bei Frischfischen dem tatsächlichen Bedarf anpassen:

Bedarfsmenge pro Kopf im Durchschnitt:

Fische mit Kopf:	250 g
Fische ohne Kopf bzw. Fischstücke:	200 g
Fischfilet:	150–200 g

Fischreste möglichst am *gleichen Tag* verbrauchen – stets im Kühlschrank bis zum Verbrauch aufbewahren!

6. *Tiefgefrorene Fische* haben meist stabile Preise. Angeboten werden Seefischfilets verschiedener Fische küchenfertig, auch von Plattfischen, außerdem Forellen, Felchen, Halbfertig- und Fertiggerichte von Seefischen verschiedener Art. Tiefgefrierfisch muß unmittelbar der Tiefkühltruhe mit –18° C entnommen werden und muß bis zur Entnahme vollen Kälteschutz gehabt haben. Der Inhalt muß voll hart gefroren und die Verpackung unbeschädigt sein.

Tiefgefrierfisch soll nach der Entnahme aus der Tiefkühltruhe *alsbald verbraucht* werden; er kann im Verdampferfach des Kühlschranks bei –2° bis –6° C nicht länger als 1–2 Tage, bei Zimmertemperatur höchstens 1–3 Stunden aufbewahrt werden. *Angetaute tiefgefrorene* Fischwaren dürfen *nicht wieder eingefroren* und sollen *sofort verbraucht* werden! Bei länger dauernden Einkaufswegen für Kälteschutz von tiefgefrorenem Fisch sorgen durch *mehrfaches Einschlagen* in Zeitungspapier.

7. *Fischkonserven* erfordern *genaues Beachten der Kennzeichnung* durch den Käufer:

Vollkonserven sind Dauerwaren, hitzesterilisiert, ohne Konservierungsmittelzusatz, bei kühler Lagerung mindestens *bis zu 1 Jahr haltbar,* vorwiegend in spitz- oder stumpfovalen Hansadosen im Handel, meist in Papierumhüllung, oft mit dem Aufdruck „Haltbar hergestellt"; z. B. Fische in Öl wie Ölsardinen, Thunfisch in Öl, Lachs in Dosen oder Fischerzeugnisse in Tunken, z. B. Heringe in Tomaten- und Rahmsoße.

Halbkonserven oder „Präserven" sind nicht hitzesterilisiert, haben deshalb Zusatz von chemischen Konservierungsstoffen; Packung muß den *Aufdruck* haben: *„kühl aufbewahren, zum alsbaldigen Verbrauch bestimmt";* der zugesetzte *Konservierungsstoff muß angegeben sein.*

Dazu gehören Bratmarinaden, z. B. Bratheringe, Kochmarinaden wie Geleeheringe, Kaltmarinaden wie Bismarckheringe, Rollmöpse und Ölpräserven. Halbkonserven sind bei Lagertemperaturen von 15° C 8–12 Wochen haltbar, zweckmäßig im Kühlschrank aufbewahren. Hier wäre die Angabe des Herstellungsdatums oder des Endverbrauchsdatums wünschenswert. Zu den Präserven zählen auch Lachsersatz, Anchosen, z. B. Anchovis, Appetitsild, Gabelbissen u. a. m. sowie Kaviar und Krabben mit Konservierungsstoff.

Geöffnete Fischdosenwaren – gleichgültig ob Voll- oder Halbkonserven – müssen *so rasch als möglich* verbraucht werden, da durch das Öffnen der Dose jede Haltbarkeit aufgehoben ist. Sie sollen möglichst *am Tag des Öffnens verbraucht* werden, spätestens am folgenden Tag, sofern ein Kühlschrank zur Verfügung steht; Inhalt zweckmäßig aus der Dose nehmen.

Vorbereiten von Fischen:

Fische, vorwiegend Süßwasserfische, die *„blau gekocht"* werden sollen, müssen sorgfältig vorbereitet werden, damit die äußere Schleimhaut als Farbstoffträger nicht verletzt wird. Besonderheiten hierfür siehe Rezept „Flußfische blau gekocht" Nr. 497. Fast alle sonstigen Fische sind nach dem *„3-S-System"* zu behandeln: *säubern, säuren, salzen.*

1. *Säubern:*

a) *Schuppen* ganzer Fische und großer Fischstücke am besten *unter Wasser* mit flach gehaltenem Messer oder Fischschupper in Richtung vom Schwanz zum Kopf; Schwanz dabei mit Tuch festhalten. Das Schuppen unter Wasser verhindert das weiträumige Spritzen der Schuppen. „Blau" zu kochende Süßwasserfische *nicht* schuppen!

b) Bei *größeren* Fischen *Schwanz- und Rückenflossen* der Form entsprechend *beschneiden;* Bauchflossen kurz abschneiden. Kopf in der Regel nicht abschneiden; bei großen Fischen Augen entfernen. *Bei Fischstücken alle Flossen kurz abschneiden.*

d) *Gründlich waschen* von innen und außen, am besten unter fließendem Wasser; Fischfilet unter fließendem Wasser rasch waschen.

e) Soll Fisch *filetiert,* d. h. die Filets von Haut und Gräten gelöst werden, was bei Schollen, Seezungen, Rotzungen häufig erwünscht ist, verfährt man wie Abbildungen unten zeigen:
Haut am Schwanz quer einschneiden, etwas lösen, Haut dann mit Tuch fassen und vorsichtig abziehen; Filets dann mit etwas elastischem Messer vom Rückgrat lösen.
Aal wird fast immer vor der Zubereitung abgezogen: Haut am Kopf ringsum einschneiden, etwas lösen, mit Tuch fassen, zum Schwanz hin abziehen oder schon vom Fischhändler abziehen lassen.

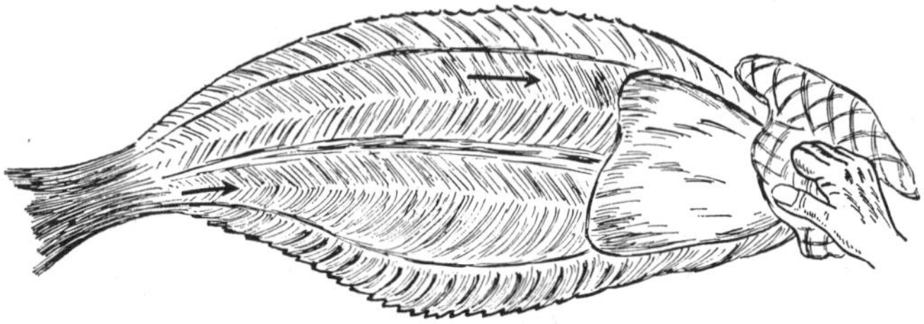

Häuten von Fisch

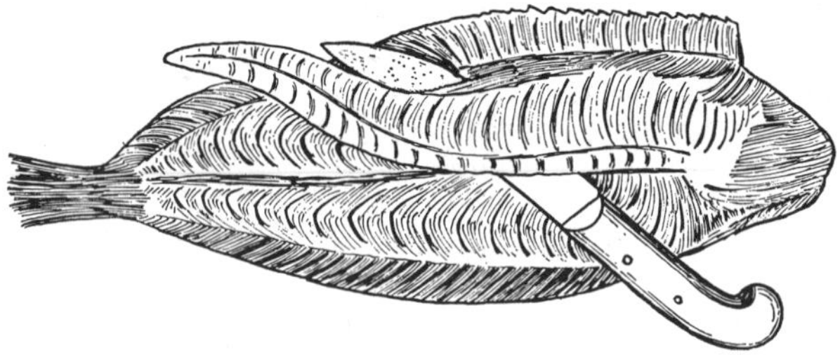

Filetieren von Fisch

c) *Fisch ausnehmen:* Bauch mit scharfem Messer vom After aus zum Kopf hin aufschneiden, Eingeweide vorsichtig entfernen, dabei Galle nicht verletzen. Dunkle Haut im Inneren des Fisches sowie Blutgerinnsel und hautige Teile entfernen.

Plattfische schräg unterhalb des Kopfes einschneiden, von hier aus ausnehmen, Kopf evtl. abschneiden, Flossen stark zuschneiden. Diese Arbeit erfolgt zweckmäßig auf Papierunterlage, damit alle Abfälle leicht und arbeitssparend beseitigt werden.

2. *Säuern:*
Gereinigten Fisch mit *Zitronensaft oder Essig gut beträufeln, etwas durchziehen* lassen. Dadurch wird das Fischfleisch weiß, fest und kernig, sein Geschmack verbessert, der typische Fischgeruch von Seefischen wird gebunden und gemindert.

Das Säuern erfolgt zweckmäßig auf Email- oder Porzellangeschirr, nicht auf Holzbrettern! Wird Fisch in Portionsstücken gegart, z. B. Fischschnitten von größeren Fischen, wird Fisch *erst portio-*

niert, dann gesäuert, damit Säure besser in das Fischfleisch eindringen kann.

3. *Salzen:*
Erst kurz vor dem Garen Fischfleisch innen und außen leicht mit etwas *Salz einreiben.* Zu frühes Salzen vermeiden, da sonst Fischsaft austritt und Fisch trocken schmeckt. *Edelfische* nur *mild, kräftig schmeckende Seefische* etwas *kräftiger salzen. Zu grillende Fische* in der Regel *nach dem Grillen* leicht salzen.

Sonstiges Würzen je nach Fischart und Zubereitungsweise, siehe jeweils Rezeptangaben.

(Fischgeruch an Händen ist leicht durch Zitrone zu entfernen. Fischgeschirre erst mit kaltem Wasser abspülen, dann in heiße Spüllauge geben. Vorsicht bei Verletzungen durch Seefischgräten, insbesondere durch Rotbarschgräten!)

Tiefgefrorene Fische nach Gebrauchsanweisung vorbereiten und garen. Das Säubern entfällt, da Fische vor dem Einfrosten gründlich gesäubert wurden.
Tiefgefrorene Portionsfische (Forellen, Schleien, Schollen u. a.) ohne anzutauen aus der Packung nehmen, wie frische Fische behandeln.

Tiefgefrorene größere Fische bzw. Fischstücke etwas *antauen* lassen, bis sie aus der Folie rutschen, wie frische Fische vorbereiten, gut angetaut oder aufgetaut wie frische Fische zubereiten.
Tiefgefrorene Fischfilets aus der Packung nehmen, etwa ½ Std. antauen lassen bis Cellophan abzulösen ist, die noch gefrorenen Filets evtl. erst portionieren, dicke Stücke antauen lassen, säuern, durchziehen lassen und wie frische Fischfilets verwenden.
Tiefgefrorene, halbfertige Fischgerichte wie Fischsteaks und Fischstäbchen *unaufgetaut* im heißen Fett backen.

Wichtiges für die Fischzubereitung:

Die *Wahl der Zubereitungsart und Würzmittel* soll die *Besonderheit der Fische* jeweils berücksichtigen; *Edelfische* mit besonders feinem Eigengeschmack wie z. B. Forelle, Lachs, Seezunge, Stein- und Heilbutt sollen so zubereitet werden, daß ihr feiner Eigengeschmack voll zur Geltung kommt z. B. durch Garen in Aluminiumfolie, durch Kochen bzw. „Gar-Ziehen" in fein abgeschmecktem Sud, durch Dünsten oder auch Grillen.

Beliebte Bratfische sind Renken, Felchen, Forellen, Hecht, portionierter Karpfen sowie Fischfilets von Seefischen. Diese sind darüber hinaus besonders geeignet zum Dünsten, zum Garen in Soße sowie zum Backen in Fett.
Karpfen sind für jede Zubereitungsart gut geeignet.

Garmachungsarten:

1. *Das Garen in Aluminiumfolie* ist für Fisch günstig; es erhält alle Nähr- und Wertstoffe des Fischfleisches und seinen Eigengeschmack, erlaubt die Beigabe von würzenden Kräutern, Gemüsen, Zitronensaft oder Wein, kann ohne oder mit Zugabe von Butter oder Fett erfolgen, ermöglicht das Garen im Wasserbad, auf der elektrischen Platte, im Dämpfer, in der heißen Röhre oder im Grill, wobei auch Bräunung durch Öffnen der Folie erreicht werden kann. Garen von Fisch in der Folie verhindert jeglichen Saftverlust, ist für zartes Fischfleisch besonders günstig, schonend für die Nähr- und Wertstoffe und deshalb für Diätzwecke sehr günstig.

Besonderheiten siehe Rezeptangaben. Das Garen in Aluminiumfolie kann auf eine Vielzahl weiterer Rezepte übertragen werden

2. *Garen von Fisch in fertiger Soße* ist besonders geeignet für *Fischfilets.* Es liefert sehr schmackhafte, zeitsparende *Schnellgerichte,* wobei *alle Nähr- und Wertstoffe* des Fisches *erhalten* bleiben. Durch Veränderung von Geschmackszutaten und Wechsel der Gewürze können diese Gerichte auch *abwechslungsreich* gestaltet werden.

Bei Verwendung von Gemüsen müssen diese vor Zugabe des Fisches fast gar sein, da Garzeit des Fisches sehr kurz ist.

Fischfilets nach dem „3-S-System" *vorbereiten,* in Würfel von etwa 3 cm Kantenlänge schneiden; tiefgefrorene Filets ebenso vorbereiten, antauen lassen, bis sie zu schneiden sind; Fischfleischwürfel in fertige, gut abgeschmeckte, kochende, *dicke* Soße geben, zugedeckt bei schwacher Hitze (Stufe I oder 4–6 bei Automatikplatte) unter Ausnutzung der Speicherwärme 10–15 Minuten *gar ziehen* lassen, Soße nochmal abschmecken. Diese Zubereitungsart ist jedoch für große Mengen von Fisch nicht geeignet.

3. *Dünsten von Fisch* ist besonders empfehlenswert. Es ist für *fast alle Fischarten geeignet*, sowohl für Fische im ganzen, wie auch für portionierten Fisch und Fischfilets. Es *erhält alle Nähr- und Wertstoffe* des Fischfleisches, benötigt nur *geringe Fettzugabe*, ergibt besonders *schmackhafte, leicht verdauliche Gerichte* mit etwas Soße. Veränderung der Geschmackszutaten und Einbeziehung verschiedener Gemüse ermöglicht Abwechslung, für *Krankenkost sehr gut geeignet. Arbeitsaufwand* und *Gardauer* sind *gering*.

Bei Verwendung von *Wurzelwerk und Gemüse* diese fast *gar dünsten vor* Zugabe des Fisches, da sie längere Garzeit haben als Fisch (Ausnahme: Tomatenscheiben, Champignons u. ä. mit kurzer Garzeit).

Als *Dünstgeschirr* feuerfestes Glas-, Ton-, Pyroflam- oder Chromnickelstahlgeschirr bevorzugen, um Garen und Anrichten im gleichen Geschirr zu ermöglichen.

Als *Fett zum Dünsten* von Fisch empfiehlt sich vor allem Öl, da es höhere Hitzegrade verträgt als Butter; (evtl. auch Öl mit etwas Butter gemischt zu verwenden). Ein Andünsten des Fisches in *gut heißem Fett* verhindert starkes Austreten von Fischsaft, wodurch Fischfleisch saftig und wohlschmeckend bleibt. Deshalb erfolgt das *Andünsten bei guter Hitze* (Stufe II bzw. 8–7 bei Automatikplatte), *Gardünsten* erfolgt bei *mäßiger Hitze* (auf Stufe I bzw. 6–4 bei Automatikplatte, Dünsten in der Röhre bei Temperaturen von etwa 190–180° C). Gardauer hängt von der Dicke des Fisches ab. Bei Elektroherden Speicherwärme nutzen!

Dünstsaft, der während des Dünstens entsteht, als Soße gut abschmecken; falls erwünscht, nur wenig binden.

4. *Kochen von Fisch verlangt Sorgfalt!*
Geeignet zum Kochen sind vorwiegend *Fische im ganzen* oder *größere Fischstücke;* portionierte Fischstücke oder Fischfilets laugen während des Kochens stark aus; Seefische verlieren dabei an Jodgehalt. Sie werden zweckmäßig vor dem Kochen mit den Geschmackszutaten in Aluminiumfolie eingeschlagen, andernfalls nur soviel Sud zum Garen verwenden, daß Fisch bedeckt ist.

Beliebte Kochfische von den Seefischen sind vor allem Schellfisch, Kabeljau, Seelachs, Makrele, Rotbarsch, Heilbutt, Steinbutt und Seezunge; von den Süßwasserfischen Forelle, Renke, Schleie, Karpfen, Barbe, Lachs und Aal.

„Blau-Kochen" beschränkt sich auf jene Süßwasserfische, deren Schleimhaut einen Farbstoff enthält, der durch Einwirkung von Zitrone oder Essig beim Kochen eine Blaufärbung der Haut bewirkt. Die Schleimhaut als Farbstoffträger muß unverletzt bleiben und soll nicht gesalzen werden. Forellen, Renken, Karpfen, Schleien, Barben und Aale werden bevorzugt „blau gekocht".

„Blau" zu kochende Fische nur mit nassen Händen anfassen, *unter Wasser ausnehmen, nicht schuppen,* am besten vom Bauch her in den Kopf des Fisches fassen, ihn so festhalten und in einer Schüssel Wasser schwimmend sorgsam auswaschen. Die Schleimhaut nicht verletzen. *Nur innen leicht salzen,* auf Porzellanplatte stellen, mit etwas kaltem oder heißem Essig übergießen, etwa $^1/_4$–$^1/_2$ Stunde kalt stellen. Sollen kleinere Portionsfische z. B. Forellen rund gebunden gegart werden, so erfolgt das Rundbinden zweckmäßig gleich nach dem Waschen, bald nach dem Töten des Fisches, indem man die Schwanzflosse in die Zähne einhängt und dort festbindet.

Alle anderen Fische zum Kochen nach dem „3 S System" vorbereiten wie beschrieben: *Säubern, säuern,* etwas durchziehen lassen, kurz vor dem Zusetzen *salzen.* Dicke Fische (z. B. Karpfen), evtl. spalten.

Fischsud kräftig salzen, auf 1 l Wasser 15–20 g Salz. *Geschmackszutaten* zum Sud der Fischart anpassen. Regeln für Garen im Sud siehe Grundrezept Nr. 496.

Fischsud nach Möglichkeit zu Soße oder Suppe verwenden.

5. *Dämpfen von Fisch* in strömendem Wasserdampf findet Anwendung für Fischfilet und für „blau“ zu dämpfende kleine Fische. Es laugt weniger aus als das Garen durch Kochen und ist arbeitssparend; auch für Fisch in Aluminiumfolie gut geeignet (Rezept Nr. 499/500). Nicht empfehlenswert für tiefgefrorene Ware.

6. *Grillen* von Fischen eignet sich gut für *Portionsfische* im ganzen wie Forellen, Renken, Felchen, aber auch für *portionierte Fischstücke* und *Fischfilets.* Günstig ist die Verwendung des *Hand-Doppelrostes,* der das Wenden von Fischen und Fischstücken erleichtert. Zweckmäßig ist jeweils das Auslegen des Rostes mit *Aluminiumfolie,* so daß der vorbereitete Fisch auf der Folie gegrillt wird. Vorbereiten des Fisches wie üblich.
Soll im Rahmen der Diät Bräunung vermieden werden, den Fisch sachgemäß in Aluminiumfolie eingeschlagen, mit oder ohne Fettzugabe grillen. Tiefgefrorene Fischfilets nach dem Vorbereiten zweckmäßig in Alufolie grillen.

7a. *Braten von Fischen auf der Pfanne* ist beliebt für Portionsfische, z. B. Renken, Felchen, Forellen, Weißfische, Makrelen, Heringe u. a. m., für Fischkoteletten von größeren Fischen und für portioniertes Fischfilet. Es ergibt sehr wohlschmeckende *Schnellgerichte,* benötigt allerdings wesentlich *mehr Fett.* Vorbereiten der Fische wie üblich nach dem „3 S System“, vor dem Braten leicht trocken tupfen, evtl. in Mehl wenden und in heißem Fett auf der Stielpfanne braten.

Bratfett: Vor allem Öl oder gutes wasserfreies Pflanzenfett, das gutes Erhitzen verträgt, evtl. Öl mit etwas Butter gemischt.

Braten von Fisch auf der Stielpfanne bei Elektroplatten auf Stufe II bzw. 9-7 bei Automatikplatte.

7b. *Braten von Fischen in der Röhre* beschränkt sich auf größere ganze Fische, z. B. Hecht, große Fischstücke oder mehrere Fischfilets aufeinander geschichtet; kleinere Fischbraten werden leicht trocken. Mindestgewicht etwa $1^1/_4$ kg.

Das Braten in der Röhre entwickelt durch die Bräunung, die Verwendung von besonderen, geschmackgebenden Zutaten wie Speck, Käse, Tomatenmark, Wein u. a. m. besonders guten Geschmack und gute Soße, erfordert aber ebenso wie das Braten auf der Pfanne mehr Fett, auch größeren Zeit- und Arbeitsaufwand.

Brattemperatur: 250–240° C, da die Garzeit ja kurz ist und in dieser Zeit Bräunung erwünscht ist. Infolge der kurzen Bratdauer und des hohen Wassergehaltes von Fischfleisch erübrigt sich eine Flüssigkeitszugabe während des Bratens.

Bratgeschirr aus feuerfestem Material bevorzugen (Glas, Ton, Porzellan, Pyroflam, Chromnickelstahl), das zum Garen und Anrichten geeignet ist, da garer Fisch leicht bricht.

8. *Backen von Fisch in heißem Fett* nach vorherigem Panieren oder Eintauchen in Backteig ist beliebt und weit verbreitet. Es ist die *schnellste Zubereitungsweise mit der kürzesten Garzeit* und wird vielfach sowohl für frische wie für tiefgefrorene Fischfilets und für Portionsstücke von See- und Flußfischen aller Art, insbesondere von Karpfen bevorzugt. Die hierbei erfolgende Anreicherung mit Fett macht den Fisch sehr schmackhaft, nahrhaft und sättigend – aber *kalorienreich,* schwerer verdaulich und für viele Menschen weniger bekömmlich. Für fettarme Krankenkost ist deshalb gebackener Fisch nicht geeignet.

Fische zum Ausbacken vorbereiten wie gewöhnlich nach dem „3 S System“, also: säubern, säuern, salzen; unmittelbar vor dem Ausbacken Fisch in Mehl wenden und panieren oder in Backteig tauchen.

Ausbackfett muß wasserfreies Fett sein, das hohe Backtemperaturen von 165–200° C ohne Zersetzungserscheinungen ermöglicht. Geeignet sind Butterschmalz, gutes Öl, gute Pflanzenfette sowie Mischungen aus diesen Fetten.

Das Ausbacken verlangt reichlich Fett in Backtemperatur (Backprobe!); bei *guter Hitze* Fisch einlegen und *anbacken* (Schaltung auf Stufe III bzw. Stufe 11 bis 9 bei Automatikplatte) – bei *mäßiger Hitze gar backen,* (Schaltung auf Stufe II bzw. Stufe 9 bis 7 bei Automatikplatte). Beim Ausbacken soll rasche Krustenbildung, aber gleichmäßiges und sicheres Durchgaren des Backgutes erreicht werden, gleichzeitig aber ein Überhitzen des Backfettes oder aber ein zu starkes Ansaugen des Backgutes mit Fett unter allen Umständen vermieden werden. *Backzeit einhalten!*

Tiefgefrorene Filets portionieren, leicht antauen lassen, Cellophanpapier entfernen, säuern, salzen, durchziehen lassen, noch leicht gefroren panieren und bei *mäßiger Hitze backen,* um gutes Durchbacken zu ermöglichen.

Tiefgefrorene Fisch-Fertiggerichte oder *-Halbfertiggerichte* nach aufgedruckter *Gebrauchsanweisung* fertigstellen; fehlen solche Angaben, *Gerichte mit Soße* im Koch- oder feuerfesten Anrichtegeschirr unter Zugabe von wenig Flüssigkeit erhitzen, abschmecken; *trockene Gerichte* in der Röhre bei etwa 200° C auftauen und erhitzen; panierte und evtl. *vorgebackene Fischgerichte* z. B. Fischstäbchen, Fischsteaks u. ä. *unaufgetaut* in heißem Fett backen, Backzeit etwa 3–5 Minuten.

Grundrezept

3/4–1 kg See- oder Flußfisch
oder 600–800 g Seefischfilet
3–4 Eßlöffel Zitronensaft
oder Essig, Salz

Fischsud für Edelfische:
Salzwasser (15–20 g Salz auf 1 l Wasser), Zitronensaft
2–3 Zitronenscheiben
1 Prise Zucker
etwas Weißwein
2–3 Salbeiblätter
etwas Zitronenmelisse

Fischsud f. alle and. Fische:
Salzwasser (20 g Salz auf 1 l Wasser), Wurzelwerk
1 Zwiebel in Scheiben
Essig nach Geschmack
2 Zitronenscheiben
1 Pr. Zucker, 1 Gewürzdosis
einige Wacholderbeeren
2–3 Salbeiblätter
etwas Zitronenmelisse

zum Anrichten:
Zitronenspalten
frische Butter, Kräuter- oder Sardellenbutter oder Meerrettichschlagrahm
Petersilie
Fischkartoffeln

496. Seefisch, Flußfisch gekocht

Arbeitsweise:

1. *Fischsud herstellen: Für Edelfische Sud fein abschmecken;* Salzwasser mit Geschmackszutaten außer Wein kochen, Wein zugeben, einmal aufkochen lassen, abschmecken, evtl. abkühlen lassen.

Für alle *anderen Fischarten Sud kräftig abschmecken;* Salzwasser mit allen Geschmackszutaten kalt zusetzen, etwa 10–15 Minuten leise kochen lassen, damit Sud würzig schmeckt, abschmecken, dann evtl. abkühlen lassen.

Sudmenge der Fischgröße anpassen, Fischsud muß Fisch bedecken, damit gleichmäßiges Garen erreicht wird.

Kochgeschirr: Fischkocher mit herausnehmbarem Fischhebeeinsatz oder breiter Topf mit herausnehmbarem Siebeinsatz. Fischheber (länglich geformter Schaumlöffel) als Hilfsgerät.

2. *Fisch vorbereiten:* Fische nach dem „3-S-System" vorbereiten (siehe Kochlehre Seite 268/269): säubern, säuern, etwas durchziehen lassen, salzen. Große Fische evtl. teilen, dicke Fische, z. B. Karpfen, der Länge nach spalten, evtl. portionieren. „Blau" zu kochende Fische vorbereiten wie bei Nr. 497 beschrieben.

3. *Fisch im Sud garen: Ganze* Fische in *lauwarmem, Fischstücke* in *kochendem Sud* zusetzen, Fisch zugedeckt *langsam erhitzen* bis Sud *zum Sieden* kommt, er muß *„perlen"*, darf aber *keinesfalls kochen,* dann *garziehen* lassen. Fischsud mit eingelegtem Fisch darf *niemals sprudelnd kochen!*

Tiefgefrorenen Fisch aus der Packung in vorbereiteten Fischsud gleiten lassen, wie frischen Fisch garen, Aufdruck auf Verpackung und verkürzte Garzeit beachten!

4. *Garzeit:* Portionsfische und Fischstücke je nach Größe 10–20 Minuten, größere Fische 30–40 Minuten, jeweils vom Siedepunkt an gerechnet, also sobald Sud wieder „perlt".

Lehrtafel „Seefische" ▶

Seelachs

Rotbarsch

Scholle

Schellfisch

Kabeljau

Makrele

Hering

Heilbutt

SEE-FISCHE

SÜSSWASSER-FISCH

Bei kleinen Fischen oder kleineren Fischstücken auf Elektroplatten nach dem Zusetzen des Fisches Sud auf Stufe I bis zum Sieden kommen lassen, dann unter Ausnutzung der Speicherwärme fertig garen.

5. *Kennzeichen von garen Fischen:* milchig-weißes, blättriges, nicht mehr glasig, rötlich-blutig aussehendes Fleisch bis zum Rückgrat (am Rückgrat unter der Rückenflosse prüfen), milchig-weiße, stark hervortretende Augen, Rückenflosse ist leicht auszuziehen; jedoch ist das leichte Ausziehen der Rückenflosse *allein kein* sicheres Zeichen für Gare!

6. *Anrichten:* Garen Fisch *vorsichtig* mit Siebeinsatz aus dem Sud heben, sorgsam mit Fischheber auf *heiße Platte* setzen, rasch mit vorbereiteten Garnituren versehen und *sofort* zu Tisch geben. Bei ganz frisch getöteten Forellen zerreißt beim Garen oft die Haut, dies ist ein Zeichen für Frische der Fische; evtl. mit Zitronenscheibe belegen.

Beilagen: Fisch- oder Salzkartoffeln oder Petersilienschwenkkartoffeln; frische Butter geformt oder frische heiße Butter (zerlassen, aber nicht gebräunt), Kräuter- oder Sardellenbutter geformt, feine legierte Soßen wie z. B. Holländische Soße, Kräuter-, Sardellensoße, für Seefische auch Senfsoße (nach Möglichkeit unter Verwendung des Fischsuds), Salate.

Anwendung: Das Garen von Fisch im Sud, volkstümlich als „Fischkochen" bezeichnet, kann für fast alle Arten von See- und Flußfischen angewandt werden. Bevorzugt für Schellfisch, Kabeljau, Seelachs, Makrele, Rotbarsch, Heilbutt, Steinbutt, Seezunge, Forelle, Renke, Schleie, Karpfen, Barbe, Lachs, Zander und Aal. Auf diese Weise gegarter Fisch kann auch zu vielerlei Gerichten weiterverarbeitet werden z. B. zu überbackenen Fischspeisen verschiedenster Art, Fischsalaten, Fisch in Sulze, Fisch in pikanten Soßen u. a. m.

497. Flußfisch blau* — Forelle, Renke, Schleie, Karpfen, Barbe, Zander blau

Farbbild neben Seite 288

4 Portionsfische oder
1 kg Karpfen, Zander o. ä.
etwas Salz
zum Übergießen:
1/4 l Essig gebrauchsfertig
zum Sud:
wie Nr. 496 nach Wahl
zum Anrichten:
wie Nr. 496

Frisch getöteten Flußfisch unter Wasser vorsichtig ausnehmen, *nicht schuppen,* am besten mit Finger vom Bauch aus in den Kopf fassen, festhalten und in Schüssel mit Wasser sorgsam auswaschen, Schleimhaut soll möglichst nicht verletzt werden. Fisch nur von *innen leicht salzen, außen nicht salzen!* Auf Porzellanplatte geben, mit kaltem oder heißem Essig übergießen, 1/4–1/2 Stunde kalt stellen, dadurch wird Blaufärbung begünstigt.
Sollen Forellen rund gebunden gegart werden, so erfolgt das Rundbinden vor dem Übergießen mit Essig; dazu Schwanzflosse in die Zähne einhängen und festbinden, indem man Bindfaden mittels Nadel durch Unterkiefer und Schwanzflosse führt, dann verknotet. Garen in Sud, Anrichten und Beilagen wie bei Grundrezept Nr. 496.

◀ Lehrtafel „Süßwasserfische"
Abdruck mit frdl. Genehmigung des Bundesausschusses für Volkswirtschaftliche Aufklärung e. V.

498. Aal blau

$^3/_4$–1 kg Aal
Salz, etwas heißer Essig
zum Sud:
wie Grundrezept Nr. 496
zum Anrichten:
Petersilie, Zitronenspalten
nach Belieben:
Dillsoße Nr. 935

Junge Aale werden nicht abgezogen, sondern erst ausgenommen, dann als Ausnahme mit reichlich Salz gründlich abgerieben, damit aller Schleim entfernt wird, sehr gut gewaschen, mit etwas heißem Essig übergossen, im ganzen oder portioniert im Sud gegart wie Grundrezept Nr. 496. Dickere Aale erst abziehen (siehe Kochlehre Seite 268) oder schon vom Fischhändler abziehen lassen. Dann Aal ausnehmen, sehr gründlich waschen, in Portionsstücke schneiden, im gut abgeschmeckten Sud garen wie bei Nr. 496 beschrieben. *Garzeit* für Aal 20–30 Minuten je nach Dicke des Fisches. Aal darf wie die übrigen Fische *nur ziehen,* nicht kochen! Garen Aal auf heißer Platte mit Zitronenscheiben und Petersilie anrichten, mit Fischkartoffeln reichen oder garen Fisch noch kurz in gut abgeschmeckte Dillsoße legen, etwa 10 Minuten ziehen lassen, mit Soße anrichten. Fischsud zu Dillsoße verwenden.
Beilage: Salzkartoffeln; Salat.

499. Seefische, Flußfische gedämpft

1 kg Angelschellfisch, Karpfen oder Zander oder
750 g Fischfilets
3–4 Eßlöffel Zitronensaft oder Essig, Salz
20–40 g frische Butter oder Kräuter- oder Senfbutter
Petersilie, Zwiebelringe
zum Dämpfen:
$^3/_4$ l Essigwasser
zum Anrichten:
Zitronenspalten
Tomatenscheiben
Petersiliengrün

Fische nach „3-S-System" vorbereiten: säubern, säuern, etwas durchziehen lassen, salzen wie bei Grundrezept Nr. 496 beschrieben. Ganze Fische innen, Fischfilets auf Oberseite mit Butter, Kräuter- oder Senfbutter bestreichen, gewiegte Petersilie in Fische bzw. zwischen Filets geben; vorbereitete Fische auf feuerfester Platte möglichst stehend anrichten (Kartoffel oder gelbe Rübe als Stütze in den Bauch geben), Fischfilets in flache feuerfeste Form legen, mit Zwiebelringen belegen. Auf den Boden der *vorgeheizten* Röhre (200° C) Fettpfanne mit $^3/_4$ l *kochendem* Essigwasser einschieben, Rost auf unterste Schiene geben, darauf feuerfestes Geschirr mit vorbereiteten Fischen stellen, Fische im Dampf des Essigwassers garen bei 200–180° C. *Garzeit* je nach Fischgröße und Fischdicke 30–50 Minuten. Kennzeichen für garen Fisch wie bei Grundrezept Nr 496. Garen Fisch anrichten mit Zitronenspalten, Tomatenscheiben und Petersilie, Fischkartoffeln.
Beilagen: Wie zu gekochtem Fisch Nr. 496.

500. Flußfisch blau gedämpft

4 Forellen, Renken, Schleien oder 1 kg Karpfen oder Barbe
zum Übergießen: $^1/_4$ l Essig
zum Würzen: Salz, Petersilie etwas Zitronensaft
20–40 g frische Butter, Kräuter- oder Senfbutter
z. Dämpfen: $^3/_4$ l Essigwasser
Petersilie, Zitronenspalten

Frische Flußfische vorbereiten wie bei Nr. 497 beschrieben, vorsichtig ausnehmen, waschen, aber nicht schuppen und außen nicht salzen, damit Schleimhaut als Farbstoffträger nicht verletzt wird; nach dem Säubern mit $^1/_4$ l kaltem oder heißem Essig übergießen, etwa $^1/_4$–$^1/_2$ Stunde kalt stellen. Fische dann innen vorsichtig mit etwas Zitronensaft und Salz einreiben, gewiegte Petersilie in den Bauch geben und mit etwas frischer Butter, Kräuter- oder Senfbutter ausstreichen. Fische fertigstellen wie Fische gedämpft Nr. 499.
Garzeit bei Portionsfischen etwa 30 Minuten, größere Fische bis 50 Minuten, Garen und Blaufärbung erfolgen im Dampf des Essigwassers.

501. Seezungenfilets in Weißwein mit Champignons*

Schöne ausgelöste Seezungenfilets (siehe Beschreibung und Abb. Seite 268) nach „3-S-System" vorbereiten: Säubern, säuern, salzen; in gut abgeschmeckten, kochenden Sud einlegen, zugedeckt knapp 10 Minuten leise *ziehen* lassen. Vorbereitete Champignons feinblättrig schneiden, in Butter andünsten, wenig Zitronensaft beifügen, im eigenen Saft weich dünsten, mit Mehl binden, kurz durchdünsten, mit Fischsud aufgießen (evtl. Mehl als Teiglein zugeben), 5–10 Minuten leise kochen lassen, Champignonsoße muß *dicke* Beschaffenheit haben, zuletzt mit Rahm und Eigelb verbessern, gut abschmecken. Seezungenfilets auf heiße Platte legen, mit dicker Champignonsoße überziehen, sofort zu Tisch geben.

Beilagen: Fischkartoffeln, Petersilien-Schwenkkartoffeln oder Reis; Salate nach Wahl.

8 schöne Seezungenfilets
3–4 Eßl. Zitronensaft, Salz
zum Sud:
$^1/_4$ l Weißwein, $^1/_8$ l Wasser
2–3 Zitronenscheiben, Salz
1 Zwiebel nach Belieben
zum Überziehen:
30 g Butter
125–250 g Champignons
20–30 g Mehl
ca. $^1/_8$–$^1/_4$ l Fischsud
etw. süßer Rahm, 1–2 Eigelb

502. Karpfen in brauner Soße, böhmischer Karpfen, polnischer Karpfen

Karpfen vorbereiten nach dem „3-S-System": Säubern, dabei Kopf abschneiden und zum Sud geben, in Portionsstücke schneiden, diese mit Zitronensaft beträufeln, etwas durchziehen lassen, leicht salzen. Fischsud herstellen wie bei Nr. 496 beschrieben, kräftig abschmecken, Kopf beifügen, etwa 10–15 Minuten kochen lassen, damit er würzig schmeckt. Vorbereitete Fischstücke und evtl. Rogen in kochenden Sud einlegen, etwa 15 Minuten leise *ziehen, nicht kochen* lassen. Zuckereinbrenne herstellen, mit Fischsud aufgießen, etwa 5–10 Minuten kochen lassen, Rotwein oder Bier zugeben, pikant abschmecken; falls nötig seihen, Fischstücke und Rogen in Soße einlegen, noch 5 Minuten ziehen, aber nicht kochen lassen, nochmal abschmecken. Für polnischen Karpfen Bier zur Soße verwenden.

Für böhmischen Karpfen geschälte, gestiftelte Mandeln, gehackte Walnußkerne, gebrühte Rosinen, Rotwein und etwas Johannisbeergelee zur dunklen Soße geben.

Ein Teil des Mehls kann durch geriebenen Honiglebkuchen ausgetauscht werden.

Oder: Karpfen vorbereiten wie oben, aber nicht im Sud garen; Soße herstellen wie oben, statt mit Fischsud mit beliebiger Brühe aufgießen, Geschmackszutaten wie zum Fischsud in Soße geben, mindestens 15 Minuten leise kochen lassen, durch Sieb geben, vorbereitete Karpfenstücke in kochende, gut abgeschmeckte, aber etwas dickere Soße legen (roher Fisch macht Soße dünner), Fischstücke bei mäßiger Hitze in Soße gar ziehen lassen, Soße nochmal abschmecken.

Fisch in Soße anrichten.

Beilagen: Semmelknödel, Kartoffelgerichte aller Art, Serviettenkloß; Salate nach Belieben.

1 kg Karpfen
Zitronensaft, Salz
Fischsud wie Nr. 496
zur braunen Soße:
30 g Fett, 30–40 g Mehl
1 Teel. Zucker, $^1/_2$ l Fischsud
nach Belieben:
etwas Honiglebkuchen (statt Hälfte der Einbrenne)
1 Glas Rotwein oder dunkles Bier
für böhmischen Karpfen:
50 g gestiftelte Mandeln
30 g Walnüsse, grob gehackt
30–40 g Rosinen
1 Eßl. Johannisbeergelee

528. Hecht im ganzen gedünstet

1 kg Hecht (Mittelstück)
3–4 Eßl. Zitronensaft, Salz
zum Dünsten:
40 g Butter, 1 Zwiebel
250 g Champignons
etwas Zitronensaft, Salz
6–8 Eßl. Weißwein
6–8 Eßl. Rahm
1 Prise Zucker
etwas Tomatenmark
zum Binden nach Belieben:
1 Teel. Mehl

Hecht säubern, Rücken vorsichtig häuten, säuern, durchziehen lassen, unmittelbar vor dem Zusetzen salzen. Feingeschnittene Zwiebel in etwas Butter in länglicher, feuerfester Form glasig dünsten, blättrig geschnittene Champignons zugeben, durchdünsten, etwas Salz und wenig Zitronensaft zugeben, zugedeckt etwa 5–10 Minuten dünsten lassen, dann vorbereiteten Hecht einlegen, restliche Butter beifügen, kräftig andünsten, etwas Wein zugeben, zugedeckt in vorgeheizter Röhre bei Mittelhitze (ca. 200–190° C) etwa 15–20 Minuten dünsten lassen. Dann dicken Rahm über Fisch geben, offen noch weitere 15–20 Minuten garen und leicht anbräunen lassen, nach Belieben Soße etwas binden. *Gesamtgarzeit* etwa 40 Minuten, sehr dickes Stück etwas länger. Zuletzt Soße mit Rahm und Wein, nach Belieben mit etwas Tomatenmark gut abschmecken, Fisch in der Form mit Soße zu Tisch geben.
Beilagen: Petersilien-Schwenkkartoffeln, Salzkartoffeln, Kartoffelbrei; Salate oder Gemüse nach Belieben.

529. Seefisch, Flußfisch im ganzen gebraten, gespickter Hecht gebraten (6 Personen)

1¼–1½ kg Seefisch wie Schellfisch oder Seelachs oder Süßwasserfisch wie Karpfen, Hecht, Zander
4 Eßl. Zitronensaft, Salz
etwas Räucherspeck
zum Braten:
60 g Butter oder Margarine evtl. ein Teil davon Speck, geräuchert, 1 Zwiebel
3 Eßl. Wurzelwerk
4–6 Eßl. dicker saurer Rahm
4 Eßl. Weißwein
zum Binden nach Belieben:
1–2 Teel. Mehl

Fisch wie üblich vorbereiten: Säubern, säuern, durchziehen lassen, kurz vor dem Zusetzen salzen; nach Belieben Rücken sorgfältig abhäuten, evtl. streifenförmig spicken.
Günstig ist es, als Bratgeschirr eine tiefe, feuerfeste Platte zu verwenden, die zum Braten und als Anrichtegeschirr gleichzeitig dient.
Sehr feingeschnittenes oder feingewiegtes Wurzelwerk in wenig Fett fast weich dünsten; vorbereiteten Fisch auf gebutterte feuerfeste Platte stellen oder Platte mit Speckscheiben belegen, Fisch darauf geben, evtl. auf einige geschälte rohe Kartoffeln stellen, mit zerlassener Butter bestreichen oder mit heißer Butter übergießen, vorgedünstetes Wurzelwerk beigeben, in gut vorgeheizter Röhre braten wie Magerbraten, mit dem sich bildenden Bratensaft mehrmals begießen, *keine Flüssigkeit zugeben,* da Fisch reichlich Saft zieht. Fisch soll schön bräunen, evtl. mit etwas Butter bestreichen. Brathitze 250–240° C, Einschubhöhe Mitte, *Bratdauer:* 45–50 Minuten je nach Dicke des Fisches. Während der zweiten Hälfte der Bratzeit mehrmals mit dickem saurem Rahm, evtl. mit etwas Mehl verrührt, bestreichen, diesen bräunen lassen.
Wenn Fisch gar, Soße evtl. abschöpfen, falls nötig binden, mit restlichem Rahm und Wein abschmecken, eigens zum Fisch reichen. Erfolgt das Braten im Bräter, garen Fisch vorsichtig mit Fischheber auf heiße Platte setzen, heiß stellen, Bratenansatz im Bräter lösen, aufkochen lassen, durch Sieb streichen, Soße evtl. binden und mit restlichem Rahm und etwas Wein abschmecken.
Angerichteten Fisch nach Belieben mit Petersilie, Zitronenspalten und frischen Tomatenscheiben garnieren.
Beilagen: Petersilien-Schwenkkartoffeln, Salate, Gemüse nach Belieben

530. Seefisch gebraten mit Tomatenüberzug

Seefisch vorbereiten und braten wie bei Nr. 529 beschrieben, jedoch ohne Wurzelwerk. Nach halber Bratzeit, wenn Fisch schön gebräunt ist, Rahm mit Tomatenmark, Mehl und etwas Salz glatt rühren, Fisch dick damit bestreichen, anbräunen lassen, weiter braten, kurz vor Ende der Garzeit Fisch reichlich mit geriebenem Käse bestreuen, diesen leicht bräunen lassen. Soße evtl. etwas binden, mit Rahm und etwas Wein verbessern, gut abschmecken, eigens reichen.

Brattemperatur: 250–240° C, Einschubhöhe Mittelschiene, *Bratdauer* etwa 45–50 Minuten je nach Dicke des Fisches.

Anrichten mit Zitronenspalten, Petersilie und Tomatenscheiben oder gedünsteten Tomaten.
Beilagen: Salzkartoffeln, Kartoffelbrei, Sahnemeerrettich; Salat nach Wahl.

Zutaten wie Seefisch gebraten Nr. 529 ohne Wurzelwerk
zum Überzug: 4–6 Eßl. dicker saurer Rahm
3 Eßl. Tomatenmark
1 Eßl. Mehl, Salz
zum Bestreuen:
4–6 Eßl. geriebener Käse
zum Verbessern der Soße:
2 Eßl. dicker saurer Rahm
2 Eßl. Wein

531. Fischfilets gebraten in der Röhre

Fischfilets wie üblich vorbereiten: Säubern, säuern, durchziehen lassen, nur wenig salzen; tiefgefrorene Filets ebenso vorbereiten, wenn sie so weit angetaut sind, daß sie voneinander zu lösen sind. Butter schaumig rühren, zur Hälfte mit Tomatenmark, andere Hälfte mit feingewiegten Kräutern, insbesondere Petersilie, würzen – oder eine Butterhälfte mit Sardellenpaste, die andere mit Senf pikant abschmecken. Fischfilets abwechselnd mit Tomaten- und Kräuterbutter oder mit Sardellen- und Senfbutter bestreichen, aufeinandersetzen, mit größtem Filet abdecken, in gefettete feuerfeste Form oder Schmortopf setzen, mit heißem Fett oder gewürfeltem ausgelassenen Räucherspeck übergießen, in gut vorgeheizter Röhre bei *guter Hitze* wie Magerbraten braten. Nach 15 Minuten dicken sauren Rahm, nach Belieben mit Tomatenmark abgerührt, über Filets gießen, bei guter Hitze weiterbraten, bis fast aller Bratensaft eingedampft ist – Fisch zieht reichlich Saft – deshalb keine Flüssigkeit zugeben! Brathitze: 250–240° C, Einschubhöhe Mittelschiene, *Bratdauer* ca. 45 Minuten. Unmittelbar vor Ende der Garzeit nach Belieben Fisch mit geriebenem Käse überstreuen, diesen licht bräunen lassen. Bratansatz mit wenig Wein lösen, Soße abschmecken.

Garen Fisch in feuerfester Form zu Tisch geben oder auf heißer Platte mit Fischheber anrichten, mit Zitronenspalten, gedünsteten Tomaten, Petersilie und Fischkartoffeln garnieren.

Fischfilets können auch anstelle der verschieden abgeschmeckten Butter mit Sardellenpaste und etwas Senf oder mit Tomatenmark und reichlich gewiegter Petersilie gewürzt werden.

Beilagen: Salzkartoffeln, Kartoffelbrei; grüner Salat.

3/4 kg dünne, kleine Seefischfilets (Goldbarsch, Schellfisch Kabeljau), 3–4 Eßl. Zitronensaft oder Essig, Salz
zum Bestreichen:
40 g Butter, 2 Eßl. Tomatenmark und reichlich frische Kräuter, bes. Petersilie
oder Sardellenpaste u. Senf
zum Braten:
30 g Butter od. Margarine
evtl. Räucherspeck
6–8 Eßl. dicker saurer Rahm oder halb Rahm, halb Dosenmilch, etwas Tomatenmark
etwas geriebener Käse
2–4 Eßl. Weißwein

532. Fischschnitten, Portionsfische gebraten auf der Pfanne* (Forelle, Renke, Felchen)

4 Portionsscheiben v. Fluß- oder Seefisch oder
4 Portionsfische wie Forelle, Renke, Felchen o. ä.
Zitronensaft, Salz
etwas weißer Pfeffer
evtl. Petersilie gewiegt
zum Wenden: etwas Mehl
50–60 g Butter od. Margarine
evtl. mit etwas Öl gemischt

Fische wie üblich vorbereiten, also säubern (Portionsfische auch schuppen!), säuern, gut durchziehen lassen, unmittelbar vor dem Braten leicht salzen, nach Belieben mit wenig Pfeffer bestäuben, Portionsfische innen mit gewiegter Petersilie einreiben, ihre Außenseite 2–3 mal schräg in Richtung der Gräten leicht einschneiden. Vorbereitete Fische leicht in Mehl wenden, auf Stielpfanne in reichlich Butter bzw. Margarine, evtl. mit etwas Öl gemischt, auf beiden Seiten schön goldbraun braten. *Bratdauer* pro Seite etwa 4–7 Minuten je nach Dicke des Fisches; gebratenen Fisch sofort auf gut heißer Platte anrichten, nach Belieben etwas heiße Butter über Fisch geben, mit Petersilie und Zitronenspalten garniert sofort reichen.
Beilagen: Petersilien-Schwenkkartoffeln; grüner Salat.

533. Forelle, Renke nach Müllerin Art*

4 mittelgroße Forellen oder Renken
etwas Zitronensaft, Salz
etwas weißer Pfeffer
zum Wenden: etwas Mehl
zum Braten: 50–60 g Butter
evtl. mit etwas Öl gemischt
zum Begießen: 20 g Butter
4 Eßl. Petersilie gewiegt
Salz, etwas Zitronensaft

Fische gründlich schuppen, säubern, mit Zitronensaft außen und innen beträufeln, durchziehen lassen, leicht salzen, nach Belieben mit etwas frisch gemahlenem Pfeffer bestäuben, beiderseitig 2–3 mal leicht einschneiden in Richtung des Grätenlaufes, nur leicht in Mehl wenden, in Butter oder Butter mit Öl gemischt bei guter Hitze auf beiden Seiten schön goldgelb braten, je Seite etwa 4–5 Minuten. Auf heißer Platte anrichten, mit reichlich in Butter gedünsteter Petersilie, der man eine Prise Salz und etwas Zitronensaft beigefügt hat, übergießen, sofort zu Tisch geben.
Beilagen: Salzkartoffeln oder Petersilien-Schwenkkartoffeln; grüner Salat.

534. Seefisch, Flußfisch paniert gebacken*

3/4 kg Seefischfilets oder
1 kg See- oder Flußfisch portioniert
3–4 Eßl. Zitronensaft oder Essig, Salz
für Seefisch nach Belieben:
2–3 Eßl. Weißwein
1–2 Teel. Senf
zum Panieren:
4 Eßl. Mehl
1–2 Eier oder Eireste mit
1–2 Eßl. Wasser verschlagen
6–8 Eßl. Semmelbrösel
zum Backen:
wasserfreies Ausbackfett
zum Anrichten:
Zitronenspalten, Petersilie

Geeignete Fische zum Ausbacken:
Von den *Seefischen* sind bevorzugt: *Seefischfilets* von Schellfisch, Rotbarsch, Kabeljau, aber auch von Schollen, Flundern, Seezungen. Darüber hinaus wird auch portionierter Seefisch, z. B. Seelachs, Schellfisch u. a. m. paniert gebacken.
Von den Süßwasserfischen werden kleine Fische als *Portionsfische* häufig im ganzen gebacken, wie Felchen, Weißfische, aber auch Forellen und Renken; *größere Fische* werden *portioniert gebacken,* besonders beliebt dafür sind *Karpfen,* auch *Barben.*
Fische vorbereiten: Seefischfilets bzw. portionierte Seefischstücke säubern, säuern, gut durchziehen lassen, leicht salzen, nach Belieben Seefisch mit Senf, der mit etwas Weißwein verrührt wurde, bestreichen, durchziehen lassen (nicht für Edelfische!). Süßwasserfische gründlich säubern, Kopf entfernen, größere Fische portionieren, dafür zweckmäßig spalten, Mittelgräte entfernen, in Portionsstücke schneiden, säuern, durchziehen lassen, dann salzen.
Vorbereiteten Fisch erst leicht in Mehl, dann in Ei und Semmelbröseln wenden oder in fertige Paniermischung tauchen, *sofort* in genügend heißem Fett auf Stielpfanne oder in heißem Fett schwimmend auf

Forellen blau mit Kräuterbutter
Rezept S. 273 ▶

beiden Seiten goldbraun backen. *Backzeit* je nach Dicke des Fischstückes 8–10 Minuten, sehr dicke Stücke bis zu 12 Minuten. Sofort auf heißer Platte mit Zitronenspalten und Petersilie anrichten.
Tiefgefrorene Seefischfilets antauen lassen, portionieren, dann vorbereiten und backen wie frische; Backzeit ist etwas verlängert – nicht zu schnell backen, damit Fischfleisch gut gar ist. Vorgebackene tiefgefrorene Fischstäbchen in heißem Fett nachbacken, Aufdruck beachten!
Beilagen: Verschiedene Salate, Kartoffelsalat oder Salzkartoffeln, Remouladensoße.

535. Seefisch, Flußfisch in Backteig gebacken*

Fisch säubern, (Kopf immer entfernen), große Stücke portionieren, säuern, gut durchziehen lassen, salzen, leicht in Mehl wenden. Backteig herstellen: Mehl mit Bier oder Wein unter Zugabe von Eigelb, Öl und Salz zu glattem Teig anrühren in der Beschaffenheit von dickem Pfannenkuchenteig, steifen Eischnee unterziehen; vorbereitete Fischstücke in Backteig wenden, *sofort* in heißem Fett schwimmend oder auf Stielpfanne in reichlich heißem Fett auf beiden Seiten goldbraun backen. Backzeit je nach Größe der Stücke 8–12 Minuten. Auf heißer Platte mit Zitronenspalten und Petersilie anrichten.
Tiefgefrorene Filets in fingerdicke Scheiben oder Streifen schneiden, säuern, salzen, fertigstellen wie oben.
Beilagen: Verschiedene Salate, Salzkartoffeln, Remouladensoße.

$^3/_4$ kg Seefischfilets oder
1 kg Seefisch oder Flußfisch portioniert
3–4 Eßl. Zitronensaft oder Essig, Salz
Backteig:
150–200 g Mehl
bis $^1/_4$ l dunkles Bier oder Wein, 2 Eier getrennt
1–2 Teel. Öl, Salz
wasserfreies Ausbackfett
Zitronenspalten, Petersilie

536. Fischauflauf, Fischpudding von rohem Fisch

Fischfilets rasch waschen, gut abtropfen lassen, eingeweichte Semmeln gut ausdrücken; Fisch, ausgedrückte Semmeln und Räucherspeck durch Fleischmaschine drehen; feingewiegte Zwiebeln und Petersilie in wenig Butter andünsten. Butter schaumig rühren, ganze Eier und alle übrigen Zutaten beifügen, sehr gut mischen, abschmecken, in vorbereitete Auflauf- oder Puddingform füllen, in vorgeheizter Röhre bei ca. 190° C bzw. im Wasserbad garen. *Garzeit* 1 Stunde. Pudding vorsichtig stürzen, mit pikanter Soße übergießen, sofort zu Tisch geben.
Beilagen: Pikante Soße wie Holländische Soße, Kapern-, Tomaten- oder Senfsoße, Salzkartoffeln, Salate oder statt Soße auch Blumenkohlgemüse in Soße.
Fischauflauf von rohem Fisch hat intensiveren Fischgeschmack als Fischauflauf von gekochtem Fisch (Nr. 538).

600–750 g Fischfilets
2–3 alte Semmeln, eingeweicht
40 g Speck nach Belieben
20 g Butter oder Fett
1–2 Zwiebeln
reichlich Petersilie, gewiegt
40 g Butter, 3 ganze Eier
2–3 Eßl. Käse
Salz, etwas weißer Pfeffer
2 Eßl. Mehl
zur Form:
Butter bzw. Butter u. Brösel

537. Fischküchlein, Fischfrikadellen*

Fischfilets rasch waschen, gut abtropfen lassen, Fisch und eingeweichte, gut ausgedrückte Semmeln durch Fleischmaschine drehen; feingeschnittene Zwiebeln und gewiegte Petersilie in wenig Fett andünsten. Alle Zutaten mischen, sehr gut abarbeiten, abschmecken, runde oder längliche Küchlein formen, auf Stielpfanne in heißem Fett langsam ausbacken.
Fischreste von gegartem Fisch können ebenso verarbeitet werden.
Beilagen: Gemischter Salat, Kartoffelbrei.

600–750 g Seefischfilets
2 alte Semmeln, eingeweicht
2 Eier, Salz
etwas Majoran nach Belieben
wenig Zitronenschale
20 g Fett, 1 Zwiebel
Petersilie, gewiegt
zum Backen: Fett

◀ Fischschnitten gegrillt mit Champignonsoße
Rezept S. 249

545. Matjeshering mit Ei in Remouladensoße*

6–8 Matjesfilets eingelegt
etwas Milch oder Buttermilch
Remouladensoße Nr. 975
1 Becher Joghurt
1–2 Äpfel, geschält
zum Garnieren:
2–3 harte Eier
Zwiebelringe
evtl. einige Radieschen
Kapern

Matjesfilets sorgfältig häuten und entgräten, nach Bedarf in Milch oder Buttermilch einlegen. Remouladensoße herstellen, mit Joghurt schaumig schlagen, geschälten, geraspelten Apfel unterschlagen, pikant abschmecken. Zutaten zum Garnieren vorbereiten: Eier hart kochen, erkaltet in Scheiben, geschälte Zwiebel in sehr feine Ringe, gut gewaschene Radieschen feinblättrig schneiden, Kapern abtropfen lassen. Fertige Soße in tiefe Platte gießen, Heringsfilets spiralenförmig zu Röllchen drehen, in Soße setzen, mit Eischeiben, Kapern, blättrig geschnittenen Radieschen und Zwiebelringen garnieren, gut kalt reichen. Gut geeignet als *Vorspeise.*
Beilagen: Toast, kleine frische Brötchen.

546. Salzheringe marinieren auf Vorrat

Salzheringe nach Bedarf
zur Marinade:
auf 1/2 l Wasser:
1/8–1/4 l Essig je nach Schärfe
2 Gewürzdosen
2 Zwiebeln in Scheiben
1 Prise Zucker
einige Zitronenscheiben

Salzheringe waschen, Köpfe abschneiden, 12–24 Stunden wässern unter mehrmaligem Wechseln des Wassers, gründlich säubern, häuten, Filets sorgsam von der Mittelgräte lösen, entgräten, rasch waschen, locker in Porzellan- oder Steintopf schlichten. Zutaten für Marinade einmal aufkochen, völlig *erkaltet* über Heringe geben, so daß diese von Marinade bedeckt sind, kalt stellen. Marinierdauer 3 bis höchstens 14 Tage; während dieser Zeit kalt stellen. Heringsmilch getrennt für kurze Zeit marinieren. Heringe zum Anrichten in Rahmsoße legen siehe Nr. 542.
Sollen Salzheringe rasch für den Verzehr vorbereitet werden, Heringe ebenso vorbereiten, gesäuberte, gehäutete Filets einige Stunden in kalte Milch legen, diese mehrmals wechseln, dann in Rahmsoße anrichten wie Nr. 542.

547. Rollmöpse marinieren auf Vorrat

15 Salzheringe
zum Füllen:
100 g Zwiebeln
2–3 Eßl. Kapern
2–3 Gewürzgurken
Senf nach Belieben
Zahnstocher z. Feststecken
zur Marinade:
1/2 l Wasser
1/8–1/4 l Essig je nach Schärfe
2 Gewürzdosen
2 Zwiebeln in Scheiben
1 Prise Zucker
1–2 Teelöffel Senfkörner

Salzheringe waschen, Köpfe abschneiden, 12–24 Stunden wässern unter mehrmaligem Wechseln des Wassers, gründlich putzen, nach Belieben häuten, sorgfältig Filets von Mittelgräte lösen, gründlich entgräten, rasch waschen, gut abtropfen lassen. Heringsfilets nach Belieben leicht mit Senf bestreichen, mit feingewiegten Zwiebeln und Kapern gemischt auf einer Seite bestreichen, ein Stück Gewürzgurke auflegen, aufrollen, mit Zahnstocher feststecken, locker in vorbereiteten Steintopf schlichten. Marinade mit allen Zutaten einmal aufkochen, erkalten lassen, *völlig erkaltet* über Heringsrollen geben, so daß diese ganz mit Marinade bedeckt sind, kalt stellen. Marinierdauer 3 bis höchstens 14 Tage, sie müssen jedoch während der Marinierdauer kalt stehen! Heringsmilch getrennt für kurze Zeit marinieren.
Zum Anrichten Rollmöpse mit feingeschnittenen Zwiebelscheiben bedecken, etwas Marinade über angerichtete Rollmöpse geben.
Beilage: Schalkartoffeln.
Werden Bismarckheringe für Rollmöpse verwendet, so entfällt das Wässern. Heringe ebenso filetieren und füllen, Marinierdauer kann auf 1–2 Tage abgekürzt werden.

548. Bratheringe marinieren auf Vorrat

Heringe säubern, köpfen, filetieren, entgräten, kurz waschen, säuern, kurz durchziehen lassen, salzen, leicht in Mehl wenden, dann in Ei und Semmelbröseln tauchen, in heißem Fett auf beiden Seiten goldbraun backen. Heringe *erkaltet* locker in Steintopf schichten; Marinade mit allen Gewürzen einmal aufkochen lassen, *völlig erkaltet* über Filets geben, so daß diese gut bedeckt sind, kalt stellen. Marinierdauer 2–6 Tage. Fische beim Anrichten gut abtropfen lassen.
Beilagen: Schal- oder Salzkartoffeln.

15 grüne Heringe, Essig, Salz
zum Panieren:
etwa 8–10 Eßl. Mehl
3 Eier oder Eireste mit
3 Eßl. Wasser verschlagen
etwa 12 Eßl. Semmelbrösel
zum Backen: Öl
Marinade wie bei Nr. 547

Forelle gesulzt siehe Nr. 494

Fischsulze siehe Nr. 493, 495

549. Einfacher Fischsalat (Resteverwertung)*

Gekochten Fisch im Sud erkalten lassen, dann sorgfältig häuten und entgräten, in Stückchen zerpflücken; Zwiebel in sehr feine Würfel, Gewürzgurken und geschälte, vom Kernhaus befreite Äpfel in gleichmäßig kleine Würfel schneiden; gewaschene Tomaten brühen, kalt überbrausen, häuten, Kerne und weiches Mark entfernen, Tomatenfleisch gleichfalls feinwürfelig schneiden. Alle Zutaten locker mischen, mit gut abgeschmeckter Marinade anmachen, kalt gestellt gut durchziehen lassen, nach Belieben mit etwas Mayonnaise verbessern; in diesem Fall entfällt Öl zur Marinade.
Anrichten mit Petersilie, Scheiben von harten Eiern, Tomaten und Gewürzgurken.
Merke: Fischreste möglichst am gleichen Tag verwenden!

500 g gekochter See- oder Flußfisch, 1–2 Zwiebeln
1–2 Gewürzgurken, Salz
etwas weißer Pfeffer
1–2 Äpfel, 2 Tomaten
1–2 Eßlöffel Kapern
Marinade: Essig oder Zitronensaft, Öl
Salz, 1 Prise Zucker
1 Teel. Senf, etwas Fischsud
zum Verbessern: 1/2 Rezept Mayonnaise (gestr.) Nr. 970

550. Fischsalat mit Obst*

Gekochten Fisch im Sud erkalten lassen, dann sorgfältig häuten und entgräten, in kleine Stücke zerpflücken. Orangen und Grapefruit schälen, sorgfältig häuten, vierteln, von Kernen befreien, in dicke Scheibchen schneiden; geschälte Banane ebenfalls in dicke Scheiben schneiden, leicht mit Zitrone beträufeln. Geschälte Äpfel und nach Belieben Gewürzgurken in feine Streifen schneiden, abgezogene Mandeln oder Nüsse stifteln oder blättrig schneiden. Vorbereitetes Obst und Gurken locker mischen, mit Zitronensaft beträufeln, mit gut abgeschmeckter Mayonnaise vermengen, zuletzt Fischstückchen vorsichtig unterheben, in Glasschale anrichten, mit kernfreien Orangenscheiben garnieren, bis zum Gebrauch im Kühlschrank kalt stellen, gut kalt reichen. Stets am gleichen Tag verwenden!
Sehr beliebt zu festlichem kalten Abendessen oder zu kaltem Büffet.
Beilagen: Toast oder frische Brötchen.

500 g gekochter See- oder Flußfisch
2 Orangen, 1 Grapefruit
1 Banane, 2 säuerliche Äpfel
2–3 Gewürzgurken
30 g abgezogene Mandeln oder Nüsse, Zitronensaft
Mayonnaise Nr. 970 (gestreckt)
zum Anrichten: 2 Orangen

den Scheren sitzt. Als besonders wohlschmeckend gilt Krebsfleisch in der Zeit der „Häutung", d. h. wenn der Krebs seinen meist braungrauen bis grünbraunen Panzer abwirft und in wenigen Wochen neu bildet, meist Juli/August. Die Wintermonate sind Schonzeit für die Krebse.

Beim Kochen der Krebse wird ihr Panzer leuchtend rot; das Kochen muß so erfolgen, daß die Krebse sofort getötet sind und Tierquälerei vermieden wird.

Krebsfleisch hat *hohen Eiweißgehalt, ist aber sehr rasch verderblich.* Deshalb Krebse nur *lebend* kaufen, sie müssen beim Berühren kräftige Abwehrreaktionen zeigen – oder Krebsfleisch als Halb- oder Vollkonserve verwenden.

Verwendung: Frisch gekochte Krebse heiß in Sud reichen, Krebsfleisch hierbei mittels Krebsbesteck aus Scheren und Schwanz lösen. Konserviertes Krebsfleisch als Einlage zu Frikassee, Ragout, feinen Suppen oder mit etwas Mayonnaise z. B. zu Cocktails verwenden.

Austern sind die bekannteste und edelste Muschelart; sie kommen an den Küsten des nördlichen Atlantiks in größeren Ansammlungen (Austernbänke) vor, werden heute aber auch oft gezüchtet. Sie werden vorwiegend von Frankreich, England, Holland und Dänemark importiert per Luftteilfracht; bevorzugt in der Zeit von Oktober bis April. Die Muschelschalen schließen reichlich Meerwasser ein, wodurch das Tier noch einige Zeit nach dem Fang leben kann, jedoch sind sie sehr *leicht und rasch verderblich!* Lebende Tiere haben fest geschlossene Muschelschalen – Austern mit geöffneten Muschelschalen sind tot und wegen Vergiftungsgefahr ungenießbar!

Verwendung: Austern werden als Luxusfeinkost meist lebend und roh mit Zitrone beträufelt verzehrt.

Empfehlungen für den Einkauf:

1. Krebse und Muscheln nur in guten, zuverlässigen, dafür geeigneten Fachgeschäften kaufen.

2. Frische Krebse lebend kaufen – bei Konserven auf Aufdruck achten! Präserven sind höchstens bis 3 Monate, Vollkonserven mindestens bis 6 Monate bei kühler Lagerung haltbar – bis zum Gebrauch im Kühlschrank aufbewahren, Aufdruck beachten!

3. *Geöffnete Dosen mit Krebsfleisch jeglicher Art am Tag des Öffnens voll verbrauchen!*

4. Austern müssen aus einwandfreien Gewässern stammen und beim Kauf fest geschlossene Muschelschalen haben – sie sind äußerst rasch verderblich – bis zum unmittelbaren Gebrauch kühl stellen (mit der flachen Schale nach oben).

554. Krabbenragout*

20 g Butter, 1 kl. Zwiebel
150 g frische Champignons
etwas Zitronensaft, Salz
1 Prise weißer Pfeffer
1/4 l Fleischbrühe
Butter-Mehlkloß von:
30 g Butter, 30 g Mehl
2 Eßl. süß. Rahm, 1–2 Eigelb
250 g Krabben aus Dose

Feingeschnittene Zwiebel in Butter glasig dünsten, vorbereitete kleine halbierte Champignons zugeben, mit andünsten, wenig Zitronensaft beifügen, mit etwas Fleischbrühe aufgießen, gar dünsten. Restliche Fleischbrühe beifügen, Soße mit Butter-Mehlkloß binden, gut aufkochen lassen, pikant abschmecken, mit Rahm und Eigelb legieren, gewaschene Krabben aus Dose beifügen, gut heiß werden aber nicht mehr kochen lassen, nochmal abschmecken. Ragout in kleine Förmchen füllen, nach Belieben überbacken oder auf Toast oder in Pastetchen gefüllt als warme *Vorspeise* reichen.

8. Bei *Fisch*eintop
System“ vorbereit
Portionsstücke ers
Garzeit auf den f
garen.

9. Alle Eintopfg
Zugabe *frischer K*
Salate *aufwerten.*

10. Gut schließen
Geschirr oder feue
(mit Deckel!) bevc
kürzen Garzeit w
beachten.

11. *Zum Einfrie*
Fleisch, Geflügel
insbesondere mit
deln. Kartoffeln b
vielfach eine etwa
fahren aber sonst
Eintöpfe werden
barem Platz im
eingefrostet.

Dicke Su

562. Dicke Karto

Speck kleinwürfel
mal waschen, mit
in Würfel schneid
zelwerk darin a
Gewürz zugeben,
etwas binden. W
10 Minuten ziehe
lich frischer Peters
Garzeit etwa 1/2–3

Als Einlage komm
Wiener, Frankfurt
250 g gekochtes m

555. Kalte Krabbenvorspeise mit Obst*

Krabben leicht mit kaltem Wasser überspülen, sehr gut abtropfen lassen, im Kühlschrank kalt stellen. Obst schälen, in gleichmäßige kleine Würfel schneiden, mit etwas Zitronensaft beträufeln, um Verfärbung zu verhindern. Geschälte Mandeln oder Nüsse blättrig oder stiftelig schneiden. Alles locker mischen, mit etwas Mayonnaise, die nach Belieben mit wenig Tomatenketchup abgeschmeckt wurde, vermengen, in kleinen Glasschälchen mit zarten Salatblättchen garniert, reichen.
Beilage: Toast.

250 g Krabben aus Dose
1 Apfel, 2 Mandarinen
2 Scheiben Ananas aus Dose
1 Banane, Zitronensaft
50 g geschälte Mandeln oder Nüsse
Mayonnaise Nr. 970
evtl. etwas Tomatenketchup

556. Pikanter Krabbensalat*

Krabben rasch mit kaltem Wasser überspülen, gut abtropfen lassen, im Kühlschrank kalt stellen. Geschälte, vom Kernhaus befreite Äpfel und Gewürzgurken in gleichmäßige, nicht zu große Würfel schneiden, geschälten Sellerie rasch raspeln und mit etwas Zitronensaft vermengen, damit er nicht verfärbt oder gewaschene Tomaten brühen, kalt überbrausen, häuten, von Kernen und Mark befreien, Fleisch würfelig schneiden. Alles locker mischen, Zitronensaft, Salz und Gewürze zugeben, etwas durchziehen lassen, mit Mayonnaise oder Schlagrahm mischen, gut abschmecken. Bis zum Servieren auf Eis oder in Kühlschrank stellen. Garnieren mit Scheiben von Ei und Tomaten und zarten Salatblättern. Auch als *Vorspeise* geeignet.
Beilage: Toast.

250 g Krabben aus Dose
1–2 säuerliche Äpfel
2 Gewürzgurken
100–200 g roher Sellerie oder 2 Tomaten
Zitronensaft, Salz, etwas Worcestersoße, wenig Curry
etwas weißer Pfeffer
Mayonnaise Nr. 970 oder
1/4 l Schlagrahm knapp
2 harte Eier
Tomaten, Salatblätter

557. Krabbencocktail*, Hummercocktail* (etwa 6 Personen)

Krabben bzw. Hummer aus Dose mit kaltem Wasser überspülen, sehr gut abtropfen lassen, Hummerfleisch in schöne Stücke zerlegen und in den Kühlschrank stellen. Geschälte Bananen in Scheiben schneiden, mit wenig Zitronensaft leicht beträufeln, Orange und Äpfel sorgfältig schälen, Kernhaus entfernen, in gleichmäßige Würfel schneiden, Ananas ebenso würfeln. Mandarinenspalten ganz lassen, gut abtropfen lassen. Obst locker mit grob gehackten Walnüssen und vorbereiteten Krabben oder Hummerfleisch mischen, leicht durchziehen lassen, in den Kühlschrank stellen. Schagrahm steif schlagen, Tomatenketchup unterschlagen, abschmecken, vorbereitete Krabben bzw. Hummerfleisch und Obst unterheben, in schalenartigen Gläsern anrichten, mit je 2 Stück Krabben und einem Tupfen Tomatenketchup oder Hummerstückchen und Spargelspitzen garnieren, eisgekühlt reichen.
Anstelle von Schlagrahm kann auch eine Mischung von 1/8 l Schlagrahm und 125 g Mayonnaise verwendet werden.
Bei Hummercocktail kann Obst mit je einer kleinen Dose Champignons und Spargelspitzen ausgetauscht werden.
Als *Vorspeise* gut geeignet.
Beilage: Toast und Butter.

250 g Krabben od. Hummer (aus Dose)
2 Bananen, 1–2 Äpfel
1 kernlose Orange
2 Scheiben Ananas aus Dose
1 kleine Dose gehäutete Mandarinenspalten
50 g Walnußkerne
wenig Zitronensaft
1 Prise Zucker
etwas Worcestersoße
2–3 Eßl. Cognac
1/4 l Schlagrahm knapp
2 Eßl. Tomatenketchup
Garnieren: Krabben bzw. Hummer, Spargelspitzen

Ein

Eintöpfe si
haft zu g
Fleisch, mi
Hauptzuta
müse, Kar
Hülsenfrüc
Geschmacks
der Jahresz
beliebig ve
Suppen sin
Eintöpfe er
Zutaten *ge*
guter Verd
Fleischmeng
wird die M
fachen süße
Quark oder
Eintöpfe kö
wenn das
der Gütekl
Fleischmeng
sondere das
Möglichkeit
bietet *gesun*
Eintöpfe sin
die Gemüse
Herstellung
automatisch
für Heizkos
längerer Ga
drucktöpfen

Kochlehre:

Empfehlung

1. Als *Fleis*
Schweine- u
tes und auch
Geschmacks;

569. Nudelgericht italienischer Art

250 (300) g Bandnudeln
reichlich Salzwasser
zur Fleischsoße:
2 Eßl. Öl, 30 g Räucherspeck
2 Zwiebeln
250–300 g gemischtes Hackfleisch, 1 Eßl. Mehl
3 Eßl. Tomatenmark
Salz, Pfeffer, Thymian
¼ l Brühe, 3–4 Eßl. Rahm
zum Überbacken:
10 g Butter, 200–250 g Emmentaler oder Goudakäse
⅛ l Rahm mit Milch gemischt
2–3 Eßl. Reibkäse

Bandnudeln in reichlich kochendem Salzwasser kernig-weich kochen, abseihen, kalt überbrausen, gut abtropfen lassen. Fleischsoße herstellen: Kleingewürfelten Speck und feingeschnittene Zwiebeln in Öl glasig dünsten, Hackfleisch zugeben, bei guter Hitze anrösten, bis es etwas Farbe hat, Mehl darüber stauben, kurz mitrösten, Tomatenmark und Gewürze zugeben, kurz durchdünsten, aufgießen, aufkochen lassen, abschmecken, mit Rahm verbessern. Käse in dickere Scheibchen oder nicht zu große Würfel schneiden. In gebutterte Auflaufform etwa die Hälfte der Nudeln geben, darauf dicke Fleischsoße und darauf die andere Hälfte der Nudeln mit kleingeschnittenem Käse gemischt einschichten, Rahm mit etwas Milch gemischt darüber gießen, in vorgeheizter Röhre bei mäßiger Hitze noch etwa 20 Minuten backen, dann mit geriebenem Käse bestreuen und noch 5–10 Minuten überkrusten lassen, bis Käse goldgelb ist.
Beilage: Salat.

570. Reisfleisch

500 g Kalb- oder Hammelfleisch oder 375 g Lende
30–40 g Öl oder Speck
2 Zwiebeln
Paprika, Tomatenmark
1–1¼ l Brühe, Salz
250–300 g Hartreis
2 Eßl. geriebener Käse
Petersilie

Vorbereitetes Fleisch in gleichmäßige Würfel von etwa 1½ cm Kantenlänge schneiden, in heißem Fett leicht anbräunen, feingeschnittene Zwiebeln zugeben, gut glasig dünsten lassen, dann Paprika und Tomatenmark beifügen, durchdünsten, etwas Brühe zugießen, salzen, bei mäßiger Hitze zugedeckt je nach Fleischart 30–60 Minuten dünsten, dann restliche Flüssigkeit zugießen, zum Kochen bringen, in kochende Brühe gewaschenen, gebrühten Reis einstreuen, rasch aufkochen, dann bei schwacher Hitze zugedeckt langsam etwa 20–30 Minuten garen lassen, abschmecken. *Gesamtgarzeit* je nach Fleischart 50–90 Minuten. Mit geriebenem Käse und gewiegter Petersilie bestreut anrichten.
Beilage: Grüner Salat.

571. Reiseintopf mit Sellerie

4–5 Eßl. Öl, 2 Zwiebeln
1 mittelgroße Sellerieknolle
250–375 g Hackfleisch (gemischt), Salz
3–5 Eßl. Tomatenmark
etwa ¼ l Brühe
2 Eßl. Rahm
250–300 g Hartreis
reichlich Salzwasser
zum Anrichten:
30 g geriebenen Käse
Petersilie

Feingeschnittene Zwiebeln in Öl glasig dünsten, kleinwürfelig geschnittenen oder geraspelten Sellerie zugeben, gut andünsten, dann das Hackfleisch beifügen, kurz durchdünsten, Tomatenmark und Salz beigeben und mit wenig Flüssigkeit aufgießen, zugedeckt bei mäßiger Hitze 15–20 Minuten garen, bei Bedarf restliche Flüssigkeit zugeben, gut abschmecken. In der Zwischenzeit Reis waschen, brühen, in reichlich kochendem Salzwasser sprudelnd kochen, bis er gar, aber noch körnig ist – höchstens 20 Minuten Garzeit – abgießen, überbrausen, gut abtropfen lassen, mit Fleischsoße mischen, noch etwa 10 Minuten durchziehen lassen, pikant abschmecken, reichlich mit Käse und Petersilie bestreut anrichten. *Gesamtgarzeit* etwa 35 Minuten.
Beilage: Salate.

572. Pilaw, Serbisches Reisfleisch

Vorbereitetes Fleisch in etwas kleinere Würfel schneiden als zu Gulasch, in heißem Fett oder Speck bei guter Hitze rasch von allen Seiten leicht anbräunen, feingeschnittene Zwiebeln zugeben, etwas andünsten lassen, dann kleinwürfelig geschnittenen oder geraspelten Sellerie beifügen, gut durchdünsten, Tomatenmark und Gewürze zugeben, salzen, mit wenig abgeschmeckter Brühe aufgießen und zugedeckt bei mäßiger Hitze etwa 40 Minuten schmoren lassen; dann gewaschenen, gebrühten Reis beifügen, restliche, gut abgeschmeckte *kochende* Brühe zugießen, zugedeckt bei mäßiger Hitze noch 20 Minuten garen, zuletzt geriebenen Käse untermengen, gut abschmecken, mit gewiegter Petersilie und Reibkäse bestreut anrichten. *Gesamtgarzeit* etwa 60–75 Minuten.

Beilage: Grüner Salat.

500 g Schweine- oder Hammelfleisch (Schulter oder Bug) oder gemischt
30–50 g Fett od. Räucherspeck
2–3 Zwiebeln, 1 Sellerie
2–3 Eßl. Tomatenmark
Paprika, Salz
1–1 1/4 l Brühe
250–300 g Hartreis
50–100 g geriebener Käse
zum Anrichten:
geriebener Käse, Petersilie

573. Pikanter Paprikareis, Reisfleisch mit Paprika und Tomaten

Vorbereitetes Fleisch in Würfel von 1 1/2 cm Kantenlänge schneiden, Speck klein würfeln, gewaschene Paprikaschoten von Stielansatz, Samenkernen und Zwischenrippen befreien, in Streifen schneiden; Tomaten brühen, kalt überbrausen, häuten, vierteln. Vorbereitetes Fleisch in heißem Fett rasch anbraten, fein gewürfelten Speck beifügen, etwas anbraten lassen, feingeschnittene Zwiebeln zugeben, andünsten, vorbereitete Paprikaschoten mit andünsten, dann Tomaten zugeben, würzen, mit wenig kochender Brühe aufgießen, zugedeckt bei mäßiger Hitze etwa 40–45 Minuten garen. Mit gut abgeschmeckter *kochender* Brühe aufgießen, gewaschenen, gebrühten Reis einstreuen, einmal aufkochen lassen, bei mäßiger Hitze zugedeckt 20 Minuten quellen lassen, gut abschmecken, evtl. Rahm zugeben, mit reichlich Petersilie anrichten. *Garzeit* insgesamt etwa 60–80 Minuten je nach Fleischart.

Abwandlung: Gericht mit 375 g gemischtem Hackfleisch ebenso herstellen und evtl. Minutenreis verwenden, dadurch wird die Gesamtgarzeit auf etwa 30 Minuten verkürzt.

Beilage: Salate.

375–500 g Schweine-, Ochsen- oder Hammelfleisch
3–4 Eßl. Öl, etwas Speck
2 Zwiebeln, etwas Knoblauch
500 g Paprikaschoten
500–750 g Tomaten
etwas Paprika, Salz, Pfeffer
1–1 1/4 l Brühe
250–300 g Hartreis
etwas Rahm nach Belieben
reichlich Petersilie

574. Reisfleisch mit Auberginen und Zucchini

Vorbereitetes Kalbfleisch in kleine Würfel von etwa 1 1/2 cm Kantenlänge schneiden, Auberginen waschen, schälen, in dicke Scheiben schneiden, mit Zitronensaft beträufeln, gewaschene Zucchini in fingerdicke, etwa 2 cm lange Stücke schneiden. Fleisch mit feingeschnittener Zwiebel in heißem Öl oder in Butter von allen Seiten rasch andünsten, bei guter Hitze leicht bräunen lassen, vorbereitete Gemüse zum Fleisch geben, kurz andünsten, etwas Zitronensaft und Salz beifügen, wenig kochende Brühe zugeben, evtl. mit etwas Paprika würzen, zugedeckt etwa 30 Minuten dünsten, bei Bedarf wenig kochende Flüssigkeit nachgießen. In der Zwischenzeit gewaschenen, gebrühten Reis in

350–500 g Kalbfleisch (Schulter)
40 g Öl oder Butter
1 Zwiebel, Paprika
4 Auberginen, 1–2 Zucchini
Salz, etwas Zitronensaft
1/4–3/8 l Brühe, 1 Eßl. Mehl
etwas süßer Rahm
250–300 g Hartreis
Salzwasser (reichlich)
zum Überbacken:
etwas Reibkäse, Petersilie

Güte- und Gewichtsklassen sind auf Schildern deutlich sichtbar anzugeben.
Eier, die vom Erzeuger unmittelbar an den Endverbraucher gelangen, fallen nicht unter die EWG-Verordnung.
Darüber hinaus bietet der deutsche Eier-Einzelhandel an:
„Deutsche Markeneier“ von Erzeugern, die sich *freiwillig* den strengen Bestimmungen des Verbandes der Landwirtschaftskammern bzw. der Deutschen Gesellschaft für Absatzförderung unterwerfen. Es sind *Qualitätseier mit garantierter Frische*, deren Luftkammer bei der Prüfung höchstens 5 mm betragen darf; sie werden den Bestimmungen entsprechend geprüft, sortiert, verpackt und in den Verkehr gebracht. Die Packungen tragen auf einer Banderole das Markenzeichen (stilisierter Adler mit Randbeschriftung) und Angabe des Packdatums, der Gewichtsklasse und Anschrift des Packbetriebes. Der Käufer kann aufgrund der Frischegarantie u. U. Ersatzansprüche geltend machen.

Auslandseier aus Nicht-Mitgliedstaaten der EWG müssen durch Aufdruck des *Namens des Exportlandes* gekennzeichnet sein.

Der Verbraucher, gewohnt, daß Qualitäts- und Markenware als solche gekennzeichnet und ausgewiesen ist, muß beim Eierkauf künftig bedenken: für Frischeier erster Qualität besteht keine Kennzeichnungspflicht, während Eier geringerer Qualität kennzeichnungspflichtig sind. In diesem Zusammenhang sei darauf hingewiesen, daß frische und saubere Hühnereier (aber nicht gewaschen!) die beste Gewähr gegen eine Infektionsmöglichkeit mit Salmonellen durch Hühnereier bieten, denn die Schale ist für die Krankheitskeime durchlässig.

Enteneier enthalten mitunter Krankheitskeime der Enteritis-Gruppe, die typhusähnliche Erkrankungen verursachen. Aus diesem Grunde dürfen Enteneier nur in den Verkehr gebracht werden mit dem Stempelaufdruck auf jedem Ei „Entenei, 10 Minuten kochen“; auch Behältnisse, z. B. Kartons müssen gut sichtbar den Hinweis tragen „Entenei – vor Gebrauch 10 Minuten kochen oder in Backofenhitze durchbacken“.

Kochlehre:

In der Küche sind Eier unentbehrlich:

1. *Als Bindemittel* für alle Arten von Teigen, warme Mehlspeisen, warme und kalte Süßspeisen mannigfacher Art. Ein Ei bindet die Flüssigkeitsmenge, die seinem Eigengewicht entspricht (50–60 g i.D.). Eierreiche Teige können deshalb weicher gehalten werden als eierarme Teige.

2. *Als Lockerungsmittel* bei Herstellung von Schaummassen oder Eischnee; die große Menge hierbei eingeschlagener Luft lockert.

3. *Als Verbesserungszutat* für Geschmack und Nährwert ist das Eigelb bevorzugt, das auch zum Legieren von Suppen und Soßen unentbehrlich ist.

4. Zur Herstellung von *Mayonnaisen;* das Lezithin im Eigelb emulgiert das Öl.

5. Zur Bereitung zahlreicher *Schnellgerichte,* die heute eine große Rolle spielen; hierbei rechnet man i. D. 2 Eier pro Person.

Wichtiges für die Verwendung von Eiern:

1. Vom Gesamtgewicht des Hühnereies (45-72 g) entfallen i. D. auf:
die Eischale: 12% = 5–8 g
das Eigelb: 30% = 14-22 g
das Eiklar: 58% = 26-42 g

2. *Frische Eier bevorzugen* für die Ernährung von Kindern, Kranken, älteren Menschen sowie für die Herstellung von Eierspeisen und feinem Gebäck; evtl. auf Frische prüfen:
Kennzeichen für Frische beim Aufschlagen: Dotter ist kugelig, hochgewölbt, mit Ring von dickflüssigem Eiklar umgeben, der scharf abgegrenzt auf einer Schicht von dünnflüssigem Eiklar ruht.

3. *Eier sorgfältig trennen,* sofern Eigelb und Eiklar getrennt verwendet werden.

4. Das Eigelb ist wertvoller als das Eiklar, in legierter Form sehr leicht verdaulich.

5. *Eigelb zum Legieren* mit 1–2 Eßlöffeln kalter Flüssigkeit verrühren, etwas heiße Flüssigkeit

unterrühren, dann an die zu legierende Masse schlagen, *nicht mehr kochen* lassen.

6. *Eiklar zur Herstellung von Eischnee immer kalt stellen,* in sauberem, fettfreiem Gefäß (kein Aluminium- oder leichtes Emailgeschirr) unter Zugabe von einigen Tropfen Zitronensaft (erhöht die Schnittfähigkeit) in *kaltem Raum* schlagen; Schnee muß schnittfest sein, steife Spitzen zeigen oder „sich ballen". Eischnee *sofort* verwenden, entweder unter die kalte oder die noch heiße Masse heben; in lauwarmer Masse wird Eischnee wieder flüssig und kann sich absetzen.

7. *Eireste* vor dem Eintrocknen schützen: mit einigen Tropfen kalten Wassers besprengen, gut abdecken und in den Kühlschrank stellen.

8. *Eier kühl,* am besten im Kühlschrank *aufbewahren!* Wärme begünstigt den Verderb. Eier nehmen infolge ihrer porösen Schale leicht fremden Geruch und Geschmack an und ermöglichen das Eindringen von Zersetzungs- und Krankheitskeimen.

9. Bei Verwendung von *Enteneiern* müssen diese vor dem Verzehr mindestens 10 Minuten lang einer Hitze von 100° C ausgesetzt werden. Enteneier sind deshalb nicht zu verwenden für Eierkurzgerichte wie weiche Eier, Spiegeleier, Rühreier, verlorene Eier, Mayonnaisen, Eis, Pfannenkuchen, Cremes, Soßen, für kurz gegarte Gerichte aller Art und zum Legieren.

10. *Eingefrieren von Eiern* in der Schale ist nicht möglich, die Schale würde platzen. Je nach der späteren Verwendung kann Ei als Vollei (Dotter und Eiklar gemischt) oder Eidotter und Eiklar sorgfältig getrennt, eingefroren werden. Zum Eingefrieren von Vollei Dotter und Eiklar sorgfältig verrühren, nicht schlagen, auf 100 g Eimasse 2 g Salz oder 5 g Zucker, entsprechend der späteren Verwendung, unterrühren. Zum Eingefrieren von Eidotter ebenfalls auf 100 g Dottermenge 2 g Salz bzw. 5 g Zucker, je nach der späteren Verwendung, untermengen; dadurch wird ein späteres Gerinnen des Eigelbs vermieden. Eiklar kann ohne Zusatz eingefroren werden.
Als Behälter zum Einfrieren sind Pergabecher gut geeignet. Das Einfrieren erfolgt bei –25° C. Mögliche Lagerdauer 8–10 Monate bei mindestens –18° C.

Bei Verwendung von tiefgefrorenem Ei entsprechen:

50 g Volleimasse:	1 Ei
20 g Eidotter:	1 Eigelb
30 g Eiklar:	1 Eiklar.

Antauen genügt bei Verwendung zu Rühreiern, Pfannenkuchenteig, Rührteigen, Cremes u. ä.
Auftauen ist nötig für die Herstellung von Eischnee und für Knetteige. Es erfolgt im Kühlschrank oder bei Zimmertemperatur. Eimasse nach dem Auftauen rasch verbrauchen.

Warme Eierspeisen

598. Weiche, wachsweiche, harte Eier*
Kochen von Eiern

4–8 frische Eier ohne Sprung
Wasser zum Kochen

Gewaschene Eier mit Löffel oder Schaumlöffel in kochendes Wasser einlegen (Wasser muß Eier bedecken), Wasser rasch zum Kochen bringen, im offenen Topf leise kochen lassen (nach der Uhr):

weiche Eier:	3–4 Minuten kochen
wachsweiche Eier:	5–6 Minuten kochen oder 3–4 Minuten kochen und 2–3 Minuten ziehen lassen
harte Eier:	8–10 Minuten kochen
harte Eier z. Garnieren oder Füllen:	10 Minuten kochen

Gekochte Eier mit kaltem Wasser kurz abschrecken, damit sie nicht nachhärten. Hartgekochte Eier in kaltes Wasser legen, um das Schälen zu erleichtern. Kochzeiten genau einhalten – zu lange gekochte harte Eier erhalten grün verfärbten Dotterrand.
Eier aus dem Kühlschrank vor dem Kochen kurz in lauwarmes Wasser legen, um Platzen der Schale zu vermeiden. Die Zugabe von etwas Essig oder Salz in das Kochwasser verhindert ein starkes Auslaufen von Eiweiß bei gesprungener Schale; solche Eier evtl. vor dem Kochen in Aluminiumfolie wickeln.

599. Ei im Glas*

Pro Person:
1–2 frische Eier
Wasser zum Kochen

Eier weich kochen wie bei Nr. 598 angegeben, kalt überbrausen, so vorsichtig schälen, daß sie ganz bleiben, im Glas reichen. Oder Eier roh vorsichtig in hitzebeständige Gläser mit Deckel (Eierkoch) schlagen, mit Deckel verschließen, in kochendes Wasserbad stellen und Eier je nach Wunsch 3–4 Minuten leise kochen lassen, in dem Glas, in dem sie gegart wurden, zu Tisch geben.

600. Ostereier färben

Eier kochen: Keine ganz frisch gelegten Eier verwenden! Eier waschen, evtl. Stempel vorsichtig entfernen, in kochendem Wasser 8–10 Minuten hart kochen, in kaltes Wasser legen, um Schälen zu erleichtern.
Eier färben: Farblösung gekaufter Eierfarben nach Gebrauchsanweisung herstellen (alte Konservendose), Eier einlegen bis gewünschte Farbstärke erreicht ist, auf Zeitungspapier trocknen lassen, dann mit Speckschwarte abreiben.
Bei Verwendung von Zwiebelschalen als Färbemittel diese in Wasser kochen, Brühe abseihen, Eier darin hart kochen.
Einfache Verzierungstechnik: Alte Kugelspitzfeder in verdünnte Salzsäure tauchen, Muster auf gefärbten Eiern einätzen. Vorsicht bei Mithilfe von Kindern!

601. Eier auf italienische Art*

Eier hart kochen, kalt abschrecken, schälen, der Länge nach halbieren, in flache feuerfeste Form setzen, mit Sardellenstreifen kreuzweise belegen; feingeschnittene Zwiebeln und reichlich gewiegte Petersilie in wenig Butter andünsten, etwas Pfeffer und nur wenig Salz beifügen, auf Eier streuen, sauren Rahm darüber gießen und in vorgeheizter Röhre so lange backen, bis Soße einmal aufgekocht hat, dann sofort zu Tisch geben.
Beilage: Grüner Salat, Toast.

6–8 Eier, 4 Sardellen
1 Prise Pfeffer
20 g Butter, 2 Zwiebeln
reichlich Petersilie, gewiegt
etwas Salz
3/8 l saurer Rahm

602. Teufelseier*

Eier hart kochen, kalt abschrecken, schälen, der Länge nach halbieren, auf heiße Platte legen, mit heißer Soße übergießen, sofort zu Tisch geben.
Soße: Butter schmelzen lassen, Rahm und Salz zugeben, unter Rühren nur einmal aufkochen lassen, rohe Eigelb mit Senf verrührt vorsichtig unterrühren, Soße bei schwacher Hitze unter Rühren nur sämig werden, aber *nicht kochen* lassen, abschmecken, feingehackten Schinken untermengen, sofort über die Eier gießen und zu Tisch geben. Soße kann gestreckt werden durch doppelte Rahmmenge unter Zugabe von 1 kleinen Teelöffel Stärkemehl.
Beilage: Toast, grüner Salat.

6–8 harte Eier
zur Soße:
60 g Butter
4–5 Eßl. süßer Rahm, Salz
2 rohe Eigelb, 2 Teel. Senf
2 Eßl. gehackter Schinken

603. Eier in warmer Soße*

Soße der Wahl jeweils nach Rezeptangaben herstellen, 5–10 Minuten kochen lassen, abschmecken, Verbesserungszutaten je nach Art der Soße beifügen (Gewürzgurken klein würfeln), nochmal abschmecken, nicht mehr kochen lassen.
Eier wachsweich kochen (5–6 Minuten), kalt abschrecken, vorsichtig schälen oder Eier pochieren (siehe Nr. 616). Eier auf tiefe Platte setzen, mit pikanter heißer Soße übergießen, sofort zu Tisch geben oder nach Belieben mit etwas geriebenem Käse bestreuen und in vorgeheizter Röhre kurz überbacken.
Beilagen: Salzkartoffeln oder Reisgerichte; Salate nach Wahl.

6–8 frische Eier
Soße n. Wahl (1–1½ Rez.)
wie:
Tomatensoße Nr. 939 mit
50 g gewiegtem Schinken oder
Kräutersoße Nr. 936 mit
3–4 Eßl. süßem Rahm oder
Senfsoße Nr. 949 mit etwas
Weißwein und
1–2 Gewürzgurken

604. Eierfrikassee*

Eier 8–10 Minuten hart kochen, kalt abschrecken, schälen. Frikassee- oder Champignonsoße nach Rezept herstellen, fein gewürfelten, gekochten Schinken untermengen, gut abschmecken. Hartgekochte Eier halbieren, in heiße Soße einlegen, etwas durchziehen, aber nicht mehr kochen lassen, mit Petersilie anrichten; günstig in feuerfester Form fertigzustellen.
Beilage: Reisgerichte, Salzkartoffeln; grüner Salat.

6 frische Eier
1mal Frikassee-Soße
Nr. 938 oder
1½mal Champignonsoße
Nr. 947
100 g magerer gekochter
Schinken, Petersilie

605. Spiegeleier verschiedener Art*

4–8 frische Eier
20–40 g Butter
Salz, Schnittlauch
nach Belieben:
4 Scheiben magerer Schinken (roh oder gekocht) oder
4–6 Scheiben durchwachsener Räucherspeck oder
8 Scheiben Cervelatwurst
oder 4–6 gehäutete Tomaten
oder 6 Eßl. süßer Rahm und etwas Fleischwürze

Butter bzw. Margarine oder Öl in Stielpfanne leicht erhitzen, jedoch *nicht bräunen,* Eier vorsichtig einschlagen, leicht anbacken lassen, bei schwacher Hitze langsam backen, bis Eiklar geronnen, Eigelb jedoch noch weich ist (während des Garens nach Belieben zudecken, hierbei überzieht sich Eigelb mit gerinnender Eiweißschicht), leicht salzen. Spiegeleier vorsichtig auf heißer Platte, mit Schnittlauch bestreut, anrichten.

Nach Belieben kann man in der heißen Butter nach Wahl erst rohe oder gekochte Schinkenscheiben, geräucherte Speckscheiben, Cervelatwurstscheiben oder Scheiben von gehäuteten Tomaten auf beiden Seiten leicht anbraten, Eier vorsichtig darauf schlagen und Spiegeleier fertig braten wie angegeben.

Bei Verwendung von Rahm erst Spiegeleier in die Pfanne schlagen, nach halber Garzeit gewürzten Rahm seitlich zugießen, Eier fertig garen, anrichten, Rahm leicht bräunen lassen, über die Eier geben. Für Diätzwecke Spiegelei in leicht gebuttertem, hitzebeständigem Glas- oder Porzellangeschirr über Dampf garen, um Bildung von Röststoffen zu vermeiden.

Beilage: Grüner Salat, Spinat, Salzkartoffeln.

606. Spiegeleier mit Käse in der Form*

4–8 frische Eier
6–8 Eßl. gerieb. Parmesan
5–10 Eßl. Sauerrahm
etwas Pfeffer
wenig Muskat
Petersilie gewiegt
Zur Form: 20–30 g Butter

Flache feuerfeste Form oder kleine Portionsförmchen mit Butter ausstreichen, die Hälfte des Käses in die Form streuen, Eier vorsichtig in vorbereitete Form oder Förmchen einschlagen; Sauerrahm mit Gewürzen verquirlen, jedoch nicht salzen (Käse enthält genügend Salz), über die Eier gießen, Rest des geriebenen Käses darauf streuen, in vorgeheizter Röhre backen, bis Eier fest sind und Käse geschmolzen und lichtgelb ist. Backzeit 8–10 Minuten. In der Form reichen.

Beilage: Grüner Salat, Toast.

607. Rührei*, Rührei mit Schinken*

4–8 frische Eier
4–8 Eßl. Milch, Salz
Schnittlauch od. feingewiegte Kräuter
zum Strecken nach Belieben:
1/2 Teel. Stärkemehl od. Mehl u. 1 Eßl. Milch auf je 2 Eier
zum Garen: 20–40 g Butter
für Rührei mit Schinken:
100–200 g magerer Schinken, roh oder gekocht

Eier, Salz, Milch und Schnittlauch oder feingewiegte Kräuter gut verschlagen, nach Belieben Streckzutaten unterschlagen, evtl. feingeschnittenen oder gewiegten Schinken unterrühren; Butter bzw. Margarine oder Öl in der Pfanne mäßig erhitzen (nicht bräunen!), Eimasse zugeben, bei *schwacher Hitze* unter öfterem leichtem Zusammenschlagen mit einem Löffel *langsam stocken* lassen, bis die Masse großflockig, aber noch weich und saftig ist. Zu große Hitze macht Rührei zäh und ledern, durch zu langes Garen wird es trocken und hart. Rühreier ziehen nachträglich noch etwas an. Auf heißer Platte sofort zu Tisch geben. Als Kräuter sind Petersilie, Schnittlauch oder gemischte Kräuter gut geeignet.

Beilage: Grüne Salate oder Spinat, Salzkartoffeln oder Röstkartoffeln.

Stangenspargel mit Holländischer Soße,
Schinken und Pfannenkuchen ▶
Rezept S. 368

BADISCHER

608. Eier in Tomaten*

Tomaten waschen, Deckel abschneiden, aushöhlen, innen leicht salzen, etwas geriebenen Käse in Tomaten geben, in gefettete, feuerfeste Form setzen, in jede Tomate ein frisches Ei schlagen, etwas Reibkäse darauf geben, mit Speckscheibe oder statt dessen mit Tomatendeckel belegen, in vorgeheizter Röhre bei guter Hitze backen, bis Tomaten weich, die Eier fest sind und der Speck knusprig ist. Mit Petersilie bestreut anrichten.
Beilage: Grüner Salat.

8 frische Eier
8 große, feste Tomaten, Salz
50–80 g Käse
evtl. 8 dünne Scheiben durchwachsener Räucherspeck
etwas Petersilie

zur Form: 20–30 g Butter

609. Tomaten gefüllt mit Rührei*

Tomaten waschen, Deckel abschneiden, aushöhlen, leicht salzen, mit in Fett angedünsteten Zwiebeln und Petersilie ausstreichen, in leicht gefettete, feuerfeste Form stellen, in vorgeheizter Röhre etwa 10 Minuten vordünsten. Eier mit Milch und Salz verquirlen, nach Belieben strecken, sehr weiches Rührei herstellen bei schwacher Hitze, Tomaten bergartig damit füllen, mit Deckel belegen, in heißer Röhre noch 5 Minuten überbacken, sofort zu Tisch geben.
Beilage: Grüner Salat, Kartoffeln nach Belieben oder Brot.

12 Stück schöne Tomaten, Salz
zum Ausstreichen:
20 g Butter oder Öl
1 geriebene Zwiebel
2 Eßl. gewiegte Petersilie
zum Rührei: 6–8 Eier
6–8 Eßl. Milch, Salz
evtl. Streckzutaten wie bei Nr. 607, 30–40 g Butter

610. Rühreier mit Tomaten*

Tomaten waschen, brühen, kalt überbrausen, häuten, in etwa 1 cm dicke Scheiben schneiden; Zwiebeln in feine Ringe schneiden, Petersilie fein wiegen. Fett oder kleingeschnittenen Speck in Stielpfanne oder in feuerfester Form erhitzen, Zwiebeln darin andünsten, sobald sie glasig sind, Tomatenscheiben beifügen, salzen, dünsten bis Tomaten weich sind und die Flüssigkeit weitgehend verdampft ist. Eier mit Milch und Salz verquirlen, gewiegte Petersilie zugeben, über Tomatenmasse geben, bei schwacher Hitze fest werden lassen, sofort zu Tisch geben. Besonders günstig in feuerfester Form auf Asbestplatte herzustellen. Falls Tomaten sehr viel Saft ziehen, evtl. 1 Teelöffel Stärkemehl unter die rohen Eier quirlen.
Beilage: Grüner Salat.

1 kg schöne Tomaten, Salz
30–40 g Fett, Öl oder Speck
4 Zwiebeln
2 Eßl. Petersiliengrün
4–6 Eier
2–4 Eßl. Milch, Salz

611. Rühreier mit Pfifferlingen* (Rehlinge oder Eierschwämme)

Pilze sorgfältig putzen, gründlich waschen, gut abtropfen lassen, große halbieren oder vierteln, kleine ganz lassen; Pilze in Butter oder Öl bei guter Hitze andünsten, salzen, im eigenen Saft weich dünsten, mit reichlich Petersilie abschmecken. Eier, Milch und Salz gut verschlagen, wenn Pilze weich sind und Pilzsaft eingedampft ist, über die Pilze gießen, bei schwacher Hitze unter öfterem Zusammenschlagen leicht fest werden lassen, abschmecken, mit Petersilie bestreut auf heißer Platte sofort zu Tisch geben.
Beilage: Grüner Salat.

1/4–3/4 kg Pfifferlinge (Rehlinge)
30–40 g Butter oder Öl
reichlich Petersilie gewiegt
4–6 Eier
4–6 Eßl. Milch
Salz

◀ Schinkentoast mit Ananas – Rezept S. 256
Schlemmertoast – Rezept S. 259

612. Rühreier mit Champignons*

30–40 g Butter oder Öl
250 g frische Champignons
etwas Zitronensaft, Salz
2 Eßl. Rahm
4–6 frische Eier
4–6 Eßl. Milch, Salz
etwas Petersilie

Champignons putzen, waschen, blättrig schneiden, kleine Pilze halbieren, in Butter andünsten, mit wenig Zitronensaft beträufeln, salzen und im eigenen Saft mit 2 Eßlöffeln Rahm zugedeckt langsam gar dünsten. Eier mit Salz und Milch verschlagen, etwas gewiegte Petersilie unterschlagen, über die Pilze gießen und unter öfterem Zusammenschlagen zu flockigem Rührei gerinnen lassen. Auf heißer Platte mit Petersilie bestreut anrichten.
Beilage: Toast, grüner Salat.

613. Rühreier mit Käse*

6 frische Eier
6 Eßl. Milch
3 Eßl. Parmesan, gerieben
60–80 g Emmentaler Käse
wenig Salz
zum Backen: 30–40 g Butter

Eier mit Milch gut verschlagen, geriebenen Parmesan und kleinwürfelig geschnittenen Emmentaler Käse untermengen, nach Bedarf etwas salzen. Butter in Stielpfanne vorsichtig erhitzen, Masse eingießen und bei schwacher Hitze langsam unter mehrmaligem Zusammenschlagen wie bei Rührei fest werden lassen, bis Masse großflockig geworden und Käse am Schmelzen ist. Auf heißer Platte sofort zu Tisch geben.
Beilage: Grüner Salat, Toast.

614. Rühreier mit Tomaten und Paprikaschoten*

30–40 g Butter oder Öl
1 große Zwiebel
2 grüne Paprikaschoten
3–4 Tomaten, Salz
1 Prise Pfeffer
etwas Suppenwürze
4–6 Eier
3–4 Eßl. Dosenmilch oder Rahm
reichlich Petersilie gewiegt

Feingeschnittene Zwiebeln in Butter oder Öl glasig dünsten, gewaschene, entkernte, von Zwischenrippen befreite, in feine Streifen geschnittene Paprikaschoten zugeben, leicht salzen, zugedeckt kernigweich dünsten, dann gehäutete, geviertelte Tomaten zugeben, zugedeckt weich dünsten, abschmecken. Eier mit Milch oder Rahm und gewiegter Petersilie gut verschlagen, über die Gemüse geben, bei schwacher Hitze leicht fest werden lassen, sofort zu Tisch geben. Am besten in feuerfestem Glas- oder Porzellangeschirr herzustellen.
Falls die Tomaten sehr viel Saft ziehen, 1 Teelöffel Stärkemehl unter die rohen Eier quirlen.
Beilagen: Salate.

615. Eier in Förmchen überbacken*

250 g gekochtes Geflügelfleisch oder Schinken
6 frische Eier
8 Eßl. süßer Rahm
4 Eßl. geriebener Käse
Salz, etwas Paprika
Butter für feuerfeste Förmchen

Geflügelfleisch oder mageren, gekochten Schinken feinwürfelig schneiden, in gebutterte, feuerfeste Förmchen verteilen. Eier mit Rahm, geriebenem Käse, Salz und etwas Paprika verschlagen, auf Schinken oder Geflügelfleisch in die Förmchen gießen, mit etwas geriebenem Käse bestreuen, in vorgeheizter Röhre garen, bis Eimasse leicht fest ist. Garzeit etwa 10 Minuten.
Gut als *Vorspeise* geeignet.
Beilage: Salate oder Spargel- bzw. Schwarzwurzelgemüse.

616. Verlorene oder pochierte Eier*

4–8 frische Eier
zum Sud:
1–1½ l Wasser
1–2 Eßl. Salz
3–4 Eßl. Essig

Wasser mit Essig und Salz aufkochen lassen; Eier einzeln in Tasse oder Untertasse schlagen, vorsichtig aus geringster Höhe einzeln in kochendes Salz-Essigwasser gleiten lassen, dabei Eiweiß mit Löffel über das Eigelb ziehen, 3 Minuten leise kochen lassen (4 Minuten für wachsweiche Beschaffenheit), mit Schaumlöffel herausnehmen, Ränder glattschneiden, auf vorgewärmter Platte anrichten. Hat man eine größere Zahl von Eiern zu pochieren, fertige Eier in warmem Salz-Essigwasser kurzfristig warmhalten, bis alle Eier pochiert sind.
Verwendung: Als Einlage zu pikanten Soßen und Suppen, zu feinen Gemüsen oder auf Toast mit Schinken und Champignonsoße kurz überbacken.

617. Verlorene, pochierte Eier in pikanter warmer Soße*

4–8 frische Eier
1–1½ l Salz-Essigwasser
zur Soße nach Wahl
1–1½mal Rezept von:
Kräutersoße Nr. 936 oder
Tomatensoße Nr. 939 oder
Käsesoße Nr. 941 oder
Sardellensoße Nr. 948 oder
Frikasseesoße Nr. 938 oder
Burgunder- bzw. Madeirasoße Nr. 963

Soße der Wahl nach Rezeptangabe herstellen, gut auskochen lassen, Verbesserungszutaten beifügen, pikant abschmecken. Essig-Salzwasser zum Kochen bringen; Eier einzeln in Tasse oder Schöpflöffel schlagen, vorsichtig in den kochenden Sud gleiten lassen, dabei Eiweiß mit Löffel über Eigelb ziehen, 3 Minuten leise kochen lassen (will man sie jedoch wachsweich, 4 Minuten leise kochen), mit Schaumlöffel vorsichtig herausnehmen, Ränder glatt schneiden, in vorgewärmte Schüssel oder auf tiefe Platte geben, mit gut abgeschmeckter, heißer Soße übergießen.
Man kann pochierte Eier auch auf fertigen Risottoreis setzen, die Eier mit etwas dicker Soße überziehen, Rest der Soße etwas dünner halten, gut abschmecken, gesondert dazu reichen.
Beilagen: Salzkartoffeln oder Reis und feine Gemüse oder Salate.

618. Verlorene Eier überbacken*, Toast mit verlorenen Eiern*

4–8 verlorene Eier wie Nr. 616
4–8 Scheiben Toast
30–50 g Butter
evtl. 4–8 Scheiben magerer, gekochter Schinken
Dicke Soße nach Wahl:
Tomatensoße Nr. 939 oder
Käsesoße Nr. 941 oder
Champignonsoße Nr. 947 (mit 30 g Mehl)
zum Überbacken:
4–6 Eßl. Semmelbrösel
20–40 g Butter

Soße der Wahl in *dicker* Beschaffenheit (mit nur ¼ l Flüssigkeit) nach Rezeptangaben herstellen, pikant abschmecken.
Weißbrotscheiben toasten, auf einer Seite dünn mit Butter bestreichen, nach Belieben mit magerem, gekochtem Schinken belegen, auf feuerfeste Platte legen. Verlorene Eier herstellen wie bei Nr. 616 angegeben, nur 3 Minuten leise kochen und gut abtropfen lassen, auf Toastscheiben legen, mit dicker, gut abgeschmeckter Tomaten-, Käse- oder Champignonsoße überziehen, mit Semmelbröseln bestreuen und mit Butterflocken belegen, in vorgeheizter Röhre bei guter Oberhitze oder im Grill kurz überbacken.
Die verlorenen Eier können aber auch in leicht gebutterte, feuerfeste Förmchen gesetzt, mit pikanter Soße überzogen und bei guter Oberhitze in der vorgeheizten Röhre oder im Grill kurz überbacken werden.
Als *Vorspeise* gut geeignet – dafür genügt 1 Ei pro Person.
Beilage: Salate.

619. Eieromeletten, Eierkuchen*

Pro Person:
2 frische Eier
1 1/2 Eßlöffel Milch
1 Teelöffel Mehl, Salz
zum Backen: 20 g Butter

Mehl mit Eiern, Milch und Salz gut verquirlen, in heißer, jedoch nicht gebräunter Butter auf der Stielpfanne *dünne* Eierkuchen bei *schwacher Hitze* backen; während des Backens öfter rütteln, nur *einseitig backen*, deshalb während des Backens zudecken, bis Oberfläche gestockt, jedoch noch feucht, weich und flockig ist. Omelette überklappen oder locker aufrollen, auf vorgewärmte Platte gleiten lassen, sofort zu Tisch geben, damit Eierkuchen locker bleibt. Warmhalten oder zu langes Backen macht Omelette trocken und zäh.

Nach Belieben kann Omelette mit feinen Gemüsen wie Spargel, Pilzen, zarten grünen Erbsen, gedünsteter Geflügel- oder Kalbsleber oder Schinken gefüllt werden.

Beilagen: Feine Gemüse wie Spargel, Schwarzwurzeln, Blumenkohl, gedünstete Champignons, gemischte Gemüse oder grüner Salat.

620. Kräuteromeletten, Kräutereierkuchen*

Pro Person:
Rezept Eieromelette Nr. 619
1/2 Eßlöffel feingewiegte Kräuter wie Petersilie, Schnittlauch, Kerbel, etwas Basilikum

Mehl mit Eiern, Milch, Salz und fein gewiegten Kräutern gut verquirlen, daraus Omelette backen wie bei Nr. 619 beschrieben. Für mehrere Personen Omeletten portionsweise backen. Fertiges Omelette vorsichtig zusammenschlagen, auf heiße Platte gleiten lassen, nach Belieben mit feinem Spargel- oder Pilzgemüse füllen.

Beilagen: Feine Gemüse oder grüner Salat.

621. Eieromeletten, Eierkuchen mit Tomaten* (4 Personen)

8 frische Eier
6 Eßlöffel Milch
1–2 Eßlöffel Mehl, Salz

zum Backen:
60–80 g Butter

zum Füllen:
6–8 feste Tomaten
20 g Butter, Salz
Petersilie, gewiegt

Tomaten waschen, brühen, kalt überbrausen, häuten, halbieren, Kerne entfernen, abtropfen lassen, dann vierteln oder in Scheiben schneiden, in Butter weich dünsten, leicht salzen, abschmecken. Mehl mit Eiern, Milch und Salz gut verquirlen, *dünne* Omeletten bei *schwacher Hitze* auf einer Seite backen, während des Backens zudecken und häufig rütteln, bis Omeletten unten lichtgelb gebacken, oben aber noch feucht und flockig sind (siehe Nr. 619). Jeweils eine Hälfte des Omelettes mit abgeschmeckten Tomaten belegen, mit Petersilie bestreuen, die andere Hälfte vorsichtig überschlagen und Omelette auf heiße Platte gleiten lassen, sofort zu Tisch geben.

Beilage: Grüner Salat.

622. Eieromeletten, Eierkuchen mit Pilzen* (4 Personen)

8 frische Eier
6 Eßl. Milch, Salz
1–2 Eßl. Mehl
zum Backen: 60–80 g Butter
zum Füllen:
300 g frische Pilze (z. B. Champignons)
20 g Butter, 1/2 kl. Zwiebel
2 Eßl. süßer Rahm, Salz
Petersilie, gewiegt

Pilze sorgsam putzen, waschen, in Scheibchen schneiden; feingeschnittene Zwiebel in Butter glasig dünsten, Pilze zugeben, andünsten, salzen, zugedeckt im eigenen Saft bei mäßiger Hitze gar dünsten, bis Pilzsaft eingesogen ist, Rahm und Petersilie zugeben, abschmecken, Garzeit etwa 10–15 Minuten. Mehl mit Eiern, Milch und Salz gut verquirlen, auf der Stielpfanne bei *schwacher Hitze dünne* Eierkuchen einseitig backen wie bei Nr. 619 beschrieben, jeweils eine Hälfte des garen Eierkuchens mit abgeschmeckten Pilzen belegen, andere Hälfte überklappen, vorsichtig auf heiße Platte gleiten lassen und sofort zu Tisch geben, damit Eierkuchen locker und heiß bleibt.

Beilage: Grüner Salat.

Eieromeletten, Eierkuchen mit Schinken siehe Nr. 367.

623. Eieromeletten, Eierkuchen mit Speck und Käse*

Mehl mit Eiern, Milch und Salz verquirlen, kleingewürfelten Speck und feingewürfelten Emmentaler Käse untermischen, feingewiegte Petersilie oder feingeschnittenen Schnittlauch unterschlagen, auf Stielpfanne in heißer Butter dünne Eierkuchen bei *schwacher Hitze* einseitig backen wie bei Nr. 619 beschrieben, sofort auf heißer Platte zu Tisch geben, damit Eierkuchen locker bleiben.
Beilage: Grüner Salat.

8 frische Eier
6 Eßl. Milch
1–2 Eßl. Mehl, Salz
100 g durchwachsener Speck
60–80 g Emmentaler Käse
Petersilie oder Schnittlauch
zum Backen: 60–80 g Butter

624. Eieromeletten nach Bauernart*

Kleingewürfelten Speck andünsten bis er glasig ist, feingeschnittene Zwiebel zugeben, glasig dünsten, dann gekochte, geschälte Kartoffeln, kleingewürfelt oder in Scheiben geschnitten, beifügen, Salz und Pfeffer zugeben, gut durchrösten. Mehl mit Eiern, Milch und Salz sowie etwas Muskat und gewiegter Petersilie gut verquirlen, Butter unter die Kartoffeln auf die Pfanne geben, Eiermasse über die Kartoffeln gießen, bei schwacher Hitze zugedeckt solange backen, bis Eiermasse leicht gestockt, jedoch auf der Oberfläche noch flockig und feucht ist, Unterseite soll goldgelb gebacken sein. Omelette zur Hälfte überklappen, auf heiße Platte stürzen, sofort zu Tisch geben.
Beilage: Grüner Salat.

30–40 g durchwachsener Speck, 1 kleine Zwiebel
3–4 gekochte Kartoffeln, Salz
wenig weißer Pfeffer
20 g Butter
6 frische Eier
4–6 Eßl. Milch
½–1 Eßl. Mehl, Salz
1 Prise Muskat
Petersilie gewiegt

625. Schaumomelette, Schaumeierkuchen* (salzig)

Sehr steifen Eischnee unter Zugabe von einigen Tropfen Zitronensaft schlagen, Mehl darauf sieben, verquirlte Eigelb, Milch und Salz rasch und leicht unterheben, Teig in kleine, *dick* mit *weicher* Butter ausgestrichene Omelettepfanne 2 cm hoch (fingergliedhoch) einfüllen. Unterseite nur leicht anbacken, dann in vorgeheizter Röhre bei Mittelhitze hochziehen lassen, Backzeit 8–10 Minuten. Schaumomelette kann auf der Platte bei *mäßiger Hitze, zugedeckt mit großem, gut erhitztem Deckel,* gegart werden. Schaumomelette darf oben und innen nicht mehr feucht sein, Unterseite soll goldbraun gebacken sein. Schaumeierkuchen nach Belieben mit feinen Gemüsen füllen, zur Hälfte überklappen, vorsichtig auf heiße Platte gleiten lassen, *sofort zu Tisch* geben oder Schaumomelette ungefüllt zur Hälfte überklappen, auf heiße Platten gleiten lassen, mit feinen Gemüsen garnieren und sofort zu Tisch geben.
Bei Gasfeuerung Schaumomelette in der Pfanne auf der Flamme auf Asbestuntersetzer backen.
Für 2 Personen (4 Eier) bäckt man die Masse zweckmäßig in einer großen Stielpfanne, für 4 Personen (8 Eier) benötigt man zwei große Stielpfannen.
Beilagen: Feine Gemüse wie Spargelgemüse, Blumenkohl, Schwarzwurzeln, junge grüne Erbsen, Mischgemüse, Champignons.

Pro Person:
2 frische Eier getrennt
einige Tropfen Zitronensaft
Salz
½ Eßl. (knapp) Mehl
½ Eßl. (knapp) Milch
zum Backen: 20 g Butter

626. Schaumomelette, Schaumeierkuchen gefüllt* (salzig)

Zutaten zu Schaumomelette wie Nr. 625

zum Backen: reichl. Butter

zur Fülle nach Wahl:
a) feine Gemüse
b) pikante Lebergerichte
c) feines Kalbs- oder Hühnerragout

Als Fülle sind gut geeignet:
a) Feine Gemüse in Butter geschwenkt wie Spargelspitzen, grüne Erbsen, auch Leipziger Allerlei oder Pilze z. B. Champignons oder Tomaten, in Butter gedünstet.
b) Pikante Lebergerichte wie Italienische Leber oder Geflügelleber Nr. 262 bzw. 313; hiervon genügt als Fülle für das Schaumomelette $^1/_2$–$^3/_4$ Rezept für 4 Personen.
c) *Feines Kalbs- oder Hühnerragout* Nr. 157 bzw. 291 (jeweils $^1/_2$ Rezeptmenge für 4 Personen).

Erst Fülle der Wahl herstellen, gut abschmecken; dann Schaumomeletten bereiten wie bei Nr. 625 beschrieben. Jeweils auf eine Omelettehälfte von der Fülle geben, andere Omelettehälfte überschlagen, auf heiße Platte gleiten lassen, sofort zu Tisch geben.

Zum Garnieren: Tomatenscheiben, Petersilie.
Beilagen: Salate oder feine Gemüse bei Leber- bzw. Fleischfülle.

627. Eierkartoffeln mit Tomaten

$^3/_4$–1 kg gekochte Kartoffeln
$^3/_4$–1 kg schöne Tomaten od.
3–4 Eßl. Tomatenmark
2 Eßl. Petersilie, gewiegt
1 große Zwiebel

30 g Fett oder Speck, Salz

zum Übergießen:
4 frische Eier
$^1/_4$–$^3/_8$ l Joghurt oder Buttermilch
$^1/_8$ l saurer Rahm, Salz Paprika

zum Backen: 40 g Butter

Gekochte, geschälte Kartoffeln und geschälte Tomaten in Scheiben schneiden; feingeschnittene Zwiebel und gewiegte Petersilie in Fett oder feingewürfeltem Speck andünsten; in gut gefettete, feuerfeste Form Kartoffeln, Tomaten und gedünstete Zwiebeln und Petersilie lagenweise einschichten und salzen; die ganzen Eier mit Joghurt, Rahm und Salz sowie etwas Paprika verquirlen, über eingeschichtete Kartoffeln geben, mit Butterflocken belegen, in vorgeheizter Röhre bei Mittelhitze 30–45 Minuten überbacken. Mangels frischer Tomaten Tomatenmark mit Eiern verrühren.

Oder: Eier hart kochen, kalt abschrecken, schälen, in Scheiben schneiden, lagenweise mit Kartoffel- und Tomatenscheiben sowie angedünsteten Zwiebeln und Petersilie einschichten, mit abgeschmeckter Mischung aus Joghurt und Sauerrahm übergießen und garen wie oben beschrieben.

Beilage: Salate.

Kalte Eierspeisen

628. Eier in Mayonnaise, in Senfmayonnaise*

Eier wachsweich oder hart kochen wie bei Nr. 598 beschrieben, kalt abschrecken, schälen. Mayonnaise wie Nr. 970 herstellen, evtl. strecken, nach Belieben mit Senf kräftig abschmecken und feingewürfelte Gewürzgurken untermischen; Eier auf Platte setzen, Mayonnaise oder Senfmayonnaise darüber gießen.
Als kaltes Abendessen gut geeignet.
Beilage: Salzkartoffeln oder Toast, grüner Salat.

6–8 wachsweich oder hart gekochte Eier
Grundrezept Mayonnaise Nr. 970, evtl. gestreckt
Senf nach Geschmack
evtl. 1–2 Gewürzgurken

629. Eier in Remouladensoße, in Frühlingssoße*

Eier wachsweich oder hart kochen wie bei Nr. 598 angegeben, kalt abschrecken, schälen, harte Eier halbieren, Eier auf Platte legen; Remouladensoße wie Nr. 975 oder Frühlingssoße wie Nr. 971 herstellen, gut abschmecken, über Eier gießen, mit Tomatenscheiben oder Tomatenvierteln, Gewürzgurkenscheiben und Petersiliengrün verzieren.
Beilagen: Toast oder Salzkartoffeln, grüner Salat; etwas Remouladen- oder Frühlingssoße gesondert reichen.

6–8 wachsweich oder hart gekochte Eier
Remouladensoße Nr. 975 oder Frühlingssoße Nr. 971
zum Anrichten: 3–4 Tomaten
2 Gewürzgurken, Petersilie

630. Eier in Russischer Soße*

Eier hart kochen, abschrecken, schälen, der Länge nach halbieren, auf Platte anrichten, mit Russischer Soße Nr. 973 übergießen, nach Belieben garnieren.
Beilagen: Toast oder Salzkartoffeln, grüner Salat.

6–8 hartgekochte Eier
Russische Soße Nr. 973
zum Anrichten:
Tomatenscheiben, Kapern
Gewürzgurkenscheiben

631. Eierpilze als Fliegenpilze

Tomaten waschen, abreiben, Deckelscheibe am Fruchtansatz abschneiden, Tomaten aushöhlen, salzen, mit etwas Zitronensaft beträufeln. Eier hart kochen, abschrecken, schälen, stumpfes Ende gerade schneiden. Mayonnaise herstellen wie bei Nr. 970 beschrieben, steif halten, gut abschmecken, dick auf flache Platte streichen, Eier mit abgeschnittenem Ende in die Mayonnaise stellen, Tomaten als Hüte auf die Eier setzen, mit gut kalter Mayonnaise kleine Tupfen auf Tomatenhüte spritzen, so daß sie wie Fliegenpilze aussehen; mit grünem Salat verzieren oder auf vorbereiteten Salatblättern anrichten oder für kalte Platten als Garnitur verwenden.
Besser schmecken Eierpilze, wenn die Eier als Strunk gefüllt werden; dazu hartgekochte Eier an beiden Enden gerade abschneiden, Eigelb sehr sorgsam herauslösen, mit etwas Senf, Zitronensaft, Salz, einer Prise Zucker abrühren, abschmecken, abgeschnittene Eiweißscheibchen fein schneiden, unter Dottermasse geben, Eier damit füllen, darauf Tomatenhütchen setzen und mit Tupfen spritzen.

4–8 hartgekochte Eier
4–8 mittelgroße Tomaten
Salz, Zitronensaft
½–1 mal Grundrezept Mayonnaise Nr. 970

632. Gefüllte Eier garniert*

Pro Person:
1–1½ Eier hartgekocht
zum Füllen:
Eigelb der harten Eier
1–2 Eßl. Mayonnaise oder
1–2 Teel. Öl, Salz
etwas Zitronensaft
Senf nach Belieben
1 Teel. Kapern, gewiegt
besondere Geschmackszutaten nach Wahl
zum Anrichten u. Garnieren:
Sardellen- oder Lachsstreifen, Kapern, Kaviar, Tomaten, Radieschen, Gewürzgurken, Petersiliengrün oder Blätter von Kopfsalat

Frische Eier 10 Minuten kochen, kalt abschrecken, schälen, der Länge nach halbieren. Fülle herstellen: Eigelb aus Eihälften nehmen, mit Gabel fein zerdrücken oder durch Sieb streichen, mit Mayonnaise oder Öl glatt rühren, mit Salz, wenig Zitronensaft und etwas Senf pikant abschmecken. Sofern man für mehrere Personen gefüllte Eier herstellt, Masse in mehrere Portionen teilen, die einzelnen Portionen mit besonderen Geschmackszutaten nach Wahl verschieden abschmecken, Eihälften damit füllen oder Masse einspritzen, mit Sardellen- oder Lachsstreifen gitterartig belegen, mit Kapern oder Kaviar verzieren, sorgfältig anrichten, evtl. in gut gewaschene, gut abgetropfte Blätter von Kopfsalat setzen, mit Tomatenscheiben, Gewürzgurkenscheiben und Radieschen garnieren.

Geschmackszutaten zur Fülle nach Wahl:

a) 1–2 Eßlöffel Kräuter feingewiegt, 1 kleine Gewürzgurke sehr fein gewürfelt;
b) 1 Teelöffel Kräuter feingewiegt, ½–1 Teelöffel Sardellenpaste;
c) 1 Teelöffel Anchovispaste, etwas geriebener Meerrettich, 1 kleine Gewürzgurke sehr fein gewürfelt nach Belieben;
d) 1 Eßlöffel feingewiegter Räucher-Lachs;
e) 1 Eßlöffel feingewiegtes Krabbenfleisch, 1 Eßlöffel geriebener Apfel;
f) 1 Eßlöffel magerer, gekochter Schinken oder Kasseler, fein gewiegt, 1 kleine Gewürzgurke sehr fein gewürfelt;
g) 1 Eßlöffel Braten- oder Geflügelfleischreste, 1 kleine Gewürzgurke, sehr fein gewürfelt;
h) 1 Eßlöffel gekochte, geräucherte Zunge, 2–3 Oliven, beide fein gewiegt;
i) 1 Eßlöffel geraffelter oder geriebener säuerlicher Apfel (Boskop), 1 Teelöffel Tomatenmark, wenig Sardellenpaste, ½ Teelöffel geriebene Zwiebel;
k) 1 Eßlöffel geriebener Käse, 2–3 Oliven feingewiegt.

Gefüllte Eier sind als *Vorspeise* gut geeignet, hierfür rechnet man pro Kopf 1 Ei.
Beilage: Toast, Salate.

633. Eier mit Frischrahmkäsefüllung*

6–8 Eier hartgekocht
zur Frischrahmkäsefülle:
50 g Butter, 3 Gervaiskäse
Eidotter der harten Eier
3–4 Eßl. Schlagrahm ungesüßt, Salz, Paprika
1 Eßl. Cognac
2 Eßl. gehackte Walnüsse

Eier hart kochen, kalt abschrecken, schälen, halbieren, Dotter vorsichtig herausnehmen, mit Gabel sehr fein zerdrücken oder durch Sieb streichen; Butter schaumig rühren, Eidotter und Frischrahmkäse unterrühren, würzen, Cognac und steifen Schlagrahm untermengen, gut abschmecken, Masse auf Eier spritzen, mit gehackten Walnüssen bestreuen, bis zum Gebrauch kalt stellen.
Als *Vorspeise* geeignet.
Beilage: Toast.

634. Russische Eier*

Eier 10 Minuten kochen, kalt abschrecken, schälen, quer oder der Länge nach halbieren, Dotter herausnehmen, diese mit Gabel sehr fein zerdrücken oder durch Sieb streichen, mit fertiger Mayonnaise mischen, etwa die Hälfte der Mayonnaise zum Spritzen verwenden, übrige Mayonnaise mit feingewiegten Geschmackszutaten nach Wahl (Zunge, Schinken, Kapern, Sardellenpaste oder Sardellen) mischen, abschmecken. Masse in Eihälften füllen oder einspritzen, mit Mayonnaise aufspritzen, mit Lachs- oder Sardellenstreifchen verzieren, mit Kapern oder Kaviar belegen, auf vorbereiteten zarten Salatblättern anrichten oder als Garnitur für kalte Platte verwenden, bis zum Gebrauch kalt stellen.

Als *Vorspeise* gut geeignet.

Beilage: Toast.

6 harte Eier
Mayonnaise Nr. 970

nach Belieben:
50 g gekochte, geräucherte Zunge oder magerer, gekochter Schinken
1 Eßl. Kapern, etwas Sardellenpaste oder 50 g Sardellen

zum Verzieren:
Lachs- oder Sardellenstreifen, Kapern, Kaviar

635. Eiersalat*

Eier hart kochen, kalt abschrecken, schälen, in Scheiben schneiden; Tomaten waschen, brühen, kalt überbrausen, häuten, in Scheiben schneiden; Gewürzgurken fein würfeln; mageren, gekochten Schinken in gleichmäßig kleine Würfel schneiden oder Sardellenfilets wiegen; gekochten Spargel in etwa 2 cm lange Stücke oder Champignons blättrig schneiden. Alle Zutaten lagenweise abwechselnd in Salatschüssel einlegen, lagenweise mit pikant abgeschmeckter, mit etwas Rahm verdünnter Mayonnaise oder mit etwas Senf abgerührter Salatmarinade beträufeln, etwas durchziehen lassen, mit gewaschenen, gut abgetropften zarten Kopfsalatblättchen garnieren, mit Schnittlauch bestreuen.

Abwandlung: Gekochter Sellerie, gleichmäßig gewürfelt oder in Streifen geschnitten, kann Spargel bzw. Champignons ersetzen.

Als *Vorspeise* gut geeignet.

Beilage: Toast oder evtl. Salzkartoffeln (als Abendessen), grüner Salat.

6–8 frische Eier
4 Tomaten, 2 Eßl. Kapern
2 Gewürzgurken
100 g magerer, gekochter Schinken oder evtl. 3 Sardellenfilets
200 g Spargel oder Champignons (aus Dose)
Mayonnaise Nr. 970 und 2–3 Eßl. Rahm oder Salatmarinade Nr. 780 und 1 Teel. Senf
reichlich Schnittlauch
zarte Kopfsalatblättchen

Käsespeisen

Käse wird dem Verbraucher in einem außerordentlich vielfältigen Sortiment angeboten. Es handelt sich dabei vorwiegend um Süßmilch- oder Labkäse, durch Zusatz von Lab hergestellt, während die Sauermilchkäse, durch Säuerung und Zusatz von Milchsäurebakterien gewonnen, nur untergeordnete Bedeutung haben.

Mit Ausnahme der Frischkäse unterliegen die Käse einer *Käsereifung*, durch spezifische Bakterien- bzw. Schimmelpilzkulturen und mannigfache Fermente gesteuert. Die zahlreichen mikrobiologisch-fermentativen und chemischen Umsätze der Käsereifung verwandeln die ursprünglich bröckelige Käsemasse in einen geschmeidig-plastischen Teig von jeweils unterschiedlicher Konsistenz und homogenem Gefüge. Gleichzeitig entwickeln sich die für die verschiedenen Käsearten typischen Aroma- und Geschmacksrichtungen. Das arteigene Käsearoma ist bedingt durch die Fülle und das Zusammenwirken aller bei der Käsereifung entstehenden Abbauprodukte.

Die bei der Käsereifung eintretenden chemischen Veränderungen betreffen den Kohlehydrat-, Fett- und Eiweißanteil der Käsemasse: Die *Milchsäuregärung* durch Milchsäurebakterien und deren Fermente setzt den Milchzucker der Käsemasse weitgehend in Milchsäure um und schützt vor einer falschen Käsereifung. Die Bildung von „Löchern" oder „Augen" in gewissen Käsen (z. B. Emmentaler) beruht auf Gasbildung (Kohlensäure) bei Propionsäuregärung durch Bakterien, deren Nährböden Milchzucker und Calciumlaktat sind; hier für muß deshalb die Milchsäuregärung gebremst werden. Aus dem Milchzucker entstehen auch gewisse Aromaträger.

Der *Fettabbau* während der Käsereifung erfolgt vorwiegend durch fettspaltende Fermente, woran Schimmelpilzkäse besonders reich sind. Die Spaltung der Glyceride kann hier sehr weit gehen. Die freien Fettsäuren werden durch mikrobielle Fermente weitgehend abgebaut. Dabei entstehen Aldehyde und Ketone (vor allem Methylketone), die am spezifischen Geschmack von Schimmelpilzkäsen besonders beteiligt sind.

Der *Eiweißabbau* nimmt bei der Käsereifung und speziell bei der Ausbildung der spezifischen Käsetypen eine zentrale Stellung ein. Am Eiweißabbau ist eine Vielzahl verschiedenster Enzymtypen beteiligt, dementsprechend entsteht eine Vielzahl verschiedener Eiweißabbauprodukte wie Proteosen, Peptone, hochmolekulare Peptide, freie Aminosäuren, die entweder weiter abgebaut oder aber umgebaut und evtl. zu Resynthesen genutzt werden.

Eine wichtige Voraussetzung für richtige Käsereifung ist u. a. die Käsereitauglichkeit der Milch. So ist z. B. der Gehalt der Milch an Vitaminen der B-Gruppe lebenswichtig für die an der Käsereifung beteiligten Mikroorganismen, insbesondere für die Milchsäurebakterien; gleichzeitig sind diese Vitamine wesentliche Cofermentbestandteile der eiweißabbauenden Fermente.

Ernährungsphysiologisch ist Käse ein sehr *wertvolles, gut verdauliches und konzentriertes* Nahrungsmittel dank seines hohen Gehaltes an *biologisch hochwertigem Eiweiß* (12–36%), an *Mineralien* (besonders Calcium- und Phosphorsalzen) und an *Vitaminen* (Vitamin A, B-Faktoren und Spuren von Vitamin C, D und E). Das Milcheiweiß des Käses ist zur Aufwertung pflanzlicher Eiweißstoffe in Brot, Nährmitteln, Hülsenfrüchten u. a. m. sehr gut geeignet. Der Eiweißgehalt des Käses ist um so höher, je fettärmer er ist.

Der Fettgehalt der verschiedenen Käse ist je nach dem Fettgehalt der Ausgangsmilch außerordentlich unterschiedlich. Magermilch ergibt fettarmen Magerkäse, Vollmilch ergibt fettreichen Fett- und Vollfettkäse, eine Mischung von Vollmilch und Rahm ergibt sehr fettreichen Käse. Der Fettgehalt entscheidet über den Kaloriengehalt der Käse, je höher der Fettgehalt, desto höher der Kalorienwert. Beispielsweise liefern 100 g Magerquark nur 88 Kalorien, 100 g Emmentalerkäse als vollfetter Käse jedoch 420 Kalorien. Allerdings beeinflußt der Fettgehalt des Käses auch seinen Wohlgeschmack.

Beim Käseverzehr sollte jedoch der Fettgehalt des Käses berücksichtigt und fettärmere oder ausgesprochene Magerkäse vermehrt einbezogen werden.

Quark (Topfen) insbesondere sollte wegen seiner vielen Vorzüge in der Ernährung viel häufiger und reichlicher verwendet werden, vor allem für Kinder, Jugendliche, ältere Menschen und Kranke, deren relativ höherer Eiweißbedarf mit Quark leicht zu decken ist. Ältere Menschen und alle, die zu Übergewicht neigen, sollen *Magerquark* bevorzugen, der besonders fettarm ist (1/2 g Fett je 100 g Quark). Quark ist nicht nur ein wertvoller und gesunder Eiweiß-, Mineralstoff- und Vitaminspender, er ist außerdem *leicht verdaulich* und *sehr gut bekömmlich;* sein Milchsäuregehalt wirkt günstig auf die Verdauung, die Aminosäuren seiner Eiweißstoffe sind leicht zu körpereigenem Eiweiß aufzubauen. Zudem ist Quark, speziell Magerquark ein *sehr preiswerter* Eiweißlieferant. Der milde Eigengeschmack ermöglicht seine Verwendung zu zahlreichen, abwechslungsreichen und sehr wohlschmeckenden Quarkgerichten, die vielfach als *Schnellgerichte* mit geringstem Arbeitsaufwand herzustellen sind.

Der **Käseeinkauf** erfordert etwas Überlegung und Sachkenntnis, da die verschiedenen Käsearten in unterschiedlichen *Fettgehaltsstufen* hergestellt werden.

Der Fettgehalt wird in Prozenten auf die Trockenmasse, d. h. die wasserfreie Käsesubstanz, nicht auf die Gesamtkäsemasse bezogen und jeweils auf den Packungen angegeben mit "... % Fett i. T." Der Gehalt an Trockenmasse der verschiedenen Käse ist je nach Wassergehalt sehr unterschiedlich, lange gelagerte Hartkäse sind reich an Trockenmasse, Frischkäse wie Quark ist arm an Trockenmasse. Die angegebenen Fettprozente in der Trockenmasse können daher nichts aussagen über den tatsächlichen Fettgehalt der Käse, dieser liegt niedriger als die Prozentzahl ausdrückt.

Der *tatsächliche Fettgehalt* in Prozenten vom Käsegewicht (g Fett je 100 g Käse) beträgt bei Hartkäse etwa 2/3, bei Schnitt- und Weichkäse sowie Doppelrahmfrischkäse etwa 1/2 und bei Quark und Schichtkäse nur 1/5-1/4 des angegebenen Fettgehaltes in der Trockenmasse. So ist verständlich, daß der tatsächliche Fettgehalt von 100 g Emmentaler (45% Fett i. T.) ebenso hoch ist wie der von 100 g Doppelrahmfrischkäse, (60% Fett i. T.), nämlich 30 g Fett.

Bei Käsen mit 40% Fett i. T. sind Eiweiß- und Fettgehalt etwa gleich hoch, bei Käsen unter 40% Fett i. T. überwiegt der Eiweißgehalt, bei über 40% Fett i. T. überwiegt der Fettgehalt gegenüber dem Eiweißgehalt.

Nach den Fettgehaltsstufen sind zu unterscheiden:

Fettgehaltstufe:	*Bezeichnung:*	*Fettgehalt i. d. Trockenmasse:*
Magerstufe	Magerkäse	weniger als 10% (aus Magermilch)
Viertelfettstufe	Viertelfettkäse	mindestens 10% (vorwiegend aus Magermilch)
Halbfettstufe	Halbfettkäse	mindestens 20% (Magermilch + Vollmilch)
Dreiviertelfettstufe	Dreiviertelfettkäse	mindestens 30% (Vollmilch + Magermilch)
Fettstufe	Fettkäse	mindestens 40% (Vollmilch)
Vollfettstufe	Vollfettkäse	mindestens 45% (Vollmilch)
Rahmstufe	Rahmkäse	mindestens 50% (Vollmilch + Rahm)
Doppelrahmstufe	Doppelrahmkäse	mindestens 60% (Rahm + etwas Vollmilch) bis höchstens 85%

Nach der *Konsistenz* unterscheiden wir:

1. Frischkäse: Sie unterliegen keinem Reifungsprozeß und sollen möglichst *frisch* verwendet werden. Milch bzw. Rahm als Ausgangsmaterial muß pasteurisiert werden. Dazu zählen:

Speisequark (Topfen) durch natürliche Säuerung der Milch oder unter Zusatz von Lab hergestellt. *Magerquark* aus entrahmter Frischmilch gewonnen, hat 3% Fett i. T., d. h. 100 g Quark enthalten etwa 1/2 g Fett; *Speisequark,* meist 20% Fett i. T., d. h. 100 g davon enthalten etwa 5 g Fett. *„Speisequark mit Rahm"* muß mindestens 40% Fett i. T. (ca. 12 g Fett in 100 g Quark) enthalten.

Schichtkäse hat 10–40% Fett i. T., mitunter auch als Sahneschichtkäse hergestellt mit mindestens 40% Fett i. T.; er wird wie Quark verwendet.

Rahm- und Doppelrahmfrischkäse sind als Brotaufstrich, für feine Käsespeisen und im Rahmen der Krankenkost wegen ihrer guten Verdaulichkeit sehr geschätzt. Als Qualitätskäse sind sie z. T. mit Daten für die Haltbarkeitsdauer versehen.

2. Hartkäse: Bekannteste Vertreter sind Emmentaler, Parmesan, Chester; sie sind zu vielen Käsespeisen und als Reibkäse zur Geschmacksverbesserung vieler Gerichte besonders bevorzugt. Ihre sehr lang dauernde, da langsam verlaufende Reifung erfolgt gleichmäßig im Käseinneren. Emmentaler wird nur als Vollfettkäse mit mindestens 45% Fett i. T. hergestellt, die Lochbildung („Augen", gefüllt mit „Tränenflüssigkeit") erfolgt während der Reifung durch Propionsäuregärung. Parmesan, ein sehr wasserarmer, trockener, harter Käse aus Norditalien ist als Reibkäse besonders ausgiebig; er hat mindestens 32% Fett i. T.

3. Schnittkäse: Sie haben durch höheren Feuchtigkeitsgehalt weichere Beschaffenheit. Hauptvertreter sind Gouda, Edamer, Tilsiter und Geheimratskäse neben zahlreichen ausländischen Sorten. Sie werden auf unterschiedlicher Fettstufe (30–50% Fett i. T.) hergestellt; ihre Reifung verläuft rascher, aber ebenfalls gleichmäßig im Käseinneren. Sie finden bevorzugte Verwendung als Brotbelag, zu Käsetoast und Käsespeisen mannigfacher Art. Lang abgelagerte Gouda- und Edamerkäse können als Reibkäse verwendet werden.

4. Halbfeste Schnittkäse: Dazu zählen Butterkäse, Weißlacker, außerdem die dem Butterkäse ähnlichen Sorten wie Bel Paese (Italien), Port Salut, Bonbel (Frankreich), Esrom (Dänemark) sowie Edelpilzkäse wie Gorgonzola (Italien), Roquefort (Frankreich), Donablu (Dänemark). Sie werden in der Regel mit 45-60% Fett i. T. hergestellt. Edelpilzkäse werden mit Schimmelpilzkulturen künstlich geimpft, so daß ihr Inneres von blauen oder grünen Schimmeladern durchzogen wird. Ihr Geschmack ist meist mild, pikant, aber nicht salzig, und sie sind sowohl als feiner Brotbelag wie zu feinem Käseaufstrich verarbeitet, sehr geschätzt.

5. Weichkäse: Sie haben einen höheren Feuchtigkeitsgehalt, ihre Reifung verläuft verhältnismäßig rasch von der Oberfläche zur Mitte hin, ihre Haltbarkeit ist geringer als bei Hart- und Schnittkäse. Nach der Beschaffenheit ihrer Oberfläche sind zu unterscheiden:
Weichkäse mit Schimmelbildung außen z. B. Brie und Camembert, auf sehr unterschiedlicher Fettstufe hergestellt und
Weichkäse mit Schmierebildung wie Limburger, Münsterkäse, Weinkäse u. ä. (20–50% Fett i. T.). Beliebteste Verwendung von Weichkäse als Brotbelag oder als Beilage zu gekochten Kartoffeln.

6. Schmelzkäse: Sie werden aus Hart-, Schnitt- oder Weichkäsen durch Schmelzen unter Anwendung von Wärme und meist unter Zusatz von Schmelzsalzen hergestellt. Die Käse des Ausgangsmaterials sind gesund und einwandfrei, können aber meist wegen Schönheitsfehlern nicht auf den Markt kommen. Bei der Herstellung von Schmelzkäsen ist Zusatz von Gewürzen erlaubt, jedoch der Zusatz von Konservierungsstoffen verboten. Der Fettgehalt hängt von dem Fettgehalt der verwendeten Käse ab; er muß in Prozenten der Trockenmasse auf der Packung angegeben sein, außerdem muß Schmelzkäse als solcher gekennzeichnet sein. Schmelzkäse sind rindenlos, dadurch abfallfrei, meist in Folie verpackt und zeichnen sich durch große Haltbarkeit aus; sie sind sowohl als Brotbelag wie zur Herstellung von Käsesoßen, Käsetoast und Käsespeisen beliebt.

Ratschläge für Käseeinkauf und -verbrauch:

1. *Käse,* insbesondere *Speisequark häufiger* in die Mahlzeiten einbeziehen im Dienste einer ausreichenden Eiweißversorgung. Quark zum Frühstück ist gesund und kann sehr abwechslungsreich abgeschmeckt werden.

2. Bei *Käseeinkauf auf Fettgehalt* der Käsesorten achten und Verwendungszweck überlegen. Hoher Fettgehalt macht Käse teurer und kalorienreicher. Für Käsegerichte fettarme, eiweißreichere Käse bevorzugen; Magerquark ist besonders eiweißreich, preiswert und für alle Quarkgerichte gut geeignet.

3. *Quark muß frisch sein und soll frisch verwendet* werden; Haltbarkeitsdatum auf Verpackung beachten. Gekaufter Quark hat gleichmäßige, weiche und zart-geschmeidige Beschaffenheit, die ein Passieren erübrigt; selbsthergestellter Quark (siehe Nr. 1715) wird zweckmäßig vor der Verwendung passiert.

4. Der *Feuchtigkeitsgehalt von Quark* kann schwanken; davon wird bei Quarkspeisen die Menge an notwendigen Bindemitteln beeinflußt. Die in den Rezepten angegebenen Bindemittelmengen stellen Richtwerte dar, die im Einzelfall nach Bedarf u. U. etwas erhöht werden müssen.

5. *Weichkäse* wegen ihrer *geringeren Haltbarkeit* nicht in größeren Mengen auf Vorrat kaufen; bei Einkauf auf *Reifegrad achten;* reife Weichkäse kühl lagern, unreife Weichkäse zur raschen Reifung unter Glasglocke in warmen Raum stellen. Überreife Weichkäse werden weich, fließen und verlieren an Wohlgeschmack.

6. Als *Reibkäse* sind Hartkäse und ältere Schnittkäse, insbesondere Hartkäsereste gut geeignet. Parmesan ist wegen seines geringen Wassergehaltes besonders ausgiebig.

7. Alle Arten von Käse *kühl und fliegensicher* aufbewahren! Reibkäse am besten in Salz legen, geriebenen Käse luftdicht abgeschlossen, kühl und nicht zu lange aufbewahren, da er durch längeres Aufbewahren austrocknet, an Geschmack verliert und ranzig werden kann. Alle *Frischkäse* möglichst auch *frisch verwenden,* Haltbarkeitsvermerk beachten!

636. Quark (Topfen) salzig mit verschiedenem Geschmack*

250 g frischer Magerquark, Speisequark oder Schichtkäse
4–6 Eßlöffel süßer Rahm, Joghurt, Milch oder halb ungesüßte Dosenmilch und halb Milch
Salz
Geschmackszutaten nach Wahl

Frischen Quark falls nötig durch Sieb streichen, mit Rahm, Joghurt oder Milch und Salz glatt und schaumig schlagen, vorbereitete Geschmackszutaten nach Wahl untermengen, gut abschmecken, kurz vor Gebrauch anrichten, da er bei längerem Stehen Flüssigkeit absetzt.

Gut abgeschmeckter Quark ist sehr gesund und erfrischend und als Brotaufstrich zu kräftigem Schwarzbrot, Vollkornbrot oder Knäckebrot zum Frühstück oder zum Abendbrot zu empfehlen. Auch als Beilage zu Kümmelkartoffeln oder Schalkartoffeln ist er ein gesundes und bekömmliches Abendessen; hierfür kann die Flüssigkeitsmenge etwas erhöht werden.

Eierquark: 2 hartgekochte Eier gewiegt, 1 Eßlöffel Schnittlauch oder gewiegte Kräuter.

Gelbrübenquark: 2–3 Eßlöffel frische, geriebene gelbe Rüben, 1 Teelöffel gewiegte Kräuter, 1/2 Teelöffel geriebener Meerrettich nach Belieben.

Gurkenquark: 1–2 Gewürzgurken fein gewürfelt, 1 kleine Zwiebel fein geschnitten, wenig Paprika nach Belieben.

Käsequark: 2–3 Eßlöffel geriebener Emmentaler, Chester, Gouda, Edamer oder Parmesan oder

1 Doppelrahmfrischkäse, 1–2 Eßlöffel gehackte Walnußkerne und ein paar Tropfen Zitronensaft oder
1 Ecke reifer Camembert, etwas feingeschnittene Zwiebel und Paprika oder
1–2 Ecken Streichschmelzkäse, wenig feingeschnittene Zwiebel, etwas Kümmel oder Paprika.

Kräuterquark: 1–2 Eßlöffel feingewiegte Kräuter wie Petersilie, Dill, Kresse, Borretsch oder feingeschnittener Schnittlauch; Kräuter einzeln oder gemischt verwenden.

Kümmelquark: 1 Eßlöffel Kümmel gewiegt, 1 kleine Zwiebel, fein geschnitten, etwas Schnittlauch.

Meerrettichquark: 1–2 Eßlöffel fein geriebener Meerrettich, 1 Prise Zucker, 1 Eßlöffel roh geriebene gelbe Rübe nach Belieben.

Paprikaquark: 1–2 Teelöffel Delikateß-Edelsüß-Paprika (milde Sorte), 1 kleine Zwiebel gewiegt oder gerieben, etwas Kräuter.

Rettichquark: 2–3 Eßlöffel geraspelter frischer Rettich oder 6–8 Radieschen, feinblättrig geschnitten.

Sardellenquark: 1–2 Teelöffel Sardellenpaste nach Geschmack, 1–2 harte Eier, gewiegt oder fein gewürfelt.

Selleriequark: 2 Eßlöffel geriebenen oder geraspelten Sellerie, 1 Eßlöffel gehackte Nußkerne, etwas Paprika oder weißen Pfeffer, Schnittlauch oder Petersilie nach Belieben.

Schinkenquark: 2–3 Eßlöffel magerer, roher oder gekochter Schinken, fein gewiegt, etwas Paprika, 1–2 Teelöffel frische Kräuter.

Tomatenquark: 2–3 frische Tomaten, gehäutet, vom Mark befreit und fein gewürfelt oder 1–2 Eßlöffel Tomatenmark, 1 kleine, feingeschnittene Zwiebel, wenig weißer Pfeffer.

637. Pikanter Käsequark, Roquefortquark*

40–50 g Butter
100 g Edelpilzkäse wie Roquefort oder Gorgonzola oder geriebener Emmentaler
150 g frischer Magerquark
etwas süßer Rahm oder Milch nach Bedarf, Salz
Paprika nach Geschmack

Butter schaumig rühren, Edelpilzkäse mit Gabel fein zerdrücken oder Emmentaler fein reiben, unter Butter rühren; Quark (falls nötig passiert) und Rahm oder Milch nach Bedarf unterrühren, Masse etwas schaumig schlagen, gut abschmecken, nach Belieben zu Kugeln oder Röllchen formen, kurz kalt stellen, frisch verwenden.
Sehr gut als Aufstrich für Brot, für Pumpernickel, für Käsecracker, Käsebrötchen oder als Beilage zu Kümmelkartoffeln oder frischen Schalkartoffeln.

638. Liptauer Käse*

30–40 g Butter
150 g frischer Magerquark
etwa 4 Eßl. Milch, Joghurt oder Rahm
1 Ecke reifer Camembert
Salz, 1 Zwiebel (fein gewiegt)
Paprika, wenig weißer Pfeffer

Butter schaumig rühren, Quark falls nötig durch Sieb streichen, unterrühren, etwas Milch, Joghurt oder Sauerrahm zugeben, sehr gut abrühren; reifen Camembert mit Gabel fein zerdrücken, mit übrigen vorbereiteten Geschmackszutaten unter den Quark schlagen, pikant abschmecken, mit Paprika oder etwas Pfeffer bestreut anrichten.
Bei Verwendung von „Speisequark mit Rahm“ oder fettreicherem Schichtkäse die Buttermenge zweckmäßig auf die Hälfte verringern. Rahm kann als Süßrahm und als Sauerrahm verwendet werden.

639. Tomaten mit Quarkfülle*

Tomaten waschen, Deckel abschneiden, aushöhlen, Mark und Kerne entfernen, leicht salzen und mit etwas Zitronensaft beträufeln. Fülle herstellen: Quark mit Rahm oder Joghurt und evtl. Mayonnaise glatt und schaumig schlagen, mageren Schinken feinwürfelig schneiden oder wiegen; Paprikaschote waschen, von Stielansatz, Zwischenrippen und Samenkernen sorgfältig befreien, evtl. kurz brühen, dann feinwürfelig schneiden; jungen Rettich schälen, reiben. Schaumig geschlagenen Quark mit allen Zutaten mischen, gut abschmecken, in vorbereitete Tomaten füllen, Deckel auflegen, anrichten, mit grünen Salatblättern verzieren.
Beilage: Frisch gekochte Kartoffeln als Abendessen.

12 mittelgroße, reife, feste Tomaten, Salz, Zitronensaft
zur Quarkfülle:
250 g frischer Quark
3–4 Eßl. süßer Rahm, Joghurt oder Dosenmilch
evtl. 2 Eßl. Mayonnaise
150 g magerer, roher oder gekochter Schinken
100 g frischer Rettich
1/2 Paprikaschote, Salz

640. Quarkknödel* (Topfenknödel)

Frischen, trockenen Quark falls nötig durch Sieb streichen, mit Salz, Eiern und Rahm glatt schlagen, Mehl (nach Belieben ein Teil davon grober Grieß) und Semmelbrösel unterrühren, abschmecken; Probeknödel formen und kochen. Ist dieser gut, Teig entsprechend der gewünschten Knödelzahl einteilen, *kleine Knödel* formen oder Klöße mit Eßlöffel formen, in kochendem Salzwasser 5–10 Minuten leise ziehen lassen, mit Schaumlöffel aus dem Kochwasser nehmen, gut abtropfen lassen, auf heißer Platte anrichten, mit zerlassener Butter beträufeln oder mit in Butter gerösteten Semmelbröseln bestreuen. Die Menge an Mehl bzw. Grieß ist vom Feuchtigkeitsgehalt des Quarks abhängig.
Beilagen: Tomatensoße und Salate; falls süß gereicht, Kompott nach Wahl.

750 g frischer, jedoch trockener Quark, Salz
3 ganze Eier
4 Eßl. saurer Rahm
250 g Mehl oder halb Mehl, halb grober Grieß
100 g Semmelbrösel
zum Kochen: Salzwasser
zum Anrichten: etwas Butter Semmelbrösel

641. Feine Quarkknödel* (Topfenknödel fein)

Butter schaumig rühren, abwechselnd Quark und Eier unterrühren, würzen, Semmelbrösel untermengen je nach Feuchtigkeitsgehalt des Quarks, Teig etwas stehen und anziehen lassen; Probeknödel formen und kochen. Ist er gut, Teig entsprechend der gewünschten Knödelzahl einteilen, *kleine Knödel* formen, in kochendem Salzwasser 5–10 Minuten leise ziehen lassen, mit Schaumlöffel herausnehmen, sehr gut abtropfen lassen, mit in Butter gerösteten Semmelbröseln auf heißer Platte anrichten. Falls Teig zu weich, etwas Mehl unterrühren.
Beilagen: Gemüse nach Wahl oder pikante Soße und Salat; falls mit Zucker bestreut gereicht, Kompott nach Wahl.

80 g Butter oder Margarine
4–5 Eier, Salz
etwas Muskat nach Belieben
500 g Quark (Topfen)
250–300 g Semmelbrösel und evtl. etwas Mehl nach Bedarf
zum Kochen: Salzwasser
zum Anrichten: etwas Butter Semmelbrösel

642. Quarkküchlein* (Topfenküchlein)

750 g frischer, trockener Quark
4 Eier getrennt, Salz
evtl. 2 Eßl. Rahm
Kräuter nach Belieben
180–200 g grober Grieß (je nach Bedarf)
zum Backen: Fett

Quark falls nötig durch Sieb streichen, mit Eigelb, Rahm und Salz gut abschlagen, feingewiegte Kräuter, Grieß und Eischnee unterheben, mit Eßlöffel kleine Küchlein in heißes Fett in Stielpfanne legen, *bei mäßiger Hitze* auf beiden Seiten schön goldbraun backen; langsam backen, damit Küchlein gut durchbacken.
Oder in flacher, feuerfester Form 1/4 l Milch mit 30 g Butter und 1 Prise Salz zum Kochen bringen, von der Quarkmasse mit Eßlöffel Nockerl einlegen, in vorgeheizter Röhre 35–45 Minuten aufziehen lassen, bis Nockerl schöne Farbe und alle Milch aufgesogen haben.
Beilage: Salate, Gemüse nach Wahl oder falls gezuckert, mit Kompott reichen; in diesem Fall entfallen Kräuter als Geschmackszutat.

643. Quarknudeln oder -nockerl*, Topfennockerl*

60 g Butter, Salz
3–4 Eier
750 g Quark (Topfen)
100–120 g grobkörn. Grieß
100–120 g Mehl je nach Bedarf
zum Ausbacken: Fett

Schaummasse rühren aus Butter, Eiern, Salz und Quark (diesen falls nötig durch Sieb streichen), Grieß und Mehl untermischen, etwas anziehen lassen, mit Eßlöffel Nockerl abstechen oder Nudeln formen, in heißem Fett auf Stielpfanne *langsam* von allen Seiten bei *mäßiger Hitze* goldbraun backen, gut durchbacken lassen. Bei Verwendung von fettreicherem Sahnequark oder Schichtkäse kann Buttermenge verringert werden. Nockerl können auch in 1/4 l Milch mit 30 g Butter in der Röhre aufgezogen werden wie bei Nr. 642 beschrieben.
Beilagen: Grüne Salate, Gemüse wie Spinat, Sauerkraut, Rotkraut oder Weinkraut; falls gezuckert, Kompott nach Belieben.

644. Quarkpfannenkuchen* (Topfenpfannenkuchen)

250 g Quark, 250 g Mehl
4 Eigelb, Salz, 1/4 l Milch
1/4 l kohlensäurehaltigen Sprudel (ohne Geschmack)
4 Eischnee
zum Backen: reichlich Fett

Quark mit Mehl, Eigelb, Salz, Milch und kohlensäurehaltigem Sprudel zu glattem Teig schlagen, Eischnee unterheben, davon möglichst dünne Pfannenkuchen in heißem Fett auf der Stielpfanne backen. Sofort heiß reichen.
Beilagen: Pikante Gemüse wie gedünstete Tomaten, gedünstete Paprikaschoten mit Tomaten oder grüner Salat; falls gezuckert gereicht, Kompott nach Wahl.

645. Kartoffelnudeln mit Quark*, Topfennudeln mit Kartoffeln*

3/4 kg gekochte Kartoffeln
1/2 kg trockener Quark
1–2 Eier
Mehl nach Bedarf, Salz
zum Ausbacken: Fett

Frisch gekochte Kartoffeln schälen, heiß durchpressen, auskühlen lassen; mit Quark (falls nötig durch Sieb streichen), Eiern, Salz und soviel Mehl zu Teig verarbeiten, daß Teig sich formen läßt. Rolle formen, davon fingerdicke Nudeln oder Küchlein formen, in heißem Fett auf Stielpfanne bei *mäßiger Hitze* langsam goldbraun backen, gut durchbacken lassen. Sofort gut heiß zu Tisch geben.
Beilagen: Salate, Gemüse, Sauerkraut oder falls mit Zucker gereicht, Kompott nach Wahl.

646. Käsenockerl, Käsebrandteignockerl überbacken

Käsebrandteig herstellen: Milch mit Butter und Salz zum Kochen bringen, gesiebtes Mehl auf einmal zugeben, bei mäßiger Hitze abrühren, bis sich Masse ballt, vom Topf löst (= zum Kloß abbacken) und sich am Topfboden eine weiße Haut anlegt, dann von der Herdstelle nehmen, in die noch heiße Masse nach und nach die ganzen Eier und geriebenen Käse unterrühren, erkalten lassen, dann erst Backpulver zugeben. Vom Teig Probenockerl kochen, ist es gut, mit Eßlöffel Nockerl abstechen, in kochendes Salzwasser einlegen, etwa 20 Minuten leise kochen lassen, dann mit Schaumlöffel herausnehmen, gut abtropfen lassen. In der Zwischenzeit Milch und Butter in feuerfester Form erhitzen, gegarte Nockerl einlegen, mit Käse bestreuen, bei mäßiger Hitze noch etwa 15–20 Minuten in vorgeheizter Röhre überbacken.
Beilagen: Feine Gemüse nach Wahl oder Tomatensoße und Salat.

zum Käsebrandteig:
1/4 l Milch, Salz
50 g Butter, 150 g Mehl
5 ganze Eier
100 g geriebener Emmentaler, Chester, Parmesan oder trockener Gouda Käse
1/2 Teel. Backpulver
zum Kochen: Salzwasser
zum Überbacken:
1/4 l Milch, 30 g Butter
3 Eßl. geriebener Käse

647. Käseauflauf

I. Art: Sehr helle Einbrenne herstellen, mit Milch aufgießen, glatt schlagen, zu dickem Kloß kochen, Salz und Paprika beifügen, etwas abkühlen lassen, Eigelb und geriebenen Käse unterrühren, steifen Eischnee unterheben, in gefetteter Auflaufform bei mäßiger Hitze (180–190° C) etwa 1/2 Stunde backen, sofort zu Tisch geben.

II. Art: Mehl mit kalter Milch glatt rühren, zerlassene Butter unterrühren, unter Rühren zum Kochen bringen und kochen, bis Masse sich als Kloß vom Topf löst, dann von der Kochstelle nehmen, fertigstellen wie oben.
Die Masse für Käseauflauf kann auch in kleine feuerfeste, gebutterte Förmchen gefüllt und in vorgeheizter Röhre bei mäßiger Hitze 8–10 Minuten überbacken werden.
Als *Vorspeise* gut geeignet, dafür genügt jedoch 1/2 Rezeptmenge.
Beilagen: Tomaten- oder Kräutersoße, Salate oder feine Gemüse.

I. Art:
80 g Butter, 120 g Mehl
1/2 l Milch, Salz, Paprika
4 Eier getrennt
100 g geriebener Käse (Parmesan, Chester, Emmentaler oder trockener Gouda)
II. Art:
80 g Mehl, 1/4 l Milch
80 g Butter, 5 Eigelb, Salz
Paprika, etwas Muskat
150–200 g geriebener Käse
1 Prise Backpulver
5 Eischnee
zum Backen: 20 g Butter

648. Käseauflauf, Käsepudding mit Semmeln

Schaummasse rühren aus Butter und Eigelb, abgeriebene, in Milch oder Wasser eingeweichte und *gut ausgedrückte* Semmeln zerzupft unterrühren, geriebenen Käse, dicken Sauerrahm und Salz beifügen, zuletzt steifen Eischnee mit Semmelbröseln, Grieß oder Mehl unterziehen, in gefettete Auflaufform oder gefettete und gebröselte Puddingform füllen, in vorgeheizter Röhre 3/4 Stunde bei mäßiger Mittelhitze (ca. 180–190° C) backen oder im Wasserbad 1 Stunde kochen. Pudding nach beendeter Garzeit aus dem Wasserbad nehmen, offen etwas abdampfen lassen, vorsichtig lockern, stürzen, mit geriebenem Käse bestreuen, nach Belieben mit gedünsteten Gemüsen garnieren wie Erbsen, Karotten, Mischgemüse, Tomaten.
Käsepudding erfordert *sehr gut ausgedrückte* Semmeln, *dicken* sauren Rahm und *trockenen* Reibkäse; ist Puddingmasse zu weich, fällt der Pudding nach dem Stürzen zusammen. *Beilagen* wie bei Nr. 647.

60 g Butter
4 Eier getrennt
4 alte Semmeln, eingeweicht
8 Eßl. geriebener Parmesan oder Chester
4 Eßl. dicker saurer Rahm
4 Eßl. Semmelbrösel, Grieß oder Mehl, Salz
zur Form: Butter und Brösel
zum Anrichten:
40 g geriebener Käse

649. Käsesoufflé*

70 g Butter, 5 Eier getrennt
Salz, Paprika
150 g Emmentaler
oder anderer Reibkäse
6 Eßl. dicker Rahm
2 Eßl. Mehl
zur Form: Butter und Brösel

Schaummasse rühren aus Butter, Eigelb, Salz und Gewürzen, abwechselnd geriebenen Käse und dicken Rahm beifügen, zuletzt steifen Eischnee und Mehl unterheben, in gebutterter und gebröselter feuerfester Form oder ebenso vorbereiteten kleinen Förmchen bei guter Mittelhitze (ca. 200° C) 20–30 bzw. 10–15 Minuten backen, bis Masse gar ist und goldgelbe **Farbe hat. Sofort zu Tisch geben.**
Käsesoufflé in Förmchen ist gut als *Vorspeise* geeignet.
Beilage: Feine Soßen wie Kräuter- oder Tomatensoße, Salat.

650. Käseomelette*

Pro Person:
2 frische Eier, ½ Eßl. Mehl
50–60 g Käse (Emmentaler
oder Gouda, gerieben oder
zur Hälfte fein gewürfelt)
2 Eßl. Selterswasser oder
Milch, etwas Salz
zum Backen: reichlich Butter
zum Anrichten:
Tomatenketchup, Petersilie

Mehl mit Eiern, geriebenem Käse, Salz und Selterswasser oder Milch mit Schneebesen gut verschlagen, evtl. kleingewürfelten Käse untermengen, auf der Stielpfanne bei *mäßiger Hitze* in heißer, aber nicht gebräunter Butter dünne Omeletten *vorsichtig* backen wie bei Nr. 619 beschrieben; Omeletten müssen locker, weich und feucht bleiben, am besten zugedeckt und nur lichtgelb backen, Käse bräunt sehr rasch und schmeckt dann leicht bitter; nach dem Anbacken öfter rütteln, um Anlegen zu vermeiden. Gares Omelette jeweils locker zusammenschlagen, auf heißer Platte mit Tomatenketchup und Petersilie anrichten und *sofort* zu Tisch geben. Werden die Omeletten auf Gasflamme gebacken, Asbestteller unterlegen!
Beilage: Reichlich grüner Salat.

651. Eierkuchen mit Spaghetti und Käse*

6 frische Eier, 6 Eßl. Milch
2 Eßl. Mehl, Salz
etwas weißer Pfeffer
100 g geriebener Käse
3–4 kleine Tassen gekochte
Spaghettireste
zum Backen: 5 Eßl. Öl
60 g Speckwürfel

Mehl mit Milch, Eiern, Gewürzen und geriebenem Käse sehr gut verschlagen, gekochte Spaghetti kurz schneiden, untermengen; in Stielpfanne jeweils in etwas Öl einen Teil der Speckwürfel glasig braten, jeweils 2–3 Eßlöffel der Eier-Spaghettimasse in heißes Fett geben, etwas glatt streichen, bei mittlerer Hitze von beiden Seiten knusprig goldbraun backen, Backzeit je Seite etwa 3–4 Minuten, auf heißer Platte sofort zu Tisch geben.
Beilage: Grüner Salat.

652. Einfache Käsespeise

6–8 Semmeln (1 Tag alt)
250 g Käse wie Emmentaler,
Chester, Gouda oder Edamer
4 Eier, ½ l Milch, Salz
etwas Paprika
wenig weißer Pfeffer
1 Zwiebel, gerieben
zum Backen: Butter

Semmeln in etwa ½ cm dicke Scheiben schneiden, sind sie älter, vorher entrinden; Käse in dünne Scheibchen schneiden. Gefettete Auflaufform mit der Hälfte der Semmelscheiben auslegen, mit Käsescheibchen dicht belegen, restliche Semmelscheiben darauf legen; Eier mit Milch und Geschmackszutaten gut verschlagen, über Semmelscheiben gießen, etwa ½–1 Stunde durchziehen lassen, mit Butterflöckchen belegen, in vorgeheizter Röhre bei *mäßiger Hitze* etwa 30–45 Minuten backen.
Beilagen: Spinatgemüse, gedünstete Tomaten, Paprikaschoten mit Tomaten oder Tomatensoße und grüner Salat.

653. Käsenudeln mit Tomaten*

Tomaten waschen, brühen, kalt überbrausen, häuten, in dicke Scheiben schneiden; feingeschnittene Zwiebeln in Fett oder feingewürfeltem Speck glasig dünsten, Tomatenscheiben beifügen, weich dünsten, Garzeit etwa 5–10 Minuten, Saft verdampfen lassen. Bandnudeln in reichlich Salzwasser gar kochen, mit *heißem* Wasser überbrausen, gut abtropfen lassen. Auf gebutterte feuerfeste Platte oder in feuerfeste Form abwechselnd Nudeln, darauf dick Käse, dann gedünstete Tomaten darauf schichten, oberste Schicht Nudeln, diese dick mit geriebenem Käse bestreuen, in vorgeheizter Röhre überbacken, bis Käse schmilzt und lichtgelb wird. Backzeit 10 Minuten.
Beilage: Grüner Salat.

3/4 kg schöne Tomaten
40–50 g Fett oder Speck
1–2 Zwiebeln
250 (300) g Bandnudeln
Salzwasser
200 g geriebener Käse

654. Eier mit Käsecreme überbacken*

Toastscheiben leicht toasten, hart gekochte Eier kalt abschrecken, schälen, der Länge nach halbieren, auf jede Scheibe Toast zwei halbe Eier legen. Käsecreme herstellen: Mehl oder Stärkemehl mit Milch, ganzen Eiern und Gewürzen sehr gut verschlagen, unter kräftigem Schlagen mit Schneebesen bei *mäßiger Hitze* langsam bis kurz vor das Kochen bringen, geriebenen Käse untermischen, unter Schlagen vorsichtig weiter erhitzen, bis Masse glatt gebunden ist und cremige Beschaffenheit hat. Toastscheiben mit halbierten Eiern auf tiefe Platte oder in flache, feuerfeste Form legen, mit Käsecreme übergießen, mit geriebenem Käse bestreuen und in vorgeheizter Röhre bei guter Hitze noch etwa 5 Minuten leicht überbacken.
Beilagen: Grüner Salat oder feine Gemüse, auch Spinat.

8 Scheiben Toastbrot
8 frische Eier, hart gekocht
zur Käsecreme:
1–2 Eßl. Mehl oder Stärkemehl
1/4 l Milch, 2–3 Eier, Salz
etwas Pfeffer oder Paprika
wenig Muskat nach Belieben
150 g geriebener Emmentaler oder Chester
zum Überbacken:
40 g geriebener Käse

655. Käsepastetchen

Gebröselten Mürbteig herstellen, kalt stellen, dann Teig dünn auswellen, schwach gefettete Pastetenförmchen damit auslegen, halb- bis dreiviertelvoll mit Käsemasse füllen, 20–25 Minuten bei *mäßiger Mittelhitze* (ca. 190° C) auf unterer Schiene in vorgeheizter Röhre backen, bis Fülle gar und goldgelb ist, sofort zu Tisch geben.
Mürbteig kann aber auch in den Förmchen ohne Fülle blind auf Vorrat gebacken werden, dazu Teig vor dem Backen mehrmals mit Gabel stupfen, lichtgelb backen, zum Garen der Käsefülle genügen dann etwa 10 Minuten.
Käsefülle: Alle Zutaten mit Schneebesen gut verschlagen, Masse abschmecken, entweder in rohe oder vorgebackene Pastetchen halb- bis dreiviertelhoch einfüllen, bei mäßiger Hitze wie oben beschrieben backen. Pastetchen mit Käsefüllen nach dem Backen sofort zu Tisch geben.
Gut geeignet als *Vorspeise* wie als Hauptgericht.
Beilagen: Junge zarte Gemüse wie Erbsen, Mischgemüse oder Blumenkohl, Spargel oder grüner Salat.

zum Mürbteig:
150 g Mehl
80 g Butter
Salz, 1 Eigelb oder
2 Eßl. Wasser
1 Eßl. Rahm
zur Fülle:
3 ganze Eier
1/4 l dicker, süßer Rahm
Salz, Paprika, etwas Pfeffer
100 g geriebener Käse
1 Eßl. Stärkemehl

656. Käserollen von Blätterteig

½ Grundrezept Blätterteig Nr. 1361 oder Rahmblätterteig Nr. 1362
zur Fülle:
40 g Butter, 2 Eier getrennt
70–100 g geriebener Käse
Salz, 1 Prise Paprika
zum Bestreichen:
1 Eiweiß, 1 Eigelb

Blätterteig wie Nr. 1361 oder Rahmblätterteig wie Nr. 1362 herstellen, messerrückendick auswellen, Rechtecke von 8 : 12 cm schneiden, auf jeweils eine Längsseite von der Käsemasse geben, Ränder vorsichtig mit Eiweiß bestreichen, ohne daß Schnittkanten damit bestrichen werden, locker aufrollen, mit offener Seite nach unten auf das mit kaltem Wasser gespülte, kalt gestellte Blech legen, kalt stellen, Rollen mit Eigelb bestreichen, bei guter Hitze (etwa 220° C) hellgelb backen, sofort zu Tisch geben.

Fülle: Schaummasse herstellen aus Butter, Eigelb, Salz und Paprika, geriebenen Käse und sehr steifen Eischnee unterheben.
Käserollen sind sowohl als *Vorspeise* wie als Hauptgericht gut geeignet.
Beilage: Salate.

657. Käsewindbeutel gefüllt

zum Käsebrandteig:
¼ l Wasser oder Milch
50 g Butter, 1 Prise Salz
150 g Mehl
4–5 ganze Eier
80–100 g geriebener Käse
1 kleine Prise Backpulver
zur Fülle:
50 g Butter, 2 Eigelb
3 Stück Gervais-Käse
100 g geriebener Käse
Paprika
1 Eßl. Tomatenketchup

Käsebrandteig herstellen: Wasser oder Milch mit Butter und Salz zum Kochen bringen, von der Kochstelle nehmen und sofort gesiebtes Mehl auf einmal zugeben, bei *mäßiger Hitze* abrühren, bis sich Kloß bildet, vom Topf löst und am Topfboden sich weiße Haut anlegt, dann von Herdstelle nehmen, in die noch heiße Masse nach und nach ganze Eier und geriebenen Käse unterrühren, dann Teig erkalten lassen, 1 Prise Backpulver zugeben. Vom erkalteten Teig mit 2 Teelöffeln nußgroße Häufchen auf gebuttertes und gemehltes Blech setzen, bei guter Hitze (etwa 225° C) die kleinen Windbeutel goldgelb backen, noch heiß Deckelchen abschneiden, erkaltet füllen.
Zur Fülle: Butter schaumig rühren, übrige Zutaten unterrühren, pikant abschmecken, Windbeutel damit füllen.
Gut zu Wein oder Bier zu reichen.

Süße Quarkgerichte warm siehe Nr. 640–644 u. Nr. 999, 1004, 1009, 1010, 1013, 1028, 1038, 1039 und 1054

Süße Quarkgerichte kalt siehe Nr. 1116–1121

Quarkmürbteig siehe Nr. 1358

Quarkölteig siehe Nr. 1304

Käsespaghetti siehe Nr. 672

Käsespätzle siehe Nr. 679

Käseschnitten, Käsetoast siehe Nr. 465–484

Käsesalate siehe Nr. 849–856

Käseplatte siehe Nr. 1706

Vegetarische Hauptgerichte aus Nährmitteln, Teigwaren, Semmeln, Mehlteigen

Grundmengen für Hauptgerichte:	pro Person:	für 4 Personen:
Nährmittel oder Teigwaren (je nach sonstigen Zutaten)	75–100 g	300–400 g
Semmeln bzw. Weißbrot	100–125 g 2–2½ St.	400–500 g 8–10 St.
Mehl für Mehlteiggerichte (je nach sonstigen Zutaten)	75–125 g	300–400 g

Grundsätzliches siehe Seite 434 ff.

Kochlehre siehe Seite 439 ff.

658. Grießklöße ausgeschöpft*

1½ (1) l Milch
1 Prise Salz
375 (250) g grober Grieß
2 Eier nach Belieben

zum Anrichten:
40–60 g Butter
6 Eßl. Semmelbrösel
1–2 Eßl. gewiegte Petersilie

Grieß in kochende, gesalzene Milch unter Rühren einstreuen, dicken Brei kochen, Garzeit 10 Minuten, Eier unterrühren; vom heißen Brei mit in zerlassene Butter getauchtem Eßlöffel Klöße abstechen, in leicht gerösteten Semmelbröseln wenden, auf heißer Platte anrichten. Eßlöffel vor dem Ausstechen immer wieder in zerlassene Butter tauchen. Mit Petersilie bestreuen, falls geröstete Semmelbrösel nicht gut vertragen werden.
Beilagen: Tomatensoße, grüner Salat.
Gericht kann auch als Süßspeise hergestellt werden: 2–3 Eßlöffel Zucker in den Grießbrei rühren, angerichtete Klöße mit Zucker und Zimt bestreuen. Dazu Kompott nach Wahl reichen.

659. Grießknödel*

1 l Milch, Salz
350 g grober Grieß
3–4 Eier, etwas Muskat

nach Belieben:
3 (1) alte Semmeln
30 g Butter

zum Kochen: Salzwasser

zum Anrichten nach Belieben:
geröstete Zwiebelringe

Grieß in gesalzene, kochende Milch einstreuen, zu sehr steifem Brei kochen, bis er sich vom Topf löst, Garzeit etwa 10 Minuten, leicht abkühlen lassen; Eier nach und nach unterrühren, nach Geschmack etwas Muskat zugeben, erkalten lassen. Nach Belieben Semmeln in gleichmäßige Würfel schneiden, in Butter hellgelb rösten, entweder unter Grießmasse geben oder beim Formen der Knödel einige Bröckchen (von 1 Semmel) jeweils in die Mitte der Knödel geben. Probeknödel formen und kochen, ist dieser gut, Teig entsprechend der gewünschten Knödelzahl einteilen, kleine Grießknödel gleichmäßig formen, in kochendem Salzwasser 10–15 Minuten, je nach Knödelgröße, leise ziehen lassen, mit Seihlöffel aus Sud nehmen, gut abtropfen lassen, auf heißer Platte anrichten, nach Belieben mit gerösteten Zwiebelringen bestreuen, sofort zu Tisch geben. Verzichtet man auf Semmelbröckchen, Grießmenge zweckmäßig etwas erhöhen. In diesem Fall mit Eßlöffel längliche Klöße abstechen, ebenso garen und anrichten.
Beilagen: Tomaten-, Dill-, Petersilien- oder Käsesoße, Salate.

660. Grießklöße fränkisch, Grießnockerl aufgezogen

100–150 g Butter, Salz
4 große Eier
250 g grober Grieß
etwas Muskat nach Belieben
evtl. 1 Prise Backpulver

zum Kochen:
reichlich Salzwasser

zum Aufziehen:
1/4 l Milch, Salz
4 Eßl. süßer Rahm
60 g geriebener Käse
20 g Butter

Butter schaumig rühren, abwechselnd Grieß und ganze Eier unterrühren, würzen, Teig mindestens 1/2 Stunde quellen lassen, dann Probeklößchen oder -nockerl formen und kochen; ist es gut, mit Eßlöffel kleine Klöße oder größere Nockerl formen, in kochendes Salzwasser einlegen, 25–30 Minuten bei mäßiger Hitze leise kochen lassen, dann mit Schaumlöffel herausnehmen, gut abtropfen lassen; fränkische Grießklöße auf heißer Platte anrichten, dazu Petersiliensoße und grünen Salat reichen.
Bei der geringeren Buttermenge 1 Messerspitze Backpulver vor dem Formen des Teiges unterrühren.
Abwandlung zu aufgezogenen Grießnockerln: Gekochte, gut abgetropfte Grießnockerl in gebutterte, flache, feuerfeste Form setzen, mit abgeschmeckter Milch-Rahmmischung übergießen, dick mit geriebenem Käse bestreuen, mit Butterflocken belegen, in vorgeheizter Röhre erst zugedeckt, dann offen aufziehen lassen; Käse darf hierbei nur goldgelb werden, da er sonst leicht bitter schmeckt.
Beilage zu aufgezogenen Nockerln: Spinatgemüse, Tomaten- oder Kräutersoße, grüner Salat.

661. Überbackene Grießnockerl*

1 l Milch, Salz
250 g grober Grieß
2–3 Eier
2–3 Eßl. geriebener Käse
etwas Muskat nach Belieben

zum Überbacken:
20 g Butter, 1/4 l Milch
4–6 Eßl. geriebener Käse

Grieß in kochende, gesalzene Milch einstreuen, dicken Brei kochen, etwa 10 Minuten quellen, dann leicht abkühlen lassen, Eier, geriebenen Käse und nach Belieben etwas Muskat beifügen, gut abrühren, Masse erkalten lassen; mit in flüssige Butter getauchtem Eßlöffel gleichmäßige Nockerl abstechen, in gebutterte, flache, feuerfeste Form legen, mit reichlich geriebenem Käse bestreuen und mit einigen Butterflocken belegen, *kochende* Milch seitlich zugeben und in vorgeheizter Röhre erst zugedeckt, dann offen überbacken, bis Nockerl goldgelb sind, in der Form zu Tisch geben. Backzeit etwa 20 Minuten.
Beilagen: Tomaten-, Kräuter- oder Käsesoße, grüner Salat oder Spinatgemüse.

662. Grießgnocchi, Grießschnitten aufgezogen

1 l Milch, 20 g Butter, Salz
200 g grober Grieß

zum Aufziehen:
2 ganze Eier, 1/4 l Milch
20 g geriebener Käse
20 g Butter oder
Tomatensoße Nr. 939
mit 1/4 l Flüssigkeit und
3 Eßl. Käse

Milch mit Butter und Salz zum Kochen bringen, Grieß einstreuen, dicken Brei kochen, Garzeit etwa 10 Minuten; Masse entweder auf nassem Emailbrett etwa 1 cm dick ausstreichen, erkalten lassen, dann in Schnitten schneiden oder runde Formen ausstechen; oder heiße Masse in kalt ausgespülte Kastenform füllen, glatt streichen, erkalten lassen, dann stürzen, in Scheiben schneiden. In flacher, feuerfester, gut gebutterter Form Schnitten schuppenförmig einlegen, in vorgeheiztem Rohr leicht anbacken lassen, dann mit Eiermilch übergießen, mit geriebenem Käse dick bestreuen und mit etwas Butterflocken belegen, etwa 20–30 Minuten aufziehen lassen. Statt Eiermilch kann auch dicke Tomatensoße, mit etwas Käse abgeschmeckt, verwendet werden.
Beilage: Gemüse nach Wahl oder Salate.

663. Grießauflauf mit Käse

Milch mit Salz und evtl. Butter zum Kochen bringen, Grieß einstreuen, dicken Brei kochen, Garzeit 10 Minuten, etwas abkühlen lassen; Schaummasse rühren aus Butter, Eigelb und Käse, abgekühlten Grießbrei unterrühren, zuletzt steifen Eischnee unterheben, in gefettete feuerfeste Form füllen, mit Butterstückchen belegen, in vorgeheizter Röhre bei 180° C backen, Backzeit 3/4 Stunde. Für Auflauf kann Grießbrei etwas weicher gehalten werden, deshalb Kürzung der Grießmenge auf 200 g möglich.

Beilagen: Spinatgemüse, Gemüse mit Soße oder Tomaten-, Kräuter- oder Petersiliensoße, grüner Salat.

zum Brei:
1 l Milch, Salz
evtl. 30 g Butter
200–250 g grober Grieß

zur Schaummasse:
50–80 g Butter
3–4 Eier getrennt
100 g geriebener Käse

zum Backen: 20 g Butter

664. Grießpudding salzig (4–6 Personen)

Milch mit Salz und Butter zum Kochen bringen, Grieß einstreuen, dicken Brei kochen, Garzeit 10 Minuten, etwas abkühlen lassen; Eigelb und die in Butter lichtgelb gerösteten Semmelwürfel und Geschmackszutaten nach Wahl beifügen, zuletzt sehr steifen Eischnee unterheben, in gefetteter und gebröselter Form 1 Stunde kochen, dann Form öffnen, Pudding etwas abdampfen lassen, auf heiße Platte stürzen und sofort zu Tisch geben.

Zubereitung kann auch mit Herstellung einer Schaummasse wie bei Auflauf Nr. 663 erfolgen, wie oben garen.

Beilagen: Tomaten-, Kräuter- oder Käsesoße, grüne Salate oder Spinatgemüse. Salziger Grießpudding kann als Beilage zu Braten mit Rahmsoße wie Rahmschlegel, Reh- oder Hirschbraten gegeben werden.

1 l Milch, Salz
60 g Butter
250 g grober Grieß
5 Eier getrennt
2 alte Semmeln gewürfelt
20 g Butter zum Rösten
etwas Muskat
Petersilie gewiegt
evtl. 50–80 g gerieb. Käse

zur Form: Butter und Brösel

665. Grünkernküchlein

Aus Grünkernschrot, Wasser, Salz und etwas Suppenwürze einen sehr dicken Brei kochen, am besten in der Röhre gut ausquellen lassen, Garzeit 30–40 Minuten; feingeschnittene Zwiebel und gewiegte Petersilie in Fett andünsten, zum Brei geben, Eier beifügen, abschmecken, abkühlen lassen. Aus der Masse Küchlein formen, nach Belieben panieren, in heißem Fett auf der Stielpfanne auf beiden Seiten schön goldbraun backen.

Beilagen: Salate oder Gemüse wie Spinat, Wirsing, Tomaten gedünstet, Paprikaschotengemüse u. a. m.

250 g Grünkernschrot
1/2 l Wasser (reichl.), Salz
etwas Suppenwürze
20 g Butter, 1 Zwiebel
2 Eßl. Petersilie, 2-3 Eier
evtl. zum Panieren:
1 Ei oder Eireste mit
1 Eßl. Wasser und 1 Teel. Öl
verschlagen, Semmelbrösel
zum Backen: Fett

666. Haferflockenküchlein

Haferflocken salzen, mit kochender Milch übergießen, zugedeckt 1 Stunde quellen lassen; sehr feingeschnittene Zwiebel und feingewiegte Petersilie in etwas Butter andünsten, zu den Haferflocken geben. Kurz vor dem Ausbacken Eier unterrühren sowie das mit Backpulver gemischte Mehl beifügen, von der Masse mit Eßlöffel kleine Küchlein in heißes Fett auf die Stielpfanne geben, bei *mäßiger Hitze* auf beiden Seiten goldbraun und knusprig backen. Sofort auf heißer Platte zu Tisch geben.

Beilagen: Spinat oder Gemüse mit Soße nach Wahl oder grüner Salat.

250–300 g Haferflocken
1/2 l Milch, Salz, 20 g Butter
1 Zwiebel, 1–2 Eßl.
Petersilie, 2–3 Eier
50 g Mehl
1 Teel. Backpulver

zum Backen: Fett

667. Haferflockenküchlein mit Hefe

250 g Haferflocken
125 g Mehl, Salz
1/2 l Milch, 15 g Hefe
3 Eier
zum Ausbacken: Fett

Haferflocken mit Mehl und Salz mischen, Hefe mit etwas Milch glatt rühren, unter die Haferflocken geben, Eier und restliche Milch unterrühren, Teig mindestens 1/2 Stunde stehen lassen; dann mit Eßlöffel vom Teig kleine Küchlein in heißes Fett auf Stielpfanne legen, auf beiden Seiten goldbraun backen, sofort zu Tisch geben.
Beilagen: Grüner Salat oder Spinat oder mit Zucker zu Kompott.

668. Reisküchlein

250–300 g Weichreis
3/4 l Milch, Salz
2–3 Eier, Petersilie gewiegt
6–8 Eßl. geriebener Käse
zum Panieren wie Nr. 665
zum Ausbacken: Fett

Weichreis waschen, brühen, in gesalzener Milch weich kochen, Garzeit etwa 25 Minuten; unter die noch heiße Masse Eier, Käse und gewiegte Petersilie geben, abschmecken, erkalten lassen; dann aus der Masse Küchlein formen, nach Belieben panieren und in heißem Fett auf Stielpfanne auf beiden Seiten goldbraun backen.
Beilagen: Salate, Gemüse nach Wahl.

669. Reisbratlinge

Zutaten wie Reisküchlein Nr. 668, statt Milch
3/4 l kräftig abgeschmeckte Brühe und etwas Suppenwürze

Vorbereiteten Reis in kräftig abgeschmeckter Brühe gar kochen, sonstige Zubereitung wie bei Nr. 668 beschrieben. Bratlinge formen, nach Belieben in Semmelbröseln wenden, in heißem Fett auf der Stielpfanne auf beiden Seiten goldbraun backen.
Beilagen: Gemüse nach Wahl oder grüner Salat.

670. Makkaroni oder Spaghetti mit Tomaten*

300 (400) g Makkaroni oder Spaghetti
reichlich Salzwasser
3/4–1 kg Tomaten
2 große Zwiebeln
40 g Fett
Salz
60–100 g Reibkäse
reichlich Petersiliengrün

Teigwaren in reichlich kochendem Salzwasser kernig-weich kochen, heiß überbrausen, gut abtropfen lassen; in der Zwischenzeit Tomaten brühen, kalt überbrausen, häuten, in Scheiben schneiden; feingeschnittene Zwiebeln und einen Teil der gewiegten Petersilie in Fett andünsten, Tomatenscheiben zugeben, weich dünsten, salzen. Teigwaren und einen Teil des geriebenen Käses mit Tomaten mischen, gut heiß werden lassen, abschmecken, mit restlichem Reibkäse und Petersilie bestreut anrichten.
Oder gare Teigwaren mit geriebenem Käse und gedünsteten Tomaten schichtweise auf feuerfester Platte anrichten, als oberste Schicht Teigwaren, darauf dick geriebenen Käse streuen, in vorgeheizter Röhre kurz überbacken, bis Käse lichtgelb wird und zu schmelzen beginnt.
Beilage: Grüner Salat.

671. Tomatenspaghetti*

300 (400) g Spaghetti
reichlich Salzwasser
40 g Fett oder Speck
1 Zwiebel
3–4 Eßl. Tomatenmark
etwas Suppenwürze oder 1/2 Brühwürfel
4–8 Eßl. geriebener Käse
Petersiliengrün

Spaghetti in reichlich kochendem Salzwasser kernig-weich kochen (etwa 10–12 Minuten Garzeit), abseihen, kalt oder heiß überbrausen; feingeschnittene Zwiebel in heißem Fett oder geröstetem Speck glasig dünsten, Tomatenmark und Suppenwürze oder Brühwürfel zugeben, dünsten lassen, abgetropfte Spaghetti zugeben, gut mischen, Käse untermengen, heiß werden lassen, abschmecken, mit geriebenem Käse und nach Belieben mit Petersilie bestreut anrichten.
Beilage: Grüner Salat.

672. Käsespaghetti aufgezogen

Spaghetti brechen, in reichlich kochendem Salzwasser etwa 5–8 Minuten kochen, jedoch nicht ganz weich kochen, abseihen, kalt überbrausen, gut abtropfen lassen. Spaghetti mit geriebenem Käse mischen, in gebutterte, feuerfeste Form geben, mit gesalzener, kalter Eiermilch übergießen, mit Butterflocken belegen, in vorgeheizter Röhre erst zugedeckt, dann offen bei mäßiger Hitze 1/2 Stunde aufziehen lassen.
Beilagen: Grüner Salat.

300 (400) g Spaghetti
reichlich Salzwasser
zum Aufziehen:
100–150 g geriebener Käse
1/2 l Milch mit etwas Rahm
2–3 Eier, Salz, 30 g Butter

673. Spaghetti-Tomatenauflauf

Spaghetti in reichlich Salzwasser kernig-weich kochen, abgießen, überbrausen, gut abtropfen lassen, in gebutterte, feuerfeste Auflaufform mit kleinen Butterflocken, geriebenem Käse und nach Belieben mit gewiegtem, magerem Schinken einschichten. *Dicke* Tomatensoße mit frischen Tomaten oder Tomatenmark herstellen wie Nr. 939 beschrieben, gut abschmecken, abkühlen lassen; Eigelb unter dicke kalte Soße schlagen, steifen Eischnee unterheben, Masse über eingeschichtete Spaghetti gießen, in vorgeheizter Röhre bei Mittelhitze etwa 30 Minuten backen.
Beilage: Grüner Salat.

300 (400) g Spaghetti
reichlich Salzwasser
zum Einschichten:
50 g Butter
100 g geriebener Käse
evtl. 100 g magerer Schinken
zum Überbacken:
dicke Tomatensoße Nr. 939
mit 1/4–3/8 l Flüssigkeit
3 Eier getrennt

674. Semmelpudding

Semmeln feinblättrig schneiden, salzen, mit lauwarmer Milch übergießen, zugedeckt durchziehen lassen. Feingeschnittene Zwiebel und gewiegte Petersilie in Fett leicht andünsten, Käse reiben. Schaummasse herstellen aus Butter und Eigelb, geriebenen Käse unterrühren, angedünstete Zwiebeln und Petersilie sowie durchgezogene Semmelmasse untermengen, abschmecken, zuletzt steifen Eischnee unterziehen, in gefettete und gebröselte Puddingform füllen, im Wasserbad 1 Stunde kochen, bei Bedarf kochendes Wasser nachfüllen. Nach beendeter Garzeit aus Wasserbad nehmen, offen etwas abdampfen lassen, vorsichtig lockern, auf heiße Platte stürzen und sofort zu Tisch geben.
Beilagen: Käse-, Tomaten-, Kräutersoße nach Wahl, feine Gemüse oder Salate.

Grundmasse:
8 alte Semmeln, Salz
etwa 3/8 l lauwarme Milch
(je nach Alter der Semmeln)
Geschmackszutaten:
20 g Butter, 1 Zwiebel
Petersilie fein gewiegt
evtl. 3–4 Eßl. Käse, gerieben
Schaummasse:
50–80 g Butter
3–4 Eier getrennt
zur Form: Butter und Brösel

675. Weck- oder Goldschnitten*

Weißbrot vom Vortag bzw. Kastenbrot in etwa 1 cm dicke Scheiben schneiden, rasch durch kalte Milch ziehen, etwas durchziehen lassen; Eier gut verschlagen oder Pfannenkuchenteig herstellen, Semmelscheiben entweder nur in verschlagenem Ei oder in Pfannenkuchenteig wenden, in heißem Fett auf Stielpfanne auf beiden Seiten goldgelb backen, auf heißer Platte anrichten.
Beilage: Spinatgemüse oder grüner Salat oder zuckern und mit Kompott reichen.

400–500 g Weißbrot vom
Vortag oder Toastbrot
zum Anfeuchten:
3/8–1/2 l Milch, je nach Bedarf
zum Wenden:
2–3 Eier verschlagen oder
Pfannenkuchenteig Nr. 911
von 200 g Mehl
zum Backen: Fett

zum Mehlteig:
400 g Mehl, Salz, 1/2 Teel. Backpulver, 1/2–3/4 l Milch evtl. ein Teil davon Sprudel
3–4 Eier getrennt oder flüssigen Hefeteig Nr. 1190 von: 400 g Mehl, Salz
15 g Hefe
3/8 l Milch, 50 g Fett
3–4 Eier getrennt
zum Ausbacken: Fett

676. Böhmische Dalken*

Dickflüssigen Pfannenkuchenteig wie Nr. 911 oder dickflüssigen Hefeteig wie Nr. 1190 jeweils mit Eigelb herstellen, sehr steifen Eischnee unter den Teig heben. In Pfanne Fett erhitzen, mit Eßlöffel Küchlein in die Pfanne setzen (etwa 3/4 cm dick), bei Mittelhitze auf beiden Seiten goldgelb backen, auf heißer Platte sofort zu Tisch geben.
Beilagen: Spinat oder anderes Gemüse nach Wahl, evtl. auch reichlich grüner Salat. Dalken können auch, mit Zucker bestreut, zu Kompott gegeben werden.

Spätzleteig Nr. 914 von 500 g Mehl
reichlich Salzwasser
zum Aufziehen:
20–30 g Fett, 1/4–3/8 l Milch
2–3 Eier, Salz
4 Eßl. geriebener Käse
4 Eßl. Kräuter, feingewiegt (für Kräuterspätzle)

677. Aufgezogene Spätzle, Kräuterspätzle

Spätzle herstellen wie bei Grundrezept Nr. 914 beschrieben, 5 Minuten in reichlich Salzwasser kochen, abseihen, kalt überbrausen, gut abtropfen lassen. Spätzle dann in gefettete, feuerfeste Form geben; Eier mit Milch, Salz, geriebenem Käse und nach Belieben feingewiegten Kräutern wie Petersilie, Dill und Schnittlauch gut verquirlen, abschmecken, über die Spätzle gießen, nach Belieben mit geriebenem Käse bestreuen, in vorgeheizter Röhre 20–30 Minuten erst zugedeckt, dann offen aufziehen lassen.
Beilagen: Grüne Salate, Spinat oder andere Gemüse nach Wahl.

Spätzleteig Nr. 914 von 500 g Mehl
reichlich Salzwasser
zum Rösten:
40 g Fett
2–3 Eier
2–3 Eßl. Wasser, Salz

678. Geröstete Spätzle mit Ei*

Spätzle herstellen wie bei Grundrezept Nr. 914 beschrieben, etwa 5 Minuten kochen lassen, abseihen, kalt überbrausen, auf angefeuchtetem Brett abtrocknen, bei kleinen Mengen auf Durchschlag gut abtropfen lassen. Spätzle in heißem Fett unter öfterem Wenden leicht goldgelb rösten; Eier mit Wasser und Salz verquirlen, über geröstete heiße Spätzle in der Pfanne geben, leicht anziehen lassen, auf heißer Platte sofort zu Tisch geben.
Beilagen: Grüner Salat, Spinat oder sonstiges Gemüse nach Wahl.

Spätzleteig Nr. 914 von 500 g Mehl
reichlich Salzwasser
zum Anrichten:
100–150 g geriebener oder feingeschnittener Käse
evtl. geröstete Zwiebelringe

679. Käsespatzen (schwäbisch)*

Spätzle herstellen wie bei Grundrezept Nr. 914 beschrieben, etwa 5 Minuten kochen, mit Seihlöffel aus Kochwasser nehmen, sehr gut abtropfen lassen, *nicht kalt überbrausen* sondern sofort auf heißer Platte oder in Schüssel lagenweise mit geriebenem oder feingeschnittenem Käse anrichten, gut heiß stellen, bis alle Spätzle gekocht sind; zuletzt mit reichlich Käse bestreuen und nach Belieben geröstete Zwiebelringe und etwas heiße Butter darüber geben.
Beilage: Sauerkraut, nach Belieben auch grüner Salat.

680. Krautkrapfen (schwäbisch)

Nudelteig herstellen wie bei Grundrezept Nr. 918 beschrieben, 3 dünne Flecke auswellen, etwas antrocknen lassen, dann mit gut abgeschmecktem, erkaltetem Sauerkraut belegen, mit kleingeschnittenem, gekochtem Geräucherten bestreuen, wie Strudel aufrollen, in gleichmäßige, etwa 4 cm lange Stücke schneiden, diese in gefettetem Schmortopf oder in Bratraine mit einer Schnittfläche nach unten setzen, etwas anbräunen lassen und in vorgeheizter Röhre oder bei mäßiger Hitze auf dem Herd zugedeckt garen unter Zugabe von etwa $^1/_8$ bis $^1/_4$ l Brühe. Gardauer: $^1/_2$ Stunde.

Grundrezept Nudelteig Nr. 918 von 300 g Mehl

zur Fülle:
$^3/_4$ kg gedünstetes Sauerkraut Nr. 775 (Krautreste)
100–125 g gekochtes Geräuchertes

zum Garen: 40 g Fett
etwa $^1/_8$–$^1/_4$ l Brühe

Fränkische Mehlklöße, Mehlknödel	siehe Nr.	916
Böhmische Knödel	siehe Nr.	915
Egerländer Knödel	siehe Nr.	917
Pfannenkuchen	siehe Nr.	911
Mehlschmarrn	siehe Nr.	1021
Kuchenmichel	siehe Nr.	1020
Semmelknödel	siehe Nr.	922
Semmelknödel geröstet mit Ei	siehe Nr.	923
Serviettenkloß	siehe Nr.	924
Semmelschmarrn	siehe Nr.	1027
Semmelspeise mit Käse	siehe Nr.	652

Gemüsespeisen

als Hauptgerichte und Beilagen

Ernährungsphysiologisches

Gemüse und Gemüsesalate sind wichtig und unentbehrlich in einer gesunden Ernährung für Jung und Alt, für Gesunde und Kranke!

1. *Sie sind Hauptspender lebenswichtiger Mineralien* (Kalk-, Phosphor-, Magnesium-, Eisen und Kalium-Verbindungen) sowie anderer lebensnotwendiger Spurenelemente, die für Blut- und Knochenbildung nötig sind und von *unentbehrlichen Vitaminen* (insbesondere von Vitamin C, von Karotin als Vorstufe von Vitamin A und von Vitamin B-Faktoren), die Voraussetzung des gesunden Zellstoffwechsels sind. In ihrem Gehalt an Mineralien und Vitaminen liegt ihre große gesundheitliche Bedeutung.

Fermente in den Gemüsen sind bei der Aroma- und Geschmacksbildung beteiligt, führen zum Teil aber auch zu nachteiligen Farbveränderungen bei der Verarbeitung (Dunkelfärbung von Sellerie, Schwarzwurzeln, Champignons u. a. m.).

2. *Ihr Zellulosegehalt* begünstigt das *Sättigungsgefühl, fördert die Verdauung* und *schützt vor Verstopfung und Überernährung.*

3. Gemüse sind *kalorienarm,* da sie wenig Eiweiß, Fett und Kohlenhydrate enthalten, sie helfen, den Körper *schlank* zu halten und sind *hilfreich in der Ernährung bei Übergewicht.* Der Kalorienwert je 100 g Gemüse liegt im Durchschnitt unter 50 Kalorien; nur Schwarzwurzeln, Meerrettich, Artischocken, grüne Erbsen und getrocknete Hülsenfrüchte haben höheren Kaloriengehalt.

4. *Gemüse ergänzen* deshalb eiweißreiche Fleisch-, Fisch-, Eier- oder Käsespeisen und stärkereiche Kartoffel- oder Teigwarengerichte zu einer *vollwertigen und gesunden Kost.*

5. Ihr Gehalt an *Aromastoffen* gibt ihnen individuellen Geschmack, fördert die Verdauung und bietet große *Abwechslungsmöglichkeit.*

6. Sie sind *meist leicht verdaulich,* deshalb für die Ernährung auch von Kindern, älteren Menschen und Kranken gut geeignet – mit Ausnahme von trockenen Hülsenfruchtsamen und älteren, lange gelagerten Kohlarten, die blähend wirken.

7. Der *ernährungsphysiologische Wert verschiedener Gemüsearten ist unterschiedlich;* so gelten als besonders reich an Kalium bestimmte Gemüse wie Meerrettich, Spinat, Kresse, Rosenkohl, Grünkohl, rote Rüben und Sellerie, wovon die grünen Blattgemüse und Meerrettich gleichzeitig auch reich an Eisen und Calcium sind. Gute Vitamin C-Spender sind Paprikaschoten, Meerrettich und wiederum grüne Blattgemüse, während gute Vitamin A- bzw. Karotin-Lieferanten neben den grünen Blattgemüsen auch gelbe Rüben und Tomaten sind.

Deshalb enthalte *jede Tagesverpflegung reichlich Gemüse* oder *Gemüsesalat* unter Berücksichtigung *mannigfacher Abwechslung* und unter Einbeziehung des *Rohverzehrs.*

8. Der *ernährungsphysiologische Wert der Frischgemüse* wird durch verschiedene Faktoren *beeinflußt* wie Sorten, Düngung, Boden, Witterung u. a. m.; besonders wichtig hierfür sind auch ihr *Reife-* und *Frischezustand.* Der Zeitraum zwischen

Ernte und Verbrauch soll deshalb möglichst gering sein. Gemüse aus dem eigenen Garten hat den Vorzug, daß es *vollreif* geerntet und *vollfrisch* verzehrt werden kann.

Das seit 1968 gültige Pflanzenschutzgesetz dient dem Schutz vor einer Beeinträchtigung des gesundheitlichen Wertes der Gemüse durch evtl. Rückstände hochwirksamer, teilweise hochgiftiger Pflanzenschutzmittel.
Danach ist für jedes im Handel befindliche Pflanzenschutzmittel eine amtliche Prüfung und Zulassung erforderlich. Hochgiftige Pflanzenschutzmittel werden nach Möglichkeit durch ungiftige ersetzt. Zulässige Höchstmengen, sachgemäße Anwendung und bestimmte Wartezeiten zwischen der letzten Anwendung des Mittels und der Ernte sind vorgeschrieben. Schließlich wurden die nach dem Stand der wissenschaftlichen Kenntnisse duldbaren Höchstmengen an Pestizidenrückständen auf Lebensmitteln festgesetzt und der Verkauf von Lebensmitteln mit höheren Restmengen unter Strafe gestellt. Routinemäßige amtliche Kontrolluntersuchungen von Gemüse- bzw. Lebensmittelproben auf Rückstände von Pflanzenschutzmitteln dienen der Beachtung der gesetzlichen Forderungen und damit der Versorgung mit gesundheitlichen einwandfreien Gemüsen bzw. Lebensmitteln.

Einkaufsratschläge:

1. Bei Kauf von Frischgemüse berücksichtige das *Angebot des Marktes und der Jahreszeit, orientiere dich am Marktbericht!*

2. *Bevorzuge gute und frische Qualität!*
Allgemeine Qualitätsmerkmale sind: Frischezustand, Gesundheit, Sauberkeit. Beachte Verschmutzung, evtl. Schadstellen, Auswuchserscheinungen, Pelzigkeit oder Verholzung bei Knollen- und Wurzelgemüse, Menge des Abfalls, insbesondere bei Blattgemüse.
Der *Frischezustand* ist besonders wichtig, da bei ungünstiger Lagerung innerhalb von 3 Tagen der Vitamin C-Gehalt zu 90–100% und der Karotin-Gehalt von Gemüse zu 50% verloren gehen können. Blattgemüse und Kräuter sind von Vitaminverlusten besonders bedroht. Vollreifes Gemüse hat höheren Vitamingehalt als unreife oder überreife Ware; die Größe besagt nichts über den Vitaminwert. Kräftige Farbe dagegen läßt auf guten Vitamingehalt schließen; kräftig rotfleischige Sorten von gelben Rüben sind karotinreicher als blaßfleischige.

3. *Achte auf Güteklassen* bei Einkauf und Preisvergleichen. Die äußere Qualität (Frische, Größe, Sauberkeit, Gesundheit, bzw. Fehler oder Mängel) muß den für die angegebene Güteklasse geforderten Eigenschaften entsprechen und die Ware muß entsprechend sortiert sein.
Die Europäische Wirtschaftsgemeinschaft (EWG) hat für ihre Mitgliedstaaten „Gemeinsame Qualitätsnormen für Gemüse, Obst und Südfrüchte" vereinbart. Diese legen für die einzelnen Gemüse- und Obstarten Mindesteigenschaften, Güteklassen, Größensortierungen, Toleranzen, Verpackung und Kennzeichnung fest. Diese Güteklassen sind an die Stelle der früheren deutschen Handelsklassen getreten und entsprechen diesen in etwa:

Güteklasse „Extra" (früher deutsche Handelsklasse „Auslese"): Erzeugnisse von erlesener, höchster Qualität, frei von allen Mängeln.

Güteklasse „I" (früher deutsche Handelsklasse A): Erzeugnisse von guter Qualität, die allen Anforderungen genügen.

Güteklasse „II" (früher deutsche Handelsklasse B): Erzeugnisse von marktfähiger Qualität trotz gewisser Mängel und Fehler, eine brauchbare Haushaltsware.

Güteklasse „III" (früher deutsche Handelskl. C): Erzeugnisse, die den vorgenannten Klassenanforderungen nicht genügen, für den Verzehr aber noch geeignet sind.

Für die meisten Gemüse kommen nur 2–3 Güteklassen zur Anwendung, während für die meisten Obstarten alle 4 Güteklassen üblich sind.

4. *Besonderheiten für Pilze:*

a) *Pilzesammeln* setzt *sichere und genaue Kenntnis* der einzelnen Pilzarten voraus.

b) *Keine zu alten,* madigen, zerfressenen Pilze sammeln, Myzel nicht beschädigen.

c) Pilze schon beim Sammeln grob putzen und in *luftdurchlässigen Behältnissen,* z. B. Körbchen transportieren!

d) *Pilze so bald wie möglich zubereiten* (spätestens am folgenden Tag), denn sie sind *rasch und leicht verderblich!* Nicht nur giftige, auch verdorbene Pilze können zu Pilzvergiftungen führen.

e) Pilze über Nacht *ausgebreitet, kühl und luftig* legen!

f) *Reste von Pilzgerichten nicht länger* aufbewahren, nur bis zur nächsten Mahlzeit, *höchstens für eine Nacht, aber nur im Kühlschrank!*

g) *Es gibt kein Erkennungszeichen für die Giftigkeit* von Pilzen beim Garen, nur sichere und gründliche Pilzkenntnis kann vor Pilzvergiftung bewahren.

5. *Gemüsekonserven* (Halb- und Vollkonserven) überbrücken die an Frischgemüse armen Jahreszeiten. Sie sind auch eine große Hilfe in Zeiten großer Arbeitsbelastung, denn sie ermöglichen bei sehr *geringem Arbeits- und Zeitaufwand* wertvolle Gemüsegerichte. Die im Handel befindliche Ware muß den jeweils verbindlichen Qualitätsnormen und Deklarationsvorschriften entsprechen. Die höheren Kosten bei Gemüsekonserven sind durch vorgeleistete Arbeit, für Tiefgefrierware auch durch die Unkosten für die „Tiefkühlkette" bedingt.

a) *Tiefgefrorene Gemüse* sind in ihrem ernährungsphysiologischen Wert dem Frischgemüse fast gleichwertig, sofern das richtige Tiefgefrierverfahren, die notwendige Tiefkühlkette und die Lagerung bei mindestens –18° C zur Anwendung kamen. Grundsätzliches für den Einkauf von Tiefgefrierware siehe Seite 23/24. Tiefgefrorene Gemüse sind frei von Fremdstoffen und behalten die Frischeeigenschaften; das Schnellgefrierverfahren verhindert grobe Kristallbildung und schont das Gewebe. Mögliche Lagerdauer je nach Gemüseart zwischen 6 und 12 Monaten; Tiefgefriergemüse zählt zu **„Halbdauerwaren"**. Antauen und Wiedergefrieren ist unter allen Umständen zu vermeiden!

b) *Sterilisierte Gemüse* in Dosen oder Gläsern erleiden auch bei vorsichtiger Behandlung während der Herstellung gewisse Verluste an Wertstoffen. Die Verwendung von Autoklaven zum Sterilisieren durch die Konservenindustrie bringt bei Überdruck höhere Temperaturen, aber auch kürzere Sterilisationsdauer zur Anwendung, so daß dieses Verfahren die Nähr- und Wertstoffe des Gemüses besser erhält als das haushaltsmäßige Sterilisieren. Die Haltbarkeit dieser „Vollkonserven" besteht über Jahre bei gleichmäßig kühler Lagerung.

Vorsicht bei „Bombage" d. h. gewölbten Deckeln oder Böden von Dosen oder bei aufgegangenen Gläsern; Gemüse aus solchen Behältern *nicht genießen!* Bombage und das Aufgehen von Gläsern werden meist durch Bakterien und sehr widerstandsfähige Sporen bei unsachgemäßem Sterilisieren verursacht, so z. B. durch ungenügende Erhitzung oder zu kurze Erhitzungsdauer im Haushalt. Bei Bohnen, Erbsen und Spargel ist Bombage häufiger als bei anderen Gemüsen durch Botulinusbazillen (siehe Seite 103).

Dosengrößen und Füllungsgrad sind in den EWG-Ländern einheitlich genormt: $^1/_1$ Dose hat 850 g Rauminhalt und i. D. 600 g Füllgut, die Dose darf nicht mehr Flüssigkeit enthalten als technisch erforderlich ist. Andere Dosengrößen sind von der $^1/_1$ Dose abgeleitet z. B. $^1/_2$, $^1/_4$, $^1/_8$, $^1/_{16}$, $^2/_1$ oder $^5/_1$ Dosen. Bei diesen genormten Dosengrößen braucht das Füllgewicht nicht angegeben zu sein, während bei anderen Dosen Füllgewicht angegeben sein muß.

Auch sterilisierte Gemüsekonserven unterliegen den „Qualitätsnormen und Deklarationsvorschriften" der EWG.

Bei Einkauf deshalb auf Deklarierung (z. B. Sortierung) *achten!* Sie gibt Hinweise auf *unterschiedliche Qualitäten.*

Beispiel Dosenerbsen: Pflückerbsen werden sowohl als Markerbsen wie als Palerbsen angeboten, erstere sind aber bei fortgeschrittener Reife weniger stärkehaltig und fester als Palerbsen. Beide werden in fünf verschiedenen Sortierungen zu verschiedenen Preisen angeboten wie:

Junge Mark(Pal)erbsen,

extra fein	=	1. Sortierung
sehr fein	=	2. Sortierung
fein	=	3. Sortierung
mittelfein	=	4. Sortierung
Gemüseerbsen	=	Restsortierung

c) *Gärgemüse* z. B. Sauerkraut ist durch natürliche Milchsäuregärung hergestellt; es ist reich an Vitamin C und Mineralstoffen. Der Milchsäuregehalt bedingt den typischen Geschmack und Geruch sowie die *begrenzte Haltbarkeit* bis zu 9 Monaten; der Milchsäuregehalt ist auch diätetisch, z. B. bei Fettleibigkeit wertvoll.

Sterilisiertes Sauerkraut in Dosen, z. B. „Delikateß-Sauerkraut" ist als Vollkonserve unbegrenzt haltbar.

d) *Trockengemüse,* nach neuzeitlichen Verfahren gewonnen, ist ein Qualitätserzeugnis, das alle Putz- und Schälarbeit erspart. Die Qualitätsanforderungen an Trockengemüse setzen voraus, daß nur einwandfreies Frischgemüse bester Sortierung zur Verwendung kommt. Hierfür eignen sich teilweise nur bestimmte Sorten, die eigens dafür gezogen werden. Die Trocknung erfolgt nach entsprechender Vorbereitung und Zerkleinerung in Vakuumräumen bei möglichst niedrigen Temperaturen, um Geschmack, Aroma, Mineralstoffe, Vitamine und Naturfarbe nach Möglichkeit zu erhalten. Eine gewisse Wertminderung gegenüber Frischgemüse ist jedoch nicht zu vermeiden. Die luftdichte Verpackung in Zellglas gewährleistet bei kühler Lagerung eine gute Haltbarkeit und verhindert ein Nachtrocknen sowie eine Wiederaufnahme von Luftfeuchtigkeit. Das schonendste Trocknungsverfahren ist die „Gefriertrocknung", allerdings ein sehr teueres Verfahren.

Trockengemüse nur in *bester Qualität kaufen!*

Hülsenfrüchte wie Erbsen, Linsen, Bohnenkerne gehören nicht zu den „Trockengemüsen" und sind keine Konserven; es sind die reifen, trockenen, enthülsten Samen dieser Leguminosen ohne künstliche Trocknungsverfahren. Gute Qualitätsware muß von der letztjährigen Ernte und frei von Schädlingsbefall sein sowie gute Kochfähigkeit haben. Zu lange Lagerung, Frühreife und Hartschaligkeit beeinträchtigen ihre Kochfähigkeit.

Alle Hülsenfrüchte sind eiweißreich (18–25%), jedoch ist ihr Eiweiß nicht vollwertig und bedarf im Rahmen der gleichen Mahlzeit der biologischen Aufwertung z. B. durch Fleischeinlage oder durch Milch- bzw. Quarksüßspeise.

Ihr hoher Stärkegehalt (47–56%) macht sie kalorienreich, ihr Zellulosegehalt begünstigt ihre blähende Wirkung, wodurch ihre Verträglichkeit beeinträchtigt werden kann.

6. *Bedarfsmengen – Grundmengen:*

Die Bedarfsmenge an käuflicher Rohware bei Frischgemüse wird stark beeinflußt von der beim Putzen der Gemüse entstehenden Abfallmenge. Diese ist von der Qualität und dem Zustand des Gemüses beim Einkauf, aber auch von der Gemüseart selbst abhängig. So beträgt der Küchenabfall im Durchschnitt nach Prof. Dr. Souci – Dr. Bosch bei Tomaten, grünen Bohnen, Zwiebeln, Champignons unter 10%, bei Spinat, gelben Rüben, roten Rüben, Rosenkohl und Rot- und Weißkraut sowie Paprikaschoten 10–25%, bei Kohlrabi, Sellerie, Kopf- und Feldsalat, Spargel, Gurken etwa bis zu 25–35% und bei Blumenkohl, Schwarzwurzeln, Meerrettich und grünen Erbsen mehr als 35%.

Die *Grundmengen* sind auf grob geputztes Gemüse abgestellt; sie betragen im Durchschnitt

	pro Person	für 4 Personen
Frichsgemüse grob geputzt:	200-250 g	$^3/_4$-1 kg
Tiefgefrorenes Gemüse:	150 g	600-800 g
Sterilisierte Gemüse: (Füllgut)	150 g ($^1/_4$ Dose)	600 g ($^1/_1$-Dose)
Sauerkraut:	125-180 g	500-750 g
Trockengemüse je nach Gemüseart (i. D. $^1/_6$-$^1/_{10}$ der Frischgemüsemenge):	20–40 g	75-180 g
Hülsenfrüchte:	70–90 g	300-400 g

Kochlehre:

Die **sorgfältige Vor- und Zubereitung** der Gemüse soll ihren Wert bestmöglich erhalten!

Deshalb beachte:

1. *Gemüse so frisch wie möglich* verwenden!

2. *Sorgfältig, aber sparsam putzen,* arbeitserleichternde Geräte benutzen!

3. *Rasch, aber gründlich waschen* unter mehrmaligem Wasserwechsel, bis Wasser völlig klar bleibt; möglichst im ganzen waschen, nicht im Wasser liegen lassen, Wurzelgemüse vor und nach dem Putzen waschen!

4. *Zerkleinern erst kurz vor dem Garen* je nach Gemüseart, hierbei arbeitssparende Geräte und Maschinen bevorzugen (Gemüsehobel, Raffel, Küchenmaschinen)!

5. *Gemüse so kurz und schonend garen* wie möglich! Günstig im Dampfdrucktopf zu garen! *Dünsten bevorzugen:* Mit etwas Fettzugabe im eigenen Saft oder mit geringer Flüssigkeitsmenge im *geschlossenen* Topf garen. Fett hierbei nicht bräunen oder überhitzen!

Dämpfen statt Kochen, wo dies möglich ist z. B. bei Blumenkohl, Schwarzwurzeln, Spargel u. a. m.; Gemüse nur ausnahmsweise abwellen!

Kochen beschränken auf ausgesprochene „Kochgemüse" wie Spinat, Wirsing, Hülsenfrüchte, evtl. Schwarzwurzeln u. a.; in der notwendigen, leicht gesalzenen, kochenden Wassermenge garen. Nur Hülsenfrüchte nach dem Waschen über Nacht in kaltem Wasser – ohne Natron – einweichen, im Einweichwasser zum Kochen bringen, zugedeckt garen.

Gemüsesud verwenden für Gemüse, für Soßen oder Suppen, mit Ausnahme des Suds von länger gelagerten Kohlarten, die blähend wirkende Stoffe enthalten.

Bei geschlossenem Topf so kurz wie möglich garen; Garzeiten einhalten, sie hängen vom Alter und von der Qualität der Gemüse ab.

Aufwärmen nach Möglichkeit vermeiden!

Tiefgefrorene Gemüse aus Gefriertruhen *in gefrorenem Zustand* ohne An- oder Auftauen wie Frischgemüse garen. Dünsten in Fett mit wenig Wasser bevorzugen. Nur Spinat und Grünkohl, wenn im großen Block eingefroren, kurz antauen lassen, bis sich der Block schneiden läßt, um längere Hitzeeinwirkung auf die Randschichten des Gemüses zu vermeiden.

Tiefgefrorener Spargel, Blumenkohl und Kohlrabi werden besser gekocht als gedämpft.

Garzeiten tiefgefrorener Gemüse sind um $^1/_3$—$^1/_2$ verkürzt, ihr Flüssigkeitsbedarf ist vermindert.

Tiefgefrorene Gemüse nach dem Garen nicht länger warmhalten, Reste möglichst vermeiden; Geschmack, Nährwert und u. U. auch die Bekömmlichkeit werden stark gemindert. Solche nochmals aufgewärmte Reste von Tiefgefriergemüse können u. U. *gesundheitsgefährlich* sein, da sie raschem Verderb ausgesetzt sind (speziell Spinat und Bohnen).

Zum Rohverzehr sind nur Gurken und Petersiliengrün geeignet. (Gurken in Marinade auftauen lassen).

Sterilisierte Gemüse in Dosen und Gläsern auf *Güte prüfen,* insbesondere Bohnen, Erbsen und Spargel (siehe auch Seite 103).

Sterilisierte Gemüse nach dem Öffnen der Behälter im Wasserbad erhitzen, bis zum Kochen kommen lassen, dann Flüssigkeit abgießen und Gemüse in Butter schwenken oder in fertige, gut abgeschmeckte Soße (mit Sudverwertung) geben, aufwerten.

Gärgemüse wie *Sauerkraut* am besten in *Dampfdrucktopf* garen, um Vitamingehalt bestmöglich zu erhalten. Mehrmaliges Aufwärmen vermeiden!

Trockengemüse aus der Packung nehmen, in etwas Wasser einweichen, im Einweichwasser garen, bei längerer Garzeit Dampfdrucktopf verwenden. Binden durch Buttermehlkloß oder Einbrenne unter Sudverwendung.

6. *Gemüse mild würzen* unter Berücksichtigung des Eigengeschmacks, *Küchenkräuter* reichlich und abwechslungsreich verwenden.

7. *Gemüse nicht unnötig mit Mehl anreichern!* Gedünstete Gemüse benötigen keine Mehlzugabe; sollen sie durch Mehlzugabe ausgiebiger gemacht werden, mit nur *geringer Mehlmenge* binden (siehe Grundrezept Nr. 682).

Gekochte oder gedämpfte Gemüse, sofern sie gebunden werden sollen, in fertige, gut abgeschmeckte Einbrennsoße geben, evtl. durch Buttermehlkloß binden, in Einzelfällen kann auch gestaubt werden, z. B. Wirsing. (Siehe Grundrezept Nr. 681).

8. *Gemüse nach dem Garen aufwerten* durch Zugabe von frischen oder tiefgefrorenen Kräutern, etwas frischem Rahm, Milch oder Butter, je nach Gemüseart auch durch etwas Zitronensaft oder Eigelb. Nach dem Aufwerten Gemüse nicht mehr kochen lassen!

9. *Eignung zum Tiefgefrieren ist bei Gemüse-Fertiggerichten* auf gefüllte Gemüse beschränkt z. B. gefüllte Paprikaschoten, gefüllte Tomaten, gefüllte Gurken oder Kohlrabi. Sie werden knapp fertig gegart, wie in den Rezepten angegeben, mit der Soße tiefgefroren. Haltbarkeitsdauer beträgt 2–3 Monate. Um sie tischfertig zu machen, werden sie, nachdem sie aus der Packung genommen sind, in feuerfestem Geschirr in vorgeheizter Röhre bei 200° C erhitzt, die Soße wird mit etwas Rahm verbessert und gut abgeschmeckt. Tiefgefrieren von fertigen Gemüsen ist nicht zu empfehlen, da sie meist länger als nötig erhitzt werden, dadurch auch an Wertstoffen, Geschmack und Aussehen verlieren.

Dagegen sind *Rohgemüse zum Tiefgefrieren* durchweg *sehr gut geeignet* nach vorschriftsmäßigem Blanchieren, sachgemäßem Verpacken und bei vorschriftsmäßigem, raschem Tiefgefrieren.

Grundrezept

3/4–1 kg Gemüse
Salzwasser nach Bedarf

I. Art: Ungebunden in Butter geschwenkt:
40–60 g Butter oder gute Margarine (je n. Gemüseart)

II. Art: Gebunden:
a) durch Einbrenne:
30 g Butter oder Fett
20–30 (40) g Mehl
1/2 kleine Zwiebel
1/4–3/8 (1/2) l Gemüsesud

b) durch Buttermehlkloß:
(für 1/8–1/4 l Gemüsesud)
20–30 g Butter oder Margarine, 20–30 g Mehl

c) durch Stauben nach Andünsten:
30 g Butter oder Fett
1/2 Zwiebel, 20–30 g Mehl
1/4–3/8 l Gemüsesud

zum Verbessern:
Kräuter je nach Gemüseart wie Petersilie, Dill, Bohnenkraut, Majoran u.a.m.
etwas Zitronensaft (je nach Gemüseart), evtl. 1 Prise Zucker (b. Zitronensaft)
etwas Rahm oder Milch
1 Eigelb zum Legieren (je nach Gemüseart)

681. Kochgemüse

Arbeitsweise:

1. *Vorbereiten:* Gemüse putzen, gründlich waschen, zerkleinern je nach Art des Gemüses. Salzwasser, in der Menge dem Bedarf entsprechend, zum Dämpfen oder Kochen aufstellen; evtl. Zwiebel fein schneiden.

2. *Gemüse garen:* Vorbereitetes Gemüse in wenig kochendem Salzwasser dämpfen oder kochen, bis es gar, aber nicht zu weich ist. *Garzeit* je nach Gemüseart, Alter und Größe 5–40 Minuten.

Wirsing, Spinat nach dem Garen nach Wunsch zerkleinern (durch Maschine drehen, hacken oder wiegen).

3. *Fertigstellen:*
In Butter schwenken: Gares Gemüse aus Sud nehmen, gut abtropfen lassen, in zerlassener Butter schwenken oder mit heißer Butter, evtl. falls gewünscht, mit nur *leicht* gebräunter Butter übergießen.

Anwendungsbereich: Für alle feinen Gemüse wie Spargel, Blumenkohl, Schwarzwurzeln, Rosenkohl, Chicorée, Spinat italienische Art, Lauch u. a.; auch für Gemüse, die für Garnituren verwendet werden, ebenso für Diätkost (hierfür ungebräunte Butter).

Gebunden:

a) durch Einbrenne: Helle bis mittelfarbene Einbrenne herstellen, mit Gemüsesud auffüllen, etwa 5–10 Minuten leise kochen lassen, abschmekken, Gemüse zugeben, durchziehen lassen, verbessern, evtl. legieren, nochmal abschmecken.

Anwendungsbereich: Für die meisten Kochgemüse in Soße wie Spargel, Blumenkohl, Schwarzwurzeln, Mangoldstielgemüse, ältere Bohnen, ältere Kohlrabi, Sellerie- oder Rosenkohlgemüse in Soße, Hülsenfrüchte, Trockengemüse u. a. m.

Muß bei Diät die Einbrenne wegen der Röststoffbildung entfallen und verzichtet man auf ein Binden mit Buttermehlkloß wegen des Fettgehaltes, kann das Binden mit *Mehlteiglein* erfolgen: 20–25 g Stärkemehl oder Mehl mit 4–6 Eßlöffeln kalter Flüssigkeit glatt rühren, in kochenden Gemüsesud einrühren, einige Minuten kochen lassen, abschmecken, evtl. Verbesserungszutaten beifügen.

b) durch Buttermehlkloß: Gleiche Menge an Butter und Mehl leicht verkneten und zu Buttermehlkloß formen, an das kochende, fast gare Gemüse (mit etwa 1/8–1/4 l Sud) geben, leicht durchrühren und bei mäßiger Hitze 3–5 Minuten leise kochen lassen, Verbesserungszutaten locker unterrühren, abschmecken.

Anwendungsmöglichkeit: Für ältere Bohnen, Kohlrabi, Sellerie- und Lauchgemüse, für tiefgefrorene gare Gemüse wie Spinat und für alle gebundenen Gemüse, insbesondere Gemüse mit Soße, sofern Einbrenne aus diätischen Gründen unerwünscht ist.

c) *durch Stauben nach Andünsten:* Gares Gemüse (evtl. nochmals zerkleinert) mit feingeschnittenen Zwiebeln in Fett andünsten, mit etwas Mehl stauben, durchrühren, mit Sud aufgießen, gut aufkochen lassen, verbessern, abschmecken. Bei Gemüse mit reichlich Flüssigkeit Mehl als Teiglein in das kochende Gemüse geben.

Anwendungsmöglichkeit für Spinat, Wirsing, Salatgemüse und wenn Einbrenne aus diätetischen Gründen vermieden werden soll.

Tiefgefrorene Kochgemüse wie Spargel, Blumenkohl, Kohlrabi werden in wenig kochendem Salzwasser gegart, mit Einbrenne oder Buttermehlkloß gebunden und fertiggestellt wie Frischgemüse, jedoch *verkürzte Garzeit* und *geringeren Wasserbedarf* beachten.

682. Dünstgemüse

Grundrezept

3/4–1 kg Frischgemüse oder 600–800 g tiefgefrorenes Gemüse

zum Dünsten:
30 g Butter oder Fett,
1/2 kleine Zwiebel je nach Gemüseart, Salz
1/8–1/4 (3/8) l Flüssigkeit, je nach Gardauer u. Gemüseart

Geschmackszutaten je nach Gemüseart wie:
Petersilie, Dill, Bohnenkraut, Schnittlauch u. ä.
etwas Zitronensaft (je nach Gemüse)
1 Prise Zucker (bei Zitronensaft), spezielle Gewürze je nach Gemüseart

zum Verbessern je nach Gemüseart:
etwas süßer Rahm oder etwas Wein

evtl. z. Binden (falls erwünscht):
10–20 g Mehl zum Stauben, als Teiglein oder mit 10-20 g Butter od. Margarine als Buttermehlkloß

Arbeitsweise:

1. *Vorbereiten:* Gemüse putzen, sorgfältig waschen, zerkleinern je nach Gemüseart; Zwiebel fein schneiden.

2. *Dünsten:* Feingeschnittene Zwiebel in Fett glasig dünsten, nicht bräunen, falls keine Zwiebel verwendet wird, Gemüse sofort in zerlassenes Fett geben, mit *wenig* Flüssigkeit angießen, salzen, mit geschlossenem Deckel bei *mäßiger Hitze* (Automatikplatte Stufe 4–6, Stufe 1 bei stufengeschaltenen Platten) gar dünsten, bei Bedarf wenig Flüssigkeit zugeben. Flüssigkeitsmenge hängt vom Saftgehalt der Gemüse und der Dauer der Garzeit ab; für saftreiches, zartes Gemüse und tiefgefrorenes Gemüse genügt häufig 1/8 l!

3. *Abschmecken:* Gares Gemüse abschmecken, evtl. Verbesserungszutaten beifügen.

4. *Garzeit:* Je nach Gemüseart und Alter des Gemüses 10–60 Minuten; nicht länger dünsten, als für Gare nötig ist!

5. *Binden* des Dünstgemüses ist *nicht empfehlenswert und nicht nötig.* Soll aber Dünstgemüse durch Binden ausgiebiger gemacht werden, so erfolgt dies kurz vor Ende der Garzeit durch:

a) *Stauben,* falls nur noch wenig Flüssigkeit am Gemüse ist: Angegebene Mehlmenge trocken über Gemüse streuen, durchrühren, einige Minuten aufkochen lassen, falls nötig noch wenig Flüssigkeit beifügen, nochmal aufkochen, abschmecken, Verbesserungszutaten zugeben.

b) *Mehlteiglein,* falls Gemüse reichlich Flüssigkeit aufweist: Angegebene Mehlmenge mit etwas süßem Rahm, Milch oder Wasser kalt anrühren bis es glatt ist, an das kochende Gemüse rühren, einige Minuten aufkochen lassen, abschmecken, Verbesserungszutaten beifügen.

c) *Buttermehlkloß:* Geringe Mehl- mit gleicher Butter- oder Margarinemenge verkneten, in das fast gare Gemüse legen, leicht durchrühren, etwa 3–5 Minuten leise kochen lassen, abschmecken. In diesem Fall kann die Fettmenge zum Dünsten des Gemüses auf etwa 20 g verringert werden. Das Binden mit Buttermehlkloß kann sowohl bei geringem wie reichlicherem Flüssigkeitsgehalt des Gemüses Anwendung finden; bei Bedarf noch wenig Flüssigkeit zugeben, zuletzt Verbesserungszutaten beifügen.

Anwendungsbereich: Dünsten ist für fast alle Gemüse, insbesondere für junge, zarte Gemüse *besonders geeignet und zu bevorzugen*, z. B.
für Wurzel-, Knollen- und Stengelgemüse wie gelbe Rüben, Karotten, weiße Rüben, Petersilienwurzeln, Meerrettich, Sellerie, Kohlrabi, Fenchel,
für Blattgemüse wie Spinat, Chicorée, Lauch, alle Krautarten, einschließlich Chinakohl und Sauerkraut,
für Fruchtgemüse wie Erbsen, Bohnen, Tomaten, Gurken, Zucchini, Paprikaschoten, Auberginen oder Eierfrüchte,
für alle frischen Pilzarten,
für alle tiefgefrorenen Gemüse, außer Spargel und Blumenkohl.

Geeignetes Geschirr zum Dünsten von Gemüse ist vor allem feuerfestes Glas-, Porzellan- oder porzellanähnliches Geschirr sowie Chromstahlgeschirr, da diese Materialien sowohl zum Garen wie zum Anrichten geeignet sind.

683. Überbackenes Gemüse (selbständiges Hauptgericht)

3/4–1 kg Gemüse wie: Spargel, Blumenkohl (evtl. mit Erbsen und Karotten gemischt), Schwarzwurzeln, Sellerie, Lauch, Chicorée, Fenchel oder Mangoldstiele
zum Kochen oder Dämpfen: wenig Salzwasser
zum Überbacken:
30 g Butter oder Margarine
40 Mehl, 1 kl. Zwiebel
1/4 l Gemüsesud
1/8 l Rahm od. Milch (knapp),
4–6 Eßl. geriebener Käse
2–3 Eier getrennt, Salz
zum Verbessern:
100 g magerer Schinken
zur Form: Butter

Gemüse putzen, waschen, je nach Art vorbereiten: Spargel, Lauch, Mangoldstiele in fingerlange, gleichmäßige Stücke schneiden; Blumenkohl in Röschen teilen oder Rose halbieren; kleine Sellerieknollen ganz lassen, große halbieren; Chicorée vom bitteren Kern am stumpfen Ende befreien, kleine Stauden ganz lassen, große halbieren; Fenchelknollen von den äußeren Stengeln befreien, große Knollen halbieren.

Vorbereitetes Gemüse in Salzwasser *kernig-weich*, jedoch nicht ganz weich dämpfen oder kochen, Karotten dünsten. Schwarzwurzeln waschen. dämpfen, kalt überbrausen, schälen, in fingerlange, gleichmäßige Stücke schneiden; Sellerie nach dem Garen in Scheiben schneiden oder rohe Selleriescheiben im Dampfdrucktopf, mit etwas Zitronensaft beträufelt, kernig-weich dämpfen. – Gares Gemüse sehr gut abtropfen lassen, in gebutterte flache Auflaufform legen. Aus übrigen Zutaten helle Einbrenne herstellen, mit Rahm, Salz, Käse (Emmentaler, Gouda, Chester oder Parmesan) abschmecken, mit Eigelb legieren, sehr steifen Eischnee unterziehen; Gemüse nach Belieben mit feingewürfeltem Schinken bestreuen, Überbackmasse auf Gemüse geben, 1/2–3/4 Stunden in vorgeheizter Röhre bei mäßiger Hitze (ca. 180° C) überbacken.

Beilagen: Petersilien-Schwenkkartoffeln, feine Kartoffelküchlein, grüner Salat.

684. Gebackene Gemüse (in Backteig gebacken) (selbständiges Hauptgericht)

Geputztes Gemüse waschen, vorbereiten: Blumenkohl in größere Röschen teilen, in Salzwasser *halbweich* dämpfen oder kochen; Schwarzwurzeln fast gar dämpfen, kalt überbrausen, schälen, in gleichmäßige, fingerlange Stücke schneiden; Sellerie *halbgar* dämpfen und in dicke Scheiben schneiden oder roh in dicke Scheiben schneiden, mit Zitronensaft beträufelt im Dampfdrucktopf *halbgar* dämpfen; bei Verwendung von Dosensellerie (12–16 Scheiben sind nötig), diesen sehr gut abtropfen lassen; gewaschene Auberginen schälen, in etwa 3/4 cm dicke Scheiben schneiden, mit Zitronensaft beträufeln, mit etwas Salz und wenig weißem Pfeffer bestreuen, kurz durchziehen lassen.
Backteig herstellen in der Beschaffenheit von dickem Pfannenkuchenteig, Eischnee unterheben, gut abgetropftes Gemüse einzeln darin wenden, in heißem Fett schwimmend goldgelb backen, sofort zu Tisch geben. Auberginen und Selleriescheiben können auch auf der Stielpfanne ausgebacken werden.
Beilagen: Grüner Salat, Tomatensalat, gemischter Salat.

3/4–1 kg geputztes Gemüse wie: Blumenkohl, Schwarzwurzeln, Sellerie oder Auberginen
etwas Zitronensaft je nach Gemüseart
wenig weißer Pfeffer
zum Kochen oder Dämpfen: wenig Salzwasser
zum Backteig:
150 g Mehl, 3/16 l Bier, Wein, Most, Sprudel (geschmackfrei) oder Milch, 1–2 Teel. Öl
2 Eier getrennt, Salz
zum Ausbacken: Backfett

685. Überkrustetes, gratiniertes Gemüse (selbständig. Hauptgericht)

Sorgfältig geputztes Gemüse gründlich waschen: von Chicorée und Chinakohl den festen, bitteren Kern am unteren Ende mit spitzem Messer entfernen, Blumenkohl ganz lassen oder in Röschen teilen, Schwarzwurzeln schälen wie bei Nr. 723 beschrieben, Wurzeln ganz lassen, ebenso Lauch nicht klein schneiden. Vorbereitetes Gemüse in kochendem Salzwasser *nicht ganz weich* dämpfen, aus Sud nehmen, gut abtropfen lassen, in gefettete, feuerfeste Form legen, nach Belieben mit feingewürfeltem oder gewiegtem Schinken bestreuen, Chicoréestangen nach Belieben je in eine Scheibe Schinken wickeln; dicken Rahm mit etwas Tomatenmark verrühren, abschmecken, über Gemüse geben, mit geriebenem Käse bestreuen, mit Butterflöckchen belegen, im vorgeheizten Rohr etwa 15 Minuten bei guter Oberhitze überkrusten, bis Gemüse und Käse goldgelbe Farbe haben.
Beilagen: Pommes frites, Pommes chips, grüner Salat.

3/4–1 kg Gemüse wie Blumenkohl, Schwarzwurzeln, Lauch, Fenchel, Chicorée, Chinakohl u. ä.
zum Garen:
Salzwasser nach Bedarf
z. Überkrusten (Gratinieren):
evtl. etwas magerer Schinken
4–6 Eßl. dicker Rahm
etwas Tomatenmark
60–80 g geriebener Käse
20–30 g Butter

686. Warme Tomaten mit Schinkenfülle* (selbständ. Hauptgericht)

Gewaschene Tomaten abreiben, Deckel abschneiden, aushöhlen, Mark entfernen, innen leicht salzen und mit etwas Zitronensaft beträufeln. Fülle herstellen: Schinken fein schneiden oder wiegen, mit allen übrigen Zutaten gut verschlagen, abschmecken, in vorbereitete Tomaten füllen, Deckel darauf legen, Tomaten in gut gebutterte, feuerfeste Form setzen, in vorgeheizter Röhre etwa 10 Minuten braten, dann etwas von dem Tomatenmark mit wenig Rahm verrühren, an die Tomaten geben, noch 5–10 Minuten braten, sofort in der Form zu Tisch geben, mit Petersilie garnieren.
Beilagen: Kartoffelbrei, grüner Salat.
Als *Vorspeise* gut geeignet; hierfür genügt pro Person 1 Tomate.

8–12 mittelgroße, feste Tomaten
Salz, etwas Zitronensaft
Schinkenfülle: 250 g magerer, gekochter Schinken
2–3 Eier, 1/8 l Rahm
1 Eßl. Semmelbrösel
Petersilie, gewiegt
zum Garen:
30 g Butter, 4 Eßl. Rahm

687. Gefüllte Tomaten warm (selbständiges Hauptgericht)

8–12 große, feste Tomaten
Salz, etwas Zitronensaft

a) Reisfülle: 200 g Hartreis
30 g Butter, 1 kleine Zwiebel
$^1/_2$ l Brühe, abgeschmeckt, Salz
40 g geriebener Käse,
reichlich Petersilie, gewiegt

b) Käsefülle:
150 g geriebener Käse
150 g Semmelbrösel
2 ganze Eier
8 Eßl. saurer Rahm,
Dosenmilch oder Milch, Salz,
etwas Paprika, Petersilie

c) Reisfülle mit Fleisch:
250 g Schweinehackfleisch
oder Fleischreste oder
200 g gekochter Schinken
1 Ei, Salz
1 Zwiebel, Petersilie gewiegt
20 g Butter zum Andünsten
100 g Reis (in Salzwasser
gekocht)

d) Semmelfülle mit Schinken:
3 alte Semmeln
$^1/_8$ l lauwarme Milch (reichl.)
40 g Butter, 2 Eier, getrennt
$^1/_2$ geriebene Zwiebel
Petersilie gewiegt, Salz
50–100 g Schinkenreste

e) Hackfleischfülle Nr. 236

f) Fülle aus Rührei Nr. 609

Zum Garen:
30 g Fett oder Öl
4–6 Eßl. Rahm
3–4 Eßl. Käse, gerieben

Tomaten waschen, Deckel abschneiden, aushöhlen, Mark und Kerne entfernen, leicht salzen, mit etwas Zitronensaft innen beträufeln, mit Fülle nach Wahl füllen, in gefettete feuerfeste Form setzen, in vorgeheizter Röhre zugedeckt 10 Minuten dünsten, Tomatendeckelchen auflegen und etwas von dem durch das Aushöhlen der Tomaten gewonnenen Mark zwischen die Tomaten geben, noch 5–10 Minuten je nach Fülle weiter dünsten, dann Rahm beifügen, mit geriebenem Käse bestreuen und nun offen leicht bräunen lassen, Soße abschmecken, sofort in der Form zu Tisch geben, mit Petersilie garnieren.
Tomaten können statt gedünstet in vorgeheizter Röhre auch gebraten werden. Hierbei Tomaten ohne Deckel in der Form braten, dann mit etwas Rahm übergießen, diesen kurz mitbräunen lassen.

Herstellen der Fülle:

a) **Reisfülle:** Hartreis waschen, brühen, sehr gut abtropfen oder auf Tuch etwas trocknen lassen; feingeschnittene Zwiebel in Butter glasig dünsten, Reis zugeben, leicht anrösten, mit abgeschmeckter, *kochender* Brühe auffüllen, zugedeckt, am besten in vorgeheizter Röhre gar quellen lassen (Garzeit etwa 20 Minuten), mit einem Teil des geriebenen Käses und gewiegter Petersilie mischen, abschmecken, einfüllen.

b) **Käsefülle:** Alle Zutaten zu dickem Brei verrühren, gut abschmecken, in vorbereitete Tomaten einfüllen.

c) **Reisfülle mit Fleisch:** Hackfleisch oder durch die Maschine gedrehte Fleisch- oder Schinkenreste mit feingeschnittener, in Butter angedünsteter Zwiebel und gewiegter Petersilie, Ei und Salz vermengen; gewaschenen, gebrühten Reis in Salzwasser sprudelnd kochen (Garzeit etwa 20 Minuten), überbrausen, gut abtropfen lassen, mit Fleischmasse mischen, abschmecken, einfüllen.

d) **Semmelfülle mit Schinken:** Semmeln fein schneiden, mit lauwarmer Milch übergießen, zugedeckt durchziehen lassen; Butter mit Eigelb schaumig rühren, Salz, geriebene Zwiebel, gewiegte Petersilie und gewiegten Schinken sowie weiche Semmelmasse unterrühren, gut abschmecken, zuletzt steifen Eischnee unterheben, in vorbereitete Gemüse einfüllen.

e) **Hackfleischfülle** siehe Nr. 224 bzw. 236.

f) **Rührei als Fülle** siehe Nr. 609.

Beilagen: Butterreis, Salate, Gemüse mit Soße z. B. Blumenkohl mit holländischer Soße o. ä.

688. Gefüllte Auberginen, Eierfrüchte (Melanzane)
(selbständiges Hauptgericht)

Auberginen waschen, schälen, der Länge nach durchschneiden, etwas Fruchtfleisch herausschaben, Früchte leicht salzen, nach Belieben mit wenig Curry bepudern, mit Fülle nach Wahl bergartig füllen. Gefüllte Fruchthälften in gefetteter, feuerfester Form andünsten, nach Bedarf etwas heiße, abgeschmeckte Brühe seitlich zugeben, Tomatenmark beifügen, zugedeckt, am besten in vorgeheizter Röhre gar dünsten, kurz vor Ende der Garzeit Rahm beifügen, nach Belieben Soße binden, restlichen Rahm zugeben, gut abschmecken. *Garzeit* etwa 30-40 Minuten je nach Art der Fülle. Auberginen zum Anrichten nach Belieben mit Reibkäse bestreuen, in der Form mit Petersilie garniert zu Tisch geben.

Zum Braten gefüllte Auberginen auf gebutterte, feuerfeste Platte setzen, mit Semmelbröseln bestreuen, mit Butterflocken belegen, bei guter Hitze in vorgeheizter Röhre braten, 10 Minuten vor Ende der Garzeit dick mit geriebenem Käse bestreuen, weiter braten, bis Käse goldgelb ist. *Bratzeit* je nach Fülle 30–40 Minuten.

Fülle nach Wahl herstellen:

a) *Pilzreis:* Reis waschen, brühen, in reichlich Salzwasser körnig-weich kochen, abseihen, kalt überbrausen, gut abtropfen lassen. Feingeschnittene Zwiebel in Butter oder Öl glasig dünsten, geputzte, gewaschene und in Scheiben geschnittene Champignons oder Steinpilze zugeben, gut andünsten, Auberginenfruchtmark (gehackt) zugeben, gut durchdünsten, würzen, mit Rahm verbessern, unter gekochten Reis mengen, Ei zugeben, abschmecken, einfüllen.

b) Pilzgemüse herstellen wie bei Nr. 744 oder 745 angegeben, kleingehacktes Fruchtmark der Auberginen mit den Pilzen gut andünsten, Gemüse dick halten und gut abschmecken, nach Belieben gefüllte Auberginen mit reichlich Petersilie bestreuen.

c) Semmelfülle: Semmeln in Wasser einweichen; Tomaten waschen, brühen, häuten, von Kernen und dünnem Mark befreien, in kleine Würfel schneiden. Feingeschnittene Zwiebel in Butter andünsten, gewürfelte Tomaten und kleingehacktes Fruchtmark der Auberginen zugeben, mitdünsten, dann sehr gut ausgedrückte Semmeln beifügen, bei mäßigem Feuer noch etwas abdämpfen, dann würzen, leicht abkühlen lassen, Eier zugeben, gut abschmecken. Sollte die Masse etwas zu fest sein, wenig Rahm oder Dosenmilch beifügen. Masse in vorbereitete Gemüse füllen, garen.

d) *Hackfleischfülle* herstellen und verwenden wie bei Nr. 236 beschrieben.

Beilagen: Butterreis, Salat.

4 mittelgroße Auberginen
Salz, evtl. etwas Curry

zur Fülle nach Wahl:

a) Pilzreis:
100 g Hartreis (in reichl. Salzwasser kochen)
30 g Butter, ½ Zwiebel
200 g Champignons oder Steinpilze, Fruchtmark der Auberginen, Salz, Petersilie
1 Ei, 2–3 Eßl. Rahm

b) Dickes Pilzgemüse wie Nr. 744, 745

c) Semmelfülle:
3 alte Semmeln, eingeweicht
30 g Butter, 1 Zwiebel
3 Tomaten, Fruchtmark der Auberginen, Salz, Pfeffer
2 Eier, Petersilie

d) Hackfleischfülle wie Nr. 224 oder 236 (mit 250 g Schweinehackfleisch)

zum Dünsten: 30–40 g Butter
¼–⅜ l Brühe
2 Eßl. Tomatenmark
4–6 Eßl. Rahm
evtl. 1 Teel. Mehl z. Binden

oder zum Braten:
50 g Butter, 2 Eßl. Semmelbrösel, 4–6 Eßl. Reibkäse

zum Anrichten: Petersilie geriebener Käse

689. Gefüllte Gurken, gefüllte Zucchini (Zucchetti) (selbständiges Hauptgericht)

2 große Schlangengurken od. 4 mittelgr. dicke Zucchetti
Salz, Zitronensaft
zur Fülle nach Wahl:
Reisfülle Nr. 687/a oder
Käsefülle Nr. 687/b oder
Semmelfülle mit Schinken Nr. 687/d oder
Hackfleischfülle Nr. 236
zum Garen: 30–40 g Fett
1/8–1/4 l Flüssigkeit
4–6 Eßl. Rahm
1–2 Eßl. Tomatenmark oder etwas Tomatenketchup
zum Binden nach Belieben:
1 Teel. Mehl

Gurken waschen, schälen, der Länge nach halbieren, weiches Mark und Kerne entfernen, leicht salzen, mit Zitronensaft beträufeln, etwas durchziehen lassen. Fülle nach Wahl herstellen, gut abschmecken; Gurkenhälften füllen, je zwei Hälften mit Bast zusammenbinden oder Gurkenhälften jeweils bergartig füllen, in heißes Fett in Schmortopf setzen, mit etwas heißem Fett begießen, in vorgeheizter Röhre unter allmählicher Zugabe von wenig Flüssigkeit zugedeckt schmoren oder offen braten, *Garzeit* etwa 1/2 Stunde. Kurz vor beendeter Garzeit Gurken mit Rahm und Tomatenmark bestreichen, etwas anbräunen lassen, Soße gut abschmecken, evtl. binden. Gare Gurken auf heißer Platte mit Soße anrichten, Bast sorgfältig entfernen, mit gestürztem Reis, Tomatenscheiben und Petersilie garnieren.
Zucchini ebenso vor- und zubereiten; herausgenommenes Zucchinimark klein hacken, mit etwas feingeschnittener Zwiebel in wenig Öl oder Fett kurz andünsten, salzen, zur jeweiligen Fülle mischen.
Beilage: Reis oder Kartoffelbrei, Salate nach Wahl.

690. Gefüllte Kohlrabi (selbständiges Hauptgericht)

8–10 mittelgroße, junge Kohlrabi, Salzwasser
zur Fülle nach Wahl:
Semmelfülle mit Schinken Nr. 687/d oder
Hackfleischfülle Nr. 236
zum Garen:
30–40 g Fett, 1/4 l Flüssigkeit
4–6 Eßl. Rahm, etwas Tomatenketchup oder -mark
zum Binden nach Belieben:
1 Teelöffel Mehl

Kohlrabi putzen, schälen, waschen, in wenig Salzwasser halbweich kochen, Deckel abschneiden, aushöhlen. Fülle nach Wahl herstellen, mit feingehackten Kohlrabiresten mischen, gut abschmecken, Kohlrabi damit füllen, Deckel auflegen, im Schmortopf in heißem Fett leicht anbräunen, etwas Flüssigkeit zugeben, in geschlossenem Topf bei mäßiger Hitze auf dem Herd oder in vorgeheizter Röhre garen, bei Bedarf wenig Flüssigkeit beifügen. *Garzeit* etwa 30–45 Minuten. Kurz vor Ende der Garzeit etwas Rahm über Kohlrabi geben, leicht bräunen lassen, Soße nach Belieben wenig binden, restlichen Rahm und Tomatenmark oder Ketchup an Soße geben, gut abschmecken, Kohlrabi mit der Soße anrichten, mit Petersilie und Tomatenscheiben garnieren.
Beilagen: Kartoffelbrei; Salate nach Wahl.

691. Gefüllte Paprikaschoten (selbständiges Hauptgericht)

8 kleinere Paprikaschoten
Salz, Zitronensaft
zur Fülle nach Wahl:
Reisfülle wie Nr. 687/a od.
Fleischfülle mit Reis Nr. 238 oder Nr. 687/c oder
Hackfleischfülle Nr. 236
zum Garen wie bei Nr. 690

Paprikaschoten waschen, Stiel entfernen, Deckel abschneiden, auf Schärfe prüfen, sehr scharfe Schoten evtl. ausscheiden, Scheidewände und Kerne sorgfältig entfernen, nochmal rasch waschen, gut austropfen lassen, innen leicht salzen, mit Zitronensaft beträufeln, mit gut abgeschmeckter Fülle nach Wahl füllen, Deckel ohne Stielansatz darauf legen, in heißem Fett andünsten, in geschlossenem Topf bei mäßiger Hitze auf dem Herd oder in vorgeheizter Röhre gar dünsten; je nach Bedarf wenig Flüssigkeit beifügen. Gegen Ende der Garzeit Rahm, Tomatenmark und etwas Ketchup zugeben, Soße nach Belieben wenig binden, gut abschmecken. *Garzeit* etwa 30–45 Minuten je nach Größe der Schoten. Paprikaschoten mit der Soße und mit Petersilie anrichten.
Beilagen je nach Fülle Reis oder Kartoffelbrei, Salate.

692. Pfannenkuchen mit Gemüse gefüllt
(selbständiges Hauptgericht)

Pfannenkuchenteig herstellen wie bei Nr. 911 beschrieben, dünne Pfannenkuchen backen, mit dickem, gut abgeschmecktem Gemüse füllen, aufrollen, in gefettete feuerfeste Auflaufform legen, mit Butterflöckchen belegen, in vorgeheizter Röhre anbacken lassen, mit Milch oder Milch-Rahm-Mischung übergießen, insgesamt etwa 20 Minuten bei Mittelhitze backen.
Man kann auch jeweils Pfannenkuchen ungerollt in gefettete Auflaufform legen, jeden Pfannkuchen dick mit Gemüse belegen und so schichtweise verfahren, oberste Schicht soll Pfannenkuchen sein, mit Butterflöckchen belegen, anbacken lassen, dann Milch zugeben und fertig backen wie oben.
Beilagen: Salate nach Wahl.

Pfannenkuchenteig Nr. 911
zum Backen: Fett
zur Fülle nach Wahl:
dickes Spinatgemüse Nr. 696
oder Pilzgemüse Nr. 744, 745
od. Tomatengemüse Nr. 715
zum Überbacken: 20 g Butter
1/8 l Milch, evtl. mit
2 Eßl. Rahm

693. Spinatauflauf, Spinatpudding (selbständiges Hauptgericht)

Spinat verlesen, gut waschen, in wenig kochendem Salzwasser abwellen, auf Sieb sehr gut abtropfen lassen, dann durch Fleischmaschine drehen oder im Mixer pürieren; eingeweichte Semmeln *sehr gut ausdrücken,* gleichfalls durch Fleischmaschine drehen bzw. im Mixer zerkleinern. Butter schaumig rühren, Eigelb unterrühren, fein gewiegte Zwiebeln und Petersilie sowie Salz und Gewürze beifügen, Spinat und Semmeln zugeben, falls sehr weich, noch etwas Semmelbrösel untermengen, abschmecken, steifen Eischnee unterziehen, in gebutterte Auflaufform oder gebutterte und gebröselte Puddingform füllen. Auflauf bei Mittelhitze 40–45 Minuten backen, Pudding im Wasserbad 1 Stunde kochen, dann Form öffnen, etwas abdampfen lassen, lockern, auf heiße Platte stürzen. Auflauf bzw. Pudding sofort zu Tisch geben.
Man kann auch auf Schaummasse verzichten: Zwiebel und Petersilie in Butter andünsten, dann die sehr gut ausgedrückten Semmeln zugeben, Masse bei mäßiger Hitze abbacken, bis sie sich vom Topf löst, Spinat, Gewürze sowie Eigelb unterrühren, bei Bedarf etwas Brösel untermengen, abschmecken, Eischnee unterziehen und fertigstellen wie oben.
Beilagen: Holländische Soße, Tomatensoße, Käsesoße oder andere pikante Soße nach Wahl, Salzkartoffeln.

1 kg frischer Spinat
wenig Salzwasser
6 alte Semmeln, eingeweicht
40–60 g Butter
4 Eier getrennt
1 Zwiebel, feingewiegt
etwas Petersilie, gewiegt
Salz, wenig weißer Pfeffer
etwas Muskat nach Belieben
Semmelbrösel nach Bedarf
zur Form:
Butter und Brösel

694. Spinatküchlein (selbständiges Hauptgericht)

Frischen Spinat verlesen, waschen, in wenig kochendem Wasser rasch abwellen, um das Zerkleinern zu beschleunigen, durch die Fleischmaschine geben oder im Mixer sehr fein zerkleinern; gefrosteten Spinat rasch auftauen lassen. Gemüsebrei mit Eigelb, Mehl, Semmelbröseln nach Bedarf und Geschmackszutaten gut abrühren, steifen Eischnee unterziehen, abschmecken, mit Eßlöffel Nockerl abstechen, in heißes Fett in Stielpfanne legen, etwas flach drücken, bei mäßiger Hitze auf beiden Seiten backen, auf heißer Platte anrichten und *sofort* mit Salat nach Wahl zu Tisch geben.

1/2 kg Spinat (frisch oder tiefgefroren)
4–5 Eier getrennt
4 Eßl. Mehl, Salz
Semmelbrösel nach Bedarf
1/2 geriebene Zwiebel
je 1 Prise Majoran u. Muskat
zum Backen: Fett oder Öl

695. Blumenkohlauflauf (selbständiges Hauptgericht)

2 Rosen Blumenkohl (mittelgroß), Salzwasser
40 g Butter, 60 g Mehl
1/2 l Gemüsebrühe
1/4 l Milch
3–4 Eier getrennt
Salz, etwas Muskat
reichlich geriebener Käse
zum Backen: 20 g Butter
2–3 Eßl. Semmelbrösel

Blumenkohl waschen, putzen, in Röschen teilen, in wenig Salzwasser nicht ganz weich dämpfen oder kochen. Helle Einbrenne herstellen, mit Blumenkohlsud und Milch aufgießen, 5–10 Minuten leise kochen lassen, mit Eigelb legieren, geriebenen Käse und etwas Muskat untermengen, abschmecken, steifen Eischnee unterziehen; Blumenkohlröschen in gefettete Auflaufform legen, Auflaufmasse darüber geben, mit Semmelbröseln bestreuen, mit Butterflocken belegen, in vorgeheizter Röhre bei Mittelhitze backen. *Garzeit* etwa 30 Minuten.
Beilagen: Salzkartoffeln, Butterschwenkkartoffeln mit reichlich Petersilie, grüner Salat.

Gemüsepichelsteiner siehe Nr. 589

Gemüsegulasch siehe Nr. 590

Serbischer Gemüsetopf siehe Nr. 591

Bayerischer Gemüsetopf siehe Nr. 592

Pilzreis siehe Nr. 595

Gemüsereis siehe Nr. 594

Tomatenreis siehe Nr. 593

696. Spinatgemüse

3/4–1 kg frischer Spinat
1/8–1/4 l Salzwasser
zum Binden:
30 g Butter, Margarine oder Öl, 20–30 g Mehl
1/2 Zwiebel
1/8–1/4 l Gemüsesud
etwas Milch, Salz
zum Verbessern:
wenig süßer Rahm od. Milch
evtl. 10–20 g Butter

Spinat verlesen, gründlich waschen, in wenig kochendem Salzwasser rasch abwellen, nach Belieben etwa 1/5 der Menge roh zurücklassen; abgewellten Spinat gut abtropfen lassen, durch Fleischmaschine geben oder im Mixer pürieren, rohen Spinatrest gleichfalls durch Maschine geben oder im Mixer zerkleinern. Helle Einbrenne mit Zwiebeln herstellen, Spinat zugeben, durchdünsten, mit Spinatsud und etwas Milch aufgießen, gründlich aufkochen lassen, zuletzt rohen, zerkleinerten Spinat beifügen, Verbesserungszutaten zugeben, abschmecken, nicht mehr kochen lassen, sofort anrichten.
Anstelle von Einbrenne kann Spinat auch durch Stauben gebunden werden: Feingeschnittene Zwiebel in Fett glasig dünsten, abgewellten, zerkleinerten Spinat zugeben, leicht durchdünsten, mit Mehl stauben, durchrühren, aufgießen, aufkochen lassen, zuletzt rohen, zerkleinerten Spinat beifügen, Verbesserungszutaten zugeben, abschmecken.
Oder Spinat mit Buttermehlkloß binden wie bei Nr. 681 b beschrieben.
Sollte Spinatsud besonders bitter sein, davon nur wenig, dafür mehr Milch verwenden.
Für Kranke kann Spinat statt mit Mehl auch mit Semmelbröseln gebunden werden.

Tiefgefrorenen Spinat: 600–800 g unaufgetaut mit knapp 1/8 l kochendem Wasser und evtl. 20 g Butter zugedeckt rasch auftauen und kurz aufkochen lassen, mit Buttermehlkloß binden, einige Minuten leise kochen lassen, würzen, nach Belieben verbessern, abschmecken. In großen Blöcken eingefrosteten Spinat bei Zimmertemperatur nur so lange antauen lassen, bis sich Block in Stücke schneiden läßt, dann ebenso fertig stellen. Gebrauchsanweisung lt. Aufdruck beachten.
Tiefgefrorenen Spinat nach dem Fertigstellen rasch zu Tisch geben, längeres Warmhalten und Wiederaufwärmen von Resten vermeiden, da hierdurch Verlust an Wertstoffen, Geschmack und Bekömmlichkeit erfolgt. Es können dabei auch Gefahren für Säuglinge, Kleinkinder und magen-darm-empfindliche Menschen auftreten.
Gefrierspinat ist als Schnellgericht gut geeignet.

697. Spinat in Butter geschwenkt*

Spinat verlesen, falls nötig entstielen, gründlich waschen, in einigen Eßlöffeln kochendem Salzwasser kurz abwellen, abseihen, gut abtropfen lassen, in zerlassener Butter oder in Öl schwenken, abschmecken, auf heißer Platte anrichten, mit Zitronensaft beträufeln und mit geriebenem Käse bestreuen oder diesen getrennt dazu reichen, sofort zu Tisch geben.

1 1/2 kg junger Spinat
wenig Salzwasser
zum Anrichten:
40–50 g Butter zerlassen
oder gutes Öl
Zitronensaft nach Belieben
evtl. 50 g geriebener Käse

698. Spinat gedünstet, italienische Art*

Spinat verlesen, entstielen, gründlich waschen, gut abtropfen lassen; fein geschnittene Zwiebel und etwas fein zerdrückte Knoblauchzehe in Butter oder Öl andünsten, Spinat zugeben, kurz durchdünsten, bei Bedarf einige Eßlöffel Brühe zufügen, salzen, zugedeckt bei mäßiger Hitze etwa 5 Minuten dünsten, mit Rahm und Reibkäse abschmecken, sofort auf heißer Platte zu Tisch geben.

1–1 1/2 kg junger Spinat
40 g Butter oder Öl
1 Zwiebel
evtl. 1/4–1/2 Knoblauchzehe
6–8 Eßl. Brühe, Salz
2–3 Eßl. süßer Rahm
geriebener Parmesan

699. Mangold-Blattgemüse

Mangold verlesen, waschen, von Stielen abstreifen, in wenig kochendem Salzwasser rasch offen garen, abseihen, gut abtropfen lassen, durch Fleischmaschine drehen oder im Mixer pürieren. Helle Einbrenne herstellen, Gemüsebrei zugeben, durchdünsten, mit etwas Sud aufgießen, durchkochen lassen, Verbesserungszutaten zugeben, abschmecken.
Oder Gemüse durch Stauben oder Buttermehlkloß binden wie Grundrezept Nr. 681, *Gesamtgarzeit* etwa 20 Minuten.

3/4–1 kg Mangoldblätter
Salzwasser
zum Binden:
30 g Butter, Margarine od. Öl
20–30 g Mehl, 1/2 Zwiebel
1/8–1/4 l Gemüsesud, Salz
zum Verbessern:
süße Milch od. süßer Rahm
10–20 g Butter nach Belieben

700. Mangold-Stielgemüse

$^3/_4$ kg Mangoldstiele
wenig Salzwasser

zum Binden:
30 g Fett, 20–30 g Mehl
$^1/_2$ Zwiebel
$^1/_4$–$^3/_8$ l Gemüsesud, Salz

zum Verbessern:
etwas Milch od. süßer Rahm
10–20 g Butter
evtl. geriebener Käse
evtl. etwas Zitronensaft

Mangoldstiele waschen, leicht abziehen, in etwa 4 cm lange Stücke schneiden, dicke Stiele halbieren, in kochendem Salzwasser kernig-weich kochen, abseihen, abtropfen lassen. Helle Einbrenne herstellen, mit Gemüsesud aufgießen, 5–10 Minuten leise kochen lassen, Mangoldstiele zugeben, durchziehen lassen, Verbesserungszutaten beifügen, abschmekken. *Gesamtgarzeit* etwa 30 Minuten.
Oder gekochte Mangoldstiele auf feuerfester Platte anrichten, mit etwas Zitronensaft beträufeln, mit zerlassener Butter übergießen und mit geriebenem Käse bestreuen, entweder sofort zu Tisch geben oder in vorgeheizter Röhre bei guter Oberhitze oder im Grill kurz gratinieren, bis Käse goldgelb ist.

701. Salat-, Endiviengemüse

6–8 Kopf Salat oder
Endivienstauden
wenig Salzwasser
sonstige Zutaten wie Spinatgemüse Nr. 696
etwas Muskat nach Belieben

Salat (mit schlechter Kopfbildung evtl. auch geschossen) putzen, waschen, in etwa 1 cm breite Streifen schneiden oder ganze Blätter in wenig kochendem Salzwasser rasch kochen, abseihen, ganze Blätter durch Fleischmaschine geben oder grob hacken, fertigstellen wie Kochgemüse mit Einbrenne Grundrezept Nr. 681, abschmecken; Garzeit etwa 20 Minuten.

702. Karotten, gelbe Rüben (Möhren) gedünstet*

$^3/_4$–1 kg Karotten oder gelbe
Rüben (Möhren) frisch oder
600–800 g tiefgefroren
30 g Fett, $^1/_8$–$^1/_4$ l Flüssigkeit
Salz, 1 Prise Zucker
evtl. 10 g Mehl, evtl. mit
10 g Butter als Buttermehlkloß

zum Verbessern:
etwas süßer Rahm od. Milch
reichlich Petersilie, gewiegt

Gelbe Rüben oder Karotten waschen, putzen, nochmal kurz waschen, gleichmäßig in Scheiben, Stifte oder Würfel schneiden bzw. hobeln oder mit Küchenmaschine zerkleinern, in zerlassenem Fett mit wenig Flüssigkeit, Salz und Zucker bei mäßiger Hitze weich dünsten, dann Verbesserungszutaten zugeben, abschmecken. *Garzeit* je nach Alter des Gemüses 20–45 Minuten.
Falls Gemüse gebunden werden soll, nur wenig binden kurz vor Ende der Garzeit durch geringe Mehlzugabe als Teiglein, durch Stauben oder durch Buttermehlkloß, wie bei Grundrezept Nr. 682 beschrieben, kurz durchkochen lassen, Verbesserungszutaten zugeben, abschmecken.
Tiefgefrorene Karotten oder gelbe Rüben wie frische dünsten, ohne vorhergehendes An- oder Auftauen; verkürzte Garzeit und geringeren Flüssigkeitsbedarf beachten!

703. Grüne Erbsen gedünstet*

2 kg junge, zarte Erbsen
mit der Schote, 30 g Butter
$^1/_4$ l Flüssigkeit, Salz
etw. Zucker, evtl. 10 g Mehl
evtl. mit 10 g Butter
als Buttermehlkloß
1–2 Eßl. süßer Rahm
reichl. Petersilie, gewiegt

Erbsen auspalen, rasch waschen, in zerlassener Butter mit wenig Flüssigkeit, Salz und etwas Zucker bei mäßiger Hitze weich dünsten, nach Belieben wenig binden durch Buttermehlkloß oder Mehlteiglein, durchkochen lassen, abschmecken, mit wenig Rahm oder etwas frischer Butter und gewiegter Petersilie verbessern. *Garzeit* etwa 20–30 Minuten je nach Alter.
Tiefgefrorene Erbsen (600–800 g ausgepalt) unaufgetaut wie frische dünsten, Flüssigkeitsbedarf und Garzeit sind verringert.

704. Buttererbsen*

Ausgepalte Erbsen frisch oder tiefgefroren in wenig kochendem Salzwasser garen, abseihen, abtropfen lassen. Gare heiße Erbsen in zerlassener Butter schwenken, abschmecken, mit gewiegter Petersilie anrichten oder als Garnitur verwenden.
Bei Verwendung von Erbsen aus Dosen junge Markerbsen, extra fein bevorzugen, auf Güte prüfen; geöffnete Dose im Wasserbad bis zum Kochen erhitzen, dann sorgfältig abgießen und die heißen Erbsen in zerlassener Butter schwenken, mit Salz, Zucker und mit reichlich gewiegter Petersilie abschmecken.

2 kg junge, grüne Erbsen mit der Schote od. 1/1 Dose junge Markerbsen extra fein oder 600–800 g junge Erbsen tiefgefroren, etw. Salzwasser (f. rohe u. tiefgefrorene Erbsen), 40–50 g Butter
1 Pr. Zucker, Salz
Petersilie, gewiegt

705. Karotten und Erbsen gedünstet*

Karotten waschen, putzen, nochmal kurz waschen, kleine ganz lassen, große halbieren; Erbsen auspalen, rasch waschen, abtropfen lassen. Beide Gemüse in zerlassener Butter mit wenig Flüssigkeit, Salz und etwas Zucker bei mäßiger Hitze zugedeckt weich dünsten, nach Belieben kurz vor Ende der Garzeit binden mit Mehlteiglein oder mit Buttermehlkloß, kurz durchkochen lassen, abschmecken, mit wenig Rahm oder Milch und reichlich Petersilie verbessern. *Garzeit* etwa 20–30 Minuten, je nach Alter und Größe der Karotten bzw. gelben Rüben.
Bei Verwendung von gelben Rüben diese nach dem Waschen und Putzen würfelig oder stiftelig schneiden oder in Scheiben hobeln.
Tiefgefrorene Gemüse ohne An- oder Auftauen wie frische dünsten, Flüssigkeitsbedarf ist jedoch verringert und Garzeit verkürzt.

1/2 kg junge, zarte Karotten
3/4 kg junge, grüne Erbsen mit der Schote oder 600–800 g tiefgefrorene Gemüsemischung
30 g Butter, 1/4 l Flüssigkeit
Salz, etwas Zucker

zum Binden nach Belieben:
10 g Mehl, evtl. mit 10 g Butter als Buttermehlkloß
1–2 Eßl. süßer Rahm
Petersilie, gewiegt

706. Gelbe Rüben und Kartoffeln*

Gewaschene gelbe Rüben putzen, nochmal waschen, in Scheiben hobeln; Kartoffeln schälen und gleichmäßig klein würfeln. Vorbereitetes Gemüse in etwas Fett mit wenig Flüssigkeit und Salz mit den rohen Kartoffelwürfeln gar dünsten, abschmecken, reichlich gewiegte Petersilie und etwas Rahm zugeben, nach Belieben mit gedünsteten Speckwürfeln anrichten. *Garzeit* etwa 25–30 Minuten.

3/4 kg gelbe Rüben, Salz
30 g Fett, 1/4–3/8 l Brühe
2–3 Kartoffeln
süßer Rahm, Milch oder Dosenmilch, Petersilie
Speckwürfel nach Belieben

707. Kohlrabi gedünstet*

Gewaschene Kohlrabi schälen, rasch waschen, in Scheiben schneiden oder hobeln, in Fett mit etwas Salz und wenig Flüssigkeit bei mäßiger Hitze zugedeckt dünsten; alle zarten grünen Herzblätter waschen, vom Stiel befreien, nudelartig fein schneiden oder wiegen, mitdünsten; kurz vor Ende der Garzeit mit Rahm oder etwas Milch verbessern, abschmecken. Sollen Kohlrabi gebunden werden, kurz vor Ende der Garzeit wenig Mehl zugeben als Mehlteiglein oder Buttermehlkloß bzw. durch Stauben binden, wie bei Grundrezept Nr. 682 angegeben. *Garzeit* etwa 20–30 Minuten je nach Alter der Kohlrabi.

6–8 Stück junge Kohlrabi (mit Grün)
30 g Fett, Salz
1/4–3/8 l Flüssigkeit

zum Binden nach Belieben:
10 g Mehl, evtl. mit 10 g Butter als Buttermehlkloß

zum Verbessern:
etwas süßer Rahm oder Milch

708. Kohlrabi in Soße

6–8 ältere Kohlrabi
wenig Salzwasser
zur Einbrenne:
30 g Fett, 20–30 g Mehl
1/2 Zwiebel
1/4–3/8 l Gemüsesud, Salz
zum Verbessern:
2–3 Eßl. süßer Rahm od. Milch
Petersilie, gewiegt, Muskat

Gewaschene Kohlrabi schälen, holzige Teile sorgfältig entfernen, nochmal kurz waschen, in Scheiben schneiden oder hobeln, in wenig kochendem Salzwasser kochen oder dämpfen. Zarte grüne Herzblätter der Kohlrabi waschen, vom Stiel streifen, in feine Streifchen schneiden oder wiegen. Helle Einbrenne herstellen, mit Gemüsesud aufgießen, zerkleinerte Blätter zugeben, 5–10 Minuten kochen lassen, Kohlrabischeiben beifügen, einmal aufkochen lassen, mit Rahm und Petersilie verbessern, evtl. etwas Muskat zugeben, abschmecken. Garzeit etwa 35–45 Minuten.

709. Grüne Bohnen gedünstet

3/4–1 kg frische, möglichst fadenlose, junge Bohnen od. 600–800 g tiefgefrorene Bohnen
zum Dünsten:
30 g Butter, 1/2–1 Zwiebel
Salz, Bohnenkraut
1/4–3/8 l Flüssigkeit
zum Binden nach Belieben:
10 g Mehl, evtl. mit 10 g Butter als Buttermehlkloß
reichlich Petersilie

Bohnen putzen, falls nötig sorgsam abfäden, gründlich waschen, kleine ganz lassen, größere brechen oder schneiden; fein geschnittene Zwiebel in Butter glasig dünsten, Bohnen mit etwas Salz, Bohnenkraut und wenig Flüssigkeit zugedeckt bei mäßiger Hitze gar dünsten; für tiefgefrorene Bohnen genügt etwa 1/8 l Flüssigkeit. Gare Bohnen mit reichlich gewiegter Petersilie abschmecken. Sollen Bohnen gebunden werden, dann wenig Mehl als Mehlteiglein oder Buttermehlkloß unmittelbar vor Ende der Garzeit zugeben, gut aufkochen lassen, leicht durchrühren, mit Petersilie abschmecken. *Garzeit* etwa 30–45 Minuten je nach Alter der Bohnen, tiefgefrorene Bohnen etwa 15–20 Minuten, diese sind als Schnellgericht geeignet.
Gedünstete Bohnen werden auch gerne zu gedünsteten gemischten Gemüsen verwendet z. B. Bohnen mit Paprikaschoten.

710. Bohnen in Butter geschwenkt*

3/4–1 kg junge, zarte, fadenlose Bohnen,
Bohnenkraut
wenig Salzwasser
zum Schwenken:
40–50 g Butter, etwas Salz,
reichlich Petersilie

Bohnen putzen, waschen, kleine ganz lassen, größere brechen, in wenig Salzwasser mit Bohnenkraut rasch weich dämpfen oder kochen, abseihen, abtropfen lassen, in zerlassener Butter schwenken, leicht salzen, abschmecken, mit reichlich gewiegter Petersilie anrichten. *Garzeit* etwa 15–20 Minuten. Diese Zubereitungsart ist besonders geeignet für Bohnen zum Garnieren von Braten- und für Gemüseplatten.
Bei Verwendung von *Dosenbohnen* bevorzugt man hierfür Prinzeßbohnen extra fein oder Prinzeßbohnen fein, 1/1 Dose; diese aber erst auf Güte prüfen, geöffnete Dose im Wasserbad erhitzen bis zum Kochen, abseihen, abtropfen lassen, fertig machen wie beschrieben.

711. Bohnengemüse mit Soße (für ältere Bohnen geeignet)

3/4–1 kg Bohnen
Bohnenkraut, Salzwasser
zur Einbrenne:
30 g Fett, 20–30 g Mehl
1 Zwiebel
1/4–3/8 l Gemüsesud, Salz
reichlich Petersilie

Bohnen putzen, sorgfältig abfäden, gründlich waschen, brechen oder schneiden, in wenig kochendem Salzwasser mit Bohnenkraut kochen oder dämpfen, bis sie weich sind; helle bis mittelfarbene Einbrenne herstellen, mit Gemüsesud aufgießen, 5–10 Minuten kochen lassen, Bohnen zugeben, kurz aufkochen lassen, abschmecken mit reichlich Petersilie. *Garzeit* etwa 1/2–3/4 Stunden, je nach Alter der Bohnen.
Nach Belieben kann Einbrenne auch mit Speck hergestellt werden.

712. Dosengemüse*
(Spargel, Bohnen, Erbsen, Karotten, Mischgemüse u. ä.)

Dosengemüse immer auf einwandfreie Qualität prüfen – *Inhalt bombierter Dosen ist genußuntauglich!*
Geöffnete Dosen im Wasserbad erhitzen, bis zum Kochen bringen, abseihen, abtropfen lassen, in zerlassener Butter schwenken, abschmecken.
Oder Gemüse aus Dose nehmen, in wenig Brühe erhitzen, bis zum Kochen bringen, binden mit Buttermehlkloß, aufkochen lassen, vorsichtig durchmischen, abschmecken.
Oder mit Einbrenne binden, besonders für Spargel geeignet (siehe Nr. 716): Geöffnete Dose in Wasserbad erhitzen, bis zum Kochen kommen lassen; helle Buttersoße herstellen (evtl. mit 40 g Mehl) unter Verwendung der Gemüsebrühe, aufkochen lassen, nach Belieben legieren, abschmecken; Gemüse abtropfen lassen, zur Soße geben, durchziehen lassen, nochmal abschmecken. Oder heißen Stangenspargel auf Platte anrichten, mit heißer legierter Soße überziehen.

1/1 Dose Gemüse nach Wahl
(Güteklasse „Extra“ od. „I“)
zum Schwenken:
40–50 g Butter, Salz, reichl. Petersilie (außer Spargel)
oder zum Binden
(außer Spargel):
wenig Gemüsebrühe
10 g Mehl, evtl. mit 10 g Butter als Buttermehlkloß
oder Einbrenne von:
30 g Butter, 20–30 g Mehl
1/4 l Brühe, Salz, etwas süßer Rahm, Petersilie
(Spargel wie Nr. 716)

713. Ganze Tomaten gedünstet*

Ganze Tomaten waschen, brühen, kalt überbrausen, häuten; Fett in flacher, feuerfester Form zerlassen, feingeschnittene Zwiebel darin glasig dünsten, Tomaten zugeben, leicht salzen, zugedeckt bei mäßiger Hitze gar dünsten, nach Bedarf Rahm oder wenig Flüssigkeit zugeben. Garzeit etwa 10-15 Minuten, mit reichlich gewiegter Petersilie bestreut anrichten. Können auch gut in der Röhre gegart werden.

1 kg schöne, mittelgroße Tomaten
30–40 g Fett
1 Zwiebel, Salz
1/8 l Rahm oder Flüssigkeit
Petersilie gewiegt

714. Ganze Tomaten gedünstet mit Käse*

Gewaschene Tomaten brühen, kalt überbrausen, häuten; in flachem Geschirr, am besten in feuerfester Form, Butter zerlassen, Tomaten einsetzen, leicht salzen, mit Reibkäse bestreuen, zugedeckt etwa 10 Minuten dünsten bei mäßiger Hitze, Rahm auf Tomaten geben, noch ein paar Minuten dünsten, mit geriebenem Käse dick bestreuen, nach Belieben in vorgeheizter Röhre oder Grill lichtgelb bräunen lassen, mit reichlich gewiegter Petersilie bestreut anrichten.

1 kg Tomaten
30–40 g Butter
Salz, 1/8 l Rahm
50 g geriebener Käse
Petersiliengrün

715. Tomatengemüse gedünstet*

Gewaschene Tomaten brühen, kalt überbrausen, häuten, halbieren, große vierteln oder Tomaten in dicke Scheiben schneiden; fein geschnittene Zwiebel in Fett oder leicht angedünsteten Speckwürfeln glasig dünsten, Tomaten zugeben, leicht andünsten, salzen, zugedeckt bei mäßiger Hitze gar dünsten, falls nötig wenig Flüssigkeit beifügen. Gemüse nur wenig binden mit Buttermehlkloß oder Mehlteiglein, aufkochen lassen, vorsichtig mischen, zuletzt mit Rahm und Petersiliengrün abschmecken. *Garzeit* etwa 10 Minuten, Tomaten sollen nicht vermusen. Bei Verwendung von Buttermehlkloß kann Fettmenge zum Dünsten etwas gekürzt werden.

1 kg feste Tomaten
30–40 g Fett oder Speck
1 Zwiebel, Salz
evtl. einige Eßl. Flüssigkeit
nach Belieben zum Binden:
10–20 g Mehl als Teiglein oder mit 10–20 g Butter als Buttermehlkloß
3–4 Eßl. süßer Rahm oder Dosenmilch, Petersilie

716. Spargelgemüse in Buttersoße

1 kg Spargel
(Güteklasse „I" oder „II")
Salzwasser, 1 Pr. Zucker

zur Buttersoße:
30 g Butter, 30–40 g Mehl
3/8–1/2 l Spargelsud, Salz
4 Eßl. süßer Rahm
1–2 Eigelb nach Belieben
etwas Zitronensaft
1 Prise Zucker
10–20 g Butter nach Belieben

Spargel waschen, vom Kopf abwärts dünn, aber sorgfältig schälen, alle holzigen Teile entfernen, nochmal rasch waschen, in gleichmäßige, etwa 4 cm lange Stücke schneiden, in wenig kochendem Salzwasser, so daß Spargel knapp bedeckt ist, weich kochen oder dämpfen, Garzeit je nach Spargelsorte 20–35 Minuten. Helle Einbrenne herstellen, mit Spargelsud aufgießen, 5–10 Minuten kochen lassen, mit Rahm und nach Belieben mit Eigelb legieren, gut abschmecken, nach Wunsch ein Stückchen frische Butter unterrühren; Spargelstücke gut abtropfen lassen, in Soße legen, durchziehen, aber nicht mehr kochen lassen, evtl. in heißem Wasserbad kurzfristig heiß halten.
Spargelschalen zu Sud für Spargelsuppe verwenden.

717. Stangenspargel mit Butter*

1–1 1/2 kg Stangenspargel
Güteklasse „Extra" oder „I"
Salzwasser, 1 Pr. Zucker
60–80 g Butter

oder
Kräuterbutter mit Petersilie
wie Nr. 969

Spargel waschen, vom Kopf aus dünn, aber sorgfältig schälen, alle holzigen Teile entfernen, nochmal rasch waschen, jeweils 6–8 gleichlange Spargelstangen bündeln, in kochendem Salzwasser zusetzen, rasch zum Kochen bringen, weich kochen oder dämpfen, Garzeit je nach Spargelsorte 20–35 Minuten. Garen Spargel aus Sud nehmen, gut abtropfen lassen, auf heißer Platte anrichten, mit reichlich zerlassener Butter begießen, etwas Butter eigens dazu reichen. Auf besonderen Wunsch kann Butter auch ganz leicht gebräunt werden, für Diät jedoch Butter nicht bräunen. Besonders beliebt zu rohem oder gekochtem Schinken in der Spargelzeit auch mit Kräuterbutter (Petersilie) wie Nr. 969.

718. Stangenspargel mit Holländischer Soße

Farbbild neben S. 320

1–1 1/2 kg Stangenspargel
Güteklasse „Extra" oder „I"
Salzwasser, 1 Pr. Zucker
Holländische Soße abgeschlagen Nr. 956

Stangenspargel vorbereiten und kochen wie Stangenspargel mit Butter Nr 717; wenn Spargel weich, aus Sud nehmen, gut abtropfen lassen. Holländische Soße herstellen wie bei Nr. 956 beschrieben, gut abschmecken. Heißen Stangenspargel auf heißer Platte anrichten, mit etwas Holländischer Soße übergießen, restliche Holländische Soße eigens dazu reichen. An Stelle von Holländischer Soße kann auch Sauce Mousseline Nr. 957, Maltasoße Nr. 958, Sauce Béarnaise Nr. 959 oder Schaumsoße Nr. 960 gereicht werden.
Sehr beliebt zu rohem oder gekochtem Schinken mit lockeren Pfannenkuchen, Reis, Tomatenreis oder Butterschwenkkartoffeln mit Petersilie.

719. Spargel überbacken

1–1 1/2 kg Stangenspargel
(Güteklasse „I" oder „II")
Salzwasser, sonst. Zutaten
wie Nr. 683

Herstellung wie bei Nr. 683 beschrieben.

Spargel mit Schinken überbacken siehe Nr. 371.

720. Blumenkohlgemüse in Buttersoße*

1–2 schöne Rosen Blumenkohl (je nach Größe)
Salzwasser mit Zitronensaft
zur Buttersoße:
30 g Butter
30–40 g Mehl
etwas Zwiebel nach Belieben
$^{3}/_{8}$–$^{1}/_{2}$ l Blumenkohlsud
3–4 Eßlöffel süßer Rahm
etwas Zitronensaft
1 Prise Zucker, Salz
nach Belieben:
1–2 Eigelb, 20 g Butter

Blumenkohl putzen, Rosen ganz lassen und in starkes, kaltes Salz- oder Salz-Essigwasser legen mit Strunkseite nach oben, um etwaige Raupen zu entfernen, $^{1}/_{2}$ Stunde liegen lassen, vor dem Zusetzen kalt überbrausen; oder Rosen in einzelne Röschen zerteilen und waschen. Blumenkohl in kochendem Salzwasser, mit etwas Zitronensaftzugabe, kernig-weich, aber nicht zu weich dämpfen oder kochen. Werden die Rosen im ganzen gekocht, diese in den ersten 10 Minuten mit Strunkseite nach oben kochen, dann wenden, so daß Strunkseite nach unten kommt und Rosen leichter mit Schaumlöffel aus dem Sud gehoben werden können; beim Dämpfen Rose mit Strunk nach unten setzen, ein Wenden entfällt. *Garzeit* etwa 20–35 Minuten für ganze Blumenkohlrosen je nach Größe, etwa 15 Minuten für Blumenkohlröschen (günstig im Dampfdrucktopf zu dämpfen). Inzwischen helle Einbrenne mit Gemüsesud herstellen, 5–10 Minuten kochen lassen, gut abschmecken, nach Belieben legieren und wenig frische Butter unterrühren, Blumenkohlröschen einlegen, kurz durchziehen, aber nicht mehr kochen lassen oder Blumenkohlrosen im ganzen gut abgetropft auf heißer Platte anrichten, mit heißer, nach Belieben legierter Soße übergießen und sofort zu Tisch geben. Anstelle von Buttersoße kann auch Holländische Soße Nr. 956, Käsesoße Nr. 941–943 oder Schaumsoße Nr. 960 verwendet werden.

721. Blumenkohl mit Butter und Bröseln*

1–2 schöne Rosen Blumenkohl (je nach Größe)
Salzwasser mit Zitronensaft
zum Anrichten:
50 g Butter
4–5 Eßl. Semmelbrösel
1 Prise Salz

Blumenkohl putzen, Rosen ganz belasssen, in starkes, kaltes Salz- oder Salz-Essigwasser einlegen mit Oberseite nach unten, um etwaige Raupen zu entfernen, dann kalt überbrausen, in kochendem Salzwasser mit etwas Zitronensaftzugabe bei mäßiger Hitze kernig-weich dämpfen oder kochen, wie bei Nr. 720 beschrieben. *Garzeit* 20–35 Minuten je nach Größe der Rosen. Wenn Blumenkohl gar, aus Sud bzw. Dampf nehmen, gut abtropfen lassen, auf heißer Platte anrichten, mit zerlassener Butter und nach Belieben mit in Butter gerösteten, leicht gesalzenen Semmelbröseln bestreuen, sofort zu Tisch geben.
Günstig im Dampfdrucktopf zu dämpfen, Garzeit 8–10 Minuten.

722. Polnischer Blumenkohl*

1-2 schöne Rosen Blumenkohl (je nach Größe)
Salzwasser mit Zitronensaft
zum Anrichten:
1–2 harte Eier, gehackt
4–5 Eßl. geriebener Käse
Petersilie, gewiegt
50 g heiße Butter

Blumenkohl putzen, Rosen ganz belassen, in starkes, kaltes Salz- oder Salz-Essigwasser mit Oberseite nach unten einlegen, etwa $^{1}/_{2}$ Stunde liegen lassen, um etwaige Raupen zu entfernen, kalt überbrausen, in kochendem Salzwasser mit wenig Zitronensaft kernig-weich dämpfen oder kochen wie bei Nr. 720 beschrieben. *Garzeit* je nach Größe der Rosen etwa 20–35 Minuten, im Dampfdrucktopf 8–10 Minuten. Wenn Blumenkohl gar, aus Sud oder Dampf nehmen, gut abtropfen lassen, auf heiße Platte setzen, mit hartgekochtem, gehacktem Ei, geriebenem Käse und gewiegter Petersilie dick bestreuen, mit heißer, jedoch *nicht* brauner Butter gut beträufeln und sofort zu Tisch geben.

Blumenkohl überkrustet siehe Nr. 685

Blumenkohl überbacken siehe Nr. 683, 373

Blumenkohl – Schinken-Auflauf siehe Nr. 372

Blumenkohl gebacken in Backteig siehe Nr. 684

723. Schwarzwurzelgemüse in Buttersoße

1 kg Schwarzwurzeln
Essig-Mehlwasser
zum Kochen oder Dämpfen:
Salzwasser mit Zitronensaft
zur Buttersoße:
30 g Butter
20–30 (40) g Mehl
1/4–3/8 (1/2) l Gemüsesud
Salz, Zitronensaft
1 Prise Zucker
2–4 Eßl. süßer Rahm
evtl. 1 Eigelb zum Legieren

Schwarzwurzeln gründlich waschen, rasch abschaben, sofort in Essig-Mehlwasser legen bis alle Schwarzwurzeln vorbereitet sind, da sie rasch braun werden (Fermentwirkung), dann in gleichmäßige, etwa 3–4 cm lange Stücke schneiden, in kochendem Salzwasser mit etwas Zitronensaft weich kochen oder dämpfen. Oder gewaschene Schwarzwurzeln im ganzen im Dämpfer weich dämpfen, kalt überbrausen, schälen, in gleichmäßig lange Stücke schneiden. Helle Buttersoße herstellen, mit Schwarzwurzelsud (falls geschält gekocht) aufgießen, 5–10 Minuten kochen lassen, nach Belieben legieren, abschmecken, Schwarzwurzeln zugeben, etwas durchziehen, aber nicht mehr kochen lassen.
Garzeit für Schwarzwurzeln je nach Alter und Dicke etwa 30–40 Minuten, im Dampfdrucktopf etwa 10 Minuten.

724. Schwarzwurzeln in Butter geschwenkt

1 kg Schwarzwurzeln
Essig-Mehlwasser
zum Kochen oder Dämpfen:
Salzwasser mit
etwas Zitronensaft
zum Anrichten:
40–50 g Butter
etwas Zitronensaft, Salz
Petersilie, gewiegt oder
geriebener Käse

Schwarzwurzeln waschen, rasch abschaben und sofort in Essig-Mehlwasser legen bis alle Schwarzwurzeln geputzt sind, da sie rasch braun werden, Wurzeln ganz lassen, nicht kurz schneiden, in kochendem Salzwasser mit etwas Zitronensaft gar dämpfen oder kochen. Oder gut gewaschene Schwarzwurzeln im Dämpfer garen, kalt überbrausen, schälen. Gare Schwarzwurzeln in zerlassener Butter schwenken, mit Zitronensaft beträufeln, nach Bedarf noch leicht salzen, etwas durchziehen lassen, auf heißer Platte mit gewiegter Petersilie oder geriebenem Käse bestreut anrichten.
Garzeit der Schwarzwurzeln je nach Alter und Dicke etwa 30–40 Minuten; im Dampfdrucktopf etwa 10 Minuten.

Schwarzwurzeln überbacken siehe Nr. 683

Schwarzwurzel überkrustet oder gratiniert siehe Nr. 685

Schwarzwurzeln gebacken in Backteig siehe Nr. 684

725. Meerrettichgemüse*

Gewaschenen Meerrettich abschaben, nochmal schnell waschen, am offenen Fenster rasch fein reiben, in Fett andünsten, Semmelbrösel bzw. Mehl oder nur wenig Mehl und eingeweichte, ausgedrückte, zerzupfte Semmeln zugeben, gut durchdünsten, aufgießen, kurz durchkochen lassen, abschmecken.
Oder: Helle Einbrenne herstellen, mit Fleischbrühe oder Milch aufgießen, 5 Minuten kochen lassen, geriebenen Meerrettich zugeben, aufkochen lassen, abschmecken. Durch längeres Kochen verliert Meerrettich an Schärfe, auch die Zugabe von 1 rohen, geschälten, geriebenen Apfel mildert scharfen Meerrettich. Liebt man scharfen Meerrettichgeschmack, gibt man an das fertige Gemüse etwas rohen geriebenen Meerrettich.
Garzeit: 15–20 Minuten.
Verwendet man an Stelle von frischem Meerrettich konservierten, so benötigt man 150–250 g je nach Schärfe.

1 Stange Meerrettich
30 g Fett, 30 g Mehl oder
3 Eßl. Semmelbrösel oder
1 Eßl. Mehl (knapp) und
2 alte Semmeln, eingeweicht
Salz, etwas Zucker
1/4 l Fleischbrühe oder Milch
3–4 Eßl. süßer Rahm
1 roher, geschälter Apfel
nach Belieben

726. Fenchel, Finocchi gedünstet*

Fenchel von den äußersten, harten Stengeln befreien, Knollen gut waschen, halbieren oder vierteln je nach Größe; Zwiebelringe in Fett lichtgelb andünsten, Fenchel zugeben, von allen Seiten leicht andünsten, Salz und Zitronensaft beifügen, wenig aufgießen, in geschlossenem Topf bei mäßiger Hitze gar dünsten, kurz vor Ende der Garzeit Rahm, nach Belieben etwas Tomatenmark und Petersilie zugeben, kurz durchziehen lassen, abschmecken. *Garzeit* etwa 25–30 Minuten.

3/4–1 kg Fenchel
zum Dünsten: 30–40 g Butter
1 Zwiebel nach Belieben
Salz, etwas Zitronensaft
1/4 l Brühe
2–4 Eßl. süßer Rahm
evtl. etwas Tomatenmark
Petersilie, gewiegt

727. Fenchel, Finocchi mit Butter*

Fenchel von den harten, äußersten Stengeln befreien, gründlich waschen, Knollen jeweils in 3–4 Scheiben schneiden, diese in wenig kochendem Salzwasser mit etwas Zitronensaftbeigabe weich dämpfen oder kochen, Garzeit etwa 10–15 Minuten; aus Sud nehmen, gut abtropfen lassen, in reichlich Butter schwenken, abschmecken mit Zitronensaft, Salz und nach Belieben mit etwas Tomatenketchup, auf heißer Platte anrichten, mit geriebenem Käse bestreuen.

3/4–1 kg Fenchel
Salzwasser mit Zitronensaft
zum Anrichten:
40–50 g Butter
etwas Zitronensaft, Salz
evtl. etwas Tomatenketchup
50 g geriebener Käse

728. Fenchel, Finocchi gratiniert* (selbständiges Hauptgericht)

Fenchel von den harten, äußersten Stengeln befreien, gründlich waschen, Knollen halbieren, in kochendem Salzwasser mit etwas Zitronensaftbeigabe kernig-weich, jedoch nicht zu weich dämpfen oder kochen, Garzeit etwa 15–20 Minuten je nach Größe; aus Sud nehmen, gut abtropfen lassen, in gefettete, feuerfeste Form oder tiefe Platte legen, mit etwas Zitronensaft beträufeln, nach Belieben mit dicker Tomatensoße, Sugo oder etwas Tomatenketchup überziehen, mit geriebenem Käse dick bestreuen, mit Butterflocken belegen und in vorgeheizter Röhre bei guter Oberhitze goldgelb überbacken.

3/4–1 kg Fenchel
Salzwasser mit Zitronensaft
zum Gratinieren:
etwas Zitronensaft
dicke Tomatensoße
Nr. 939/940
oder etwas Tomatenketchup
100 g geriebener Käse
40 g Butterflocken

Fenchel, Finocchi überbacken siehe Nr. 683

729. Porree, Lauch gedünstet*

3/4–1 kg dicke Lauchstangen
zum Dünsten:
30–40 g Fett, 1/4 l Flüssigkeit
Salz, 3–4 Eßl. süßer Rahm
evtl. 2-3 Eßl. geriebener Käse
zum Binden nach Belieben:
10 g Mehl als Teiglein oder mit 10 g Butter als Buttermehlkloß

Lauch putzen, grüne Teile entfernen, sehr sorgfältig waschen, evtl. sehr dicke Stangen der Länge nach halbieren, in etwa 10 cm lange Stücke schneiden. Lauch in flachem Geschirr nebeneinander schichten, in Fett andünsten, von allen Seiten lichtgelb anbräunen lassen, mit wenig Flüssigkeit aufgießen, salzen, zugedeckt bei mäßiger Hitze gar dünsten, bei Bedarf jeweils wenig Flüssigkeit zugeben. Kurz vor Ende der Garzeit Rahm zugeben, abschmecken. Garzeit je nach Alter und Dicke der Lauchstangen 20–30 Minuten. Mit geriebenem Käse bestreut anrichten. Soll Lauch gebunden werden, Mehlteiglein oder Buttermehlkloß vor Rahmzugabe an das Gemüse geben, aufkochen lassen, gut abschmecken.

730. Lauch mit Butter*

3/4–1 kg mitteldicke Lauchstangen
zum Kochen: Salzwasser
zum Anrichten:
40–50 g Butter
geriebener Käse und Petersilie, gewiegt oder geröstete Semmelbrösel

Lauch putzen, grüne Teile entfernen, auf etwa gleiche Länge schneiden, sehr gründlich waschen, ganze Stangen bündeln, in kochendem Salzwasser vorsichtig weich kochen bzw. dämpfen, Garzeit je nach Lauchdicke und -qualität 20–25 Minuten. Gare Lauchstangen aus Sud nehmen, gut abtropfen lassen, aufbündeln, auf heißer Platte anrichten, mit zerlassener heißer, nach Wunsch auch mit *leicht* gebräunter Butter übergießen, mit geriebenem Käse und gewiegter Petersilie oder mit gerösteten Semmelbröseln bestreuen, sofort zu Tisch geben oder den mit Käse bestreuten Lauch noch so lange in heißer Röhre gratinieren, bis Käse schmilzt.
Sind Lauchstangen sehr dick, diese vor dem Kochen bzw. Dämpfen der Länge nach halbieren.

731. Lauchgemüse in Soße*

3/4–1 kg Lauch
zum Kochen: Salzwasser
zur Soße:
30 g Fett, 20–30 g Mehl
1/4 l Gemüsesud
etwas Milch, Salz, Muskat
2–4 Eßl. süßer Rahm
Petersilie, gewiegt

Lauch sorgfältig putzen, grüne Teile abschneiden, sehr gründlich waschen, in 2–3 cm lange, gleichmäßige Stücke schneiden, in wenig kochendem Salzwasser weich kochen oder dämpfen, aus Sud nehmen, abtropfen lassen.
Helle Einbrenne herstellen, mit Gemüsesud und nach Belieben mit etwas Milch aufgießen, 5–10 Minuten kochen lassen, würzen, Lauchstücke zugeben, durchziehen lassen, nach Belieben mit Rahm verbessern, abschmecken, mit Petersilie bestreut anrichten. *Garzeit* etwa 20–25 Minuten.

Lauch überkrustet* siehe Nr. 685

Lauch überbacken siehe Nr. 683

Lauch mit Schinken überbacken siehe Nr. 375

Lauch- oder Porreegemüse mit Hackfleisch siehe Nr. 243

732. Chicorée gedünstet*

Chicorée putzen, bitteren Kern am stumpfen Ende mit spitzem Messer keilförmig ausschneiden, gut waschen, kleine und mittlere Stauden ganz lassen, sehr dicke der Länge nach halbieren. Vorbereiteten Chicorée in Öl oder Butter von allen Seiten leicht andünsten, mit wenig Flüssigkeit unter Zugabe von Salz, Zitronensaft und nach Belieben etwas Tomatenmark bei mäßiger Hitze zugedeckt fast gar dünsten, dann etwas Rahm beifügen, noch kurz mitdünsten lassen, abschmecken; soll Gemüse gebunden werden, Mehlteiglein oder Buttermehlkloß kurz vor Ende der Garzeit zugeben, 3–5 Minuten leise kochen lassen, vorsichtig durchmischen, dann restlichen Rahm beifügen und abschmecken. Gemüse mit geriebenem Käse bestreut anrichten. Anstelle von Reibkäse kann man im Gemüse auch 1–2 Eckchen Schmelzkäse flüssig werden lassen, leicht durchmischen. *Gesamtgarzeit* 20–30 Minuten.

3/4–1 kg Chicorée
zum Dünsten:
30–40 g Butter oder Öl
bis 1/8 l Flüssigkeit, Salz
Zitronensaft
evtl. etwas Tomatenmark
6–8 Eßl. Rahm
zum Binden nach Belieben:
10 g Mehl, evtl. mit 10 g Butter als Buttermehlkloß
zum Anrichten:
geriebener Käse

733. Chicorée mit Butter*, mit Holländischer Soße*

Chicorée von welken Außenblättern befreien, bitteren Kern am unteren Ende mit spitzem Messer keilförmig ausschneiden, gründlich waschen, kleinere und mittlere Stauden ganz lassen, sehr dicke Stauden der Länge nach halbieren, in wenig kochendem Salzwasser mit 1 Prise Zucker und Zitronensaft weich kochen (etwa 10–15 Minuten), aus Sud nehmen, gut abtropfen lassen, auf heiße Platte legen, mit Zitronensaft beträufeln, mit heißer, auf Wunsch nur leicht gebräunter Butter oder statt mit Butter mit Holländischer Soße übergießen, restliche Soße eigens dazu reichen.

3/4–1 kg Chicorée
Salzwasser mit Zitronensaft und 1 Prise Zucker
zum Anrichten:
Zitronensaft, 40–50 g Butter oder Holländ. Soße Nr. 956

Chicorée überkrustet siehe Nr. 685

Chicorée mit Schinken überbacken siehe Nr. 374

Chicorée überbacken siehe Nr. 683

734. Selleriegemüse gedünstet*

Sellerieknollen gründlich waschen, am besten in Wasser gut bürsten, schälen, nochmal rasch waschen, in Scheiben, Streifen oder nicht zu kleine Würfel schneiden, in Butter oder Öl andünsten, mit Zitronensaft beträufeln, salzen, mit wenig Flüssigkeit aufgießen, zugedeckt bei mäßiger Hitze gar dünsten unter allmählicher Zugabe von Flüssigkeit. Kurz vor Ende der Garzeit mit Mehlteiglein oder Buttermehlkloß etwas binden, aufkochen lassen, mit Rahm verbessern, abschmecken, mit Petersilie bestreut anrichten. *Garzeit* 20–30 Minuten je nach Alter der Sellerieknollen.

3/4–1 kg Sellerieknollen
30 g Butter, Zitronensaft
Salz, 1/4–3/8 l Flüssigkeit
zum Binden nach Belieben:
10–20 g Mehl, evtl. mit 10–20 g Butter als Buttermehlkloß
4 Eßl. süßer Rahm
Petersilie

735. Selleriescheiben gedünstet*

1 kg Sellerie (mittelgroße Knollen), Salz, Zitronensaft
Mehl zum Wenden
zum Dünsten: 50 g Butter und Öl (halb und halb)
4–6 Eßl. Rahm, 8 Eßl. Brühe

Sellerie waschen, in Wasser gründlich bürsten, schälen, nochmal rasch waschen, in 1/2–3/4 cm dicke Scheiben schneiden, mit Salz bestreuen, mit etwas Zitronensaft beträufeln, etwa 1 Stunde durchziehen lassen. Scheiben leicht in Mehl wenden, in heißem Fett auf Stielpfanne auf beiden Seiten goldgelb anbraten, Rahm zugeben, leicht bräunen lassen mit wenig Brühe aufgießen und zugedeckt bei mäßiger Hitze gar dünsten. *Garzeit* etwa 20 Minuten.

736. Selleriegemüse in Buttersoße*

3/4–1 kg Sellerieknollen
zum Kochen oder Dämpfen: Salzwasser mit Zitronensaft
zur Soße:
30 g Butter, 20–30 g Mehl
1/2 Zwiebel nach Belieben
1/4–3/8 l Gemüsesud, Salz
2–4 Eßl. süßer Rahm
etwas Zitronensaft
zum Verbessern: 1 Eigelb
1–2 Eckchen Schmelzkäse

Sellerieknollen gründlich waschen, am besten in Wasser gut bürsten, schälen, nochmal rasch waschen, Knolle halbieren, in Scheiben, Streifen oder nicht zu kleine Würfel schneiden, in wenig kochendem Salzwasser mit etwas Zitronensaft kernig-weich kochen oder dämpfen, jedoch nicht zu weich werden lassen (günstig im Dampfdrucktopf zu garen), gut abtropfen lassen. Helle Buttersoße herstellen, mit Gemüsesud aufgießen, 5–10 Minuten kochen lassen, abschmecken, nach Belieben legieren, bei Verwendung von Schmelzkäse diesen in der Soße zum Schmelzen bringen, Sellerie zugeben, durchziehen, aber nicht mehr kochen lassen, nochmal abschmecken.
Garzeit je nach Alter der Sellerieknollen 20–30 Minuten.

737. Selleriescheiben paniert gebacken, Sellerieschnitzel* (selbständiges Hauptgericht)

1 kg Sellerie (mittelgroße Knolle), Salz, Zitronensaft
zum Panieren:
3–4 Eßl. Mehl
2 Eier mit 1 Teel. Öl und 2 Eßl. Wasser verschlagen
8–10 Eßl. Semmelbrösel
Öl oder anderes Backfett
Zitronenspalten, Petersilie

Sellerie waschen, in Wasser gründlich bürsten, schälen, nochmal rasch waschen, in gut 1/2 cm dicke Scheiben schneiden, diese leicht salzen, mit Zitronensaft beträufeln, etwa 1 Stunde durchziehen lassen, erst in Mehl, dann in Ei mit Öl und Wasser verschlagen und in Semmelbröseln wenden, in heißem Öl auf beiden Seiten langsam goldbraun backen, so daß Sellerie in dieser Zeit weich wird. Backzeit etwa 10–15 Minuten. Mit Zitronenspalten und Petersiliengrün anrichten, mit Kartoffelsalat und grünem Salat zu Tisch geben. Auch als Garnitur für feine Fleischspeisen geeignet.

Sellerie in Backteig gebacken* siehe Nr. 684

Sellerie überbacken siehe Nr. 683

738. Staudensellerie, Bleichsellerie mit Butter*

3/4–1 kg Bleichselleriestauden
zum Kochen: Salzwasser mit Zitronensaft
zum Anrichten:
1–2 hart gekochte Eier
4 Eßl. geriebener Käse
40–60 g heiße Butter

Wurzeln und Blätter von Selleriestauden entfernen, bei Bedarf von den Stengeln grobe Fasern abziehen, waschen, Selleriestengel bündeln, in kochendem Salzwasser mit etwas Zitronensaftzugabe weich kochen, *Garzeit* etwa 20 Minuten; aus Sud nehmen, gut abtropfen lassen, aufbündeln, auf heiße Platte geben, mit gehackten harten Eiern und Reibkäse dick bestreuen, mit heißer, aber *nicht gebräunter* Butter übergießen, sofort sehr heiß zu Tisch geben. Sud für Suppe verwenden.

739. Petersiliengemüse gedünstet

Zubereitung wie Selleriegemüse gedünstet Nr. 734; zuletzt mit reichlich gewiegter Petersilie abschmecken. *Garzeit* etwa 45 Minuten.

1/2 kg junge Petersilienwurzeln, 1/4 kg Sellerieknolle
sonstige Zutaten wie Nr. 734

740. Gurken gedünstet*, Zucchini gedünstet*

Gemüse waschen, schälen, der Länge nach halbieren, von Kernen und weichen Teilen befreien, in gleichmäßige, etwa 1 1/2 cm dicke Stückchen schneiden; gewaschene Tomaten brühen, kalt überbrausen, häuten, vierteln; Zwiebel fein schneiden. Zwiebel in Fett oder fein gewürfeltem Speck glasig dünsten, Gurken bzw. Zucchini zugeben, gut andünsten, frische Tomaten oder Tomatenmark beifügen, salzen, zugedeckt bei mäßiger Hitze dünsten, bei Bedarf wenig Flüssigkeit zugeben, *Garzeit* etwa 20–30 Minuten. Soll Gemüse gebunden werden, kurz vor Ende der Garzeit Mehlteiglein oder Buttermehlkloß beifügen, kurz durchkochen lassen, Rahm, Kräuter, Käse und nach Belieben etwas Zitronensaft zugeben, abschmecken.

1–1 1/2 kg Gurken o. Zucchini
30 g Fett oder Speck
1/2 Zwiebel, 3–4 Tomaten
oder Tomatenmark, Salz
wenig Brühe nach Bedarf
3–4 Eßl. süßer Rahm
Dill oder Petersiliengrün
etwas Zitronensaft
evtl. reichl. geriebener Käse
10–20 g Mehl, evtl. mit
10–20 g Butter als Buttermehlkloß

741. Gurkengemüse in Buttersoße*

Gurken waschen, schälen, der Länge nach halbieren, von Kernen und weichen Teilen befreien, in etwa kleinfingergroße, gleichmäßige Stücke schneiden, nur leicht salzen, mit Zitronensaft beträufeln, etwas durchziehen lassen. Inzwischen helle Buttersoße herstellen, Gurken mit gezogenem Saft zugeben, in Soße bei mäßiger Hitze zugedeckt garen, *Garzeit* etwa 20–30 Minuten, zuletzt Rahm, feingewiegten Dill oder Petersilie oder Tomatenmark nach Geschmack beifügen, abschmecken, nicht mehr kochen lassen.

1 1/2 kg Gurken, Salz
Zitronensaft
zur Buttersoße:
30 g Butter, 30 g Mehl
etwas Zwiebel nach Belieben
1/4 l Flüssigkeit
3–4 Eßl. süßer Rahm
Dill, Petersilie oder Tomatenmark

742. Paprikaschoten gedünstet*

Paprikaschoten waschen, Stengelansatz, Zwischenrippen und Samenkerne sorgfältig entfernen, nochmal rasch waschen, in 1–2 cm breite Streifen schneiden; Tomaten waschen, brühen, kalt überbrausen, häuten, halbieren oder vierteln; Zwiebeln in Ringe schneiden. Zwiebelringe in Fett oder Öl glasig dünsten, Paprikaschoten zugeben, andünsten, Tomaten beifügen, mit andünsten, salzen, in geschlossenem Topf bei mäßiger Hitze unter allmählicher Zugabe von etwas Flüssigkeit gar dünsten; kurz vor Ende der Garzeit nach Belieben mit Mehlteiglein oder Buttermehlkloß binden, mit Rahm verbessern, abschmecken. *Garzeit* etwa 30 Minuten.

Anstelle von frischen Tomaten kann man 2 Eßlöffel Tomatenmark zugeben, doch ist dann die Menge der Paprikaschoten auf 3/4–1 kg zu erhöhen.

1/2–3/4 kg Paprikaschoten
1/2 kg reife Tomaten
zum Dünsten:
30 g Fett oder Öl
2 Zwiebeln
1/8–1/4 l Flüssigkeit, Salz
zum Binden nach Belieben:
10–20 g Mehl als Teiglein
oder mit 10–20 g Butter als Buttermehlkloß
zum Verbessern:
2–4 Eßl. süßer Rahm

743. Mischgemüse gedünstet* (italienische Art)

2–3 Paprikaschoten
1 mittelgroße Schlangengurke oder 500 g Zucchini
1–2 Auberginen (Eierfrüchte)
6 reife Tomaten, 2 Zwiebeln
zum Dünsten:
40–50 g Butter und Öl (gemischt)
evtl. 1–2 Knoblauchzehen
Salz, wenig Brühe n. Bed.
evtl. 10 g Mehl als Teiglein oder als Buttermehlkloß
4 Eßl. süßer Rahm
reichlich Petersiliengrün

Alle Gemüse waschen, vorbereiten: Paprikaschoten von Stielansatz, Zwischenrippen und Samenkernen befreien, nochmal kurz waschen, in 1–2 cm breite Streifen schneiden; Gurken bzw. Zucchini schälen, der Länge nach halbieren, von Kernen und weichem Mark befreien, in etwa 1½–2 cm dicke Stückchen, geschälte Auberginen in etwa 1 cm dicke Scheiben schneiden; Tomaten brühen, kalt überbrausen, häuten, halbieren oder vierteln je nach Größe, Zwiebeln in Ringe schneiden, Knoblauchzehe fein hacken. Zwiebeln und Knoblauch in heißer Öl-Buttermischung andünsten, Paprikaschoten zugeben, andünsten, übrige Gemüse beifügen, durchdünsten, salzen, zugedeckt bei mäßiger Hitze gar dünsten, bei Bedarf jeweils wenig Flüssigkeit zugeben. *Garzeit* etwa 20–30 Minuten; evtl. kurz vor Ende der Garzeit wenig Mehl als Teiglein oder als Buttermehlkloß zugeben, aufkochen lassen, leicht durchmischen, mit Rahm und reichlich gewiegter Petersilie abschmecken.

744. Champignons gedünstet*

½–¾ kg Champignons
etwas Zitronensaft und Salz
zum Dünsten:
30 g Butter
etwas Zitronensaft, Salz
2–3 Eßl. süßer Rahm
1–2 Teel. Mehl
nach Belieben:
2–3 Eßl. Weißwein
Petersilie gewiegt
evtl. 10 g Butter

Champignons sorgfältig, aber sparsam putzen, Haut nicht abziehen, nur braune Schnittstellen abschneiden, sehr gründlich, am besten unter fließendem Wasser waschen, evtl. mit Salz und etwas Zitronensaft abreiben, dadurch bleiben Pilze weiß, leicht abspülen, gut abtropfen lassen, größere Pilze in Scheiben schneiden, kleinere halbieren. Pilze in Butter andünsten, sofort etwas Zitronensaft beifügen, leicht salzen, zugedeckt im eigenen Saft bei mäßiger Hitze etwa 10 Minuten dünsten, bei Bedarf etwas Rahm zugeben, kurz vor Ende der Garzeit Mehl mit etwas Rahm glatt rühren, Gemüse damit binden, aufkochen lassen, restlichen Rahm beifügen, nach Belieben mit Weißwein oder gewiegter Petersilie abschmecken. Gesamtgarzeit etwa 10–15 Minuten, zuletzt wenig frische Butter unterrühren, nicht mehr kochen lassen. (Legiert in Förmchen überkrustet, als *Vorspeise* geeignet).

745. Pilze oder Schwammerl gedünstet*

¾–1 kg Pilze wie Steinpilze, Rehlinge od. gemischte Pilze
zum Dünsten:
30–40 g Butter, 1 Zwiebel
etwas Petersilie gewiegt
wenig Flüssigkeit nach Bedarf, Salz
zum Binden nach Belieben:
10–20 g Mehl als Teiglein oder mit 10–20 g Butter als Buttermehlkloß
zum Verbessern:
4–6 Eßlöffel süßer Rahm, frische Petersilie

Am besten schmecken Steinpilze, doch können sehr gut auch verschiedene Pilzarten gemischt verwendet werden z. B. Rotkappen, Rehlinge, Täublinge, junge Parosolpilze und einige Reizker. Beachte Regeln für Sammeln und Aufbewahren von Pilzen Seite 350.
Frische Pilze sorgfältig putzen, alle madigen Teile entfernen, kurz, aber gründlich waschen, gut abtropfen lassen, in Scheiben schneiden. Feingeschnittene Zwiebel in Butter andünsten, geschnittene Pilze zugeben, durchdünsten, salzen, etwas Petersilie zugeben, zugedeckt bei mäßiger Hitze im eigenen Saft dünsten, bei Bedarf wenig Flüssigkeit beifügen, kurz vor Ende der Garzeit mit Mehlteiglein oder Buttermehlkloß binden, aufkochen lassen, durchrühren, mit Rahm und gewiegter Petersilie abschmecken. *Garzeit* je nach Alter der Pilze 15–20 Minuten. Reste von Pilzgemüse möglichst am gleichen Tag, spätestens am nächsten Tag nach gründlichem Aufkochen verwenden, jedoch nur, wenn *Aufbewahrung im Kühlschrank* möglich ist!

746. Rehlinge, Eierschwämme mit Tomaten*

Rehlinge sorgsam putzen, sehr gründlich waschen, kleine ganz lassen, große in Scheiben schneiden; Tomaten waschen, brühen, kalt überbrausen, häuten, halbieren, Kerne entfernen, in Scheiben schneiden. Fein geschnittene Zwiebel in Butter oder Öl glasig dünsten, Pilze zugeben, gut andünsten, Tomatenscheiben, Salz, nach Belieben wenig frisch gemahlenen Pfeffer beifügen, zugedeckt bei mäßiger Hitze im eigenen Saft weich dünsten, mit Rahm und reichlich gewiegter Petersilie abschmecken. *Garzeit* etwa 15–20 Minuten. Sollen Pilze etwas gebunden werden, sofern sie viel Saft haben unmittelbar vor Ende der Garzeit Mehlteiglein unterrühren, aufkochen lassen, dann Rahm und Petersilie zugeben und abschmecken.

1/2–3/4 kg Rehlinge (Eierschwämme)
4 reife, feste Tomaten
zum Dünsten:
30–40 g Butter oder Öl
1 Zwiebel, Salz
etwas Pfeffer nach Belieben
3–4 Eßl. Rahm
Petersilie gewiegt
zum Binden nach Belieben
10 g Mehl als Teiglein

747. Steinpilze, Rotkappen, Reizker gebacken* (Pilzbratlinge)

Pilze sorgfältig putzen, rasch waschen, sehr gut abtropfen lassen, leicht trocken tupfen, Steinpilze und Rotkappen in dicke Scheiben (etwa 1/2 cm) schneiden, bei Reizkern Stiele am Hut abschneiden. Pilzscheiben mit wenig Salz und Pfeffer bestreuen, erst in Mehl, dann in verschlagenem Ei und dann in Semmelbröseln wenden, in reichlich heißem Fett auf der Stielpfanne auf beiden Seiten schön goldgelb backen, nach Bedarf noch leicht salzen, sofort auf heißer Platte zu Tisch geben. Stiele der Reizker für sich backen. *Backzeit* etwa 5 Minuten, zu langes Backen macht Pilze zäh.
Sehr gut zu gemischtem Salat.

3/4 kg schöne Steinpilze, Rotkappen oder Reizker
etwas Salz, Pfeffer
zum Panieren:
Mehl, 2 Eier, Salz
Semmelbrösel
zum Backen:
Öl mit etw. Butter gemischt

Rehlinge (Eierschwämme) mit Rührei siehe Nr. 611

748. Pilzgemüse von getrockneten Pilzen

Trockenpilze, falls nicht staubdicht verpackt, waschen, in abgemessener Wassermenge einweichen, im Einweichwasser weich kochen; helle bis mittelfarbene Einbrenne herstellen, mit Pilzsud aufgießen, 5–10 Minuten kochen, Pilze zugeben, einmal aufkochen, mit Salz, Rahm und Petersilie abschmecken, nicht mehr kochen lassen.

100–150 g getrocknete Pilze
etwa 3/8–1/2 l Wasser
30 g Fett, 20–30 g Mehl
1 kleine Zwiebel
3/8 l Pilzbrühe, Salz
2–4 Eßlöffel süßer Rahm
Petersiliengrün, gewiegt

749. Junge Maiskolben mit Butter*

Maiskolben von den Hüllblättern und Fäden befreien, Stielende glattschneiden, waschen, in leichtem, mit etwas Zucker abgeschmecktem Salzwasser rasch weich kochen; *Garzeit* je nach Alter der Kolben 10–15 Minuten. Kolben aus Sud nehmen, gut abtropfen lassen, auf heißer Platte anrichten, entweder mit Salz und frischer Butter getrennt zu Tisch geben oder gekochte Kolben nur leicht salzen, mit zerlassener, heißer Butter übergießen.
Oder die nicht ganz gar gekochten Kolben in etwas Butter braten, wenn Körner fast weich sind, etwas Zucker darüber streuen, noch kurz weiter braten, heiß zu Tisch geben.

8 junge, zarte, frische Maiskolben, Salzwasser
1 Prise Zucker
zum Anrichten: 1 Prise Salz
40–50 g Butter

750. Artischocken mit Holländischer Soße, mit Butter

4–8 Artischocken je nach Größe, Zitronenscheiben
zum Kochen:
Salzwasser mit Zitronensaft
zum Anrichten:
Holländische Soße Nr. 956
oder 60 g heiße Butter oder Mayonnaise Nr. 970

Artischocken sind die noch geschlossenen Blütenknospen der distelartigen Artischockenpflanze. Eßbar sind der fleischige Blütenboden und der untere Teil der schuppenartigen Hüllblätter, die vor der Blüte noch zart sind.

Artischocken vorbereiten: Stengel dicht unter den Artischocken abschneiden, die untersten, harten Blätter entfernen, Spitzen aller übrigen Blätter um etwa 2 cm einkürzen, weiße Fasern aus der Mitte der Artischocke herausziehen, unter fließendem Wasser gründlich waschen, sofort alle Schnittstellen mit Zitronenscheiben abreiben, um Verfärben zu verhüten. Vorbereitete Artischocken in leichtem Salzwasser mit Zitronensaftzugabe gar kochen, *Garzeit* etwa 30–40 Minuten. Kennzeichen der Gare: einzelne Blättchen lassen sich leicht herausziehen. Artischocken aus Sud nehmen, mit Blütenboden nach oben auf Sieb abtropfen lassen, sofort auf heißer Platte anrichten, große Artischocken evtl. halbieren, Holländische Soße eigens reichen. Sollten sich noch kleine Staubfäden in der Mitte der Artischockenknospe finden, diese vor dem Anrichten mit Teelöffel entfernen.

Bei Tisch die einzelnen Artischockenblätter einzeln ablösen, den unteren Teil des Blattes in Holländische Soße tauchen und mit den Zähnen das Mark ausstreifen bzw. aussaugen, Blattreste beiseite legen, dafür kleine Abfallschalen bereitstellen. Zuletzt verbleibt der fleischige Artischockenboden, der, dick mit Soße bestrichen, am besten schmeckt.

Anstelle von Holländischer Soße kann auch heiße, zerlassene Butter oder für erkaltete Artischocken Mayonnaise gereicht werden.

751. Auberginen, Eierfrüchte (Melanzane) gedünstet*

6 Auberginen, Salz
wenig weißer Pfeffer
4–6 Tomaten oder
2–3 Zucchini (Zucchetti)
zum Dünsten:
40 g Öl oder Butter
1 Zwiebel
evtl. etwas Knoblauch
10 g Mehl nach Belieben
2–4 Eßlöffel süßer Rahm
4 Eßl. geriebener Käse
Petersilie gewiegt

Gemüse waschen, vorbereiten: Auberginen und Zucchini schälen, in etwa $1/2$ cm dicke Scheiben oder in gleichmäßige Würfel schneiden, leicht salzen und mit wenig frisch gemahlenem weißen Pfeffer bestreuen, etwas durchziehen lassen. Bei Verwendung von Tomaten diese brühen, kalt überbrausen, häuten, vierteln oder in dicke Scheiben schneiden. Fein geschnittene Zwiebel und nach Belieben fein zerdrückten Knoblauch in Öl oder Butter lichtgelb rösten, vorbereitete Auberginen zugeben, andünsten, vorbereitete Zucchini oder Tomaten beifügen, locker mischen, zugedeckt bei mäßiger Hitze im eigenen Saft vorsichtig dünsten, bis Gemüse weich ist, *Garzeit* etwa 15–20 Minuten.

Gemüse nach Belieben wenig binden, mit Rahm verbessern, mit Käse abschmecken und mit Petersilie bestreut anrichten oder das Gemüse ohne Zugabe von Mehl und Rahm nach dem Dünsten nur mit reichlich Käse bestreut anrichten.

Schnellgerichte, die innerhalb 30 Minuten herzustellen sind, wurden durch * gekennzeichnet.

752. Auberginen und Tomaten gratiniert*
(selbständiges Hauptgericht)

Auberginen waschen, schälen, in etwa 1/2 cm dicke Scheiben schneiden, mit Zitronensaft einreiben, mit etwas Salz und wenig weißem Pfeffer bestreuen, kurz durchziehen lassen; Tomaten waschen, brühen, kalt überbrausen, häuten, in nicht zu dünne Scheiben schneiden. In gebutterte, flache feuerfeste Form abwechselnd Auberginenscheiben, geriebenen Käse und Tomatenscheiben einschichten, als letzte Schicht geriebenen Käse geben, mit Butterflocken belegen, in vorgeheizter Röhre erst zugedeckt, dann offen 15 Minuten garen.
Beilage: Reis oder Kartoffelbrei.

8 Auberginen
Zitronensaft, etwas Salz
wenig weißer Pfeffer
8 schöne, reife, feste Tomaten
100–150 g geriebener Käse
30 g Butter

753. Auberginen, Eierfrüchte (Melanzane) überbacken*

Gewaschene Auberginen schälen, in etwa 1/2 cm dicke Scheiben schneiden, leicht in Mehl wenden, in heißem Öl backen, in gebutterte, flache feuerfeste Form abwechselnd mit etwas geriebenem oder gewürfeltem Käse einschichten, schichtweise leicht salzen und mit wenig frisch gemahlenem weißen Pfeffer bestreuen, fertige, pikant abgeschmeckte Tomatensoße darüber gießen, mit geriebenem Käse bestreuen, wenig Butterflöckchen darauf legen, in vorgeheizter Röhre kurz überbacken, bis Käse leicht zu bräunen beginnt.

6–8 Auberginen
2–3 Eßl. Mehl zum Wenden
zum Backen: Öl
Salz, etwas weißer Pfeffer
50–100 g Käse
zum Überbacken:
Tomatensoße Nr. 939
40 g geriebener Käse
20 g Butter

754. Auberginen, Eierfrüchte (Melanzane) gebacken*

Gewaschene Auberginen schälen, in etwa 1/2 cm dicke Scheiben schneiden, mit Zitronensaft beträufeln, mit wenig Salz und Pfeffer bestreuen, kurz durchziehen lassen, dann leicht in Mehl wenden, in verquirltes, leicht gesalzenes Ei tauchen oder in Backteig (Nr. 684) wenden, in heißem Fett backen, Backzeit etwa 3–5 Minuten, nach Bedarf noch leicht salzen, sofort zu Tisch geben.
Sehr gut zu Salat, auch zu feinen Fleischgerichten.

1/2–3/4 kg Auberginen
Zitronensaft, Salz, Pfeffer
zum Wenden:
2–3 Eßl. Mehl, 2 Eier
verquirlt, Salz oder
Backteig wie Nr. 684
zum Ausbacken: Backfett

755. Zwiebelgemüse gedünstet*

Zwiebeln schälen, in Öl (evtl. mit etwas feingewürfeltem Speck gemischt) gut andünsten, Paprika darüber streuen, leicht anrösten, salzen, nach Belieben Tomatenmark beifügen, kurz durchdünsten, mit wenig Fleischbrühe aufgießen, zugedeckt bei mäßiger Hitze weich dünsten, nach Belieben wenig binden, *gekochten* süßen (oder sauren) Rahm zugeben, mit Zitronensaft würzen, abschmecken. *Garzeit* etwa 20–30 Minuten je nach Zwiebelsorte. Falls größere Zwiebeln verwendet werden, diese in dicke Scheiben schneiden oder halbieren.

3/4 kg kleine weiße Zwiebeln
40 g Öl, evtl. ein Teil davon
Speck, Paprika, Salz
etwas Tomatenmark
1/8 l Fleischbrühe, 1 Teel. Mehl
6 Eßlöffel süßer, abgekochter
(oder saurer) Rahm
etwas Zitronensaft

756. Zwiebeln überkrustet*

3/4–1 kg Zwiebeln mittelgroß
zum Kochen: Salzwasser
zum Überkrusten:
Zitronensaft
80 g geriebener Käse
50 g Butter

Zwiebeln schälen, in kochendem Salzwasser nicht ganz weich kochen, aus Sud nehmen, gut abtropfen lassen, in flache, feuerfeste, gut gebutterte Form legen, mit reichlich Zitronensaft beträufeln, dick mit Reibkäse bestreuen, mit Butterflocken belegen, in vorgeheizter Röhre überbacken, bis ihre Oberfläche goldbraun ist, *Backzeit* etwa 20 Minuten. Sehr große Zwiebeln vor dem Kochen halbieren.
Beliebt zu pikanten Reisgerichten.

757. Teltower Rübchen

3/4–1 kg Teltower Rübchen
zum Dünsten:
30–40 g Fett
2 Eßl. Zucker
etwa 1/4 l Brühe, Salz

Teltower Rübchen waschen, putzen, nochmal rasch waschen, kleine ganz belassen, größere halbieren. Zucker in Fett bräunen wie zu Karamel, Rübchen zugeben, darin wenden, mit wenig Brühe ablöschen, salzen, Rübchen zugedeckt bei mäßiger Hitze gar dünsten, bei Bedarf wenig Flüssigkeit zugeben, zuletzt abschmecken. Rübchen sollen zuletzt ohne Brühe sein und wie glasiert aussehen. *Garzeit* je nach Größe der Rübchen 30–45 Minuten.
Beliebt zu Hammelbraten.

758. Weiße Rüben gedünstet

3/4–1 kg weiße Rüben
30–40 g Fett, 2 Eßl. Zucker
1/4–3/8 l Flüssigkeit, Salz
zum Binden nach Belieben:
10 g Mehl als Teiglein oder mit 10 g Butter als Buttermehlkloß

Rüben waschen, schälen, nochmal kurz waschen, in Streifen schneiden; Zucker in Fett bräunen wie zu Karamel, Rüben zugeben, andünsten, etwas Flüssigkeit und Salz beifügen, zugedeckt bei mäßiger Hitze gar dünsten, bei Bedarf nach und nach etwas Flüssigkeit beifügen; Gemüse kurz vor Ende der Garzeit nach Belieben wenig binden mit Mehlteiglein oder Buttermehlkloß, aufkochen lassen, abschmecken. *Garzeit* je nach Alter der Rüben 30–50 Minuten.

759. Rübenkraut

3/4 kg Rübenkraut
zum Dünsten:
30 g Fett, 1–2 Eßl. Zucker
1/2 Zwiebel nach Belieben
1/4 l Flüssigkeit, Salz
nach Belieben zum Binden:
10–20 g Mehl

Zucker in Fett leicht bräunen, fein geschnittene Zwiebel und Rübenkraut zugeben, durchdünsten, etwas aufgießen, salzen, in geschlossenem Topf bei mäßiger Hitze gar dünsten, bei Bedarf etwas Flüssigkeit beifügen, nach Belieben kurz vor Ende der Garzeit mit wenig Mehl binden, aufkochen lassen, abschmecken. Garzeit etwa 3/4 Stunde.
Oder: Rübenkraut mit wenig Flüssigkeit weich kochen, mittelfarbene Zuckereinbrenne mit 20 g Mehl herstellen, mit Kochbrühe aufgießen, aufkochen lassen, zum Rübenkraut geben, durchziehen lassen, abschmecken.

760. Edelkastanien, Maronen glasiert

1 kg Edelkastanien
3 Eßl. Zucker
1/4 l Fleischbrühe, Salz
40 g Butter

Kastanien über Kreuz einschneiden, auf Backblech in heißer Röhre etwa 10–15 Minuten unter öfterem Schütteln erhitzen, bis sich Schale und inneres Häutchen lösen lassen, vorsichtig schälen. (Falls das braune Häutchen sich schlecht löst, die heißen Kastanien mit kochendem Wasser überbrühen, dann häuten). In flachem, weitem Stahlgeschirr

Zucker zu Karamel bräunen, Kastanien zugeben, im gebräunten Zucker wenden, etwas Fleischbrühe und Salz zugeben, zugedeckt bei mäßiger Hitze gar dünsten, bei Bedarf noch wenig Flüssigkeit zugießen. Kastanien sollen im Geschirr nebeneinander, nicht übereinander liegen; während des Garens nicht rühren, besser schütteln, damit Kastanien ganz bleiben. Wenn Flüssigkeit eingekocht ist und Kastanien weich sind, Butter zugeben, Kastanien darin schwenken, so daß sie braun und glänzend aussehen. Sollte an den garen Kastanien noch zuviel Flüssigkeit sein, Kastanien vorsichtig herausnehmen, Brühe einkochen lassen, dann Butter zugeben und Kastanien darin schwenken. *Garzeit* etwa 30–40 Minuten.
Beliebt zu Rotkraut, Sauerkraut und als Garnitur zu Gänse-, Enten- und Rehbraten.

761. Rosenkohl (Broccoli) gedünstet*

3/4–1 kg Rosenkohl frisch od. 600–800 g tiefgefroren
30–40 g Fett, 1/2 Zwiebel
1/4 l Brühe, Salz
zum Binden nach Belieben: 10 g Mehl als Teiglein oder mit 10 g Butter als Buttermehlkloß
zum Verbessern: 2 Eßl. süßer Rahm, wenig Muskat

Frischen Rosenkohl putzen, Strunk kreuzweise einschneiden, gründlich waschen; feingeschnittene Zwiebel in Fett oder Butter glasig dünsten, Rosenkohl beifügen, leicht durchschwenken, wenig Flüssigkeit zugeben, salzen, zugedeckt bei mäßiger Hitze dünsten, bis Röschen kernig-weich sind, bei Bedarf wenig Flüssigkeit zugießen. Nach Belieben wenig binden mit Mehlteiglein oder Buttermehlkloß, evtl. mit Rahm oder wenig frischer Butter verbessern, abschmecken, nach Geschmack wenig Muskat zugeben. *Garzeit* etwa 20–25 Minuten.
Tiefgefrorenen Rosenkohl wie frischen zubereiten, gefroren zusetzen, verringerten Flüssigkeitsbedarf und verkürzte Garzeit (8–10 Minuten!) beachten!

762. Rosenkohl (Broccoli) in Butter geschwenkt*

3/4–1 kg Rosenkohl frisch od. 600–800 g tiefgefroren
zum Kochen: Salzwasser
zum Schwenken: 40–50 g Butter, Salz
Petersilie nach Belieben

Frischen Rosenkohl putzen, Strunk kreuzweise einschneiden, waschen, in kochendem Salzwasser offen kernig-weich kochen oder dämpfen. Garzeit etwa 15–20 Minuten, aus Sud nehmen, gut abtropfen lassen, in zerlassener Butter schwenken, abschmecken, nach Belieben mit gewiegter Petersilie bestreut anrichten.
Tiefgefrorenen Rosenkohl wie frischen Rosenkohl zubereiten, jedoch nur *kurz* kochen (höchstens 8–10 Minuten), da er rasch gar ist.

763. Rosenkohlgemüse (Broccoli) in Buttersoße*

3/4–1 kg Rosenkohl frisch od. 600–800 g tiefgefroren
z. Kochen: wenig Salzwasser
zur Soße: 30 g Butter, 20–30 g Mehl
1/4–3/8 l Gemüsesud
Salz, etwas Muskat
wenig süßer Rahm od. Milch

Frischen Rosenkohl putzen, Strunk jeweils kreuzweise einschneiden, waschen, in kochendem Salzwasser offen kernig-weich, aber keinesfalls zu weich kochen, aus Sud nehmen, abtropfen lassen. Helle Buttersoße herstellen, mit Gemüsesud aufgießen sofern er nicht zu bitter ist, 5–10 Minuten kochen lassen, abschmecken, Rosenkohl zugeben, kurz durchziehen lassen, mit Rahm oder Milch verbessern. Tiefgefrorenen Rosenkohl nur *kurz* kochen lassen (8–10 Minuten), da er rasch gar ist!

764. Chinakohl gedünstet*

$^3/_4$–1 kg Chinakohl
30–40 g Butter oder Öl
1 Zwiebel, Salz,
wenig weißer Pfeffer
$^1/_8$–$^1/_4$ l Flüssigkeit
2–4 Eßl. süßer Rahm
etwas Muskat
zum Binden nach Belieben:
10 g Mehl als Teiglein

Chinakohl waschen, Strunk entfernen, in $^1/_2$ cm breite Streifen schneiden; feingeschnittene Zwiebel in Fett glasig dünsten, vorbereiteten Chinakohl zugeben, in Fett leicht andünsten, salzen, mit wenig Flüssigkeitszugabe zugedeckt bei mäßiger Hitze gar dünsten, *Garzeit* etwa 20 Minuten, mit Rahm und etwas weißem Pfeffer, am besten frisch gemahlen und evtl. Muskat, abschmecken. Soll Gemüse gebunden werden, wenig Mehl kurz vor Ende der Garzeit als Mehlteiglein beigeben, leicht durchrühren, aufkochen lassen, mit Rahm verbessern, abschmecken.

765. Wirsing gedünstet

$^3/_4$–1 kg Wirsing
evtl. wenig Salzwasser
zum Dünsten:
30 g Fett, evtl. etwas Speck
$^1/_2$ Zwiebel, Salz
$^1/_4$ l Flüssigkeit
zum Binden: 20 g Mehl als Teiglein oder mit 20 g Butter als Buttermehlkloß
etwas Muskat
evtl. 10 g frische Butter

Wirsing putzen, Strunk und sehr dicke Blattrippen entfernen, waschen, Kopf achteln oder Gemüse in breite Streifen schneiden, älteren Wirsing in wenig kochendem Salzwasser kurz abwellen. Feingeschnittene Zwiebel in Fett, evtl. auch mit etwas feingewürfeltem Speck andünsten, vorbereiteten Wirsing zugeben, Salz und nur wenig Flüssigkeit beifügen, zugedeckt bei mäßiger Hitze weichdünsten, bei Bedarf wenig Flüssigkeit zugießen. Garen Wirsing mit Mehlteiglein oder mit Buttermehlkloß binden, unter leichtem Durchrühren gründlich aufkochen lassen, wenig Muskat zugeben, abschmecken, evtl. mit wenig frischer Butter oder mit leicht gerösteten Speckwürfeln verbessern. *Garzeit* etwa $^3/_4$ Stunden.

766. Wirsinggemüse

$^3/_4$–1 kg Wirsing
zum Kochen: Salzwasser
30 g Fett, 20–30 g Mehl
1 Zwiebel, $^1/_4$ l Gemüsesud
Salz, Muskat nach Belieben
etwas Milch oder
Reste von Bratensoße

Wirsing putzen, waschen, von Strunk befreien, wie Grundrezept Kochgemüse Nr. 681 mit Einbrenne oder gestaubt herstellen: Vorbereiteten Wirsing in kochendem Salzwasser weich kochen, aus Sud nehmen, abtropfen lassen, hacken, wiegen oder durch Fleischmaschine drehen; helle bis mittelfarbene Einbrenne mit Zwiebel herstellen, Wirsing darin durchdünsten, aufgießen, durchkochen lassen, abschmecken.
Oder: Feingeschnittene Zwiebel in Fett lichtgelb rösten, vorbereiteten Wirsing zugeben, durchdünsten, mit Mehl stauben, aufgießen, durchkochen lassen, abschmecken. *Garzeit* insgesamt etwa 30–40 Minuten.

767. Grünkohl, Winterkohl, Krauskohl

$^3/_4$ kg Grünkohl
zum Kochen: Salzwasser
60 g Fett oder Speck
1 Zwiebel, 20–30 g Mehl
$^1/_4$ l Brühe (kein Gemüsesud!)
$^1/_8$–$^1/_4$ l Milch, Salz
zum Verbessern: 20 g Butter
evtl. Bratensoßenreste

Grünkohl waschen, Blätter von den Rippen streifen, in kochendem Salzwasser offen rasch weich kochen, aus Sud nehmen, abtropfen lassen, hacken, wiegen oder durch Fleischmaschine drehen; feingeschnittene Zwiebel in Fett oder leicht angebratenen Speckwürfeln glasig dünsten, Grünkohl zugeben, gut durchdünsten, stauben, mit etwas Flüssigkeit – kein Gemüsesud! – und Milch aufgießen, gründlich durchkochen lassen, abschmecken. *Gesamtgarzeit* etwa 30–40 Minuten.

768. Weißkraut gedünstet, Bayerisches Kraut, Kümmelkraut

Kraut von schlechten Blättern befreien, vierteln, waschen, hobeln, dabei von Strunk befreien; Zucker in Fett leicht bräunen, feingeschnittene Zwiebel und Kümmel zugeben, kurz andünsten, Kraut beifügen, salzen, gut durchdünsten, Essig und wenig Flüssigkeit zugeben, in geschlossenem Topf bei mäßiger Hitze unter allmählicher Zugabe von weiterer Flüssigkeit gar dünsten, *Garzeit* 3/4–1 Stunde je nach Alter des Gemüses. Soll Gemüse gebunden werden, kurz vor Ende der Garzeit Gemüse binden mit Mehlteiglein, durch Stauben oder mit Buttermehlkloß, gründlich aufkochen lassen, leicht durchrühren, abschmecken. Gedünstetes Weißkraut ist zweckmäßig im Dampfdrucktopf herzustellen, wobei Garzeit auf etwa 4–8 Minuten vermindert wird.

3/4–1 kg junges Weißkraut
zum Dünsten:
30–50 g Fett
1 Teel. Zucker
1 Zwiebel, Salz, Kümmel
2 Eßl. Essig
1/4–3/8 l Flüssigkeit
zum Binden nach Belieben:
10–20 g Mehl, evtl. mit
10–20 g Butter als Buttermehlkloß

769. Weinkraut

Kraut putzen, von welken Blättern befreien, vierteln, waschen, hobeln, dabei von Strunk befreien; feingeschnittene Zwiebeln in Fett (evtl. mit leicht angedünsteten Speckwürfeln) andünsten, geschälte, kleingeschnittene Äpfel zugeben, ebenfalls andünsten, Kraut beifügen, gut durchdünsten, salzen, mit wenig Flüssigkeit aufgießen, zugedeckt bei mäßiger Hitze unter Weinzugabe gar dünsten, abschmecken. *Garzeit* etwa 3/4–1 Stunde. Günstig im Dampfdrucktopf herzustellen wodurch Garzeit auf 4–8 Minuten verkürzt wird. Weinkraut bleibt ungebunden.

3/4–1 kg junges Weißkraut
zum Dünsten:
30–50 g Fett, evtl. z.T. Speck
1–2 Zwiebeln
2–3 Äpfel, 1/8 l Flüssigkeit
1/4 l Weißwein oder Apfelwein, Salz
etwas Essig nach Bedarf

770. Weißkraut in Soße, Schlappkraut

Weißkraut putzen, welke Blätter entfernen, je nach Kopfgröße vierteln oder achteln, Strunk entfernen, waschen, in Salzwasser kernig-weich kochen; mittelfarbene Einbrenne herstellen, mit Brühe aufgießen, 5–10 Minuten kochen, gut abschmecken, Kraut zugeben, kurz aufkochen lassen, nomal abschmecken. *Garzeit* etwa 3/4–1 Stunde.
Bei lange gelagertem Kraut Sud nicht verwenden, da stark blähende Wirkung.

3/4–1 kg Weißkraut
zum Kochen: Salzwasser
zur Soße: 30 g Fett
20–30 g Mehl, 1/2 Zwiebel
1/4–3/8 l Brühe, Salz
etwas Tomatenmark oder etwas Muskat nach Belieben

771. Junges Weißkraut mit Butter

Junges Weißkraut putzen, Köpfe halbieren oder vierteln, Strunk entfernen, waschen, in kochendem Salzwasser kernig-weich kochen, *Garzeit* 20–30 Minuten; aus Sud nehmen, gut abtropfen lassen, auf heißer Platte anrichten, leicht salzen, mit heißer oder nur leicht gebräunter Butter übergießen oder geröstete Semmelbrösel über Kraut geben.

3/4–1 kg junges, zartes Kraut (Spitzkohl)
zum Kochen: Salzwasser
zum Anrichten:
50 g Butter, etwas Salz
evtl. Semmelbrösel

772. Schmorkraut

3/4–1 kg Weißkraut od. Wirsing
zum Schmoren:
60 g Fett oder Speck, Salz
3 Eßl. Tomatenmark
1/4–3/8 l Flüssigkeit
zum Anrichten:
Zitronensaft, 30 g Butter
4 Eßl. Semmelbrösel
4 Eßl. geriebener Käse

Kraut putzen, je nach Kopfgröße vierteln oder achteln, Strunk entfernen, waschen, gut abtropfen lassen, in Fett von allen Seiten vorsichtig anbräunen, salzen, Tomatenmark mit Flüssigkeit verrührt nach und nach zugeben, zugedeckt gar schmoren lassen, jeweils bei Bedarf etwas von der Tomatenflüssigkeit zugeben, Gemüse soll nicht in der Flüssigkeit kochen, aber Topfboden muß stets mit etwas Flüssigkeit bedeckt sein. *Garzeit* etwa 3/4–1 1/2 Stunden je nach Kohlart. Geschmortes Kraut auf heißer Platte anrichten, mit etwas Zitronensaft beträufeln, mit gerösteten Semmelbröseln und mit geriebenem Käse bestreuen.

773. Weißkraut auf Wirsingart

3/4–1 kg Weißkraut
sonstige Zutaten wie Wirsinggemüse Nr. 766.

Zubereitung wie Wirsinggemüse Nr. 766.

774. Blaukraut, Rotkohl gedünstet

3/4–1 kg Blaukraut (Rotkohl)
zum Dünsten: 30–40 g Fett
1 Eßl. Zucker, 1 Zwiebel
2–3 Äpfel, 4 Eßl. Essig
Salz, 1/4–3/8 l Flüssigkeit
nach Belieben:
1 Zwiebel mit 3–4 Nelken besteckt, 2–3 Lorbeerblätter
evtl. zum Binden: 10 g Mehl
zum Verbessern:
1 Glas Rotwein
2 Eßl. Johannisbeergelee oder Preiselbeeren oder Saft von Zucker-Essig-Früchten

Kraut putzen, waschen, hobeln, dabei von Strunk befreien oder Rotkraut aus der Dose verwenden. Zucker in Fett hell bräunen, feingeschnittene Zwiebel und geschälte, feingeschnittene Äpfel zugeben, kurz andünsten, Blaukraut beifügen, kurz durchdünsten, sofort etwas Essig darüber gießen, damit Kraut schöne Farbe erhält, salzen, mit wenig Flüssigkeit zugedeckt bei mäßiger Hitze weich dünsten, nach Belieben Lorbeerblätter und Nelken, in Zwiebel gesteckt, mitdünsten, bei Bedarf jeweils etwas Flüssigkeit zugießen. Kurz vor Ende der Garzeit, falls erwünscht, wenig binden durch Stauben, gut aufkochen lassen, abschmecken, Verbesserungszutaten beifügen, nochmal abschmecken. *Garzeit* 3/4–1 Stunde. (Gemüse nicht in beschädigtem Emailtopf garen, da hierdurch Farb- und Geschmacksverlust!).
Blaukraut wird gerne mit glasierten Kastanien gereicht.

775. Sauerkraut

3/4 kg Sauerkraut
zum Dünsten:
30–50 g Fett, evtl. z.T. als Speck, 1 Zwiebel
2–3 Äpfel nach Belieben
evtl. wenig Knoblauch
einige Wacholderbeeren
etwa 1/4–1/2 l Flüssigkeit
etwas Salz bei Bedarf
zum Verbessern:
etwas Weißwein

Feingeschnittene Zwiebel in Fett oder in leicht angedünsteten Speckwürfeln andünsten, evtl. fein zerdrückten Knoblauch und geschälte, fein geschnittene Äpfel zugeben, durchdünsten, Kraut *ungewaschen*, aber aufgelockert zugeben, andünsten, etwas Flüssigkeit, Wacholderbeeren und nach Bedarf etwas Salz beifügen, in geschlossenem Topf bei mäßiger Hitze gar dünsten, je nach Bedarf etwas Flüssigkeit zugießen. *Garzeit* je nach Qualität des Sauerkrautes 1/2–1 Stunde; zuletzt nach Belieben mit Wein verbessern, abschmecken. Wird Schweinefleisch oder Geräuchertes im Sauerkraut gegart, so dünstet man das Kraut mit der geringeren Fettmenge und gibt Fleisch erst nach dem Aufgießen zu. Günstig im Dampfdrucktopf herzustellen, da Garzeit hierbei auf etwa 8–10 Minuten verkürzt wird.

776. Ananaskraut

Feingeschnittene Zwiebel in Fett andünsten, geschälte, feingeschnittene Äpfel mitdünsten, gelockertes (aber nicht gewaschenes) Sauerkraut zugeben, durchdünsten, mit wenig Flüssigkeit und Salz nach Bedarf zugedeckt bei mäßiger Hitze gar dünsten, bei Bedarf etwas Ananassaft beifügen; kurz vor Ende der Garzeit Weißwein und kleinwürfelig geschnittene Ananasscheiben untermischen, aufkochen lassen, abschmecken. *Garzeit* je nach Sauerkrautqualität $^1/_2$–1 Stunde.
Sehr beliebt zu gebratenem Fasan, zu Rebhühnern, Pute, Gans oder gebratener Ente.

$^1/_2$–$^3/_4$ kg mildes, gutes Sauerkraut (Delikateß)
zum Dünsten: 30–40 g Fett (kein Speck od. Schweinefett)
1 Zwiebel, 2–3 Äpfel
$^1/_4$ l Flüssigkeit, Salz
etwas Ananassaft
$^1/_8$ l Weißwein
500 g Ananas aus Dose

777. Erbsenbrei

Erbsen verlesen, waschen, über Nacht in kaltem Wasser einweichen, im Einweichwasser mit vorbereitetem Wurzelwerk weich kochen, *Garzeit* etwa 1–1$^1/_2$ Stunden je nach Qualität und Alter der Erbsen. Dampfdrucktopf empfehlenswert, er verkürzt die Garzeit auf etwa 10 Minuten! Gare Erbsen durch Sieb streichen oder im Mixer pürieren. Helle bis mittelfarbene Einbrenne herstellen, mit Erbsenbrühe aufgießen, 5–10 Minuten kochen lassen, sie soll dicke Beschaffenheit haben; Erbsenbrei zugeben, nochmal aufkochen lassen, abschmecken. Nach Belieben zum Anrichten mit leicht angerösteten Speckwürfeln bestreuen.

400 g trockene grüne oder gelbe Erbsen (geschält)
1–1$^1/_2$ l Wasser, Wurzelwerk
zur Einbrenne:
30–40 g Fett, 1 Zwiebel
20 g Mehl, $^1/_4$ l Erbsenbrühe
Salz
nach Belieben zum Anrichten: leicht geröstete Speckwürfel

778. Linsengemüse, Bohnenkerngemüse

Hülsenfrüchte verlesen, waschen, in kaltem Wasser über Nacht einweichen, im Einweichwasser mit vorbereitetem Wurzelwerk bei mäßiger Hitze weich kochen, *Garzeit* etwa 1–1$^1/_2$ Stunden je nach Qualität und Alter der Hülsenfrüchte; Dampfdrucktopf empfehlenswert, er verkürzt die Garzeit auf etwa 15–20 Minuten. Einbrenne in Farbe der Hülsenfrüchte herstellen, mit Hülsenfruchtsud aufgießen, 5–10 Minuten kochen lassen, sie soll dickliche Beschaffenheit haben; Hülsenfrüchte zugeben, salzen, in der Soße aufkochen lassen, je nach Hülsenfruchtart mit Essig bzw. mit Tomatenmark abschmecken. Nach Belieben beim Anrichten mit leicht gerösteten Speckwürfeln bestreuen.

400 g Linsen oder trockene weiße Bohnenkerne
1–1$^1/_2$ l Wasser, Wurzelwerk
zur Einbrenne:
30–40 g Fett, 1 Zwiebel
20 g Mehl, $^1/_4$ l Hülsenfruchtsud, Salz
zum Abschmecken:
etwas Essig für Linsen
etwas Tomatenmark für Bohnenkerne

779. Trockengemüse

Trockengemüse aus Cellophanpackung nehmen, über Nacht in Wasser einweichen – unverpacktes Trockengemüse vorher waschen – im Einweichwasser mit etwas Salz bei mäßiger Hitze zum Kochen bringen, gar kochen lassen; helle oder mittelfarbene Einbrenne herstellen, mit Gemüsebrühe nach Bedarf aufgießen, 5–10 Minuten kochen lassen, Gemüse zugeben, einmal kurz aufkochen lassen, abschmecken, mit etwas frischer Butter oder Rahm und frischen Kräutern aufwerten.

100–180 g Trockengemüse (je nach Gemüseart)
1 l Wasser, Salz
zur Einbrenne: 30 g Fett
20–30 g Mehl, 1 kl. Zwiebel
Gemüsebrühe nach Bedarf
zum Verbessern: Petersilie
wenig frische Butter od. Rahm

Salate

Salate erfreuen sich heute in zunehmender Vielfalt wachsender Beliebtheit. Sie werden aus verschiedensten Nahrungsmitteln in abwechslungsreicher Zusammenstellung hergestellt und individuellen Geschmacksrichtungen entsprechend weitgehend abgewandelt.
Je nach Art der Hauptzutaten sind verschiedene Gruppen von Salatarten mit unterschiedlicher Verwendung zu unterscheiden.

Salatarten:

Gemüsesalate können aus fast allen Gemüsearten als *rohe und gekochte Salate* hergestellt werden und gelten als Salate im ursprünglichen Sinn. Sie sind als *Beilagen* bevorzugt zu Fleisch-, Fisch-, Eier- und Käsespeisen, zu vegetarischen Gerichten aller Art und zu Pfannen- und Grillgerichten besonders beliebt.

In Auswahl können sie auch als kleine *Vorspeise* im Rahmen festlicher Speisenfolgen Verwendung finden.

Ihr *gesundheitlicher Wert,* insbesondere von Rohsalaten, liegt in dem Reichtum der Gemüse an Mineralstoffen und Vitaminen (siehe Gemüse Seite 348). Ihr erfrischender Geschmack, ihre gute Verträglichkeit und verdauungsfördernde Wirkung bei meist geringem Kaloriengehalt macht sie *unentbehrlich* im Rahmen einer gesunden Ernährung sowohl für Kinder und Jugendliche wie für Erwachsene und ältere Menschen und für Kranke.
Gemüsesalat soll fester Bestandteil der täglichen Kost für jedermann sein, wobei *Rohsalat* in abwechselnder Auswahl aus dem vielseitigen Angebot zu *bevorzugen ist.*

Arbeitswirtschaftlich bieten Gemüsesalate den großen Vorzug einer meist *einfachen* und *raschen* Herstellung Die Möglichkeit, gekochte Gemüsesalate für einige Tage auf Vorrat herzustellen, bietet für Tage mit großen Arbeitsspitzen besondere Vorteile.

Obstsalate sind besonders gesunde, leicht verdauliche, sehr erfrischende und wohlschmekkende *Nachtische* aus verschiedenen gemischten Obstarten unter Verwendung von Frischobst, je nach Jahreszeit. Durch Einbeziehung von tiefgefrorenem Obst, Südfrüchten und sterilisiertem Obst sind Obstsalate zu jeder Jahreszeit abwechslungsreich zu gestalten.
Sie sind außerordentlich beliebt, bei Kindern und Jugendlichen ebenso wie bei Erwachsenen jeglichen Alters, bei Gesunden und Kranken, im Sommer und Winter.
Grundlegendes über Obst siehe unter Obstspeisen Seite 510/511.

Feine gemischte Salate können sehr unterschiedlicher Art sein:
Fleisch-, Geflügel-, Wurst-, Fisch-, Eier-, Käsesalat lassen auf Grund ihres Namens die jeweilige Hauptzutat erkennen. Durch Mischen von Hauptzutaten, durch Einbeziehen von Obst und Gemüse verschiedenster Art sowie von gekochtem Reis oder Teigwaren ist eine sehr große Fülle von Variationen und Kombinationen möglich, die durch die verschiedenste Wahl von Geschmackszutaten noch beträchtlich erweitert wird. Hier ist persönlichem Geschmack und individueller Phantasie für Abwandlungsmöglichkeiten ein großer Spielraum gegeben.

Die meisten feinen gemischten Salate werden mit *Mayonnaise oder mit Rahm* hergestellt.

Bevorzugte Verwendung finden sie als wesentlicher Bestandteil von *festlichen kalten Abendessen,* von *kalten Büffets* sowie in kleiner Menge als *Vorspeise* bei größeren Speisenfolgen.
Ihr *ernährungsphysiologischer Wert* ist durch die

Wahl der *Hauptzutaten* und den *Mayonnaise- oder Rahmgehalt* bestimmt; meist sind sie nährstoff- und speziell fettreich, deshalb auch kalorienreich. Die Beimengung von Gemüse und Obst macht sie meist bekömmlicher und z. T. auch billiger. Ihre *Verdaulichkeit* wird durch ihren Fettgehalt beeinflußt.
Feine gemischte Salate sind allgemein sehr beliebt, da sie sehr wohlschmeckend, pikant und erfrischend sind und große Abwechslungsmöglichkeiten bieten.

Kochlehre:

Gemüsesalate:

Die Güte von Gemüsesalaten gilt mit Recht als Wertmaßstab für die Qualität einer Küche allgemein. Von entscheidendem Einfluß sind die Qualität der Zutaten und die Art der Herstellung. Deshalb beachte:

1. *Gute Qualität aller Zutaten!*

a) *Junge, zarte, frische Gemüse guter Qualität* sind vor allem für *Rohsalate* wichtig! Solche Gemüse dürfen kurz vor der Ernte weder mit frischen Fäkalien noch mit Schädlingsbekämpfungsmitteln behandelt worden sein, sie müssen frei sein von diesbezüglichen Rückständen. Das über Güteklassen bei Gemüse Gesagte gilt auch für Salate (siehe Seite 349).

b) *Gute Marinaden* sind für gute Salate unentbehrlich.
Gute Öle, kalt gepreßt, sind zu bevorzugen; kalt gepreßtes Olivenöl zeichnet sich durch besonderen Wohlgeschmack und Bekömmlichkeit aus. Öle mit hohem Gehalt an essentiellen, hochungesättigten Fettsäuren (Linol- und Linolensäure) wie Maiskeimöl, Sonnenblumenöl u. a. m. gelten als gesundheitlich wertvoll, sie haben eine günstige Wirkung auf den Cholesterinspiegel des Blutes. Sie müssen aber stets gut verschlossen werden, da sie unter Lufteinwirkung leicht ranzig werden.
Anstelle von Öl kann *Rahm* (süß oder sauer) oder auch *Joghurt* für viele Salate Verwendung finden.
Zitronensaft zeichnet sich durch besonders gutes Aroma und reichen Gehalt an Vitamin C aus.
Essig, anstelle von Zitronensaft verwendet, soll Gärungsessig sein, d. h. auf biologischem Wege durch Gärung aus Wein oder Branntwein (Sprit) hergestellt sein. Wichtiges darüber siehe Seite 59.

c) *Geschmackszutaten nach Salatart* und persönlichem Geschmack wählen!

Grüne Kräuter, frisch oder tiefgefroren bevorzugen, sie sind sehr gesund, aromareich und sehr abwechslungsreich zu verwenden z. B. Petersilie, Schnittlauch, Dill, Borretsch, Estragon, Zitronenmelisse, Kerbel, Kresse, Basilikum, Pimpernelle u. a. m.

Zwiebeln sind für viele Salate sehr beliebt, aber kein Standardwürzmittel für alle Salate! Stets feingeschnitten oder evtl. gerieben für Salate verwenden.

Knoblauch unterliegt stark individuellen Geschmacksneigungen, deshalb nur überlegt und sparsam für Salate verwenden; jedoch wird ein Hauch seines würzigen Aromas sehr geschätzt, indem man die Salatschüssel vor dem Anmachen bzw. Anrichten des Salates mit einer geschälten Knoblauchzehe ausreibt.

Obst wie Äpfel, Orangen, Mandarinen, Grapefruits, Bananen, Ananas und auch Nüsse finden als Geschmackszutaten bei manchen Salaten in der modernen Küche in zunehmendem Maß Verwendung. Sowohl bei Auswahl des Obstes wie bei der zu verwendenden Menge sind individuelle Geschmacksneigungen zu berücksichtigen. Obst wird in der Regel roh, geschält und gleichmäßig fein geschnitten bzw. anderweitig zerkleinert dem Gemüsesalat beigefügt.

d) *Gebrauchsfertige käufliche Salatsoßen* auch „Dressings" genannt, werden in sehr verschiedener Geschmacksrichtung und unterschiedlicher Schärfe angeboten, deshalb *Aufdrucke vor dem Einkauf lesen!*

Käufliche Mayonnaisen sind in zwei Gütestufen im Handel; Aufdruck beachten. Grundsätzliches über Mayonnaisen Seite 454 und Seite 465/466.

2. *Sorgsame Salatherstellung!*

Sie hat entscheidenden Einfluß auf den gesundheitlichen Wert der Salate, ihren Gehalt an Nähr-

und Wertstoffen, an Aromastoffen, ihren Wohlgeschmack und ihr ansprechendes, appetitliches Aussehen, ihre Bekömmlichkeit und gute Verdaulichkeit!

Arbeitsregeln für Rohsalate:

1. *Gemüse besonders sorgfältig putzen, vor dem Zerkleinern sehr gründlich waschen* unter mehrmaligem Wasserwechsel, aber nie wässern! Blattsalate dann *gut abtropfen* lassen oder ausschwingen, jedoch nicht drücken (sehr nasse Blätter nehmen Marinade schlecht an), dann *kalt stellen* bis zum Anmachen (Kühlschrank), wodurch Blätter knusprig werden.

2. *Richtig zerkleinern kurz vor dem Anmachen,* dabei Saft- und Vitaminverlust vermeiden und nach Möglichkeit Verdaulichkeit erhöhen; elektrische Küchenmaschine als Helfer benützen:

Raffeln für Wurzel- und Knollengemüse wie gelbe Rüben, rote Rüben, Sellerie, Rettiche, Kohlrabi, auch für Blumenkohl, Äpfel u. a. m., evtl. auch *stifteln.*

Reiben für Wurzel- und Knollengemüse, wenn sehr feine Zerkleinerung erwünscht ist, z. B. für ältere Menschen, für Kaubehinderte, evtl. auch Kleinkinder; auch für Gemüse, die besonders hartes Zellgewebe haben wie Meerrettich.

Hobeln oder in Scheiben schneiden für saftreiche Gemüse wie Gurken, Rettiche, Radieschen, Tomaten, Äpfel u. a. m.

Streifen schneiden bzw. hobeln für einige Blattsalate wie Endivie, Spinat, Chicorée, Chinakohl, Weißkraut, Blaukraut, Wirsing, Lauch, auch Fenchel und Äpfel.

Blätter mehrfach teilen je nach Größe unter *Mitverwendung zarter Rippen* für Kopfsalat und Eissalat, den bekanntesten Blattsalaten.

Die Art der Zerkleinerung richtet sich also nach der Art des Gemüses, der Härte seines Zellgewebes und den individuellen Ansprüchen des Menschen. Im allgemeinen ist eine gewiße Bißfestigkeit und keine zu feine Zerkleinerung erwünscht; jedoch kann ungenügend zerkleinertes, sehr hartes Rohgemüse, falls schlecht gekaut, die Bekömmlichkeit beeinträchtigen und nur in geringem Maß vom Körper ausgewertet werden.

3. *Rohsalate zur rechten Zeit in richtiger Weise anmachen:*

a) *Alle grünen Blattsalate und saftreichen Gemüse* (Tomaten, Gurken, Rettiche u. ä.) *unmittelbar vor dem Anrichten anmachen,* um Saftverlust zu vermeiden und gutes Aussehen zu erhalten. *Grüne Blattsalate erst mit Öl,* dann mit Salatmarinade anmachen, *locker* und *vorsichtig mischen* – (nur gut abgetropfte Blätter nehmen Öl gut an).

b) *Rohsalat aus wenig saftreichen Gemüsen* wie Wurzel-, Knollen- und Stengelgemüsen nach dem Anmachen *etwas durchziehen lassen mit der Marinade;* wenn geraffelt, etwa 15–30 Minuten, wenn gerieben nur 5–10 Minuten vor dem Anrichten anmachen, die Durchziehdauer hängt also von der Art der Zerkleinerung ab.

Roh geraffelte oder geriebene Knollen- und Wurzelgemüse benötigen mehr Marinade, deshalb für sie Rahm- oder Joghurtmarinade bevorzugen.

c) *Rohen Krautsalat* nur von jungem, frischem, nicht gelagertem Kohl herstellen und ihn mit Marinade mindestens 1/2 Stunde durchziehen lassen, wodurch er mürbe wird. Älteres Kraut vor dem Marinieren abwellen oder brühen.

4. *Kräuter und Zwiebeln* als Geschmackszutaten feingewiegt oder gemixt in *der Salatmarinade gut durchziehen lassen,* um gute Ausnutzung ihres Aromas zu erreichen.

5. Rohsalate *locker und appetitlich,* am besten *unmittelbar vor Tisch anrichten.*

Arbeitsregeln für gekochte Salate:

1. *Vorbereitetes Gemüse nicht zu weich,* nur *kernig-weich garen!* Wenn möglich dämpfen statt kochen; muß gekocht werden, dann in wenig, leicht gesalzenem, kochendem Wasser garen; bei längeren Garzeiten evtl. Dampfdrucktopf verwenden, hierbei Gebrauchsanweisung beachten.

2. *Zerkleinern* nach dem Garen je nach Gemüseart, (in Scheiben, Würfel oder Streifen schneiden), jeweils in *gleichmäßiger Größe* zerkleinern.

3. *Gekochte Salate noch warm mit heißer Marinade* ohne Öl anmachen, damit Marinade gut

einzieht, *dann erst mit Öl mischen.* Zur Marinade Gemüsesud verwenden.

4. *Gekochte Salate mit Marinade längere Zeit,* am besten mehrere Stunden oder über Nacht *durchziehen lassen, kühl stellen.* Einige Salate können gut für einige Tage auf Vorrat hergestellt werden wie Rotrüben- und Selleriesalat. Dagegen darf *Kartoffelsalat nicht über Nacht* stehen, insbesondere während der warmen Jahreszeit.

5. Bei Verwendung von Mayonnaise Salate erst in Marinade ohne Öl gut durchziehen lassen, *kurz vor dem Anrichten mit Mayonnaise* mischen. *Gestreckte Mayonnaise* (Nr. 970) ist fettärmer und deshalb *leichter verdaulich.* Mayonnaisesalat kühl stellen, bald verbrauchen.

Regeln für gemischte Salatplatten:

1. *In der Auswahl und Zusammenstellung der Gemüse ihren Geschmack, Farbe, Nährwert und Verdaulichkeit* berücksichtigen!

2. Rohsalate und gekochte Salate können sowohl getrennt wie gemeinsam für Salatplatten verwendet werden.

3. *Salate einzeln mit Marinade anmachen* und je nach Salatart entsprechend kurz oder länger durchziehen lassen.

4. *Salatplatte erst kurz vor Gebrauch anrichten,* denn Rohsalate ziehen gerne Saft.

5. *Appetitlich, hübsch in der Form und in guter Farbzusammenstellung* anrichten, der Mensch ißt auch mit den Augen! *Platte nicht überladen!* Großzügig und zweckgünstig anrichten, so daß von jedem Salat leicht zu nehmen ist.

Arbeitsregeln für feine gemischte Salate:

1. *Nur Zutaten in frischer, guter Qualität* verwenden, auch *Reste müssen frisch* sein! Ältere Reste sind ungeeignet und u. U. gesundheitsgefährdend.

2. *Bei Auswahl und Zusammenstellung der Zutaten auf harmonischen Geschmack, Farbe, gute Verdaulichkeit und Bekömmlichkeit* achten! *Einbeziehung von Obst und Gemüse* in geeigneter Auswahl macht gemischte Salate meist besonders wohlschmeckend, erfrischend, leichter verdaulich und oft auch billiger.

3. *Vorbereitung der Zutaten* nach Rezeptangaben; in der Regel werden die Hauptzutaten vor der Verwendung *gegart,* so daß die Arbeitsregeln für gekochte Salate Anwendung finden.

4. *Zutaten sorgsam und in etwa gleicher Größe zerkleinern,* um gutes und gleichmäßiges Durchziehen und gutes Aussehen zu ermöglichen.

5. *Vorbereitete Zutaten locker mischen und in Marinade ohne Öl einige Zeit kalt gestellt durchziehen lassen; Mayonnaise erst kurz vor dem Anrichten untermischen und bis zum Gebrauch kalt stellen.*

6. *Gemischte Salate appetitlich anrichten, einfach* aber wirkungsvoll *garnieren* (Farbkontraste!) z. B. mit Scheiben von Tomaten, harten Eiern, Gewürzgurken, Herzblättern von Kopfsalat, Kapern u. a. m.

7. *Kalt stellen bis zum Gebrauch, Reste von Mayonnaisesalaten bald verbrauchen!*

Durchschnittliche Bedarfsmengen:

	für 1 Person:	für 4 Personen:
Rohsalate von saftreichen Gemüsen:	200–250 g	³/₄–1 kg
– saftarmen Gemüsen:	100–150 g	400–600 g
Blattsalate je nach Salatart:	¹/₂ Staude (50–125 g)	2 Stauden (200–500 g)
Gekochte Gemüsesalate:	200–250 g	³/₄–1 kg
Salatplatten (Gemüse insgesamt):	200–250 g	³/₄–1 kg
Feine gemischte Salate je nach Verwendungszweck: (als Vorspeise, Beilage oder Abendessen)	150–250 g	600–1000 g

Grundrezept

I. Art für Rohsalate:
2–3 Eßl. gutes Öl oder
4–6 Eßl. Rahm (süß oder sauer) oder Joghurt
2–3 Eßl. Zitronensaft oder Essig (gebrauchsfertig)
Salz, 1 Prise Zucker
nach Belieben:
Zwiebel fein geschnitten
Salatkräuter nach Wahl wie: Borretsch, Basilikum, Dill, Estragon, Petersilie, Schnittlauch, Zitronenmelisse, Zwiebelgrün

II. Art für gekochte Salate:
4–6 Eßl. Essig (gebrauchsfertig) oder Zitronensaft
$^1/_8$–$^1/_4$ l heiße Gemüse- oder Fleischbrühe (entfettet), Salz
1 Prise Zucker
2–3 Eßl. Öl
nach Belieben:
Zwiebel fein geschnitten
Kräuter je nach Salatart

780. Salatmarinade

I. Marinade für Rohsalate:

Ölmarinade kann für alle Rohsalate verwendet werden, für rohe grüne Blattsalate wird sie gerne bevorzugt.

Arbeitsweise:

Kräuter gut waschen, abtropfen lassen, entstielen, fein wiegen oder mixen, Zwiebel fein schneiden. Zitronensaft oder Essig mit Salz, Zucker, Kräutern und Zwiebeln verrühren, nach Belieben etwas durchziehen lassen, mit Öl gut verrühren, bis sich dieses in feine Tröpfchen verteilt hat, abschmecken.

Für rohe, *empfindliche grüne Blattsalate ist es günstig, Marinade ohne Öl herzustellen:* vorbereiteten grünen Salat erst mit Öl locker mischen (verhindert ein rasches Zusammenfallen), dann mit abgeschmeckter Marinade ohne Öl anmachen, nur locker mischen.

In Einzelfällen kann Öl durch etwas ausgelassenen geräucherten *Speck* ausgetauscht werden: Speck kleinwürfelig schneiden, auslassen, *nie heiß*, sondern immer ausgekühlt an den Salat geben.

Rahm- oder Joghurtmarinade: Rahm oder Joghurt mit Salz, Zucker und Zitronensaft oder Essig gut verschlagen, Geschmackszutaten nach Belieben unterrühren. Bei Rahmmarinade wird meist auf Zwiebelzugabe verzichtet. Bevorzugt für Rohsalate aus Wurzel- und Knollengemüsen, die dadurch saftiger schmecken. Joghurt, speziell fettarmer Joghurt und Magermilchjoghurt ist im Rahmen fettarmer Kost zu bevorzugen.

II. Marinade für gekochte Salate:

Arbeitsweise:

Marinade wird meist ohne Öl hergestellt, dieses wird in der Regel erst nach dem Marinieren an den Salat geben:

Heiße Gemüse- oder Fleischbrühe mit Essig, bzw. Zitronensaft, Salz, Zucker und evtl. Geschmackszutaten nach Wahl mischen, abschmecken, *heiß* über die gegarten, zerkleinerten, noch warmen Gemüse geben, zugedeckt gut durchziehen lassen, dann erst Öl zugeben.

Mayonnaise kann anstelle von Marinade sowohl für rohe wie gekochte Gemüsesalate verwendet werden; es ist ratsam, gekochte Gemüsesalate erst mit Marinade ohne Öl gut durchziehen zu lassen und dann kurz vor dem Anrichten mit etwas dicker, gut abgeschmeckter Mayonnaise zu mengen; Gemüsesalat zieht auf diese Weise besser durch und schmeckt würziger. Im Rahmen fettarmer Kost ist Quarkmayonnaise oder gestreckte Mayonnaise zu bevorzugen.

Bei Verwendung *fertiger käuflicher Salatsoßen* Aufdruck beachten, da sie in unterschiedlicher Geschmacksrichtung hergestellt werden.

Rohe Salate

781. Grüner Salat
Kopfsalat, Eissalat, Schnittsalat, Rapunzel-(Feld-) Salat, Kressesalat, Endiviensalat, Chicoréesalat, Chinakohlsalat

2 Stauden Kopf-, Eis- oder Endiviensalat oder 200–250 g Schnitt-, Rapunzel- (Feld-)salat oder Kresse oder 500–600 g Chicorée oder Chinakohl

nach Belieben:
1 Spur Knoblauch

Salatmarinade Grundrezept Nr. 780/I mit Öl

Salat sorgfältig, aber sparsam putzen, gründlich waschen unter mehrmaligem Wechseln des Wassers, bis dieses völlig klar bleibt, aber nicht wässern, dann gut abtropfen lassen und kühl stellen (Kühlschrank) bis zum Anmachen, wodurch er knusprig wird und Öl gut annimmt.
Das Zerkleinern ist je nach Salatart verschieden und erfolgt bei nur *grober Zerkleinerung vor* dem Waschen, bei *feinem Zerkleinern meist nach* dem Waschen:
Kopf- und Eissalat: große Blätter mehrfach teilen, alle zarten Rippen mit verwenden, dann waschen.
Schnitt-, Rapunzel-(Feld-)salat, Kresse: trocken verlesen, alle Würzelchen und gelbe Blättchen entfernen, dann erst waschen.
Endiviensalat nach gründlichem Waschen in Streifen schneiden oder etwas kleiner wie Kopfsalat zerpflücken, nochmal *rasch* waschen, nie in lauwarmes Wasser legen!
Chicorée am stumpfen Ende mit spitzem Messer von bitterem Kern befreien, dicke Stauden evtl. der Länge nach halbieren, waschen, in breite Streifen schneiden oder Blätter nur 2–3 mal der Länge nach durchteilen, nochmal kurz waschen, um Verfärbung zu verhüten.
Chinakohl nach dem Waschen in Streifen schneiden, ähnlich wie Endivie.
Gut abgetropfte, kalt gestellte Blattsalate unmittelbar vor dem Anrichten anmachen: Salatschüssel nach Belieben mit geschälter Knoblauchzehe leicht ausreiben, Salat erst mit Öl leicht mischen, dann mit gut abgeschmeckter Marinade mit Kräutern anmachen, locker mischen, abschmecken, *sofort zu Tisch geben.* Angemachter grüner Blattsalat fällt bei längerem Stehen zusammen und wird unansehnlich.
Grüner Blattsalat kann nach Belieben *verändert* werden durch Zugabe von gewaschenen, fein geschnittenen Radieschen oder durch Zugabe von Obst wie geschälten, gehäuteten, geschnittenen, kernlosen Orangen, Mandarinen, evtl. Bananen unter Beifügung von geschälten geschnittenen Nüssen oder Mandeln. In diesem Fall verzichtet man auf die Beigabe von Zwiebeln und evtl. auch von Kräutern.

782. Chicoréesalat mit Orangen

500–600 g Chicorée
2 große, kernlose Orangen
50 g Nüsse nach Belieben
1 Becher Joghurt
2–3 Eßl. Zitronensaft
etwas Salz, Zucker
Kräuter nach Belieben

Chicorée waschen, halbieren, am stumpfen Ende bitteren Kern ausschneiden, welke Blätter entfernen, in feine Streifen schneiden; Orangen sehr gut schälen, halbieren, in feine Querscheibchen schneiden, geschälte Nüsse grob hacken. Chicorée mit Orangenscheibchen und nach Belieben mit gehackten Nüssen locker mischen; Joghurt mit Geschmackszutaten verschlagen, mit Salat mischen, abschmecken, gut kühl reichen.

783. Chicoréesalat mit gemischtem Obst

500–600 g Chicorée
1–2 Äpfel
1–2 kernlose Orangen
1 Banane oder
1–2 Scheiben Ananas (Dose)
Walnußkerne nach Belieben

Salatmarinade mit Rahm oder Joghurt Nr. 780/I

Chicorée putzen, bitteren Kern am stumpfen Ende mit spitzem Messer entfernen, in 3–4 cm lange Stücke oder feine Streifen schneiden, sehr gut waschen, abtropfen lassen, kühl stellen; inzwischen Obst vorbereiten: Äpfel schälen, vom Kernhaus befreien, vierteln, in feine Scheibchen oder Streifen schneiden, sofort in Marinade legen oder mit Zitronensaft beträufeln, um Verfärben zu verhüten; kernlose Orangen schälen, sorgfältig von weißer Haut befreien, in Spalten teilen oder halbiert in dickere Scheiben schneiden; Ananasscheiben in nicht zu kleine Streifen, Banane in dicke Scheiben schneiden, geschälte Nüsse grob hacken. Unmittelbar vor dem Anrichten Chicorée mit vorbereitetem Obst locker mischen, mit Rahmmarinade evtl. ohne Kräuter anmachen, abschmecken, sofort zu Tisch geben.

784. Wildkräutersalat

150–200 g junge, zarte Blätter von Wildkräutern

Salatmarinade Nr. 780/I

Verwendung finden nur junge, zarte Blätter von Wildkräutern wie: Brennesseln, Breit- und Spitzwegerich, Brunnenkresse, Frauenmantel, Huflattich, Hirtentäschel, Kerbel, Löwenzahnrosetten, Maßliebchen, Sauerampfer, Schafgarbe. Sie können in beliebiger Mischung verwendet werden; Brunnenkresse- und Löwenzahnblättchen schmecken auch für sich allein als Salat angemacht recht gut.
Die zarten Blätter der bekannten Wildkräuter nach dem Sammeln verlesen, gründlich waschen, gut abtropfen lassen, (evtl. nudelartig fein schneiden), erst mit Öl, dann mit Marinade ohne Öl mischen, abschmecken und zu Tisch geben.

785. Spinatsalat roh

250 g junger, sehr zarter und milder Spinat
Salatkräuter nach Wahl
1/2 Zwiebel, fein geschnitten
10–15 frische Radieschen

Salatmarinade Nr. 780/I mit Öl

Spinat verlesen, entstielen, gründlich waschen, sehr gut abtropfen lassen, kleine Blättchen ganz lassen, größere in kleinere Teile zupfen oder Blätter in feine Streifen nudelartig schneiden; gewaschene, in feine Scheibchen geschnittene Radieschen untermischen, erst mit Öl vermengen, dann mit abgeschmeckter Marinade oder mit Joghurt-Ölmarinade mischen, gut abschmecken, Spinatsalat sofort zu Tisch geben.
Joghurt-Öl-Marinade: 1 Becher Joghurt, 1 Eßlöffel Öl, Zitronensaft, Salz, 1 Prise Zucker, evtl. wenig Senf nach Geschmack. Alle Zutaten gut mischen, abschmecken.

786. Rettichsalat

2–3 milde, zarte Rettiche
4–6 Eßl. dicker süßer Rahm oder Joghurt, Salz od. Salatmarinade Nr. 780/I mit Rahm

Rettiche waschen, schälen, nochmal rasch waschen, raffeln, reiben oder fein hobeln, mit Salz und Rahm oder mit Rahmmarinade mischen, abschmecken, sofort zu Tisch geben.
Beliebt als Beilage zu gekochtem Ochsenfleisch.

787. Tomatensalat

Tomaten waschen, Stielansatz entfernen, nach Belieben häuten: mit kochendem Wasser überbrühen, kurz ziehen lassen, rasch kalt überbrausen, Haut abziehen; Tomaten in gleichmäßige, nicht zu dünne Scheiben schneiden, in Salatschüssel schuppenförmig mit feingeschnittener Zwiebel einlegen, lagenweise marinieren, mit Schnittlauch oder feingewiegter Petersilie oder mit Oregano überstreuen. Längeres Stehen vermeiden, da Tomatensalat viel Saft zieht.
Abwandlung: 1–2 grüne Paprikaschoten, in feine Streifchen geschnitten, mit einlegen und marinieren.

¾–1 kg schöne, feste Tomaten
Salatmarinade Grundrezept Nr. 780/I mit Öl
1 Zwiebel, Schnittlauch oder Petersilie, gewiegt
Oregano nach Belieben

788. Gurkensalat

Gurken waschen, Stielenden versuchen, falls bitter, abschneiden, von der Blüte zum Stielende dünn schälen – junge, dünnschalige Schlangengurken brauchen nicht geschält zu werden; Gurken fein schneiden oder hobeln, *kurz vor dem Anrichten* mit Salatmarinade mit Kräutern anmachen, abschmecken, sofort zu Tisch geben.
Nach Belieben kann Gurkensalat mit fein gehobeltem Rettich, auch mit Kopfsalat oder Kartoffelsalat vermengt werden.
Geschnittene Gurken salzen, ziehen lassen und dann ausdrücken ist eine *Unsitte,* durch welche die wertvollsten Stoffe der Gurke verlorengehen und Gurkensalat *schwer verdaulich* wird!

1–2 schlanke Gurken je nach Größe
Salatmarinade Nr. 780/I mit Rahm, Joghurt oder Öl
Salatkräuter nach Wahl: Borretsch, Dill, Schnittlauch oder Petersilie

789. Champignonsalat roh

Champignons putzen, sehr gut waschen, mit etwas Zitronensaft und Salz abreiben, wodurch sie sehr schön weiß bleiben, rasch abspülen, in feine Scheibchen schneiden, mit Zitronensaft beträufeln, mit etwas Salz und Zucker bestreuen, zugedeckt kalt gestellt etwas durchziehen lassen; kurz vor dem Anrichten mit gut abgeschmeckter, mit süßem Rahm verdünnter Mayonnaise anmachen, abschmecken, bis zum Gebrauch kalt stellen, gut kalt reichen.

250 g rohe Champignons
etwas Zitronensaft, Salz
etwas Zucker
½ Grundrezept Mayonnaise Nr. 970
2–3 Eßl. süßer Rahm

790. Blumenkohlsalat roh

Blumenkohl putzen, waschen, in Salzwasser legen, um evtl. Raupen zu entfernen, nochmal unter fließendem Wasser waschen, in kleine Röschen teilen oder raspeln, mit Rahmmarinade, Mayonnaise oder Remouladensoße anmachen, abschmecken, mindestens 15–20 Minuten durchziehen lassen.

1 große Rose Blumenkohl
Salatmarinade Nr. 780/I mit Rahm oder ½ Rezept Mayonnaise Nr. 970 oder Remouladensoße Nr. 975

791. Selleriesalat roh

Sellerieknolle sorgfältig waschen, putzen und schälen, nochmal rasch waschen; Äpfel waschen, Blüte und Stiel entfernen, falls dickschalig, schälen, sonst ungeschält verwenden; Rahmmarinade herstellen, mit Zitronensaft kräftig abschmecken. Sellerie und Äpfel in Marinade reiben, raspeln, raffeln oder sehr fein streifenartig schneiden, während des Zerkleinerns sofort mit Marinade mischen, um Verfärbung zu vermei-

1 Sellerieknolle, 2–4 saftige Äpfel, Salatmarinade 780/I mit 8 Eßl. Rahm od. Joghurt oder ½ Rezept Mayonnaise Nr. 970 mit etwas Rahm oder Joghurt

den – rasch arbeiten, roher Sellerie und rohe Äpfel verfärben sich leicht. Geriebenen Salat 5–10 Minuten, wenn geraffelt etwa 15 Minuten durchziehen lassen.

792. Waldorfsalat

1 schöne Sellerieknolle
3–4 saftige Äpfel
50 g geschälte Mandeln oder Walnüsse gestiftelt
2–3 Scheiben Ananas (Dose)
1/8 l süßer Rahm oder Joghurt
3–4 Eßl. Zitronensaft oder Essig, Salz, Zucker
2 Eßl. Worcester-Soße
1/2 Grundrezept Mayonnaise Nr. 970 oder 1/8 l Schlagrahm

Sellerie gründlich waschen, putzen und schälen, nochmal rasch waschen, fein stifteln oder raspeln, während des Zerkleinerns sofort mit Rahm bzw. Joghurt und Zitronensaft mischen, um Verfärben zu verhüten; gewaschene Äpfel schälen, ebenso stifteln oder raspeln und unter Rahm mischen, Worcestersoße unterrühren; dann Ananas und geschälte Mandeln oder Walnüsse gleichfalls stifteln. Alles mischen, gut abschmecken, etwas durchziehen lassen, vor dem Anrichten mit Mayonnaise (gestreckt) oder steifem Schlagrahm vermengen, nochmal abschmecken, kalt stellen bis zum Gebrauch.
Abwandlungsmöglichkeit: Nach Belieben können auch 1 kernlose Orange und 1–2 Bananen, in feine Streifen geschnitten, unter den Salat gemengt werden.

793. Meerrettichsalat

1/4–1/2 Stange Meerrettich je nach Größe
3–4 saftige Äpfel
1–2 Eßl. Zitronensaft oder Essig, Salz, Zucker
4–6 Eßl. dicker süßer Rahm

Meerrettich waschen, abschaben, nochmal unter fließendem Wasser abspülen, fein reiben am offenen Fenster, um das Tränen der Augen zu mindern; gewaschene Äpfel schälen, reiben, sofort mit Rahm, Zitronensaft und geriebenem Meerrettich vermengen, abschmecken.
Beliebte Beilage zu gekochtem Ochsenfleisch, Würstchen, Braten und auch Schinken.

794. Meerrettich mit Schlagrahm, Sahnemeerrettich

siehe Nr. 981

795. Fenchelsalat roh

4 kleine bis mittelgroße, junge Fenchelknollen
etwas Zitronensaft
Salatmarinade Nr. 780/I mit Rahm oder Öl

Fenchel putzen, harte, äußere Stiele entfernen, halbieren, gründlich waschen, in sehr feine Streifen schneiden, mit Zitronensaft beträufeln, durchziehen lassen, dann mit Salatmarinade anmachen, je nach Härte der Fenchel 20–30 Minuten durchziehen lassen. Nach Belieben kann man 1 rohen, gestiftelten Apfel untermengen.

796. Lauch- oder Porreesalat roh

500 g zarter Lauch
2–3 saftige Äpfel
Salatmarinade Nr. 780/I mit süßem Rahm od. Joghurt

Lauch putzen, alle grünen Teile entfernen, gründlich waschen, in sehr feine Streifchen schneiden; Äpfel waschen, schälen, raffeln oder stiftelig schneiden, mit Lauch mischen, sofort mit Rahmmarinade anmachen, abschmecken, kurz durchziehen lassen.

797. Gelbrübensalat roh

Frische gelbe Rüben waschen, putzen, nochmals waschen, raspeln oder reiben (Rohkostmaschine, elektr. Küchenmaschine), nach Geschmack mit etwas geriebenem Meerrettich vermengen; Rahmmarinade oder gestreckte Mayonnaise mit etwas Senf abschmecken, mit gewiegter Petersilie mischen, mit geriebenen gelben Rüben vermengen, abschmekken, 5–10 Minuten je nach Art der Zerkleinerung durchziehen lassen, anrichten, mit Petersilie bestreuen.

1/2 kg saftige, gelbe Rüben
evtl. 1–2 Teel. geriebener Meerrettich
Salatmarinade Nr. 780/I mit 6–8 Eßl. süßem Rahm od. Joghurt, etwas Senf, Petersilie oder 1/2 Rezept Mayonnaise Nr. 970 (gestreckt)

798. Gelbrübensalat roh mit Äpfeln

Herstellen wie Gelbrübensalat roh Nr. 797, unter die gelben Rüben geschälte, geriebene oder geraffelte Äpfel und geschälte, gehackte Mandeln oder Nüsse mengen, rasch mit Rahmmarinade oder gestreckter Mayonnaise anmachen, um Verfärbung der Äpfel zu vermeiden.

Zutaten wie Nr. 797 (ohne Senf) mit 2–3 saftigen Äpfeln, 30–50 g geschälte Mandeln oder Nüsse

799. Rotrübensalat roh

Rote Rüben waschen, schälen, nochmal waschen, raspeln oder reiben, geschälte Äpfel raspeln und untermischen, etwas geriebenen Meerrettich nach Geschmack beifügen, sofort mit Salatmarinade anmachen, abschmecken, kurz durchziehen lassen.

1/2 kg junge, zarte rote Rüben
2–3 saftige Äpfel
evtl. etw. Meerettich gerieben
Salatmarinade Nr. 780/I mit Öl, Rahm oder Joghurt

800. Rotrübensalat roh mit Sellerie und Äpfeln

Rote Rüben und Sellerie gründlich waschen, schälen, nochmal waschen, raspeln oder reiben; geschälte Äpfel gleichfalls raspeln oder reiben und sofort mit Marinade und roten Rüben mischen, abschmecken, etwas durchziehen lassen.

1/2 kg junge, zarte rote Rüben
150–200 g Sellerie, roh
2–3 saftige Äpfel
Salatmarinade Nr. 780/I mit Rahm

801. Kohlrabisalat roh

Junge, zarte Kohlrabi waschen, schälen, nochmals waschen, mit gewaschenen, geschälten Äpfeln raffeln oder durch Rohkostmaschine geben, sofort mit Rahmmarinade vermengen, feingeschnittene oder gehackte Nüsse zugeben, abschmecken, kurz durchziehen lassen.

4 junge, zarte Kohlrabi
2–3 Äpfel, 50 g Nüsse
Salatmarinade Nr. 780/I mit Rahm bzw. Joghurt
Salatkräuter nach Belieben

802. Paprikasalat roh

Paprikaschoten waschen, Stielansatz entfernen, Schoten halbieren, Kerne und Zwischenrippen entfernen, nochmal waschen, Schoten in sehr feine, nudelartige Streifen schneiden, mit feingeschnittener Zwiebel mischen, mit Salatmarinade mit Öl anmachen, 15–30 Minuten durchziehen lassen, abschmecken. Rohe Paprikaschoten sind besonders reich an Vitamin C.

Falls roher Paprika nicht gut vertragen wird, vorbereitete Schoten vor dem Schneiden in etwas kochendem Salzwasser einigemale aufkochen lassen oder Schoten mit kochendem Salzwasser brühen, kurz ziehen lassen, dann schneiden und fertigstellen wie angegeben.

500–600 g Paprikaschoten
1 Zwiebel
Salatmarinade Nr. 780/I mit Öl

803. Gemischter Paprikasalat roh

3 schöne Paprikaschoten
4 große, schnittfeste Tomaten
1 kl. schlanke Salatgurke
1 Zwiebel
Salatkräuter nach Wahl
Salatmarinade Nr. 780/I
mit Öl oder
1/2 Rez. Mayonnaise Nr. 970

Paprikaschoten waschen, Stielansatz entfernen, Schoten halbieren, Samenkerne und Zwischenrippen entfernen, nochmal waschen, evtl. kurz brühen, in sehr feine, nudelartige Streifen schneiden, mit etwas Salatmarinade etwa 30 Minuten durchziehen lassen. Gewaschene Tomaten nach Belieben brühen, kalt überbrausen, häuten, in nicht zu dünne Scheiben schneiden; gewaschene Gurke auf Bitterkeit prüfen, zum Stielansatz hin dünn schälen, (dünnschalige Schlangengurken brauchen nicht geschält werden), fein hobeln oder raffeln, Zwiebel fein schneiden; alle vorbereiteten Gemüse locker mischen, mit Salatmarinade mengen, gut abschmecken. Bei Verwendung von Mayonnaise Salatmarinade ohne Öl herstellen, Salat damit anmachen, zuletzt mit Mayonnaise mischen, abschmecken, sofort zu Tisch geben.

804. Rosenkohlsalat roh

500 g zarter Rosenkohl
1/2 Zwiebel
etwas Petersilie gewiegt
Salatmarinade Nr. 780/I
od. 1/2 Rez. Mayonnaise 970

Rosenkohl putzen, harte äußere Blätter entfernen, etwa 10 Minuten in kaltes Salzwasser einlegen, gründlich waschen, fein schneiden, mit feingeschnittener Zwiebel mischen, mit Salatmischung anmachen, abschmekken, gut durchziehen lassen (15–30 Minuten). Bei Verwendung von Mayonnaise Salat mit Marinade ohne Öl anmachen, durchziehen lassen, dann gut abgetropft mit Mayonnaise mengen, abschmecken und anrichten.

805. Weißkrautsalat roh

1/2–3/4 kg junges, zartes Weißkraut
1 Eßl. Salz, 1 Zwiebel
Salatmarinade Nr. 780
(ohne Salz und Öl)
2–3 Eßl. Öl oder
40 g geräucherter Speck
etwas Kümmel nach Belieben

Junges Weißkraut putzen, Kopf halbieren, gründlich waschen, sehr fein hobeln, dabei von Strunk befreien, mit etwas Salz lagenweise in Schüssel stampfen, bis es etwas glasig und mürbe wird, etwa 1/2 Stunde durchziehen lassen, dann mit ungesalzener Marinade ohne Öl anmachen, nochmal etwa 1/2 Stunde durchziehen lassen, vor dem Anrichten mit feingeschnittener Zwiebel und Öl oder kleinwürfelig geschnittenem, leicht angebratenem, noch warmem Speck mischen, abschmecken. Nach Belieben kann dem Salat etwas feingewiegter Kümmel beigefügt werden.

806. Blaukrautsalat roh

1/2–3/4 kg junges Blaukraut
1 Eßl. Salz
1/8–1/4 l kochendes Essigwasser, 2 Äpfel, 1/2 Zwiebel
1 Prise Zucker, 2–3 Eßl. Öl

Blaukraut putzen, Kopf halbieren, waschen, sehr fein hobeln, Strunk entfernen, mit etwas Salz lagenweise gut stampfen, damit es mürbe wird, etwa 1/2 Stunde durchziehen lassen, dann mit scharf abgeschmecktem, kochendem Essigwasser überbrühen, etwas durchziehen lassen, abseihen, mit feingeschnittener Zwiebel und geschälten, geraffelten Äpfeln und Öl mischen, abschmecken, noch gut durchziehen lassen, anrichten.

807. Krautsalat gebrüht
Weißkrautsalat, Blaukrautsalat gebrüht

Kraut putzen, Kopf halbieren, waschen, fein hobeln, Strunk entfernen, Weißkraut in kochendem Salzwasser, Blaukraut in kochendem Salz-Essigwasser einigemale aufkochen lassen, abseihen, gut abtropfen lassen, mit heißer Salatmarinade und Öl oder statt Öl mit klein gewürfeltem, leicht angebratenem Speck anmachen, etwa 1/2 Stunde durchziehen lassen, abschmecken; Weißkrautsalat schmeckt gut mit Speck, Blaukrautsalat dagegen schmeckt mit Öl besser.

3/4–1 kg Weiß- od. Blaukraut
zum Abwellen: Salzwasser für Weißkraut, Salz-Essigwasser für Blaukraut
Salatmarinade Nr. 780/II
mit Öl oder statt Öl
40 g geräucherten Speck

808. Sauerkrautsalat roh

Rohes Delikateß-Sauerkraut etwas schneiden, lockern, geschälte Äpfel raspeln und sofort mit feingeschnittener Zwiebel unter Sauerkraut mischen, damit sie sich nicht verfärben. Nach Belieben geputzte, gewaschene gelbe Rüben darunter reiben oder nach Wunsch gewaschene, von Stielansatz, Kernen und Zwischenrippen befreite Paprikaschoten in sehr feine Streifchen schneiden und unter Sauerkraut mischen; mit Sauerkrautbrühe oder Essig, etwas Salz und Zukker, nach Belieben etwas Weißwein und Öl anmachen, gut mischen, abschmecken, etwa 1/2 Stunde durchziehen lassen.
Bei Verwendung von Speck statt Öl diesen klein würfeln und leicht anrösten, noch warm untermengen.
Nach Belieben kann Sauerkrautsalat auch mit Salatmarinade Nr. 780/I mit Rahm angemacht werden.

1/2–3/4 kg Delikateß-Sauerkraut, 2–3 Äpfel, 1 Zwiebel
nach Belieben und Wahl:
1–2 gelbe Rüben oder
1–2 Paprikaschoten
2–3 Eßl. Sauerkrautbrühe od. Essig, etwas Salz, 1 Prise Zucker, 3 Eßl. Öl oder
40–50 g Speckwürfel
evtl. 2–3 Eßl. Wein

809. Serbischer Sauerkrautsalat roh

Delikateß-Sauerkraut etwas schneiden, lockern, Gewürzgurken und eingelegte Paprikaschoten in kleine Würfel, Zwiebel sehr fein schneiden; alle Zutaten locker mischen, mit Geschmackszutaten und Öl vermengen, abschmecken, etwa 1/2 Stunde durchziehen lassen, nach Belieben mit wenig frisch gemahlenem Pfeffer bestreut anrichten.
Beliebt zu gegrillter oder gebratener Schweinshaxe.

1/2–3/4 kg Delikateß-Sauerkraut, 2–3 Gewürzgurken
2–3 eingel. Paprikaschoten
1 Zwiebel, Salz, etw. Zucker
3 Eßl. Öl, etw. weißer Pfeffer

810. Ungarischer Sauerkrautsalat roh

Delikateß-Sauerkraut etwas schneiden, lockern; eingelegte Paprikaschoten in feine Streifen schneiden, mit Kraut und sehr fein geschnittener Zwiebel mengen, mit Rahm mischen, abschmecken, mit wenig Paprika bestreut anrichten.

1/2 kg Dose Delikateß-Sauerkraut, 3–4 eingelegte Paprikaschoten, 1 Zwiebel
4–6 Eßl. süßer Rahm
etwas Paprika

811. Rohe gemischte Gemüsesalate

Verschiedene rohe Gemüse können nach entsprechender Vorbereitung und nach individuellem Geschmack gemischt, mit Marinade als Salat angemacht werden. Je nach Wahl der einzelnen Gemüse und Art des Mischungsverhältnisses entstehen sehr verschiedene, wohlschmeckende und erfrischende Rohsalate mit vielseitiger Abwechslungsmöglichkeit.

Die Gemüse werden je nach Art vorbereitet und locker gemischt. Als Salatmarinade wird Grundrezept Nr. 780/I mit Öl, Rahm oder Joghurt verwendet oder mit Salatmarinade ohne Öl oder Rahm mariniert und ergänzend 1/2 Grundrezept Mayonnaise Nr. 970 verwendet.
Beispiele für Mischungen:

1. Tomaten, Gurken (zu gleichen Teilen), Paprikaschoten (1/4 der Gesamtmenge)
2. Tomaten, Gurken, Blumenkohl in beliebigem Mischungsverhältnis
3. Sellerie, gelbe Rüben, Blumenkohl (je zu gleichen Teilen) mit geraffelten Äpfeln und gehackten Nüssen nach Geschmack
4. Sellerie, gelbe Rüben, Kohlrabi, Äpfel (je zu gleichen Teilen), etwas Meerrettich oder gehackte Nüsse nach Geschmack
5. Tomaten, Gurken, Rettiche in beliebigem Verhältnis
6. Kopfsalat oder Chicorée mit Tomaten, Orangen, Ananas (in gleichem oder beliebigem Verhältnis).

812. Rohkostsalatplatten

Farbbild neben Seite 400

Grundmenge an Gemüse für 1 Person schwankt je nach Gemüsearten zwischen 150–250 g, für 4 Personen zwischen 600–1000 g. Die Menge an Einzelgemüsen wird durch die Zahl der verwendeten Gemüse bedingt. Bei der Wahl der Gemüse sind ihr Geschmack und Nährwert, ihre Verdaulichkeit und Bekömmlichkeit, sowie Farbwirkung, Jahreszeit und auch ihr Preis zu berücksichtigen.
Rohsalate nach Wahl einzeln vorbereiten und herstellen, *Salatplatte erst unmittelbar vor Tisch hübsch anrichten.*

Beispiele für Zusammenstellung von Rohsalatplatten:

1. Feld-(Rapunzel-) oder Kressesalat, gelbe Rüben, Radieschen oder Rettich, Kohlrabi;
2. Spinat, Sellerie, Meerrettich, rote Rüben oder Blaukraut;
3. Kopfsalat, Tomaten, Gurken, Rettich oder Blumenkohl;
4. Kopfsalat, Gurken, Rettich, gelbe Rüben, Meerrettich;
5. Grüner Salat nach Wahl, gelbe Rüben, Sauerkrautsalat, Sellerie;
6. Chicorée, Meerrettich mit Rahm, rote Rüben oder gelbe Rüben, Blumenkohl;
7. Endivie, Tomaten, Paprikaschoten, gelbe Rüben, Sellerie mit Äpfel,
8. Chicorée, Lauch, gelbe Rüben oder rote Rüben, Sellerie, Rosenkohl;
9. Champignons, Tomaten, Gurken, gelbe Rüben, grüner Salat nach Wahl;
10. Tomaten, Paprikaschoten, Gurken, Sellerie, grüner Salat oder Weiß- oder Blautkrautsalat.

Obige Zusammenstellungen können nach Belieben verschieden abgeändert und ergänzt werden, sie sollen nur einige Anregungen für Zusammenstellungsmöglichkeiten geben.
Natürlich können Rohsalate auch mit gekochten Salaten zu einer Salatplatte angerichtet werden. Dies ist zu empfehlen, wenn Rohsalate nicht so gut vertragen werden.

Salate von gekochten oder gedämpften Gemüsen

813. Spargelsalat

Spargel waschen, vom Kopf abwärts sorgsam schälen, alle holzigen Teile entfernen, nochmals waschen, bündeln, in kochendem Salzwasser mit einer Prise Zucker garen, *Garzeit* je nach Spargelsorte etwa 20–35 Minuten, aus Sud nehmen, abtropfen lassen, auf Platte anrichten, mit heißer, gut abgeschmeckter Marinade übergießen, Öl zugeben, gut durchziehen lassen, öfter mit Salatmarinade übergießen.
Wird Spargelsalat mit Mayonnaise gereicht, Spargel nach dem Garen in Marinade ohne Öl gut durchziehen lassen, vor dem Anrichten gut abtropfen lassen, anrichten, gut abgeschmeckte Mayonnaise über Spargelköpfe gießen und etwas Mayonnaise eigens dazu reichen. Man kann auch rohe Spargel nach dem Schälen in etwa 4 cm lange Stücke schneiden, gar kochen, mit Marinade ohne Öl durchziehen lassen, kurz vor dem Anrichten, gut abgetropft, mit Mayonnaise mischen, anrichten.

1 kg Stangenspargel Güteklasse „Extra“ oder „I“
zum Garen:
Salzwasser, 1 Prise Zucker
Salatmarinade Nr. 780/II
oder Mayonnaise Nr. 970

814. Spargelsalat Pariser Art

Spargel waschen, vom Kopf abwärts sorgsam schälen, nochmal waschen, in 3–4 cm lange Stücke schneiden, in wenig kochendem Salzwasser weich kochen, aus Sud nehmen, abtropfen lassen, mit heißer Salatmarinade anmachen, durchziehen lassen. Inzwischen Tomaten waschen, brühen, kalt überbrausen, häuten, in Scheiben schneiden; hart gekochte Eier schälen, grob hacken, Zwiebel sehr feinwürfelig schneiden. Spargelstücke aus Marinade nehmen, mit Tomatenscheiben und gehacktem Ei und Zwiebeln locker mischen, mit Spargelmarinade begießen, leicht vermengen, abschmecken, mindestens ½ Stunde durchziehen lassen, anrichten, mit feingeschnittenem Schnittlauch bestreuen.

¾ kg Stangenspargel Güteklasse „I“
zum Garen:
Salzwasser, 1 Prise Zucker
6 Tomaten, 4 harte Eier
1 Zwiebel, 1 Prise Pfeffer
Salatmarinade 780/II
Schnittlauch

815. Hopfenspargelsalat

Hopfenspargel putzen, sehr gründlich waschen, in wenig Salzwasser weich kochen, aus Sud nehmen, abtropfen lassen, noch heiß mit heißer Marinade anmachen, Öl zugeben, abschmecken, gut durchziehen lassen. Wird Hopfenspargel mit Mayonnaise gegeben, dann in Marinade ohne Öl durchziehen lassen, erst vor dem Anrichten, gut abgetropft, mit Mayonnaise mischen.

¾–1 kg Hopfenspargel
zum Kochen:
Salzwasser, 1 Prise Zucker
Salatmarinade Nr. 780/II od.
½ Rezept Mayonnaise Nr. 970 (gestreckt)

816. Schwarzwurzelsalat (gekocht)

3/4–1 kg Schwarzwurzeln
evtl. Essig-Mehlwasser
zum Dämpfen:
Salzwasser, etw. Zitronensaft
Salatmarinade Nr. 780/II od.
1/2 Rez. Mayonnaise Nr. 970

Schwarzwurzeln gründlich waschen, weich dämpfen, kalt überbrausen, schälen, in gleichmäßige, etwa 4 cm lange Stücke schneiden; oder: gewaschene Schwarzwurzeln putzen, sofort in Essig-Mehlwasser legen, damit sie sich nicht verfärben, bis alle Schwarzwurzeln vorbereitet sind, ebenfalls in etwa 4 cm lange Stücke schneiden, in kochendem Salzwasser mit etwas Zitronensaftzugabe weich dämpfen oder kochen; Garzeit je nach Alter und Dicke 30–40 Minuten, *im Dampfdrucktopf 8–10 Minuten.* Gare Schwarzwurzeln noch heiß mit heißer Marinade anmachen, Öl zugeben, einige Stunden, am besten über Nacht durchziehen lassen, öfter mit Marinade übergießen.
Werden Schwarzwurzeln mit Mayonnaise angerichtet, dann gare Schwarzwurzeln in heißer Marinade ohne Öl gut durchziehen lassen, erst kurz vor dem Anrichten, gut abgetropft, mit Mayonnaise mischen.

817. Bohnensalat

3/4–1 kg zarte, grüne
Bohnen oder
100–150 g Trockenbohnen
zum Dämpfen oder Kochen:
Salzwasser, Bohnenkraut
Salatmarinade Nr. 780/II
1 Zwiebel
evtl. etwas Petersilie

Frische, zarte Bohnen putzen, falls nötig sorgfältig abfäden, waschen, brechen oder schneiden, in wenig kochendem Salzwasser mit Bohnenkraut dämpfen oder kochen (evtl. Dampfdrucktopf). *Garzeit* je nach Alter der Bohnen etwa 20–30 Minuten, tiefgefrorene Bohnen etwa 10–15 Minuten. Gare Bohnen noch warm mit feingeschnittener Zwiebel und heißer Salatmarinade mischen, Öl zugeben, abschmecken, gut durchziehen lassen, öfter durchmischen, nach Belieben mit etwas gewiegter Petersilie bestreut anrichten.
Bohnen aus Dosen sorgfältig auf Güte prüfen, einmal schnell aufkochen lassen, dann abseihen, mit Zwiebel und heißer Marinade fertigstellen wie beschrieben.
Trockenbohnen über Nacht in Wasser einweichen, im Einweichwasser garen, dann fertigstellen wie Salat von frischen Bohnen.

818. Bohnenkernsalat

300 g weiße, kleine Bohnenkerne (letztjährige Ernte)
Wasser z. Einweichen u. Garen
1 Zwiebel nach Belieben
Salatmarinade Nr. 780/II

Bohnenkerne waschen, über Nacht einweichen, im Einweichwasser garen, *Garzeit* 1-1 1/2 Stunden, im Dampfdrucktopf 15-20 Minuten. Gare Bohnenkerne noch heiß mit feingeschnittener Zwiebel mischen, mit heißer Salatmarinade anmachen, mit Öl mischen, abschmecken, gut durchziehen lassen, öfter durchmischen.

819. Blumenkohlsalat (gekocht)

1–2 Rosen Blumenkohl je nach Größe
zum Kochen oder Dämpfen:
Salzwasser mit Zitronensaft
Salatmarinade Nr. 780/II od.
Mayonnaise Nr. 970
nach Belieben:
Zwiebel, fein geschnitten
Petersilie, gewiegt

Blumenkohl putzen, waschen, in Salz- oder Salz-Essigwasser legen, um etwaige Raupen zu entfernen, nochmal kalt überspülen, Rosen im ganzen mit Strunkseite nach oben in kochendem Salzwasser mit etwas Zitronensaftzugabe zusetzen, 10 Minuten kochen, dann wenden, so daß Strunkseite nach unten kommt und Rose mit Schaumlöffel nach dem Garen leicht aus Sud zu nehmen ist; zum Dämpfen Blumenkohl mit Strunkseite nach unten zusetzen, ein Wenden entfällt. Rosen kernigweich dämpfen oder kochen, *Garzeit* je nach Größe der Rosen 25–35 Minuten; oder Blumenkohl in Röschen zerlegen, diese in kochendem

Rohe Salate – Rezepte S. 391 – 398
Rahmsoße mit Dill – Rezept S. 469

Salzwasser mit etwas Zitronensaftzugabe kernig-weich dämpfen oder kochen, *Garzeit* etwa 15 Minuten. Blumenkohl aus Sud nehmen, gut abtropfen lassen, noch heiß mit Salatmarinade und fein geschnittener Zwiebel anmachen, Öl zugeben, gut durchziehen lassen, mehrmals mit Marinade übergießen. Nach Belieben mit Petersilie bestreuen.
Wird Salat mit Mayonnaise hergestellt, gegarten Blumenkohl erst in Salatmarinade ohne Öl gut durchziehen lassen, dann aus Marinade nehmen, gut abtropfen lassen, anrichten, mit kräftig abgeschmeckter Mayonnaise übergießen, mit fein gewiegter Petersilie bestreuen.

820. Selleriesalat (gekocht)

2 große Sellerieknollen
zum Dämpfen: Salzwasser
nach Belieben:
Zwiebel, etwas Pfeffer
Salatmarinade Nr. 780/II od.
1/2 Rez. Mayonnaise Nr. 970

Sellerie sehr gründlich waschen, weich dämpfen, kalt überbrausen, schälen, in Scheiben schneiden oder roh geschälten, in Scheiben geschnittenen Sellerie im Dampfdrucktopf mit etwas Zitronensaft beträufelt, weich dämpfen. Garzeit je nach Größe der Sellerieknollen 30–45 Minuten, Selleriescheiben im Dampfdrucktopf etwa 4–5 Minuten. Die noch warmen Selleriescheiben mit feingeschnittener Zwiebel mischen, mit heißer, gut abgeschmeckter Salatmarinade übergießen, Öl zugeben, längere Zeit, am besten über Nacht durchziehen lassen, abschmecken, öfter mit Marinade übergießen.
Selleriesalat nach Belieben leicht mit Pfeffer bestreut anrichten. Wird Selleriesalat mit Mayonnaise angemacht, Selleriescheiben erst mit Salatmarinade ohne Öl durchziehen lassen, dann gut abgetropft mit Mayonnaise vorsichtig mengen.

821. Selleriesalat mit Äpfeln (gekocht)

1/2–3/4 kg Sellerie
zum Dämpfen: Salzwasser
1/2 kg rohe, saftige Äpfel
Salatmarinade ohne Öl Nr. 780/II
1/2 Grundrezept Mayonnaise Nr. 970 und
4–6 Eßl. süßer Rahm

Sellerie sehr gut waschen, weich dämpfen, kalt überbrausen, schälen, etwas abkühlen lassen, in gleichmäßige, kleine Würfel schneiden; oder rohen Sellerie schälen, in kleine gleichmäßige Würfel schneiden (etwa 1 cm Kantenlänge), mit Zitronensaft beträufelt im Dampfdrucktopf weich dämpfen, Garzeit 4–5 Minuten. Selleriewürfel noch warm mit heißer Salatmarinade ohne Öl mischen; Äpfel schälen, in gleichmäßige, kleine Würfel schneiden, sofort unter angemachten Sellerie mischen, damit Äpfel weiß bleiben, abschmecken, gut durchziehen lassen. Kurz vor dem Anrichten Sellerie- und Apfelwürfel aus Marinade nehmen, abtropfen lassen, Mayonnaise mit Rahm verrühren, abschmecken, mit Sellerie-Apfelwürfeln mischen, abschmecken, kalt stellen bis zum Gebrauch.

822. Fenchelsalat, Finocchisalat (gekocht)

3/4–1 kg Fenchel
zum Garen:
Salzwasser, Zitronensaft
1/2 Zwiebel nach Belieben
Salatmarinade Nr. 780/II

Fenchel putzen, harte äußerste Stengel entfernen, Knolle halbieren, gründlich waschen, in feine Scheiben schneiden, diese in *wenig* kochendem Salzwasser mit etwas Zitronensaft kernig-weich dämpfen oder kochen, aus Sud nehmen, gut abtropfen lassen, noch heiß mit heißer Marinade und nach Belieben mit Zwiebel anmachen, abschmecken, gut durchziehen lassen.

◀ Krabbencocktail in Tomaten – Rezept S. 297
Selleriesalat roh mit Früchten – Rezept S. 405
Gemischter Champignonsalat – Rezept S. 406
Dänischer Salat – Rezept S. 412

823. Lauchsalat, Porreesalat (gekocht)

10–12 mittelstarke Stangen Lauch (1 kg)
zum Garen: Salzwasser
Salatmarinade Nr. 780/II
etwas Pfeffer nach Belieben

Lauch putzen, Wurzeln und dunkelgrüne Teile entfernen, sehr sorgfältig, am besten unter fließendem Wasser waschen, sehr dicke Stangen der Länge nach halbieren, Stangen im ganzen oder in etwa 10 cm lange Stücke geschnitten in kochendem Salzwasser vorsichtig garen, jedoch *nicht zu weich dämpfen bzw. kochen,* aus Sud nehmen, gut abtropfen lassen, auf Platte anrichten, mit heißer Salatmarinade übergießen, Öl zugeben, einige Stunden, am besten über Nacht durchziehen lassen, abschmecken, mehrmals während des Durchziehens mit Salatmarinade übergießen.

Roher Lauch kann auch in etwa 4 cm lange Stücke geschnitten und so gegart werden, dann in Schüssel marinieren und durchziehen lassen

824. Mangoldstielsalat (gekocht)

3/4–1 kg Mangoldstiele
zum Kochen: Salzwasser
Salatmarinade Nr. 780/II
etwas Schnittlauch oder Petersilie

Mangoldstiele waschen, leicht abziehen, in etwa 4 cm lange Stücke schneiden, in *wenig* kochendem Salzwasser *kernig-weich* garen, aus Sud nehmen, abtropfen lassen, noch warm mit heißer Marinade anmachen, abschmecken, Öl zugeben, einige Stunden durchziehen lassen, mehrmals mit Salatmarinade übergießen, mit feingeschnittenem Schnittlauch oder gewiegter Petersilie bestreut anrichten.

825. Gelbrübensalat (gekocht)

3/4–1 kg gelbe Rüben
zum Dämpfen: Salzwasser
nach Belieben:
etwas Zwiebeln, Petersilie
wenig geriebener Meerrettich
Salatmarinade Nr. 780/II
evtl. etwas süßer Rahm statt Öl oder
1/2 Rez. Mayonnaise Nr. 970
etwas Senf nach Belieben

Gelbe Rüben waschen, dämpfen (30–45 Minuten), kalt überbrausen, schälen, in Scheiben schneiden (Buntmesser) oder hobeln, nach Belieben mit etwas fein geschnittenen Zwiebeln und fein geriebenem Meerrettich mischen, noch warm mit heißer Salatmarinade anmachen, abschmecken, evtl. etwas Senf untermengen, gut durchziehen lassen; sofern man Rahm oder Mayonnaise verwendet, mit Marinade ohne Öl marinieren, nach dem Durchziehen Salat aus Marinade nehmen, mit süßem Rahm oder Mayonnaise, nach Belieben mit etwas Senf gemischt, vermengen, abschmecken, mit gewiegter Petersilie bestreut anrichten.

826. Rotrübensalat (gekocht)

3/4–1 kg rote Rüben
zum Dämpfen: Salzwasser
zur Marinade:
1/8 l Essig, 1/4 l Wasser, Salz
1 Eßl. Zucker
Kümmel nach Geschmack
1 Zwiebel, fein geschnitten
evtl. etwas Meerrettich
zum Anrichten:
2–3 Eßl. Öl nach Belieben

Rote Rüben gründlich waschen, dabei nicht verletzen, um Ausbluten zu verhindern, weich dämpfen, *Garzeit* 3/4–1 Stunde, im Dampfdrucktopf 12–15 Minuten, rasch kalt überbrausen, schälen, in feine Scheiben schneiden (Buntmesser) oder hobeln oder nach Belieben raffeln. Zutaten zur Marinade mit Gewürzen und nach Belieben mit etwas klein geschnittenem oder geriebenem Meerrettich aufkochen, abschmecken, heiß über rote Rüben gießen, einige Stunden, am besten über Nacht durchziehen lassen. Aus arbeitswirtschaftlichen Gründen ist es empfehlenswert, rote Rüben im Hinblick auf ihre lange Gardauer in größerer Menge zu dämpfen und als Salat anzumachen, diesen in Steintopf zugedeckt kühl zu stellen. Rotrübensalat hält sich, kalt gestellt, etwa 8 Tage. Nach Belieben kann Rotrübensalat zum Anrichten mit etwas Öl gemischt werden.

827. Pilzsalat, Champignon-, Steinpilzsalat (von gegarten Pilzen)

Pilze putzen, sorgfältig waschen, feinblättrig schneiden; feingeschnittene Zwiebel in Öl glasig dünsten, vorbereitete Pilze zugeben, für Champignons etwas Zitronensaft beifügen, 10 Minuten im eigenen Saft dünsten bis Saft eingesogen ist, salzen, erkalten lassen. Mayonnaise mit Rahm verschlagen, gut abschmecken, mit erkalteten Pilzen mischen, etwa 1/2 Stunde durchziehen lassen, mit Petersilie bestreut anrichten. Oder vorbereitete Pilze in 1/8 l kochendem Wasser garen, Sud für Herstellung der gestreckten Mayonnaise verwenden.

1/2–3/4 kg Champignons oder junge, feste Steinpilze oder gemischte junge Pilze
2 Eßl. Öl, 1 Zwiebel, Salz
Zitronensaft f. Champignons
1/2 Rez. Mayonnaise Nr. 970
4 Eßl. süßer Rahm, Petersilie

828. Spinatsalat (abgewellt)

Spinat verlesen, Stiele abzupfen, gründlich waschen, in sehr wenig kochendem Salzwasser *kurz* abwellen, sofort auf Sieb geben, gut abtropfen lassen, dann mit fein geschnittener Zwiebel mischen, mit einem Teil der Marinade beträufeln, leicht mischen, auf Platte anrichten, nach Belieben mit gehackten, harten Eiern bestreuen, mit Rest der Marinade begießen, etwa 15 Minuten durchziehen lassen.
Spinatsud für Suppe oder Soße verwenden.

1 kg zarter Spinat
wenig Salzwasser
1 Zwiebel, 2–3 harte Eier
zur Marinade:
Saft von 2 Zitronen
Salz, Zucker, 1 Prise weißer Pfeffer, 4 Eßl. Öl

829. Rosenkohlsalat (gekocht)

Rosenkohl putzen, Strunk kreuzweise einschneiden, gründlich waschen, in kochendem Salzwasser kernig-weich dämpfen oder kochen, gut abtropfen lassen, mit feingeschnittener Zwiebel und heißer Salatmarinade mischen, abschmecken, Öl zugeben, gut durchziehen lassen, mehrmals mit Marinade begießen.

3/4–1 kg Rosenkohl
Salzwasser
Zwiebel nach Belieben
Salatmarinade Nr. 780/II

830. Weißkrautsalat (gekocht)

Kraut putzen, vierteln, gut waschen, fein hobeln, Strunk entfernen, in wenig kochendem Salzwasser kernig-weich kochen, gut abtropfen lassen, mit fein geschnittener Zwiebel mischen, noch heiß mit heißer Salatmarinade anmachen, abschmecken; nach Belieben statt Öl feingewürfelten geräucherten Speck, leicht angeröstet, an den Salat geben, gut durchziehen lassen.

3/4–1 kg Weißkraut
zum Kochen: Salzwasser
1 Zwiebel, etwas Kümmel
Salatmarinade Nr. 780/II
evtl. 40 g Speck statt Öl

831. Paprikasalat (gekocht)

Paprikaschoten waschen, vom Stielansatz, Zwischenrippen und Samenkernen befreien, nochmal waschen, in feine Streifen schneiden, diese in sehr *wenig* kochendem Salzwasser kernig-weich dämpfen oder kochen (etwa 5 Minuten), abseihen, abtropfen lassen, mit feingeschnittener Zwiebel mischen, noch heiß mit heißer Salatmarinade und Öl anmachen, abschmecken, etwa 30 Minuten durchziehen lassen.

500–600 g Paprikaschoten
wenig Salzwasser
1 Zwiebel
Salatmarinade Nr. 780/II

832. Chinakohlsalat (abgewellt)

1 kg Chinakohl
wenig Salzwasser
1 Zwiebel
Salatmarinade Nr. 780/II

Chinakohl putzen, gründlich waschen, in feine Streifen schneiden, in wenig kochendem Salzwasser rasch abwellen, abtropfen lassen, mit feingeschnittener Zwiebel mischen, mit Salatmarinade noch heiß anmachen, abschmecken, Öl zugeben, etwa 1/2 Stunde durchziehen lassen.

833. Kartoffelsalat

3/4–1 kg Salatkartoffeln (festkochende Sorte oder kleine Kartoffeln)
2 Zwiebeln
Salatmarinade Nr. 780/II mit
1/4 l heißer Brühe und
3–4 Eßl. Öl oder
50 g Speckwürfel oder
1/2–1 Rez. Mayonnaise Nr. 790 (gestreckt)
nach Belieben:
Kräuter fein gewiegt
1 frische Salatgurke oder
3 Gewürzgurken
3–4 rohe Äpfel
1/2 Sellerieknolle, gekocht
magere Fleisch-, Wurst- oder Schinkenreste oder
2 Heringsfilets, mariniert

Salatkartoffeln frisch dämpfen, schälen, etwas abkühlen lassen, in Scheiben schneiden, mit fein geschnittenen Zwiebeln mischen; die noch warmen Kartoffeln mit heißer, gut abgeschmeckter Marinade ohne Öl anmachen, vorsichtig mischen, abschmecken, gut durchziehen lassen, zuletzt Öl oder angeröstete kleine Speckwürfel untermischen, vor dem Anrichten nochmal abschmecken. Bei Zugabe von Mayonnaise Kartoffelscheiben mit heißer Marinade ohne Öl gut durchziehen lassen, erst vor dem Anrichten mit Mayonnaise mischen.
Kartoffelsalat kann durch Zugabe verschiedener Geschmackszutaten sehr abwechslungsreich gestaltet und abgewandelt werden: Angegebene Veränderungszutaten je nach Wahl in kleine Würfel oder Streifchen schneiden, unter Kartoffelsalat mischen, gut durchziehen lassen. Frische Gurken jeweils schälen, hobeln oder in feine Scheiben schneiden, kurz vor dem Anrichten untermischen. Die verschiedenen Abwandlungszutaten können einzeln oder gemischt verwendet werden; in letzterem Fall Kartoffelmenge etwas verringern.
Kartoffelsalat nicht ganz kalt zu Tisch geben, er schmeckt besser, wenn er noch leicht lauwarm ist.
Kartoffelsalatreste am gleichen Tag verwenden; es ist gefährlich, wenn Kartoffelsalat (besonders bei warmer Witterung) über Nacht aufbewahrt wird!

834. Bunte Gemüsesalat-Platten

Bunte Gemüsesalat-Platten sind sehr beliebt und bieten außerordentlich vielseitige Abwechslungsmöglichkeiten. Sie können individuellem Geschmack, speziellen Wünschen und der jeweiligen Jahreszeit leicht angepaßt werden.
An Gesamtmenge rechnet man etwa 1–1 1/4 kg für 4 Personen, die Menge der einzelnen Gemüse hängt von der Zahl der Gemüsearten ab.
Arbeitsregeln für gemischte Salatplatten siehe Kochlehre Seite 389.

Beispiele für Zusammenstellungen:

1. Nisselsalat, Gelbrübensalat, roh oder gekocht, Paprikasalat, roh, gebrüht oder gekocht, Selleriesalat, gekocht;
2. Chicoréesalat, Blumenkohlsalat, roh oder gekocht, Schwarzwurzelsalat, Bohnensalat, Gelbrübensalat, roh oder gekocht;
3. Spinatsalat, roh, Selleriesalat mit Äpfeln, Rotrübensalat, roh oder gekocht, Gurkensalat, Rettichsalat, Krautsalat, gebrüht;

4. Grüner Salat, Paprikasalat, roh oder gebrüht, Rettichsalat, Gurkensalat, Tomatensalat;
5. Lauchsalat, roh oder gekocht, Gelbrübensalat, roh oder gekocht, Blumenkohlsalat, gekocht, Kopfsalat mit Radieschen, Tomatensalat;
6. Chicoréesalat mit Obst, Kohlrabisalat, roh, Rotrübensalat, gekocht, Kresse- oder Nisselsalat, Blumenkohlsalat, gekocht oder roh.

Feine gemischte Salate

Grundsätzliches und Verwendung siehe Kochlehre Seite 386/387; Arbeitsregeln siehe Seite 389.

835. Gemischter Gemüsesalat, Hindhede Salat (6–8 Personen)

$1^1/_2$–2 kg verschiedene Gemüse wie:
1 große Sellerieknolle
400 g Karotten oder gelbe Rüben (Möhren)
4–6 Eßl. zarte junge Erbsen
8 Stangen Spargel
500 g Kartoffeln, 5 Äpfel
4–5 große Gewürzgurken
1–2 Zwiebeln
Salatmarinade:
$^1/_4$–$^3/_8$ l heiße Brühe
5 Eßl. Zitronensaft oder Essig, Salz, etwas Zucker
Senf nach Geschmack
Mayonnaise Nr. 970

Gemüse waschen, je nach Art vorbereiten, dämpfen oder kochen, je nach Art schälen, in gleichmäßige, kleine Würfel schneiden; geschälten Spargel vor dem Kochen in etwa 2 cm lange Stückchen schneiden, Erbsen vor dem Kochen auspalen. Rohe Äpfel schälen, vom Kernhaus befreien, mit den Gewürzgurken gleichmäßig klein würfeln, Zwiebeln sehr feinwürfelig schneiden. Vorbereitete gegarte Gemüse, Gewürzgurken und Äpfel mischen, mit heißer, kräftig abgeschmeckter Marinade anmachen, abschmecken, kalt gestellt gut durchziehen lassen. Kurz vor dem Anrichten aus der Marinade nehmen, gut abtropfen lassen, mit pikant abgeschmeckter Mayonnaise mischen, nochmal abschmecken, in Glasschale anrichten, hübsch verzieren.
Als Garnitur sind nötig: 2 harte Eier, evtl. Kapern, 3–4 Tomaten in Scheiben oder Achteln, 2–3 Gewürz- oder Essiggurken (gefächert), zarte Kopfsalatblättchen oder Petersilie.
Gemüse können je nach Geschmack mengenmäßig etwas verändert und nach Belieben auch ausgetauscht werden; stark färbende Gemüse wie rote Rüben, Blaukraut sind ungeeignet.
Gemischter Gemüsesalat ist gut geeignet für festliches kaltes Abendessen, für kaltes Büffet und auch als kleine Vorspeise z. B. in Tomaten gefüllt.

836. Selleriesalat roh mit Früchten

Farbbild neben Seite 401

1 schöne Knolle Sellerie
1–2 Grapefruits
2–3 kernlose Orangen
3 säuerliche, saftige Äpfel
4 Scheiben Dosenananas
100 g Walnüsse oder Mandeln
Marinade:
6–8 Eßl. süßer Rahm
Saft von 2 Zitronen
etwas Salz, Zucker
etw. Orangenschale, gerieben.

Rohen Sellerie sehr gut waschen, schälen, nochmal waschen, raspeln, sofort mit Rahmmarinade vermengen, damit er sich nicht verfärbt. Obst sorgsam schälen, in gleichmäßig feine Streifen schneiden, Äpfel evtl. raffeln, mit Sellerie mischen, Walnüsse oder geschälte Mandeln stiftelig schneiden oder grob hacken, untermischen, gut abschmecken, etwa $^1/_2$ Stunde kalt gestellt durchziehen lassen, gut kalt reichen.
Garnieren mit Orangenspalten oder Ananasstückchen und Petersilie. Sehr beliebt als Beilage zu Braten oder Fisch, auch zu kaltem Büffet und als *Vorspeise* gut geeignet.

837. Selleriesalat (gekocht) mit gemischten Früchten

1 Knolle Sellerie, gegart
2 kernlose Orangen
3 Scheiben Dosenananas
2 Bananen
2 große, saftige Äpfel
50 g geschälte Mandeln
etwas Zitronensaft
Zucker nach Geschmack
Mayonnaise Nr. 970
2–3 Eßlöffel süßer Rahm, Joghurt oder Dosenmilch

Gekochten oder gedämpften Sellerie schälen, in gleichmäßige, kleine Würfel oder Streifen schneiden; Orangen sehr sorgfältig schälen, weiße Haut gründlich entfernen; Äpfel schälen, Kernhaus entfernen, Orangen und Äpfel wie Sellerie in kleine Würfel oder Streifchen, geschälte Bananen in Scheiben schneiden; Obst sofort mit etwas Zitronensaft beträufeln, mit wenig Zucker bestreuen; geschälte Mandeln stifteln. Vorbereitetes Obst mit Sellerie und Mandeln locker mischen; Mayonnaise mit Rahm oder Joghurt bzw. Dosenmilch gut verschlagen, abschmekken. Salat damit sorgsam mischen, nochmal abschmecken, bis zum Gebrauch kalt stellen, gut kühl reichen, mit Petersilie garnieren.
Sehr gut geeignet als *Vorspeise* oder als Beilage zu feinem Fleisch oder Fisch, auch zu kaltem Büffet beliebt.

838. Diplomaten-Salat, Ananas-Salat

6 Scheiben Dosenananas
2 große, kernlose Orangen
2 Grapefruits nach Belieben
2–3 saftige, säuerliche Äpfel
2 Bananen
100–150 g Champignons
1 Eßl. Öl zum Garen
100 g Walnüsse od. Mandeln
Zitronensaft, Zucker, Salz
zur Marinade:
8–10 Eßl. süßer Rahm
etwas Zitronensaft, Salz od. 1/2 Rez. Mayonnaise Nr. 970 mit 2–3 Eßl. Rahm oder Joghurt

Ananas gut abtropfen lassen, Orangen und Grapefruits sorgfältig schälen, weiße Haut gründlich abziehen, Äpfel schälen und Kernhaus entfernen; alles Obst in gleichmäßige, kleine Würfel oder feine Streifen schneiden, geschälte Bananen in Scheiben schneiden, Obst locker mischen und sofort mit etwas Zitronensaft und Zucker beträufeln, um Verfärben zu vermeiden. Geputzte, gewaschene Champignons in feine Scheibchen schneiden, in 1 Eßlöffel Öl mit wenig Zitronensaft und Salz im eigenen Saft 10 Minuten garen, erkaltet mit Obst mischen. Geschälte, grob gehackte oder gestiftelte Nüsse oder Mandeln mit Obst und Pilzen mischen, mit abgeschmecktem Rahm oder mit pikant abgeschmeckter, mit etwas Rahm oder Joghurt verdünnter Mayonnaise locker mischen, abschmecken, bis zum Gebrauch gut kalt stellen.
Garnitur: Ananasstückchen, Petersilie.
Beliebt als *Vorspeise* oder zu kaltem Büffet.

839. Feiner gemischter Champignonsalat Farbbild neben Seite 401

500 g frische Champignons
2 Eßl. Öl, 1 Zwiebel
etwas Zitronensaft, Salz
150 g magerer, gekochter Schinken, 3 harte Eier
3 Gewürzgurken
Mayonnaise Nr. 970
2–4 Eßl. süßer Rahm
etwas Petersilie, gewiegt

Pilze putzen, sorgfältig waschen, gut abtropfen lassen, feinblättrig schneiden; feingeschnittene Zwiebel in Öl glasig dünsten, vorbereitete Pilze zugeben, mit Zitronensaft beträufeln, im eigenen Saft 10 Minuten dünsten, salzen, erkalten lassen. Gewürzgurken und Schinken feinwürfelig schneiden, hart gekochte Eier schälen, in Scheiben schneiden oder grob hacken, mit erkalteten Pilzen mischen; Mayonnaise mit etwas Rahm oder Dosenmilch verrühren, gut abschmecken, Pilzsalat damit anmachen, abschmecken, mindestens 1/2 Stunde (kalt gestellt) durchziehen lassen, mit Petersilie bestreut anrichten.

840. Palm Beach

Kernlose Gurke waschen, schälen, mit geschälten, vom Kernhaus befreiten Äpfeln und vorbereitetem Sellerie in gleichmäßige, etwa 1/2 cm große Würfel oder feine Streifen schneiden, mit Zitronensaft beträufeln; Bananen schälen und feinwürfelig oder in feine Streifen schneiden, mit Zitronensaft beträufeln, Nüsse grob hacken, Meerrettich fein reiben. Alle vorbereiteten Zutaten locker mischen, leicht salzen, mit Mayonnaise vermengen, abschmecken, auf gewaschenen Salatblättern oder in ausgehöhlten, leicht gesalzenen Tomaten anrichten, gut kalt reichen.

Als kalte *Vorspeise* zu festlichem kalten Abendessen oder kaltem Büffet gut geeignet.

1 kleine, frische Salatgurke
2 saftige, säuerliche Äpfel
2 Bananen, 1/2 Sellerieknolle (roh oder gedämpft)
30–50 g Walnußkerne
etwas Meerrettich
etwas Zitronensaft, Salz
Mayonnaise Nr. 970

zum Anrichten:
Herzblättchen von Kopfsalat oder mittelgroße Tomaten

841. Italienischer Salat (6–8 Personen)

Alle Gemüse waschen, putzen, nochmal waschen, in wenig kochendem Salzwasser dämpfen oder kochen, je nach Art schälen; vorbereitetes Fleisch dünsten, erkalten lassen. Heringsfilets auf Schärfe prüfen, evtl. noch entgräten. Heringfilets sind nicht obligatorischer Bestandteil des Italienischen Salats.

Alle Zutaten in kleine, gleichmäßige Würfel oder Streifen schneiden, Zwiebeln sehr fein würfelig schneiden oder wiegen, Kapern grob hacken oder ganz lassen. Alle vorbereiteten Zutaten trocken mischen, mit heißer, kräftig abgeschmeckter Marinade (ohne Öl) anmachen, mischen, abschmecken, zugedeckt kühl stellen und gut durchziehen lassen; kurz vor dem Anrichten aus Marinade nehmen, evtl. abtropfen lassen, mit gut abgeschmeckter Mayonnaise vermengen, nochmal abschmecken, anrichten, verzieren.
Nach Belieben kann italienischer Salat auch in mittelgroße, ausgehöhlte Tomaten gefüllt und so portionsweise angerichtet werden. Nach Belieben mit etwas Mayonnaise spritzen.
Italienischer Salat kann durch Änderung der Zutaten dem persönlichen Geschmack jeweils angepaßt und dadurch u. U. auch verbilligt werden!

Als *Garnituren* sind geeignet: Harte Eier in Scheiben, Kapern, Sardellenfilets, Gewürz- oder Essiggurken (gefächert), Tomatenscheiben, zarte Salatblättchen, evtl. auch Mayonnaise gespritzt.

Italienischer Salat ist gut geeignet als *Vorspeise*, beliebt zu festlichen, kalten Abendessen und zu kalten Büffets.

Beilage: Frische Brötchen oder Toast.

1 1/2–2 kg gemischte Zutaten:
250–400 g gedünstetes Kalb- oder mageres Schweinefleisch
100–150 g magerer, gekochter Schinken, Ochsenzunge oder magere Fleischwurst
evtl. 2–4 marinierte Heringsfilets, 3–5 Gewürzgurken
4 saftige, säuerliche Äpfel
1 Sellerieknolle u. 2–3 große gelbe Rüben gedämpft
1/2 Tasse zarte grüne Erbsen (gekocht), 2 Eßl. Kapern
500 g frisch gedämpfte Kartoffeln, 2 Zwiebeln

zur Marinade:
1/4–3/8 l heiße, entfettete Fleischbrühe, 4–5 Eßl. Essig
Salz, Zucker nach Geschmack
Mayonnaise Nr. 970
etwas Senf
Garnituren nach Wahl

4–6 eingelegte Heringsfilets
100–150 g magerer, gekochter Schinken, Geräuchertes oder gares, mageres Fleisch
1/2–3/4 kg Kartoffeln
1–2 gekochte rote Rüben
3 Gewürzgurken, 2 Zwiebeln
3–4 säuerliche, saftige Äpfel
Walnußkerne nach Belieben
Marinade:
1/4–3/8 l heiße Fleischbrühe
Salz, Zucker, etwas Essig
evtl. etwas Senf, 4–6 Eßl. Öl oder Mayonnaise Nr. 970

842. Heringssalat

Frisch gedämpfte, geschälte Kartoffeln, nach Belieben rote Rüben, Gewürzgurken und geschälte Äpfel in gleichmäßig kleine Würfel von etwa 1/2 cm Kantenlänge schneiden; Heringe, gekochten Schinken bzw. Fleischreste etwas kleiner würfeln, Zwiebeln sehr feinwürfelig schneiden und Walnußkerne nach Belieben grob hacken; alle vorbereiteten Zutaten trocken locker mischen, mit heißer, gut abgeschmeckter Marinade mischen, abschmecken, kalt gestellt durchziehen lassen, dann aus Marinade nehmen, mit Mayonnaise oder Öl vermengen, kurz kalt stellen und noch etwas durchziehen lassen, nochmals abschmecken, in Glasschale anrichten, nach Belieben verzieren mit harten Eiern, Tomaten, Gewürz- oder Essiggurken oder Petersilie.
Anmerkung: Heringfilets erst auf Schärfe prüfen, evtl. wässern, noch vorhandene Gräten sorgfältig entfernen.

300 g magerer Schweine- oder Kalbsbraten
200 g magerer, gekochter Schinken oder Fleischwurst
100 g geräucherte, gekochte Ochsenzunge
3 große Gewürzgurken
2–3 saftige, säuerliche Äpfel
2–3 Eßl. Kapern, 1 Zwiebel
etwas Zitronensaft, Salz
zum Strecken nach Belieben:
1/2 gekochte Sellerieknolle
2–3 frisch gekochte Kartoffeln
Mayonnaise Nr. 970

843. Feiner Fleischsalat

Gebratenes Fleisch, Schinken oder Wurst und Zunge sowie Gewürzgurken und geschälte Äpfel in gleichmäßige, kleine Würfel (1/2 cm) oder feine Streifen schneiden, mit Kapern mischen, mit etwas Zitronensaft und wenig Salz leicht marinieren, feingeschnittene Zwiebel untermengen, etwas durchziehen lassen. Nach Belieben frisch gekochte bzw. gedämpfte Kartoffeln und gekochte Sellerieknolle schälen, ebenso fein würfeln oder in Streifen schneiden, mit etwas Essig, Wasser, Salz marinieren, gut durchziehen und erkalten lassen, dann unter vorbereitetes Fleisch locker mischen, mit gut abgeschmeckter Mayonnaise (evtl. gestreckt) vermengen, nochmal abschmecken.
Beim Anrichten mit Scheiben von Gewürzgurken, harten Eiern und Tomaten sowie Petersilie garnieren.
Als kalte *Vorspeise* und zu kaltem Büffet gut geeignet.

300 g gekochtes Geflügelfleisch
300 g gekochter Sellerie
3–4 saftige, säuerliche Äpfel
2–3 Gewürzgurken
zum Marinieren:
etwas Zitronensaft, Salz
etwas Zucker, wenig Brühe
Mayonnaise Nr. 970 mit
2 Eßl. Rahm od. Dosenmilch
zum Anrichten:
2 harte Eier, Petersilie
Essig- oder Gewürzgurken

844. Geflügelsalat einfach

Gekochtes Geflügelfleisch noch warm von Knochen lösen, Haut und Fett entfernen, Fleisch im Sud erkalten lassen. Geflügelfleisch, geschälte Äpfel, Gewürzgurken und gekochten Sellerie in gleichmäßige, kleine Würfel schneiden, locker mischen, Zitronensaft mit etwas Salz, Zucker und wenig entfetteter Geflügelbrühe mengen, abschmecken, Zutaten damit leicht marinieren, gut durchziehen lassen; kurz vor dem Anrichten aus Marinade nehmen, mit gut abgeschmeckter Mayonnaise, die mit etwas Rahm oder Dosenmilch verrührt wurde, mischen, nochmal abschmecken, anrichten, mit Scheiben von hartgekochten Eiern, Essig- oder Gewürzgurken und Petersilie garnieren.
Gut geeignet als festliches Abendessen, auch zu kaltem Büffet.

845. Geflügelsalat fein

Gares Geflügel noch warm von Knochen, Fett und Haut befreien, Fleisch im Sud erkalten lassen; dann Geflügelfleisch in gleichmäßige, kleine Würfel oder Streifen schneiden, Schinken etwas feiner würfeln; geputzte Spargelstangen vor dem Kochen in etwa 2–3 cm lange Stückchen schneiden, in wenig Salzwasser gar kochen (oder Dosenspargel verwenden); geputzte, gewaschene Champignons vierteln, kleine halbieren, mit 2 Eßlöffeln Öl und wenig Salz und einigen Tropfen Zitronensaft im eigenen Saft dünsten (Champignons aus Dose vierteln oder halbieren). Erkaltetes Gemüse mit Fleisch locker mischen, mit gut abgeschmeckter Marinade leicht marinieren, einige Zeit durchziehen lassen. Mayonnaise mit Rahm oder Dosenmilch verschlagen, gut abschmecken, Salat aus Marinade nehmen, mit Mayonnaise mischen, abschmecken, noch kurz durchziehen lassen, kalt stellen bis zum Gebrauch.
Nach dem Anrichten garnieren mit harten Eiern, Fächern aus Essig- oder Gewürzgurken, Tomatenscheiben oder Spargelstücken und Petersilie.

Sehr beliebt als festliches kaltes Abendessen und zu kaltem Büffet, auch als *Vorspeise* sehr gut geeignet.

Beilage: Toast oder frische Brötchen.

500 g gares Geflügelfleisch (ohne Haut und Knochen)
125 g magerer, gekochter Schinken nach Belieben
250 g gekochter Spargel
125 g Champignons, gedünstet oder aus Dose

z. Marinieren: Zitronensaft, Salz, Zucker, wenig entfettete Geflügelbrühe

Mayonnaise Nr. 970 mit 2–3 Eßl. Rahm (oder Dosenmilch)

zum Anrichten:
2–3 harte Eier, Tomatenscheiben, Spargelstücke, Essig- oder Gewürzgurken Petersilie

846. Geflügelsalat mit Obst

Gares Geflügel noch warm von Knochen, Fett und Haut befreien, im Sud erkalten lassen. Fleisch dann in gleichmäßig kleine Würfel oder Streifen schneiden, Ananas und sorgfältig geschälte, entkernte Orangen gleichfalls in feine Streifen, geschälte Bananen in Scheiben schneiden, hart gekochte Eier und Walnüsse grob hacken. Alle Zutaten locker mischen, mit gut abgeschmeckter Marinade aus entfetteter Geflügelbrühe und Geschmackszutaten begießen, abschmecken, einige Zeit durchziehen lassen. Mayonnaise mit Rahm oder Dosenmilch verschlagen, gut abschmecken, Salat damit anmachen, nochmal abschmecken, anrichten, garnieren mit Ananasstücken und entkernten Orangenscheiben; bis zum Gebrauch kalt stellen.

Sehr gut geeignet als *Vorspeise* zu festlichen kalten Abendessen und zu kalten Büffets.

Beilage: Frische Brötchen oder Toast.

500 g gares Geflügelfleisch
3–4 Scheiben Dosenananas
2 Orangen, 2 Bananen
2 harte Eier, 50 g Walnüsse

zum Marinieren:
Zitronensaft, Salz, etwas Zucker, 2–3 Eßl. Geflügelbrühe

Mayonnaise Nr. 970 mit 2–3 Eßl. Rahm od. Dosenmilch

Zum Anrichten:
2 Scheiben Ananas
2 Orangen in Scheiben
Kopfsalatblätter

847. Geflügelsalat mit Grapefruits

500 g gares Hühnerfleisch
1 kl. gekochter Sellerie
2–3 Grapefruits
2–3 kernlose Orangen
2 Scheiben Ananas
einige Oliven
etwas Zitronensaft, Salz
wenig weißer Pfeffer
1/2 Rez. Mayonnaise Nr. 970
3–4 Eßl. Rahm od. Joghurt
zum Anrichten:
Ananasstückchen, geschälte Grapefruitspalten, Salatblättchen

Gekochtes Huhn noch warm von Haut, Fett und Knochen lösen, Fleisch in der Brühe erkalten lassen; dann aus dem Sud nehmen, in gleichmäßige kleine Würfel schneiden; gekochten Sellerie schälen, ebenfalls gleichmäßig würfeln. Grapefruits und Orangen schälen, weiße Haut sorgfältig entfernen, Fruchtfleisch in Scheiben schneiden, Ananas gleichmäßig klein würfeln, Oliven in Scheibchen schneiden. Alle vorbereiteten Zutaten locker mischen, mit Zitronensaft beträufeln, mit etwas weißem Pfeffer und Salz leicht würzen, durchziehen lassen. Mayonnaise mit Rahm oder Joghurt gut verschlagen, pikant abschmecken, mit Salat vermengen, nochmal abschmecken, anrichten, nach Belieben mit Ananasstückchen und Grapefruitspalten oder Salatblättern garnieren, gut kalt zu Tisch geben.
Als *Vorspeise* gut geeignet, ebenso wie zu kaltem Büffet und festlichen kalten Abendessen.
Beilage: Toast oder frische Brötchen.

848. Geflügelsalat mit Reis und Früchten

150–200 g Hartreis
reichlich Salzwasser
200 g gares Geflügelfleisch
3–4 Scheiben Dosenananas
1–2 Orangen, 3 rote Paprikaschoten (eingemacht)
zum Marinieren:
Zitronensaft, Salz, Zucker
2–3 Eßl. Geflügelbrühe
Mayonnaise Nr. 970 mit
2–3 Eßl. Rahm, Joghurt oder Dosenmilch
etwas Curry nach Belieben
zum Anrichten:
2–3 Scheiben Dosenananas
2 rote Paprikaschoten (Dose)

Reis waschen, brühen, in reichlich kochendem Salzwasser sprudelnd körnig-weich kochen, Garzeit 20 Minuten, abseihen, kalt überbrausen, sehr gut abtropfen lassen; gares Geflügelfleisch, noch heiß von Knochen, Fett und Haut sorgfältig befreien, evtl. im Sud erkalten lassen, dann ebenso wie Ananas und Paprikaschoten in gleichmäßig kleine Würfel oder feine Streifen schneiden; sorgfältig geschälte Orangen vierteln, in feine Scheibchen schneiden und wenn nötig entkernen. Alle Zutaten mit erkaltetem Reis mischen, mit abgeschmeckter Marinade aus entfetteter Geflügelbrühe und Geschmackszutaten leicht marinieren, einige Zeit durchziehen lassen. Mayonnaise mit Rahm, Joghurt oder Dosenmilch verschlagen, kräftig abschmecken, nach Belieben mit etwas Curry würzen, Salat damit anmachen, nochmal abschmecken, etwa noch 1/2 Stunde kalt gestellt durchziehen lassen, anrichten, mit Ananasstückchen und eingelegten Paprikaschoten garnieren, gut kalt reichen.
Gut geeignet als festliches kaltes Abendessen oder zu kaltem Büffet.

849. Gemischter Salat nach Holländer Art

200 g magerer, gekochter Schinken
200 g junger Goudakäse
4 harte Eier
3 zarte, grüne Paprikaschoten
4 schöne Tomaten
Mayonnaise Nr. 970
zum Anrichten:
Salatblätter oder Tomaten

Schinken, Käse und hart gekochte, geschälte Eier in gleichmäßig feine Streifchen oder kleine Würfel schneiden; Paprikaschoten waschen, Stielansatz, Zwischenrippen und Samenkerne entfernen, nochmals rasch waschen, gewaschene Tomaten halbieren, Mark und Kerne entfernen. Beide Gemüse gleichfalls in feine Streifchen oder kleinwürfelig schneiden, mit übrigen Zutaten locker mischen, mit kräftig abgeschmeckter Mayonnaise anmachen, kalt gestellt etwas durchziehen lassen, abschmecken, in Glasschale anrichten oder in mittelgroße, gewaschene und ausgehöhlte Tomaten füllen, mit zarten, gewaschenen Salatblättern verzieren. Bis zum Gebrauch kalt stellen.
Zu kaltem Büffet wie zu kaltem Abendessen gut geeignet.

850. Straßburger Salat

Mageren gekochten Schinken oder gekochtes Kasseler sowie Schnittkäse nach Wahl (Edamer oder Gouda o. ä.) in gleichmäßig kleine Würfel von etwa 1/2 cm Kantenlänge schneiden, harte Eier schälen, gleichfalls würfeln; Gewürzgurken und eingelegte Tomatenpaprikas etwas kleiner, Zwiebel sehr feinwürfelig schneiden. Alle vorbereiteten Zutaten locker mischen. Rahm mit Joghurt, Zitronensaft, Salz, etwas Zucker und fein gewiegten Salatkräutern nach Wahl durchschlagen, gut abschmecken, die gewürfelten Zutaten damit locker mischen, nochmal abschmecken, anrichten, mit Scheiben von harten Eiern und Tomaten sowie etwas Petersiliengrün garnieren, bis zum Gebrauch kalt stellen.
Zu kaltem Abendessen oder auch zu kaltem Büffet geeignet.
Beilagen: Toast, frische Brötchen.

250 g magerer, gekochter Schinken oder Kasseler
200–250 g Schnittkäse
3 harte Eier, 2 Gewürzgurken
1–2 Tomatenpaprikaschoten (eingelegt) 1 Zwiebel
zur Marinade:
4 Eßl. süßer Rahm, 1 Becher Joghurt, Zitronensaft, Salz etwas Zucker
Salatkräuter nach Belieben

851. Räucherfischsalat

Räucherfisch häuten, entgräten, in kleine Stücke zerpflücken; gekochten Sellerie, geschälte Äpfel und Gewürzgurken in gleichmäßige, kleine Würfel oder Streifchen schneiden, Walnüsse grob hacken. Alle vorbereiteten Zutaten locker mischen; gestreckte Mayonnaise mit etwas Rahm, Dosenmilch oder Joghurt verrühren, pikant abschmecken, mit den Salatzutaten vorsichtig und locker mischen, damit Fischstückchen nicht zerfallen, abschmecken, kalt stellen, etwas durchziehen lassen, dann anrichten, nach Belieben garnieren.
Als Garnituren kommen zur Verwendung: harte Eier in Scheiben oder geviertelt, Tomatenscheiben, Gewürzgurken oder Essiggurken gefächert und zarte Salatblätter.
Beilage: Frische Brötchen.

400 g Räucherfisch wie Schellfisch, Makrelen, Flundern, Schollen oder Bücklingsfilets
1 kl. gekochte Sellerieknolle
2–3 saftige, säuerliche Äpfel
2 Gewürzgurken
evtl. 30–50 g Walnußkerne
Mayonnaise Nr. 970 (gestr.)
2–3 Eßl. Rahm, Dosenmilch oder Joghurt

852. Käsesalat einfach

Käse feinblättrig, hart gekochte Eier in feine Scheiben und Zwiebel in feine Ringe schneiden, mit Essig, Salz und Öl marinieren, abschmecken, mit wenig Pfeffer bestreuen, etwas durchziehen lassen.

300–400 g Emmentaler
2–3 harte Eier, 1–2 Zwiebeln
Marinade: 2–3 Eßl. Essig Salz, 2–3 Eßl. Öl, Pfeffer

853. Pikanter Käsesalat

Käse und gehäutete Wurst gleichmäßig in feine Streifen oder kleine Würfel schneiden, geschälte Äpfel und Gewürzgurken etwas feiner stifteln oder in kleinere Würfeln schneiden, Zwiebel sehr feinwürfelig schneiden oder reiben; alles mischen, mit Rahmmarinade oder mit gestreckter Mayonnaise mischen, abschmecken, durchziehen lassen, nochmal abschmecken, anrichten und nach Belieben garnieren.
Als Garnitur sind geeignet: harte Eier in Scheiben, Gewürzgurken gefächert und Tomatenscheiben. Zu kaltem Büffet oder kaltem Abendessen gut geeignet.
Beilage: Frische Brötchen.

250 g saftiger Emmentaler oder Edamer Käse
150 g Cervelat- oder Salamiwurst, 1 Zwiebel
1–2 saftige, säuerliche Äpfel
2 Gewürzgurken
Salatmarinade Nr. 780/I mit Rahm oder
1/2 Rezept Mayonnaise Nr. 970 (gestreckt)

854. Käsesalat mit Sellerie

250 g saftiger Emmentaler
1 kleine, rohe Sellerieknolle
2 saftige, säuerliche Äpfel
1 gekochte rote Rübe, Saft v.
1 Orange, Zitronensaft, Salz
1/2 Rez. Mayonnaise Nr. 970
(gestr.), 2 Eßl. süßer Rahm

Käse, geschälte Äpfel und geschälten rohen Sellerie gleichmäßig feinstiftelig schneiden, sofort mit dem Saft der Orange, mit Zitronensaft gemischt, vermengen, salzen, kalt stellen; gekochte rote Rübe schälen, ebenfalls stiftelig schneiden, mit übrigen Zutaten mischen, wieder kalt stellen und etwas durchziehen lassen. Mayonnaise mit Rahm oder Dosenmilch verrühren, unmittelbar vor dem Anrichten mit Salat mischen, abschmecken, anrichten und sofort zu Tisch geben.

855. Käsesalat mit Obst

250 g Käse wie Emmentaler
Edamer oder Gouda
100 g magerer, gekochter
Schinken, 2–3 reife Birnen
oder saftige Äpfel
2–3 Scheiben Ananas (Dose)
Zitronensaft, 50 g geschälte
Mandeln od. Walnußkerne
1/2 Rez. Mayonnaise Nr. 970
(gestreckt), einige Tropfen
Worcestersoße, Tomatenketchup, 1 Teel. engl. Senf
2–3 Eßl. ungesüßter Schlagrahm oder Dosenmilch

Käse und evtl. Schinken in gleichmäßige, feine Streifen schneiden; Birnen oder Äpfel schälen, vom Kernhaus befreien, ebenfalls in Streifen schneiden oder fein würfeln, sofort mit Zitronensaft mischen, um Verfärben zu verhüten; Ananasscheiben gut abtropfen lassen, auch in feine Streifen oder feinwürfelig schneiden, geschälte Mandeln oder Walnußkerne grob hacken. Alle vorbereiteten Zutaten locker mischen. Mayonnaise mit Geschmackszutaten verrühren, pikant abschmecken, mit ungesüßtem Schlagrahm oder Dosenmilch vermengen, mit vorbereiteten Zutaten locker mischen, abschmecken, kalt stellen, etwas durchziehen lassen, anrichten, verzieren, gut kalt reichen.
Garnitur: 2 Scheiben Ananas, in gleichmäßige Stückchen geschnitten, einige halbierte Walnußkerne. Zu kaltem Büffet oder kaltem Abendessen gut geeignet.
Beilage: Frische Brötchen.

856. Käsesalat mit Schinken und Ei

125 g Edamer, 125 g Gouda
150 g magerer, gekochter
Schinken, 3–4 harte Eier
2 Gewürzgurken, 1 Zwiebel
2 saftige Äpfel, Zitronensaft
Mayonnaise Nr. 970 (gestr.)
od. Remouladensoße Nr. 975
1 Teel. engl. Senf
2 Eßl. süßer Rahm

Käse, Schinken, Gewürzgurken und geschälte Äpfel in gleichmäßige, feine Streifen schneiden, Äpfel sofort mit etwas Zitronensaft beträufeln, um Verfärbung zu verhüten; harte Eier würfeln, Zwiebel sehr feinwürfelig schneiden. Mayonnaise (gestreckt) oder Remouladensoße herstellen, pikant abschmecken, mit Rahm oder Dosenmilch verschlagen, mit allen vorbereiteten Zutaten locker mischen, abschmecken, anrichten, mit Eischeiben und zarten Salatblättern garnieren, gut kalt reichen. Zu kaltem Büffet oder kaltem Abendessen gut geeignet.
Beilage: Toast, frische Brötchen.

857. Dänischer Salat, Nudelsalat

Farbbild neben Seite 401

200 g Makkaroni od. Hörnchen, Salzwasser, 250 g mag.
gekochter Schinken, gares
Geflügelfleisch od. Fleischwurst, 250 g zarte, grüne
Erbsen (Dose), 250 g gelbe
Rüben, 2 saftige, säuerliche
Äpfel, Essig, Salz
Mayonnaise Nr. 970 (gestr.)
4 Eßl. Rahm od. Joghurt

Teigwaren in reichlich Salzwasser kernig-weich kochen, abgießen, kalt überbrausen, gut abtropfen lassen. Makkaroni in etwa 1 cm lange Stücke schneiden. Gedämpfte oder gekochte gelbe Rüben schälen, in gleichmäßige kleine Würfel schneiden, Schinken, gegartes Geflügelfleisch oder Wurst und geschälte Äpfel gleichfalls gleichmäßig würfeln. Alle vorbereiteten Zutaten locker mischen, gekochte oder sterilisierte Erbsen (gut abgetropft) untermengen, mit etwas Essig und Salz leicht marinieren, einige Zeit durchziehen lassen. Mayonnaise mit Rahm oder Joghurt mischen, pikant abschmecken, mit Salat vermengen, abschmecken, etwas durchziehen lassen, nochmal abschmecken, anrichten, garnieren mit harten Eiern, Tomatenscheiben und Petersiliengrün. Als kaltes Abendessen geeignet.

858. Bunter Reissalat

Reis waschen, brühen, in reichlich kochendem Salzwasser sprudelnd körnig-weich kochen (Garzeit knapp 20 Minuten), abseihen, kalt überbrausen, sehr gut abtropfen lassen, mit etwas Marinade und evtl. mit Rahm mischen, durchziehen lassen. Sonstige Zutaten nach Wahl vorbereiten: Schinken oder gares Fleisch in feine Streifen oder Würfel, harte Eier in Scheiben schneiden; gewaschene Tomaten brühen, häuten, halbieren, Mark entfernen, Fruchtfleisch in gleichmäßige Würfel oder Streifen schneiden; Champignons aus Dose und zarte, grüne Erbsen, gekocht oder sterilisiert, gut abtropfen lassen, Champignons in Scheibchen schneiden, kleine vierteln; rote Paprikaschoten waschen, Stielansatz, Zwischenrippen und Samenkerne entfernen, nach Belieben brühen, in feine Streifchen oder Würfelchen schneiden, evtl. eingelegte rote Paprikaschoten verwenden. Dosenobst gut abtropfen lassen, würfeln oder in feine Streifen, Bananen in Scheiben schneiden, mit wenig Zitronensaft beträufeln, um Verfärben zu verhüten. Alle vorbereiteten Zutaten mit mariniertem Reis locker mischen, Rest der Marinade an den Salat geben, etwa 1/2 Stunde durchziehen lassen, zuletzt Öl oder statt dessen gut abgeschmeckte Mayonnaise untermengen, abschmecken, noch etwa 1/2 Stunde kühl gestellt durchziehen lassen, anrichten, nach Belieben garnieren mit harten Eiern, Tomaten, eingemachten roten Paprikaschoten und Petersilie.

150 g Hartreis, Salzwasser
150 g magerer, gekochter Schinken, gekochtes Geflügelfleisch oder Kalbsbraten
3–4 harte Eier
Gemüse u. Obst nach Wahl:
6–8 Tomaten, 150 g Champignons (Dose) oder 150 g zarte grüne Erbsen (Dose)
2 rote Paprikaschoten (evtl. Glas), 1 kleine Dose geschälte Mandarinen, 4 Bananen od. 4 Scheiben Ananas (Dose)
z. Marinade: 4–5 Eßl. Essig
Salz, Zucker, etwas Pfeffer
1 Teel. Senf, evtl. etwas Tomatenketchup etwas süßer Rahm, Salatkräuter n. Wahl
4–6 Eßl. Öl oder Mayonnaise Nr. 970

859. Japanischer Reissalat

Reis waschen, brühen, in reichlich kochendem Salzwasser sprudelnd knapp 20 Minuten körnig-weich kochen, abgießen, kalt überbrausen, sehr gut abtropfen lassen; harte Eier, Gewürzgurken und nach Belieben geschälte Äpfel in gleichmäßige kleine Würfel schneiden, Tomaten brühen, kalt überbrausen, häuten, halbieren, Mark mit Kernen entfernen, Fruchtfleisch ebenfalls kleinwürfelig schneiden; Thunfisch aus Dose nehmen, Öl gut abtropfen lassen, in gleichmäßige kleinere Stückchen zerpflücken. Alle vorbereiteten Zutaten locker mischen, Kapern beifügen, mit Marinade ohne Öl vorsichtig mischen, gut durchziehen lassen, abschmecken, zuletzt Öl oder Mayonnaise vorsichtig untermengen, nochmal abschmecken, anrichten, nach Belieben garnieren mit harten Eiern, Tomatenscheiben und zarten Salatblättern, gut kalt reichen. Als *Vorspeise* und zu kaltem Büffet geeignet.

150 g Hartreis
reichlich Salzwasser
200 g Thunfisch (Dose)
2–3 harte Eier, 2 Eßl. Kapern
2 Gewürzgurken, 2 Tomaten
evtl. 1–2 saftige Äpfel
zur Marinade:
4 Eßl. Zitronensaft od. Essig
Salz, etwas Zucker, wenig weißer Pfeffer, 4 Eßl. Öl od. 1/2 Rez. Mayonnaise Nr. 970

860. Rohe Tomaten mit feinen Salaten gefüllt

8–12 mittelgroße, feste, aber gut reife Tomaten, Salz
etwas Zitronensaft
zur Fülle: jeweils $^1/_2$ Rezept feiner, gemischter Salat nach Wahl

Tomaten waschen, Deckel abschneiden, aushöhlen, Mark und Kerne entfernen, leicht salzen, mit etwas Zitronensaft beträufeln, mit gut abgeschmecktem Salat nach Wahl bergartig füllen, anrichten, nach Belieben verzieren mit Scheiben von harten Eiern, Kapern, Fächern von Gewürzgurken oder kleinen Essiggurken, Petersiliengrün.
Zur *Fülle nach Wahl* können verwendet werden: Gemüsesalat, Italienischer Salat, Waldorfsalat, Selleriesalat mit Obst, Geflügelsalat, feiner Fleischsalat, Palm Beach, Eiersalat oder Straßburger Salat.
Gefüllte Tomaten mit feinen gemischten Salaten gefüllt, sind sowohl als *Vorspeise* (pro Person 1 Tomate) wie zu kaltem Büffet oder kaltem Abendessen geeignet.

861. Tomaten „Philadelphia"

8 mittelgroße, feste Tomaten
Salz, etwas Zitronensaft
Fülle: 250 g magerer, gek. Schinken od. Geflügelfleisch
250 g Champignons (Dose)
4 rote Paprikaschoten (Glas)
3 Scheiben Ananas (Dose)
1 saftiger Apfel, 1 Banane
Marinade: 3–4 Eßl. Zitronensaft, 3–4 Eßl. Brühe, Zucker, Salz, Pfeffer, Dill Petersilie
4 Eßl. Öl od. Mayonnaise
Anrichten: 2 Frischrahmkäse
4–6 Eßl. süßer Rahm, Salz wenig Pfeffer, Paprika

Schöne reife Tomaten waschen, Deckel abschneiden, vorsichtig von Mark und Kernen befreien, aushöhlen, innen leicht salzen und mit etwas Zitronensaft beträufeln. Alle Zutaten zur Fülle (Geflügelfleisch ohne Haut, Fett und Knochen) in gleichmäßige, kleine Würfel von etwa $^1/_2$ cm Kantenlänge schneiden, locker mischen. Zutaten für Marinade (ohne Öl) mischen, Kräuter dafür fein wiegen, Marinade gut abschmecken, Salat damit anmachen, etwas durchziehen lassen, abschmecken, dann mit Öl oder gut abgeschmeckter Mayonnaise vermengen, nochmal abschmecken, in vorbereitete Tomaten füllen. Frischrahmkäse mit süßem Rahm schaumig schlagen, mit etwas Salz und Pfeffer würzen, abschmecken, damit die gefüllten Tomaten dicht bespritzen (Spritzbeutel mit kleiner Sterntülle), mit Paprika leicht bestäuben, bis zum Gebrauch kalt stellen, kalt reichen.
Zu kaltem festlichen Abendessen, kaltem Büffet oder als kalte *Vorspeise* gut geeignet (als Vorspeise genügt pro Person 1 Tomate).
Beilage: Toast oder frische Brötchen.

Eiersalat siehe Nr. 635

Fleischsalat einfach siehe Nr. 358

Wurstsalat siehe Nr. 359

Fischsalat siehe Nr. 549

Fischsalat mit Obst siehe Nr. 550

Thunfischsalat siehe Nr. 551

Fischmayonnaise siehe Nr. 552

Krabbenvorspeise siehe Nr. 555

Pikanter Krabbensalat siehe Nr. 556

Krabbencocktail, Hummercocktail siehe Nr. 557

Hummermayonnaise siehe Nr. 560

Beilagen

Beilagen sollen immer *sorgfältig und überlegt gewählt* werden. Zu bedenken sind:

1. *Ihr Nährwert;* er soll jeweils das Hauptgericht harmonisch zu einer *vollwertigen und sättigenden* Mahlzeit *ergänzen.* Für ein eiweißarmes Gemüsehauptgericht empfiehlt sich eine mit Ei angereicherte Beilage z. B. Spätzle, Kartoffelkroketten, für fettreichen Braten ist eine fettarme Beilage wie Schal- und Salzkartoffeln, Kartoffelbrei oder Reis günstig.

2. *Verdaulichkeit und Bekömmlichkeit;* z. B. zu fettem Fleisch keine in Fett gebackenen Beilagen, sondern fettarme, leicht verdauliche Beilagen wie Salzkartoffeln, Kartoffelbrei, Reis evtl. auch Knödel u. a. m. reichen.

3. *Geschmack, Beschaffenheit und Aussehen* müssen zum Hauptgericht passen; soßenreiche Hauptgerichte erfordern soßenaufsaugende Beilagen wie Knödel verschiedener Art, Reis, Spätzle, Kartoffelbrei oder Salzkartoffeln; milde, zarte Hauptgerichte, z. B. aus Kalbfleisch erfordern auch zart schmeckende, leicht verdauliche Beilagen aus Reis, Teigwaren oder Kartoffeln, rohe Kartoffelklöße wären hier nicht geeignet. Panierte, gebackene Hauptgerichte, meist sehr nährstoffreich, machen saftige Gemüsesalate wünschenswert. Festliche Essen erfordern auch festliche Beilagen.

4. *Abwechslung* in der Auswahl und in der Zubereitung soll Einseitigkeit und Monotonie im Speisezettel vermeiden.

5. *Arbeits- und Zeitaufwand,* insbesondere bei festlichen Essen; hier Beilagen bevorzugen, die gut vorzubereiten sind z. B. Pommes frites oder Pommes chips. Bei Berufstätigkeit oder an Tagen mit Arbeitsspitzen solche Beilagen wählen, die arbeitssparend sind wie Reis, evtl. Minutenreis, Teigwaren oder Halbfertigfabrikate wie Kartoffelpüreeflocken oder tiefgefrorene Kartoffel- oder Semmelklöße.

6. *Der Kostenaufwand;* er wird vor allem durch die Materialkosten, aber auch durch Arbeitszeitaufwand und Garzeitdauer (Brennstoffkosten) bestimmt. Hier muß, gemäß den Bedürfnissen und Gegebenheiten des Einzelhaushaltes, individuell entschieden werden. Allgemein gelten Kartoffeln und Reis, aber auch Teigwaren als preiswerte Beilagen

Kartoffelgerichte

Kartoffeln sind trotz der sich wandelnden Ernährungsgewohnheiten auch heute noch ein wichtiges *Grundnahrungsmittel,* dessen Wert oft unterschätzt wird.

1. Ihr **ernährungsphysiologischer Wert** gründet auf der Tatsache, daß *Kartoffeleiweiß,* wenn auch mengenmäßig gering (2%), eine ***hohe biologische Wertigkeit*** hat, insbesondere wegen des hohen Gehaltes an der essentiellen Aminosäure Lysin, wodurch es andere Eiweißarten aufzuwerten vermag.

An *Mineralien* (1%) ist die Kartoffel reich an Kalium, Phosphor, sie enthält auch etwas Calcium und Spuren von Magnesium, Schwefel und Chlor.

Der Gehalt an *Vitamin C* (15 mg %) neben Spuren von *Karotin und B-Faktoren* in der Frischkartoffel ist wichtig, da die Kartoffel das ganze

Jahr über als Vitamin C-Lieferant verfügbar ist. 250 g Kartoffeln, richtig gegart, vermögen etwa die Hälfte des Tagesbedarfes an Vitamin C zu decken.

Ihr *Stärkegehalt* ist sortenabhängig (16–20%) und bestimmt vor allem ihren kalorischen Wert; dieser beträgt für 100 g verzehrte Kartoffeln nur 85 Kalorien, das ist 1/3 des Kaloriengehaltes von 100 g Brot und knapp 1/4 des Kaloriengehaltes von 100 g Teigwaren oder Reis. Ihr *Zellulosegehalt* macht sie zu einer *sättigenden* Beilage und schützt vor den Gefahren einer Überernährung. Nicht die Kartoffel, in normalen Mengen gegessen, macht dick, sondern das zur Zubereitung häufig in zu hoher Menge verwendete Fett ist dafür verantwortlich.

Kartoffeln sind auf Grund ihrer Zusammensetzung ernährungsphysiologisch eine *günstige* und *wertvolle Ergänzung* zu Fleisch-, Fisch-, Eier-, Käse- und Gemüsespeisen!

2. Kartoffeln sind, richtig und insbesondere frisch zubereitet, ohne reichliche Fettzugabe, *leicht verdaulich* und *gut bekömmlich*, deshalb auch in der Ernährung älterer Menschen und in der Krankenkost wertvoll.

3. *Zubereitung und Verarbeitung sind einfach* und bieten große Abwechslungsmöglichkeit; ihr *milder, neutraler Eigengeschmack* macht sie als Beilage für die verschiedensten Hauptgerichte gut geeignet und erlaubt die Verwendung mannigfaltiger Geschmackszutaten.

4. *Kartoffeln sind preiswert;* sie sind deshalb ein wichtiges, vielfach unentbehrliches Nahrungsmittel für weite Bevölkerungskreise und ein geschätztes Ausgangsprodukt für die industrielle Herstellung von Halbfertig- und Fertigprodukten wie Kartoffelkloßmehl, Kartoffelpüreepulver oder -flocken, tiefgefrorene Kartoffelklöße verschiedener Art, Pommes frites, Pommes chips u. a. m., welche als Schnellgerichte zunehmend an Bedeutung gewinnen.

Kochlehre:

Beim *Einkauf* von Speisekartoffeln ist zu bedenken, daß Geschmack, Stärkegehalt und Kocheigenschaften eine Sorteneigentümlichkeit sind, aber auch durch Standort und Düngung beeinflußt werden. Bei der Beschaffung von Wintervorräten ist deshalb vor dem Kauf eine Kochprobe der angebotenen Sorten zu empfehlen.

Hinsichtlich der *Kocheigenschaften* sind folgende Typen zu unterscheiden:

Mehlig-festkochend, bevorzugt für Schal- und Salzkartoffeln, Kartoffelbrei u. ä.
vorwiegend festkochend und
festkochend, als Salatware bevorzugt.

Speisekartoffeln und Speisefrühkartoffeln müssen bestimmten Qualitätsanforderungen entsprechen. Sie müssen u. a. sortenrein (wichtig für gleichmäßiges Garen), gesund, ganz, praktisch sauber und äußerlich fest und trocken sein, sowie frei sein von Kartoffelkrankheiten, von fremdem Geruch und Geschmack, von Keimen über 2 mm Länge, starker Schwarzfleckigkeit, schweren Beschädigungen und fremden Bestandteilen wie Erde und losen Keimen. Sie müssen auch nach Größe sortiert sein und je nach Handelsklasse einen durchschnittlichen Durchmesser von 35 bzw. 30 mm aufweisen. „Drillinge“ 25–30 mm.

Speisekartoffeln und Speisefrühkartoffeln als Handelsware unterliegen der Verordnung über gesetzliche Handelsklassen für Speisekartoffeln und Speisefrühkartoffeln vom 26. 7. 71. Als verbindliche Handelsklassen sind demnach eingeführt: „Klasse Extra“, „Klasse I“, „Klasse II“ und „Drillinge“. Diese Handelsklassenverordnung will die Qualität der Kartoffeln den internationalen Güteanforderungen anpassen; sie ist ab 11. 8. 1971 wirksam.

Speisekartoffeln, die der Verbraucher direkt beim Erzeuger ab Hof kauft, unterliegen diesen Bestimmungen nicht.

Kartoffellagerung muß kühl und luftig, am besten bei Temperaturen von + 3° C bis + 6° C erfolgen; während der Lagerung nehmen Stärkegehalt und Wassergehalt der Kartoffel durch den Atmungsstoffwechsel ab; kommt dieser durch zu tiefe Temperaturen zum Erliegen, kann der im Rahmen des Stoffwechsels aus Stärke gebildete Traubenzucker nicht abgebaut werden, solche Kartoffeln schmecken dann süß.

Die *Vor- und Zubereitung* von Kartoffeln muß auf bestmögliche Erhaltung der wasserlöslichen Nähr- und Wertstoffe achten. Die Verfärbung

geschälter Kartoffeln an der Luft, durch Fermente und Enzyme verursacht, verführt vielfach zu falschen Maßnahmen wie Wässern geschälter Kartoffeln und Garen derselben in reichlich Wasser. Dadurch entsteht, abgesehen vom Eiweißverlust, ein Verlust an wichtigen Mineralien von 20–25% und an Vitaminen bis zu 30%; er ist **um so höher, je kleiner geschnitten die Kartoffeln** hierbei dem Wasser ausgesetzt werden. Dagegen werden beim Garen von Schalkartoffeln Eiweißstoffe und Mineralien erhalten und der Vitaminverlust, durch Hitzeeinwirkung bedingt, beträgt nur die Hälfte.
Beim Schälen roher Kartoffeln entsteht etwa bis zu 20% Abfall, beim Abziehen von garen Schalkartoffeln nur 4–6%.

Arbeitsregeln für die Vor- und Zubereitung von Kartoffeln

1. *Frisch gegarte Kartoffeln* bzw. Kartoffelgerichte schmecken am besten und sind am bekömmlichsten, deshalb zur rechten Zeit zusetzen, so daß sie frisch auf den Tisch kommen. Längeres Stehen mindert Geschmack, Aussehen, Wertgehalt und Bekömmlichkeit.

2. *Schalkartoffeln* für das Garen frischer Kartoffeln *bevorzugen;* hierfür gleichmäßig große Kartoffeln verwenden, gründlich waschen.

3. Roh zu schälende Kartoffeln erst *kurz vor der Verarbeitung dünn schälen* (Mineralstoffe und Vitamine liegen z. T. direkt unter der Schale) (Kartoffelschäler), nur falls nötig, ungeschnitten in kaltes Wasser legen, erst unmittelbar vor dem Zusetzen bzw. vor der Verarbeitung zerkleinern.

4. Kartoffeln möglichst *dämpfen* oder in wenig Fett mit wenig Wasser *dünsten*, statt im Salzwasser kochen; dabei rasch zum Kochpunkt bringen, dann aber bei *mäßiger Hitze in gut schließendem Geschirr garen!* Während des Dämpfens nicht aus dem Kochen kommen lassen.

5. Gare Kartoffeln *gut abdampfen* lassen, damit sie locker, trocken und mehlig werden.

6. *Kartoffelreste bald* verwenden, nicht länger als höchstens 1–2 Tage kühl aufbewahren.

7. Kartoffelgerichte, *im Rohr gebacken*, benötigen infolge des hohen Feuchtigkeitsgehaltes starke Backhitze (ca. 220–240° C).

8. Kartoffelgerichte, *in Fett gebacken*, stets in *heißes Backfett* (Hitzeprobe!) geben, da Kartoffeln sonst sehr viel Fett aufnehmen und schwer verdaulich werden.

9. *Kartoffelknödel* sollen locker sein! Hierfür stärkereiche Kartoffeln verwenden und sorgfältig garen – Grundregeln für das Garen von Knödeln und Klößen siehe Seite 441.

10. *Industrielle Halbfertigprodukte* nach Aufdruck verwenden!

11. *Zum Tiefgefrieren geeignete Kartoffelgerichte:*
Kartoffelknödel aus rohem und aus gekochtem Kartoffelteig,
Kartoffelkroketten aus gekochtem Kartoffelteig,
Pommes frites und Pommes chips.
Die mögliche Lagerdauer für diese tiefgefrorenen Kartoffelgerichte beträgt 2–3 Monate.
Herstellung und Auftaumethode siehe jeweils bei den Rezeptangaben.

862. Schalkartoffeln

3/4–1 kg Kartoffeln (mehlig-festkochende Sorte)
nach Belieben: Salz, Kümmel
zum Dämpfen: Wasser

Gleichmäßig mittelgroße Kartoffeln sehr gut waschen, dabei gründlich bürsten, mit klarem Wasser nachwaschen, im Kartoffeldämpfer zusetzen, nach Belieben mit Salz und Kümmel bestreuen, Garzeit je nach Größe und Alter der Kartoffeln 30–45 Minuten. Gare Kartoffeln abgießen, offen gut abdampfen lassen, sofort anrichten.

863. Kümmelkartoffeln in der Schale

3/4–1 kg neue Kartoffeln
zum Bestreichen: 30 g Öl oder Butter, Kümmel, Salz

Gleichmäßig mittelgroße neue Kartoffeln (mehlige Sorte) sehr gut waschen, dabei gut bürsten, mit klarem Wasser nachwaschen, ungeschält halbieren, Schnittfläche mit Öl oder Butter bestreichen, mit Salz-

Kümmelmischung bestreuen, mit Schnittfläche nach oben auf Backblech setzen, in vorgeheizter Röhre bei mäßiger Mittelhitze backen, bis Kartoffeln gar sind. *Garzeit* etwa $^1/_2$–$^3/_4$ Stunden. Man kann Kartoffeln auch ungesalzen backen, dadurch bekommen sie leichte Bräunung, man salzt in diesem Fall erst nachträglich. Sehr gut zu angemachtem Quark oder Käse. Ganze Kartoffeln können auch als Schalkartoffeln in der Röhre gegart werden.

864. Salzkartoffeln*, Fischkartoffeln*

$^3/_4$–1 kg Kartoffeln
(mehlig-festkochende Sorte)
zum Dämpfen: Salzwasser
zum Verbessern:
Petersilie gewiegt oder
20 g Fett, 1 Zwiebel

Kartoffeln gründlich waschen, dünn schälen, notfalls bis zum Zusetzen ungeschnitten kurz in kaltes Wasser legen, um Verfärben zu verhüten. Unmittelbar beim Zusetzen Kartoffeln vierteln oder halbieren je nach Größe, im Kartoffeldämpfer oder auf Sieb liegend in strömendem Dampf garen; *Garzeit* 20–30 Minuten; falls kein Dämpfer verfügbar ist, Kartoffeln in nur wenig kochendem Salzwasser (etwa $^1/_4$ l für 1 kg) in sehr gut schließendem Topf garen, so daß Flüssigkeitsmenge nach der Garzeit verdampft ist und Kartoffeln trocken und gar sind. Kartoffeln bei mäßiger Hitze offen gut abdampfen lassen, dabei leicht durchschütteln, sofort in heißer Schüssel anrichten und nach Belieben mit gewiegter Petersilie oder leicht gerösteten Zwiebeln bestreuen.
Fischkartoffeln: Kleine, rundgeschälte Kartoffeln ebenso dämpfen.

865. Brühkartoffeln*

$^3/_4$–1 kg Kartoffeln
2–3 Eßlöffel Wurzelwerk
1 Zwiebel, 20 g Fett
etwa $^1/_4$–$^3/_8$ l Brühe, Salz
Petersilie gewiegt

Gewaschene Kartoffeln dünn schälen, in gleichmäßig große Würfel schneiden; kleingeschnittenes Wurzelwerk und feingeschnittene Zwiebel in Fett andünsten, Kartoffeln zugeben, kurz durchdünsten, abgeschmeckte Fleisch- oder Gemüsebrühe zugeben, rasch zum Kochen bringen, dann bei mäßiger Hitze in geschlossenem Topf garen, Brühe soll von den Kartoffeln fast aufgesogen sein. *Garzeit* etwa 20–30 Minuten je nach Kartoffelsorte und Größe der Kartoffelwürfel. Mit reichlich gewiegter Petersilie bestreut sofort anrichten.
Sehr gut zu gekochtem Fleisch und Fisch.

866. Gedünstete Kräuterkartoffeln*

$^3/_4$–1 kg Kartoffeln
30 g Fett, 2–3 Eßl. Kräuter
wie: reichlich Petersilie
etwas Liebstöckel
etwas Basilikum, Salz
etwa $^1/_4$ l Flüssigkeit

Kartoffeln waschen, dünn schälen, vierteln oder in dicke Scheiben schneiden; in zerlassenem Fett im Schmortopf von allen Seiten leicht andünsten, fein gewiegte Kräuter zugeben, salzen, kurz durchdünsten, Flüssigkeit seitlich zugeben, in gut geschlossenem Topf bei mäßiger Hitze gar dünsten. *Garzeit* 20–30 Minuten, je nach Größe der Kartoffelstücke. Zu allen Fleisch-, Fisch- und Gemüsegerichten gut geeignet.

867. Gedünstete Speckkartoffeln*

$^3/_4$–1 kg Kartoffeln
30–40 g geräucherter, durchwachsener Speck, wenig Salz
$^1/_4$ l Brühe
Petersilie oder Schnittlauch

Gut gewaschene Kartoffeln dünn schälen, vierteln, in feingewürfeltem, ausgelassenem Speck von allen Seiten andünsten, salzen, Brühe zugeben, bei geschlossenem Topf und mäßiger Hitze garen, *Garzeit* etwa 20–30 Minuten; Gericht abschmecken, mit gewiegter Petersilie oder mit Schnittlauch anrichten.

868. Ungarische Kartoffeln, Kartoffelgulasch*

$^3/_4$–1 kg rohe Kartoffeln
40 g Fett oder geräucherter, durchwachsener Speck
250 g Zwiebeln
1 Teel. Paprika, Salz
$^3/_8$–$^1/_2$ l Brühe, etwas Suppenwürze
etw. Liebstöckel u. Basilikum
10–20 g Mehl nach Belieben
4–6 Eßl. saurer Rahm oder Joghurt, Petersilie

Gewaschene, rohe Kartoffeln dünn schälen, in Würfel schneiden oder mittelgroße Kartoffeln vierteln; feingeschnittene Zwiebeln in Fett oder fein gewürfeltem Speck lichtgelb rösten, Kartoffeln, Paprika und Salz zugeben, kurz durchdünsten, Kräuter beifügen und seitlich aufgießen, nach Belieben etwas Suppenwürze in Brühe lösen, rasch zum Kochen bringen, dann zugedeckt bei mäßiger Hitze dünsten; 5 Minuten vor Ende der Garzeit Mehl und Rahm oder Joghurt glattrühren, an die Kartoffeln geben, diese vorsichtig mit Backschaufel wenden, gar dünsten lassen, abschmecken. *Garzeit* etwa 20–30 Minuten, mit Petersilie bestreut anrichten.

869. Tomatenkartoffeln gedünstet*

4–6 schöne, feste Tomaten
$^3/_4$ kg rohe Kartoffeln
2 Zwiebeln, 40-50 g Fett od Räucherspeck durchwachsen
Salz, Paprika oder Pfeffer
bis $^1/_4$ l Brühe, Petersilie

Tomaten waschen, brühen, kalt überbrausen, häuten, vierteln; gewaschene rohe Kartoffeln dünn schälen, in gleichmäßig große Würfel oder in dickere Scheiben schneiden, Speck fein würfeln. Feingeschnittene Zwiebeln in ausgelassenem Speck oder Fett andünsten, Kartoffeln zugeben, durchdünsten, Tomaten beifügen, ebenfalls leicht andünsten, würzen, mit etwas Brühe aufgießen und zugedeckt bei mäßiger Hitze gar dünsten. *Garzeit* 20–30 Minuten, abschmecken, mit Petersilie bestreut anrichten.

870. Lauchkartoffeln*

$^3/_4$-1 kg Lauch
$^3/_4$ kg rohe Kartoffeln
40–80 g durchwachsener geräucherter Speck, Salz
Paprika oder Pfeffer
$^3/_8$–$^1/_2$ l Brühe
Petersilie, gewiegt

Lauch putzen, sehr gründlich waschen, in 1-2 cm lange Stückchen oder Ringe schneiden; gewaschene rohe Kartoffeln dünn schälen, in dicke Scheiben oder gleichmäßig große Würfel schneiden, Speck fein würfeln. Speckwürfel andünsten, lagenweise Lauch, Kartoffeln und angedünstete Speckwürfel einschichten, lagenweise salzen und mit Paprika oder etwas Pfeffer bestreuen, als oberste Schicht Kartoffeln geben, Brühe seitlich zugießen, zugedeckt rasch zum Kochen bringen, dann bei mäßiger Hitze im geschlossenen Topf gar dünsten, *Garzeit* etwa 20–30 Minuten, abschmecken, mit Petersilie und evtl. mit gerösteten Speckwürfeln bestreut anrichten.

871. Aufgezogene Kartoffeln

$^3/_4$–1 kg rohe Kartoffeln
30–40 g Fett oder Öl
$^1/_2$–$^3/_4$ l Milch oder Fleischbrühe, Salz, Muskat
zum Verbessern:
gewiegte Kräuter, 1–2 Eier
mageres Rauchfleisch oder geriebenen Käse

Gewaschene rohe Kartoffeln dünn schälen, in dicke Scheiben schneiden, schuppenförmig in gefettete, feuerfeste Form oder Raine legen, mit zerlassenem Fett oder Öl leicht betupfen. Milch oder Fleischbrühe mit Salz und evtl. Muskat abschmecken, *kochend* über eingeschichtete Kartoffeln geben, in vorgeheizter Röhre bei Mittelhitze etwa $^1/_2$ bis $^3/_4$ Stunden aufziehen lassen, Flüssigkeit soll von den Kartoffeln aufgesogen werden. Oder *kalte* Milch mit Eiern, feingewiegten Kräutern und etwas feingewiegtem Rauchfleisch oder Reibkäse verquirlen, abschmecken, *kalt* über vorbereitete Kartoffeln geben, in vorgeheizter Röhre ebenso aufziehen lassen, *Garzeit* etwa $^3/_4$ Stunde.
Sehr wohlschmeckende Beilage zu Fleisch-, Fisch- und Gemüsespeisen.

872. Kartoffelschnee*

¾–1 kg Kartoffeln (mehlig-festkochende Sorte)
zum Dämpfen: Salzwasser
nach Belieben: 20 g Butter
2 Eßlöffel Semmelbrösel

Gewaschene rohe Kartoffeln dünn schälen, vierteln, als Salzkartoffeln dämpfen, nach dem Garen gut abdampfen lassen, heiße Salzkartoffeln sofort in vorgewärmte Anrichteschüssel pressen, dabei bergartig anrichten, nach Belieben mit leicht gerösteten Semmelbröseln bestreuen. Sehr leichte und bekömmliche Beilage, auch für Krankenkost geeignet.

873. Kartoffelbrei*

1 kg rohe Kartoffeln (mehlig-festkochende Sorte)
zum Dämpfen: Salzwasser
¼–⅜ l kochende Milch
20 g Butter, Salz
zum Anrichten nach Belieben: Semmelbrösel oder Zwiebelringe
etwas Butter zum Rösten

Gewaschene Kartoffeln als Schalkartoffeln oder geschält und geviertelt als Salzkartoffeln dämpfen, wenn gar, *heiß durchpressen*, mit *kochender Milch*, Butter und Salz gut *abschlagen*, am besten mit elektrischem Handrührgerät schaumig schlagen, Kartoffelbrei muß sehr locker und schaumig sein; abschmecken, nach Belieben mit in Butter leicht gerösteten Semmelbröseln oder Zwiebelringen in heißer Schüssel anrichten. Kartoffelbrei unmittelbar vor Gebrauch herstellen, nicht mehr kochen lassen, evtl. zum Warmhalten in *heißes Wasserbad stellen*, Kartoffelbrei stets *gut heiß* zu Tisch geben. Kartoffelbrei aus Schalkartoffeln wird nicht ganz so locker wie Brei aus Salzkartoffeln. Zum Abschlagen kein Aluminiumgeschirr verwenden!
Kartoffelbreireste zu Kartoffelsuppe verarbeiten oder mit etwas Mehl und Ei zu weichem Teig verarbeiten, davon mit Eßlöffel Nockerl abstechen, in heißem Fett auf Stielpfanne backen.
Kartoffelbrei ist eine sehr beliebte, wohlschmeckende und leichtverdauliche Beilage, auch in der Krankenkost viel verwendet.
Bei Verwendung von Kartoffelpüreepulver bzw. -flocken nach Gebrauchsanweisung arbeiten.

874. Prinzeßkartoffeln

½ kg frisch gedämpfte Salzkartoffeln
40 g Butter, 1 Eßl. Mehl
1 Eigelb, 1 ganzes Ei
evtl. 20 g geriebener Käse
Salz, wenig Muskat
zum Bestreichen: 1 Ei oder Eigelb
zum Blech: Fett

Frisch gedämpfte Salzkartoffeln gut abdampfen lassen, heiß pressen; Butter schaumig rühren, Eigelb, ganzes Ei, Mehl, Geschmackszutaten und geriebenen Käse unterrühren, durchgepreßte Kartoffeln unterrühren, Masse abschmecken, in Spritzbeutel füllen, auf gefettetes Blech kleine Pyramiden spritzen, mit verquirltem Ei oder Eigelb bestreichen, in vorgeheizter Röhre bei Mittelhitze goldgelb backen, *Backdauer* etwa 10 Minuten. Prinzesskartoffeln gelten als feine Beilage und Garnitur zu festlichen Braten.

875. Annakartoffeln

¾–1 kg gleichmäßig große, rohe Kartoffeln
40-60 g Butter od. Öl, Salz
etwas Pfeffer oder Paprika
evtl. 100 g geriebener Käse

Gewaschene rohe Kartoffeln dünn schälen, nochmal waschen, in gleichmäßige, etwa 1–1½ cm dicke Scheiben schneiden, in gut gefettete, feuerfeste Form schuppenartig einlegen, jede Lage mit Öl oder zerlassener Butter bestreichen, mit Salz und Pfeffer oder Paprika und evtl. mit geriebenem Käse bestreuen, oberste Kartoffelscheiben gut mit Öl oder Butter bestreichen oder mit Butterflocken belegen erst zu-

gedeckt, später offen in vorgeheizter Röhre bei guter Hitze garen, *Garzeit* etwa 30–40 Minuten.
Sehr wohlschmeckende Beilage zu Fleisch- und Gemüsespeisen.

876. **Bratkartoffeln*** (aus rohen Kartoffeln)

3/4–1 kg rohe Kartoffeln
40–60 g Fett oder Öl
Salz

Kleine rohe Kartoffeln waschen, dünn schälen, ganz lassen; größere Kartoffeln nach dem Schälen vierteln oder in dicke Scheiben schneiden; Fett im Schmortopf erhitzen, vorbereitete Kartoffeln zugeben, in heißem Fett wenden, *zugedeckt* etwa 15–20 Minuten braten, bis sie fast gar sind und goldgelbe Farbe haben, dann Deckel abnehmen, offen noch 5–10 Minuten bei guter Hitze braten, bis sie schön braun und knusprig sind, mit Salz bestreuen. Man kann mehrere geschälte rohe Kartoffeln mittlerer Größe im ganzen, größere rohe Kartoffeln halbiert zu Schweine- oder Gänsebraten in den Bräter legen und mitbraten, wodurch sie ganz besonders schmackhaft werden.
Beliebte Beilage zu festlichen Braten.

877. **Bratkartoffeln*** (aus gekochten Kartoffeln)

3/4–1 kg Kartoffeln
(frisch gedämpft)
30–40 g Fett, Salz

Frisch gedämpfte Schalkartoffeln schälen, kleine ganz lassen, größere halbieren, in heißem Fett auf der Stielpfanne von allen Seiten goldgelb backen, leicht salzen, sofort zu Tisch geben. Auch gedämpfte Salzkartoffeln können nach dem Abdampfen ebenso gebraten werden.
Beliebte Beilage zu festlichen Braten.

878. Pommes frites, Strohkartoffeln*

500 g rohe Kartoffeln
(festkochende, speckige Sorte)
Backfett oder Öl
Salz

Gewaschene rohe Kartoffeln dünn schälen, in bleistiftstarke Stifte schneiden oder stiftelig hobeln (Pommes frites-Schneider), für Strohkartoffeln etwas dünner schneiden, in kaltem Wasser nochmal waschen, um Stärke auszuwaschen, die Pommes frites leicht hart macht, dann gut abtropfen lassen, auf Tuch abtrocknen, in *kleinen Portionen in heißem Backfett* (am besten in Drahtbackkorb = Fritierkorb) *vorbacken,* bis sie halb gar sind, Häutchen zeigen und Farbe nur lichtgelb ist (ca. 2–3 Minuten), dann *aus dem Fett nehmen,* auf Sieb abdampfen lassen. Alle Kartoffeln in dieser Weise vorbacken. Kurz vor dem Anrichten vorgebackene Kartoffelstifte in etwas größeren Portionen im Drahtkorb zum zweiten Mal in *gut heißes Fettbad* geben, *rasch hellbraun* und knusprig backen (ca. 4–5 Minuten), abtropfen lassen, mit feinem Salz bestreuen und sofort zu Tisch geben. *Backzeit* insgesamt etwa 6–8 Minuten. Pommes frites müssen außen knusprig, innen aber weich sein. Backfett muß jeweils gut heiß sein! Geeignet sind gutes Öl, Butterschmalz, Palmin, Biskin oder ähnliche

gute, wasserfreie Pflanzenfette. Das Vorbacken muß in kleinen Portionen erfolgen, da Fett sonst zu sehr abkühlt, ungenügend bäckt und in die Kartoffeln einzieht, wodurch diese sehr schwer verdaulich werden; außerdem schäumt Backfett bei größeren Portionen leicht über durch den entstehenden Wasserdampf.
Durch das vorzeitige Vorbacken von Pommes frites ist bei festlichem Essen eine unangenehme Arbeitsspitze gut zu vermeiden.
Als *festliche Beilage* zu feinen Fleischgerichten, insbesondere Braten und Gemüseplatten oder als *Garnitur* für festliche Braten, Filetsteaks, Lendensteaks usw. sehr geschätzt. Für Garnitur genügen 250 g Kartoffeln.
Einmal vorgebackene Pommes frites können *tiefgefroren* werden: nach dem Vorbacken abtropfen und abkühlen lassen, nach Vorschrift verpacken, tiefgefrieren. Mögliche Lagerdauer 2–3 Monate. Zum Tischfertigmachen kurz antauen, aus Verpackung nehmen, noch gefroren in heißes Backfett geben (Backkorb), schön goldbraun und knusprig backen, abtropfen lassen, leicht salzen, sofort zu Tisch geben.

879. Pommes chips, Herbstlaub*

500 g Kartoffeln
(festkochende, speckige Sorte)
Backfett oder Öl
Salz
etwas Paprika nach Belieben

Mittelgroße rohe Kartoffeln waschen, dünn schälen, etwas rund zuschneiden, *feinblättrig* auf Gurkenhobel hobeln, nochmal waschen, gut abtropfen lassen, auf Tuch trocken tupfen, in *kleinen Portionen* in *heißem Backfett* in Fritierkorb unter leichtem Schütteln *vorbacken,* Backzeit etwa 2 Minuten; Kartoffelscheiben sollen fast gar und nur lichtgelb sein, dann aus Fett nehmen, gut abtropfen lassen. Alle Kartoffelscheiben in *zweitem heißen Fettbad* unter leichtem Schütteln goldbraun und knusprig backen (ca. 3–4 Minuten), *Gesamtbackzeit* etwa 5–6 Minuten; auf Durchschlag gut abtropfen lassen, nur mit feinem Salz oder mit Salz und Paprika bestreut sofort zu Tisch geben
Backfett und Backweise für Pommes chips wie Nr. 878.
Verwendung finden Pommes chips wie Pommes frites, sie werden aber auch gerne zu Wein gereicht. Als Garnitur genügen 250 g Kartoffeln.
Einfrieren von vorgebackenen Pommes chips wie Pommes frites.

880. Butterkartoffeln*, Schwenkkartoffeln*, Petersilien-Schwenkkartoffeln*

3/4–1 kg frisch gedämpfte
Kartoffeln (gleicher Größe)
30–40 g Butter
2-3 Eßl. Petersilie, Salz

Frisch gedämpfte Kartoffeln sofort schälen, kleine ganz lassen, große halbieren oder vierteln; Butter zerlassen, einen Teil der gewiegten Petersilie zugeben, heiße Kartoffeln darin schwenken, nicht bräunen, salzen, mit restlicher Petersilie beim Anrichten bestreuen, sofort zu Tisch geben.
Sehr beliebte Beilage zu allen Fleisch- und Fischspeisen.

881. Geröstete Kartoffeln*

Gedämpfte Kartoffeln schälen, in Scheiben schneiden; feingeschnittene Zwiebeln in Fett leicht anrösten, Kartoffelscheiben, Salz und nach Belieben Kümmel zugeben, unter öfterem Wenden goldgelb rösten. Zudecken der Pfanne während des Röstens ermöglicht Verringerung der Fettmenge. Gute Resteverwertung gekochter Kartoffeln.

3/4 kg Kartoffeln, gedämpft
30–40 g Fett oder Öl
1 große Zwiebel, Salz
Kümmel nach Belieben

882. Kartoffelomelette, Tiroler Omelette*

Gedämpfte Kartoffeln schälen, in *kleine* Würfel schneiden; feingeschnittene Zwiebeln in Fett lichtgelb anrösten, Kartoffeln zugeben, salzen, zugedeckt leicht rösten bei mäßiger Hitze. Mehl mit Eiern, Milch, Salz und Schnittlauch oder gewiegter Petersilie gut verquirlen, über Kartoffeln in die Pfanne geben, zugedeckt bei mäßiger Hitze garen, bis Masse fest geworden ist, einseitiges Backen genügt. Will man Omelette beiderseits backen, Omelette wenden mit Hilfe eines Topfdeckels, zusätzlich etwas Fett oder Öl zugeben.
Nach Belieben gares Omelette noch in der Pfanne mit gebrühten, gehäuteten, in wenig Butter gedünsteten Tomatenvierteln oder anderem Gemüse füllen, die Hälfte des Omelettes überklappen und auf heiße Platte gleiten lassen. Dazu Salat oder Gemüse reichen.
Obige Menge ergibt zwei mittelgroße oder drei kleinere Omeletten.

3/4 kg Kartoffeln, gedämpft
40–60 g Fett oder Öl
2 Zwiebeln
20–30 g Mehl, 3 ganze Eier
1/4 l Milch (knapp), Salz
Schnittlauch oder Petersilie
zum Füllen nach Belieben:
20 g Butter, 4–5 Tomaten
oder anderes Gemüse, Salz

883. Geröstel mit Käse*

Gedämpfte Kartoffeln schälen, in Scheiben schneiden, in Fett wie zu Röstkartoffeln rösten, salzen, sobald Kartoffeln goldgelb sind, geriebenen oder kleingeschnittenen Käse untermischen, bei mäßiger Hitze Kartoffeln zugedeckt noch so lange erhitzen, bis Käse geschmolzen ist.
Sehr gut zu grünem Salat.

3/4 kg gedämpfte Kartoffeln
40 g Fett oder Öl, Salz
150 g Emmentaler oder Gouda-Käse

884. Rahmkartoffeln*, Niedernauer Kartoffeln*

Frisch gedämpfte Kartoffeln schälen, etwas abkühlen lassen, in gleichmäßig große Würfel schneiden, in heißem Fett hellgelb rösten, salzen; Eier mit Rahm (evtl. mit etwas Milch), Schnittlauch oder gewiegter Petersilie und etwas Salz gut verschlagen, über geröstete Kartoffeln geben, unter öfterem Wenden fest werden oder in vorgeheizter Röhre aufziehen lassen, bis Eierrahm fest ist, mit Petersilie oder Schnittlauch bestreut anrichten.
Sehr gute Beilage zu gekochtem Ochsenfleisch, zu Gemüsen u. Salaten.

3/4–1 kg gedämpfte Kartoffeln
30–40 g Fett oder Öl, Salz
2–3 Eier, 1/4 l Rahm (evtl. mit etwas Milch gemischt), Salz
Schnittlauch oder Petersilie

885. Milchkartoffeln*, Béchamelkartoffeln*

3/4–1 kg gedämpfte Kartoffeln
zur hellen Einbrenne:
30 g Fett oder Speck
50–80 g magerer, gekochter Schinken oder Geräuchertes
1–2 Zwiebeln
30 g Mehl
1/8 l Brühe, 3/8 l Milch
Salz
wenig Muskat nach Belieben

Gewaschene Kartoffeln dämpfen, schälen, in Scheiben schneiden; inzwischen Soße herstellen: Feingeschnittene Zwiebeln und in gleichmäßige Würfel geschnittenen, gekochten Schinken oder Geräuchertes in Fett andünsten, wenn Zwiebel glasig sind, Mehl darüber stauben, lichtgelb rösten, mit Brühe ablöschen, mit Milch aufgießen, 5–10 Minuten kochen lassen, gut abschmecken, noch heiße Kartoffelscheiben zugeben, durchziehen lassen, nochmals abschmecken.
Nach Belieben Béchamelkartoffeln in gefettete, feuerfeste Form geben, mit Butterflocken belegen, mit etwas Semmelbröseln bestreuen, in vorgeheizter Röhre noch kurz überbacken.
Bei fettem Schinken Fettmenge zur Einbrenne verringern, Schinkenfett kleinwürfelig schneiden, zum Andünsten verwenden.

886. Kartoffelgemüse mit verschiedenem Geschmack* Petersilien-, Majoran-, Dill-, Meerrettichkartoffelgemüse*

3/4–1 kg gedämpfte Kartoffeln
zur hellen Einbrenne:
30 g Fett, 30 g Mehl
1 Zwiebel, 1/2 l Brühe oder evtl. Milch, 4 Eßl. Petersilie, Dill oder Majoran oder 3–4 Eßl. Meerrettich gerieb.
1 Prise Zucker bei Meerrettich, Salz
zum Verbessern: etw. Rahm

Frisch gedämpfte Kartoffeln schälen, in Scheiben schneiden; helle Einbrenne herstellen, nach Belieben mit Brühe oder Milch (oder halb/halb) aufgießen, 5–10 Minuten leise kochen lassen, gut abschmecken mit Geschmackszutaten nach Wahl, evtl. mit etwas Rahm verbessern, mit den noch heißen Kartoffelscheiben locker mischen, etwas durchziehen lassen, nochmal abschmecken.
Frische Kräuter nach dem Waschen gut abtropfen lassen, fein wiegen, nicht mitkochen; getrockneten Majoran durch Sieb reiben.
Rohen, geriebenen Meerrettich in der Soße 5–10 Minuten mitkochen lassen, konservierten Meerrettich an fertige Soße geben.

887. Tomatenkartoffelgemüse*

3/4–1 kg gedämpfte Kartoffeln
Tomatensoße Nr. 939
50 g Schinken, gekocht
zum Verbessern:
2–4 Eßl. Rahm

Frisch gedämpfte Kartoffeln schälen, in Scheiben schneiden; helle Einbrenne herstellen, darin feingeschnittenen, mageren, gekochten Schinken etwas durchdünsten, Tomatenmark zugeben, ebenfalls durchdünsten, aufgießen, 5–10 Minuten kochen lassen, abschmecken, verbessern, mit den noch heißen Kartoffelscheiben vorsichtig und locker mischen, etwas durchziehen lassen, nochmals abschmecken, nach Belieben in feuerfester Form in vorgeheizter Röhre leicht überbacken.

888. Saures Kartoffelgemüse

3/4–1 kg gedämpfte Kartoffeln
zur Soße: 30 g Fett
40 g Mehl, 2 Zwiebeln
1/2–3/4 l Brühe, Salz
2–3 Eßl. Essig, 1 Nelke
1 Lorbeerblatt, etwas Liebstöckel, 1–2 Gewürzgurken

Frisch gedämpfte Kartoffeln schälen, in Scheiben schneiden; mittelfarbene oder dunkle Einbrenne herstellen wie bei Grundrezept Nr. 57 bzw. 58 angegeben, Würzzutaten beifügen, etwa 20–30 Minuten leise kochen lassen, dann Nelke, Lorbeerblatt und Liebstöckel entfernen, Soße gut abschmecken, nach Belieben gewürfelte Gewürzgurken zugeben, mit noch heißen Kartoffelscheiben locker und vorsichtig mengen, einmal aufkochen lassen, nochmal abschmecken.

889. Kartoffelteig

Grundrezept

1 kg mehlige Kartoffeln, gedämpft
100–150 g Mehl (je nach Bedarf), Salz
evtl. etwas Muskat, 1–2 Eier

Arbeitsweise:

1. Frisch gedämpfte Kartoffeln schälen, ***heiß durchpressen, ausgebreitet gut abdampfen*** und ***auskühlen*** lassen; oder erkaltete Kartoffeln locker reiben.

2. *Teig herstellen:* 2/3 der Mehlmenge, Salz und evtl. wenig Muskat über Kartoffeln streuen, *locker abbröseln,* verschlagene Eier mit Gabel untermengen, *rasch* und *kurz* zu Teig *zusammendrücken,* nach Bedarf restliches Mehl einarbeiten. Mehl bindet, Mehlmenge richtet sich deshalb nach Feuchtigkeitsgehalt der Kartoffeln. Ei bindet gleichfalls und verbessert den Teig. Für gebackene Kartoffelteiggerichte kann Ei entfallen, doch erhöht sich dadurch der Bedarf an Backfett. Kartoffelteig erst ***unmittelbar vor der Verarbeitung herstellen*** und ***nicht unnötig kneten,*** da er dadurch weich wird und mehr Mehl benötigt. Teig nicht ruhen lassen!

3. *Formen des Teiges* mit *bemehlten Händen,* je nach Gericht.

4. *Garen* entweder durch *Kochen* in leise kochendem Salzwasser oder durch *Ausbacken in heißem Fett* auf der Pfanne oder im Fettbad oder durch *Backen in der Röhre bei guter Hitze* (220–240° C).

Verwendung findet Kartoffelteig zu mannigfachen salzigen und süßen Gerichten, zu Beilagen und Hauptgerichten wie:

Gekocht: Kartoffelknödel, Kartoffelnockerl, Kartoffelgnocchi mit Käse, Zwetschgenknödel u. a. m.

Gebacken in Fett: Kartoffelnudeln, Kartoffelküchlein verschiedener Art, Kartoffelkroketten, Kartoffelbällchen, Kartoffelnudeln mit Quark, Kartoffelschmarrn u. a. m.

In der Röhre gebacken oder *aufgezogen:* Kartoffelstritzel, Kartoffelmaultaschen verschiedener Art u. a. m.

890. Kartoffelknödel aus gekochten Kartoffeln (Kartoffelteig) (ca. 8 Stück)

Grundrezept Kartoffelteig Nr. 889 mit 2 Eiern (nach Belieben Hälfte der Mehlmenge mit grobem Grieß austauschen)
1 (2) alte Semmeln
20 g Fett
zum Kochen: Salzwasser

Kartoffelteig nach Grundrezept herstellen, nach Belieben Hälfte der benötigten Mehlmenge durch groben Grieß austauschen; Semmel in etwa 1 cm große Würfel schneiden, in Fett goldgelb rösten. Aus Teig *Probeknödel* formen und kochen, ist er gut, übrige Knödel formen; ist er zu weich und kocht er stark ab, noch Mehl oder Grieß in den Teig einarbeiten. Teig zu Rolle formen, einteilen entsprechend der Zahl der gewünschten Knödel, etwa fingerdicke Scheiben schneiden, mit gerösteten Bröckchen füllen, mit *leicht bemehlten Händen* Knödel formen, bis sie glatte Oberfläche haben, in *kochendes* Salzwasser einlegen, zugedeckt *bis zum Kochen* kommen lassen, dann

halboffen etwa 15–20 Minuten leise *ziehen* lassen, aus Sud nehmen, gut abtropfen lassen, auf heißer Platte *sofort* zu Tisch geben.
Besonders glatt und glänzend werden diese Knödel, wenn man sie vor dem Einlegen mit in Kartoffelmehl getauchten Händen nachformt.
Beliebte, leicht verdauliche Beilage zu allen Fleischgerichten mit reichlich Soße.
Zum *Tiefgefrieren* Kartoffelknödel wie oben herstellen (nur wenig Muskat) und garen, gut abtropfen und abkühlen lassen, kurz vorgefrieren, damit sie die Form behalten, vorschriftsmäßig verpacken in Folie oder festen Behältern, im Tiefgefrierfach tiefgefrieren; mögliche Lagerdauer 2–3 Monate. Zum Tischfertigmachen leicht antauen lassen, so daß sie aus Verpackung gehen, gefroren in kochendes Wasser legen oder auf Dämpfeinsatz über kochendem Wasser erhitzen.
Bei Verwendung von industriell hergestelltem Kartoffelkloßmehl nach Gebrauchsanweisung verfahren; als Schnellgericht geeignet.

891. Kartoffelknödel halbseiden

1 kg mehlig-festkochende Kartoffeln, gedämpft
250 g Stärkemehl (Kartoffelmehl)
3/8 l kochende Milch, Salz
1 (2) alte Semmeln, 20 g Fett
zum Kochen: Salzwasser

Frisch gedämpfte Kartoffeln schälen, sofort heiß durchpressen, ausgebreitet auskühlen lassen, dann in einer Schüssel mit Stärkemehl und Salz abbröseln, mit *kochender* Milch übergießen, Teig verarbeiten, abschmecken. Probeknödel formen und kochen, ist er gut, Teig einteilen entsprechend der Knödelzahl, Knödel mit Stärkemehl bestaubten Händen formen, in Mitte der Knödel geröstete Semmelbröckchen geben, gut glatt formen, in *kochendes* Salzwasser einlegen, zugedeckt zum Kochen bringen, *halboffen* etwa 20 Minuten *leise ziehen* lassen, aus Sud nehmen, gut abtropfen lassen und auf heißer Platte *sofort* zu Tisch geben. Zum *Tiefgefrieren* wie bei Nr. 890 verfahren.
Halbseidene Kartoffelknödel sind in der Beschaffenheit Kartoffelknödeln aus rohen Kartoffeln ähnlich, jedoch leichter verdaulich als diese und in der Herstellung sehr viel einfacher.
Beliebte Beilage zu fetten Braten z. B. Schweinebraten, Gänse- oder Entenbraten.
Bei Verwendung von industriell hergestelltem Kartoffelkloßmehl nach Gebrauchsanweisung verfahren.

892. Kartoffelnockerl

Kartoffelteig Nr. 889 mit 2 Eiern
etwas Mehl zum Wenden
zum Kochen: Salzwasser
zum Rösten: 30 g Fett
Semmelbrösel oder Zwiebelringe

Kartoffelteig nach Grundrezept herstellen, Probenockerl mit Eßlöffel abstechen, kochen, ist es gut, übrige Nockerl formen, leicht in Mehl wenden, in kochendes Salzwasser in flachem, weitem Topf einlegen, etwa 8–10 Minuten leise ziehen lassen, dann herausnehmen, gut abgetropft mit gerösteten Semmelbröseln oder Zwiebelringen anrichten.

893. Kartoffelnockerl mit Käse, Kartoffelgnocchi

Kartoffelteig nach Grundrezept unter Zugabe von 2 Eiern und geriebenem Käse herstellen, Probenockerl formen und in Salzwasser kochen, ist dieses gut, übrige Nockerl oder Gnocchi formen, leicht in Mehl wenden, in kochendes Salzwasser in weitem, flachem Topf einlegen, zum Kochen kommen und 8–10 Minuten ziehen lassen, mit Schaumlöffel herausnehmen, gut abtropfen lassen, in flache, gebutterte, feuerfeste Form legen, dick mit geriebenem Käse bestreuen, mit Butterflocken belegen und in vorgeheizter Röhre noch kurz überbacken, bis Käse schmilzt und lichtgelb wird.
Sehr gute Beilage zu Gemüse oder Salat.

Kartoffelteig Nr. 889
mit 2 Eiern
50 g geriebener Parmesan
etwas Mehl zum Wenden
zum Kochen: Salzwasser
zum Überbacken: 40 g Butter
50 g geriebener Parmesan

894. Kartoffelnudeln, Kartoffelküchlein

Kartoffelteig nach Grundrezept Nr. 889 herstellen, sofort verarbeiten.
Zu Kartoffelnudeln aus dem Teig etwa 2–3 cm dicke Rollen formen, diese in gleichmäßige Stücke schneiden, zu fingergroßen Nudeln formen, diese in heißem Fett auf der Stielpfanne von allen Seiten bei mäßiger Hitze goldgelb backen, sofort heiß zu Tisch geben.
Zu Kartoffelküchlein Kartoffelteig zu dicker Rolle formen, davon etwa 1–1½ cm dicke Scheiben abschneiden, etwas nachformen, in heißem Fett auf der Stielpfanne auf beiden Seiten bei mäßiger Hitze goldbraun backen.
Sehr gut zu Reh- und Hasenbraten, zu Gemüsen und Salaten.
Bei Verwendung von industriell hergestelltem Kartoffelkloßmehl oder ähnlichem Halbfertigprodukt nach gedruckter Gebrauchsanweisung verfahren.

Kartoffelteig Nr. 889
zum Ausbacken: Fett

895. Kartoffelküchlein gefüllt

Kartoffelteig nach Grundrezept herstellen; feingeschnittene Zwiebel mit feingeschnittenem geräucherten Speck andünsten, mit Hackfleisch oder kleinwürfelig geschnittenen oder durch die Maschine gedrehten Resten von gebratenem oder gekochtem Fleisch oder Wurst mischen, abschmecken. Kartoffelteig zu dicker Rolle formen, in etwa 1–1½ cm dicke Scheiben schneiden, etwas von der Fülle in die Mitte der Scheiben legen, kleine Knödel formen, diese zu Küchlein flachdrücken, etwas nachformen, in heißem Fett auf Stielpfanne ausbacken. Man kann aber auch feingeschnittene Fleisch- oder Wurstreste unter den Kartoffelteig mischen, daraus Küchlein formen und backen.
Gefüllte Kartoffelküchlein können als Hauptgericht zu Gemüse oder Salat gegeben werden.

Kartoffelteig Nr. 889
zur Fülle:
150–200 g Hackfleisch,
Wurst- oder Bratenreste
20 g Speck, geräuchert
1 Zwiebel, Salz
zum Ausbacken: Fett

896. Kartoffel-Kräuterküchlein mit Schinken

Kartoffelteig Nr. 889
80–100 g magerer, gekochter Schinken oder Geräuchertes
reichlich gewiegte Kräuter
***wie:** Petersilie, Liebstöckel*
etw. Bohnenkraut, Basilikum
***zum Backen:** Fett*

Schinkenreste oder mageres, gekochtes Geräuchertes fein wiegen oder durch Fleischmaschine geben, gewaschene Kräuter abzupfen, abtropfen lassen, fein wiegen oder mixen oder durch Maschine geben, Kartoffelteig unter Zugabe von Schinken und Kräutermischung herstellen, Rolle formen, Scheiben schneiden, etwas nachformen, in heißem Fett auf beiden Seiten bei mäßiger Hitze goldgelb backen.
Gut geeignet als selbständiges Gericht zu Gemüse oder grünem Salat.

897. Kartoffelkroketten einfach*

Kartoffelteig Nr. 889
zum Panieren nach Belieben:
1–2 Eier oder Eireste mit 1–2 Eßl. Wasser verschlagen
Semmelbrösel
***zum Backen:** Fett*

Kartoffelteig nach Grundrezept herstellen, Kroketten formen: Rollen von etwa 2–3 cm Durchmesser und 5 cm Länge formen, nach Belieben panieren, von allen Seiten in heißem Fett goldbraun backen.
Beliebte Beilagen zu feinen Braten, zu Gemüsen und Salaten.
Zum *Tiefgefrieren* Kartoffelteig wie oben herstellen, nur wenig Muskat als Würze verwenden, Kroketten wie beschrieben formen, leicht in Semmelbröseln wenden, auf Brett oder Tablett im Gefrierfach vorgefrieren, damit sie die Form behalten, dann nach Vorschrift in Folie verpacken, tiefgefrieren; mögliche Lagerdauer 2–3 Monate. Zum Tischfertigmachen leicht antauen, aus Packung nehmen, noch gefroren in heißem Fett von allen Seiten langsam goldbraun backen. Bei Verwendung von industriell hergestelltem Kartoffelteigpulver nach Gebrauchsanweisung verfahren. Als Schnellgericht geeignet.

898. Feine Kartoffelküchlein, Kartoffelkroketten fein

3/4–1 kg mehlige Kartoffeln
Salz, wenig Muskatnuß
2 Eigelb oder ganze Eier
30–50 g Mehl nach Bedarf
zum Panieren nach Belieben:
2 Eiweiß oder Eireste mit 1–2 Eßl. Wasser verschlagen
Semmelbrösel
***zum Ausbacken:** Fett*

Salzkartoffeln im Dämpfer herstellen, gut abdampfen lassen, heiß durchpressen, sofort mit Eigelb oder ganzen Eiern, Salz und evtl. wenig Muskatnuß vermengen, bei Bedarf etwas Mehl untermengen, abschmecken, runde oder ovale Küchlein oder Kroketten als Rollen von knapp 3 cm Dicke und 5 cm Länge formen, nach Belieben panieren, sofort in heißem Fett von allen Seiten goldgelb backen, (entweder auf Stielpfanne oder im Fettbad), umgehend auf heißer Platte zu Tisch geben.
Kann als Hauptgericht zu Gemüse und Salat oder auch zu Apfelbrei und Preiselbeeren gereicht werden, ist aber auch als feine Beilage zu Wildbraten geschätzt.
Beim Tiefgefrieren verfahren wie bei Nr. 897.

899. Kartoffelstritzeln

Kartoffelteig Nr. 889
mit 2 Eiern
***zum Backen:** 40–50 g Fett*
zum Aufziehen:
1–2 Eier, 1/4 l Milch, Salz
Petersilie, gewiegt

Kartoffelteig nach Grundrezept herstellen, zu Rolle formen von 2–3 cm Durchmesser, davon gleichmäßige Stücke abschneiden, diese zu fingergroßen Nudeln formen, in gut gefettete, feuerfeste Form oder Bratraine dicht nebeneinander legen, mit zerlassenem Fett gut bestreichen, in vorgeheizter Röhre bei guter Hitze (220–240° C) anbacken lassen, wenn Nudeln lichtgelb sind, Eiermilch seitlich zugießen und bei mäßiger Hitze aufziehen lassen. Backzeit 30–40 Minuten.

Man kann die geformten Nudeln aber auch in kochendem Salzwasser einmal aufkochen lassen, mit flachem Schaumlöffel herausnehmen, sehr gut abtropfen lassen, dann in gefettete, feuerfeste Form einschichten und fertigstellen wie oben beschrieben. *Backzeit* hierfür etwa 30 Minuten.

900. Kartoffelbällchen einfach (Garnitur)

1/4 Rezept Kartoffelteig Nr. 889
zum Panieren: 1 Eiweiß, Semmelbrösel
zum Backen: Ausbackfett

Kartoffeln am Vortag dämpfen, am anderen Tag schälen, locker reiben und Kartoffelteig nach Grundrezept herstellen; frisch gedämpfte Kartoffeln verursachen leicht ein Aufreißen während des Backens. Aus Kartoffelteig kleine Kugeln formen, diese in Eiweiß und Semmelbröseln wenden, in heißem Ausbackfett schwimmend goldbraun backen.
Beliebte Garnitur für feine Braten und Gemüseplatten.

901. Kartoffelbällchen fein

500 g mehlige Kartoffeln, gedämpft, 30–40 g Butter
2 Eigelb, 50 g Mehl, Salz
wenig Muskatnuß
2 Eßl. Parmesan gerieben
zum Panieren: 1 Ei oder Eiweiß, Semmelbrösel
Ausbackfett

Mehlige, am Vortag gedämpfte Kartoffeln schälen, locker reiben; Butter schaumig rühren, Eigelb unterrühren, Geschmackszutaten, geriebene Kartoffeln und Mehl beifügen, leicht zusammenarbeiten, kleine Kugeln formen, in Eiweiß und Semmelbröseln wenden, sofort in heißem Fett schwimmend goldbraun backen. Am Vortag gedämpfte Kartoffeln verhüten ein Reißen der Bällchen beim Backen.
Abwandlung mit Brandteig: Mehlige, am Vortag gedämpfte Kartoffeln schälen, locker reiben; 1/2 Grundrezept Brandteig Nr. 1375 herstellen, abkühlen lassen, geriebene Kartoffeln untermengen, Teig mit Salz, Muskat und evtl. etwas geriebenem Käse abschmecken, Kugeln formen, panieren, portionsweise in heißem Fett schwimmend goldbraun backen. Kartoffelbällchen nach dem Backen sofort heiß zu Tisch geben.
Sie sind eine feine Beilage und eine beliebte Garnitur für feine Braten und Gemüseplatten. Als Garnitur genügt Rezept von 250 g Kartoffeln.

902. Kartoffelschmarrn

3/4–1 kg gedämpfte Kartoffeln
100–150 g Mehl, Salz
zum Ausbacken: reichl. Fett

Frisch gedämpfte Schalkartoffeln schälen, heiß durchpressen, ausgebreitet gut abdampfen und erkalten lassen oder erkaltete Kartoffeln locker reiben; erkaltete Kartoffeln mit Mehl und Salz locker abbröseln, in heißem Fett unter öfterem Wenden goldbraun und bröselig backen. Man kann Kartoffelschmarrn auch in vorgeheizter Röhre in Raine oder in flachem, weitem Schmortopf unter öfterem Wenden backen; hierbei wird weniger Fett benötigt.
Beliebte Beilage zu kräftig schmeckenden Soßen, Kraut oder Sauerkraut, aber auch zu Apfelbrei und Preiselbeeren.

903. Kartoffelschmarrn mit Quark (Topfen)

$^3/_4$–1 kg gedämpfte, mehlige Kartoffeln
100–150 g Grieß oder Mehl (oder halb und halb)
250 g trock., frischer Quark
1–2 Eier, Salz
zum Ausbacken: Fett

Gedämpfte Kartoffeln heiß schälen, pressen, gut abdampfen und völlig erkalten lassen oder am Tag vorher gedämpfte Kartoffeln schälen, locker reiben; Kartoffeln mit Grieß bzw. Mehl oder Grieß und Mehl gemischt sowie mit Salz locker abbröseln, mit trockenem Quark und Ei mit Gabel locker und gleichmäßig mischen. Fett in Stielpfanne erhitzen, Teig etwa 1 cm dick in Pfanne geben, anbacken lassen, wenden, wieder leicht anbacken lassen, dann zu Schmarrn zerstoßen und unter öfterem Wenden zu goldgelber Farbe backen.
Schmarrn als Hauptgericht zu Gemüse oder Salat reichen oder leicht mit Zucker bestreut zu Kompott geben.

904. Kartoffelmaultaschen

Kartoffelteig Nr. 889
Zwiebelfülle:
150 g durchwachs. Räucherspeck, 5 große Zwiebeln
reichlich Petersilie
evtl. junge Zwiebelröhrchen
6–8 Eßl. dicker, saurer Rahm
Salz, etwas Pfeffer
oder Fleischfülle:
200–250 g gekochter Schinken, Geräuchertes oder gare Fleischreste
2–3 große Zwiebeln
etwas geräucherter Speck
6–8 Eßl. dicker, saurer Rahm
reichl. Petersilie, Salz, Pfeffer
zum Backen: Fett

Kartoffelteig nach Grundrezept herstellen, zu Rolle formen, dicke Scheiben abschneiden, diese tellergroß und gut messerrückendick auswellen, mit gut abgeschmeckter Zwiebel- oder Fleischfülle bestreichen, aufrollen, in gefettete, feuerfeste Form oder Bratraine setzen, mit Fett bestreichen, in vorgeheizter Röhre bei guter Hitze (220–240° C) etwa $^3/_4$ Stunden backen.
Beliebte Beilage zu Sauerkraut oder zu grünem Salat.
Zwiebelfülle: Speck kleinwürfelig schneiden oder durch Fleischmaschine drehen, Zwiebeln in feine Scheiben schneiden, mit Speck glasig dünsten, gewiegte Petersilie und evtl. feingeschnittene Zwiebelröhrchen zugeben, mit saurem Rahm mischen, Salz und etwas Pfeffer beifügen, abschmecken.
Fleischfülle: Gekochten Schinken bzw. Geräuchertes oder gare Fleischreste durch Fleischmaschine drehen; feingeschnittene Zwiebeln in kleingewürfeltem Speck glasig dünsten, gewiegte Petersilie und sauren Rahm zugeben, mit Fleischresten mischen, abschmecken.

905. Kartoffelauflauf, Kartoffelring

$^3/_4$ kg mehlige Kartoffeln
50–80 g Butter od. Margarine
3 Eier getrennt, Salz
wenig Muskat, Paprika
Petersilie gewiegt
100 g geriebener Käse oder magerer, gekochter Schinken
zur Form: Fett, evtl. Mehl
zum Bestreuen:
geriebener Käse oder geröstete Semmelbrösel

Frisch gedämpfte Salzkartoffeln gut abdampfen lassen, heiß pressen; Schaummasse rühren aus Butter, Eigelb, Gewürzen, geriebenen Käse oder feingewiegten Schinken untermengen, abgekühlte Kartoffeln unterrühren, abschmecken, sehr steifen Eischnee unterheben, in gut gebutterte Auflaufform oder gut gebutterte und gemehlte Ringform füllen, in vorgeheizter Röhre bei guter Hitze etwa 30–40 Minuten backen, Backhitze etwa 220–230 ° C. Auflauf sofort zu Tisch geben, Ring auf heiße Platte stürzen, mit geriebenem Käse oder leicht gerösteten Semmelbröseln bestreuen, mit feinen Gemüsen, Gulasch oder Ragout füllen, rasch zu Tisch geben.
Kartoffelauflauf kann als selbständiges Gericht mit Gemüse, Salat und pikanter Soße gereicht werden.

906. Kartoffelpudding

Zubereitung wie Kartoffelauflauf; fertige Masse in gut gebutterte und gebröselte Puddingform füllen, im Wasserbad 50–60 Minuten kochen, Pudding dann kurz abdampfen lassen, lockern, auf heiße Platte stürzen, nach Belieben mit geriebenem Käse oder gerösteten Semmelbröseln bestreuen, sofort zu Tisch geben.

Sehr gute Beilage zu Gulasch, Ragout oder selbständiges Gericht zu Gemüsen wie Spinat, gemischtem Gemüse u ä.

Zutaten wie Kartoffelauflauf Nr. 905
zur Form:
Butter, Semmelbrösel

907. Bauchstecherl

Gewaschene rohe Kartoffeln schälen, in Wasser reiben (am besten mit Küchenmaschine mit Reibeeinsatz); dann sehr gut auspressen, abgesetzte Stärke zu Kartoffeln geben; frisch gedämpfte Salzkartoffeln, gut abgedampft, heiß pressen, sofort und möglichst heiß zu den rohen Kartoffeln geben, damit diese sich nicht verfärben, salzen, mit Mehl rasch zu Teig verarbeiten und bleistiftdicke, kleinfingerlange Nudeln formen, in kochendes Salzwasser einlegen, offen etwa 15 Minuten leise kochen lassen, mit Schaumlöffel herausnehmen, rasch kalt überbrausen, sehr gut abtropfen lassen; dann in heißem Fett von allen Seiten rösten, dabei öfter vorsichtig lockern. Nach Belieben die Bauchstecherl zuletzt mit Eiermilch übergießen, diese fest werden lassen. Das Fertigstellen kann sowohl auf dem Herd wie in vorgeheizter Röhre erfolgen, hierbei ist etwas weniger Fett nötig.

3/4 kg mehlige Kartoffeln roh
3/4 kg mehlige Kartoffeln, gedämpft, Salz
100–150 g Mehl
zum Kochen:
reichlich Salzwasser
zum Rösten: 60–80 g Fett
evtl. zum Aufziehen:
2 Eier, 4–6 Eßl. Milch, Salz

Tiroler Geröstel siehe Nr. 352

Eierkartoffeln mit Tomaten siehe Nr. 627

Kartoffelsalat siehe Nr. 833

Kartoffelnudeln mit Quark siehe Nr. 645

Kartoffelmaultaschen mit Obstfülle siehe Nr. 1012

Wiener Zwetschgenknödel siehe Nr. 1011

Aprikosenknödel, Marillenknödel siehe Nr. 1011

908. Kartoffelknödel aus rohen Kartoffeln, rohe Kartoffelklöße

Roher Kartoffelteig I. Art:
1 1/2 kg rohe, stärkereiche Kartoffeln (geschält gewogen)
1/4–3/8 l kochende Milch
1/2–3/4 kg stärkereiche Kartoffeln als Salzkartoffeln gedämpft, Salz

I. Art: Roh geschälte Kartoffeln in leichtes Essigwasser reiben oder in der elektrischen Küchenmaschine mit Reibeinsatz oder in der elektrischen Saftpresse fein reiben, Kartoffelmasse in porösem Kartoffelsäckchen sehr fest auspressen, Preßflüssigkeit auffangen und Stärke absetzen lassen. Ausgepreßte Kartoffeln *sofort* mit *kochender* Milch (vor dem Auspressen aufsetzen!) *brühen* und mit den gedämpften, gepreßten, *heißen* Kartoffeln mischen, salzen. (Man kann auch aus den frisch gedämpften Salzkartoffeln und kochender Milch Kartoffelbrei herstellen und diesen *kochendheiß* zur ausgepreßten Kartoffelmasse geben, mit Salz abschmecken). Abgesetzte Kartoffelstärke stets zur Knödelmasse geben. *Den Teig von weicher Beschaffenheit rasch abarbeiten und sofort verarbeiten:* Probeknödel kochen, hält dieser, mit *nassen* Händen gleichmäßig große Knödel formen, in jeden Knödel geröstete Bröckchen geben, Knödel sofort in kochendes Salzwasser einlegen, zugedeckt zum Kochen bringen und 20–30 Minuten halboffen leise kochen lassen, mit Schaumlöffel herausnehmen, gut abtropfen lassen und *sofort* zu Tisch geben, durch längeres Stehen werden sie fest und dunkel.

Sollte der Probeknödel stark abkochen oder nicht halten, etwas Grieß oder rohes Kartoffelmehl in den Teig geben.

Roher Kartoffelteig II. Art:
1 1/2 kg rohe, stärkereiche Kartoffeln (geschält gewogen)

zum Grießbrei:
1/2–3/4 l Milch, Salz
150–200 g grober Grieß

Bröckchen zum Einlegen:
1–2 alte Semmeln
20–30 g Fett

zum Kochen:
reichlich Salzwasser

II. Art: Rohe Kartoffeln ebenso vorbereiten, reiben und abpressen wie bei I. Art. Ausgepreßte rohe Kartoffeln *sofort mit kochendheißem Grießbrei* (vor dem Auspressen kochen!) brühen, abgesetzte Kartoffelstärke untermischen, Teig *rasch* abarbeiten, abschmecken und Klöße formen und garen wie bei I. Art.

Bei Teigherstellung und Verarbeitung *rasch arbeiten,* damit Kartoffelmasse sich möglichst wenig verfärbt; die Verfärbung ist durch Ferment- und Enzymtätigkeit bedingt. Durch Brühen mit *kochendheißer* Milch, Kartoffelbrei oder Grießbrei soll diese Enzymtätigkeit vermindert werden.

Schwefeln der Kartoffeln vor dem Reiben ergibt zwar sehr weiße Klöße, ist aber aus gesundheitlichen Gründen abzulehnen!

Bei Verwendung von *Kartoffelkloßmehl* nach aufgedruckter Gebrauchsanweisung arbeiten.

Zum Tiefgefrieren rohe Kartoffelklöße herstellen und garen wie beschrieben, auf Brett in Gefrierfach vorfrieren, dann in Folie oder festen Behältern vorschriftsmäßig verpacken, tiefgefrieren. Mögliche Lagerdauer 2–3 Monate. Zum Tischfertigmachen Klöße kurz antauen, aus Packung nehmen, gefroren in kochendem Wasser zusetzen oder im Dampfeinsatz über kochendem Wasser erhitzen.

Für *rohe Kartoffelklöße* sind *stärkereiche Kartoffeln* eine Voraussetzung, deshalb sind Frühkartoffeln und sehr lange gelagerte Kartoffeln z. B. gegen das Frühjahr zu, wenig geeignet, da sie zu wenig Stärke enthalten.

Italienische Pizza
Rezept S. 589 ▶

Rohe Kartoffelknödel sind eine sehr beliebte Beilage zu Fettbraten z. B. Schweinebraten, Gänse- oder Entenbraten.

Resteverwertung: Restliche Kartoffelklöße aufwärmen durch Einlegen in kochendes Salzwasser und kurz ziehen lassen oder aufgeschnitten in heißem Fett rösten.

909. Kartoffelpuffer*, Reibekuchen*, Reiberdatschi

1 kg rohe Kartoffeln (mehlige Sorte)
2–3 Eßl. dicker, saurer Rahm
1 Ei, 2–3 Eßl. grober Grieß oder Mehl, Salz
evtl. 1 geriebene Zwiebel
zum Ausbacken: reichlich Fett

Rohe, gewaschene, geschälte Kartoffeln rasch reiben, am besten in der elektrischen Küchenmaschine mit Reibeinsatz fein reiben, evtl. etwas Kartoffelsaft abtropfen lassen, sofern Kartoffeln sehr wasserreich sind. Kartoffeln sofort mit saurem Rahm mischen (um Verfärbung zu verhüten), Ei zugeben, Grieß oder Mehl, Salz und nach Geschmack geriebene Zwiebel unterrühren, mit Eßlöffel kleine Puffer in gut heißes Fett auf die Stielpfanne legen, mit Löffel flach drücken, bei *guter Backhitze* auf beiden Seiten knusprig und goldbraun backen, sofort auf heißer Platte zu Tisch geben.

Verzichtet man auf Rahmzugabe, kann Grieß entfallen.

Sehr gut als selbständiges Gericht zu Gemüse, Salat oder zu Apfelbrei und Preiselbeerkompott.

Bei Verwendung von industriell hergestelltem Kartoffelkloßmehl nach aufgedruckter Gebrauchsanweisung verfahren.

Abwandlungen zu Reiberdatschi: Kartoffelpuffermasse in sehr gut gefettete Bratraine dünn (knapp 1 cm hoch) streichen, in gut vorgeheizter Röhre auf Mittelschiene einschieben, bei 220–240° C etwa 20–30 Minuten backen, bis Masse schön goldbraun gebacken ist. Nach Belieben die Masse vor dem Backen mit feingewürfeltem Speck belegen. Zum Anrichten in gleichmäßige Rechtecke schneiden und auf heißer Platte sofort zu Tisch geben.

910. Kartoffelschichtspeise (Resteverwertung)

3/4 kg gedämpfte Kartoffeln oder Kartoffelbreireste
250 g Fleisch- od. Schinkenreste, 20 g Fett, 2 Zwiebeln
Petersilie, 500 g Sauerkrautreste, 1/4–3/8 l Fleischbrühe od. Eiermilch von: 1/4 l Milch
2 Eiern, 2 Eßl. geriebener Käse, Petersilie, Salz
2 Teelöffel Stärkemehl
zum Überbacken:
20 g Butter, Reibkäse

Gedämpfte Kartoffeln schälen, in Scheiben schneiden; Fleisch- oder Schinkenreste klein würfeln; fein geschnittene Zwiebeln und gewiegte Petersilie in wenig Fett andünsten, Fleischreste untermischen, dann mit Sauerkraut- oder anderen Gemüseresten und Kartoffeln oder Kartoffelbreiresten in gefettete Auflaufform einschichten, mit gut abgeschmeckter Fleischbrühe oder Eiermilch (Milch mit Eiern, geriebenem Käse, Petersilie, Salz und Stärkemehl gut verrührt) übergießen, mit Butterflocken belegen und mit etwas geriebenem Käse bestreuen, in vorgeheizter Röhre erst zugedeckt, dann offen etwa 1/2 Stunde überbacken.

◀ Kirschenmännchen – Rezept S. 482

Beilagen-Gerichte aus Mehlteigen, Semmeln, Nährmitteln

„Nährmittel" ist ein Sammelbegriff für Getreideerzeugnisse einschließlich Teigwaren und für Stärkeprodukte, die nicht vom Getreide stammen wie Sago.
Getreide und Getreideerzeugnisse sind ein Grundpfeiler menschlicher Ernährung dank ihres Gehaltes an Nähr- und Wertstoffen.
Die wichtigsten Getreidearten für uns sind Weizen, Roggen, Hafer, Gerste, Mais und Reis; Buchweizen und Hirse haben nur untergeordnete Bedeutung.

I. Ernährungsphysiologischer Wert wichtiger Nährmittel:

Der Nährstoffgehalt des Getreidekorns weist nach Getreideart, Sorte, Boden- und Klimaverhältnissen und Düngung gewisse Unterschiede auf.

Der durchschnittliche Nährstoffgehalt des Getreidekorns bei 15%igem Wassergehalt beträgt in Prozenten:

Getreideart:	Eiweiß: %	Fett: %	Stärke u. Zucker: %	Zellulose: %	Mineral-stoffe: %	Vitamine
Weizen	12	1,5–2	67	2–2,5	1,5–2	B-Faktoren
Roggen	11	1,5–2	68	2–2,5	2,0–2,5	(B_1, B_2, B_6,
Hafer ohne Spelz	13	7,0	62	2	2–3	Niacin) und
Gerste ohne Spelz	7,5	1,2	73	1,4	1,3	Vitamin E in
Mais	10	4	67	2–3	1–2	allen Arten;
Reis geschält	7	1	75	0,5–1	1	Carotin in Weizen u. Mais

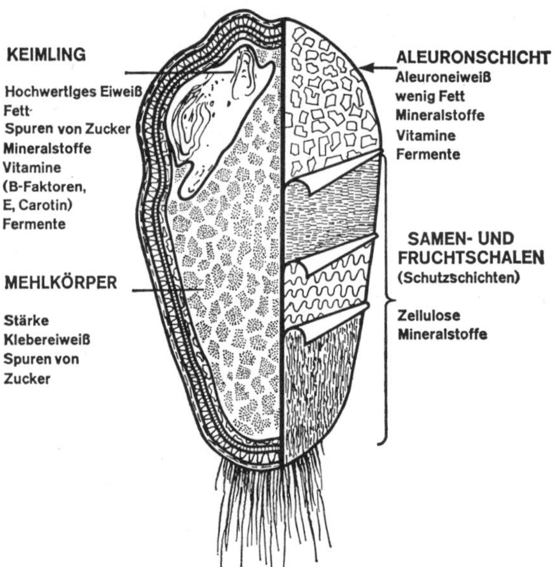

Verteilung der Nähr- und Wertstoffe im Getreidekorn

Die Verteilung der Nähr- und Wertstoffe im Korn ist unterschiedlich, entsprechend den verschiedenen biologischen Aufgaben der einzelnen Kornschichten; dies soll nebenstehende Abbildung deutlich machen.
Die Eiweißstoffe des Getreidekorns sind verschiedener Art: Aleuroneiweiß in der Aleuronschicht, verschiedene hochwertige Eiweißstoffe (Nucleoproteide) im Keimling, Kleber neben geringen Mengen anderer Eiweißarten im Mehlkörper. Kleber ist biologisch nicht hochwertig und bedarf der Aufwertung durch vollwertige Eiweißstoffe; Klebermenge und Kleberqualität bedingen aber die Backfähigkeit des Mehles. Höchsten Eiweißgehalt haben Hafer und Weizen.

Fett ist bei Weizen und Roggen vornehmlich an den Keim gebunden; nur ganz geringe Mengen finden sich in der Aleuronschicht; im Hafer dagegen ist der Fettgehalt über das ganze Korn verteilt. Das Fett im Getreidekorn ist reich an essentiellen ungesättigten Fettsäuren und an Vitamin E. Höchsten Fettgehalt haben Hafer und Mais. Der Fettgehalt ist von Einfluß auf die Haltbarkeit der Mahlprodukte.

Kohlenhydrate finden sich als *Stärke* ausschließlich im Mehlkörper, während *Zellulose* als Schutzschicht vorwiegend in Frucht- und Samenschale sitzt, die beim Mahlprozeß in die Kleie wandern. *Spuren von Zucker* sind im Mehlkörper und Keimling lokalisiert, beim Keimen steigt er um ein Vielfaches durch Enzymtätigkeit.

Der Stärkereichtum macht Getreideprodukte zu sehr ausgiebigen Kalorienlieferanten; etwa die Hälfte des täglichen Kalorienbedarfs wird durch Getreideprodukte gedeckt. Ihre Bindefähigkeit ist in der Küche geschätzt. Höchsten Stärkegehalt hat Reis.

Der Mineralstoffgehalt ist verhältnismäßig hoch bei Kalium und Phosphor, geringer, aber nicht unwichtig bei Calcium, Eisen und Magnesium. Sowohl die Mineralstoffe wie die *Vitamine* (Vitamin-B-Faktoren B_1, B_2, B_6 und Niacin, Vitamin E und Carotin) sind vorwiegend in den Randschichten und im Keim lokalisiert; die Randschichten des Weizens enthalten z. B. 20mal soviel Mineralien wie der Mehlkörper.

Zusammenfassend ist zu sagen, daß das Getreidekorn von Natur aus alle Nähr- und Wertstoffe enthält, die für die Erhaltung des Lebens und Bildung neuen Lebens nötig sind. Es ist eine biologische Einheit von hohem Wert.

Der ernährungsphysiologische Wert einzelner Mahlprodukte ist davon beeinflußt, ob und in wieweit sie die wertvollen Stoffe der Randschichten und des Keims enthalten.

Vollkornprodukte, aus dem vollen Korn einschließlich Keim, Aleuronschicht sowie Frucht- und Samenschale hergestellt (ohne Spelz), sind *hochwertig* und enthalten alle Nähr- und Wertstoffe des Korns. Dazu zählen Vollkornflocken, Vollkornmehle, Schrote und z. T. auch Grützen. Vollkornprodukte sind jedoch infolge des Gehalts an Fett und höherem Gehalt an Enzymen meist nur *begrenzt haltbar,* sofern sie nicht besonders aufbereitet wurden.

Getreideprodukte, nur aus dem *Mehlkörper* gewonnen, sind reich an Stärke und je nach Getreideart an Kleber, aber arm an hochwertigem Eiweiß, Mineralien, Vitaminen und Fett. Sie sind also *wertvoller Stoffe beraubt,* dadurch *entwertet* und sollen in der Kost nicht einseitig bevorzugt werden. Im Einzelfall sind sie durch hochwertige Eiweißspender (Milch, Quark, Käse, Ei, Fleisch oder Fisch) und durch Gemüse, Salate oder Obst mit Mineralien und Vitaminen anzureichern und zu vollwertiger Kost zu ergänzen. Durch geringeren Fett- und Enzymgehalt haben sie den Vorzug sehr *guter Lagerfähigkeit und Haltbarkeit.*

Verdaulichkeit und Bekömmlichkeit der Getreideprodukte sind in der Regel sehr gut; hoher Zellulosegehalt kann u. U. die Ausnutzungsmöglichkeit etwas herabsetzen. In der Krankenernährung spielen Getreideprodukte eine wesentliche Rolle. Wichtig ist gute Qualität der Produkte (Markenware!), evtl. Aufschließung durch Aufbereitung von Vollkornprodukten z. B. bei Haferflocken und richtiges Garen, je nach Art der Getreideprodukte.

II. Wichtiges über einzelne Mahlprodukte:

Mehle sind wichtigstes Mahlprodukt.

Weizenmehl, aus dem Mehlkörper des Weizens gewonnen, ist das meist gebrauchte Mehl in der Küche, während *Roggenmehl* unser wichtigstes Brotmehl ist. Die Konsumgewohnheiten lassen eine Verlagerung vom Roggen- zum Weizenmehl erkennen, unterstützt durch zunehmenden Verzehr an Feinbackwaren.

Die Typenzahl des Mehles gibt seinen Mineralstoffgehalt (Asche) in mg je 100 g wasserfreiem Mehl an und läßt damit auf den jeweils mehr oder minder großen Anteil an den mineralstoffreichen Randschichten schließen; der Keim wird, mit Ausnahme der Herstellung von Vollkornmehlen bzw. Schroten und Flocken, zur Erhöhung der Haltbarkeit des Mehles grundsätzlich vor dem Mahlen entfernt.

Der Ausmahlungsgrad gibt an, wieviel Mehl jeweils aus 100 Teilen Getreide gewonnen wird. Je höher der Ausmahlungsgrad, desto größer ist der Anteil an Randschichten im Mehl.

Beispiel:

Weizenmehltypen	Aschegehalt in 100 g wasserfr. Mehl	entspr. Ausmahlungsgrad d. Getreides
Type 405	405 mg	ca. 40%
Type 550	550 mg	„ 69%
Type 812	812 mg	„ 78%
Type 1050	1050 mg	„ 85%
Type 2000 (Vollkornmehl)	2000 mg	„100%

Daraus folgt: je niedriger die Typennummer, desto geringer ist die zu gewinnende Mehlmenge (da der Anteil der Randschichten entsprechend gering ist), desto weißer und stärkereicher ist das Mehl (durch mehr oder minder fast ausschließlichen Gehalt an reinem Mehlkörper), desto geringer ist der Gehalt an Mineralstoffen, Vitaminen, wertvollen Eiweißstoffen und Zellulose; durch sehr geringen Fett- und geringen Enzymgehalt haben sie gute Lagerfähigkeit. Vitaminierung der weißen Mehle wurde mehrfach empfohlen. Ernährungsphysiologisch sind die dunkleren Mehle mit höherer Typenzahl höher zu bewerten als weiße Mehle; mit steigender Typenzahl nimmt der Gehalt an Mineralstoffen und Vitaminen, an hochwertigen Eiweißstoffen, an Fett, Zellulose und Enzymen zu; ihre Lagerfähigkeit ist allerdings weniger gut. Dunklere Mehle mit höherem Zellulosegehalt sind auch schwieriger zu verbacken.

Für die *Backfähigkeit von Mehl* ist außerdem *Menge und Güte des enthaltenen Klebers* entscheidend. Kleber ist stark quellfähig, er kann das Dreifache seines Gewichtes an Wasser aufnehmen, vergrößert beim Erhitzen sein Volumen sehr stark und bildet das Gerüst des Gebäcks. Mehle mit viel und gutem Kleber ergeben deshalb sehr ausgiebiges, lockeres Gebäck. *Weichweizen* ergibt sehr weißes, stärkereiches, jedoch kleberärmeres Mehl als Hartweizen, der kleberreich ist und meist gute Kleberqualität zeigt. Durch Beimischung von Hartweizenmehl wird die Backfähigkeit von Weichweizenmehl wesentlich verbessert. Bleichen von Mehlen ist verboten. *Reine Stärkemehle,* z. B. Maizena (Maisstärke), Weizenstärke, Reisstärke, Kartoffelstärkemehl u. a. m. sind reine Stärke, enthalten *keinen Kleber,* können deshalb kein Gerüst im Gebäck bilden und sind schwierig zu verbacken (benötigen reichlich Eier). Stärkemehle werden nicht durch Vermahlung sondern durch Auswaschen gewonnen. Kartoffelstärkemehl wird durch besondere Aufbereitung zu „Speisestärke“ veredelt, dadurch die Bindefähigkeit verbessert.

Grünkernmehl ist aus dem unreifen Korn des Dinkel (Spelzweizenart) gewonnen; die Körner werden in der Milchreife geerntet, schwach geröstet, vom Spelz gereinigt, zu Mehl, Grütze und Flocken verarbeitet. Grünkernprodukte sind außerordentlich aromatisch, sehr leicht verdaulich und gut bekömmlich; für Suppen, Breie und ähnliche Gerichte sind sie gut geeignet und in der Krankenkost geschätzt.

Hafermehl, aus entspelztem, gereinigtem, gequollenem, gedämpftem und anschließend geröstetem Hafer hergestellt, enthält als Vollkornmehl alle Nährstoffe des Haferkorns in aufgeschlossener Form, ist deshalb besonders wertvoll, sehr leicht verdaulich und gut bekömmlich, für Kinder- und Krankenkost unentbehrlich.

Grieß wird im Rahmen des Mahlvorgangs aus dem *Mehlkörper* gewonnen; er enthält dementsprechend vorwiegend Stärke und Kleber, je nach Getreideart. *Hartweizengrieß* ist kleberreich, von gelblicher Farbe, kocht körnig, *Weichweizengrieß* ist kleberärmer, kocht breiig, in der Farbe mehr weißlich. *Fertiggrieß* z. B. „Nockerlgrieß“ ist Weizengrieß, der einer aufschließenden Behandlung unterworfen wurde, um seine küchentechnische Verwendung zu vereinfachen. Grieß ist leicht verdaulich und stets gut bekömmlich. *Maisgrieß* ist fetthaltig, kann leichter ranzig werden; er wird vorwiegend zu Breispeisen z. B. Polenta verwendet.

Grütze wird vorwiegend aus Hafer und Gerste, örtlich gebunden auch aus Buchweizen und Hirse hergestellt. Das geschälte und entspelzte Korn wird mehr oder minder fein gebrochen. Grütze findet nur vereinzelt für Suppen und Breie Verwendung, obwohl ihr Nährwert dem der Vollkornprodukte nahe kommt.

Schrote werden durch grobes Zerkleinern von gereinigten, ungeschälten Getreidekörnern hergestellt, vorwiegend aus Weizen und Roggen. Sie sind *Vollkornprodukte* und enthalten alle Bestandteile des ungeschälten Korns, einschließlich des Keimlings. Sie haben besondere Bedeutung für die menschliche Ernährung als Backschrote, die zur Herstellung der verschiedensten Vollkornbrote und Schrotgebäcke dienen. Schrotbrote sind ernährungsphysiologisch besonders wertvoll und sollten in der Ernährung allgemein einen größeren Raum einnehmen. Sie erfordern aber sehr sorgfältiges Backen, damit die Schrote gut ausquellen und gut verdaulich sind. Backschrot muß frisch verwendet werden, da es nur begrenzte Lagerfähigkeit hat. Schrote sind auch gut geeignet zu Suppen und Breispeisen.

Graupen sind geschälte, durch Schleifen und Polieren mehr oder minder gerundete Gerstenkörner oder Teile davon, vielfach auch Rollgerste genannt. Sie ergeben leicht verdauliche Gerichte, insbesondere sehr geschätzte Schleimsuppen, jedoch benötigen sie genügend lange Garzeit (mindestens 40 Minuten). Die kleinsten Graupen sind „Perlgraupen".

Flocken sind entspelzte, gedämpfte, gequetschte und gedarrte Körner, vorwiegend von Hafer, aber auch von Gerste, Weizen, Mais und Reis hergestellt.

Haferflocken sind ein Vollkornprodukt von besonderem ernährungsphysiologischem Wert: Hafer hat hohen Eiweiß- und Fettgehalt, ist reich an Vitaminen und Mineralstoffen; durch das Dämpfen und Trocknen des Korns durch heiße Walzen werden seine Nährstoffe weitgehend aufgeschlossen, z. B. Stärke teilweise zu Dextrin abgebaut und in geringer Menge in Zucker überführt, Eiweißstoffe zum Teil abgebaut in leicht verdauliche Formen. Die fettabbauenden Enzyme werden durch das Dämpfen zerstört, wodurch die Haltbarkeit erhöht wird. Haferflocken sind daher besonders leicht verdaulich, auch für Rohkost geeignet. Sie sind in der Kinder- und Krankenernährung unentbehrlich, doch sollten sie nicht nur auf diese beschränkt bleiben, sondern in der allgemeinen Ernährung einen breiteren Raum einnehmen.

Maisflocken oder Cornflakes werden aus entkeimtem, zu grober Grütze zerkleinertem weißem Mais gewonnen durch Dämpfen, Trocknen und Rösten; meist sind sie mit Zucker oder Malzsirup leicht gesüßt oder sie haben andere würzende Zusätze. Ihre knusprige Beschaffenheit macht sie für den Rohverzehr sehr beliebt.

Weizen- und Reisflocken können auf gleiche Weise hergestellt werden.

Reis ist für mehr als die Hälfte der Menschheit Grundlage der täglichen Ernährung. Bei uns gewinnt er durch seine gute Lagerfähigkeit, vielseitige Verwendungsmöglichkeit, rasche und einfache Zubereitung und leichte Verdaulichkeit bei hohem Nährwert zunehmend an Bedeutung. Für viele Diätformen ist er unentbehrlich.

Reis wird bei uns fast ausschließlich als *weißer Reis* verzehrt; durch seine Vorbehandlung, z. B. Schleifen und Polieren hat er sein Samen- und Silberhäutchen, die Hauptträger von Vitamin-B-Faktoren sowie die Aleuronschicht und den Keimling, den Träger von Keimöl und Vitamin E, verloren. Weißer Reis ist deshalb vitaminarm; ausschließlicher Verzehr solchen Reises als Hauptnahrungsmittel führt zu der bekannten Vitaminmangelkrankheit Beriberi. *Rohreis* ist nur entspelzt, enthält noch Samen- und Silberhäutchen und den Keim, ist deshalb noch reich an Vitamin B und E sowie fetthaltig; durch seine graue bis grau-rötliche Farbe und mangelnde Lagerfähigkeit konnte er aber in Deutschland keinen größeren Abnehmerkreis gewinnen.

Reis ist verhältnismäßig arm an Eiweiß; der Klebergehalt bestimmt die Kocheigenschaften. *Hartreissorten* sind kleberreicher als *Weichreissorten* (siehe Einkaufsratschläge).

Puffreis ist garer Reis, er wird unter Überdruck mit Dampf gegart und zu starkem Quellen gebracht; durch plötzliches Aufheben des Überdrucks platzt das Korn und vergrößert dabei sein Volumen um das 10- bis 16fache; anschließendes Rösten macht ihn knusprig.

Teigwaren sind kochfertige Erzeugnisse aus Weizengrieß oder Weizenmehl von nicht höherer Ausmahlung als 70%, mit oder ohne Zusatz von Ei. Ausgangsmaterial ist also vorwiegend der Mehlkörper des Weizens; dies bedingt, daß der Vitamingehalt der meisten Teigwaren gering ist. Teigwaren mit Eizusatz haben etwas höheren Gehalt an Eiweiß, Fett und Lezithin als eifreie Teigwaren. Der Kaloriengehalt von Teigwaren liegt zwischen 340–390 je 100 g, sie sind also zu den konzentrierten Nahrungsmitteln zu rechnen. Teigwaren spielen in ihrer vielseitigen und arbeitsparenden Verwendung zu selbständigen Gerichten und als Beilagen, insbesondere im Rahmen der Schnellküche, eine wichtige Rolle. Die Teigwarenindustrie hat durch ihr mannigfaches Angebot (siehe Einkaufsratschläge) der Hausfrau die Selbstherstellung von Nudeln weitgehend abgenommen.

Sago ist ein reines Stärkeerzeugnis in gekörnter Form. Deutscher Sago ist aus Kartoffelstärke, echter Sago aus dem stärkereichen Mark der Sagopalme hergestellt. Sago quillt beim Kochen stark auf, wird glasig, behält aber körnige Struktur. Er dient als Suppeneinlage und als Bindemittel zur Herstellung verschiedener kalter und warmer Süßspeisen.

III. Einkaufsratschläge:

Mehle: Für feine Teige und Feinbackwaren Weizenmehl mit niederer Typenzahl (Type 405), aber mit hohem Klebergehalt und guter Kleberqualität bevorzugen, da es gute Backeigenschaft hat und lockeres Gebäck ergibt. „Auszugsmehl" ist feinstes Mehl aus kleiefreiem Grieß. Für *Kochzwecke* Mehl mit *Typenzahl 550 oder 812* bevorzugen, da es ernährungsphysiologisch wertvoller ist.
Kuchenfertige Mehle, sogenannte „Backmehle", sind Mischungen aus Mehl und Backzutaten wie Fett, Eipulver, Trockenmilch, Zucker, Triebmittel und Gewürzen. Ihre Qualität hängt vor allem von dem verwendeten Fett ab; ihre Haltbarkeit ist durch den Fettgehalt begrenzt, Verarbeitung muß nach Gebrauchsanweisung erfolgen.

Grieß entsprechend dem Verwendungszweck kaufen: *Hartweizengrieß grober Körnung* für Nokkerl, Knödel, Pudding, Schmarren und ähnliche Gerichte von lockerer Beschaffenheit bevorzugen; Hartweizengrieß kocht körnig, Gericht wird dadurch locker. Kenntlich an gelblicher Färbung. *Weichweizengrieß* mit fast weißer Farbe, kocht breiig, für Milchbreie gut geeignet.

„Fertig-Grieß" z. B. „Nockerlgrieß" nach Gebrauchsanweisung verarbeiten, da er durch besondere Bearbeitung bereits aufgeschlossen ist.

Teigwaren mit Überlegung kaufen, Aufdrucke beachten, denn sie werden in unterschiedlicher Qualität angeboten! Die Qualität hängt von den verwendeten Rohstoffen ab.

Hartgrießteigwaren quellen sehr gut, erhalten dadurch das 2–3fache Volumen der Trockenware, kochen kernig-elastisch, Kochbrühe bleibt klar. Teigwaren aus Weichweizengrieß quellen weniger infolge geringeren Klebergehaltes, verkochen leichter, Kochbrühe wird trüb.

Eierteigwaren werden beim Kochen sehr elastisch, kernig-fest, sind wohlschmeckender und nahrhafter als eifreie Teigwaren. *„Eierteigwaren"* müssen mindestens 3 Hühnereier auf 1 kg Weizengrieß, *Teigwaren „mit hohem Eigehalt"* mindestens 4 Eier und solche *„mit sehr hohem Eigehalt"* oder *„eireiche"* Teigwaren mindestens 6 Eier, *„Hausmacher Nudeln"* mindestens 4 Volleier je kg Weizengrieß enthalten. Bei Verwendung von Frischei darf dies vermerkt sein. Eifreie Teigwaren haben blasse Farbe, *künstliche Färbung ist verboten.* Teigwaren können auch durch Zusatz von Gemüse oder Kräutern geschmacklich angereichert sein. Vielfalt der Formen und Sorten ermöglicht große Abwechslung; bei der Wahl Verwendungszweck beachten. Teigwaren haben sehr gute Haltbarkeit.
Werbende Aufdrucke allgemeiner Art in Wort oder Bild besagen nichts über die Qualität der Ware.

Haferflocken werden in verschiedener Größe angeboten; qualitative Unterschiede sind aber nicht durch die Größe, sondern vor allem durch die Qualität und Sorgfalt der Aufbereitung bedingt. Deshalb abgepackte Markenware bevorzugen. Aufgeschlossene Flocken riechen und schmecken nußartig, sind haltbarer und haben sehr kurze Garzeit, sind auch für Rohkost gut geeignet.

Normalflocken werden aus ganzen Haferkörnern, Kleinblattflocken aus Hafergrütze, Hafermark aus sehr feiner Hafergrütze hergestellt. Je kleiner die Flocken, desto kürzer die Garzeit.

Reis kommt bei uns fast ausschließlich als *„weißer Reis“*, d. h. entspelzt, geschält, geschliffen und poliert, vielfach noch glasiert in den Handel. Polierter Reis ist weiß, matt, ansehnlich und gut haltbar, aber vitaminarm. Durch Glasieren mit Stärkesirup und Talkum wird er glänzend und fast unbegrenzt haltbar. Die Glasur wird durch Waschen und Brühen des Reises vor dem Kochen entfernt.

Rohreis (siehe Seite 437) ist vitamin- und fetthaltig, aber wenig lagerfähig, da Reiskeimöl leicht ranzig wird. Er ist meist nur in Reformgeschäften erhältlich.

Vollreis enthält nur ganze Körner, *Bruchreis* dagegen die bei der Reisbearbeitung gebrochenen Körner. Bruchreis ist billiger, nährstoffmäßig aber dem Vollreis gleichwertig.

Die *Kocheigenschaft* von Reis ist je nach Sorte sehr unterschiedlich:

Hartreis ist kleberreicher, sieht transparent oder glasig aus, nimmt beim Quellen mehr Flüssigkeit auf, kocht glasig-hart, körnig und locker, die Körner verkleben nicht. Bevorzugte Verwendung als Brüh- oder Bouillonreis zu Suppeneinlagen, Butterreis, Risotto, Reiseintöpfen, Reissalat u. a. m. Garzeit knapp 20 Minuten. Hartreis ist meist als *Langkornreis* im Handel.
Gute Sorten: Patna-Reis aus Indien und Thailand, Karolina-Reis aus USA.

Weichreis, meist als *Rundkornreis* im Handel, ist kleberärmer, kreidig-weiß aussehend, weich, quillt weniger, kocht breiig, insbesondere zu Milchreisspeisen geeignet. Garzeit je nach Qualität 12–15 Minuten. Weichreis ist billiger, kommt in zahlreichen Sorten mit etwas unterschiedlicher Qualität auf den Markt.
Gute Qualitätssorten von Weichreis: Arboria-Reis aus Italien, Moulmein-Reis aus Burma.

Minutenreis ist vorbehandelter weißer Reis; er ist unter Überdruck angekocht, dann in Heißluft getrocknet, in Beutel abgefüllt und hat wesentlich verkürzte Garzeit (etwa 4–5 Minuten); stets nach Gebrauchsanweisung behandeln.

„Reis-fit“ in Beuteln wird ohne Vorbereitung im Beutel in kochendem Salzwasser zugesetzt, knapp 20 Minuten gekocht und wird aus dem Beutel unmittelbar angerichtet; er kocht bei guter Sorte körnig und trocken und kann gut ohne Butter, nach Belieben mit etwas geriebenem Käse, gereicht werden.

IV. Grundmengen:

Im Durchschnitt rechnet man bei Reis, Grieß, Teigwaren, sonstigen Nährmitteln oder Mehl

als Beilagengericht	für 1 Person: 60–70 g	für 4 Personen: 250–300 g
als selbständ. Hauptgericht: (je nach Art und Menge weiterer Zutaten)	75–100/125 g	300–400/500 g
an Semmeln:	2–2½ St. (100 g)	8–10 St. (400–500 g)

V. Kochlehre:

1. Grundsätzliches für Mehlteige:

Grundzutaten:

Weizenmehl ist Hauptzutat und Bindemittel; die Stärke nimmt durch Quellen Flüssigkeit auf und verkleistert beim Garen des Teiges, der Kleber quillt je nach seiner Güte mehr oder minder stark und bildet beim Garen das Gerüst. Kleberreiche Mehle sind ausgiebig und ergeben bessere Gerüstbildung. Weizenmehltype 405 oder 550 von kleberreichem Weizen mit guter Kleberqualität ergibt gute, leicht zu verarbeitende Mehlteige.

Eier binden und lockern durch ihren Eiweißgehalt und durch die besonderen Eigenschaften dieser Eiweißstoffe. Eier erhöhen gleichzeitig Nährwert, Geschmack, Aussehen und Ergiebigkeit der Mehlteige und erleichtern ein gutes Gelingen. Eierreiche Teige dürfen etwas weicher gehalten werden und sind etwas ausgiebiger, da 1 Ei von 50 g Gewicht etwa 50 g Flüssigkeit, (ca. knapp 3 Eßlöffel), zu binden vermag. Wird an Eiern gespart, so muß der Teig durch Verringerung der

Flüssigkeitsmenge oder durch Erhöhung der Mehlmenge etwas fester gehalten werden.

Flüssigkeit ist Voraussetzung zum Quellen von Stärke und Kleber: Wasser für zu kochende Mehlteige (Nudeln, Spätzle), Milch in der Regel für in Fett auszubackende Mehlteige (Pfannenkuchen, Mehlschmarrn). Die Flüssigkeitsmenge wird im Einzelfall durch die Zahl und Größe der Eier sowie durch die Mehlqualität beeinflußt. Lauwarme Flüssigkeit begünstigt das Quellen, macht Teig ausgiebiger und unter Umständen auch geschmeidiger.

Arbeitsregeln für Herstellung von Mehlteigen:

a) Mehl immer trocken und gesiebt verwenden.

b) Stets von der Mitte aus in eine kleine Mehlgrube Salz, etwas Flüssigkeit und Ei (verquirlt oder getrennt) vorsichtig einrühren.

c) *Flüssige Mehlteige* (Pfannenkuchenteig, Schmarrnteig) mit der restlichen Flüssigkeit glatt rühren, Teig kurz stehen lassen, um Quellen zu begünstigen, vor Verwendung durchrühren; zu langes Stehen macht Teig leicht zäh. Nach Bedarf steifen Eischnee unterziehen.

d) *Weiche Mehlteige* (Spätzleteig, Strudelteig, Mehlknödelteig) nach dem Einarbeiten von Flüssigkeit und Ei in der Regel gut abschlagen.

e) *Mittelfeste bis feste Mehlteige* (Nudelteig, geriebener Teig) auf dem Brett herstellen, dieses dabei trocken und sauber halten.
Salz, Flüssigkeit und verquirltes Ei gleichfalls von einer kleinen Mehlgrube aus vorsichtig einrühren (Abb. nebenstehend).
Hierbei ganze Flüssigkeitsmenge einrühren, da nachträgliches Einarbeiten von Flüssigkeit schwierig ist; vorsichtshalber jedoch zunächst etwas Mehl zurückbehalten und dieses nach Bedarf nachträglich einarbeiten. Teig sehr gut abkneten, bis er von gleichmäßiger Beschaffenheit und glatt ist.

2. Garen von Mehlteigen und Teigwaren:

Das *Formen* von Mehlteigen erfolgt je nach Teigbeschaffenheit und Art des Gerichtes unterschiedlich, siehe jeweils Rezeptangaben.
Das *Garen* erfolgt meist durch *Kochen* in Flüssigkeit oder durch *Backen* in Fett auf der Stielpfanne, in einigen Fällen durch *Backen in der Röhre* (z. B. Strudel) oder *Aufziehen* in begrenzter Flüssigkeitsmenge in der Röhre (z. B. Milchnudeln).

Beim Kochen von Mehlteigen und Teigwaren beachte:

a) Geformte Mehlteige und Teigwaren müssen die *Form behalten.*

b) Deshalb stets in *reichlicher Menge kochender Flüssigkeit* (Salzwasser) zusetzen (Abb. S. 441).

c) *Garzeit einhalten,* zu langes Kochen macht Teigwaren klebrig und unansehnlich. Bei elektrischen Herden bei guter Hitze (Stufe III) ankochen, bei längerer Garzeit auf Fortkochstufe garen; bei kurzer Garzeit nach dem Aufkochen ausschalten und mit Speicherwärme garen. (Gebrauchsanweisung der Herdfirmen beachten).

d) Teigwaren und Spätzle nach dem Garen abseihen, je nach der Weiterverarbeitung kalt oder heiß überbrausen, sehr gut abtropfen lassen.

Beim Backen von Mehlteigen beachte die Backregeln für Pfannengerichte, siehe Seite 476/477.

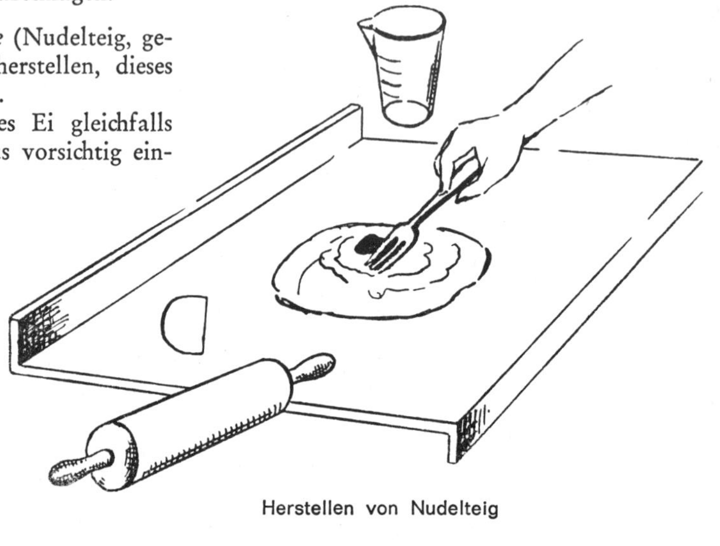

Herstellen von Nudelteig

Garen von Teigwaren

Das Garen durch Aufziehen in der Röhre ist ein Kochen von Teigwaren in begrenzter Flüssigkeitsmenge, meist Milch, wobei die Flüssigkeitsmenge völlig aufgesogen wird und gleichzeitig leichte Krustenbildung erfolgt. Die Flüssigkeitsmenge muß hierbei der Teigwarenmenge angepaßt sein. Um zu starke Krustenbildung zu verhüten, erst zugedeckt, dann offen garen lassen. Feuerfestes Geschirr eignet sich hierfür sehr gut.

3. Grundsätzliches für das Garen von Reis und ähnlichen Nährmitteln:

Merke:

a) *Reis* gründlich waschen, brühen, gut abtropfen lassen; Waschen und Brühen soll Schutzglasur aus Stärkesirup und Talkum entfernen. *Rollgerste* nur waschen.

b) *Reis und ähnliche grobkörnige Nährmittel* in *kochender* Flüssigkeit zusetzen, um *körnige* Beschaffenheit zu erhalten; in *kalter* Flüssigkeit zusetzen, wenn *breiige* Beschaffenheit erwünscht ist.

c) *Feinkörnige Nährmittel* wie Grieß, Grütze, Sago in *kochende Flüssigkeit unter Rühren* einstreuen.

d) *Mehlartig feine Nährmittel* stets mit *wenig kalter Flüssigkeit glatt rühren* und in *kochende Flüssigkeit einrühren.*

e) *Alle Nährmittel bei schwacher Hitze gut ausquellen* lassen, nur gut ausgequollene Nährmittel sind leicht verdaulich. Bei Elektroherden Schaltung nach Gebrauchsanweisung, Speicherwärme gut nutzen.

4. Grundsätzliches für Semmelteig und Semmelspeisen:

a) *Altbackene Semmeln* (mindestens 1 Tag alt) machen Gerichte ergiebiger und lockerer.

b) *Flüssigkeitsmenge* hängt ab vom Alter der Semmeln, ihrer Größe, (den Rezepten liegt ein Durchschnittsgewicht von 40–50 g zugrunde) und der Temperatur der Flüssigkeit: kochende Flüssigkeit erfordert geringere Menge, da hier auch der Dampf die Semmeln weich macht; lauwarme Flüssigkeit erfordert etwas mehr an Menge und Zeit, ermöglicht aber ein sehr gleichmäßiges Durchziehen und macht Teig lockerer.

c) Eingeweichte Semmeln zugedeckt *genügend lange durchziehen* lassen.

d) Semmelteig mit *reichlicher Eizugabe* darf etwas *weicher* in der Beschaffenheit sein, eierarmer Semmelteig muß *festere* Beschaffenheit haben.

5. Regeln für das Herstellen und Garen von Knödeln (Klößen):

Knödel oder Klöße sind sehr beliebt, sowohl als Beilagen zu Fleischgerichten mit guter Soße wie Gulasch, Braten u. a. m. sowie auch als salzige oder süße Hauptgerichte zu Gemüse bzw. Kompott. Der Vielzahl von Knödelarten liegen meist bestimmte Grundteige zugrunde, die geschmacklich vielseitig abgewandelt werden können. Grundsätzliches für die Teigart ist bei der Knödelherstellung jeweils zu berücksichtigen. Die verschiedenen Knödelrezepte sind meist den einschlägigen Kapiteln sinngemäß zugeordnet und mit Hinweis auf das einschlägige Grundrezept versehen.

Merke:

a) Knödel sollen stets *locker sein und gute Form* haben. Eier machen Knödel locker; eierreiche Knödelteige dürfen etwas weichere Beschaffenheit haben als eierarme.
Geröstete Semmelbröckchen in vielen Knödeln machen diese lockerer und verkürzen ihre Garzeit; sie sind besonders bei Kartoffelknödeln aller Art und Mehlteigklößen beliebt.

b) *Probeknödel* formen und garen *vor dem Formen des Teiges;* kocht der Probeknödel stark ab oder zerfällt er, so ist der Teig zu weich. In diesem Fall etwas Grieß, Mehl oder Stärkemehl als

Bindemittel in den Teig geben. Ist der Probeknödel zu fest, Teig etwas lockerer halten durch Zugabe von Ei, etwas Fett oder wenig Flüssigkeit.

c) Teig in *gleichmäßige Portionen teilen vor dem Formen,* entsprechend der erwünschten Knödelzahl und Knödelgröße.

d) *Formen der Knödel je nach Teigart: Feuchte* Teige wie Semmelteig, rohen Kartoffelteig mit *nassen Händen, trockene* Teige z. B. Kartoffelteig aus gekochten Kartoffeln mit *bemehlten Händen* formen. Knödel stets gut *glatt* formen.

e) *Garen der Knödel:* Stets in *reichliche Menge kochenden Salzwassers* einlegen, in geschlossenem Topf *rasch bis zum Kochen* bringen, dann in der Regel bei *halboffenem Topf und mäßiger Hitze garziehen* lassen. Knödel dürfen nicht sprudelnd kochen! *Hefeklöße* jedoch in *geschlossenem* Topf leise kochen lassen.

Flache, weite Töpfe bevorzugen, Knödel benötigen Platz zum Schwimmen (siehe Abbildung), Ausnahme Serviettenkloß.

Kochen von Knödeln

f) *Garzeit* für Knödel einhalten; Gardauer hängt ab von der Art der Zutaten und Größe der Knödel. Knödel aus vorwiegend gegarten Zutaten, z. B. Semmelknödel sind rascher gar als Knödel aus vorwiegend rohen Zutaten, z. B. rohe Kartoffelklöße.

g) *Gare Knödel* mit Schaum- oder Seihlöffel aus Sud nehmen, *gut abtropfen* lassen, auf *heißer Platte* anrichten und *sofort* zu Tisch geben. Längeres Stehen macht Knödel fest und unansehnlich. Große Klöße z. B. großen Hefekloß oder böhmischen Knödel entweder mit Gabel aufreißen oder mit überkreuztem Faden in Portionen teilen beim Anrichten, Serviettenkloß wird meist im ganzen angerichtet.

h) *Restverwertung von Knödeln:* Knödel aufwärmen durch Einlegen in kaltes Salzwasser, zum Kochen bringen, ziehen lassen bis Knödel durch und durch heiß sind; oder Knödel in Scheiben schneiden, in etwas Fett auf der Stielpfanne leicht braten oder rösten, evtl. verquirltes Ei darüber schlagen und leicht gerinnen lassen.

Nachstehende Übersicht über die im Bayerischen Kochbuch enthaltenen Knödelrezepte soll ihre Ableitung vom Grundteig deutlich machen:

Semmelteig:	Nr. 922
Semmelknödel	Nr. 922
Speckknödel	Nr. 385
Schinkenknödel	Nr. 384
Leberknödel	Nr. 270
Serviettenkloß	Nr. 924
Kartoffelteig	
aus gekochten Kartoffeln:	Nr. 889
Kartoffelknödel	Nr. 890
Kartoffelknödel halbseiden	Nr. 891
Wiener Zwetschgen-Knödel	Nr. 1011
Marillen-, Aprikosen-Knödel	Nr. 1011
Kartoffelteig aus rohen Kartoffeln:	Nr. 908
Rohe Kartoffelknödel, rohe Klöße	Nr. 908
Mehlteig:	Nr. 911/914
Fränkische Mehlknödel, Mehlklöße	Nr. 916
Böhmische Knödel	Nr. 915
Hefeteig:	Nr. 1189
Hefeklöße, Hefekloß	Nr. 1015
Egerländer Semmelknödel	Nr. 917
Hackfleischteig:	Nr. 224
Fleischknödel, Königsberger Klopse	Nr. 230
Sonstige:	
Grießknödel	Nr. 659/660
Quarkknödel einfach	Nr. 640
Quarkknödel fein	Nr. 641
Quarkknödel süß	Nr. 1009

911. Pfannenkuchenteig, Pfannenkuchen*

Grundrezept

250 (400) g Mehl
Salz
3 (4) Eier
1/2 (3/4) l Milch
zum Ausbacken:
Backfett

Arbeitsweise:

1. *Mehl* in Schüssel *sieben,* salzen.
2. *Etwas Milch und Eier* (evtl. getrennt) von der Mitte aus in Mehlgrube nach und nach einrühren.
3. *Teig mit restlicher Milch glatt rühren.* Teig soll dicklich vom Löffel laufen (flüssiger Mehlteig).
4. *Steifen Eischnee* unterheben, falls Pfannenkuchen *sehr locker* gewünscht werden; für dünne Pfannenkuchen Teig ohne Schnee herstellen.
5. Fett in Stielpfanne erhitzen, in *heißes Fett* jeweils eine *dünne Teiglage* geben, goldgelb anbacken lassen, wenden, bei mäßiger Hitze zu goldgelber Farbe fertig backen.
6. Auf *heißer Platte* anrichten und möglichst *rasch zu Tisch* geben oder nach Belieben weiter verarbeiten.

Anmerkung: Mehlteig von 250 g genügt für Pfannenkuchen als Beilage, für Hauptgericht benötigt man 400 g, als Suppeneinlage 125 g Mehl. Werden Pfannenkuchen sehr locker und rösch gewünscht, tauscht man die Hälfte der Milchmenge mit kohlensäurehaltigem, geschmacklosem Sprudel aus. Bei größeren Teigmengen kann Ei eingespart werden; eierarmer Teig benötigt etwas mehr Backfett. Bei längerem Stehen wird der Teig durch Quellen von Stärke und Kleber etwas dick und erfordert eine geringe zusätzliche Flüssigkeitszugabe.

Verwendungsmöglichkeiten: Als Beilage zu Gemüse wie Spargel, zu Salaten, als Hauptgericht zu Kompott, zu gefüllten Pfannenkuchen mit salziger oder süßer Fülle, zu Pfannenkuchenstrudel mit verschiedener Fülle, als Suppeneinlage (hierfür sehr dünne Pfannenkuchen); *Abwandlungsmöglichkeiten* zu Schmarrn und Kuchenmichel.

912. Mehlschmarrn*

Zutaten wie bei Nr. 1021

Herstellung wie bei Nr. 1021 beschrieben, jedoch als Beilage ohne Zucker. Mehlschmarrn ist als Beilage zu gedünsteten Fleischgerichten, aber auch als Hauptgericht zu Gemüsen oder Salaten gut geeignet.

913. Kuchenmichel, Pfitzauf

Zutaten wie bei Nr. 1020

Herstellung wie bei Nr. 1020 beschrieben, jedoch ohne Zucker. Kuchenmichel ist als vegetarisches Hauptgericht zu Gemüsen oder Salaten oder als Beilage zu gedünstetem Kalbfleisch gut geeignet.

Grundrezept

375 (500) g Mehl, Salz
1/4 (3/8) l Wasser
3 (4) Eier

zum Kochen:
reichlich Salzwasser

zum Schwenken:
30–40 g Butter oder

zum Anrichten:
30 g Fett
3–4 Eßl. Semmelbrösel oder
1–2 Zwiebeln

Spätzlehobel

Spätzleseiher

914. Spätzleteig, Spätzle*

Arbeitsweise:

1. Als Beilage genügen 375 g Mehl, als Hauptgericht sind 500 g Mehl nötig.
2. *Teig herstellen* je nach weiterer Verarbeitung: Alle Zutaten locker mischen, ohne Teig abzuschlagen, wenn Spätzlehobel oder Spätzleseiher verwendet wird; Teig *gut abschlagen* bis er Blasen wirft (elektr. Handrührgerät) und Teig etwas fester halten, wenn Spätzle vom Brett geschabt werden, etwas dünner halten bei Verwendung von Spätzledrücker.
3. *Teig portionsweise* durch Spätzlehobel oder Spätzleseiher in *kochendes Salzwasser* stoßen, hierbei auf einige Zentimeter Abstand vom Kochwasser achten. Zum Schaben Brettchen in kaltes Wasser tauchen, portionsweise mit breitem Messer dünne Teigstreifchen in kochendes Salzwasser schaben.
4. Spätzle in *offenem* Topf rasch *einige Male aufkochen* lassen, bis sie an der Oberfläche schwimmen; zu langes Kochen macht Spätzle klebrig. *Garzeit* je nach Größe und Menge der Spätzle 3–5 Min.
5. Gare Spätzle mit Schaumlöffel herausnehmen, je nach der weiteren Verarbeitung mit *kaltem* oder *heißem* Wasser *überbrausen, sehr gut abtropfen* lassen, evtl. auf Brett ausbreiten und abtrocknen lassen. Spätzle können bereits mehrere Stunden vor Gebrauch oder schon am Vortag hergestellt werden.
6. *Tischfertig machen:* Gut abgetrocknete Spätzle in heißer Butter schwenken und gut heiß werden lassen oder heiß abgebrauste Spätzle nach dem Abtropfen mit gerösteten Semmelbröseln oder Zwiebelringen anrichten.

Verwendungsmöglichkeiten: Als Beilage zu Fleischspeisen mit reichlich Soße z. B. Gulasch, Schmorbraten, Rinderbraten verschiedener Art, Rahmschlegel, Wildbraten u. a. m.; als selbständiges Gericht in verschiedener Fertigstellung als geröstete Spätzle, aufgezogene Spätzle, Kräuterspätzle und Käsespätzle.
Beilagen je nach Art der Fertigstellung.

Spätzle vom Brett schaben

Spätzledrücker

Aufgezogene Spätzle, Kräuterspätzle siehe Nr. 677.
Abgeröstete Spätzle siehe Nr. 678.
Käsespätzle siehe Nr. 679.

915. Böhmische Knödel

zum Mehlteig:
200 g Mehl, Salz
$^3/_8$ l Milch, 3–4 Eier
6–8 Semmeln vom Vortag
60 g Butter oder Fett
1 Zwiebel
2 Eßl. Petersilie, gewiegt

zum Kochen:
reichlich Salzwasser

zum Anrichten n. Belieben:
geröstete Zwiebelringe

Semmeln in gleichmäßig kleine Würfel schneiden, mit feingeschnittener Zwiebel und gewiegter Petersilie in Butter oder Fett leicht rösten, abkühlen lassen; Mehlteig aus angegebenen Zutaten wie Pfannenkuchenteig herstellen, geröstete Semmelwürfel untermengen, $^1/_2$ Stunde ziehen lassen. Aus Masse 1–2 große Knödel oder dicke Wecken formen, in kochendes Salzwasser einlegen, zugedeckt rasch zum Kochen kommen lassen, dann halboffen 30–45 Minuten, je nach Größe, leise kochen lassen. Nach dem Garen mit Schaumlöffel aus Kochwasser nehmen, gut abtropfen und etwas abdampfen lassen, auf heißer Platte anrichten, mit über Kreuz gelegtem, starkem Faden in dicke Scheiben teilen, nach Belieben mit gerösteten Zwiebelringen bestreuen. Masse kann auch zu Portionsknödeln geformt und diese in kochendem Salzwasser gegart werden. *Garzeit* beträgt dann etwa 20–25 Minuten.
Gute Beilage zu Fleischgerichten mit reichlich Soße wie Gulasch, Sauerbraten oder als selbständiges Gericht zu Gemüse oder Salat; nach Belieben pikante Soße dazu reichen.

Resteverwertung: Restliche Knödel in Scheiben schneiden, in wenig heißem Fett leicht rösten, mit Salat oder Gemüse reichen.

916. Fränkische Mehlknödel oder Mehlklöße

zum Mehlteig:
500 g Mehl, Salz
$^3/_8$–$^1/_2$ l Wasser oder Milch
(oder halb und halb)
3–4 Eier
3–4 Semmeln vom Vortag
30–40 g Butter oder Fett

zum Kochen:
reichlich Salzwasser

zum Anrichten nach Belieben.
30 g Butter
3 Eßlöffel Semmelbrösel

Semmeln in gleichmäßig kleine Würfel schneiden, in Butter oder Fett lichtgelb rösten; Mehlteig in Beschaffenheit von Spätzleteig herstellen, sehr gut abschlagen, bis Teig Blasen wirft, geröstete Semmelwürfel untermengen, Teig etwa 1 Stunde durchziehen lassen, dann mit großem Eßlöffel Klöße abstechen, in reichlich kochendes Salzwasser einlegen, zugedeckt rasch bis zum Kochen bringen, dann halboffen je nach Größe der Klöße 20–30 Minuten leise kochen lassen. Gare Klöße mit Schaumlöffel aus Kochwasser nehmen, gut abtropfen lassen, auf heißer Platte anrichten, nach Belieben mit etwas heißer Butter oder gerösteten Semmelbröseln bestreut zu Tisch geben. Teig kann auch wie böhmischer Knödel zu zwei 8–10 cm dicken länglichen Rollen geformt werden, diese in Salzwasser etwa 30 Minuten leise kochen, dann gut abtropfen lassen, auf heiße Platte geben, mit über Kreuz gelegtem Faden in dicke Scheiben schneiden und mit Butter beträufelt oder mit gerösteten Bröseln bestreut zu Tisch geben.
Verzichtet man auf Semmelzugabe, Flüssigkeitsmenge kürzen auf ca. $^1/_4$–$^3/_8$ l.
Als selbständiges Hauptgericht zu Gemüse oder Salat reichen; als Beilage genügt $^1/_2$ Rezept; beliebt zu Fleischgerichten mit reichlich Soße.

917. Egerländer Knödel (Hefeteig mit Semmeln)

Flüssiger Hefeteig von:
250 g Mehl, Salz, 15 g Hefe
¼ l Milch knapp, 2 Eier
2 Eßl. Öl
6 Semmeln vom Vortag
30–40 g Fett, 1 Zwiebel
2 Eßl. Petersilie gewiegt
reichlich Salzwasser
zum Anrichten:
20–30 g Fett oder Speck
1–2 Zwiebel

Flüssigen Hefeteig herstellen: Dämpferl ansetzen wie zu mittelfestem Hefeteig, nach dem Gehen mit allen übrigen Zutaten zu dickflüssigem Teig abschlagen, diesen gehen lassen. Semmeln in gleichmäßig kleine Würfel schneiden, mit feingeschnittener Zwiebel und gewiegter Petersilie in Fett leicht anrösten, abgekühlt unter gegangenen Hefeteig mengen, Teig noch ½ Stunde gehen lassen, dann kleine Knödel oder Klöße formen, in reichlich kochendes Salzwasser einlegen, etwa 15 Minuten zugedeckt leise kochen lassen, mit Schaumlöffel herausnehmen, gut abtropfen lassen, auf heißer Platte mit gerösteten Zwiebeln anrichten.

Als Beilage zu Fleischgerichten mit reichlich Soße, als selbständiges Hauptgericht zu Gemüse nach Wahl oder Salat.

Grundrezept

918. Nudelteig

250–300 g Mehl
Salz
2 Eier
2–4 Eßl. Wasser (je nach Mehlmenge und Eigröße)

Arbeitsweise für Herstellung per Hand:

1. *Mehl auf Brett sieben,* Salz zugeben.
2. In der Mehlgrube von der *Mitte aus Wasser und Eier* nach und nach *vorsichtig* einrühren (siehe Abbildung S. 440), auf sauberes und trockenes Brett achten; etwas Mehl vorerst zurückbehalten, Teig zunächst nicht zu fest halten.
3. *Mittelfesten Teig* herstellen unter Einarbeitung des restlichen Mehles, Teig solange *kneten,* bis er vollkommen *glatt* ist und beim Durchschneiden *wellige Zeichnung* hat; Teig in 2–3 Portionen teilen, mit Schüssel abdecken.
4. *Teig sofort portionsweise* auf wenig bemehltem Brett zu *dünnen Flecken auswellen,* diese an der Luft *antrocknen,* aber nicht zu trocken und brüchig werden lassen. Restliche Teigportionen zudecken, um Austrocknen zu verhüten.
5. *Nudeln schneiden:* Flecke aufrollen, nach Belieben vorher halbieren, damit Nudeln nicht so lang werden, zu Suppennudeln sehr fein, zu Bandnudeln 1 cm breite Streifen schneiden, lockern, auf Brett an der Luft trocknen lassen.

Bei Verwendung von elektrischem Handrührgerät bzw. Küchenmaschine Mehl in hohe Schüssel sieben, in Mehlgrube Salz, Ei und Flüssigkeit geben, mit Kneter bei Schaltstufe 1 Teig herstellen, bei Schaltstufe 2 und 3 Teig geschmeidig kneten lassen. Verarbeitung wie bei Handarbeit.

Nudeln auf Vorrat am besten ohne Salz herstellen, sehr gut trocknen lassen, trocken und verschlossen aufbewahren.

Garzeit selbst hergestellter Nudeln für Suppennudeln etwa 5 Minuten, für breite Nudeln 5–10 Minuten.

Verwendungsmöglichkeiten: Suppennudeln, gefüllte Suppeneinlagen wie Schlickkrapferl, grüne Maultaschen; Bandnudeln als Beilage zu Fleisch- oder Gemüsegerichten, zu selbständigen Gerichten wie Ravioli, Canneloni, Krautkrapfen und zu Süßspeisen verschiedener Art.

919. Bandnudeln*

Selbsthergestellte oder gekaufte Bandnudeln in reichlich kochendem Salzwasser weich kochen, *Garzeit* für selbstgemachte Nudeln etwa 5-10 Minuten, für gekaufte etwa 10 Minuten. Nudeln abseihen, je nach Fertigstellung kalt oder heiß überbrausen, gut abtropfen lassen und nach Wunsch fertigstellen; kalt überbrauste Nudeln in heißem Fett schwenken oder leicht rösten, gut heiß werden lassen; heiß überbrauste Nudeln nach Belieben mit gerösteten Semmelbröseln bestreuen oder mit zerlassener Butter beträufeln und mit geriebenem Käse bestreuen, sofort zu Tisch geben.

Nudelteig Nr. 918 oder
250–300 g Bandnudeln
zum Kochen:
reichlich Salzwasser
zum Schwenken oder Rösten:
30 g Fett oder Butter
nach Belieben:
3–4 Eßl. Semmelbrösel oder
3–4 Eßl. geriebener Käse

920. Makkaroni, Spaghetti*

Makkaroni oder Spaghetti nach Belieben brechen, in reichlich kochendem Salzwasser gar kochen, *Garzeit* 12–15 Minuten, sie dürfen keinen harten Kern mehr haben, müssen aber elastisch sein und dürfen keinesfalls durch zu langes Kochen pappig werden; gare Teigwaren abseihen, kalt oder heiß überbrausen, je nach der weiteren Behandlung: kalt überbrauste Teigwaren in heißem Fett schwenken und gut heiß werden lassen, mit geriebenem Käse oder gerösteten Semmelbröseln anrichten. Werden Teigwaren mit heißem Wasser überbraust, kann das Schwenken in heißem Fett entfallen, man kann sie sofort mit etwas geriebenem Käse oder gerösteten Semmelbröseln anrichten, evtl. etwas frische Butter darauf geben.
Als selbständiges Gericht rechnet man 400–500 g Teigwaren für 4 Personen.

250–300 g Makkaroni oder
Spaghetti (Eierteigware)
zum Kochen:
reichlich Salzwasser
zum Schwenken:
30 g Fett oder Butter
zum Anrichten:
3–4 Eßlöffel geriebener Käse
oder 3–4 Eßlöffel geröstete
Semmelbrösel

921. Bauchstecherl, Oberpfälzer Nudeln

Aus Mehl, Salz und *heißem* Wasser festen Nudelteig herstellen.
Bauchstecherl: Aus Teig kleinfingerlange, bleistiftdicke Nudeln drehen, in kochendem Salzwasser 5–10 Minuten kochen, abseihen, abtropfen lassen, in heißem Fett leicht rösten, zuletzt mit Salz verquirlte Eier darüber geben, Semmelbrösel darauf streuen, kurz backen lassen.
Oberpfälzer Nudeln: Teig zu untertellergroßen Flecken zweimesserrückendick auswellen, leicht bemehlen, etwa 4 cm breite Streifen schneiden, diese zu bleistiftdicken Stäbchen schneiden, in heißem Fett in feuerfester Form oder Bratraine schwenken, mit gesalzener, kalter Eiermilch übergießen, erst zugedeckt, dann offen in vorgeheizter Röhre etwa 1/2 Stunde aufziehen lassen, vor dem Anrichten mit zwei Gabeln lockern, anrichten.

zum Teig: 300 g Mehl
(evtl. die Hälfte Roggenmehl)
Salz, gut 1/8 l heißes Wasser
für Bauchstecherl z. Kochen:
reichlich Salzwasser
zum Rösten:
30 g Fett, 1–2 Eier, Salz
2 Eßl. Semmelbrösel
für Oberpfälzer Nudeln
zum Garen: 30–40 g Fett
1/2 l Milch, 2–3 Eier, Salz

Schinkennudeln siehe Nr. 379
Schinkennudeln aufgezogen siehe Nr. 380
Krautkrapfen siehe Nr. 680
Grüne Maultaschen siehe Nr. 12

Schlickkrapferl siehe Nr. 11

Ravioli siehe Nr. 240

Canneloni siehe Nr. 244

Makkaroni mit Tomaten siehe Nr. 670

Tomatenspaghetti siehe Nr. 671

Käsespaghetti aufgezogen siehe Nr. 672

Spaghetti-Tomatenauflauf siehe Nr. 673

Schinkenmakkaroni, Schinkenspaghetti siehe Nr. 379

Schinkenspaghetti aufgezogen
Schinkenmakkaroni aufgezogen siehe Nr. 380

Grundrezept

8–10 alte Semmeln,
Salz
3/8 l lauwarme Milch
3–4 Eier
1 kleine Zwiebel
Petersiliengrün
evtl. 20 g Fett z. Andünsten

zum Kochen:
reichlich Salzwasser

922. Semmelteig, Semmelknödel

Arbeitsweise:

1. Semmeln oder Weißbrotreste in feine Scheiben schneiden (oder Knödelbrot verwenden), salzen, mit *lauwarmer Milch übergießen*, zugedeckt 20–30 Minuten ziehen lassen.

2. Feingeschnittene *Zwiebel* und gewiegte *Petersilie* nach Belieben *in Fett andünsten, mit Eiern* zu den Semmeln geben, zu *Teig verarbeiten*, abschmecken.

3. *Probeknödel* formen und kochen, falls Teig zu weich, Semmelbrösel, etwas Mehl oder Grieß zugeben.

4. *Teig in Portionen einteilen* entsprechend der gewünschten Knödelzahl und Knödelgröße, Knödel mit *nassen Händen glatt formen*, in *kochendes Salzwasser* einlegen.

5. Knödel *zugedeckt rasch bis zum Kochen* kommen lassen, dann *halboffen 15–20 Minuten leise ziehen lassen* je nach Größe.

6. Gare Knödel mit Schaumlöffel aus Sud nehmen, *gut abtropfen lassen*, auf heißer Platte *sofort* zu Tisch geben.

Anmerkung: Milchmenge wird durch die Trockenheit der Semmeln beeinflußt, sehr alte Semmeln benötigen etwas mehr Milch.
Überbrüht man Semmelscheiben mit *kochender* Milch (z. B. bei Eile), so genügt gut 1/4 l Milch.
Bei Semmelknödeln als selbständiges Gericht rechnet man zweckmäßig pro Kopf 1 Ei für den Teig.
Anwendungsbereich: Semmelknödel, Leberknödel, Schinkenknödel, Speckknödel, als Semmelfülle für Brustbraten oder gefülltes Hähnchen (1/2 Rezeptmenge), abgewandelt zu Serviettenkloß.
Resteverwertung siehe Kochlehre Seite 442.
Besonders beliebt sind Semmelknödel zu gedünsteten Pilzen sowie zu Fleischgerichten mit reichlich Soße.

923. Geröstete Knödel mit Ei*

Knödel in schöne Scheiben schneiden, in Fett leicht rösten, mit den mit etwas Milch, Salz und gewiegter Petersilie verschlagenen Eiern übergießen, anziehen lassen, unter leichtem Zusammenschlagen garen, auf heißer Platte anrichten.
Beilage: Grüner Salat.

4–6 gare Knödel
30 g Butter oder Öl
2–3 Eier, 2–3 Eßl. Milch
Salz, Petersilie, gewiegt

924. Serviettenkloß

Semmeln in gleichmäßige Würfel schneiden, mit lauwarmer Milch übergießen, zugedeckt ziehen lassen. Feingeschnittene Zwiebel und gewiegte Petersilie in wenig Fett andünsten, gekochte Kartoffeln erkaltet reiben. Schaummasse herstellen aus Butter, Salz und Eigelb, Kartoffeln, gedünstete Zwiebeln und Petersilie unterrühren, nach Belieben wenig Basilikum beifügen, eingeweichte Semmelwürfel untermengen, abschmecken, Eischnee unterziehen, lockere Masse zu Kloß formen, in gebrühtes, gut ausgewrungenes Tuch *locker* einbinden, so daß er gut aufgehen kann, in hohen Topf über Kochlöffelstiel in kochendes Salzwasser hängen, etwa 3/4–1 Stunde zugedeckt leise kochen lassen.
Garen Serviettenkloß aus Sud heben, aus Tuch nehmen, auf heißer Platte in Scheiben anrichten.
Gibt man zur Geschmacksabwandlung Speck in den Teig, so wird dieser klein gewürfelt und glasig angedünstet.
Serviettenkloß kann auch ohne Kartoffeln hergestellt werden, wodurch sich die Beschaffenheit etwas ändert; in diesem Fall sind 8 Semmeln und 3/8 l Milch nötig sowie die Zugabe von ca. 50 g Mehl günstig.
Einfachheitshalber kann der Teig auch ohne Eischnee unter Verwendung der ganzen Eier hergestellt werden, wodurch gleichfalls das Gefüge etwas verändert wird.
Als selbständiges Gericht sind 8 Semmeln, als Beilage 6 Semmeln ausreichend.
Serviettenkloß ist eine gute Beilage zu feinen Braten mit Rahmsoße wie Rahmschlegel, Wildbraten u. ä. Als selbständiges Gericht gereicht gibt man dazu Käse-, Kräuter- oder Tomatensoße und feine Salate oder Gemüse.

6 (8) alte Semmeln
1/4 (3/8) l Milch
250 g gekochte Kartoffeln
20 g Fett, 1 Zwiebel
Petersilie gewiegt
etwas Basilikum
zur Schaummasse:
60–80 g Butter
5–6 Eier, evtl. getrennt, Salz
nach Belieben:
50–80 g durchwachsener Speck, gewürfelt
zum Einschlagen:
gebrühte Serviette od. Tuch
zum Kochen:
reichlich Salzwasser

Kochen von Serviettenkloß

925. Semmelschmarrn*

Zutaten wie Nr. 1027 (ohne Zucker)

Herstellung wie bei Nr. 1027 beschrieben, jedoch ohne Zugabe von Zucker und Zitronenschale. Semmelschmarrn ist beliebt als Beilage zu Fleisch in heller Soße z. B. eingemachtem Kalbfleisch oder auch als Hauptgericht mit grünem Salat.

926. Weckschnitten, Goldschnitten*

Zutaten wie Nr. 675 (ohne Zucker)

Herstellung wie bei Nr. 675 beschrieben, jedoch ohne Zugabe von Zucker. Beliebt zu Spinatgemüse.

927. Reis gekocht, Butterreis*

250 g Hartreis
(Patna- oder Karolinareis)

zum Kochen:
reichlich Salzwasser

zum Verbessern:
30–40 g Butter
geriebener Käse
evtl. etwas gerieb. Zwiebel

Reis waschen, brühen, in reichlich kochendes Salzwasser (mindestens 2 l) einstreuen, *springend kochen* lassen, bis er körnig-weich ist -- nicht zu weich kochen! *Garzeit* etwa 18–20 Minuten (je nach Sorte etwas unterschiedlich); Reis dann *sofort* abseihen, heiß oder kalt überbrausen, falls Kochwasser durch auskochende Stärke etwas trüb wurde, gut abtropfen lassen; in vorgeheizter Röhre offen trocken und heiß werden lassen, mit Butterflocken belegen und nach Belieben mit geriebenem Käse, evtl. mit etwas geriebener Zwiebel und wenig Salz abschmecken.

Reis nicht rühren, nur schütteln, evtl. mit zweizinkiger Gabel lockern. Guter Reis muß *trocken, körnig, locker, heiß und wohlschmeckend* sein. Nach Belieben beim Anrichten mit geriebenem Käse bestreuen oder Käse dazu reichen.

Reis-fit im Beutel nach Gebrauchsanweisung kochen.

Minutenreis oder Schnellkochreis nach Gebrauchsanweisung kochen, Garzeit nicht überschreiten (etwa 4–5 Minuten).

Verwendung: Als Beilage zu fast allen Fleischgerichten mit Soße gut geeignet z. B. zu eingemachtem Kalbfleisch, Kalbsfrikassee, gedünstetem Fleisch, Gulasch aller Art, Braten, Grill- und Pfannengerichten, auch zu Geflügel, zu vielen Eingeweidegerichten, zu Fischgerichten verschiedenster Art, Schinkenreisspeisen und zu feinem Gemüse; als Hauptgericht vor allem zu Reis-Eintopfgerichten; gekochter Reis wird auch zu verschiedenen gemischten Salaten verwendet.

928. Brühreis*

250 g Hartreis
(Patna- oder Karolinareis)
30 g Butter, 1/2 l kochende, gut abgeschmeckte Brühe

zum Anrichten nach Belieben:
geriebener Käse

Reis waschen, brühen, abtropfen lassen; Butter zerlassen, Reis darin schwenken, mit *kochender, kräftig abgeschmeckter, abgemessener Brühe* (Fleisch-, Knochen-, Hühner-, Wurzel- oder Würfelbrühe) aufgießen, *rasch einmal aufkochen* lassen, dann bei *schwacher Hitze* zugedeckt langsam gar quellen lassen *ohne zu rühren, Garzeit* etwa 18–20 Minuten. Nach Belieben kann die Butter auch während des Ankochens zur Brühe gegeben werden. Garen Reis mit Gabel etwas lockern, nach Belieben mit geriebenem Käse anrichten oder Käse

getrennt dazu reichen. Reis muß *trocken und körnig* werden und alle Flüssigkeit aufsaugen.
Das Verhältnis von Reis zu Flüssigkeit beträgt hierbei 1 : 2, das heißt auf 1 Tasse Reis treffen 2 Tassen kochende Flüssigkeit. Bei zuviel Flüssigkeit verliert Reis die körnige Beschaffenheit, er wird zu weich.
Verwendung wie Butterreis oder wie gedünsteter Reis.

929. Reis gedünstet, Risotto*

250 g Hartreis
(Patna- oder Karolinareis)
zum Dünsten:
40 g Öl oder Butter
1 Zwiebel, fein geschnitten
1/2 l kochende, abgeschmeckte Brühe
zum Anrichten:
4 Eßl. geriebener Käse

Reis waschen, brühen, sehr gut abtropfen und auf Tuch etwas trocknen lassen oder ungewaschenen Reis in Tuch trocken gründlich abreiben. Feingeschnittene Zwiebel und Reis in Öl oder Butter leicht anrösten, bis Zwiebel glasig ist, mit *kräftig abgeschmeckter, kochender, abgemessener Brühe* aufgießen, bei *guter Hitze rasch einmal aufkochen lassen, bei schwacher Hitze zugedeckt ohne Rühren* gar quellen lassen, *Garzeit* etwa 20 Minuten, Reis muß körnig bleiben. Garen Reis mit Gabel lockern, mit geriebenem Käse schichtweise anrichten und mit Käse bestreuen oder Reibkäse gesondert dazu reichen. Das Verhältnis von Reis und Flüsigkeit beträgt auch hier 1 : 2 wie bei Nr. 928, zuviel Flüssigkeit macht Reis zu weich, er verliert seine körnige Beschaffenheit.

Anwendungsmöglichkeiten:
Tomatenrisotto: 2 Eßlöffel Tomatenmark zum angerösteten Reis geben, aufgießen und fertigstellen wie beschrieben oder wie Nr. 593.
Schinkenrisotto: 100–150 g fein gewürfelten oder gewiegten Schinken locker unter den garen Risotto mischen.

Leberrisotto	siehe Nr. 269
Risotto mit Geflügelleber	siehe Nr. 313
Geflügelrisotto	siehe Nr. 315
Geflügelrisotto mit Curry	siehe Nr. 316
Gemüserisotto mit Geflügel	siehe Nr. 317
Hascheereis als Risotto	siehe Nr. 353
Gemüserisotto	siehe Nr. 594
Pilzrisotto	siehe Nr. 595

930. Reisrand

Rezept Butterreis Nr. 927
oder Brühreis Nr. 928
zur Form: Butter
zum Bestreuen:
geriebener Käse
evtl. etwas Petersilie

Butterreis herstellen wie bei Nr. 927 oder Brühreis kochen wie bei Nr. 928 beschrieben, gut abschmecken; sehr heißen Reis in gut gebutterte Ringform drücken, auf heiße Platte stürzen, mit geriebenem Käse und nach Belieben mit etwas Petersilie bestreuen; gegebenenfalls eingefüllte Ringform in heißes Wasserbad stellen und über Dampf heiß halten, erst unmittelbar vor Tisch stürzen, damit Reis gut heiß ist. Zum Einfüllen in Reisrand eignen sich Kalbs- oder Hühnerfrikassee, italienische Leber, Gulasch, feines Ragout, Champignons oder andere feinere Gemüse.

931. Paprikareis*

Gekochter Reis Nr. 927 od. Brühreis Nr. 928 oder gedünsteter Reis Nr. 929
40–50 g Butter, 1 Zwiebel
1 Eßl. Paprika mild („Delikateß-Edelsüß“)

Gekochten Reis sehr gut abtropfen lassen, mit wenig Butter in vorgeheizter Röhre heiß und trocken werden lassen; feingeschnittene Zwiebel in Butter glasig dünsten, Paprika zugeben, mit garem, heißem Reis locker mischen, abschmecken.
Oder Brühreis bzw. gedünsteten Reis mit etwas weniger Fett herstellen, garen Reis mit wenig Butter und Paprika locker mischen.

932. Curryreis*

250 g Hartreis (Patna- oder Karolinareis)
zum Dünsten:
40 g Öl oder Butter
1 Zwiebel, 1–2 Teel. Curry
1/2 l kochende, abgeschmeckte Brühe

Reis vorbereiten wie zu gedünstetem Reis Nr. 929; feingeschnittene oder geriebene Zwiebel in Öl oder Butter glasig dünsten, Reis zugeben, leicht anrösten, Curry zugeben, mit kräftig *abgeschmeckter, kochender, abgemessener* Brühe aufgießen, bei *guter Hitze rasch einmal aufkochen* lassen, dann bei schwacher Hitze zugedeckt *ohne zu rühren* gar quellen lassen, *Garzeit* etwa 20 Minuten, abschmecken.
Oder Reis kochen wie bei Nr. 927, sehr gut abgetropft in vorgeheizter Röhre trocken und gut heiß werden lassen; Butter zerlassen, Curry zugeben, einmal zusammen aufkochen lassen, heißen, trockenen Reis mit Currybutter locker mischen, abschmecken.
Beliebte Beilage zu Geflügel und zu Grillgerichten.

933. Curryreis mit Ananas oder Banane*

Zutaten wie Curryreis Nr. 932
2 Scheiben Dosenananas oder 2–3 Bananen
20 g Butter zum Dünsten

Curryreis herstellen wie bei Nr. 932 angegeben; unter garen Reis kleingewürfelte Ananasscheiben locker untermischen, gut heiß werden lassen, abschmecken. Oder Bananen schälen, in dicke Scheiben schneiden, in wenig Butter leicht anbraten, locker unter garen, heißen Curryreis mischen, abschmecken.
Beliebte Beilage zu Geflügel und zu Grillgerichten.

Grießklöße ausgeschöpft siehe Nr. 658

Grießknödel siehe Nr. 659

Grießschnitten, Reisschnitten (jedoch ohne Zuckerzugabe) siehe Nr. 1029

Reisbratlinge siehe Nr. 669

Soßen

Soßen sollen guten Geschmack und sicheres Können beweisen. Dafür einige Ratschläge:

1. Soßen zum Hauptgericht *passend* wählen, sie sind für viele Gerichte die entscheidende Ergänzung. Gerichte mit feinem, mildem Eigengeschmack wie zartes, weißes Fleisch, Fisch, feine Gemüse erfordern feine, mild abgeschmeckte Soßen, z. B. Butter zerlassen, Buttersoße, Frikasseesoße, Holländische Soße u. a. m.; kräftig abgeschmeckte Soße, z. B. Madeira- oder Burgundersoße eignet sich gut zu Gerichten mit kräftigem Eigengeschmack, z. B. gepökelter, gekochter Ochsenzunge oder Wild. Reis- oder Teigwarengerichte ohne besonderen Eigengeschmack erlauben die Beigabe von Soßen verschiedenster Geschmacksrichtung, sowohl milde, pikant abgeschmeckte Soßen wie Frikasseesoße, Champignonsoße u. ä., aber auch Soßen kräftiger Geschmacksrichtung wie Tomaten-, Käse-, Kräuter- oder Zwiebelsoße.

2. Für *Abwechslung* sorgen, hierbei die Vielzahl von Geschmacks- und Würzzutaten geschickt nutzen.

3. Soßen mit *Sorgfalt* herstellen, ihre *Güte* ist entscheidend, nicht die Menge!

4. *Stets sorgfältig würzen und gut abschmecken*, auf harmonische Geschmacksabrundung achten, zu scharfes Würzen vermeiden. Die Kunst richtigen Würzens und persönlicher Geschmack sollen hierbei zur Entfaltung kommen.

Salzige Soßen

Kochlehre:

Warme salzige Soßen werden bevorzugt zu warmen Gerichten mannigfacher Art wie Fleisch-, Fisch-, Eier-, Kartoffel-, Teigwarengerichten sowie Knödeln verschiedener Art, teilweise auch für feine Gemüse.

Einfache warme Soßen haben die Einbrenne zur Grundlage: helle Soßen – die helle Einbrenne, dunkle Soßen – die mittelfarbene oder dunkle Einbrenne oder die Zuckereinbrenne.

Hierbei beachte:

Das Fett beeinflußt die Güte der Soße. Für helle Soßen ergibt Butter den besten Geschmack, doch können auch gute Margarine oder reine, geschmackfreie Pflanzenfette Verwendung finden. Für dunkle Einbrenne wasserfreies Fett wie Butterschmalz, reines Pflanzenfett bzw. Öl verwenden.

Als Flüssigkeit kommt je nach Art der Soße Fleisch-, Hühner-, Knochen-, Würfelbrühe oder auch Gemüse-, Fischsud oder Milch und Rahm zur Verwendung.

Geschmackszutaten und Gewürze können je nach Soßenart nach Wunsch gewählt, ausgetauscht, auch kombiniert und dosiert werden. Kräuter werden fein gewiegt oder gemixt verwendet, um ihre Ausgiebigkeit zu erhöhen. *Empfindliche Geschmackszutaten* wie Kräuter, Rahm, frische Butter, Wein, Zitronensaft, feinen Käse zuletzt an fertige Soße geben, *nicht mehr kochen* lassen. Im Gegensatz dazu können z. B. Kümmel, Meerrettich, geräucherter Speck u. a. m. evtl. in heißem Fett angedünstet und die Gewürze wie Lorbeerblatt, Pfefferkörner, Nelken und Gewürzkörner mitgekocht werden. Scharfe Würzmittel wie Pfeffer, Curry, Worcestersoße u. ä. sparsam verwenden!

Helle Soßen können durch *Legieren* verbessert werden: Eigelb mit 2 Eßlöffeln kalter Flüssigkeit (Rahm, Milch Brühe) glatt rühren, etwas heiße Soße unterrühren, das Ganze an die heiße, fertige Soße schlagen, *nicht mehr kochen* lassen, bei Bedarf im heißen Wasserbad warmhalten.

Dunkle Soßen können durch Rotwein und Rahm verbessert werden, diese nicht mitkochen.

Grundmengen und Arbeitsregeln siehe Grundrezept helle und dunkle Einbrenne Nr. 57/58, Zuckereinbrenne Nr. 59.

Feine warme Soßen, beliebt zu feinen Fleisch-, Fisch- oder Gemüsespeisen, enthalten nur wenig Mehl oder Stärkemehl, auch weniger Flüssigkeit, jedoch reichlich Eigelb und Butter.

Grundmengen für feine Soßen für 4 Personen: Auf 20 g Stärkemehl oder Mehl 1/4 l Brühe, 2–3 Eigelb, 50 g frische Butter; Geschmackszutaten nach Wahl wie Zitronensaft, Weißwein, süßer Rahm, Kräuter, Käse, Meerrettich, Senf u. a. m. Sie werden als *abgeschlagene Soße hergestellt,* siehe Holländische Soße abgeschlagen Nr. 956. Verzichtet man auf Verwendung von Stärkemehl oder Mehl, so erhöht sich der Bedarf an Eigelb und Butter, wodurch die Soße in der Herstellung empfindlicher, gleichzeitig aber auch kalorienreicher und teurer wird.

Reine Butter kann in verschiedener Weise als Soße dienen; in jedem Fall ist nur *frische* Butter zu verwenden:

Heiße, klare Butter, nur zerlassen, evtl. einmal aufgekocht, nach Belieben leicht gewürzt, ist bevorzugt zu gekochten Gemüsen; Geschmackszutaten richten sich nach dem Verwendungszweck.

Heiße, leicht gebräunte Butter wird wegen ihres guten Geschmacks mitunter bevorzugt. Butter hierfür nur bei *mäßiger Hitze licht- bis goldbraun* werden lassen, Butter bräunt etwas nach; stark gebräunte Butter verliert an Wohlgeschmack und an Bekömmlichkeit.

Pikante, schaumig gerührte Butter mit verschiedenem Geschmack wird gerne zu mageren warmen Fleisch- oder Fischgerichten, insbesondere zu Gegrilltem und Gebratenem gereicht sowie zu belegten Brötchen verwendet. Geschmackszutaten je nach Gericht wählen.

Kalte salzige Soßen werden, von einigen Ausnahmen abgesehen, meist auf der Grundlage von *Mayonnaise* hergestellt. Sie werden vorwiegend zu kaltem Fleisch, Fisch, Eiergerichten gegeben oder zu kalten Vorspeisen und auch zu feinen Salaten verwendet.

Mayonnaise ist durch ihren hohen Fettgehalt verhältnismäßig kalorienreich und nicht leicht verdaulich, deshalb sparsam verwenden. Sie wird oft auch gerne durch Zugabe von frischem Quark oder dick gekochtem, erkaltetem Stärkemehlbrei fettärmer, dadurch leichter verdaulich und bekömmlicher gemacht. Solche Mayonnaise ist zugleich ausgiebiger und billiger, jedoch von *geringerer Haltbarkeit.*

Voraussetzung für gute Mayonnaise sind frische Eier und gutes Öl. Olivenöl italienischer oder spanischer Herkunft, kalt gepreßt, ist wegen seines guten Geschmacks besonders geschätzt; Öle mit höherem Gehalt an essentiellen, ungesättigten Fettsäuren (z. B. Sonnenblumenöl, Maiskeimöl, Erdnußöl u. a. m.) sind aus gesundheitlichen Gründen mitunter bevorzugt.

Grundmengen und Grundregeln für Mayonnaiseherstellung siehe Grundrezept Mayonnaise Nr. 970; 1/8 l Öl und 1 Eigelb ergeben etwa 125 g fertige Mayonnaise.

Beim Kauf fertiger Mayonnaise auf Gütestufen und deren Kennzeichnung achten:

„Salat- oder Tafelmayonnaise" ohne besondere Qualitätsbezeichnung muß mindestens 50% Ölgehalt aufweisen und darf Verdickungsmittel wie Weizenmehl, Stärkemehl, Gelatine oder andere zugelassene Verdickungsmittel enthalten.

„Delikateßware" oder *„Feinkostmayonnaise"* oder unter anderer Gütebezeichnung angebotene Mayonnaise muß mindestens 80% Öl und darf keine Verdickungsmittel enthalten.

„Frisch-Ei-Mayonnaise" ist Delikateßware aus frischen Hühnereiern ohne Verdickungsmittel.

Gekaufte Mayonnaisen in Packung enthalten im Aufdruck den Fettgehalt in % neben der Bezeichnung, woran die Gütestufe auch für den Laien kenntlich ist. Zusatz künstlicher Farbstoffe ist verboten, Zusatz erlaubter Konservierungsstoffe muß kenntlich gemacht sein.

Salzige Soßen, warm

934. Helle und mittelfarbene Einbrennsoße, helle Grundsoße

Helle oder mittelfarbene Einbrenne je nach Art der Geschmackszutaten herstellen wie bei Grundrezept Nr. 57 beschrieben, mit Brühe wie Fleisch-, Hühner-, Knochen-, Wurzel- oder Gemüsebrühe, Fischsud oder mit Wasser und Milch aufgießen, salzen, bei schwacher Hitze offen etwa 5–10 Minuten leise kochen lassen, abschmecken, nach Belieben verbessern. Geschmackszutaten je nach Art vor oder nach dem Aufgießen beifügen.

Mehlmenge kann dem individuellen Wunsch nach mehr oder weniger stark gebundener Soße angepaßt werden; wird die Soße legiert, genügen 30 g Mehl zur Einbrenne.

Muß für Diätzwecke die Einbrenne wegen der Röststoffbildung entfallen, kann die Soßenherstellung auf folgende Weise erfolgen:

a) *Binden mit Mehlteiglein:* Angegebene Mehlmenge oder 20–25 g Stärkemehl (Mondamin, Maizena, Gustin oder Kartoffelspeisestärkemehl) mit 6 Eßlöffeln kalter Milch oder Brühe glatt rühren, Teiglein unter Rühren in die abgeschmeckte, kochende Brühe geben, unter Rühren gar kochen lassen, Geschmackszutaten beifügen, zuletzt mit Rahm und Eigelb legieren.

b) *Binden durch Buttermehlkloß:* Angegebene Mehlmenge mit gleicher Menge frischer Butter verkneten, in die kochende, abgeschmeckte Brühe geben, unter Rühren mit Schneebesen gar kochen lassen, Geschmackszutaten zugeben und zuletzt mit Rahm und Eigelb legieren.

Diese Art kann für alle Soßen mit heller Einbrenne angewandt werden.

Grundrezept helle oder mittelfarbene Einbrenne Nr. 57 von:
30 g Fett, 1/2 Zwiebel
30–40 g Mehl
1/2 l Flüssigkeit, Salz
Geschmackszutaten n. Wahl

zum Verbessern:
etwas süßer Rahm oder Milch oder 1 Stückchen frische Butter, 1 Eigelb nach Belieben

935. Petersiliensoße, Dillsoße*

Helle Einbrennsoße herstellen, 5–10 Minuten bei schwacher Hitze leise kochen lassen, dann mit gewaschener, feingewiegter Petersilie bzw. Dill, Salz, Rahm und wenig Zitronensaft gut abschmecken.

Beliebte Beilage zu gekochtem Ochsenfleisch, gekochtem Fisch, verlorenen oder harten Eiern.

Helle Einbrennsoße Nr. 934
reichlich Petersilie oder Dill

zum Verbessern:
etwas süßer Rahm,
Zitronensaft

936. Kräutersoße*

Helle Einbrenne herstellen, 5–10 Minuten bei schwacher Hitze leise kochen lassen; Kräuter sehr gut waschen, gut abtropfen lassen, abzupfen, fein wiegen oder mixen, Schnittlauch fein schneiden, 2/3 der Kräutermenge in der Soße einmal aufkochen lassen, Rest der Kräuter mit Rahm und Zitronensaft unter die fertige Soße schlagen, abschmecken, nicht mehr kochen lassen.

Beliebt zu gekochtem Ochsenfleisch, zu Käsepudding, Schinkenpudding, verlorenen oder harten Eiern, gekochtem Fisch.

Helle Einbrennsoße Nr. 934
reichlich frische Kräuter wie: Petersilie, Dill, Kerbel, wenig Estragon, Sauerampfer, Schnittlauch
zum Verbessern:
2–3 Eßlöffel süßer Rahm
etwas Zitronensaft

937. Kapernsoße*

Helle Einbrennsoße Nr. 934
1 Teel. Zitronensaft
2–3 Eßl. Weißwein, 1 Prise Zucker, 2 Eßl. Kapern
1 Eigelb, 3 Eßl. süßer Rahm

Helle Einbrenne herstellen, bei schwacher Hitze etwa 5–10 Minuten leise kochen lassen, Geschmackszutaten zugeben, Kapern evtl. wiegen, nicht mehr kochen lassen, abschmecken, nach Belieben legieren.
Beliebt zu verschiedenen Fischgerichten und zu vegetarischen Gerichten.

938. Frikasseesoße*, feine Buttersoße*

Helle Einbrennsoße Nr. 934 (mit Butter), Zitronensaft
3–4 Eßl. Weißwein, 1 Prise Zucker, 1–2 Eßl. Kapern, evtl.
50 g Champignons (Dose)
1–2 Eigelb, 3 Eßl. süßer Rahm, wenig frische Butter

Helle Einbrenne herstellen, bei schwacher Hitze etwa 5–10 Minuten leise kochen lassen, Geschmackszutaten zugeben, gut abschmecken, Soße vor dem Anrichten mit Eigelb und Rahm legieren, evtl. etwas frische Butter unterschlagen, Soße darf nach dem Legieren nicht mehr kochen, im Bedarfsfall im Wasserbad heiß halten.
Sehr gut zu Kalbs- und Geflügelfrikassee, zu feinen Schinken-, Käse- und Eierspeisen sowie zu Reisgerichten und Fischspeisen.

939. Tomatensoße*

Helle Einbrennsoße Nr. 934
500–750 g frische Tomaten oder 2–3 Eßl. Tomatenmark
etwas Zitronensaft
1 Prise Zucker, Salz
zum Verbessern:
2–3 Eßl. süßer Rahm

Helle Einbrenne herstellen, gewaschene, kleingeschnittene Tomaten oder Tomatenmark zugeben, gut durchdünsten, dann aufgießen, 5 bis 15 Minuten leise kochen lassen, bei Verwendung frischer Tomaten Soße durch Sieb streichen, pikant abschmecken, mit Rahm verbessern.
Nach Belieben kann Tomatensoße durch Beigabe von etwas feingewiegtem Schinken angereichert und verbessert werden.
Gut geeignet zu Fisch-, Eier-, Käsespeisen, zu Reis- und Teigwarengerichten verschiedenster Art und anderen vegetarischen Gerichten.

940. Tomatensoße italienische Art*, Sugo*

3 Eßl. Öl, 40 g geräucherter Speck, 3 Zwiebeln, 1 gelbe Rübe, ½–1 kl. Sellerieknolle
250 g mageres Hackfleisch
3–4 Eßl. Tomatenmark oder 6–8 große, reife Tomaten
evtl. etwas Knoblauch, Salz
etwas Thymian u. Basilikum
weißer Pfeffer oder Paprika
½ l Flüssigkeit, 20 g Mehl
1 Glas Weißwein
2–3 Eßl. Rahm, 1 Pr. Zucker

Feingeschnittenen Speck in Öl leicht anbraten, feingeschnittene Zwiebeln und geputzte, gewiegte oder geriebene gelbe Rüben und Sellerie darin gut andünsten, Hackfleisch beifügen, bei guter Hitze scharf anrösten, dann Tomatenmark oder geschälte, kleingeschnittene Tomaten, nach Belieben etwas Knoblauch und feingewiegte Kräuter beifügen, durchdünsten, salzen, übrige Gewürze zugeben, etwas aufgießen, zugedeckt bei mäßiger Hitze garen, nach Bedarf etwas Brühe nachgießen, *Garzeit* etwa ½ Stunde, Soße dann mit Mehlteiglein leicht binden, durchkochen lassen, mit Verbesserungszutaten abschmecken.
Sehr beliebt zu Reis- und Spaghettigerichten aller Art.

941. Käsesoße*

Helle Einbrenne herstellen, erst mit Brühe, dann mit Milch aufgießen, bei schwacher Hitze etwa 5–10 Minuten leise kochen lassen, würzen, Käse unterschlagen, nach Belieben legieren, abschmecken, nicht mehr kochen lassen.
Beliebt zu Fischgerichten, Eierspeisen, Reis- und Teigwarengerichten und zum Überbacken von Gemüsegerichten.

Helle Einbrennsoße Nr. 934
mit 1/4 l Brühe u. 1/4 l Milch
1 Prise Paprika, Salz
wenig Zitronensaft
50–100 g geriebener Käse
zum Legieren: 1 Eigelb
2–3 Eßl. süßer Rahm

942. Käsesoße mit Schmelzkäse*

Helle Einbrenne herstellen, erst mit Brühe, dann mit Milch aufgießen, bei schwacher Hitze etwa 5–10 Minuten leise kochen lassen, würzen, zerpflückten Schmelzkäse unterschlagen und erhitzen, bis Käse völlig geschmolzen ist, mit Rahm verbessern, abschmecken.
Anstelle von Einbrennsoße kann auch 1/4–3/8 l Milch verwendet werden, diese mit Stärkemehl leicht binden, dann Käse und Gewürze unterschlagen wie oben beschrieben.

Helle Einbrennsoße Nr. 934
mit 1/4 l Brühe u. 1/4 l Milch
wenig Pfeffer u. Muskat
2 Ecken Streichschmelzkäse
2–3 Eßlöffel süßer Rahm

943. Käsesoße abgeschlagen

Abgeschlagene Soße herstellen wie bei Nr. 956 angegeben, zuletzt fein geriebenen Käse unterschlagen, abschmecken, sofort zu Tisch geben, Soße darf nicht kochen!
Sehr gut zu Fisch-, Reis-, Teigwaren- und Gemüsespeisen.

Holländische Soße Nr. 956
100 g geriebener Käse

944. Käsefondue*

Irdene Fonduepfanne mit Knoblauchzehe ausreiben, Wein in Geschirr gießen, heiß werden, doch nicht kochen lassen; geriebenen, geraffelten oder gehobelten Käse nach und nach zugeben, dabei ständig am besten in Achterform rühren bis Masse eine cremeartige, glatte Beschaffenheit erhält, die Hitze soll nicht zu stark sein. Sobald die Masse aufkocht und zu steigen beginnt, das mit wenig Kirschwasser glattgerührte Stärkemehl zugeben, unter Rühren kurz einmal aufkochen lassen, damit Käsemasse gebunden wird, dann würzen und mit restlichem Kirschwasser abschmecken, evtl. Rahm unterziehen. Das Würzen und Abschmecken erfolgt meist unter Mitwirkung aller Tischgäste bei Tisch. Fondue muß in der Fonduepfanne am Kochen gehalten werden (Spirituskocher). Weißbrotwürfel sind für jeden Tischgast bereitgestellt. Mit langen Fonduegabeln spießt jeder Teilnehmer Weißbrotwürfel auf, taucht sie in die Fonduemasse und wendet sie darin (rührt sie damit gleichzeitig um), nimmt die Gabel unter schnellem Drehen heraus und verzehrt die Brotwürfel mit der anhaftenden Käsemasse. Dazu reicht man Weißwein.
Abwandlungsmöglichkeit: Kleine Schinkenwürfel oder gedünstete Champignons in Fonduemasse geben.

Pro Person:
150 g Emmentaler oder halb Emmentaler,
halb Greyerzer Käse
1/10 l (1 Glas) spritziger Weißwein (Mosel)
1/2 Teel. Stärkemehl
1 Likörglas Kirschwasser
Salz, Pfeffer, evtl. Paprika
wenig Muskat
evtl. 2 Eßl. süßer Rahm
zum Ausreiben der Fonduepfanne: 1 Zehe Knoblauch
weißes Stangenbrot (evtl. getoastet), in etwa 2 cm großen Würfeln

945. Meerrettichsoße*

30 g Fett, $1/2$ Zwiebel
30–40 g Mehl oder Semmelbrösel, 4 Eßl. geriebener Meerrettich
$1/2$ l Fleischbrühe oder $1/4$ l Brühe, $1/4$ l Milch
Salz, 1 Prise Zucker
zum Verbessern:
2–3 Eßl. süßer Rahm
evtl. 1 Eigelb

Meerettich putzen, waschen, kurz vor der Zubereitung am offenen Fenster reiben, Stange dabei gerade halten, damit Meerrettich nicht langfaserig wird oder evtl. geriebenen, konservierten Meerrettich verwenden. Helle Einbrenne herstellen, evtl. Mehl durch Semmelbrösel austauschen, vor dem Aufgießen geriebenen Meerrettich zugeben, durchdünsten, mit Brühe und nach Belieben zum Teil mit Milch aufgießen, je nach Schärfe des Meerrettichs 10–15 Minuten leise kochen lassen; längeres Kochen mindert die Schärfe; zuletzt evtl. legieren und abschmecken.
Milden Meerrettich in fertige Soße geben, kurz aufkochen lassen, Soße dann verbessern und abschmecken.
Sehr scharfen Meerrettich zur Minderung der Schärfe evtl. in Fett mit feingeschnittener Zwiebel andünsten, dann stauben, kurz durchdünsten, aufgießen, 5–10 Minuten leise kochen lassen, fertigstellen wie oben. Sehr beliebt zu Ochsenfleisch.

Abwandlung: 2 alte Semmeln abreiben, in lauwarmer Fleischbrühe mindestens $1/2$ Stunde einweichen, dann mit dem Schneebesen glatt schlagen und zum Kochen bringen, geriebenen Meerrettich unterschlagen, gründlich aufkochen lassen, mit Salz und Zucker abschmecken, mit 2–3 Eßlöffeln süßem Rahm oder einem Stückchen frischer Butter verbessern.

946. Meerrettichsoße abgeschlagen

Holländische Soße Nr. 956 (ohne Wein)
3–4 Eßl. feingeriebener, frischer Meerrettich

Holländische Soße herstellen wie Nr. 956, unter die Soße feingeriebenen Meerrettich unterschlagen, abschmecken.
Verwendung zu Schinken-, Eier-, Fischspeisen und verschiedenen vegetarischen Gerichten, auch zu gekochtem Fleisch.

947. Champignonsoße, helle Pilzsoße*

30 g Butter, $1/2$ Zwiebel
150 g frische Champignons oder andere Pilze, gemischt
20–30 g Mehl
$1/4$ l Brühe, Salz
1 Prise weißer Pfeffer
etwas Zitronensaft
4–6 Eßl. süßer Rahm
1 Eigelb nach Belieben
Petersilie

Frische Pilze putzen, waschen, in feine Scheibchen schneiden, Champignons mit etwas Zitronensaft beträufeln, damit sie weiß bleiben; feingeschnittene Zwiebel in Butter glasig dünsten, vorbereitete Pilze zugeben, leicht andünsten, mit Mehl stauben, aufgießen, würzen, bei schwacher Hitze etwa 10–15 Minuten leise kochen lassen, mit Rahm und Petersilie abschmecken, nach Belieben mit Eigelb legieren. Statt zu stauben, kann man die garen Pilze auch mit Mehlteiglein binden, gut aufkochen lassen und fertigstellen wie angegeben.
Bei Verwendung von getrockneten Pilzen 20 g Pilze einweichen, im Einweichwasser garen, Einbrenne mit Pilzsud aufgießen, fertigstellen wie oben.
Pilzsoße schmeckt gut zu gekochtem Huhn, Kalbszunge, vielen Fischspeisen sowie zu vegetarischen Gerichten, Semmelknödeln, Reis- und Teigwarengerichten verschiedener Art.

948. Sardellensoße*

Helle oder mittelfarbene Einbrenne ohne Salz herstellen, bei schwacher Hitze 5–10 Minuten leise kochen lassen; Sardellen waschen, putzen, fein wiegen, zur fertigen Soße geben und einige Minuten durchziehen lassen oder Sardellenpaste nach Geschmack zugeben, mit übrigen Geschmackszutaten würzen, nach Belieben mit Eigelb und Rahm verbessern.
Soße wird gerne zu Fischspeisen, Eiergerichten und vegetarischen Gerichten verschiedener Art gereicht.

Helle Einbrennsoße Nr. 934
60 g Sardellen oder
Sardellenpaste n. Geschmack
etwas Zitronensaft
1 Pr. Zucker, 3 Eßl. Weißwein
zum Verbessern: 1 Eigelb
2–3 Eßl. süßer Rahm

949. Senfsoße*

Helle oder mittelfarbene Einbrenne herstellen, 5–10 Minuten leise kochen lassen, Geschmackszutaten zugeben, evtl. gewürfelte Gewürzgurken beifügen, pikant abschmecken, nach Belieben mit Rahm und Weißwein verbessern.
Verwendung zu gekochtem Fisch, verlorenen oder hartgekochten Eiern.

Helle Einbrennsoße Nr. 934
1 Eßl. Senf, 1 Pr. Zucker
evtl. 1–2 Gewürzgurken
zum Verbessern:
2–3 Eßl. Rahm
2–3 Eßl. Weißwein

950. Senfsoße abgeschlagen

Holländische Soße herstellen wie Nr. 956, mit gutem Senf pikant abschmecken.
Beliebt zu gekochtem Fisch, gekochtem Ochsenfleisch oder verlorenen Eiern.

Holländische Soße Nr. 956
2–3 Teelöffel Senf

951. Krabbensoße*

Feingehackte Zwiebel in Butter glasig dünsten, Mehl zugeben, hellgelb rösten, mit Brühe unter Rühren aufgießen, bei mäßiger Hitze 5–10 Minuten kochen lassen, gewaschene Krabben darin erhitzen, mit Salz, weißem Pfeffer und Zitronensaft pikant abschmecken, zuletzt Rahm und feingewiegten Dill unterschlagen, nochmal abschmecken.
Gut zu gekochtem Fisch oder zu Butterreis.

30 g Butter, $^1/_2$ Zwiebel
30 g Mehl, $^1/_4$–$^3/_8$ l Brühe
150–200 g Krabben (Dose)
Salz, Pfeffer, Zitronensaft
$^1/_8$ l Rahm, reichl. Dill

952. Currysoße*

Feingeschnittene Zwiebel in Butter glasig dünsten, Currypulver darüber streuen, geschälte, feingewürfelte oder geraffelte Äpfel beifügen, gut durchdünsten, dann mit Mehl stauben, kurz mitdünsten, mit kochender Brühe aufgießen, würzen, bei schwacher Hitze etwa 15–20 Minuten leise kochen lassen, bis Äpfel weich und verkocht sind, falls nötig durch Sieb streichen, mit Zitronensaft abschmecken. Verbesserungszutaten beifügen: geschälte Bananen mit Gabel fein zerdrücken, etwas schaumig schlagen, mit Wein, Rahm und geschälten, geriebenen Mandeln zur Soße geben, gut abschmecken, nach Belieben legieren, Soße nicht mehr kochen lassen. Geriebene Mandeln sollen Cocosnuß, die eigentlich zur Currysoße gehört, ersetzen.
Currysoße ist beliebt zu gekochtem Huhn und vielerlei Reisgerichten.

30–40 g Butter, 1 Zwiebel
2–3 Teel. Currypulver
2 Äpfel geschält, 30 g Mehl
$^3/_8$–$^1/_2$ l Hühnerbrühe, Salz
etwas Thymian nach Belieben
1 Prise Muskat, Zitronensaft
z. Verbessern: 1–2 Bananen
2–3 Eßl. Weißwein
4–6 Eßl. süßer Rahm
50 g geschälte Mandeln
1 Eigelb nach Belieben

953. Helle Zwiebelsoße*

40–50 g Fett, 4–5 große Zwiebeln, 30 g Mehl
1/2 l Fleischbrühe, Salz
1 Prise Pfeffer, 1 Prise Kümmelpulver, Zitronensaft
2–3 Eßl. süßer Rahm
1 Eigelb nach Belieben

Zwiebeln schälen, in feine Scheiben schneiden, in Öl, Butter oder Fett bei *schwacher* Hitze glasig und weich dünsten, ohne daß sie Farbe bekommen, mit Mehl stauben, leicht durchrösten, mit Brühe aufgießen, salzen, bei mäßiger Hitze leise kochen lassen, bis Zwiebeln sehr weich sind, nach Belieben durch Sieb streichen, mit Verbesserungszutaten gut abschmecken, nach Belieben legieren.
Beliebt zu Hammelfleischgerichten.

954. Kümmelsoße*

Mittelfarbene Einbrennsoße Nr. 934
2 Teel. Kümmel, gewiegt
etwas Essig nach Geschmack

Gewiegten Kümmel in Fett leicht rösten, Zwiebel zugeben, glasig dünsten, Mehl beifügen, mittelfarbene Einbrenne herstellen, aufgießen, etwa 10–15 Minuten leise kochen lassen, durch Sieb streichen, abschmecken.
Abwandlung: Herstellung mit dunkler Einbrenne wie Nr. 58.
Kümmelsoße ist beliebt zu Hammelfleischgerichten.

955. Béchamelsoße*

30–40 g Butter, 30–40 g Mehl
evtl. 50–100 g magerer, gekochter Schinken
1/8–1/4 l Brühe
3/8–1/4 l Milch, Salz
etw. Pfeffer, wenig Muskat
zum Verbessern:
2–3 Eßl. süßer Rahm
evtl. 2–4 Eßl. gerieb. Käse
evtl. 1–2 Eigelb

Mehl in zerlassener Butter bei *schwacher Hitze* lichtgelb rösten, nach Belieben feingewürfelten oder gewiegten, mageren, gekochten Schinken oder mageres, gekochtes Geräuchertes beifügen, kurz andünsten, mit Brühe ablöschen, mit Milch aufgießen, würzen, bei schwacher Hitze etwa 5–10 Minuten leise kochen lassen, mit Rahm und geriebenem Käse verbessern, nach Belieben legieren, gut abschmecken.
Beliebt zum Überbacken von Gemüse-, Fisch- und Fleischgerichten, zu Béchamelkartoffeln und auch zu feinen Kochgemüsen wie Schwarzwurzeln, Blumenkohl u. ä.

956. Holländische Soße abgeschlagen

20 g Speisestärke oder Mehl
1/4 l Brühe (Fleischbrühe, Gemüse- oder Fischsud)
2–3 Eigelb
50 g frische, kalte Butter (in Flocken), Salz
1 Prise weißer Pfeffer
etwas Zitronensaft
1 Prise Zucker
etwas Weißwein
2–3 Eßl. süßer Rahm (evtl. als Schlagrahm)

Speisestärke oder Mehl mit kalter Brühe glatt rühren, bei *schwacher Hitze* unter Schlagen dick kochen lassen, Soße bei *mäßiger Hitze* oder besser in heißem *Wasserbad* fertigstellen: Sehr kalte Butterflocken abwechselnd mit verquirlten Eigelb nach und nach unterschlagen, Soße muß dick sein, darf aber nicht kochen. Geschmackszutaten unterschlagen, *kräftig weiter schlagen,* Rahm evtl. als ungesüßten, steifen Schlagrahm unmittelbar vor dem Anrichten unterziehen. Soße dann sofort zu Tisch geben. Abgeschlagene Soße darf nicht lange stehen, deshalb erst kurz vor Verwendung herstellen, notfalls kurzfristig im Wasserbad heiß stellen; Schlagrahm aber stets erst vor dem Anrichten unterziehen. Die Soße muß cremeartige Beschaffenheit haben, sie darf keinesfalls gerinnen; bei mangelnder Erfahrung sicherheitshalber im Wasserbad abschlagen.
Abgeschlagene Holländische Soße kann auch ohne Mehl oder Speisestärke hergestellt werden, doch benötigt sie dann 100 g Butter und 3–4 Eigelb; sie ist in der Herstellung empfindlicher, da sie leichter gerinnt. Zweckmäßig im Wasserbad oder über Dampf abschlagen.

Verwendung: Beliebt für feine Fleisch-, Fisch-, Reisgerichte und feine Gemüse wie Spargel, Blumenkohl, Schwarzwurzeln. Sie kann auch anstelle von Einbrenne für *alle feinen Soßen* verwendet werden und durch entsprechende Geschmackszutaten zu verschiedenen abgeschlagenen feinen Soßen abgewandelt werden, z. B.:

abgeschlagene Käsesoße: Zugabe von geriebenem Käse
abgeschlagene Senfsoße: Zugabe von Senf
abgeschlagene Tomatensoße: Zugabe von Tomatenmark
abgeschlagene Meerrettichsoße: Zugabe von geriebenem Meerrettich
Sauce Mousseline: Zugabe von Schlagrahm
Maltasoße: Zugabe von Orangensaft und -schale.

957. Sauce Mousseline

Holländische Soße Nr. 956
4–6 Eßl. steif geschlagener Schlagrahm

In fertige, gut abgeschmeckte Holländische Soße vor dem Servieren 4–6 Eßlöffel steifgeschlagenen Schlagrahm ungesüßt unter die Soße ziehen, sofort zu Tisch geben. Unterschied zur Holländischen Soße ist die erhöhte Schlagrahmmenge.
Gute Beilage zu gekochtem Fisch, Spargel und ähnlichen Gemüsen.

958. Maltasoße

Holländische Soße Nr. 956
Schale von 1/4 Orange
Saft von 1 Blutorange

Holländische Soße herstellen, mit feingeriebener Orangenschale von ungespritzten Früchten und Saft von 1 Blutorange abschmecken.
Schmeckt besonders gut zu Stangenspargel.

959. Sauce Béarnaise

6 Eßl. Weißwein
1–2 Teel. Estragonessig
3 Pfefferkörner
1/2 Lorbeerblatt, 2 Schalotten
je 1 Teel. Kerbel u. Estragon
3 Eigelb, Salz, 1 Pr. Zucker
6 Eßl. Fleischbrühe
80 g frische Butter
1 Teel. Zitronensaft

Wein, Estragonessig, zerdrückte Pfefferkörner, 1 Stückchen Lorbeerblatt, kleingewürfelte Schalotten und feingewiegte Kräuter zum Kochen bringen, kurz leise kochen lassen, abseihen, erkalten lassen. Eigelb mit Salz und 1 Prise Zucker salbig rühren, Fleischbrühe und erkalteten Gewürzsud nach und nach mit Schneebesen unterrühren, im Wasserbad abschlagen, bis die Soße dicklich wird und cremeartige Beschaffenheit erhält, die geschmolzene Butter nur teelöffelweise nach und nach unterschlagen, zuletzt gut abschmecken. Soße darf nicht überhitzt werden, da sie hierdurch gerinnt, sofort zu Tisch geben.
Beliebt zu gegrilltem Fleisch und Fisch.

960. Schaumsoße*

2–3 Eigelb
2 Teelöffel Stärkemehl
3/8 l abgeschmeckte Brühe
Zitronensaft, Salz
etwas Worcestersoße oder Tomatenketchup
1/8 l steifer Schlagrahm

Eigelb mit Stärkemehl und gut abgeschmeckter Brühe glatt rühren, bei schwacher Hitze oder im heißen Wasserbad abschlagen, bis Masse cremeartige Beschaffenheit hat, jedoch *nicht kochen* lassen, gut abschmecken, unmittelbar vor dem Anrichten steif geschlagenen Schlagrahm unterziehen, sofort zu Tisch geben. Kurz vor Gebrauch herstellen.
Verwendung anstelle von Holländischer Soße, insbesondere zu Spargel und ähnlichen Gemüsen, zu gekochtem Fisch und Grillgerichten.

961. Dunkle Grundsoße
Dunkle Einbrennsoße, Zuckereinbrennsoße

Dunkle Einbrenne Nr. 58
mit $^3/_4$ l Brühe oder
Zuckereinbrenne Nr. 59
mit $^1/_2$ l Brühe
Geschmackszutaten n. Wahl:
Wacholderbeeren, Pfefferkörner, Gewürzkörner
Lorbeerblatt, Thymian o. ä.
zum Verbessern:
1 Glas Rotwein od. Madeira
evtl. etwas süßer Rahm

Dunkle Einbrenne oder *Zuckereinbrenne* wie Nr. 58 bzw. 59 herstellen, Gewürze je nach Wahl und Verwendung beifügen, bei mäßiger Hitze etwa 20 bzw. 10 Minuten leise kochen lassen, Soße durch ein Sieb geben, Verbesserungszutaten je nach Art der Soße beifügen, abschmecken, nicht mehr kochen lassen.

Polnische Soße; Zuckereinbrenne wie beschrieben herstellen, (die Hälfte der Mehlmenge kann durch ein Stück Soßenlebkuchen ausgetauscht werden), 1 Gewürzdosis und den geriebenen Lebkuchen an die Soße rühren, nach Belieben einen Teil der Flüssigkeit durch dunkles Bier oder Malzbier austauschen. Die Soße etwa 10–15 Minuten leise kochen lassen, durch Sieb geben, mit etwa 30 g geschälten, gestiftelten Mandeln, 40 g gebrühten Rosinen und $^1/_2$–1 Glas Rotwein verbessern, nicht mehr kochen lassen.
Zu gekochtem Karpfen beliebt.

962. Dunkle Zwiebelsoße

Dunkle Einbrenne Nr. 58
oder Zuckereinbrenne
Nr. 59
3 große Zwiebeln
etwas Essig, 1 Glas Rotwein

Dunkle Einbrenne oder Zuckereinbrenne wie Nr. 58 bzw. Nr. 59 herstellen, dabei reichlich feingeschnittene Zwiebeln zum goldgelb gerösteten Mehl geben, mitbräunen lassen, wenn Mehl und Zwiebeln gute Farbe haben, aufgießen, dunkle Einbrennsoße 20–30, Zuckereinbrennsoße etwa 10 Minuten bei schwacher Hitze leise kochen lassen, nach Belieben durch Sieb streichen, mit etwas Rotwein verbessern, abschmecken.
Beliebt zu kräftigen Kartoffelgerichten, auch zu Wildragout.

963. Madeirasoße, Burgundersoße

Zuckereinbrenne Nr. 59
oder dunkle Einbrenne
Nr. 58, 1 Gewürzdosis, etw.
Paprika oder Pfeffer
Zitronensaft, 1 Glas
Madeira oder Burgunder
3–4 Eßl. süßer Rahm
1–2 Teel. Johannisbeergelee
evtl. 2–3 Eßl. gedünstete
Steinpilze

Zuckereinbrenne wie Nr. 59 oder dunkle Einbrenne wie Nr. 58 herstellen, aufgießen, salzen, Gewürze beifügen, bei schwacher Hitze 10–15 bzw. 20–30 Minuten leise kochen lassen, Gewürze und Zwiebeln entfernen, mit süßem Rahm, Madeira oder Burgunder und Johannisbeergelee und evtl. mit gedünsteten Steinpilzen verbessern, abschmecken, nicht mehr kochen lassen.
Abwandlung: 50–100 g mageren gekochten Schinken kleingewürfelt vor dem Aufgießen kurz mit anrösten, Schinken in der Soße belassen.
Verwendung zu geräucherter, gekochter Ochsenzunge, zu Zungenragout, zu Schinken, Wild, Hammelbraten, Karpfen gekocht.

964. Dunkle Specksoße

Dunkle Einbrenne Nr. 58
mit: 60 g Speck statt Fett
1–2 Lorbeerblättern
2–3 Nelken, 2 Eßl. Kümmel
etwas Pfeffer, Essig nach
Geschmack, 1 Prise Zucker

Dunkle Einbrenne mit Speck und Zwiebeln herstellen nach Nr. 58, mit Gewürzen 20–30 Minuten leise kochen lassen, diese vor dem Anrichten entfernen, pikant abschmecken.
Beliebt zu einfachen Kartoffelgerichten.

965. Dunkle Wildsoße

Zuckereinbrenne wie Nr. 59 oder dunkle Einbrenne wie Nr. 58 mit Zwiebeln und etwas Wurzelwerk herstellen, am besten mit Brühe von Wildknochen aufgießen, Gewürze beifügen, bei mäßiger Hitze 20–30 Minuten leise kochen lassen, Soße durch Sieb streichen, dann mit wenig Essig, Rotwein und Johannisbeergelee oder Preiselbeersaft abschmecken, zuletzt ungesüßten Schlagrahm unterschlagen, nicht mehr kochen lassen.

(Zuckereinbrennsoße ist besser bekömmlich als dunkle Einbrennsoße). Sehr gut zu Wild aller Art, zu gekochtem Ochsenfleisch, auch zu Knödeln verschiedener Art.

Zuckereinbrenne Nr. 59
oder dunkle Einbrennsoße
Nr. 58 mit: 1 Zwiebel,
Wurzelwerk, wenig Thymian
1 Gewürzdosis
einige Pfefferkörner und
Wacholderbeeren, etwas Essig
1 Glas Rotwein
1–2 Eßl. Johannisbeergelee
4 Eßl. Schlagrahm, ungesüßt

966. Klare Butter*

Butter bei geringer Hitze langsam erhitzen, bis sie klar ist, sie darf aber nicht bräunen, nach Belieben etwas salzen und mit Zitronensaft oder feingewiegter Petersilie abschmecken, *sofort* in heißem Gefäß anrichten. Oder Butter in feuerfestem Soßengießer erhitzen und darin zu Tisch bringen.

Zum Strecken kann man 2 Eßlöffel abgeschmeckte, heiße Fleisch-, Gemüse- oder Fischbrühe unter die heiße Butter schlagen, unter Schlagen einmal aufkochen lassen und sofort zu Tisch geben.

Klare Butter wird gerne zu gekochtem Fisch und zu feinen gekochten bzw. gedämpften Gemüsen gereicht, z. B. zu Spargel, Blumenkohl, Schwarzwurzeln, Fenchel, Chicorée, Lauch, Spinat auf italienische Art u. a. m.

100 g frische Butter
nach Belieben: Salz
etwas Zitronensaft oder
Petersilie gewiegt

967. Klare Butter mit Senf oder Sardellen*

Butter zerlassen wie bei Nr. 966 beschrieben, mit gutem Senf oder etwas Sardellenpaste verschlagen, sofort in heißem Gefäß zu Tisch geben. Nach Belieben mit 2 Eßlöffeln heißer Brühe strecken.
Beliebt zu gekochtem Fisch.

100 g frische Butter
1 Eßl. Senf oder
2–3 Teel. Sardellenpaste

968. Leicht gebräunte Butter*

Butter bei *schwacher* Hitze langsam erhitzen, bis der Bodensatz leicht goldgelbe Färbung zeigt, etwas salzen und sofort in heißem Gefäß zu Tisch geben oder über angerichteten gekochten Fisch, feine Gemüse wie gekochten Spargel, Blumenkohl, Schwarzwurzeln, Rosenkohl u. a. m. gießen.

Butter darf keinesfalls dunkel bräunen, da sie dadurch schwer verdaulich und sogar gesundheitsschädlich werden kann. *Vorsicht, gebräunte Butter bräunt leicht nach!*

100 g frische Butter
etwas Salz

969. Pikante Butter mit verschiedenem Geschmack*

100 g frische Butter
Geschmackszutaten n. Wahl
ergänzend je nach Bedarf:
wenig Salz
etwas Zwiebel
Zitronensaft
1/2 Prise Zucker

Butter schaumig rühren, ausgewählte Geschmackszutaten je nach Art sehr fein wiegen, mixen, reiben oder durch Sieb streichen, unter Butter rühren, pikant abschmecken, kurz kalt stellen, evtl. nach Belieben als Kugeln formen oder Tupfen spritzen, bis zum Gebrauch kalt stellen.

Pikante Butter ist sehr beliebt als Beigabe zu mageren Fleisch- und Fischspeisen, insbesondere Grillgerichten und Steaks aller Art; die pikante Butter unmittelbar auf angerichtete Fleisch- oder Fischgerichte legen, so daß Butter schmilzt und sich der Geschmack den Gerichten mitteilt oder geformte Butter getrennt anrichten.

Pikante Butter ist außerdem sehr geschätzt als Aufstrich für feine belegte Brötchen und Sandwiches.

Anchovisbutter: 2 Teelöffel Anchovispaste, ein paar Tropfen Zitronensaft, 1/2 Prise Zucker.

Currybutter: 1/2–1 Eßlöffel Currypulver, Salz.

Eibutter: 2–3 hartgekochte Eigelb, 1 Teelöffel Senf, Salz, etwas Petersilie gewiegt.

Käsebutter: 60 g geriebener Emmentaler oder beliebiger Reibkäse oder 60 g Edelpilzkäse, etwas Salz.

Krabbenbutter: 80–100 g Krabbenfleisch aus Dose, weißer Pfeffer, Salz.

Kräuterbutter: 1–2 Eßlöffel Kräuter, fein gewiegt, gemischt od. einzeln (Petersilie, Dill, Estragon, Kerbel, Schnittlauch, Zitronenmelisse), etwas geriebene Zwiebel, einige Tropfen Zitronensaft, 1/2 Prise Zucker, Salz.

Lachsbutter: 50 g geräucherter Lachs, wenig Salz, 1 hartgekochtes Eigelb nach Belieben.

Meerrettichbutter: 1 Eßlöffel frisch geriebener Meerrettich, Salz, 1 kleine Prise Zucker.

Nußbutter: 2 Eßlöffel geschälte, feingeriebene Haselnüsse oder Walnußkerne, einige Tropfen Zitronensaft, Salz, 1 Prise Zucker, 1 Prise weißer Pfeffer, 1/2 Teelöffel Petersilie nach Belieben.

Paprikabutter: 1 Eßlöffel Delikateß-Edelsüß-Paprika oder nach Belieben schärferer Rosenpaprika, etwas Salz.

Sardellenbutter: 2 Teelöffel Sardellenpaste oder 50 g Sardellenfilets gewiegt, einige Tropfen Zitronensaft, 1/2 Prise Zucker.

Senfbutter: 1 Eßlöffel guter Senf, 1 hartgekochtes Eigelb nach Belieben, einige Tropfen Zitronensaft.

Schinkenbutter: 60–80 g magerer, gekochter, fein gewiegter Schinken.

Tomatenbutter: 2 Eßlöffel Tomatenmark, wenig geriebene Zwiebel, 1 Prise weißer Pfeffer, nach Belieben 1 hartgekochtes Eigelb; einige Tropfen Zitronensaft, evtl. 1 Eßlöffel geriebener Käse.

Zitronenbutter: Saft und fein abgeriebene Schale von je 1/2 Zitrone, etwas Salz.

Salzige Soßen, kalt

970. Mayonnaise*
Quarkmayonnaise*
Mayonnaise gestreckt*

Die angegebenen Rezeptmengen ergeben etwa 125 g Mayonnaise; durch Zugabe von Quark oder Stärkemehlbrei wird die Gesamtmenge auf etwa 250 g erhöht.

Grundrezept

1 frisches Eigelb, Salz
1 Teel. Senf, 1/8 l gutes Öl
1 Eßl. Zitronensaft oder Essig, 1 Prise Zucker
nach Belieben:
Senf nach Geschmack
etwas geriebene Zwiebel
Kräuter gewiegt
evtl. 2–3 Eßl. Rahm, Joghurt oder Dosenmilch (je nach Verwendung der Mayonnaise)

für Quarkmayonnaise zusätzlich: 125–150 g frischer Quark (Topfen)
2–4 Eßl. Joghurt, Rahm od. Dosenmilch, Salz

für gestreckte Mayonnaise zusätzl.: Stärkemehlbrei von 1 Eßl. Speisestärke
1/8 l Brühe od. Wasser, Salz

Arbeitsweise für handgerührte Mayonnaise mit Schneebesen:

1. *Alle Zutaten in etwa gleicher Temperatur bereitstellen,* insbesondere dürfen *Ei und Öl nicht zu kalt* sein und keine großen Temperaturunterschiede haben.
2. *Eigelb mit etwas Salz und Senf salbig rühren.*
3. *Erste Ölhälfte tropfenweise unterrühren,* bis Masse dick und steif wird.
4. *Zweite Ölhälfte* abwechselnd mit wenig Zitronensaft oder Essig und übrigen Geschmackszutaten nach und nach unterrühren, Mayonnaise muß *steife Beschaffenheit* haben.
5. Fertige Mayonnaise je nach Verwendung *abschmecken;* für Salate evtl. durch Zugabe von 2–3 Eßlöffeln Joghurt, Rahm oder Dosenmilch etwas verdünnen.
6. Sollte Mayonnaise durch zu rasche Ölzugabe oder zu kaltes Öl leicht geronnen sein, so rührt man sie vorsichtig nach und nach unter ein frisches Eigelb oder man rührt sie durch Unterrühren von etwas Senf, Quark oder gekochten, erkalteten Stärkemehlbrei wieder glatt.

Quarkmayonnaise bzw. gestreckte Mayonnaise: Fertige Mayonnaise *kurz vor der Verwendung* mit glatt gerührtem, frischem *Quark* oder mit gekochtem, völlig *erkaltetem Stärkemehlbrei* mischen, gut durchschlagen, kräftig abschmecken. Quarkmayonnaise und mit Stärkemehl gestreckte Mayonnaise können wie reine Mayonnaise verwendet werden, doch haben sie *kürzere Haltbarkeit!*

Arbeitsweise mit elektrischem Handrührgerät
(Schläger- bzw. Schneebesenpaar):

1. Eigelb oder ganzes Ei mit Salz, Senf und einigen Tropfen Zitronensaft in kleiner Schüssel mit hohem Rand gut verquirlen bei Stufe I; Eigelb ergibt steifere Mayonnaise als ganzes Ei.
2. *Erste Ölhälfte langsam* bei Stufe II zugeben.
3. *Zweite Ölhälfte* unter ständigem Schlagen auf Stufe III zugießen, Mayonnaise muß steif werden.
4. Mayonnaise *abschmecken* nach Wunsch, Geschmackszutaten unterschlagen.

Arbeitsweise mit elektrischer Küchenmaschine und Mixer:

1. Ganzes Ei, Salz, Senf, wenig Zucker und etwas Zitronensaft oder Essig, also *alle Zutaten außer Öl,* in den Mixer geben.
2. *Gerät einschalten* und Zutaten etwa $^1/_4$ Minute gut verquirlen, meist bei Schaltung Stufe II, jedoch Gebrauchsanweisung der Firma für die Schaltung beachten.
3. *Auf höhere Stufe lt. Gebrauchsanweisung schalten und Öl* durch den Trichterdeckel in *gleichmäßig dünnem Strahl bei laufender Maschine rasch zugießen,* bis Mayonnaise gebunden und steif ist.
4. Mayonnaise *abschmecken* nach Wunsch durch Zugabe der Geschmackszutaten.

Quarkmayonnaise bzw. gestreckte Mayonnaise: Fertige Mayonnaise mit glatt gerührtem *Quark* oder gekochtem, erkaltetem *Stärkemehlbrei* mischen, am besten im Mixer vermengen, nochmal abschmecken.

Verwendung:

Reine Mayonnaise wegen ihres hohen Fettgehaltes sparsam verwenden z. B. zu Fischgerichten, gegrilltem Fleisch u. ä.

Quarkmayonnaise und mit Stärkemehlbrei *gestreckte Mayonnaise* sind leichter verdaulich und bekömmlicher, deshalb bevorzugen zu feinen Salaten, kalten Braten, kalten Eiergerichten, als Grundlage für viele pikante Soßen, zu kalten Vorspeisen verschiedener Art.

971. Kräutermayonnaise, Frühlingssoße*

Mayonnaise, Quarkmayonnaise oder gestreckte Mayonnaise Nr. 970
2 Eßl. feingewiegte Kräuter nach Wahl

Mayonnaise nach Wahl herstellen, gut abschmecken; Kräuter waschen, gut abtropfen lassen, abzupfen, sehr fein wiegen oder fein mixen, Schnittlauch fein schneiden, zur fertigen Mayonnaise geben, nochmal abschmecken.
Als Kräuter werden verwendet: Petersilie, Dill, Kerbel, Schnittlauch, Estragon, Zitronenmelisse, wenig Borretsch, evtl. etwas Löwenzahn und etwas Sauerampfer oder wenig Spinat.

Verwendung zu kaltem Braten, zum Füllen von Eiern, zu feinen Salaten; mit etwas Joghurt oder Milch wenig verdünnt als Soße zu harten Eiern, zu gekochtem Ochsenfleisch, auch zu Salzkartoffeln.

972. Senfmayonnaise*

Mayonnaise, Quark- oder gestreckte Mayonnaise Nr. 970
Senf nach Geschmack

Mayonnaise nach Wahl herstellen, mit Senf gut abschmecken. Senfmayonnaise ist wie Mayonnaise zu verwenden; sie ist beliebt für kalte Eiergerichte, zum Anmachen von Chicoréesalat und feinen gemischten Salaten sowie Fischspeisen.

973. Tomatenmayonnaise*, Russische Soße*

Mayonnaise nach Wahl herstellen, mit allen Geschmackszutaten verschlagen, mit Zitronensaft und etwas Zucker pikant abschmecken, nach Belieben etwas feingewiegte Petersilie unterrühren.
Verwendung zu Fisch, kaltem Braten, Eierspeisen und auch feinen Salaten.

Russische Soße: Unter die Tomatenmayonnaise so viel feingeriebenen Meerrettich unterschlagen, daß die Soße sehr würzig schmeckt, bis zum Gebrauch kalt stellen, gut kalt reichen.

Beliebt zu Fisch-, Fleisch- und kalten Eiergerichten.

Mayonnaise, Quark- oder gestreckte Mayonnaise Nr. 970, 2 Eßl. Tomatenmark oder -ketchup
1/2 Teel. Worcestersoße
Zitronensaft, 1 Pr. Zucker
evtl. etwas Petersilie

974. Meerrettichmayonnaise*

Mayonnaise nach Wahl herstellen, Zitronensaft, feingeriebenen Meerrettich mit Rahm und geschältem, geriebenem Apfel mischen, unter Mayonnaise schlagen, mit etwas Zucker abschmecken.

Beliebt zu Fischspeisen, kaltem Fleisch und Eiergerichten.

Mayonnaise, Quark- oder gestreckte Mayonnaise Nr. 970
2–3 Eßl. fein geriebener Meerrettich, 2 Eßl. süßer Rahm, 1 Apfel, Zitronensaft
Zucker nach Geschmack

975. Remouladensoße*

Mayonnaise nach Wahl herstellen, Verbesserungszutaten vorbereiten: Kapern, Sardellen, Zwiebel und Kräuter sehr fein wiegen, Gewürzgurken, gekochtes Ei und nach Belieben Schinken, Braten oder gute Wurst feinwürfelig schneiden. Verbesserungszutaten unter Mayonnaise rühren, gut abschmecken, bis zum Gebrauch kalt stellen.

Als *Kräuter* sind geeignet: Petersilie, Dill, Estragon, Zitronenmelisse, Schnittlauch. Gewaschene Kräuter gut abtropfen lassen, abzupfen, fein wiegen, Schnittlauch fein schneiden.

Verwendung zu kaltem Roastbeef, kaltem Braten, Aufschnitt, zu Ochsenfleisch, gebackenem Hirn, gebackenem Fisch; bei Verwendung von reichlich Schinken-, Braten- oder Wurstwürfeln auch als Aufstrich für Brötchen geeignet.

Mayonnaise, Quark- oder gestreckte Mayonnaise Nr. 970
Senf nach Geschmack
2 Teel. Kapern, 1 Sardelle
1/2 Zwiebel, 1–2 Gewürzgurken, 1 hartes Ei,
1 Eßl. Kräuter
nach Belieben:
magerer Schinken, Braten od. Wurst, fein gewürfelt

976. Soße Tatar*

Mayonnaise wie Nr. 970 beschrieben herstellen; Zwiebeln, Kapern und gewaschene, sehr gut abgetropfte, abgezupfte Kräuter sehr fein wiegen, Sardellenfilets rasch waschen, gleichfalls fein wiegen; Gewürzgurke und evtl. hartes Ei fein würfeln. Die vorbereiteten Geschmackszutaten unter die steife Mayonnaise rühren, pikant abschmecken.

125 g Mayonnaise Nr. 970
1/2 Zwiebel, 2 Teel. Kapern
2–3 Sardellenfilets
1 Gewürzgurke, Petersilie
Kerbel n. Geschmack, wenig Pfeffer, evtl. 1 hartes Ei

977. Kalte Fondue-Soße* (zu Fleisch-Fondue)

Mayonnaise Nr. 970, 3 Eßl. Tomatenmark od. -ketchup 4 Eßl. süßer Rahm oder Dosenmilch (ungesüßt), Zitronensaft, Salz, Curry, Pfeffer, Paprika, etwas Worcestersoße, evtl. 1 Knoblauchzehe, 2 harte Eier, 1 Zwiebel, 1 Eßl. Kapern, 2 Gewürzgurken, 4 Sardellenfilets

Mayonnaise herstellen wie Nr. 970 angegeben, mit Tomatenmark, Rahm und Zitronensaft gut abschlagen, Gewürze nach Geschmack zugeben; geschälte harte Eier, Zwiebel und Gewürzgurken fein würfeln oder wiegen, Kapern gleichfalls wiegen, gewaschene Sardellenfilets und nach Belieben Knoblauchzehe sehr fein wiegen, alles unter die Soße schlagen, gut abschmecken, kalt stellen bis zum Gebrauch.

Beliebt als Fondue-Soße zu Fleischwürfeln aus sehr gut abgelagertem Rinds- oder Schweinsfilet, die, auf Fonduegabeln gespießt, bei Tisch in heißem Öl in der Fondue-Kasserolle gebraten werden. Öl während des Bratens gleichmäßig stark erhitzen, damit Fleischwürfel auch gleichmäßig garen. Auch zu gegrilltem Fleisch gut geeignet.

978. Sauce Vinaigrette, kalte Kräutersoße*

2 harte Eier, 1 Gewürzgurke 1 kl. Zwiebel, 1 Eßl. Kapern 4–5 Eßl. Kräuter nach Wahl 4–5 Eßl. Öl, 2–3 Eßl. Essig oder Zitronensaft 2 Eßl. kalte Fleischbrühe 2 Eßl. Weißwein 1–2 Teel. Senf, Salz etwas weißer Pfeffer

Hartgekochte, geschälte Eier und Gewürzgurke klein würfeln. Zwiebel, Kapern und gut gewaschene, abgetropfte und abgezupfte Kräuter sehr fein wiegen, Schnittlauch fein schneiden. Öl mit Essig oder Zitronensaft, kalter, entfetteter Fleischbrühe, Weißwein und Senf sowie Salz sehr gut abschlagen, vorbereitete Geschmackszutaten untermengen, pikant abschmecken.

Geeignete Kräuter sind: Petersilie, Dill, Kerbel, Zitronenmelisse, Estragon, Schnittlauch.

Beliebt zu gekochtem Ochsenfleisch, gekochtem Kalbskopf, kaltem Fleisch, kaltem Fisch sowie zu frisch gekochtem Stangenspargel als Salat und auch zu grünem Salat.

979. Kalte Eiersoße*

3 harte Eier, 4 Eßl. Öl 4–6 Eßl. süßer Rahm, Salz 2–3 Eßl. Zitronensaft oder Weinessig, 1 Prise Zucker Senf, wenig weißer Pfeffer Schnittlauch oder Kräuter

Hartgekochte, geschälte Eier halbieren, Eigelb herausnehmen, mit Gabel zerdrücken, durch Sieb streichen oder mixen, mit Öl, Rahm und Geschmackszutaten abrühren, fein gehacktes Eiweiß und fein geschnittenen Schnittlauch oder feingewiegte Kräuter daruntermischen, gut abschmecken. Gut zu kaltem Fleisch, kalten Eiergerichten, Salaten.

980. Kalte Rahmsoße mit Meerrettich*

1 gr. Apfel, Zitronensaft 1–2 Teel. Senf, Saft von 1 Blutorange oder 2 Eßl. Johannisbeergelee, Salz Zucker, Pfeffer, 2–3 Eßl. geriebener Meerrettich 1/8 l frischer Schlagrahm

Apfel schälen, fein reiben, mit Zitronensaft und etwas Senf mischen, Saft von Blutorange oder etwas angewärmtes Johannisbeergelee unterschlagen, Gewürze und fein geriebenen Meerrettich beifügen, gut durchschlagen, abschmecken, unter sehr steifen Schlagrahm heben, nochmal abschmecken, sofort und gut kalt zu Tisch geben.

Sehr gut zu allen Arten von kaltem Fleisch, Schinken, aber auch zu gekochtem Ochsenfleisch und kalten Eiergerichten.

981. Meerrettich mit Schlagrahm*, Meerrettichsahne, Sahnemeerrettich*

Meerrettich putzen, waschen, fein reiben; geschälten Apfel rasch reiben, sofort mit etwas Zitronensaft, wenig Rahm und Meerrettich mischen, nach Belieben Orangensaft und fein geriebene Orangenschale sowie Gewürze beifügen, unter steif geschlagenen Schlagrahm heben, abschmecken, bis zum Gebrauch kalt stellen.
Wird scharfer Sahnemeerrettich bevorzugt, verzichtet man auf die Beigabe von Äpfeln.
Verwendung als Beilage zu gekochtem Ochsenfleisch, Filetbeefsteaks, gegrilltem Fleisch, Schinken, Würstchen, gekochtem Fisch, geräucherter Forelle oder Räucherlachs u. a. m.

3–4 Eßl. geriebener Meerrettich, evtl. 2–3 Eßl. geriebener Apfel,
etwas Zitronensaft
2 Eßl. süßer Rahm
Salz, Zucker, wenig Paprika
evtl. etwas Orangensaft und wenig Orangenschale, gerieben
3/16–1/4 l Schlagrahm

982. Cumberlandsoße*

Ungespritzte Zitrusfrüchte heiß waschen, 1/2–1 Orange und 1/2 Zitrone *sehr dünn schälen, Schale in feinste Streifchen* schneiden, nach Belieben mit 2–3 Eßlöffeln Rotwein aufkochen, dann abkühlen lassen. Orangen- und Zitronensaft mit Senf, Cayennepfeffer und 1 Prise Salz verrühren, vorbereitete Schale, Rotwein und Johannisbeergelee, evtl. dieses leicht erwärmt, unterschlagen, pikant abschmecken, kalt stellen; Soße soll dickflüssig sein.
Nach Belieben kann ein Teil des Johannisbeergelees durch Preiselbeerkompott, evtl. durch Sieb gestrichen, ausgetauscht werden.
Verwendung zu kaltem Wildbraten, Roastbeef, Wildgeflügel, Schinken und auch zu gegrilltem Fleisch.

Schale und Saft von 1/2–1 Orange u. 1/2 Zitrone
1 Eßl. feiner Senf, Salz
1/4 Teel. Cayennepfeffer
4–6 Eßl. Rotwein
4–6 Eßl. Johannisbeergelee

983. Kalte Rahmsoße mit Dill*

Alle Zutaten mit Schneebesen gut schaumig schlagen, pikant abschmecken, kalt reichen.
Verwendung zu gekochtem Ochsenfleisch, harten Eiern, Salzkartoffeln; auch für grünen Salat oder Gurkensalat gut geeignet.

6 Eßl. süßer Rahm
4 Eßl. Joghurt, Zitronensaft
Salz, wenig weißer Pfeffer
3–4 Eßl. feingewiegter Dill

984. Pikante Quarksoße*

Frischen Quark mit Milch oder Joghurt und Öl glatt schlagen, pikant würzen; gewaschene Tomaten brühen, kalt überbrausen, häuten, vom Mark befreien, klein würfeln, Zwiebeln reiben oder sehr fein schneiden; Kräuter wie Petersilie, Dill, etwas Kerbel und Schnittlauch waschen, gut abtropfen lassen, abzupfen, sehr fein wiegen, Schnittlauch fein schneiden. Die vorbereiteten Geschmackszutaten unter den gewürzten Quark mengen, nochmal abschmecken.
Anstelle von Tomaten, Zwiebeln und Kräutern können auch 3 Eßlöffel geriebener Meerrettich und 4 Eßlöffel geriebener Apfel mit etwas Zitronensaft unter den Quark gemengt werden.
Verwendungsmöglichkeit zu harten Eiern und gekochten Kartoffeln.

200–250 g frischer Quark
1/8 l Milch oder Joghurt
3 Eßl. Öl, Salz, Pfeffer
Paprika, Zucker
2–3 Tomaten, 1 Zwiebel
2 Eßl. Kräuter nach Wahl

Süße Soßen

Sie sind beliebte Ergänzungen zu vielen warmen und kalten Süßspeisen; sie können sowohl warm wie kalt gereicht werden.

Kochlehre:

Süße Soßen werden als *einfache* Milch-, Obst- oder Weinsoßen oder mit erhöhter Eiermenge als *abgeschlagene Schaumsoße oder Chaudeau* hergestellt.

Beide Arten bestehen aus den gleichen Grundzutaten:

Flüssigkeit wird in Form von Milch, Obstsaft, Süßmost, Obstmark oder Wein verwendet.

Bindemittel ist Stärkemehl bzw. Speisestärke, (Speisestärke ist durch Aufbereitung verbesserte Kartoffelstärke) oder Soßen- bzw. Puddingpulver. Die Stärkemehlmenge kann dem individuellen Wunsch nach dünner oder dickerer Beschaffenheit der Soße angepaßt werden und wird durch die Eiermenge beeinflußt. 4–5 g Stärkemehl (1 Teelöffel) kann 1 Ei in der Bindekraft ersetzen.

Verbesserungszutaten sind vor allem *Eier;* sie verbessern, binden und lockern gleichzeitig. Nach Belieben Eier getrennt verwenden.

Durchschnittliche Mengen für 4 Personen: ½ l Flüssigkeit, 10–15 g (2–3 Teel.) Stärkemehl, 1–2 Eier für einfache Milchsoßen, für Schaumsoßen mindestens 3 Eier. Bei Frucht- oder Süßmostsoßen verzichtet man in der Regel auf Eizugabe. *Süßer Rahm* in geringer Menge kann fertigen Soßen zuletzt, evtl. als Schlagrahm beigefügt werden.

Geschmackszutaten:

Zucker wird als feiner Grießzucker verwendet. *Zuckermenge* muß der Art der Flüssigkeit und dem individuellen Geschmack angepaßt werden; Wein oder Fruchtsaft erfordert mehr Zucker als Milch. Im allgemeinen soll Zucker nicht zu reichlich verwendet werden.

Sonstige Geschmackszutaten bieten vielseitige Abwechslungsmöglichkeiten und sollen dem zu ergänzenden Gericht entsprechend gewählt werden:

Vanilleschote guter Qualität (Bourbon-Vanille und mexikanische Vanille) hat lange, elastische, fettglänzende Schote, ist reich an Mus und an reinem Vanillearoma. In Glasröhrchen oder Staniol trocken, kühl, vor Sonne geschützt, nicht zu lange aufbewahren. Behandlung siehe Rezept Nr. 985.

Vanillinzucker ist Zucker mit einer Beimischung von synthetischem Vanillin; durch mehrmonatiges Lagern nimmt der Vanillingehalt ab. Vanillinzucker erreicht nicht das feine Aroma von Vanille.

Zitronen und Orangen müssen ungespritzt sein, da sowohl Schale wie Saft verwendet werden – vor Gebrauch gut waschen, abtrocknen. Zitronen- und Orangensaft am besten nicht kochen!

Schokolade kann als Schokoladenpulver oder als Block-, Koch- oder Speiseschokolade verwendet oder durch *Kakao* ausgetauscht werden. Kakao erfordert etwas mehr Zuckerzugabe als Schokolade.

Karamel wird durch Bräunen von Zucker hergestellt; stets mit Wasser, nicht mit Milch ablöschen, da Milch durch die große Hitze des Karamelzuckers leicht gerinnen würde. Karamelrezept siehe Nr. 985.

Arrak, Rum, Kirschwasser oder anderen Alkohol ebenso wie Zitronensaft nicht mitkochen, erst in die gare Soße, jedoch *vor* dem Unterziehen des Eischnees unterschlagen.

Grundmenge und Grundregeln für einfache Milchsoßen siehe Grundrezept Nr. 985, für Schaumsoßen siehe Rezept Nr. 986/987. Für Schaumsoßen mittelhohe Topfform bevorzugen, da die Soße durch starke Schaumbildung während der Zubereitung steigt; Aluminiumgeschirr meiden, da Soßen hierdurch leicht grau werden.

985. Süße Milchsoße*

Vanille-, Schokoladen-, Karamel-, Zitronen-, Arrak-, Rumsoße*

Grundrezept

1/2 l Milch
1–2 Eier getrennt
30–40 g Zucker
10–15 g (2–3 Teelöffel) Stärkemehl, Soßen- oder Puddingpulver
Geschmackszutaten n. Wahl
zum Verbessern n. Belieben:
2 Eßl. süßer Rahm

Arbeitsweise:

I. Eingerührte Art:

1. *Milch mit Geschmackszutat* nach Wahl (außer Zitronensaft, Arrak und Rum) *zum Kochen* bringen;
2. *Eigelb, Zucker, Stärkemehl* oder Soßen- bzw. Puddingpulver mit *wenig kalter Milch* glatt rühren, mit Schneebesen in *kochende Milch* einschlagen, *einmal aufpuffen* lassen;
3. nach Belieben *Rahm* und je nach Art *Zitronensaft, Arrak* oder *Rum* beifügen und *noch heiß unter steifen Eischnee* schlagen; Zitronenschale entfernen;
4. *abschmecken* und heiß oder kalt reichen.

Die Stärkemehlmenge wird durch die Eizahl beeinflußt; bei 2 Eiern genügen 2 Teelöffel Stärkemehl, bei nur 1 Ei verwendet man zweckmäßig 3 Teelöffel Stärkemehl, da 1 Teelöffel Stärkemehl die Bindekraft von 1 Ei ersetzen kann.

II. Abgeschlagene Art:

1. *Schaummasse aus Eigelb* (evtl. ganzen Eiern) *und Zucker rühren* (günstig mit elektrischem Handrührgerät oder Schneebesen);
2. *Stärkemehl* bzw. Soßen- oder Puddingpulver, *Geschmackszutat* (außer Zitronensaft, Arrak oder Rum) und *kalte Flüssigkeit* unterrühren;
3. Masse bei *mäßiger Hitze abschlagen,* bis sie *einmal aufpufft* (Schneebesen oder elektr. Handrührgerät);
4. *Rahm* und je nach Art der Soße Zitronensaft, Arrak oder Rum beifügen und die *heiße Masse unter steifen Eischnee* schlagen;
5. *abschmecken,* heiß oder kalt reichen.

Richtige Verwendung der *Geschmackszutaten* beachten:

Vanillesoße: Vanilleschote vor der Verwendung mit Messerrücken klopfen, spalten, in kalter Milch aufsetzen. Nach dem Kochen aus der Soße nehmen, rasch unter fließendes Wasser halten, trocknen lassen, in Zucker in Schraubglas einlegen; sie kann mehrmals verwendet und zur Herstellung von Vanillezucker genutzt werden. Herstellung der Soße wie oben beschrieben.

1/4–1/2 Stange Vanille oder Vanillezucker

Schokoladensoße: Schokolade in kleine Stückchen brechen oder schneiden, mit der vorbereiteten Vanilleschote zur Milch geben und erhitzen oder Kakao mit Zucker gemischt verwenden. Sonstige Herstellung wie oben beschrieben.

1/4 Stange Vanille
40 g bittere Schokolade oder 15 g Kakao

Karamelsoße: Karamel herstellen: Zucker in Eisenpfännchen trocken erhitzen bis er goldbraun ist und zu schäumen beginnt, mit kochendem Wasser ablöschen und leise kochen lassen, bis Karamel gelöst ist, Karamelflüssigkeit zur Milch geben, Milchmenge kann um 1/8 l gekürzt werden. Herstellung wie oben beschrieben.

Karamel von: 80 g Zucker
1/8 l Wasser

Zitronensoße: Ungespritzte Zitrone in heißem Wasser waschen, abtrocknen, Schale dünn abreiben oder sehr dünn schälen, in kalter

Schale und Saft von 1 Zitrone

2 Eßl. Arrak oder Rum

Milch zusetzen. Zitronensaft nach dem Aufpuffen an die Soße geben, um Milchgerinnung zu verhüten. Herstellen der Soße wie oben beschrieben.
Arrak- oder Rumsoße: Soße herstellen wie beschrieben; Arrak oder Rum erst nach dem Aufpuffen zur Soße geben, nicht kochen lassen.

986. Vanillechaudeau*

3/8–1/2 l Milch
1/2 Stange Vanille
2 Eier getrennt
1 ganzes Ei
50 g Zucker
10 g (2 Teel.) Stärkemehl

Abgeschlagene Soße herstellen: Milch mit vorbereiteter Vanilleschote unter öfterem Durchschlagen zum Kochen bringen, etwas abkühlen lassen; in halbhohem Topf (nicht aus Aluminium) Schaummasse schlagen aus Eigelb, ganzem Ei und Zucker, Stärkemehl unterrühren, Vanillemilch zugeben, mit Schneebesen oder elektrischem Handrührgerät bei mäßiger Hitze abschlagen, bis Masse einmal aufpufft, sofort vom Herd nehmen, kurz weiter schlagen, noch heiß unter sehr steifen Eischnee schlagen, sofort zu Tisch geben.
Verwendung anstelle von einfacher Vanillesoße.
Statt Vanille können beliebige Geschmackszutaten verwendet werden.

987. Weinschaumsoße, Weinchaudeau*, Orangenchaudeau*

2 Eier getrennt
1 ganzes Ei
60–80 g Zucker
Zitronenschale gerieben
10 g (2 Teelöffel) Stärkemehl
3/8 (1/2) l Weißwein
2 Eßlöffel Zitronensaft
zum Verbessern n. Belieben:
2–3 Eßlöffel Schlagrahm

Abgeschlagene Soße herstellen: Schaummasse schlagen aus Eigelb, ganzem Ei, Zucker und etwas geriebener Zitronenschale, am besten in *halbhohem Topf* (nicht aus Aluminium), da Soße steigt; Stärkemehl unterrühren, Wein beifügen, bei mäßiger Hitze abschlagen mit Schneebesen oder elektrischem Handrührgerät, bis Masse einmal aufpufft, Zitronensaft zugeben, sofort vom Herd nehmen, kurz weiter schlagen, noch heiß unter sehr steifen Eischnee schlagen, evtl. steifen Schlagrahm unterziehen, heiß oder kalt reichen.
Besonders geeignet zu feinen Süßspeisen, feinen warmen Puddingen, Semmelgerichten und Biskuitspeisen.
Orangenchaudeau: Zusätzlich geriebene Schale von 3/4 Orange zur Schaummasse rühren, statt 3/8 l Weißwein 1/4 l Orangensaft und 1/8 l Weißwein sowie 2 Eßlöffel Zitronensaft verwenden. Zubereitung und Verwendung wie Weinchaudeau.

988. Feine Erdbeer- oder Himbeersoße roh*

500 g Erdbeeren oder Himbeeren, frisch oder tiefgefroren, evtl. gemischt
100–150 g Zucker nach Bedarf (für frische Früchte)
etwas Zitronensaft
1/8 l Weißwein nach Belieben
4–5 Eßl. süßer Rahm
evtl. 1/8 l Wasser und
1 Teel. Stärkemehl

Frische Beeren sorgfältig vorbereiten: Erdbeeren waschen, gut abtropfen lassen, Beeren entstielen, tiefgefrorene Beeren nicht ganz auftauen lassen; Fruchtmark herstellen durch Mixen oder evtl. Passieren (Handrührgerät mit Passiereinsatz), rohes Mark mit Zucker rühren, bis Zucker ganz gelöst und Masse glänzend ist. Oder Zucker mit wenig Wasser aufkochen, nach Belieben mit 1 Teelöffel Stärkemehl als Teiglein angerührt, binden, abkühlen lassen, Sud unter Fruchtmark schlagen, mit Zitronensaft und nach Belieben mit Wein abschmecken, süßen Rahm unterschlagen.
Bei Verwendung von mit Zucker eingefrorenen Beeren erübrigt sich Zuckerzugabe. Sehr gut zu allen kalten Reis-, Grieß- und Quarkspeisen.

989. Fruchtsoße mit rohem Fruchtmark*

Wasser mit etwas Zitronenschale und Zucker zum Kochen bringen, mit Stärkemehlteiglein binden, einmal aufkochen, dann erkalten lassen. Sorgfältig vorbereitete, evtl. entsteinte rohe Früchte zu Mark verarbeiten: in elektrischer Küchenmaschine mixen oder in elektrischem Handrührgerät mit Passiereinsatz pürieren. Rohes Fruchtmark sofort unter die etwas gebundene Zuckerlösung schlagen, mit Zitronensaft und evtl. mit etwas Wein abschmecken, bei Bedarf etwas nachsüßen. Zuckermenge hängt vom Säuregehalt **der Früchte ab.**

$^{1}/_{4}$ l Wasser, etwas Zitronenschale, 50 g Zucker
10–15 g (2–3 Teel.) Stärkemehl, $^{1}/_{4}$ l rohes Fruchtmark aus 300–400 g Beeren oder dunklen Kirschen
Zitronensaft, etwas Weiß- oder Rotwein

990. Einfache Fruchtsoße*

Fruchtsaft oder Süßmost bzw. verdünnten Fruchtsirup oder die mit Wasser glattgeschlagene Marmelade mit etwas Zitronenschale und Zucker nach Bedarf zum Kochen bringen, Stärkemehl mit wenig kaltem Saft angerührt, in kochende Flüssigkeit einrühren, einmal aufpuffen lassen, abschmecken, Zitronenschale entfernen, Zitronensaft und nach Belieben etwas Wein unterrühren. Heiß oder kalt reichen.
Soll Frucht- oder Süßmostsoße mit Eiern hergestellt werden, so erfolgt die Zubereitung wie Orangenchaudeau Nr. 987.

$^{1}/_{2}$ l Fruchtsaft oder Süßmost oder $^{1}/_{8}$ l Fruchtsirup und $^{3}/_{8}$ l Wasser oder 4–6 Eßl. Marmelade und $^{1}/_{2}$ l Wasser
1 Stück Zitronenschale
Zucker nach Bedarf
10–15 g (2–3 Teel.) Stärkemehl, etwas Zitronensaft
evtl. etwas Wein

991. Aprikosensoße*

Frische, vollreife Aprikosen waschen, entsteinen, in $^{1}/_{4}$ l Zuckersud mit Zitronenschale weich kochen; Trockenaprikosen waschen, in angegebener Flüssigkeitsmenge über Nacht einweichen, im Einweichwasser mit Zitronenschale weich kochen. Gare Aprikosen zu Mark verarbeiten, entweder mixen oder durch Sieb streichen (elektr. Handrührgerät mit Passiereinsatz), mit Zucker abschmecken, rasch zum Kochen bringen, mit kalt angerührtem Stärkemehl etwas binden, aufkochen lassen, mit Zitronensaft abschmecken, heiß oder kalt reichen.
Bei Verwendung von Aprikosenmarmelade wie Nr. 990.

500 g frische, gut reife Aprikosen, $^{1}/_{4}$ l Wasser oder 125 g getrocknete Aprikosen und $^{1}/_{2}$ l Wasser
Schale von $^{1}/_{2}$ Zitrone
Zucker nach Bedarf
1–2 Teel. Stärkemehl
Saft von 2 Zitronen

992. Hagebuttensoße*

Hagebuttenmark mit Wasser glatt schlagen, mit Wein verrühren, unter Zugabe von etwas Zitronenschale oder etwas Stangenzimt sowie Zucker nach Geschmack zum Kochen bringen, das mit wenig kalter Flüssigkeit angerührte Stärkemehl einrühren, aufpuffen lassen, mit Zitronensaft und evtl. noch Zucker abschmecken, Gewürze entfernen. *Verwendung* zu warmen Mehlspeisen oder zu dunklem Fleisch.

4–5 Eßl. Hagebuttenmark
$^{1}/_{4}$ l Wasser, $^{1}/_{8}$ l Weißwein
1 Stück Zitronenschale oder
1 Stückchen Stangenzimt
Zucker nach Geschmack
1–2 Teel. Stärkemehl
etwas Zitronensaft

993. Rotweinsoße*

Rotwein mit Zitronenschale, Gewürzen und Zucker bis zum Kochen bringen, nach Belieben mit wenig Stärkemehlteiglein binden, abseihen, mit Zucker, Zitronensaft und Rum abschmecken, heiß reichen. Sehr gut zu süßen Semmelspeisen.

$^{1}/_{2}$ l Rotwein (z. B. Tiroler)
1 Stückchen Stangenzimt
1 Stück Zitronenschale
1–2 Nelken, 50–80 g Zucker
evtl. 1 Teel. Stärkemehl
Zitronensaft, 1 Eßl. Rum

Süßspeisen

Süßspeisen als Nachtisch erfreuen sich allgemein großer Beliebtheit und sind sowohl in kalter wie in warmer Art wegen des Wohlgeschmacks bei jung und alt sehr geschätzt. Vielfach geben sie der Mahlzeit auch den Charakter des Festlichen und Besonderen. Die große Vielzahl ermöglicht zudem Abwechslungsmöglichkeit und erleichtert die Anpassung an individuelle Wünsche und Bedürfnisse. In der Ernährung Erholungsbedürftiger, Genesender und auch der Kinder sind Süßspeisen gut geeignet, die Mahlzeiten mit wichtigen Nähr- und Wertstoffen in konzentrierter, wohlschmeckender, aber auch leicht verdaulicher und abwechslungsreicher Form anzureichern und geringe Eßlust zu steigern.
Für gesunde Menschen aber sollen Art und Menge süßen Nachtisches in der Regel darauf abgestellt sein, daß gefährliche Überernährung vermieden wird. Für Menschen, die zu Übergewicht neigen, können kalorienreiche Süßspeisen zur Gefahr werden. Süßspeisen können, müssen aber nicht kalorienreich sein – auf überlegte Auswahl kommt es an!

Deshalb beachte:

a) *Süßer Nachtisch soll eine Mahlzeit sinnvoll und harmonisch ergänzen* in Nährstoffgehalt, Geschmack und Farbe. Nach gehaltvollem Essen bevorzuge man eine leichte, kalorienarme, erfrischende Süßspeise, z. B. unter Verwendung von Obst. Eine knappe Mahlzeit dagegen (dicke Suppen) verträgt eine etwas nährstoffreichere Nachspeise, z. B. einen Auflauf oder Pudding, ein Stück Strudel oder eine Creme. Nach dicker Reissuppe mit Fleisch, Frikassee oder Fisch ist ein Stück Apfel- oder Nußstrudel oder Weingelee mehr geschätzt als Vanillecreme.

b) Süßer Nachtisch soll den *Teilnehmern der Tischgemeinschaft gemäß und der Jahreszeit* angepaßt sein. Für ältere Menschen bevorzuge man im allgemeinen leichte, fettarme Nachtische und berücksichtige individuelle Wünsche und Bedürfnisse. Für Kinder wähle man Süßspeisen unter Verwendung von Obst, Obstsäften, Quark, Joghurt oder Milch. *Heiße Tage* machen *kalte Süßspeisen,* speziell Obstspeisen oder auch Eis wünschenswert.

c) *Der Arbeits- und Zeitaufwand* für süßen Nachtisch soll gut überlegt werden, besonders für Sonn- und Feiertage und für festliche Essen. Warmer Nachtisch führt hierbei oft zu unangenehmen Arbeitsspitzen, Hetze und Aufregung, während kalte Süßspeisen und auch Gebäck vielfach bereits am Tag vor Gebrauch fertiggestellt werden können. Auch tiefgefrorene Fertig- und Halbfertiggerichte bringen neben den elektrischen Küchengeräten große Arbeitserleichterungen und Zeitersparnis.

d) Der *Kostenaufwand* soll auch für Nachtisch bei der Wahl bedacht und veranschlagt werden; natürlich wird ein festlicher Anlaß entsprechend berücksichtigt werden. Preisgünstig sind in der Regel Obstspeisen bei Verwertung von Früchten aus dem eigenen Garten oder aus günstigem Marktangebot, auch Quark-, Sulz- und Cremespeisen sowie Eis; verteuernd wirken Schlagrahm und Alkohol.

Warme Süßspeisen

Sie werden vielfach als „Mehlspeisen“ bezeichnet, da sie meist aus Mehl oder ähnlichen stärkereichen Nahrungsmitteln hergestellt werden. Sie sind vielfach gegendgebunden und für Süddeutschland und Österreich typisch. Hier spielen sie sowohl als Hauptgerichte wie als Nachtisch eine Rolle, insbesondere als „Fastenspeise“ an fleischfreien Tagen, in der Kinder- und Krankenkost und auch im Bereich der Abendverpflegung.

Als Hauptgerichte sind warme Mehlspeisen einfacherer Art bevorzugt wie Pfannenkuchen, Schmarrn, Aufläufe, Puddinge, Semmel- und Kartoffelspeisen, Strudel oder auch Rohrnudeln und Dampfnudeln aus Hefeteig.

Ernährungsphysiologisch ist hierbei darauf zu achten, daß Einseitigkeit vermieden und vollwertige Mahlzeiten verabfolgt werden; deshalb den *Eiweißgehalt ausreichend* gestalten durch Verwendung von Quark, Milch und genügend Eiern. *Fett und Zucker maßvoll* verwenden, hoher Fett- und Zuckergehalt macht Mehlspeisen zu kalorienreich.

Mineralstoffe und Vitamine sind in Mehlspeisen meist nur in bestimmter Art und begrenzter Menge enthalten, sie bedürfen vielfach einer *Ergänzung*, z. B. durch vorangehende Gemüsesuppen, Rohkostsalate als Vorspeise und durch Beigabe von Obst, Kompotten, Obstsäften oder Süßmosten.

Verdaulichkeit und Bekömmlichkeit von Mehlspeisen sind bei Verhütung von überhöhten Fett- und Zuckermengen im allgemeinen gut, sie werden deshalb auch in der Kinder- und Krankenernährung häufig verwendet. Das Gefühl der Sättigung ist infolge der raschen Verdauung vieler Mehlspeisen trotz ihres Nährstoffgehaltes von kürzerer Dauer als bei Fleischgerichten.

Der Kostenaufwand für einfache Mehlspeisen ist heute bei überlegter Auswahl meist geringer als bei Verwendung von Fleisch, Wurst und auch von Fisch; dadurch gewinnen sie an Bedeutung.

Arbeits- und Zeitaufwand sind bei warmen Mehlspeisen sehr unterschiedlich, deshalb im Einzelfall überlegt auswählen. Darüber hinaus sind gute Zeit- und Arbeitsplanung sowie eine sinnvolle Nutzung von arbeitserleichternden Geräten, Maschinen und automatischen Gareinrichtungen neuzeitlicher Herde hilfreich.

Übersicht über warme Süßspeisen:

Breie und aufgezogene Gerichte
Pfannengerichte verschiedener Art
Strudel verschiedener Art
Süße Knödel und Nockerl
Aufläufe und Puddinge
feinere Süßspeisen (vorwiegend als Nachtisch)
Rohrnudeln, Dampfnudeln (Hefeteiggerichte).

Kochlehre für warme Süßspeisen:

Die *Zuckermenge* als Geschmackszutat kann in der Regel, ohne das Gelingen des Gerichts zu gefährden, dem Wunsch des einzelnen angepaßt werden. Hoher Zuckergehalt wird oft nicht gut vertragen und macht leicht dick. Deshalb nicht stark süßen, Eigengeschmack der Nahrungsmittel und der Geschmackszutaten nicht überdecken.

Süßstoff anstelle von Zucker im Rahmen von Diät nach Gebrauchsanweisung verwenden, Menge je nach spezifischer Süßkraft errechnen, in der Regel gelöst verwenden und nicht mitkochen. Aufdruck und Koch- bzw. Backfestigkeit jeweils beachten.

Geschmackszutaten aus dem Bereich des Natürlichen bevorzugen, Zitronen- und Orangenschale nur von ungespritzten Früchten verwenden.

Regeln für das Kochen von Milch:

1. *Besonderes Milchgeschirr* aus gutem Material, ausschließlich für Milch verwenden. Spezieller Milchkocher verhindert ein Überkochen.

2. *Topf vorher mit kaltem Wasser ausschwenken*, es verhütet ein Anlegen der Milch.

3. *Rasch und kurz aufkochen* lassen, überkochen verhüten, *rasch abkühlen und kalt stellen!* Hautbildung kann durch leichtes Schlagen während des Erhitzens und Abkühlens verhindert werden.

Regeln für das Kochen von Breien:

1. *Geschmackszutaten,* die auslaugen sollen, mit *kalter* Flüssigkeit zusetzen.

2. *Binden* durch stärkehaltige Nahrungsmittel beruht auf dem Quellen und Verkleistern der Stärke bei feuchter Hitze; vor allem ist das Amylopektin der Stärke an der Verkleisterung verantwortlich beteiligt. *Die Bindemittelmenge* wird von der gewünschten Beschaffenheit des Breis beeinflußt und hängt auch von der unterschiedlichen Bindekraft je nach Stärkegehalt und Stärkeart (Gehalt an Amylopektin) ab. Kartoffelstärke hat z. B. weniger Amylopektin als Getreidestärke; Kartoffelmehlkleister bleibt deshalb zäh und klebrig, erhält keine Schnittfestigkeit. Durch besondere Aufbereitung von Kartoffelmehl zu Kartoffelspeisestärke wird dieser Mangel behoben.

3. *Bindemittel je nach Körnigkeit richtig verwenden:*

Mehlartig feine Stärkeprodukte z. B. Mehle, Stärkemehle, Puddingmehle mit wenig kalter Flüssigkeit zu Teiglein anrühren (Schüttelbecher), in kochende Flüssigkeit einrühren, unter Rühren garen lassen.

Feinkörnige Stärkeprodukte z. *B. Grieß, Sago* trocken unter Rühren in kochende Flüssigkeit einstreuen, unter Rühren garen lassen.

Grobkörnige Stärkeprodukte z. B. Reis in kalter Flüssigkeit zusetzen, bei mäßiger Hitze zum Kochen bringen und bei schwacher Hitze gar kochen lassen, um gutes Quellen und Verkleistern zu erreichen. Weichreis für Reisbrei bevorzugen.

4. *Garzeit je nach Stärkeprodukten* einhalten, Breie bei mäßiger bis *schwacher Hitze* gut ausquellen lassen. Bei Elektroherden Speicherwärme nutzen, bei Gasbrennern schützen Asbestteller vor dem Anlegen.

5. *Aufwerten* von fertigen Breien kann erfolgen durch Zugabe von wenig frischer Butter oder süßem Rahm, Eigelb, Eischnee oder rohem Obst, nicht mitkochen!

Regeln für süße Pfannengerichte:

Pfannenkuchen:
Grundsätzliches über Zutaten und Teigherstellung siehe Kochlehre Seite 439/440.

Für dünne Pfannenkuchen Mehlteig mit ganzen Eiern herstellen, Teig flüssig halten und dünne Teiglagen backen.

Für lockere Pfannenkuchen Eier getrennt verwenden, Teig etwas dicker halten, nach Belieben einen Teil der Milch durch kohlensäurehaltigen Sprudel (geschmackfrei) austauschen, Eischnee unterziehen, etwas dickere Teiglagen ausbacken.

Teig für Obstpfannenkuchen etwas dicker halten, da rohes Obst beim Backen Saft zieht.

Für Hefepfannenkuchen flüssigen Hefeteig verwenden, Grundsätzliches dazu siehe Seite 562ff.

Schmarrn:
Schmarrn soll stets locker und saftig, aber nicht zu fettreich sein; eierreiche Teige benötigen weniger Fett zum Backen als eierarme Teige und ergeben saftigeren Schmarrn.

Schmarrnteige können aus verschiedenen Hauptzutaten hergestellt werden:

Mehlteige für Schmarrn sollen dickflüssig sein und können mit oder ohne Eischnee hergestellt werden.

Semmelteig für Semmelschmarrn soll nicht zu weich sein, zweckmäßig mit ganzen Eiern herstellen.

Grieß- und Reisschmarrn gleichfalls mit ganzen Eiern ohne Eischnee herstellen, sie backen dadurch besser und rascher.

Quark- oder Topfenschmarrn benötigt trockenen Quark, mit ganzen Eiern ohne Schnee verarbeiten.

Kartoffelschmarrn kann mit wenig oder ohne Ei hergestellt werden, erfordert dann aber mehr Backfett.

Schmarrnteige auf der Stielpfanne *portionsweise* backen, dabei jeweils vor dem Zerkleinern gut anbacken lassen; Schmarrnteig in größerer Menge kann in Bratraine in vorgeheizter Röhre auf einmal gebacken werden.

Fertigen Schmarrn in geschlossenem Topf bei schwacher Hitze, mit etwas Zucker bestreut, kurz durchziehen lassen, dadurch wird er glänzend und bleibt saftig.

Ausbackregeln für alle Pfannengerichte:

1. *Nur gutes, wasserfreies Fett* zum Ausbacken verwenden, am besten Butterschmalz oder gutes, reines Pflanzenfett, Öl, evtl. Butterschmalz gemischt mit Pflanzenfett. Butter und Margarine bräunen sehr rasch.

2. *Fett zum Backen in flüssiger Form* verwenden, es spart Fett.

3. *Backfett gut heiß werden lassen* vor Zugabe des Backgutes, bei *guter Hitze anbacken*, bei *mäßiger bis schwacher Hitze gar backen.* Starkes Bräunen und Überhitzen von Fett unbedingt vermeiden, Fett zersetzt sich hierbei, wird dadurch schwer verdaulich und gesundheitsschädlich. Schaltung bei Elektroherden nach Angaben der Herstellerfirmen, Speicherwärme überlegt nutzen. Besonders günstig ist auf Automatikplatten zu backen, da ihre Schaltung besonders leicht dem jeweiligen Hitzebedarf des Backgutes anzupassen ist. Zu wenig erhitztes Backfett verhindert rechtzeitige Krustenbildung, Teig saugt sich stark mit Fett an, Backgut wird schwer verdaulich durch überhöhten Fettgehalt und verliert an Wohlgeschmack.

4. *Pfanne stets voll mit Backgut belegen,* da sonst Fettverschwendung.

5. *Gebackenes stets heiß auf gut vorgewärmtem Anrichtegeschirr* zu Tisch bringen.

6. *Nur gute Pfannen* ermöglichen gleichmäßiges Backen; Silit- und Chromnickelstahlpfannen backen gut; Waffel- oder Wabenböden sind günstig. Spezialpfannen, die fettarmes oder fettfreies Backen ermöglichen, müssen gesundheitlich unbedenklich und sollen deshalb geprüft sein (sie sollen einer Erhitzung bis zu 400° C standhalten, ohne schädliche Stoffe abzugeben); sie sind nach Gebrauchsanweisung zu benutzen.

Grundsätzliches für Strudelherstellung:

Die verschiedenen Strudelarten unterscheiden sich hinsichtlich Teigarten und Füllung:
Nach *Teigarten* kennen wir:
Pfannenkuchenstrudel aus dünn gebackenen Pfannenkuchen, gefüllt, aufgerollt und gebacken.
Ausgezogener Strudel aus Strudelteig, besonders beliebt wegen seiner sehr dünnen Teigschichten und Saftigkeit, jedoch arbeitsaufwendig in der Herstellung. Käuflichen Strudelteig nach Gebrauchsanweisung verwenden.
Ausgewellter Strudel aus weichem Nudelteig, meist sehr blättrig und knusprig.
Mürbteigstrudel aus Mürbteig mit Obstfülle, auch Husarenstrudel genannt, wird in der Regel nicht warm gegessen.
Blätterteigstrudel, häufig aus käuflichem, tiefgekühltem Blätterteig hergestellt, wird sowohl heiß wie kalt gereicht.
Hefeteigstrudel aus weichem bis mittelfestem Hefeteig hergestellt, wird nicht warm gegessen.

Nach den verschiedenen *süßen Füllmöglichkeiten* unterscheiden wir:
Obststrudel verschiedener Art wie Apfel-, Kirschen-, Rhabarber- und Zwetschgenstrudel, mit oder ohne Rahmzugabe;
Quarkstrudel (Topfenstrudel), nach Belieben mit Obst nach Wahl gemischt;
Nußstrudel, mit Fülle aus Nüssen und Eiern
Mohnstrudel mit Fülle aus gekochtem Mohn
Rahmstrudel mit Fülle aus Rahm und Nüssen.

Teigherstellung für die verschiedenen Strudelarten siehe einschlägige Grundrezepte.
Regeln für das Ausziehen, Füllen und Backen von Strudel siehe Grundrezept ausgezogener Strudel Nr. 1033.

Regeln für Herstellung und Verwendung von Eischnee

1. *Möglichst frische Eier* verwenden, sorgfältig trennen.

2. *Eiweiß kalt stellen* bis zum Gebrauch.

3. *Nur sauberes, fettfreies Gefäß* verwenden, kein Aluminium- oder abspringendes Emailgeschirr. Elektrisches Handrührgerät oder Rührfix bevorzugen.

4. *Eischnee an kaltem Ort schlagen, bis er schnittfest ist und steife Spitzen* zeigt; die Beigabe von einigen Tropfen Zitronensaft erhöht die Stand-

festigkeit des Eischnees. Erst kurz vor Gebrauch schlagen. Bei Verwendung zu süßen Gerichten kann ein Teil der Zuckermenge nach und nach unter den steifen Eischnee geschlagen werden, wodurch dieser besondere Standfestigkeit und Feinporigkeit erreicht.

5. *Eischnee sofort verwenden,* da er durch längeres Stehen leicht zusammenfällt, notfalls kalt stellen.

6. *Eischnee immer unter kalte oder heiße Masse ziehen,* nie an lauwarme Masse geben, da die lockernde Wirkung durch eingeschlagene Luft hierbei vorzeitig verloren geht und Eischnee wieder flüssig würde. In der Regel 1/3 der Schneemenge leicht unterrühren, 2/3 der Menge unterheben, nochmaliges Rühren vermeiden.

Grundsätzliches zur Herstellung von Schaummassen

Eine lockere, schöne Schaummasse ist für viele Süßspeisen und feine Teige als Lockerungsmittel wichtig. Sie besteht aus Eigelb oder ganzen Eiern und Zucker, häufig enthält sie auch Fett. Eingerührte Luft, von Hand oder durch elektrische Rührmaschine eingeschlagen, macht die Masse schaumig und wirkt lockernd. Je mehr Luft eingerührt bzw. eingeschlagen wird, desto größer ist die lockernde Wirkung.

Arbeitsregeln:

1. *Achte auf gute Qualität der Zutaten:* Frische Eier, feinen Grießzucker, nur frische Butter oder gute Margarine, sofern Fett verwendet wird.

2. *Fettfreie Schaummasse:*

a) Arbeitsgerät: tiefe Schüssel und Schneebesen oder elektrisches Handrührgerät oder elektrische Küchenmaschine jeweils mit Rührbesen.

b) Eigelb oder ganze Eier leicht verschlagen.

c) Zucker nach und nach unter kräftigem Schlagen einrieseln lassen.

d) Masse gleichmäßig weiter schlagen, bis sie hell glänzend und sehr schaumig ist, sich schlängelt und der Zucker sich gelöst hat. Bei elektrischem Rührgerät oder Küchenmaschine meist auf höchster Schaltstufe schaumig schlagen, Gebrauchsanleitung im einzelnen beachten!

e) *Über Dampf geschlagene Schaummasse* (je nach Rezeptangabe) meist aus *ganzen Eiern und Zucker* herstellen, sie ist besonders feinporig. Sie darf während des Abschlagens nur lauwarm, nicht heiß werden.

3. *Fetthaltige Schaummasse:*

a) *Arbeitsgerät:* tiefe Schüssel, Schneebesen oder Rührlöffel für Herstellung mit der Hand.

b) *Streichfähige Butter* oder gute Margarine (rechtzeitig aus Kühlschrank nehmen) *gut schaumig rühren,* bis sich Spitzen zeigen; harte Butter klein schneiden, vor dem Rühren etwas weich werden lassen, evtl. Schüssel leicht erwärmen.

c) *Erst etwas Zucker* oder andere *trockene Zutat* unterrühren, um Gerinnen zu vermeiden.

d) *Abwechselnd nach und nach Zucker und Eigelb oder ganze Eier unter tüchtigem Rühren* zugeben. Zu rasches Zugeben von Ei oder die Zugabe von sehr kalten Eiern können zum Gerinnen durch Absetzen von Ei und Fett führen; etwa geronnene Schaummasse leicht erwärmen und unter kräftigem Rühren erkalten lassen.

e) *Erfolgt Fettzugabe in zerlassener Form, dieses nur lauwarm,* nie heiß an die fertige Schaummasse geben, kurz weiterschlagen.

f) *Bei Verwendung von elektrischem Handrührgerät oder Küchenmaschine* Schlagbesen bzw. Rührbesen einsetzen. *Streichfähige Butter* oder Margarine in Flöckchen mit Zucker und Eigelb bzw. ganzen Eiern in der vollen Menge in tiefe Schüssel geben und insgesamt über Stufe I bis III sehr schaumig schlagen; für Schaltung Gebrauchsanweisung beachten.

4. *Schaummasse bald verwenden,* bis zum Gebrauch kalt stellen, durch längeres Stehen in warmem Raum verliert sie an lockernder Wirkung.

5. *Schaummasse nie in Aluminium- oder empfindlichem Emailgeschirr* herstellen!

Grundsätzliches für Aufläufe und Puddinge:

Aufläufe und Puddinge sollen stets von lockerer Beschaffenheit sein. Sie können aus den gleichen Zutaten hergestellt werden. Entscheidend hierfür ist die Eiermenge, da Eier lockern, dabei ein „Auflaufen" bewirken und gleichzeitig binden. Bei Aufläufen und Puddingen sollte deshalb an Eiern nicht zu sehr gespart werden. Aufläufe und Puddinge können sowohl in süßer wie in salziger Art hergestellt werden.

Aufläufe und warme Puddinge bestehen jeweils aus:

Grundmasse, die den Namen bestimmt, wie Grieß-, Reis-, Sagobrei oder eingeweichte Weißbrot- oder Schwarzbrotmasse, gekochte Teigwaren z. B. Nudeln oder Quark.
Schaummasse meist aus Butter oder guter Margarine, Zucker und Eigelb bestehend; sie bedingt Güte, Nährwert, Ausgiebigkeit sowie lockere Beschaffenheit. Zucker entfällt bei salzigem Auflauf oder Pudding.
Geschmackszutaten können beliebig gewählt und verändert und damit individuellen Wünschen angepaßt werden; bei salzigen Aufläufen oder Puddingen ist Käse oder gewiegter Schinken beliebt.

Lockerungsmittel in Form von steifem, schnittfestem Eischnee. Soll Ei eingespart werden, so kann seine lockernde Wirkung nur zum Teil durch eine kleine Messerspitze Backpulver ersetzt werden. Jedoch muß dann die Masse im ganzen etwas fester gehalten werden, da die bindende Wirkung des eingesparten Eies fehlt; 1 Ei bindet etwa 50 g (3 Eßlöffel) Flüssigkeit.

Die Art des Garmachens ist unterschiedlich:

Aufläufe werden in feuerfester Form (feuerfestes Glas, Porzellan, porzellanähnliches Geschirr, Steinzeug, rostfreier Stahl oder Aluminium) in der *vorgeheizten Röhre gebacken* und heiß in der Form sofort zu Tisch gegeben. Längeres Stehen nach dem Backen kann ein Einsinken bewirken.

Einschubhöhe: süße Aufläufe untere Schiene, salzige evtl. Mittelschiene.

Backhitze: 200–210° C; Aufläufe sollen von unten her steigen und backen, sie benötigen deshalb zunächst etwas mehr Unterhitze als Oberhitze, deshalb Einschubhöhe beachten.
Backdauer etwa 3/4–1 Stunde je nach Art der Zutaten.

Puddinge werden in gebutterten, gebröselten, dicht schließenden Puddingformen *im Wasserbad gekocht,* sorgfältig gestürzt und sofort heiß zu Tisch gegeben. Da sich hierbei keine Röststoffe bilden können, ist Pudding besonders leicht verdaulich und in der Krankenkost oft bevorzugt.
Arbeitsregeln für Aufläufe und warme Puddinge siehe Grundrezept Nr. 1044.

Beachte:

Die Mengenangaben in den Rezepten für alle warmen Süßspeisen sind, sofern nichts anderes vermerkt, als selbständige Hauptgerichte für 4 Personen berechnet; als Nachtisch reicht die Menge jeweils gut für etwa 6 Personen, für 4 Personen ist etwa 1/2 Rezept ausreichend.

Grundrezept

1 l Milch, 1 Prise Salz
1/2 Zitronenschale oder
1 Stückchen Stangenzimt
zum Binden:
60 g Stärkemehl bzw. Speisestärke oder
80–100 g Weizenmehl oder
100–125 g Grieß, Weichreis, Sago, Haferflocken oder Grütze
Zucker nach Geschmack
zum Verbessern:
20 g frische Butter
evtl. 1–2 Eier getrennt
zum Anrichten:
Zimt und Zucker gemischt oder Schokoladenstreusel

994. Milchbrei* Mehl-*, Stärkemehl-*, Grieß-*, Reis-*, Haferflocken-*, Sago-*, Grützebrei

Brei als selbständiges Hauptgericht erfordert 1 1/2 fache Rezeptmengen!

Arbeitsweise:

1. *Milch* mit Salz und Geschmackszutat nach Wahl (Citrusfrüchte ungespritzt, gut gewaschen, dünn geschält oder fein gerieben) *zum Kochen* aufstellen.

2. *Brei kochen:*
Mehl oder Stärkemehl mit wenig zurückbehaltener *kalter Milch* glatt rühren (Schüttelbecher), in *kochende Milch einrühren*, unter Rühren bei schwacher Hitze gar kochen lassen.
Grieß, Sago oder feinkörnige Grütze trocken in *kochende Milch* unter Rühren einstreuen, unter Rühren bei schwacher Hitze gar kochen. *Reis, Haferflocken* oder andere *grobkörnige Getreideprodukte* mit Geschmackszutaten in *kalter Milch* zusetzen, Reis vorher waschen und brühen, Rollgerste nur waschen; bei *mäßiger Hitze* zum Kochen bringen, langsam gar kochen und gut ausquellen lassen, unnötiges Rühren dabei vermeiden.

3. *Garzeiten:*

Stärkemehl bzw. Speisestärke:	1mal aufkochen lassen
Weizenmehl, Grieß:	10 Minuten
Haferflocken je nach Qualität und Größe:	5–10 Minuten
Weichreis:	15–20 Minuten
Minutenreis:	5 Minuten
Hartreis, Kartoffelsago:	20–30 Minuten
Grütze je nach Körnung:	20–40 Minuten
Rollgerste je nach Größe:	30–40 Minuten

Speicherwärme bei Elektroplatten überlegt nutzen!

4. *Brei abschmecken* mit Zucker und nach Belieben *verbessern* mit etwas frischer Butter und evtl. Eigelb, u. U. steifen Eischnee unter heißen Brei ziehen, nicht mehr kochen lassen.

5. *Anrichten* mit Zucker und Zimt oder mit Schokoladenstreusel bestreuen.
Verwendungsmöglichkeiten zu verschiedensten Breiarten, nach Belieben mit Obst gemischt, zu aufgezogenem Brei, zu kaltem Flammeri verschiedenster Art, zur Grundmasse für Auflauf und Pudding mit erhöhten Bindemittelmengen.

995. Haferflockenbrei mit Äpfeln*

Milchbrei Nr. 994 mit:
125 g Haferflocken
500 g geschälten Äpfeln
Zucker nach Geschmack
evtl. 20 g frische Butter

Haferflockenbrei herstellen wie Grundrezept Nr. 994, nach halber Garzeit geschälte, vom Kernhaus befreite, in Achtel geschnittene Äpfel und Zucker beifügen, bei schwacher Hitze gar kochen, abschmecken, nach Belieben mit wenig frischer Butter verbessern, heiß zu Tisch geben. *Garzeit* wird durch die Äpfel bedingt.
Für selbständiges Hauptgericht sind Rezeptmengen 1 1/2 mal nötig.

996. Haferflockenbrei englische Art, Porridge*

Haferflocken mit kaltem Wasser und Salz zusetzen, unter Rühren zu dickem Brei kochen, *Garzeit* etwa 5 Minuten, anrichten, nach Belieben mit etwas Zucker bestreuen, bei Tisch mit kaltem, süßem Rahm, evtl. mit Milch gemischt, übergießen. Porridge ist als Frühstück besonders gesund, nahrhaft und sehr gut bekömmlich. Für Menschen mit empfindlichem Magen besonders empfehlenswert.

Pro Person: 1/4 l Wasser
40–50 g aufgeschlossene Haferflocken, 1 Prise Salz
zum Anrichten:
1/8 l süßer Rahm, evtl. mit Milch gemischt, Zucker

997. Mondaminreisbrei*

Reis waschen, brühen, mit 3/4 l kalter Milch, Salz und Zitronenschale zusetzen, bei mäßiger Hitze zum Kochen bringen, zugedeckt halbweich kochen; Stärkemehl mit Rest der kalten Milch anrühren (Schüttelbecher), in kochenden Reisbrei einrühren, bei schwacher Hitze (Speicherhitze von Elektroplatten) gar quellen lassen, abschmecken, nach Belieben mit Eigelb und frischer Butter verbessern. *Garzeit* etwa 20–25 Minuten, heiß oder kalt reichen.
Als selbständiges Hauptgericht 1 1/2 Rezeptmengen nötig.

1 l Milch, 1 Prise Salz
Zitronenschale
100 g Weichreis
20 g Mondamin od. Maizena
30–40 g Zucker
zum Verbessern:
1–2 Eigelb nach Belieben
20 g frische Butter

998. Apfelreis*, Apfelreis aufgezogen

Reis waschen, brühen, mit Zitronenschale und Salz in kalter Milch zusetzen, bei mäßiger Hitze zum Kochen bringen, nach halber Garzeit geschälte, in Achtel geschnittene Äpfel, Zucker und gewaschene Weinbeeren zugeben, bei schwacher Hitze zugedeckt gar kochen lassen, *Garzeit* etwa 20–25 Minuten; zuletzt mit Butter verbessern, mit Zucker und Zimt bestreut anrichten.
Am besten wird Apfelreis in der Röhre aufgezogen: Gewaschenen, gebrühten Reis in gebutterter, feuerfester Form mit kalter Milch, Geschmackszutaten, gewaschenen Weinbeeren und evtl. gemahlenem Zimt in vorgeheizte Röhre geben, bei mäßiger Hitze langsam, ohne umzurühren aufziehen lassen, sobald Masse leise zu kochen beginnt, vorbereitete Äpfel untermengen, Reis und Äpfel fertig garen lassen. *Garzeit* in feuerfester Form etwa 1/2–3/4 Stunde.
Aufgezogener Reis kann auch ohne Äpfel in der Röhre hergestellt werden.
Als selbständiges Hauptgericht 1 1/2 Rezeptmengen nötig.

1 l Milch, 1 Prise Salz
Zitronenschale oder gemahlener Zimt
150 g Weichreis, 1/2 kg Äpfel
40–60 g Zucker
50 g Weinbeeren
20–30 g Butter
Zucker und Zimt

999. Quark(Topfen)reis aufgezogen

Reis waschen, brühen, abtropfen lassen; Zucker mit Eiern, geriebener Zitronenschale und Quark gut verschlagen, Reis und Milch unterrühren, geschälte, geschnitzelte Äpfel untermischen; Masse in gut gefettete Auflaufform geben, bei Mittelhitze in der Röhre aufziehen lassen, *Garzeit* etwa 3/4–1 Stunde. Sehr saftige Äpfel zweckmäßig erst nach etwa 1/2 Stunde zugeben, wenn Reis bereits gut gequollen ist. Mit Zucker und Zimt bestreut anrichten.

150 g Weichreis
100 g Zucker, Zitronenschale
2 ganze Eier
250–500 g Quark (Topfen)
1 l Milch, 500 g Äpfel
zur Form: Fett
z. Bestreuen: Zucker u. Zimt

1000. Reisberg

Reisbrei:
1 l Milch, 1 Prise Salz
etwas Zitronenschale
200 g Weichreis
50 g Zucker, 20 g Butter
Fülle:
3/4 kg Äpfel oder Aprikosen
1/4–3/8 l Zucker-Zitronensud
Johannisbeermarmelade
Schaumüberzug:
3 Eiweiß
90 g feiner Grießzucker
etwas Puderzucker

Dicken Reisbrei nach Grundrezept Nr. 994 kochen, abschmecken. Äpfel schälen, halbieren, Kernhaus entfernen, in gut abgeschmecktem Sud aus Wasser, Zitronensaft und Zucker nicht zu weich kochen, sie müssen die Form behalten; oder gewaschene Aprikosen halbieren, entsteinen, ebenso weich kochen; gare Früchte gut abtropfen lassen, Äpfel evtl. mit Johannisbeermarmelade füllen. Auf feuerfeste Platte abwechselnd eine Lage Reisbrei, eine Lage gekochtes Obst und etwas Johannisbeermarmelade geben, letzte Lage Reisbrei.
Schaumüberzug: Eiweiß zu steifem Schnee schlagen, 3 Eßlöffel feinen Grießzucker nach und nach unterschlagen, restlichen Zucker auf einmal unterheben, Masse kräftig weiterschlagen, bis sie glatt und glänzend ist, sofort über Reisberg streichen, mit Puderzucker besieben und in vorgeheizter Röhre bei guter Oberhitze kurz überbacken, bis Schaumüberzug goldgelb ist.

1001. Milchnudeln aufgezogen, abgetrocknete Nudeln

1–1 1/4 l Milch, 1 Prise Salz
etwas Zitronenschale
30 g Butter
250 (300) g Bandnudeln
40 g Zucker
zum Anrichten:
Zucker und Zimt

Milch mit Geschmackszutaten und Butter in flachem Topf oder feuerfestem Geschirr zum Kochen bringen, Nudeln und Zucker einstreuen, bei mäßiger Hitze in vorgeheizter Röhre erst zugedeckt, dann offen garen, bis alle Milch eingesogen ist und sich eine leichte Kruste gebildet hat. Vor dem Anrichten Nudeln lockern, mit der Kruste auf vorgewärmter Platte bzw. im feuerfesten Geschirr anrichten, nach Belieben mit Zucker und Zimt bestreuen. *Garzeit* etwa 35–40 Minuten. Kleine Mengen zweckmäßig auf dem Herd in weitem Topf garen.

1002. Karamelnudeln aufgezogen

Karamel von:
60–80 g Zucker, 1/8 l Wasser
sonst. Zutaten wie Nr. 1001

Karamel herstellen: Zucker in Eisenpfännchen trocken erhitzen bis er goldbraun ist und zu schäumen beginnt, mit kochendem Wasser ablöschen, kochen lassen, bis sich Karamel gelöst hat. Milch mit Salz, Karamelflüssigkeit und Butter zum Kochen bringen, Nudeln und Zucker einstreuen, fertigstellen wie bei Nr. 1001 beschrieben.

1003. Scheiterhaufen, Kirschenmännle, Kirschenmichel

Farbbild neben Seite 433

8 alte Semmeln
etwa 3/4 l Milch
(je nach Alter der Semmeln)
1 Prise Salz, Zitronenschale
60–80 g Zucker, 2–3 Eier
3/4–1 kg saftige Äpfel oder
dunkle Kirschen, Zwetschgen
50 g Weinbeeren (b. Äpfeln)
zum Backen: 30 g Butter

Semmeln in Scheiben schneiden (evtl. Knödelbrot verwenden); Milch, Salz, abgeriebene Zitronenschale, Zucker und Eier gut verschlagen, über geschnittene Semmeln gießen, durchziehen lassen. Äpfel schälen, in feine Scheiben schneiden oder Kirschen bzw. Zwetschgen gut waschen, abtropfen lassen, entsteinen; Weinbeeren waschen, brühen, abtropfen lassen. In gefettete Auflaufform abwechselnd eine Lage eingeweichte Semmeln, eine Lage vorbereitetes Obst und evtl. Weinbeeren geben, oberste Lage Semmeln; oder Semmelmasse mit Obst gemischt einfüllen. Rest der Eiermilch darüber gießen, mit Butterflocken belegen, in vorgeheizter Röhre etwa 1/2–3/4 Stunde backen.

Nach Belieben kann die Speise verbessert werden durch Erhöhen der Weinbeermenge und Zugabe von gehackten Nüssen. Dazu Weinschaumsoße, Vanillesoße oder Fruchtsoße reichen.

1004. Scheiterhaufen mit Quark und Obst

Semmeln vorbereiten wie bei Nr. 1003, mit abgeschmeckter Eiermilch übergießen, durchziehen lassen. Obst vorbereiten wie bei Nr. 1003 angegeben.
Quarkmasse herstellen: Eigelb oder ganze Eier mit Zucker und etwas geriebener Zitronenschale schaumig schlagen, Quark (falls nötig durch Sieb streichen) und bei Bedarf wenig Milch zur Schaummasse rühren, evtl. Eischnee unterziehen. In gefettete Auflaufform lagenweise eingeweichte Semmelscheiben, Quarkmasse, vorbereitetes Obst und gebrühte Rosinen einschichten, oberste Lage Semmelscheiben, Reste von Eiermilch darüber gießen, mit Butterflocken belegen, in vorgeheizter Röhre bei Mittelhitze etwa 3/4 Stunden backen.
Anmerkung: Statt Semmeln können 500 g Schwarzbrot- oder Vollkornbrotbrösel und statt Milch kann beliebiger Fruchtsaft oder Süßmost zum Anfeuchten verwendet werden.

Zutaten wie bei Nr. 1003
Quarkmasse:
500 g frischer Quark
80 g Zucker, 2–3 Eier (evtl. getrennt)
Zitronenschale, wenig Milch (nach Bedarf)
Zum Einlegen:
wie bei Nr. 1003
zum Backen: 30 g Butter

1005. Semmelnudeln einfach

Semmeln in 1 cm dicke Scheiben schneiden, in leicht gesalzener und gezuckerter Eiermilch einweichen, in gefettete, feuerfeste Form aufrechtstehend einschichten, gewaschene Weinbeeren dazwischen geben, mit Butterflocken belegen, in vorgeheizter Röhre bei Mittelhitze backen, bis sie goldgelb sind, dann restliche Eiermilch darübergießen, fertig backen, bis Eiermilch ganz eingezogen ist. *Gesamtbackzeit* etwa 30–40 Minuten; mit Zucker und Zimt bestreut anrichten.
Semmelnudeln können auch wie Karthäuser Klöße vorbereitet und auf der Stielpfanne gebacken werden, siehe Nr. 1032.

8 alte Semmeln
3/4 l Milch, 1 Prise Salz
40–50 g Zucker, 2–3 Eier
100–150 g Weinbeeren
zum Backen: 30–50 g Fett
zum Anrichten:
Zucker und Zimt

1006. Semmelnudeln mit Äpfeln oder Preiselbeeren

Semmeln in 1 cm dicke Scheiben schneiden, in einem Teil der Milch kurz einweichen, dann Scheiben in gut gebutterte, feuerfeste Form aufrechtstehend, dicht nebeneinander einschichten, geschälte, fein geschnitzelte Äpfel oder Preiselbeerkompott zwischen die Scheiben geben; restliche Milch mit Salz, Zucker, ganzen Eiern und Arrak gut verquirlen, über Semmeln gießen, mit Butterflocken belegen, bei Mittelhitze in der Röhre etwa 1/2–3/4 Stunden backen.
Einfacher kann man Semmelscheiben trocken mit Äpfeln oder Preiselbeerkompott einschichten, gesamte Milch mit allen Geschmackszutaten und Eiern verquirlen, über die eingeschichteten Semmelscheiben gießen, mindestens 1/2–1 Stunde durchziehen lassen; öfter mit der Eiermilch begießen, damit Semmeln gleichmäßig durchziehen, dann erst mit Butterflocken belegt backen wie bei Nr. 1005.

8 alte Semmeln, 3/4 l Milch
3/4 kg saftige Äpfel oder 300–400 g Preiselbeerkompott
1 Prise Salz, 50 g Zucker
2–3 Eier, 2 Eßl. Arrak
zum Backen: 30–50 g Fett
zum Anrichten:
Zucker und Zimt

1007. Apfelbettelmann, Kirschenbettelmann

3/4–1 kg Äpfel, Sud von:
1/4 l Wasser, Zucker, Saft und Schale von 1 Zitrone
1 Glas Weißwein
350 g Schwarzbrotbrösel
50 g Butter, 100 g Zucker
Zitronen- od. Orangenschale
etwas Zimt, 50 g Sultaninen
evtl. 50–80 g Haselnüsse
zum Backen: 30 g Fett

Äpfel waschen, schälen, achteln, Kernhaus entfernen, in gut abgeschmecktem Sud halbweich kochen, aus Sud nehmen, abtropfen lassen. Trockene Schwarzbrotbrösel in Butter leicht rösten, mit Zucker, geriebener Zitronen- oder Orangenschale und Gewürz mischen, mit Apfelsud anfeuchten, nach Belieben geriebene Nüsse untermengen, Sultaninen gut waschen, abtropfen lassen. In gebutterte Auflaufform etwa kleinfingerdick Bröselmasse geben, die halbweichen Apfelschnitze darauflegen, evtl. mit Sultaninen bestreuen, darauf wieder eine Lage Brösel und abwechselnd so fortfahren, oberste Schicht Brösel; mit Butterflocken belegen, bei Mittelhitze in vorgeheizter Röhre etwa 40 Minuten backen.

Abwandlung: 3/4–1 kg dunkle Kirschen oder Sauerkirschen statt der Äpfel unter die Bröselmasse mengen.

1008. Sauerkirschspeise mit Wein

350 g Semmelbrösel
5 Eßl. Arrak oder Rum
3–4 ganze Eier, 100 g Zucker
Zitronenschale gerieben
1 1/2 Teel. Zimt, wenig Nelken
3/4 kg Sauerkirschen
zum Backen: 30 g Butter
zum Übergießen: 3/8 l Rotwein
etw. Stangenzimt, 2 Nelken
Zucker nach Geschmack

Brösel mit Arrak anfeuchten, zudecken; Sauerkirschen waschen, entstielen, gut abtropfen lassen. Eier mit Zucker schaumig schlagen, Gewürze untermengen, Brösel und Sauerkirschen beifügen, in gebutterte Auflaufform geben, mit Butterflocken belegen, bei mäßiger Hitze etwa 3/4 Stunde backen, vor dem Anrichten mit gut abgeschmeckter, heißer Rotweinsoße übergießen, einziehen lassen.
Zur Rotweinsoße Wein mit Gewürzen und Zucker erhitzen, nicht kochen lassen, abschmecken, Gewürze entfernen, kochend heiß über die Speise geben.

1009. Quarkklöße, Topfenklöße süß*

80 g Butter, 80 g Zucker
4 ganze Eier, 1 Prise Salz
Zitronenschale gerieben
750 g trockener Quark
150–180 g grober Grieß
150–180 g Mehl
1 Teel. Backpulver
zum Kochen: Salzwasser
zum Anrichten: zerlassene Butter, Zucker und Zimt

Schaummasse rühren aus Butter, Zucker, Eiern und Geschmackszutaten, trockenen Quark, falls nötig, durch Sieb gestrichen, zur Schaummasse rühren, Grieß und das mit Backpulver gemischte und gesiebte Mehl untermengen; Mehl- und Grießmenge werden durch den Feuchtigkeitsgehalt des Quarks beeinflußt. Teig etwas stehen lassen, damit er anzieht, dann mit Eßlöffel Probekloß formen und kochen, ist er gut, Klöße mit Eßlöffel formen, in kochendes Salzwasser einlegen, 10 Minuten leise kochen lassen, mit Schaumlöffel herausnehmen, gut abtropfen lassen, auf heißer Platte anrichten, mit zerlassener Butter beträufeln und mit Zucker und Zimt bestreuen.

Quarkknödel einfach siehe Nr. 640

Mit Zucker und Zimt bestreut anrichten.

Quarkknödel mit Semmelbrösel siehe Nr. 641

Mit etwas Zucker bestreut anrichten.

Quarknockerl oder -nudeln gebacken siehe Nr. 643

Mit etwas Zucker bestreut anrichten.

Quarkküchlein siehe Nr. 642

Mit etwas Zucker bestreut anrichten.

1010. Quarknockerl süß, aufgezogen

Schaummasse schlagen aus Eiern, Zucker und Geschmackszutat, Quark, falls nötig durch Sieb gestrichen, untermengen, gut abschlagen, Grieß oder Mehl, mit Backpulver gemischt, untermengen (Grieß- bzw. Mehlmenge ist durch den Feuchtigkeitsgrad des Quarks bedingt). Milch mit Butter, Zucker und wenig Salz in weiter, feuerfester Form zum Kochen bringen, mit Eßlöffel Nockerl von der Quarkmasse abstechen und einlegen, bei Mittelhitze in vorgeheizter Röhre erst zugedeckt, dann offen gut 45 Minuten aufziehen und goldgelb bräunen lassen. Dazu Kompott reichen.

4 ganze Eier, 100 g Zucker
1/2 Zitronenschale gerieben
750 g Quark (trocken)
200–250 g Grieß oder Mehl
(oder halb und halb)
1 Teel. Backpulver
zum Aufziehen:
1/2 l Milch, 1 Prise Salz
40 g Butter, 40 g Zucker

1011. Wiener Zwetschgenknödel, Marillenknödel

Zwetschgen oder Aprikosen abreiben, sterilisierte Früchte gut abtropfen lassen, entsteinen, jeweils mit einem Zuckerstückchen füllen. Kartoffelteig mit Ei herstellen nach Grundrezept Nr. 889, zur Rolle formen; von der Kartoffelteigrolle Scheiben abschneiden, so daß man jeweils 1 Zwetschge bzw. Aprikose *dünn* einhüllen kann (etwa 5×5 cm oder 7×7 cm je nach Fruchtart); Früchte in dünne Teigschicht einhüllen, nachformen, in kochendem Salzwasser etwa 5 Minuten leise ziehen lassen, mit Schaumlöffel herausnehmen, gut abtropfen lassen, in mit wenig Zucker gemischten, leicht gerösteten Semmelbröseln wenden, mit Zucker und Zimt bestreut anrichten.
Oder abgetropfte Knödel in Ei und Semmelbröseln panieren, in heißem Fett goldbraun backen, mit Zucker und Zimt bestreut anrichten.

Kartoffelteig Nr. 889
1 kg Zwetschgen oder
Aprikosen (Marillen)
(roh oder sterilisiert)
kleiner Würfelzucker
zum Kochen: Salzwasser
zum Anrichten: 80 g Butter
150 g Semmelbrösel
1–2 Eßl. Zucker
z. Bestreuen: Zucker u. Zimt

1012. Kartoffelmaultaschen mit Obstfülle

Kartoffelteig nach Grundrezept Nr. 889 herstellen, Teig zu Rolle formen, Scheiben abschneiden, diese zu tellergroßen, messerrückendicken, runden oder viereckigen Flecken auswellen, mit zerlassenem Fett und Rahm bestreichen, mit geschälten, fein geschnitzelten Äpfeln oder entsteinten Zwetschgen belegen, mit Zucker und Zimt bestreuen, zusammenschlagen oder aufrollen, mit Teigrändern nach oben in gut gefettete, feuerfeste Form oder Raine legen, Maultaschen gut mit Fett bestreichen, bei guter Hitze in vorgeheizter Röhre etwa 3/4 Stunden goldgelb backen. Nach Belieben kurz vor Ende der Garzeit etwas kochende Milch darüber gießen, fertig backen bis Milch eingesogen ist. Mit Zucker bestreut anrichten.

Kartoffelteig Nr. 889
zum Bestreichen:
80 g Fett, 1/8 l saurer Rahm
zur Fülle: 3/4 kg rohe
Äpfel oder Zwetschgen
80–100 g Zucker
etwas Zimt
zum Backen:
Fett, evtl. 1/8 Milch
zum Anrichten: Zucker

1113. Quarkmaultaschen

60–80 g Zucker, 1 Prise Salz
250 g Mehl, 3/4 Backpulver
500 g trockener Quark
60–80 g Butter od. Margarine
zum Füllen: wie Nr. 1012
zum Backen: Fett

Mehl auf Brett sieben, Quark falls nötig durch Sieb streichen, mit Mehl und allen übrigen Zutaten zu glattem Teig verkneten, messerrückendick auswellen und wie bei Kartoffelmaultaschen formen, füllen und fertigstellen. Backzeit gut 3/4 Stunden bei guter Hitze.

1014. Hefemaultaschen

Mittelfest. Hefeteig Nr. 1189
zum Bestreichen:
40 g Fett oder Öl
1/8 l dicker saurer Rahm
zur Fülle:
1/2–3/4 kg geschälte Äpfel
oder entsteinte Zwetschgen
60–80 g Zucker, etwas Zimt
zum Backen: 60 g Fett
zum Anrichten: Zucker

Mittelfesten Hefeteig nach Grundrezept herstellen, gehen lassen; gut gegangenen Teig etwa zweimesserrückendick zu Rechteck auswellen, gut mit zerlassenem Fett oder Öl und mit Sauerrahm bestreichen, viereckige Stücke für Portions-Maultaschen ausradeln oder schneiden, diese mit geschälten, feingeschnitzelten Äpfeln oder entsteinten Zwetschgen belegen, mit Zimt-Zucker bestreuen, Teig zusammenschlagen, auf gut gefettetem Blech gehen lassen, mit Fett betreichen, bei Mittelhitze 1/2 Stunde backen. Oder gefüllte Maultaschen in gefettete Raine legen, so daß Teigränder nach oben sehen, mit Fett bestreichen, gehen lassen, bei Mittelhitze gut 1/2 Stunde backen, stürzen, mit Zucker bestreuen, etwas abgekühlt auseinanderreißen.

1015. Hefeklöße, Hefekloß

Mittelfest. Hefeteig Nr. 1189
zum Kochen:
reichlich Salzwasser
zum Anrichten:
Butter, Semmelbrösel
Zucker und Zimt

Mittelfesten bis weichen Hefeteig herstellen nach Grundrezept, wenn gut gegangen, mit großem Eßlöffel gleichmäßig große Klöße abstechen und in kochendes Salzwasser einlegen. Oder Knödel mit leicht bemehlten Händen wie zu Rohrnudeln formen, diese auf bemehltem Brett gut gehen lassen, dann in kochendes Salzwasser einlegen. Klöße *zugedeckt* 20–25 Minuten *leise* kochen lassen, dann mit Schaumlöffel herausnehmen, gut abgetropft auf vorgewärmter Platte anrichten, Klöße mit zwei Gabeln aufreißen, mit heißer, nur *leicht gebräunter* Butter beträufeln oder mit in Butter gerösteten Semmelbröseln und nach Belieben mit Zucker und Zimt bestreuen. *Abwandlung:* Gut gegangenen Hefeteig als Serviettenkloß garen: Teig zu großem Kloß formen, in gebrühtes, gefettetes Tuch locker einbinden, so daß der Teig genügend Raum zum Aufgehen während des Kochens hat, in reichlich kochendes Salzwasser hängen, zugedeckt 3/4 Stunden leise kochen lassen, dann fertigstellen wie Hefeklöße.
Hefeklöße können auch als salziges Gericht – Teig ohne Zucker herstellen – zu Gemüse oder Fleischgerichten mit reichlich Soße, z. B. Soßfleisch, saurer Lunge u. a. m. gereicht werden.

1016. Pfannenkuchen, Pfannenkuchen gefüllt*

Pfannenkuchenteig Nr. 911
von 375 g Mehl
zum Backen: Fett
zum Füllen: Marmelade
zum Anrichten: Zucker

Pfannenkuchenteig nach Grundrezept herstellen, für dünne Pfannenkuchen ganze Eier, für lockere Pfannenkuchen Eier getrennt verwenden, nach Belieben einen Teil der Milch durch kohlensäurehaltigen Sprudel (geschmackfrei) austauschen, Teig etwas dicker halten und Eischnee unterziehen. Pfannenkuchen nach Wunsch sehr dünn oder etwas dicker ausbacken, noch heiß mit Marmelade bestreichen, zusammenklappen oder aufrollen, mit Zucker bestreuen, auf heißer Platte sofort zu Tisch geben.

1017. Obstpfannenkuchen*
Apfel-, Kirschen-, Heidelbeer-, Rhabarberpfannenkuchen*

Pfannenkuchenteig Nr. 911
von 375 g Mehl
750 g Obst wie Äpfel, Kirschen, Heidelbeeren oder junger Rhabarber
Zucker nach Geschmack
zum Ausbacken: Fett
zum Bestreuen: Zucker

Etwas dickeren Pfannenkuchenteig mit Eischnee herstellen, Flüssigkeitsmenge etwas verringern. Obst vorbereiten: Äpfel schälen, Kernhaus entfernen, in feine Scheibchen schneiden; Kirschen waschen, sehr gut abtropfen lassen, entsteinen; Heidelbeeren verlesen, waschen, sehr gut abtropfen lassen; jungen Rhabarber waschen, kleinwürfelig schneiden. Vom Teig jeweils eine kleine Schöpfkelle in heißes Fett in Stielpfanne geben, leicht anbacken lassen, dann mit vorbereitetem Obst nach Wahl belegen, mit Zucker bestreuen, zugedeckt noch kurz backen, dann Pfannenkuchen vorsichtig wenden, dabei evtl. Topfdeckel zu Hilfe nehmen, bei schwacher Hitze fertig backen, wobei Zucker etwas karamelisieren soll. Fertigen Pfannenkuchen zusammenschlagen, auf heißer Platte anrichten, sofort zu Tisch geben. Rhabarberpfannenkuchen evtl. noch etwas mit Zucker bestreuen beim Anrichten.

1018. Pfannenkuchenstrudel mit Apfelfülle, mit Quarkfülle

Pfannenkuchenteig Nr. 911
von 375 g Mehl, Ausbackfett
Apfelfülle: 1/8 l saurer Rahm
3/4–1 kg Äpfel, 100 g Zucker
Zimt oder Zitronenschale
80 g Rosinen od. Weinbeeren
Quarkfülle: 750 g Quark
40 g Butter, 3 Eier
125 g Zucker, 80 g Sultaninen
Zitronenschale gerieben
evtl. wenig Milch od. Rahm
zum Überbacken:
20 g Fett, 1/4 l Milch

Pfannenkuchenteig nach Grundrezept ohne Schnee herstellen, *dünne* Pfannenkuchen backen, erkalten lassen. Pfannenkuchen mit Rahm bestreichen und mit Obstfülle belegen oder mit gut abgeschmeckter Quarkfülle gleichmäßig bestreichen, nach Belieben kann man auf die Quarkfülle etwas Obst streuen; Pfannenkuchen aufrollen, in gefettete Auflaufform oder Raine legen, in vorgeheizter Röhre bei Mittelhitze gut anbacken lassen, nach etwa 10–15 Minuten kochende Milch darüber gießen, fertig backen, bis Milch eingesogen ist. Backzeit etwa 1/2 Stunde.
Quarkfülle: Quark wenn nötig durch Sieb streichen; Schaummasse rühren, vorbereitete Geschmackszutaten, Quark und evtl. etwas Rahm oder Milch nach Bedarf unterrühren, so daß Masse weich und gut streichfähig ist, abschmecken.

1019. Buttermilchpfannenkuchen gefüllt*, Plinsen*

Pfannenkuchenteig Nr. 911
v. 375 g Mehl und Buttermilch statt Milch
sonstige Zutaten wie gefüllte Pfannenkuchen Nr. 1016

Pfannenkuchenteig nach Grundrezept mit Buttermilch in etwas dickerer Beschaffenheit herstellen, nach Belieben Eischnee unterziehen, Pfannenkuchen ausbacken, mit Marmelade bestreichen, zusammenschlagen oder aufrollen, sofort auf heißer Platte zu Tisch geben.
Plinsen in der Größe von Kartoffelpuffern backen, mit Zucker bestreut zu Tisch geben.

Hefepfannenkuchen, Hefeplinsen siehe Nr. 1233

Böhmische Dalken

Von Pfannenkuchenteig mit Backpulver siehe Nr. 676
Von flüssigem Hefeteig siehe Nr. 1234

Quarkpfannenkuchen

Quarkpfannenkuchen herstellen wie Nr. 644, mit etwas Zucker oder Zucker und Zimt bestreut anrichten. Quarkpfannenkuchen werden etwas dicker gebacken als gewöhnliche Pfannenkuchen.

1020. Kuchenmichel, Pfitzauf

375 g Mehl, Salz
4–5 Eier, 1/2–3/4 l Milch
50 g Butter zerlassen
50 g Zucker nach Belieben
zum Ausbacken: Fett
zum Anrichten: etwas Zucker nach Belieben

Etwas dickeren Pfannenkuchenteig mit ganzen Eiern herstellen, zerlassene, lauwarme Butter und nach Belieben Zucker unterschlagen, Teig in gut gefettete Auflaufform 2 cm hoch einfüllen oder gebutterte Pfitzaufförmchen gut halbvoll füllen, in vorgeheizter Röhre bei *guter Mittelhitze* hochziehen und goldbraun backen lassen, *Backzeit* in Förmchen etwa 20 Minuten, in Auflaufform etwa 40 Minuten, sofort zu Tisch geben, nach Belieben leicht überzuckern. Mit Kompott reichen. Kuchenmichel ohne Zuckerzugabe zum Teig kann sehr gut als selbständiges Gericht mit Salat gegeben werden.

1021. Mehlschmarrn*

375 g Mehl, Salz
3–4 Eier
1/2 l Milch
zum Ausbacken: Fett
zum Bestreuen: Zucker nach Belieben

Aus Zutaten dicken Pfannenkuchenteig herstellen; Fett in Stielpfanne erhitzen, 1 cm hohe Teiglage eingießen, anbacken lassen, wenden, nochmal leicht anbacken lassen, dann zu Schmarrn zerstechen und unter öfterem Wenden gut durchbacken. Fertigen Schmarrn in geschlossenem Topf, nach Belieben mit wenig Zucker bestreut, bei schwacher Hitze kurz durchziehen lassen, beim Anrichten nach Belieben mit Zucker bestreuen, mit Kompott oder Fruchtsaft reichen. Zu dünne Teiglagen ergeben zähen Schmarrn.
Zu gesalzenem Schmarrn Salat reichen.

1022. Apfel-, Kirschen-, Zwetschgenschmarrn*

Zutaten wie Mehlschmarrn Nr. 1021
3/4–1 kg Äpfel, Kirschen oder Zwetschgen
zum Ausbacken: Fett
zum Bestreuen: etwas Zucker

Teig wie zu Mehlschmarrn herstellen, Obst vorbereiten: Äpfel schälen, fein schnitzeln, Kirschen oder Zwetschgen waschen, gut abtropfen lassen oder mit Tuch abreiben, entsteinen. Fett in Stielpfanne erhitzen, 1 cm hohe Teiglage eingießen, leicht anbacken lassen, vorbereitetes Obst darauf streuen, zugedeckt noch kurz anbacken, dann wenden, wieder leicht anbacken lassen, dann mit zwei Gabeln in kleine Stücke zerreißen, unter mehrmaligem Wenden gut durchbacken und fertigstellen wie Mehlschmarrn Nr. 1021.

1023. Kaiserschmarrn*

Mehlschmarrnteig mit getrennten Eiern herstellen, zerlassene, lauwarme Butter, gebrühte, gut abgetropfte Rosinen oder Weinbeeren und Rum unterrühren, zuletzt sehr steifen Eischnee unterziehen. Fett in Stielpfanne erhitzen, etwa 1 cm hohe Teiglage eingießen (dünne Teiglagen ergeben zähen Schmarrn), gut anbacken lassen, wenden, wieder anbacken lassen, dann in etwas größere Stücke wie Mehlschmarrn zerstoßen oder mit zwei Gabeln reißen, goldgelb backen lassen, nach Belieben etwas zuckern und kurz rösten, bis Schmarrn glänzt; bei größeren Mengen fertigen Schmarrn in geschlossenem Topf, mit wenig Zucker bestreut, bei schwacher Hitze durchziehen lassen. Schmarrn auf heißer Platte anrichten, nach Belieben mit etwas Puderzucker bestreuen. Dazu Kompott reichen, besonders beliebt sind dazu Preiselbeeren.

300 g Mehl, Salz
1/2 l Milch knapp
5–6 Eier getrennt
50 g Butter zerlassen
80 g Rosinen od. Weinbeeren
2 Eßlöffel Rum
zum Backen: Fett
zum Bestreuen: Puderzucker

1024. Grießschmarrn

I. Art: Groben Grieß in Schüssel geben, Milch mit Salz, etwas geriebener Zitronenschale und ganzen Eiern gut verschlagen, über Grieß gießen und zugedeckt etwa 2 Stunden quellen lassen. Dann Masse durchrühren, portionsweise in heißes Fett in Stielpfanne geben, anbacken lassen, wenden, wieder leicht anbacken, dann zerstoßen und dabei von allen Seiten goldgelb backen lassen. Man kann auch die ganze Grießmasse auf einmal in heißes Fett in Bratraine geben, in vorgeheizter Röhre aufziehen lassen bis alle Milch aufgesogen und die Masse goldbraun ist, dann portionsweise wenden, zuletzt zerstoßen, gut ausbacken lassen. Grießschmarrn dieser Art wird sehr locker und bröselig. Mit Zucker bestreut auf heißer Platte anrichten.

II. Art: Dicken Grießbrei kochen, etwas abkühlen lassen, noch warm Eier unterrühren, Teig erkalten lassen; auf Stielpfanne oder in Raine zu Schmarrn backen, wenden, zerstoßen, backen bis er goldbraune Farbe hat. Mit Zucker bestreut anrichten, mit Kompott reichen.

I. Art:
375 g grober Grieß
3/4 l Milch, Salz
etwas Zitronenschale
3–4 ganze Eier

II. Art:
1 l Milch, Salz
etwas Zitronenschale
250 g grober Grieß
3–4 Eier
zum Ausbacken: Fett
zum Bestreuen: Zucker

1025. Haferflockenschmarrn*, Haferflockenapfelschmarrn*

Haferflocken mit warmer Milch übergießen, etwa 1/2 Stunde zugedeckt quellen lassen, Salz und ganze Eier unterschlagen; Fett in Stielpfanne erhitzen, Teig portionsweise etwa 1 cm hoch in heißes Fett geben, anbacken lassen, bis sich schöne Kruste gebildet hat, wenden, wieder bei *mäßiger Hitze* anbacken lassen, dann zerstoßen, anrichten, nach Belieben mit Zucker und Zimt bestreut anrichten.

Ungezuckert kann Haferflockenschmarrn zu Salat oder Gemüse gereicht werden.

Haferflockenapfelschmarrn: Nach Belieben können in die Masse vor dem Backen 500 g geschälte, feingeschnitzelte Äpfel gemischt werden, Milchmenge hierfür etwas verringern.

400 g Haferflocken
1/2–3/4 l Milch, Salz
3–4 Eier
zum Ausbacken: Fett
zum Anrichten:
etwas Zucker und Zimt

1026. Reisschmarrn

1 l Milch, 1 Prise Salz
etwas Zitronenschale
250 g Weichreis
60 g Zucker, 3–4 Eier
50 g Sultaninen n. Belieben
zum Backen: Fett

Dicken Reisbrei kochen wie bei Nr. 994 beschrieben, gut ausquellen lassen; Zucker und Eier verschlagen, den etwas abgekühlten Reisbrei locker unterrühren, nach Belieben gebrühte, gut abgetropfte Sultaninen untermengen, zu Schmarrn backen wie Grießschmarrn Nr. 1024 II. Art. Eier nicht trennen, Eischnee erschwert das Backen von Schmarrn.

1027. Semmelschmarrn*

8 Semmeln vom Vortag
3/8–1/2 l Milch, Salz
3–4 Eier
zum Ausbacken: Fett
zum Anrichten:
etwas Zucker nach Belieben

Semmeln in Scheiben oder größere Würfel schneiden; Eier mit Salz und Milch gut verschlagen, über Semmeln gießen, 1/2–1 Stunde durchziehen lassen, dann in heißem Fett auf Stielpfanne unter öfterem Wenden goldgelb backen; nach Belieben mit etwas Zucker bestreut auf heißer Platte anrichten. Bei größeren Mengen, Schmarrn portionsweise ausbacken; fertigen Schmarrn nach dem Backen in flachem Topf zugedeckt, mit wenig Zucker bestreut, bei schwacher Hitze etwas durchziehen lassen, wodurch er glänzend und saftig wird.
Ungezuckerter Semmelschmarrn kann als Beilage zu Fleischgerichten mit Soße (Gulasch u. a. m.) mit Salat gereicht werden.

1028. Quark-(Topfen)schmarrn*

500 g trockener, frischer Quark
3–4 Eier, Salz
200 g Mehl (oder halb Mehl, halb Grieß)
zum Ausbacken: Fett
zum Bestreuen:
Zucker nach Belieben

Quark falls nötig durch Sieb streichen, Eier, Salz und Mehl (oder Mehl mit Grieß gemischt) untermengen; Fett in Stielpfanne erhitzen, portionsweise gut 1 cm hohe Teiglagen einfüllen, bei mäßiger Hitze goldgelb anbacken lassen, bis sich gute Kruste gebildet hat, dann wenden, wieder anbacken lassen, dann zu Schmarrn zerstoßen und unter öfterem Wenden bei mäßiger Hitze gut ausbacken lassen, Schmarrn soll goldbraune Farbe haben. Nach Belieben mit Zucker bestreut anrichten, Kompott dazu reichen.
Quark-Schmarrn kann auch ohne Eier hergestellt werden, doch erhöht sich dann Mehlmenge auf 300 g und benötigt mehr Backfett.

Kartoffelschmarrn siehe Nr. 902
Kartoffelschmarrn mit Quark siehe Nr. 903
Kartoffelnnudeln mit Quark siehe Nr. 645

1029. Grießschnitten, Reisschnitten

1 l Milch, 1 Prise Salz
1 Stückchen Zitronenschale
250 g Grieß oder Weichreis
30 g Zucker, 2–3 Eier
zum Panieren nach Belieben:
1–2 Eier oder Eireste mit
1 Eßl. Wasser verschlagen
6–8 Eßl. Semmelbrösel mit
2 Eßl. Mehl gemischt
Backfett
Zucker und Zimt

Sehr steifen Grieß- bzw. Reisbrei kochen (siehe Nr. 994), noch heiß Zucker und Eier unterrühren, sofort auf nassem Brett 1 cm dick ausstreichen oder Masse in kalt ausgespülte Kastenform drücken, völlig erkalten lassen. Aus der erkalteten Masse Schnitten schneiden (Kastenform dazu stürzen), Schnitten in heißem Fett auf Stielpfanne auf beiden Seiten goldgelb backen, nach Belieben vor dem Backen panieren. Auf heißer Platte anrichten und nach Belieben mit Zucker-Zimtmischung bestreuen. Unpaniert sind die Schnitten weniger fettreich und deshalb bekömmlicher.
Grieß- und Reisschnitten ohne Zucker können als selbständiges Gericht mit Salat gereicht werden.

1030. Weckschnitten, Goldschnitten*

Kasten- oder Weißbrot (1–2 Tage alt) in 1 cm dicke Scheiben schneiden, rasch durch kalte Milch ziehen, etwas durchziehen lassen; dann in verschlagenen Eiern wenden oder Pfannenkuchenteig herstellen (Milch mit Sprudel mischen), Schnitten vorsichtig darin wenden, in heißem Fett auf der Stielpfanne auf beiden Seiten goldgelb backen, auf heißer Platte anrichten, evtl. mit Zucker und Zimt bestreuen.
Dazu schmeckt heiße Rotwein-, Hagebutten- oder Weinschaumsoße besonders gut.

500 g Kasten- od. Weißbrot (vom Vortag)
z. Anfeuchten: ca. 1/2 l Milch
zum Wenden: 2–3 Eier oder Pfannenkuchenteig von: 200 g Mehl, 2 Eiern, Salz
3/8 l Flüssigkeit
zum Ausbacken: Fett
Zucker und Zimt

1031. Zwetschgenbavesen

Weißbrot in 1/2–3/4 cm dicke Scheiben schneiden (bei Verwendung von Semmeln diese erst abreiben), mit gut abgeschmecktem Zwetschgenmus bestreichen, je 2 Scheiben aufeinander legen, etwas andrücken, Scheiben von Kastenbrot halbieren; Mehl mit Eiern, Milch und Salz gut verschlagen, gefüllte Scheiben darin wenden, etwas durchziehen lassen, dann in heißem Fett auf Stielpfanne auf beiden Seiten goldgelb backen, mit Zucker und Zimt bestreut anrichten.
Will man die Zwetschgenbavesen paniert backen, so beträufelt man die gefüllten Schnitten auf beiden Seiten mit wenig Milch, läßt sie etwas durchziehen, paniert sie in verschlagenem Ei und Semmelbröseln und bäckt sie in heißem Fett auf der Stielpfanne auf beiden Seiten goldgelb.
Sehr gut mit heißer Rotweinsoße.

500 g Kastenbrot oder Wienerweckerl vom Vortag oder 6–8 Semmeln v. Vortag
375–500 g Zwetschgenmus oder gekochte Trockenpflaumen, püriert
zum Teig: 60 g Mehl
2–3 Eier, 1/2 l Milch, Salz
zum Ausbacken: Fett
z. Anrichten: Zucker u. Zimt

1032. Karthäuser Klöße, Arme Ritter, Versoffene Jungfern

Kastenbrot in etwa 1 cm dicke Scheiben schneiden, Semmeln abreiben, halbieren; Eigelb, Zucker, geriebene Zitronenschale und etwas Salz mit Milch gut verschlagen, über vorbereitete Weißbrotscheiben oder halbierte Semmeln gießen, durchziehen lassen, Semmeln benötigen hierfür mehr Zeit als Weißbrotscheiben; dann vorsichtig herausnehmen, in Eiweiß und Semmelbröseln panieren, in heißem Fett auf Stielpfanne auf beiden Seiten oder evtl. in Fett schwimmend goldbraun backen.
Karthäuser Klöße oder Arme Ritter in Zucker und Zimt wenden, sofort zu Tisch geben.
Versoffene Jungfern nach dem Anrichten mit heißem, gut abgeschmecktem Rotwein übergießen und sofort zu Tisch geben.
Hierfür 1/2 l Rotwein (Tiroler) mit 1 Stück Stangenzimt, 1–2 Nelken, 1 Stückchen Zitronenschale und Zucker nach Geschmack bis zum Kochen kommen lassen, seihen und sofort verwenden.

500 g altes Kastenbrot oder 6–8 Semmeln vom Vortag
zum Einweichen: 2–3 Eigelb
50 g Zucker, 1 Prise Salz
Zitronenschale, 1/2 l Milch
zum Panieren: 2 Eiweiß mit 2 Eßl. Wasser verschlagen
Semmelbrösel
zum Ausbacken: Fett
Zucker und Zimt

Kartoffelpuffer siehe Nr. 909

Fertige Puffer leicht mit Zucker bestreuen. Am besten zu Apfelbrei oder Preiselbeerkompott.

Grundrezept

250 g feines Weizenmehl (Type 405), Salz
1–2 Eßlöffel Öl oder 20 g zerlassene Butter
1 Ei
bis 1/8 l lauwarmes Wasser

zum Bestreichen:
Öl oder zerlassene Butter

1033. Strudelteig
Ausgezogener Strudel (2–3 Strudel)

Arbeitsweise:

1. *Kleberreiches, feines Weizenmehl* in Schüssel oder auf Brett *sieben,* salzen; Elastizität des Teiges wird vom Klebergehalt des Mehles bestimmt.

2. *In Mehlgrube* von der Mitte aus *Öl oder lauwarme Butter, Ei und lauwarmes Wasser* einrühren, rasch zu *weichem und geschmeidigem Teig* verarbeiten, Brett dabei trocken und sauber halten. Wasser und Fett nie heiß zugeben.

3. *Teig rasch, aber tüchtig mit der Hand abschlagen,* bis er sich von Schüssel oder Brett löst, *glatt, elastisch und zart* ist und auf dem Brett deutlich „Zungen wirft“.

4. *Teig in 2 oder 3 Portionen teilen,* je nach gewünschter Größe der Strudel, *glatt formen, leicht mit Öl bepinseln, zugedeckt unter feuchtheißem Topf 1/2 Stunde ruhen* lassen; dadurch wird Teig besonders elastisch, leicht auszuziehen und Krustenbildung vermieden.

5. *Herstellen der Fülle und Fetten von Blech oder Backform* erfolgt *vor dem Ausziehen,* am besten während des Ruhens des Teiges.

6. *Strudel ausziehen:* Zunächst auf gleichmäßig *dünn bemehltem Tuch tellergroß auswellen, mit Öl oder zerlassener Butter bestreichen,* erst mit dem *Handrücken, dann mit flacher Hand gleichmäßig dünn ausziehen, zuletzt Rand mit den Fingerspitzen dünn ausziehen,* es dürfen keine dicken Ränder bleiben.

7. *Sofort füllen:* Mit Öl oder zerlassener Butter betupfen oder bespritzen, bei saftreicher Obstfülle erst mit Semmelbröseln oder geriebenen Nüssen bestreuen, Fülle gleichmäßig verteilen (Ränder frei lassen), *Ränder einschlagen,* entsprechend der Form- bzw. Blechgröße, eingeschlagene Ränder mit Fett bestreichen, *locker aufrollen,* vorsichtig auf gefettetes Backblech oder in gefettete Form gleiten lassen, so daß Teigrand nach unten zu liegen kommt, *mit Fett bestreichen.*

8. *Backen bei guter Hitze:* Backtemperatur 200–230° C, Einschubhöhe untere oder mittlere Schiene, Backdauer 30–45 Minuten je nach Dicke der Strudel. Je nach Strudelart während des Backens mehrmals mit zerlassener Butter bestreichen, nach Belieben nach halber Backzeit mit etwas kochender Milch übergießen, die während des Garbackens völlig aufgesogen wird. Dadurch wird Strudel sehr saftig. Soll Strudel mit etwas Milch gegart werden, nicht auf dem Blech, sondern in feuerfester Form, Bratraine oder in der Fettpfanne des Herdes garen.

9. *Vor dem Anrichten gebackenen Strudel etwas ruhen* lassen, um Auslaufen der Fülle bzw. des Obstsaftes zu verhindern.

10. *Käuflichen, fertig ausgezogenen* Strudelteig nach Gebrauchsanweisung verarbeiten.

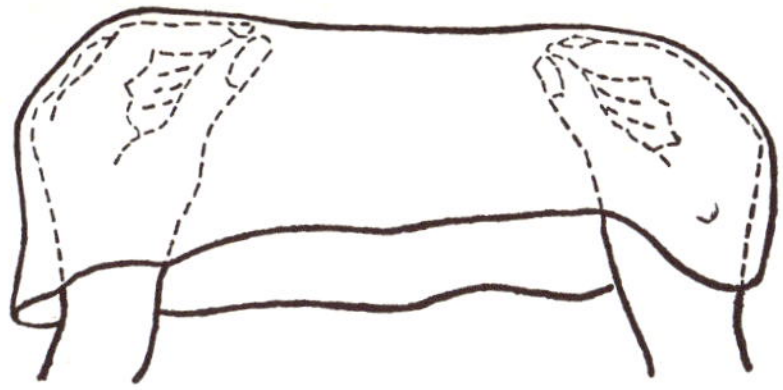

Leicht ausgewellten
Strudelteig erst mit
Handrücken ausziehen

Dann Strudelteig mit flacher
Hand sehr dünn ausziehen

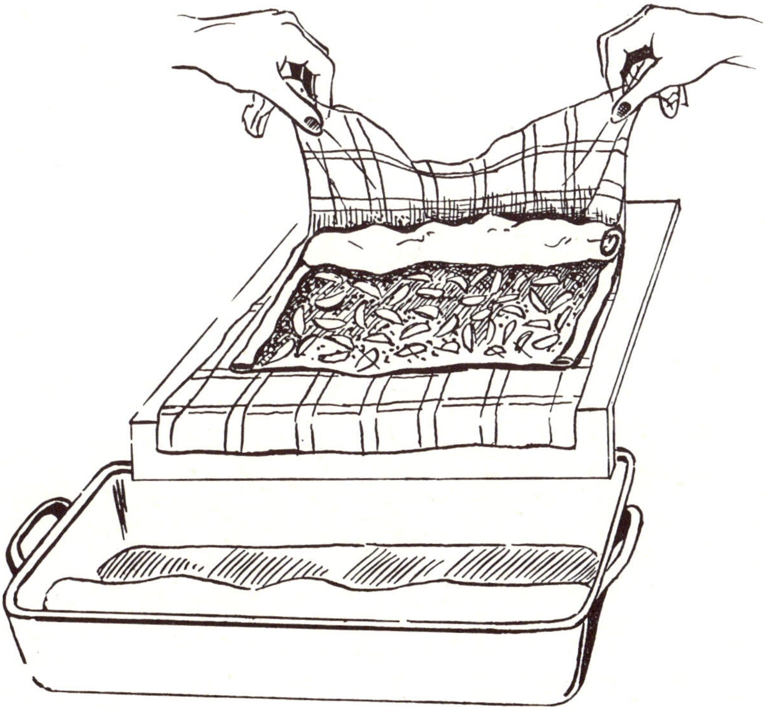

Aufrollen des Strudels

Verwendung: für alle Arten von ausgezogenen Strudeln wie Obststrudel, Quarkstrudel, Quarkstrudel mit Obst, Rahmstrudel, Nußstrudel, Mohnstrudel und auch für Strudel mit salziger Fülle z. B. Schinkenfülle.

1034. Apfelstrudel mit Rahm

Strudelteig Nr. 1033
zum Bestreichen:
40 g Butter zerlassen

zur Fülle:
1/8–1/4 l dicker, saurer Rahm
1 1/2–2 kg Äpfel
50–100 g Zucker nach Bedarf
50 g Rosinen od. Weinbeeren
50 g Haselnüsse od. Mandeln
evtl. 3–4 Eßl. geröstete Semmelbrösel

zum Backen: 30 g Butter
evtl. 1/4 l Milch

Strudelteig nach Grundrezept Nr. 1033 herstellen; Fülle vorbereiten: Äpfel schälen, fein schnitzeln oder hobeln, Rosinen oder Weinbeeren brühen, gut abtropfen lassen; Nüsse oder geschälte Mandeln blättrig schneiden oder grob hacken, Zitronenschale über Äpfel reiben. Backblech oder feuerfeste Form bzw. Bratraine oder Fettpfanne gut buttern. Strudelteig nach dem Ruhen auf leicht gemehltem Tuch ausziehen (wie bei Nr. 1033 beschrieben), mit zerlassener Butter und Rahm leicht betupfen, füllen, aufrollen und backen wie im Grundrezept angegeben; Backzeit etwa 1/2–3/4 Stunde je nach Dicke des Strudels. Soll Strudel sehr saftig werden, Strudel in der Form nach halber Backzeit mit 1/4 l kochender Milch übergießen, gar backen, bis Milch eingesogen ist; Strudel vor dem Anrichten etwas ruhen lassen, um Auslaufen des Saftes der Fülle zu verhindern.
Sind die Äpfel sehr saftig, vor dem Füllen 3–4 Eßlöffel leicht geröstete Semmelbrösel auf ausgezogenen Strudelteig streuen, damit Strudel nicht zu feucht wird.
Strudel in der Form oder portioniert auf heißer Platte angerichtet mit Puderzucker leicht besieben, heiß zu Tisch geben.

1035. Wiener Apfelstrudel

Farbbild neben Seite 497

Strudelteig Nr. 1033
zum Bestreichen:
40 g Butter, zerlassen
zum Bestreuen:
80 g Semmelbrösel, geröstet mit 50 g Butter
zur Fülle:
1 1/2–2 kg säuerliche Äpfel
100 g Nüsse oder Mandeln
100 g Zucker
100 g Sultaninen
1–2 Teel. Zimt oder
1 Zitronenschale, gerieben
2–3 Eßl. Rum
zum Backen: 30 g Butter
2–3 Eßl. süßer Rahm
2 Teel. Zucker

Strudelteig nach Grundrezept Nr. 1033 herstellen, Teig im ganzen ruhen lassen, da daraus nur 1 Strudel gefertigt wird.
Fülle herstellen: Äpfel schälen, feinblättrig schneiden oder hobeln, Nüsse oder geschälte Mandeln blättrig schneiden oder grob reiben, Sultaninen waschen, brühen, gut abtropfen lassen. Alle Füllzutaten mit Zucker und Gewürzen mischen, Rum zugeben, zugedeckt kurz ziehen lassen, bis Strudel ausgezogen ist. Semmelbrösel in Butter leicht rösten. Teig auf leicht bemehltem Tuch zu einem großen Strudel dünn ausziehen, mit zerlassener Butter gut betupfen, mit gerösteten Semmelbröseln bestreuen, füllen und aufrollen wie bei Grundrezept beschrieben, auf gut gebuttertes Backblech gleiten lassen, so daß Teigrand nach unten zu liegen kommt, mit Butter gut bestreichen, bei guter Hitze etwa 45 Minuten backen, während des Backens mehrmals mit Butter oder etwas gezuckertem Rahm bestreichen; vor dem Anrichten etwas ruhen lassen, um Auslaufen des Saftes der Fülle zu vermeiden. In Portionen teilen, mit Puderzucker leicht besieben und heiß oder kalt zu Tisch geben.
Zu warmem Wiener Strudel wird gerne Vanillesoße oder Weinschaumsoße gegeben.

1036. Kirschenstrudel, Zwetschgenstrudel

Strudelteig nach Grundrezept Nr. 1033 herstellen, in Portionen teilen, zugedeckt *ruhen* lassen; Fülle vorbereiten: Obst waschen, sehr gut abtropfen lassen oder auf trockenes Tuch legen, leicht trocken tupfen, Früchte entsteinen, Zwetschgen wie zu Kuchen schneiden bzw. vierteln. Semmelbrösel in Butter leicht rösten. Strudelteig ausziehen, wie bei Nr. 1033 beschrieben, mit zerlassener Butter betupfen, nach Belieben mit Rahm bespritzen, mit gerösteten Semmelbröseln und geriebenen Haselnüssen bestreuen, mit vorbereitetem Obst und Zucker gleichmäßig bestreuen (Ränder frei lassen), diese einschlagen, mit Butter bestreichen, locker aufrollen, auf gefettetes Backblech oder in gebutterte Form gleiten lassen, fertigstellen wie Apfelstrudel Nr. 1034.

Strudelteig Nr. 1033
zum Bestreichen: 40 g Butter
evtl. 3 Eßl. dicker, saurer Rahm
z. Bestreuen: 60 g Semmelbrösel geröstet i. 30 g Butter
zur Fülle: 1–1½ kg Kirschen oder Zwetschgen
125 g Zucker
50 g Haselnüsse, gerieben
zum Backen: 30 g Butter
evtl. ¼ l Milch

1037. Rhabarberstrudel

Strudelteig nach Grundrezept Nr. 1033 herstellen, in Portionen zugedeckt ruhen lassen; Semmelbrösel rösten, Fülle vorbereiten: Gewaschenen jungen Rhabarber in etwa 1 cm lange dünne Stückchen oder Würfel schneiden, *älteren* Rharbarber vorher *abziehen*. Strudel ausziehen, wie bei Nr. 1033 beschrieben, mit zerlassener Butter betupfen, mit Rahm bespritzen, mit gerösteten Semmelbröseln und vorbereitetem Rhabarber und Zucker bestreuen, Ränder freilassen, diese einschlagen und mit Butter bestreichen, Strudel locker aufrollen und fertigstellen wie Apfelstrudel Nr. 1034.
Rhabarber zieht viel Saft, ausgezogenen Strudel dick mit Semmelbröseln bestreuen!

Strudelteig Nr. 1033
z. Bestreichen: 40 g Butter (zerlassen), evtl. 3. Eßl. dicker, saurer Rahm
z. Bestreuen: 60 g Semmelbrösel geröstet i. 30 g Butter
z. Fülle: 1–1½ kg Rhabarber
150–200 g Zucker
z. Backen: 30 g Butter
evtl. ¼ l Milch

1038. Quark-(Topfen) Strudel

Strudelteig nach Grundrezept Nr. 1033 herstellen, zugedeckt ruhen lassen. Quarkfülle bereiten: Schaummasse rühren aus Butter, Zucker und Eigelb, Quark falls nötig durch Sieb streichen, zur Schaummasse rühren, Geschmackszutaten beifügen, zuletzt steifen Eischnee unterheben. Strudelteig auf leicht bemehltem Tuch ausziehen, mit zerlassener Butter gut betupfen, Fülle gleichmäßig verteilen, Ränder jedoch frei lassen, diese einschlagen, leicht mit Butter betupfen, *locker* aufrollen, damit Fülle aufgehen kann, ohne daß Strudel reißt, auf gut gebuttertes Backblech oder in gebutterte Form gleiten lassen, so daß Teigrand nach unten zu liegen kommt, mit zerlassener Butter bestreichen, bei guter Mittelhitze ¾–1 Stunde backen, je nach Dicke der Strudel, während des Backens mit Butter bestreichen; nach Belieben nach halber Garzeit Strudel mit kochender Milch übergießen und backen, bis Milch eingesogen ist. Garen Strudel vor dem Anrichten ruhen lassen, damit Fülle beim Schneiden nicht ausläuft. Strudel in Portionsstücken auf heißer Platte anrichten, mit Puderzucker leicht besieben.

Strudelteig Nr. 1033
zum Bestreichen: 40 g Butter
zur Fülle: 30 g Butter
200 g Zucker, 3–4 Eier (getr.)
Zitronenschale, gerieben
1 (1½) kg frischer Quark
4 Eßl. dicker Rahm od. Milch
50–80 g Sultaninen
zum Backen: 30 g Butter
¼ l Milch nach Belieben

1039. Quarkstrudel mit Obst

Zutaten wie Quarkstrudel Nr. 1038 und
3/4 kg Äpfel, Kirschen oder Trauben
50 g Zwiebackbrösel

Strudelteig nach Grundrezept Nr. 1033 herstellen, zugedeckt ruhen lassen. Quarkfülle bereiten wie bei Nr. 1038, Obst vorbereiten: Äpfel schälen, feinblättrig schnitzeln; gewaschene, gut abgetropfte Kirschen entsteinen oder gewaschene Trauben abbeeren. Strudelteig ausziehen, mit Butter bestreichen, mit Zwiebackbröseln bestreuen, mit Quarkfülle gleichmäßig füllen, vorbereitetes Obst auf Quarkfülle streuen, Ränder einschlagen, diese mit zerlassener Butter bestreichen, *locker* aufrollen, auf gebuttertes Backblech gleiten lassen, mit zerlassener Butter bestreichen, bei guter Hitze 3/4–1 Stunde *ohne Milchzugabe* backen, während des Backens nochmals mit Butter bestreichen. Vor dem Anrichten ruhen lassen.

1040. Rahmstrudel Wiener Art

Strudelteig Nr. 1033
zum Bestreichen: 40 g Butter
zur Fülle: 60 g Butter
150 g Zucker, 5 Eier getrennt
3/8 l dicker, saurer Rahm
1 Zitronenschale, gerieben
150 g Nüsse oder Mandeln
150 g Rosinen od. Sultaninen
100 g Semmelbrösel in
30 g Butter geröstet
zum Backen: 20–30 g Butter
zum Bestreuen: Puderzucker

Strudelteig nach Grundrezept Nr. 1033 herstellen, im ganzen ruhen lassen, da zweckmäßig nur 1 großer Strudel ausgezogen wird. Fülle herstellen: Schaummasse rühren aus Butter, Zucker und Eigelb, abgeriebene Zitronenschale und *dicken* sauren Rahm unterschlagen, ungeschälte, geriebene Nüsse oder Mandeln, gebrühte, sehr gut abgetropfte Sultaninen oder Rosinen und die in wenig Butter leicht gerösteten Semmelbrösel beifügen, zuletzt sehr steifen Eischnee unterziehen. Strudelteig ausziehen (wie bei Nr. 1033 beschrieben), leicht mit zerlassener Butter betupfen, Fülle gleichmäßig verteilen, Ränder einschlagen und leicht mit Butter bestreichen, *locker* aufrollen, auf gebuttertes Backblech gleiten lassen, so daß Teigrand nach unten zu liegen kommt, mit zerlassener Butter bestreichen, bei Mittelhitze 30–40 Minuten backen, während des Backens nochmal mit Butter bestreichen; garen Strudel vor dem Anrichten ruhen lassen, dann erst in Portionsstücke teilen, mit Puderzucker besiebt anrichten. Rahmstrudel kann sowohl heiß wie kalt gegeben werden.

1041. Nußstrudel

Strudelteig Nr. 1033
zum Bestreichen: 40 g Butter
zur Nußfülle:
50 g Butter, 100 g Zucker
3 Eier getrennt, 1 Teel. Zimt
50 g geriebene Schokolade
300 g Hasselnüsse, gerieben
4–6 Eßl. Rahm oder Milch
50–100 g Sultaninen
zum Backen: 20–30 g Butter

Strudelteig nach Grundrezept Nr. 1033 herstellen, im ganzen zugedeckt ruhen lassen, da nur 1 Strudel ausgezogen wird.
Nußfülle: Schaummasse rühren aus Butter, Zucker, Eigelb, Zimt und geriebene Schokolade beifügen, geriebene Haselnüsse (ungeschält) und Rahm oder Milch untermengen, zuletzt steifen Eischnee unterziehen. Einen großen Strudel ausziehen, mit zerlassener Butter gut betupfen, Nußfülle gleichmäßig verteilen, nach Belieben gebrühte, gut abgetropfte Sultaninen darauf streuen, Ränder einschlagen, diese mit Butter bestreichen, *locker aufrollen*, auf gebuttertem Blech (Ränder nach unten liegend) bei Mittelhitze etwa 45 Minuten backen, während des Backens mit zerlassener Butter bestreichen. Nußstrudel kann heiß und kalt gereicht werden, zum Anrichten mit Puderzucker besieben.

Schaumomelette mit Sauerkirschen ▶
Rezept S. 506

1042. Mohnstrudel

Strudelteig nach Grundrezept Nr. 1033 herstellen, Teig im ganzen zugedeckt ruhen lassen. Mohnfülle bereiten: Butter, Zucker und evtl. Honig mit Milch zum Kochen bringen, gemahlenen Mohn einstreuen, etwas kochen, dann abkühlen lassen; geschälte Nüsse oder Mandeln blättrig schneiden oder grob hacken, Rosinen oder Sultaninen waschen, brühen, abtropfen lassen; unter abgekühlten Mohnbrei Nüsse oder Mandeln, Sultaninen oder Rosinen sowie Zitronenschale, Zimt, Rum und nach Bedarf Semmelbrösel mengen, abschmecken. Strudel im ganzen ausziehen, mit zerlassener Butter leicht betupfen, Mohnfülle gleichmäßig darauf verteilen, Ränder einschlagen, diese mit zerlassener Butter betupfen, *locker aufrollen,* auf gefettetem Blech bei Mittelhitze etwa 30–40 Minuten backen, während des Backens mit Butter bestreichen. Vor dem Anrichten etwas ruhen lassen.

Strudelteig Nr. 1033
zum Bestreichen: 40 g Butter
zur Mohnfülle:
250–300 g Mohn (gemahlen)
1/4 l Milch, 30 g Butter
100 g Zucker (evtl. ein Teil davon Honig)
100 g Rosinen od. Sultaninen
70–100 g Nüsse od. Mandeln
abgeriebene Zitronenschale
1 Teel. Zimt, 2 Eßl. Rum
evtl. 50 g Semmelbrösel
zum Backen: 20–30 g Butter

1043. Apfelstrudel aus Nudelteig

Nudelteig nach Grundrezept Nr. 918 herstellen, in 3 Portionen teilen, glatt formen, zugedeckt etwas ruhen lassen, dann *sehr dünn auswellen,* mit zerlassener Butter bestreichen, nach Belieben mit dickem saurem Rahm bestreichen, mit geschälten, blättrig geschnittenen Äpfeln, Zucker und übrigen vorbereiteten Geschmackszutaten gleichmäßig belegen, locker aufrollen, auf gebuttertes Backblech gleiten lassen, so daß Teigkanten nach unten zu liegen kommen, mit zerlassener Butter bestreichen, bei Mittelhitze 30–40 Minuten backen, während des Backens mehrmals mit Butter bestreichen; nach dem Backen kurz ruhen lassen, dann in Portionen schneiden, mit Puderzucker bestreut anrichten. Strudel hat etwas blättrige Beschaffenheit.

Nudelteig Nr. 918 von 300 g Mehl und 1 Eßl. Öl
z. Bestreichen: 30 g Butter
zur Fülle: 3/4 kg Äpfel
evtl. 1/8 l dicken, sauren Rahm, 100 g Zucker
50 g Rosinen od. Weinbeeren
Zitronenschale gerieben
50 g Nüsse oder Mandeln
zum Backen: 30 g Butter

Mürbteigstrudel, Husarenstrudel siehe Nr. 1350

◀ Wiener Apfelstrudel
Rezept S. 494

Grundrezept

Grundmasse:

1 l Milch, 1 Prise Salz
250 g grob. Grieß, Weichreis, Sago, Haferflocken, Polenta oder Rollgerste oder

300 g Fadennudeln oder

8 Semmeln (v. Vortag) mit $^3/_8$–$^1/_2$ l Milch

Schaummasse:
50–80 g Butter od. Margarine
50–80 g Zucker, 3–4 Eier (getrennt)

Geschmacks- u. Verbesserungszutaten nach Wahl:
Zitronenschale, gerieben od. etwas Vanille
50–80 g Rosinen oder Sultaninen
50–80 g Nüsse oder Mandeln (geschält)
50 g Orangeat
3–4 Eßl. Arrak

zur Form: 20–30 g Butter und 3 Eßl. Semmelbrösel für Puddingform

1044. Auflauf, Pudding

Arbeitsweise:

1. *Grundmasse herstellen:* Dicken Brei kochen wie Grundrezept Nr. 994: Grieß, Sago, Polenta oder Fadennudeln in kochende Milch einkochen, bei *mäßiger* Hitze garen; Reis waschen, brühen, mit *kalter Milch* zusetzen, ebenso Haferflocken oder gewaschene Rollgerste in kalter Milch zusetzen, zum Kochen bringen, bei *mäßiger Hitze* gut ausquellen lassen, Garzeit je nach Art der Nährmittel 10–40 Minuten (siehe Nr. 994). Brei etwas auskühlen lassen. Oder Semmeln bzw. Weißbrot in feine Scheiben schneiden, mit lauwarmer, leicht gesalzener Milch übergießen, zugedeckt durchziehen lassen.

2. *Schaummasse herstellen* aus Butter, Zucker und Eigelb (siehe Kochlehre Seite 478/479); *Geschmackszutaten* vorbereiten: Zitronenschale von ungespritzten, gewaschenen Früchten fein reiben; Rosinen oder Sultaninen waschen, brühen, gut abtropfen lassen; Mandeln brühen, abziehen, blättrig schneiden oder grob hacken, Nüsse nach Belieben in vorgeheizter Röhre leicht rösten, Schale zwischen Tuch abreiben, schneiden oder hacken. Orangeat fein würfelig schneiden.

3. *Mischen von Schaum- und Grundmasse:* Grundmasse löffelweise unter Schaummasse rühren, vorbereitete Geschmackszutaten untermengen.

4. *Steifen Eischnee als Lockerungsmittel zugeben;* steifen Eischnee mit 1 Eßlöffel Zucker schnittfest schlagen, $^1/_3$ der Menge unterrühren, $^2/_3$ unterheben, in gefettete Form füllen und *sofort garen* als Auflauf oder Pudding.

5. *Auflauf backen:* Masse mit Butterflocken belegen, bei Mittelhitze von 200–210 °C $^3/_4$–1 Stunde backen; Einschubhöhe untere Schiene, um erst Unterhitze wirksam werden zu lassen, damit Masse „aufläuft“ und dann erst Krustenbildung einsetzt.
Fertigen Auflauf *sofort zu Tisch* geben, längeres Stehen läßt Masse leicht zusammenfallen.

6. *Abwandlungsmöglichkeiten für Auflauf:* In gefettete Form 4–8 kleine bis mittelgroße, geschälte Äpfel, gefüllt mit Johannisbeer- oder Himbeermarmelade, setzen oder statt der Äpfel beliebiges Obst wie Sauerkirschen, schwarze Kirschen oder Aprikosen, jeweils entsteint, einschichten und Auflaufmasse darauf geben, garen wie beschrieben.

7. *Garen als Pudding:* Dicht schließende Puddingform mit *weichem, streichfähigem,* nicht flüssigem Fett gut und sorgfältig ausstreichen und bröseln einschließlich Zapfen und Deckel, Form mit Masse $^3/_4$ voll füllen, Form dicht schließen, in *kochendes Wasserbad auf Rost* setzen, Wasser darf nur 2–3 cm unter den Rand der Form gehen, zugedeckt 1–1$^1/_4$ Stunden leise kochen lassen, bei Bedarf etwas kochendes Wasser nachfüllen. Pudding kann auch im Wasserbad in der Röhre gegart werden. Pudding nach beendeter Garzeit aus Wasserbad nehmen, Deckel öffnen, einige Minuten etwas abdampfen las-

sen (am besten im warmen Rohr), vorsichtig lockern, auf heiße Platte stürzen, *sofort zu Tisch* geben.

8. *Beilage* zu süßen Aufläufen oder Puddingen: Weinschaumsoße, Fruchtschaumsoße, heiße Weinsoße, Fruchtsoße oder Kompotte.

9. *Für salzige Aufläufe und Puddinge* werden Zucker und süße Geschmackszutaten ausgetauscht durch 150 g geriebenen Käse oder 200 g feingewiegten, mageren Schinken und sehr feingeschnittene, in Butter leicht angedünstete Zwiebeln und Kräuter, Salz nach Bedarf.

Vorbereitete Form 3/4 voll füllen

Gut verschließen

Kochen im Wasserbad auf Rost

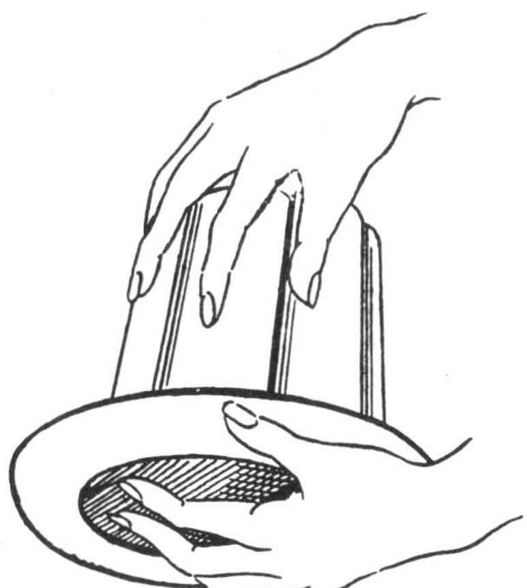

Stürzen des Puddings

1045. Grießauflauf, Grießpudding

Zubereitung wie bei Grundrezept Nr. 1044 angegeben.
Abwandlungsmöglichkeit: 500 g frischen Quark unter die Schaummasse rühren, Zuckermenge um 50 g erhöhen.

Zutaten wie Grundrezept Nr. 1044

1046. Reisauflauf, Reispudding

Zutaten wie Nr. 1044
Geschmackszutaten n. Wahl

Zubereitung wie bei Grundrezept Nr. 1044 angegeben, Geschmackszutaten nach Wahl beifügen.

1047. Reisauflauf mit Obst

Zutaten wie Nr. 1044
zum Einlegen:
4 große oder 8 kleine Äpfel
4 Eßl. Johannisbeer- oder Himbeermarmelade oder
3/4 kg Aprikosen, schwarze Kirschen oder Sauerkirschen

Auflauf vorbereiten nach Grundrezept Nr. 1044; weiche Äpfel schälen, Kernhaus ausstechen, mit Marmelade füllen, roh in gefettete Auflaufform setzen; harte Äpfel nach dem Schälen in leichtem Zitronen-Zuckersud halbweich kochen, dann füllen; große Äpfel nach dem Schälen halbieren. Steinobst nach dem Waschen gut abtropfen lassen, entsteinen, in gebutterte Form roh einlegen.
Eingelegtes Obst mit Reismasse bedecken, backen, Backzeit 3/4–1 Stunde wie Nr. 1044.

1048. Sagoauflauf, Sagopudding

Zutaten wie Nr. 1044 mit Zitronenschale und
50 g Rosinen od. Sultaninen

Zubereitung wie Grundrezept Nr. 1044.

1049. Haferflockenauflauf, Rollgerstenauflauf

Zutaten wie Nr. 1044
etwas Zitronenschale

Zubereitung wie Grundrezept Nr. 1044. Als Geschmacks- und Verbesserungszutaten 50–80 g geschälte, blättrig geschnittene Haselnüsse, 50 g feingewürfeltes Orangeat und 50 g Sultaninen beifügen.

1050. Nudelauflauf, Nudelpudding

Zutaten wie Nr. 1044 mit Zitronenschale oder Vanille
50–80 g Rosinen
50–80 g Mandeln

Zubereitung wie Grundrezept Nr. 1044 unter Zugabe von geriebener Zitronenschale oder etwas Vanille und vorbereiteten Rosinen sowie geschälten, blättrig geschnittenen Nüssen oder Mandeln.

1051. Semmelauflauf, Semmelpuddig, Semmelauflauf mit Obst Kirschenmännchen, fein

Zutaten wie Nr. 1044 mit
50 g geschälten Haselnüssen
50 g Orangeat
50 g Sultaninen
Zitronenschale, gerieben
2 Eßl. Arrak

Zubereitung wie Grundrezept Nr. 1044.
Die nötige Milchmenge hängt vom Alter der Semmeln bzw. des Weißbrotes ab.
Abwandlungsmöglichkeit für Semmelauflauf:
a) 1/2–3/4 kg geschälte, feingeschnitzelte Äpfel oder entsteinte schwarze Kirschen oder Sauerkirschen, mit etwas Zucker vermischt, mit einschichten (Kirschenmännchen).
b) 500 g Quark und 50 g Zucker zusätzlich unter Schaummasse rühren, mit Semmelmasse und sonstigen Geschmackszutaten mischen, fertigstellen wie Grundrezept Nr. 1044.
Als Beilage schmeckt Weinschaumsoße besonders gut.

1052. Englischer Pudding, Semmelpudding, fein

Grundmasse herstellen: Von Semmeln oder Weißbrot Rinde abreiben, in Scheiben schneiden, mit leicht gesalzener Milch übergießen, gut durchziehen lassen, dann gut ausdrücken und fein zerzupfen.

Schaummasse rühren wie bei Grundrezept Nr. 1044 beschrieben, vorbereitete Semmelmasse und geschälte, grob gehackte Nüsse, gewaschene, gebrühte Sultaninen, geriebene Zitronenschale und Arrak beifügen, zuletzt sehr steifen, mit wenig Zuckerzugabe schnittfest geschlagenen Eischnee unterziehen, in gebutterter und gebröselter Puddingform 1 Stunde im Wasserbad leise kochen, etwas abdampfen lassen, vorsichtig stürzen, mit Weinschaumsoße reichen.

200 g Semmeln vom Vortag (abgerieben) oder Weißbrot
1/4 l Milch, 1 Prise Salz
80 g Butter, 80 g Zucker
4–5 Eier getrennt
80 g geschälte Nüsse
80 g Sultaninen, 3 Eßl. Arrak
Zitronenschale, gerieben
zur Form: Butter und Brösel

1053. Schwarzbrotauflauf, Schwarzbrotpudding

Grundmasse herstellen: Schwarzbrotbrösel mit Most, Fruchtsaft oder Wein anfeuchten, etwas durchziehen lassen. Geschmackszutaten vorbereiten: Schokolade reiben, Rosinen oder Sultaninen waschen, brühen, gut abtropfen lassen, Nüsse oder Mandeln schälen, blättrig schneiden oder reiben, Orangeat feinwürfelig schneiden.

Schaummasse rühren, vorbereitete Geschmackszutaten und angefeuchtete Schwarzbrotbrösel unterrühren, sehr steifen Eischnee unterheben und fertigstellen als Auflauf oder Pudding wie Grundrezept Nr. 1044. Sehr gut schmeckt zu Schwarzbrotauflauf oder -pudding heiße Rotweinsoße oder Weinschaumsoße.

250 g Schwarzbrotbrösel
1/4 l Most, Fruchtsaft od. Wein
50–80 g Butter
100–120 g Zucker
4 Eier getrennt
1 Teel. Zimt, 1/2 Teel. Nelken
50–80 g Schokolade
50 g Rosinen, 50 g Orangeat
50–80 g Nüsse od. Mandeln
2 Eßl. Rum od. Kirschwasser
zur Form: wie Nr. 1044

1054. Quarkauflauf, Quarkpudding

Schaummasse rühren aus Butter, Zucker und Eigelb; Quark, falls nötig, durch Sieb streichen, unterrühren, Grieß oder Mehl mit Backpulver gemischt untermengen, geriebene Zitronenschale, geschälte, blättrig geschnittene Mandeln und gewaschene, gebrühte Rosinen oder Sultaninen beifügen, zuletzt den sehr steifen, mit wenig Zucker schnittfest geschlagenen Eischnee unterheben, nach Belieben geschälte, feingeschnitzelte Äpfel oder entsteinte, geviertelte Aprikosen unter die Masse mischen oder Früchte als unterste Schicht in gebutterte Auflaufform einlegen, darauf die Auflaufmasse geben, bei Mittelhitze etwa 1 Stunde backen.

Für *Quarkpudding* erhöht man die Grieß- bzw. Mehlmenge zweckmäßig um die Hälfte.

Abwandlung: Anstelle von Grieß oder Mehl 3 Semmeln vom Vortag in feine Scheiben schneiden, mit 1/4 l Milch mit etwas geriebener Zitronenschale übergießen, gut durchziehen lassen; Semmelmasse vor dem Unterziehen des Eischnees unter die Quarkmasse geben, fertigstellen wie oben beschrieben.

500 (750) g frischer Quark
50 (80) g Grieß oder Mehl
1 Teel. Backpulver
50–80 g Butter, 100 g Zucker
4 Eier getrennt, 1/2 Zitronenschale, 50–80 g Rosinen oder Sultaninen
50–80 g geschälte Mandeln
evtl. zum Einlegen:
500 g Äpfel oder Aprikosen
zum Backen: 30 g Butter
Brösel f. Puddingform

1055. Nußauflauf, Nußpudding

50 g Butter, 100 g Zucker
4 Eier getrennt
$^1/_2$ Zitronenschale
50 g geriebene Schokolade
3 Eßl. Arrak oder Rum
100 g Haselnüsse, geschält
80–100 g Semmel- oder Zwiebackbrösel
zum Garen: 20–30 g Butter
evtl. Brösel zur Form

Haselnußkerne auf Backblech in heißer Röhre kurz rösten, Schale zwischen Tuch abreiben, Nußkerne reiben. *Schaummasse* rühren aus Butter, Zucker und Eigelb, geriebene Zitronenschale und geriebene Schokolade unterrühren, Nüsse und Semmelbrösel sowie Arrak oder Rum beifügen, zuletzt den sehr steifen, schnittfest geschlagenen Eischnee unterheben, in vorbereiteter Form knapp $^3/_4$ Stunden backen bei mäßiger Mittelhitze, sofort zu Tisch geben.
Pudding in gebutterter und gebröselter Form gut $^3/_4$ Stunden im Wasserbad kochen, etwas abdampfen lassen, vorsichtig stürzen, sofort zu Tisch geben.
Mit heißer Rotweinsoße, Weinschaum- oder Orangenschaumsoße reichen.

1056. Auflauf mit Früchten
Apfel-, Aprikosen-, Kirschen-, Sauerkirschenauflauf

$^3/_4$ kg Früchte wie Äpfel, Aprikosen, Kirschen oder Sauerkirschen, 80 g Zucker
$^1/_8$ l Wasser f. hartes Obst
zum Belegen:
30–50 g Mandeln geschält
50 g Rosinen für Äpfel
2 Eßlöffel Rum, Arrak oder Rahm
Auflaufmasse:
50–80 g Butter, 100 g Zucker
3–4 Eier getrennt, Schale von $^1/_2$ Zitrone gerieben
$^1/_8$–$^3/_{16}$ l Milch, 80–100 g Mehl
1 Messerspitze Backpulver
zur Form: Butter

Früchte je nach Art vorbereiten: Obst waschen, Äpfel schälen, achteln; Steinobst entsteinen, Aprikosen halbieren; hartes Obst in Zuckersud kurz aufkochen und abtropfen lassen, weiche Kirschen oder Sauerkirschen nur entsteinen. Vorbereitetes Obst in gebutterte Auflaufform schichten, rohes Obst mit Zucker bestreuen, mit geschälten, gestiftelten Mandeln und Äpfel mit gewaschenen, gebrühten Rosinen belegen, mit Rum, Arrak oder Rahm beträufeln, Auflaufmasse daraufgeben bei mäßiger Hitze $^3/_4$–1 Stunde backen.
Auflaufmasse herstellen: Schaummasse rühren aus Butter, Zucker und Eigelb, geriebene Zitronenschale beifügen, abwechselnd gesiebtes Mehl mit Backpulver und Milch unterrühren, zuletzt Eischnee unterziehen.
Auflauf mit Früchten kann auch mit Biskuitmasse Nr. 1063 hergestellt werden.

1057. Zitronen-, Vanille-, Schokoladenauflauf

$^1/_2$ l Milch, 60 g Butter
$^1/_2$ Stange Vanille und evtl. 80–100 g Schokolade od. Saft u. Schale von 1 Zitrone
125 g Mehl, 1 ganzes Ei
125 g Zucker, 4 Eier getrennt
evtl. 50 g geschälte Mandeln
zum Backen: 30 g Butter

Die Hälfte der Milchmenge mit vorbereiteter Vanillestange und evtl. mit in kleine Stückchen gebrochener Schokolade und Butter zum Kochen bringen, restliche Milchmenge mit Mehl glatt anrühren, in kochende Milch einrühren, unter Rühren 5 Minuten leise kochen lassen, Vanillestange entfernen, etwas abkühlen lassen, 1 ganzes Ei unterrühren; Zucker und Eigelb schaumig rühren, für Zitronenauflauf geriebene Schale und Saft von 1 Zitrone beifügen, abgekühlte Teigmasse unterrühren, nach Belieben geschälte, gehackte Mandeln untermengen, zuletzt sehr steifen, mit wenig Zucker schnittfest geschlagenen Eischnee unterziehen, in gebutterter Auflaufform in vorgeheizter Röhre bei Mittelhitze $^3/_4$ Stunden backen, mit Puderzucker bestreut sofort zu Tisch geben.

1058. Grießspeise fein, aufgezogen*

Schaummasse schlagen aus Eigelb, Zucker und Geschmackszutat nach Wahl, Grieß und sehr steifen Eischnee unterziehen, in gebutterter und gebröselter Auflaufform bei Mittelhitze 30 Minuten zu goldgelber Farbe backen, kochende Milch darübergießen und diese einziehen lassen, dann sofort zu Tisch geben. Sehr gut geeignet für Schnell- und Krankenkost.

Masse kann statt in Auflaufform in gut gebutterter und gebröselter Kastenform gebacken werden, dann stürzen, im ganzen oder in Portionen anrichten, mit der anteiligen Menge kochender Milch übergießen, diese kurz einziehen lassen.
Mit Fruchtsoße oder Hagebuttensoße reichen.

5–6 Eier getrennt
125 g Zucker
Zitronenschale gerieben
oder Vanille
250 g grober Grieß

zur Form: Butter und Brösel

zum Tränken:
3/4 l kochende Milch

1059. Zwiebackspeise*

Als Obst zum Einlegen sind geeignet: Beerenobst, schwarze Kirschen, Sauerkirschen, Aprikosen, Pfirsiche oder Äpfel.

Obst vorbereiten: Früchte waschen, Beeren entstielen, leicht einzuckern; Steinobst entkernen, Aprikosen oder Pfirsiche halbieren oder vierteln; Äpfel schälen, in feine Scheibchen schneiden, leicht zuckern und evtl. mit wenig Zitronensaft beträufeln. Weiches Obst roh, hartes Obst kurz vorgekocht verwenden, sterilisiertes Obst etwas abtropfen lassen. Zwiebäcke nach Belieben leicht mit Butter und Gelee oder Marmelade bestreichen, je zwei zusammenklappen. Vorbereitete Zwiebäcke mit vorbereitetem Obst lagenweise in flache, feuerfeste Form einschichten, oberste Lage Zwiebäcke. Eier mit Zucker, geriebener Zitronenschale und Milch gut verschlagen, abschmecken, über die Zwiebäcke gießen, in vorgeheizter Röhre bei Mittelhitze 20–30 Minuten backen, sofort zu Tisch geben.

Als leichter Nachtisch gut geeignet, hierfür sind 16 Zwiebäcke für 4 Personen meist ausreichend.

16–24 Stück Zwiebäcke
40 g Butter nach Belieben
4–6 Eßl. Johannisbeer- oder
Himbeergelee bzw.
-marmelade
500 g weiches Obst
etwas Zucker nach Bedarf

zum Übergießen:
3–4 ganze Eier, 50 g Zucker
Zitronenschale, gerieben
1/2–3/4 l Milch

zur Form: Butter

1060. Pudding aus Backpulverteig

Schaummasse rühren aus Butter, Zucker und Eigelb, vorbereitete Geschmackszutaten und abwechselnd gesiebtes Mehl, mit Backpulver gemischt und Milch unterrühren, zuletzt steifen Eischnee unterziehen, in vorbereiteter Form 1–1 1/4 Stunden im Wasserbad leise kochen lassen, dann Form öffnen, Pudding etwas abdampfen lassen, stürzen und warmgestellt noch einige Minuten abdampfen lassen, damit sich Backpulvergeschmack verliert, sofort zu Tisch geben; mit heißem Rotwein, Weinschaumsoße oder Hagebuttensoße oder mit Kompott reichen.

Backpulverteig von:
50–80 g Butter, 50–80 g Zucker
3–4 Eier getrennt
1/2 Zitronenschale, 1 Pr. Salz
50 g Weinbeeren, 50 g Rosinen
1/8 l Milch, 250 g Mehl
1/2 Backpulver
zur Form: Butter und Brösel

1061. Frankfurter Pudding

150 g Haferflocken (kleinblättrig), 1/8 l Milch, Salz
150 g Haselnüsse
50 g Schokolade, gerieben
50–80 g Butter, 120 g Zucker
5 Eier getrennt
1 Messerspitze Backpulver
zur Form: Butter u. Brösel

Kleinblättrige Haferflocken mit wenig gesalzener Milch leicht verrühren, etwas quellen lassen; Haselnüsse und Schokolade reiben. Schaummasse rühren aus Butter, Zucker und Eigelb, geriebene Schokolade, Haselnüsse, Backpulver und gequollene Haferflocken unterrühren, sehr steifen Eischnee unterziehen, in vorbereiteter Form 1–1 1/4 Stunden kochen, geöffnete Form etwas abdampfen lassen, vorsichtig stürzen, mit Weinschaumsoße, Vanillesoße oder Orangenschaumsoße reichen.

1062. Mohr im Hemd, feiner Nußpudding

80 g Butter, 120 g Zucker
5–6 Eier getrennt
80 g geriebene Schokolade
120 g ungeschälte Mandeln oder Nüsse, 50 g Zwieback- oder Semmelbrösel
zur Form: Butter u. Brösel
Weinschaumsoße Nr. 987
oder 1/4 l Schlagrahm

Schaummasse rühren aus Butter, Zucker und Eigelb, mit der Schale geriebene Mandeln oder Nüsse und geriebene Schokolade unterrühren, dann Brösel und sehr steifen Eischnee unterheben, in gebutterter und gebröselter Form im Wasserbad 1 1/4 Stunden kochen wie bei Nr. 1044 beschrieben, dann etwas abdampfen lassen, vorsichtig stürzen und heiß mit heißer Weinschaumsoße übergießen und sofort zu Tisch geben, oder nach dem Stürzen völlig erkalten lassen, mit Schlagrahm überziehen und damit bespritzen.

1063. Biskuitpudding

125 g Zucker
5 Eier getrennt
Schale u. Saft v. 1/2 Zitrone
75 g Mehl, 75 g Speisestärke
1/2 Teel. Backpulver
40 g Butter zerlassen
oder
Wasserbiskuit Nr. 1380 (von 3 Eiern)
zur Form: Butter u. Brösel

1. Art: Schaummasse schlagen aus Eigelb und Zucker (elektr. Handrührgerät oder Küchenmaschine), feingeriebene Zitronenschale und Zitronensaft unterschlagen, sehr steifen Eischnee auf Schaummasse legen, Mehl und Speisestärke mit Backpulver gemischt darauf sieben, locker unterheben, nicht rühren, zuletzt zerlassene, nur *lauwarme* Butter unterziehen, in gebutterter und gebröselter Form im Wasserbad 1 Stunde leise kochen, dann etwas abdampfen lassen, vorsichtig stürzen, sofort zu Tisch geben. Dazu Fruchtsoße, Weinschaumsoße, Orangenchaudeau oder gutes Kompott reichen.

2. Art: Eiweiß zu sehr steifem Schnee schlagen, Zitronensaft und Zucker löffelweise nach und nach unterschlagen, kräftig weiter schlagen, bis Schnee sehr steif und schnittfest ist; Eigelb und geriebene Zitronenschale locker unter Eischnee ziehen, Mehl mit Speisestärke und Backpulver darüber sieben, locker unterheben, zuletzt zerlassene, nur leicht lauwarme (keinesfalls heiß!) Butter untermischen, in vorbereiteter Form fertigstellen wie oben angegeben.

3. Art: Ganze Eier und Zucker auf Wasserbad zu sehr guter Schaummasse schlagen bis Masse sich schlängelt und lauwarm ist, dann aus Wasserbad nehmen, Geschmackszutaten, gesiebtes Mehl, Speisestärke und Backpulver leicht unterheben, zuletzt lauwarme Butter untermengen, in vorbereiteter Form fertigstellen wie oben angegeben.
Bei Verwendung von Wasserbiskuit dieses herstellen wie bei Nr. 1380 beschrieben.

1064. Brandteigpudding, Apfelpudding

Weichen Brandteig herstellen: Milch mit einer Prise Salz und Butter zum Kochen bringen, sofort von der Kochstelle nehmen, gesiebtes Mehl auf einmal unter kräftigem Rühren zugeben, bei mäßiger Hitze zu Kloß abrühren, so daß Masse dick, geschmeidig und glatt ist und sich vom Topfboden löst, vom Herd nehmen, etwas abkühlen lassen, nach und nach Zucker und Eigelb sowie geriebene Zitronenschale unterrühren, geschälte, blättrig oder stiftelig geschnittene Mandeln oder Nüsse oder kleinwürfelig geschnittenes Orangeat untermengen, zuletzt sehr steifen Eischnee unterziehen und 1 Prise Backpulver zugeben, in gebutterter und gebröselter, evtl. mit vorbereiteten Korinthen ausgestreuter Form im Wasserbad 1¼ Stunden leise kochen lassen, dann Form öffnen, etwas abdampfen lassen, vorsichtig stürzen und sofort zu Tisch geben.

Apfelpudding: Teig herstellen wie oben; Apfelmasse herstellen: 4–5 mittelgroße Äpfel schälen, kleinwürfelig schneiden, mit 20 g Butter und 50 g Zucker 4–5 Minuten leicht andünsten, abgeriebene Zitronenschale beifügen, erkalten lassen. Sehr steifen Eischnee unter die erkalteten Äpfel mischen, rasch unter erkalteten Brandteig mischen, Pudding in vorbereiteter Form wie oben fertigstellen. Dazu reicht man Vanillechaudeau, Schokoladen-, Hagebutten- od. Weinschaumsoße.

zum Brandteig:
gut ¼ l Milch, Salz
100 g Butter, 120 g Mehl
100 g Zucker, 5 Eigelb
½ Zitronenschale, gerieben
50–80 g geschälte Mandeln
oder Nüsse oder 50–80 g
Orangeat, 5 Eischnee
1 Prise Backpulver
zur Form: Butter u. Brösel
evtl. 50 g Korinthen

1065. Pudding aus Hefeteig

Mittelfesten Hefeteig Nr. 1189 oder abgerührten Hefeteig Nr. 1191 herstellen, Teig sehr gut abschlagen, bis er Blasen wirft, sehr geschmeidig und glänzend ist; Geschmackszutaten einarbeiten, Teig in gebutterte und gebröselte Form füllen, in der Form gehen lassen, dann im Wasserbad 1–1¼ Stunde leise kochen lassen, Form öffnen, etwas abdampfen lassen, Pudding vorsichtig stürzen, heiß zu Tisch geben. (Warmer Hefeteig ist nicht ganz leicht verdaulich.)

Beilagen: Hagebutten-, Vanille- oder Weinschaumsoße, Orangenchaudeau oder Kompott nach Belieben.

Mittelfester Hefeteig
Nr. 1189
oder abgerührter Hefeteig
Nr. 1191
1 Zitronenschale gerieben
50 g Orangeat fein
geschnitten, 50 g Rosinen
50–80 g Nüsse gehackt
zur Form: Butter und Brösel

1066. Rahmnockerl*

Teig herstellen: Sehr dicken Sauerrahm mit Eigelb und 1 Prise Salz verschlagen, sehr steifen Eischnee mit gesiebtem Mehl unterheben. Milch, Butter und Zucker mit vorbereiteter Vanillestange, auf 2 Stielpfannen verteilt, zum Kochen bringen, vom Teig mit Eßlöffel Nockerl abstechen und in die *kochende* Flüssigkeit setzen, bei mäßiger Hitze *erst zugedeckt* leise kochen lassen, bis die Flüssigkeit eingesogen ist, Nockerl dann vorsichtig mit Backschaufel wenden, lichtgelb anbacken lassen, auf heißer Platte anrichten und sofort zu Tisch geben. Die Nockerl können auch in flachen, weiten, feuerfesten Formen in der Milch gegart werden und wenn diese eingesogen ist, die Nockerl mit Backschaufel wenden und gleichfalls lichtgelb anbacken lassen.

Als Nachtisch und für Krankenkost gut geeignet, für 1 Person Teig von 1 Ei herstellen.

zum Teig:
4 große Eßlöffel sehr
dicker saurer Rahm
4 Eier getrennt, 1 Prise Salz
4 gehäufte Eßlöffel Mehl
zum Garen:
¼–⅜ l Milch, 50 g Butter
¼ Stange Vanille
1–2 Eßl. Zucker

1067. Salzburger Nockerl*

40 g Butter
80 g Zucker, 1/4 St. Vanille
4–5 Eier, getrennt
20–30 g Mehl
zum Backen: 30 g Butter
zum Besieben: Puderzucker mit Vanillearoma

Schaummasse rühren aus Butter, Dreiviertel der Zuckermenge und Eigelb sowie geklopfter, gespaltener Vanillestange, diese dann entfernen; sehr steifen Eischnee, mit dem restlichen Zucker schnittfest geschlagen, auf die Schaummasse legen, Mehl darauf sieben, locker unterheben. Verzichtet man auf Butterzugabe, erst sehr steifen Eischnee schlagen, Zucker mit Mark der Vanillestange löffelweise unterschlagen, kräftig weiter schlagen, bis Schnee schnittfest ist, Eigelb und gesiebtes Mehl locker unterheben. In flacher, feuerfester Form Butter zerlassen, Masse in vier großen Portionen einlegen, in vorgeheizter Röhre bei etwa 200° C 10–15 Minuten goldgelb backen, mit Puderzucker mit Vanillearoma besieben und sofort als Nachtisch reichen. Nach Belieben kann man 4 Eßlöffel Rahm oder Milch zur Butter in die Form geben und Nockerl darin aufziehen und backen lassen.

1068. Omelette soufflé*, Schaumomelette, Schaumeierkuchen süß*

(1–2 Personen) Farbbild neben Seite 496

Für 1 Schaumomelette:
2 frische Eier, getrennt
30 g Zucker, etwas Zitronenschale od. 1 St. Vanilleschote
1/2 Eßl. (knapp) Zitronensaft oder Milch
1/2 Eßl. Mehl od. Stärkemehl
zum Backen: 20 g Butter
z. Füllen: feine Marmelade oder Preiselbeeren
oder feines, weiches Obst
zum Besieben: Puderzucker mit Vanille

Eigelb mit der Hälfte des Zuckers und Geschmackszutat nach Wahl sehr schaumig schlagen, Zitronensaft oder Milch unterschlagen, Vanillestange dann entfernen. Eiweiß zu steifem Schnee schlagen, zweite Zuckerhälfte unter Schlagen einrieseln lassen, kräftig weiter schlagen, bis Masse sehr steif und schnittfest ist, diese auf Schaummasse legen, Mehl oder Stärkemehl darauf sieben, leicht unterheben.

Oder: Eiweiß zu steifem Schnee schlagen, gesamte Zuckermenge unter Schlagen allmählich einrieseln lassen, Zitronensaft und Geschmackszutat unterschlagen, kräftig weiter schlagen, bis Masse sehr steif und schnittfest ist, verquirlte Eigelb und gesiebtes Mehl oder Stärkemehl locker unterheben.

Die schaumige Masse sofort in eine mit weicher Butter gut ausgestrichene Stielpfanne fingergliedhoch einfüllen, auf der Platte bei *mäßiger, milder Hitze* (bei Gasflamme Asbestunterlage!) nur auf einer Seite backen, nach 5 Minuten einen großen, gut erhitzten Topfdeckel auf die Pfanne legen und zugedeckt fertig backen; Pfanne öfter leicht rütteln, damit Omelette nicht anhängt, aber nicht wenden. Gesamtbackzeit etwa 10 Minuten, Omelette muß auf der gebackenen Seite schön goldbraun, auf der nicht gebackenen Seite und innen weich, aber trocken sein. Omelette auf heiße Platte gleiten lassen, nach Belieben füllen, überklappen, mit Vanillepuderzucker leicht besieben und sofort zu Tisch geben.

Masse kann auch im ganzen in flacher, feuerfester, nur am Boden gebutterter Form in vorgeheizter Röhre bei etwa 200° C gebacken werden, Backzeit 10–15 Minuten. Omelette soufflé mit Vanillepuderzucker besiebt, in der Form sofort zu Tisch geben.

1069. Crêpes Suzette, Flambierte Eierkuchen*

Alle Zutaten zum Teig 1–2 Stunden vor Gebrauch zu glattem, sehr dünnem Pfannenkuchenteig verquirlen, zugedeckt quellen lassen. – Würfelzucker an der Schale von den gewaschenen, gut abgetrockneten Orangen und Zitrone abreiben, im ausgepreßten Saft der Zitrusfrüchte lösen.

Kurz vor Gebrauch von dem Teig in kleiner Omelettepfanne mit möglichst wenig Butter (Pfanne jeweils nur mit Butterpapier ausreiben) sehr dünne, kleine Pfannenkuchen goldgelb backen, heiß stellen; die Menge ergibt 12 Crêpes.

Soße zum Tränken fertigstellen: Butter in Flambierpfanne zerlassen, 2 Eßlöffel Zucker unter Rühren beifügen, Orangen- und Zitronensaft mit dem aromatisierten, aufgelösten Würfelzucker zugeben, kurz aufkochen lassen, Cointreau oder anderen guten Likör beifügen, die heißen kleinen Pfannenkuchen in der Soße wenden, zu Vierteln zusammenklappen, in die Flambierpfanne nebeneinander setzen, nochmal wenden bzw. mit der Soße begießen.

Zum Flambieren die Crêpes mit Puderzucker besieben, mit hochprozentigem Cognac begießen und entflammen. Das Flambieren kann bei Tisch auf einem Rechaud erfolgen.
Crêpes Suzette auf heißen Tellern mit der Soße anrichten.

Abwandlung: Die kleinen Eierkuchen mit Ananasstückchen, die in Kirschgeist mariniert wurden oder mit feiner Marmelade füllen und aufgerollt anrichten, man verzichtet hierbei auf das Flambieren.

zum Teig: 120 g Mehl
1 Prise Salz, 1 Teel. Zucker
3 Eier, 1/8 l Flüssigkeit
(halb Milch, halb Wasser)
30 g Butter od. 1 Eßl. Öl
1–2 Eßl. Cognac

zur Soße: 40 g Butter
2 Eßl. Zucker
10–12 Stück Würfelzucker
(an der Schale v. 2 Orangen und 1 Zitrone abgerieben)
Saft von 2 Orangen
und 1 Zitrone
2 Gläschen Cointreau, Chartreuse oder anderer guter Likör
z. Flambieren: Puderzucker
2–3 Gläschen Cognac

1070. Obst mit Biskuitmasse überbacken*

Obst je nach Art vorbereiten: Äpfel schälen, halbieren, Kernhaus ausstechen, in gut abgeschmecktem Sud halbweich kochen; reife Aprikosen nur brühen, häuten, halbieren, entsteinen. Sauerkirschen nur entsteinen; Beeren verlesen, waschen (außer Himbeeren), entstielen, gut abtropfen lassen; weiches Obst roh verwenden. Vorbereitetes Obst in gebutterte Auflaufform geben, rohes Obst mit Zucker leicht mischen. Biskuitteig herstellen: Schaummasse schlagen aus Eigelb, Zucker und Zitronenschale, sehr steifen Eischnee auf Schaummasse legen, Mehl darüber sieben, locker unterheben, Masse über Obst geben, in vorgeheizter Röhre bei Mittelhitze 25 Minuten lichtgelb backen, sofort zu Tisch geben. Oder: Sehr steifen Eischnee schlagen, etwas Zucker unter Schlagen einrieseln lassen, Rest des Zuckers im ganzen zugeben, kräftig weiterschlagen, bis Masse dick, glänzend und steif ist, dann Eigelb und gesiebtes Mehl leicht unterheben, fertigstellen wie oben.

Als Nachtisch für 6 Personen ausreichend.

750 g Obst nach Wahl:
Äpfel, Aprikosen, Sauerkirschen, Erdbeeren, Himbeeren, Johannisbeeren
für rohes Obst:
80–100 g Zucker
für Äpfel Sud von:
1/8 l Wasser (knapp)
50 g Zucker
1/8 l Weißwein, Zitronensaft
etwas Zitronenschale
zum Biskuitteig:
4 Eier getrennt
100 g Zucker, 100 g Mehl
etwas Zitronenschale gerieben
zur Form: Butter

1071. Rheinischer Bund*

20 Stück Makronen
zur Weincreme: 4 Eigelb,
80 g Zucker
Schale und Saft v. 1 Zitrone
3–4 Teel. Speisestärke
1/2 l Weißwein oder Süßmost
zum Baiser: 4 Eischnee
120 g feiner Zucker
zum Bestreuen:
geschälte, gestift. Mandeln
zum Besieben: Puderzucker

Makronen in feuerfeste Form einlegen, Weincreme herstellen: Schaummasse rühren aus Eigelb, Zucker, Zitronenschale, dann Speisestärke und Wein unterschlagen, am Feuer abschlagen, bis Masse dick wird, doch *nicht kochen lassen,* Zitronensaft unterrühren, noch heiß über eingelegte Makronen in die Form geben; inzwischen Baiser herstellen: Steifen Eischnee schlagen, die Hälfte der Zuckermenge nach und nach unter Schlagen einrieseln lassen, restliche Zuckermenge auf einmal unterheben, kräftig schlagen, bis Masse glatt, glänzend und sehr steif ist. Baisermasse über Weincreme geben, nach Belieben mit geschälten, gestiftelten Mandeln bestreuen, mit Puderzucker besieben, in vorgeheizter Röhre bei Oberhitze etwa 15–20 Minuten lichtgelb überbacken, sofort zu Tisch geben.

1072. Überbackene Vanillecreme mit Obst*

1/2 l Milch, 1/2 St. Vanille
1 Prise Salz, 50 g geschälte
Nüsse, 4 Eigelb, 80 g Zucker
3–4 Teel. Speisestärke
2 Eischnee
zum Einlegen: 6–8 Löffelbiskuit, 4 Eßl. Kirschwasser
4 Eßl. Erd- od. Himbeeren
zum Baiser: 2 Eischnee
60 g feiner Grießzucker
zum Besieben: Puderzucker

Milch mit geklopfter, gespaltener Vanillestange, 1 Prise Salz und den geschälten, geriebenen Haselnüssen zum Kochen bringen; Schaummasse schlagen aus Eigelb und Zucker, Stärkemehl unterrühren, kochende Vanillemilch unter Schlagen zugeben, bei mäßiger Hitze abschlagen, bis Masse *einmal aufpufft,* vom Herd nehmen, kurz weiter schlagen, unter die heiße Masse Biskuitwürfel, die mit Kirschwasser getränkt wurden und steifen Eischnee locker unterheben, schöne Walderdbeeren oder Himbeeren untermischen, in gebutterte Auflaufform geben, mit sehr steifer Baisermasse bedecken, mit Puderzucker besieben, in vorgeheizter Röhre lichtgelb überbacken, Backdauer 15–20 Minuten. Baisermasse herstellen wie bei Nr. 1071.

1073. Gefüllte Äpfel überbacken

4 kochfeste Äpfel (mittelgr.)
zum Sud: 1/8 l Wasser
1/8 l Weißwein, etw. Zucker
Zitronensaft und -schale
zum Füllen: Marmelade oder
Preiselbeerkompott oder
30 g Nüsse oder Mandeln
30 g Zucker, 30 g Weinbeeren
zur Vanillecreme:
1/2 l Milch, Vanille, 2-3 Eigelb
50 g Zucker
20–25 g Stärkemehl
1 Eßl. Arrak
zum Baiser: 3 Eiweiß
90 g feiner Grießzucker
zum Bestreuen: Puderzucker

Gewaschene Äpfel schälen, Kernhaus ausstechen, große Äpfel halbieren, in gut abgeschmecktem Sud vorsichtig kernig-weich kochen, sie müssen die Form behalten; dann in gebutterte Auflaufform setzen, mit Marmelade oder Preiselbeerkompott oder mit vorbereiteten Füllzutaten (geschälte, geriebene Nüsse oder Mandeln mit Zucker und gebrühten, gut abgetropften Weinbeeren mischen) füllen. Vanillecreme herstellen: Eigelb mit Zucker und vorbereiteter Vanillestange schaumig schlagen, Stärkemehl und Milch beifügen, bei *mäßiger Hitze* abschlagen, bis Masse *einmal aufpufft,* Arrak zugeben, Creme über Äpfel gießen.

Baiser herstellen: Eiweiß zu sehr steifem Schnee schlagen, Hälfte der Zuckermenge unter kräftigem Schlagen nach und nach einrieseln lassen, restlichen Zucker auf einmal unterheben, weiter kräftig schlagen, bis Masse glatt, glänzend und sehr steif ist; Baisermasse über Creme streichen, mit Puderzucker besieben, bei guter Hitze etwa 15–20 Minuten überbacken.

1074. Apfelmeringen*

Äpfel schälen, halbieren, Kernhaus ausstechen, in gut abgeschmecktem Sud vorsichtig kochen, bis sie glasig aussehen und halbweich, aber noch kernig sind, mit Schaumlöffel aus Sud nehmen, gut abtropfen lassen, in gebutterte Auflaufform setzen, mit gewaschenen, gebrühten Korinthen oder Rosinen bestreuen, mit Butterflöckchen belegen und etwa 15 Minuten in vorgeheizte Röhre stellen; inzwischen Baiser herstellen wie bei Nr. 1073 beschrieben. Äpfel mit Kirschwasser beträufeln, mit Baisermasse überziehen, nach Belieben mit geschälten, gestiftelten Mandeln bestreuen, mit Puderzucker besieben, in vorgeheizter Röhre bei guter Hitze lichtgelb überbacken.
Als Nachtisch für 6 Personen ausreichend.

6 mittelgroße Äpfel
1/2 l Sud wie Nr. 1073 (doppelte Menge)
zum Belegen: 20 g Butter
50 g Korinthen od. Rosinen
3 Eßl. Kirschwasser
zum Baiser: 3 Eiweiß
90 g feiner Grießzucker
zum Bestreuen:
20 g geschälte Mandeln
Puderzucker

1075. Flambierte Früchte*

Himbeeren, Erdbeeren und Bananen werden immer roh flambiert, während andere Früchte vorgekocht oder sterilisiert verwendet werden. In der Flambierpfanne Butter bei mäßiger Hitze schmelzen lassen, Zucker bzw. den an Orangenschale aromatisierten Würfelzucker zugeben, unter Rühren goldgelb karamelisieren lassen, mit Orangen- und wenig Zitronensaft oder Fruchtsaft sterilisierter Früchte aufgießen, mit Zucker und evtl. Zitronensaft abschmecken, Likör zugeben und nach Belieben etwas süßen Rahm beifügen, Soße soll leicht sämige Beschaffenheit haben. Obst der Wahl in die Soße legen, etwa 5 Minuten leise kochen lassen, daß es durch und durch heiß ist – tiefgefrorene Früchte evtl. etwas länger erhitzen; Früchte dann mit hochprozentigem Alkohol übergießen, flambieren. Flamme rechtzeitig löschen durch Abdecken der Früchte in der Flambierpfanne mit dem Pfannendeckel oder durch Zugabe von etwas Fruchtsaft.
Besonders gut schmecken flambierte Früchte mit Vanilleeis; dieses portioniert auf Glastellern anrichten, flambierte Früchte darüber geben.
Flambierte Erd- oder Himbeeren: Tiefgefrorene Früchte antauen lassen, bis sie aus der Packung rutschen, Orangen- und Zitronensaft zum Aufgießen verwenden, mit Himbeergeist flambieren.
Flambierte Bananen: Geschälte Bananen halbieren, (brechen sonst), erst in Puderzucker, dann im karamelisierten Zucker wenden, dann erst mit Orangen- und Zitronensaft aufgießen, mit Cognac flambieren.
Flambierte Pfirsiche, Aprikosen, Sauerkirschen, Ananasscheiben: Sterilisierte Früchte gut abtropfen lassen, Steinobst entsteinen, Pfirsiche und Aprikosen halbiert verwenden. Früchte nach Belieben im karamelisierten Zucker leicht anbraten, dann mit Fruchtsaft aufgießen oder Obst in der heißen Soße erhitzen. Für Ananas, Pfirsiche und Aprikosen mit Orangenschale aromatisierten Würfelzucker verwenden.
Flambierte Birnen: Sterilisierte Birnenhälften sehr gut abtropfen lassen, mit Orangenschale aromatisierten Würfelzucker verwenden, in der heißen Soße erhitzen.

30 g Butter
2 Eßl. Zucker oder 8 Stück Würfelzucker (an der Schale von 1 Orange abgerieben)
8 Eßl. Orangensaft und
1 Eßl. Zitronensaft n. Bedarf od. Saft sterilisierter Früchte
1–2 Gläschen guter Likör (Cointreau, Grand Marnier, Curaçao, Chartreuse o. ä.)
3 Eßl. süßer Rahm n. Belieben
Obst nach Wahl wie:
2 Pakete Erdbeeren oder Himbeeren (tief gefroren)
oder 4 reife Bananen oder
1 kg Dose sterilisierte Ananas, Pfirsiche, Aprikosen Sauerkirschen, Birnen oder gemischte Cocktailfrüchte
zum Flambieren:
2 Gläschen hochprozentigen Alkohol z. B. Cognac, Rum, Kirschgeist od. Himbeergeist

Kalte Süßspeisen

Vorzüge: Kalte Süßspeisen sind immer, besonders in der heißen Jahreszeit, *sehr beliebt*.
Sie sind sehr *erfrischend*, durchweg gut *bekömmlich*, außerordentlich *abwechslungsreich* und nach Wunsch *nährstoffreich oder kalorienarm* zu gestalten; persönlichen Wünschen und jeweiligen wirtschaftlichen Verhältnissen sind sie *leicht anzupassen*. In der Herstellung sind sie meist *wenig arbeitsaufwendig* und *vermeiden Arbeitsspitzen* für die Hausfrau bei festlichen Essen, da sie vielfach schon am Tag vor Gebrauch hergestellt werden können.

Die Vielzahl kalter Süßspeisen umfaßt:

Obst und Obstspeisen einschl. Kompotte

Kaltschalen

Flockenspeisen

Süße Quark- (Topfen) und Joghurtspeisen

Milchflammeris und Obstgrützen

Süße Sulzspeisen

Cremes

Gefrorenes (Speiseeis)

Obstspeisen

Gesundheitlicher Wert:
Obst und Obstspeisen sind der gesündeste Nachtisch, am wertvollsten als rohes Obst, der besten Quelle für *Vitamin C* und für wichtige *Mineralstoffe;* besonders reich an Vitamin C sind schwarze Johannisbeeren und Zitrusfrüchte, bei Äpfeln ist der Vitamin C-Gehalt sortenabhängig, bei Beeren vielfach auch beeinflußt vom Standort. Frisches Beeren-, Kern- und Steinobst sowie Zitrusfrüchte und Ananas sind *kalorienarm,* da sie nur etwas Frucht- und Traubenzucker als Kalorienlieferanten enthalten, während Datteln, Feigen und Bananen zuckerreicher und Nüsse und Mandeln durch ihren Fettgehalt *kalorienreich* sind.
Der Gehalt an *Fruchtsäuren und Aromastoffen* gibt dem Obst, insbesondere saftreichen Obstarten, erfrischenden Geschmack. *Pektine und Zellulosestoffe* regen die Darmperistaltik an.
Reifes Obst, insbesondere saftreiche, zellulosearme Arten sind *leicht verdaulich und gut bekömmlich* mit Ausnahme von Pflaumen und Zwetschgen, die blähend wirken; diese sollen von Menschen mit empfindlichen Verdauungsorganen gemieden werden. *Unreifes Obst ist für Rohgenuß ungeeignet.*
Die gesundheitlichen Vorzüge von reifem, rohem Obst sollen dieses zu einem festen Bestandteil der täglichen Kost machen. Obst ist ein wesentlicher Faktor in der gesunden Ernährung und ein wirksamer Helfer im Kampf gegen Nikotin- und Alkoholmißbrauch.
Reine Obstmahlzeiten sind in besonderen Fällen wertvoll für Gesunde und Kranke, z. B. bei Übergewicht, bei Hochdruck und bei bestimmten Formen von Nierenerkrankungen (siehe Diät).
Obsttage sind im Rahmen spezieller Diäten wichtig und im Einzelfall stets nach ärztlicher Verordnung zu gestalten.
Spezifische Wirkung bestimmter Obstarten macht diese zu wertvollen Heilfaktoren bei einzelnen Erkrankungen z. B. roh geriebene Äpfel bei bestimmten Formen von Darmkatarrh, eingeweichte Trockenpflaumen oder Feigen bei Verstopfung u. a. m. (siehe Diätteil).

Regeln für Obsteinkauf, Obstverzehr und -verarbeitung:

1. *Bei Obstkauf jeweils Marktlage* berücksichtigen und *Verwendungszweck* beachten!
Für Rohverzehr Frischobst guter Qualität, in gutem Reife- und Gesundheitszustand bevorzugen, unreifes wie auch stark überreifes Obst kann für Rohgenuß unbrauchbar sein. *Güteklassen* gemäß den Qualitätsnormen der EWG be-

achten; für Rohverzehr sind Klasse „Extra" und Klasse I sehr gut geeignet, für Verarbeitung zu Kompott und Obstspeisen sind geringere Güteklassen, z. B. II oder auch III ausreichend. Bei Zitrusfrüchten saftreiche, kernarme Früchte bevorzugen, auf Kennzeichnungspflicht bei Behandlung der Schale mit Wachs oder Diphenyl oder Orthophenol achten, ungespritzte Früchte bevorzugen.

Tiefgefrorenes Obst ist frischem Obst nahezu gleichwertig, tiefgefrorene Beeren sind für Rohverzehr nach richtigem Auftauen gut geeignet; sie sind meist mit Trockenzucker im Verhältnis von 5 : 1 oder 4 : 1 tiefgefroren und bedürfen keiner Zuckerzugabe. Einkaufsratschläge für tiefgefrorenes Obst siehe Seite 23–25.

2. *Frischobst rasch, aber sorgfältig waschen!* Beerenobst erst verlesen, auf Durchschlag rasch waschen, gut abtropfen lassen, dann entstielen; Himbeeren und Brombeeren nicht waschen. Kern- und Steinobst im ganzen und ungeschält waschen. Zitrusfrüchte sehr gründlich und evtl. heiß waschen, wenn Schale mit Diphenyl, Orthophenol oder Wachs behandelt wurde.

3. *Kernobst,* sofern es geschält wird, stets *dünn* und mit *rostfreiem Messer (Obstmesser) schälen.*

4. *Trinken vermeiden* nach Genuß rohen Kern- und Steinobstes, da sonst gesundheitliche Gefährdung besteht durch Quellungsvorgänge im Magen-Darmkanal.

5. *Tiefgefrorene Beeren* für Rohgenuß richtig *auftauen*: In gefrorenem Zustand aus der Packung nehmen, in Glas- oder Porzellanschale *zugedeckt bei Zimmertemperatur völlig auftauen* lassen; Auftauzeit für mit Streuzucker tiefgefrorene Beeren etwa 2–4 Stunden für $^1/_2$–1 kg.

Ohne Zucker eingefrostete Beeren zum Auftauen mit etwas Zucker bestreuen oder für Rohkompott mit warmer Zuckerlösung übergießen, wodurch das Auftauen beschleunigt wird. Rohe Beeren nach dem Auftauen bei etwa 15° C verzehren, da sich bei dieser Temperatur das Fruchtaroma gut entwickelt. Längeres Stehen nach dem Auftauen vermeiden, denn es mindert Geschmack, Aussehen, Vitamingehalt und begünstigt Zersetzung durch Kleinlebewesen .

6. *Bei Verarbeitung von Obst zu Obstspeisen und Kompotten das Verfärben* von Kern- und Steinobst nach dem Schälen (Enzymtätigkeit) *verhüten* durch rasches Arbeiten und evtl. durch Beträufeln mit Zitronensaft.

Wertstoffe des Obstes bestmöglich erhalten durch Vermeiden von Wässern, dickem Schälen, längerem Einwirken von Luft auf geschältes oder zerkleinertes Obst (Oxydation) und *längerem* oder *starkem Erhitzen.*

Rohkompott aus frischen oder tiefgefrorenen Beeren ist besonders wohlschmeckend und gesund. Vorbereitete frische Beeren leicht einzuckern, kurz kühl stellen, bis sie etwas Saft gezogen haben, nach Belieben mit etwas Milch oder Rahm reichen. Rohkompott aus tiefgefrorenen Beeren völlig auftauen lassen, wie unter 5. angegeben ist.

Der gesundheitliche Wert des Obstes kommt dem Körper bei Rohverzehr am besten zugute. Doch nicht jedermann verträgt jedes Obst in roher Form, und nicht alles Obst ist für Rohverzehr geeignet; deshalb ist Kochen von Obst oft unentbehrlich.

7. *Bei Kompottherstellung beachte:*

a) *Obst guter Qualität* ist nötig für Kompott mit schönen Fruchtstücken, z. B. bei Birnen, Aprikosen, Pfirsichen, Quitten, Äpfeln, Zwetschgen; *Obst geringerer Qualität,* z. B. Fallobst, zu Kompott mit *verkochten Früchten oder zu Brei* verarbeiten.

b) *Grundmengen für 4 Personen:*

$^3/_4$ kg Obst

$^1/_4$–$^1/_2$ l Wasser, je nach Saftgehalt des Obstes

100–200 g Zucker, je nach Säuregehalt des Obstes.

c) *Gewaschenes Obst vorbereiten* nach Rezeptangaben.

d) *Vorbereitetes Obst sofort in abgeschmeckten, kochenden Sud* (Wasser, Zucker, Geschmackszutat) geben, *rasch aufkochen* lassen, in geschlossenem Topf bei *mäßiger Hitze vorsichtig garen, Verkochen verhüten.* Zu langes Garen und unnötiges Rühren vermeiden. Größere Mengen portionsweise kochen. Jeweils bei guter Hitze (Stufe III bei elektr. Herden) rasch ankochen, bei mäßiger Hitze, evtl. nur mit Speicherwärme, je nach Obstart, gar ziehen lassen.

e) *Tiefgefrorene Beeren* wie unter 5. beschrieben auftauen lassen und als Rohkompott reichen.
f) *Trockenobst* gut waschen, in abgemessener kalter Wassermenge einweichen, gut quellen lassen, im Einweichwasser gar kochen.
g) *Bei Verwendung von Süßstoff* anstelle von Zucker sollen Menge und Anwendung nur aufgrund ärztlicher Empfehlung und nach Gebrauchsanweisung erfolgen; Aufdruck und Kochfestigkeit beachten.

1076. Orangensalat*

8 saftige, schöne Orangen (möglichst Blutorangen)
2 große, saftige Äpfel
60–80 g Zucker
etwas Zitronensaft
1 Glas Weißwein oder etwas Kirschwasser

Saftige Orangen schälen, weiße Haut sorgfältig entfernen, Früchte halbieren, in feine Querscheiben schneiden, dabei evtl. entkernen. Äpfel waschen, schälen, halbieren, Blüte, Stiel und Kernhaus entfernen, in feine Scheiben schneiden. Fruchtscheiben abwechselnd schichtweise in Glasschale einlegen, jede Schicht mit Zucker bestreuen und mit Zitronensaft beträufeln, als oberste Schicht Orangenscheiben schuppenartig legen, mit Zucker bestreuen, mit Wein oder etwas Kirschwasser begießen, im Kühlschrank durchziehen lassen, gut kalt mit Gebäck reichen.

1077. Obstsalat*

Farbbild neben Seite 528

1 kg Obst je nach Jahreszeit und nach Belieben gemischt:
4 saftige, kernlose Orangen oder 8 Mandarinen
1–2 Grapefruits
2–3 schöne, saftige Äpfel oder 1 kleine Zuckermelone
2 Bananen oder Birnen
2–3 Scheiben Dosenananas oder evtl. v. frischer Frucht oder 250 g Trauben, Aprikosen, Pfirsiche, Erd- oder Himbeeren
evtl. einige saftige Feigen
einige Datteln nach Belieben

Geschmackszutaten:
Zucker nach Geschmack
Saft von 2 Zitronen
4–6 Eßl. Orangen- oder Ananassaft od. Apfelsüßmost
2–3 Eßl. Arrak, Rum oder Maraschino, 50 g Nüsse oder Mandeln, evtl. 30–50 g Rosinen oder Sultaninen

Obst sorgfältig waschen und je nach Art vorbereiten: Orangen bzw. Mandarinen und Grapefruits schälen, weiße Haut sorgfältig entfernen, halbieren, in Querscheiben schneiden, dabei, falls nötig, entkernen; Äpfel bzw. Birnen schälen, halbieren, Kernhaus entfernen, in gleichmäßig dünne Spalten schneiden, jeweils mit Zitronensaft beträufeln, um Verfärbung zu verhüten; Pfirsiche oder Aprikosen häuten, halbieren, entsteinen, in gleichmäßig dicke Scheiben schneiden, gleichfalls durch Zitronensaft vor Verfärbung schützen; Bananen schälen, in Scheiben schneiden, gewaschene Erdbeeren entstielen, Himbeeren evtl. verlesen, nicht waschen. Ananasscheiben in gleichmäßige Stückchen, Feigen und Datteln in feine Streifchen schneiden; nach Belieben Sultaninen oder Rosinen waschen, brühen, gut abtropfen lassen; Nüsse oder Mandeln schälen, blättrig schneiden.
Vorbereitetes Obst abwechselnd lagenweise mit Zucker und übrigen Geschmackszutaten einschichten, als oberste Schicht zweckmäßig Orangenscheiben schuppenartig auflegen, dadurch wird Verfärbung gut verhindert. Oder vorbereitetes Obst mit allen Geschmackszutaten vermengen und mischen, abschmecken, in Glasschale anrichten. Fruchtsalat kalt stellen, etwas durchziehen lassen, nach Belieben mit etwas Schlagrahm spritzen oder unter den Obstsalat einige Eßlöffel süßen Rahm mischen.
Sterilisiertes Obst kann mit rohem Obst gemischt verwendet werden. Stark blähendes Obst wie Zwetschgen, stark färbendes Obst wie Heidelbeeren oder sehr saure Früchte wie Stachelbeeren sind zu Obstsalat ungeeignet.

1078. Grapefruits gekühlt*

Pro Person:
$^1/_2$–1 Grapefruit
1–2 Teelöffel Zucker
evtl. 1–2 Teelöffel Cognac

Rosafleischige Grapefruits sind aromatischer und werden deshalb gerne bevorzugt. Grapefruits waschen, quer halbieren, Fruchtfleisch vorsichtig mit Grapefruitmesser oder scharfem Löffel von der Schale lösen, in der Schale sitzen lassen, im Kühlschrank gut kühlen. Beim Anrichten Früchte mit Zucker bestreuen und evtl. mit gekühltem Cognac beträufeln, sofort zu Tisch geben.
Als sommerliche *Vorspeise* sehr geschätzt.

1079. Beeren mit Schlagrahm*

500 g Erdbeeren, Himbeeren, Johannisbeeren oder Brombeeren
80 g Zucker
$^1/_8$–$^1/_4$ l Schlagrahm
1–2 Eßlöffel Zucker

Beeren verlesen, waschen (außer Himbeeren und Brombeeren), gut abtropfen lassen, entstielen, mit Zucker bestreuen. Schlagrahm gut steif schlagen, etwas Zucker unterschlagen, mit eingezuckerten Beeren leicht mischen, in Anrichteschale oder Gläsern anrichten, mit Früchten und wenig Schlagrahm verzieren, kalt mit Gebäck reichen.
Oder vorbereitete Beeren im Mixer zu Fruchtmark verarbeiten oder durch Sieb streichen, Fruchtmark mit Zucker schaumig und glänzend schlagen, steif geschlagenen Schlagrahm unterziehen, kurz kalt stellen, nach Belieben in Glasschale oder Kelchgläsern anrichten, mit einigen ganzen Beeren verzieren, mit Schlagrahm nach Belieben spritzen, sofort reichen.

1080. Ananas mit Joghurt oder Schlagrahm*

8 Scheiben Dosenananas oder 1 mittelgroße frische, reife Ananas
80 g Zucker f. frische Ananas
3 Becher Joghurt oder
$^1/_4$ l Schlagrahm
1–2 Eßlöffel Zucker

Ananasscheiben aus Dose gut abtropfen lassen, rohe Ananas sehr sorgfältig schälen, alle holzigen Teile entfernen. Ananas in gleichmäßig kleine Stückchen schneiden, rohe Frucht mit Zucker mischen, etwas durchziehen lassen. Joghurt mit wenig Zucker sehr schaumig schlagen oder steifen Schlagrahm mit wenig Zucker leicht süßen, mit kleinen Fruchtstückchen mischen, in Gläsern oder Schale anrichten, nach Belieben mit schönen Fruchtstücken und wenig Schlagrahm verzieren, sofort zu Tisch geben.

1081. Bananen mit Joghurt oder Schlagrahm*

4–6 schöne, reife Bananen
Saft von 1 Zitrone oder 1 Orange, 50 g Zucker
3 Becher Joghurt oder
$^1/_4$ l Schlagrahm
1–2 Eßlöffel Zucker

Bananen schälen, mixen oder mit Gabel fein zerdrücken, mit Zitronen- oder Orangensaft und Zucker verschlagen; steifen Schlagrahm leicht süßen und unter den Bananenbrei geben oder Joghurt mit etwas Zucker sehr schaumig schlagen, Bananenbrei unterschlagen, in Glasschale oder Gläsern anrichten, mit Bananenscheiben, in Zitronensaft getaucht, verzieren, gut kalt reichen.

1082. Gefüllte Melone*, gefüllte Ananas*

1 Honig- oder Netzmelone
oder 1 reife Ananas
2–3 Pfirsiche, 3 Orangen
2 Scheiben Dosenananas
2 Bananen
Zucker nach Bedarf
2 Eßlöffel Cognac
1/8 l Schlagrahm nach Belieben

Melone waschen, einen Deckel abschneiden oder halbieren, weiches Mark und Kerne entfernen, Fruchtfleisch mit Kartoffelausstecher als runde Bällchen ausstechen, mit etwas Cognac beträufeln, zugedeckt kalt stellen. Restliches Fruchtfleisch aus der Melone mit Löffel entfernen, in kleine Stückchen schneiden, zu den kalt gestellten Melonenfruchtkugeln geben. Pfirsiche waschen, häuten, halbieren, entsteinen, in dicke Scheiben schneiden; Bananen schälen, in Scheibchen und Ananasscheiben in kleine, gleichmäßige Stücke schneiden; geschälte Orangen vierteln, in dicke Scheibchen schneiden, dabei entkernen. Früchte mit Melonenfruchtfleisch mischen, nach Geschmack leicht zuckern, nach Belieben mit Schlagrahm mischen, in die kalt gestellte Melonenschale füllen, evtl. mit Schlagrahm spritzen, kalt stellen, gut kalt zu Tisch geben.

Gefüllte Ananas: Von der reifen Frucht Deckel abschneiden oder der Länge nach halbieren, Fruchtfleisch sorgfältig herauslösen, in Würfel schneiden, dabei holzige Teile entfernen. Zubereitung wie gefüllte Melone. Statt mit Schlagrahm kann man die gefüllte Ananas mit Zitroneneis bergartig anrichten, rasch mit schönen Fruchtstücken verzieren, sofort zu Tisch geben.

1083. Apfelschnee

1 kg Äpfel
2 Eiweiß (kalt gestellt)
2 Eßl. Arrak oder Rum
100–125 g mit Vanille gewürzter Zucker
etwas Zitronen- oder Orangensaft

Gewaschene Äpfel in der Röhre wie Bratäpfel braten, durch Sieb streichen oder pürieren, völlig erkalten lassen, im Kühlschrank kühlen. In der Zwischenzeit sehr steifen Eischnee schlagen, Zitronensaft und Zucker löffelweise nach und nach unter kräftigem Schlagen zugeben, dann nach und nach kalten Apfelbrei und Geschmackszutaten unterschlagen, weiter kräftig schlagen, bis Masse steif, schaumig und glänzend ist, abschmecken; sehr kalt, in Glasschale oder in Gläsern angerichtet, reichen.

Am besten mit elektrischem Handrührgerät oder elektrischer Küchenmaschine herzustellen.

1084. Fruchtschnee*
Erdbeer-, Himbeer-, Aprikosen-, Preiselbeerschnee*

250–375 g frische, sehr reife Erdbeeren, Himbeeren, Aprikosen oder Preiselbeerkompott
Saft von 1/2 Zitrone
100–150 g Zucker je nach Fruchtart
3 Eiweiß (kalt gestellt)
evtl. 2 Eßl. Schlagrahm

Tiefgefrorene Beeren antauen lassen oder Himbeeren bzw. frische gewaschene, entstielte, sehr gut abgetropfte Erdbeeren oder gewaschene, entsteinte Aprikosen zu Mark verarbeiten (mixen oder durch Sieb streichen), nach Belieben einen Teil der Beeren ganz lassen, Mark kalt stellen (Kühlschrank). Eiweiß zu sehr steifem Schnee schlagen, Zitronensaft und Zucker unter Schlagen langsam zugeben, dann löffelweise nach und nach Fruchtmark und evtl. ganze Beeren oder Preiselbeerkompott unterschlagen, weiter kräftig schlagen, bis Masse sehr steif, schaumig und glänzend ist, zuletzt nach Belieben Schlagrahm unterheben, anrichten, sehr kalt reichen.

Fruchtschnee wird besonders schön und ergiebig in elektrischer Küchenmaschine oder mit elektrischem Handrührgerät.

1085. Hagebuttenschnee*

Sehr steifen Eischnee schlagen (elektr. Handrührgerät), Zucker langsam unter Schlagen einrieseln lassen, abgeriebene Zitronenschale, Hagebuttenmark und Zitronensaft nach und nach unterschlagen, weiter kräftig schlagen, bis Masse sehr steif, schaumig und glänzend ist; in Glasschale oder in Gläsern angerichtet, sehr kalt reichen, nach Belieben mit wenig Schlagrahm verzieren oder unter steifen, fertigen Schnee etwas steifen Schlagrahm unterziehen.

2–3 Eßl. Hagebuttenmark
3 Eiweiß (kalt gestellt)
90 g Zucker
Saft und Schale v. 1 Zitrone
evtl. etwas Schlagrahm

1086. Süßmostschaum* (4-6 Personen)

Alle Zutaten sehr kalt verarbeiten; Süßmost, Eiweiß und feinen Grießzucker mischen, mit Schneebesen oder besser mit elektrischem Rührgerät zu sehr steifem Schaum schlagen, dann nach Belieben mit frischen Beeren oder sterilisiertem, gut abgetropftem Obst mischen, abschmecken, anrichten in Glasschale oder Gläsern, nach Belieben mit Makronen und Obst verzieren, recht kalt reichen.
Süßmostschaum kann auch als Überzug für Obstkuchen verwendet werden, nicht überbacken.

¼ l Apfel- oder Johannisbeersüßmost
2 Eiweiß (kalt gestellt)
250 g Zucker
nach Belieben frische Beeren oder sterilisierte Früchte
Makronen

1087. Orangenchaudeau mit Biskuits*

Schaummasse rühren aus Eigelb, ganzem Ei, Zucker und geriebener Schale von Orange und Zitrone (ungespritzte Früchte!), Stärkemehl, Orangensaft sowie Weißwein unterschlagen, bei *mäßiger Hitze* abschlagen, bis Masse *einmal aufpufft*, vom Herd nehmen, Zitronensaft zugeben, kurz weiter schlagen, noch heiß unter sehr steifen Eischnee ziehen. Löffelbiskuits in Anrichteschale oder Portionsschälchen legen, mit Arrak oder Rum tränken, Orangenchaudeau darüber gießen, erkalten lassen, im Kühlschrank kalt stellen, gut gekühlt reichen.
Nach Belieben kann man vor dem Ausfüllen in die fertige Schaumsoße 2–3 Eßlöffel steifen Schlagrahm unterheben.

2 Eier getrennt, 1 ganzes Ei
80 g Zucker, Schale von ½ Zitrone und ½ Orange
10 g (2 Teel.) Speisestärke
¼ l Orangensaft
⅛ l Weißwein
Saft von 2 Zitronen
zum Einlegen: 8 Löffelbiskuits, Arrak oder Rum zum Tränken

1088. Früchte mit Joghurt*

Früchte nach Wahl sorgfältig waschen (außer Himbeeren), vorbereiten: Beeren entstielen, Steinobst häuten, entsteinen, Orangen bzw. Mandarinen sorgfältig schälen, alles Weiße gründlich entfernen, Bananen schälen. Obst je nach Art klein schneiden, Zitrusfrüchte dabei entkernen; oder Obst zu Mark verarbeiten durch Mixen, kleine Beeren können auch ganz belassen werden. Vorbereitetes Obst mit Zitronensaft beträufeln und mit Zucker bestreuen, zugedeckt kalt stellen und etwas durchziehen lassen. Kalten Joghurt sehr schaumig schlagen (Rührgerät!), mit eingezuckerten Fruchtstücken oder Fruchtmark vermengen, nach Belieben wenig Schlagrahm unterheben, abschmecken, in Glasschale oder im Glas anrichten und kalt reichen. Oder schaumig

Pro Person:
1 Becher Joghurt, gekühlt
125 g reife Früchte wie Erdbeeren, Himbeeren, Johannisbeeren, Aprikosen, Pfirsiche, Orangen, Mandarinen, Bananen oder Ananas
1–2 Eßl. Zucker je nach Fruchtart und Geschmack
1–2 Teel. Zitronensaft
evtl. 1 Eßl. Schlagrahm

geschlagenen Joghurt abwechselnd mit kleingeschnittenen, eingezuckerten Früchten in Schale oder Glas schichten, nach Belieben mit Schlagrahm und Früchten verzieren.
Anstelle von Joghurt kann auch Sauer- oder Buttermilch verwendet werden, doch hat die Speise hierbei dünnere Beschaffenheit. Magermilchjoghurt bevorzugen für kalorienarme Kost.

Kompotte

1089. Rohkompott aus Beeren*

3/4 kg frische Erdbeeren, Himbeeren, Johannisbeeren oder Brombeeren oder 600 g tiefgefrorene Beeren
100–150 g Zucker je nach Säuregehalt der Früchte

Frische Beeren verlesen, sorgfältig waschen (außer Himbeeren und Brombeeren), gut abtropfen lassen, entstielen, mit Zucker bestreuen, zugedeckt kalt stellen und etwas Saft ziehen lassen. Nach Belieben mit etwas kalter Milch oder Rahm reichen.
Tiefgefrorene Beeren, die mit Zucker eingefrostet wurden, in Anrichteschale geben, bei Zimmertemperatur zugedeckt auftauen lassen, (ca. 2 Stunden Dauer), dann sofort zu Tisch geben, am aromareichsten mit etwa 15° C; nach Belieben mit Milch oder Rahm reichen. Aufgetautes Beerenobst soll nicht länger stehen, da es rasch verderblich ist und an Geschmack, Aussehen und Wert verliert.

1090. Beerenobstkompott, gekocht*

3/4 kg Beeren wie Erdbeeren, Himbeeren, Heidelbeeren, Brombeeren
zum Sud: 1/8–1/4 l Wasser
100–150 g Zucker

Beeren verlesen, rasch auf Durchschlag waschen (außer Himbeeren und Brombeeren) entstielen, in kochenden Sud geben, aufkochen lassen, zugedeckt bei schwacher Hitze *kurz ziehen,* aber nicht verkochen lassen, abschmecken. *Garzeit* etwa 5 Minuten. Die Zuckermenge richtet sich nach dem Säuregehalt der Früchte. Heidelbeeren können mit 1 Stückchen Stangenzimt gekocht werden, dieses nach dem Kochen entfernen.

1091. Stachelbeerenkompott*

3/4 kg Stachelbeeren
zum Sud:
1/4 l Wasser, 150 g Zucker
Schale von 1/4 Zitrone

Stachelbeeren von Blüte und Stiel befreien, waschen, in kochenden Zuckersud geben, bei *mäßiger Hitze* je nach Reifegrad *leise ziehen lassen,* bis Früchte weich sind. *Garzeit* für reife Stachelbeeren 5–10 Minuten je nach Schalendicke, für halbreife Früchte länger.

1092. Preiselbeerenkompott*

3/4 kg reife Preiselbeeren
150–200 g Zucker
1/8–1/4 l Wasser
nach Belieben:
1–2 Äpfel, 1–2 Birnen
evtl. Saft von 1 Zitrone

Preiselbeeren sorgfältig verlesen, gründlich waschen, gut abtropfen lassen; Beeren mit Zucker mischen, Wasser zugeben, zum Kochen bringen, 5–10 Minuten zugedeckt leise kochen lassen.
Preiselbeeren werden gerne mit Äpfeln und Birnen zusammen gekocht, wodurch sie jedoch etwas an Säure verlieren. In diesem Fall Äpfel und Birnen waschen, schälen, Kernhaus entfernen, achteln, in Zucker-Zitronensud halbgar kochen, dann erst Beeren zugeben und zusammen leise gar kochen lassen.

1093. Rhabarberkompott*

Rhabarber waschen, jungen Rhabarber nicht schälen, älteren jedoch abziehen, in etwa 2 cm lange Stücke schneiden, im kochenden Sud zugedeckt bei mäßiger Hitze langsam garen; oder vorbereiteten Rhabarber mit Zucker, Wasser und Geschmackszutaten zusetzen und garen lassen. *Garzeit* 5–10 Minuten je nach Alter. Kompott erkaltet mit restlichem Zucker nach Geschmack nachsüßen, dadurch kann etwas Zucker eingespart werden.

3/4 kg Rhabarber
zum Sud: 1/4 l Wasser
100–125 g Zucker
Zitronen- oder Orangenschale nach Belieben
zum Nachsüßen:
50–100 g Zucker

1094. Pfirsich-, Aprikosen-, Mirabellenkompott*

Früchte waschen, nach Belieben auf Sieb liegend in kochendes Wasser tauchen, kalt überbrausen und häuten, halbieren, entsteinen. In der Zwischenzeit Sud kochen, abschmecken; vorbereitete Früchte *portionsweise* in kochenden Sud legen, aufkochen lassen, zugedeckt darin gar ziehen, aber *nicht verkochen* lassen, mit Schaumlöffel in Glasschale setzen; sind alle Früchte gekocht, Sud etwas abgekühlt über die Früchte gießen. (Pfirsiche evtl. während des Kochens im Sud häuten).

3/4 kg Früchte
zum Sud:
1/2 l Wasser
100–150 g Zucker
etwas Zitronensaft

1195. Kirschen- und Sauerkirschenkompott*

Zucker mit Wasser und nach Belieben mit Stangenzimt zu Sud kochen, Früchte waschen, evtl. entsteinen, in kochenden Sud geben, aufkochen, bei mäßiger Hitze zugedeckt gar ziehen lassen. *Garzeit* je nach Sorte 5–10 Minuten. Beim Anrichten Zimt entfernen.

3/4 kg Kirschen oder Sauerkirschen
zum Sud:
1/4 l Wasser, 100 g Zucker
1 Stückchen Stangenzimt

1096. Pflaumen- oder Zwetschgenkompott*

Früchte waschen, entsteinen, halbieren oder vierteln, in kochenden Sud geben, aufkochen, bei mäßiger Hitze zugedeckt gar ziehen lassen. *Garzeit* etwa 10 Minuten. Pflaumenkompott benötigt etwas weniger Wasser als Zwetschgen, da sie viel Saft ziehen.
Sollen Pflaumen gehäutet werden, gewaschene Früchte portionsweise auf Sieb liegend in kochendes Waser tauchen, kalt überbrausen, häuten, ganze geschälte Früchte im Sud garen.

3/4 kg Pflaumen oder Zwetschgen
zum Sud:
1/4–3/8 l Wasser
60–100 g Zucker je nach Säuregehalt der Früchte
evtl. etwas Stangenzimt

1097. Apfelkompott*

Wasser mit Zucker und Zitronenschale zu Sud kochen, Zitronensaft und evtl. Weißwein zugeben; inzwischen gewaschene Äpfel schälen, halbieren oder vierteln, von Stiel, Blüte und Kernhaus befreien, *sofort* in kochenden Sud legen, rasch aufkochen lassen, bei *schwacher Hitze* zugedeckt *vorsichtig gar ziehen* lassen, so daß Äpfel nicht zerfallen. Bedeckt der Sud während des Garens die halbierten Äpfel nicht, so sind sie während des Garens vorsichtig zu wenden.

3/4 kg Äpfel
zum Sud:
1/2 l Wasser
60–100 g Zucker
Schale von 1/2–1/4 Zitrone
Saft von 1 Zitrone
etwas Weißwein nach Belieben

Größere Mengen stets portionsweise kochen! *Garzeit* hängt von der Apfelsorte ab.
Nach Belieben können die gegarten halbierten Äpfel mit etwas Himbeer- oder Johannisbeermarmelade gefüllt und mit Wölbung nach unten in Glasschale gelegt werden, Sud vorsichtig seitlich einfüllen, (evtl. dabei seihen).

1098. Apfelbrei*

3/4–1 kg Falläpfel
1/2 l Wasser
1/2 Zitronenschale
60–100 g Zucker
Saft von 1 Zitrone
Weinbeeren nach Belieben

Äpfel gründlich waschen, Stiel und Blüte entfernen, schadhafte Stellen nach Bedarf ausschneiden, ungeschält vierteln oder achteln, mit Zitronenschale in soviel Wasser, daß Obst knapp bedeckt ist, zugedeckt weich kochen, durch Sieb streichen, noch heiß die Hälfte des Zuckers unterschlagen, nach dem Erkalten Zuckerrest unterrühren – dadurch wird etwas Zucker gespart. Nach Belieben gewaschene, gebrühte Weinbeeren untermischen.
Sehr schadhaftes Obst nach dem Waschen schälen, vierteln oder achteln, Stiel, Blüte und Kernhaus entfernen, mit angegebenen Zutaten weich kochen und wie oben fertigstellen.

1099. Birnenkompott*

3/4 kg Birnen (nicht zu reif)
zum Sud: 1/2 l Wasser
60–100 g Zucker
Zitronensaft und -schale oder
1 Stückchen Stangenzimt
evtl. etwas Ingwer

Sud kochen mit Geschmackszutat nach Wahl; Birnen waschen, schälen, halbieren, Stiel, Blüte und Kernhaus entfernen, evtl. vierteln oder achteln, *sofort* in kochenden Sud geben, aufkochen, bei *mäßiger Hitze* zugedeckt *vorsichtig gar ziehen* lassen, so daß Birnen nicht zerfallen. *Garzeit* je nach Sorte unterschiedlich. Größere Mengen portionsweise kochen! Beim Anrichten Zimt, Ingwer oder Zitronenschale entfernen.

1100. Hollerkompott*

1/2–3/4 kg Holunderbeeren
nach Belieben:
125 g Zwetschgen, 2–3 Birnen
zum Kochen: 1/4 l Wasser
200 g Zucker
1 Stück Stangenzimt
evtl. 10 g Speisestärke

Reife Holunderdolden abbeeren, Beeren rasch waschen, gewaschene Zwetschgen entsteinen; Birnen waschen, schälen vierteln, Kernhaus entfernen. Obst mit Zucker, Wasser und Zimt aufkochen, zugedeckt bei schwacher Hitze gar ziehen lassen, nach Belieben mit Stärkemehlteiglein etwas binden, nochmal aufkochen lassen, Stangenzimt entfernen, abschmecken, erkalten lassen.

1101. Kürbiskompott*

3/4 kg Kürbisfleisch
zum Sud: 3/4 l Wasser
250–300 g Zucker
6–8 Eßl. Zitronensaft
Schale von 1 Zitrone
1 Stück Stangenzimt
einige Ingwerstücke

Kürbis schälen, Kerne und weiches Mark entfernen, Fruchtfleisch in etwa kleinfingergroße, gleichmäßige Stücke schneiden. Sud mit Geschmackszutaten kochen, kräftig abschmecken, portionsweise Kürbisstücke in kochenden Sud geben, aufkochen lassen, bei *schwacher Hitze* zugedeckt ziehen lassen, bis Kürbisstücke glasig sind, dann aus Sud nehmen, in Glasschale legen; ist aller Kürbis gekocht, Sud etwas einkochen, Gewürze entfernen, über Kürbisstücke geben, erkalten lassen.

1102. Kompott von Trockenobst

Trockenobst nach Wahl (Aprikosen, Zwetschgen, Kletzen, Apfelringe) oder gemischt gründlich waschen, über Nacht in kaltem Wasser (abgemessene Menge) einweichen, im Einweichwasser mit Zucker und Geschmackszutaten nach Wahl weich kochen, kalt stellen, Gewürze entfernen. *Garzeit* je nach Obstart und Qualität des Trockenobstes 15–30 Minuten.

250–375 g Trockenobst
1/2–3/4 l Wasser, Stangenzimt oder Zitronenschale
Zucker nach Geschmack

Kaltschalen

Kaltschalen können als *Milch- und Obstkaltschalen* bereitet werden. *Milchkaltschalen* werden auf der Grundlage von Milch, Sauer- oder Buttermilch oder Joghurt (evtl. Magermilchjoghurt) hergestellt und erhalten meist Obst als Einlage.
Obstkaltschalen werden ausschließlich aus Obst, Obstsaft oder Obstmark hergestellt. Obst für Kaltschalen muß gut reif sein.
Kaltschalen sind gesund, schmackhaft, gut bekömmlich und durch die mannigfachen Obstarten sehr abwechslungsreich zu gestalten. Im Sommer sind sie ein beliebter Ersatz für warme Suppen oder auch ein leichter Nachtisch, der besonders für Kinder, Kranke und ältere Menschen sehr bekömmlich ist. Für Kinder sind Kaltschalen auch als Abendessen geeignet.
Je nach der Art der Verwendung rechnet man pro Person 1/4–1/8 l Flüssigkeit, für 4 Personen also 1 bzw. 1/2 l Flüssigkeit.

1103. Erdbeerkaltschale, Himbeerkaltschale roh*

Beeren sorgsam verlesen, Erdbeeren waschen, gut abtropfen lassen, entstielen; die Hälfte der Beeren mixen oder durch Sieb streichen, mit Zucker, *sehr gut gekühlter Milch* und nach Belieben etwas Rahm gut verschlagen, kurz kalt stellen, zum Anrichten restliche Beeren untermischen, gut kalt reichen.
Nach Belieben Biskuit dazu geben.

500–750 g schöne, reife Erdbeeren oder Himbeeren
150 g Zucker, 1 l Milch (evtl. ein Teil davon süßer Rahm)

1104. Milchkaltschale mit Beeren*

Beeren verlesen, sorgsam waschen (außer Himbeeren und Brombeeren), gut abtropfen lassen, entstielen, mit wenig Zucker bestreuen, in Schale kalt stellen. Milch mit vorbereiteter Vanillestange zum Kochen bringen, Eigelb, Zucker und Stärkemehl glatt rühren, etwas kalte Milch zugeben, in kochende Vanillemilch einrühren, unter Rühren einmal aufpuffen lassen, Vanillestange entfernen, unter öfterem Durchschlagen völlig erkalten lassen, im Kühlschrank kühlen, vor dem Anrichten über vorbereitete Beeren gießen.

1 l Milch, 1/4 Vanillestange
1–2 Eigelb, 15 g Stärkemehl
40 g Zucker
500 g Erdbeeren, Himbeeren Johannisbeeren oder Brombeeren
etwa 80 g Zucker

1105. Milchkaltschale mit Obst*

Milchkaltschale wie Nr. 1104 zum Einlegen:
500–750 g Orangen, Mandarinen oder Bananen oder sterilisiertes bzw. gekochtes Obst wie Ananas, Kirschen, Sauerkirschen, Aprikosen oder Pfirsiche
Zucker nach Geschmack

Milchkaltschale herstellen wie bei Nr. 1104 beschrieben, kurz vor dem Anrichten vorbereitetes Obst untermischen: Orangen bzw. Mandarinen schälen, alles Weiße sorgfältig entfernen, vierteln, in Querscheiben schneiden, entkernen; geschälte Bananen in Scheiben schneiden, leicht mit Zitronensaft beträufeln. Sterilisiertes Obst entsteinen, nach Bedarf etwas klein schneiden. Bei Verwendung von sterilisiertem Obst kann ein Teil der Milch durch Kompottsaft ausgetauscht werden.

1106. Milchkaltschale mit Quark und Früchten* (roh)

500 g Quark, 3/4–1 l Milch
4 Eßl. süßer Rahm
Zucker nach Geschmack
500 g Obst nach Wahl wie: rohe Erdbeeren, Himbeeren, Orangen, Bananen oder sterilisierte Früchte

Frischen Quark, Milch, Rahm und Zucker sehr schaumig schlagen, mit vorbereitetem, evtl. kleingeschnittenem Obst mischen, abschmecken, gut kalt reichen. Bei Verwendung von sterilisiertem oder gekochtem Obst kann ein Teil der Milch durch Obstsaft ausgetauscht werden. Bei Verwendung von tiefgefrorenen Beeren diese vor der Verwendung gut antauen lassen, so daß sie bis zum Essen völlig aufgetaut sind. Geeignete sterilisierte Früchte: Aprikosen, Ananas, Pfirsiche, Sauerkirschen oder auch gemischtes Obst.

1107. Joghurtkaltschale mit Obst*

4–5 Becher Joghurt (kalt gestellt), 1/8 l Milch oder Fruchtsaft
1/8 l süßer Rahm, 60 g Zucker
500 g rohe Erdbeeren, Himbeeren, evtl. gemischt oder gemischtes Obst wie: Mandarinen, Orangen, Bananen, Ananas, Sauerkirschen u. a. m.
Zucker für rohe Früchte

Obst vorbereiten: Beeren (außer Himbeeren) waschen, abtropfen lassen, entstielen, tiefgefrorene Beeren bei Zimmertemperatur zugedeckt auftauen lassen; Mandarinen oder Orangen schälen, weiße Haut sorgfältig entfernen, in gleichmäßig kleine Stücke schneiden; Ananasscheiben gleichfalls in kleine Stücke und geschälte Bananen in Scheiben schneiden. Sterilisiertes oder gekochtes Obst (Sauerkirschen, Aprikosen, Pfirsiche, Birnen u. a. m.) gut abtropfen lassen, Obst nach Bedarf leicht einzuckern, kalt stellen. Gekühlten Joghurt mit Milch, Rahm und Zucker schaumig schlagen, anstelle von Milch evtl. Fruchtsaft unterschlagen, abschmecken, über vorbereitete, kalt gestellte Früchte geben, leicht mischen, gut kalt reichen.
Für kalorienarme Kost Magermilchjoghurt verwenden, auf Rahmzugabe verzichten.

1108. Buttermilch- oder Sauermilchkaltschale*

1 l Butter- oder Sauermilch
40–60 g Zucker
Zimt oder Zitronenschale
500 g Beeren od. Fruchtmark
evtl. 50 g gerieb. Schwarzbrot oder Knusperflocken

Frische, gut gekühlte Butter- oder Sauermilch mit Zucker, gemahlenem Zimt oder geriebener Zitronenschale schaumig schlagen (elektr. Handrührgerät), mit vorbereitetem Obst mischen oder Fruchtmark unterschlagen, abschmecken, anrichten, evtl. mit geriebenem Schwarzbrot, Vollkornbrot, Pumpernickel oder Knusperflocken bestreuen, gut kalt reichen.

1109. Stachelbeerkaltschale*

Stachelbeeren von Stiel und Blüte befreien, gründlich waschen, durch Fleischmaschine drehen oder mixen, mit Wasser, Zucker und Zitronenschale kochen, nach Belieben mit etwas Johannisbeersaft verbessern, abschmecken, mit kalt angerührtem Stärkemehlteiglein binden, gründlich aufkochen, mit Wein und Zitronensaft verbessern, nochmal abschmecken, in Anrichtegeschirr gießen, erkalten lassen, gut kalt reichen.

1/2–3/4 kg Stachelbeeren
1/2 l Wasser, 100 g Zucker
Schale von 1/2 Zitrone
evtl. 1 Glas Johannisbeersaft
20–25 g Stärkemehl
etwas Weißwein
Saft von 1 Zitrone

Fruchtkaltschale * siehe Nr. 110

Holunderkaltschale* siehe Nr. 111

Rhabarberkaltschale* siehe Nr. 112

Apfelkaltschale* siehe Nr. 113

Flockenspeisen

Flocken wie Hafer-, Mais-, Weizen- und Reisflocken sind *Vollkornprodukte.* Sie enthalten die Nähr- und Wertstoffe des ganzen Korns (siehe Seite 434/435 und 437), sind *leicht verdaulich, gut bekömmlich* und für Rohkostgerichte mit Obst gut geeignet. Knusperflocken sind leicht gesüßt und vielfach bevorzugt.
Flockenspeisen unter Zugabe von Obst, Obstsaft, Rahm, Quark oder Joghurt sind *sehr gesund* und in der Ernährung von Kindern, älteren Menschen und Kranken *wertvoll.*
Sie sind als vollwertiges Frühstück für Schulkinder besonders zu empfehlen.

1110. Schweizer Müsli nach Bircher Benner*

Haferflocken guter Qualität mit Wasser verrühren, kurz quellen lassen; gewaschenen Apfel mit der Schale auf Glasreibe *rasch* reiben, *sofort* mit Zitronensaft und allen übrigen Zutaten mischen, (Sultaninen gründlich waschen, brühen, abtropfen lassen), abschmecken, mit Nüssen bestreut *sofort* zu Tisch geben, da Müsli durch längeres Stehen braun und unansehnlich wird. Müsli deshalb erst kurz vor Gebrauch herstellen! Bei Verwendung gezuckerter Kondensmilch entfällt Zucker bzw. Honig!
Bei Verwendung von Erdbeeren, Himbeeren oder Bananen diese mit Gabel fein zerdrücken und wie geriebenen Apfel verwenden; Orangen oder Mandarinen schälen, sorgfältig häuten, in Stückchen schneiden. Müsli ist ein sehr gesundes, nahrhaftes, leicht verdauliches Frühstücks- oder Abendbrotgericht und für Kinder besonders zu empfehlen; als Abendessen Mengen verdoppeln.

Pro Person:
1 Eßl. (gehäuft) kleinblättrige Haferflocken guter Qualität „extra zart"
3 Eßl. Wasser
1 großer Apfel oder
150 g Obst nach Wahl
Saft von 1/2 Zitrone
1 Eßl. geriebene Nüsse
1 Eßl. Kondensmilch oder süßer Rahm
1 Eßl. Honig oder Zucker
1 Eßl. Sultaninen

1111. Einfache Flockenspeise*

Pro Person:
3 Eßl. kleinblättrige Haferflocken „extra zart"
8–10 Eßl. Fruchtsaft, Milch, Joghurt oder Buttermilch
etwas Zitronensaft
1 Eßl. Honig oder Zucker
150 g frisches Obst oder Preiselbeerkompott

Flocken mit Fruchtsaft, Milch, Joghurt oder Buttermilch anfeuchten, etwas quellen lassen, mit Honig oder Zucker nach Geschmack süßen, mit rohen, geriebenen oder geraffelten Äpfeln oder klein geschnittenen Pfirsichen, Aprikosen, Orangen oder Mandarinen oder mit rohen, zerdrückten Beerenfrüchten oder Bananen und Zitronensaft gut verschlagen. Anstelle von Frischobst kann auch Preiselbeerkompott verwendet werden. Flockenspeise gut abschmecken; kurz vor Gebrauch herstellen.
Anstelle von Haferflocken können auch andere Flocken verwendet werden.

1112. Feine Flocken-Obstspeise*

Pro Person:
3 Eßl. kleinblättrige Haferflocken „extra zart"
6 Eßl. süßer Rahm
etwas Zitronensaft
1–2 Eßl. Honig oder Zucker
1–2 geriebene Äpfel oder
150 g frische Beeren oder
1 kernlose, saftige Orange
2 Eßl. Nüsse

Flocken mit Rahm verrühren, etwas quellen lassen, mit Zitronensaft und Honig oder Zucker verrühren; Obst vorbereiten: Beeren waschen (außer Himbeeren und Brombeeren), gut abtropfen lassen, entstielen; Äpfel waschen, raffeln, sofort unter die Flocken rühren, damit sie sich nicht verfärben. Bei Verwendung von Orangen diese waschen. schälen, alles Weiße sorgsam entfernen, halbieren, in dünne Querscheiben schneiden, Nüsse blättrig schneiden, unter Flocken mischen. Flockenspeise gut mischen, abschmecken, sofort zu Tisch geben. Stets kurz vor Gebrauch herstellen!

1113. Keimdiät mit Obst*

Pro Person:
3 Eßl. Keimdiät, 6 Eßl. Milch, Joghurt oder Sauermilch
Saft von 1/2 Zitrone
1 Eßl. Honig oder Zucker
Obst nach Wahl: 1 großer Apfel, 150 g Beeren oder 1–2 Bananen oder 1 große, kernlose Orange

Keimdiät mit Milch, Joghurt oder Sauermilch verrühren, etwas ziehen lassen, dann mit Zitronensaft und Honig oder Zucker verrühren. Obst waschen, Apfel mit der Schale raffeln oder reiben, sofort mit angerührter Keimdiät vermischen, um Verfärbung zu vermeiden. Vorbereitete Beeren oder geschälte Bananen mit Gabel fein zerdrücken, geschälte Orange halbieren, in Querscheiben schneiden, vorbereitetes Obst sofort mit angerührter Keimdiät mischen, abschmecken, zu Tisch geben. Jeweils kurz vor Gebrauch herstellen!
Als Frühstücks- oder Abendbrotgericht gut geeignet.

1114. Knusperflockenspeise*

Pro Person:
150 g frischer Quark
1 Becher Joghurt
3 Eßl. Fruchtsaft oder süßer Rahm, 1–2 Eßl. Honig oder Zucker, Zitronensaft
Obst n. Wahl wie Nr. 1113
3 Eßl. Knusperflocken

Frischen Quark mit Joghurt, Fruchtsaft oder süßem Rahm und Honig oder Zucker gut schaumig schlagen, mit Zitronensaft abschmecken; Obst waschen, Apfel raffeln oder reiben, sofort mit Quarkspeise mischen; Beeren entstielen, große Erdbeeren klein schneiden, unterschlagen; anderes Obst je nach Art vorbereiten und entsprechend zerkleinern, untermischen, Speise abschmecken, anrichten, mit Knusperflocken bestreuen und sofort zu Tisch geben. Kurz vor Gebrauch herstellen.

1115. Frischkornbrei nach Dr. Kollath

Pro Person:
3 Eßl. Weizenschrot (frisch gemahlen), 4 Eßl. Wasser
Honig nach Geschmack
Zitronensaft, 3 Eßl. Joghurt
Milch oder süßer Rahm
150 g Obst je nach Jahreszeit

Frisch gemahlenes Weizenschrot in kaltem Wasser einige Stunden quellen lassen, dann mit Honig, Zitronensaft und Joghurt, Milch oder Rahm gut verrühren; gründlich gewaschenes Obst je nach Art schälen, zerkleinern, sofort unterrühren, abschmecken, anrichten. Stets kurz vor Gebrauch fertigstellen.

Süße Quark- und Joghurtspeisen

Quark (Topfen) ist sehr gesund, reich an hochwertigem Eiweiß und an wichtigen Mineralien, leicht verdaulich und gut bekömmlich.

Wichtiges über Quark siehe Kochlehre Seite 331 ff.

Quarkspeisen sollen in der Ernährung von Kindern, Jugendlichen, Erwachsenen, älteren Menschen und Kranken, insbesondere von Leberkranken sehr viel häufiger verwendet werden!

Quark kann durch rohes oder gekochtes Obst, Eigelb, Rahm, Zucker und verschiedene Geschmackszutaten mit wertvollen Nähr- und Wertstoffen angereichert und geschmacklich sehr abwechslungsreich gestaltet werden.

Joghurt wird aus pasteurisierter Vollmilch hergestellt; die Ausgangsmilch darf durch Eindampfen auf 3/4 bis 2/3 des ursprünglichen Volumens eingedickt werden, wodurch der Eiweißgehalt erhöht und festere Konsistenz des Joghurts erreicht wird; Joghurt dieser Art setzt nicht so rasch Molke ab. Durch Impfen mit bestimmten Milchsäurebakterien (Bacterium bulgaricum und Streptococcus thermophilus) wird die Säuerung, dadurch die Quellung des Milcheiweißes und auch die Aromabildung bewirkt.

Magermilchjoghurt wird auf gleiche Weise aus entrahmter Frischmilch hergestellt und stets als solcher gekennzeichnet. Er ist für kalorienarme Kost zu bevorzugen.

Joghurt ist erfrischend, wohlschmeckend, leicht verdaulich und verdauungsfördernd, gleichzeitig diätetisch wertvoll, da die Milchsäurebakterien für die Fäulnisbakterien des Darms den Nährboden verändern und deren einseitige Entwicklung hemmen.

Kochlehre:

Merke:

1. *Quark und Joghurt stets frisch* verwenden, *Frischhaltedatum* auf Packung beachten.

2. *Magerquark ist eiweißreicher, kalorienärmer und preiswerter* als Sahnequark und ist für alle Quarkspeisen gut geeignet, für kalorienarme Kost bevorzugen.

3. *Gekaufter Quark hat gleichmäßige, zart-geschmeidige Beschaffenheit,* die ein *Passieren überflüssig* macht; für selbsthergestellten Quark Nr. 1715 ist ein Passieren zu empfehlen.

4. *Der Gehalt an Feuchtigkeit und Milchsäure* im Quark kann etwas *schwanken,* davon wird die notwendige Menge an Flüssigkeit bzw. an Bindemitteln und an Zucker beeinflußt. Die in den Rezepten angegebenen Mengen gelten als allgemeine *Richtwerte.*

5. Quark- und Joghurtspeisen *abwechslungsreich* gestalten durch häufigen Wechsel in der Wahl von Geschmackszutaten und Obstarten.

6. Angerichtete Quark- und Joghurtspeisen bis zum Gebrauch *kalt stellen,* jedoch *nicht zu lange stehen lassen;* bei längerem Stehen setzen sie leicht Flüssigkeit ab.

1116. Früchtequark*

500 g frischer Quark (Magerquark)
1/4–3/8 l Milch, (evtl. ein Teil als Joghurt, Fruchtsaft oder -mark oder Kompottsaft)
evtl. 1/8 l süßer Rahm
ca. 100 g Zucker nach Geschmack
500–750 g rohe, weiche Früchte wie Beeren, Orangen, Mandarinen, Bananen, Äpfel, Birnen oder sterilisierte Früchte wie Aprikosen, Ananas, Pfirsiche, Mandarinen, Kirschen oder Sauerkirschen o. ä.
Zitronensaft und -schale nach Geschmack

Rohe weiche Früchte vorbereiten: *Beeren* je nach Art verlesen, waschen (außer Himbeeren und Brombeeren), gut abtropfen lassen, evtl. entstielen, mit etwas Zucker bestreuen, durchziehen lassen.

Bananen in Scheibchen schneiden, sofort mit Zitronensaft beträufeln oder mit Gabel fein zerdrücken bzw. mixen und mit etwas Zitronensaft und Zucker schaumig schlagen.

Äpfel oder Birnen waschen, evtl. schälen, raffeln, sofort mit Zitronensaft und etwas Zucker mischen.

Orangen oder Mandarinen (möglichst kernlos) schälen, vierteln oder achteln, in Querscheibchen schneiden, mit etwas Zucker bestreuen.

Sterilisierte Früchte aus dem Saft nehmen, gut abtropfen lassen, große Früchte in kleine Stückchen schneiden, Steinobst entkernen.

Frischen Quark mit Milch, evtl. etwas Joghurt oder mit Fruchtsaft bzw. Fruchtmark oder Kompottsaft der sterilisierten Früchte, nach Belieben unter Zugabe von etwas süßem Rahm schaumig schlagen, Zucker nach Geschmack und Zitronensaft bzw. geriebene -schale unterschlagen, abschmecken, vorbereitetes Obst untermischen, etwas kalt stellen, anrichten, nach Belieben mit schönen Früchten verzieren, gut kühl reichen.
Obst kann nach Jahreszeit und Geschmack gewählt, ausgetauscht oder gemischt verwendet werden.
Nach Belieben kann Speise auch mit Knusperflocken bestreut angerichtet werden.
Früchtequark ist ein sehr erfrischender Nachtisch, auch zum Frühstück oder Abendessen oder als wertvolle Zwischenmahlzeit zu empfehlen.

1117. Süße Quarkspeise einfach*

500 g frischer Magerquark
1/4–3/8 l Milch, davon evtl. 1/8 l Joghurt, 80–100 g Zucker
Vanillezucker oder Zitronenschale
zum Einlegen nach Wahl:
4–6 Eßl. Preiselbeeren oder Johannisbeeren (eingemacht) oder Marmelade oder
50 g Schokolade, gerieben, Schokoladenpulver oder -streusel
50 g geriebene Nüsse oder
4 Eßl. geriebenes Vollkornbrot oder Pumpernickel

Frischen Magerquark (Speisequark oder auch Schichtkäse), nur falls nötig durch Sieb streichen, mit Milch bzw. Joghurt, Zucker und etwas Vanillezucker oder geriebener Zitronenschale sehr schaumig schlagen (elektrisches Handrührgerät!), abschmecken; der Milchbedarf wird von der Beschaffenheit des Quarks beeinflußt. Quarkmasse mit den Einlegezutaten nach Wahl lagenweise in Glasschale einschichten, oberste Schicht Quarkmasse, diese glatt streichen, kalt stellen bis zum Gebrauch (jedoch nicht länger als 1 Stunde, da Quark Flüssigkeit absetzt und dadurch die Speise unansehnlich wird). Quarkspeise nach Belieben mit eingemachten Preiselbeeren oder Johannisbeeren (ohne Saft) oder mit geriebener Schokolade bzw. Schokoladenstreusel oder Nüssen bzw. geriebenem Pumpernickel verzieren.
Einfacher, erfrischender Nachtisch, auch beliebt zum Frühstück oder Abendessen, besonders für Kinder und ältere Menschen zu empfehlen.

1118. Süße Quarkspeise fein*

Eigelb mit Zucker und vorbereiteter Vanillestange schaumig schlagen (elektr. Handrührgerät!), abwechselnd hellen Obst- oder Kompottsaft und frischen Quark unterschlagen, Masse muß sehr locker und schaumig sein, Vanillestange entfernen. Steifen Schlagrahm unterziehen, mit vorbereiteten Früchten locker mischen oder schichtweise einlegen, kalt stellen, nach Belieben mit schönen Früchten verzieren.
Früchte vorbereiten: Sterilisierte Ananas, Aprikosen, Pfirsiche, Birnen oder Aprikosen gut abtropfen lassen, in gleichmäßige Stückchen oder Scheiben schneiden. Rohe Beeren leicht zuckern, etwas ziehen lassen; Bananen mit etwas Zucker und Zitronensaft pürieren und schaumig schlagen, unter die Quarkmasse schlagen vor Zugabe des Schlagrahms.

300 g frischer Quark
2 Eigelb nach Belieben
50–80 g Zucker n. Geschmack
1/4 Stange Vanille
1/8 l Obst- oder Kompottsaft oder Joghurt
1/8–3/16 l Schlagrahm
250–500 g weiche Früchte nach Wahl
(roh oder sterilisiert)

1119. Quarkcreme mit Früchten*

Herstellen wie süße Quarkspeise fein Nr. 1118 mit erhöhter Zucker- und Flüssigkeitsmenge; vorbereitete Gelatine nach Vorschrift lösen, lauwarm unter die schaumige Quarkmasse schlagen, kalt stellen, sobald die Masse deutlich zu steifen beginnt, steifen Schlagrahm unterziehen, vorbereitetes Obst (wie bei Nr. 1118) locker untermischen oder schichtweise einlegen, kalt stellen, steifen lassen. Nach dem Steifen nach Belieben mit schönen Früchten verzieren, gut kalt reichen. (Gelatinezugabe verhindert das Absetzen von Flüssigkeit.)
Abwandlungsmöglichkeit: Verzichtet man auf Beigabe von Früchten, stellt man die Creme zweckmäßig von 500 g Quark her. Anstelle von Schlagrahm kann der mit wenig Zucker schnittfest geschlagene Schnee von 2 Eiweiß untergehoben werden.

Zutaten wie Nr. 1118 mit
3/8 l Milch, Joghurt, Frucht- oder Kompottsaft, Zucker nach Geschmack
3–4 Blatt weiße Gelatine
2 Eßl. heißes Wasser z. Lösen
zum Einlegen:
500 g weiche Früchte n. Wahl
(roh oder sterilisiert)

1120. Quark-Vanillecreme*, Quark-Mondaminspeise*

Einfache Vanillecreme oder Mondaminbrei herstellen: Milch mit Geschmackszutat zum Kochen bringen, Stärkemehl oder Puddingpulver mit einigen Eßlöffeln zurückbehaltener kalter Milch, Eigelb und Zucker gut verrühren, in die kochende Milch einschlagen, kurz aufpuffen lassen, unter mehrmaligem Durchrühren erkalten lassen; Quark oder Sahneschichtkäse nur falls nötig durch Sieb streichen, mit kalter Milch und Zucker glatt und schaumig schlagen, völlig erkaltete Vanillecreme bzw. Mondaminbrei unterschlagen, abschmecken, mit leicht eingezuckerten Früchten oder gebrühten Rosinen und geschälten, gehackten Mandeln bzw. Nüssen einschichten, mit Früchten verzieren.
Rohe Früchte nach dem Waschen leicht einzuckern, etwas durchziehen lassen; gekochte oder sterilisierte Früchte gut abtropfen lassen; Früchte evtl. je nach Fruchtart zerkleinern.
Speise nicht über Nacht stehen lassen, da rasch Säuerung eintritt. Gut geeignet als selbständiges Abendessen mit Schwarzbrot, Mengen jedoch erhöhen.

1/2 l Milch, 1/4 Stange Vanille oder Vanillezucker
40 g Zucker, 20–25 g Stärkemehl oder Puddingspulver
1–2 Eigelb nach Belieben
250–500 g frischer Quark (oder Schichtkäse)
50 g Zucker, 1/8–1/4 l Milch
Nach Belieben: 50 g Rosinen
30 g Mandeln oder Nüsse
oder 250–500 g Früchte
(roh oder sterilisiert)

1121. Quarkschaumspeise*

250 g frischer Quark (Magerquark)
1 Becher Joghurt oder
1/8 l Milch (knapp)
Vanille oder Zitronenschale
2 Eiweiß
100–125 g feiner Grießzucker
nach Belieben:
250–500 g Erdbeeren, Himbeeren, Bananen oder Dosenananas

Quark mit Joghurt oder Milch, Geschmackszutat und einem Teil des Zuckers sehr schaumig schlagen, in den Kühlschrank stellen; Eiweiß zu sehr steifem Eischnee schlagen, restliche Zuckermenge unter kräftigem Schlagen einrieseln lassen, dann Quarkmasse löffelweise unterschlagen, kräftig schlagen, bis Masse sehr schaumig und steif ist. Vorbereitete Früchte (gewaschen, gut abgetropft, gleichmäßig klein geschnitten) unter den Quarkschaum mischen, in Glasschale oder Gläsern anrichten, kalt stellen, nach Belieben mit Früchten verzieren.

Bei Verwendung von elektrischem Handrührgerät erst Eischnee sehr steif schlagen, etwa die Hälfte der Zuckermenge in das laufende Gerät einrieseln lassen, dann unter kräftigem Schlagen (höchste Schaltstufe) abwechselnd übrige Zutaten löffelweise zugeben, Masse muß sehr locker und schaumig sein, zuletzt vorbereitete Früchte untermischen, fertigstellen wie angegeben.

1122. Joghurt-Früchtebecher*

Pro Person:
1 Becher Joghurt (gekühlt) (evtl. Magermilchjoghurt)
2 Eßl. süßer Rahm
1/2–1 Eßl. Zucker
100 g weiche Früchte wie: Beeren, Sauerkirschen, 1 reifer Pfirsich oder Aprikose, 1 Banane oder 1/2 saftige, kernlose Orange oder 1 Mandarine oder 1 Scheibe Dosenananas
etwas Zucker f. rohe Früchte
evtl. wenig Zitronensaft
zum Verzieren: Früchte wenig Schlagrahm n. Belieben

Gewaschene rohe Früchte vorbereiten: Beeren nach Bedarf verlesen, entstielen, große Erdbeeren halbieren, tiefgefrorene Früchte oder Beeren rechtzeitig auftauen lassen; Sauerkirschen entsteinen; Pfirsich oder Aprikose halbieren, entsteinen, in dünne Scheibchen, geschälte Orange bzw. Mandarine halbieren oder vierteln, in Querscheibchen und Ananasscheibe in kleine Stücke schneiden; Banane entweder in Scheibchen schneiden oder mit Gabel fein zerdrücken und mit Zucker und etwas Zitronensaft schaumig schlagen. Rohes Obst leicht einzuckern, evtl. mit wenig Zitronensaft beträufeln, kurz durchziehen lassen. Kalt gestellten Joghurt mit Rahm und etwas Zucker schaumig schlagen, vorbereitete Früchte untermischen, abschmecken, in weitem Glas anrichten, nach Belieben mit Früchten und nur wenig Schlagrahm verzieren, kühl reichen.

Besonders gut schmeckt Joghurt-Früchtebecher mit gemischtem Obst, wobei Früchte nach Belieben und nach Jahreszeit gemischt, evtl. auch sterilisierte Früchte verwendet werden können. Bereits gesüßtes Obst wie Kompottfrüchte oder mit Zucker eingefrostete Beeren nicht mehr zuckern.

1123. Joghurtcreme

2–3 Eier getrennt
125 g Zucker, Schale von 1/2 Zitrone abgerieben
Saft von 1 Zitrone
3 Becher Joghurt
4 Blatt weiße Gelatine
2 Eßl. heißes Wasser z. Lösen
z. Verbessern nach Belieben:
1/8 l Schlagrahm

Schaummasse rühren aus Eigelb, der Hälfte des Zuckers und Geschmackszutaten (elektr. Handrührgerät!), vorbereitete Gelatine nach Vorschrift lösen. Joghurt und lauwarme Gelatinelösung unter die Schaummasse schlagen, abschmecken, kalt stellen; sobald Masse zu steifen beginnt, sehr steifen Eischnee mit der restlichen Zuckerhälfte sehr schaumig schlagen, unter die steifende Joghurtcreme ziehen, nach Belieben etwas steifgeschlagenen Schlagrahm unterheben, in Schale oder weite Gläser füllen, kalt stellen, nach Belieben zum Anrichten mit wenig Schlagrahm spritzen oder mit einigen Früchten verzieren.

Milchflammeris, Obstgrützen

Flammeris und Obstgrützen werden sowohl als einfacher, rasch herzustellender Nachtisch wie als leichtes sommerliches Abendessen geschätzt. Sie sind durch verschiedene Geschmacksgebung und vielerlei Obstarten sehr abwechslungsreich zu gestalten. Sie werden kalt gereicht, nach Belieben gestürzt, evtl. als Portionen gestürzt angerichtet und mit kalter süßer Soße, gesüßter Milch oder mit Fruchtsaft oder Kompott gereicht. Sie sind sehr erfrischend, wohlschmeckend und leicht verdaulich, vor allem bei Kindern sehr beliebt.

Kochlehre:

Flammeri: Milch unter Zugabe der Geschmackszutaten mit stärkehaltigen Bindemitteln zu dickem Brei kochen, nach Belieben mit Ei verbessern und evtl. heiße Masse mit steifem Eischnee lockern, gut kalt, nach Belieben gestürzt, reichen.

Obstgrütze: Obstsaft, Fruchtmark oder zu Kompott gekochtes Obst süßen, mit stärkehaltigen Bindemitteln durch Kochen wie Brei dicken, mit etwas Wein und Zitronensaft verbessern, wie Flammeri gut kalt mit kalter Milch oder süßer Milchsoße reichen.

Grundmengen für Flammeri und Obstgrütze (als Nachtisch für 6 Personen ausreichend):

1 l Flüssigkeit
80 (65) g Speisestärke oder Puddingpulver oder
150 (120) g Reis (nur für Milchflammeri).

Die Menge an Bindemitteln wird bestimmt durch die gewünschte Steife der Speise.

Für selbständiges Hauptgericht Rezeptmengen auf 1½–2 l Flüssigkeit erhöhen.

1124. Flammeri (als Nachtisch für 6 Personen)

Grundrezept

1 l Milch, 1 Prise Salz
Zitronenschale oder Vanille
60–80 g Zucker

zum Binden:
80 (65) g Speisestärke oder Puddingpulver oder
125 (100) g Grieß oder Sago oder
150 (120) g Weichreis

z. Verbessern nach Belieben:
1–2 Eier getrennt
Sultaninen oder Rosinen
geschälte, gehackte Mandeln oder Nüsse

Arbeitsweise:

1. Flammeri zweckmäßig *am Tag vor Gebrauch herstellen.*

2. *Milch mit Geschmackszutaten zum Kochen* aufstellen; anstelle von Zitronenschale oder Vanille können Schokolade oder Kakao, Karamel oder geschälte, geriebene Nüsse oder Mandeln verwendet werden.

3. *Dicken Brei kochen* wie bei Nr. 994 beschrieben:
Speisestärke oder Puddingpulver mit wenig zurückbehaltener kalter Milch glatt rühren (Schüttelbecher), in kochende Milch einrühren, unter Rühren bei mäßiger Hitze gar kochen;
Grieß oder Sago in kochende Milch einstreuen, unter Rühren bei *mäßiger* Hitze garen lassen.
Reis waschen, brühen, mit den Geschmackszutaten in *kalter* Milch zusetzen, bei *mäßiger* Hitze zum Kochen bringen, bei *schwacher* Hitze gar quellen lassen.
Die größere Menge an Bindemitteln ist für zu stürzende Flammeris berechnet – wird der Flammeri in *der Schale gereicht,* kann Masse weicher gehalten werden; dafür gelten die in Klammer gesetzten Mengen.
Während des Kochens *Zucker* zugeben und *abschmecken.*

4. *Garzeiten:*
Speisestärke bzw. Puddingpulver: einmal aufkochen lassen.

Grieß	:	10 Minuten
Weichreis	:	15–20 Minuten
Minutenreis	:	5 Minuten
Kartoffelsago	:	20–30 Minuten

Speicherwärme bei Elektroplatten überlegt nutzen!

5. *Verbessern: Noch heißen Brei evtl. mit Eigelb abrühren, steifen Eischnee unterheben,* nach Belieben gebrühte Rosinen oder Sultaninen bzw. geschälte, gehackte Mandeln oder Nüsse untermengen.

6. *Masse noch heiß in die mit kaltem Wasser ausgespülte Form* oder Anrichteschale gießen, glatt streichen, *kalt stellen und völlig erkalten* lassen, vor Gebrauch nach Belieben *stürzen,* gut kalt reichen.
Zu Flammeri Fruchtsaft, Fruchtsoße oder Kompott geben.
Anwendungsbereich: Für Milchflammeris und für Obstgrützen aller Art; für Obstgrützen Milch durch Obstsaft, dünnes Obstmark oder Kompott austauschen. Obstgrütze statt mit Ei evtl. mit 1 Gläschen Wein verbessern.

1/2 Stange Vanille

Vanilleflammeri: Vanillestange klopfen, spalten, zur kalten Milch geben, Flammeri nach Grundrezept herstellen.

250–500 g weiche Früchte

Flammeri mit Früchten: Vanilleflammeri wie oben beschrieben herstellen, rohe oder sterilisierte weiche Früchte wie Erdbeeren, Himbeeren, sterilisierte Sauerkirschen, Aprikosen, Pfirsiche oder Ananas (gut abgetropft) lagenweise mit einschichten, rohe Beeren vorher leicht zuckern, etwas durchziehen lassen. Mit Kompott oder Fruchtsaft reichen.

1/2 Stange Vanille
80 g Schokolade oder
50 g Schokoladenpulver oder
30 g Kakao

Schokoladenflammeri: Vorbereitete Vanillestange und kleingebrochene Schokolade zur kalten Milch geben, zum Kochen bringen und fertigstellen wie oben beschrieben oder Schokoladenpulver bzw. Kakao mit Zucker mischen und zur Milch rühren, dann binden; bei Verwendung von Kakao Zuckermenge etwas erhöhen. Schokoladenflammeri durch 2 Eischnee verbessern. Dazu Vanillesoße oder etwas Schlagrahm reichen.

zum Karamel:
80–120 g Zucker
1/8 l Wasser

Karamelflammeri: Karamel herstellen: Zucker in Eisenpfännchen trocken zu Karamel bräunen, bis der Zucker schön goldbraun ist und zu schäumen beginnt, mit Wasser ablöschen, kochen lassen, bis Karamel völlig gelöst ist, Karamelflüssigkeit zur Milch geben, nach Grundrezept Flammeri herstellen, mit Stärkemehl binden wie oben beschrieben.

1/2 Vanillestange
60–80 g geschälte
Mandeln oder Nüsse

Nuß- oder Mandelflammeri: Nüsse auf Blech in vorgeheizter Röhre leicht rösten, Schale abreiben; Mandeln brühen, abziehen. Nüsse bzw. Mandeln nach Belieben grob hacken oder fein reiben, mit der vorbereiteten Vanillestange zur Milch geben, Flammeri nach Grundrezept fertig stellen. Dazu nach Wahl Fruchtsoße, Kompott, Schokoladensoße oder etwas Schlagrahm reichen.

Obstsalat mit Zuckermelone
Rezept S. 512 ▶

1125. Schlagrahmreis mit Früchten, Reis Trautmannsdorf

Reis waschen, brühen, gut abtropfen lassen; Milch mit geklopfter, gespaltener Vanilleschote, Salz und Zucker zum Kochen bringen, Reis in *kochende* Milch einstreuen, bei schwacher Hitze zugedeckt garquellen lassen; Reis soll schön körnig bleiben, Rühren vermeiden, dann erkalten lassen. In der Zwischenzeit vorbereitete Gelatine nach Vorschrift mit wenig heißer Flüssigkeit lösen; bei Verwendung gemahlener Gelatine verfahren wie in Kochlehre s. Seite 530/531 beschrieben. Gelöste Gelatine unter abgekühlten Reis mischen, völlig erkalten lassen, Arrak oder Rum und steifgeschlagenen Schlagrahm locker unterziehen, in eine mit kaltem Wasser ausgespülte Form füllen, nach Belieben Früchte einlegen, letzte Schicht Reismasse, sofort kalt, am besten in den Kühlschrank stellen. Nach einigen Stunden, kurz vor dem Anrichten evtl. stürzen, mit Früchten verzieren und nach Belieben mit Schlagrahm spritzen.

Reismasse kann auch ohne Früchte in eine mit kaltem Wasser ausgespülte Ringform gedrückt werden, darin kalt stellen und steifen lassen, vor Gebrauch stürzen, Reisrand mit Früchten füllen und evtl. mit Schlagrahm spritzen.

150 g Hartreis, 3/4 l Milch
1 Prise Salz, 1/2 Vanillestange, 80 g Zucker
4 Blatt weiße Gelatine
2 Eßl. heißes Wasser z. Lösen
2–3 Eßl. Arrak oder Rum

zum Einlegen und Verzieren:
500 g rohe Erdbeeren, Himbeeren, Orangen- oder Mandarinenscheiben oder 500 g sterilisierte Ananas, Aprikosen, Pfirsiche oder Sauerkirschen
evtl. 1/8 l Schlagrahm

1126. Weinschaumreis, Reis in Weincreme

Reis waschen, brühen, abtropfen lassen, in *abgemessener kochender* Wassermenge mit Butter, 1 Prise Salz und etwas Zitronenschale aufkochen, bei schwacher Hitze zugedeckt langsam garen, am besten in der Röhre gar quellen lassen, Reis muß körnig bleiben, *Garzeit* etwa 20 Minuten. Creme herstellen: Schaummasse rühren aus Eigelb und der Hälfte des Zuckers, Wein beifügen, am Feuer abschlagen, bis Masse leicht aufpufft, Zitronensaft zugeben, körnig gekochten Reis untermischen; sehr steifen Eischnee schlagen, Rest der Zuckermenge unter Schlagen einrieseln lassen, weiter kräftig schlagen, bis Masse sehr schaumig, steif und glänzend ist, die *noch heiße Reismasse unter den* steifen Eischnee geben, in Glasschale füllen, kalt stellen, gut kalt, nach Belieben mit wenig Schlagrahm gespritzt reichen.

200 g Hartreis
1/2 l Wasser (knapp)
30 g Butter, 1 Prise Salz
1 Stückchen Zitronenschale

zur Weinschaumcreme:
3 Eigelb, 100–150 g Zucker
1/4 l Weißwein, Saft von 1 Zitrone, 3 Eischnee

zum Verzieren:
1/8 l Schlagrahm

1127. Obstgrütze, Rote Grütze, Obstflammeri

Obstgrütze mindestens einige Stunden vor Gebrauch, am besten am Vortag herstellen. Wird Obstgrütze in der Glasschale gereicht und nicht gestürzt, so kann Stärkemehl- bzw. Grieß- oder Sagomenge um etwa 1/5–1/4 der Menge gekürzt werden. Siehe Mengenangabe in Klammern bei Nr. 1124.

Früchte roh oder gekocht zu Mark verarbeiten, evtl. mit wenig Wasser auffüllen, so daß insgesamt 1 l an Menge entsteht. Fruchtmark oder Saft mit Zucker mischen, mit etwas Zitronenschale zum Kochen bringen, binden wie Flammeri Nr. 1124, bei schwacher Hitze gar kochen, mit Zitronensaft und Wein abschmecken, in kalt ausgespülte Schale oder Form füllen, glatt streichen, kalt stellen und völlig erkalten lassen, evtl. kühlen. In der Schale oder gestürzt anrichten.

1 l Obstsaft oder dünnes Fruchtmark von Erdbeeren Himbeeren, Johannisbeeren (rot, schwarz oder gemischt) Aprikosen, Kirschen oder Sauerkirschen oder
750 g Obst als Kompott
Zitronensaft und -schale
etwa 100–150 g Zucker

zum Binden: wie Nr. 1124

zum Verbessern: etwas Wein

◀ Orangensulze – Rezept S. 533
Rohe Frucht-Rahmcreme – Rezept S. 547

Anwendung für alle Arten von Obstgrützen.
Dazu reicht man kalte Vanillesoße oder kalte, gesüßte, nach Belieben mit etwas Vanille gewürzte Milch.

1128. Rhabarbergrütze

3/4 kg Rhabarber
1/4 l Wasser
1 Stück Zitronen- oder Orangenschale
150–200 g Zucker
1 Glas Erdbeer- oder Johannisbeersaft
zum Binden wie Nr. 1124
zum Verbessern:
4–6 Eßl. Weißwein

Rhabarber waschen, putzen, jungen Rhabarber nicht schälen, älteren abziehen, klein schneiden, in Wasser mit Zitronen- oder Orangenschale und Zucker zu Kompott kochen, Zitrusschale entfernen, Kompott nach Belieben mixen, bei Bedarf nachsüßen, nach Belieben mit 1 Glas Erdbeer- oder Johannisbeersaft verbessern, abschmecken; Gesamtmenge soll 1 l betragen. Masse zum Kochen bringen, binden wie bei Grundrezept Nr. 1124 beschrieben, evtl. mit etwas Weißwein verbessern, in Glasschale oder in mit kaltem Wasser gespülten Formen erkalten lassen, dann im Kühlschrank kühlen, nach Belieben gestürzt anrichten.
Zu Rhabarbergrütze kalte Vanillesoße oder kalte, mit Vanille gewürzte, gesüßte Milch reichen.

1129. Stachelbeergrütze

3/4–1 kg Stachelbeeren
1/4 l Wasser, 1/2 Zitronenschale, Saft v. 1 Zitrone
100–150 g Zucker
1 Glas Erdbeer- oder Johannisbeersaft n. Belieben
zum Binden wie Nr. 1124
zum Verbessern:
4–6 Eßl. Weißwein

Von Stachelbeeren Stiel und Blüte entfernen, gründlich waschen, mit Zitronenschale und Zucker in Wasser zu Kompott kochen, Zitronenschale entfernen, Kompott zu Mark mixen oder vorbereitete, rohe Früchte durch Fleischmaschine drehen; Mark mit Zucker abschmecken, nach Belieben mit 1 Glas Erdbeer- oder Johannisbeersaft verbessern, Gesamtmenge soll 1 l ergeben. Masse zum Kochen bringen, binden wie bei Grundrezept Nr. 1124 beschrieben, nach Belieben mit etwas Wein und Zitronensaft abschmecken, in Glasschale oder in mit kaltem Wasser ausgespülten Formen erkalten lassen, gut kühlen, nach Belieben gestürzt anrichten. Dazu kalte Vanillesoße reichen.

Süße Sulzspeisen

Süße Sulzen wie Obstsulzen, Weinsulzen, Milch-, Sauermilch- oder Buttermilchsulzen bestehen aus einer gut abgeschmeckten Flüssigkeit wie Obstsaft, Süßmost, Wein, Milch bzw. Sauer- oder Buttermilch, die durch Steifmittel geleeartige oder sulzartige Beschaffenheit erhält. Als Steifmittel wird in der Regel *Gelatine* verwendet. *Gelatine quillt in kalter, löst sich in heißer Flüssigkeit und steift in Kälte unter Bindung von Flüssigkeit;* durch Wärmeeinwirkung werden mit Gelatine gesteifte Speisen stets wieder flüssig. Sulzen steifen also nur in Kälte. Sie werden deshalb immer kalt gereicht.

Süße Sulzen sind *sehr erfrischend*, sehr *leicht verdaulich*, meist *kalorienarm*, können jedoch durch Beigabe von Rahm in ihrem *Nährwert* nach Belieben *angereichert* werden. Ihre *Herstellung* ist besonders *einfach*, *arbeitsparend* und erfolgt auf *kaltem Wege*.

Grundsätzliches über Gelatine s. Seite 260/261.

Kochlehre:

Regeln für *Gelatineverwendung:*

1. *Gelatinespeisen mindestens einige Stunden vor Gebrauch, am besten am Vortag herstellen, zum Steifen immer kalt stellen.*

2. *Grundmenge an Gelatine* für süße Sulzen: *Für 1 l ungebundene Flüssigkeit: 10–12 Blatt Gelatine;* bei kurzfristigem Steifen bis 15 Blatt, *für 1 l gebundene Flüssigkeit 8–10 Blatt Gelatine.*

1 Blatt Gelatine entspricht 1 Teelöffel (gestrichen) gemahlener Gelatine.

Die Gelatinemenge hängt ab von der verfügbaren *Zeit zum Steifen,* der *Temperatur während des Steifens und der gewünschten Festigkeit der Sulze.* Das Herstellen von Sulzspeisen am Tag vor Gebrauch spart Gelatine, kurzfristiges Steifen erhöht Gelatinebedarf.
Für gestürzte Sulze rechnet man die größere, für Sulzen in der Schale die geringere Gelatinemenge.

3. *Gelatine richtig vorbereiten, lösen und verwenden;* 1 Teelöffel gemahlene Gelatine benötigt 1 Eßlöffel Wasser zum Quellen und Lösen (siehe Grundrezept Nr. 1130).

4. *Aufbewahrung von Gelatine* erfolgt am besten in luftdicht schließenden Dosen, da die Einwirkung von gasförmigen Formaldehydverbindungen (oft zu Innenanstrich von Möbeln und zu Klebstoffen verwendet) Gelatine u. U. „härtet", wodurch sie ihre Löslichkeit verliert und damit als Steifmittel ungeeignet werden kann.
Andere käufliche Steifmittel stets nach aufgedruckter Gebrauchsanweisung verwenden.

1 l Sulze reicht als Nachtisch für 6–8 Personen, für 4 Personen benötigt man gut ½ l Sulzflüssigkeit.

1130. Süße Sulzen (6–8 Personen)

Arbeitsweise:

1. *Gelatine vorbereiten:* Blattgelatine kalt waschen, in kaltem Wasser einweichen und mindestens 10 Minuten quellen lassen. Gemahlene Gelatine (1 gestrichener Teelöffel entspricht 1 Blatt Gelatine) mit der vorgeschriebenen *kalten* Wassermenge (auf 1 gestrichenen Teelöffel Gelatine 1 Eßlöffel Wasser) anrühren, *mindestens 10 Minuten quellen lassen* (Gelatinemenge siehe auch Kochlehre oben).

2. *Sulzflüssigkeit* mit Zucker und Geschmackszutaten nach Wahl *gut abschmecken.*

3. *Gelatine lösen:* Gequollene Blattgelatine gut ausdrücken, mit angegebener Menge *heißen* Wassers vollständig lösen, am besten im Wasserbad; Kochen vermeiden, da u. U. Leimgeschmack auftreten kann. Gequollene gemahlene Gelatine ohne weitere Wasserzugabe in heißem Wasserbad unter Rühren vollständig lösen.

4. *Lauwarme Gelatinelösung mit Sulzflüssigkeit mischen:* Bei klaren Sulzen Gelatinelösung unterrühren, sonst mit Schneebesen unterschlagen. *Sulzflüssigkeit darf nicht eiskalt sein,* damit gleichmäßiges Mischen und Steifen erreicht wird, andernfalls kann vorzeitiges Steifen von Gelatine und Ausfällen derselben als Faden oder Klümpchen eintreten, ohne daß Flüssigkeit steif wird.

5. *Ausfüllen* der Masse in Anrichteschale oder in mit kaltem Wasser gespülte Form zum Stürzen, *kalt stellen und völlig steifen* lassen, Steifdauer mindestens 2 Stunden, besser über Nacht.

Grundrezept

1 l Flüssigkeit wie: Milch, Butter- oder Sauermilch, Obstsaft, Süßmost oder Wein
Zucker nach Geschmack

Geschmackszutaten nach Wahl wie:
Saft von 1 Zitrone
Schale v. ½–1 Zitrone oder ½ Stange Vanille
1 Gläschen Arrak oder Rum oder 1 Glas Wein

zum Steifen:
10–12 Blatt Gelatine (je nach Steifzeit, Temperatur und gewünschter Steife)
davon nach Belieben u. U. 1–2 Blatt rote Gelatine
4 Eßl. heißes Wasser z. Lösen

zum Verzieren: etwas Schlagrahm, weiche Früchte

6. Falls *Schlagrahm* oder *Eischnee* unter die Sulze gezogen werden soll oder Obst in die Sulze eingelegt wird, darf dies erst erfolgen, wenn Sulze *deutlich zu steifen beginnt* (ein etwa 2 cm breiter gesteifter Rand sich zeigt) – bis dahin *Sulze kalt stellen* (Kühlschrank).

7. Falls Sulze *gestürzt* wird, Form nach dem Steifen einen Augenblick in *heißes* Wasser tauchen, *sofort* auf Anrichtegeschirr stürzen.

8. *Verzieren* von Sulzen in Schalen oder Gläsern durch Spritzen mit Schlagrahm oder Auflegen von Früchten kann *erst nach völligem Steifen* der Sulze erfolgen.

9. *Falls rote Gelatine für Sauermilchsulzen* verwendet wird, Speise erst einige Stunden vor Gebrauch, nicht am Vortag herstellen, da Milchsäurebakterien bzw. Fermente die Speise bei längerem Stehen entfärben bis auf eine dünne Deckschicht, da hier Luft die Entfärbung verhindert.

Anwendungsbereich für alle Arten von süßen Sulzspeisen wie verschiedene Obstsulzen, Obstsulzen mit Einlagen, Weingelee, Milchsulze, Buttermilchsulze, Ambrosiaspeise, Orangensulze mit Milch u. a. m.

1131. Obstsulze (6–8 Personen)

1 l Obstsaft nach Wahl
Zucker nach Geschmack
Saft von 1 Zitrone
3–4 Eßl. Weißwein
zum Steifen und Verzieren:
wie Nr. 1130

Gut geeignete Obstsäfte: Erdbeer-, Himbeer-, Johannisbeer-, Stachelbeer-, Kirsch-, Sauerkirsch-, Rhabarber- oder Orangensaft, nach Belieben auch gemischt zu verwenden. Anstelle von Obstsaft kann auch Kompottsaft verwendet werden.
Fruchtsaft der Wahl mit Zucker, Zitronensaft und Wein gut abschmecken, mit nach Vorschrift gelöster Gelatine verrühren und steifen lassen wie bei Nr. 1130 beschrieben. Nach dem Steifen nach Belieben stürzen, mit Früchten und evtl. mit wenig Schlagrahm verzieren.

1132. Obstsulze mit Früchten (4 Personen)

Zum Kompott:
1/2 kg Aprikosen, Pfirsiche oder Sauerkirschen
1/2 l Wasser, 150 g Zucker
Zitronensaft n. Geschmack
zur Sulze: 1/2 l Kompottsaft
3 Eßl. Weißwein n. Belieben
6 Blatt Gelatine
3 Eßl. heißer Saft z. Lösen
1/8 l Schlagrahm
Kompottfrüchte als Einlage

Obst waschen, Aprikosen und Pfirsiche häuten, Früchte entsteinen, mit Zucker, Wasser und Zitronensaft nach Geschmack zu Kompott kochen, Früchte müssen die Form gut behalten; Früchte dann auf Sieb gut abtropfen und völlig erkalten lassen, Saft gut abschmecken. Gelatine nach Vorschrift lösen, lauwarm unter den erkalteten Saft rühren, kalt stellen und steifen lassen. Sobald Flüssigkeit deutlich zu steifen beginnt, steifen Schlagrahm locker unterziehen, kalte Früchte untermengen, in Glasschale oder weite Portionsgläser ausfüllen, in den Kühlschrank stellen und völlig steifen lassen, dann evtl. mit schönen Früchten und wenig Schlagrahm verzieren.
Zieht man klare Obstsulze vor, so verzichtet man auf Schlagrahm, gießt die angesteifte Masse in Anrichteschale oder Gläser, diese kalt

stellen und steifen lassen, Früchte einlegen, restliche Sulzflüssigkeit darüber geben, wieder kalt stellen und steifen lassen, dann erst nach Belieben mit Früchten verzieren.

1133. Ananassulze (4 Personen)

1 kg Dose Ananasscheiben
zur Sulze:
1/4 l Ananassaft aus Dose
1/4 l Weißwein
Saft von 1 Zitrone
Zucker nach Bedarf
6 Blatt weiße Gelatine
3 Eßl. Saft zum Lösen
1/8 l Schlagrahm

Ananasscheiben auf Sieb gießen, Saft abtropfen lassen, Fruchtscheiben in gleichmäßige Stücke schneiden. Fruchtsaft mit Wein mischen, mit Zitronensaft und evtl. etwas Zucker gut abschmecken; vorbereitete Gelatine nach Vorschrift lösen, lauwarm an Fruchtsaftmischung geben, kalt stellen, etwas steifen lassen. Sobald Masse deutlich zu steifen beginnt, steifen Schlagrahm unterziehen, Fruchtstücke untermengen, in Glasschale oder weite Gläser füllen, kalt stellen und steifen lassen, gut kalt reichen. Nach Belieben mit etwas Schlagrahm spritzen und mit Fruchtstücken verzieren.
Bevorzugt man klare Sulze, verzichtet man auf die Schlagrahmzugabe.

1134. Orangensulze, Orangengelee (4 Personen)

Farbbild neben S. 529

1/4 l Orangensaft, Saft von 2 Zitronen, 1/4 l Weißwein
100–150 g Zucker
6 Blatt Gelatine
3 Eßl. heißer Saft z. Lösen
evtl. 1/8 l Schlagrahm
1–2 Orangen in Spalten

Zucker in etwas Orangensaft lösen, evtl. erwärmen, bis Zucker gelöst ist, mit restlichem Orangen- und Zitronensaft durch Sieb zum Wein geben, gut abschmecken. Vorbereitete Gelatine nach Vorschrift lösen, lauwarm unter die Saftmischung rühren, kalt stellen; sobald die Flüssigkeit deutlich zu steifen beginnt, nach Belieben steifen Schlagrahm unterziehen, in breite Gläser ausfüllen, kalt stellen, völlig steifen lassen, nach Belieben zum Anrichten mit Orangenspalten verzieren. Verzichtet man auf Schlagrahmzugabe, kann die Sulzflüssigkeit gleich in die Gläser gefüllt und kalt gestellt werden, evtl. Orangenstückchen einlegen.

1135. Weinsulze, Weingelee (4 Personen)

3/8 l Weißwein
1/8 l Wasser, 150 g Zucker
Saft von 1 Zitrone
evtl. 2 Eßl. Arrak oder Rum
6 Blatt weiße Gelatine
3 Eßl. heißer Sud z. Lösen
zum Verzieren:
etwas Schlagrahm
evtl. schöne Früchte

Wasser mit Zucker erhitzen, bis Zucker gelöst ist, Zitronensaft beifügen, durch ein Sieb zum Wein geben, diesen gut abschmecken. Vorbereitete Gelatine vorschriftsmäßig lösen, lauwarm unter den Wein rühren, in Glasschale oder große Weingläser füllen, kalt stellen, völlig steifen lassen, dann nach Belieben mit Schlagrahm spritzen und evtl. mit Früchten wie Sauerkirschen, Kirschen, Ananasstückchen belegen. Man kann 1/8 der Sulzflüssigkeit zurücklassen, getrennt steifen lassen, sobald sie anfängt deutlich zu steifen, Masse mit Schneebesen schaumig schlagen und als Garnitur auf das völlig steife Weingelee geben.
Bei Verwendung von Rotwein Wasser mit Zucker und je 1 Stückchen Zimt und Zitronenschale aufkochen lassen, Gewürze entfernen, Rotwein beifügen, abschmecken, evtl. 1 Blatt rote Gelatine mit weißer austauschen und wie oben beschrieben fertigstellen.

1136. **Äpfel in Weingelee** (4 Personen)

4–5 mittelgroße Äpfel
zum Sud: 3/8 l Wasser
Zitronensaft und -schale
1/4 l Weißwein
100–150 g Zucker
etwas Johannisbeergelee oder -marmelade
zur Sulze: 1/2 l Sud
6 Blatt Gelatine, davon
1–2 Blatt rote Gelatine
3 Eßl. heißer Sud z. Lösen

Kochfeste, säuerlich schmeckende Äpfel mittlerer Größe (z. B. Boskop) waschen, von Stiel und Blüte befreien, schälen, Kernhaus ausstechen, (größere Äpfel notfalls halbieren), sofort in kochenden, gut abgeschmeckten Sud geben, bei *mäßiger Hitze vorsichtig* kernig-weich kochen, Äpfel müssen ganz bleiben und dürfen nicht zerfallen; falls der Sud die Äpfel nicht bedeckt, diese während des Garens vorsichtig wenden. Äpfel mit Schaumlöffel aus Sud nehmen, abtropfen lassen, auf Teller *erkalten* lassen, dann mit Johannisbeergelee oder -marmelade füllen, in Glasschale setzen, kalt stellen. Erkalteten Sud durch Sieb geben, abschmecken, gelöste Gelatine lauwarm unterrühren, über die gekühlten Äpfel gießen, kalt stellen und steifen lassen.

1137. **Feine Apfelsulze** (4 Personen)

4–5 große, säuerliche Äpfel
1/4 l Wasser, 125 g Zucker
Zitronensaft und -schale
1/8 l Weißwein
2 Eßl. Rum oder Arrak
5–6 Blatt weiße Gelatine
1 Blatt rote Gelatine
3 Eßl. heißer Sud z. Lösen
1/8 l Schlagrahm

Gewaschene Äpfel schälen, vierteln, Kernhaus entfernen, in gut abgeschmecktem Zitronen–Zuckersud weich kochen, durch Sieb streichen oder mixen, mit Wein, Rum oder Arrak und evtl. noch etwas Zitronensaft gut abschmecken, erkalten lassen; vorbereitete, nach Vorschrift gelöste Gelatine lauwarm unter den Apfelbrei schlagen, kalt stellen. Sobald die Masse deutlich zu sulzen beginnt, steifen Schlagrahm unterziehen, in Glasschale oder Portionsschälchen füllen, kalt stellen, steifen lassen, nach Belieben nach völligem Steifen mit wenig Schlagrahm spritzen. Gut kalt reichen.

1138. **Milchsulze, Milchgelee** (4 Personen)

1–2 Eier (getrennt)
60 g Zucker, Vanille
1/2 l Milch
1–2 Eßl. Arrak oder Rum
6 Blatt Gelatine
3 Eßl. heißes Wasser z. Lösen
zum Einlegen nach Wahl: 250 g rohe Beeren (eingezuckert) oder sterilisierte Aprikosen, Ananas oder Pfirsiche

Schaummasse rühren aus Eigelb, Zucker und vorbereiteter Vanillestange, Milch unterschlagen, (Vanillestange entfernen), mit Arrak oder Rum abschmecken. Vorbereitete, nach Vorschrift gelöste Gelatine lauwarm unterrühren, kalt stellen; sobald die Flüssigkeit deutlich zu sulzen beginnt, sehr steifen Eischnee unterziehen; in Anrichteschale oder Portionsschälchen vorbereitete, leicht eingezuckerte Beeren oder in Scheiben geschnittene sterilisierte Aprikosen, Pfirsiche oder Ananasstückchen einlegen, steifende Sulzspeise darüber geben, kalt stellen, steifen lassen, gut kalt reichen.
Milchsulze kann auch ohne Eizugabe hergestellt werden.

1139. **Buttermilchsulze, Errötendes Mädchen** (4 Personen)

1/2 l Butter- oder Sauermilch
70 g Zucker, 2 Eßl. Arrak
2 Eßl. Zitronensaft
2 Eßl. Rahm
5–6 Blatt Gelatine, davon
1 Blatt rote Gelatine
3 Eßl. heißes Wasser z. Lösen
evtl. 1/16 l Schlagrahm

Butter- oder Sauermilch mit Rahm und Zucker schaumig schlagen, Zitronensaft und Arrak unterschlagen, gut abschmecken; vorbereitete gelöste Gelatine lauwarm unter die Butter- oder Sauermilch schlagen, entweder sofort in Glasschale füllen, kalt stellen und steifen lassen oder die Sulzspeise kalt stellen, sobald sie deutlich zu sulzen beginnt, etwas steifen Schlagrahm unterziehen, in Glasschale oder Portionsschälchen ausfüllen, kalt stellen, völlig steifen lassen, gut kalt reichen. Speise zweckmäßig nicht am Tag vor Gebrauch herstellen, da Milchsäurebakterien bzw. ihre Fermente die rote Gelatine in der Speise bei längerem Stehen bis auf dünne Deckschicht entfärben.

1140. Ambrosiaspeise, Ambrosiacreme (4 Personen)

Sauren Rahm mit Joghurt, Zucker und Vanille sehr schaumig schlagen, Zitronensaft und Rum oder Arrak unterrühren, gut abschmecken, Vanillestange entfernen. Vorbereitete Gelatine nach Vorschrift lösen, lauwarm unter die Rahmmasse schlagen, kalt stellen; sobald die Masse deutlich zu steifen beginnt, sehr steifen, mit 1 Eßlöffel Zucker schnittfest geschlagenen Eischnee unterziehen, in Glasschale oder weite Gläser füllen, kalt stellen, steifen lassen, gut kalt reichen, nach Belieben nach völligem Steifen stürzen.

Ambrosiacreme am Tag der Herstellung verzehren, da Fermente der Milchsäurebakterien rote Gelatine in der Speise bei längerem Stehen bis auf eine dünne Deckschicht entfärben.

1/4 l saurer Rahm (evtl. süß)
2 Becher Joghurt, Vanille
100–150 g Zucker
Saft von 1/2–1 Zitrone
1–2 Eßl. Rum oder Arrak
5–6 Blatt Gelatine, davon
1 Blatt rote Gelatine
3 Eßl. heißes Wasser z. Lösen
2 Eischnee

1141. Orangensteifspeise (4 Personen)

Ungespritzte Früchte waschen, trocken reiben, Schale sehr fein abreiben, Saft auspressen und seihen. Milch, Rahm, Zucker und abgeriebene Orangen- und Zitronenschale gut verschlagen, bis Zucker völlig gelöst ist; vorbereitete Gelatine nach Vorschrift lösen, lauwarme Gelatinelösung unter die Milch schlagen, kurz kalt stellen, bis *deutliches Steifen beginnt,* dann Obstsaft unterschlagen, Masse abschmecken, in Glasschale oder weite Gläser füllen, kalt stellen, steifen lassen. Erst nach völligem Steifen nach Belieben mit Schlagrahm spritzen und mit Orangenscheiben verzieren.

Saft nicht vor deutlich beginnendem Steifen zur Milch geben, da diese sonst gerinnt.

Saft v. 4 Orangen und
1–2 Zitronen, Schale von
1/2 Orange und 1/2 Zitrone
3/8 l Milch, 3 Eßl. süßer
Rahm, 80–100 g Zucker
6 Blatt Gelatine, davon
1/2–1 Blatt rote Gelatine
3 Eßl. heißer Saft z. Lösen
z. Verzieren nach Belieben:
1–2 Orangen in Scheiben
wenig Schlagrahm

Cremes

Cremes sind sehr erfrischend, wohlschmeckend und ein sehr abwechslungsreich zu gestaltender Nachtisch, der bei festlichen Essen besonders geschätzt ist. Sie sind in ihrer lockeren Beschaffenheit meist leicht verdaulich, sofern sie nicht mit großen Schlagrahmmengen angereichert sind. Cremes können je nach Art und Menge der Zutaten mehr oder weniger nährstoffreich, damit mehr oder weniger kalorienreich gestaltet werden und sind individuellen Bedürfnissen oder Wünschen leicht anzupassen.

Sie werden günstig am Vortag, mindestens aber einige Stunden vor Gebrauch hergestellt und verhindern dadurch unangenehme Arbeitsspitzen bei festlichen Essen.

Kochlehre:

Alle Cremes benötigen:

Flüssigkeit als Hauptzutat wie Milch, Rahm, Wein, Obstsaft oder Fruchtmark von rohen oder gekochten Früchten.

Geschmackszutaten bestimmen meist den Namen der Creme und ermöglichen in ihrer Vielfalt eine große Abwechslung, siehe Nr. 1142 bzw. 1150.

Frische Eier: Getrennt verwenden, Eigelb zur Schaummasse, Eiweiß als Eischnee; *Eier binden und lockern* in der Form von *Schaummasse und Eischnee.* Bei feinen Cremes rechnet man pro Kopf bis zu 1 Ei.

Lockerungsmittel ist vorwiegend *Eischnee*, er kann bei feinen Cremes teilweise oder ganz durch *Schlagrahm* ausgetauscht werden; Fruchtcremes aus Fruchtmark können ohne Ei mit Schlagrahm hergestellt werden.

Zucker als feiner Grießzucker dient zur Herstellung der Schaummasse und der Geschmackgebung. Die Zuckermenge hängt von der Art der Flüssigkeit ab und kann individuellen Wünschen angepaßt werden; feine Cremes sind meist etwas zuckerreicher als einfache Cremes.

Steif- bzw. Bindemittel für die Flüssigkeit sind für einfache Cremes neben den Eiern *Stärkemehl* bzw. Speisestärke, für feine und roh gerührte Cremes *Gelatine*. Grundsätzliches über Gelatine siehe Seite 260/261 und Seite 530/531.

Die Gelatinemenge wird jeweils beeinflußt von der Eimenge, von der Beschaffenheit der Crememasse sowie von der verfügbaren Zeit und der Temperatur während des Steifens.

Ratschläge für Cremeherstellung:

1. Cremes mindestens *mehrere Stunden vor Gebrauch*, nach Möglichkeit am *Vortag* herstellen; hierfür ist die geringere Gelatinemenge ausreichend.

2. Cremes mit Gelatine gesteift, immer *„ansteifen“* lassen vor Zugabe von Eischnee oder Schlagrahm, d. h. wenn ein deutlich gesteifter Rand von ca. 2 cm Breite zu erkennen ist, Creme gut durchschlagen, steifen Eischnee bzw. Schlagrahm unterziehen. Sollte Creme beim „Ansteifen“ zu steif geworden sein, Creme in warmem Wasserbad unter leichtem Durchschlagen nur *wenig erwärmen*, bis Masse wieder geschmeidig ist, dann Lockerungsmittel unterziehen.

3. Alle Cremes *im Anrichtegeschirr fertig steifen* lassen (Glasschale, Portionsschälchen oder geeignete, weite Gläser); Cremes in Gläsern gereicht, etwas weicher halten. Cremes zum Steifen immer *kalt stellen* (Kühlschrank).

4. *Verzieren von Cremes* (Spritzen mit Schlagrahm, Belegen mit Früchten, Makronen etc.) erfolgt immer erst *nach ihrem völligem Steifen*, am besten unmittelbar vor dem Anreichen.

Cremearten:

Je nach Art und Menge der Zutaten und der Herstellungsweise:

I. Warm gerührte Cremes:

1. **Einfache Cremes,** mit geringer Ei- und Zuckermenge, mit Stärkemehl bzw. Speisestärke gebunden. Bei Einsparung von 1 Ei Stärkemehlmenge um 10 g (2 gestrichene Teelöffel) erhöhen; bei Erhöhung der Eimenge kann Stärkemehlmenge entsprechend gekürzt werden. Ihre Herstellung ist einfach, rasch und ohne Risiko, Verbesserung ist durch Zugabe von wenig Schlagrahm oder Einlegen von Früchten, getränkten Biskuits u. ä. gut möglich.
Grundmengen und Arbeitsregeln siehe Grundrezept Nr. 1142.

2. **Feine abgeschlagene Cremes** mit erhöhter Eier- und Zuckermenge, mit Gelatine gesteift und in der Regel mit Schlagrahm verbessert. Ihre Herstellung erfordert etwas mehr Zeit und Arbeitsaufwand sowie Aufmerksamkeit und Sorgfalt.
Grundmengen und Arbeitsregeln siehe Grundrezept Nr. 1150.

II. Roh- oder kaltgerührte Cremes:

Ihre Herstellung erfolgt auf kaltem Wege und ist deshalb besonders einfach, zeitsparend und risikolos, ihre Steifdauer ist kürzer. Rohe Cremes sind sehr wohlschmeckend, erfrischend und bekömmlich. Sie können als *eierreiche* Cremes hergestellt werden, die mit Gelatine gesteift, mit Eischnee und Schlagrahm gelockert und gleichzeitig verbessert werden oder als *Frucht-Rahmcremes ohne Ei:* Rohes Fruchtmark mit Zucker und Geschmackszutaten abgeschmeckt, mit Gelatine gesteift und durch Schlagrahm, oder Schlagrahm mit etwas Eischnee gemischt, gelockert.
Bei Fruchtcreme unter Verwendung tiefgefrorener Früchte darf *Fruchtmark nicht eiskalt* sein, um gleichmäßiges Mischen und Steifen der Creme zu erreichen und vorzeitiges Steifen und Ausfällen der Gelatine als Faden oder Klümpchen zu verhüten.
Grundmengen und Arbeitsregeln siehe Grundrezept Nr. 1165.

1142. Einfache Cremes (4 Personen)

Arbeitsweise:

I. Abgeschlagene Art:

1. *Zucker und Eigelb schaumig* schlagen, *Geschmackszutaten* nach Wahl (außer Alkohol und Zitronensaft), *Stärkemehl* (bzw. Speisestärke) und *kalte Flüssigkeit* unterschlagen.
2. *Bei mäßiger Hitze abschlagen,* bis Masse *einmal aufpufft.*
3. Masse von Kochstelle nehmen, *kurz weiterschlagen, abschmecken,* alkoholische Geschmackszutaten bzw. Zitronensaft nun zugeben.
4. *Noch heiße Masse in den steifen Eischnee* schlagen, evtl. Schlagrahm unter die abgekühlte Creme ziehen.
5. *Ausfüllen* in Anrichteschalen oder Gläser, nach Belieben hierbei verbessernde Zutaten wie Obst, Makronen u. a. m. mit einlegen, *kalt stellen.*
6. *Erst vor dem Anreichen verzieren* mit Schlagrahm, rohen oder gekochten Früchten oder Makronen nach Belieben.

Grundrezept

Grundzutat:
1/2 l Milch, Wein, Fruchtsaft oder Süßmost
Schaummasse:
2 Eigelb, 50 g Zucker
Bindemittel:
20 g (4 gestr. Teel.) Stärkemehl
Lockerungsmittel:
2 Eischnee
Geschmackszutaten n. Wahl
zum Verbessern n. Belieben:
2–3 Eßl. Schlagrahm

II. Eingerührte Art:

1. *Flüssigkeit mit Geschmackszutaten* (außer Alkohol und Zitronensaft) *zum Kochen bringen.*
2. *Eigelb, Zucker und Stärkemehl* (bzw. Speisestärke) *mit etwas zurückbehaltener kalter Flüssigkeit zu glattem Teiglein rühren,* unter Schlagen mit Schneebesen in *kochende Flüssigkeit einrühren,* unter Schlagen Masse *einmal aufpuffen* lassen.
3. Masse von Kochstelle nehmen, kurz weiter schlagen, *abschmecken,* alkoholhaltige Geschmackszutaten bzw. Zitronensaft jetzt zugeben.
4. *Noch heiße Masse unter sehr steifen Eischnee* schlagen, evtl. Schlagrahm unter abgekühlte Creme ziehen.
5. Ausfüllen und Verzieren wie bei I. Art.

Abwandlungsmöglichkeiten:

Einfache Vanillecreme: Creme herstellen wie oben beschrieben; Vanillestange klopfen, spalten, Mark ausstreifen, vor dem Abschlagen zur Milch geben, vor dem Unterziehen des Eischnees aus der Creme nehmen, Arrak mit Eischnee unterziehen.
Verwendung als selbständige Süßspeise, zu Vanillecreme mit Obst, zu Vanilleäpfeln, Apfelberg, Tutti-Frutti, Vanille-Quarkcreme u. a. m.

1/4 Vanillestange
2 Eßl. Arrak oder Rum

Einfache Vanillecreme mit Obst: Geeignetes Obst: Beerenobst roh oder tiefgefroren, sterilisierte Kirschen, Sauerkirschen, Aprikosen, Pfirsiche, Birnen oder Ananas.
Obst vorbereiten: Frische Beeren verlesen, rasch waschen (außer Himbeeren), abtropfen lassen, entstielen, leicht einzuckern. Tiefge-

1/4 Vanillestange
2 Eßl. Arrak oder Rum
250–500 g weiche Früchte (roh oder sterilisiert)
Zucker nach Bedarf

frorene Beeren bei Zimmertemperatur zugedeckt auftauen lassen, falls gezuckert, nicht mehr süßen. Sterilisierte Früchte auf Sieb gut abtropfen lassen, je nach Fruchtart evtl. etwas klein schneiden. Einfache Vanillecreme herstellen wie oben beschrieben. Vorbereitetes Obst in Glasschale oder Gläser einlegen, Vanillecreme darüber geben, kalt stellen, nach dem Erkalten nach Belieben verzieren.
Für Vanillecreme zum Einfüllen in Gläser Stärkemehlmenge etwas verringern.

1/4 Vanillestange
3 Eßl. Arrak, Rum, Kirschwasser od. Maraschino
evtl. Rumtopffrüchte

Einfache Arrak-, Rum-, Kirschwasser-, Maraschinocreme: Einfache Vanillecreme herstellen wie oben beschrieben; vor dem Unterziehen des Eischnees Vanillestange entfernen und alkoholhaltige Geschmackszutat nach Wahl unterrühren, nach Belieben etwas Schlagrahm unter abgekühlte Creme ziehen, nach dem Erkalten nach Belieben mit Rumtopffrüchten verzieren.
Man kann auch mit Arrak, Rum oder Maraschino getränkte Biskuits in die Creme einlegen.

1/4 Vanillestange oder Vanillezucker
80–100 g Schokolade oder 30 g Kakao

Einfache Schokoladencreme: Vorbereitete Vanillestange und klein geschnittene Schokolade oder Kakao zur Schaummasse oder mit der Milch zugeben. Bei Verwendung von Kakao nach Bedarf Zuckermenge leicht erhöhen. Creme herstellen wie oben beschrieben. Nach Belieben mit wenig Schlagrahm verzieren.

1/4 Vanillestange oder Vanillezucker
60 g geriebene Haselnüsse

Einfache Haselnußcreme: Haselnüsse trocken auf Blech rösten, bis sie sich schälen lassen, Schale zwischen trockenem Tuch von den Nußkernen abreiben, Nußkerne reiben, mit vorbereiteter Vanillestange zur Schaummasse geben oder geriebene Haselnüsse mit kochender Vanillemilch überbrühen, zugedeckt etwa 10 Minuten ziehen lassen; weitere Cremeherstellung wie oben beschrieben unter Verwendung der Haselnußmilch. Nach Belieben mit blättrig geschnittenen, leicht gerösteten Haselnüssen bestreuen.

zum Karamel:
80 g Zucker
1/8 l Wasser (knapp)
1/4 Vanillestange

Einfache Karamelcreme: Karamel herstellen: Zucker in Eisenpfännchen trocken erhitzen, bis er goldbraune Farbe hat und zu schäumen beginnt, sofort mit Wasser ablöschen, leise kochen lassen, bis Karamel gelöst, dann zur Milch geben; weitere Cremeherstellung wie oben beschrieben. Milchmenge kann um knapp 1/8 l gekürzt werden.

1/4 Vanillestange
4 Teel. Kaffee-Extraktpulver oder 1/8 l starker Bohnenkaffee (von 30 g Kaffeebohnen)

Einfache Kaffeecreme: Einfache Vanillecreme herstellen wie oben beschrieben, Kaffee-Extraktpulver trocken unter die Schaummasse rühren oder 1/8 l starken gefilterten Bohnenkaffee mit der Milch zur Schaummasse geben; in diesem Fall Milchmenge auf 3/8 l kürzen.

1143. Vanilleäpfel

Äpfel waschen, schälen, von Stiel und Blüte befreien, Kernhaus mit Ausstecher entfernen, im ganzen in gut abgeschmecktem, kochendem Sud vorsichtig weich kochen, evtl. während des Garens 1 mal wenden, Äpfel sollen Form behalten. Äpfel dann mit Schaumlöffel aus Sud nehmen, abtropfen lassen, in Glasschale setzen, erkalten lassen, füllen. Einfache Vanillecreme herstellen nach Grundrezept einfache Creme Nr. 1142, mit Arrak oder Rum und evtl. mit Schlagrahm verbessern, sofort über die vorbereiteten Äpfel gießen, kalt stellen.

4–6 mittelgroße Äpfel
zum Sud: 3/8 l Wasser
Zucker nach Geschmack
Schale von 1/2 Zitrone
Saft von 1–2 Zitronen
zur Fülle: 2–3 Eßl. herbe Marmelade
einf. Vanillecreme Nr. 1142

1144. Apfelberg

Äpfel waschen, Stiel und Blüte entfernen, schälen, halbieren, Kernhaus entfernen, in kochendem Sud vorsichtig weich kochen bei mäßiger Hitze, sie dürfen nicht zerfallen; Äpfel mit Schaumlöffel aus Sud nehmen, etwas erkalten lassen, dann füllen, in tiefer Platte bergartig anrichten mit Wölbung nach oben. *Vanillecreme ohne Eischnee* herstellen wie Nr. 1142, noch heiß über die Äpfel geben, abkühlen lassen, *mit Baiser überziehen,* mit Puderzucker besieben, bei Oberhitze kurz lichtgelb überbacken.
Baiser herstellen: Eiweiß mit 1 Teelöffel Zucker zu sehr steifem Schnee schlagen, 3 Eßlöffel Zucker nach und nach unterschlagen, restlichen Zucker auf einmal unterheben, weiter schlagen, bis Masse glatt, glänzend und sehr steif ist, dann als Überzug verwenden.

Zutaten wie Vanilleäpfel Nr. 1142/1143
Baiser von:
3 Eiweiß, 90 g Zucker
etwas Puderzucker

1145. Tutti-frutti

Früchte nach Wahl abwechselnd mit Gebäckresten in Glasschale einschichten, Gebäck jeweils mit etwas Obstsaft und Arrak, Rum oder Wein beträufeln. Einfache Vanillecreme herstellen wie Nr. 1142, über eingeschichtetes Obst gießen, glatt streichen, erkalten lassen, nach Belieben vor dem Anreichen mit etwas Obst oder Makronen verzieren.

Einf. Vanillecreme Nr. 1142
250–375 g sterilisierte Früchte, leicht gezuckerte Beeren oder Rumtopffrüchte
Gebäckreste, etwas Obstsaft
Arrak, Rum oder Wein

Quark-Vanillecreme siehe Nr. 1120

1146. Einfache Weincreme, Weinschaumcreme

Weincreme mit Schaummasse herstellen wie bei Grundrezept einfache Creme Nr. 1142 beschrieben; geriebene Zitronenschale zur Schaummasse rühren, Zitronensaft erst nach dem Aufpuffen unterrühren, fertigstellen der Creme nach Grundrezept, nach Belieben etwas Schlagrahm unter die etwas abgekühlte Creme ziehen, über die mit Wein und Arrak getränkten, in die Anrichteschale oder in Gläsern eingelegten Biskuits gießen, kalt stellen, gut kalt reichen. Statt Weißwein kann auch Apfelwein verwendet werden.

Einfache Creme Nr. 1142 mit 1/2 l Weißwein (statt Milch)
Schale von 1/2, Saft von 1–2 Zitronen, 60–80 g Zucker
nach Belieben:
4–6 Löffelbiskuits oder Biskuitreste, 4 Eßl. Wein
2 Eßl. Arrak
2–3 Eßl. Schlagrahm

Weinschaumcreme: Zutaten wie oben, jedoch zusätzlich 1–2 ganze Eier zur Schaummasse verwenden. Nur 3/4 der Zuckermenge zur

Schaummasse rühren, restlichen Zucker unter den steifen Schnee schlagen. Cremeherstellung sonst wie oben und im Grundrezept Nr. 1142 angegeben.

1147. Einfache Obstcreme

Einfache Creme Nr. 1142
statt Milch: 3/8 l Kompott- oder Obstsaft (v. Ananas Aprikosen, Pfirsichen o. ä.)
1/8 l Weißwein
2 Eßl. Zitronensaft
Zucker nach Bedarf
zum Verbessern:
1/8 l Schlagrahm
250–375 g Kompottfrüchte

Obstcreme aus Kompott- oder Obstsaft, mit etwas Wein und Zitronensaft gemischt, herstellen wie Grundrezept einfache Creme Nr. 1142; Zucker nach Geschmack zugeben, da Obstsaft meist schon gesüßt ist. Nach dem Unterziehen des steifen Eischnees etwas Schlagrahm unter die abgekühlte Creme mengen, Creme in Glasschale oder Gläser mit den gut abgetropften, etwas klein geschnittenen Kompottfrüchten einschichten, kalt stellen; nach Belieben nach völligem Erkalten mit wenig Schlagrahm und Kompottfrüchten verzieren.

1148. Einfache Rhabarbercreme (6 Personen)

1/2 kg Rhabarber
zum Sud: 1/4 l Wasser
1 Stück Zitronenschale
100–150 g Zucker
2–3 Eier getrennt
50–60 g Stärkemehl
1/4 l Apfelsaft

Gewaschenen Rhabarber falls nötig schälen, in gleichmäßig kleine Stückchen schneiden, in Sud zu Kompott kochen, gut abschmecken. Eigelb mit Stärkemehl und Apfelsaft gut glatt rühren, unter kräftigem Schlagen mit dem Schneebesen in das kochende Kompott einrühren, ein paarmal aufpuffen lassen, vom Herd nehmen, kurz weiter schlagen, die leicht abgekühlte, doch noch heiße Masse unter den sehr steifen Eischnee schlagen, in Anrichteschale füllen, kalt stellen, gut kalt mit Vanillesoße reichen.

1149. Schnee-Eier, Schaumeier (6 Personen)

1 l Milch
1/2 Stange Vanille
zu Schnee-Eiern:
3 frische Eiweiß, kalt gestellt
einige Tropfen Zitronensaft
90 g feiner Grießzucker
zur Vanillesoße:
3 Eigelb, 30 g Zucker
15 g Stärkemehl
Vanillemilch von Schnee-Eiern

Milch mit geklopfter, gespaltener Vanilleschote in weitem, flachem Topf zum Kochen bringen; kalt gestellte Eiweiß unter Zugabe von einigen Tropfen Zitronensaft zu *sehr steifem Schnee* schlagen, bis er sich ballt, 3 Eßlöffel Zucker unter kräftigem Schlagen nach und nach einrieseln lassen, restlichen Zucker auf einmal untermengen, kräftig weiter schlagen, bis Masse sehr steif, glatt und glänzend ist. Von der Baisermasse mit 2 Eßlöffeln längliche Klöße oder Eier formen, in die *leise kochende* Vanillemilch setzen, Klöße dürfen sich hierbei nicht berühren, *zugedeckt* 3 Minuten *leise ziehen* lassen, vorsichtig wenden und nochmal zugedeckt 2–3 Minuten ziehen lassen, mit Schaumlöffel vorsichtig herausnehmen, auf Sieb oder Platte erkalten lassen. Wenn alle Schnee-Eier gekocht sind, Eigelb mit Zucker und Stärkemehl gut verschlagen, heiße Vanillemilch unterrühren, bei mäßiger Hitze abschlagen, bis Masse einmal aufpufft, unter öfterem Durchschlagen erkalten lassen, in Glasschale füllen, kalt stellen, Schnee-Eier darauf setzen.

Schnee-Eier gelingen nur gut von *frischem, sehr steif geschlagenem* Eiweiß. Beim Einlegen der Schnee-Eier restliche Baisermasse jeweils bis zur Verwendung wieder kalt stellen.

1150. Feine abgeschlagene Cremes (6 Personen)

Arbeitsweise:

1. *Gelatine vorbereiten:* Blattgelatine waschen, in kaltem Wasser einweichen, mindestens 10 Minuten quellen lassen; gemahlene Gelatine (1 gestrichener Teelöffel entspricht 1 Blatt Gelatine) mit vorgeschriebener kalter Wassermenge (pro 1 Teelöffel Gelatine 1 Eßlöffel kaltes Wasser) anrühren, 10 Minuten quellen lassen.
Die *Gelatinemenge* wird beeinflußt von der Zeit, die zum Steifen zur Verfügung steht, von der Temperatur während des Steifens und auch von der Eiermenge; Creme zum Anrichten in Gläsern wird meist mit der geringeren Gelatinemenge bereitet.
2. *Schaummasse schlagen* aus $^3/_4$ der Zuckermenge und Eigelb (elektr. Handrührgerät oder Küchenmaschine), dann vorbereitete *Geschmackszutaten und Flüssigkeit* unterrühren.
3. *Bei mäßiger Hitze abschlagen, bis Masse einmal aufpufft,* von der Herdstelle nehmen, *kurz weiter schlagen,* um Gerinnen von Eigelb zu verhindern.
4. *Gelatine lösen:* Gequollene *Blattgelatine gut ausdrücken,* in *wenig heißem* Wasser sorgfältig lösen (Wasserbad); gequollene gemahlene Gelatine ohne weitere Flüssigkeitszugabe im heißen Wasserbad unter Rühren lösen, nicht kochen, da u. U. mindere Qualitäten Leimgeschmack entwickeln können.
5. *Gelatinelösung unter die noch heiße Creme schlagen, kalt stellen* und etwas steifen („ansteifen") lassen.
6. Sobald *Creme am Rand deutlich zu steifen beginnt* (ca. 2 cm breiter Rand), Masse *durchschlagen, $^1/_3$ des steifen, mit dem restlichen Zucker schnittfest geschlagenen Eischnees unterschlagen, restliche $^2/_3$ der Eischneemenge* und nach Belieben *steifen Schlagrahm unterheben.* Eischnee kann zum Teil, evtl. auch ganz durch Schlagrahm ausgetauscht werden.
Zu frühes Unterziehen von Eischnee oder Schlagrahm bewirkt ein Absetzen der Cremamasse nach unten und des Eischnees bzw. des Schlagrahms nach oben, Creme erfährt keine gleichmäßige Lockerung. Sollte Cremamasse vor dem Unterziehen des Eischnees oder Schlagrahms zu steif geworden sein, dann Cremamasse in heißem Wasserbad unter leichtem Durchschlagen mit Schneebesen nur *leicht erwärmen,* bis Masse wieder gleichmäßig geschmeidig ist, dann Schnee und Schlagrahm unterziehen.
7. Anschließend *Creme sofort* in Glasschale oder Gläser füllen, evtl. Früchte oder feines Gebäck einlegen, Creme glatt streichen, *kalt stellen und völlig steifen lassen.*
8. *Verzieren* durch Auflegen von feinen Früchten, Makronen oder Spritzen mit Schlagrahm erfolgt erst *nach völligem Steifen* der Creme.
9. *Die Herstellung* feiner abgeschlagener Creme erfolgt *mindestens einige Stunden vor Gebrauch,* am besten *am Tag vorher.*

Anwendungsbereich: Für alle feinen, bei Hitze abgeschlagenen Cremes mit den verschiedenen Geschmackszutaten möglich.

Grundrezept

Grundzutat:
$^1/_2$ l Flüssigkeit wie Milch, Wein oder Süßmost

Schaummasse:
3–4 frische Eigelb
60–100 g Zucker

Steifmittel:
4–6 Blatt weiße Gelatine
3 Eßl. heißes Wasser z. Lösen

Geschmackszutaten n. Wahl:
$^1/_2$–$^3/_4$ Stange Vanille oder
Schale und Saft von
1–2 Zitronen oder
80–100 g Schokolade oder
100 g geschälte Haselnüsse od. Mandeln oder
4 Teel. Kaffee-Extraktpulver oder
$^1/_8$ l Kaffee-Extrakt oder
Karamel oder
feine Früchte bzw. Fruchtmark oder
2–3 Eßlöffel Arrak, Rum, Maraschino od. Kirschwasser

Lockerungsmittel:
3–4 Eischnee
$^1/_8$–$^1/_4$ l Schlagrahm

zum Einlegen:
feine Früchte
Makronen oder Biskuits

1151. Feine abgeschlagene Vanillecreme (6 Personen)

Feine abgeschlagene Creme Nr. 1150
1/2–3/4 Stange Vanille
zum Verzieren:
wenig Schlagrahm

Vanillestange klopfen, spalten, Mark ausstreifen und zur Schaummasse, Vanillestange zur Milch geben. Cremeherstellung wie bei Grundrezept feine abgeschlagene Creme. Vanillestange vor dem Steifen entfernen. Creme nach dem Steifen mit wenig Schlagrahm spritzen.

1152. Creme Nesselrode (6 Personen)

Feine, abgeschlagene Vanillecreme Nr. 1150/1151
50 g geschälte Mandeln
12–15 Stück Makronen
4 Eßl. Kirschwasser
zum Garnieren:
1/8 l Schlagrahm

Feine abgeschlagene Vanillecreme herstellen nach Grundrezept Nr. Nr. 1150/1151; die geschälten, geriebenen Mandeln mit der Milch zur Schaummasse rühren und nach Grundrezept fertigstellen. Makronen oder evtl. Löffelbiskuits mit Kirschwasser tränken; fertige Crememasse mit getränkten Makronen oder Biskuits in Glasschale oder Gläser lagenweise einschichten, kalt stellen, steifen lassen, mit wenig Schlagrahm spritzen.

1153. Diplomatencreme (6 Personen)

Feine abgeschlagene Vanillecreme Nr. 1150/1151
zum Einlegen:
8 Stück Mandelmakronen
2–3 Eßl. Arrak
3–4 Eßl. Rumtopffrüchte oder sterilisiertes Obst
50 g Rosinen od. Sultaninen
30 g Zitronat, 30 g Orangeat
3–4 Eßl. Arrak oder Rum
zum Verzieren: Rumtopffrüchte oder feine, sterilisierte Früchte, 1/8 l Schlagrahm

Einlegezutaten vorbereiten: Makronen und Rumtopffrüchte kleinwürfelig schneiden, Makronen mit Arrak oder Rum tränken, zudecken; sterilisierte Pfirsiche oder Aprikosen in gleichmäßige Stücke schneiden, mit Arrak oder Rum beträufeln, gebrühte Rosinen und kleinwürfelig geschnittenes Zitronat und Orangeat mischen und gleichfalls mit Arrak oder Rum beträufeln, zudecken, etwas durchziehen lassen.

Feine abgeschlagene Vanillecreme nach Grundrezept Nr. 1150/1151 herstellen, nach dem „Ansteifen“ Eischnee und Schlagrahm unterziehen, Creme lagenweise mit vorbereiteten Einlagen in Anrichteschale einschichten, oberste Schicht Vanillecreme, diese glatt streichen, kalt stellen, steifen lassen, nach dem Steifen mit wenig Schlagrahm und Früchten verzieren, gut kalt reichen.

1154. Feine abgeschlagene Vanillecreme mit Pfirsichen oder Aprikosen (6 Personen)

Feine abgeschlagene Vanillecreme Nr. 1150/1151
mit 4 Blatt Gelatine
2 Eßl. heißer Saft z. Lösen
2–3 Eßl. Arrak oder Rum
zum Einlegen: 4 schöne Pfirsiche oder Aprikosen (sterilisiert)
zum Verzieren: Fruchtstücke wenig Schlagrahm

Diese Creme wird in Gläsern gereicht und soll dafür eine etwas weichere Beschaffenheit haben.

Sterilisierte oder in Zuckersud vorgekochte, gehäutete Pfirsiche oder Aprikosen gut abtropfen lassen, in gleichmäßige Scheiben schneiden, in weite Weingläser einlegen, kalt stellen.

Feine abgeschlagene Vanillecreme nach Grundrezept Nr. 1150/1151, jedoch mit verringerter Gelatinemenge herstellen, Arrak oder Rum mit der gelösten Gelatine unterrühren, kalt stellen. Nach dem „Ansteifen“ leicht durchschlagen, Eischnee von nur 2 Eiern und 1/4 l steifen Schlagrahm unterziehen, auf vorbereitetes Obst in die Gläser füllen, sehr kalt stellen, steifen lassen, mit schönen Fruchtstückchen und etwas Schlagrahm verzieren, gut kalt reichen.

1155. Feine abgeschlagene Ananascreme (6 Personen)

Ananasscheiben aus dem Saft nehmen, gut abtropfen lassen, in gleichmäßige, schöne Stücke schneiden, kalt stellen. Feine abgeschlagene Creme nach Grundrezept herstellen, nach dem „Ansteifen" Eischnee und Schlagrahm unterziehen und mit vorbereiteten Fruchtstücken in Anrichteschale oder Gläser einschichten, kalt stellen, steifen lassen, mit Fruchtstücken und Schlagrahm verzieren.
Wird die Creme in Gläsern gereicht, verwendet man zweckmäßig nur 4 Blatt Gelatine und tauscht evtl. 2 Eischnee mit 1/4 l Schlagrahm aus.

1/2–1 kg Dose Ananas
feine abgeschlagene Creme Nr. 1150 mit
3/8 l Milch, 1/8 l Ananassaft
2–3 Eßl. Arrak, Rum oder Cognac
zum Einlegen und Verzieren:
Ananasfruchtstücke
wenig Schlagrahm

1156. Feine abgeschlagene Creme mit Bananen (6 Personen)

Feine abgeschlagene Creme nach Grundrezept Nr. 1150 herstellen; fein gemixte oder schaumig geschlagene Bananen mit Orangensaft verrühren, mit Rum oder Cognac nach der Gelatinelösung unter die Creme schlagen, kalt stellen. Nach dem „Ansteifen", sobald die Creme deutlich zu steifen beginnt, Eischnee und evtl. Schlagrahm unterziehen, nach Belieben mit Bananenscheiben in Anrichtegeschirr einschichten, glatt streichen, kalt stellen und steifen lassen, vor dem Anreichen mit Bananenscheiben, die in gezuckerten Zitronensaft getaucht werden, verzieren.

Feine abgeschlagene Creme Nr. 1150
3 große Bananen
Saft von 1/2–1 Orange
2–3 Eßl. Rum oder Cognac
zum Verzieren: Bananenscheiben, Zitronensaft (leicht gezuckert)

1157. Feine abgeschlagene Arrak-, Rum-, Kirschwasser- oder Maraschinocreme (6 Personen)

Feine abgeschlagene Creme nach Grundrezept Nr. 1150 herstellen, Arrak, Rum, Kirschwasser oder Maraschino erst nach Zugabe der Gelatinelösung oder kurz vor dem Unterziehen von Eischnee bzw. Schlagrahm zugeben; Creme nach völligem Steifen mit Rumtopffrüchten und evtl. mit wenig Schlagrahm verzieren.

Feine abgeschlagene Creme Nr. 1150
3 Eßl. Arrak, Rum, Kirschwasser oder Maraschino
zum Verzieren: Schlagrahm
Rumtopffrüchte

1158. Feine abgeschlagene Haselnuß- und Mandelcreme (6 Personen)

Haselnußkerne trocken auf Blech in vorgeheizter Röhre rösten, bis sie sich schälen lassen, Schale zwischen Tuch abreiben; Mandeln brühen und abziehen; geschälte Haselnüsse oder Mandeln fein reiben, mit kochender Vanillemilch überbrühen, zugedeckt mindestens 1/4 Stunde ziehen lassen. Creme unter Verwendung der Nuß- bzw. Mandelmilch herstellen wie Grundrezept feine abgeschlagene Creme Nr. 1150; nach dem Steifen in Schale oder Gläsern mit geschälten Nüssen oder kleinen Mandelmakronen verzieren, mit wenig Schlagrahm spritzen.

Nach Belieben können Nüsse zum Garnieren nach dem Schälen mit etwas Zucker karamelisiert werden, vor der Verwendung gut erkalten lassen.

Feine abgeschlagene Creme Nr. 1150
1/4 Stange Vanille
100 g Haselnüsse od. Mandeln
zum Verzieren:
Haselnußkerne geschält oder kleine Mandelmakronen
wenig Schlagrahm

1159. Feine abgeschlagene Schokoladencreme (6 Personen)

Feine abgeschlagene Creme Nr. 1150
1/4 Stange Vanille
100 g gute Schokolade
zum Verzieren: Schlagrahm Schokoladenstreusel oder Cognac-Kirschen

Schokolade klein brechen oder schneiden, mit der Milch zur Schaummasse geben, sie löst sich während des Abschlagens in der Hitze; geklopfte, gespaltene Vanilleschote mit der Schaummasse rühren. Schokoladencreme herstellen wie Grundrezept feine abgeschlagene Creme Nr. 1150; nach völligem Steifen mit Schlagrahm spritzen, mit Schokoladenstreusel oder Cognac-Kirschen verzieren.

1160. Feine abgeschlagene Karamelcreme (6 Personen)

Feine abgeschlagene Creme Nr. 1150
mit 3/8 l Milch
Karamel von:
80 g Zucker, 1/8 l Wasser
zum Verzieren: Schlagrahm

Karamel herstellen: Zucker in Eisenpfännchen trocken erhitzen, bis er schöne, goldbraune Farbe hat und zu schäumen beginnt, sofort mit Wasser ablöschen, leise kochen lassen, bis Karamel völlig gelöst ist, zur Milch geben. Creme unter Verwendung der Karamelmilch herstellen wie Grundrezept feine abgeschlagene Creme Nr. 1150, nach völligem Steifen mit wenig Schlagrahm spritzen.

1161. Feine abgeschlagene Kaffee- oder Mokkacreme (6 Personen)

3–4 Eigelb, 100 g Zucker
1/8 l Kaffee-Extrakt
3/8 l Milch
4–6 Blatt Gelatine
2–3 Eßl. heißer Kaffee
2 Eischnee, 1/4 l Schlagrahm
zum Verzieren: Schlagrahm Mokkaschokoladebohnen, Likörbohnen oder Borkenschokolade

Kaffee-Extrakt herstellen: 30 g frisch gerösteten, fein gemahlenen Kaffee guter Sorte mit reichlich 1/8 l kochendem Wasser filtern. Anstelle von Kaffee-Extrakt kann auch Kaffee-Extraktpulver (4–5 Teelöffel) verwendet werden, dieses trocken zur Schaummasse rühren, Milchmenge in diesem Fall auf 1/2 l erhöhen.
Feine abgeschlagene Creme herstellen nach Grundrezept Nr. 1150, Kaffee-Extrakt mit Milch zur Schaummasse geben; nach dem „Ansteifen", wenn Creme deutlich zu Steifen beginnt, 2 Eischnee und steifen Schlagrahm unterziehen, nach Belieben kleine Makronen in Creme einlegen, kalt stellen, steifen lassen, mit wenig Schlagrahm spritzen und mit Mokkaschokoladebohnen oder Likörbohnen verzieren. Wird die Creme in Gläsern gereicht, nur mit 4 Blatt Gelatine steifen, damit Creme weichere Beschaffenheit erhält.

1162. Feine abgeschlagene Weincreme (6 Personen)

Feine abgeschlagene Creme Nr. 1150 mit
1/2 l Weißwein (statt Milch)
Saft von 1 Zitrone
zum Verzieren: Schlagrahm

Leichte, billigere Weißweinsorten mit säuerlichem Geschmack sind hierfür gut geeignet. Feine abgeschlagene Creme mit Weißwein nach Grundrezept Nr. 1150 herstellen, Zitronensaft erst nach dem Abschlagen der Creme unterrühren, nach völligem Steifen mit Schlagrahm spritzen, gut kühl reichen.

1163. Feine abgeschlagene Zitronencreme (6 Personen)

Feine abgeschlagene Creme Nr. 1150
Schale und Saft v. 1 Zitrone
zum Einlegen nach Belieben:
12–15 Makronen od. Biskuits
6 Eßl. Wein od. Kirschwasser
zum Verzieren: Schlagrahm

Feine abgeschlagene Creme nach Grundrezept Nr. 1150 herstellen, fein abgeriebene Zitronenschale unter die Schaummasse rühren, *Zitronensaft erst nach Gelatinezugabe an die bereits steifende Creme rühren,* um Gerinnen der Milch zu verhüten. Nach Belieben mit Wein oder Kirschwasser getränkte Makronen, Biskuits oder evtl. auch feine weiche Früchte, roh oder sterilisiert, in die Creme mit einlegen, nach dem Steifen mit Schlagrahm spritzen.

1164. Feine abgeschlagene Orangencreme (6 Personen)

Zubereitung wie Grundrezept feine abgeschlagene Creme; Früchte sehr gut waschen, trocken reiben, sehr fein abgeriebene Orangenschale zur Schaummasse geben; falls Milch verwendet wurde, Orangen- und Zitronensaft erst *nach Gelatinezugabe zur steifenden* Creme geben, um Milchgerinnung zu verhüten; bei Verwendung von Wein kann Fruchtsaft unmittelbar nach dem Abschlagen beigefügt werden, nicht mit Aufpuffen lassen. Creme fertigstellen wie Grundrezept Nr. 1150, nach völligem Steifen mit Schlagrahm spritzen und mit Orangenspalten oder Orangenscheiben verzieren.

Feine abgeschlagene Creme Nr. 1150 mit
3/8 l Weißwein oder Milch
Schale von 1 Orange
Saft von 3 Orangen und von 1 Zitrone
zum Verzieren: Schlagrahm Orangenspalten

1165. Roh gerührte Cremes (4–6 Personen)

Arbeitsweise:

1. *Gelatine vorbereiten:* Blattgelatine kalt waschen, in kaltem Wasser einweichen, mindestens 10 Minuten quellen lassen; gemahlene Gelatine (1 gestrichener Teelöffel entspricht 1 Blatt) mit vorgeschriebener Menge kalten Wassers (auf 1 Teelöffel Gelatine 1 Eßlöffel Wasser) anrühren, mindestens 10 Minuten quellen lassen.

2. *Sehr schöne Schaummasse schlagen* aus Eigelb und 3/4 der Zuckermenge, am besten mit elektrischem Handrührgerät oder elektr. Küchenmaschine herstellen.

3. *Geschmackszutaten nach Art der Flüssigkeit* wählen und unter kräftigem Schlagen nach und nach zugeben, *abschmecken.*

4. *Gelatine lösen:* Vorbereitete Blattgelatine gut ausdrücken, in wenig heißem Wasser völlig lösen – gemahlene, gut gequollene Gelatine ohne weitere Flüssigkeitszugabe leicht erwärmen (Wasserbad) und sorgfältig lösen.

5. *Lauwarme Gelatinelösung unter Crememasse* schlagen, kalt stellen, etwas steifen lassen („ansteifen“).

6. *Sobald Creme deutlich zu steifen* beginnt (etwa 2 cm breiter gesteifter Rand), Creme durchschlagen, steifen Eischnee mit dem Zuckerrest schnittfest schlagen und evtl. mit steifem Schlagrahm unterheben. Ein Teil des Eischnees kann durch Schlagrahm ausgetauscht werden, wodurch Creme verfeinert, aber kalorienreicher wird.

7. *Creme* sofort in Glasschale oder geeignete, weite Gläser *füllen,* hierbei nach Belieben feine weiche Früchte, roh oder gekocht, gut abgetropft, mit einschichten, oberste Cremeschicht glatt streichen, kalt stellen, *völlig steifen* lassen.

8. Vor dem Anreichen nach Belieben *verzieren* mit Früchten und Schlagrahm. Dazu wird gerne feines Gebäck gereicht.

9. *Roh gerührte Fruchtcremes* mit Fruchtmark können *ohne Eier* mit der höheren Schlagrahmmenge als *Rahmcreme* hergestellt werden; das Fruchtmark roher Früchte ist besonders gut geeignet. Fruchtmark aus tiefgefrorenen Früchten darf *nicht eiskalt* sein, um gleichmäßiges

Grundrezept

Grundzutaten:
1/4–3/8 l Flüssigkeit (Wein, Fruchtmark, Fruchtsaft oder Süßmost)
Schaummasse:
3–4 frische Eigelb (je nach Cremeart)
80–100 g Zucker
Steifmittel:
4–6 Blatt Gelatine
2–3 Eßl. heißes Wasser zum Lösen
Lockerungsmittel:
3–4 Eischnee
1/8–1/4 l Schlagrahm
Geschmackszutaten n. Wahl:
Zitronenschale und -saft oder Orangenschale und -saft oder Arrak, Rum, Cognac, Kirschwasser od. Maraschino od. Wein
Einlagen nach Wahl:
feine Früchte, roh od. gekocht
zum Verzieren: Schlagrahm, schöne Früchte

Mischen und Steifen der Creme zu erreichen und vorzeitiges Steifen und Ausfällen der Gelatine als Faden oder Klümpchen zu verhüten. Roh gerührte Cremes steifen verhältnismäßig rasch, da alle Zutaten kalt verarbeitet werden und die Flüssigkeitsmenge nicht groß ist; deshalb ist gutes Vorbereiten und rasches Arbeiten beim Fertigstellen der Creme nötig.

Anwendungsbereich umfaßt alle roh gerührten Cremes, mit und ohne Eierverwendung.

1166. Roh gerührte Zitronencreme

Grundrezept roh gerührte Creme Nr. 1165 mit
1/4–3/8 l Weißwein
Saft von 2 Zitronen
Schale von 1 Zitrone
2–3 Stück Würfelzucker

Ungespritzte Zitronen mit warmem Wasser gründlich waschen, abtrocknen, Schale an 2–3 Stück Würfelzucker abreiben, diese in Zitronensaft lösen. Roh gerührte Creme herstellen nach Grundrezept Nr. 1165. Nach dem „Ansteifen", sobald Masse deutlich zu steifen beginnt, Eischnee und nach Belieben etwas Schlagrahm unterziehen, nach völligem Steifen evtl. mit wenig Schlagrahm spritzen, gut kühl reichen.

1167. Roh gerührte Orangencreme

Grundrezept roh gerührte Creme Nr. 1165 mit
1/4 l Weißwein, Saft von 3 großen Orangen
Schale von 1 Orange
2–3 Stück Würfelzucker
zum Verzieren: Orangenspalten, Schlagrahm

Ungespritzte, saftreiche, kernlose Früchte mit warmem Wasser gründlich waschen, abtrocknen, Schale einer Orange an 2–3 Stück Würfelzucker abreiben, diese in Orangensaft lösen. Roh gerührte Creme herstellen wie im Grundrezept Nr. 1165 angegeben, nach dem „Ansteifen", sobald Creme deutlich zu steifen beginnt, steifen Eischnee und evtl. etwas Schlagrahm unterziehen, nach völligem Steifen mit Orangenspalten oder -scheiben verzieren, evtl. mit wenig Schlagrahm spritzen, gut kalt reichen.

1168. Roh gerührte Ananascreme, feine Fruchtcreme

1 kg Dose Ananasscheiben
Grundrezept roh gerührte Creme Nr. 1165 mit
1/4 l Ananas- od. Kompottsaft
1/8 l Weißwein, Zitronensaft
6–8 Scheiben Dosenananas
zum Verzieren: Früchte wenig Schlagrahm

Ananasscheiben aus dem Saft nehmen, auf Sieb gut abtropfen lassen, in gleichmäßige, schöne Stücke schneiden, kalt stellen. Ananassaft mit Wein und Zitronensaft gut abschmecken, Zuckermenge evtl. kürzen. Roh gerührte Creme herstellen wie im Grundrezept Nr. 1165 beschrieben, Gelatine im heißen Kompottsaft lösen. Nach dem „Ansteifen", wenn Creme deutlich zu steifen beginnt, Eischnee und nach Belieben Schlagrahm sowie vorbereitete Fruchtstücke unterziehen, anrichten, nach völligem Steifen mit schönen Fruchtstücken und etwas Schlagrahm verzieren, gut kühl reichen.

Anstelle von Ananas können sterilisierte Pfirsiche, Aprikosen, Birnen oder Sauerkirschen verwendet werden. Früchte ebenso vorbereiten, Sauerkirschen entsteinen. Bei Verwendung von Sauerkirschen wird günstig ein Teil der Gelatine (1–1 1/2 Blatt) durch rote Gelatine ausgetauscht.

1169. Roh gerührte Weincreme

Creme herstellen nach Grundrezept roh gerührte Creme Nr. 1165, nach völligem Steifen mit kleinen Mandelmakronen verzieren, evtl. mit wenig Schlagrahm spritzen, gut kalt reichen.

Grundrezept roh gerührte Creme Nr. 1165 mit
1/4–3/8 l Weißwein

1170. Rohe Erdbeercreme einfach

Frische Erdbeeren rasch waschen, gut abtropfen lassen, entstielen, im Mixer oder elektrischen Handrührgerät zu Mark verarbeiten oder durch Sieb streichen. Fruchtmark mit Zucker schaumig schlagen, Milch oder Wein unterschlagen; vorbereitete Gelatine nach Vorschrift lösen, lauwarme Gelatinelösung zur Creme schlagen, kalt stellen. Nach dem „Ansteifen", sobald die Masse deutlich zu steifen beginnt, Creme durchschlagen, sehr steifen Eischnee und Schlagrahm unterziehen, in Glasschale füllen, kalt stellen, steifen lassen; nach Belieben mit schönen Früchten und wenig Schlagrahm verzieren.
Bei Verwendung von mit Zucker tiefgefrorenen Erdbeeren diese erst gut antauen lassen, dann zu Mark verarbeiten, Zuckermenge nach Geschmack weitgehend verringern.

500 g Erdbeeren frisch oder tiefgefroren
80–100 g Zucker
1/4 l Milch oder Wein
6 Blatt Gelatine, davon 1/2–1 Blatt rote Gelatine
3 Eßl. heißes Wasser
2 Eischnee, 1/8 l Schlagrahm
zum Verzieren:
schöne Erdbeeren
etwas Schlagrahm

1171. Rohe Frucht-Rahmcreme (fein)
Rohe Erdbeer-, Himbeer- oder Johannisbeer-Rahmcreme (fein)

(4–6 Personen) Farbbild neben Seite 529

Frische Beeren verlesen, rasch waschen (außer Himbeeren), abtropfen lassen, entstielen, zu Fruchtmark verarbeiten (Mixer oder elektrisches Handrührgerät oder durch Sieb streichen), Johannisbeermark passieren; *tiefgefrorene Beeren vorher gut antauen lassen.* Fruchtmark mit Zucker im elektrischen Handrührgerät schaumig und glänzend schlagen, mit Zucker eingefrostete Beeren nicht mehr süßen; Zitronensaft und nach Belieben etwas Weißwein beifügen, Fruchtmasse abschmecken. Vorbereitete Gelatine nach Vorschrift lösen, lauwarme Gelatinelösung unter die *nicht eiskalte Fruchtmasse* schlagen, um gleichmäßiges Mischen und Steifen zu erreichen und vorzeitiges Steifen und Ausfällen der Gelatine als Faden oder Klümpchen zu verhüten, kalt stellen. Sobald Masse deutlich zu steifen beginnt, steifen Schlagrahm unterheben, in Glasschale oder Gläser füllen, kalt stellen, steifen lassen, mit Schlagrahm und Beeren verzieren. Gut kalt reichen.
Diese Creme ist auch als Belag auf Mürbteigkuchen gut geeignet, hierfür 6–8 Blatt Gelatine verwenden.

500–750 g frische Beeren bzw. 600 g tiefgefrorene Erd- oder Himbeeren
100–150 g Zucker f. frische Beeren, evtl. 1 Glas Weißwein, Saft v. 1–2 Zitronen
5–6 Blatt Gelatine, davon evtl. 1/2–1 Blatt rote Gelatine
2–3 Eßl. heißes Wasser zum Lösen
1/4 l Schlagrahm
zum Verzieren: Früchte etwas Schlagrahm

1172. Rohe Aprikosen- oder Pfirsich-Rahmcreme (fein)

(4–6 Personen)

Sehr reife, weiche Früchte waschen, mit kochendem Wasser überbrühen, häuten, entsteinen, im Mixer oder elektrischem Handrührgerät zu Mark verarbeiten oder durch Sieb streichen, mit Zitronensaft und Zucker schaumig schlagen, Wein beifügen, abschmecken. Weitere Zubereitung wie Nr. 1171, mit Früchten und Schlagrahm verzieren.

500–750 g gut reife Aprikosen oder Pfirsiche
sonstige Zutaten wie Nr. 1171

1173. Rohe Orangen-Rahmcreme (4 Personen)

1/4 l Orangensaft,
100 g Zucker
Schale von 1 Orange
2–3 Stück Würfelzucker
Fruchtfleisch von 2 Orangen
4 Blatt Gelatine
2 Eßl. heißer Saft z. Lösen
1/4 l Schlagrahm
zum Verzieren: Schlagrahm
Orangenspalten

Ungespritzte, saftreiche, kernlose Orangen mit heißem Wasser waschen, abtrocknen, Schale von 1 Orange an 2–3 Stück Würfelzucker abreiben, diesen in etwas Orangensaft lösen; Fruchtfleisch von 2 geschälten Orangen würfelig schneiden. Orangensaft mit Zucker rühren, bis sich der Zucker ganz gelöst hat, gewürfeltes Fruchtfleisch untermischen, vorbereitete, nach Vorschrift gelöste Gelatine lauwarm unterrühren, kalt stellen. Nach dem „Ansteifen", sobald Masse deutlich zu steifen beginnt, diese durchschlagen, steifen Schlagrahm unterziehen, in Gläser oder Schale füllen, kalt stellen, steifen lassen, nach Belieben mit Orangenspalten und etwas Schlagrahm verzieren, gut kalt reichen.

1174. Rohe Bananen-Rahmcreme (4–6 Personen)

6 Stück große, reife Bananen
100 g Zucker, Saft von
2 Zitronen, 2 Eßl. Cognac
4 Blatt Gelatine, 2 Eßl.
heißes Wasser zum Lösen
1/4 l Schlagrahm
zum Verzieren: 1–2 Bananen
Zitronensaft, Schlagrahm

Bananen schälen, im Mixer mit Zitronensaft und Zucker schaumigschlagen oder mit Gabel fein zerdrücken, mit Zitronensaft und Zucker mittels Schneebesen oder im elektr. Handrührgerät schaumig schlagen; vorbereitete Gelatine nach Vorschrift lösen, lauwarm unter Fruchtmasse schlagen, Cognac unterrühren, abschmecken, kalt stellen, sobald Masse zu steifen beginnt, steifen Schlagrahm unterziehen, kalt stellen, steifen lassen, nach Belieben mit in gezuckerten Zitronensaft getauchten Bananenscheiben und Schlagrahm verzieren.

1175. Preiselbeercreme (fein) (4–6 Personen)

500 g Preiselbeerkompott
etwas Zucker nach Geschmack
1/4 l Weißwein oder Most
4–6 Blatt Gelatine, davon
1/2–1 Blatt rote Gelatine
2–3 Eßl. heißes Wasser zum Lösen
2 Eischnee, 1/8–1/4 l Schlagrahm
zum Verzieren: Schlagrahm

Preiselbeerkompott oder -marmelade fein mixen oder durch Sieb streichen, Mark mit etwas Zucker nach Geschmack schaumig und glänzend schlagen, Wein zugeben, abschmecken; vorbereitete, nach Vorschrift gelöste Gelatine lauwarm unterschlagen, kalt stellen; sobald Masse zu steifen beginnt, sehr steifen Eischnee mit etwas Zucker schnittfest schlagen und mit Schlagrahm unterziehen, in Glasschale oder Gläser füllen, kalt stellen, steifen lassen, nach Belieben mit Schlagrahm spritzen. Hat man 1/4 l Schlagrahm zur Verfügung, kann man auf Eischnee verzichten.

1176. Rohe Hagebutten-Rahmcreme (4–6 Personen)

5–6 Eßl. Hagebuttenmark
100 g Zucker, 1/4 l Weißwein, 2 Eßl. Zitronensaft
5–6 Blatt weiße Gelatine
3 Eßl. heißes Wasser z. Lösen
1/4 l Schlagrahm

Hagebuttenmark mit Zucker schaumig schlagen, Weißwein und Zitronensaft unterrühren, abschmecken. Vorbereitete Gelatine nach Vorschrift lösen, lauwarm unter Hagebuttenmark schlagen, kalt stellen; sobald Masse zu steifen beginnt, steifen Schlagrahm unterziehen in Glasschale oder Gläser füllen, kalt stellen, steifen lassen, nach Belieben mit etwas Schlagrahm spritzen.

Gefrorenes, Eis-Speisen

Eis ist in seinen vielen Variationsmöglichkeiten ein geschätzter Nachtisch bei festlichen Essen, an heißen Sommertagen besonders beliebt. Die Herstellung im Verdampferfach des Kühlschrankes oder im Tiefgefriergerät ist heute weitgehend an die Stelle der Eismaschine mit der Kältemischung getreten; sie ist denkbar einfach, ohne Risiko und ohne größeren Arbeitsaufwand, so daß die Eisbereitung im Haushalt kein Problem ist. Eis wird zweckmäßig schon einige Stunden vor Gebrauch fertiggestellt, was bei Festlichkeiten eine große Erleichterung bedeutet.

Bei Verwendung kleiner elektrischer Rührgeräte zum Einsatz im Kühlschrank oder Tiefgefriergerät ist nach Gebrauchsanweisung der Herstellerfirmen zu verfahren; sie ergeben eine sehr schaumige, lockere Eismasse.

Zu Eis reicht man Hohlhippen, Eiswaffeln, Krachkuchen oder Biskuitstangen.

Eisverzehr soll langsam und in kleinen Portionen erfolgen, um Gefährdung oder Schädigung der Magenschleimhaut durch Kälteeinwirkung zu verhüten.

Wichtiges für die Herstellung:

I. Fruchteis: Es besteht aus Fruchtmark oder Fruchtsaft (roh oder sterilisiert), Zitronensaft, Zucker, Milch und evtl. süßem Rahm; in besonderen Fällen wird Milch durch Wasser ausgetauscht (siehe Rezeptangaben).

Die Zugabe von 1 Eiweiß auf 1/2 l Gefrierflüssigkeit gibt dem Eis beim Gefrieren salbenartige Beschaffenheit und verhindert das Körnigwerden durch grobe Kristallbildung. *Die Zugabe von mindestens 1 Blatt Gelatine (gelöst) auf 1/2 l Gefrierflüssigkeit* vor dem Gefrieren empfiehlt sich besonders beim Gefrieren im Verdampferfach des Kühlschranks ohne Bewegung. Die Gelatine begünstigt rasches und gleichmäßiges Gefrieren, verhindert das Ausgefrieren grober Wasserkristalle, was beim Gefrieren von Fruchteis ohne Rühren leicht eintritt; zugleich verhindert sie sehr rasches Schmelzen des Eises beim Anrichten. *Zucker entweder als Zuckerlösung, völlig erkaltet* zur Gefrierflüssigkeit geben (siehe Rezeptangaben) oder mit Fruchtmark rühren, bis er sich gelöst hat. Das Gefrieren von Fruchteis kann im Verdampferfach des Kühlschrankes oder in der Rührmaschine mit Kältemischung erfolgen; für das Gefrieren im Tiefgefriergerät ist es weniger geeignet, dafür wird zweckmäßig Frucht-Rahmeis hergestellt.

II. Cremeeis: Es kann aus jeder warm abgeschlagenen Creme *ohne Gelatinezugabe* hergestellt werden. Eigelb und die Zugabe von wenig Stärkemehl bei der Cremeherstellung verhindern das Ausgefrieren grober Kristalle und geben dem Eis sämige Beschaffenheit. Stärkemehlzugabe ist vor allem nötig, wenn an Eigelb gespart wird. Besonders locker und sämig wird Cremeeis durch Zugabe von *etwas Eiweiß und Schlagrahm.* Die Crememasse muß vor dem Einfüllen in die Gefrierbehälter völlig erkaltet sein. Cremeeis gefriert rascher und leichter als Fruchteis. Es ist zum Gefrieren im Verdampferfach des Kühlschranks wie für die Eismaschine mit Kältemischung gut geeignet; für das Gefrieren im Tiefgefriergerät wird es zweckmäßig als Sahneeis hergestellt.

III. Rahm- oder Sahneeis: Es besteht aus gleichen Teilen Fruchtmark (roh oder sterilisiert, gut abgeschmeckt) oder Eiercreme (mit Geschmackszutaten) und steifgeschlagenem Schlagrahm. Die Herstellung ist sehr einfach, es gefriert ohne Bewegung sehr gleichmäßig, sowohl im Kältefach des Kühlschrankes oder im Tiefgefriergerät wie in der Kältemischung aus Eis und Viehsalz; es hat die kürzeste Gefrierdauer.

Grundsätzlich ist zu beachten:

Das Gefrieren der Eismasse wird von ihrem Zuckergehalt beeinflußt: zu wenig Zucker ergibt grobkörnige, kristallisierte Eismasse – zu viel Zucker erschwert das Gefrieren. Deshalb angegebene *Zuckermengen einhalten!*

Regeln für Gefrieren im Verdampferfach des elektrischen Kühlschrankes:

1. Verdampferfach muß vorher abgetaut sein, dicker Reifbesatz verhindert gute Kälteabgabe. Kühlschrank auf tiefste Temperaturen einstellen. Inhalt der Schalen für das Verdampferfach ausmessen vor der Herstellung der Eismasse.

2. Nach Rezept hergestellte Eismasse, mit Gelatine für Fruchteis, Eigelb und evtl. Stärkemehl für Cremeeis oder reichlich Schlagsahne für Sahneeis *völlig erkaltet* in Gefrierschalen ohne Würfelfächer füllen, in Verdampferfach einschieben.

3. Während des Gefrierens in der ersten halben Stunde Gefriermasse zweimal leicht durchrühren und das an den Schalenwänden gebildete Eis abspachteln, um gleichmäßiges Durchfrieren zu erreichen.

4. Gefrierdauer für Rahmeis etwa 1 Stunde, für Cremeeis 1-2 Stunden, für Fruchteis etwa 3 Stunden.

5. Anrichten des Gefrorenen: Eis entweder im ganzen stürzen, dazu Form kurz in heißes Wasser tauchen, gestürztes Eis mit nassem Messer in Portionen schneiden und anrichten oder Eis aus der Schale stechen und leicht formen. Angerichtetes Eis nach Belieben mit Früchten und leicht gesüßtem Schlagrahm verzieren, rasch zu Tisch geben.
Nach Belieben kann Eis auch zu Eisbechern verwendet werden.

Wichtiges für Gefrieren in der Tiefgefrieranlage:

Hierfür ist Sahne- oder Rahmeis besonders geeignet; bei anderen Eismischungen kommt es infolge der sehr tiefen Temperaturen leicht zu grober Kristallbildung. Rahmeismasse in gut schließenden Metallbehälter füllen (Puddingform, Bombenform o. ä.), in Tiefgefrieranlage gefrieren lassen. Kurz vor dem Anrichten Form in heißes Wasser tauchen, Eis stürzen, evtl. portionieren, nach Belieben mit leicht gesüßtem Schlagrahm und mit Früchten verzieren. Auch zu Eisbechern zu verwenden.

Gefrieren in der Eismaschine mit Kältemischung:

1. Gefrierbüchse richtig einsetzen, so daß sie sich gut drehen läßt, mit Kältemischung (3–4 Teile Roheis, 1 Teil Viehsalz) umgeben.

2. Völlig erkaltete Eismasse in Gefrierbüchse einfüllen, Büchse höchstens 3/4 voll füllen, Rührwerk mit Spatel einsetzen, sorgfältig und absolut dicht verschließen, um Eindringen des Schmelzwassers zu verhüten.

3. Gleichmäßig drehen bis Masse fest und steif gefroren ist. Während des Gefrierens nach Bedarf Eismasse abspachteln und Kältemischung nachfüllen.

4. Wenn Eismasse steif gefroren ist, Rührwerk entfernen, mit Pergamentpapier und Deckel gut dicht verschließen, in Kältemischung bis zum Gebrauch stehen lassen.

5. Anrichten wie oben beschrieben oder zu Eisbechern verwenden.

Bei Verwendung von elektrischem Rührgerät für Kühlschrank oder Tiefkühltruhe nach Gebrauchsanweisung der Firma arbeiten.

1177. Fruchteis, Eisbecher mit Früchten (6 Personen)
Erdbeer-, Himbeer-, Johannisbeereis
Aprikosen-, Pfirsich-, Ananas-, Sauerkirscheneis

Grundrezept

Arbeitsweise:

1. Rohe Früchte wie Erdbeeren, Himbeeren, Johannisbeeren, weiche Aprikosen, Pfirsiche oder Sauerkirschen (entsteint) im Mixer oder elektrischem Handrührgerät pürieren, evtl. durch Sieb streichen.
2. *Gefriermasse herstellen:* Fruchtmark mit Zucker und Zitronensaft rühren, bis sich aller Zucker gelöst hat oder Zucker in wenig Saft oder Milch einmal aufkochen, *völlig erkaltet* zum Fruchtmark geben, Milch bzw. Rahm oder Kondensmilch und leicht schaumig geschlagenes Eiweiß sowie evtl. die lauwarme Gelatinelösung unterschlagen, gut durchschlagen, abschmecken.
3. *Gefriermasse* in Gefrierschalen des Verdampferfaches oder Gefrierbüchse füllen, *gefrieren lassen* wie auf Seite 550 beschrieben; Gefrierdauer im Verdampferfach des Kühlschrankes $2^1/_2$–3 Stunden.
4. *Eis anrichten:* Entweder stürzen und in Portionen schneiden oder mit in warmes Wasser getauchtem Eßlöffel ausstechen, nach Belieben mit Früchten oder evtl. etwas Schlagrahm verzieren oder zu Eisbechern verwenden.
5. Bei Verwendung von tiefgefrorenen Früchten, die mit Zucker eingefrostet wurden, Zuckermenge etwas kürzen, ebenso bei gesüßtem sterilisiertem Obst. In letzterem Fall Kompottsaft statt Milch verwenden, jedoch etwas Schlagrahm zugeben.
6. Bei Verwendung von Eispulver nach Gebrauchsanweisung verfahren.

$^1/_2$ l Fruchtmark oder -saft (roh oder sterilisiert) oder 750 g rohe, weiche Früchte
Saft von $^1/_2$–1 Zitrone
200 g Zucker
$^1/_4$ l Milch, ein Teil als süßer Rahm oder Kondensmilch
1 großes Eiweiß
evtl. 2 Blatt Gelatine in 2 Eßl. Saft gelöst (für das Gefrieren im Verdampferfach d. Kühlschranks)

Eisbecher mit Früchten: Nur weiche, aromatische Früchte dafür verwenden, größere Früchte in gleichmäßige Stücke schneiden, rohe Beeren leicht einzuckern. Eis nach Wahl in hohe Eisbecher halbvoll einfüllen, Früchte einlegen, mit Likör beträufeln, mit Eis auffüllen, mit schönen Früchten und etwas Schlagrahm verzieren.

Verschiedenes Fruchteis, weiche Früchte nach Wahl (roh od. sterilisiert) od. v. Rumtopf, Zucker n. Bedarf
Likör je nach Eisart
Schlagrahm

1178. Zitroneneis, Orangeneis (6 Personen)

Ungespritzte Früchte mit heißem Wasser waschen, abtrocknen; Schale von jeweils 1 Frucht an Würfelzucker abreiben, diesen im Wasser mit dem Zucker aufkochen und völlig erkalten lassen; (einfacher kann man sehr dünn geschälte Schale mit Wasser und Zucker einigemale aufkochen, dann erkalten lassen, Schale entfernen). Nach dem Erkalten Zitronen- bzw. Orangensaft, Wein, leicht schaumig geschlagene Eiweiß und evtl. lauwarme Gelatinelösung mit Schneebesen unterschlagen, in Gefrierschalen des Kühlschrankes oder Gefrierbüchse füllen und nach Vorschrift gefrieren (siehe Seite 550), bis Masse gleichmäßig steif ist. Anrichten wie im Grundrezept Nr. 1177 beschrieben oder zu Eisbecher verwenden.

$^1/_2$ l Wasser, 200 g Zucker
Schale v. 1 Zitrone bzw. 1 Orange, 3 St. Würfelzucker
Saft v. 5–6 Zitronen bzw. 4–5 großen Orangen
evtl. 4–6 Eßl. Weißwein
$^1/_8$ l Rahm, 1–2 Eiweiß
2 Blatt Gelatine in 2 Eßl. Wasser gelöst (f. d. Gefrieren im Verdampferfach)

½ l frische, dicke Sauermilch oder 4 Becher Joghurt
125 g Zucker, Vanillezucker oder ½ Stange Vanille
2–3 Eßl. Arrak, 1 Eiweiß
evtl. 2 Blatt Gelatine in 2 Eßl. Wasser gelöst, 50 g Schokolade, 50 g Makronen

1179. Sauermilch- oder Joghurt-Eis, Zitteleis (4 Personen)

Sauermilch oder Joghurt mit Zucker, Vanillezucker oder vorbereiteter Vanillestange schaumig schlagen, Arrak zugeben, abschmecken, vorbereitete, nach Vorschrift gelöste Gelatine und gut verschlagenes Eiweiß kräftig unterschlagen, gewürfelte Makronen und in Würfel geschnittene Milchschokolade untermengen, in Gefrierschalen oder Gefrierbüchse füllen und gefrieren lassen im Verdampferfach des Kühlschrankes bzw. in der Eismaschine wie Seite 550 beschrieben.

Grundrezept

3 Eigelb, 1 ganzes Ei
125 g Zucker, ½ l Milch
1 Teel. Stärkemehl
Geschmackszutaten n. Wahl: Vanille, Schokolade, Haselnüsse, Karamel, Kaffee-Extrakt oder Ananassaft bzw. -mark
⅛–¼ l Schlagrahm
zum Anrichten nach Wahl: schöne Früchte (roh oder sterilisiert) oder Rumtopffrüchte oder 2–4 Eßl. Rum od. Cognac wenig Schlagrahm

1180. Cremeeis (4–6 Personen)

Arbeitsweise:

1. *Creme abschlagen:* Schaummasse rühren aus Eigelb, ganzem Ei und Zucker, Stärkemehl unterrühren, vorbereitete Geschmackszutaten nach Wahl und Milch unterschlagen, bei mäßiger Hitze abschlagen, bis Masse einmal aufpufft, sofort von Herdstelle nehmen, etwas weiterschlagen, um Gerinnung von Ei zu verhüten. Wird 1 Eigelb eingespart, 2 Teel. Stärkemehl verwenden.
2. *Creme völlig erkalten* lassen unter öfterem Durchschlagen, kalt stellen (Kühlschrank).
3. *Steifen Schlagrahm* unter Creme ziehen.
4. *Creme* in Gefrierschalen des Verdampferfaches oder in Gefrierbüchse füllen und nach Vorschrift *gefrieren* wie Seite 550 angegeben.
5. *Anrichten:* Eis stürzen oder Eis mit in warmes Wasser getauchten Eßlöffeln ausformen.

Für Früchte-Eisbecher mit reifen, schönen Früchten, sterilisierten Früchten oder Rumtopffrüchten garnieren, leicht mit Cognac oder Rum beträufeln, mit Schlagrahm spritzen.
Bei Verwendung von käuflichem Eiscremepulver nach Gebrauchsanweisung verfahren.

1 Stange Vanille
Cremeeis wie oben

Vanilleeis: Vanillestange klopfen, spalten, Mark zur Schaummasse rühren, Vanillestange zur Milch geben; vor dem Gefrieren entfernen. Sonstige Herstellung wie Grundrezept Cremeeis.

½ Stange Vanille
100–120 g halbbittere Schokolade
Cremeeis wie oben

Schokoladeneis: Vorbereitete Vanillestange mit der Schaummasse rühren, klein geschnittene gute Schokolade mit Milch zur Schaummasse geben, sonst wie Grundrezept Cremeeis herstellen.

Eisschokolade: Schokoladeneis nur halbsteif oder salbig gefrieren lassen, in hohe, vorgekühlte Gläser füllen, mit Schlagrahm aufspritzen, mit Saughalm reichen.

Kaffee-Extrakt von:
50 g Bohnenkaffee u. knapp ¼ l kochendem Wasser oder 5 Teel. Kaffee-Extraktpulver
Cremeeis wie oben

Mokkaeis: Kaffee-Extrakt herstellen: Feingemahlenen Kaffee guter Sorte mit frisch kochendem Wasser filtern; Cremeeis nach Grundrezept herstellen, Milchmenge um die Menge des Kaffee-Extraktes kürzen, Zuckermenge nach Geschmack wenig erhöhen. Bei Verwendung von Kaffee-Extraktpulver dieses zur Schaummasse rühren.

Eiskaffee von Mokkaeis: Mokkaeis nur halbsteif gefrieren lassen, vorgekühlte hohe Gläser 2/3 hoch damit füllen, eine große Haube von leicht gesüßtem Schlagrahm aufspritzen, mit Schokoladenstreuseln bestreuen, mit Saughalm reichen.

Mokkaeis
1/8–1/4 l Schlagrahm
2 Eßl. Zucker
Schokoladenstreusel

Nußeis: Haselnüsse trocken in vorgeheizter Röhre auf Backblech leicht rösten, bis sie sich schälen lassen, Schalen zwischen Tuch trocken abreiben, Nußkerne reiben. Vorbereitete Vanillestange in 1/4 l Milch aufkochen lassen, kochende Vanillemilch über geriebene Haselnüsse geben, zugedeckt 1/4–1/2 Stunde ziehen lassen, dann zur Schaummasse gießen und Cremeeis nach Grundrezept fertigstellen.

Cremeeis von 3/8 l Milch
100 g Haselnüsse
1/4 l Milch
1/2 Stange Vanille

Karameleis: Karamel herstellen: Zucker in Eisenpfännchen trocken erhitzen zu goldbrauner Farbe, bis er zu schäumen beginnt, mit Wasser ablöschen, leise kochen, bis sich Karamel völlig gelöst hat, dann mit Milch zur Schaummasse gießen und wie Grundrezept Cremeeis fertigstellen.

zum Karamel:
100 g Zucker, 1/8 l Wasser
Cremeeis wie oben

1181. Eiskaffee mit Vanilleeis

Vanilleeis herstellen und gefrieren lassen. Mokkastarken Kaffee herstellen durch Filtern oder sehr fein gemahlenen Kaffee mit kochendem Wasser überbrühen, 10 Minuten zugedeckt ziehen lassen, abseihen, nach Geschmack wenig süßen, erkalten lassen, dann im Kühlschrank sehr gut kühlen. In vorgekühlte hohe Gläser je 3 Eßlöffel Vanilleeis geben, mit eisgekühltem Mokka aufgießen, große Haube von leicht gesüßtem Schlagrahm aufspritzen, nach Belieben mit Schokoladenstreusel bestreuen, sofort mit Saughalm reichen.

Vanilleeis Nr. 1180
Mokka von 40 g Kaffee und 3/8 l Wasser, etwas Zucker
1/8–1/4 l Schlagrahm
2 Eßl. Zucker
Schokoladenstreusel

1182. Pfirsich Melba (6–8 Personen)

Vanilleeis herstellen; in der Zwischenzeit Pfirsiche aus dem Kompottsaft nehmen, gut abtropfen lassen, mit Himbeer- oder Johannisbeergelee oder -marmelade überziehen, in den Kühlschrank stellen. Unmittelbar vor Tisch kalt gestellte Eisbecher, Sektgläser oder Glasschalen 3/4 voll mit Vanilleeis füllen, vorbereitete Pfirsiche darauf legen, (pro Kopf 1/2 Pfirsich) mit Schlagrahm spritzen, sofort zu Tisch geben. Bei Verwendung roher Pfirsiche die gewaschenen Früchte halbieren, entsteinen, in gut abgeschmecktem Sud (mit etwas Vanille oder Zitronensaft) einige Male aufkochen lassen, aus Sud nehmen, häuten, auf Sieb erkalten lassen, fertigstellen wie beschrieben.

Vanilleeis Nr. 1180
6–8 schöne, sterilisierte Pfirsichhälften
Johannisbeer- oder Himbeergelee oder -marmelade
1/8–1/4 l Schlagrahm

1183. Birnen Hélène (6–8 Personen)

Vanilleeis herstellen, gefrieren lassen; aromatische, schöne Birnenhälften (pro Kopf 1/2 Birne) aus dem Saft nehmen, abtropfen lassen, im Kühlschrank kühlen. Falls Schokoladensirup nicht verfügbar ist, *dicke* Schokoladensoße herstellen, ebenfalls kalt stellen. Die Birnenhälften mit Schokoladensirup oder dicker Schokoladensoße dick überziehen. Vanilleeis auf vorgekühlten Portionsschälchen bergartig anrichten, vorbereitete Schokoladenbirnen darauf legen, mit leicht gesüßtem Schlagrahm bespritzen, sofort zu Tisch geben.

6–8 schöne, sterilisierte Hälften von Butterbirnen
6 Eßl. Schokoladensirup (Dose) oder dicke Schokoladensoße Nr. 985
1/8 l Schlagrahm
Vanilleeis Nr. 1180

Nach Belieben kann man die Birnen ohne Schokoladeüberzug auf Vanilleeis anrichten, mit Schlagrahm bespritzen und *heiße* Schokoladensoße dazu reichen.
Vereinfacht kann man auch auf Vanilleeis verzichten, die Birnen nur mit heißer Schokoladensoße überziehen, mit Schlagrahm spritzen.

1184. Überbackenes Eis (8 Personen)

Grundrezept Biskuitteig von 5 Eiern Nr. 1379 oder Grundrezept Wasserbiskuit von 4 Eiern Nr. 1380
zum Tränken: etwas Cognac oder Likör
zur Fülle:
1$^1/_2$–2mal Rezept Vanilleeis Nr. 1180
zum Überbacken Baiser:
4 Eiweiß, 200–250 g feiner Zucker
etwas Zitronensaft
Puderzucker zum Besieben

Am Vortag Biskuittorte backen (Tortenform mit höchstens 22 cm Durchmesser), erkalten lassen; am Folgetag davon Deckel abschneiden, Torteninneres aushöhlen bis auf Rand und Boden von jeweils 1$^1/_2$–2 cm Dicke, auf feuerfeste Platte legen, vor dem Füllen tränken. Vanilleeis in genügender Menge herstellen (je nach Tortengröße ist der Bedarf etwas unterschiedlich), sehr steif gefrieren lassen. Baiser herstellen: kalt gestellte Eiweiß zu sehr steifem Eischnee schlagen, etwas Zitronensaft unterschlagen, etwa $^1/_3$ der Zuckermenge nach und nach unter kräftigem Schlagen einrieseln lassen, weiter schlagen, bis Masse sehr steif ist, Rest des Zuckers unterheben, noch kurz schlagen, bis Masse sehr steif, glatt und glänzend ist, bis zum Gebrauch kurz in den Kühlschrank stellen.
Sehr steif gefrorenes Vanilleeis (oder anderes beliebiges Cremeeis) rasch in den ausgehöhlten, mit Cognac oder Likör getränkten Biskuitboden füllen, Biskuitdeckel darauflegen, mit vorbereiteter Meringenmasse sofort von allen Seiten *dick* überziehen und evtl. spritzen, mit Puderzucker besieben, in vorgeheizter Röhre oder Grill bei *stärkster Oberhitze* einige Minuten überbacken oder übergrillen, bis Meringenmasse lichtgelb ist, sofort zu Tisch geben, erst bei Tisch anschneiden.
Anstelle von Biskuittorte kann man auch auf dem Backblech 2 cm dicke Biskuitplatte backen wie zu Biskuitroulade, diese tränken, mit Eis bergartig füllen, mit Biskuit abdecken, dick mit Baiser überziehen und fertigstellen wie beschrieben.

1185. Sahneeis oder Rahmeis mit Früchten (4–6 Personen)
Erdbeer-, Himbeer-, Johannisbeer-, Aprikosen-, Pfirsich-, Ananas-Sahneeis

$^1/_4$ l Fruchtmark (roh oder sterilisiert) oder
500 g weiche Früchte wie Beeren, Aprikosen, Pfirsiche
100–150 g Zucker (je nach Fruchtart)
Saft von 1 Zitrone
$^1/_4$ l Schlagrahm

Weiche Früchte mixen oder im elektrischen Handrührgerät zu Mark verarbeiten, evtl. durch Sieb streichen, nach Belieben einige schöne Früchte als Garnitur zurückbehalten, kalt stellen. Tiefgefrorene Früchte vorher gut antauen lassen. Fruchtmark mit Zucker schaumig schlagen bis sich der Zucker gelöst hat, mit Zitronensaft abschmecken. Bei Verwendung bereits gesüßter Früchte Zuckermenge kürzen. Schlagrahm steif schlagen, Fruchtmark unterziehen, in Gefrierschalen füllen und gefrieren lassen im Verdampferfach des Kühlschranks, im Tiefgefriergerät oder in einer Kältemischung, wie Seite 550 beschrieben. Gefrierdauer 1–2 Stunden, je nach Größe der Behälter und Temperatur im Gefriergerät. Eis im ganzen stürzen oder mit Eßlöffeln portionieren, mit Früchten, Rumtopffrüchten und Schlagrahm verzieren.

1186. Sahneeis oder Rahmeis mit Eiercreme (4–6 Personen)

3 Eigelb, 50–70 g Zucker
1/4 l Milch oder Fruchtsaft (für abgeschlagene Creme)
Geschmackszutaten n. Wahl: Vanille, Schokolade, Kaffee-Extrakt oder Kaffee-Extraktpulver, Krokant od. geschälte Haselnüsse, Arrak, Cognac, Cointreau, Maraschino od. anderer Likör evtl. Rumtopffrüchte oder feine Fruchtstücke u.a.m.
1/4 l Schlagrahm
zum Anrichten: feine Früchte, Rumtopf-früchte
evtl. 1 Teel. guter Likör
wenig Schlagrahm

Sahneeis kann mit roh gerührter Schaummasse aus Eigelb und Zucker oder aus abgeschlagener Creme hergestellt werden; letztere ist ausgiebiger, aber zeitaufwendiger.
Sahneeis mit roh gerührter Schaummasse: Eigelb mit Zucker sehr schaumig schlagen, Geschmackszutat nach Wahl unterschlagen, steifen Schlagrahm unterziehen, in kalt gestellte Gefriergefäße füllen und nach Vorschrift im Verdampferfach des Kühlschrankes, im Tiefgefriergerät oder in Kältemischung gefrieren lassen.
Sahneeis mit abgeschlagener Creme: Schaummasse aus Eigelb und Zucker schlagen, Milch und Geschmackszutat nach Wahl unterrühren, bei *mäßiger Hitze* abschlagen, bis Masse sämig ist und einmal aufpufft, sofort vom Herd nehmen und kurz weiter schlagen, um nachträgliches Gerinnen von Eigelb zu verhüten, Creme völlig erkalten lassen unter öfterem Durchschlagen, im Kühlschrank kühlen, dann steifen Schlagrahm unter die völlig erkaltete Creme ziehen, evtl. mit gutem Likör verbessern, in Gefriergefäße füllen und gefrieren lassen, wie auf Seite 550 beschrieben. Gefrierdauer etwa 1–2 Stunden. Falls 1 Eigelb eingespart werden soll, ist 1 Teelöffel Stärkemehl unter die Schaummasse zu rühren.
Rahmgefrorenes stürzen oder mit in warmes Wasser getauchten Eßlöffeln portioniert anrichten, nach Belieben mit feinen Früchten, mit etwas Likör beträufelt und etwas Schlagrahm verzieren.
Bei Verwendung von käuflichen Eispulvern nach Gebrauchsanweisung verfahren.

1 Stange Vanille
1 Eßl. Arrak

Vanille-Sahneeis: Sahneeis wie oben beschrieben, nach Belieben mit roher Schaummasse oder mit abgeschlagener Creme herstellen. Vanilleschote klopfen, spalten, Mark in die Schaummasse streifen, Schote in der Schaummasse mitrühren oder zur Milch geben, vor dem Unterziehen von Schlagrahm entfernen; Arrak mit dem Schlagrahm untermengen.

1/2 Stange Vanille
100 g halbbittere Schokolade

Schokoladen-Sahneeis: Sahneeis mit Vanille herstellen, Schokolade in kleine Stückchen schneiden, mit einigen Eßlöffeln Milch erwärmen, bis Schokolade geschmolzen ist, zur Schaummasse rühren. Sonstige Zubereitung mit roher Schaummasse oder abgeschlagener Creme wie oben angegeben.

1/2 Stange Vanille
1/8 l Kaffee-Extrakt von 40 g Bohnenkaffee oder 3–4 Teel. Kaffee-Extrakt-pulver

Mokka-Sahneeis: Sahneeis mit Vanille herstellen wie oben beschrieben. nach Wahl mit roher Schaummasse oder mit abgeschlagener Creme. Kaffee-Extraktpulver zur rohen Schaummasse rühren; Kaffee-Extrakt aus feingemahlenem Kaffee guter Sorte durch Filtern herstellen, mit der Milch, die auf 1/8 l verringert wird, zur Schaummasse rühren, dann abgeschlagene Creme herstellen, fertigstellen wie oben angegeben.

¼ l Ananassaft (Dose)
1 Eßl. Zitronensaft
4–6 Scheiben Ananas (Dose)

Sahneeis mit Ananas: Sahneeis mit abgeschlagener Creme herstellen, anstelle von Milch Ananassaft, mit Zitrone abgeschmeckt, verwenden; Zucker evtl. etwas kürzen. Ananasscheiben in gleichmäßige Stückchen schneiden, mit dem Schlagrahm unter die völlig erkaltete Creme heben und fertigstellen wie oben beschrieben.
Anstelle von Ananas können alle feinen Kompottfrüchte verwendet werden.

1187. Orangen-Sahneeis

3 Eigelb, 80 g Zucker
Schale v. 1 Orange
Saft von 4 Orangen und von 1 Zitrone
4 Eßl. Weißwein
2 Blatt weiße Gelatine
2 Eßl. Saft z. Lösen
¼ l Schlagrahm
zum Anrichten:
Orangenscheiben
wenig Schlagrahm

Ungespritzte Früchte in heißem Wasser waschen, abtrocknen; Orangenschale sehr fein abreiben. Orangencreme herstellen: Schaummasse aus Eigelb und Zucker rühren (elektr. Handrührgerät), Orangenschale, Weißwein, Orangen- und Zitronensaft unterrühren, bei mäßiger Hitze abschlagen, bis Masse sämig wird, *nicht kochen,* von der Herdstelle nehmen, kurz weiter schlagen, um nachträgliches Gerinnen von Eigelb zu verhindern; die nach Vorschrift vorbereitete und gelöste Gelatine lauwarm unter die noch warme Creme rühren, unter öfterem Durchschlagen völlig erkalten lassen, kalt stellen. Nach völligem Erkalten steifen Schlagrahm unter die Creme ziehen, in vorgekühlte Gefrierschalen füllen und gefrieren lassen, nach Belieben beim Anrichten mit Orangenscheiben und Schlagrahm verzieren.

1188. Gefrorener Schlagrahm

¼ l Schlagrahm
1–2 Eßl. Zucker
Geschmackszutaten n. Wahl:
3–4 Eßl. Fruchtmark (Erdbeeren, Himbeeren, Aprikosen, Pfirsiche oder Ananas) oder
50 g Schokolade, gelöst in 2 Eßl. süßem Rahm oder Mokka oder 3–4 Eßl. starker kalter Mokka oder
3–4 Eßl. Arrak, Rum, Maraschino oder Cointreau
4 Makronen nach Belieben
evtl. Rumtopffrüchte

Aus sehr reifen, rohen oder feinen, sterilisierten Früchten Fruchtmark herstellen durch Mixen oder im elektrischen Rührgerät, evtl. durch Sieb streichen. Schokolade klein schneiden, in 2 Eßlöffeln süßem Rahm oder heißem Mokka lösen, erkalten lassen; oder etwa $^{1}/_{16}$ l guten Mokka bereiten, erkalten lassen. Schlagrahm steif schlagen, je nach Wahl vorbereitetes Fruchtmark, gelöste Schokolade oder erkalteten Mokka oder Alkohol nach Wahl unterschlagen, Zucker nach Bedarf untermengen, nach Belieben kleine, geviertelte Makronen untermischen, Masse abschmecken, in Gefrierschale füllen, im Verdampferfach des Kühlschranks gefrieren lassen. Gefrierdauer etwa $^{3}/_{4}$–1 Stunde. Nach dem Gefrieren portionieren, nach Belieben mit einigen schönen Früchten, Rumtopffrüchten oder mit Schokoladenstreusel verzieren.
Bei Verwendung tiefgefrorener Früchte diese erst gut antauen lassen, dann zu Mark verarbeiten.

Backwerk

„Backen macht Freude!" – Gilt dies auch heute noch? Ist es nicht richtiger, jeweils zu kaufen, was Bäcker, Konditor und industrielle Fertigung uns in großer Fülle und bester Gestaltung anbieten? Diese Frage stellt sich der Frau immer wieder. Es ist an ihr, im Einzelfall Zeit- und Kostenaufwand abzuwägen und die für sie richtige Entscheidung zu treffen. Für manche überlastete, berufstätige Hausfrau und Mutter mag der Kauf von Backwaren das Rechte sein.

Allgemein aber wird auch heute in vielen Kreisen selbsthergestelltes Gebäck besonders geschätzt – nicht nur, weil es vielleicht alte, liebe Erinnerungen weckt, sondern auch deshalb, weil es besonders gut schmeckt. Selbstgemachtes Gebäck ist auch heute noch unverändert der Ausdruck gemütlicher Häuslichkeit und herzlicher Gastlichkeit. Moderne Errungenschaften rationalisierter Küchentechnik verhelfen im übrigen dazu, den Zeit- und Arbeitsaufwand für das Backen verhältnismäßig niedrig zu halten. Das Herstellen von Teigen, früher oft mit langen und anstrengenden Rührarbeiten verbunden, kann heute durch zweckmäßige elektrische Handrührgeräte und Küchenmaschinen in wenigen Minuten mühelos und bestens erledigt werden. Thermostatisch geregelte Backröhren moderner Herde haben die Kunst des Backens wesentlich einfacher und risikoärmer gemacht. So möge das Backen seinen bevorzugten Platz in unseren Haushalten zur Freude aller Familienmitglieder behalten und das Wort „Backen macht Freude" weiterhin gelten.

Gutes Gelingen ist jedoch an einige Voraussetzungen gebunden: ein wenig Liebe zur Sache, sorgfältiges und überlegtes Arbeiten, vor allem auch zuverlässige, erprobte Rezepte und schließlich ein wenig eigene Erfahrung.

Dazu sollen folgende Anleitungen und Rezepte ein Helfer sein.

Allgemeine Backlehre:

Grundregeln für das Backen:

1. Überlegtes Vorbereiten erleichtert und beschleunigt die Arbeit. Gebäck- und Teigarten unter Beachtung des Arbeits-, Zeit- und Kostenaufwandes dem Zweck entsprechend wählen. Rezepte und Anleitungen vor Beginn der Arbeit gründlich lesen, alle benötigten Zutaten in erforderlicher Menge und die Arbeitsgeräte bereitstellen. Erst besinn's, dann beginn's!

2. Nur Zutaten einwandfreier Qualität verwenden!

Mehl für feines Gebäck muß fein (Type 405), kleberreich, trocken und gesiebt sein. Je kleberreicher das Mehl, desto ergiebiger ist der Teig, da Kleber im feuchten Teig quillt und beim Backen das Gerüst des Gebäcks bildet durch sein Gerinnen im Zusammenwirken mit der verkleisternden Stärke. Bei einigen Teigarten kann ein Teil des Mehles durch Stärkemehl ausgetauscht werden; dadurch wird das Gebäck sehr feinporig. Der Austausch ist jedoch auf eierreiche Teige und die in den Rezepten angegebene Menge zu beschränken, da Stärkemehl mangels Kleber kein Teiggerüst bilden kann.

Eier wirken bindend und lockernd; Eigelb macht Gebäck mürbe und hält es frisch, Eiklar macht es eher knusprig, als Eischnee lockert es besonders gut. Für Feingebäck möglichst frische Eier verwenden. Eier immer einzeln über Tasse aufschlagen und auf Geruch prüfen, zur Herstellung von Eischnee sorgfältig trennen, Eiweiß kalt stellen.

Fett beeinflußt Güte, Geschmack und Verdaulichkeit des Gebäcks ganz besonders. Für Feingebäck frische Butter bevorzugen, bei Verwendung von Margarine nur gute Markensorten mit pflanzlichen Rohstoffen verwenden, bei Öl auf gute, frische Qualität achten.

Zur Herstellung von Schaummassen Butter oder Margarine in weicher, geschmeidiger Beschaffenheit verwenden (rechtzeitig aus Kühlschrank nehmen), evtl. Schüssel auf heißem Wasser stehend, nur leicht erwärmen; geschmolzenes Fett läßt sich nicht schaumig rühren. Zerlassenes Fett nie heiß an den Teig geben. Für alle Knetteige Fett vorher kalt stellen.

Zucker: Für feine Teige soll feiner Grießzucker (Raffinade) von sehr feiner Körnung verwendet werden, z. B. Staubzucker; grobkörniger Zucker löst sich schlechter und ist für Herstellung feiner Teige nicht geeignet. Puderzucker ist feinst gemahlener und gesiebter Raffinadezucker; er ist für Glasuren und spezielle Rezepte nötig, Rezeptangaben jeweils beachten.

Geschmacks- und Verbesserungszutaten sollen frisch sein, zu langes Lagern mindert ihr Aroma.

Nüsse und Mandeln können durch langes Lagern ranzig werden. Bittere Mandeln enthalten das Glykosid Amygdalin, aus dem sich das ätherische Bittermandelöl und die giftige Blausäure abspalten. Bittermandelgeschmack wird in geringen Mengen oft geschätzt, dafür genügen aber wenige Stück bittere Mandeln; die gefährliche Blausäure entweicht beim Backen nur zu etwa 30% und wird dadurch nur zum kleinen Teil unschädlich. Die lebensbedrohliche Dosis an Blausäure liegt bei 1 mg/kg Körpergewicht für den Erwachsenen, (etwa 50 Stück bittere Mandeln), für Kinder wesentlich niedriger. Blausäure ist ein sehr rasch wirkendes Gift: in die Blutbahn gelangte Blausäure verhindert die Übertragung von Sauerstoff aus dem Hämoglobin auf die Gewebezellen durch Veränderung des sog. gelben Atmungsfermentes. Deshalb bittere Mandeln nur in Ausnahmefällen und sehr sparsam verwenden! Gute Mandelqualität darf nicht mehr als höchstens 2% bittere Mandeln enthalten, sie muß außerdem frei von Bruch und Schalenresten sein.

Zitronat und Orangeat, kandierte und häufig glasierte Schalen der Zedrat-Zitrone und der Bitterorange, sollen nicht zu trocken, im Schnitt speckig und aromatisch sein.

Vanilleschote guter Qualität ist dunkelbraun bis violettbraun, elastisch, weich, etwas ölig-fettglänzend, reich an Mus oder Mark und an natürlichem Vanillin; ein Teil des Vanillins scheidet sich oft an der Oberfläche als feiner weißer Kristallüberzug ab. Starke Runzelung deutet Austrocknung und Überlagerung an. Mexikanische Vanille und Bourbon-Vanille gelten als beste Sorten. In Glasröhrchen oder Aluminiumfolie trocken, kühl, vor Sonne geschützt, nicht zu lange aufbewahren.

Vanillezucker, durch Einlegen von Vanilleschote in Zucker in einem Schraubglas selbst hergestellt, hat feines Vanillearoma.

Vanillinzucker ist Zucker mit Beimischung von synthetischem Vanillin; bei einer Lagerdauer von 5–6 Monaten kann das synthetische Vanillin bis zu 50% schwinden.

Zitronen und Orangen, deren Schalen verwendet werden, müssen frei von Fremdstoffen sein, d. h. weder die Früchte noch ihr Packmaterial darf mit Diphenyl oder Orthophenylphenol oder ähnlichen Stoffen behandelt worden sein; für eine mit diesen Konservierungsstoffen behandelte Ware besteht die Kennzeichnungspflicht, z. B. durch Hinweis „Mit Diphenyl, Schale nicht zum Verzehr geeignet". Im allgemeinen sollte man nicht mit Fremdstoffen behandelte Zitrusfrüchte und große, saftreiche, kernarme, dünnschalige Früchte bevorzugen.

3. Genaues Wiegen bzw. Messen der Zutatenmengen, entsprechend den Rezeptangaben, ist bei allen feinen Teigen Voraussetzung für gutes Gelingen.

4. Geschmacks- und Verbesserungszutaten richtig vorbereiten:

Zitronen und Orangen für Schalenverwendung mit heißem Wasser gründlich waschen, gut abtrocknen, fein reiben; zur Saftgewinnung Früchte vorher etwas durchwalken.

Vanilleschote leicht klopfen, spalten, Mark (Mus) ausschaben; nach Gebrauch trocken in Zucker dicht verschlossen aufbewahren.

Rosinen, Sultaninen, Korinthen, Weinbeeren waschen, brühen, gut abtropfen lassen, von Stielen u. ä. reinigen, zwischen Tuch liegend abtrocknen lassen, mit etwas Mehl bestaubt verwenden, damit sie im Teig nicht so leicht sinken.

Haselnüsse und Mandeln, ungeschält verwendet, zwischen trocken-feuchtem Tuch (nur wenig angefeuchtet) gut abreiben, um Staub zu entfernen. Zum Schälen Haselnußkerne auf Blech in vorgeheizter Röhre trocken leicht erwärmen, bis sich Schale zwischen einem Tuch abreiben läßt; Mandeln dagegen mit kochendem Wasser brühen, kurz ziehen lassen, Schalen abziehen, Mandelkerne evtl. zwischen Tuch trocknen. Mandeln und Nüsse erst vor Gebrauch reiben, hacken oder schneiden, da sie zerkleinert aufbewahrt rasch ranzig werden.

Zitronat und Orangeat sehr fein in Würfelchen oder Streifchen schneiden oder wiegen.
Der Handel bietet heute Haselnüsse, Mandeln, Zitronat und Orangeat in vorbereiteter, bereits zerkleinerter Form an; hierfür ist frische Qualität wesentlich.

5. Backformen und Bleche richtig vorbereiten:

Kuchenformen wie Kasten-, Spring- und Gugelhupfformen u. a. m. jeweils mit *weichem (nicht flüssigem) Fett gut ausstreichen,* je nach Teigart evtl. mehlen oder mit Semmelbröseln oder Mandelstiften ausstreuen, siehe jeweils Rezeptangaben.
Auslegen von Formen mit Aluminiumfolie oder Pergamentpapier bei empfindlichem Gebäck nach Gebrauchsanweisung; Formen hierbei nicht fetten, Folie bzw. Pergamentpapier je nach Rezeptangabe jedoch mit weicher, frischer Butter bestreichen.

Backbleche mit zerlassenem Fett bestreichen oder mit Butterpapier abreiben, evtl. je nach Teigart mehlen. Ausnahmen: Biskuitteig, Mürbteig und Blätterteig (siehe jeweils einschlägige Backlehre). *Nur frische Butter oder gute Margarine, niemals ranziges Fett oder Schweinefett* zum Fetten von Kuchenformen und Blechen verwenden.

Material der Backformen und Bleche beeinflußt das Backen: Schwarzblech bäckt und bräunt rascher als Weißblech; Weißblech erfordert etwas höhere Backtemperatur und etwas längere Backzeit.

6. Teigherstellung erfordert sorgfältiges und sauberes Arbeiten. Rezeptanleitung beachten, Hinweise in Backlehre und Grundrezepten berücksichtigen.
Arbeitserleichternde Geräte benutzen. Arbeitsplatz sauber halten. Bei Verwendung elektrischer Handrührgeräte und Küchenmaschinen nach Gebrauchsanweisung der Firmen verfahren.
Lockerungsmittel nach Rezeptanweisung verwenden. Richtige Teigbeschaffenheit überprüfen, jeweilige Kennzeichen beachten (siehe einschlägige Backlehre und Grundrezepte).

7. Richtiges Füllen der Backformen: *Kuchenformen nur dreiviertel voll füllen; Backbleche nur mit Gebäck gleicher Größe und gleicher Backzeit raumsparend belegen.*

8. Sorgfältig backen!

Backhitze und Backdauer der Teigart und der Teigmenge anpassen (siehe Angaben in den Grundrezepten der verschiedenen Teigarten).
Einschubhöhe beachten: Kuchen in Kuchenformen (Kasten- und Napfform etc.) in der Regel auf untere Schiene, Kuchen auf dem Blech und in Springform in der Regel auf Mittelschiene einsetzen.
Ober- bzw. Unterhitze können durch Höher- bzw. Tieferstellen des Gebäcks etwas reguliert, notfalls durch Bedecken mit Aluminiumfolie oder Pergamentpapier sowie durch Einschieben eines Backbleches über oder unter dem Gebäck gemildert werden. Gebäck in der Regel erst einschieben, wenn im thermostatisch geregelten Backofen die notwendige Temperatur erreicht ist, was durch Erlöschen des Signallämpchens angezeigt wird.
Backzeit einhalten, siehe Rezeptangaben.
Während des Backens: Gebäck nicht unnötig bewegen, Backofentür nicht unnötig, nach Möglichkeit erst nach der ersten Hälfte der Backzeit vorsichtig öffnen.
Garprobe für Kuchen: Mit Hölzchen oder Spicknadel an dickster Stelle vorsichtig einstechen, Hölzchen oder Nadel müssen trocken und ohne anhaftende Teigspuren bleiben. Garer Kuchen löst sich am Rand von Form bzw. Blech. Gares Gebäck hat leichteres Gewicht als ungares.

9. Nach dem Backen:

Empfindliche Kuchen 5–10 Minuten, vor Zugluft geschützt, in der Form oder auf dem Blech belassen, dann Rand vorsichtig lösen, stürzen oder aus der Form nehmen, auf Gitter auskühlen lassen, vor Zugluft schützen. Geht Kuchen schwer aus der Form, diese mit feuchtem Tuch belegen. Mürbes Gebäck und Mürbteigkuchen auf dem Blech etwas abkühlen lassen, bis sie sich hart anfühlen, dann auf Gitter legen.

Fertiges Gebäck nie länger als nötig auf Blech oder in Form belassen, um Blechgeschmack zu verhüten.
Gebäck vor dem Anschneiden *völlig erkalten* lassen.

Glasieren und evtl. Füllen von Kuchen erfolgt in der Regel erst nach völligem Erkalten derselben. Vor dem Glasieren ist ein dünnes Bestreichen mit glatter, kernloser Marmelade (Aprikotieren) zu empfehlen.

Übersicht über die wichtigsten Teigarten nach ihrer Herstellungsweise:

Die jeweils gültigen Grundregeln leiten sich aus der Herstellungsweise ab.

Teige mit spezifischer Herstellung:	**Rührteige:**	**Knetteige:**
Hefeteig verschiedener Art	Backpulverteig weich u. mittelfest	Gebröselter Mürbteig
Biskuitteig	Quarkölteig	Quarkmürbteig
Blätterteig	Eischwerteig ohne Fett	Backpulverteig fest
Brand- oder Brühteig	Eischwerteig mit Fett	Hefemürbteig
Eiweißteig einschl. Baiser	Sandteig	Rührteige fester Beschaffenheit als Knetteig fertigstellen
	Honigteig	
	Eierteig	
	Gerührter Mürbteig	
↓	↓	↓
Herstellen nach arteigenen Grundregeln.	Herstellen einer Schaummasse, alle Zutaten unterrühren.	Herstellen durch Zusammenkneten aller Zutaten.

Hefekleingebäck ▶
Rezepte S. 571 - 576

Schalttabelle für Backöfen mit Temperaturregler

		Thermostateinstellung	
	Einschubhöhe:	*Elektroherd:*	*Gasherd:*
Hefeteig, Quarkölteig:			
in Kuchenformen	Unten	180–200° C	3–4
Stollen, Kranz, Zopf auf Blech	Unten	vorheizen: 250° C backen: 200–180° C	3–4
Blechkuchen mit verschiedenen Belag	Mitte	200–220° C	3½–4½
Hefeblätterteig	Mitte oder Unten	220–200° C	4½–3½
Kleingebäck	Mitte	210–200° C	4–3
Backpulverteig:			
in hohen und mittelhohen Formen	Unten	180–200° C	3–3½
Blechkuchen mit und ohne Belag einschließlich in Springform	Mitte	200–220° C	3½–4½
Kleingebäck	Mitte	180–200° C	3–3½
Eischwerteig:			
ohne Fett in Kastenform	Unten	175–190° C	3–3½
mit Fett in Kasten- oder Springform	Unten	175–200° C	3–4
Mürbteig:			
Kuchenboden ohne Belag, Törtchen	Mitte	200° C	3–3½
Kuchenboden mit Belag	Mitte und Unten	200–225° C	3½–4½
Kleingebäck je nach Dicke und Fettgehalt	Mitte	180–200° C	3–3½
Quarkmürbteig	Mitte	225–200° C	4½–3½
Blätterteig:	Mitte	vorheizen: 250° C backen: 210–230° C	4½–5
Brandteig:	Unten	210–225° C	4½–5
Biskuitteig:			
in Formen als Kuchen, Torten	Unten	175–200° C	3–3½
auf Blech für Rollen, Schnitten	Mitte	200–220° C	4½
Kleingebäck (Löffelbiskuit, Mohrenköpfe)	Mitte	175–200° C	3–3½
Eierteig:			
Kleingebäck wie Anislaiberl, Springerle	Mitte	130–150° C	1½–2
Eiweißteig:			
Makronen	Mitte	130–150° C	1½–2
Baiser, Meringen	Mitte	100–120° C	1½–2
Honigteig:	Mitte	175–180° C	3

Obige Temperaturen sind allgemeine *Richtwerte,* die als Anhaltspunkt dienen. Zusätzlich ist jeweils die Angabe der Gebrauchsanweisung der einzelnen Herdfirma zu berücksichtigen; eigene Beobachtungen und Erfahrungen auswerten!

◀ Weihnachtsstollen – Rezept S. 584/585
Mohnwickelkuchen – Rezept S. 579

Hefeteigspeisen, Hefeteiggebäck

Hefeteig hat besondere Vorteile: Er ist *anspruchslos in den Zutaten*, Fett-, Ei- und Zuckermengen können weitgehend verringert und verändert werden, er ist *einfach in der Herstellung, ergiebig und vielseitig in der Verwendung* wie kaum ein anderer Teig durch die mannigfache Abwechslungsmöglichkeit in der Wahl von Geschmackszutaten, durch die Formgebung und die Art des Garens, und schließlich *schmeckt* Hefegebäck *gut und ist sehr beliebt.*

Backlehre Hefeteig:

I. Zutaten:

1. *Grundzutaten* für jeden Hefeteig: Mehl, Flüssigkeit, Salz und Hefe.

Mehl als Hauptzutat soll gut und kleberreich sein (Typ 405 oder 550), gesiebt verwenden!

Flüssigkeit ist unentbehrlich zum Quellen für Kleber und Stärke. Flüssigkeitsmenge hängt ab von Qualität und Menge des Klebers, von Fett- und Eizugabe sowie der notwendigen Teigbeschaffenheit entsprechend der Gebäckart. Vorwiegend werden Milch, Sauer-, Butter- und Magermilch verwendet; sie begünstigen feinporige, helle Krume, Milcheiweiß verbessert zudem das Frischhaltevermögen des Gebäcks. In seltenen Fällen kommt Rahm oder Wasser zur Verwendung.

Salz verbessert das Quellvermögen des Klebers und ist Geschmackszutat. Salz in unmittelbarer Berührung wirkt hemmend auf Hefe, deshalb nicht direkt zur Hefe, sondern in Mehl oder Teigflüssigkeit geben.

Hefe, in der Regel als Preßhefe verwendet, ist Lockerungsmittel. Die Lebensvorgänge, insbesondere die rasche Vermehrung der Hefezellen (im Vorteig oder Dämpferl), durch Fermente unterstützt, bewirken im Teig eine alkoholische Gärung, wobei Kohlendioxyd (volkstümlich Kohlensäure genannt) und Alkohol entstehen; beide wirken teiglockernd.

Günstige Lebensbedingungen regen die Hefezellen zu rascher Vermehrung und intensiver Tätigkeit an, bewirken damit rasche Gärung und dadurch schnelle und gute Teiglockerung.

Hierbei ist zu beachten:

Wärme mit Temperaturen von 25–35° C beschleunigt, Kälte verzögert, tiefe Kälte wie Gefrieren hemmt Gärtätigkeit und damit Teiglockerung; große Hitze über 60° C schädigt und tötet schließlich Hefezellen und macht damit Teiglockerung durch sie unmöglich.

Feuchtigkeit ist lebensnotwendig zur Vermehrung und Gärtätigkeit der Hefezellen; feuchte Nährböden begünstigen Zellvermehrung, Trokkenheit schädigt sie.

Ernährung der Hefezellen in eiweiß- und etwas zuckerhaltigen, feuchten Nährböden (Dämpferl oder Vorteig) begünstigt ihre rasche Vermehrung und erhöht dadurch die Gärtätigkeit. Hemmend wirken jedoch große Zuckermengen, Fett in unmittelbarer Berührung mit den Hefezellen, Salz sowie größere Mengen von den Gärungsprodukten Kohlendioxyd und Alkohol, wie sie beim „Übergehen" von Dämpferl oder Hefeteig entstehen können.

Luft ist für Vermehrung und Gärtätigkeit der Hefezellen und die Wirksamkeit der unterstützenden Gärfermente wichtig.

Zeit benötigen die Hefezellen für Vermehrung und Gärtätigkeit; günstige Lebensbedingungen können Gärdauer verkürzen, ungünstige verlängern sie.

Gute Hefe muß frisch sein, kenntlich an frischem Geruch, gelblich-grauer Farbe, feucht-fester Beschaffenheit und muschelförmigem Bruch. Ihre Aufbewahrung erfolgt zweckmäßig kühl und etwas feucht (Kühlschrank).

Hefemenge für 500 g Mehl:

20 g Hefe im Durchschnitt; 10–15 g Hefe bei fettarmen, leichten Teigen; bis 40 g Hefe bei schweren Teigen mit reichlich Fett und schweren Geschmackszutaten.

2. *Verbesserungs- und Geschmackszutaten:*

Verbesserungszutaten können in der Menge beliebig verändert werden.

Fett macht Teig geschmeidig, Gebäck nahrhaft, mürbe und wohlschmeckend und hält es länger frisch. Größere Fettmengen machen Teig schwer, verzögern Gärung im Teig und dadurch das Aufgehen; sie machen deshalb größere Hefemengen nötig. Fettmenge im Hefeteig soll in der Regel $^1/_3$ der Mehlmenge nicht übersteigen.

Verwendet werden Butter, gute Marken-Margarine, gute Öle, gehärtete Pflanzenfette, für salzigen Hefeteig evtl. auch Schweinefett in geringer Menge.

Ei verbessert Nährwert, Geschmack, Farbe und Bindefähigkeit des Teiges. Eierreicher Hefeteig kann etwas weicher gehalten werden. Eigelb macht Teig mürber, Eiweiß dagegen leicht trokken. Hefeteig mit guter Kleberqualität des Mehles

...len, Teig dann

...eig darf nur in
...zur Beschleuni-
...dadurch Erhö-
...ckermengen im
...rch Entzug des
...n.
...eschmackszutat
...gepaßt werden
...Gelingen des
...ei keine schä-
...t werden.

...können nach
...ig vorbereiten,

...hlich Milchzu-
...er geht sehr
...nkuchen, Plin-

...meisten Hefe-
...ler Art benö-
...ach Gebäckart
...n.

... ist zu empfehlen für alle Hefeblechkuchen, Hefegugelhupf und anderes, in der Form gebackenes Gebäck, auch für Hefeteigschmalzgebäck z. B. Krapfen.

Etwas festere Teigbeschaffenheit ist günstig für Formgebäck, das auf dem Blech gebacken wird, z. B. Kleingebäck, Zopf u. a. m.; Hinweise in den Rezepten beachten. Mittelfester Hefeteig kann süß wie salzig, mit wenig oder reichlich Verbesserungszutaten hergestellt werden.

Flüssigkeitsmenge wird jeweils durch Fett- und Eimenge des Teiges beeinflußt.

2003
Mandelmakronen
Buttergebäck
Schokobrot
Marzipan-Taler
Spritzgebäck
Vanillekipferl - nicht gefragt

Stollen gebacken

Möglichkeiten des Garens für mittelfesten Hefeteig:

Gekocht werden alle Arten von Hefeteigklößen und Hefepudding,

in Dampf gegart werden Dampfnudeln,

in heißem Fett ausgebacken alle Arten von Hefeteigschmalzgebäck,

in der Röhre gebacken alle Arten von Hefekuchen, Pizza, Hefeteigkleingebäck, Rohrnudeln, gefüllte Nudeln, u. a. m.

Fester Hefeteig ist erwünscht für alle Arten von Stollen, Ulmer Brot, Weißbrot, Semmeln, Osterbrot, Zwieback u. a. m.

2. *Nach der Verarbeitung:*

Abgeschlagener oder gekneteter Hefeteig ist die übliche Verarbeitungsweise für mittelfesten Hefeteig, siehe Grundrezept Nr. 1189.

Abgerührter Hefeteig empfiehlt sich bei reichlicher Zugabe von Fett und Verbesserungszutaten zum Teig; Anwendung z. B. bei feinem Gugelhupf, Hefering oder Savarin, feinem Hefezopf, Osterbrot evtl. auch Stollen (Grundrez. Nr. 1191).

Abgebröselter Hefeteig nach Mürbteigart ist für feste, fettreiche Hefeteige geeignet, wobei Fettmenge größer ist als $^1/_3$ der Mehlmenge und deshalb Teig meist kalt geht z. B. Mohnstritzel, fettreicher Dresdener Stollen, Kümmelstangen, Schinkenhörnchen u.a.m. (Rezept Nr. 1242).

Hefeblätterteig ergibt beim Backen blättrige Beschaffenheit des Gebäcks. Das Blättrigwerden beruht auf dem schichtweisen Einarbeiten von Butter oder Margarine in den Hefeteig, ähnlich wie bei Blätterteig. Hefeblätterteig findet vorwiegend Verwendung für feines Hefegebäck z. B. Nuß- oder Mandelkranz, feines Hefekleingebäck, feinen Hefezopf u. a. m. (Grundrezept Nr. 1192).

III. Herstellung von Hefeteigbackwaren:

Gutes Hefeteiggebäck soll locker und gleichmäßig feinporig sein; grobporiges Gebäck ist meist trocken; zu wenig gelockertes Gebäck ist schwer und auch schwer verdaulich. Poren im Hefegebäck entstehen im noch ungebackenen Teig vor allem durch Kohlendioxyd, das bei der Gärtätigkeit der Hefe gebildet und in Form zahlreicher feiner Gasbläschen vom Teig eingeschlossen wird. Gute Gärvorgänge im Teig bewirken also gute Porenbildung. Durch Wärmeeinwirkung beim Backprozeß dehnen sich die Gasbläschen zunächst etwas aus, bis die Eiweißstoffe des Teiges gerinnen und die Stärke verkleistert, wodurch die Teigwände der Bläschen Festigkeit bekommen. Diese Gerüstbildung im Teig macht die Poren im Gebäck beständig; sie muß jeweils im richtigen Augenblick einsetzen, damit Porung nicht zu gering oder zu groß ist. In begrenztem Maß erfolgt Porenbildung auch durch Einarbeiten von Luft bzw. lufthaltigen Schaummassen in den Teig und durch das Verdampfen von Alkohol und etwas Teigflüssigkeit beim Backen.

Deshalb beachte:

1. *Hefeteigherstellung* muß durch Beachtung der Lebensbedingungen der Hefezellen gute Teiglockerung bewirken:

a) *Wärme:* Alle Zutaten am besten *lauwarm* (25–35° C) verwenden, Dämpferl und Teig jeweils lauwarm gehen lassen. Zugluft ebenso wie zu warmes Gehen vermeiden. Zu warmes Gehen macht Gebäck trocken und grobporig. Kaltes Gehen macht Teig sehr feinporig, benötigt aber mehr Zeit, für fettreiche Teige bevorzugen; diese am besten über Nacht kalt gehen lassen, z. B. Stollenteige.

b) *Feuchtigkeit und Nahrung:* Hefe mit lauwarmer Milch, wenig Zucker und etwas Mehl zu Dämpferl oder Vorteig von dickflüssiger Beschaffenheit anrühren, um rasche Vermehrung der Hefezellen und damit Erhöhung der Treibkraft der Hefe zu erreichen. Gleichzeitig wird damit die Hefequalität geprüft. Verzichtet man auf Herstellung von Dämpferl, dauert das Gehen des Teiges etwas länger.
Salz und Fett nie zum Dämpferl geben.

c) *Luft:* Mehl vor der Verarbeitung sieben; Teig sehr gut abschlagen, kneten oder rühren je nach Teigart, um gleichmäßige Teigbeschaffenheit zu erreichen und Luft einzuarbeiten. Dämpferl wie Teig gut gehen (etwa bis zur doppelten Größe), aber nicht übergehen lassen, nach dem Gehen jeweils durcharbeiten, um Kohlendioxyd zu entfernen. Übergangener Hefeteig muß vor dem Formen sehr gut durchgeknetet werden, um das angereicherte Kohlendioxyd aus dem Teig zu entfernen. Geformten Teig jeweils nochmal gehen lassen.

d) *Zeit:* Hefeteig nach jeder Verarbeitung gehen lassen: nach Anrühren des Dämpferls, meist nach Herstellung des Teiges, nach dem Formen; ein Durchschlagen des Teiges während des Gehens macht ihn sehr feinporig.

2. *Kennzeichen gut gegangenen Hefeteiges:*
Lockere, elastische Teigbeschaffenheit bei entsprechender Volumenvergrößerung.

3. *Formung des gegangenen Hefeteiges:*
Teig vor dem Formen *leicht durcharbeiten,* (wirken) um gleichmäßige Teigbeschaffenheit zu erreichen, große Gärblasen zu entfernen und gleichmäßige, feine Porung zu begünstigen. Hierbei *möglichst wenig Mehl* verwenden. Dann je nach Gebäckart in gleicher Größe *und mit Sorgfalt formen.* Geformte Teigstücke nochmal gehen lassen.

4. *Bestreichen vor dem Backen:*
Fett verhindert das Trockenwerden und macht mürbe, bei Obstkuchen verhütet es das Eindringen des Obstsaftes in den Teigboden und das Durchweichen desselben.
Ei oder Eigelb gibt Farbe und Glanz, verbessert das Aussehen und begünstigt die Bräunung. Bei langer Backzeit Eistrich erst während des Backens geben, um zu rasches und starkes Bräunen zu verhüten; bei Formgebäck bevorzugt.
Wasser, beliebt bei Weißbrot und Semmeln, hält äußere Teigschicht etwas länger elastisch und verlangsamt das Eindringen der Backhitze.

5. *Backen von Hefeteig:*
Bleche mit zerlassenem Fett gut streichen, *Backformen* mit weichem, nicht flüssigem Fett gut fetten.
Backhitze für Hefeteig liegt im Bereich der *Mittelhitze* zwischen 180–220° C; hierbei sind jeweils Teigart, Teigbeschaffenheit durch Ausmaß

des Gehens (Garezustand), Größe und Form des Gebäcks sowie Backdauer zu berücksichtigen (siehe Tabelle für Backtemperaturen).

Gut gegangenes Gebäck stets in vorgeheizte Röhre bei vorgeschriebener Temperatur einschieben; zu niedrige Temperatur führt zu Breitlaufen des Gebäcks. Übergangenes Gebäck läuft ebenfalls breit. *Ungenügend gegangenes Gebäck kann in nicht vorgeheizte, kalte Röhre* eingeschoben werden, damit der Teig während der Anheizdauer noch geht; jedoch ist hierbei ein genügendes Gehen nicht gewährleistet, da bei temperaturgesteuerten Backröhren die Anheizdauer sehr kurz ist. Formgebäck auf Blech, das gut gegangen ist, bei oberer Temperaturgrenze und ausreichender Oberhitze anbacken, um gute Form zu erhalten; Oberhitze durch Einschubhöhe regulieren, falls sonstige Regelung nicht möglich ist. Größeres Formgebäck aus schweren Teigen *gut ausbacken bei mäßiger Mittelhitze.*

Backdauer ist abhängig von der Größe, insbesondere der Dicke des Gebäcks und von der Schwere des Teiges. Zu langes Backen macht Hefeteiggebäck trocken und spröde und führt zu gelbbrauner Verfärbung der Krume; zu kurze Backzeiten bedingen ungenügendes Ausbacken, machen Gebäck schwer und sehr schwer verdaulich. Deshalb Backzeiten in Rezeptangaben jeweils einhalten.

Garprobe: Hölzchen oder Spicknadel muß beim Anstechen des Gebäcks, es erfolgt zweckmäßig an der dicksten Stelle, trocken bleiben.

6. *Nach dem Backen:*

Hefegebäck nach kurzem Abkühlen vom Blech oder aus der Form nehmen, auf Gitter erkalten lassen, vor Zugluft schützen. Erkaltetes Hefegebäck ist bekömmlicher als warmes Gebäck; nach Belieben mit Puderzucker besieben oder mit Glasur überziehen.

7. *Teigmengen:*

Für Blechkuchen in der Größe des Ofenblechs genügt Teig von 300-375 g Mehl, für mittelgroße bis große Springform Teigmenge von 200 g Mehl, für dicken Hefeteigboden etwa 250 g Mehl.

8. *Tiefgefrieren von Hefeteig* ist möglich; dafür empfiehlt es sich, die Hefemenge etwas zu verringern und die Zuckermenge im Teig etwas zu erhöhen. Mögliche Lagerdauer 2–3 Monate. Auftauen erfolgt bei Zimmertemperatur, dann Teig gehen lassen und wie frischen Hefeteig verarbeiten.

Tiefgefrieren von Hefekuchen und Hefegebäck nach dem Backen ist jedoch zweckmäßiger, auch Hefekuchen mit Belag ist dafür gut geeignet. Bei vorschriftsmäßigem Verpacken und Einfrosten beträgt die mögliche Lagerdauer 4–6 Monate. Das Tischfertigmachen erfolgt durch Auftauen bei Zimmertemperatur (2–4 Stunden je nach Dicke des Gebäcks); ein Aufbacken in Aluminiumfolie von 5–10 Minuten bei etwa 160° C läßt Hefegebäck wie frisch schmecken; beim Nachbacken ohne Verpackung schmeckt Hefegebäck nach dem Erkalten leicht altbacken. Glasieren von eingefrostetem Hefegebäck erfolgt erst nach dem Aufbacken.

IV. Mängel bei Hefegebäck und deren Ursachen:

1. *Schweres Gebäck mit ungenügender Lockerung* (ungenügende Porung):
Dies kann die Folge sein von zu kurzem Gehen des Teiges und des geformten Gebäcks, zu geringer Hefemenge oder alter Hefe, Schädigung der Hefe durch zu heiße Milch oder Fett oder zuviel Zucker oder Salz im Dämpferl. Auch zu starke Backhitze für ungenügend gegangenes Gebäck ergibt ungenügende Porung. Ungenügendes Ausbacken durch zu kurze Backzeit ergibt gleichfalls schweres Gebäck.

2. *Großporiges, strohig schmeckendes Gebäck:*
Die Ursachen können gegeben sein durch zu warmes oder zu langes Gehen des Teiges bzw. des geformten Gebäcks oder durch zu langes Backen, was auch zur Verfärbung der Krume führen kann.

3. *Formverlust des Gebäcks:*
Er kann bedingt sein durch zu weiche Teigbeschaffenheit, ungenügende Teigbearbeitung und dadurch ungleichmäßige Teigbeschaffenheit, durch Übergehen des geformten Gebäcks, zu schwache Backhitze für gut gegangenes Gebäck oder schließlich geringe Backqualität des Mehles.

Grundrezept

Hauptzutaten:
500 g Mehl, Salz
$^1/_4$–$^1/_8$ l Milch (je nach Ei- und Fettmenge)
Lockerungsmittel:
20 g Hefe
Verbesserungs- und Geschmackszutaten:
50–100 g Fett (evtl. Öl)
50–80 g Zucker
1–2 Eier
Zitronenschale
nach Belieben je nach Gebäckart:
Rosinen, Sultaninen, Mandeln u. a. m.

1189. Hefeteig mittelfest

Arbeitsweise:

I. Mit Hand (Rührlöffel):

1. Dämpferl oder Vorteig herstellen: Mehl in Schüssel sieben, in Mehlmitte Grube machen, Hefe zerbröseln, mit 1 Teelöffel Zucker, etwas lauwarmer Milch und etwas Mehl zu dickflüssigem Teiglein verrühren, leicht mit Mehl überstauben. (Ob das Anrühren des Vorteiges direkt in Mehlgrube oder in Tasse erfolgt und dann in Mehlgrube gegossen wird, ist gleichgültig).

2. Weiches Fett, Zucker, Salz und geriebene Zitronenschale auf Mehlrand legen, *Dämpferl in zugedeckter Schüssel lauwarm gehen lassen,* bis es doppelte Größe erreicht hat (10–15 Minuten). Bei Verwendung von Öl dieses erst bei Teigherstellung zugeben.

3. Teig herstellen: Gegangenen Vorteig mit etwas Mehl verrühren, restliche lauwarme Milch und Ei sowie vorgewärmte Zutaten untermengen; bei Verwendung von hartem Fett dieses vorher weich werden lassen, bei Verwendung von Öl dieses jetzt beifügen, jedoch Fett nie heiß und nie direkt in Dämpferl geben! Teig solange abschlagen, evtl. kneten, bis er sich von Schüssel löst, glatte, gleichmäßige und glänzende Beschaffenheit hat und Blasen wirft. Vorbereitete verbessernde Zutaten wie Rosinen, Sultaninen, Orangeat oder Nüsse und Mandeln erst in den fertig abgeschlagenen Teig einarbeiten!

4. *Teig zugedeckt lauwarm in der Schüssel gehen lassen,* evtl. während des Gehens einmal leicht durchschlagen, um ihn besonders feinporig zu machen.
Kaltes Gehen macht Teig sehr feinporig, benötigt aber *mehr Zeit;* es erfolgt am besten über Nacht!
Bei Zeitmangel kann in Ausnahmefällen Hefeteig, der zum Formen nicht ausgewellt wird, ungegangen sofort geformt werden, z. B. zu Rohrnudeln, Dampfnudeln, Dukatennudeln; diese müssen aber nach dem Formen besonders gut gehen.

6. *Gegangenen Teig formen* je nach Verwendungszweck. Zunächst Teig leicht, d. h. nur wenig durcharbeiten oder wirken, aber mit möglichst wenig Mehl! Dann sorgfältig und gleichmäßig formen, Kleingebäck zu gleicher Größe und nicht zu groß formen, da es sonst plump wirkt, da es beim Backen aufgeht.

7. *Geformtes Gebäck* auf gefettetem Blech oder in gebutterter Form *zugedeckt nochmal kurz gehen* lassen.

8. Backen: Gegangenes Gebäck mit lauwarmem Fett oder Ei, (Semmeln oder Weißbrot mit lauwarmem Wasser) bestreichen, dann bei Mittelhitze nach Vorschrift backen.

Backtemperaturen je nach Fettgehalt des Teiges, Formgebung, Größe des Gebäcks, Art des Belages zwischen 180–220° C (siehe Backtabelle). Backdauer siehe jeweils Rezeptangabe.

9. *Nach dem Backen* Gebäck nach kurzem Abkühlen vom Blech oder aus der Form nehmen, auf Gitter erkalten lassen, nach Belieben mit Puderzucker bestreuen oder mit Glasur überziehen.

II. Mit Handrührgerät oder Küchenmaschine (jeweils Knethaken)

1. Lauwarme Milch, weiches oder leicht geschmolzenes, jedoch nur *lauwarmes* Fett, Zucker, Salz und Mehl in hohe Schüssel geben, Zitronenschale darauf reiben; fein zerbröselte Hefe gleichmäßig darüber verstreuen, Ei zugeben.

2. Alle Zutaten zuerst auf *niedriger Schaltstufe*, dann auf *höchster Schaltstufe* so lange verkneten, bis sich Teig vom Schüsselrand löst und völlig gleichmäßige Beschaffenheit hat.

3. Hefeteig *lauwarm zugedeckt gehen* lassen.

4. Fertigstellen wie bei Handverarbeitung angegeben.

Verwendungsmöglichkeiten:

Mittelfester Hefeteig wird verwendet zu:

Rohrnudeln, Apfelnudeln, Kirschennudeln, Zwetschgennudeln, Zimtnudeln, Wuchteln gefüllt, Dampfnudeln, Dukatennudeln, Schneckennudeln, Rosenkuchen, Hefemaultaschen, Hefekloß, Hefepudding, Hefekleingebäck aller Art, Hefezopf verschiedener Art, Wickelkuchen, Nußkranz, Gugelhupf, Obstkuchen aller Art, Käse-(Quark)-kuchen, Käse-(Quark)kuchen mit Obst, Butterkuchen, Zuckerkuchen, Streuselkuchen, Bienenstich, Speckkuchen (ungesüßt), Zwiebelkuchen (ungesüßt), Ulmer Brot, Zwieback, Hefeteigschmalzgebäck. Für Stollen wird Hefeteig mit höherer Fettmenge und Verbesserungszutaten angereichert, die Hefemenge deshalb erhöht.

1190. Hefeteig flüssig

Zubereitung wie Grundrezept mittelfester Hefeteig, nach dem Gehen des Dämpferls zu *dickflüssigem Teig* abschlagen, gehen lassen – er geht sehr rasch – nach dem Gehen meist verarbeiten zu Pfannengerichten wie:

Hefepfannenkuchen, Hefeplinsen, Böhmische Dalken, Hefewaffeln.

1/2 Rezept Hefeteig mittelfest Nr. 1189
mit 1/2 l Milch
evtl. Eizahl erhöhen

Grundrezept

500 g Mehl, Salz
$^1/_8$–$^1/_4$ l Milch
25–30 g Hefe

zur Schaummasse:
100–150 g Butter oder Margarine
100 g Zucker
2–4 Eigelb
1 ganzes Ei

Geschmackszutaten n. Wahl:
Zitronenschale, gerieben
Sultaninen oder Rosinen
Zitronat und Orangeat
Nüsse od. Mandeln, geschält

1191. Hefeteig gerührt

Arbeitsweise:

1. *Vorteig oder Dämpferl ansetzen* wie bei Grundrezept mittelfester Hefeteig Nr. 1189 und gehen lassen bis zu doppelter Größe.
2. *Schaummasse rühren* aus Butter, Zucker, Eigelb und ganzem Ei.
3. *Teig herstellen* durch Zugabe von Mehl, lauwarmer Milch, gegangenem Dämpferl und allen übrigen Zutaten, gut *abschlagen oder kneten* bis Teig völlig gleichmäßige, geschmeidige Beschaffenheit zeigt und glänzend ist, *dann erst empfindliche Geschmackszutaten unterarbeiten* wie vorbereitete Rosinen, Sultaninen u. a. m.
4. In vorbereiteter Form bzw. in Schüssel nur *leicht lauwarm, evtl. kalt, zugedeckt gehen lassen.*
5. *Formen* je nach Gebäckart, *nach dem Formen nochmal gehen lassen.*
6. *Backen* bei guter Mittelhitze bei 180–200° C je nach Formhöhe etwa $^3/_4$–1 Stunde.
7. *Nach dem Backen* nur kurz abkühlen lassen, aus der Form nehmen, erkalten lassen und fertigmachen je nach Rezept.

Verwendung von gerührtem Hefeteig zu:
Gugelhupf fein, Hefering oder Savarin, Hefezopf fein, Osterbrot fein, evtl. Stollen.

Grundrezept

zum Teig:
500 g Mehl, Salz
30 g Hefe
knapp $^1/_4$ l Milch
60 g Butter
50–80 g Zucker
1–2 Eier

zum Einschlagen:
200–250 g Butter oder gute Margarine, kalt gestellt

1192. Hefeblätterteig

Arbeitsweise:

Das Blättrigwerden des Teiges beim Backen beruht auf Butterschichten zwischen mehreren Teigschichten.

1. Mittelfesten Hefeteig herstellen wie Grundrezept Nr. 1189, *kalt gehen* lassen! *Teig im kalten Raum herstellen und verarbeiten!*
2. Gegangenen Hefeteig zu $^3/_4$ cm dickem Rechteck *auswellen, halbe Fläche der Teigplatte mit dünnen, kalten Butterscheiben dicht belegen, andere Hälfte der Teigplatte darüber klappen, Ränder* leicht *andrücken,* nach den *beiden offenen Seiten zu langem Band leicht auswellen,* bis Teigplatte etwa 1 cm dick ist; Bandenden nach innen einschlagen und Band in der Mitte zusammenschlagen, so daß Teig vierfach aufeinander liegt, etwa $^1/_2$ Std. *kalt gestellt* etwas ruhen lassen.
3. *Touren schlagen:* Teigstück wieder *nach den beiden offenen Seiten* zu 1 cm dickem Band auswellen, wieder Bandende einschlagen und in der Mitte zusammenlegen, nach Bedarf wieder *kalt stellen.*

Teigstück in gleicher Weise zum 3. und 4. mal zu 1 cm dickem Band auswellen und ebenso zusammenschlagen.

Wird der Teig während des Tourenschlagens zu weich, zwischen den einzelnen Arbeitsgängen kalt stellen!

Beim Auswellen jeweils mehr klopfen als drücken! Teigreste zusammen klopfen, nicht kneten! Butterschichten im Teig müssen erhalten bleiben, damit Gebäck blättrig wird.

4. *Teigstück in Folie oder Pergamentpapier einschlagen, kurz kalt gehen lassen* (Kühlschrank).
5. ***Zum Formen Teig auf leicht bemehltem Brett auswellen*** und zu beliebigem Gebäck formen.
6. *Geformten Hefeblätterteig **kurz kalt** gehen lassen,* nach Belieben mit ***Butter oder Ei bestreichen.***
7. *Backen bei guter Mittelhitze* (220–200° C), Backzeit je nach Gebäckgröße 15–45 Minuten. (Röhre auf 250° C vorheizen).
8. *Nach dem Backen:* Gebäck vom Blech nehmen, auf Gitter erkalten lassen, mit Puderzucker besieben oder mit etwas Aprikosenmarmelade bestreichen und mit Arrakglasur überziehen. Bei nachträglichem Glasieren kann Eistrich vor dem Backen entfallen. Nach Belieben glasiertes Gebäck mit blättrig geschnittenen Mandeln oder Nüssen bestreuen.

Verwendung von Hefeblätterteig zu:
Hefekleingebäck verschiedener Art, Nuß- oder Mandelkranz, feinem Hefezopf verschiedener Art. Er kann ohne Zucker auch zu salzigem Kleingebäck verwendet werden.

1193. Rohrnudeln (12–15 Stück)

Mittelfesten Hefeteig herstellen, gehen lassen oder bei Zeitmangel gleich kleine Nudeln abstechen, diese mit der Hand auf Brett runden, in Raine in zerlassenem Fett wenden, nicht zu eng setzen, nochmal gehen lassen, bei Mittelhitze (180–190° C) backen, Backzeit etwa 30 Minuten, kurz abkühlen lassen, dann stürzen, sofort mit Zucker oder Vanillezucker bestreuen, etwas abgekühlt Nudeln voneinander lösen, auskühlen lassen, *erkaltet* zu Tisch geben.
Beilage: Kompott oder Vanillesoße.

Grundrezept mittelfes
Hefeteig Nr. 1189
zum Backen:
60–80 g Fett
zum Bestreuen:
Zucker oder Vanillezucke

1194. Apfel-, Kirschen-, Zwetschgennudeln (15 Stück)

Mittelfesten Hefeteig herstellen, gehen lassen, kleine Rohrnudeln abstechen, Teig ein wenig ausziehen, in die Mitte jeweils geschälte, gezuckerte Apfelschnitze oder Kirschen (evtl. entsteint) oder je eine entsteinte, mit einem Zuckerstückchen gefüllte Zwetschge geben, Teigränder zusammenschlagen und wie Rohrnudeln formen, in Raine in zerlassenem Fett wenden, nicht zu eng setzen, gehen lassen, bei Mittelhitze (180–190° C) 1/2 Stunde backen, dann stürzen, zuckern, etwas abgekühlt voneinander lösen.
Beilage: Kompott.

Grundrezept mittelfester
Hefeteig Nr. 1189
zur Fülle: 4 Äpfel oder
500 g Kirschen oder
Zwetschgen
60 g Zucker (Würfelzucker
für Zwetschgen)
zum Backen: 60–80 g Fett
zum Bestreuen: Zucker

1195. Zimtnudeln (15–20 Stück)

Mittelfesten Hefeteig herstellen, gehen lassen, nußgroße Stücke abstechen, wie Rohrnudeln formen, erst in zerlassenem Fett, dann in Zucker-Zimtmischung wenden und wie Rohrnudeln fertigstellen. Backzeit knapp 1/2 Stunde bei Mittelhitze (180–190° C).

Grundrezept mittelfester
Hefeteig Nr. 1189
zum Backen: 60–80 g Fett
50 g Zucker-Zimtmischung

1196. Gefüllte Wuchteln (12–15 Stück)

Grundrezept mittelfester Hefeteig Nr. 1189 mit reichlich 1/4 l Milch
zur Fülle: 50 g Weinbeeren
40 g Zucker, 1/2 Teel. Zimt
oder 250–300 g Marmelade
zum Backen: 60–80 g Fett
zum Bestreuen: Zucker

Mittelfesten Hefeteig von *etwas weicher Beschaffenheit* herstellen, gehen lassen, Rohrnudeln abstechen, etwas ausziehen, nach Wahl mit gewaschenen, gebrühten Weinbeeren und Zucker-Zimtmischung oder mit Marmelade füllen, Ränder zusammenschlagen, rund formen und fertigstellen wie Rohrnudeln; Backzeit 1/2 Stunde bei Mittelhitze (180–190° C), stürzen, mit Zucker bestreuen, etwas abgekühlt voneinander lösen. Erkaltet zu Tisch geben

1197. Dampfnudeln (12–15 Stück)

Grundrezept mittelfester Hefeteig Nr. 1189 mit reichlich 1/4 l Milch

zum Garen: 50–60 g Butter
1/4 l Milch oder Wasser
20 g Zucker, 1 Prise Salz

Mittelfesten Hefeteig von etwas *weicherer, leichter Beschaffenheit* herstellen, gehen lassen, wie Rohrnudeln formen, diese auf leicht bemehltem Brett gehen lassen. In gut schließendem, flachem Topf (Silitstahl oder entsprechendes feuerfestes Geschirr mit Deckel) Butter zerlassen, Milch (oder Wasser), Salz und Zucker zugeben, gegangene Nudeln in die lauwarme Flüssigkeit setzen, noch etwas gehen lassen, dicht schließenden Deckel auflegen und bei gleichmäßiger Mittelhitze (Automatikplatte Stufe 7 1/2–7) zum Kochen bringen, *zunächst bei mäßiger, dann bei schwacher Hitze 30 Minuten leise kochen* lassen, bis alle Milch aufgesogen und die Krustenbildung mit „Singen" oder „Krachen" beginnt; nunmehr die Hitzezufuhr stark drosseln auf geringste Stufe bzw. Geschirr auf Herdseite stellen, Elektroplatten evtl. ausschalten und nur mit Speicherwärme fertigstellen. Gesamtgarzeit etwa 30–35 Minuten. *Während des Garens darf Deckel nicht abgenommen werden!* Das Garen von Dampfnudeln auf dem Gasherd erfolgt zweckmäßig unter Verwendung von Asbestteller. – Fertige Dampfnudeln müssen locker sein, alle Flüssigkeit aufgesogen und eine schöne Kruste haben. Gare Nudeln im geschlossenen Topf noch einige Minuten stehen lassen, dann Deckel vorsichtig abnehmen, damit Kondenswasser nicht auf die Nudeln tropft, Nudeln mit Backschäuferl vorsichtig lösen, auf warmer Platte mit der Krustenseite nach oben anrichten. Dazu Vanillesoße, Weinschaumsoße oder Fruchtsoße reichen.
Abwandlung: Zum zerlassenen Fett im flachen Topf 500 g geschälte Apfelschnitze oder dickes Zwetschgenkompott geben, (anstelle von Milch), 1 Eßlöffel Zucker darüber streuen, darauf die gut gegangenen Nudeln setzen und garen wie oben beschrieben.

1198. Dukatennudeln (20 Stück)

Grundrezept mittelfester Hefeteig Nr. 1189

zum Garen: 50 g Fett
1/4 l lauwarme Milch
50 g Haselnüsse geschält
50 g Hagelzucker

Mittelfesten Hefeteig herstellen, gehen lassen, etwa walnußgroße Stücke abstechen, wie Rohrnudeln formen, in gut gefettete Raine setzen, in Fett wenden, lauwarme Milch zugeben, gehen lassen, mit geschälten, grob gehackten Haselnüssen und Hagelzucker bestreuen, bei mäßiger Mittelhitze (180–190° C) in der Röhre garen, Backzeit etwa 20–30 Minuten. Dukatennudeln sind unten weiß und saftig, ohne Krustenbildung.
Beilage: Vanillesoße, Weinschaumsoße, Fruchtsoße oder Kompott.

1199. Hefemaultaschen, gegangene Maultaschen (10–12 Stück)

Mittelfesten Hefeteig herstellen, gehen lassen, vom gegangenen Teig kleintellergroße, dünne Stücke auswellen, mit zerlassenem Fett gut bestreichen, mit Rahm betupfen, mit geschälten, gezuckerten Apfelschnitzen oder entsteinten, gezuckerten Zwetschgen belegen, aufrollen oder Teig zusammenschlagen, nicht zu eng in gut gefettete Bratraine oder Fettpfanne des Herdes legen (Teigrand nach oben sehend), mit Fett bestreichen, gehen lassen, bei Mittelhitze (180–190° C) backen, Backzeit etwa 1/2 Stunde; dann stürzen, mit Zucker bestreuen, etwas abgekühlt Maultaschen voneinander lösen.

Grundrezept mittelfester Hefeteig Nr. 1189
zum Bestreichen: 40 g Fett
1/8 l dicker saurer Rahm
zur Fülle: 4 Äpfel oder
500 g Zwetschgen
50 g Zucker
zum Backen: 40–60 g Fett
zum Bestreuen: Zucker

1200. Schneckennudeln, Rosenkuchen (10–12 Stück)

Mittelfesten Hefeteig herstellen, gehen lassen, zu rechteckiger Teigplatte (30:50 cm) zweimesserrückendick auswellen, mit zerlassenem Fett bestreichen, mit vorbereiteter Fülle bestreuen, aufrollen, in etwa 5 cm breite Stücke schneiden (siehe Abbildung Seite 573), diese aufgestellt in gefettete Springform geben, mit Fett bestreichen, gehen lassen, bei Mittelhitze (180–190° C) backen, Backzeit 1/2–3/4 Stunden; dann stürzen, sofort überzuckern oder mit Arrakglasur überziehen.
Fülle: Weinbeeren und Korinthen waschen, brühen, gut abtropfen lassen, Stiele entfernen, zwischen Tuch leicht trocknen; Orangeat und Zitronat klein würfeln oder wiegen.

Grundrezept mittelfester Hefeteig Nr. 1189
zur Fülle: 50 g Fett
50 g Weinbeeren
50 g Korinthen, 50 g Zucker
1/2 Teel. Zimt
40 g Orangeat und Zitronat
zum Backen: 60–80 g Fett
zum Anrichten: Streuzucker oder Arrakglasur Nr. 1563

1201. Hefekleingebäck Farbbild neben Seite 560

Mittelfesten Hefeteig oder Hefeblätterteig jeweils nach Grundrezept herstellen, gehen lassen, zu Gebäck nach Wahl sorgfältig formen, füllen je nach Gebäckart. Geformten, gegangenen Hefeteig in der Regel bei 200° C backen, Hefeblätterteig bei 220° C anbacken, bei 200° C garbacken; fertigstellen wie nachstehend jeweils beschrieben. Fertiges Gebäck mit Puderzucker besieben oder noch heiß mit Springglasur bestreichen oder Gebäck noch heiß mit etwas Aprikosenmarmelade dünn bestreichen, mit Arrak- oder Punschglasur beziehen, trocknen lassen.

Grundrezept mittelfester Hefeteig Nr. 1189 oder Hefeblätterteig Nr. 1192
z. Bestreichen: 50 g Butter
z. Bestreichen v. Gebäck: zerlassene Butter oder Ei
z. Fertigstellen: Puderzucker od. Springglasur Nr. 1573 oder etwas Aprikosenmarmelade und Arrak- oder Punschglasur Nr. 1563/1564

Marmeladenfülle: Aprikosenmarmelade, Sauerkirsch- und Johannisbeermarmelade sind besonders gut geeignet; Marmelade evtl. vor der Verwendung etwas glatt rühren.

Marmeladenfülle: 250–300 g Marmelade

Nußfülle: Haselnüsse nach Belieben schälen (in vorgeheizter Röhre leicht rösten, bis sich Schale zwischen Tuch abreiben läßt), reiben, mit Zucker und süßem Rahm oder Ei mischen.

Nußfülle: 100 g Nüsse
60–80 g Zucker, 3–4 Eßl. süßer Rahm oder 1 Ei

Rosinenfülle:
100 g Rosinen od. Korinthen
80 g Zucker, 1 Teel. Zimt

Rosinenfülle: Rosinen oder Korinthen waschen, brühen, gut abtropfen lassen, zwischen Tuch leicht trocknen, mit Zucker und Zimt mischen.

Gemischte Fülle:
50–80 g Nüsse od. Mandeln
50-80 g Korinthen, etw. Zimt
40 g Zitronat, 50 g Zucker

Gemischte Fülle: Haselnüsse oder Mandeln nach Belieben schälen, reiben; Korinthen waschen, brühen, gut abtropfen lassen, zwischen Tuch leicht trocknen; Zitronat sehr fein würfeln, alle vorbereiteten Zutaten mit Zucker und Zimt mischen.

Apfelfülle: 3 Äpfel
2 Eßl. Zucker, 1/2 Teel. Zimt
oder Zitronenschale
50 g Sultaninen od. Rosinen

Apfelfülle: Gewaschene Äpfel schälen, raspeln, mit Zucker-Zimtmischung oder mit etwas Zitronenschale und vorbereiteten Sultaninen oder Korinthen mischen.

Quarkfülle: 250 g Quark
50 g Zucker, 30 g Butter
1–2 Eier, Zitronenschale
od. Vanille, evtl. Rosinen

Quarkfülle: Alle Zutaten gut glatt rühren, Butter schaumig rühren oder zerlassen zugeben, nach Belieben mit vorbereiteten Rosinen verbessern.

Marmeladenfülle oder
Nußfülle oder
Rosinenfülle oder
gemischte Fülle

Hefehörnchen: Gegangenen Teig gut messerrückendick auswellen, Dreiecke ausradeln, mit zerlassener Butter bestreichen, in die Mitte der Breitseite etwa 1 Teelöffel der Fülle legen, von der Breitseite zur Spitze hin aufrollen, so daß Spitze nach unten zu liegen kommt (siehe Abb. Seite 573), etwas nachformen, halbmondförmig biegen, auf gefettetem Blech gehen lassen, mit zerlassener Butter oder Ei bestreichen, bei Mittelhitze (200° C) backen, Backzeit 20–30 Minuten. Nach dem Backen fertigstellen wie beschrieben.

Rosinenfülle oder Nußfülle
(ohne Rahm oder Ei)
oder gemischte Fülle

Hefeschnecken gefüllt: Gegangenen Teig 1/2 cm dick zu Rechteck auswellen, mit zerlassener Butter bestreichen, mit Fülle nach Wahl bestreuen, Teigplatte der Länge nach aufrollen, so daß eine kurze, dicke Rolle entsteht, davon gut fingerbreite Scheiben abschneiden (siehe Abb. Seite 573); Teigende jeweils unterschlagen, auf gefettetem Blech gehen lassen. Oder: Das mit Fülle belegte Rechteck in etwa 1 1/2–2 cm breite Streifen radeln, aufrollen, Teigende unterschlagen, auf gefettetem Blech gehen lassen. Nach dem Gehen mit zerlassener Butter bestreichen, bei Mittelhitze (200° C) backen, Backzeit 20–25 Minuten, mit Puderzucker besieben oder fertigstellen wie beschrieben.

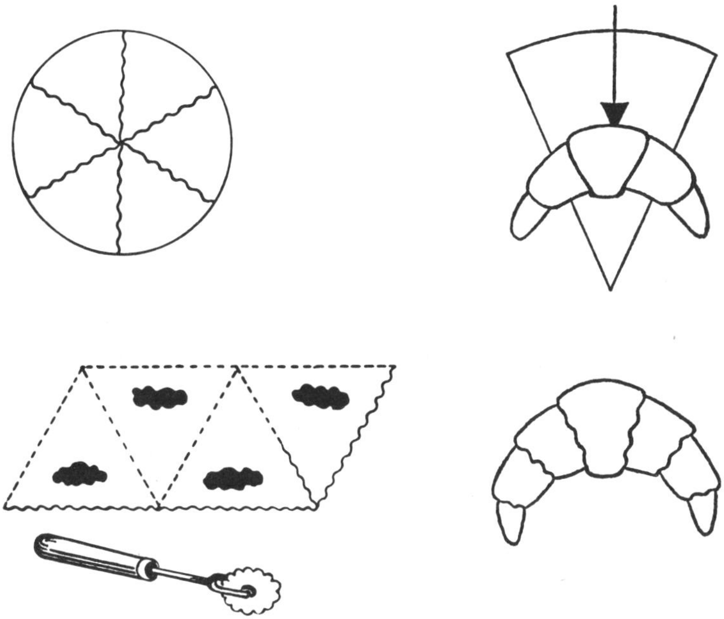

Formen von Hörnchen

Formen von Brezeln

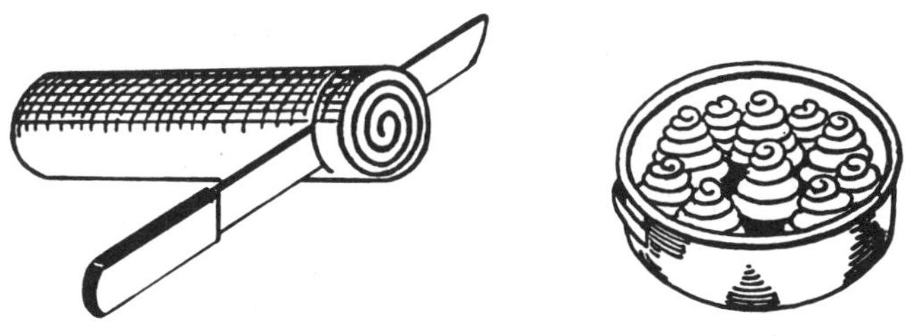

Formen von Schnecken und Rosenkuchen

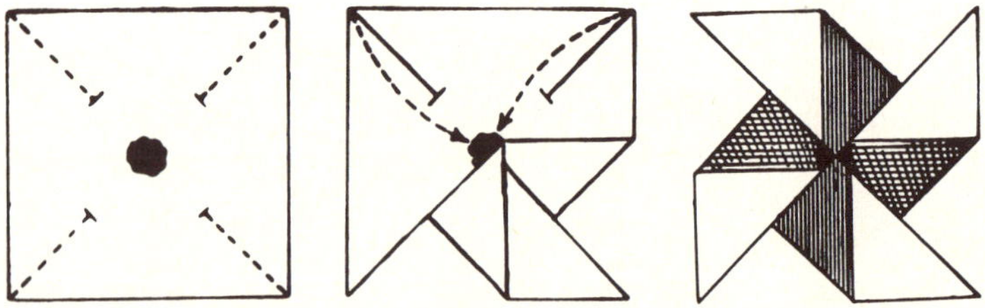

Formen von Windmühlen

Formen von Hahnenkämmen

Formen von Russen

Brezeln: Gegangenen Teig zu Rolle formen, davon 1–1½ cm dicke Scheiben abschneiden, daraus 25–30 cm lange, gleichmäßig dicke Röllchen drehen, Brezeln formen (siehe Abb. Seite 573). Oder gegangenen Teig ¼ cm dünn zu Rechteck auswellen, gut mit zerlassener Butter bestreichen, davon 1½ cm breite und 30 cm lange Streifen radeln, diese 5–6 mal um sich selbst schlingen und daraus Brezeln formen. Geformte Brezel auf gefettetem Blech kurz gehen lassen, mit zerlassener Butter oder mit Ei bestreichen, nach Belieben mit geschälten, blättrig geschnittenen Nüssen oder Mandeln bestreuen, bei Mittelhitze (190–200° C) vorsichtig backen, Backzeit 15–20 Minuten, fertigstellen wie beschrieben.

zum Bestreuen:
30 g geschälte Nüsse oder Mandeln
Hagelzucker

Windmühlen: Gegangenen Teig ½ cm dick zu Rechteck auswellen, Quadrate von 10 cm Seitenlänge ausradeln, in die Mitte jeweils etwas dicke Marmelade oder Nußfülle setzen, von den Ecken aus jeweils nicht ganz bis zur Mitte (etwa 4–5 cm tief) einschneiden oder radeln (siehe Abb. Seite 574), von jeder Ecke 1 Zipfel zur Mitte einschlagen, leicht andrücken, auf gefettetem Backblech kurz gehen lassen, mit zerlassener Butter oder Ei bestreichen, bei mäßiger Mittelhitze (180–190° C) lichtbraun backen, Backzeit etwa 15–20 Minuten. Gebäck mit Puderzucker besieben oder glasieren wie beschrieben.

Marmeladenfülle oder Nußfülle

Hahnenkämme: Gegangenen Teig ½ cm dick zu Rechteck auswellen, gleichmäßig große Quadrate von etwa 12 cm Seitenlänge oder Rechtecke von 10 mal 12 cm ausradeln, mit zerlassener Butter bestreichen, in die Mitte etwa 2–3 Teelöffel Fülle setzen, in der Mitte zusammenklappen, so daß Kante auf Kante trifft und rechteckige Taschen entstehen, Ränder leicht andrücken, an offener Längsseite viermal je 1 cm tief einschneiden oder radeln (siehe Abb. Seite 574), halbrund biegen, auf gefettetem Blech kurz gehen lassen, mit Fett oder Ei bestreichen, bei Mittelhitze (200° C) hellbraun backen, Backzeit etwa 20–25 Minuten. Gebäck mit Puderzucker besieben oder glasieren wie beschrieben.

Marmeladenfülle oder Rosinenfülle oder gemischte Fülle oder Quarkfülle

Russen: Gegangenen Teig messerrückendick zu Rechteck auswellen, in gleichmäßige, 15 cm lange und 10 cm breite Stücke schneiden, diese mit zerlassener Butter bestreichen, mit Nußfülle (ohne Rahm oder Ei) bestreuen, der Längsseite nach aufrollen (siehe Abb. Seite 574). Rolle der Länge nach in der Mitte bis auf 1 cm einschneiden, beide Teile so umeinander schlingen, daß Schnittfläche nach oben kommt, auf gefettetem Backblech kurz gehen lassen, bei Mittelhitze (200° C) backen, Backzeit etwa 20–25 Minuten. Mit Puderzucker besieben oder mit Glasur nach Wahl bestreichen.

Nußfülle (ohne Rahm oder Ei)

Marmeladenfülle oder Quarkfülle oder Apfelfülle

Hefetaschen, Hefegolatschen: Gegangenen Teig ½ cm dick zu Rechteck auswellen, gleichmäßig große Quadrate von etwa 10–12 cm Seitenlänge radeln oder runde Plätzchen von 10 cm Durchmesser ausstechen, mit zerlassener Butter bestreichen, in die Mitte etwa 2–3 Teelöffel Fülle setzen, Teigränder mit Ei bestreichen, so zusammenschlagen, daß Kante auf Kante kommt, Ränder andrücken, auf gefettetem Blech kurz gehen lassen, mit Ei oder zerlassener Butter bestreichen, bei Mittelhitze (200° C) hellbraun backen, Backzeit etwa 20–25 Minuten. Gebäck mit Puderzucker bestreuen oder glasieren wie beschrieben.

60 g Zucker-Zimtmischung

Brillen: Gegangenen Teig ½ cm dick zu Rechteck auswellen, mit zerlassener Butter gut bestreichen, mit 3–4 Eßlöffeln Zucker-Zimtmischung bestreuen, von beiden Seiten zur Mitte hin aufrollen, davon 1½ cm breite Stücke abschneiden, mit einer Schnittseite in Zucker tauchen, leicht flach klopfen, auf gefettetem Blech mit gezuckerter Seite nach oben kurz gehen lassen, leicht mit zerlassener Butter betupfen, bei Mittelhitze (190–200° C) vorsichtig hellbraun backen. Backzeit etwa 15–20 Minuten.

1202. Falsche Teeblätter (Hefemürbteig, 12–15 Stück)

250 g Mehl, 1 Prise Salz
40–60 g Butter, 40 g Hefe
3–4 Eßlöffel Wasser
zum Auswellen: Zucker
zum Blech: Fett

Gebröselten Hefemürbteig herstellen: Mehl auf Brett sieben, kalte Butter oder Margarine einschneiden; Salz zugeben, abbröseln, Hefe mit Wasser glatt rühren, zum Mehl geben, mit Gabel gleichmäßig verteilen, kurz und rasch zusammenkneten, *nicht gehen* lassen, sondern sofort formen: ⅓ cm dick auswellen, mit gezacktem Ausstecher runde Plätzchen ausstechen (etwa 5 cm Durchmesser), diese auf gut mit Zucker bestreutem Brett beiderseitig zu länglichen Teeblättern messerrückendick auswellen wie Teeblätter von Blätterteig (siehe Abb. Seite 650), sofort auf gefettetes Backblech legen und bei guter Mittelhitze (200° C) unter einmaligem Wenden goldbraun backen.

1203. Mohnbeugel (Hefemürbteig, 12–14 Stück)

Hefeteig wie Mohnstritzel Nr. 1204
Mohnfülle wie Nr. 1204
zum Blech: Fett
zum Bestreichen: Eigelb

Hefeteig auf Mürbteigart herstellen wie Nr. 1204, kurz *kalt gehen* lassen, zu dünner Teigplatte auswellen, typische Beugelform ausschneiden, mit Mohnfülle füllen, aufrollen und Beugel formen, auf gefettetem Blech kurz *kühl gehen lassen,* mit Eigelb streichen, bei Mittelhitze (190–200° C) lichtgelb backen. Backzeit etwa 25–30 Minuten. Mohnfülle herstellen wie bei Mohnstritzel Nr. 1204.

1204. Mohnstritzel, Mohnstollen (Hefemürbteig)

Farbbild neben Seite 593

Hefeteig nach Mürbteigart herstellen: Mehl sieben, *kalte Butter* einschneiden, abbröseln, Zucker und 1 Prise Salz darüber streuen, die in wenig Milch glatt gerührte Hefe und Eigelb einrühren, zu glattem, *festem Teig* verarbeiten, *kurz kalt gehen* lassen. Teig dann ½ cm dick z […] mit zerlassener Butter bestreichen, erkaltete F […]ufrollen, auf gefettetes Blech oder in ge […]n legen, nach Belieben 1 cm tief der […]z gehen lassen, bei Mittelhitze (190[…] […]de, dann mit Arrakglasur überzieh[…]
Rez[…] […]tzel bzw. ist für eine kleine Kranz- oder […] große Form ist Teig von mindesten[…]
Mo[…] […]Kochen bringen, gemahlenen Mohn, Zuc[…] […]und geriebene Zitronenschale oder Va[…] […]kochen lassen, vom Feuer nehmen, fei[…] […]rangeat und gewaschene, gebrühte, gu[…] […]evtl. Zimt unterrühren, wenn abgekü[…] […]; falls Fülle noch etwas zu weich ist, et[…] […]unterrühren. Mohnstritzel kann auch vo[…] […]ellt werden (siehe Wickelkuchen mit M[…]

(Hefemürbteig)
300 g Mehl, 1 Prise Salz
150 g Butter (kalt gestellt)
50 g Zucker, 2 Eigelb
20 g Hefe, 1/10 l Milch
Mohnfülle:
1/8 l Milch, 20 g Butter
150 g Mohn (gemahlen)
100 g Zucker, Vanille
Zitronenschale oder Zimt
50 g Schokolade oder
20 g Kakao, 1 Ei
50 g Zitronat und Orangeat
50 g Sultaninen, etwas Rum
Semmelbrösel nach Bedarf
zum Bestreichen: 50 g Butter
Arrakglasur Nr. 1563

1[…]

[…] […]*erer* Beschaffenheit herstellen, Milch- […]n, nach dem Abschlagen gewaschene […]estaubte Sultaninen oder Rosinen ein- […]nen Teig in drei gleiche Teile teilen, […]ehen, zu Zopf flechten, auf gefettetes […]was Zucker streuen, mit Butter oder […]n, gehen lassen, kurz vor dem Backen noch einmal mit Butter bzw. Ei bestreichen, bei Mittelhitze (180–200° C) backen, Backzeit ¾ Stunden. Verzichtet man auf Eibestrich, Zopf nach dem Backen sofort mit Springglasur bestreichen und nach Belieben noch einen Augenblick in Röhre geben oder Gebäck mit Puderzucker besieben.

Man kann auch langen, dünnen Zopf formen und diesen als Kranz backen: Teig zu drei gleichmäßig langen, dünnen Rollen formen, daraus langen, gleichmäßig dünnen Zopf flechten, am besten von der Mitte aus mit Flechten beginnen; Zopf zu Kranz schließen, auf gefettetes Backblech oder in gut gebutterte Ringform setzen, mit Butter bestreichen, gehen lassen, backen. Nach dem Backen aus der Form nehmen und mit Puderzucker besieben.

Grundrezept mittelfester
Hefeteig Nr. 1189
100 g Rosinen od. Sultaninen
zum Blech: Fett
zum Bestreichen:
Butter oder Ei
zum Bestreuen: Puderzucker
oder Springglasur Nr. 1573

1206. Hefezopf fein

Hefeteig gerührt Nr. 1191 (mit 1/8 l Milch)
100 g Rosinen od. Sultaninen
50–100 g Nüsse od. Mandeln
50 g Zitronat, 50 g Orangeat
z. Bestreichen: Ei od. Butter
Puderzucker oder Springglasur Nr. 1573 oder Arrakglasur Nr. 1563

Gerührten Hefeteig wie Nr. 1191 in etwas festerer Beschaffenheit herstellen; Rosinen oder Sultaninen waschen, brühen, gut abtropfen lassen, leicht mit Mehl bestäuben; Nüsse oder Mandeln schälen, blättrig schneiden oder reiben, Orangeat und Zitronat fein würfeln. Nach dem Abarbeiten des Teiges die vorbereiteten Geschmackszutaten unterarbeiten, Teig gehen lassen, formen wie einfachen Hefezopf, nochmal gehen lassen, mit zerlassener Butter oder Ei bestreichen, bei Mittelhitze (180–200° C) backen, Backzeit 3/4 Stunden. Nach dem Backen mit Puderzucker besieben oder mit Springglasur oder Arrakglasur überziehen.

1207. Hefezopf mehrteilig

1 1/2 Rezept mittelfester Hefeteig Nr. 1189 oder 1 1/2 Rezept Hefeteig abgerührt Nr. 1191
zum Zusammensetzen:
1 Eiweiß oder Eireste
50 g Zucker, 50 g Haselnüsse
zum Blech: Fett
zum Bestreichen: 1 Ei oder Arrakglasur Nr. 1563 oder Springglasur Nr. 1573

Mittelfesten Hefeteig von *etwas festerer Beschaffenheit* herstellen, deshalb Milchmenge etwas kürzen, Teig gehen lassen, gegangenen Teig in 8 oder 9 Teile teilen, jeden Teil zu Rolle drehen, daraus einen vierteiligen und einen dreiteiligen Zopf flechten, die letzten zwei Stränge zusammendrehen oder einen Strang in sich drehen. Auf gefettetes Blech vierteiligen Zopf setzen, mit Eiweiß oder Eiresten bestreichen, mit Zucker und geriebenen oder blättrig geschnittenen Nüssen bestreuen, darauf dreiteiligen Zopf setzen, diesen ebenso bestreichen und bestreuen, gedrehten Strang als Abschluß etwas länger halten, so daß beide Enden die Zopfenden decken. Zopf gehen lassen, mit Ei bestreichen, mit Nüssen bestreuen, bei Mittelhitze (200–180° C) backen. Backzeit 1–1 1/2 Stunden. Falls Zopf nicht mit Ei bestrichen wird, nach dem Backen sofort mit Springglasur bestreichen, noch kurz in die Röhre geben oder mit Arrakglasur überziehen.

1208. Hefezopf gesprungen

Grundrezept mittelfester Hefeteig Nr. 1189 oder Hefeblätterteig Nr. 1192
zum Füllen:
60 g Butter zerlassen
80 g geriebene Nüsse
80 g grober Zucker
zum Blech: Fett
zum Bestreuen: Puderzucker oder Arrakglasur Nr. 1563

Mittelfesten Hefeteig *etwas festerer Beschaffenheit* oder Hefeblätterteig herstellen, gehen lassen, gegangenen Teig 1/2 cm dick zu Rechteck auswellen, gut mit zerlassener Butter bestreichen, mit Fülle gleichmäßig bestreuen, Längsseite aufrollen, der Länge nach in der Mitte, dem Teigrand entlang, bis auf 2 cm durchschneiden, beide Teile mit Schnittfläche nach oben umeinander schlingen wie bei Russen (siehe Abb. Seite 574). Fülle darf dabei nicht herausfallen; auf gefettetem Blech kurz gehen lassen, bei Mittelhitze (200–180° C) backen, Backzeit 3/4–1 Stunde. Erkaltet mit Puderzucker bestreuen oder mit Arrakglasur überziehen.

1209. Wickelkuchen, Mohnwickelkuchen Farbbild neben Seite 561

Mittelfesten Hefeteig herstellen, gegangenen Teig gut 1/2 cm dick zu Rechteck auswellen, mit zerlassener Butter bestreichen, mit Fülle nach Wahl bestreuen, bzw. bestreichen, locker aufrollen, in gebutterte Kranzform bzw. große Kastenform oder auf gefettetes Blech setzen, gehen lassen, mit zerlassener Butter oder Ei bestreichen, nach Belieben in der Mitte der Länge nach etwa 1 cm tief einschneiden, bei Mittelhitze (200–180° C) backen, Backzeit 3/4–1 Stunde. Kuchen erkaltet mit Puderzucker besieben oder noch heiß mit Aprikosenmarmelade dünn bestreichen und mit Arrakglasur überziehen.

Mohnfülle: Milch mit Butter und Vanille oder geriebener Zitronenschale zum Kochen bringen, gemahlenen Mohn und Zucker zugeben, etwa 10 Minuten leise zu dickem Brei kochen lassen, grob gehackte oder geriebene Nüsse sowie gewaschene, gebrühte, gut abgetropfte Sultaninen und 1 Eßlöffel Rum unterrühren, nach Belieben Ei zugeben, abschmecken.

Grundrezept mittelfester Hefeteig Nr. 1189
z. Bestreichen: 50 g Butter
Fülle nach Wahl:
100 g Zucker, 25 g Kakao od. gemischte Fülle Nr. 1201
oder Mohnfülle:
250 g Mohn (gemahlen)
1/4 l Milch (knapp)
30 g Butter, 150 g Zucker
evtl. 50–100 g Sultaninen
50 g Nüsse, Zitronenschale oder Vanille, 1 Eßl. Rum
1 Ei nach Belieben
Puderzucker od. Arrakglasur

1210. Nußkranz

Mittelfesten Hefeteig oder Hefeblätterteig von je 375 g Mehl herstellen, gegangenen Teig 1/2 cm dick zu Rechteck auswellen (Länge der Formgröße entsprechend) mit zerlassener Butter bestreichen, Fülle gleichmäßig darauf streichen, locker aufrollen, in gefettete, nach Belieben mit blättrig geschnittenen Nüssen belegte Kranzform legen, gehen lassen, bei Mittelhitze (190° C) backen, Backzeit 3/4–1 Stunde. Nußkranz vorsichtig stürzen, erkalten lassen, mit Zucker bestreuen oder mit Aprikosenmarmelade dünn bestreichen, mit Arrakglasur überziehen und evtl. mit blättrig geschnittenen Nüssen bestreuen.

Nußfülle: Haselnüsse nach Belieben schälen, reiben, mit Zucker und Geschmackszutaten nach Wahl sowie süßem Rahm verrühren. Oder sehr steifen Eischnee schlagen, Zucker nach und nach einrieseln lassen, weiter schlagen, bis Masse sehr steif und glänzend ist, Geschmackszutaten nach Wahl unterschlagen, geriebene Haselnüsse untermengen, Masse aufstreichen.

Grundrezept mittelfester Hefeteig Nr. 1189 oder Hefeblätterteig Nr. 1192 von jeweils 375 g Mehl
zum Bestreichen: 50 g Butter
Nußfülle:
150–200 g Haselnüsse
150 g Zucker, Vanille oder Schale v. 1/2 Zitrone, Saft von 1 Zitrone, 6–8 Eßl. süßer Rahm od. 3 Eischnee
zur Form: Butter
zum Glasieren: Aprikosenmarmelade, Arrakglasur Nr. 1563
blättrig geschnittene Nüsse

1211. Gugelhupf, Napfkuchen einfach

Mittelfesten Hefeteig von etwas *weicher Beschaffenheit* (erhöhte Milchmenge) herstellen, gut abschlagen; gewaschene, gebrühte, gut abgetropfte Rosinen, Sultaninen oder Weinbeeren mit etwas Mehl bestäuben und mit dem fein gewürfelten Orangeat in den gut abgearbeiteten Teig geben, unterarbeiten. Teig in gut gebutterte Form geben, gehen lassen, bei Mittelhitze (180–190° C) backen, Backzeit etwa 3/4–1 Stunde, dann vorsichtig stürzen, noch heiß mit Puderzucker besieben.

Grundrezept mittelfester Hefeteig Nr. 1189 mit 3/8 l Milch, Zitronenschale
100 g Rosinen od. Sultaninen
50 g Orangeat
zur Form: Butter
zum Bestreuen: Puderzucker

1212. Gugelhupf fein, Napfkuchen fein Farbbild neben Seite 592

Gerührter Hefeteig Nr. 1191
mit: Zitronenschale, gerieben
100–150 g Sultaninen
50–100 g Nüsse od. Mandeln
50 g Zitronat, 50 g Orangeat
1–2 Eßl. Rum oder Arrak
zur Form: Butter
zum Bestreuen: Puderzucker

Gerührten Hefeteig mit Schaummasse herstellen, wie bei Nr. 1191 beschrieben, gut abschlagen; gewaschene, gebrühte Sultaninen gut abtropfen lassen, mit wenig Mehl bestauben, Zitronat und Orangeat sehr fein würfeln, geschälte Nüsse oder Mandeln grob hacken oder blättrig schneiden. Vorbereitete Geschmackszutaten mit etwas Arrak oder Rum unter den gut abgearbeiteten Teig mischen, in die sehr gut gebutterte, mit blättrig geschnittenen Nüssen oder Mandeln ausgestreute Form geben, gehen lassen, bei Mittelhitze (180–190° C) backen, Backzeit 3/4–1 Stunde; vorsichtig stürzen, noch heiß mit Puderzucker besieben. Menge ergibt 1 große Gugelhupfform.

1213. Hefering, Savarin, Punschring

Gerührter Hefeteig Nr. 1191
von 375 g Mehl
zur Form: Butter und Mehl
zum Tränken: 1/8 l Obstsaft
2–3 Eßl. Arrak oder Kirschwasser, Saft v. 1. Zitrone
Zucker nach Bedarf
zum Bestreichen:
4 Eßl. Aprikosen- oder Hagebuttenmarmelade
Arrakglasur Nr. 1563
zum Füllen: feine, sterilisierte Früchte

Gerührten Hefeteig herstellen wie bei Nr. 1191 beschrieben, abgeschlagenen Teig in gut gebutterte und bemehlte Ringform von 28–30 cm Durchmesser füllen, knapp lauwarm oder kalt langsam gehen lassen, bei Mittelhitze (180–190° C) etwa 3/4 Stunden backen, vorsichtig stürzen. Nach dem Erkalten nach Belieben quer durchschneiden, mit gut abgeschmeckter Punschflüssigkeit tränken, zusammensetzen, mit Marmelade bestreichen, glasieren, dann Ring mit Obst gefüllt anrichten.
Zum *Punschring:* Gebackenen Hefering noch heiß in Ringform mit Punschflüssigkeit tränken, einziehen lassen, dann vorsichtig stürzen und füllen wie oben.
Geeignete sterilisierte Früchte: Aprikosen, Pfirsiche, Birnen, Mirabellen, Ananas, Sauerkirschen; evtl. etwas Zucker nach Bedarf.

1214. Hefeobstkuchen
Apfel-, Zwetschgen-, Rhabarber-, Kirsch-, Heidelbeerkuchen

Grundrezept mittelfester Hefeteig Nr. 1189 von 375 g Mehl
zum Belag: 50 g Butter
1 1/2–2 kg Obst wie Äpfel
Zwetschgen, Rhabarber
Kirschen oder Heidelbeeren
evtl. 3 Eßl. Zwiebackbrösel
zum Verbessern nach Wahl:
geschälte, gehackte Mandeln
Sultaninen für Apfelkuchen
zum Blech: 20 g Butter
zum Bestreuen: Zucker

Mittelfesten Hefeteig von *mehr weicher Beschaffenheit* herstellen, gehen lassen, leicht auswellen, auf gut gefettetem Blech weiter auswellen bzw. mit der Hand 2–3 messerrückendick ausdrücken oder ausziehen, Rand hochdrücken, Teigplatte mit zerlassener Butter gut bestreichen, bei sehr saftigem Obst mit Zwiebackbröseln bestreuen (für Beeren, Rhabarber, evtl. auch Zwetschgen), vorbereitetes Obst gleichmäßig und dicht je nach Obstart schuppenförmig auflegen, nach Belieben mit geschälten, gehackten Mandeln bzw. gewaschenen, gebrühten Sultaninen bestreuen (Apfelkuchen), etwas gehen lassen, bei guter Mittelhitze (200–210° C) 20–30 Minuten backen; in der ersten Hälfte der Backzeit Obst (insbesondere Äpfel) evtl. mit Butterpapier oder Aluminiumfolie abdecken, um Verfärbung zu vermeiden. Fertigen Obstkuchen vorsichtig vom Blech nehmen, noch heiß *leicht* überzuckern, nach dem Anrichten nochmal mit Zucker bestreuen. Vorzeitiges reichliches Zuckern verursacht starkes Saftziehen.
Obst vorbereiten: waschen, abtropfen lassen, evtl. mit Tuch abreiben.
Äpfel schälen, Kernhaus entfernen, in gleichmäßige, nicht zu dünne Spalten schneiden, dicht und schuppenförmig auflegen, evtl. mit etwas

geriebener Zitronenschale und Zitronensaft verbessern; wenig saftige Äpfel vor dem Backen leicht überzuckern, damit Kuchen saftig wird.
Zwetschgen: aufschneiden, entsteinen, gleichmäßig einschneiden, schuppenförmig auflegen.
Rhabarber: abziehen, sofern er älter ist, in etwa kleinfingergroße, gleichmäßige Stücke schneiden, schuppenförmig auflegen, zieht viel Saft;
Kirschen: nicht entsteinen, da sie sonst zu viel Saft ziehen.
Heidelbeeren: vor dem Waschen verlesen, sorgfältig abtropfen lassen.
Johannisbeeren sind wegen des Saftreichtums weniger geeignet.

1215. Hefeobstkuchen mit Streusel

Zutaten wie Hefeobstkuchen Nr. 1214
zum Streusel:
200 g Mehl, 1 Teel. Zimt
150 g Zucker, 150 g Butter

Hefeobstkuchen herstellen, formen und mit vorbereitetem Obst belegen wie bei Nr. 1214 beschrieben, mit Streusel belegen, etwas gehen lassen, bei guter Mittelhitze (200–210° C) backen, Backzeit etwa 30 Minuten. Kuchen vorsichtig vom Blech nehmen, noch heiß leicht mit Zucker bestreuen.
Streusel: Gesiebtes Mehl mit Zucker und Zimt mischen, zerlassene, nur *lauwarme* Butter eintropfen und mit Gabel leicht untermengen, so daß kleine Klümpchen entstehen, erkalten lassen.
Für Obstkuchen kann Streuselmenge nach Belieben verringert werden auf ½–¾ Rezeptmenge.

1216. Hefeobstkuchen mit Rahmguß
Apfel-, Kirsch-, Rhabarberkuchen mit Rahmguß

Zutaten wie Hefeobstkuchen Nr. 1214 mit 1½ kg Äpfel, Kirschen oder Rhabarber
Rahmguß:
3 Eier getrennt, 80 g Zucker
⅛ l dicker, saurer Rahm
1 Eßl. Rum oder Arrak

Hefeobstkuchen herstellen, formen und mit vorbereitetem Obst belegen wie bei Nr. 1214 beschrieben, bei guter Mittelhitze (200–210° C) *halbgar* backen, Rahmguß über das Obst geben, fertig backen, Gesamtbackzeit etwa ¾ Stunden.
Rahmguß: Schaummasse rühren von Eigelb und Zucker, dicken sauren Rahm, Arrak oder Rum und sehr steifen Eischnee unterheben, auf halbgar gebackenen Kuchen geben, noch etwa 20 Minuten backen.

1217. Gedeckter Apfelkuchen (Hefeteig)

Grundrezept mittelfester Hefeteig Nr. 1189 von 375–500 g Mehl je nach Blechgröße
zum Belag: 50 g Butter
1–1½ kg Äpfel, Zucker nach Geschmack, 60 g Rosinen oder Korinthen
Zitronenschale und -saft
zum Blech: Butter
Puderzucker oder Arrakglasur Nr. 1563

Mittelfesten Hefeteig von *mehr weicher Beschaffenheit* herstellen, gehen lassen, Teig leicht auswellen, gut gefettetes Blech oder evtl. Springform mit ⅔ des Teiges *dünn* auslegen, Rand hochdrücken, mit zerlassener Butter gut bestreichen, mit geschälten und geschnitzelten oder geraffelten Äpfeln, mit Zitronenschale und -saft sowie wenig Zucker gemischt, bestreuen, gewaschene gebrühte Weinbeeren oder Rosinen darauf streuen. Teigrest *dünn* auswellen, Kuchen damit belegen, Rand etwas unterschlagen, mit zerlassener Butter bestreichen, kurz gehen lassen, bei guter Mittelhitze (200–210° C) backen, Backzeit etwa ¾ Stunden, dann vorsichtig vom Blech nehmen, noch heiß mit Butter bestreichen und sofort mit Zucker bestreuen oder glasieren.
Hefeteig von 500 g Mehl ergibt ein großes, von 375 g Mehl ein kleines Kuchenblech mit gedecktem Apfelkuchen.

1218. Hefeobstkuchen mit Quarkbelag Apfel-, Kirsch-, Zwetschgen-, Traubenkuchen mit Quarkbelag

Hefeobstkuchen Nr. 1214 mit
$^3/_4$–1 kg Äpfel, Kirschen
Zwetschgen oder Trauben
Quarkbelag: 40 g Butter
70 g Zucker, 500 g Quark
2–3 Eier getrennt
2 Eßl. Grieß oder Mehl
4 Eßl. Rahm, Zitronenschale
50 g Rosinen od. Weinbeeren
zum Blech: Butter
zum Bestreichen: Eireste

Hefeobstkuchen herstellen, formen und mit vorbereitetem Obst belegen wie bei Nr. 1214 beschrieben, mit gut abgeschmeckter Quarkmasse gleichmäßig bestreichen, diese mit Eiresten, evtl. mit etwas Rahm und Zucker verrührt, bestreichen, gehen lassen, bei guter Mittelhitze (200–210° C) backen, Backzeit 40–50 Minuten. Kuchen vorsichtig vom Blech nehmen, erkalten lassen, dann erst schneiden.
Quarkbelag: Schaummasse rühren aus Butter, Zucker und Eigelb, Quark, Grieß oder Mehl, Rahm und Geschmackszutaten unterrühren, abschmecken, zuletzt steifen Eischnee unterziehen, sofort verwenden.

1219. Käsekuchen, Quarkkuchen (Hefeteig)

Grundrezept mittelfester
Hefeteig Nr. 1189 von
375 g Mehl
zum Bestreichen: 50 g Butter
Quarkbelag: 1 kg Quark
50–80 g Butter
120(150) g Zucker
3–4 Eier getrennt, Vanille
oder Zitronenschale, 3–4 Eßl.
Grieß oder Stärkemehl
$^1/_8$ l Rahm oder Milch
100 g Rosinen od. Sultaninen
zum Blech: Butter
zum Bestreichen: Eireste
evtl. etwas Rahm, Zucker

Mittelfesten Hefeteig von *mehr weicher Beschaffenheit* herstellen, gehen lassen, leicht auswellen, auf gut gefettetem Blech *dünn* auswellen bzw. ausziehen oder mit der Hand ausdrücken, Rand hochdrücken, Teigplatte mit zerlassener Butter gut bestreichen, Quarkmasse dick darauf geben, glatt streichen, kurz gehen lassen, mit Eiresten, die evtl. mit einigen Eßlöffeln süßem Rahm und etwas Zucker gut verrührt sind, bestreichen, bei guter Mittelhitze (200–210° C) backen, Backzeit $^1/_2$–$^3/_4$ Stunde; Kuchen vorsichtig vom Blech nehmen, erkalten lassen, erst nach dem Erkalten schneiden.
Quarkbelag: Schaummasse rühren aus Butter, Zucker und Eigelb, Quark, Grieß oder Mehl sowie Rahm unterschlagen, Vanille oder geriebene Zitronenschale und gewaschene, gebrühte, gut abgetropfte Rosinen oder Sultaninen unterrühren, abschmecken, sehr steifen Eischnee unterheben, sofort verwenden und backen.

1220. Sächsischer Kirmeskuchen, Quark-Streuselkuchen

Farbbild neben Seite 593

Mittelfester Hefeteig
Nr. 1189 von 375 g Mehl
zum Bestreichen: 50 g Butter
Quarkmasse:
100 g Butter, 100 g Zucker
3 Eier getrennt, Zitronenschale oder Vanille
500 g Quark, 50 g Weinbeeren
$^1/_8$–$^1/_4$ l Milch, 2–3 Eßl. Mehl
Streusel wie bei Nr. 1222

Mittelfesten Hefeteig von *mehr weicher Beschaffenheit* herstellen, gehen lassen, leicht auswellen, auf gut gefettetem Blech dünn auswellen bzw. ausziehen oder mit der Hand ausdrücken, Rand hochdrücken, Teigplatte mit zerlassener Butter gut bestreichen, abgeschmeckte schaumige Quarkmasse darauf geben, glatt streichen, Streusel darüber streuen, kurz gehen lassen, bei guter Mittelhitze (200–210° C) backen, Backzeit etwa $^1/_2$–$^3/_4$ Stunde.
Quarkmasse mit Eischnee herstellen wie bei Käsekuchen Nr. 1219, Streusel bereiten wie bei Nr. 1222 beschrieben.

1221. Butterkuchen, Zuckerkuchen (Hefeteig)

Mittelfesten Hefeteig von *mehr weicher Beschaffenheit* herstellen, gehen lassen, leicht auswellen, auf gut gefettetem Backblech etwa 1 cm dick auswellen bzw. mit der Hand ausdrücken, gut gehen lassen, mit zerlassener Butter gut bestreichen, im Abstand von je 5 cm mit Finger leicht eindrücken, in jede dieser Vertiefungen Butterflocken setzen, mit grobem Zucker und geschälten, grob gehackten Mandeln oder Nüssen bestreuen, bei guter Mittelhitze (200–220° C) rasch backen, Backzeit etwa 20 Minuten; zu langes Backen macht Kuchen trocken. Nach Belieben in den letzten paar Minuten etwas höher einschieben, damit durch die stärkere Oberhitze der Zucker schmilzt und Kuchen Glanz bekommt.

Grundrezept mittelfester Hefeteig Nr. 1189 von 375 g Mehl

zum Bestreichen: 50 g Butter

zum Bestreuen:
80–100 g Butterflocken
100–125 g grober Zucker
50–100 g Mandeln od. Nüsse

1222. Streuselkuchen (Hefeteig)

Mittelfesten Hefeteig von *mehr weicher Beschaffenheit* herstellen, gehen lassen, auf gefettetem Blech etwa 1 cm dick auswellen bzw. ausdrücken, mit zerlassener Butter gut bestreichen, mit Streuselmasse gleichmäßig belegen, gehen lassen, bei guter Mittelhitze (200–210° C) backen, Backzeit etwa 20–25 Minuten. Zu langes Backen macht Kuchen trocken.

Streusel herstellen: Gesiebtes Mehl, Zucker, Zimt mischen, zerlassene, *lauwarme* Butter eintropfen, mit Gabel leicht untermengen, so daß Klümpchen entstehen, erkalten lassen.

Grundrezept mittelfester Hefeteig Nr. 1189 von 375 g Mehl

zum Bestreichen: 50 g Butter

Streusel:
200 g Mehl, 1 Teel. Zimt
150 g Zucker, 150 g Butter

1223. Bienenstich (Hefeteig)

Mittelfesten Hefeteig von *mehr weicher Beschaffenheit* herstellen, gehen lassen, auf gut gefettetem Backblech 1½ cm dick auswellen oder ausdrücken, gehen lassen, abgekühlten Belag darauf gleichmäßig verteilen, aber nicht in Teig eindrücken, bei guter Mittelhitze (200° C) backen, Backzeit etwa 20–25 Minuten, vorsichtig vom Blech nehmen, erkalten lassen. Erkalteten Kuchen in breite Längsstreifen schneiden, diese zum Füllen in der Höhe quer durchschneiden, mit einfacher gemischter Buttercreme füllen, wieder zusammensetzen, mit scharfem Messer in Portionsstücke schneiden.

Belag herstellen: Milch und Butter zum Kochen bringen, abgezogene, gestiftelte Mandeln, bzw. geschälte Erdnüsse oder Kokosflocken und Zucker zugeben, *leise kochen* lassen bis Milch aufgesogen ist und Masse etwas glasig aussieht, nicht bräunen lassen! Masse abgekühlt auf Teigplatte streichen.

Gemischte Buttercreme: Eigelb, Zucker, vorbereitete Vanillestange gut verrühren, Stärkemehl und Milch zugeben, am Feuer abschlagen, bis Masse einmal aufpufft, unter öfterem Durchschlagen erkalten lassen; dann löffelweise unter die mit gesiebtem Puderzucker schaumig gerührte Butter schlagen. Anstelle von Stärkemehl und 1 Eigelb kann 1 Puddingpulver verwendet werden.

Grundrezept mittelfester Hefeteig Nr. 1189 von 500 g Mehl

zum Belag:
150–200 g Mandeln, Erdnüsse oder Kokosflocken
150–200 g Zucker
80–100 g Butter
5–6 Eßl. Milch

zur Fülle einfache gemischte Buttercreme von:
2–3 Eigelb, 50 g Zucker
½ Stange Vanille
50 g Stärkemehl, ½ l Milch
100 g Butter
100 g Puderzucker

zum Blech: Butter

1224. Ulmer Brot (Hefeteig)

500 g Mehl, Salz, 20 g Hefe
reichlich 1/8 l Milch
2 Eigelb, 80 g Butter
100–125 g Zucker
70 g Orangeat
1 Messerspitze Anis
zum Bestreichen: 1 Ei

Mittelfesten Hefeteig von *ziemlich fester Beschaffenheit* herstellen, Teig sehr gut abarbeiten, dann fein geschnittenes Orangeat und fein gewiegten Anis unterarbeiten, Teig gut gehen lassen. Gegangenen Teig nochmal leicht durchwirken, zu länglichem Stollen oder Wecken formen, auf gut gefettetem Backblech gehen lassen, mit Ei bestreichen, bei Mittelhitze (190–200° C) backen, Backzeit 3/4 Stunde. Ulmer Brot hält sich in Blechdose gut frisch.

1225. Osterbrot (gerührter Hefeteig)

Gerührter Hefeteig von:
500 g Mehl, Salz, 30 g Hefe
1 Teel. Zucker, 1/8 l Milch (reichlich)
zur Schaummasse:
100–120 g Butter
2 Eigelb, 1 ganzes Ei
zum Blech: Fett und Mehl
zum Bestreichen: Eigelb

Gerührten Hefeteig herstellen: Vorteig oder Dämpferl ansetzen, leicht mit Mehl überstauben, zugedeckt lauwarm gehen lassen. Schaummasse rühren aus Butter, Eigelb und ganzem Ei, mit Mehl und Dämpferl mischen und zu Teig von *fester Beschaffenheit* verarbeiten, sehr gut abkneten, am besten *kalt gehen* lassen, Teig auf Nudelbrett nochmal gut durchkneten, runden Laib formen, auf gefettetem und bemehltem Blech gehen lassen, Oberfläche rautenförmig leicht einschneiden, nochmals kurz gehen lassen, mit Eigelb bestreichen, bei Mittelhitze (ca. 200–190° C) 1 Stunde vorsichtig backen. Wird Osterbrot süß gewünscht, 100 g Zucker, Zitronenschale und Rosinen in den Teig geben.

1226. Christstollen (Hefeteig)

Farbbild neben Seite 561

750 g Mehl, Salz
50 g Hefe, 1/8 l Milch (reichlich)
250 g Butter
150 g Zucker
2 Eigelb
1 Zitronenschale
100 g Zitronat u. Orangeat
100 g süße Mandeln (geschält)
100 g Sultaninen
50 g Weinbeeren
1/2–1 Teel. Zimt
3–4 Eßl. Rum
zum Blech: Fett und Mehl
zum Bestreichen: 50 g Butter
zum Bestreuen: Puderzucker mit Vanillegeschmack

Als erstes die Verbesserungszutaten vorbereiten, da diese Arbeit sehr zeitaufwendig ist: Zitronat und Orangeat sehr fein schneiden oder wiegen, Mandeln brühen, abziehen, stiftelig schneiden, Sultaninen und Weinbeeren waschen, brühen, Stiele auslesen, sehr gut abtropfen lassen, mit Rum tränken und zugedeckt durchziehen lassen.

Dämpferl ansetzen wie bei mittelfestem Hefeteig Nr. 1189, wenn gegangen, Milch, Zucker und Salz sowie *weiche Butter* zum Mehl geben und Teig von *fester Beschaffenheit* herstellen – *oder wie gerührten* Hefeteig mit Schaummasse herstellen (Nr. 1191). Teig sehr gut durchkneten bis er fein und geschmeidig ist und Blasen zeigt, dann erst vorbereitete Geschmackszutaten unterkneten, bis er gleichmäßige Beschaffenheit hat (Geschmackszutaten können auch erst nach dem Gehen eingeknetet werden). *Teig kalt gehen* lassen, am besten über Nacht; gut gegangenen Teig nochmals durchkneten, dann zu langem Wecken formen, mit dem Wellholz in der Mitte der Länge nach etwas dünner walken, mit kaltem Wasser bestreichen, einen Teil auf den anderen schlagen, wodurch die typische Stollenform erreicht wird. Geformten Stollen auf gefettetem und bemehltem Blech nochmal langsam, am besten *kühl gehen* lassen, mit Butter bestreichen, bei Mittelhitze *vorsichtig* backen. Röhre auf 250° C vorheizen, bei 200–180° C sorgsam und nicht zu schnell backen. Bräunt Oberfläche zu früh, Stollen mit gebuttertem Pergamentpapier oder Aluminiumfolie abdecken. Backzeit etwa 1–1 1/2 Stunden; sie ist jeweils von der Stollengröße abhängig!

Gut ausbacken lassen! Garprobe! Nach dem Backen *sofort* mit reichlich Butter bestreichen und mit Puderzucker besieben. Stollen vor dem Anschneiden mehrere Tage kühl gestellt, durchziehen lassen.

1227. Rosinenstollen (Hefeteig)

Hefeteig von *fester Beschaffenheit herstellen* wie bei Nr. 1226, Teig sehr gut kneten, bis er fein, geschmeidig und glänzend ist; Verbesserungszutaten vorbereiten wie bei Nr. 1226 beschrieben, geschälte Mandeln stifteln oder grob hacken. Vorbereitete Geschmackszutaten (außer Rosinen und Sultaninen) in den sehr gut abgearbeiteten Teig einarbeiten, kneten, bis er gleichmäßige Beschaffenheit hat, zugedeckt in Schüssel *kühl gehen* lassen, am besten über Nacht. Gegangenen Teig nochmal leicht durchkneten, Rosinen und Sultaninen einarbeiten, nochmal kurz gehen lassen. Aus dem Teig 2 schöne Stollen formen wie bei Nr. 1226 beschrieben, auf gefettetem, bemehltem Blech, kühl gestellt, nochmal gehen lassen, mit zerlassener Butter bestreichen, bei Mittelhitze (200–180° C) vorsichtig backen, Backzeit für Stollen von je 500 g Mehl 1–1¹/₄ Stunden, gut ausbacken lassen, bei zu rascher Bräunung mit Aluminiumfolie oder Pergamentpapier abdecken. Nach dem Backen fertigstellen wie bei Nr. 1226 beschrieben.

1 kg Mehl, Salz, 80 g Hefe
¹/₄ l Milch, 1–2 Eier
250–350 g Butter
200 g Zucker, 1 Teel. Zimt
200 g Sultaninen, 200 g Rosinen, 70 g Zitronat
70 g Orangeat
Zitronenschale
120–200 g geschälte Mandeln
3–4 Eßl. Rum
zum Blech: Butter u. Mehl
z. Bestreichen: 50–70 g Butter
zum Bestreuen: Puderzucker

1228. Quarkstollen (Hefeteig mit Quark)

Mittelfesten Hefeteig von *fester Beschaffenheit* unter Zugabe von frischem Quark herstellen, Flüssigkeitszugabe richtet sich nach dem Feuchtigkeitsgehalt des Quarks. Teig gut abarbeiten, zuletzt fein geschnittenes Orangeat und gebrühte, gut abgetropfte, mit Mehl bestäubte Rosinen zugeben, unterkneten, Teig gehen lassen; dann leicht durchwirken, Stollen formen, auf gefettetem und bemehltem Blech nochmal gehen lassen, mit Butter bestreichen und bei Mittelhitze (190–200° C) backen, Backzeit etwa 1 Stunde – gut ausbacken! Stollen dann nochmal mit Butter bestreichen und sofort mit Puderzucker dick besieben.

500 g Mehl, 500 g frischer, trockener Quark, Salz
40 g Hefe, ca. ¹/₈ l Milch
2 Eier, 150 g Zucker
100 g Butter, 100 g Rosinen
100 g Orangeat, Schale von 1 Zitrone
zum Blech: Fett und Mehl
zum Bestreichen: 50 g Butter
zum Bestreuen: Puderzucker

1229. Dresdener Stollen (Hefemürbteig)

Dämpferl ansetzen aus Hefe, Milch, 1 Teelöffel Zucker und etwas Mehl, gut gehen lassen; Geschmackszutaten vorbereiten wie bei Nr. 1226 beschrieben. *Hefeteig nach Mürbteigart* herstellen: Mehl auf Brett sieben, mit Zucker, Zimt, Zitronenschale und Salz mischen, *kalte* Butter einschneiden, abbröseln, in die Mehlmitte Eigelb und gegangenes Dämpferl geben, leicht untermischen, zu Teig zusammenkneten; Hefeteig von *fester Beschaffenheit* sehr gut abkneten, bis Teig geschmeidig und elastisch ist, dann vorbereitete Verbesserungszutaten außer Rosinen unterkneten, Teig *kühl stellen* und am besten über Nacht zugedeckt gehen lassen; anschließend nochmal leicht abkneten, vorbereitete Rosinen einarbeiten, Teig nochmal kühl gut gehen lassen, dann leicht durchwirken, 2 Stollen formen, auf gebuttertem und

1 kg Mehl, Salz, 80 g Hefe
¹/₄ l Milch, 200 g Zucker
400–500 g Butter (kalt gest.)
2 Eigelb, 250–300 g Mandeln (geschält, gestiftelt)
250–400 g Rosinen
150 g Zitronat, 150 g Orangeat
1 Zitronenschale, etw. Zimt
3–4 Eßl. Rum
zum Blech: Fett und Mehl
z. Bestreichen: 50–70 g Butter
zum Besieben: Puderzucker

1235. Hefewaffeln

250 g Mehl, Salz, 20 g Hefe
1/4 l Milch oder süßer Rahm
50 g Zucker, 2–3 Eier
60–90 g Butter (zerlassen)
Zitronenschale
zum Waffeleisen: Fett
zum Bestreuen: Zucker

Flüssigen Hefeteig mit zerlassener Butter herstellen wie bei Nr. 1233 beschrieben, gehen lassen. Waffeleisen erhitzen, gut fetten, gegangenen Teig portionsweise mit kleiner Schöpfkelle einfüllen, glatt streichen, Form schließen, unter Wenden bei Mittelhitze backen, noch heiß mit Zucker bestreut zu Tisch geben.
Bei elektrisch beheizten Waffeleisen erübrigt sich das Wenden.

1236. Semmeln, Weißbrot

500 g Weizenmehl, Salz
1/4 l (knapp) Wasser od. Milch
15 g Hefe
zum Bestreichen: Wasser
zum Bestreuen für Semmeln: Salz, Kümmel, evtl. Mohn
zum Blech oder zur Form: Fett oder Fett und Mehl

Festen Hefeteig herstellen, gut kneten, gehen lassen, Semmeln formen, diese nach Belieben einfach oder kreuzweise einschneiden, nochmal kurz gehen lassen, mit lauwarmem Wasser bestreichen, mit Kümmel, Salz oder Mohn bestreuen, bei Mittelhitze (190–200° C) backen, Backzeit etwa 20–25 Minuten. Bei Ende der Backzeit nochmal leicht mit Wasser bestreichen. Besonders schön werden Semmeln, wenn Teig über Nacht kalt geht.
Für *Weißbrot* gegangenen Teig nochmal leicht durchwirken, in gefettete und leicht bemehlte Kastenform geben oder Weißbrotwecken formen, mit Gabel stupfen, zugedeckt nochmal gehen lassen, mit lauwarmem Wasser bestreichen, bei Mittelhitze (190° C) backen, Backzeit etwa 45–60 Minuten, kurz vor Ende der Backzeit nochmal mit Wasser bestreichen.

1237. Zwiebelkuchen, Zwiebelplatz (fränkisch)

Grundrezept mittelfester Hefeteig Nr. 1189 von 375 g Mehl (ohne Zucker)
zum Belag: 30 g Butter
1/2–3/4 kg Zwiebeln
50–80 g Räucherspeck
3–4 Eßl. saurer Rahm
2 Eier, Salz, Kümmel
zum Blech: Fett

Mittelfesten Hefeteig *ohne Zucker* herstellen, gehen lassen, leicht auswellen, auf gut gefettetem Blech etwa 3/4 cm dick auswellen oder mit der Hand ausdrücken, kleinen Rand hochdrücken. Geschälte Zwiebeln in feine Ringe schneiden, in wenig Butter und reichlich gewürfeltem Räucherspeck dünsten, bis sie glasig bzw. lichtgelb sind, vom Herd nehmen, abkühlen lassen; Rahm, Eier, Salz und Kümmel gut verschlagen, abgekühlte Zwiebelmasse untermengen, auf gegangenen Teig gleichmäßig streichen, evtl. noch kurz gehen lassen, bei guter Mittelhitze (200–210° C) backen, Backzeit etwa 1/2 Stunde. Besonders beliebt zu jungem Wein, schmeckt auch gut zu Sauerkraut oder zu Salat.

Schwäbischer Zwiebelkuchen: Hefeteig wie oben von 250 g Mehl; zur Fülle: 1 kg Zwiebel, 1/8 l saurer Rahm, 3–4 Eier, sonstige Zutaten wie oben angegeben. Herstellen der Fülle wie oben beschrieben. Gegangenen Teig in gefettete Tortenform geben, Rand hoch drücken, Fülle auf gegangenen Teigboden geben, backen wie oben, Backzeit 30–40 Minuten.

Kurländer Speckkuchen siehe Nr. 393

Fränkischer Speckkuchen siehe Nr. 394

1238. Italienische Pizza (Hefeteig) Farbbild neben Seite 432

Mittelf. Hefeteig Nr. 1189 von 375 g bzw. 250 g Mehl (ohne Zucker, evtl. mit Wasser)
zum Bestreichen: Olivenöl oder zerlassene Butter
zum Belag nach Wahl:
150 g Salamiwurst, Oliven
1/2–1 kg Tomaten, eingelegte Paprikaschoten od. Peperonis
Champignons (aus Dose)
Sardellen- od. Anchovisfilets
evtl. 2 große Zwiebeln in 2 Eßl. Öl gedünstet
250–300 g Emmentaler-, Edamer- oder Chesterkäse
Oregano oder Majoran
wenig Thymian, Pfeffer, Paprika

Mittelfesten Hefeteig von ziemlich fester Beschaffenheit nach Grundrezept herstellen, jedoch ohne Zucker und evtl. Milch durch Wasser austauschen, Teig gehen lassen.
Belag vorbereiten: Salamiwurst und Käse in Scheibchen schneiden oder gleichmäßig würfeln, Tomaten brühen, häuten, in dicke Scheiben, Paprikaschoten oder Peperonis in Streifen und Sardellen- oder Anchovisfilets in sehr feine Streifchen schneiden, Oliven und Champignons (aus Dosen) jeweils halbieren. Zwiebeln in feine Ringe schneiden, in Öl glasig dünsten, abkühlen lassen. Die Zutaten zum Belag können nach Belieben gewählt, verändert und auch ausgetauscht werden, z. B. durch vermehrte Verwendung von Fischkonserven oder evtl. Verwendung von durchwachsenem Speck oder Schinken anstelle von Salamiwurst. Gegangenen Hefeteig leicht auswellen, auf gut gefettetem Kuchenblech (große Springform für Teig von 250 g Mehl) *dünn* auswellen oder mit der Hand ausdrücken, kleinen Rand hoch drücken, mit Olivenöl oder lauwarmer, zerlassener Butter gut bestreichen, Belag gleichmäßig darauf verteilen, Oliven- und Champignonhälften sowie Sardellenstreifchen und Peperonistreifchen dazwischen streuen, Käsescheibchen oder -würfel darüber geben, Belag leicht mit Öl betupfen, würzen, (Pfeffer am besten frisch gemahlen), kurz gehen lassen, bei guter Hitze (200–210° C) rasch backen, Backzeit 20–30 Minuten. Pizza noch heiß zu Tisch geben. Dazu leichten Rotwein reichen.

1239. Teebrötchen salzig (Hefeteig)

500 g Mehl, Salz, 25 g Hefe
1/8 l Milch reichlich
100 g Butter, 1–2 Eigelb
zum Bestreichen:
1 Ei oder Wasser
zum Bestreuen:
Kümmel und Salz

Festen Hefeteig herstellen unter Zugabe von weichem, nicht zerlassenem Fett, Teig sehr gut abkneten, *kalt gehen* lassen, gegangenen Teig in walnußgroße Stücke teilen, diese auf Nudelbrett zu länglichen Kipferln drehen, kurz gehen lassen, mit Ei oder Wasser bestreichen, mit Kümmel und Salz bestreuen, bei Mittelhitze (190–200° C) 20–30 Minuten backen.

1240. Einfache Kümmelstangen (Hefeteig)

250 g Mehl, Salz, 15 g Hefe
9–10 Eßl. saurer Rahm
zum Bestreichen: 1 Ei
zum Bestreuen:
Salz und Kümmel

Mehl auf Brett sieben, Salz zugeben, Hefe glatt rühren und mit Rahm lösen, in Mehlgrube einrühren und zu festem Teig abarbeiten, zugedeckt etwas gehen lassen, dann bleistiftstarke und kleinfingerlange Stängerl formen, mit Ei bestreichen, mit Salz und Kümmel bestreuen, bei Mittelhitze (190–200° C) lichtgelb backen.

1241. Feine Kümmelstangen (Hefemürbteig)

250 g Mehl, 90–125 g Butter
20 g Hefe, Salz
4 Eßl. saurer Rahm
zum Bestreichen: 1 Ei
zum Bestreuen:
Salz und Kümmel

Gebröselten Hefemürbteig herstellen: Mehl auf Brett sieben, kalte Butter einschneiden, abbröseln, Salz zugeben, Hefe glatt rühren und im kalten Rahm lösen, in Mehlgrube einrühren und alle Zutaten zu glattem, festem Teig verarbeiten, zugedeckt etwas ruhen und *kalt gehen* lassen. Dann bleistiftdicke und kleinfingerlange Stängerl drehen, mit verquirltem Ei bestreichen, mit Salz und Kümmel bestreuen, bei Mittelhitze (190–200° C) lichtgelb backen.
Sehr gut zu Käseplatte, auch zu Wein.

1242. Schinkenhörnchen (Hefemürbteig)

Hefemürbteig wie Nr. 1241
zur Fülle:
150–200 g magerer, gekochter Schinken, evtl. 50 g roher Schinken, 2 Teel. Zwiebel, 2 Teel. Petersilie, 10 g Butter
2 Eßl. dicker, süßer Rahm
zum Bestreichen: 1 Ei

Gebröselten Hefemürbteig herstellen wie bei Nr. 1241 beschrieben, *kalt gehen* lassen. Schinken durch Fleischmaschine drehen, feingeschnittene Zwiebel und fein gewiegte Petersilie in wenig Butter andünsten, mit Schinken und Rahm mischen, gut abschmecken.
Hefemürbteig dünn auswellen, Dreiecke radeln (s. Abb. Seite 573), Fülle auf die breite Seite legen, aufrollen, Hörnchen formen, so daß Teigspitze nach unten zu liegen kommt, mit Ei bestreichen, nach kurzem Gehen bei Mittelhitze (190–200° C) lichtgelb backen, Backzeit etwa 20 Minuten.
Verwendung als Suppen-Beilage, als Vorspeise, als Beilage zu feinen Gemüsen und zu Wein.

Schmalzgebäck

Schmalzgebäck, aus verschiedenen Teigen herzustellen, wird immer in heißem Fett schwimmend gebacken; dies benötigt viel Fett, das Gebäck ist fettreich und nicht für jedermann leicht verdaulich. Schmalzgebäck soll nicht zu häufig und nicht in größeren Mengen verzehrt werden. Frisch gebacken schmeckt es am besten, doch soll es nie heiß gegessen werden.

Backlehre:

Teigarten, die zu Schmalzgebäck verarbeitet werden, sind vor allem Hefeteig, Backpulver- und Brandteig, aber auch Pfannenkuchen-, Nudelteig und Kartoffelteig kommen zur Verwendung. Teig zum Ausbacken soll nicht sehr zuckerreich sein, da sonst zu schnelle Bräunung ohne genügendes Garen erfolgen kann.
Backgeschirr, am besten aus Silitstahl, Stahl oder evtl. Chromnickelstahl muß genügend weit und darf nicht zu flach sein, um Überkochen oder Überschäumen von heißem Backfett zu verhüten. *Backgeschirr jeweils nur halb voll mit Fett füllen!* Moderne Friteusen sind elektrisch beheizt und temperaturgeregelt, mit Sieb- oder Korbeinsatz ausgestattet.

Backfette müssen wasserfrei, von guter Qualität, ohne störenden Eigengeschmack sein und Backtemperaturen um 175–200° C vertragen. Gut geeignet sind Butterschmalz, gutes Öl (z. B. Erdnußöl), auch gehärtete Pflanzenfette wie Kokosfett, (Palmin, Palmona), Palmkernfett und Mischungen der genannten Fette.
Die *Fettmenge* muß so reichlich sein, daß das Gebäck schwimmend im Fett gebacken werden kann, es soll etwa 10 cm hoch im Backgeschirr stehen.

Richtige Hitze des Fettes muß während des Backens gute Bräunung und gleichzeitig völliges Garen des Gebäcks bewirken; zu heißes Fett bräunt zu rasch, ohne daß Gebäck innen gar ist. Überhitztes Fett ist sehr schwer verdaulich, u. U.

gesundheitsschädlich durch die bei Überhitzung entstehenden Abbauprodukte. *Rauchendes Fett ist immer überhitzt!*
Zu wenig heißes Fett bewirkt ein zu starkes Ansaugen des Teiges mit Fett, macht ihn dadurch besonders schwer verdaulich, mindert Geschmack und vergeudet Fett; vielfach ist auch ein Platzen des Gebäcks dadurch verursacht.

Regeln für das Ausbacken in heißem Fett:

1. *Backhitze prüfen* vor dem Einlegen des Teiges: um ein eingelegtes Teigstückchen oder eine rohe Kartoffelscheibe bilden sich Bläschen bei raschem Aufsteigen und mäßig raschem Bräunen desselben; um eingetauchten, trockenen Kochlöffelstiel bilden sich gleichfalls Bläschen, eine eingestreute Salzprise zischt.
Für Gebäck, das aufgehen soll, darf Backfett nicht zu heiß sein *(nur mäßig rasches Bräunen* einer Kartoffelscheibe), damit zu rasche Krustenbildung vermieden und ein gutes Aufgehen des Gebäcks ermöglicht wird.
Backgut, das sehr viel Feuchtigkeit enthält (Pommes frites u. ä.), *benötigt gut heißes Backfett (rasches Bräunen* einer Kartoffelscheibe), damit die Feuchtigkeit sehr rasch verdampft und Backfett weniger schäumt.

2. *Gebäck stets bei richtiger, d. h. dem Gebäck entsprechender Backhitze einlegen, bei mäßiger Hitze gar backen.* (Pommes frites jedoch bei guter Hitze gar backen).

3. Gebäck immer *vorsichtig einlegen,* Hefegebäck mit der gegangenen Seite nach unten, am besten mit Schaumlöffel einlegen.

4. *Nicht zuviel Backgut auf einmal einlegen,* um zu starke Abkühlung des Backfettes zu vermeiden; vor dem Einlegen neuen Backgutes oder nach dem Nachfüllen von Fett dieses wieder gut heiß werden lassen und Backhitze neuerdings prüfen.

5. *Backzeit einhalten* um gutes Durchbacken zu erreichen.

6. *Vorsicht beim Ausbacken* – Backfett ist sehr heiß (etwa 200° C), kann sehr schmerzhafte, tiefgehende Brandwunden verursachen; überhitztes Backfett fängt leicht Feuer und ist deshalb gefährlich! Brennendes Fett sofort ersticken durch Abdecken – nie mit Wasser zu löschen versuchen! Falls Backfett stark steigt und schäumt, Backgut sofort aus Backfett nehmen, Backfett mit Schaumlöffel hochziehen, bis das Schäumen aufhört, evtl. eine kleine Menge des Backfettes in ein anderes Gefäß schöpfen.

7. *Fertiges Schmalzgebäck gut abtropfen* lassen (Abtropfsieb auf Untersatz) und ausgekühlt mit Zucker besieben.

8. Backfett nicht öfter als zweimal zum Ausbacken verwenden, da sich durch mehrmaliges starkes Erhitzen gesundheitsschädigende Stoffe z. B. Akrolein bilden. Vor der Wiederverwendung evtl. reinigen (siehe Nr. 1724).

Backgerät
und Prüfen der Hitze
des Backfettes

1243. Backteig (Bier- oder Weinteig)

200 g Mehl, 1 Prise Salz
1/4 l dunkles Bier oder Weißwein (notfalls Milch)
2 Eier getrennt
2 Teelöffel Öl

Gesiebtes Mehl mit 1 Prise Salz mischen, mit Bier oder Weißwein zu dickflüssigem Teig rühren wie Pfannenkuchenteig, Eigelb und Öl unterrühren, zuletzt steifen Eischnee unterziehen.
Verwendung anstelle von Panade zum Ausbacken in Fett für Obst, Fleisch, Fisch oder Gemüse.

1244. Apfelküchlein in Backteig

5–6 große, säuerliche Äpfel
3 Eßl. Zucker, 2 Eßl. Rum
Backteig wie Nr. 1243
Ausbackfett
zum Bestreuen: Zucker

Äpfel schälen, Blüte und Stiel entfernen, Kernhaus ausstechen, 1 cm dicke Ringe schneiden, mit Zucker bestreuen und mit Rum beträufeln, zugedeckt durchziehen lassen.
Backteig herstellen wie bei Nr. 1243 beschrieben, Apfelringe einzeln darin wenden, schwimmend in heißem Fett oder auf Stielpfanne goldbraun backen, kurz abtropfen lassen, noch heiß mit Zucker bestreut anrichten, heiß reichen.

1245. Hollerkücheln

10–12 Holunderblütendolden
Backteig wie Nr. 1243
Ausbackfett
zum Bestreuen: Zucker

Hollerblüten waschen, sehr gut abtropfen lassen; Backteig herstellen wie bei Nr. 1243 angegeben; Blütendolden in Backteig wenden, in heißem Fett schwimmend ausbacken, abtropfen lassen, mit Zucker bestreut anrichten.

1246. Ausgezogene Nudeln, Fensterkücheln, Knienudeln (etwa 12 Stück)

500 g Mehl, 1 Prise Salz
1/4–3/8 l Milch, 20 g Hefe
1–2 Eier, 50 g Butter
20–50 g Zucker
Ausbackfett
zum Bestreuen: Zucker

Hefeteig von *weicher Beschaffenheit* herstellen, sehr gut abschlagen, ohne Teig gehen zu lassen kleine Nudeln abstechen, diese wie Rohrnudeln formen, leicht mit Fett bestreichen, zugedeckt kurz gehen lassen, dann mit gefetteten Fingern ausziehen, indem man den Teigrand durch die Hand gleiten läßt, so daß innen ein dünnes Fenster entsteht, in heißes Fett legen, 1–2 mal mit heißem Fett übergießen, damit Küchlein auflaufen, aber nicht hart werden; wenn goldbraun, vorsichtig wenden, so daß kein Fett in die Mitte des Küchleins kommt, fertig backen. Küchlein müssen innen weißes Fenster haben; abtropfen lassen, mit Zucker bestreut anrichten.

1247. Kirchweihnudeln einfach (15 Stück)

500 g Mehl, 1 Prise Salz
1/4 l Milch, davon ein Teil saurer Rahm, 20 g Hefe
2 Eier, 60 g Fett, 50 g Zucker
100 g Weinbeeren
Zitronenschale
Ausbackfett
zum Bestreuen: Puderzucker

Mittelfesten, zarten Hefeteig herstellen, sehr gut abschlagen, zuletzt vorbereitete, leicht mit Mehl bestäubte Weinbeeren einarbeiten, gehen lassen; mit Eßlöffel Nudeln abstechen, mit der Hand nachformen, auf leicht bemehltem Brett nochmal gut gehen lassen, nach Belieben auf der Oberseite mit Schere kreuzweise einschneiden, mit Schaumlöffel in heißes Fett legen und auf beiden Seiten langsam goldbraun backen. Backzeit etwa 8–10 Minuten; abtropfen lassen, erkaltet mit Puderzucker besieben.

Gugelhupf – Rezept S. 580
Faschingskrapfchen – Rezept S. 593
Strauben – Rezept S. 597

1248. Kirchweihnudeln fein (15–20 Stück)

Gerührter Hefeteig Nr. 1191
Zitronenschale
100 g Weinbeeren
Ausbackfett
zum Bestreuen: Puderzucker

Gerührten Hefeteig von weicher Beschaffenheit herstellen wie Nr. 1191, sehr gut abschlagen, zuletzt vorbereitete, mit Mehl leicht bestäubte Weinbeeren untermengen, Teig gehen lassen; dann mit Eßlöffel etwa eigroße Nudeln abstechen, in heißes Backfett geben, sorgfältig, langsam auf beiden Seiten gar backen. Backzeit 8–10 Minuten, abtropfen lassen, erkaltet mit Puderzucker besieben.

1249. Faschingskrapfen, Berliner Pfannkuchen (12–14 Stück)

Farbbild neben Seite 592

500 g Mehl, 1 Prise Salz
30 g Hefe, 1/4 l Milch
50 g Zucker, 3 Eigelb
80–100 g Butter
Zitronenschale, gerieben
2 Eßl. Rum oder Kirschwasser
zum Füllen:
dicke Aprikosen- oder Hagebuttenmarmelade
Ausbackfett
zum Bestreuen: Zucker und Zimt oder Puderzucker

Hefeteig von *weicher, zarter Beschaffenheit* herstellen, sehr gut abschlagen bis Teig glatt, fein und glänzend ist, gehen lassen, während des Gehens einmal leicht durchschlagen, damit Teig sehr feinporig wird. Gegangenen Teig auf leicht bemehltem Brett leicht durchwirken, zu etwa 2 1/2-3 cm dicker Platte auswellen (nicht dünner, da Krapfen sonst kein „Rändchen" bekommen), Krapfen ausstechen mit Durchmesser von 7–8 cm (Fülle wird nach dem Backen mit Marmeladespritze eingespritzt). Oder Teig zu viereckiger Teigplatte etwa 1 1/2 cm dick auswellen (nicht dünner wegen des „Rändchens") auf der Hälfte der Teigplatte Krapfen mit Ausstecher von 7–8 cm Durchmesser anzeichnen (siehe Abbildung unten), in der Mitte der angegebenen Krapfen haselnußgroß feste Marmelade geben, dann andere Hälfte

Formen von Faschingskrapfen:

a Teigplatte, anzeichnen, füllen

b Überschlagen der Deckplatte, andrücken, ausstechen

c Ausgestochene Krapfen

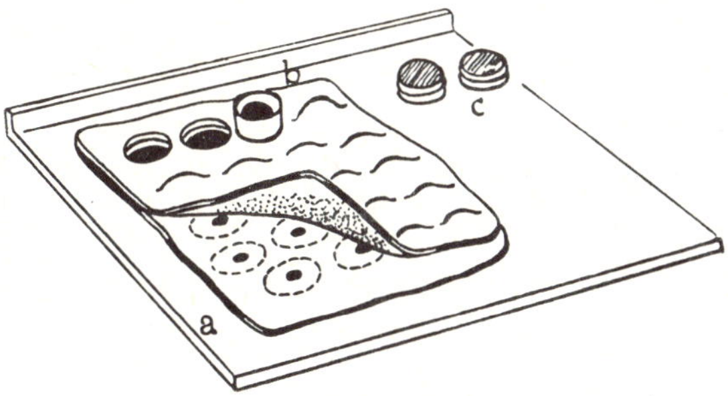

der Teigplatte darüberschlagen, rund um Füllung etwas andrücken, mit Ausstecher Krapfen ausstechen; zum Formen der Krapfen möglichst wenig Mehl verwenden! Krapfen auf leicht bemehltes Brett legen, mit angewärmtem Tuch zudecken, *sehr gut, jedoch nicht zu warm gehen lassen,* bis sie etwa um die Hälfte größer geworden sind. Gegangene Krapfen mit Oberseite nach unten mit Schaumlöffel vorsichtig in heißes Backfett einlegen – darauf achten, daß sie oben nicht mit heißem Fett bespritzt werden, Deckel auf Backgeschirr geben und 2–4 Minuten zugedeckt backen lassen, dann Deckel vorsichtig abnehmen, wenn Unterseite der Krapfen schön braun, wenden und gar backen lassen. Backzeit etwa 6–8 Minuten. Fertige Krapfen mit Schaumlöffel herausnehmen, gut abtropfen lassen, nicht aufeinander

Schwäbischer Apfelkuchen - Rezept S. 635
◀ Mohnstritzel - Rezept S. 577
Quark-Streuselkuchen - Rezept S. 582

legen; noch ungefüllte Krapfen mittels Spritze mit Marmelade füllen, erkaltet mit Zucker und Zimt oder Puderzucker bestreuen.
Faschingskrapfen müssen leicht sein und sollen ein weißes Rändchen bekommen dadurch, daß sie nicht ganz bis zur Hälfte in das Backfett einsinken; deshalb vor dem Backen sehr gut gehen lassen, nicht zu reichlich füllen oder erst nach dem Backen füllen.

1250. Stritzeln, Quarkstritzeln (etwa 12 Stück)

500 g Mehl, 1 Prise Salz
20 g Hefe, 1/8–1/4 l Milch
1–2 Eier, 50 g Zucker
50 g Butter, 250 g Quark (nach Belieben)
Ausbackfett
zum Bestreuen: Puderzucker

Weichen Hefeteig evtl. unter Zugabe von frischem Quark herstellen, Zutaten nur leicht vermengen, Teig nicht lange kneten oder abschlagen, gut gehen lassen; während des Gehens Teig einmal durchschlagen, damit er feinporig wird. Gegangenen Teig zu dicker Rolle formen, davon 3 cm breite Stücke abschneiden, diese auf gut bemehltem Brett mit Schnittfläche nach oben kurz gehen lassen, zu länglichen Stritzeln nachformen und in mäßig heißes Backfett geben. Sollen Stritzel aufreißen, *sofort vorsichtig* 2–3 Eßlöffel kaltes Wasser auf die Stritzel tropfen und zudecken, langsam backen; wenn auf einer Seite schön braun, wenden und fertig backen. Backzeit 10–12 Minuten, abtropfen lassen, nach dem Abkühlen zuckern.

1251. Quarkkeulchen

500 g Mehl, 1 Prise Salz
30 g Hefe, etwa 1/4 l Milch
80–100 g Butter, 3–4 Eigelb
100 g Zucker, Zitronenschale
500 g Quark
120 g Weinbeeren
Ausbackfett
Puderzucker

Gerührten Hefeteig herstellen wie bei Nr. 1191 beschrieben, Quark in den Teig einarbeiten (die Milchmenge wird vom Feuchtigkeitsgehalt des Quarks beeinflußt), Teig gehen lassen. Vom gut gegangenen Teig mit in heißes Fett getauchtem Eßlöffel längliche Nockerl abstechen, in heißes Fett geben, langsam backen, Backzeit etwa 8 Minuten; sie sollen auf beiden Seiten schön goldbraun sein. Nach dem Abtropfen und Erkalten mit Puderzucker besieben.

1252. Schuxen (Niederbayerische Spezialität)

250 g Weizenmehl
250 g Roggenmehl
Sauerteig, Salz
Milch nach Bedarf
Quark nach Belieben
Ausbackfett
zum Bestreuen: evtl. Zucker

Mehl mischen, vorwärmen; Dämpferl mit Sauerteig ansetzen, etwa 1/2 Stunde gehen lassen; alle Zutaten zu glattem, mittelfestem Teig wie Hefeteig verarbeiten, 1 Stunde gehen lassen, dann daraus dünne ovale Flecken auswellen, diese noch 1/2 Stunde gehen lassen, in heißem Fett schwimmend goldgelb backen, abtropfen lassen; Schuxen müssen innen hohl sein. Sie werden gerne zu Pilzen oder gezuckert zu Zwetschgenkompott gegessen.

1253. Gebackene Ringe (Rührteig)

Rührteig herstellen: Schaummasse rühren aus Butter, Zucker, Eiern und Eigelb, Geschmackszutaten zugeben, abwechselnd dicken sauren Rahm, Rum und Mehl mit gesiebtem Backpulver unterarbeiten, Teig zuletzt leicht kneten, bis er gleichmäßige Beschaffenheit hat, er darf nicht zu fest sein. Teig mit möglichst wenig Mehl etwa 2–3 messerrückendick auswellen, Ringe ausstechen (etwa 5 cm Durchmesser), in heißem Fett goldbraun backen, gut abtropfen lassen, mit Puderzucker bestreuen.

80 g Butter, 120 g Zucker
Zitronenschale gerieben
1 Prise Salz
2 Eier, 1 Eigelb
4–6 Eßl. saurer Rahm
2 Eßl. Rum, 375 g Mehl
1 Teel. Backpulver
Ausbackfett
Puderzucker

1254. Polsterzipfel (Rührteig)

Rührteig herstellen: Schaummasse rühren aus Butter, Zucker und ganzen Eiern, Geschmackszutaten unterrühren, gesiebtes Mehl mit Backpulver unterarbeiten, zu glattem Teig kneten, etwa 1/2 cm dick auswellen, Rauten ausradeln, in heißem Fett von beiden Seiten goldbraun backen, abtropfen lassen, erkaltet mit Puderzucker besieben.

50 g Butter, 80 g Zucker
2 Eier, Vanillezucker
1/2 Teel. Zimt, 2–3 Eßl. Rum
250 g Mehl
1 Teel. Backpulver
Ausbackfett
zum Bestreuen: Puderzucker

1255. Rheinische Mutzenmandeln (Rührteig)

Rührteig herstellen: Schaummasse rühren aus Butter, Zucker und ganzen Eiern, Geschmackszutaten und geschälte, geriebene Mandeln sowie sauren Rahm zugeben, gesiebtes Mehl mit Backpulver unterrühren, Teig kalt stellen; oder aus Zutaten *Knetteig herstellen:* Mehl mit Backpulver auf Brett sieben, mit feinem Grießzucker, geriebener Zitronenschale und geschälten, geriebenen Mandeln mischen, kalte Butter einschneiden, Masse abbröseln, Eier mit Rahm und Rum zugeben, mit Gabel leicht vermengen, kurz zu Teig kneten, bis Masse gleichmäßige Beschaffenheit hat, kalt stellen. Teig etwa 1 cm dick auswellen, mit kleiner Form mandelförmige Stücke ausstechen, in heißem Fett goldbraun backen, mit Schaumlöffel aus dem Fett nehmen, gut abtropfen lassen, mit Puderzucker oder Zucker und Zimt besiebt anrichten.

Fehlt die Form zum Ausstechen, mit Teelöffel kleine längliche Nockerl vom Teig abstechen und diese backen.

80 g Butter, 80 g Zucker
Zitronenschale, gerieben
3 Eier, 2–3 Eßl. Rahm
2 Eßl. Rum, 80 g Mandeln
350–375 g Mehl
1 Teel. Backpulver
Backfett
Puderzucker

1256. Feine gebackene Krapferl (Rührteig)

Rührteig herstellen: Schaummasse rühren aus Butter, Zucker und Eiern, geriebene Zitronenschale, Rahm und Rum sowie das mit Backpulver gesiebte Mehl unterrühren, zu glattem Teig verarbeiten, mit großem Teelöffel oder kleinem Eßlöffel Nockerl formen, in heißes Fett einlegen, auf beiden Seiten goldbraun backen, Gebäck gut abtropfen lassen, erkaltet mit Puderzucker besieben.

100 g Butter, 80 g Zucker
2 Eier, Zitronenschale
2–3 Eßl. Rahm, 2 Eßl. Rum
250 g Mehl
1 Teel. Backpulver
Ausbackfett
Puderzucker

1257. Hasenöhrle, Rädergebackenes (Knetteig)

300 g Mehl, 1 Prise Salz
1/2 Zitronenschale, gerieben
od. Vanille od. 1/2 Teel. Zimt
80 g Zucker, 80 g Butter
2 Eier, 1 Eigelb, 2 Eßl. Rum
2–3 Eßl. dicker saurer Rahm
oder Weißwein

Ausbackfett
Puderzucker

Knetteig herstellen: Mehl sieben, mit Zucker und den Geschmackszutaten nach Wahl mischen, kalte Butter einschneiden, abbröseln; Eier Eigelb, Rum und dicken sauren Rahm oder Weißwein beifügen, Teig gut abkneten, kurz kalt stellen, dann messerrückendick auswellen, längliche Rauten ca. 8 cm lang und 3 cm breit ausradeln, jeweils in die Mitte der verschobenen Rechtecke der Länge nach etwas einschneiden, einen Teigzipfel durchziehen, in heißem Fett ausbacken, Backzeit ca. 5–6 Minuten, abtropfen lassen, mit Zucker, Zucker-Zimtmischung oder mit Puderzucker bestreuen.

1258. Schneeballen, Storchennester (Knetteig)

375 g Mehl, 1 Prise Salz
50 g Zucker, Vanille oder
Zitronenschale, gerieben
50 g Butter, 3 Eier
2–3 Eßl. saurer Rahm
2 Eßl. Rum oder Arrak

oder Teig wie Nr. 1259

Backfett
Puderzucker

Knetteig herstellen: Mehl auf Brett sieben, Salz, Zucker und Geschmackszutat nach Wahl untermischen, Butter einschneiden, abbröseln, Eier, Rahm und Rum einarbeiten, zu glattem Teig kneten, zu Rolle formen, davon etwa 1 cm dicke Scheiben abschneiden, diese dünn zu runden Flecken in Größe eines Desserttellers auswellen, Rand gleichmäßig rund abradeln, Fläche 4–5 mal einradeln zu etwa 1–1 1/2 cm breiten Streifen bis auf einen 1 cm breiten Rand, der das Ganze zusammenhält; diese Streifen mit Kochlöffelstiel abwechselnd auffassen und liegen lassen (siehe Abb. unten), in heißes Fett geben und dabei leicht drehen; Schneeballen sehr hell, Storchennester goldbraun backen, gut abtropfen lassen, mit Puderzucker bestreuen.
Oder Knetteig wie Nr. 1259 herstellen, in gleicher Weise formen.

Formen von Storchennestern oder Schneeballen

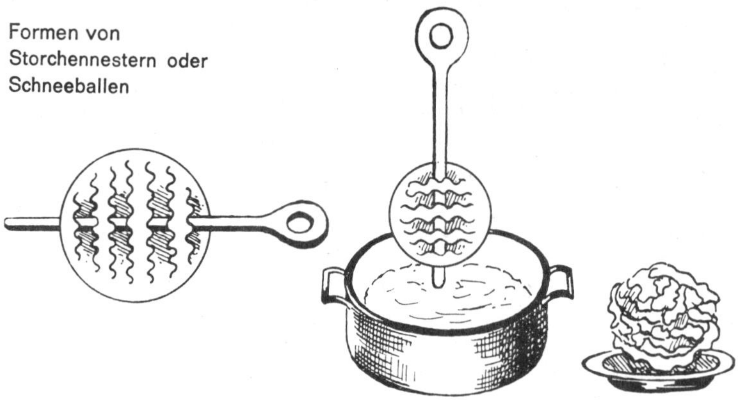

1259. Scheitenküchlein (Bayr. Wald, Knetteig)

3–4 Eigelb, 1 ganzes Ei
1 Pr. Salz, 1–2 Eßl. Zucker
1 Eßl. Rum oder Arrak
ca. 200 g Mehl nach Bedarf
Ausbackfett
zum Bestreuen: Puderzucker

Eigelb, ganzes Ei, Salz, Zucker und Rum oder Arrak gut verschlagen, soviel Mehl einarbeiten, daß ziemlich fester Nudelteig entsteht, der aber gut auszuwellen ist, Teig gut abkneten, zweifingerbreite Rolle daraus formen, in 2 cm dicke Scheiben schneiden, diese sehr dünn rund auswellen, in heißes Backfett geben und sie mit 2 Gabeln leicht zusammenraffen, so daß Falten entstehen, die beim Backen bleiben; hell backen, abtropfen lassen, mit Puderzucker besieben.

1260. Gebackene Rosetten

Mehl mit Stärkemehl, Zucker und Salz mischen, in hohem, engen Gefäß mit Rahm oder Milch glatt rühren, Eier bzw. Eigelb unterrühren, Rum oder Kirschwasser zufügen, nach Belieben Eischnee unterheben. Rosetteneisen in heißem Fett gut erhitzen, vorsichtig in Teig tauchen – aber keinesfalls über den Rand des Eisens eintauchen, Eisen mit anhaftendem Teig sofort in heißes Fett tauchen, nach dem Anbacken Teig vom Eisen ablösen, hellgelb backen, gut abtropfen lassen, erkaltet mit Puderzucker besieben.

140 g Mehl, 40 g Stärkemehl
2 Eßl. Zucker, 1 Prise Salz
knapp 1/4 l (1 große Tasse) süßer Rahm oder Milch
2 Eier (evtl. getrennt)
1 Eßl. Rum od. Kirschwasser
Ausbackfett
Puderzucker

1261. Echte trunkene Jungfern (Rührteig)

Rührteig herstellen: Schaummasse rühren aus Eigelb, Zucker und geriebener Zitronenschale, gesiebtes Mehl und sehr steifen Eischnee unterheben; von dem Teig mit Eßlöffel kleine Nockerl abstechen und in das heiße Backfett einlegen, auf beiden Seiten goldgelb backen, gut abtropfen lassen, in vorgewärmter Schüssel anrichten.
Rotwein mit einem Stückchen Stangenzimt und wenig Zucker nach Geschmack erhitzen, bis kurz vor das Kochen kommen lassen, jedoch nicht kochen, abschmecken, Zimt entfernen, heiß über das Gebäck gießen.

3 Eier getrennt, 100 g Zucker
Zitronenschale, gerieben
70 g Mehl
Ausbackfett
zum Übergießen:
3/4 l Rotwein, heiß
30–50 g Zucker
etwas Stangenzimt

1262. Brandteigkrapfen (etwa 30 Stück)

Brandteig herstellen: Wasser, Butter, Salz und Zucker zum Kochen bringen, sofort vom Feuer nehmen, gesiebtes Mehl auf einmal unter tüchtigem Rühren zugeben, glatt rühren, auf dem Feuer rühren, bis sich Masse als Kloß vom Topf löst (abbrennen) und sich ein weißes Häutchen am Topfboden anlegt, dann von der Herdstelle nehmen, verquirlte Eier unter tüchtigem Rühren nach und nach zugeben, Teig muß glänzend sein und so vom Löffel abreißen, daß lange Spitzen hängen bleiben. Teig erkalten lassen. Mit Eßlöffel kleine Krapfen ausstechen, in heißes Fett legen, 5–7 Minuten backen, gut abtropfen lassen, mit Zucker bestreuen, nach Belieben mit heißem, gut abgeschmecktem Rotwein oder mit Weinschaumsoße reichen.

Brandteig von:
1/4 l Wasser, 1 Prise Salz
50 g Butter, 1 Eßlöffel Zucker, 150 g Mehl, 4 Eier
Ausbackfett
zum Bestreuen: Zucker oder
zum Übergießen: heißer Rotwein wie Nr. 1261 oder Weinschaumsoße Nr. 987

1263. Strauben (10–20 Stück) Farbbild neben Seite 592

Brandteig herstellen wie Nr. 1262; mit Straubenspritze mit gezacktem Einsatz oder Spritzbeutel Ringe auf gefettetes Pergamentpapier spritzen, sofort mit Oberseite nach unten vorsichtig in heißes Backfett gleiten lassen – Papier löst sich selbst ab – Gebäck *nicht* mit heißem Fett bespritzen oder übergießen; wenn auf Unterseite goldgelb gebacken, vorsichtig wenden, fertigbacken; Backzeit etwa 8 Minuten, mit Schaumlöffel aus Fett nehmen, gut abtropfen lassen, nicht übereinander legen, abgekühlt mit Puderzucker besieben oder mit Arrakglasur beziehen.

Brandteig wie Nr. 1262
Ausbackfett
Pergamentpapier
Puderzucker oder
Arrakglasur Nr. 1563

Gebäck aus Backpulverteig

Backlehre:

Backpulverteig wird meist als Rührteig hergestellt. Die *Lockerung* beruht vor allem auf der Wirkung des Backpulvers durch Entwicklung von Kohlendioxyd bei Einwirkung von Flüssigkeit und Wärme; Kohlendioxyd lockert in Form zahlreicher Gasbläschen den Teig. Eier, eingerührte Luft und auch alkoholische Geschmackszutaten sind daneben in geringerem Maß an der Lockerung beteiligt und beeinflussen die Backpulvermenge etwas.

Teigarten:

Nach Art der Beschaffenheit sind zu unterscheiden:

Mittelfester Backpulverteig für Blechkuchen und Kuchenböden (Grundrezept Nr. 1264).

Weicher Backpulverteig für Kuchen in der Form (Grundrezept Nr. 1282).

Flüssiger Backpulverteig für Waffelgebäck (Rezept Nr. 1301).

Fester Backpulverteig zum Auswellen und Ausstechen von Kleingebäck (Rezept Nr. 1281).

Quark-Ölteig ist gleichfalls den Backpulverteigen zugehörig (Grundrezept Nr. 1304).

Zutaten zum Backpulverteig:

Fettart und Fettmenge beeinflussen in besonderer Weise die Güte des Gebäcks; Butter oder gute Margarine bevorzugen, auch gutes Öl kann verwendet werden. Weiche, streichfähige Beschaffenheit des Fettes erleichtert Verarbeitung, deshalb rechtzeitig aus Kühlschrank nehmen.

Zucker muß feinkörniger Grießzucker sein, damit unnötig langes Rühren vermieden wird; Zuckermenge kann nach Geschmack etwas verändert werden.

Eier als Binde- und Lockerungsmittel sollen frisch sein; sie können *ganz oder getrennt* verwendet werden. Je größer die Eizahl, desto geringer die Backpulvermenge und desto geringer der Flüssigkeitsbedarf.

Mehl, meist Weizenmehl Type 405, kann zum Teil durch Stärkemehl ausgetauscht werden, stets gesiebt verwenden; Rezeptangaben beachten.

Flüssigkeit, meist Milch, Buttermilch oder Rahm, stets *kalt verwenden,* damit vorzeitiges Wirken von Backpulver vermieden wird. Flüssigkeitsmenge wird von Fett- und Eimenge sowie der Mehlqualität beeinflußt. Zuviel Flüssigkeit kann Zusammenfallen des Kuchens während des Backens verursachen; bei Einsparung von Eiern Backpulverteig etwas fester halten. Backpulverteig für elektrische Backröhre etwas fester halten als für Kohle- oder Gasherd.

Geschmacks- und Verbesserungszutaten können nach Belieben gewählt werden, vorbereiten wie in der Allgemeinen Backlehre angegeben (Seite 558/559), Kakao macht Teig etwas fester, evtl. Flüssigkeitsmenge wenig erhöhen.

Backpulver als Lockerungsmittel soll frisch sein und gute Triebkraft haben. Es ist feuchtigkeits-, säure- und hitzeempfindlich, deshalb Backpulver nie unmittelbar mit Flüssigkeit, auch nicht mit Zitronensaft, in Berührung bringen; alle Zutaten kalt verarbeiten. Backpulver am besten *mit Mehl vermischen und gesiebt unterrühren.*

Backpulvermenge hängt von Eizahl, Fettmenge und Schwere des Teiges ab; für 500 g Mehl bis zu 1 Päckchen Backpulver, Rezeptangaben beachten.

Aufbewahrung von Backpulver trocken, kühl, in gut schließender Blechdose, getrennt von stark riechenden Gewürzen.

Grundsätzliches für Backpulverteig:

1. *Alle Zutaten kalt verarbeiten.*
2. Bei Herstellung als *Rührteig Schaummasse* rühren; Eier hierbei ganz oder getrennt unter Verwendung von Eischnee zugeben.
3. *Mehl mit Backpulver gemischt und gesiebt* verwenden.
4. *Flüssigkeit abwechselnd mit Mehl* zugeben.
5. Bei Verwendung von *Eischnee* 1/3 unterrühren, 2/3 unterheben.

6. *Auf richtige Teigbeschaffenheit* je nach Verwendungszweck achten (siehe Rezeptangaben).

7. Backpulverteige zum Auswellen evtl. vorher etwas kalt stellen.

8. *Backformen und Bleche mit streichfähigem Fett* (Butter oder gute Margarine) *gut fetten und leicht mehlen.* Kuchenformen nur 3/4 voll mit Teig füllen.

9. Backpulverteige in Formen *sofort backen.* Bei Verzögerung des Backens Teig kalt stellen.
Backhitze:

Rührkuchen in Formen (untere Schiene):	180–200° C
Blechkuchen (mittlere Schiene):	200–220° C
Kleingebäck (mittlere Schiene):	180–200° C

Backdauer je nach Teigdicke bzw. Teigmenge.

10. Während der ersten Hälfte der Backzeit
F
1
g
1
st
in
a

13. Backpulverteig kann roh durch *Tiefgefrieren* für 2–3 Monate haltbar gemacht werden. Fertigen Teig in gut ausgefettete Form aus Aluminiumfolie (käuflich) füllen, mit Folie oder Deckel gut luftdicht abdecken und sofort bei etwa –30° C tiefgefrieren.

Vor Gebrauch bei Zimmertemperatur völlig auftauen lassen, in der Aluminiumform wie frischen Teig backen, hierzu Deckel der Form abnehmen.

Einfrieren von gebackenen Backpulverkuchen ist *praktischer und empfehlenswerter.* Hierfür Kuchen in käuflicher gestanzter Aluminiumform backen, 1 Schiene tiefer einschieben als bei üblichem Backen, damit gute Färbung auf der Unterseite erreicht wird. Nach dem Backen auf etwa 30° C abkühlen lassen, lauwarmes Gebäck luftdicht verpacken und sofort tiefgefrieren; mögliche Lagerdauer für trockene Kuchen 4–6 Monate, für Obstkuchen 2–3 Monate. Vor Verwendung bei Zimmertemperatur auftauen lassen (je nach Größe des Kuchens 2–4 Stunden) oder in Aluminiumfolie verpackt bei etwa 160–180° C noch 5–10 Minuten aufbacken. Für Backpulverobstkuchen ist das Aufbacken in Folie günstig.

1: … lfest)

D … für einen Kuchen-
b … für kleinere Spring-
fc
F … von 350–375 g Mehl
n … Teigmenge von 250 g
M … n Bedarf herstellen.

I.

1.
a) … ühren bis sie Spitzen
zi … inzeln unterrühren –
M
b)
c) *Mehl mit Backpulver gemischt und gesiebt abwechselnd mit kalter Milch* unterrühren – jeweils Mehl-Backpulvergemisch völlig unterrühren vor der Milchzugabe – nur soviel Milch zugeben, bis Teig *richtige Beschaffenheit* hat, Milch und Mehl rasch unterrühren, andernfalls wird Teig zäh.

Grundrezept

80 g Butter oder gute Margarine, 80 g Zucker
1–2 Eier, 1 Prise Salz
Zitronenschale oder Vanille
1–4 Eßl. Milch nach Bedarf (je nach Eimenge)
200 g Mehl
1 1/2 Teel. Backpulver
zum Blech: Butter und Mehl

2. *Teig auf gut gefettetem und leicht bemehltem Blech leicht auswellen* bzw. mit der Hand *ausdrücken, Ränder* etwas *hochdrücken,* Teigplatte mit zerlassenem, leicht lauwarmem Fett bestreichen.

3. *Backpulverteig möglichst sofort backen:*
Backhitze für Blechkuchen je nach Belag 200–220° C, Einschubhöhe mittlere Schiene. Backzeit: 30–40 Minuten je nach Belag.

4. *Nach dem Backen:* Kuchen etwas abkühlen lassen (5 Minuten), dann vorsichtig lösen, vom Blech auf Gitter gleiten und erkalten lassen, je nach Belag evtl. noch warm überzuckern, erkaltet in Portionsstücke schneiden.

II. Teigherstellung von mittelfestem Backpulverteig in elektr. Handrührgerät oder in elektr. Küchenmaschine:

Als Rührteig, wie bei weichem Backpulverteig Nr. 1282 beschrieben (Rührbesen), letztes Mehldrittel zweckmäßig per Hand einarbeiten.

Oder als Knetteig (Knethaken einsetzen): Alle Zutaten einschließlich Flüssigkeit (Fett in streichfähigem Zustand) in hohe Rührschüssel geben, bei unterster Schaltstufe gut vermengen, bei höchster Schaltstufe rasch verkneten. Gebrauchsanweisung und Schaltanweisungen der Herstellerfirma beachten.

Anwendungsbereich:

Für Obstkuchen aller Art wie Rhabarberkuchen, Stachelbeerkuchen, Kirschkuchen, Sauerkirschkuchen, Aprikosenkuchen, Zwetschgenkuchen, Apfelkuchen, Traubenkuchen, Obstkuchen mit Schaumüberzug, mit Bisquitüberzug oder mit Rahmguß, Obstkuchen mit Streusel, gedeckten Obstkuchen und Quark- oder Käsekuchen.

1265. **Obstkuchen** (Backpulverteig) **Rhabarber-, Stachelbeer-, Kirsch-, Sauerkirsch-, Aprikosen-, Zwetschgen-, Apfelkuchen**

Mittelfester Backpulverteig Nr. 1264
zum Bestreichen:
20 g Butter
zum Belegen:
$^3/_4$–1 kg Früchte nach Wahl wie Rhabarber, Stachelbeeren, Kirschen, Sauerkirschen, Aprikosen, Zwetschgen, Äpfel
zum Bestreuen: Zucker

Mittelfesten Backpulverteig als Rührteig herstellen wie Grundrezept, auf gut gefettetem, leicht bemehltem Blech leicht auswellen bzw. mit der Hand ausdrücken, Rand hochdrücken, mit zerlassener, lauwarmer Butter bestreichen, rohes, vorbereitetes, gut abgetropftes Obst dicht darauf legen, *nicht zuckern,* bei guter Mittelhitze (200–220° C) etwa 30 Minuten backen, noch heiß gut zuckern.

Vorbereitung des Obstes:

Rhabarber: waschen, nur wenn nötig schälen, dicke Stiele spalten, in 5 cm lange, gleichmäßige Stücke schneiden, gleichmäßig dicht auf Teigboden legen.

Stachelbeeren: Früchte putzen, waschen, gut abtropfen lassen, gleichmäßig dicht auf Teigboden verteilen.

Kirschen, Sauerkirschen: waschen, entstielen, gut abtropfen lassen, besser nicht entsteinen, gleichmäßig dicht auf Teigboden legen.

Aprikosen, Zwetschgen: waschen, gut abtropfen lassen, aufschneiden, entkernen, nach Bedarf einschneiden, schuppenartig dicht auf Teigboden auflegen.
Äpfel: waschen, schälen, in gleichmäßig dicke Spalten schneiden, schuppenartig auf Teigboden auflegen, falls nicht saftig, vor dem Backen leicht überzuckern.

1266. Obstkuchen mit Schaumüberzug (Backpulverteig)
Rhabarber-, Stachelbeer-, Kirsch-, Sauerkirsch-, Aprikosen-, Apfelkuchen mit Schaumüberzug

Mittelfester Backpulverteig Nr. 1264
zum Bestreichen: 20 g Butter
zum Belegen: 3/4–1 kg Obst wie: Rhabarber, Stachelbeeren, Äpfel, Kirschen Sauerkirschen, Aprikosen
zum Schaumüberzug: 3 Eiweiß (kalt gestellt) 90 g feiner Grießzucker
zum Besieben: Puderzucker

Mittelfesten Backpulverteig als Rührteig herstellen wie Grundrezept, auf gefettetem und leicht bemehltem Blech leicht auswellen bzw. mit der Hand ausdrücken, Rand hochdrücken, mit zerlassener, nur lauwarmer Butter bestreichen, vorbereitetes Obst (wie bei Nr. 1265 angegeben), auflegen, bei guter Mittelhitze (200–220° C) etwa 30 Minuten backen, nur leicht überzuckern, mit Schaumüberzug beziehen, evtl. spritzen, mit Puderzucker besieben, bei Oberhitze noch 5–10 Minuten überbacken.
Schaumüberzug: Frische, kalte Eiweiß mit 1 Teelöffel Zucker zu sehr steifem Schnee schlagen, 3 Eßlöffel Zucker nach und nach unterschlagen, Rest des Zuckers auf einmal unterheben, kurz weiterschlagen bis Masse glatt, glänzend und sehr steif ist, sofort auf fertiggebackenen Kuchen geben und fertigstellen wie beschrieben.

1267. Johannisbeer-, Traubenkuchen mit Schaumüberzug (Backpulverteig)

Mittelfester Backpulverteig Nr. 1264
zum Bestreichen: 20 g Butter
zum Belegen: 3/4–1 kg rohe Johannisbeeren oder Trauben
Schaumüberzug wie bei Nr. 1266

Mittelfesten Backpulverteig als Rührteig herstellen wie Grundrezept, auf gefettetem und leicht bemehltem Blech leicht auswellen bzw. mit der Hand ausdrücken, Rand hochdrücken, mit zerlassener, lauwarmer Butter bestreichen, bei Mittelhitze (ca. 200° C) 20–30 Minuten hellgelb backen. Obst gut waschen, sehr gut abtropfen lassen, abbeeren; Schaumüberzug herstellen wie bei Nr. 1266, Beeren mit 1/3 der Baisermasse mischen (läßt sich dann leichter schneiden), auf gebackenen Kuchenboden geben, übrige Schaummasse darauf geben, glatt streichen, evtl. spritzen, mit Puderzucker besieben, bei Oberhitze goldgelb überbacken, Überbackzeit 5–10 Minuten.

1268. Obstkuchen mit Biskuitüberzug (Backpulverteig)
Rhabarber-, Stachelbeer-, Johannisbeer-, Kirsch-, Sauerkirsch-, Aprikosen-, Apfelkuchen mit Biskuitüberzug

Mittelfester Backpulverteig Nr. 1264
zum Bestreichen: 20 g Butter
zum Belag: 3/4–1 kg Obst wie bei Nr. 1266
Biskuitüberzug: 3 Eier getrennt, 60 g Zucker Zitronenschale, 1 Eßl. Arrak oder Rum, 25 g Mehl

Mittelfesten Backpulverteig als Rührteig herstellen wie Grundrezept, auf gefettetem und leicht bemehltem Blech leicht auswellen bzw. mit der Hand dünn ausdrücken, Rand hochdrücken, mit zerlassener, lauwarmer Butter bestreichen, mit vorbereitetem, rohem Obst belegen, bei guter Mittelhitze (200–220° C) etwa 20 Minuten *halb gar* backen, Biskuitguß daraufgeben, gar backen. Gesamtbackzeit etwa 40–45 Minuten

Biskuitüberzug: Eiweiß zu sehr steifem Schnee schlagen, Zucker unterschlagen, verrührtes Eigelb, Zitronenschale, Arrak oder Rum und gesiebtes Mehl unterheben, sofort auf halbgar gebackenen Obstkuchen geben, noch etwa 15 Minuten backen. (Für Traubenkuchen weniger geeignet).

Mittelfester Backpulverteig Nr. 1264
zum Bestreichen: 20 g Butter
zum Belag: 3/4–1 kg rohes Obst wie: Rhabarber, Kirschen, Sauerkirschen, Aprikosen, Stachelbeeren oder Trauben
Rahmguß:
3–4 Eier getr., 80 g Zucker
1/8 l dicker saurer Rahm
1 Eßlöffel Arrak oder Rum

1269. Obstkuchen mit Rahmguß (Backpulverteig)
Rhabarber-, Kirsch-, Sauerkirsch-, Aprikosen-, Stachelbeer-, Apfelkuchen mit Rahmguß

Mittelfesten Backpulverteig als Rührteig herstellen wie Grundrezept, auf gefettetem und leicht bemehltem Blech leicht auswellen, mit der Hand ausdrücken, Rand hochdrücken, mit zerlassener, lauwarmer Butter bestreichen, mit vorbereitetem, rohem Obst belegen, bei guter Mittelhitze (200–220° C) *halb gar* backen (etwa 20 Minuten), Rahmguß darüber geben und noch 20 Minuten backen. Gesamtbackzeit etwa 40–45 Minuten.
Rahmguß: Eigelb und Zucker schaumig schlagen, Rahm, Rum oder Arrak unterschlagen, sehr steifen Eischnee unterheben, sofort auf halbgar gebackenen Obstkuchen geben, noch 20 Minuten backen.
Rahmguß ist besonders geeignet für Apfel-, Kirsch- und Sauerkirschkuchen.

Mittelfester Backpulverteig Nr. 1264
zum Bestreichen: 20 g Butter
zum Belegen:
3/4 kg Johannisbeeren
Süßmostschaum:
1/8 l Apfel- oder Johannisbeersüßmost
1 Eiweiß
120–150 g feiner Grießzucker
etwas frische Beeren

1270. Johannisbeerkuchen mit Süßmostschaum (Backpulverteig)

Mittelfesten Backpulverteig als Rührteig herstellen wie Grundrezept, auf gefettetem und leicht bemehltem Blech leicht auswellen bzw. mit der Hand ausdrücken, Rand hochdrücken, mit zerlassener, lauwarmer Butter gut bestreichen, mit vorbereitetem Beerenobst belegen, bei Mittelhitze (200° C) 30–40 Minuten backen, abkühlen lassen, sorgfältig vom Blech lösen, gut überzuckern, *nach völligem Erkalten* Süßmostschaum als Überzug darauf streichen. Kuchen kann auch erst nach dem Backen mit Beeren belegt werden.
Süßmostschaum: Alle Zutaten kalt mischen, mit Schneebesen, besser mit elektrischem Handrührgerät zu sehr steifem Schaum schlagen, nach Belieben mit etwas frischen Beeren mischen und sofort auf den erkalteten Obstkuchen streichen, nicht überbacken!

Mittelfester Backpulverteig Nr. 1264
zum Bestreichen: 20 g Butter
3/4–1 kg rohe Äpfel oder Zwetschgen
Streusel von: 100 g Mehl
70 g Zucker, 1/2 Teel. Zimt
70 g Butter

1271. Obstkuchen mit Streusel (Backpulverteig)
Apfelkuchen, Zwetschgenkuchen mit Streusel

Mittelfesten Backpulverteig als Rührteig herstellen wie Grundrezept, auf gefettetem und leicht bemehltem Blech leicht auswellen bzw. mit der Hand ausdrücken, Rand hochdrücken, mit zerlassener, lauwarmer Butter gut bestreichen, mit geschälten, geachtelten Äpfeln oder geschnittenen Zwetschgen belegen, Streusel darüber streuen, bei guter Mittelhitze (200–220° C) 30–40 Minuten backen.
Streusel herstellen wie bei Nr. 1215 beschrieben. Streuselmenge der Größe des Obstkuchens anpassen.

1272. Obstkuchen mit Quarkbelag (Backpulverteig)

Mittelfesten Backpulverteig wie Grundrezept herstellen, auf gefettetem, leicht bemehltem Blech leicht auswellen bzw. mit der Hand ausdrücken, mit zerlassener, lauwarmer Butter gut bestreichen, mit vorbereitetem Obst belegen, mit gut abgeschmeckter Quarkmasse gleichmäßig bestreichen, mit Eiresten, die evtl. mit wenig Rahm und Zucker verrührt sind, bestreichen, bei guter Mittelhitze (200–220° C) etwa 40–45 Minuten backen.
Quarkbelag herstellen wie bei Nr. 1218.
Für großes, viereckiges Backblech wird Teigmenge von 375 g Mehl, 1–1½ kg Obst und 1½–2 fache Quarkmasse benötigt.

Mittelfester Backpulverteig Nr. 1264
zum Bestreichen: 20 g Butter
¾ kg Äpfel, Kirschen oder Trauben
Quarkbelag wie Nr. 1218
zum Bestreichen: Eireste (evtl. mit Zucker u. Rahm)

1273. Apfelkuchen anderer Art (Backpulverteig)

Mittelfesten Backpulverteig als Rührteig wie Grundrezept herstellen, auf gefettetem, leicht bemehltem Blech leicht auswellen bzw. mit der Hand ausdrücken zu dünnem Teigboden, Rand hochdrücken, mit zerlassener, lauwarmer Butter gut bestreichen. Geschälte, fein geschnitzelte Äpfel mit gebrühten Rosinen, blättrig geschnittenen oder grob gehackten Nüssen, Zucker und Zimt mischen; sehr steifen Eischnee mit etwas Zucker kräftig weiter schlagen, bis er schnittfest ist, Apfelmasse unterziehen, auf Teigboden verteilen, bei Mittelhitze (200° C) 30–40 Minuten backen.

Mittelfester Backpulverteig Nr. 1264
zum Bestreichen: 20 g Butter
zum Belag: ¾–1 kg Äpfel
50 g Rosinen, 50 g Nüsse
100 g Zucker, etwas Zimt
3 Eischnee, 20 g Zucker
zum Blech: Fett und Mehl

1274. Gedeckter Apfelkuchen (Backpulverteig)

Mittelfesten Backpulverteig als Rührteig herstellen wie Grundrezept, die Hälfte des Teiges leicht auswellen und in gefettete, leicht bemehlte Springform drücken, niederen Rand formen, mit zerlassener, lauwarmer Butter bestreichen, geschälte, fein geschnitzelte Äpfel daraufgeben, gewaschene, gebrühte und gut abgetropfte Weinbeeren, Zucker und Zimt darüberstreuen; zweite Teighälfte leicht auswellen, darüber legen, Teigränder seitlich unterschlagen, Teigdeckel mit Ei oder Eiresten bestreichen, mit grob gehackten Nüssen und Hagelzucker bestreuen, bei Mittelhitze (190–200° C) langsam backen. Backzeit etwa ¾ Stunden. Masse ergibt eine große Springform.
Nach Belieben können Äpfel geschält, halbiert, von Kernhaus befreit, mit einem kleinen Stückchen Butter, Zitronensaft, Zucker und 1–2 Eßlöffel Wasser kurz vorgedünstet werden, Äpfelhälften müssen aber ganz bleiben; erkaltet auf Teig legen, fertigstellen wie oben.

1½ Rezept mittelfester Backpulverteig Nr. 1264
zum Bestreichen: 30 g Butter
zur Fülle: ¾–1 kg Äpfel
50 g Zucker, 1 Teel. Zimt
150 g Weinbeeren
zum Bestreichen: Eireste
zum Bestreuen: 1 Eßl. Nüsse
1–2 Eßl. Hagelzucker

1275. Quark- oder Käsekuchen (Backpulverteig)

Mittelfesten Backpulverteig als Rührteig wie Grundrezept herstellen, auf gefettetem, leicht bemehltem Blech leicht auswellen bzw. mit der Hand dünn ausdrücken, Ränder hochdrücken, Teigboden mit zerlassener, lauwarmer Butter gut bestreichen, um Durchfeuchten des Teiges zu verhindern, Quarkmasse darauf streichen, mit Eiresten, die

Mittelfester Backpulverteig Nr. 1264
zum Bestreichen: 30 g Butter
Quarkbelag: ½–¾ Rezept von Quarkbelag Nr. 1219

evtl. mit wenig Rahm und Zucker verrührt sind, bestreichen, bei guter Mittelhitze (200–220° C) 1/2–3/4 Stunde backen.
Quarkbelag herstellen wie bei Nr. 1219 beschrieben. Obige Quarkmasse ist für Teigmenge von 200 g Mehl für große Springform ausreichend; für großes viereckiges Backblech ist Backpulverteig von 375 g Mehl und Quarkmasse von mindestens 1 kg Quark nötig.

1276. Linzer Kuchen einfach (Backpulverteig)

100 g Butter, 150 g Zucker
1 Ei, 1 Teel. Zimt
1 Messerspitze Nelken
1 Zitronenschale, gerieben
2 Eßl. Kirschwasser
2 Eßl. Milch nach Bedarf
125 g Nüsse, 200 g Mehl
2 Teel. Backpulver
zur Form: Fett und Mehl
zum Bestreichen: 1 Ei
250 g Himbeermarmelade

Mittelfesten Backpulverteig als Rührteig wie Grundrezept herstellen, zur Schaummasse Gewürze, Kirschwasser und geriebene Nüsse rühren, Mehl mit Backpulver gemischt und gesiebt und nach Bedarf Milch zugeben, Teig kurz kneten, kalt stellen. Größere Teighälfte auswellen, Springformboden ausradeln, auf gefetteten, leicht bemehlten Springformboden geben, mit Marmelade bestreichen; andere Teighälfte auswellen, 1 1/2 cm breite Streifen radeln, Kuchen damit gitterartig belegen, Randstreifen auflegen, Gitter und Rand mit Ei bestreichen, bei Mittelhitze (200° C) 1/2–3/4 Stunde, je nach Teigdicke, backen.
Teig kann auch als Knetteig hergestellt werden.

1277. Falsche Biskuitrolle (Backpulverteig)

2 Eier, 3–4 Eßl. warmes Wasser, 120 g Zucker
150 g Mehl, 1/3 Backpulver
zum Blech: Fett und Mehl
zum Füllen:
4 Eßl. Marmelade
zum Bestreuen: Puderzucker

Ganze Eier mit warmem Wasser und Zucker schaumig schlagen (elektrisches Rührgerät), gesiebtes Mehl mit Backpulver zugeben, Teig auf gut gefettetes, bemehltes Blech gut 2 messerrückendick streichen, bei guter Hitze (210–220° C) rasch backen (ca. 10–15 Minuten), stürzen, mit glatter, weich angerührter Marmelade bestreichen, rasch aufrollen, überzuckern, erkalten lassen.

1278. Früchte-Dauerkuchen

125 g geschälte, süße Mandeln
125 g Haselnußkerne
125 g Zitronat
125 g saftige Feigen (Paket)
250 g Sultaninen
3 ganze Eier, 125 g Zucker
1–2 Eßl. Rum oder Arrak
125 g Mehl
1 1/2 Teel. Backpulver
zur Form: Pergamentpapier oder Aluminiumfolie, Butter

Früchte vorbereiten: Nüsse und geschälte Mandeln grobblättrig schneiden oder stifteln, Zitronat in feine Würfel oder Streifen, Feigen in Streifen schneiden; Sultaninen waschen, brühen, sehr gut abtropfen lassen, zwischen Tuch trocknen, leicht mit Mehl bestauben.
Ganze Eier mit Zucker leicht verschlagen, alle vorbereiteten Zutaten untermischen, Rum oder Arrak beifügen, gesiebtes, mit Backpulver gemischtes Mehl untermengen. Kastenform mit Pergamentpapier oder Aluminiumfolie sorgfältig auslegen, mit weicher Butter sehr gut ausstreichen, Teig einfüllen, bei mäßiger Mittelhitze (180° C) 1 1/4–1 1/2 Stunden langsam backen, in der Form etwas abkühlen lassen, auf Kuchengitter stürzen, Pergamentpapier oder Folie vorsichtig abziehen, völlig erkalten lassen. Dieser Früchtekuchen hält sich in Dose wochenlang frisch.

1279. Honigkuchen

Honig und Zucker unter Rühren leicht erwärmen, bis Zucker gelöst ist, gut abkühlen lassen; Mehl mit Backpulver, geriebener Zitronenschale, geriebenen Nüssen, fein geschnittenem Zitronat und Orangeat sowie Gewürzen mischen, abgekühlten Honig, Milch, Ei und Rum oder Arrak zugeben, Teig gut durchmengen, in sehr gut gebutterte und leicht bemehlte Form oder in Kastenform, die mit Aluminiumfolie oder Pergamentpapier ausgekleidet und sehr gut gebuttert ist, einfüllen, bei mäßiger Hitze (180° C) etwa 1 Stunde backen.

Vorsicht mit Unterhitze, Honigteig bräunt wegen des hohen Zuckergehaltes rasch!

250 g Honig od. Kunsthonig
150 g Zucker, Zitronenschale
500 g Mehl, 1 Backpulver
50–100 g Orangeat
50–100 g Zitronat
100 g Nüsse, 1 Teel. Zimt
1/2 Teel. Nelken
bis 1/8 l Milch, 1 Ei
2 Eßl. Rum oder Arrak

zur Form: Fett u. Mehl oder Aluminiumfolie und Butter

1280. Honigkuchenschnitten

Honig unter Rühren leicht erwärmen, bis er flüssig ist, Gewürze zugeben, erkalten lassen; Mehl mit Backpulver mischen, sieben, mit grob gehackten Nüssen und Zucker vermengen, abgekühlten Honig mit Gewürzen unterrühren, mit ganzen Eiern und Rum oder Arrak zu Teig abarbeiten, auf sehr gut gefettetes und leicht bemehltes Blech etwa 2 cm dick aufstreichen, vor Teigende mehrfach gefaltetes, gefettetes Pergamentpapier oder gefettete Teigschiene legen, damit Teig nicht vom Blech läuft, bei mäßiger Mittelhitze (180° C) 3/4 Stunden langsam backen, sofort in breite Streifen schneiden, noch heiß mit Honigwasser bestreichen.

Einschubhöhe Mittelschiene – Vorsicht mit Unterhitze, Honigteig bräunt rasch.

250 g Honig, 1 Teel. Zimt
1/2 Teel. Nelken, 1/2 Teel. Kardamom, 1 Zitronenschale
500 g Mehl, 1 Backpulver
200–250 g Zucker
100–150 g Haselnüsse
3 Eier, 3 Eßl. Rum od. Arrak

zum Blech: Fett und Mehl

zum Bestreichen: Honigwasser

1281. Backpulverteig fest

Festen Backpulverteig als Knetteig herstellen: Mehl mit Backpulver sieben, mit Zucker und Zitronenschale oder Vanillezucker mischen, Butterflocken einschneiden, abbröseln, Ei und Flüssigkeit mit Gabel leicht untermischen, alle Zutaten rasch zu Teig verarbeiten, kurz kneten, bis Teig gleichmäßige Beschaffenheit hat, zu Rolle formen. Auswellen und beliebig formen, bei mäßiger Mittelhitze (180–190°) backen.

Verwendungsmöglichkeiten: An Stelle von Mürbteig zu Obstkuchenböden und einfachem Kleingebäck.

250 g Mehl, 1/2 Backpulver
70 g Zucker, 70 g Butter oder gute Margarine, 1 Ei
1/2 Zitronenschale oder Vanillezucker
2–3 Eßl. Milch oder Rahm nach Bedarf

Grundrezept

250 (200–150) g Butter
oder gute Margarine
1 Prise Salz
250 (200) g Zucker
5–6 (4) Eier, evtl. getrennt
Geschmackszutaten n. Wahl:
Zitronenschale oder
Vanille oder
Zimt und Nelken oder
Schokolade bzw. Kakao od. Kaffee-Extraktpulver
ca. 1/8 (–1/4) l Milch
(je nach Ei- u. Buttermenge)
500 (500) g Mehl, davon nach Belieben bis 1/3 der Menge Stärkemehl
3/4 (–1) Backpulver
zum Verbessern nach Wahl:
Arrak oder Rum
Mandeln od. Nüsse, geschält
Rosinen, Sultaninen oder Korinthen
Zitronat und Orangeat
zur Form: Butter und Mehl

1282. Feiner und einfacher Backpulverteig weich Rührkuchen in der Form fein bzw. einfach

Für feinen Rührteig gelten die größeren Mengen an Butter, Zucker und Eiern. Die Masse ergibt 1 große Napfkuchen- oder 1 große, breite Kastenform; für kleinere Formen genügt 3/4 Rezeptmenge.

Für einfachen Rührteig gelten die in Klammer gesetzten Mengen; die Menge ist für eine Napfkuchen- oder Kastenform normaler Größe ausreichend.

Arbeitsweise:

I. Herstellung mit Hand: Rührlöffel oder Schneebesen

1. *Schaummasse herstellen:* Weiche Butter oder Margarine schaumig rühren bis sie Spitzen zieht, abwechselnd Zucker und jeweils 1 Ei bzw. Eigelb nach und nach unterrühren, Masse muß sehr schaumig und locker sein – Trennen der Eier ist nicht nötig. Gesamtrührzeit per Hand etwa 15–20 Minuten.

2. *Geschmackszutaten* nach Wahl zugeben, Schokolade vorher reiben.

3. *Mehl, evtl. 1/3 der Menge mit Stärkemehl ausgetauscht, mit Backpulver gemischt und gesiebt abwechselnd mit kalter Milch unterrühren.* Zugabe von Stärkemehl macht Kuchen feinporiger – Mehl-Backpulvergemisch jeweils völlig unterrühren vor der Milchzugabe, um vorzeitiges Auslösen der Triebkraft zu verhüten. Nur soviel Flüssigkeit zugeben, bis richtige Teigbeschaffenheit erreicht ist. Sobald Milch und Mehlzugabe erfolgt, unnötiges Rühren vermeiden, sonst wird Teig zäh.

4. *Teigbeschaffenheit für Rührkuchen: Teig muß weich sein und schwer und breit vom Löffel reißend fallen.*
Zu weicher Teig durch zu viel Flüssigkeit läßt Kuchen beim Backen zusammenfallen!

5. *Vorbereitete Verbesserungszutaten* unter fertigen Teig heben und gleichmäßig vermengen (Mandeln oder Nüsse schälen, reiben oder stiftelig schneiden; Rosinen oder Sultaninen waschen, brühen, gut abtropfen lassen, zwischen Tuch leicht abtrocknen, leicht mit Mehl bestauben; Zitronat und Orangeat feinwürfelig oder in feine Streifchen schneiden).

Falls Eischnee verwendet wird, 1/3 der Schneemenge unterrühren, 2/3 unterheben.

6. Teig in mit streichfähiger Butter *sehr gut gefettete, leicht bemehlte, Form geben, nur 3/4 voll* füllen, glatt streichen.

7. *Sorgfältig backen bei mäßiger Mittelhitze!*
Backtemperatur: 180–200° C, Einschubhöhe: Untere Schiene,
Backzeit: 1–1 1/2 Stunden.

Garprobe: Einstechen mit Hölzchen oder Spicknadel – bleiben diese trocken und kein Teigrest haften, so ist der Kuchen gar – Kuchenränder lösen sich von der Backform.

Während des Backens unnötiges Öffnen des Rohres und Bewegen der Form in den ersten 45 Minuten vermeiden, da Teig sonst leicht zusammenfällt und sich Speckstreifen bilden. Während des Gehens und während der Gerüstbildung ist Rührteig etwas empfindlich.

8. *Nach dem Backen:* Kuchen in der Form etwa 5 Minuten abkühlen lassen, dann vorsichtig auf Kuchengitter stürzen, während des Erkaltens Zugluft meiden. Nach Belieben mit Puderzucker besieben oder glasieren.

II. Herstellung im elektrischem Handrührgerät und Küchenmaschine: (Rührbesen)

1. *Schaummasse* herstellen:

a) Weiche, streichfähige Butter oder Margarine schaumig rühren, etwa 1/2 Minute

b) Zucker und Geschmackszutat löffelweise unterrühren, etwa 1/2 Minute mitrühren

c) ganze Eier nach und nach einzeln zugeben, jedes Ei 1/2 Minute unterrühren – Gesamtrührzeit etwa 3–4 Minuten.

2. *Mehl mit Stärkemehl und Backpulver* gemischt und gesiebt, eßlöffelweise *abwechselnd mit Milch* bei zurückgeschaltetem Motor unterrühren, Teig nur kurz durchrühren, zu langes Rühren nach Mehlzugabe macht Teig zäh.

3. *Verbesserungszutaten* untermengen.

Schaltung jeweils nach Gebrauchsanweisung der Herstellerfirma.

Anwendungsbereich:

Für alle gerührten Backpulverteigkuchen, die in der Form gebacken werden wie: Gesundheitskuchen, Marmor- oder Tigerkuchen, Königskuchen, Frankfurter Kranz, Rosinenkuchen, Kaffeekuchen, Schokoladekuchen, Gewürzkuchen, Englischer Kuchen einfach u. a. m.

1283. Gesundheitskuchen, Napfkuchen fein bzw. einfach

Grundrezept weichen Backpulverteig als feinen oder einfachen Rührteig herstellen, geschälte, geriebene Mandeln oder Nüsse und Arrak oder Rum untermengen, Teig muß schwer und breit vom Löffel reißend fallen, in gut gebutterte und bemehlte Form 3/4 voll füllen, bei mäßiger Mittelhitze (180–200° C) 1–1 1/4 Stunden backen, in der Form etwas abkühlen lassen, dann vorsichtig auf Kuchengitter stürzen, erkaltet mit Puderzucker besieben oder mit Aprikosenmarmelade dünn bestreichen, antrocknen lassen und mit Schokoladenglasur überziehen.

Gesundheitskuchen oder Napfkuchen aus Eischwerteig (mit Butter) siehe Nr. 1319.

Weicher Backpulverteig Nr. 1282, Vanillezucker oder Zitronenschale

zum Verbessern:
150-200 g Mandeln od. Nüsse
2 Eßl. Arrak oder Rum

zur Form: Butter und Mehl

zum Besieben: Puderzucker

oder zum Glasieren:
etwas Aprikosenmarmelade
Schokoladenglasur
nach Wahl

1284. Marmor- oder Tigerkuchen

Weicher Backpulverteig Nr. 1282
100 g Schokolade oder 30 g Kakao
2 Eßl. Rum, 50 g Mandeln
zur Form: Butter und Mehl
zum Fertigstellen wie Nr. 1283

Grundrezept weichen Backpulverteig als *feinen* Rührteig herstellen, größere Hälfte des Teiges in gut gebutterte und bemehlte Form gießen, Rest des Teiges mit geriebener Schokolade oder gesiebtem Kakao färben, geschälte, geriebene Mandeln und Rum untermischen, falls Teig durch Kakao sehr fest geworden ist, noch 2 Eßlöffel Milch untermengen, Schokoladenteig in den hellen Teig verteilen, eine Gabel spiralenförmig durch beide Teigschichten ziehen, um Marmormuster zu erzielen; bei mäßiger Mittelhitze bei 180–200° C 1–1¼ Stunde backen, fertigstellen wie im Grundrezept Nr. 1282 beschrieben.
Marmor- oder Tigerkuchen aus Eischwerteig mit Butter siehe Nr. 1320.

1285. Königskuchen

Weicher Backpulverteig Nr. 1282
50 g Zitronat, 50 g Orangeat
100 g Rosinen, 100 g Korinthen, 50–100 g Mandeln
2 Eßl. Arrak oder Rum
zur Form: Butter und Mehl
zum Fertigstellen wie Nr. 1283 oder Arrakglasur Nr. 1563

Weichen Backpulverteig als *feinen* Rührteig nach Grundrezept herstellen; vorbereitete Verbesserungszutaten (geschälte Mandeln stiftelig schneiden, gebrühte Rosinen und Korinthen mit etwas Mehl bestauben, Zitronat und Orangeat sehr fein würfeln oder wiegen) unter den fertigen Teig mischen, Teig muß schwer und breit vom Löffel reißend fallen, in sehr gut gebutterte, leicht bemehlte Kastenform füllen, bei mäßiger Hitze (180° C) 1¼–1½ Stunden backen, auf Gare prüfen (Hölzchenprobe!), in der Form etwas abkühlen lassen, dann vorsichtig stürzen, erkaltet mit Puderzucker besieben oder glasieren.

1286. Punschkranz, Mokkakranz

Weicher Backpulverteig wie Nr. 1282
zur Form: Butter und Mehl
für Punschkranz:
Saft von 2 Orangen und 1 Zitrone, 2 Eßl. Arrak
1–2 Eßl. Zucker
250 g Aprikosenmarmelade
Punschglasur Nr. 1564
für Mokkakranz:
Gemischte Mokkabuttercreme Nr. 1407
zum Bestreuen: wie bei Nr. 1287 oder Mokkaglasur Nr. 1566

Grundrezept weichen Backpulverteig als *feinen* Rührteig herstellen, in großer, gebutterte und bemehlter Ringform bei Mittelhitze (180-190° C) etwa ¾ Stunden backen; Kuchen in der Form etwas abkühlen lassen, dann vorsichtig stürzen, völlig erkalten lassen.
Für kleine Ringform ist Teigmenge von 375 g Mehl ausreichend.

Punschkranz: Erkalteten Kranzkuchen 2–3 mal durchschneiden, mit gut abgeschmeckter Punschmischung aus Orangen-Zitronensaft, Arrak und nur wenig Zucker leicht tränken, mit glatt gerührter Aprikosenmarmelade bestreichen, zusammensetzen, mit Punschglasur überziehen.

Mokkakranz: Erkalteten Kranzkuchen 2–3 mal durchschneiden; gemischte Mokkabuttercreme nach Nr. 1407 herstellen, Kranz damit füllen, nach Belieben auch außen mit Creme bestreichen und mit in Zucker gerösteten, erkalteten Mandeln oder Nüssen bestreuen oder Kranz mit Mokkaglasur überziehen.

1287. Frankfurter Kranz

Grundrezept weichen Backpulverteig als *feinen oder einfachen* Rührteig herstellen; Teig in großer gebutterter und bemehlter Ringform bei Mittelhitze (180-190° C) etwa 3/4 Stunden backen; Kuchen in der Form etwas abkühlen lassen, vorsichtig stürzen, erkaltet 2–3 mal durchschneiden, mit gemischter Buttercreme füllen, zusammensetzen, Oberfläche mit Creme bestreichen, mit geschälten und gehackten, in Butter und Zucker leicht gerösteten Mandeln oder Nüssen bestreuen. *Gemischter Butterceme* herstellen nach Nr. 1404.
Für kleine Ringform genügt weicher Backpulverteig von 375 g Mehl.

Weicher Backpulverteig wie Nr. 1282
zur Form: Butter u. Mehl
zur Fülle: Gemischte Buttercreme Nr. 1404
zum Bestreuen:
100 g Mandeln od. Nüsse
60 g Zucker, 20 g Butter

1288. Schokoladenkuchen

Grundrezept weichen Backpulverteig als *feinen oder einfachen* Rührteig herstellen wie beschrieben, zur Schaummasse Vanillezucker, gesiebten Kakao und geriebene, bittere Schokolade geben; fertiger Rührteig muß schwer und breit vom Löffel reißend fallen. Teig in gebutterte und bemehlte Kasten- oder Tortenform geben, glatt streichen, bei mäßiger Mittelhitze (180–200° C) 1 Stunde backen, in der Form etwas abkühlen lassen, dann stürzen und völlig erkalten lassen.
Erkalteten Kuchen nach Belieben 2–3 mal quer durchschneiden, tränken mit Rum oder Arrak, mit dickem Preiselbeerkompott oder Johannisbeergelee bzw. Marmelade füllen, zusammensetzen, nach Belieben mit steifem Schlagrahm überziehen und spritzen oder mit Marmelade bestreichen und mit Schokoladenglasur überziehen.
Kann auch als einfache Schokoladentorte verwendet werden.

Weicher Backpulverteig wie Nr. 1282
Vanillezucker, 20 g Kakao
150 g bittere Schokolade
1/2 Teel. Zimt
zur Form: Butter und Mehl
z. Tränken: Rum od. Arrak
zur Fülle: Johannisbeergelee oder 6–8 Eßl. Preiselbeeren
zum Überziehen:
1/4 l Schlagrahm oder Schokoladenglasur n. Wahl

1289. Schokoladen-Nußkuchen

Weichen Backpulverteig als Rührteig herstellen wie bei Grundrezept Nr. 1282 beschrieben; geschälte, fein geriebene Haselnüsse und die in kleine Stückchen geschnittene, bittere Schokolade zur Schaummasse geben, Mehl mit Backpulver gemischt und gesiebt und Milch nach Bedarf abwechselnd unterrühren, der fertige Teig muß schwer und breit vom Löffel reißend fallen; Teig in gebutterte und bemehlte Kastenform füllen, bei Mittelhitze (180–200° C) 3/4–1 Stunde backen, in der Form etwas abkühlen lassen, dann stürzen und völlig erkalten lassen. Erkalteten Kuchen mit Johannisbeergelee bestreichen, mit Schokoladenglasur überziehen.
Obige Teigmasse kann auch für einfache Schokoladentorte verwendet werden.

150 g Butter, 250 g Zucker
4 ganze Eier, 3 Eßl. Rum
100 g bittere Schokolade
150 g geschälte Nüsse
4–6 Eßl. Milch nach Bedarf
300 g Mehl
2 Teel. Backpulver
zur Form: Butter und Mehl
zum Bestreichen: Johannisbeergelee oder -marmelade
Schokoladenglasur n. Wahl

1290. Gewürzkuchen fein

Weicher Backpulverteig wie Nr. 1282
50–100 g Nüsse oder Mandeln, 1 1/2 Teel. Zimt
1/2 Teel. Nelken
100 g Schokolade oder
50 g Kakao, gesiebt
2 Eßl. Rum oder Arrak

zum Tränken: 3 Eßl. Rum oder Arrak, 2 Eßl. Zitronensaft, 2 Eßl. Zucker

zum Füllen: säuerliche Marmelade

z. Überziehen: Schlagrahm oder Schokoladenglasur nach Wahl

Grundrezept weichen Backpulverteig als *feinen* Rührteig herstellen wie beim Grundrezept beschrieben; Nüsse oder Mandeln evtl. schälen, reiben, Schokolade gleichfalls reiben. Gewürze, Schokolade oder gesiebten Kakao sowie die geriebenen Nüsse oder Mandeln zur Schaummasse rühren, Arrak oder Rum zugeben, zuletzt Mehl mit Backpulver gemischt und gesiebt abwechselnd mit etwas Milch (nach Bedarf) unterrühren, Teig muß schwer und breit vom Löffel reißend fallen. Fertigen Teig in große gebutterte und bemehlte Kasten- oder Springform füllen, glatt streichen, bei mäßiger Mittelhitze (180–190° C) etwa 1 gute Stunde backen, in der Form etwas abkühlen lassen, dann vorsichtig stürzen, erkalten lassen.
Erkalteten Kuchen 1–2 mal durchschneiden, mit gut abgeschmeckter Mischung aus Arrak oder Rum, Zitronensaft und etwas Zucker tränken, mit glatt gerührter Marmelade füllen, zusammensetzen, Oberfläche dünn damit bestreichen, mit Schokoladenglasur oder mit Schlagrahm überziehen und spritzen.
Teigmenge der Größe der Backform anpassen, für mittelgroße Kastenform genügt 3/4 Rezept von 375 g Mehl und 1/2 Backpulver.
Einfacher Gewürzkuchen kann ebenso aus Grundrezept einfachem weichem Backpulverteig Nr. 1282 hergestellt werden.

1291. Gewürzkuchen, Teekuchen mit Mazola-Keimöl

8 Eßl. Mazola-Keimöl
150 g Zucker, 3 Eier
1 Teel. (gestr.) Zimt
1/2 Teel. (gestr.) Nelken
1 Prise Muskat
50 g Mondamin, 100 g Mehl
2 Teel. (gestr.) Backpulver
75 g Haselnüsse oder Mandeln (geschält)
30 g Zitronat, 30 g Orangeat
100 g Blockschokolade nach Belieben

zur Form: Butter und Mehl

Rührteig herstellen: Mazola-Keimöl mit Zucker und Gewürzen (oder nach Belieben mit Vanille oder Zitronenschale) gut verrühren, die ganzen Eier nach und nach unterschlagen, gute Schaummasse rühren, Mehl mit Mondamin und Backpulver gemischt und gesiebt unterrühren; geschälte, grob gehackte Haselnüsse oder Mandeln, fein gewürfeltes Zitronat und Orangeat und nach Belieben die geriebene Schokolade untermengen. Teig in gebutterte und gemehlte Kastenform geben, glatt streichen, bei mäßiger Mittelhitze (175–180° C) etwa 1 Stunde backen, in der Form kurz abkühlen lassen, stürzen, erkaltet mit Puderzucker besieben oder mit Glasur nach Wahl überziehen.
Rezeptmenge ergibt 1 kleine Kastenform, für große Form ist doppelte Rezeptmenge nötig.

1292. Rosinenkuchen

Weicher Backpulverteig wie Nr. 1282 mit
3 Eßl. Arrak oder Rum
100–150 g Rosinen
100 g Sultaninen

zur Form: Butter und Mehl
zum Besieben: Puderzucker

Grundrezept weichen Backpulverteig als *feinen oder einfachen* Rührteig herstellen wie bei Nr. 1282 beschrieben, Teig muß schwer und breit vom Löffel reißend fallen; gewaschene und gebrühte Rosinen und Sultaninen gut abtropfen lassen, leicht mit Mehl bestauben, unter den Teig mengen. Rührteig in gebutterte und bemehlte Form geben, glatt streichen, bei Mittelhitze (180–200° C) vorsichtig backen, Backzeit 1–1 1/4 Stunden; Kuchen in der Form etwas abkühlen lassen, stürzen, erkalten lassen, mit Puderzucker besieben. Teigmenge ergibt eine große, breite Kastenform; für mittelgr. Form genügt 3/4 Rezeptmenge.

1293. Orangenkuchen, Zitronenkuchen

Weichen Backpulverteig als Rührteig herstellen: Sehr lockere Schaummasse rühren aus Butter, Zucker und ganzen Eiern, fein abgeriebene Orangen- oder Zitronenschale unterrühren, Mehl mit Stärkemehl und Backpulver gemischt und gesiebt, im Wechsel mit wenig Milch (nach Bedarf) hinzugeben, Teig muß breit und schwer vom Löffel reißend fallen. Teig in gut gebutterte und bemehlte Kastenform geben, glatt streichen, bei mäßiger Mittelhitze (180–190° C) vorsichtig 1 Stunde backen, in der Form etwas abkühlen lassen, dann stürzen. Den abgekühlten Kuchen nach Belieben mit einem spitzen Hölzchen mehrmals einstechen, mit Orangen-Zitronensaft vorsichtig beträufeln, Saft jeweils gut einziehen lassen; Glasur entfällt hierbei. Oder den erkalteten Kuchen mit Aprikosenmarmelade dünn bestreichen, glasieren. Man kann den kalten Kuchen auch einmal durchschneiden, tränken, mit Marmelade füllen, zusammensetzen, mit Marmelade dünn bestreichen und glasieren.

200 g Butter
200–250 g Zucker
4 ganze Eier, Schale von 2 Orangen bzw. Zitronen
2–3 Eßl. Milch nach Bedarf
375 g Mehl, davon bis 1/3 der Menge Stärkemehl
1/2 Backpulver
zur Form: Butter und Mehl
evtl. zum Tränken: Saft von 2–3 Orangen und 1 Zitrone
Aprikosenmarmelade
Orangen- oder Zitronenglasur Nr. 1562

1294. Englischer Kuchen von Backpulverteig

Weichen Backpulverteig als Rührteig herstellen wie im Grundrezept Nr. 1282 beschrieben; nur soviel Milch in den Teig geben, daß er schwer und breit vom Löffel reißend fällt. Arrak oder Rum und vorbereitete Verbesserungszutaten (Sultaninen oder Rosinen brühen, gut abtropfen lassen, leicht abtrocknen, leicht mit Mehl bestauben, geschälte Mandeln reiben oder stifteln, Zitronat und Orangeat feinwürfelig oder in feine Streifchen schneiden) unter den Rührteig mengen, in gefettete und bemehlte mittelgroße Kastenform geben, glatt streichen, bei mäßiger Mittelhitze (180–190° C) vorsichtig backen, Backzeit etwa 3/4–1 Stunde. Kuchen in der Form etwas abkühlen lassen, vorsichtig stürzen, erkaltet mit Puderzucker besieben. Kuchen vor dem Anschneiden 1 Tag durchziehen lassen.

150–200 g Butter
150 g Zucker, 3 Eier
Schale von 1/2 Zitrone
4–6 Eßl. Milch nach Bedarf
300 g Mehl, davon evtl. bis 1/3 der Menge Stärkemehl
2 Teel. Backpulver
2 Eßl. Rum oder Arrak
150 g Sultaninen od. Rosinen
50 g geschälte Mandeln
50 g Orangeat, 50 g Zitronat
zur Form: Fett und Mehl
zum Besieben: Puderzucker

1295. Rührkuchen mit Mandeln

Weichen Backpulverteig als Rührteig herstellen: Schaummasse rühren aus Butter, Eigelb und Zucker, geriebene Zitronenschale unterrühren, geschälte, geriebene Mandeln und Arrak untermengen; Mehl mit Backpulver gemischt und gesiebt und wenig Milch nach Bedarf unterrühren, zuletzt sehr steifen Eischnee unterziehen, Masse in gebutterte und bemehlte Kastenform mittlerer Größe geben, bei mäßiger Mittelhitze (180–190° C) 3/4–1 Stunde backen. Kuchen in der Form etwas abkühlen lassen, stürzen, völlig erkaltet mit Puderzucker besieben oder mit Aprikosenmarmelade dünn bestreichen, mit Punschglasur überziehen.

150 g Butter, 200 g Zucker
4 Eier (getrennt)
1/2 Zitronenschale (gerieben)
3 Eßl. Arrak, 200 g Mandeln (geschält), 280 g Mehl
2 1/2 Teel. Backpulver
2–4 Eßl. Milch nach Bedarf
zur Form: Butter und Mehl
Aprikosenmarmelade
Punschglasur Nr. 1564

1296. Haselnußkuchen einfach

150–200 g Haselnüsse
200 g Zucker, 2 Teel. Kakao
Vanillezucker
250 g Mehl, 4 Teel. (gestr.) Backpulver, 50 g Schokolade
2 Eier, 2–3 Eßl. Arrak oder Rum
1/8–1/4 l Milch nach Bedarf
zur Form: Butter und Mehl
zum Füllen: Marmelade
Punschglasur Nr. 1564

Haselnüsse nach Belieben schälen, reiben; Schokolade in kleine Stückchen schneiden, Kakao sieben. Alle trockenen Zutaten einschließlich gesiebtem Mehl und Backpulver in einer Schüssel mischen, Schokolade untermischen, Eier, Arrak oder Rum und Milch nach Bedarf nach und nach unterrühren, bis der Teig breit und schwer vom Löffel reißend fällt. Fertigen Teig in gut gebutterte, leicht bemehlte Kastenform geben, glatt streichen, bei mäßiger Mittelhitze (180° C) etwa 3/4 Stunden backen. Kuchen in der Form etwas abkühlen lassen, stürzen, völlig erkaltet quer durchschneiden, mit glatt gerührter Marmelade füllen, Oberfläche mit Marmelade dünn bestreichen, mit Punschglasur überziehen.
Teig kann auch auf gebuttertem Backblech ausgestrichen und gebacken werden, Backzeit hierbei 25–30 Minuten. Nach Belieben glasieren und in gleichmäßige Schnitten schneiden.

1297. Haselnußkuchen fein

150–200 g Butter, 250 g Zucker, 4 Eier, 2 Eßl. Arrak
150 g Haselnüsse
50–100 g Schokolade
250 g Mehl
1/2 Backpulver (knapp)
4–8 Eßl. Milch nach Bedarf
zur Form: Butter und Mehl
Johannisbeergelee oder Aprikosenmarmelade
Arrakglasur Nr. 1563 oder 1/4 l Schlagrahm

Weichen Backpulverteig als Rührteig herstellen wie bei Grundrezept Nr. 1282 beschrieben; geriebene Haselnüsse, geriebene oder in kleine Stückchen geschnittene Schokolade und Arrak oder Rum unter den Teig geben, nur soviel Milch in den Teig rühren, bis er breit und schwer vom Löffel reißend fällt. Teig in gut gebutterte und leicht bemehlte Kastenform geben, bei mäßiger Mittelhitze (180–190° C) backen, Backzeit gut 3/4 Stunden. Kuchen in der Form kurz abkühlen lassen, dann vorsichtig stürzen, erkaltet mit Arrakglasur überziehen.
Verbesserungsmöglichkeit: Kuchen am nächsten Tag 1–2 mal durchschneiden, mit Johannisbeergelee oder Aprikosenmarmelade bestreichen, mit leicht gesüßtem Schlagrahm füllen, zusammensetzen, mit Schlagrahm überziehen und spritzen.

1298. Schlupfkuchen mit Äpfeln, Aprikosen, Kirschen oder Sauerkirschen (Backpulverteig)

150 g Butter, 150 g Zucker
3 ganze Eier, 1/2 Zitronenschale, 250 g Mehl, davon evtl. 1/4 der Menge Stärkemehl, 2 Teel. Backpulver
4–6 Eßl. Milch nach Bedarf
zur Form: Butter und Mehl
zum Belegen: 3/4 kg Obst
zum Besieben: Puderzucker
oder zum Glasieren: Aprikosenmarmelade
Arrakglasur Nr. 1563

Weichen Backpulverteig als Rührteig herstellen wie beim Grundrezept Nr. 1282 beschrieben. Der Teig soll schwer und breit vom Löffel reißend fallen, doch etwas weicher gehalten sein, damit Obst einsinkt. Teig in gebutterte und bemehlte Springform geben, mit vorbereitetem rohem Obst gleichmäßig belegen, bei Mittelhitze (180-200°C) etwa 3/4 Stunden backen. Kuchen in der Form kurz abkühlen lassen, dann aus der Form nehmen, erkaltet mit Puderzucker besieben oder noch sichtbares Obst mit wenig Aprikosenmarmelade bestreichen und Kuchen glasieren.
Vorbereitung des Obstes: Äpfel schälen, je nach Größe halbieren oder vierteln, Kernhaus entfernen, auf der Außenseite mehrmals einschneiden; kranzförmig mit der Rundung nach oben auflegen.
Aprikosen waschen, leicht abtrocknen, halbieren, entkernen, mit Rundung nach oben auflegen.

Kirschen oder Sauerkirschen waschen, entstielen, gut abtropfen lassen, gleichmäßig auf Teig verteilen.
Ist völliges Versinken des Obstes im Teig und ein höherer Kuchen erwünscht, benötigt man bei großer Springform Teig von 375 g Mehl.

1299. Gestürzter Obstkuchen mit Äpfeln oder Aprikosen (Backpulverteig)

Boden einer Springform mittlerer Größe (ø 26 cm) mit Pergamentpapier auslegen, zerlassene Butter darauf gießen, gleichmäßig verteilen, Zucker darauf streuen, mit halbierten Walnußkernen oder geschälten, blättrig geschnittenen oder grob gehackten Mandeln bzw. Haselnüssen belegen; geschälte, dicke Apfelscheiben oder -spalten ringförmig und sorgfältig darauf legen, mit wenig Zitronensaft beträufeln oder mit halbierten, entsteinten Aprikosen belegen.
Rührteig herstellen: Schaummasse rühren aus Butter, Zucker und Eiern, geriebene Zitronenschale, Mehl mit Backpulver gemischt und gesiebt, unterrühren, über eingeschichtetes Obst gleichmäßig verteilen, bei Mittelhitze (180–200° C) 3/4–1 Stunde bei guter Unterhitze backen, in der Form etwa 10 Minuten abkühlen lassen, dann Formrand vorsichtig lösen, Kuchen auf Platte stürzen, Kuchenblech und Pergamentpapier vorsichtig mit Messer ablösen.

zum Auslegen:
40 g Butter, 90 g Zucker
50–100 g Walnüsse, Mandeln oder Haselnüsse
500–750 g säuerliche Äpfel oder Aprikosen
etwas Zitronensaft

zum Teig:
80 g Butter, 160 g Zucker
3 Eier, 1/2 Zitronenschale
200 g Mehl, davon evtl. 1/3 der Menge Stärkemehl
1 Teel. Backpulver

zur Form: Pergamentpapier

1300. Quarkstollen (Backpulverteig)

Knetteig herstellen: Mehl mit Backpulver auf Brett sieben, in Mehlgrube Zucker, Gewürze und Eier geben und leicht verrühren, die in kleine Stückchen geschnittene, kalte Butter und den feinen, evtl. durch Sieb gestrichenen Quark (falls zu feucht, vorher in Tuch auspressen) sowie die gebrühten, gut abgetropften, mit Mehl bestäubten Sultaninen, die geschälten, stiftelig geschnittenen Mandeln und feinwürfelig geschnittenes Orangeat und Zitronat zugeben, rasch zu glattem, festem Teig kneten, Stollen formen und auf das mit gebuttertem Pergamentpapier ausgelegte Backblech legen, bei mäßiger Mittelhitze (170–190° C) 1–1 1/4 Stunden backen; Stollen noch heiß mit zerlassener Butter bestreichen und mit Puderzucker dick besieben.

500 g Mehl, 1 Backpulver
200 g Zucker, 1 Zitronenschale, 2 Eier, 2 Eßl. Rum
200 g Butter, 250 g Quark (gut trocken, evtl. ausgepreßt)
100–150 g Mandeln, geschält
200 g Sultaninen,
50 g Orangeat, 100 g Zitronat

zum Blech: Pergamentpapier
Butter und Puderzucker

1301. Rahmwaffeln

Schaummasse rühren aus Butter, Zucker und Eigelb, fein abgeriebene Zitronenschale und 1 Prise Salz unterrühren, abwechselnd gesiebtes Mehl und dicken sauren Rahm zugeben, zuletzt steifen Eischnee unterziehen; Teig kann nach Belieben mit ganzen Eiern gerührt werden. Waffeleisen gut erhitzen, fetten, Teig einfüllen und verstreichen, Eisen schließen (Teig darf nicht überlaufen), zu schön goldbrauner Farbe backen, aus dem Eisen nehmen, stets auf Gitter rasch auskühlen lassen. Mit Puderzucker, mit Vanille aromatisiert, besieben.
Elektrische Waffeleisen können durch Thermostat auf gleicher Backhitze gehalten werden, ein Wenden des Eisens erübrigt sich.

120 g Butter, 80 g Zucker
4 Eier getrennt
1/2 Zitronenschale
1 Prise Salz
150 g Mehl
1/8–1/4 l saurer Rahm

1302. Feine Waffeln aus Sandteig

150 g Butter, 150 g Zucker
3 Eier, $^1/_2$ Zitronenschale
od. 1 Teel. Zimt, 1 Eßl. Rum
150 g Mehl, davon evtl.
$^1/_3$ der Menge Stärkemehl
$^1/_2$ Teel. Backpulver

Sandmasse herstellen: Butter sehr schaumig rühren, Zucker im Wechsel mit den ganzen Eiern unterrühren, jeweils nach Eizugabe sehr schaumig rühren, fein geriebene Zitronenschale oder etwas Zimt und 1 Eßl. Rum beifügen, Mehl (nach Belieben ein Teil davon Stärkemehl) und Backpulver gemischt und gesiebt unterrühren. Aus Sandteig Waffeln backen, auf Kuchengitter erkalten lassen, mit Puderzucker besieben.

1303. Sandwaffeln anderer Art

175 g Kokosfett, 175 g Zucker
Vanillezucker, 1 Prise Salz
4 Eier, 1 Eßl. Rum
200 g Mehl, davon bis
$^1/_3$ der Menge Stärkemehl
$^1/_2$ Teel. Backpulver

Kokosfett leicht erwärmen, schmelzen lassen, abkühlen, mit Zucker sehr schaumig rühren, Eier nach und nach einzeln unterrühren, Vanillezucker, eine Prise Salz und Rum zugeben, zuletzt das mit Stärkemehl und Backpulver gemischte und gesiebte Mehl nach und nach unter Rühren beifügen. In gut vorgeheiztes, gefettetes Waffeleisen mit Eßlöffel Teig einfüllen, sofort verstreichen, Waffeln backen zu goldbrauner Farbe, auf Kuchengitter einzeln erkalten lassen, erkaltet mit Puderzucker besieben.

Grundrezept

1304. Quark-Ölteig

150 g Quark (trocken)
6 Eßl. Öl
1 ganzes Ei
2 Eßl. Milch nach Bedarf
75 g Zucker, 1 Prise Salz
Zitronenschale oder Vanille
300 g Weizenmehl
$^3/_4$–1 Backpulver
zum Blech: Butter

Arbeitsweise:

1. *Quark*, falls sehr feucht, in Tuch gut *auspressen*, nur wenn nötig durch Sieb streichen.

2. *Quark mit Öl, Ei, Milch, Zucker*, wenig Salz und etwas abgeriebener Zitronenschale oder Vanillezucker *gut verrühren*, bis Masse gleichmäßig gebunden ist; soll Ei eingespart werden, Milchmenge auf 6 Eßlöffel erhöhen.

3. *Die Hälfte des mit Backpulver gemischten und gesiebten Mehles unterrühren.*

4. *Rest der Mehl-Backpulvermischung rasch unterkneten*, bis Teig glatte und gleichmäßige Beschaffenheit hat.

5. Teig je nach Verwendung *auswellen* bzw. auf gebuttertem Blech ausdrücken, mit zerlassener Butter bestreichen, belegen oder füllen oder nach Belieben *formen*.
Sollte der Teig infolge sehr feuchten Quarks klebrig und schwer auszuwellen sein, noch wenig Mehl (bis höchstens 50 g) unterkneten.

6. *Backen auf gut gefettetem Blech bei Mittelhitze* von 180–200° C, mit Obstbelag bei 200–220° C. *Backdauer* für Plattenkuchen 20–30 Minuten, für Kranzkuchen etwa 45 Minuten, je nach Dicke des Kuchens.

7. *Nach dem Backen* Kuchen nur kurz abkühlen lassen, dann vom Blech oder aus Form lösen, auf Kuchengitter erkalten lassen.

8. Gebäck aus Quark-Ölteig *schmeckt am besten frisch!*
Obige Teigmenge ergibt 1 mittelgroßes Backblech für Plattenkuchen.

Verwendungsmöglichkeiten:

Quarkölteig ist rasch, einfach und wenig arbeitsaufwendig in der Herstellung und auch sehr vielseitig zu verwenden, z. B. an Stelle von mittelfestem Hefeteig für Blechkuchen verschiedener Art wie Butter- und Zuckerkuchen, Streuselkuchen, Apfelkuchen, Zwetschgenkuchen, Nußkranz, Apfeltaschen, Schnecken u. a. m.
Verwendung auch zu salzigem gefülltem Gebäck, z. B. in Teig gebackenen Würstchen oder Schinkenrollen – dafür Teig ohne Zucker und ohne Vanille oder Zitronenschale herstellen!
Gebäck aus Quarkölteig kann nach dem Backen durch *Tiefgefrieren* haltbar gemacht werden, mögliche Lagerdauer 4–6 Monate.
Tischfertigmachen durch Auftauen bei Zimmertemperatur oder in Aluminiumfolie verpackt in der Röhre bei etwa 180–200° C 10–20 Minuten aufbacken.

1305. Butterkuchen, Zuckerkuchen (Quark-Ölteig)

Quark-Ölteig Nr. 1304
80 g Rosinen nach Belieben
Belag wie Nr. 1221
zum Blech und Bestreichen: Butter

Quark-Ölteig herstellen, nach Belieben zuletzt gewaschene, gebrühte, gut abgetropfte und mit wenig Mehl bestäubte Rosinen unterkneten, auf gebuttertem Backblech nicht zu dünn auswellen, Teigplatte mit zerlassener, lauwarmer Butter bestreichen, mit Butterflocken belegen, mit grobem Zucker und geschälten, grob gehackten Mandeln bestreuen; ein mehrfach gefaltetes, gebuttertes Pergamentpapier oder Aluminiumfolie als Teigschiene vor den Teigrand legen, damit Teig nicht abfließen kann, bei Mittelhitze (180–200° C) etwa 25–30 Minuten backen.

1306. Streuselkuchen von Quark-Ölteig

Quark-Ölteig wie Nr. 1304
80 g Rosinen nach Belieben
Streusel wie Nr. 1222
zum Blech und Bestreichen: Butter

Quark-Ölteig nach Grundrezept herstellen, nach Belieben vorbereitete Rosinen zuletzt unterkneten, Teig auf gebuttertem Blech nicht zu dünn auswellen, mit zerlassener, lauwarmer Butter leicht bestreichen, mit Streusel belegen, bei Mittelhitze (180–200° C) $^1/_2$ Stunde backen. Streusel herstellen wie bei Nr. 1222 beschrieben.

1307. Apfel- oder Zwetschgenkuchen (Quark-Ölteig)

Quark-Ölteig wie Nr. 1304
zum Blech u. Bestreichen: Butter
zum Belegen: 1–1$^1/_2$ kg Äpfel oder Zwetschgen
zum Bestreuen: Zucker

Grundrezept Quark-Ölteig herstellen, auf gefettetem Backblech dünn (etwa $^1/_4$ cm dick) auswellen bzw. ausdrücken, mit zerlassener Butter gut bestreichen, mit geschälten, geachtelten Äpfeln oder entsteinten, eingeschnittenen Zwetschgen dicht belegen, bei guter Mittelhitze (200 bis 220° C) etwa 25–30 Minuten backen, Apfelkuchen evtl. mit Aluminiumfolie für die erste Hälfte der Backzeit abdecken; kurz abkühlen lassen, vom Blech nehmen, dann mit Zucker bestreuen.
Schmeckt am besten frisch. Günstig ist es, Teig auf gebutterter Aluminiumfolie auf das Blech zu geben und zu backen, dadurch bleibt Blech sauber, Menge reicht für 1 mittelgroßes Backblech.

1308. Kranzkuchen, Gundulakranz (Quark-Ölteig)

Quark-Ölteig von:
200 g Quark (ausgepreßt)
6 Eßl. Milch, 1 Ei
8 Eßl. (1/8 l) Öl
100 g Zucker
Vanillezucker, 1 Prise Salz
400 g Mehl, 1 Backpulver
zum Bestreichen: 50 g Butter
zur Fülle:
100 g geschälte Mandeln
100 g Zitronat
150 g Rosinen
50 g Zucker, Vanillezucker
zum Bestreichen: Eireste

Quark-Ölteig nach Grundrezept herstellen, falls Teig etwas weich sein sollte, bis 50 g Mehl zusätzlich unterkneten, Teig zu einem Rechteck von etwa 50×55 cm auswellen, mit zerlassener Butter bestreichen, in der Mitte der Länge nach durchschneiden; vorbereitete Fülle gleichmäßig auf beiden Teigstücken verteilen, jedes Teigstück von der Längsseite her von außen nach innen locker aufrollen, beide Rollen umeinander schlingen, als Kranz auf gebuttertes Blech legen, mit Ei bestreichen, die oben liegenden Rollen etwa 1 cm tief einschneiden, im vorgeheizten Rohr bei Mittelhitze (180–200° C) etwa 35–45 Minuten backen.

Fülle: Geschälte Mandeln grob hacken; Zitronat feinwürfelig schneiden; Rosinen und Sultaninen waschen, brühen, gut abtropfen lassen, evtl. zwischen Tuch leicht abtrocknen, alle Zutaten mit Zucker und Vanillezucker mischen.
Kranzkuchen kann auch mit Nußfülle wie Nr. 1210 gefüllt werden.

1309. Apfeltaschen (Quark-Ölteig)

Quark-Ölteig wie Nr. 1304
zum Bestreichen: Butter
zur Fülle: 20 g Butter
3/4 kg Äpfel, 80 g Zucker
Zitronensaft, 50 g Rosinen
zum Bestreichen: Ei
zum Blech: Butter
zum Besieben: Puderzucker

Quark-Ölteig nach Grundrezept herstellen, dünn auswellen, Plätzchen von 8–10 cm Durchmesser ausstechen, mit zerlassener Butter bis auf 1 cm breiten Rand bestreichen, mit erkalteter Apfelfülle belegen, Rand mit Ei bestreichen, überklappen, Rand andrücken, auf gebuttertes Blech legen, mit Ei streichen, bei Mittelhitze (180–200° C) etwa 20–30 Minuten backen, erkaltet mit Puderzucker besieben.

Fülle: Äpfel schälen, Kernhaus entfernen, in Scheibchen schneiden, mit etwas Butter, Zitronensaft und Zucker bei schwacher Hitze leicht dünsten, gewaschene, gebrühte, gut abgetropfte Rosinen untermengen, erkalten lassen.

1310. Schnecken (Quark-Ölteig)

Quark-Ölteig wie Nr. 1304
zum Bestreichen: Butter
zur Fülle wie Hefeschnecken Nr. 1201
zum Blech: Fett
Arrakglasur Nr. 1563

Quark-Ölteig nach Grundrezept herstellen, dünn zu Rechteck von 35×45 cm auswellen, Teigplatte mit zerlassener, lauwarmer Butter bestreichen, Fülle nach Wahl darauf verteilen, locker von der kürzeren Seite her aufrollen, mit scharfem Messer in etwa 1 1/2 cm breite Stücke schneiden, mit Schnittfläche auf gefettetes Blech legen, etwas flach drücken und bei Mittelhitze (180–200° C) etwa 25–30 Minuten backen, erkaltet nach Belieben glasieren.

Gebäck aus Eischwerteig

Backlehre:

Grundsätzliches:

1. *Eischwerteig ist ein Rührteig,* dessen Grundzutaten nach dem *Eigewicht* berechnet werden. Er enthält im Gegensatz zum Backpulverteig keine Flüssigkeit. Er kann ohne und mit Fett hergestellt werden.

2. *Arten:*

a) bei fettfreiem Eischwerteig treffen auf 1 Ei:
1 eischwer Zucker
1 eischwer Mehl

b) bei fetthaltigem Eischwerteig treffen auf 1 Ei:
$1/2$–1 eischwer Butter
1 eischwer Zucker
1 eischwer Mehl, davon $1/3$–$1/2$ der Menge Stärkemehl nach Belieben.

c) Beträgt die Buttermenge „gleichschwer", so treffen auf 1 Ei:
1 eischwer Butter
1 eischwer Zucker
1 eischwer Mehl,
Wird hierbei die Hälfte der Mehlmenge durch Stärkemehl ausgetauscht, so erhält man die *„Sandmasse"*.

3. *Die Zuckermenge kann geringfügig gekürzt* werden, falls der Teig weniger süß gewünscht wird.

4. Die *Lockerung* von Eischwerteigen einschließlich Sandteig beruht auf *der sehr gut gerührten Schaummasse unter Verwendung der ganzen Eier.*

5. *Eine Erleichterung beim Backen ist die Zugabe geringer Backpulvermenge, etwa 1 Messerspitze auf 250–300 g Mehl, insbesondere bei reichlich verwendeten Verbesserungszutaten und hohem Fett- und Stärkemehlanteil,* die den Teig schwer machen. Geringe Backpulvermenge mindert die Gefahr des Absetzens von Stärkemehl als Wasserstreifen im Sandteigkuchen.

6. *Das Backen erfordert um so mehr Sorgfalt,* je höher der Anteil von Fett und Stärkemehl im Teig ist. Eischwerteig bei etwa mäßiger Hitze anbacken, bei etwas höheren Temperaturen gar backen. – Sandteige sind besonders empfindlich gegen Zug und Erschütterung während des Backprozesses.

Backtemperaturen:

für fettfreien Eischwerteig		175–190° C
für fetthaltigen Eischwerteig	erst	175–180° C
	dann	190–200° C

Einschubhöhe: Untere Schiene.
Backdauer je nach Teigmenge und Fettgehalt.
Garprobe mit Hölzchen!

7. *Nach dem Backen:* Kuchen in der Form kurz abkühlen lassen, vorsichtig stürzen, vor Zugluft geschützt erkalten lassen.

8. *Verwendung*

Eischwerteig ohne Fett ist besonders leicht; er wird mit verschiedenen Geschmackszutaten zu leicht verdaulichen Kastenkuchen, zu Zwieback u. ä. verwendet und ist in der Krankenkost sehr geschätzt.

Eischwerteig mit Fett wird anstelle von weichem Backpulverteig mit verschiedensten Verbesserungs- und Geschmackszutaten zu feinen Kuchen in der Form und zu feinen Obstkuchen bevorzugt verwendet.

Sandmasse oder Gleichschwerteig ist für feine Dauerkuchen bevorzugt, da diese Kuchenart sich besonders lange frisch hält.

9. *Tiefgefrieren von rohem* Eischwerteig ist möglich, dafür empfiehlt sich die Verwendung käuflicher Aluminiumformen. Jedoch ist das *Tiefgefrieren von fertig gebackenem Eischwerkuchen vorzuziehen.* Für das Auftauen gilt das bei Backpulverkuchen Gesagte.

Von den Zutaten für Eischwerteig:

Eier sollen möglichst frisch, zum Verarbeiten aber nicht zu kalt sein, nicht trennen.

Fett nur als Butter oder gute Margarine verwenden; zur Herstellung von Schaummasse *weiches Fett* verarbeiten – oder *zerlassen lauwarm* im Wechsel mit Mehl bzw. Stärkemehl an die lockere, fertig gerührte Schaummasse geben.

Zucker soll *feinkörniger* Grießzucker sein.

Feines Weizenmehl Typ 405 muß trocken und gesiebt sein; es kann bis $^1/_3$, bei Sandmasse bis $^1/_2$ der Mehlmenge durch Stärkemehl ausgetauscht werden, wodurch das Gebäck sehr feinporig, beim Backen allerdings etwas empfindlicher wird.

Geschmackszutaten können beliebig gewählt werden; ihre Vorbereitung siehe allgemeine Backlehre. Größere Mengen an Verbesserungszutaten können Teig jedoch schwer machen – in diesem Fall empfiehlt sich die Zugabe von einer geringen Backpulvermenge als Backhilfe.

Arbeitsregeln für Teigherstellung siehe Grundrezepte Nr. 1311 und Nr. 1316.

Grundrezept

1311. Eischwerteig ohne Butter

Schaummasse:
4 ganze Eier
4 eischwer feiner Zucker
Geschmackszutaten n. Wahl:
etwas Zitronenschale oder Vanillezucker
2 Eßl. Arrak oder Rum
Hauptzutat:
4 eischwer feines Mehl (Type 405)
Verbesserungszutaten nach Wahl:
Nüsse od. Mandeln, geschält
Rosinen oder Sultaninen
Zitronat, Orangeat
Lockerungsmittel:
1 Messerspitze Backpulver (bei reichlich Verbesserungszutaten)
zur Form: Butter und Mehl

Arbeitsweise:

I. Herstellung mit Hand (Schneebesen):

1. *Sehr schöne Schaummasse* schlagen aus ganzen Eiern und Zucker (ca. $^1/_2$ Stunde), Geschmackszutaten zugeben.

2. *Gesiebtes Mehl* (evtl. mit wenig Backpulver gemischt) *unterheben.*

3. *Vorbereitete Verbesserungszutaten* nach Wahl leicht untermengen. *(Mandeln oder Haselnüsse* schälen, reiben oder blättrig bzw. stiftelig schneiden; *Rosinen und Sultaninen* waschen, brühen, gut abtropfen lassen, in Tuch abtrocknen, leicht mit Mehl bestäuben; *Zitronat und Orangeat* fein schneiden oder wiegen).

4. *Teig in gebutterte und bemehlte Form füllen und in vorgeheizter Röhre vorsichtig backen. Backtemperaturen:* 175–190° C, *Einschubhöhe* untere Schiene. Backzeit: $^3/_4$–1 Stunde.
Obige Teigmenge ist ausreichend für eine mittelgroße Kastenform; für eine sehr große Kastenform ist Eischwerteig von 6 Eiern nötig. Während des Backens unnötiges Öffnen der Backofentür und Bewegen der Kuchenform vermeiden! *Garprobe* mit Hölzchen machen.

5. *Kuchen nach dem Backen in der Form kurz abkühlen* lassen, (etwa 5 Minuten) dann *vorsichtig stürzen,* vor Zug geschützt auf Kuchengitter erkalten lassen, nach völligem Erkalten nach Belieben mit Puderzucker besieben.

II. *Herstellung mit elektrischem Handrührgerät oder elektr. Küchenmaschine (Schlagbesen):*

1. *Sehr schöne Schaummasse* herstellen aus ganzen Eiern und Zucker (höchste Schaltstufe, Rührdauer etwa 2–3 Minuten), Gebrauchsanweisung der Herstellerfirma beachten; *Geschmackszutat* unterschlagen.

2. *Gesiebtes Mehl* (evtl. mit wenig Backpulver gemischt) *unterheben* (niedrige Schaltstufe oder per Hand).

3. *Vorbereitete Verbesserungszutaten locker untermengen* (vorbereiten wie oben angegeben).

4. *Fertigstellen* wie bei I. beschrieben.

Anwendungsbereich: Aniskuchen, Aniszwieback, Vanillezwieback, Bischofsbrot und ähnliche leichte Kuchen, auch für Böden zu Obstkuchen geeignet.

1312. Aniskuchen

Zubereitung wie Grundrezept Eischwerteig ohne Butter Nr. 1311, entstielten Anis fein wiegen, zur Schaummasse geben, fertig stellen wie bei Nr. 1311 angegeben.

Grundrezept Eischwerteig ohne Butter Nr. 1311
2 Teel. entstielter Anis
zur Form: Butter und Mehl

1313. Aniszwieback, Vanillezwieback

Zubereitung wie Grundrezept Eischwerteig ohne Butter; gewiegten Anis bzw. Vanillezucker zur Schaummasse geben. Fertigen Kuchen nach Erkalten in 3/4 cm dicke Scheiben schneiden, auf gut gereinigtem Backblech bei schwacher Hitze von beiden Seiten goldgelb oder hellbraun bähen.

Grundrezept Eischwerteig ohne Butter wie Nr. 1311
2 Teel. entstielter Anis oder Vanillezucker
zur Form: Butter und Mehl

1314. Mandelbrot, Mandelzwieback

Eischwerteig ohne Butter herstellen wie Grundrezept, geschälte, blättrig geschnittene Mandeln unter den Teig mischen; in gebutterter und bemehlter Kastenform bei mäßiger Hitze (175–190° C) etwa 3/4 Stunden backen, kurz abkühlen lassen, vorsichtig stürzen, erkaltet nach Belieben mit Puderzucker besieben oder erkaltet in etwa 3/4 cm dicke Scheiben schneiden, auf sauberem Blech auf beiden Seiten lichtgelb bähen bei mäßiger Hitze.

4 ganze Eier, 200 g Zucker
1/2 Zitronenschale
100 g geschälte Mandeln
200 g Mehl
1/4 Teel. Backpulver
zur Form: Butter und Mehl

1315. Bischofsbrot

Grundrezept Eischwerteig ohne Butter herstellen wie beschrieben; feingeschnittenes Zitronat und Orangeat, gewaschene, gebrühte, sehr gut abgetropfte und mit Mehl bestäubte Sultaninen und Weinbeeren sowie geschälte, geriebene oder grob gehackte Nüsse oder Mandeln und Rum bzw. Arrak untermengen, in gebutterter und bemehlter Kastenform bei mäßiger Mittelhitze (175–190° C) etwa 3/4–1 Stunde backen, kurz abkühlen lassen, vorsichtig stürzen, erkaltet mit Puderzucker leicht besieben.

Grundrezept Eischwerteig ohne Butter Nr. 1311
Verbesserungszutaten:
50 g Zitronat, 50 g Orangeat
50 g Mandeln oder Nüsse
50 g Sultaninen
50 g Korinthen
1 Eßl. Rum oder Arrak
zur Form: Butter und Mehl

Grundrezept

2–4 eischwer Butter
4 eischwer feiner Zucker
4 ganze Eier
Zitronenschale oder Vanillezucker
2–3 Eßl. Rum oder Arrak
4 eischwer feines Mehl, davon 1/3–1/2 der Menge Stärkemehl
1/2–1 Teel. Backpulver (bei reichl. Stärkemehl u. Verbesserungszutaten)
Verbesserungszutaten nach Wahl: Nüsse oder Mandeln (jeweils geschält)
Rosinen, Sultaninen
Orangeat, Zitronat

Sandteigmasse:
4 eischwer Butter
4 eischwer Zucker
4 ganze Eier
4 eischwer feines Mehl, davon 1/2 der Menge Stärkemehl
Geschmacks- und Verbesserungszutaten wie oben
zur Form: Butter und Mehl

1316. Eischwerteig mit Butter, Sandteig

Arbeitsweise:

I. *Art: Mit schaumig gerührter Butter:*

1. *Sehr schöne Schaummasse herstellen:* Streichfähige Butter schaumig rühren bis sie Spitzen zeigt, abwechselnd Zucker und die leicht angewärmten Eier nach und nach unterrühren. Rührzeit mit der Hand (Schneebesen oder Rührlöffel) 1/2–3/4 Stunden.
Bei elektrischem Handrührgerät oder Küchenmaschine (Rührbesen) ebenso verfahren, nach jedem Ei jeweils etwa 1/2 Minute schaumig rühren, gesamte Rührdauer 5–10 Minuten je nach Fabrikat. Schaltanweisung der Herstellerfirma beachten.

2. *Mehl, nach Belieben mit Stärkemehl und evtl. mit wenig Backpulver gemischt und gesiebt unterrühren.*

3. *Vorbereitete Verbesserungszutaten* nach Wahl untermengen (vorbereiten wie bei Nr. 1311 beschrieben).

4. *Teig in gebutterter und bemehlter Form in vorgeheizter Röhre erst bei mäßiger, dann bei Mittelhitze vorsichtig backen.*
Backhitze: Erste Hälfte der Backzeit 175–180° C, zweite Hälfte der Backzeit 190–200° C. *Einschubhöhe:* Untere Schiene.
Backdauer: 1–1 1/4 Stunden, größere Teigmenge 1 1/2 Stunden.
Während des Backens Zugluft und Bewegung oder Erschütterung des Backgutes vermeiden, da sich u. U. Stärkemehl leicht als „Wasserstreifen“ im Gebäck absetzt. *Garprobe* mit Hölzchen.

5. *Nach dem Backen* Kuchen in der Form etwa 5–10 Minuten abkühlen lassen, dann vorsichtig stürzen, vor Zugluft schützen, auf Kuchengitter erkalten lassen. Erkaltet mit Puderzucker besieben oder glasieren.

II. *Art: Mit zerlassener, lauwarmer Butter* (besonders geeignet für die Herstellung im elektrischen Handrührgerät oder in elektrischer Küchenmaschine):

1. *Sehr schöne Schaummasse schlagen* aus ganzen Eiern und Zucker, bis sich Zucker völlig gelöst hat (per Hand mit Schneebesen etwa 1/2–3/4 Stunden, im elektrischen Rührgerät bzw. in der Küchenmaschine einige Minuten nach Angabe der Herstellerfirma).
Geschmackszutaten unter die Schaummasse rühren.

2. *Einige Eßlöffel des gesiebten Mehles bzw. Stärkemehles* unterrühren.

3. *Zerlassene, wieder abgekühlte Butter abwechselnd mit dem gesiebtem Mehl und Stärkemehl unterrühren.*

4. *Zuletzt das mit wenig Mehl gemischte, gesiebte Backpulver* untermengen.

5. *Vorbereitete Verbesserungszutaten* nach Wahl zugeben.

6. *Backen und Fertigstellen* wie bei I. Art.

Verwendung: Eischwerteig mit Butter kann durch größere oder geringere Fettmenge mehr oder minder schwer gestaltet werden. Durch

Wahl und Austausch verschiedener Geschmacks- und Verbesserungszutaten ist für feine Kastenkuchen eine große Vielseitigkeit gegeben. Eischwerteig mit Butter wird auch gerne für Gesundheitskuchen, Marmorkuchen, Englischen Kuchen und auch zu Obstkuchen verwendet.
Sandteig oder „Gleichschwer-Teig" ist für Dauerkuchen besonders geeignet. Die Teigmenge jeweils der Form anpassen; obige Menge ist für eine mittelgroße Kastenform ausreichend.

1317. Feiner Sandkuchen

Sandmasse herstellen nach I. oder II. Art wie im Grundrezept Nr. 1316 beschrieben. Fertigen Teig in gebutterte und bemehlte Kasten- oder Springform geben, glatt streichen, erst bei mäßiger Hitze (175–180° C), dann bei Mittelhitze (190–200° C) vorsichtig backen, Backdauer 1¼ Stunden, Zugluft und Erschütterung während des Backens vermeiden, Garprobe mit Hölzchen oder Spicknadel. Garen Kuchen in der Form kurz abkühlen lassen, vorsichtig auf Gitter stürzen, während des Erkaltens Zugluft vermeiden. Erkalteten Kuchen mit Puderzucker besieben oder mit Aprikosenmarmelade dünn bestreichen und mit Arrak-, Punsch- oder Schokoladenglasur überziehen.
Sandkuchen zweckmäßig 1–2 Tage vor Gebrauch backen!

250 g Butter, 250 g feiner Zucker, 4 große Eier
Vanille od. Zitronenschale
2 Eßl. Rum oder Arrak
125 g feines Mehl
125 g Stärkemehl
½–1 Teel. Backpulver
zur Form: Butter und Mehl
Puderzucker oder Aprikosenmarmelade und Glasur nach Wahl

1318. Einfacher Sandkuchen, Orangenkuchen

Sandmasse wie im Grundrezept Nr. 1316 beschrieben nach I. oder II. Art herstellen. Teig in gebutterte und bemehlte Kastenform füllen, glatt streichen, erst bei mäßiger Hitze (175–180° C), dann bei Mittelhitze (190–200° C) vorsichtig backen, Backzeit etwa 1–1¼ Stunden. Kuchen in der Form etwa 5 Minuten abkühlen lassen, vorsichtig stürzen, erkaltet dünn mit Aprikosenmarmelade bestreichen, leicht antrocknen lassen, nach Wahl glasieren.

Orangenkuchen: Fein geriebene Schale einer Orange als Geschmackszutat in den Teig geben; erkalteten Kuchen mit spitzem Hölzchen mehrmals anstechen, Kuchen mit dem Saft von 2–3 Orangen und 1 Zitrone tränken, Saft gut einziehen lassen, glasieren entfällt hierbei.

150 g Butter, 150 g Zucker
4 ganze Eier, Vanille oder Zitronen- bzw. Orangenschale
2–3 Eßl. Arrak oder Rum
150 g Mehl
100 g Stärkemehl
1 Teel. Backpulver
zur Form: Butter und Mehl
Aprikosenmarmelade
Glasur nach Wahl

1319. Gesundheitskuchen (Eischwerteig)

Eischwerteig mit Butter nach I. oder II. Art herstellen wie im Grundrezept Nr. 1316 beschrieben, geschälte, geriebene Mandeln oder Nüsse und Arrak unter den Teig mengen. Masse in gut gebutterte, bemehlte Gugelhupfform füllen, erst bei mäßiger Hitze (175–180° C), dann bei Mittelhitze (190–200° C) vorsichtig backen, Backzeit etwa 1¼–1½ Stunden. Kuchen in der Form etwas abkühlen lassen, vorsichtig stürzen, erkaltet mit Puderzucker besieben.
Gesundheitskuchen aus Eischwerteig hält sich länger frisch.

Eischwerteig mit Butter wie Nr. 1316 von 6 Eiern
Schale von 1 Zitrone oder Vanillezucker
2–3 Eßl. Arrak
150 g geschälte Mandeln oder Nüsse
zur Form: Butter und Mehl
Puderzucker

1320. Marmorkuchen (Eischwerteig)

Eischwerteig mit Butter von 6 Eiern wie Nr. 1316 mit:
Vanillezucker
100 g Schokolade oder 30 g Kakao, 2–3 Eßl. Rum
50 g geschälte Mandeln
zur Form: Butter und Mehl
Puderzucker oder Aprikosenmarmelade
Schokoladenglasur n. Wahl

Eischwerteig mit Butter von 6 Eiern herstellen nach I. oder II. Art wie im Grundrezept Nr. 1316 beschrieben. Die Hälfte der Teigmenge in gut gebutterte und bemehlte Gugelhupfform füllen, in restliche Teighälfte geriebene Schokolade oder gesiebten Kakao, Rum sowie geschälte, geriebene Mandeln untermengen, den dunklen Schokoladenteig in den hellen Teig gießen, eine Gabel spiralenförmig durch beide Teigschichten ziehen, um Marmormuster zu erreichen. Teig in vorgeheizter Röhre erst bei mäßiger Hitze (175–180° C), dann bei Mittelhitze (190–200° C) vorsichtig backen, Backzeit 1¼–1½ Stunden, Garprobe. Gebackenen Kuchen in der Form etwa 5 Minuten abkühlen lassen, dann vorsichtig stürzen, erkaltet mit Puderzucker besieben oder dünn mit Aprikosenmarmelade bestreichen und mit Schokoladenglasur überziehen.

1321. Helenenkuchen (Eischwerteig)

190 g Butter, 375 g Zucker
6 ganze Eier, 1 Teel. Zimt
1 Messerspitze Nelken
½ Zitronenschale, gerieben
375 g Mehl, davon bis ⅓ der Menge Stärkemehl
½ Teel. Backpulver
150 g Sultaninen, 2 Teel. Rum
zur Form: Butter und Mehl
zum Belag: 50 g Mandeln (geschält), 50 g Hagelzucker

Eischwerteig mit Butter von 6 Eiern herstellen wie beim Grundrezept Nr 1316 beschrieben nach I. oder II. Art; Gewürze zur Schaummasse rühren, Rum und die gewaschenen, gebrühten, sehr gut abgetropften und mit wenig Mehl bestäubten Sultaninen unter den Teig mengen. Teig in gut gebutterte und bemehlte große Kastenform füllen, etwas glatt streichen, mit abgezogenen, gestiftelten Mandeln und Hagelzucker dicht bestreuen, in vorgeheizter Röhre erst bei mäßiger Hitze (175–180° C), dann bei Mittelhitze (190–200° C) vorsichtig backen, Backzeit 1–1¼ Stunden. Kuchen in der Form etwas abkühlen lassen, vorsichtig stürzen, erkalten lassen.

1322. Englischer Kuchen (Eischwerteig)

Eischwerteig mit Butter wie Nr. 1316 von 6 Eiern
Verbesserungszutaten:
100 g Sultaninen
50–100 g geschälte Mandeln
je 50 g Zitronat u. Orangeat
2 Eßl. Rum oder Arrak
zur Form: Butter und Mehl
zum Besieben: Puderzucker

Eischwerteig mit Butter nach I. Art herstellen wie im Grundrezept Nr. 1316 beschrieben.
Vorbereitete Sultaninen, im Tuch leicht getrocknet, mit wenig Mehl bestäubt, geschälte Mandeln gestiftelt oder gerieben, Zitronat und Orangeat sehr fein geschnitten und Rum unter den Teig mengen, in gebutterte und bemehlte große Kastenform geben, leicht glatt streichen, in vorgeheizter Röhre erst bei mäßiger (175–180° C), dann bei Mittelhitze (190–200° C) vorsichtig 1¼ Stunden backen, während des Backens Form nicht bewegen, Garprobe! Kuchen in der Form kurz abkühlen lassen, vorsichtig stürzen, erkaltet mit Puderzucker besieben oder dünn mit Aprikosenmarmelade bestreichen und mit Punschglasur versehen.
Für mittelgroße Kastenform genügt Eischwerteig von 4 Eiern und 3 eischwer Butter.

1323. Englischer Kuchen fein (Sandmasse)

Sandmasse als „Gleichschwer-Teig“ herstellen mit schaumig gerührter Butter, wie im Grundrezept Nr. 1316/I. Art beschrieben; die vorbereiteten Verbesserungszutaten (vorbereiten wie bei Nr. 1322 beschrieben) und Rum oder Arrak unter den Teig mengen, in gebutterte und bemehlte große Kastenform füllen, leicht glatt streichen, in vorgeheizter Röhre erst bei mäßiger Hitze (175–180° C), dann bei Mittelhitze (190–200° C) vorsichtig backen. Während des Backens Erschütterung der Form und Zugluft vermeiden! Backzeit 1¼ Stunden, Garprobe machen. Kuchen in der Form etwas abkühlen lassen, dann vorsichtig stürzen, vor Zugluft geschützt erkalten lassen, dann mit Puderzucker besieben oder Kuchen mit glatter Marmelade dünn bestreichen und mit Arrak- oder Punschglasur überziehen.
Dieser Kuchen hält sich lange frisch. Nach Belieben kann Zuckermenge um 50 g gekürzt werden.

250 g Butter, 250 g feiner Zucker, 4 große Eier
Zitronenschale oder Vanille
250 g Mehl, davon ⅓–½ der Menge Stärkemehl
½-1 Teel. Backpulver
2 Eßl. Arrak oder Rum
150 g Sultaninen
100 g geschälte Mandeln
je 80 g Zitronat u. Orangeat
zur Form: Butter und Mehl
zum Besieben: Puderzucker

1324. Wiener Nußkuchen (Sandmasse)

Sandteig als „Gleichschwer-Teig“ herstellen mit sehr schöner Schaummasse aus Butter, Zucker und ganzen Eiern wie im Grundrezept Nr. 1316 bei I. Art beschrieben; gesiebtes Mehl, Stärkemehl und Backpulver nach und nach unterrühren, geriebene Schokolade oder gesiebten Kakao sowie leicht geröstete, geschälte und geriebene Haselnüsse untermengen. Teig in gebutterte und bemehlte große Kastenform füllen, in vorgeheizter Röhre erst bei mäßiger Hitze (175–180° C), dann bei Mittelhitze (190–200° C) vorsichtig backen, Backzeit 1–1¼ Stunden, Garprobe! Kuchen in der Form kurz abkühlen lassen, dann vorsichtig stürzen, erkaltet mit Marmelade bestreichen und mit Arrakglasur überziehen.
Für 1 kleine Kastenform genügt Teig von 3 Eiern.

250 g Butter oder Margarine
250 g feiner Grießzucker
4 große, ganze Eier
125 g Mehl
125 g Stärkemehl
1 Teel. Backpulver
100 g bittere Schokolade od.
6 Teel. (gestrichen) Kakao
150 g geschälte Haselnüsse
zur Form: Butter und Mehl
zum Glasieren: Marmelade
Arrakglasur Nr. 1563

1325. Rehrücken gebacken (Sandmasse)

Sandmasse mit sehr gut gerührter Schaummasse aus Butter, Zucker und ganzen Eiern herstellen wie im Grundrezept Nr. 1316/I. Art beschrieben; Mehl mit Stärkemehl und Backpulver gemischt und gesiebt mit geriebener Schokolade und gesiebtem Kakao unterrühren, zuletzt geschälte, geriebene Mandeln oder Nüsse und Rum untermischen. Masse in gebutterte und bemehlte oder gebröselte Rehrückenform geben, erst bei mäßiger Hitze 175° C, dann bei mäßiger Mittelhitze (180–190° C) vorsichtig backen, Backzeit ¾–1 Stunde, Garprobe! Kuchen in der Form kurz abkühlen lassen, vorsichtig stürzen, erkaltet mit glatter Marmelade dünn bestreichen, leicht antrocknen lassen, mit Schokoladenglasur überziehen und mit gestiftelten Mandeln spicken.
Die Rezeptmenge ergibt eine große Rehrückenform.

125 g Butter oder Margarine
125 g Zucker, Vanillezucker
4 ganze Eier, 125 g Mehl, davon ½ der Menge Stärkemehl
½–1 Teel. Backpulver
100 g bittere Schokolade
½ Eßl. Kakao, gesiebt
100 g geschälte Mandeln oder Nüsse, 1–2 Eßl. Rum
zur Form: Butter und Mehl
Schokoladenglasur n. Wahl
z. Spicken: 40 g Mandelstifte

1326. Nußkuchen, Herrenbiskuit (Eischwerteig)

150 g Butter, 150 g Zucker
3 große Eier, 100 g Nüsse
100 g Schokolade (bitter)
150 g Mehl,
2 Teel. Backpulver
zur Form: Butter und Mehl
zum Glasieren: Marmelade
Schokoladenglasur n. Wahl
oder Punschglasur Nr. 1564

Eischwerteig als Rührteig mit Schaummasse herstellen wie Grundrezept Nr 1316/I. Art, vorbereitete Verbesserungszutaten (geschälte Nüsse grob geschnitten oder gerieben, Schokolade in Stückchen geschnitten) und Mehl mit Backpulver gesiebt untermengen, in gebutterter und bemehlter Form erst bei 175° C, dann bei mäßiger Mittelhitze (180–190° C) 1 gute Stunde backen, vorsichtig stürzen, nach dem Erkalten mit feiner Marmelade bestreichen und glasieren.

1327. Obstkuchen von Eischwerteig Apfel-, Aprikosen-, Kirschen-, Sauerkirschen-, Rhabarber-, Zwetschgenkuchen

Eischwerteig mit Butter
wie Nr. 1316 von:
2–3 eischwer Butter
3 eischwer Zucker
3 ganze Eier, 1/2 Zitronenschale, 1 Eßl. Rum
3 eischwer Mehl
1/2 Teel. Backpulver (knapp)
3/4 kg Obst wie Äpfel, Aprikosen, Kirschen, Sauerkirschen, Rhabarber oder Zwetschgen
60 g Zucker und 2 Eßl. Zitronensaft für Äpfel
zur Form: Butter und Mehl
Puderzucker

Eischwerteig mit Butter herstellen nach Grundrezept Nr. 1316/I. Art. Teig in gebutterte und bemehlte Springform geben, vorbereitetes, gut abgetropftes Obst darauf legen, erst bei mäßiger Hitze (175–180° C), dann bei Mittelhitze (180–200° C) backen. Backzeit etwa 3/4 Stunden. Das Obst sinkt beim Backen jeweils ein. Kuchen in der Form etwas abkühlen lassen, dann vorsichtig aus der Form nehmen, erkaltet mit Puderzucker besieben.

Vorbereitung des Obstes:

Äpfel schälen, halbieren oder vierteln je nach Größe, Kernhaus entfernen, auf der Außenseite mehrmals etwa 1 cm tief einschneiden, mit wenig Zitronensaft beträufeln und etwas Zucker bestreuen, mit der eingeschnittenen Seite nach oben auf den Teig legen. *Aprikosen* waschen, abtrocknen, halbieren, entsteinen, dicht der Rundung entsprechend auflegen. *Kirschen bzw. Sauerkirschen* nach dem Waschen entstielen, sehr gut abtropfen lassen, nicht entsteinen. *Rhabarber* waschen, falls älter abziehen, in etwa 3 cm lange, gleichmäßig dicke Stücke schneiden, dicht auflegen. *Zwetschgen* waschen, mit Tuch abreiben, entsteinen, einschneiden, dicht auflegen.

1328. Wiener Apfelkuchen

200 g Butter, 200 g Zucker
4 Eier, Zitronenschale
2–3 Eßl. Arrak oder Rum
200 g Mehl
1/2–1 Teel. Backpulver
zum Belag: 4 große Äpfel
etwas Zitronenschale
zum Bestreuen: 50 g geschälte Mandeln oder Nüsse
zur Form: Butter und Mehl
zum Besieben: Puderzucker

Rührteig wie Eischwerteig mit sehr gut gerührter Schaummasse herstellen wie im Grundrezept Nr. 1316/I. Art beschrieben; knapp die Hälfte des Teiges in die gebutterte und bemehlte Springform geben, glatt streichen, mit geschälten, vom Kernhaus befreiten Apfelspalten gleichmäßig belegen, mit wenig geriebener Zitronenschale bestreuen, zweite Teighälfte darüber geben, glatt streichen, geschälte, blättrig geschnittene Mandeln oder Nüsse darauf streuen, erst bei mäßiger Hitze (175–180° C), dann bei Mittelhitze (180–200° C) gut 3/4 Stunden backen. Garen Kuchen in der Form etwa 5 Minuten abkühlen lassen, vorsichtig aus der Form nehmen, erkaltet mit Puderzucker besieben. Teigmenge reicht aus für eine große Springform, für mittelgroße Springform genügt Teig von 3 Eiern und je 150 g Butter, Zucker und Mehl.

Buttergebäck klassisch

Zutaten für ca. 65 Stück:

- *250 g Mehl*
- *1 Msp. Backpulver*
- *1 Prise Salz*
- *125 g Butter*
- *150 g Zucker*
- *2 Päck. Vanillinzucker*
- *1 Ei (Gr. M)*
- *2 Eigelb (Gr. M)*

Zubereitung:

1 Mehl, Backpulver und Salz mischen, mit Butterstücken, Zucker, Vanillinzucker, Ei und 2 EL Wasser rasch zu einem glatten Teig verkneten. In Folie wickeln und 30 Minuten in den Kühlschrank stellen.

2 Den Ofen auf 180° C (Umluft: 160° C) vorheizen. Teig auf bemehlter Fläche 3 mm dick ausrollen und mit verschiedenen Förmchen ausstechen. Die Plätzchen auf die mit Backpapier belegten Bleche setzen und mit den verquirlten Eigelben bestreichen. 15 Minuten backen.

Zubereiten: 30 Minuten
Kühlen: 30 Minuten
Backen: 15 Minuten

kcal: ca. 41 • E: 0,6 g
F: 2 g • KH: 5 g pro Stück

...achtung in Berlin

...ann singt und lacht man, und ...le in den Gängen: Bei MAMMA ...t nur dabei, sondern mittendrin. ... Karten für das Musical inkl. ...gen im Deluxe-DZ im Marriott ...os auf Seite 58. Eine Aktion von ...d Stage Entertainment

	Dynastie im alten Peru / Kindeskind		engli-sches Fürwort / Hinter-lassen-schaft	
				Anlegen eines Schiffes
...ebirgs-...ulde / helle Farbe		chem. Z. f. Barium / Teil des Halses		
		K	bloß, nicht mehr als	
	sehr häufig	E		
		H 4		
...orraum ...er ...Vohnung		L		
		E		

GR4307

735934

1329. Gestürzter, feiner Apfelkuchen (Eischwerteig)

Eischwerteig mit Butter mit sehr gut gerührter Schaummasse herstellen wie im Grundrezept Nr. 1316/I. Art beschrieben. Springform mit Pergamentpapier auslegen, mit weicher Butter dick ausstreichen, mit geschälten, gestiftelten Mandeln und geschälten, gleichmäßigen Apfelschnitzen, mit etwas Zucker bestreut, der Rundung entsprechend dicht auslegen, mit Eischwerteig bedecken, auf *unterer Schiene* bei Mittelhitze (175–195° C) etwa 40–45 Minuten backen; der Kuchen benötigt etwas mehr Unterhitze als Oberhitze. Garen Kuchen in der Springform etwa 5–10 Minuten abkühlen lassen, dann Rand lösen und abnehmen, Kuchen vorsichtig stürzen und mit Apfelseite nach oben anrichten, Blech und Pergamentpapier vorsichtig mit scharfem Messer ablösen, erkalteten Kuchen gut mit Puderzucker besieben.

Eischwerteig mit Butter
wie Nr. 1316 von:
2 eischwer Butter
3 eischwer Zucker, 3 Eier
Zitronenschale
1 Eßl. Arrak oder Rum
3 eischwer Mehl, davon
evtl. 50 g Stärkemehl
1/2 Teel. Backpulver
zum Auslegen der Form:
Pergamentpapier
30 g Butter, 30 g Mandeln
30 g Zucker, 750 g Äpfel

1330. Feiner Mandarinenkuchen

Rührteig herstellen: Eigelb mit 2/3 der Zuckermenge sehr schaumig schlagen; Eiweiß zu steifem Schnee schlagen, Zuckerrest einstreuen, weiter schlagen, bis Schnee schnittfest und glänzend ist, dann auf Eigelbschaum legen, geschälte, geriebene Mandeln oder Nüsse darüber streuen, Mehl darauf sieben, alles locker unterheben, zuletzt zerlassene, wieder fast erkaltete Butter vorsichtig unterziehen, in gebutterter, bemehlter Springform bei Mittelhitze (180–200° C) etwa 20–25 Minuten backen, in der Form 5 Minuten abkühlen lassen, dann vorsichtig aus der Form nehmen, erkalten lassen.
Creme herstellen: Ei und Zucker im Wasserbad schaumig schlagen, bis Masse dick und warm ist, kalt schlagen; Butter schaumig rühren, gesiebten Puderzucker unterrühren, Eicreme löffelweise unterrühren. Erkalteten Kuchenboden mit Creme bestreichen, mit sehr gut abgetropften Mandarinenspalten sorgfältig belegen. Saftguß herstellen wie bei Nr. 1341 beschrieben, sobald er deutlich zu steifen beginnt, über Früchte geben, kalt stellen und völlig steifen lassen. Rand evtl. mit geschälten, blättrig geschnittenen Nüssen oder Mandeln bestreuen.

4 Eigelb, 100 g Zucker
3 Eiweiß, 80 g Mandeln
oder Nüsse (geschält)
50 g Mehl, 40 g Butter
zur Form: Butter und Mehl
zur Creme: 1 ganzes Ei
60 g Zucker, 75 g Butter
30 g Puderzucker
Belag: 1 kg-Dose Mandarinenspalten
Saftguß mit Mandarinensaft
wie Nr. 1341

1331. Eiweißkuchen

Eiweiß zu sehr steifem Schnee schlagen, Zucker nach und nach unter Schlagen einrieseln lassen, kräftig weiter schlagen, bis Masse sehr steif, schnittfest und glänzend ist. Nach Belieben geschälte, fein geriebene bittere Mandeln, sehr fein geschnittenes Zitronat und Orangeat und gebrühte, gut abgetropfte Sultaninen, mit etwas Mehl bestäubt, zugeben, zerlassene, abgekühlte Butter unterziehen, zuletzt gesiebtes, mit Backpulver gemischtes Mehl unterheben. Teig in gebutterter und bemehlter Kastenform bei mäßiger Hitze (170–180° C) 1 Stunde backen; Kuchen in der Form kurz abkühlen lassen, dann stürzen, erkaltet leicht mit Puderzucker besieben.
Verbesserung: Mehlmenge auf die Hälfte kürzen, dafür 90 g geschälte, fein geriebene Mandeln unter den Teig mengen.

5 Eiweiß (Mindestgewicht
145 g)
180 g feiner Zucker
evtl. 5 St. bittere Mandeln
100 g Butter, zerlassen
180 g Mehl, 1 Messerspitze
Backpulver
nach Belieben: 25 g Sultaninen
25 g Zitronat, 25 g Orangeat
zur Form; Butter und Mehl

1332. Eischwerstängerl

Eischwerteig ohne oder mit Butter wie Nr. 1311 bzw. 1316 von:
3 Eiern, 3 eischwer Zucker
Vanille oder Zitronenschale
evtl. 2 eischwer Butter (zerlassen), 3 eischwer Mehl
1 Prise Backpulver
zum Blech: Butter und Mehl
z. Bestreuen: 30 g Mandeln
etwas Hagelzucker

Eischwerteig nach Wahl herstellen, nach Belieben zerlassene, leicht lauwarme Butter mit dem gesiebten, mit Backpulver gemischten Mehl abwechselnd unterrühren. Teig auf gebuttertes, leicht bemehltes Blech aufstreichen, mit geschälten, blättrig geschnittenen Mandeln oder Nüssen und etwas Hagelzucker bestreuen, bei guter Mittelhitze (200–210° C) hellgelb backen, mit Kuchensäge sofort in 2 cm breite und etwa 7 cm lange Stängerl schneiden, erkalten lassen.
Für Eischwerteig ohne Fett empfiehlt sich das Schneiden kurz ehe Gebäck fertig gebacken ist, nach dem Schneiden nochmal kurz in die Röhre geben.
Gut zu Eis zu reichen.

1333. Mandelstängerl

125 g Butter, 125 g feiner Zucker, 1/2 Zitronenschale
125–150 g Mehl
3 Eischnee
zum Bestreuen:
60–80 g geschälte Mandeln

Sehr gute Schaummasse rühren aus Butter und Zucker, geriebene Zitronenschale und gesiebtes Mehl zugeben, sehr steifen Eischnee unterziehen, Masse *ganz dünn* mit breitem Messer auf *sauberes, kaltes* Blech aufstreichen (Masse reicht für zwei kleine Backbleche), mit geschälten, gestiftelten Mandeln bestreuen, bei Mittelhitze (etwa 190–200° C) lichtgelb backen, *sofort* in gleichmäßige, etwa 1 1/2 cm breite Stängerl schneiden. Hierbei rasch arbeiten, da Masse sich nur warm schneiden läßt (erkaltet bricht sie), u. U. nochmal im Rohr heiß werden lassen. Schnitten verlieren durch längeres Liegen ihre knusprige Beschaffenheit – kurzes Aufbacken in heißer Röhre macht sie wieder rösch.

1334. Gefüllte Tütchen, Hobelspäne, Hohlhippen

Eischwerteig ohne Butter wie Nr. 1311 von 2 Eiern oder:
3 ganze Eier, 110 g feiner Zucker, 110 g Mehl
1/2 Teel. Zimt oder
1/2 Zitronenschale, gerieben
zum Blech: Butter und Mehl oder Wachs
zur Fülle für Tütchen:
1/2 l gesüßter Schlagrahm oder Apfelschnee Nr. 1083 oder Fruchtschnee Nr. 1084

Teig wie Eischwerteig ohne Fett herstellen: sehr gute Schaummasse schlagen von ganzen Eiern und Zucker, Geschmackszutaten beifügen, gesiebtes Mehl leicht untermischen.
Für Tütchen vom Teig mittels Teelöffel auf gut gebuttertes und bemehltes oder gewachstes Blech jeweils 4 dünne Teigflächen aufstreichen, am besten Quadrate von 10–12 cm Seitenlängen, bei guter Mittelhitze (200–210° C) rasch lichtgelb backen, *sofort* mit dünnem Messer vom Blech lösen, wenden und zu Tütchen drehen, so daß Unterseite jeweils Innenfläche der Tütchen ergibt, erkalten lassen. Da dieser gebackene Teig sehr rasch hart wird und dann bricht, ist sehr rasches Arbeiten nötig, nie mehr als 4 Teigflächen auf einmal backen! Kurz vor dem Anrichten erkaltete Tütchen mit gesüßtem Schlagrahm oder mit gut abgeschmecktem Apfel- oder Fruchtschnee füllen.
Hobelspäne oder *Hippen* werden aus demselben Teig hergestellt, indem man kleinere oder größere runde Teigflächen auf vorbereitetes Blech dünn aufstreicht, bei *guter* Hitze rasch lichtgelb bäckt, sie sofort vom Blech löst, um dünnen Kochlöffelstiel wickelt und erkalten läßt.

Gebäck aus Mürbteig

Mürbteig ist einer der beliebtesten Teige, für Obstkuchen besonders geschätzt. Er ist rasch und einfach herzustellen, außerordentlich vielseitig zu verwenden, leicht zu backen und sowohl Teig wie Gebäck können durch Tiefgefrieren haltbar gemacht werden. Mürbteiggebäck schmeckt sehr gut, ist bei kühler Lagerung einige Zeit aufzubewahren, bei längerem Liegen besteht jedoch die Gefahr des Ranzigwerdens.

Backlehre:

Grundsätzliches:

1. Mürbteig ist ein *fettreicher* Teig, der seine typische, *mürbe, bröselige Beschaffenheit* durch *Fettart und Fettmenge* erhält.

2. Mürbteig kann in *süßer* und *salziger* Geschmacksrichtung hergestellt werden.

3. Mürbteig wird bevorzugt verwendet zu *flachem Gebäck* wie Kuchenböden, Törtchen, zu gefülltem Gebäck, z. B. Äpfel im Schlafrock, Schinkenhörnchen u. a. m. und zu Kleingebäck, besonders für die Weihnachtsbäckerei.

4. *Herstellung* von Mürbteig kann verschieden erfolgen:

a) *Als Knetteig oder „gebröselter" Mürbteig* werden alle kalt gestellten Zutaten rasch und kurz zu Teig zusammengeknetet. Diese Teigherstellung ist sehr einfach, zeitsparend und meist bevorzugt.

b) *Herstellung als Rührteig* wird bei *sehr hohem Fettanteil* bevorzugt, um leichteres Formen zu ermöglichen, da sehr fettreiche Knetteige leicht brechen. Rezeptangaben deshalb beachten.

Grundregeln für Teigherstellung und Backen siehe Grundrezept Nr. 1335.

5. Roher Mürbteig kann, eingeschlagen in Aluminium-Haushaltfolie oder Polyäthylenbeutel, mehrere Tage im *Kühlschrank* gelagert werden.

6. *Zum Tiefgefrieren* ist roher wie gebackener Mürbteig gut geeignet:

Rohen Mürbteig vorschriftsmäßig luftdicht in Zellglas, Aluminiumfolie oder Polyäthylenfolie verpacken, rasch tiefgefrieren; mögliche Lagerdauer bis zu 3 Monaten. Vor Gebrauch bei Zimmertemperatur in etwa 2–3 Stunden (für Teigmenge von 250 g Mehl) auftauen; sobald sich Teig auswellen läßt, wie frischen Mürbteig formen und backen.

Tiefgefrieren von gebackenem Mürbteig: Gebäck zum Auskühlen aus der Form nehmen, noch lauwarm (etwa 30° C) vorschriftsmäßig verpakken, sofort tiefgefrieren, Lagerdauer 4–6 Monate. Vor Gebrauch bei Zimmertemperatur auftauen (etwa 2 Stunden), mit frischem, sterilisiertem oder tiefgefrorenem, knapp aufgetautem Obst belegen, nach Belieben mit Guß versehen oder mit Schlagrahm spritzen. Ein Nachbacken in Aluminiumfolie bei 160° C macht Mürbteiggebäck knuspriger, doch werden Mürbteigböden und Obsttörtchen dadurch leicht hart und brüchig, diese deshalb besser nicht nachbacken. Gedeckte Mürbteigkuchen dagegen zum Auftauen 20–30 Minuten bei 150-175° C in der Röhre nachbacken. Erst nach dem Auftauen glasieren.

Von den Zutaten für Mürbteig:

Butter oder *gute Margarine* bedingt den feinen Geschmack und bewirkt die mürbe, typische Beschaffenheit des Gebäcks. Die Buttermenge beeinflußt Teigbeschaffenheit und die Mürbe des Gebäcks. Bei einfachem Mürbteig beträgt die Buttermenge die Hälfte der Mehlmenge, bei feinen Mürbteigen ist der Butteranteil höher und kann die Höhe der Mehlmenge erreichen. Sehr butterreiche Mürbteige sind besonders mürbe, jedoch leicht brüchig und bedürfen sorgfältiger Behandlung beim Formen und Backen.

Butter für *gekneteten* oder *gebröselten* Mürbteig vorher *kalt* stellen, sie muß für diese Verarbeitung hart sein. Für *gerührten Mürbteig* soll sie *weiche, streichfähige* Beschaffenheit haben.

Feines Weizenmehl Type 405 trocken und gesiebt verwenden. Ein Austausch mit Stärkemehl empfiehlt sich in der Regel nicht, da Teig dadurch leicht brüchig wird.

Backpulver in nur sehr geringer Menge (1 kleine Messerspitze auf 250 g Mehl) macht weniger fettreichen Mürbteig nach dem Backen bröselig und mürbe; fettreichere Mürbteige bedürfen jedoch keiner Backpulverzugabe.

Zucker muß sehr feinkörniger Grießzucker (Kristallraffinade) *sein;* grobkörniger Zucker macht Teig brüchig und ungleichmäßig. Die Zuckermenge beträgt in der Regel etwa 1/4 der Mehlmenge, doch kann sie nach Geschmack verringert oder erhöht werden. Zuckerreicher Mürbteig bricht leichter und bräunt beim Backen rasch. Zuckerfreier Mürbteig wird mit salzigen Geschmackszutaten zu salzigem Gebäck verarbeitet oder als süßes Gebäck nach dem Backen stark gezuckert oder evtl. glasiert.

Ei ist vor allem Bindemittel und erleichtert die Verarbeitung des Teiges. Man rechnet auf 200–250 g Mehl 1 Ei. Eigelb macht Gebäck mürber und wird für feine Mürbteige bevorzugt. Eiklar macht Mürbteiggebäck sehr knusperig, ist deshalb bei Krachkuchen erwünscht. Eifreier Mürbteig ist meist sehr fettreich und verlangt sorgsame Teigherstellung, er bräunt beim Backen schwerer. Es empfiehlt sich dafür das Bestreichen mit Ei vor dem Backen.

Geschmackszutaten können beliebig gewählt werden:

Für süßen Mürbteig: Zitronenschale, Vanille, geriebene Schokolade oder gesiebter Kakao, Zimt, Nelken, Arrak oder Rum und geschälte oder ungeschälte, immer *sehr fein geriebene* Mandeln oder Nüsse; grob gerieben würden sie Teig brüchig machen.

Für salzigen Mürbteig: Salz, Paprika, geriebener Hartkäse, evtl. Kümmel zum Bestreuen.

Geringe Flüssigkeitsmenge erleichtert die Teigverarbeitung (1–2 Eßlöffel auf 200–250 g Mehl). Verwendet werden dafür Wein, Arrak oder Rum, Rahm, Milch oder Wasser.

Mengenverhältnis der Grundzutaten:

Einfache Mürbteige: Die Hälfte der Mehlmenge ist Butter oder Margarine, die Hälfte der Buttermenge ist Zucker (4 : 2 : 1).

Feine Mürbteige: Zweidrittel oder Dreiviertel der Mehlmenge ist Butter oder Margarine, ein Drittel oder ein Viertel der Mehlmenge ist Zucker (3 : 2 : 1 oder 4 : 3 : 1). In besonderen Fällen kann die Buttermenge die Höhe der Mehlmenge betragen.

Grundrezept

200 g Mehl
1 Messerspitze Backpulver (nach Belieben)
1 Prise Salz
50–60 g feinkörniger Zucker
1/4 Zitronenschale oder Vanillezucker
120–140 (100 g) Butter oder gute Margarine
2 Eigelb (1 ganzes Ei)
1 Eßl. saurer Rahm, Wein Rum, Milch oder Wasser
nach Belieben: Mandeln oder Nüsse, sehr fein gerieben

1335. Mürbteig fein bzw. einfach

Die angegebene Menge ergibt einen Kuchenboden mit kleinem Rand von mittlerer Größe (ø 26 cm); für großen Kuchenboden mit 28 cm ø oder mit hohem Rand benötigt man Teig von 250 g Mehl.

Einfacher Mürbteig wird mit der in Klammer gesetzten Menge von Butter und ganzem Ei hergestellt, wobei 2 Eigelb statt des ganzen Eies verwendet werden können, wodurch Gebäck mürber und weniger hart wird.

Arbeitsweise:

I. *Gebröselter Mürbteig als Knetteig:*

1. *Alle Zutaten kalt und nach Möglichkeit in kaltem Raum* verarbeiten, Butter oder Margarine vorher kalt stellen.

2. *Knetteig herstellen:*

a) *Mehl* evtl. mit einer Messerspitze *Backpulver mischen, sieben,* mit Salz, feinem Grießzucker, geriebener Zitronenschale oder Vanillezucker und sonstigen *trockenen Zutaten,* z. B. sehr fein geriebenen Mandeln oder Nüssen *mischen.*

b) *Kalte Butter oder Margarine einschneiden,* Masse mit kalten Händen *abbröseln* oder mit großem Messer hacken (gehackter Teig).

c) *Eigelb (bzw. ganzes Ei) und Rahm, Rum, Wein* oder Milch in Mehlgrube geben, mit Gabel *leicht untermengen.*

d) *Rasch zu Teig zusammenarbeiten und kurz kneten,* bis er glatte und gleichmäßige Beschaffenheit hat. Langes Kneten macht Teig weich, brüchig und erschwert das Formen.

3. Teig als Rolle oder Laibchen *vor dem Formen kurz kalt stellen!*

4. *Bleche und Formen nicht fetten* mit Ausnahme der Formen mit gewelltem Rand und der kleinen Törtchenformen, diese besonders am Rand buttern! *Bleche und Formen aber immer kalt stellen!*

5. *Teig formen* unter möglichst wenig Mehlzugabe! Zum *Auswellen Brett und Wellholz nur leicht mehlen,* beim Auswellen nicht zu stark auf Teig drücken, um Ankleben des Teiges zu verhindern, evtl. mit Pfannenmesser vom Brett lösen.

Nach dem Formen wieder kalt stellen!

Für Kuchenböden $^{2}/_{3}$ oder $^{3}/_{4}$ der Teigmenge als Boden auswellen, Rand mit Ei bestreichen, Teigreste zu Rolle formen, als Rand auf Teigboden legen, etwas andrücken und mit Fingern an den Rand der Springform drücken, so daß 2–3 cm hoher Rand entsteht. *Teigplatte des Kuchenbodens mit Gabel mehrmals einstechen,* um Blasenbildung beim Backen zu vermeiden. Rand evtl. vorsichtig mit Ei streichen.

Für kleineres Gebäck Teig portionsweise auswellen, darauf achten, daß beim Formen möglichst wenig Teigreste entstehen.

6. *Backen bei guter Mittelhitze zu lichtgelber Farbe;* zu blaß gebacken, schmeckt Mürbteig leicht fade, zu dunkel schmeckt er bitter!

Backtemperatur:
Für Kuchenböden ohne Belag: 200° C, mit Belag 200–225° C, Einschubhöhe untere oder mittlere Schiene.

Für Kleingebäck (je nach Fettgehalt) 180–200° C, Einschubhöhe mittlere Schiene.

Backdauer richtet sich nach der Dicke des Gebäcks; unbelegter Kuchenboden etwa 20–25 Minuten, mit Belag 30–45 Minuten.

7. *Nach dem Backen* Gebäck auf dem Blech etwas abkühlen lassen, bis es fest geworden ist, dann auf Kuchengitter erkalten lassen.

Herstellung von Mürbteig als Knetteig mittels elektrischem *Handrührgerät oder elektrischer Küchenmaschine:* Hierfür jeweils Knethaken einsetzen, in beiden Fällen ist jedoch weiche, streichfähige Beschaffenheit des Fettes nötig. Mehl (evtl. mit 1 Prise Backpulver) in Rührschüssel sieben, Zucker, Eigelb oder ganzes Ei, Geschmackszutat, Flüssigkeit zugeben und Fett als Flöckchen darüber verteilen. Alle Zutaten auf niedriger Schaltstufe verkneten, *zuletzt kurz* auf höchste Schaltstufe einstellen. Jeweils genau nach Gebrauchsanweisung der Firmen arbeiten, da bei verschiedenen Geräten verschiedene Schaltung nötig ist.

II. Mürbteig als Rührteig:

1. *Sehr schöne Schaummasse rühren:*

a) *Butter* von weicher, streichfähiger Beschaffenheit *schaumig rühren,* bis sie Spitzen zeigt,

b) *feinen Grießzucker und Ei bzw. Eigelb* abwechselnd unterrühren, *Geschmackszutaten* untermengen.

2. *Gesiebtes,* evtl. mit wenig *Backpulver* gemischtes *Mehl und übrige Zutaten nach und nach unterrühren,* letztes Mehl leicht unterkneten.

3. *Teig rasch und kurz* kneten, bis er gleichmäßige Beschaffenheit hat.

4. *Kalt stellen vor und nach dem Formen.* Sonstige Verarbeitung und Backen wie gebröselter Mürbteig.

III. Mürbteigverwendung:
Bevorzugt zu den verschiedensten Obstkuchen, zu Obsttörtchen, Äpfeln im Schlafrock, Husarenstrudel, Käsekuchen, Linzerkuchen und zu zahlreichen Arten von Kleingebäck unter Beigabe der verschiedensten Geschmacks- und Verbesserungszutaten.
Salziger Mürbteig ist beliebt zur Herstellung von feinem Käsegebäck, Kümmelstangen, Schinkenhörnchen u. ä.

1336. Obstkuchen (Mürbteig)

Grundrezept Mürbteig Nr. 1335

zum Bestreichen:
20 g Butter, Eireste

zum Belag: ³/₄–1 kg Obst

auf rohen Teigboden:
rohe Äpfel oder Zwetschgen

auf gebackenen Kuchenboden:
weiche rohe Früchte wie: Erdbeeren, Himbeeren, Johannisbeeren, Brombeeren, Trauben, Orangen, Bananen oder sterilisiertes bzw. vorgekochtes Obst wie: entsteinte Kirschen, Sauerkirschen, Stachelbeeren, Mirabellen, Aprikosen, Pfirsiche, Ananasscheiben u.ä.

nach Belieben: etwas Schlagrahm

Gebröselten Mürbteig (einfach oder fein) nach Grundrezept herstellen, kalt stellen, Kuchenboden auswellen, auf kaltes Blech geben, Rand formen, diesen vorsichtig mit Ei bestreichen, kalt stellen.
Rohe Äpfel oder Zwetschgen für Belag vorbereiten wie bei Nr. 1265; Teigboden mit zerlassener, knapp lauwarmer Butter bestreichen, mit vorbereiteten Äpfeln oder Zwetschgen der Rundung nach dicht und sorgfältig belegen, bei guter Mittelhitze (200–220° C) etwa 30–40 Minuten backen, noch warm überzuckern. (Bei sehr saftigen Früchten etwas Zwiebackbrösel auf Teigboden streuen).
Weiches rohes Obst wie Beeren, Trauben, Scheiben von Orangen und Bananen oder *sterilisiertes bzw. vorgekochtes Obst* auf den *fertig gebackenen Kuchenboden* auflegen: Teigboden leicht einstechen, um Blasenbildung zu vermeiden, bei Mittelhitze (200° C) lichtgelb backen, Backzeit etwa 20–25 Minuten, etwas abgekühlt vom Blech nehmen, erkalten lassen. Vorbereitetes rohes Obst evtl. leicht einzuckern, sehr gut abgetropfte Früchte sorgfältig und gleichmäßig auflegen. Sehr gut eignet sich auch eine Mischung von sterilisierten und rohen Früchten z. B. Orangen- und Bananenscheiben in Verbindung mit sterilisierten Früchten. Farbe und Form des Obstes beim Belegen berücksichtigen. Falls Obst schlecht haftet, den Kuchenboden evtl. vor dem Belegen mit etwas feiner Marmelade oder mit wenig Schlagrahm dünn bestreichen. Fertigen Kuchen nach Belieben mit etwas Schlagrahm verzieren oder nach Belieben mit Saftguß überziehen.
Ohne Zucker tiefgefrorenes Obst kann unaufgetaut oder kurz angetaut auf rohen, jedoch mit Zwiebackbröseln bestreuten Teigboden gegeben und mitgebacken werden. *Mit Zucker eingefrostetes Obst*

nicht mitbacken! Für fertig gebackenen Kuchenboden eingefrostete Früchte mit Zucker knapp auftauen und vor dem Belegen gut abtropfen lassen. Tropfsaft evtl. für Saftguß verwenden.

1337. Obstkuchen mit Streusel (Mürbteig)
Kirschen-. Apfel-, Zwetschgenkuchen mit Streusel

Gebröselten Mürbteig nach Grundrezept herstellen, kurz kalt ruhen lassen, dann Teigboden mit Rand formen, kalt stellen; Teigboden mit weicher Butter betreichen, mit vorbereitetem Obst (gewaschen, geschnitten bzw. entsteint) und mit Streusel belegen, bei guter Mittelhitze (200–225° C) backen. Backzeit 1/2–3/4 Stunden.
Streusel herstellen wie bei Nr. 1215 beschrieben.

Mürbteig wie Nr. 1335
3/4 kg Obst, z. B. Zwetschgen, Kirschen, Äpfel
zum Bestreichen: Fett
zum Streusel:
100 g Mehl, 70 g Zucker
1/2 Teel. Zimt, 70 g Butter

1338. Obstkuchen mit Schaumüberzug oder Baiser (Mürbteig)

Gebröselten Mürbteig einfacher oder feiner Art nach Grundrezept herstellen, kurz kalt stellen, Kuchenboden mit Rand formen, Rand leicht mit Ei bestreichen, nochmal kurz kalt stellen.
Rohe Äpfel, Zwetschgen oder Rhabarber vorbereiten wie bei Nr. 1265 beschrieben; *rohen Teigboden* mit zerlassener, abgekühlter Butter bestreichen, mit vorbereitetem Obst dicht und sorgfältig belegen, (bei sehr saftreichem Obst etwas Zwiebackbrösel auf den Teigboden streuen), bei guter Mittelhitze (200–220° C) etwa 30–40 Minuten backen, mit Schaumüberzug bestreichen, nach Belieben spritzen, mit Puderzucker besieben und bei guter Oberhitze sofort noch 5 Minuten lichtgelb überbacken.
Vorbereitete rohe Beeren (Himbeeren nicht waschen!) *oder sterilisierte Früchte* sehr gut abtropfen lassen, auf *fertig gebackenen Mürbteigboden* (siehe Nr. 1336) auflegen, nach Belieben die Beeren mit einem Teil des Baisers mischen, Obst mit Baisermasse überziehen, evtl. spritzen, mit Puderzucker besieben und bei starker Oberhitze noch 5 Minuten lichtgelb überbacken.
Schaumüberzug oder Baiser herstellen wie bei Nr. 1266 beschrieben. Anstelle von Baiser kann der fertige, erkaltete Obstkuchen auch mit *Süßmostschaum* überzogen und evtl. gespritzt werden. Süßmostschaum *nicht überbacken*, bis zum Gebrauch gut *kalt stellen!* Herstellen von Süßmostschaum siehe Nr. 1270.

Mürbteig wie Nr. 1335
zum Bestreichen:
20 g Butter, Eireste
zum Belag: 3/4–1 kg Obst
auf rohen Teigboden:
rohe Äpfel, Zwetschgen oder Rhabarber
auf gebackenen Kuchenboden:
rohe Beeren oder sterilisierte Früchte wie bei Nr. 1336
zum Schaumüberzug:
3 Eischnee, 90 g feiner Zucker
zum Besieben: Puderzucker

1339. Erdbeer- oder Himbeer-Schaumkuchen (Mürbteig)

Gebröselten Mürbteig feiner oder einfacher Art nach Grundrezept herstellen, kalt stellen, Kuchenboden mit Rand formen, diesen mit Ei bestreichen, nochmal kalt stellen, dann mehrmals Teigplatte einstechen, um Blasenbildung zu vermeiden, bei Mittelhitze (200° C) backen, erkalten lassen. Erkalteten Kuchenboden mit vorbereiteten Beerenfrüchten belegen: Erdbeeren waschen, sehr gut abtropfen lassen, große Früchte teilen, Himbeeren nicht waschen; Beeren mit etwas Zucker bestreuen, kurz durchziehen, dann Saft gut abtropfen lassen, Früchte dicht und gleichmäßig auflegen. Belegten Kuchen bergartig

Mürbteig wie Nr. 1335
zum Bestreichen: Ei
zum Belag: 500 g schöne, reife Beeren, etwas Zucker
zum Schaum:
3 Eiweiß, 90–150 g Zucker (nach Bedarf), 375 g Beeren
z. Verzieren: schöne Beeren
evtl. 1/8 l Schlagrahm

mit sehr steifem Erdbeer- bzw. Himbeerschaum dick bestreichen, mit ganzen Früchten verzieren und evtl. mit Schlagrahm am Rand spritzen.
Erdbeer- bzw. Himbeerschaum: Eiweiß zu sehr steifem Schnee schlagen (elektrisches Handrührgerät), die Hälfte des Zuckers unterschlagen, restlichen Zucker auf einmal untermischen und kräftig weiter schlagen, bis Masse sehr steif, schnittfest und glänzend ist, Himbeeren oder klein geschnittene Erdbeeren untermischen. Zuckermenge hängt vom Säuregehalt der Früchte ab.

1340. Erdbeer-, Himbeer-, Johannisbeer-Schaumkuchen, feine Art (Mürbteig)

Grundrezept Mürbteig wie Nr. 1335 von 250 g Mehl (feine Art)

zum Bestreichen: Eigelb

zum Belag:
1mal Rezept rohe Frucht-Rahmcreme wie Nr. 1171 mit 8–9 Blatt Gelatine

zum Verzieren: rohe Früchte wenig Schlagrahm

Feinen gebröselten Mürbteig von 250 g Mehl nach Grundrezept herstellen, kurz kalt stellen, Kuchenboden mit hohem Rand formen, nochmal kalt stellen, Teigboden mit Gabel mehrmals einstechen, Rand mit Eigelb bestreichen, bei Mittelhitze (200° C) lichtgelb backen, völlig erkalten lassen. Roh gerührte Erdbeer-, Himbeer- oder Johannisbeer-Rahmcreme mit erhöhter Gelatinemenge herstellen wie bei Nr. 1171 beschrieben, Creme kalt stellen, bis sie deutlich zu steifen beginnt, dann sofort auf völlig erkalteten Mürbteigboden etwas bergartig anrichten, mit in heißes Wasser getauchtem breitem Messer glatt streichen, zum völligen Steifen sofort in Kühlschrank stellen, kurz vor Gebrauch mit schönen Früchten verzieren und evtl. mit wenig Schlagrahm spritzen, bis zum Gebrauch kalt stellen.
Man kann die Creme etwas verbilligen und fettärmer gestalten, indem man einen Teil des Schlagrahms durch sehr steifen, mit etwas Zucker glänzend und schnittfest geschlagenen Eischnee austauscht beim Unterziehen unter das steifende Fruchtmark.

1341. Obstkuchen mit Saftguß (Mürbteig)

Mürbteig wie Nr. 1335 (fein oder einfach)
zum Bestreichen: Ei
zum Belag: 3/4–1 kg Obst nach Wahl
zum Saftguß:
knapp 1/4 l Obst- bzw. Kompottsaft, Zitronensaft, etwas Wein
Zucker nach Bedarf
4 (5) Blatt Gelatine oder 4 gestr. Teel. Gelatine gemahlen oder 1 Päckchen Tortengußpulver oder 15 g (3 Teel.) Stärkemehl
zum Verzieren: etwas Schlagrahm nach Belieben

Gebröselten Mürbteig feiner oder einfacher Art nach Grundrezept herstellen, kurz kalt stellen, Kuchenboden mit Rand formen, diesen mit Ei bestreichen, nochmal kalt stellen, Boden mehrmals einstechen um Blasenbildung zu verhüten, bei Mittelhitze (200° C) lichtgelb backen, Backzeit etwa 20–25 Minuten, völlig erkalten lassen, im Kühlschrank kühlen. Dann mit vorbereiteten, gekühlten Früchten formschön belegen, evtl. sterilisierte Früchte und rohes Obst gemischt verwenden; Kuchenboden stets dicht und sorgfältig belegen, mit fertigem, gut abgeschmecktem Saftguß, der bereits sulzartige Beschaffenheit annimmt, versehen, sofort kalt stellen und am besten im Kühlschrank völlig steifen lassen, nach Belieben vor Gebrauch mit wenig Schlagrahm spritzen.
Rohe weiche Früchte wie Erdbeeren, Himbeeren, Johannisbeeren, Trauben kurz waschen (außer Himbeeren), sehr gut abtropfen lassen, entstielen, mit Zucker bestreuen und etwas Saft ziehen lassen; nach etwa 15 Minuten Saft abseihen, zum Saftguß verwenden, Früchte sehr gut abtropfen lassen und im Kühlschrank kühlen.

Orangen und Bananen sorgfältig schälen, Orangen in dicke Querscheiben schneiden, evtl. entkernen, Bananen in Scheiben schneiden, in gezuckerten Zitronensaft tauchen, um Verfärbung zu vermeiden.
Sterilisierte Früchte wie Aprikosen, Pfirsiche, Kirschen, Sauerkirschen, Ananasscheiben, Zwetschgen u. a. m. aus dem Saft nehmen, sehr gut abtropfen lassen, Früchte kühlen, Kompottsaft für Saftguß verwenden.
Rohes hartes Obst wie Stachelbeeren, Kirschen, Sauerkirschen, Aprikosen, Pfirsiche, Äpfel je nach Art vorbereiten; Aprikosen und Pfirsiche blanchieren und häuten, entsteinen, halbieren, Apfel schälen und halbieren oder vierteln, Kernhaus entfernen. Früchte in Zuckersud kernig-weich kochen, so daß sie die Form behalten; Sud zum Saftguß verwenden, Früchte sehr gut abtropfen und völlig erkalten lassen, am besten im Kühlschrank kühlen.
Saftguß: Obstsaft mit Zitronensaft, Wein und Zucker kräftig abschmecken, nach Vorschrift entsprechend dem Steifmittel steifen, sobald Flüssigkeit kräftig zu steifen beginnt und sulzartige Beschaffenheit erreicht, über den mit gekühltem Obst belegten, gleichfalls gekühlten Kuchenboden geben und sofort zum völligen Steifen in den Kühlschrank stellen. Nach dem Steifen evtl. mit etwas Schlagrahm spritzen.
Saftguß mit Gelatine: Gelatine nach Vorschrift vorbereiten und lösen; je nach Fruchtart etwas rote Gelatine beifügen, zum abgeschmeckten Obstsaft geben, kalt stellen, sobald Flüssigkeit sulzartige Beschaffenheit erreicht, sofort über belegten, gekühlten Kuchen geben, kalt stellen. Bei kurzer Steifzeit Gelatinemenge evtl. auf 5 Blatt erhöhen.
Saftguß mit Tortengußpulver: nach Gebrauchsanweisung verfahren.
Saftguß mit Stärkemehl: Stärkemehl mit abgeschmecktem Saft kalt anrühren, unter Rühren zum Kochen bringen bis Masse dick und glasig ist, *sofort* über vorbereiteten Kuchen geben, kalt stellen.

1342. Obstkuchen mit Rahmguß (Mürbteig)

Grundrezept Mürbteig wie Nr. 1335 von 250 g Mehl
zum Bestreichen:
20 g Butter, 1 Ei
zum Belag:
3/4–1 kg Obst nach Wahl wie bei Nr. 1336
zum Rahmguß:
3 Eier getrennt, 80 g Zucker
1/8 l dicker, saurer Rahm
1 Eßl. Arrak oder Rum

Gebröselten Mürbteig einfacher oder feiner Art nach Grundrezept von 250 g Mehl herstellen, kurz kalt stellen, Kuchenboden mit hohem Rand formen, nochmal kalt stellen, Teigboden mit zerlassener, abgekühlter Butter, Rand mit Ei bestreichen. Teigboden mit vorbereiteten, vom Kernhaus befreiten, gleichmäßigen Apfelspalten oder entsteinten eingeschnittenen Zwetschgen oder gleichmäßigen Rhabarberstückchen dicht belegen (bei sehr saftreichem Obst etwas Zwiebackbrösel auf Teigboden streuen), bei guter Mittelhitze (200–225° C) 20–25 Minuten gut anbacken lassen, 20 Minuten vor beendeter Garzeit mit Rahmguß überziehen, bei guter Oberhitze fertig backen, gesamte Backzeit etwa 45–50 Minuten. Besonders gut schmeckt Apfelkuchen mit Rahmguß.
Rahmguß: Eigelb und Zucker schaumig schlagen, dicken Rahm, Rum oder Arrak und sehr steifen Eischnee unterheben, sofort auf halbgar gebackenen Kuchen geben, noch 20–25 Minuten backen lassen.

Weiches rohes Obst oder sterilisierte Früchte auf fertig gebackenen Kuchenboden auflegen, darauf Rahmguß geben und noch 20–25 Minuten backen.

1343. Obstkuchen mit Makronenüberzug (Mürbteig)

Grundrezept Mürbteig wie Nr. 1335 von 250 g Mehl
zum Bestreichen:
20 g Butter, 1 Ei
zum Obstbelag:
3/4–1 kg rohe Äpfel, Rhabarber, Trauben oder Johannisbeeren oder sterilisierte Früchte n. Wahl
Makronenüberzugsmasse:
2–3 Eiweiß
100–150 g Zucker
100–125 g geschälte Mandeln oder Haselnüsse

Gebröselten Mürbteig feiner Art herstellen von 250 g Mehl wie im Grundrezept beschrieben, kurz kalt stellen, Kuchenboden mit hohem Rand formen, nochmal kalt stellen, Teigboden mit zerlassener, abgekühlter Butter bestreichen, mit vorbereiteten, gleichmäßigen *Apfelspalten oder Rhabarberstücken* dicht und gleichmäßig belegen, bei guter Mittelhitze (200–220° C) etwa 25–30 Minuten backen, dann Makronenüberzugsmasse darauf geben, mit Puderzucker besieben und bei mäßiger Oberhitze noch etwa 20–25 Minuten lichtgelb backen. Für *Johannisbeeren, Trauben oder sterilisierte Früchte* Mürbteigboden bei Mittelhitze (200° C) lichtgelb backen, Backzeit etwa 20–25 Minuten; vorbereitete Früchte sehr gut abtropfen lassen, mit einem Teil der Makronenmasse mischen, auf gebackenen Kuchenboden geben, restliche Makronenmasse darüber geben, glatt streichen, mit Puderzucker besieben, bei mäßiger Hitze (160–170° C) etwa 20–25 Minuten lichtgelb backen.
Makronenüberzugsmasse: Sehr steifen Eischnee schlagen, Zucker nach und nach unter kräftigem Schlagen einrieseln lassen, weiter schlagen, bis Masse sehr steif, schnittfest und glänzend ist, geschälte, fein geriebene Mandeln oder Nüsse unterheben, sofort auf Kuchen geben und bei mäßiger Hitze langsam backen.

1344. Obstkuchen mit Biskuitüberzug (Mürbteig)

Grundrezept Mürbteig wie Nr. 1335 (fein od. einfach) von 250 g Mehl
zum Bestreichen:
20 g Butter, Eireste
Belag: 3/4–1 kg rohes Obst wie mürbe Äpfel, Aprikosen, Kirschen, Sauerkirschen Trauben, Rhabarber o. ä.
Biskuitüberzug:
3 Eier getrennt, 60 g Zucker Zitronenschale, 1 Eßl. Rum oder Arrak, 25 g Mehl
zum Bestreuen: Puderzucker

Gebröselten Mürbteig nach Wahl wie Grundrezept herstellen, kurz kalt stellen, Kuchenboden mit Rand formen, nochmal kalt stellen, Teigboden mit zerlassener, abgekühlter Butter, Rand mit Ei bestreichen, mit geschälten, vom Kernhaus befreiten, gleichmäßigen Apfelspalten, entsteinten Aprikosenhälften oder gleichmäßigen Rhabarberstücken dicht und gleichmäßig belegen, bei guter Mittelhitze (200–220° C) halbgar backen, nach 25 Minuten Backzeit Biskuitmasse darüber geben, bei Mittelhitze (200° C) noch etwa 15–20 Minuten backen. Gesamtbackzeit etwa 45–50 Minuten.
Rohe weiche Früchte wie Kirschen, Sauerkirschen, Trauben oder sehr reife Aprikosen vorbereitet auf *halbgar gebackenen Teigboden* (Backhitze dafür 200° C) legen, Biskuitmasse gleich darüber gießen und Kuchen noch etwa 20–25 Minuten backen.
Biskuitüberzug: Sehr steifen Eischnee schlagen, Zucker nach und nach unterschlagen, Masse muß sehr steif und schnittfest sein; verquirlte Eigelb, fein geriebene Zitronenschale, Arrak oder Rum sowie gesiebtes Mehl leicht unterheben, sofort auf *halbgar gebackenen* Obstkuchen geben, noch 20 Minuten backen. Erkaltet mit Puderzucker besieben.

1345. Schwäbischer Apfelkuchen (Mürbteig)

Farbbild neben Seite 593

Grundrezept Mürbteig wie Nr. 1335 (feine Art)
zum Bestreichen:
20 g Butter, Eireste
zum Belag: 3/4–1 kg Äpfel
60 g Sultaninen
60 g Mandeln (geschält)
60 g Zucker
60 g Butterflocken

Gebröselten Mürbteig nach Grundrezept herstellen, kurz kalt stellen, Kuchenboden mit Rand formen, nochmal kalt stellen, Teigboden mit zerlassener, abgekühlter Butter bestreichen, mit geschälten, gleichmäßig dicken Apfelspalten sorgsam belegen, mit gebrühten, gut abgetropften Sultaninen und geschälten, gestiftelten Mandeln bestreuen, darüber Zucker streuen und Butterflöckchen verteilen (Reihenfolge hierbei einhalten), Teigrand mit Ei bestreichen, bei guter Mittelhitze (200–220° C) 35–45 Minuten backen, evtl. während des Backens mit Aluminiumfolie abdecken, um Bräunung der Äpfel zu verhüten. Oder Kuchen mit halbierten Äpfeln herstellen: Den mit Butter bestrichenen Teigboden mit vorbereiteten Sultaninen und Mandeln bestreuen. Kleine mürbe Äpfel schälen, halbieren, Kernhaus entfernen, an der runden Außenseite mehrfach etwa 1 cm tief fächerförmig einschneiden, Kernhaushöhlung mit Sultaninen füllen, kranzförmig dicht auf vorbereiteten Teigboden legen, Äpfel mit Zitronensaft bestreichen, mit restlichen Mandeln und Zucker bestreuen, dicht mit Butterflocken belegen, mit Aluminiumfolie abgedeckt wie oben backen. Verzichtet man auf die Butterflocken, gibt man nach der halben Backzeit Rahmguß wie Nr. 1342 über die Apfelhälften, bei guter Oberhitze noch 25 Minuten backen.

Anstelle von Mürbteig kann auch Eischwerteig mit Butter oder Sandteig von jeweils 3 Eiern verwendet werden; hierbei sinken die Apfelhälften im Teig etwas ein.

1346. Apfelkuchen mit Gitter (Mürbteig)

Grundrezept Mürbteig wie Nr. 1335 von 300 g Mehl (feine oder einfache Art)
zum Bestreichen:
20 g Butter, 1 Ei
zum Belag: 3/4–1 kg Äpfel
Sud von 1/8 l Wasser oder Wein, Zitronensaft, 1/2 Zitronenschale, Zucker n. Bedarf
50 g Rosinen od. Sultaninen

Gebröselten Mürbteig von 300 g Mehl nach Grundrezept herstellen, kurz kalt stellen, Teigboden ohne Rand von knapp zwei Drittel der Teigmenge formen, kalt stellen. Geschälte, gleichmäßig dicke Apfelspalten in Sud kernig-weich kochen, so daß sie die Form schön behalten, gut abtropfen lassen. Oder Äpfel zu *sehr dickem* Apfelmus kochen, durch Sieb streichen, abschmecken, mit gebrühten Rosinen oder Sultaninen mischen.

Mürbteigboden bei Mittelhitze (200° C) *fast gar backen,* Boden mit Butter bestreichen, mit Apfelspalten und Rosinen belegen oder mit dickem Apfelmus bestreichen bis auf 2 cm freien Bodenrand; restlichen Mürbteig dünn auswellen, zu etwa 1 1/2 cm breiten Streifen radeln, Kuchen damit gitterartig belegen. Kuchenrand mit Eiweiß bestreichen, mit Mürbteigrolle belegen, diese zu Rand formen, andrücken, diesen und Teiggitter mit Ei bestreichen, bei guter Mittelhitze (200–220° C) gar backen. Gesamtbackzeit etwa 35–45 Minuten.

Sehr mürbe Äpfel können *roh* auf den *rohen,* mit Butter bestrichenen Teigboden gelegt, mit Rosinen und etwas Zucker bestreut, mit Teiggitter ebenso belegt und bei Mittelhitze gebacken werden.

1347. Gedeckter Apfelkuchen (Mürbteig)

Mürbteig wie Nr. 1335 von 350 g Mehl (einfache oder feine Art)
zum Bestreichen:
20 g Butter, 1 Ei
evtl. Zwiebackbrösel bei sehr saftigen Äpfeln
zur Fülle I:
1 kg kleine bis mittelgroße Äpfel, Marmelade
50 g geschälte Mandeln oder Nüsse, etwas geriebene Zitronenschale
Fülle II:
1–1$^1/_2$ kg Äpfel, 50 g Zucker
evtl. 20 g Butter z. Andünst.
50 g geschälte Mandeln oder Nüsse, 50 g Rosinen
etwas geriebene Zitronenschale, 1–2 Eßl. Arrak
evtl. 1 Eßl. Zitronensaft
zum Bestreuen: Hagelzucker
20 g geschälte Mandeln

Gebröselten Mürbteig von 350 g Mehl nach Grundrezept herstellen, kurz kalt stellen; aus der größeren Teighälfte Kuchenboden 1 cm größer als Blechboden formen, auf Springformboden legen, mit zerlassener, abgekühlter Butter bestreichen, kalt stellen, evtl. mit Zwiebackbröseln bestreuen, mit Fülle I oder II belegen, Rand ringsherum einschlagen, diesen mit Ei bestreichen. Aus zweiter Teighälfte dünnes Deckblatt in Größe der Kuchenform auswellen, locker auf gefüllten Kuchenbogen legen, Rand andrücken und formen. Deckplatte mit Ei bestreichen, mit geschälten, grob gehackten Mandeln und Hagelzucker bestreuen, in der ersten Hälfte der Backzeit bei guter Mittelhitze (200–220° C) anbacken, bei mäßiger Hitze (180–200° C) gar backen, Gesamtbackzeit etwa $^3/_4$–1 Stunde.
Man kann den Teigboden auch ohne Fülle bei 200° C etwa 20 Minuten vorbacken, um gutes Durchbacken des Bodens zu garantieren. Kuchen dann mit vorbereiteten Äpfeln belegen, Deckblatt auflegen, Rand andrücken und formen, restliche Backzeit 30 Minuten.
Fülle I. Art: Gewaschene, gleichmäßige kleine Äpfel schälen, halbieren, Kernhaus entfernen, mit säuerlich schmeckender Marmelade füllen, Äpfel mit gewölbter Seite nach oben der Rundung nach auf vorbereiteten Teigboden legen, etwas Zitronenschale darüber reiben, mit geschälten, stiftelig oder blättrig geschnittenen bzw. geriebenen Mandeln oder Nüssen bestreuen.
Fülle II. Art: Gewaschene, geschälte Äpfel in feine Scheibchen schneiden, oder evtl. grob raffeln, mit geschälten, stiftelig oder blättrig geschnittenen bzw. geriebenen Mandeln oder Nüssen, gebrühten Rosinen, etwas geriebener Zitronenschale und Arrak mischen, sofort auf vorbereiteten Mürbteigboden geben. Wenig mürbe Äpfel vorher mit etwas Butter und Zucker und Zitronensaft halbweich dünsten, erkaltet mit den sonstigen Füllzutaten mischen und völlig erkaltet auf vorbereiteten Kuchenboden geben.
Backzeit bei vorgebackenem Kuchenboden und vorgedünsteter Fülle etwa 20–30 Minuten, bei rohem Teigboden ca. 45 Minuten.

1348. Apfelkuchen von Schrot-Mürbteig

Mürbteig wie Nr. 1335 von 125 g Mehl und 125 g frischem Weizenschrot (einfache oder feine Art)
zum Bestreichen: 20 g Butter
zum Belag:
1 kg Äpfel, 50 g Rosinen oder Sultaninen, 30–50 g Mandeln od. Nüsse (geschält)
Schale u. Saft v. $^1/_2$ Zitrone
zum Bestreuen: 40 g Zucker

Gebröselten Mürbteig nach Grundrezept unter Verwendung von Mehl und Weizenschrot herstellen, kurz kalt stellen, Kuchenboden mit hohem Rand formen, kalt stellen. Belag herstellen: Äpfel schälen, Kernhaus entfernen, feinblättrig schneiden oder grob raffeln, mit geschälten, blättrig geschnittenen Mandeln oder Nüssen, gebrühten Rosinen oder Sultaninen und Zitronensaft sowie geriebener Zitronenschale mischen. Teigboden mit zerlassener, abgekühlter Butter bestreichen, evtl. mit Zwiebackbröseln bestreuen, mit Apfelfülle belegen, mit Aluminiumfolie abdecken, bei guter Mittelhitze (200–220° C) 35–45 Minuten backen, Folie abnehmen, mit Zucker bestreuen, erkalten lassen.

1349. Obsttörtchen (Mürbteig)

Gebröselten Mürbteig nach Grundrezept herstellen, kalt stellen, Teig gut messerrückendick auswellen und in *gefettete* Förmchen drücken, kalt stellen, Boden einstechen, bei Mittelhitze (200° C) lichtgelb backen. Falls keine Förmchen vorhanden, Hälfte des Teiges gut messerrückendick auswellen, Plätzchen von 8 cm Durchmesser ausstechen, aus übrigem Teig dünne Rolle drehen, als Rand auf die mit Ei bestrichenen Plätzchen geben, Rand andrücken, formen, kalt stellen, mit Ei bestreichen, Teigboden einstechen, um Blasenbildung zu vermeiden, bei Mittelhitze (200° C) lichtgelb backen. Backzeit etwa 10–15 Minuten, erkalten lassen.

Vorbereitete rohe Beeren leicht überzuckern, etwas durchziehen lassen, sehr gut abgetropft auf gebackene, völlig erkaltete Törtchen richten. Falls Obst schlecht hält, Törtchenböden mit feiner Marmelade oder Schlagrahm dünn bestreichen, Beeren mit etwas steifem Schlagrahm mischen und bergartig anrichten.

Bei Verwendung von *sterilisiertem oder vorgekochtem* Obst, dieses sehr gut abtropfen lassen, auf erkaltete Törtchen legen.

Belegte Törtchen mit Schlagrahm spritzen oder mit Saftguß überziehen wie Nr. 1341 und wenn gut gesteift, mit Schlagrahm spritzen. Oder belegte Törtchen mit Baisermasse überziehen und kurz überbacken wie Nr. 1338 oder mit Süßmostschaum oder Fruchtschnee überziehen, aber nicht überbacken!

Böden für Obsttörtchen können sehr gut auf Vorrat gebacken und in einer Blechdose kühl, oder verpackt in der Gefriertruhe längere Zeit aufbewahrt werden. Belegen der Törtchen mit Obst erfolgt zweckmäßig kurz vor Gebrauch.

Mürbteig wie Nr. 1335 (feine oder einfache Art)
für die Förmchen: Butter
zum Bestreichen: evtl. 1 Ei
zum Belag: 3/4 kg rohe Beeren, Trauben oder sterilisierte Früchte nach Wahl
1/4 l Schlagrahm, gesüßt oder Schaumüberzug wie Nr. 1338 oder Saftguß wie Nr. 1341 od. Süßmostschaum Nr. 1270 oder Fruchtschnee Nr. 1084

1350. Husarenstrudel, Apfelstrudel (Mürbteig)

Gebröselten Mürbteig nach Grundrezept herstellen, kalt ruhen lassen. Äpfel schälen, fein schnitzeln, mit übrigen Füllzutaten mischen, Rosinen vorher waschen und brühen, gut abtropfen lassen, geschälte Nüsse oder Mandeln grob hacken. Teig zu Rechteck von 30×40 cm auswellen, mit zerlassener, abgekühlter Butter bestreichen, in die Mitte der Teigplatte der Länge nach Fülle häufen, beide Breitseiten einschlagen, eine Längsseite über Apfelfülle schlagen, mit Eiweiß bestreichen, andere Längsseite in 2 cm breiten Abständen je 4 cm tief einradeln, überschlagen, eingeschnittene Teigstreifen abwechselnd zurückschlagen, mit Eiweiß fest kleben, Strudel kalt stellen, mit Eigelb bestreichen, bei guter Mittelhitze (210–220° C) anbacken, bei mäßiger Hitze (etwa 190° C) 3/4 Stunden gar backen; erkaltet mit Puderzucker besieben oder mit Zitronenglasur bestreichen. Husarenstrudel schmeckt am besten frisch.

Mürbteig von:
300 g Mehl, 50 g Zucker
1 Pr. Salz, 200 g Butter
2 Eigelb oder 1 ganzes Ei
1 Eßl. Rahm oder Milch
2 Eßl. Wein, 1 Eßl. Arrak
zum Bestreichen:
20 g Butter, 1 Ei getrennt
zur Fülle: 3/4 kg Äpfel
50 g Zucker, 1/2 Teel. Zimt
50 g Rosinen, 50 g Nüsse oder Mandeln (geschält)
Puderzucker oder Zitronenglasur Nr. 1562

1351. Äpfel im Schlafrock

Mürbteig wie Nr. 1335 von 250 g Mehl (einfache oder feine Art) oder Hefeblätterteig wie Nr. 1192 oder Blätterteig wie Nr. 1361/1362
zum Bestreichen: 1 Ei
8 kleine, mürbe Äpfel
Fülle: 2–3 Eßl. Marmelade oder 50 g Weinbeeren, 50 g Zucker od. 50 g Mandeln oder Nüsse und 50 g Zucker
Puderzucker oder Zitronenglasur Nr. 1562

Einen der genannten Grundteige herstellen, kalt stellen. Äpfel vorbereiten: Äpfel schälen, Kernhaus ausstechen, nach Wahl mit glatt gerührter Marmelade oder mit gebrühten Weinbeeren mit Zucker gemischt oder mit geschälten, geriebenen Mandeln bzw. Nüssen mit Zucker gemischt, füllen.
Teig etwa 2 messerrückendick auswellen, Vierecke entsprechend der Apfelgröße ausradeln, gefüllte Äpfel in die Mitte der Teigvierecke setzen, Teigecken mit Eiweiß bestreichen und über den Äpfeln locker zusammenschlagen (siehe Abb.), etwas andrücken, auf die Mitte jeweils ein kleines ausgestochenes Teigplätzchen setzen, Äpfel kalt stellen, dann gut mit Ei bestreichen, bei guter Mittelhitze (210–220° C) anbacken, damit Teig nicht vom Apfel abrutscht, bei mäßiger Mittelhitze (190–200° C) gar backen; Backzeit etwa 1/2 Stunde je nach Apfelgröße und Sorte. Erkaltet mit Puderzucker besieben oder mit Zitronenglasur überziehen. Äpfel im Schlafrock schmecken am besten frisch.

Herstellen von Äpfeln im Schlafrock

1352. Obstkuchen mit Mürbteig- und Biskuitboden

Mürbteig wie Nr. 1335 von 150 g Mehl (feine Art)
Biskuitteig wie Nr. 1379 von 3 Eiern oder Wasserbiskuitteig Nr. 1380 von 2 Eiern
3 Eßl. säuerliche Marmelade
3/4 kg weiches, rohes Obst oder sterilisierte Früchte
zum Verzieren: 1/8–1/4 l Schlagrahm oder Saftguß wie Nr. 1341

Dieser Obstkuchen hat den Vorzug, daß der Mürbteig länger knusprig bleibt, da die Feuchtigkeit des Obstes in den Biskuitboden einzieht.
Gebröselten Mürbteig nach Grundrezept herstellen, kalt stellen, dünn auswellen, Springformboden damit belegen, keinen Rand formen, mehrmals einstechen, kalt stellen, bei Mittelhitze (200° C) lichtgelb backen, erkalten lassen.
Biskuitteig oder Wasserbiskuitteig herstellen nach Grundrezept, auf gebuttertem, leicht bemehltem Springformboden goldgelb backen (180–200° C), erkalten lassen.
Erkalteten Mürbteigboden mit Marmelade bestreichen, Biskuitboden darauf setzen, mit vorbereitetem weichem rohen Obst oder mit sterilisierten, gut abgetropften Früchten dicht und formschön belegen, mit Schlagrahm spritzen oder mit Saftguß wie Nr. 1341 überziehen.
Nach Belieben kann Biskuitboden auch vor dem Belegen mit Obst mit Arrak abgeschmecktem Obstsaft getränkt werden.

Geeignetes rohes Obst: Erdbeeren, Himbeeren, Johannisbeeren, Trauben, Orangenscheiben (entkernt), Bananen.
Geeignete sterilisierte Früchte: Aprikosen, Pfirsiche, Kirschen, Sauerkirschen, Ananasscheiben, halbierte Birnen u. a. m.
Selbstverständlich können auch geeignete rohe und sterilisierte Früchte gemischt zum Belag verwendet werden.

1353. Obstkuchen mit Quarkbelag (Mürbteig) Käsekuchen mit Obst

Gebröselten Mürbteig (einfach oder fein) nach Grundrezept herstellen, kurz kalt ruhen lassen, mittelgroße Springform damit auslegen, hohen Rand formen, andrücken, kalt stellen, evtl. 15–20 Minuten vorbacken, mit Butter bestreichen, mit vorbereitetem Obst gleichmäßig belegen, Quarkmasse darauf geben, glatt streichen, mit Eigelb, evtl. mit süßem Rahm, mit wenig Zucker verrührt, bestreichen, mit geschälten, blättrig geschnittenen Mandeln bestreuen, bei mäßiger Mittelhitze (190–200° C) 1–1¼ Stunden goldbraun backen, erkaltet leicht mit Puderzucker besieben.
Vorbereiten des Obstes: Gewaschenes Obst sehr gut abtropfen lassen, Äpfel schälen, in feine Scheibchen oder Spalten schneiden, Zwetschgen entkernen, einschneiden; Kirschen bzw. Sauerkirschen entsteinen, Trauben abbeeren; sterilisierte Früchte sehr gut abtropfen lassen, große Früchte in gleichmäßige Stücke schneiden.
Quarkbelag herstellen: Butter, Zucker und ganze Eier oder Eigelb sehr schaumig schlagen, abgeriebene Zitronenschale, Rahm, Rum, bzw. Kirschwasser und trockenen, evtl. ausgepreßten Quark unterrühren, Stärkemehl oder Grieß und gebrühte, gut abgetropfte, trockene Sultaninen untermengen, evtl. Eischnee unterziehen, auf belegten Teigboden geben, fertig stellen wie oben beschrieben.
Man kann Quarkmasse auch auf 1½ Rezeptmengen erhöhen, etwas davon auf den vorgebackenen Kuchenboden geben, mit Obst belegen und darauf restliche Quarkmasse gleichmäßig verteilen, fertig stellen wie oben.

Grundrezept Mürbteig wie Nr. 1335 (fein oder einfach) von 250 g Mehl
zum Bestreichen: 20 g Butter
½–¾ kg rohe Äpfel, Kirschen, Sauerkirschen, Zwetschgen oder Trauben oder sterilisierte Früchte nach Wahl
Quarkbelag:
50 g Butter nach Belieben
125 g Zucker, 2–3 Eier (evtl. getrennt), ½ Zitronenschale
2 Eßl. Rahm, 2 Eßl. Rum oder Kirschwasser
500 g trockener Quark
20 g Stärkemehl oder 2 Eßl. Grieß, 50–70 g Sultaninen
z. Bestreichen: 1 Eigelb mit 1–2 Eßl. Rahm u. ½ Eßl. Zucker
30 g geschälte Mandeln

1354. Quarktorte ohne Boden

Schaummasse rühren aus Butter, Zucker und Eigelb, Zitronenschale und -saft unterrühren, Grieß einstreuen, nochmals sehr schaumig rühren, geschälte, geriebene oder grob gehackte Mandeln, Quark (nur falls nötig durch Sieb streichen – wenn sehr feucht, auspressen) und gebrühte, gut getrocknete, mit Mehl bestäubte Sultaninen oder Rosinen unterrühren, gesiebtes Backpulver und steifen Eischnee unterziehen, in mit Pergamentpapier ausgelegte, gebutterte und bemehlte Springform geben, glatt streichen, mit Ei bestreichen, bei Mittelhitze (190–200° C) etwa eine Stunde backen, erkaltet leicht mit Puderzucker besieben. Bei Verwendung von Sahnequark kann Buttermenge etwas gekürzt werden.

125 g Butter, 250 g Zucker
4 Eier getrennt, Saft und Schale von 1 Zitrone
4 Eßl. Grieß, ½ Backpulver
100 g Sultaninen od. Rosinen
50–100 g geschälte Mandeln
500 g trockener Quark
zur Form: Pergamentpapier Butter und Mehl
zum Bestreichen: 1 Eigelb
zum Besieben: Puderzucker

Bei Verwendung von elektrischer Küchenmaschine oder Handrührgerät Quark mit ganzen Eiern, Zucker und Zitronenschale sehr schaumig schlagen, zerlassene Butter lauwarm unterrühren, Zitronensaft und vorbereitete Mandeln und Sultaninen zugeben, zuletzt Grieß mit gesiebtem Backpulver gemischt, beifügen, fertig stellen wie oben beschrieben.
Die Masse kann ausgiebiger gestaltet werden durch Erhöhung der Quarkmenge auf 3/4–1 kg, der Zuckermenge auf 375 g und Beigabe von 3/4 Vanillepuddingpulver sowie einem ganzen Backpulver.

1355. Käse- oder Quarkkuchen (Mürbteig)

Grundrezept Mürbteig wie Nr. 1335 (fein oder einfach) von 250 g Mehl

Quarkbelag I. Art: wie Nr. 1353 von 750 g Quark

Quarkbelag II. Art:
500 g trockener Quark
125 g heiße Butter
bis 1/4 l heiße Milch (knapp)
125 g Zucker, 5 Eier getrennt
1/2 Zitronenschale
90 g Mehl oder Grieß
1/4 Teel. Backpulver
50–100 g Sultaninen oder Korinthen

Quarkbelag III. Art:
1/2 Rezept Brandteig von:
1/8 l Wasser, 1 Prise Salz
35 g Butter, 75 g Mehl
2 Eier
500–750 g trockener Quark
3 Eier, 150 g Zucker
1/2 Zitronenschale
50–100 g Rosinen

zum Bestreichen: 1 Eigelb

Gebröselten Mürbteig (feine oder einfache Art) nach Grundrezept herstellen, kurz kalt stellen, Kuchenboden auswellen, in Springform geben, mindestens 3 cm hohen Rand formen, andrücken, kalt stellen, nach Belieben 20 Minuten vorbacken. Quarkbelag nach Wahl dick auf Teigboden (evtl. vorgebacken) geben, glatt streichen, mit Eigelb (oder Eigelb mit wenig süßem Rahm und Zucker verrührt) bestreichen, in vorgeheizte Röhre auf *untere Schiene* einschieben, bei Mittelhitze (190–210° C) 1-1 1/4 Stunden, bei vorgebackenem Boden 45-50 Minuten backen. Käsekuchen in der Form zugedeckt etwas abkühlen lassen, Rand vorsichtig lösen, vom Blech nehmen, erkaltet mit Puderzucker besieben.

Käsekuchen sinkt nach dem Backen während des Erkaltens etwas ein; um dies und auch ein Feuchtwerden des Mürbteigbodens zu verhüten, kann man den fertigen Käsekuchen vorsichtig auf ein Kuchengitter *stürzen*, so erkalten lassen, zum Anrichten den Kuchen dann auf Platte stürzen, mit Puderzucker leicht besieben.

Quarkbelag I. Art: Herstellen wie bei Nr. 1353 beschrieben, Eier nach Belieben getrennt verwenden, in diesem Fall sehr steifen Eischnee unterziehen.

Quarkbelag II. Art: Quark (falls nötig durch Sieb streichen) mit heißer, jedoch nicht gebräunter Butter, heißer Milch, Zucker und Eigelb gut schaumig schlagen, geriebene Zitronenschale unterrühren, gebrühte, gut abgetropfte, trockene Sultaninen oder Korinthen und gesiebtes Mehl oder Grieß, mit Backpulver gemischt, untermengen, zuletzt sehr steifen Eischnee unterheben; Käsemasse dick auf Teigboden geben und fertig stellen wie oben beschrieben.

Quarkbelag III. Art: Brandteig herstellen wie beim Grundrezept Nr. 1375 beschrieben, abkühlen lassen; Quark mit Zucker, Eiern und geriebener Zitronenschale sehr schaumig schlagen, abgekühlten Brandteig nach und nach unterschlagen, gebrühte, gut abgetrocknete Rosinen untermischen, Masse auf Teigboden geben und fertig stellen wie oben beschrieben.

1356. Weincremekuchen, Orangencremekuchen (Mürbteig)

Gebröselten Mürbteig feine Art nach Grundrezept herstellen, kurz kalt stellen, Kuchenboden mit Rand formen, kalt stellen, Teigboden mehrmals einstechen, um Blasenbildung zu vermeiden, Rand mit Eigelb bestreichen, bei Mittelhitze (200° C) lichtgelb backen, völlig erkalten lassen. In der Zwischenzeit Weincreme herstellen wie Grundrezept roh gerührte Creme Nr. 1165, sobald Masse deutlich zu steifen beginnt, die gute Hälfte des steif geschlagenen Schlagrahms unterheben, noch kurz kalt stellen, dann auf kalten Kuchenboden bergartig anrichten, glatt streichen mit in heißes Wasser getauchtem Messer oder einer Spachtel, den Rand mit restlichem Schlagrahm spritzen, bis zum Gebrauch **kalt stellen (Kühlschrank).**

Orangencremekuchen ebenso herstellen, zur roh gerührten Orangencreme statt Wein *knapp* 1/4 l Orangensaft, einige Eßlöffel Weißwein sowie Schale von 1 Orange verwenden.

Grundrezept Mürbteig wie Nr. 1335 (feine Art)
zum Bestreichen: Eigelb
zur Weincreme:
4 Eigelb, 100 g Zucker
1/4 l Weißwein, 6 Eßl. Zitronensaft, etwas Zitronenschale, gerieben
6 Blatt weiße Gelatine
3 Eßl. heißes Wasser z. Lösen, 1/4 l Schlagrahm

1357. Linzer Kuchen fein (Mürbteig fein)

Gebröselten feinen Mürbteig mit ungeschälten, fein geriebenen Mandeln oder Nüssen herstellen, etwa 1/2 Stunde kalt ruhen lassen. Zweidrittel der Teigmenge leicht auswellen, Kuchenboden in Größe des Springformbleches ausschneiden, Teigboden auf nicht gefettetes, kalt gestelltes Springformblech geben, nach Belieben mit großen Oblaten belegen, mit Himbeermarmelade dick bestreichen; restlichen Teig wenig größer als Springform dünn auswellen, daraus 1–1 1/2 cm breite Streifen radeln, diese mit Eiweiß bestreichen, Kuchen damit gitterartig belegen. Aus Teigresten Rand formen, diesen mit Eiweiß auf Teigboden kleben, etwas andrücken, Teiggitter und Rand mit Eigelb bestreichen, bei Mittelhitze (200–210° C) etwa 3/4 Stunde vorsichtig backen.

Linzer Kuchen zweckmäßig 1–2 Tage vor Gebrauch herstellen.

Obige Menge ergibt eine mittelgroße Springform; für größere Springform ist die Menge der Hauptzutaten auf jeweils 250 g zu erhöhen.

200 g Mehl, evtl. 1 kleine Messerspitze Backpulver
150–200 g feiner Zucker
1/2 Teel. Zimt, 1 Pr. Nelken
1/4 Zitronenschale, gerieben
200 g ungeschälte Mandeln oder Nüsse
200 g Butter (kalt gestellt)
1 Ei, 1 Eßl. Rum
zum Belegen: 2 Oblaten
250 g Himbeermarmelade
zum Bestreichen: 1 Ei

Gebäck aus Quarkmürbteig oder Quarkblätterteig

Backlehre:

1. Quarkmürbteig oder Quarkblätterteig ist ein *fettreicher, gebröselter Mürbteig ohne Zucker und ohne Ei mit Quark.*

2. *Quark (Topfen)* soll trocken und frisch sein; zu feuchter Quark macht Teig klebrig und erfordert höhere Mehlzugabe, wodurch Teigbeschaffenheit verändert und das Blättrigwerden beeinträchtigt wird. Sehr feuchten Quark deshalb in Tuch gut auspressen.

3. *Die Zugabe einer Prise Backpulver* begünstigt die bröselige Beschaffenheit und Lockerung des Gebäcks und ist insbesondere bei einer evtl. Kürzung der Buttermenge empfehlenswert.

4. *Als Geschmackszutat* kann bei Verwendung zu süßem Gebäck etwas Vanille, zu salzigem Gebäck neben Salz etwas Paprika in den Teig gegeben **werden.**

5. *Die Teigherstellung erfolgt als Knetteig* wie Mürbteig. *Alle Zutaten kalt, nach Möglichkeit in*

kaltem Raum verarbeiten. Der Teig kann zur Unterstützung des Blättrigwerdens während des Backens wie Blätterteig *einige „Touren"* erhalten. Teig nach jeder Bearbeitung *kalt ruhen* lassen.

6. *Bleche nicht fetten, stets kalt stellen,* evtl. mit kaltem Wasser abspülen.

7. *Eistrich* begünstigt leichtes Bräunen beim Backen. Ränder an Schnittstellen nicht bestreichen, damit Aufgehen nicht behindert wird.

8. *Die blätterteigähnliche Beschaffenheit* entsteht beim Backen durch die lockernde Wirkung des Wasserdampfes aus Butter und Quark und wird durch die Art der Teigbearbeitung (nur kurzes Kneten und „Tourenschlagen" wie bei Blätterteig) begünstigt.

9. *Quarkmürbteig bzw. -blätterteig* kann ähnlich wie echter Blätterteig verwendet werden, er wird zu salzigem Gebäck bevorzugt wie zu Schinkenhörnchen, Würstchen im Teigmantel, Kümmel- und Käsestangen u. ä. Süßes Gebäck erhält meist eine süße Füllung und wird erkaltet reichlich mit Puderzucker oder Glasur versehen. Gebäck aus Quarkmürbteig schmeckt am besten frisch.

10. *Arbeitsregeln* siehe Grundrezept Nr. 1358.

Grundrezept

200 g Mehl, 1 Prise Salz
200 g frischer, trockener Quark (Magerquark)
200 g Butter oder gute Margarine (kalt gestellt)
evtl. Vanille oder Paprika (je nach Verwendung)
zum Bestreichen: 1 Ei

1358. Quarkmürbteig, Quarkblätterteig

Arbeitsweise:

1. *Alle Zutaten kalt und nach Möglichkeit in kaltem Raum* verarbeiten, Butter oder Margarine vorher kalt stellen!

2. *Gebröselten Mürbteig als Knetteig herstellen:*

a) *Mehl sieben, salzen; Quark,* falls nötig durch Sieb gestrichen, zugeben und *kalte Butter oder Margarine in Mehl einschneiden, fein hacken und abbröseln;* falls Butter auf 150 g gekürzt wird, empfiehlt sich die Zugabe von 1 Messerspitze Backpulver (gesiebt).

b) *Rasch und kurz zu Teig* zusammenarbeiten, *nur kurz kneten,* glatt formen, kalt stellen.

3. *2–3 Touren schlagen* wie bei Blätterteig.

a) *Teig zu Band etwa 1 cm dick* auswellen, Bandenden zur Mitte einschlagen, das Ganze in der Mitte wie ein Buch zusammenklappen, so daß 4 Teigschichten übereinander liegen, *kalt stellen.*

b) Teigstück nach den beiden offenen Seiten wieder zu Band auswellen, Bandenden wieder zur Mitte einschlagen und das Ganze in der Mitte zusammenklappen, *wieder kalt stellen,* evtl. noch eine 3. Tour geben (siehe Abb. über Tourenschlagen Seite 645).

4. *Teig zweimesserrückendick auswellen, formen* je nach Gebäckart, *kalt stellen,* vor dem Backen vorsichtig mit Ei streichen.

5. *Bleche nicht fetten, jedoch kalt stellen,* evtl. mit kaltem Wasser abspülen.

6. *Backen* bei *guter Mittelhitze.*
Backtemperatur: 200–225° C; *Einschubhöhe:* Mittelschiene;
Backdauer: 10–20 Minuten je nach Dicke des Gebäcks.

7. *Nach dem Backen* auf Kuchengitter abkühlen lassen, süßes Gebäck dick mit Puderzucker besieben oder mit Glasur überziehen.

Gebäck aus Quarkmürbteig *immer frisch* reichen!

Verwendungsmöglichkeit:
Quarkmürbteig oder Quarkblätterteig wird gerne zu gefülltem Gebäck verwendet, entweder mit süßer oder salziger Fülle wie Quarkkrapferl, Quarktaschen, Apfeltaschen, Schinkenhörnchen, Würstchen in Quarkblätterteig, außerdem zu Kümmel- und Käsestangen, Halbmonden u. a. m.

1359. Quark-(Topfen)tascherl oder -krapferl gefüllt

Quarkmürbteig herstellen nach Grundrezept Nr. 1358, kalt stellen, zweimesserrückendick auswellen, Vierecke von 8 cm Seitenlänge ausradeln, Marmeladenfülle in Mitte setzen, Teigränder vorsichtig mit Eiweiß bestreichen, Ecken zur Mitte einschlagen, Ränder etwas aneinander drücken oder Teigvierecke als Taschen in der Mitte zusammenklappen, so daß rechteckige Taschen entstehen, Ränder andrücken, auf ungefettetes, kaltes Blech legen, kalt stellen, mit Ei vorsichtig bestreichen, bei guter Mittelhitze (200–225° C) 10–15 Minuten backen, noch warm dick mit Puderzucker besieben oder mit Zitronenglasur bestreichen. Oder Teig zweimesserrückendick auswellen, runde Plätzchen von 8 cm Durchmesser ausstechen, füllen, Rand vorsichtig mit Eiweiß bestreichen, in der Mitte zusammenklappen, Ränder leicht andrücken, mit Ei bestreichen, backen und fertigstellen wie oben.

Quarkmürbteig Nr. 1358
zum Füllen:
Aprikosen- oder Sauerkirschmarmelade
z. Bestreichen: 1 Ei getrennt
zum Besieben: Puderzucker od. Zitronenglasur Nr. 1562

1360. Apfeltaschen (Quarkmürbteig)

Quarkmürbteig herstellen nach Grundrezept Nr. 1358, kalt stellen. Fülle herstellen: Äpfel schälen, kleinblättrig schneiden oder raffeln, mit Zucker, Rum oder Arrak, etwas geriebener Zitronenschale, gebrühten Rosinen sowie nach Belieben mit geriebenen Nüssen oder Mandeln mischen. Teig zweimesserrückendick auswellen, Quadrate von 8–10 cm Seitenlänge oder runde Plätzchen mit 8–10 cm Durchmesser radeln oder ausstechen, Fülle jeweils in die Mitte legen, Ränder vorsichtig mit Eiweiß bestreichen, in der Mitte zusammenklappen, Ränder leicht andrücken, auf ungefettetem, kaltem Blech kalt stellen, mit Eigelb bestreichen und bei guter Mittelhitze bei 200–225° C etwa 15 Minuten backen, nach dem Backen reichlich mit Puderzucker besieben oder mit Zitronenglasur bestreichen.

Quarkmürbteig Nr. 1358
zur Fülle:
3–4 Äpfel je nach Größe
80 g Zucker, 50 g Rosinen
1 Teel. Rum oder Arrak
etwas Zitronenschale
50 g Nüsse oder Mandeln
z. Bestreichen: 1 Ei getrennt
zum Besieben: Puderzucker oder Zitronenglasur Nr. 1562

Schinkenhörnchen (Quarkmürbteig) **siehe Nr. 386**

Käsestangen, Kümmelstangen (Quarkmürbteig) siehe Nr. 1557 und Nr. 1555

Gebäck aus Blätterteig

Backlehre:

Grundsätzliches:

1. *Verwendung* findet Blätterteig für süßes und salziges Gebäck; er ist besonders beliebt für: *Süßes Gebäck* wie Cremeschnitten, Holländer-Kirschschnitten, Schillerlocken oder Rahm- bzw. Schaumrollen, Blätterteigtaschen mit Apfelfülle, Äpfel im Schlafrock, Obsttörtchen, gefülltes Kleingebäck wie Hörnchen, Schnecken, Hahnenkämme, Teeblätter, auch Brillen oder Schweinsohren u. a. m.

Salziges Blätterteiggebäck wird geschätzt in Form von gefülltem Gebäck wie Schinkenhörnchen, Würstchen in Blätterteig, Pastetchen mit feiner Fleisch- oder Pilzfülle, aber auch als Blätterteighalbmonde oder Fleurons sowie zum Backen von Schweinsfilet im Teigmantel.

2. Blätterteig ist ein *zuckerfreier Teig;* Zucker würde Teig beschweren und seine Beschaffenheit verändern.

3. Blätterteig ist ein *sehr fettreicher* Teig, der beim Backen „blättrig" wird; die blättrige Beschaffenheit gebackenen Blätterteiges ist sein typisches Kennzeichen.

4. *Voraussetzungen für erfolgreiche Blätterteigherstellung* sind:

Feines, kleberreiches Weizenmehl (Type 405) *mit guter Kleberqualität sowie frische, gute, nicht zu wasserreiche, ungesalzene, kalte Butter* oder *beste Margarine.* Andere Fette sind ungeeignet. *Buttermenge und Mehlmenge sind gleich hoch.*

Vom Backgewerbe wird zur Herstellung von Blätterteig häufig „Ziehmargarine" verwendet; diese ist zäh und sehr dehnbar und begünstigt das „Blättern" des Teiges. Sie besteht überwiegend aus hochschmelzenden Fetten, darunter u. U. auch Rindertalg und nur geringen Anteilen ungehärteter Pflanzenöle. Sie enthält mindestens 87,5% Fett im Gegensatz zu sonstiger Haushaltsmargarine, die in der Regel 80% Fettgehalt hat.

5. *Blätterteigherstellung erfordert eine besondere, sorgfältige Arbeitstechnik* und ist *zeit- und arbeitsaufwendig; alle Zutaten müssen kalt sein und in kaltem Raum verarbeitet* werden.

6. Das *Blättrigwerden* von Blätterteig beim Backen beruht auf dem schichtweisen Einarbeiten großer kalter Buttermengen in den Teig; durch das „Tourenschlagen" entstehen zahlreiche, feinste, voneinander getrennte Butter- und Teigschichten; zwischen den einzelnen Schichten liegt etwas Luft. Beim Backen schmilzt das Fett der Butterschichten und wird von den Teigschichten aufgenommen; der durch die Backhitze entstehende Dampf aus dem Wasser der Butter hebt die einzelnen Teigschichten und bewirkt so das Blättrigwerden des Gebäcks. Die beim „Tourenschlagen" eingearbeitete Luft zwischen den einzelnen Schichten unterstützt das Blättrigwerden.

Bei der Teigherstellung und Teigverarbeitung muß deshalb auf das Erhalten der getrennten Butter- und Teigschichten besonders geachtet werden.

7. *Arten:*

a) *Echter Blätterteig* besteht aus einem etwas fester gehaltenen, elastischen Strudelteig, in den Butter oder Buttermargarine schichtweise eingearbeitet wird; das mehrfache „Tourenschlagen" läßt zahlreiche, sehr dünne Butter- und Teigschichten entstehen, die als Schichten getrennt erhalten bleiben müssen. Die Menge an Mehl und Butter sind gleich hoch, Grundrezept siehe Nr. 1361.

b) *Rahmblätterteig* hat gleiche Mengen an Butter und Mehl. Seine Herstellung erfolgt wie bei Mürbteig durch Einhacken der Butter in Mehl oder durch Abbröseln und rasches Zusammenkneten, dem das Tourenschlagen wie bei echtem Blätterteig folgt. Er blättert beim Backen gut. Er ist rasch, leicht und arbeitssparend herzustellen. Rezept siehe Nr. 1362.

c) *Halbblätterteig* besteht gleichfalls aus geschmeidigem Strudelteig, in den schichtweise Butter eingearbeitet wird; die Buttermenge beträgt jedoch nur die Hälfte der Mehlmenge. Er wird beim Backen deshalb nicht so blättrig und locker wie echter Blätterteig. Er wird gerne zum Auslegen von Pastetenformen verwendet.

d) *Quarkblätterteig* hat gleiche Mengen an Mehl, Quark und Butter, doch kann Buttermenge ein wenig gekürzt werden. Er wird wie Rahmblätterteig hergestellt und blättert beim Backen. Grundrezept siehe Nr. 1358.

e) *Hefeblätterteig oder Plunderteig* besteht aus Hefeteig, in den schichtenweise, wie bei echtem Blätterteig Butter durch mehrfaches Tourenschlagen eingearbeitet wird. Die einzuschlagende Buttermenge beträgt $1/2$ der Mehlmenge. Er blättert nicht so stark wie echter Blätterteig, ist jedoch für feines Hefegebäck sehr beliebt. Grundrezept siehe Nr. 1192.

8. Blätterteig kann gut auf Vorrat hergestellt werden; in Pergamentpapier oder Aluminiumfolie verpackt, kann er bis zum Verarbeiten mehrere Tage im Kühlschrank liegen.

9. Blätterteig ist zum *Tiefgefrieren* gut geeignet und ist tiefgefroren für *2–3 Monate haltbar.* Blätterteig hierzu als Teigpaket bis zu 2 cm Dicke vorschriftsmäßig verpacken und tiefgefrieren; vor Verwendung im Kühlschrank oder bei Zimmertemperatur nur so weit *antauen lassen,* bis er sich auswellen und formen läßt, dann backen wie üblich.

Auch *gebackener Blätterteig* kann *gut eingefroren* werden, mögliche Lagerdauer bis zu 2 Monaten. Vor Gebrauch bei Zimmertemperatur auftauen oder gefroren unverpackt in der Röhre bei etwa 160° C 5–10 Minuten nachbacken.

10. *Käuflicher Blätterteig* ist backfertiger, roher Blätterteig, meist durch Tiefgefrieren haltbar gemacht. Er ist nach etwa $1\frac{1}{2}$–2stündigem Antauen bei Zimmertemperatur zu formen und zu backen wie angegeben.

Grundregeln für Blätterteig siehe Grundrezept Nr. 1361.

Herstellen von Blätterteig

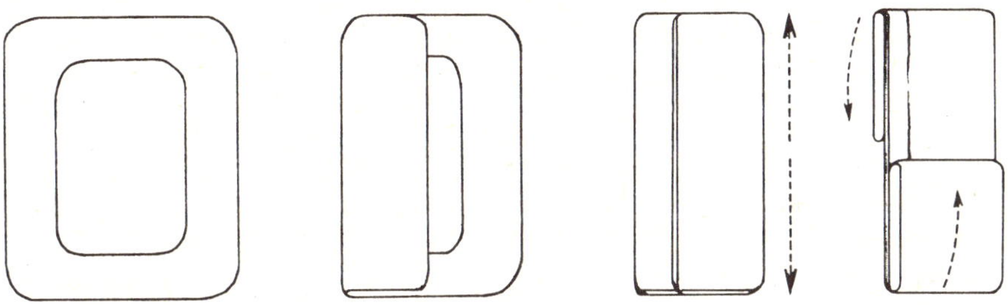

Strudelteig mit Butterstück — Einschlagen — erstes Zusammenschlagen

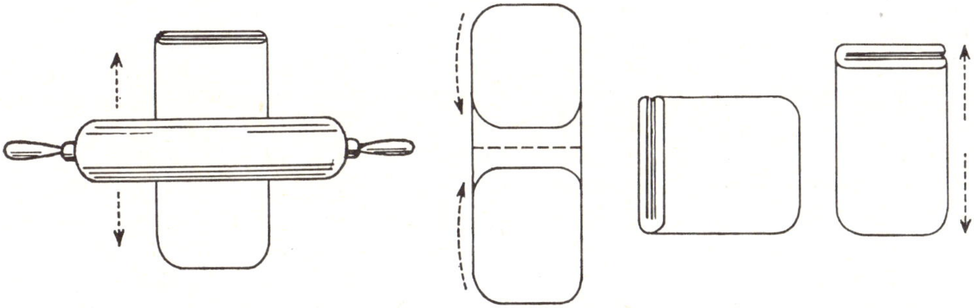

Touren schlagen: zu Band auswellen — Bandenden einschlagen — zusammenklappen, nach offenen Seiten wieder auswellen

Grundrezept

zum Strudelteig:
160 g Mehl, Salz
1–2 Eigelb
2 Eßl. Wasser
4 Eßl. Weißwein
1 Teel. Zucker nach Belieben
zum Butterstück:
280 g Butter
120 g Mehl

1361. Blätterteig (Echter Blätterteig)

Arbeitsweise:

I. Art:

1. *Alle Zutaten möglichst kalt im kalten Raum verarbeiten; Teig nach jeder Bearbeitung kalt stellen.*

2. *Butterstück herstellen:* Harte, kalt gestellte Butter bzw. Margarine in gesiebtes Mehl feinblättrig einschneiden, mit Nudelholz zusammenklopfen oder Mehl leicht und rasch in kalte Butter einkneten, zu *Rechteck formen, zugedeckt kalt stellen.*

3. *Geschmeidigen, etwas festeren Strudelteig herstellen* aus den angegebenen Zutaten: Mehl sieben, Salz zugeben, Eigelb mit Flüssigkeit verquirlt in Mehlgrube gießen, mit Gabel vermengen, zu *glattem, geschmeidigem Teig* kneten, der sich gut vom Brett lösen muß, zugedeckt *kalt stellen.* (Wein kann evtl. durch Wasser ersetzt werden.)

4. *Butterstück in Strudelteig einschlagen: Strudelteig* mit möglichst wenig Mehl zu *Rechteck auswellen,* so groß, daß Butterstück ganz darin eingeschlagen werden kann, Butterstück in die Mitte des ausgewellten Strudelteiges legen und von allen Seiten mit Strudelteig einschlagen, so daß Butterstück ganz in Strudelteig eingehüllt ist, leicht zu Band auswellen, dann eine Schmalseite nach unten, die andere nach oben schlagen (siehe Abb. Seite 645).

5. *Teigstück nach den beiden offenen Seiten vorsichtig zu langem Band auswellen, dabei mehr klopfen als rollen,* um Butterschichten zwischen den Teigschichten zu erhalten und nicht aus der Teighülle zu pressen oder in die Teigschichten zu drücken; nicht von der Mitte aus beginnen! Bandenden zur Mitte einschlagen, das Ganze in der Mitte zusammenklappen so daß 4 Schichten übereinanderliegen, = „Tourenschlagen" (siehe Abb. Seite 645).
Teig zugedeckt mindestens 1/2 Stunde kalt stellen, bis Teig wieder fest ist.

6. *Auswellen zum Band und Zusammenschlagen = „Tourenschlagen" 3x wiederholen, nach jeder Tour 1/2 Stunde kalt stellen.* Das richtige Tourenschlagen und jeweilige Kaltstellen des Teiges ist Voraussetzung für ein Blättrigwerden beim Backen, da dadurch zahlreiche feinste, voneinander getrennte Butter- und Teigschichten entstehen sollen.
Beim Tourenschlagen möglichst wenig Mehl einarbeiten!

7. *Zum Formen Teig mit möglichst wenig Mehl nicht zu dünn* auswellen, dabei nicht stark drücken! Beim Formen auf glatte Schnittkanten oder Ränder achten, teigsparend formen bzw. ausstechen. Teigreste mit Wellholz *zusammenklopfen, nicht verkneten.*

8. *Backbleche mit kaltem Wasser abspülen* (verhütet zu starkes Bräunen des Gebäcks auf der Unterseite), *kalt stellen,* mit geformtem Gebäck belegen, dieses dabei evtl. wenden, *nochmal kalt stellen.* (Das Wenden begünstigt gleichmäßiges Aufgehen).

9. *Gebäck vor dem Backen vorsichtig mit Ei bestreichen – nicht über den Rand hinaus streichen,* da Teig sonst nicht aufgehen kann.

10. *Vorsichtig backen in gut vorgeheiztem Rohr bei guter Hitze: Backtemperatur:* 210–230° C, auf mittlerer Schiene einschieben, während der *ersten Hälfte der Backzeit Rohr nicht öffnen!* Backdauer je nach Größe und Dicke des Gebäcks – Blätterteig gut ausbacken lassen, sonst schmeckt er leicht talgig!
Gutes Blätterteiggebäck muß blättrig, locker und leicht sein!
11. *Nach dem Backen* warm verwenden (Gebäck mit salziger Fülle) oder vorsichtig erkalten lassen und Gebäck je nach Rezeptangabe fertigstellen.
12. *Verwendungsmöglichkeiten* siehe Backlehre Blätterteig.

II. Art:
1. *Kalte Butter* (ohne Mehl) zwischen Pergamentpapier oder Aluminiumfolie gelegt, zu etwa *1 cm dicker Platte* ausklopfen, *kalt stellen.*
2. *Geschmeidigen Strudelteig von der gesamten Mehlmenge* mit etwa 10 Eßlöffeln Wasser und 2 Eigelb *herstellen, sehr gut abarbeiten, zugedeckt kalt stellen,* ruhen lassen.
3. *Butterplatte in Strudelteig* einschlagen: Strudelteig mit möglichst wenig Mehl zu rechteckiger Platte auswellen, Butterplatte locker einschlagen, so daß sie ganz in Strudelteig gehüllt ist.
4. *Teigstück zu langem Band auswellen,* dabei mehr klopfen als rollen, Bandenden einschlagen und in der Mitte zusammenklappen, *kalt* stellen wie Abb. Seite 645 zeigt.
5. Tourenschlagen 3x wiederholen und nach jeder Tour kalt stellen wie bei I. Art, dabei möglichst wenig Mehl einarbeiten!
6. Fertigstellen wie bei I. Art.

1362. Rahmblätterteig

Grundrezept

250 g Mehl, gesiebt
250 g frische, kalte Butter
1 Prise Salz
6 Eßl. dicker, saurer Rahm
1 Eßlöffel Rum
1 Teelöffel Zucker nach Belieben

Arbeitsweise:
1. *Alle Zutaten kalt in kaltem Raum verarbeiten, Teig nach jedem Arbeitsgang kalt stellen.*
2. *Sehr kalte Butter in gesiebtes Mehl feinblättrig einschneiden.*
3. *In Mehlgrube sehr dicken, sauren Rahm* (kalt gestellt), Rum und etwas Salz einarbeiten und *rasch zu Teig zusammenkneten* wie gebröselten Mürbteig Nr. 1335; zugedeckt mindestens 1 Stunde, besser über Nacht *kalt stellen* (am besten im Kühlschrank).
4. *Teig zu Band auswellen* und zusammenschlagen wie bei Nr. 1361 beschrieben, *3 mal „Tourenschlagen"* wie dort angegeben, *nach jeder Tour etwa ½ Stunde kalt stellen.*
5. *Bleche ebenfalls mit kaltem Wasser abspülen und kalt stellen.*
6. *Teig formen* wie bei Nr. 1361 beschrieben, beim Auflegen auf Blech wenden, nochmal *kalt stellen, vor dem Backen mit Ei bestreichen* wie bei Nr. 1361 angegeben.
7. *Vorsichtig backen bei guter Hitze,* während der ersten Hälfte der Backzeit Röhre nicht öffnen. *Backhitze:* 210–230° C, Einschubhöhe mittlere Schiene; *Backdauer* je nach Dicke des Gebäcks etwa 20–30 Minuten, gut ausbacken.
Verwendung von Rahmblätterteig wie echter Blätterteig.

Quarkblätterteig siehe Nr. 1358

Hefeblätterteig, Plunderteig siehe Nr. 1192

zum Strudelteig: 250 g Mehl
1/8 l Wasser, 1 Ei, 1 Pr. Salz
z. Belag: 125–150 g Butter

1363. Halbblätterteig

Herstellung wie Blätterteig Nr. 1361/II. Art.
Beliebte Verwendung zu Pasteten in der Form gebacken.

Grundrezept Blätterteig Nr. 1361 oder Rahmblätterteig Nr. 1362
zum Bestreichen: Ei
zur Creme:
1 l Milch, 1 Stange Vanille oder Vanillezucker
6 Eier getrennt
200 g Zucker
40 g Stärkemehl
16–20 Blatt weiße Gelatine
zum Bestreichen:
Aprikosenmarmelade
Zitronenglasur Nr. 1562

1364. Cremeschnitten (Blätterteig, 12–14 Stück)

Blätterteig herstellen wie Nr. 1361 oder Nr. 1362, in zwei gleichlange, 10 cm breite und etwa 1/2 cm dicke Streifen auswellen, davon 7 cm breite Stücke abschneiden, auf nasses Blech legen, kalt stellen, vorsichtig mit Ei bestreichen, bei guter Hitze (210–230° C) vorsichtig ca. 15 bis 20 Minuten backen. *Erkaltet* Schnitten teilen, mit Creme belegen, Oberteil dünn mit Aprikosenmarmelade bestreichen, glasieren; oder Teigstreifen im ganzen backen und fertigstellen wie bei Nr. 1365 beschrieben. Oder Teig nur 1/4 cm dick ausrollen, Schnitten ebenso herstellen, beim Füllen je 2 zusammensetzen.

Herstellen der Creme: Vanillestange klopfen, der Länge nach aufschneiden. Eigelb und Zucker schaumig rühren, Stärkemehl, Milch und Vanillestange zugeben, am Herd abschlagen bis Masse aufpufft, dann Vanillestange entfernen, vorbereitete, in 6–8 Eßlöffel heißem Wasser gelöste Gelatine unterschlagen, erkalten lassen; wenn Masse zu steifen beginnt, steifen Eischnee unterziehen und Creme in eine in der Größe entsprechende, mit kaltem Wasser ausgespülte Form (Kastenform oder Pergamentpapierform) füllen, kalt stellen und gut steifen lassen, dann stürzen, in dicke Streifen schneiden, entsprechend der Größe der gebackenen Blätterteigschnitten, diese damit füllen.

Grundrezept Blätterteig Nr. 1361 oder Rahmblätterteig Nr. 1362
zur Fülle:
500 g entsteinte Sauerkirschen
1/4 l Wasser, 100–150 g Zucker
4 Blatt Gelatine (halb weiß, halb rot)
1/2 l Schlagrahm
80 g Puderzucker
1 Eßlöffel Kirschwasser
4 Blatt weiße Gelatine
2–3 Eßl. Wasser z. Lösen
zum Glasieren:
2–3 Eßl. Johannisbeergelee oder Aprikosenmarmelade
Zitronenglasur Nr. 1562

1365. Holländer Kirschschnitten (Blätterteig, 12–14 Stück)

Blätterteig nach Wahl herstellen, (evtl. kaufen), etwa 1/4 cm dick auswellen, gleichlange Streifen von etwa 10 cm Breite schneiden, auf nasses Blech legen, kalt stellen, bei guter Hitze (210–230° C) vorsichtig etwa 20 Minuten backen, erkalten lassen. Sauerkirschen waschen, entsteinen, in kochendem Zuckersud garen; sehr gut eingeweichte Gelatine (rote und weiße) darin lösen, kalt stellen. Sobald Masse deutlich zu steifen beginnt, die Hälfte der gebackenen Streifen damit belegen, kalt stellen. Schlagrahm steif schlagen, vorbereitete, sorgfältig gelöste Gelatine (knapp lauwarm), gesiebten Puderzucker und Kirschwasser unterschlagen, auf die Sauerkirschmasse dick aufstreichen oder aufspritzen. Die andere Hälfte der gebackenen Blätterteigstreifen mit der Unterseite nach oben mit glattgerührtem Johannisbeergelee dünn bestreichen, mit dünner Zitronenglasur überziehen, mit *sehr scharfem Messer* in gleichmäßige Portionsstücke schneiden (etwa 5 cm breit) und auf den mit Schlagrahm bestrichenen Streifen legen, kalt stellen; nach völligem Steifen mit *sehr scharfem Messer* in schöne Schnitten schneiden, bis zum Gebrauch kalt stellen.

Man kann auf das Steifen des Sauerkirschkompottes verzichten und die gekochten, sehr gut abgetropften, völlig erkalteten Sauerkirschen unter die gesüßte, gesteifte Schlagsahne heben und damit Schnitten füllen. Erstere Art ist ausgiebiger.

1366. Schillerlocken, Schaum- oder Rahmrollen (Blätterteig)

Grundrezept Blätterteig Nr. 1361 oder Rahmblätterteig Nr. 1362
zum Bestreichen: 1 Eigelb
für die Formen: Butter und Brösel
zur Fülle: 1/2 l Schlagrahm
2–3 Eßlöffel Zucker
Vanillezucker
zum Bestreuen: Puderzucker

Blätterteig nach Wahl nach Grundrezept herstellen, kalt stellen, gut messerrückendick zu 40 cm langem Rechteck auswellen, 3 cm breite und 40 cm lange Streifen schneiden, um gebutterte und gebröselte Formen vom dünnen zum dicken Ende wickeln, so daß Streifen sich etwa 1/2 cm breit decken, so auf mit kaltem Wasser gespültes Blech legen, daß Teigende nach unten zu liegen kommt, kalt stellen, vorsichtig mit Eigelb streichen, nicht über Ränder hinaus streichen, bei guter Hitze (210–225° C) vorsichtig etwa 20 Minuten backen, in der ersten Hälfte der Backzeit Röhre nicht öffnen! Nach dem Backen sofort von den Formen vorsichtig lösen, erkalten lassen, mit gesüßtem Schlagrahm füllen, mit Puderzucker besieben. Als Ersatz für Formen kann Pergamentpapier oder Aluminiumfolie zusammengedreht und als Rolle geformt werden, darauf Teigstreifen wickeln und backen wie beschrieben.

1367. Apfeltaschen, Blätterteigtaschen (ca. 12 Stück)

Grundrezept Blätterteig Nr. 1361 oder Nr. 1362
zur Fülle: Aprikosenmarmelade oder 1/2 kg Apfelschnitten, etwas Zuckersud mit Zitronensaft
50 g Sultaninen, 20 g Mandeln
2 Eßl. Aprikosen- oder Pfirsichmarmelade
zum Bestreichen: 1 Ei
zum Bestreuen: Puderzucker

Blätterteig oder Rahmblätterteig nach Grundrezept herstellen, kalt stellen, gut messerrückendick ausrollen, runde Plätzchen im Durchmesser von 12 cm ausstechen oder Rechtecke von 10:13 cm schneiden, Rand vorsichtig mit Eiweiß bestreichen (nicht über die Teigkante!), auf eine Hälfte Marmelade oder geschälte, in Zuckersud vorgekochte, gut abgetropfte, erkaltete Apfelschnitten mit etwas Marmelade geben, mit vorbereiteten Sultaninen und geschälten, grob gehackten Mandeln bestreuen, andere Teighälfte darüberklappen, Rand andrücken, kalt stellen, mit Eigelb bestreichen, bei guter Hitze (210–230° C) backen, erkaltet mit Puderzucker überstreuen. Backzeit etwa 20 Minuten.

1368. Äpfel im Schlafrock (Blätterteig, ca. 10 Stück)

Grundrezept Blätterteig Nr. 1361 oder Nr. 1362
sonst. Zutaten wie Nr. 1351

Blätterteig nach Wahl jeweils nach Grundrezept herstellen, zweimesserrückendick ausrollen, sonstige Zubereitung wie Äpfel im Schlafrock von Mürbteig Nr. 1351.

1369. Teeblätter oder Schuhsohlen (Blätterteig, etwa 25 Stück)

1/2 Grundrezept Blätterteig Nr. 1361 oder 1/2 Rezept Rahmblätterteig Nr. 1362
zum Auswellen: grober Grießzucker
zum Füllen: Schlagrahm

Blätterteig nach Wahl herstellen wie bei den Grundrezepten jeweils beschrieben, gut zweimesserrückendick auswellen, mit gezackter Ringform Plätzchen im Durchmesser von 8 cm ausstechen, Nudelbrett dick mit Grießzucker bestreuen, jedes Teigplätzchen nach zwei entgegengesetzten Seiten hin zu länglichem Plätzchen auswellen (siehe Abb. unten), dabei einmal wenden, auf mit kaltem Wasser gespültes Kuchenblech legen, kalt stellen, bei *starker Hitze* (220° C) *hellgelb* backen, *während der Backzeit einmal wenden, Backzeit* etwa 10 Minuten. *Nach dem Backen sofort vom Blech nehmen.*
Nach Belieben jeweils 2 erkaltete Teeblätter mit etwas Schlagrahm zusammensetzen.

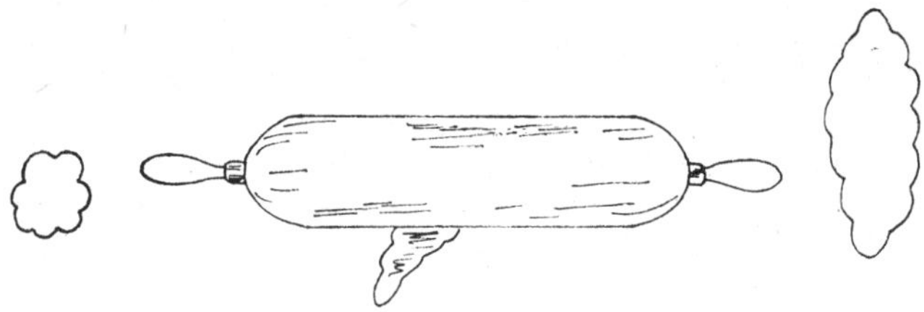

Herstellen von Teeblättern

1370. Schweinsohren, Brillen (Blätterteig)

1/2 Grundrezept Blätterteig Nr. 1361 oder 1/2 Rezept Rahmblätterteig Nr. 1362 oder Quarkblätterteig Nr. 1358
zum Auswellen: Grießzucker

Blätterteig nach Wahl herstellen wie jeweils im Grundrezept beschrieben, nach dem Kaltstellen auf mit Zucker bestreutem Brett gut messerrückendick zu Rechteck auswellen, Teigplatte mit Grießzucker bestreuen, von beiden Breitseiten nach der Mitte zu locker aufrollen, so daß in der Mitte eine Doppelrolle entsteht; davon 1/2 cm dicke Scheiben abschneiden, mit Wellholz etwas flachklopfen, auf mit kaltem Wasser gespültes Blech legen, nachformen, kalt stellen, bei guter Hitze (220° C) unter einmaligem Wenden goldgelb backen, nach dem Backen *sofort vom Blech nehmen,* da sie durch den Zucker sonst stark ankleben und beim Abnehmen brechen.

1371. Obsttörtchen (Blätterteig, 15–20 Stück)

Grundrezept Blätterteig Nr. 1361 oder Rahmblätterteig Nr. 1362
zum Bestreichen: 1 Eigelb
zum Füllen:
1/2 l Schlagrahm
2 Eßl. Zucker, Vanillezucker
750 g feine weiche Früchte

Grundrezept Blätterteig oder Rahmblätterteig herstellen, zweimesserrückendick auswellen, runde Plätzchen von etwa 8–10 cm Durchmesser ausstechen, aus der Hälfte der Plätzchen Teigringe herstellen durch Ausstechen kleinerer Plätzchen; diese mit übrigen Teigresten mit Wellholz wieder zusammenklopfen, nicht verkneten und neu auswellen. Plätzchen am Rand vorsichtig mit Wasser bestreichen, jeweils mit Teigring belegen, kalt stellen, vor dem Backen vorsichtig mit Eigelb bestreichen (nicht über die Kante!), auf nassem, kaltem Blech bei guter Hitze (220° C) vorsichtig goldgelb bakken, Backzeit etwa 15–20 Minuten, in der ersten Hälfte der Backzeit Röhre nicht öffnen! Nach dem Backen erkalten lassen, dann füllen. Dafür Schlagrahm steif schlagen, Zucker und Vanillezucker unterschlagen, vorbereitete rohe Beeren oder sterilisierte bzw. gekochte, sehr gut abgetropfte, evtl. klein geschnittene Früchte (Aprikosen, Pfirsiche, Sauerkirschen oder Ananas aus Dose) untermischen, abschmecken, auf erkaltete Törtchen geben, nach Belieben mit Schlagrahm und Früchten verzieren, frisch verwenden.

1372. Pastetchen von Blätterteig (etwa 10–12 Stück)

Grundrezept Blätterteig Nr. 1361 oder Rahmblätterteig Nr. 1362 oder Quarkblätterteig von 250 g Mehl wie Nr. 1358

zum Bestreichen: 1 Ei

zum Füllen:

feines Ragout Nr. 157 oder Hühnerfrikassee mit Champignons Nr. 290 oder feines Zungenragout Nr. 279 oder feine Gemüse wie Spargelspitzen, Champignons oder andere Pilze u.a.m.

Grundrezept Blätterteig oder Rahmblätterteig bzw. Quarkblätterteig nach Wahl herstellen, wie jeweils im Grundrezept beschrieben, kalt stellen. Teig 1/2 cm dick auswellen, runde Plätzchen im Durchmesser von 8–10 cm ausstechen, Zweidrittel der Plätzchen zu Ringen formen durch Ausstechen kleiner Plätzchen, die als Pastetendeckel dienen. Rand der großen Plätzchen in Breite der Teigringe mit Wasser bestreichen, Teigring darauf legen, leicht ausdrücken, mit Wasser bestreichen, zweiten Teigring darauf legen, leicht mit Wasser bestreichen. Vor dem Backen den obersten Teigring der Pastetchen mit Eigelb bestreichen (nicht über den Rand hinaus streichen!), auf kaltem, nassem Blech bei guter Hitze (220–225° C) vorsichtig goldgelb backen Backzeit etwa 20–25 Minuten, in der ersten Hälfte der Backzeit Röhre nicht öffnen. Die kleinen Plätzchen, beim Ausstechen der Teigringe gewonnen, als Pastetendeckel auf *eigenes Blech* legen, mit Eigelb vorsichtig bestreichen, bei guter Hitze (210° C) goldgelb backen, Backzeit nur 8–10 Minuten, sie werden rasch braun!

Pastetchen nach dem Backen mit pikanter salziger Fülle nach Wahl füllen, (Ragout fin, Bries- oder Hühnerfrikassee, Zungenragout, Pilze u. a. m.), Deckelchen aufsetzen, heiß zu Tisch geben.

Gebackene Blätterteigpasteten können dicht verpackt im Kühlschrank längere Zeit aufbewahrt werden; bei Verwendung vor dem Füllen kurz in vorgeheizter Röhre aufbacken.

Pastetchen sind als *Vorspeise* beliebt.

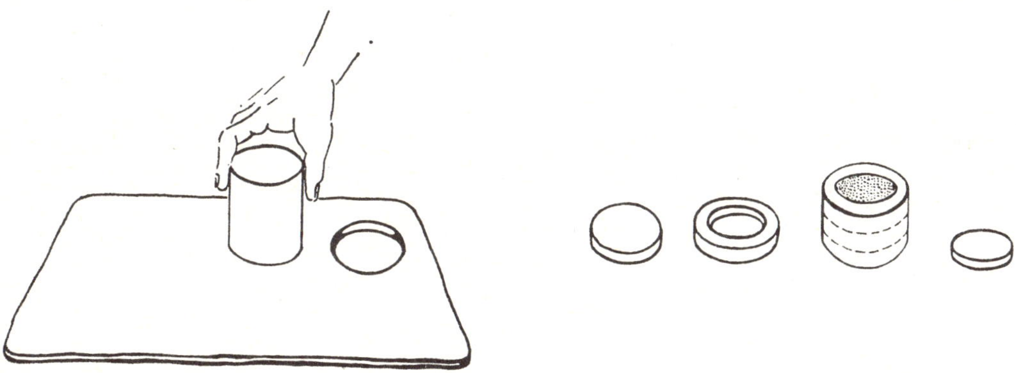

Formen von Pastetchen

1373. Blätterteig-Halbmonde, Fleurons

1/2 Grundrezept Blätterteig Nr. 1361 oder 1/2 Rezept Rahmblätterteig Nr. 1362 oder Quarkblätterteig Nr. 1358
zum Bestreichen: 1 Eigelb

Blätterteig nach Wahl herstellen wie jeweils im Grundrezept angegeben, kalt gestellten Blätterteig gut zweimesserrückendick auswellen, Halbmonde teigsparend ausstechen, um Teigreste zu vermeiden, auf mit kaltem Wasser gespültem Blech kalt stellen, vorsichtig mit Eigelb bestreichen, bei guter Hitze (210–220° C) etwa 10 Minuten backen, erste Hälfte der Backzeit Röhre nicht öffnen. (Vorsicht, werden rasch dunkel!)
Verwendung als Garnitur zu feinen Fleisch- und Gemüsespeisen.

1374. Würstchen in Blätterteig

Grundrezept Blätterteig Nr. 1361 oder Rahmblätterteig Nr. 1362 oder Quarkblätterteig Nr. 1358
6 Paar Würstchen z. B. Wiener oder Frankfurter,
zum Bestreichen:
1 Eiweiß, 1 Eigelb

Blätterteig nach Wahl jeweils nach Rezeptangaben herstellen, kalt stellen; dann etwa gut messerrückendick auswellen, Quadrate oder Rechtecke in der Länge eines Würstchens schneiden – große Frankfurter evtl. halbieren – Würstchen einlegen, Teigrand vorsichtig mit Eiweiß (aber nicht über Schnittkante) streichen, eine Teighälfte überklappen (oder Teigfläche locker aufrollen), Ränder leicht andrücken, auf mit kaltem Wasser gespültem Blech kalt stellen, mit Eigelb bestreichen, bei guter Hitze (210–230° C) etwa 20–30 Minuten vorsichtig backen, heiß reichen.

Gebäck aus Brandteig oder Brühteig

Backlehre:

Grundsätzliches:

1. Brandteig, auch Brühteig genannt, wird *zweimal gegart:* Einmal bei der Teigherstellung durch das Abbrennen oder Abbacken von Wasser, Fett und Mehl zum Kloß (Name!), zum anderen durch das Garen des geformten Teiges beim Backen in der Röhre, in heißem Fett oder durch Kochen in Brühe oder Wasserbad.

2. Brandteig ist in der Regel *zuckerfrei* oder *sehr zuckerarm* und außer Salz meist ohne besondere Geschmacks- und Verbesserungszutaten. Brandteig hat deshalb neutralen Geschmack und kann sowohl für süße wie für salzige Gebäckarten und Gerichte verwendet werden.

3. Brandteig ist *eierreich;* frische Eier sind hier wichtig für Lockerung und Gerüstbildung im Teig.

4. Die *Teigherstellung von Brandteig ist einfach, zeitsparend und rasch* (Schnellgebäck), *erfordert aber Genauigkeit.*

5. Brandteig hat *weiche Beschaffenheit, seine Formgebung* erfolgt meist mit dem Löffel oder durch Spritzen; zum Auswellen ist er ungeeignet.

6. Brandteig bildet beim *Backen in der Röhre große Hohlräume,* erreicht dadurch die doppelte Größe des Ausgangsvolumens und liefert das sogenannte *„Hohlgebäck“*, das als süßes Gebäck gerne mit Schlagrahm, Fruchtschnee oder Creme gefüllt wird, als salziges Gebäck eine pikante Käsefülle erhält.

Die *Teiglockerung* beruht auf dem hohen Eigehalt und der Wirkung des beim Backen entstehenden Wasserdampfes, der das Gebäck hochtreibt. Die Gerüstbildung im Gebäck durch Ei und Kleber des Mehles muß in dem Moment erfolgen, in dem das Gebäck hochgegangen ist, so daß die Teigwände der Hohlräume fest werden. Zu geringe Backhitze verhindert rechtzeitige Gerüstbildung und bedingt ein nachträgliches Zusammenfallen des Gebäcks; zu starke Backhitze kann vorzeitige Krustenbildung bewirken und damit ein Aufgehen verhindern.

7. Brandteig ist also *empfindlich beim Backen, insbesondere gegen Erschütterung, Einwirkung von Kaltluft und falsche Backtemperaturen.* Deshalb vorsichtig backen, Backtemperaturen einhalten und Gebäck gut gar backen. *Hohlgebäck muß locker, leicht und wirklich hohl sein.*

8. *Gebackenes Hohlgebäck aus Brandteig* (Windbeutel) kann, vorschriftsmäßig verpackt, durch *Tiefgefrieren gut haltbar* gemacht werden. Mögliche Lagerdauer etwa 3 Monate. Vor Gebrauch bei Zimmertemperatur auftauen, dann mit Schlagrahm, Fruchtschnee, Creme oder Käsecreme füllen.

Von den Zutaten zu Brandteig:

Flüssigkeit: Meist Wasser, selten Milch, jeweils genau abmessen, rasch zum Kochen bringen, aber nicht vorzeitig verdampfen lassen, Teig wird sonst zu fest.

Fett: Butter oder gute Margarine genau abwiegen, Fettmenge nicht kürzen; sie verhindert das Klumpen des Mehls beim Abbacken und macht Teig geschmeidig.

Feines Weizenmehl (Type 405) genau wiegen, gesiebt verwenden. Ein Austauschen mit Stärkemehl ist hier nicht zu empfehlen. Die kochende Fett-Flüssigkeitsmenge bewirkt bei der Teigherstellung bereits ein Verkleistern der Stärke des Mehles, so daß diese beim Backen keine Feuchtigkeit mehr aufnehmen kann; es entsteht beim Backen in der Röhre im Gebäck Dampf, der Teig wird locker und es bilden sich große Hohlräume.

Frische Eier sind im Brandteig wichtige Lockerungs- und Bindemittel und unentbehrlich für die Gerüstbildung. Ihre Zahl ist von ihrer Größe abhängig. Sie werden als ganze Eier an den Teig gegeben und dürfen nicht vorzeitig bei der Teigherstellung, sondern erst beim Backen gerinnen. Eiermenge nicht kürzen!

Backpulver, in nur geringer Menge (1 Messerspitze auf 150 g Mehl), kann die Teiglockerung unterstützen.

Zucker fehlt oder darf nur in ganz geringer Menge zugesetzt werden, da er in größerer Menge das Aufgehen des Teiges beeinträchtigen würde.

Grundregeln für Brandteig siehe Grundrezept Nr. 1375.

1375. Brandteig, Brühteig

Grundrezept

1/4 l Wasser
1 Prise Salz
evtl. 1 Eßl. Zucker
50 g Butter oder gute Margarine
150 g Mehl
4 große, ganze Eier
evtl. 1 Messerspitze Backpulver

zum Blech:
Butter und Mehl

Arbeitsweise:

1. *Alle Zutaten genau abwiegen bzw. messen!*
2. *Wasser, Butter, Salz* (und evtl. Zucker für süßes Gebäck) *in engem Topf zum Kochen bringen,* dann sofort vom Herd nehmen, nicht einkochen lassen!
3. *Gesiebtes Mehl auf einmal in die kochend heiße Flüssigkeit* geben, *glatt rühren, auf Herdstelle abrühren oder abbrennen* (Name!), bis sich die Masse als *Kloß vom Topf löst* (zum Kloß abbacken) und sich am Topfboden eine *weiße Teighaut anlegt.* Ungenügend abgebrannter Teig bleibt zu weich und fällt beim Backen leicht zusammen; zu langes Abbrennen macht Teig jedoch zu fest.
4. *Teig vom Herd nehmen, verquirlte Eier nach und nach* unter tüchtigem Rühren zugeben, nach jeder Eizugabe gut glatt rühren, Ei darf hierbei nicht gerinnen. Die Eierzahl wird durch ihre Größe beeinflußt; bei kleineren Eiern ein Ei mehr in den Teig geben. Teig dann erkalten lassen.

Teig muß glatt und glänzend aussehen und so vom Löffel reißen, daß lange Spitzen hängen bleiben.

5. *1 Messerspitze Backpulver* (gesiebt) kann evtl. in den erkalteten Teig gegeben werden, falls Teig etwas fest ist.

6. *Backbleche* fetten und mehlen.

7. *Formen des Teiges* mit Löffel oder durch Spritzen, je nach Gebäckart. Starke Volumenvergrößerung des Gebäcks während des Backens berücksichtigen beim Formen (Größe und Abstand!).

8. *Vorsichtig backen bei guter Hitze!*
Backtemperatur: 210–225° C, *Einschubhöhe* mittlere oder untere Schiene.

Backdauer je nach Größe des Gebäcks 10–45 Minuten. Brandteig ist während des Backens empfindlich gegen kalte Luft und Erschütterung, deshalb *in der ersten Hälfte der Backzeit Röhre nicht öffnen!*
Backzeiten je nach Rezeptangaben einhalten. In der Röhre gebackener Brandteig muß leicht, locker und hohl sein.

9. *Hohlgebäck* zum Füllen nach dem Backen noch *heiß aufschneiden*, erkalten lassen, erst nach völligem Erkalten füllen.

10. Süßes Brandteiggebäck dick mit Puderzucker besieben oder glasieren.

Verwendungsmöglichkeiten:
Hohlgebäck, in der Röhre gebacken: Windbeutel mit verschiedener Fülle, Eclairs mit süßer Fülle, Profitklößchen.

Schmalzgebäck, in heißem Fett gebacken: Strauben, Brandteigkrapfen, Mehlerbsen.

Brandteig, *gegart durch Kochen* in heißer Brühe als Suppeneinlage z. B. Schwemmklößchen, im Wasserbad gekocht als Brandteigpudding.

1376. Windbeutel (12–14 Stück)

Grundrezept Brandteig Nr. 1375
zum Blech: Fett und Mehl
zum Füllen:
1/2 l Schlagrahm
20 g Zucker und
etwas Vanillezucker
oder Apfelschnee Nr. 1083
oder Preiselbeerschnee Nr. 1084 (v. 3–4 Eiweiß)

Brandteig nach Grundrezept herstellen, nach dem Erkalten auf gefettetes und bemehltes Blech gut walnußgroße Häufchen in weitem Abstand mit Eßlöffel aufsetzen oder aufspritzen (Gebäck wird doppelt so groß), bei guter Mittelhitze (210–225° C) auf mittlerer oder unterer Schiene etwa 30 Minuten vorsichtig backen, in der ersten Hälfte der Backzeit Röhre nicht öffnen!
Windbeutel müssen hohl und leicht sein. In elektrischer Röhre nach dem Abschalten noch etwa 5 Minuten nachbacken lassen, evtl. bei offener Röhre. Nach dem Backen Windbeutel vor Zugluft schützen, noch heiß aufschneiden, erkalten lassen, mit leicht gesüßtem Schlagrahm oder ersatzweise mit Apfelschnee oder Fruchtschnee nach Wahl füllen, zusammensetzen, mit Puderzucker besieben.
Windbeutel können evtl. (ersatzweise für Schlagrahm) auch mit einfacher Vanillecreme (Nr. 1142 von 3/4 l Milch) oder mit feiner Vanillecreme (Nr. 1151), jeweils mit 1/8–1/4 l Schlagrahm verbessert, gefüllt werden.

1377. Windbeutel mit Käsecremefüllung

Brandteig nach Grundrezept herstellen, daraus kleinere, knapp walnußgroße Windbeutel auf gefettetem und bemehltem Blech in entsprechendem Abstand aufsetzen, bei guter Hitze (210–220° C) vorsichtig backen, Backzeit etwa 20–25 Minuten, in den ersten 10 Minuten Röhre nicht öffnen; gebackene Windbeutel vor Zug schützen. Von den gebackenen, noch heißen Windbeuteln kleinen Deckel abschneiden, erkalten lassen, dann mit pikanter Käsecreme nach Wahl füllen, Deckel wieder auflegen. Windbeutel mit Käsefüllung können sowohl als kalte Vorspeise wie zu kaltem Büffet oder zum Wein gereicht werden.

Käsecreme herstellen: Butter jeweils schaumig rühren, geriebenen Hartkäse und sonstige Zutaten unterrühren, Schinken fein gewiegt untermengen, Masse schaumig schlagen, sie soll lockere Beschaffenheit haben. Bei Roquefortfülle Rahm als steif geschlagenen Schlagrahm unterziehen. Käsecreme jeweils pikant abschmecken, in die erkalteten kleinen Windbeutel einspritzen, Deckel auflegen, kalt zu Tisch geben.

1/2 Rez. Brandteig Nr. 1375
zum Blech: Fett und Mehl
Käsecremefülle nach Wahl:

I. Käsecreme m. Emmentaler:
80 g Butter, 50 g Schinken
150 g Emmentaler, gerieben
bis 1/8 l süßer Rahm
Paprika, evtl. Salz

II. Käsecreme mit Gervais:
50 g Butter, 1 Eigelb
200 g Gervaiskäse
50 g Emmentaler, gerieben
2 Eßl. süßer Rahm, Salz
Paprika, Tomatenketchup

III. Käsecreme m. Roquefort
80 g Butter, 125 g Roquefort
1/8 l Schlagrahm

1378. Eclairs (Brandteig)

Brandteig wie Grundrezept herstellen, nach dem Erkalten auf gefettetes, bemehltes Blech 8–10 cm lange, daumendicke Streifen spritzen, bei guter Mittelhitze (210–225° C) vorsichtig goldgelb backen, Backzeit etwa 30 Minuten, in der ersten Hälfte der Backzeit Röhre nicht öffnen! Nach dem Backen noch heiß durchschneiden, erkalten lassen, dann mit Creme füllen, Deckel mit Kaffee- oder Schokoladenglasur überziehen, auflegen, trocknen lassen.

Creme: Eigelb mit Zucker schaumig schlagen, geklopfte, gespaltene Vanillestange, Stärkemehl, Kaffee und nach Belieben Schokolade sowie Milch zugeben, am Feuer abschlagen bis Masse aufpufft, unter öfterem Durchschlagen erkalten lassen; Vanilleschote entfernen, Schlagrahm fast steif schlagen, vorbereitete, aufgelöste Gelatine lauwarm unter Schlagrahm schlagen, steif schlagen, unter kalte Creme ziehen, Eclairs damit füllen, kalt stellen.

Grundrezept Brandteig Nr. 1375

zum Blech: Fett und Mehl

zur Fülle Kaffeecreme:
2–3 Eigelb, 80 g Zucker
1/4 Stange Vanille
50 g Stärkemehl
3–4 Eßlöffel Kaffee-Extrakt
od. 3–4 Teel. Pulverkaffee
evtl. 50 g Schokolade
1/2 l Milch
3–4 Blatt Gelatine
2 Eßl. Kaffee zum Lösen
1/4 l Schlagrahm

zum Glasieren:
Kaffeeglasur Nr. 1566 oder
Schokoladenglasur n. Wahl

Gebäck aus Biskuitteig

Backlehre:

I. Grundsätzliches:

1. Biskuitteig ist *eierreich*, verhältnismäßig *mehlarm* und in der Regel *ohne Fettzugabe*. Der leichte, schaumige Teig ergibt sehr lockeres, weiches, *leicht verdauliches Gebäck*, das in der Krankenkost und auch in der Ernährung älterer Menschen geschätzt ist.

2. Biskuitteig bietet *vielseitige Verwendungsmöglichkeiten* für Rouladen mit verschiedener Füllmöglichkeit, für Obstkuchen und trockene Kuchen, Schnitten und Torten mit verschiedensten Füllungen, Belägen und Überzügen.

3. Biskuit kann als *echtes oder feines Biskuit* und als *ausgiebigeres Wasserbiskuit* hergestellt werden.

4. *Die Lockerung* beruht auf der reichlichen Eiermenge und der daraus hergestellten sehr lockeren Schaummasse bzw. sehr steifem Eischnee, in welche reichlich Luft eingeschlagen wird.

5. Gebackenes Biskuit ist *zum Tiefgefrieren gut geeignet*, mögliche Lagerdauer 4–6 Monate. Bei Verwendung tiefgefrorene Biskuitböden noch gefroren 5–10 Minuten bei etwa 160° C unverpackt nachbacken, vorsichtig damit umgehen, da Gebäck leicht bricht; gefülltes Biskuit bei Zimmertemperatur auftauen lassen, im angetauten Zustand schneiden.

II. Von den Zutaten für Biskuitteig:

Eier sollen möglichst frisch und groß sein, ihre Qualität beeinflußt Menge und Standfestigkeit von Eischnee und Schaummasse und damit die Lockerung und Güte des Gebäcks.
Zucker muß feinkörnig sein, grobkörniger Zucker ist ungeeignet.
Feines Weizenmehl (Type 405) soll trocken und gesiebt sein; 1/3–1/2 der Mehlmenge kann durch Mondamin, Maizena oder anderes Stärkemehl ausgetauscht werden, wodurch Biskuit feinporig wird.

Eine Prise Backpulver erleichtert die Teiglockerung bei kleineren Eiern und bei Wasserbiskuit.

Geschmackszutaten sind vorwiegend geriebene *Zitronenschale oder Vanille;* als *Verbesserungszutaten* finden *Schokolade*, geschälte, geriebene *Mandeln oder Nüsse* Verwendung; doch darf die Teigbeschaffenheit nicht zu schwer werden.

III. Mengenverhältnis der Grundzutaten:

1. *Für feines, echtes Biskuit treffen auf 1 Ei:*
25–30 g Zucker (1/2 Eigewicht)
25–30 g Mehl (1/2 Eigewicht).

2. *Für Wasserbiskuit treffen auf 1 Ei:*
1 Eßlöffel Wasser
40–50 g Zucker
40–50 g Mehl
1 Prise Backpulver.

IV. Zur Herstellung von Biskuit:

1. *Biskuitteig* wird in der Regel auf kaltem Wege abgeschlagen, zweckmäßig unter Verwendung von elektrischen Rührgeräten (Handrührgerät oder Küchenmaschine, Schaltung nach Anweisung der Herstellerfirmen). Diese Herstellungsweise ist einfach, ohne Risiko und erfordert nur geringen Zeit- und Arbeitsaufwand.

Mögliche Arbeitsverfahren hierbei:

a) Teigherstellung auf der Basis von sehr steifem Eischnee, Zucker einschlagen, Eigelb und Mehl einschl. Geschmackszutaten unterziehen.
b) Sehr lockere Schaummasse schlagen aus Eigelb, Zucker und evtl. Geschmackszutat, sehr steifen Eischnee und Mehl locker unterheben.
c) Sehr lockere Schaummasse aus ganzen Eiern und Zucker schlagen (im elektrischen Rührgerät), Geschmackszutat zugeben, Mehl locker und leicht unterziehen.

Jedes dieser Verfahren erbringt lockeren Biskuitteig, immer aber muß das *Mehl locker und leicht untergehoben werden, nicht unterrühren!* Genaue Arbeitsanweisung siehe Grundrezept Biskuitteig Nr. 1379 und Grundrezept Wasserbiskuitteig Nr. 1380.

Warm abgeschlagener Biskuitteig im Wasserbad von 60–70° C hergestellt, ergibt sehr feinporigen Teig von guter Beständigkeit, der für einige Verwendungszwecke vorteilhaft ist. Er erfordert jedoch wesentlich höheren Zeit- und Arbeitsaufwand und kommt deshalb nur selten zur Anwendung. Arbeitsweise siehe Rezept Biskuitgugelhupf Nr. 1398.

2. *Fertigen Biskuitteig sofort in vorgeheizter Röhre backen,* da die eingeschlagene Luft sonst vorzeitig entweicht!

3. *Vorbereiten von Backblechen und Formen* erfolgt zweckmäßig *vor der Teigherstellung:* *Bleche für Rouladen* u. ä.: buttern und mehlen oder mit Pergamentpapier bzw. Aluminiumfolie auslegen, diese gut buttern.

Springformen für Torten: Nur den Boden buttern und mehlen oder den Boden mit abgepaßtem Pergamentpapier bzw. Aluminiumfolie auslegen und diese sorgfältig buttern. Rand der Springform nicht fetten!
Kastenformen: buttern und mehlen.

4. *Biskuitteig sorgfältig backen:* In der Form bei mäßiger Hitze (175–200° C) backen, Biskuitteig auf dem Blech für Rollen bei guter Hitze (200–220° C) rasch backen, Teig darf hierbei nicht hart und brüchig werden! Während der ersten Hälfte der Backzeit Röhre nicht öffnen.

1379. Biskuitteig

Grundrezept

5 frische Eier
wenig Zitronensaft
125 g feiner Grieß-zucker, Zitronenschale oder Vanille nach Geschmack
125 g feines Mehl, davon nach Belieben 1/3–1/2 der Menge Stärkemehl
evtl. 1 Messerspitze Backpulver
für Blech oder Form: Butter und Mehl

Die Teigmenge ergibt 1 großes Blech für eine große Biskuitrolle oder ist für eine kleine Torte (22–24 cm Springformdurchmesser) ausreichend. Für eine mittelgroße Torte (26 cm Durchmesser) benötigt man Biskuitteig von 6 Eiern, für eine sehr große Torte (28 cm Durchmesser) Biskuitteig von 8 Eiern.

Vorbereiten des Bleches bzw. der Form vor der Teigherstellung; siehe Backlehre Biskuitteig Seite 657 oben (unter 3).

Arbeitsweise:

I. Art: Für kleine Mengen besonders günstig; (elektrisches Rührgerät mit Schlagbesen, per Hand mit Schneebesen):

1. Eier sorgfältig trennen, *kalt gestelltes Eiweiß zu sehr steifem Schnee schlagen,* einige Tropfen Zitronensaft unterschlagen; Eischnee muß schnittfest sein.

2. *Feinen Grießzucker löffelweise nach und nach unter Schlagen einrieseln* lassen, kräftig weiter schlagen, bis Schnee sehr steif, glänzend und wieder schnittfest ist.

3. *Verquirlte Eigelb, Geschmackszutaten sowie gesiebtes Mehl,* evtl. mit Stärkemehl gemischt und gesiebt, *rasch und leicht unterheben.* Teig muß sehr lockere, gleichmäßige Beschaffenheit haben. Mehl nie unterrühren, da Teig hierdurch lockere Beschaffenheit verliert.
Bei kleinen Eiern kann man dem Mehl 1 Messerspitze Backpulver beifügen.

4. *Biskuitteig sofort* auf gebuttertes und bemehltes Blech bzw. in vorbereitete Form füllen und in *vorgeheizter Röhre vorsichtig backen.*

Backtemperatur:

Teig auf Blech zu Rouladen *bei guter Hitze rasch backen* bei 200–220° C, auf mittlerer Schiene einschieben, Backdauer etwa 8–10 Minuten; gares Gebäck fühlt sich wie Watte an, darf aber nicht mehr feucht sein. Zu langsames Backen macht Teigplatte hart und spröde und dadurch brüchig.

Teig in Spring- oder Kastenform bei mäßiger Hitze bei etwa 175–200° C nicht so rasch backen, auf Rost in unterer Schiene einschieben, Backdauer etwa 40–50 Minuten; Garprobe mit Hölzchen!

Kleingebäck auf Blech bei mäßiger Hitze von 175–200° C auf mittlerer Schiene backen.
Biskuitteig bräunt wegen des Zuckerreichtums verhältnismäßig leicht.

5. *Nach dem Backen* je nach Verwendung verfahren; Pergamentpapier oder Aluminiumfolie vor der Verarbeitung vorsichtig abziehen.

Kuchen und Torten in der Form kurz abkühlen lassen, dann vorsichtig stürzen, auf Gitter erkalten lassen, erst völlig erkaltet weiter verarbeiten.

Biskuit für Rouladen sofort stürzen und sofort je nach Rezeptangaben weiter verarbeiten.

II. Art: Sehr sicheres Arbeitsverfahren, für größere Mengen bevorzugen (elektrisches Rührgerät mit Schlagbesen, per Hand mit Schneebesen):

1. Eier sorgfältig trennen, Eiweiß kalt stellen; *sehr gute Schaummasse schlagen aus Eigelb und Zweidrittel der Zuckermenge, Geschmackszutaten* nach Wahl unterschlagen. Masse muß cremeartige Beschaffenheit bekommen und sich deutlich schlängeln.

2. *Sehr steifen Eischnee schlagen, Zuckerrest* (letztes Drittel) *unter Schlagen einrieseln* lassen, kräftig weiter schlagen, bis *Schnee sehr steif, schnittfest und glänzend ist, evtl. wenig Zitronensaft unterschlagen.*

3. *Eischnee auf Schaummasse von Eigelb legen, Mehl* (evtl. mit Stärkemehl und bei Bedarf mit wenig Backpulver gemischt) *darauf sieben,* leicht, locker und rasch *unterheben,* so daß Teig sehr lockere, gleichmäßige Beschaffenheit zeigt. Mehl nie unterrühren! Elektrisches Rührgerät hierfür entweder abschalten und Mehl mit Kochlöffel unterheben oder Schaltung genau nach Gebrauchsanweisung der Herstellerfirma handhaben – zu langes Rühren mit dem Mehl ergibt zähen Teig!

4. Biskuitteig auf vorbereitetes Blech bzw. in vorbereitete Form geben, vorsichtig backen und fertig stellen wie bei I. Art beschrieben.

Verwendungsmöglichkeiten: Biskuitrouladen verschiedener Art, mit verschiedenen Verbesserungszutaten und verschiedenen Füllmöglichkeiten, Baumstamm, Biskuitschnitten verschiedener Art, Biskuitböden für Obstkuchen, Biskuittorten mit verschiedenen Füllen und Überzügen, Mohrenköpfe, Löffelbiskuits u. a. m.

1380. Wasserbiskuit

Rezeptmenge ergibt 1 großes Backblech für 1 große Biskuitrolle oder ist ausreichend für 1 mittelgroße Torte (etwa 26 cm Durchmesser); für eine sehr große Torte ist Wasserbiskuit von 6 Eiern nötig.

Vorbereiten der Backform bzw. des Bleches vor dem Herstellen des Teiges siehe Backlehre Biskuit Seite 657/3.

Grundrezept

4 große Eier
4 Eßl. Wasser
150–200 g feiner Grießzucker
Zitronenschale, gerieben oder Vanille
150–200 g feines Mehl, davon nach Belieben 1/3 der Menge Stärkemehl
1/2–1 Teelöffel Backpulver
für Blech bzw. Form: Butter und Mehl

Arbeitsweise:

I. Art: *Blitzbiskuit,* für kleinere Mengen (bis zu 4 Eiern) besonders günstig, da ein einziger Arbeitsgang nötig ist; (elektrisches Rührgerät bzw. Küchenmaschine mit Schlagbesen, per Hand mit Schneebesen).

1. *Eiweiß und kaltes Wasser zu sehr steifem Schnee schlagen* (höchste Schaltstufe).

2. *Zucker unter Schlagen nach und nach einrieseln lassen, kurz kräftig weiter schlagen,* Zitronenschale oder Mark der Vanillestange unterschlagen.

3. *Eigelb unterziehen* auf niedriger Schaltstufe, dann ausschalten.

4. *Mehl und Backpulver, evtl. mit Stärkemehl gemischt, darüber sieben, leicht und locker unterheben* mit der Hand, nicht rühren!

5. *Teig sofort* auf vorbereitetem Blech bzw. in der vorbereiteten Form *in vorgeheizter Röhre* backen und fertig stellen, wie bei Biskuitteig Nr. 1379 beschrieben.

II. Art: Aus getrennten Eiern mit Schaummasse und Eischnee, für größere Mengen gut geeignet (elektrisches Rührgerät bzw. Küchenmaschine mit Schlagbesen, per Hand mit Schneebesen):

1. Eier sorgfältig trennen, Eiweiß kalt stellen; *Eigelb und heißes Wasser schaumig schlagen,* bis die Masse in dicken Tropfen vom Schneebesen fällt (höchste Schaltstufe).

2. *Zweidrittel der Zuckermenge unter Schlagen löffelweise einrieseln* lassen; *Schaummasse muß cremeartige* Beschaffenheit erreichen und sich deutlich schlängeln, geriebene Zitronenschale oder Vanillemark unterschlagen.

3. *Eiweiß zu sehr steifem Schnee schlagen, letztes Drittel der Zuckermenge* unter Schlagen einrieseln lassen, kräftig weiter schlagen, bis Schnee sehr steif, schnittfest und glänzend ist.

4. *Eischnee auf Schaummasse legen, Mehl* evtl. mit Stärkemehl gemischt und *Backpulver darauf sieben,* rasch und locker *unterheben – nicht rühren!*

5. *Teig sofort* auf vorbereitetem Blech bzw. in Form in *vorgeheizter* Röhre backen und fertig stellen wie bei Nr. 1379 beschrieben.

III. Art: Unter Verwendung der ganzen Eier (gut geeignet zur Herstellung in elektrischen Küchenmaschinen und auch im elektrischen Handrührgerät mit Schlagbesen):

1. *Ganze Eier mit heißem Wasser sehr schaumig schlagen auf höchster Schaltstufe,* Schlagdauer 1–4 Minuten je nach Art der Maschine, Firmenanweisung beachten.

2. *Zucker in das laufende Gerät langsam einstreuen und sehr gute Schaummasse schlagen* lassen, Schlagdauer 4–8 Minuten, je nach Angaben der Herstellerfirmen, dann *ausschalten.*

3. *Mehl mit Backpulver und evtl. mit Stärkemehl gemischt darauf sieben,* leicht und locker mit Kochlöffel *unterheben* oder durch kurzes, mehrmaliges Einschalten auf Stufe I bzw. des Momentschalters leicht unterheben – nicht unterrühren, dies würde ein lockeres Gebäck verhindern.

4. *Fertigen Teig sofort* auf vorbereitetem Blech bzw. in Form vorsichtig backen und fertig stellen wie bei Biskuitteig Nr. 1379 angegeben.

Verwendung wie feines Biskuit.

1381. Biskuitrolle

Biskuitteig wie Nr. 1379
oder
Wasserbiskuit Nr. 1380
(mit je 150 Zucker u. Mehl)
evtl. Pergamentpapier oder Aluminiumfolie
zur Fülle: 250 g Marmelade
zum Besieben: Puderzucker
oder zum Überziehen:
Aprikosenmarmelade
Punschglasur Nr. 1564 oder
Weinschaumsoße Nr. 987

Biskuitteig oder Wasserbiskuit nach Grundrezept herstellen, Teig sofort auf gut gebuttertes und leicht bemehltes Blech oder auf mit gebuttertem Pergamentpapier bzw. Aluminiumfolie ausgelegtes Blech gut 1 cm dick gleichmäßig aufstreichen, an offener Kante Papierrand falten, um Auslaufen des Teiges zu verhüten; in vorgeheizter Röhre *rasch bei guter Hitze* (200–220° C) goldgelb backen, Backzeit etwa 8–10 Minuten. Gares Biskuit fühlt sich elastisch, watteähnlich an und darf nicht mehr feucht sein. In der Zwischenzeit Marmelade glatt rühren, Backbrett oder Pergamentpapier zum Stürzen mit Grießzucker bestreuen oder feucht-heißes, gut ausgewrungenes Tuch auflegen. Gebackene Roulade am Rand lockern, auf vorbereitetes Backbrett stürzen, Pergamentpapier oder Aluminiumfolie schnell aber vorsichtig abziehen, rasch mit glatt gerührter Marmelade bestreichen, *sofort aufrollen,* erkalten lassen.

Nach dem Backen rasch arbeiten, da Biskuit sich nur heiß rollen läßt, erkaltet bricht es leicht. Erkaltete Biskuitroulade an beiden Enden schräg zuschneiden, mit Puderzucker besieben oder dünn mit Aprikosenmarmelade bestreichen, leicht antrocknen lassen, mit Punschglasur überziehen. Oder die fertige Roulade mit Weinschaumsoße übergießen, je nach Verwendungszweck. Biskuitrouladen werden in schräge Scheiben geschnitten.

Soll Biskuitroulade erkaltet gefüllt werden z. B. mit Schlagrahm oder Creme, die Biskuitplatte stürzen, Pergamentpapier bzw. Aluminiumfolie schnell und vorsichtig abziehen, *sofort* mit frischem Pergamentpapier oder Alufolie oder Tuch *leer locker aufrollen,* erkalten lassen; zum Füllen Roulade vorsichtig abrollen, Papier bzw. Tuch entfernen, mit Fülle versehen und wieder locker aufrollen.

1382. Biskuitrolle mit Schlagrahmfülle

Biskuitrolle herstellen und backen wie bei Nr. 1381 beschrieben, nach dem Backen sofort stürzen, Pergamentpapier schnell und vorsichtig abziehen, Rolle mit Tuch oder frischem Pergamentpapier bzw. Aluminiumfolie *sofort leer locker aufrollen*, erkalten lassen. Biskuitrolle nach völligem Erkalten vorsichtig abrollen, mit Schlagrahmfülle oder mit Nuß-Schlagrahm dick bestreichen, locker aufrollen, entweder mit Aprikosenmarmelade dünn bestreichen und mit Schokoladenglasur überziehen oder mit Schlagrahm überziehen und spritzen, mit geschälten, blättrig geschnittenen Nüssen oder Mandeln, die in etwas Zucker leicht geröstet wurden, aber völlig erkaltet sind, bestreuen. Rolle bis zum Gebrauch kalt stellen.
Bei sofortigem Verbrauch kann das Steifen der Schlagrahmfülle entfallen.

Schlagrahmfülle: Gelatine nach Vorschrift vorbereiten und lösen, gut abkühlen lassen, bis sie knapp lauwarm ist. Schlagrahm fast steif schlagen, lauwarme Gelatinelösung unterschlagen, gesiebten Puderzucker, der mit etwas Mark von einer Vanillestange vermischt ist, unterschlagen, Rahm völlig steif schlagen und verwenden.

Nuß-Schlagrahmfülle: Haselnüsse leicht rösten, Schalen zwischen Tuch trocken abreiben, fein reiben, völlig erkalten lassen. Schlagrahm fast steif schlagen, vorbereitete, nach Vorschrift gelöste Gelatine leicht lauwarm unterziehen, gesiebten Puderzucker mit etwas Mark einer Vanillestange gemischt, unterschlagen, Rahm völlig steif schlagen; unter Zweidrittel der Schlagrahmmenge die vorbereiteten Nüsse mischen, als Fülle verwenden, mit restlichem Schlagrahm Rolle überziehen und spritzen.

Biskuitrolle wie Nr. 1381
zum Füllen:
3/8–1/2 l Schlagrahm
3 Blatt Gelatine
2 Eßl. heißes Wasser z. Lösen
50–75 g Puderzucker
Vanille nach Geschmack
100 g geschälte Haselnüsse für Nuß-Schlagrahm
zum Überziehen:
Aprikosenmarmelade und Schokoladenglasur nach Wahl oder Schlagrahm
30 g geschälte Haselnüsse oder Mandeln, 30 g Zucker zum Rösten

1383. Biskuitrolle mit Früchte-Schlagrahm

Farbbild neben S. 720

Biskuitrolle herstellen, backen und stürzen wie bei Nr. 1381 beschrieben, Pergamentpapier schnell aber vorsichtig abziehen, *sofort* mit Tuch, frischem Papier oder Aluminiumfolie *leer locker aufrollen* und völlig erkalten lassen. Erkaltete Biskuitrolle dann vorsichtig abrollen, mit Früchte-Schlagrahm oder mit feiner, roh gerührter Frucht-Rahmcreme dick bestreichen, locker aufrollen, mit Schlagrahm bestreichen, spritzen, mit schönen Früchten garnieren oder mit geschälten, blättrig geschnittenen, in wenig Zucker leicht gerösteten, wieder erkalteten Mandeln bestreuen. Gefüllte Roulade bis zum Gebrauch kalt stellen.

Früchte-Schlagrahm: Rohe Erdbeeren rasch waschen, entstielen, sehr gut abtropfen lassen, große Früchte halbieren oder klein schneiden; Himbeeren nicht waschen; sterilisierte Früchte aus dem Saft nehmen, sehr gut abtropfen lassen, klein schneiden. Gelatine nach Vorschrift vorbereiten und lösen, gut abkühlen lassen. Schlagrahm fast steif schlagen, nur leicht lauwarme Gelatinelösung unterschlagen, Rahm völlig steif schlagen, gesiebten Puderzucker mit etwas Mark von einer Vanillestange gemischt, unterschlagen; gut 1/3 der Schlagrahmmenge zum Überziehen und Spritzen wegnehmen, unter die übrige

Biskuitrolle wie Nr. 1381
zum Füllen:
500–750 g Erdbeeren, Himbeeren oder sterilisierte Ananas, Aprikosen, Pfirsiche od. Sauerkirschen (entsteint)
1/2 l Schlagrahm
75 g Puderzucker, Vanille
3 Blatt Gelatine
2–3 Eßl. Fruchtsaft oder heißes Wasser zum Lösen oder feine Frucht-Rahmcreme wie Nr. 1171 mit 6–8 Blatt Gelatine
zum Verzieren: Schlagrahm schöne Früchte oder
30 g geschälte Mandeln
30 g Zucker zum Rösten

Schlagrahmmenge die vorbereiteten Früchte mischen, als Fülle verwenden.
Feine rohe Frucht-Rahmcreme von Erdbeeren, Himbeeren oder Johannisbeeren ist als Fülle sehr gut geeignet; Creme mit etwas erhöhter Gelatinemenge herstellen wie bei Nr. 1171 beschrieben, nach dem Unterheben des Schlagrahms nochmal kurz kalt stellen, dann erkaltete Biskuitrolle abrollen und dick damit füllen, fertigstellen wie oben beschrieben.

1384. Weincreme-Rolle, Zitronencreme-Rolle

Biskuitrolle wie Nr. 1381
zur Fülle:
3/8 l Weißwein bzw. Wasser
Schale von 1 Zitrone
8–10 Eßl. Zitronensaft
150 g Zucker
40 g Stärkemehl
4 Blatt Gelatine
1/4–3/8 l Schlagrahm oder
rohe Weincreme Nr. 1356 bzw. rohe Zitronencreme wie Nr. 1166 m. 8 Blatt Gelatine und 1/4 l Schlagrahm
zum Besieben: Puderzucker

Biskuitrolle herstellen, backen, stürzen und mit Tuch oder frischem Papier bzw. Aluminiumfolie *sofort leer locker aufrollen* wie bei Nr. 1381 beschrieben, völlig erkalten lassen. Biskuitrolle nach völligem Erkalten vorsichtig abrollen, mit Wein- bzw. Zitronencreme nach Wahl füllen, locker aufrollen, vor dem Anrichten mit Puderzucker besieben. Gefüllte Rolle bis zum Gebrauch gut kühl stellen!
Wein- bzw. Zitronencreme ohne Ei: Weißwein, für Zitronencreme Wasser (oder halb Weißwein, halb Wasser) mit geriebener Zitronenschale, Zitronensaft, Zucker und Stärkemehl gut verrühren, unter Rühren zum Kochen bringen, nur einmal aufkochen lassen, vorbereitete Gelatine zugeben und darin lösen, kalt stellen, während des Erkaltens mehrmals durchrühren; sobald die Masse deutlich zu steifen beginnt, steifen Schlagrahm unterziehen, als Fülle verwenden. Oder *roh gerührte Weincreme* wie Nr. 1356 oder *roh gerührte Zitronencreme* mit erhöhter Gelatinemenge wie Nr. 1166 herstellen, sobald jeweils 1/4 l Schlagrahm unter die Creme gezogen ist, diese nochmal kurz kalt stellen, dann als Fülle verwenden.

1385. Baumstamm, Bismarckeiche

Biskuitrolle wie Nr. 1381
zum Füllen und Überziehen: Gemischte Buttercreme mit Mokka oder mit Schokolade wie Nr. 1407–1409
zum Bestreuen:
30 g geschälte Pistazien, Mandeln oder Nüsse

Biskuitrolle herstellen, backen, stürzen, Backpapier vorsichtig abziehen, *sofort leer und locker* mit frischem Papier oder Tuch aufrollen wie bei Nr. 1381 beschrieben, erkalten lassen. Nach völligem Erkalten Rolle vorsichtig abrollen, mit gemischter Schokoladen- oder Mokkabuttercreme bestreichen, locker aufrollen. Gefüllte Roulade abpinseln, mit gemischter Buttercreme dünn bestreichen, der Länge nach mit Creme bespritzen, Anfang und Ende der Rolle in der Rundung spritzen, mit geschälten, gehackten Pistazien oder mit geschälten, gehackten, evtl. mit 1 Tropfen Küchenfarbe grün gefärbten Mandeln oder Nüssen bestreuen. Oder die gefüllte Roulade *dick* mit Creme bestreichen, breitzinkige, in heißes Wasser getauchte Gabel leicht wellenförmig durch die Creme ziehen, wie oben bestreuen. Kalt stellen bis zum Gebrauch.
Statt mit Creme kann die Rolle auch mit Marmelade gefüllt und nur zum Bestreichen bzw. Spritzen gemischte Buttercreme verwendet werden; hierfür genügt 1/2–3/4 der angegebenen Crememenge.
Gemischte Buttercreme mit Schokolade- bzw. Mokkageschmack herstellen wie bei Nr. 1407–1409 beschrieben.

1386. Schokoladenbiskuitrolle

Feinen Biskuitteig oder Wasserbiskuit jeweils nach Grundrezept unter Zugabe von fein geriebener Schokolade bzw. von gesiebtem Kakao herstellen, Mehlmenge deshalb etwas kürzen; Teig auf gebuttertes und bemehltes Blech oder auf mit gebuttertem Pergamentpapier ausgelegtes Backblech gut 1 cm dick gleichmäßig aufstreichen, an offener Seite Papierrand falten, um Abfließen des Teiges zu vermeiden. Teig sofort in vorgeheizter Röhre bei guter Hitze (200–220° C) rasch backen, Backzeit 8–10 Minuten; nach dem Backen sofort auf mit Zucker bestreutes Pergamentpapier oder sehr fest ausgewrungenes, feucht-heißes Tuch stürzen, Backpapier vorsichtig abziehen, rasch mit glatt gerührter Marmelade bestreichen, aufrollen und erkaltet glasieren. Oder Biskuitplatte *sofort leer locker* mit trockenem Tuch oder frischem Papier aufrollen, erkalten lassen, nach völligem Erkalten mit leicht gesüßtem, evtl. gesteiftem Schlagrahm füllen wie bei Nr. 1382 beschrieben.
Anstelle von Schlagrahm kann Roulade auch mit gemischter Vanillebuttercreme gefüllt und gespritzt werden. Herstellen derselben siehe Nr. 1406.

Biskuitteig wie Nr. 1379 mit nur 100 g Mehl, davon 1/3 der Menge Stärkemehl
80 g bittere Schokolade
oder
Wasserbiskuit wie Nr. 1380 mit nur 125 g Mehl, davon evtl. 1/3 der Menge Stärkemehl, 30 g Kakao, gesiebt
zum Blech: Butter und Mehl
zum Füllen: Marmelade od. 3/8–1/2 l gesüßter Schlagrahm
zum Überziehen: Schokoladenglasur n. Wahl oder Schlagrahm

1387. Nußrolle

Sehr gute Schaummasse schlagen aus Eigelb, ganzem Ei und Zweidrittel der Zuckermenge (elektr. Rührgerät), geriebene Zitronenschale oder etwas Mark einer Vanilleschote unterschlagen; Eiweiß zu sehr steifem Schnee schlagen, letztes Zuckerdrittel unter Schlagen einrieseln lassen, kräftig weiterschlagen, bis Schnee sehr steif, schnittfest und glänzend ist; Eischnee auf Schaummasse legen, geschälte, geriebene Haselnüsse (oder halb Nüsse, halb Mandeln) sowie gesiebtes Mehl darüber geben, locker und leicht unterheben, Teig auf vorbereitetes oder mit gebuttertem Pergamentpapier ausgelegtes Blech gut 1–1 1/2 cm dick aufstreichen, an offener Seite Papierrand falten, um Abfließen des Teiges zu verhindern, bei guter Hitze (200–220° C) rasch backen, Backzeit etwa 10 Minuten, auf mit Grießzucker bestreutes Pergamentpapier stürzen, Backpapier sorgfältig abziehen, sofort mit glatt gerührter Marmelade bestreichen, aufrollen, erkalten lassen, dann mit leicht gesüßtem Schlagrahm oder mit gemischter Schokoladenbuttercreme bestreichen und spritzen, mit blättrig geschnittenen Haselnüssen odere Schokoladestreusel bestreuen.
Oder die gestürzte Platte nach dem Ablösen des Backpapiers sofort mit frischem Pergamentpapier oder Tuch *leer locker* aufrollen, erkalten lassen. Nach völligem Erkalten Rolle vorsichtig zurückrollen, mit leicht gesüßtem Schlagrahm oder mit gemischter Schokoladenbuttercreme füllen, locker aufrollen, mit Schlagrahm bzw. Creme bestreichen und spritzen, mit blättrig geschnittenen Haselnüssen oder Schokoladenstreusel bestreuen.
Bei Verwendung von Wasserbiskuit Mehlmenge kürzen, dafür ge-

6 Eier getrennt, 1 ganzes Ei
125 g feiner Grießzucker
Zitronenschale, gerieben oder Vanille nach Belieben
125 g geschälte Haselnüsse (oder 60 g geschälte Nüsse und 60 g geschälte Mandeln)
50 g Mehl
oder
Wasserbiskuit wie Nr. 1380 mit nur 125 g Mehl und 100 g geschälten Haselnüssen
1 Teelöffel Backpulver
zum Blech: Butter und Mehl oder gebuttertes Pergamentpapier
zum Füllen und Überziehen: Aprikosenmarmelade oder 3/8–1/2 l Schlagrahm (leicht gesüßt) oder gemischte Schokoladenbuttercreme wie Nr. 1408
blättrig geschnittene Haselnüsse oder Schokoladenstreusel

schälte, geriebene Haselnüsse locker unter den Teig heben und fertigstellen wie oben beschrieben. Rolle kalt stellen bis zum Gebrauch. Falls Nußrolle nicht bald verbraucht wird, Schlagrahm mit 3 Blatt Gelatine (in 2 Eßl. Wasser gelöst) steifen, wie bei Nr. 1382 beschrieben.

Nußrolle mit Schlagrahm- oder Cremefüllung kommt an Güte und Wohlgeschmack jeder Torte gleich, erfordert aber sehr viel weniger Arbeits- und Zeitaufwand!

1388. Schokoladenrolle

6 frische Eier getrennt
100 g Puderzucker
100 g bittere Schokolade od.
3 Eßl. Kakao, gesiebt
100 g Mandeln oder Nüsse (ungeschält)
zum Blech: Pergamentpapier
Butter und Mehl
zum Füllen:
$^{1}/_{8}$–$^{1}/_{2}$ l Schlagrahm
50–75 g Puderzucker
2 Eßl. Rum
evtl. Beerenobst

Eigelb mit der Hälfte des gesiebten Puderzuckers und mit geriebener Schokolade oder mit gesiebtem Kakao zu sehr guter Schaummasse schlagen (elektr. Handrührgerät), sehr steifen Eischnee schlagen, Rest des gesiebten Zuckers nach und nach unterschlagen, kräftig weiterschlagen, bis Masse sehr steif und schnittfest ist. Den steifen Eischnee auf die Schaummasse von Eigelb legen, ungeschälte, in Tuch gut abgeriebene, fein geriebene Mandeln oder Nüsse darauf legen, locker und leicht unterziehen, bis Masse gleichmäßige Beschaffenheit hat, nicht rühren! Oder Teig herstellen wie Biskuitteig Nr. 1379, I. Art, statt Mehl geriebene Mandeln oder Nüsse unterheben. Das mit Pergamentpapier ausgelegte Blech buttern u. leicht mehlen, Teig aufstreichen, in vorgeheizter Röhre bei guter Hitze (200–220° C) rasch backen, Backzeit etwa 10 Minuten, sofort auf ein mit Zucker bestreutes Pergamentpapier stürzen, Backpapier vorsichtig lösen, über frisches Pergamentpapier oder Tuch noch heiß leer aufrollen, erkalten lassen. Nach völligem Erkalten zurückrollen, mit leicht gesüßtem, mit Rum abgeschmecktem und evtl. mit vorbereiteten Beeren gemischtem Schlagrahm füllen, wieder locker aufrollen, evtl. mit Schlagrahm überziehen und spritzen, bis zum Gebrauch kalt stellen. Wird Schokoladenrolle nicht sofort verbraucht, Schlagrahm mit 3 Blatt Gelatine steifen wie bei Nr. 1382 beschrieben.

1389. Biskuit-Omelettes

Biskuitteig wie Nr. 1379
von: 3 Eiern getrennt
90 g feiner Grießzucker
Zitronenschale, gerieben
90 g Mehl, davon
$^{1}/_{3}$ der Menge Stärkemehl
$^{1}/_{4}$ Teel. Backpulver
gebuttertes Pergamentpapier
zum Füllen: $^{1}/_{4}$ l Früchte-Schlagrahm oder $^{1}/_{2}$ Rezept roh gerührte Weincreme Nr. 1356

Biskuitteig herstellen wie im Grundrezept beschrieben, auf einem mit gebuttertem Pergamentpapier ausgelegten Backblech runde Teigplätzchen von etwa 8 cm Durchmesser, etwa 1 cm dick aufstreichen oder spritzen, bei guter Hitze (200–220° C) rasch backen, Backzeit etwa 8–10 Minuten, sofort vom Blech nehmen und Backpapier sorgfältig ablösen, die Biskuitplätzchen noch heiß in der Mitte zusammenfalten, so erkalten lassen. Erkaltetes Gebäck mit Früchte-Schlagrahm oder mit roh gerührter Weincreme dick füllen, Fülle am besten einspritzen, kalt stellen bis zum Gebrauch, zum Anrichten mit Puderzucker leicht besieben.

Früchte-Schlagrahm herstellen wie bei Nr. 1383 angegeben.
Roh gerührte Weincreme herstellen wie bei Nr. 1356 beschrieben.

1390. Mohrenköpfe (etwa 8 Stück)

Biskuitteig mit getrennten Eiern nach Grundrezept herstellen: Sehr gute Schaummasse schlagen aus Eigelb und Zweidrittel der Zuckermenge (elektr. Rührgerät!), etwas Mark einer Vanilleschote unterrühren; Eiweiß zu sehr steifem Eischnee schlagen, restliches Zuckerdrittel unter Schlagen einrieseln lassen, weiter schlagen bis Masse sehr steif, schnittfest und glänzend ist; Eischnee auf Schaummasse von Eigelb legen, Mehl mit Backpulver gemischt darauf sieben, locker und leicht unterheben. Teig soll etwas fester in der Beschaffenheit sein. Oder *Wasserbiskuit* (mit etwas verringerter Wassermenge) nach Grundrezept herstellen mit Schaummasse von getrennten Eiern wie Nr. 1380/II. Art.

Backblech mit Pergamentpapier auslegen, dieses buttern und mehlen, aus dem fertigen Teig Mohrenköpfe in der Größe von etwa 4 cm Durchmesser mindestens 1 cm hoch aufsetzen bzw. spritzen oder in gebutterte, bemehlte Förmchen füllen, bei Mittelhitze (175–200° C) goldgelb backen, Backzeit etwa 15–20 Minuten, dann vom Blech nehmen, vorsichtig vom Backpapier oder aus den Formen lösen, erkalten lassen. Nach dem Erkalten die Hälfte der Biskuitteile mit Aprikosenmarmelade bestreichen und mit Schokoladenglasur überziehen, trocknen lassen; je ein unglasiertes Teil mit leicht gesüßtem Schlagrahm aufspritzen, mit glasiertem Deckel belegen, bis zum Gebrauch kalt stellen.

Mohrenköpfe erst kurz vor Gebrauch mit Schlagrahm füllen.

Biskuitteig wie Nr. 1379
von: 4 Eiern getrennt
125 g feiner Grießzucker
Vanille nach Geschmack
125 g Weizenmehl
1/2 Teel. Backpulver
oder
Wasserbiskuit wie Nr. 1380
von: 3 Eiern getrennt
1–2 Eßl. Wasser (heiß)
150 g feiner Grießzucker
Zitronenschale od. Vanille
150 g Weizenmehl
1 Teel. Backpulver
zum Blech: Pergamentpapier
Butter und Mehl
zum Füllen: 3/8 l Schlagrahm
50–75 g Puderzucker
zum Glasieren: Aprikosenmarmelade, Schokoladenglasur nach Wahl

1391. Feine Biskuitspeise

Biskuitteig oder Wasserbiskuit nach Grundrezept herstellen, in gut gebutterter, leicht bemehlter breiter Kastenform bei mäßiger Mittelhitze (175–200° C) backen, Backzeit etwa 20–30 Minuten. Nach kurzem Abkühlen vorsichtig stürzen, erkalten lassen, dann der Länge nach quer durchschneiden, untere Lage mit gut abgeschmecktem Obstsaft tränken, mit fein geschnittenen Früchten dicht belegen, zusammensetzen, in Portionsstücke schneiden, mit dicker Weinschaumsoße übergießen, etwa eine Stunde durchziehen lassen, mit Schlagrahm und Früchten verzieren.

Die Speise kann aus gebackener Biskuitplatte ebenso hergestellt werden, eine Hälfte der Platte als Boden, andere Hälfte als Deckplatte verwenden. Tränken, füllen und fertigstellen wie oben.

Geeignete Früchte: Rohe Erdbeeren oder Himbeeren, sterilisierte Ananas, Aprikosen, Pfirsiche.

Die feine Biskuitspeise kann auch aus Biskuitresten hergestellt und in einer Glasschale angerichtet werden.

Biskuitteig wie Nr. 1379
von 4 Eiern oder
Wasserbiskuit wie Nr. 1380
von 3 Eiern
zur Kastenform:
Butter und Mehl
z. Tränken: 1/8 l Obstsaft
Saft von 1 Zitrone
wenig Zucker, 2 Eßl. Arrak
zum Belegen: 500 g feine weiche Früchte, roh oder sterilisiert
zum Überziehen: Weinschaumsoße wie Nr. 987
(von 3/4 l Weißwein)
evtl. Schlagrahm, Früchte

1392. Dessertschnitten, Punschschnitten, Schokoladencreme-, Mokkacremeschnitten

Grundrezept Biskuitteig wie Nr. 1379 oder Wasserbiskuit wie Nr. 1380
zum Blech: evtl. Pergamentpapier, Butter und Mehl
zum Tränken und Füllen: je nach Schnittenart
Glasur je nach Schnittart

Biskuitteig oder Wasserbiskuit je nach Grundrezept herstellen, auf gebuttertes und bemehltes oder mit gebuttertem Pergamentpapier ausgelegtes Backblech gut 1 cm dick aufstreichen, an offener Seite Papierrand falten, um Abfließen des Teiges zu verhindern, bei guter Hitze (200–220° C) rasch backen, Backzeit etwa 8–10 Minuten. Goldgelb gebackene Biskuitplatte auf mit Zucker bestreutes Backbrett oder Pergamentpapier stürzen, erkalten lassen. Biskuitplatte halbieren, eine Hälfte als Bodenplatte, die andere als Deckplatte verwenden. Bodenplatte je nach Art der Schnitten leicht tränken, mit entsprechender Fülle (Marmelade oder Creme) bestreichen, Deckplatte darauf setzen, mit scharfem Messer gleichmäßige Schnitten in der Größe von etwa 7–8 cm Länge und 2½–3 cm Breite schneiden, dabei auf glatte Schnittkanten achten! Außenflächen dünn mit Aprikosenmarmelade bestreichen, leicht antrocknen lassen, mit entsprechender Glasur überziehen, nach Belieben verzieren.

Sorgfältig arbeiten, beim Verzieren Schnittchen nicht überladen, evtl. mit wenig Creme mit kleiner Tülle spritzen.

zum Tränken: ⅛ l Weißwein, Zitronensaft, 2 Eßl. Arrak, wenig Zucker
Fülle: Aprikosenmarmelade
Punschglasur Nr. 1564
kandierte Früchte

Punschschnitten: Bodenplatte mit gut abgeschmeckter Punschmischung leicht tränken, anstelle von Wein kann auch Fruchtsaft verwendet werden; füllen mit glatt gerührter Aprikosenmarmelade. Schnitten mit Punschglasur überziehen und nach Belieben mit kandierten Früchten verzieren.

zum Tränken: leicht gesüßter Mokka oder Fruchtsaft
Fülle: Johannisbeergelee und gemischte Schokoladenbuttercreme Nr. 1408
Schokoladenglasur n. Wahl

Schokoladencremeschnitten: Bodenplatte tränken mit leicht gesüßtem Mokka oder mit Fruchtsaft, evtl. mit etwas Rum abgeschmeckt. Bodenplatte mit Johannisbeergelee oder Sauerkirschmarmelade bestreichen und darauf gemischte Schokoladenbuttercreme geben (½ Rezept wie Nr. 1408), mit Schokoladenglasur nach Wahl überziehen, evtl. mit Cremerest etwas spritzen.

zum Tränken: leicht gesüßter Mokka
zum Füllen: Aprikosenmarmelade und gemischte Mokkabuttercreme Nr. 1407
Mokkaglasur Nr. 1566
geschälte Haselnüsse

Mokkacremeschnitten: Bodenplatte mit leicht gesüßtem Mokka etwas tränken, mit glatt gerührter Aprikosenmarmelade bestreichen, darauf gemischte Mokkabuttercreme (½ Rezept wie Nr. 1407) streichen. Schnitten mit Mokkaglasur überziehen und mit geschälten, nach Belieben leicht karamelisierten Haselnüssen (ganz oder halbiert) verzieren. Karamelisierte Nüsse völlig erkalten lassen vor ihrer Verwendung.

1393. Biskuitschnitten mit Obstfülle

Biskuitteig oder Wasserbiskuitteig herstellen jeweils nach Grundrezept, auf gebuttertes und bemehltes oder mit gebuttertem Pergamentpapier ausgelegtes Backblech gut 1 cm dick aufstreichen, bei guter Hitze (200–220° C) rasch goldgelb backen, Backzeit etwa 8–10 Minuten, auf mit Zucker bestreutes Brett oder Pergamentpapier stürzen und erkalten lassen.
Obst vorbereiten und Früchte-Schlagrahm herstellen wie bei Nr. 1383 beschrieben; die Hälfte bis Zweidrittel der gesteiften, leicht gesüßten Schlagrahmmenge mit dem vorbereiteten Obst mischen. Erkaltete Biskuitplatte halbieren, Bodenplatte etwas mit Fruchtsaft tränken, mit Früchte-Schlagrahm dick bestreichen, Deckplatte darauf legen, mit sehr scharfem Messer in gleichmäßige Schnitten schneiden von etwa 7–8 cm Länge und 2½–3 cm Breite, Schnittchen mit restlichem Schlagrahm dünn bestreichen, spritzen und mit schönen Früchten verzieren, bis zum Gebrauch kalt stellen.

Grundrezept Biskuitteig wie Nr. 1379 oder Wasserbiskuit wie Nr. 1380

zum Blech: Butter und Mehl evtl. Pergamentpapier

zum Tränken: etwas Obstsaft

zum Füllen und Verzieren: Früchte-Schlagrahm Nr. 1383 mit 750 g Früchten und 4 Blatt Gelatine

1394. Ananastörtchen

Biskuitteig oder Wasserbiskuit jeweils nach Grundrezept herstellen, dabei nach Belieben ⅓–½ der Mehlmenge durch Stärkemehl austauschen. Teig in gut gebutterte, leicht bemehlte Törtchenformen geben oder mindestens 1½ cm dick auf gebuttertes, bemehltes oder mit gebuttertem Pergamentpapier ausgelegtes Backblech als Teigplatte aufstreichen; bei guter Hitze (200–220° C) goldgelb backen, Backzeit für Teigplatte etwa 10 Minuten, für die Förmchen etwa 15 Minuten; Biskuitplatte sofort auf mit Zucker bestreutes Brett oder Pergamentpapier stürzen, erkalten lassen, dann Scheiben von 8–10 cm Durchmesser ausstechen; Törtchen aus den Formen vorsichtig stürzen, erkalten lassen. Nach Belieben kann man den Törtchenrand mit etwas Schokoladeüberzugmasse beziehen. Törtchen vorsichtig etwas tränken, mit steifem, leicht gesüßtem Schlagrahm bestreichen, jedes Törtchen mit einer gut abgetropften Ananasscheibe belegen, mit Schlagrahm spritzen, bis zum Gebrauch kalt stellen.
Falls Törtchen nicht bald frisch verzehrt werden, ist ein Steifen des Schlagrahms mit 3 Blatt Gelatine zu empfehlen.
Gebackene leere Biskuittörtchen können in Blechdose gut 8–14 Tage kühl aufbewahrt oder durch Tiefgefrieren haltbar gemacht werden.
Biskuitreste zu feiner Biskuitspeise oder als Einlage zu Weincreme verwenden.

Grundrezept Biskuitteig wie Nr. 1379 oder Wasserbiskuit wie Nr. 1380

für die Förmchen: Butter und Mehl

zum Tränken:
⅛ l Ananassaft
2 Eßl. Zitronensaft
6 Eßl. Arrak oder Rum

zum Fertigstellen:
⅜–½ l Schlagrahm
50–75 g Puderzucker
ganze Ananasscheiben (aus Dose)

1395. Löffelbiskuits

Biskuitteig von:
3 frischen Eiern getrennt
75 g feinem Grießzucker
etwas Vanille, 120 g Mehl
davon 1/3 der Menge Stärkemehl
1 kl. Teel. Backpulver
zum Blech: Butter u. Mehl
zum Besieben: Puderzucker

Biskuitteig herstellen wie Grundrezept Nr. 1379: Sehr gute Schaummasse von Eigelb und Zweidrittel der Zuckermenge schlagen, vorbereitete Vanillestange mitrühren; Eiweiß zu steifem Schnee schlagen, letztes Zuckerdrittel unter Schlagen einrieseln lassen, weiter schlagen, bis Masse sehr steif, schnittfest und glänzend ist; Eischnee auf Schaummasse legen, Mehl mit Stärkemehl und Backpulver gemischt, darüber sieben, leicht und locker unterheben, nicht rühren.

Teig kann auch nach Nr. 1379, I. Art, hergestellt werden: Sehr steifen Eischnee schlagen, gesamte Zuckermenge nach und nach unterschlagen, Schnee muß sehr steif, schnittfest und glänzend sein, Eigelb zugeben, Mehl mit Stärkemehl und Backpulver gemischt darüber sieben, locker und leicht unterheben. Von dem sehr lockeren Teig sofort auf gebuttertes, leicht bemehltes Blech nicht zu große Löffelbiskuits spritzen, mit Puderzucker besieben, bei mäßiger Mittelhitze (160–180° C) vorsichtig backen zu lichtgelber Farbe. Backzeit etwa 15 Minuten, Biskuits noch heiß vom Blech lösen.

1396. Igel

25 Stück große Löffelbiskuits
1/4 l Kaffee-Extrakt aus:
3/8 l kochendem Wasser und
50–60 g Bohnenkaffee oder Pulverkaffee nach Geschmack
Mokkabuttercreme Nr. 1407 od. Schokoladenbuttercreme Nr. 1408
2 Blatt weiße Gelatine
2 Eßl. Kaffee-Extrakt zum Lösen
zum Verzieren:
80 g geschälte Mandeln
etwas Kakao, 2 Rosinen oder Kaffeebohnen

Igelform aus Löffelbiskuits auf Platte legen, diese zuschneiden, leicht mit Kaffee-Extrakt tränken, mit Mokka- oder Schokoladenbuttercreme bestreichen, schichtweise Igel aufsetzen. Igel außen mit Buttercreme überziehen, mit breitem, in heißes Wasser getauchtem Messer glatt streichen, mit geschälten, gestiftelten, leicht gerösteten Mandeln spicken, Augen mit Rosinen oder Kaffeebohnen setzen, Gesicht mit Kakao pudern, kalt stellen. Am besten 12 Stunden vor Gebrauch herstellen.

Anstelle von Löffelbiskuits kann man gebackene Biskuitböden in Igelform schneiden, diese zum Aufsetzen des Igels verwenden, ebenso mit Kaffee-Extrakt tränken.

Mokka- bzw. Schokoladenbuttercreme: Gelatine waschen, in kaltem Wasser mindestens 10 Minuten quellen lassen, gut ausdrücken, in wenig heißem Kaffee-Extrakt lösen, abkühlen lassen. Mokka- bzw. Schokoladenbuttercreme jeweils nach Rezept herstellen, abgekühlte, lauwarme Gelatinelösung zugeben, gut unterrühren, Creme kurz kühl, aber nicht zu kalt stellen, zum Formen des Igels verwenden.

1397. Bröselkuchen mit Sauerkirschen
Sauerkirschkuchen mit Bröselteig

4 ganze Eier
200–250 g Zucker
1/2–1 Teel. Zimt, 1 Pr. Nelken
125 g Semmel- oder Schwarzbrotbrösel (oder gemischt)
500 g Sauerkirschen
zur Form: Butter u. Brösel

Schöne Schaummasse aus ganzen Eiern und Zucker, am besten in elektrischem Rührgerät herstellen; Gewürze unterrühren, Brösel locker unterheben, Teig in gebutterte und gebröselte Springform füllen; gut abgetropfte, nicht entsteinte Sauerkirschen (roh oder sterilisiert) darauf streuen, bei Mittelhitze (175–200° C) etwa 3/4 Stunden backen, in der Form etwas abkühlen lassen, dann vorsichtig aus der Form nehmen, auf Kuchengitter erkalten lassen, erkaltet mit Puderzucker besieben.

1398. Biskuitgugelhupf (Warm abgeschlagenes Biskuit)

Warm abgeschlagenes Biskuit herstellen: Ganze Eier mit Zucker im heißen Wasserbad (60–70° C) sehr schaumig schlagen, abgeriebene Zitronenschale und Zitronensaft unterschlagen, Masse abschlagen, bis sie cremeartige Beschaffenheit erhält und sich deutlich schlängelt; die Schaummasse soll hierbei nur lauwarm werden; Masse dann kalt schlagen. Mehl mit Stärkemehl und Backpulver gemischt darauf sieben, locker und leicht unterheben, zuletzt zerlassene, leicht lauwarme Butter unterziehen. Die Masse in gebutterte und gebröselte Gugelhupfform füllen, bei mäßiger Mittelhitze (170–185° C) etwa 1 Stunde backen (auf unterer Schiene einschieben), Garprobe mit Hölzchen machen. Kuchen in der Form kurz abkühlen lassen, vorsichtig stürzen, auf Gitter erkalten lassen. Erkalteten Gugelhupf zweimal durchschneiden, tränken, mit feinen, klein geschnittenen Früchten füllen, wieder zusammensetzen, mit Schokoladenglasur überziehen oder mit leicht gesüßtem Schlagrahm bestreichen, spritzen, mit schönen Früchten garnieren.

6 (5) Eier, 250 g Zucker
Zitronenschale, gerieben
Saft von 1 Zitrone
200 g Mehl davon 1/3 der Menge Stärkemehl
1 1/2 Teel. Backpulver
50 g Butter, zerlassen
zur Form: Butter u. Brösel
zum Tränken: 1/8 l Fruchtsaft, Zitronensaft
2 Eßl. Arrak oder Rum
zur Fülle: sterilisierte Ananas, Aprikosen oder Pfirsiche
Schokoladenglasur n. Wahl oder 3/8 l Schlagrahm
50 g Puderzucker, Früchte

1399. Obstkuchen mit Biskuitboden, Gefüllter Obstkuchen

Feinen Biskuitteig oder Wasserbiskuit jeweils nach Grundrezept herstellen, in gebutterter und bemehlter Springform Biskuitboden backen bei mäßiger Mittelhitze (175–190° C), Backzeit etwa 20–25 Minuten. Biskuitboden in der Form kurz abkühlen lassen, dann aus der Form nehmen und völlig erkalten lassen. Erkalteten Biskuitboden mit leicht gesüßtem Schlagrahm oder mit Aprikosenmarmelade dünn bestreichen, mit vorbereiteten, gut abgetropften Früchten hübsch und dicht belegen, nach Belieben auch Früchte dafür mischen, mit leicht gesüßtem Schlagrahm spritzen oder die Früchte mit gut abgeschmecktem, *deutlich steifenden Saftguß* überziehen, sofort kalt stellen (Kühlschrank) und völlig steifen lassen, dann mit etwas Schlagrahm spritzen.

Vorbereiten der Früchte: Rohe Früchte wie gewaschene, entstielte Erdbeeren, Himbeeren, dicke Querscheiben von kernlosen, geschälten Orangen, Mandarinenspalten leicht einzuckern, etwas durchziehen, dann gut abtropfen lassen; Bananen geschält in dicke Scheiben schneiden oder der Länge nach halbieren und in gezuckerten Zitronensaft tauchen, um Verfärbung zu verhüten.

Sterilisierte Früchte wie Ananasscheiben, Aprikosen, Pfirsiche, Kirschen oder Sauerkirschen gut abtropfen lassen, Saft für Saftguß verwenden.

Gefüllter **Obstkuchen mit Biskuit**: Dazu Biskuitteig von 4 Eiern oder Wasserbiskuit von 3 Eiern herstellen, dicken Boden backen, diesen nach völligem Erkalten quer durchschneiden, mit etwas

Biskuitteig wie Nr. 1379 von 3 Eiern oder
Wasserbiskuit wie Nr. 1380 von 2 großen Eiern
zum Blech: Butter und Mehl
zum Bestreichen: etwas Schlagrahm oder Aprikosenmarmelade
Belag: 3/4–1 kg feine weiche Früchte, roh oder sterilisiert, evtl. gemischt
zum Überziehen: 1/4 l Schlagrahm
1 Eßl. Puderzucker oder Saftguß wie Nr. 1341
etw. Schlagrahm z. Spritzen

Fruchtsaft, mit Zitrone und Arrak abgeschmeckt, tränken, mit gemischter Vanille- oder Arrakbuttercreme wie Nr. 1406 bzw. 1412 füllen, Deckblatt darauf geben und fertig stellen, wie oben beschrieben. Rand des Kuchens mit etwas gemischter Buttercreme bestreichen, mit blättrig geschnittenen Nüssen bewerfen.

1400. Feiner Kirsch- oder Sauerkirschkuchen (Bröselteig)

100 g Schwarzbrotbrösel
z. Anfeuchten 2 Eßl. Arrak
3 Eßl. Rotwein
4–5 Eier, getrennt
150 g feiner Grießzucker
1 Teel. Zimt, ½ Teel. Nelken
50 g Mandeln oder Nüsse
25 g Orangeat
25 g Zitronat
25 g geriebene Schokolade
750 g schwarze Kirschen oder Sauerkirschen
zur Form: Butter und Brösel
zum Besieben: Puderzucker

Schwarzbrotbrösel mit Mischung von Arrak und Rotwein anfeuchten, zugedeckt durchziehen lassen; Verbesserungszutaten vorbereiten: ungeschälte Mandeln oder Nüsse in Tuch gut abreiben, ungeschält reiben; Orangeat und Zitronat fein wiegen oder kleinwürfelig schneiden; Schokolade reiben. Obst waschen, entstielen, sehr gut abtropfen lassen, nicht entsteinen.
Sehr schöne Schaummasse herstellen aus Eigelb und ²/₃ der Zuckermenge, am besten in elektrischem Rührgerät schlagen; Gewürze und angefeuchtete Brösel unterrühren, weiter rühren, bis Masse etwas steifer wird, vorbereitete Verbesserungszutaten untermengen. Eiweiß zu sehr steifem Schnee schlagen, restlichen Zucker unter Schlagen einrieseln lassen, weiter schlagen, bis Schnee sehr steif, schnittfest und glänzend ist, unter die Masse heben, vorbereitete Kirschen oder Sauerkirschen locker unterheben, in gebutterte und gebröselte Springform geben, bei Mittelhitze (180–200° C) etwa ¾ Stunden backen, in der Form kurz abkühlen lassen, vorsichtig aus der Form nehmen, auf Gitter erkalten lassen, leicht mit Puderzucker besieben.

1401. Gestürzter Obstkuchen von Biskuitteig

¾ kg entsteinte Sauerkirschen, schwarze Kirschen oder Äpfel
zur Springform: 20 g Butter
20 g Zwiebackbrösel
z. Bestreuen: 50 g Mandeln (geschält), 2 Eßl. Zucker
Biskuitmasse:
5 Eier getrennt
180 g feiner Zucker
Schale und Saft von ½ Zitrone, 150 g Mehl

Springformboden mit Aluminiumfolie oder Pergamentpapier auslegen, gut buttern, mit Zwiebackbröseln ausstreuen, mit entsteinten Kirschen oder Sauerkirschen oder geschälten, vom Kernhaus befreiten, halbierten Äpfeln dicht belegen (Schnittfläche der Äpfel nach oben sehend), mit Mischung von geschälten, geriebenen Mandeln und Zucker bestreuen bzw. Kernhaushöhlung der Äpfel damit füllen, mit Biskuitmasse übergießen, bei Mittelhitze (175–200° C) etwa ¾ Stunden backen. Kuchen in der Form kurz abkühlen lassen, dann Rand vorsichtig lösen, abnehmen, mit scharfem, dünnem Messer Kuchen vom Bodenblech lösen, vorsichtig auf Kuchenplatte stürzen, Folie oder Pergamentpapier ablösen, erkalten lassen.
Biskuitmasse: Sehr schöne Schaummasse schlagen aus Eigelb und ²/₃ der Zuckermenge (elektr. Rührgerät!), Geschmackszutaten unterrühren; sehr steifen Schnee schlagen, restliche Zuckermenge unter Schlagen einrieseln lassen, weiter schlagen, bis Masse sehr steif, schnittfest und glänzend ist; Eischnee dann auf Schaummasse legen, Mehl darüber sieben, locker unterheben, nicht rühren, über eingelegte Früchte geben, sofort backen.

1402. Baiser, Meringen, Mandelmeringen

Arbeitsweise:

1. *Eiweißteig herstellen:*

a) *Frische, kalt gestellte* Eiweiß zu *sehr steifem, schnittfestem Schnee* schlagen, ein paar Tropfen *Zitronensaft unterschlagen* (gibt besondere Standfestigkeit).

b) *Die Hälfte der Zuckermenge nach und nach löffelweise unter kräftigem Schlagen einrieseln* lassen, *weiterschlagen bis Masse schnittfest ist, Rest der Zuckermenge auf einmal unterheben, kräftig weiterschlagen, bis Masse sehr steif, glatt* und *glänzend* ist, *sofort verwenden.*

2. *Backblech* mit angefeuchtetem Pergamentpapier auslegen.

3. *Meringen formen:* Mit Eßlöffel oder Spritzsack große, etwa 5 cm lange Schaumeier auf das Pergamentpapier setzen, mit Puderzucker leicht besieben.

4. *Sofort bei schwacher Hitze* (100–120° C) *in vorgeheizter Röhre langsam trocknen lassen.* Einschubhöhe Mittelschiene, *Backdauer* 60–90 Minuten je nach Größe. Meringen müssen weiß bleiben.

5. *Nach dem Backen* Meringen vorsichtig vom Pergamentpapier lösen, noch warm Boden etwas eindrücken, in warmer Röhre noch völlig trocknen, dann erkalten lassen.

6. *Erkaltet mit gesüßtem Schlagrahm füllen,* nach Belieben je 2 Meringenschalen zusammensetzen.

Oder: Fertige Baisermasse mit Spritzbeutel als *Törtchenböden* auf das mit Pergamentpapier ausgelegte Backblech spritzen, mit Puderzucker besieben, sofort bei schwacher Hitze (100–120° C) langsam trocknen lassen, Backzeit etwa 60–80 Minuten. Nach dem Erkalten mit gesüßtem Schlagrahm spritzen. Grundsätzliches zu Eiweißteig siehe Backlehre Seite 729/730.

Bei Verwendung von Eiweiß sehr großer Eier (Größenklasse 2), Zuckermenge auf 70–80 g pro Eiweiß erhöhen.

Mandelmeringen: Die wie oben beschrieben geformten Meringen mit 150 g geschälten, blättrig oder stiftelig geschnittenen, lichtgelb gerösteten Mandeln bestreuen, mit Puderzucker besieben, fertig stellen wie oben beschrieben.

Grundrezept

Zum Eiweißteig:
4 frische Eiweiß (Eier der Gewichtsklasse 3 und 4, ca. 130–145 g Eiweiß)
einige Tropfen Zitronensaft
200 g sehr feiner Grießzucker

zum Blech: Pergamentpapier

zum Besieben: Puderzucker

zum Füllen:
1/2 l Schlagrahm
75 g Puderzucker
evtl. Vanillezucker

Torten

Backlehre

Torten sind ein besonders festliches Gebäck, das festlichen Anlässen vorbehalten bleiben soll, einmal im Hinblick auf die Kosten und den großen Zeit- und Arbeitsaufwand, aber auch aus gesundheitlichen Gründen; denn Torten sind meist sehr nährstoff-, speziell zucker- und fettreich. Ein saftiger Obstkuchen auf beliebigem Teigboden ist meist viel bekömmlicher und auch rascher gebacken als eine Torte.

Tortenherstellung erfordert zum Gelingen Zutaten von guter Qualität und Sorgfalt bei der Teigherstellung, beim Backen, Füllen, Überziehen und Verzieren. Sparrezepte lohnen in der Regel Zeit- und Arbeitsaufwand nicht.

Rezeptangaben gründlich lesen und genau befolgen, Zutaten genau abwiegen.

I. Teigarten für Torten:

Biskuitteig oder auch Wasserbiskuit ist besonders geeignet: er ist leicht und rasch herzustellen und zu backen, als fettarmer Teig leicht verdaulich und gut bekömmlich, für jede Art von Fülle und verschiedenste Geschmacksgebung geeignet; sowohl Marmelade wie feine weiche Früchte, Schlagrahm, verschieden abgeschmeckt oder Buttercreme, meist gemischte Buttercreme mit verschiedenem Geschmack, können zur Verwendung kommen. Torten aus Biskuit bieten also vielseitige Abwandlungsmöglichkeit.
Biskuitteig mit Nüssen, Mandeln oder Schokolade ist besonders schmackhaft, als Fülle ist auch hier sowohl Marmelade wie Schlagrahm oder Buttercreme (meist gemischte Buttercreme) möglich.

Fetthaltige bzw. fettreiche Tortenteige z. B. Eischwerteig und Sandmasse erfordern beim Backen um so mehr Sorgfalt, je fettreicher sie sind.
Die Fülle dieser Torten soll nicht fettreich sein, um sie nicht zu schwer verdaulich zu machen. Feine Marmeladen eignen sich dafür gut.

Mürbteig kommt als Tortenboden für Sahnetorten häufig zur Verwendung.

II. Tortenformen:

Springformen müssen, um schöne Torten zu erzielen, im richtigen Größenverhältnis zur Teigmenge stehen.
Kleine Tortenformen bis 22 cm ø für wenig ausgiebige Teige z. B. für Sachertorte bevorzugen.
Mittelgroße Form mit 24–26 cm ø, letztere ist die meist gebrauchte Größe.
Große Tortenformen mit 28 cm ø und darüber werden selten benötigt.
Anstelle von Tortenformen können Tortenringe verwendet werden, die man auf ein mit Pergamentpapier belegtes Backblech setzt.

Vorbereiten von Tortenformen: Nur Tortenformböden mit weicher Butter gut fetten und leicht bemehlen oder bröseln oder Boden mit Pergamentpapier oder Aluminiumfolie auslegen und buttern, *Rand nicht fetten!*

Füllen der Form in der Regel bis 3/4 der Höhe, nicht zu voll füllen!

III. Backen von Torten:

Teig je nach Rezeptanweisung im ganzen in der Springform oder in mehreren Einzellagen backen. *Backhitze und Backdauer der jeweiligen Teigart* (siehe Grundrezepte!) und *der Teigmenge* entsprechend anpassen!

Garprobe für im ganzen gebackene Torten: Mit Hölzchen oder Spicknadel an dickster Stelle einstechen, Hölzchen oder Nadel muß trocken bleiben – Tortenrand löst sich von der Form ab.
Beim Backen von Tortenteig in Einzellagen auf gleiche Blattgröße achten.

Nach dem Backen Torten vor Zug schützen, in der Form kurz abkühlen lassen, dann vorsichtig aus der Form nehmen, völlig erkalten, am besten über Nacht stehen lassen und erst am anderen Tag fertig stellen.

IV. Tränkflüssigkeit und Tortenfüllungen:

Tränken einzelner Tortenschichten macht Torten besonders saftig. Die Tränkflüssigkeit muß der

Eigenart des Tortenteiges und seinem Geschmack angepaßt sein. Bevorzugt sind feiner Fruchtsaft z. B. Ananas-, Orangensaft o. ä. mit Zitronensaft, Zucker und evtl. Arrak abgeschmeckt; aber auch Rum, Kirschwasser, Maraschino, Wein und gesüßter Kaffee-Extrakt sind beliebt.

Tortenfüllungen sind jeweils ein Charakteristikum der Torte und im Einzelfall mit Bedacht zu wählen. Geschmacklich muß die Tortenfülle auf den Tortenteig gut abgestimmt sein.
Zur Verwendung kommen:

Feine Marmeladen und Gelees wie Aprikosen-, Johannisbeer-, Sauerkirsch-, Hagebuttenmarmelade. Säuerlich schmeckende Marmeladen oder Gelees sind besonders günstig. Sie werden als ausschließliches Füllmaterial wie auch in schichtweisem Wechsel mit Schlagrahm- oder Buttercremefüllung verwendet und sind bei fettreichen Tortenteigen bevorzugt.

Feine weiche Früchte, roh oder sterilisiert wie Erdbeeren, Himbeeren, Sauerkirschen, Aprikosen, Pfirsiche, Ananas, Orangen sind beliebt als Fülle für Biskuitteige, sowohl in Verbindung mit Schlagrahm wie mit Cremefüllung. Früchte machen Torte saftig.

Schlagrahm mit verschiedenem Geschmack ist für alle Sahnetorten besonders beliebt, ihre Herstellung ist rasch und einfach. Sahnetorten haben meist nur 1 Bodenplatte und evtl. 1 dünne Deckplatte aus Teig und bestehen vorwiegend aus Sahnefülle. Schlagrahm wird hierzu meist gesteift verwendet, um bessere Haltbarkeit zu gewährleisten.

Buttercreme mit verschiedenem Geschmack wird meist als *gemischte Buttercreme* verwendet, da sie weniger fettreich und deshalb leichter verdaulich ist als reine Buttercreme.

V. Überzüge und Verzierungen von Torten:

Glasuren sollen der jeweiligen Art der Torte entsprechen z. B. Schokoladenglasur für Schokoladentorte, Punschglasur für Punschtorte, Mokkaglasur für Mokkatorte u. ä. Glasuren werden bevorzugt verwendet für mit Marmelade gefüllte Torten. Für 1 Torte mittlerer Größe benötigt man Glasur von 250 g Puderzucker Grundsätzliches für Glasuren siehe Seite 741/742.

Buttercreme als Überzug und als Garnitur gespritzt wird für Buttercremetorten bevorzugt verwendet, entsprechend der Fülle meist gemischte Buttercreme. Zum Spritzen muß Creme genügend steif sein.

Schlagrahm als Überzug und als Garnitur gespritzt ist für alle Sahnetorten beliebt, in der Regel in der Geschmacksrichtung der Fülle. Sahne zum Spritzen darf keine Beimischung von Nüssen, Mandeln oder Früchten haben.

Als Verzierung zusätzlicher Art finden je nach Tortenart Verwendung: Feine kandierte oder rohe Früchte, geschälte, blättrig geschnittene, evtl. leicht geröstete Mandeln oder Nüsse, Schokoladenstreusel oder Borkenschokolade, leicht karamelisierte Nüsse, geschälte ganze Mandeln, Pralinen, Mokkabohnen aus Schokolade, Krokant und evtl. auch Eiweißspritzglasur für glasierte Torten.

Bei allen Verzierungen ist zu beachten: Die Verzierung sei einfach, formschön, sorgfältig ausgeführt, u. U. dem Charakter des festlichen Anlasses angepaßt; überladene Torten sehen nicht gut aus.

VI. Einfrieren von Torten:

Torten mit Obstfüllung und mit gemischter Buttercreme gefüllt und überzogen sind *zum Einfrosten nicht geeignet* wegen des hohen Feuchtigkeitsgehaltes; beim Auftauen sind sie mit zahllosen feinen Wassertröpfchen übersät und sehen nicht gut aus. Tortenböden werden deshalb zweckmäßig nach der Gefrierlagerung damit gefüllt, überzogen und verziert.

Gut geeignet zum Tiefgefrieren sind Torten mit Marmelade-, Schlagrahm- und reiner Buttercremefüllung; sie können auch mit gespritzter Sahne- oder reiner Buttercremeverzierung eingefroren werden.

Glasuren werden besser nach der Gefrierlagerung auf Torten gegeben, da sie beim Auftauen gerne mit Feuchtigkeit beschlagen sind und nicht mehr gut aussehen.

Zum Tiefgefrieren Torten mit Marmelade bzw. Schlagrahm oder reiner Buttercreme füllen, spritzen, einige Stunden im Tiefgefriergerät vorfrieren, dann vorschriftsmäßig verpacken und tiefgefrieren, dadurch bleibt Verzierung gut erhalten. Mögliche Lagerdauer 2–3 Monate.

Auftauen erfolgt bei Zimmertemperatur bei etwa 20° C (3–4 Stunden), in angetautem Zustand aufschneiden.

VII. Grundregeln für das Füllen, Überziehen und Verzieren von Torten:

1. *Torten am Tag nach dem Backen* (frisch gebackene Torten lassen sich schlecht teilen) mit langem, scharfem Messer oder Sägemesser einoder mehrmals, je nach Tortenhöhe, durchschneiden und in gleichmäßig hohe Schichten teilen. (Notfalls Tortenrand rund herum mit kleinem, scharfen, spitzen Messer 1 cm tief einschneiden, Faden in Einschnitt legen und über Kreuz anziehen, siehe Abb. Seite 675).

2. Tortenplatte mit Tortenpapier belegen, Rand mit Pergamentpapierstreifen gut abdecken (Abb. Seite 675).

3. Torte auf so vorbereiteter Tortenplatte *füllen und zusammensetzen:*

a) Das weniger schöne Blatt, meist die Gebäckdecke, ergibt den Tortenboden, evtl. Unebenheiten ausgleichen, Gebäckboden als Deckblatt verwenden.

b) Tortenblätter einzeln mit abgeschmeckter, beliebiger Tränkflüssigkeit (je nach Tortenart) *tränken;* jeweils *1 cm vom Rand entfernt* beginnen, *Deckblatt nicht tränken!*

c) *Fülle,* der Tortenart entsprechend, schichtweise auf die einzelnen Tortenblätter aufstreichen bis *1 cm vom Rand entfernt;* Bestreichen der einzelnen Blätter mit feiner, glatter Marmelade vor dem Aufstreichen der Fülle verhindert das Eindringen der Fülle in die Poren des Gebäcks. Unebenheiten beim Füllen ausgleichen. Auf gefülltes Blatt jeweils das nächste Blatt auflegen, ebenso tränken und füllen usw. Dabei die einzelnen Tortenblätter Kante auf Kante genau legen; Torte muß gerade und gleichmäßig hoch sein, Deckblatt muß eben aufliegen, dieses evtl. etwas andrücken oder Torte leicht beschweren.

Sahnetorten, in der Regel nur aus Tortenboden und dünner Deckplatte mit reichlicher Sahnefüllung bestehend, sind infolge der hohen Sahneschicht schwer zu schneiden. Deshalb Deckplatte vor dem Aufsetzen auf die mit Sahnefüllung bestrichene Bodenplatte in Portionsstücke (12–16 Stück je nach Tortengröße) schneiden, diese sorgfältig auf den gefüllten Boden setzen, etwas andrücken, so daß Torte gute Form erhält. Oberseite und Rand dann dicht mit Sahne bestreichen, spritzen und verzieren. Soll das Deckblatt einer Sahnetorte glasiert werden, so muß dies vor dem Portionieren der Deckplatte erfolgen.

4. *Brösel von gefüllter Torte abpinseln.*

5. *Torte überziehen*

a) *Schlagrahmüberzug:* Oberseite und Rand der gefüllten Torte mit evtl. gesteiftem, gesüßtem und mit Geschmackszutaten nach Wahl abgeschmecktem Schlagrahm dick überziehen, Schlagrahm mit breitem, in heißes Wasser getauchtem Messer jeweils glatt streichen.

b) *Buttercremeüberzug:* Oberseite und Rand der Torte mit Buttercreme (entsprechend der Tortenfüllung) bestreichen, mit breitem, in heißes Wasser getauchtem Messer gut glatt streichen.

c) *Überziehen mit Glasur:* Torte dafür zunächst mit kernloser, glatter, feiner, nicht zu fester, gut streichfähiger Marmelade z. B. Aprikosenmarmelade dünn bestreichen, an der Luft etwas antrocknen lassen, Torte bleibt dadurch saftiger, Glasur wird glatter und behält die Farbe.

Dickflüssige Glasur, jeweils nach Rezeptangabe hergestellt, auf Tortenmitte gießen, Glasur durch leichtes Schräghalten der Torte nach allen Seiten über die ganze Torte und den Rand *fließen lassen,* nie streichen, ablaufende Glasur am Tortenrand mit breitem Messer hoch streichen. Glasur gut trocknen lassen, während des Trocknens Torte nicht bewegen und Zugluft vermeiden.

Schneiden, Füllen, Zusammensetzen von Torten

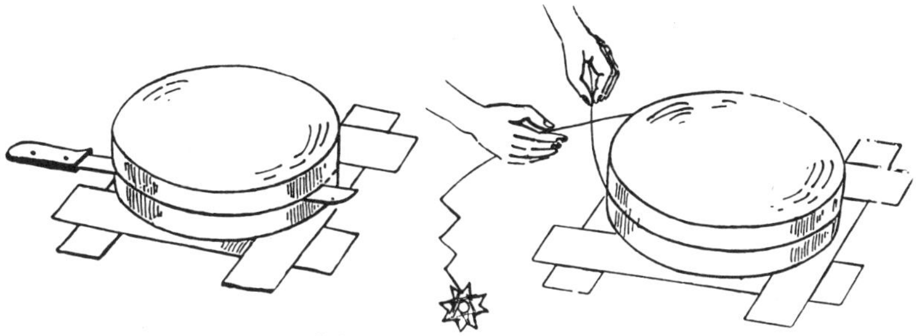

Schneiden von Tortenplatten

Füllen und Beziehen mit Creme

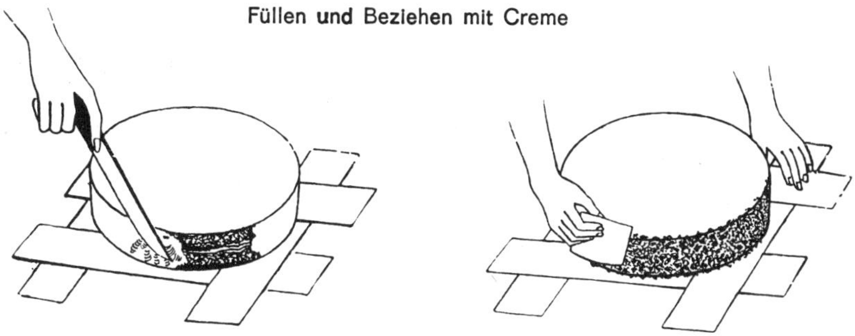

Rand bestreichen und bewerfen

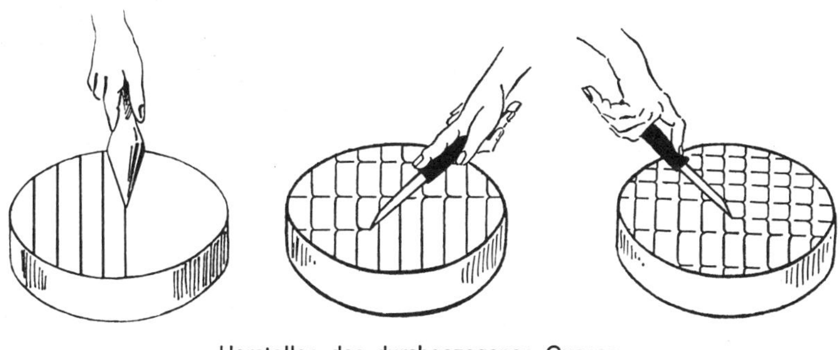

Herstellen des durchgezogenen Gusses

Spritzen und Verzieren von Torten

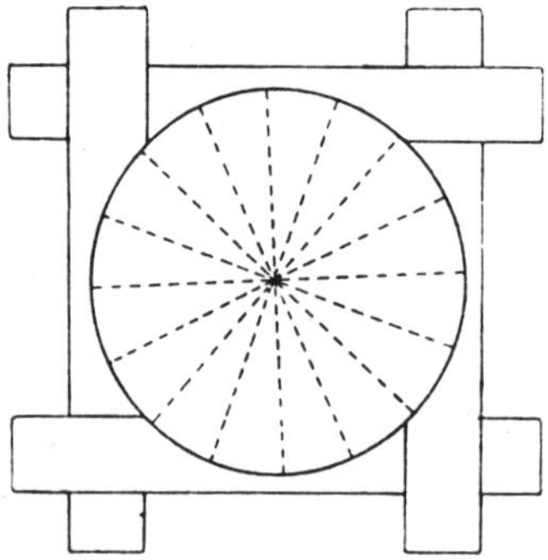

Einteilung in Stücke

Richtige Führung des Spritzbeutels

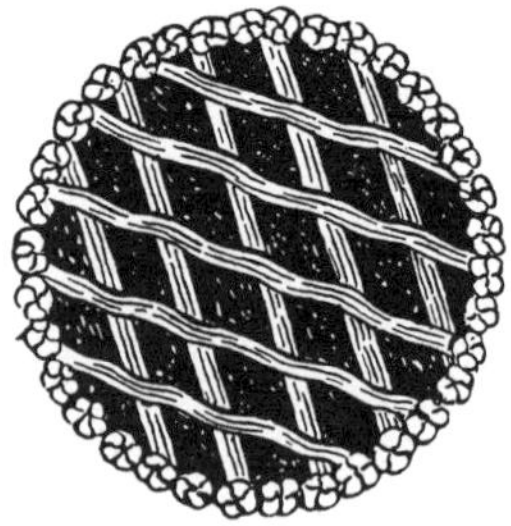

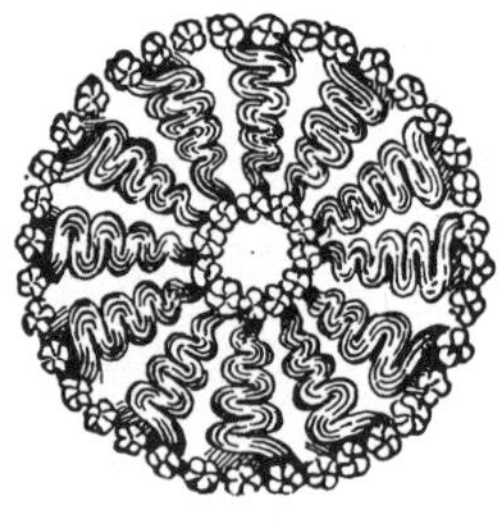

Spritzmuster für Schlagrahm oder Buttercreme

Spritzmuster für Buttercreme

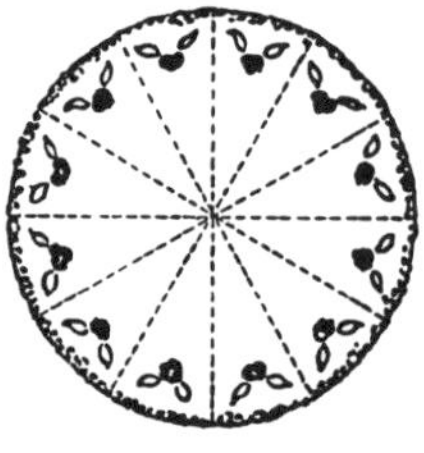

Punschtorte mit kandierten Früchten

Punschtorte mit Eiweiß-Spritzglasur

6. *Torte verzieren*

a) *Spritzen mit Schlagrahm oder Buttercreme* für Sahne- bzw. Buttercremetorten:

Vor dem Spritzen Einteilung der Torte in Portionsstücke (je nach Tortengröße 12–16 Stück) mit langem Messer, Faden oder Tortenteiler andeuten, um gleichmäßige Verteilung des Spritzmusters zu erleichtern.

Zum Spritzen von Schlagrahm größere, für Buttercreme kleinere Sterntülle verwenden, geeignete Größe der Spritztülle zweckmäßig vorher ausprobieren. Buttercreme muß genügend steif sein!

Spritzbeutel vor Gebrauch evtl. wenden (Naht auf Außenseite) und mit kaltem Wasser anfeuchten, damit Schlagrahm oder Creme nicht haften bleiben. Spritzbeutel nur halbvoll füllen, mit *rechter Hand Spritzbeutel oben* anfassen und durch leichten Druck spritzen, *linke Hand führt Spritzbeutel* leicht am Tüllenrand; siehe S. 676.

Spritzbeutel immer senkrecht zur Torte halten. Spritzmuster vorher gut überlegen, gleichmäßig stark spritzen, Muster gleichmäßig verteilen, Torte nicht überladen.

b) *Spritzen mit Eiweiß-Spritzglasur* für glasierte Torten: Vor dem Spritzen muß Tortenguß gut trocken sein. Einteilung der Tortenstücke kann auch hier leicht markiert werden. *Kleinste glatte Spritztülle* zum Spritzen von Spritzglasur verwenden oder kleines Pergamenttütchen dafür selbst herstellen. Spritzen von Schrift oder Garnitur mit Glasur wegen der Größe der Spritzöffnung stets vorher ausprobieren. Gespritzte Glasur gut trocknen lassen.

c) *Garnieren* mit kandierten Früchten, Fruchtstücken, Pralinen, Schokolade-Mokkabohnen, glasierten Nüssen, Mandeln, Krokant, Borkenschokolade u. a. m. je nach Tortenart.

Vor dem Belegen glasierter Torten mit Garnituren *Guß etwas antrocknen* lassen, sonst entsteht in der Glasur um die Früchte leicht ein sogen. „Hof"; Glasur darf aber nicht zu trocken sein, sonst hält Garnitur nicht mehr.

d) *Tortenrand* nach Belieben mit geschälten, blättrig geschnittenen, evtl. leicht gerösteten Mandeln oder Nüssen, mit Krokant, Borkenschokolade oder Schokoladestreusel bewerfen, u. U. mit breitem Messer leicht andrücken.

7. *Pergament-Schutzstreifen vorsichtig entfernen:* Erst mit dünnem, elastischem Messer Torte von Pergamentstreifen lösen, dann diese vorsichtig abziehen.

8. *Torte bis zum Gebrauch kalt stellen.*

Grundrezept

1/2 l Schlagrahm
4 Blatt weiße Gelatine oder 2 leicht gehäufte Teelöffel gemahlene Gelatine
3 Eßl. Wasser zum Lösen
50–75 g Puderzucker, gesiebt
Geschmackszutaten nach Wahl wie: Vanille, Schokolade, Kakao gesiebt, Kaffee-Extrakt oder Kaffee-Extraktpulver, geschälte, geriebene Mandeln oder Nüsse, Krokant, feine weiche Früchte (roh oder sterilisiert)
Arrak, Rum, Maraschino oder Kirschwasser o. ä.

1403. Schlagrahm mit verschiedenem Geschmack als Fülle und Überzug für Torten

Die Rezeptmenge ist in der Regel ausreichend für eine mittelgroße Torte mit einer Schlagrahmfüllung, Überzug und Verzierung mit Schlagrahm; *für Sahnetorten oder mehrmalige Schlagrahmfüllung bzw. große Torten ist die Rezeptmenge um die Hälfte zu erhöhen.* Das Steifen des Schlagrahms ist immer nötig, sofern die Torte nicht nach dem Füllen rasch verbraucht wird. Bei Verwendung flüssiger Geschmackszutaten wie z. B. Kaffee-Extrakt ist u. U. die Gelatinemenge um 1 Blatt bzw. 1 gestrichenen Teelöffel gemahlener Gelatine zu erhöhen.

Gelatine nach Vorschrift vorbereiten, mindestens 10 Minuten in kalter Flüssigkeit quellen lassen, in vorgeschriebener Flüssigkeitsmenge lösen, abkühlen lassen – Gelatinelösung nie warm unter Schlagrahm geben!

Süßen, kalt gestellten Rahm fast steif schlagen, abgekühlte, knapp lauwarme Gelatinelösung unterschlagen, Schlagrahm völlig steif schlagen, gesiebten Puderzucker unterschlagen, die zum Überziehen und Spritzen der Torte nötige Schlagrahmmenge (etwa ein Drittel) wegnehmen, unter die restlichen Zweidrittel die vorbereiteten Geschmackszutaten nach Wahl untermengen, kalt stellen bis zum Gebrauch. Schlagrahm mit stückigen Geschmackszutaten z. B. klein geschnittenen Früchten, aber auch mit geriebenen Nüssen oder Mandeln ist zum Überziehen und Spritzen nicht geeignet.

Mark von 1/2–3/4 Vanillestange oder Vanillezucker

Vanille-Schlagrahm: Mark der Vanillestange mit dem Puderzucker mischen und mit diesem unter gesteiften Schlagrahm schlagen oder mit Vanillestange aromatisierten Zucker verwenden.

100 g bittere Schokolade oder 2 Eßlöffel Schokoladenpulver oder Kakao (gesiebt)

Schokoladen-Schlagrahm: Bittere Schokolade mit 2 Eßlöffel Wasser lösen, abkühlen lassen, mit dem Zucker unter gesteiften Schlagrahm schlagen oder Schokoladenpulver bzw. Kakao (gesiebt) mit Puderzucker mischen und unter Schlagrahm schlagen.

3 Eßl. Kaffee-Extrakt zum Lösen der Gelatine oder 1 1/2 Eßl. Kaffee-Extraktpulver

Mokka-Schlagrahm: Starken Kaffee-Extrakt zum Lösen der vorbereiteten Gelatine verwenden oder Kaffee-Extraktpulver mit dem Puderzucker unter den gesteiften Schlagrahm schlagen. Puderzuckermenge ist für Mokka-Schlagrahm etwas zu erhöhen. Nach Belieben kann 1–2 Eßlöffel Schokoladenpulver mit dem Kaffee-Extrakt untergeschlagen werden.

500–750 g feine, weiche Früchte (roh oder sterilisiert)
evtl. etwas Zucker

Früchte-Schlagrahm: Vorbereitete rohe Erdbeeren oder Himbeeren leicht einzuckern, etwas durchziehen lassen, Saft zum Lösen der Gelatine verwenden. Herstellung siehe Nr. 1383.

Mark von 1/2 Vanillestange
100 g geschälte Nüsse oder Mandeln

Schlagrahm mit Nüssen oder Mandeln: Geröstete, geschälte Haselnüsse oder abgezogene Mandeln fein reiben, völlig erkaltet mit dem Puderzucker unter gesteiften Schlagrahm geben.

Schlagrahm mit Krokant: Mandeln oder Nüsse schälen, blättrig schneiden odere stifteln; Zucker mit wenig Butter goldgelb karamelisieren, vorbereitete Mandeln oder Nüsse zugeben, kurz mitrösten, gut mischen, dann auf mit geschmackfreiem Öl bestrichenes Pergamentpapier gießen, ausstreichen, erkaltet vom Papier lösen und durch Klopfen zerkleinern. Krokant unter gesteiften Schlagrahm mischen.

Krokant:
125 g geschälte Nüsse oder Mandeln
80–125 g Zucker
20 g Butter

Schlagrahm mit Rum: Guten Rum, Maraschino bzw. gewählten anderen Alkohol unter den gesteiften, gesüßten Schlagrahm schlagen.

2–3 Eßl. echter Rum, Arrak, Maraschino, Kirschwasser o. ä.

1404. Buttercreme (gemischte bzw. reine)

Grundrezept

Gemischte oder gestreckte Buttercreme: Sie ist weniger fettreich, deshalb leichter verdaulich, ausgiebiger, dadurch etwas billiger, jedoch nicht so lange haltbar wie reine Buttercreme und zum *Einfrosten nicht geeignet.* Die Menge ist für eine gut mittelgroße bis große Torte ausreichend; für kleinere Torten genügt 1/2 Rezept.

Gemischte Buttercreme:
2–3 Eigelb, 50 g Zucker
50–60 g Stärkemehl oder 1 Puddingpulver
Vanille, 1/2 l Milch
200–250 g Butter
100–150 g Puderzucker
Geschmackszutaten nach Wahl wie bei Nr. 1403

Arbeitsweise:
1. *Eigelb, Zucker, Stärkemehl und etwas kalte Milch glatt rühren,* vorbereitete Vanillestange und restliche kalte Milch zugeben.
2. *Masse mit Schneebesen an Herdstelle abschlagen bis sie einmal aufpufft,* sofort vom Herd nehmen, kurz weiter schlagen, dann unter öfterem Durchschlagen *erkalten* lassen. (Für einfache Creme können Eigelb evtl. eingespart werden).
3. *Frische Butter sehr schaumig rühren, gesiebten Puderzucker und vorbereitete Geschmackszutaten* (sofern nicht dem Flammeri zugesetzt) abwechselnd unterrühren.
4. *Erkalteten Flammeri löffelweise unterschlagen, abschmecken* und gemischte Buttercreme *bald verwenden.* Flammeri und Schaummasse sollen etwa gleiche Temperatur haben; zu kalter Flammeri kann Gerinnung verursachen, desgleichen zu langes Stehen der fertigen Creme.

Reine oder echte Buttercreme: Sie ist durch höheren Fettgehalt schwerer verdaulich, weniger ausgiebig, jedoch zum Tiefgefrieren damit gefüllter und verzierter Torte gut geeignet.

Reine Buttercreme:
250 g frische Butter
150–180 g Puderzucker
2–3 Eigelb
Geschmackszutaten nach Wahl wie bei Nr. 1403

Arbeitsweise:
1. *Frische Butter sehr schaumig rühren.*
2. *Gesiebten Puderzucker und Eigelb abwechselnd unterrühren,* Masse muß sehr schaumig werden.
3. *Vorbereitete Geschmackszutaten nach Wahl* nach und nach unterrühren; flüssige Geschmackszutaten wie Kaffee-Extrakt oder erweichte Schokolade immer *nur tropfenweise* nach und nach und *nie warm,* sondern gut abgekühlt unterrühren. Creme abschmecken.

Anwendungsbereich von gemischter wie reiner Buttercreme für alle Arten von Buttercremes mit den verschiedensten Geschmacksrichtungen zum Füllen und Überziehen von Buttercremetorten.

Bei Verwendung von Früchten als Geschmackszutaten müssen diese sehr gut abgetropft sein und fein zerkleinert werden.

Creme zum Überziehen und Spritzen muß glatt sein; deshalb die hierfür nötige Menge wegnehmen vor dem Untermengen von Früchten, Nüssen, Mandeln oder Krokant und vor dem Spritzen etwas kalt stellen, damit sie die nötige Steife erhält.

1405. Gemischte Buttercreme mit Früchten

1/4 l Milch, Schale von 1/2 Zitrone oder Orange oder 1/2 Stange Vanille
2–3 Eigelb, 30–50 g Zucker
50–60 g Stärkemehl
1/4 l Ananas-, Orangen- oder heller Kompottsaft
200–250 g Butter
100–150 g Puderzucker
500 g feine, weiche Früchte (roh oder sterilisiert)
1–2 Eßl. Arrak, Rum oder Maraschino
evtl. 1/4 l Schlagrahm

Milch mit geriebener Zitronen- oder Orangenschale bzw. mit vorbereiteter Vanillestange zum Kochen bringen; Eigelb, Zucker und Stärkemehl mit kaltem Obstsaft glatt schlagen, kochende Milch unterschlagen, an Herdstelle abschlagen, bis Masse einmal aufpufft, vom Herd nehmen, kurz weiter schlagen, unter öfterem Durchrühren erkalten lassen. Butter sehr schaumig rühren, gesiebten Puderzucker unterrühren, erkaltete Flammerimasse in gleicher Temperatur löffelweise nach und nach unterrühren; die zum Überziehen und Spritzen nötige Crememenge wegnehmen, kalt stellen, sehr fein geschnittene oder evtl. gemixte Früchte unter die restliche Creme rühren, mit Arrak, Rum oder Maraschino abschmecken, steifen Schlagrahm unterziehen.
Als Früchte sind geeignet: Sterilisierte feine Früchte wie Ananas, Aprikosen, Pfirsiche, auch Sauerkirschen oder rohe Früchte wie Orangen, Erdbeeren oder Himbeeren.
Die angegebene Menge ist für 1 große Torte ausreichend, für kleine Torten genügt 1/2 Rezeptmenge.
Vereinfacht kann diese gemischte Creme nach Grundrezept Nr. 1404 hergestellt werden, in dem man einige Eßlöffel von Aprikosen-, Ananas- oder Orangenmarmelade unter die noch warme Flammerimasse rührt und auf die Verwendung von Obstsaft und Früchten verzichtet; erkaltet unter die schaumige Butter mit Puderzucker rühren.

1406. Vanillebuttercreme

Buttercreme, rein oder gemischt wie Nr. 1404
1/2–1 Stange Vanille
1–2 Eßl. Arrak, Rum oder Maraschino

Buttercreme als gemischte oder reine Buttercreme herstellen wie im Grundrezept beschrieben, geklopfte, gespaltene Vanillestange zur Milch oder das Mark der Vanillestange unter die schaumig gerührte Butter geben; Creme zuletzt mit Arrak, Rum oder Maraschino abschmecken.
Nach Belieben kann anstelle der Vanilleschote und des Zuckers ein durch Vanilleschoten aromatisierter Vanillezucker verwendet werden.

1407. Mokkabuttercreme

Buttercreme, gemischt oder rein wie Nr. 1404
3–4 Eßl. Kaffee-Extrakt oder 2–3 Eßl. Kaffee-Extraktpulver

Kaffee-Extrakt herstellen: 30 g fein gemahlenen Bohnenkaffee mit 1/8 l kochendem Wasser filtern oder überbrühen, zugedeckt ziehen lassen, abseihen.
Gemischte oder reine Buttercreme nach Grundrezept herstellen; bei reiner Buttercreme erkalteten Kaffee-Extrakt tropfenweise unter die Schaummasse rühren oder Kaffee-Extraktpulver mit schaumig rühren. Für reine Buttercreme genügt die geringere Menge, für gemischte Buttercreme ist die größere Menge Kaffee-Extrakt nötig; hierbei

Kaffee-Extrakt oder Pulverkaffee zur Milch geben oder statt Kaffee-Extrakt Kaffee-Milch herstellen: den fein gemahlenen Bohnenkaffee mit $^3/_8$ l kochender Milch überbrühen, zugedeckt ziehen lassen, dann abseihen; Eigelb, Zucker, Stärkemehl mit $^1/_8$ l kalter Milch glatt rühren, Kaffeemilch unterschlagen, fertigstellen nach Grundrezept.

1408. Schokoladenbuttercreme

Buttercreme als gemischte oder reine Buttercreme nach Grundrezept herstellen; Schokoladenstückchen oder Kakao zur Milch geben und mit aufkochen lassen, bei reiner Buttercreme Schokolade im Wasserbad erweichen, abgekühlt unter die Schaummasse rühren bzw. Kakao gesiebt löffelweise unterrühren.

Buttercreme, gemischt oder rein wie Nr. 1404
100 g bittere Schokolade (erweicht) oder
3 Eßl. Kakao, gesiebt

1409. Schokoladen-Mokkabuttercreme

Gemischte oder reine Schokoladenbuttercreme herstellen wie bei Nr. 1408 beschrieben, Kaffee-Extrakt oder Kaffee-Extraktpulver nach und nach unter die fertige Creme rühren, abschmecken.

Schokoladenbuttercreme wie Nr. 1408 und
1–2 Eßl. Kaffee-Extrakt oder Kaffee-Extraktpulver

1410. Krokantbuttercreme

Krokant herstellen: Geschälte Mandeln feinblättrig oder stiftelig schneiden, Zucker mit wenig Butter unter Rühren goldgelb karamelisieren, vorbereitete Mandeln zugeben, gut mischen, kurz mitrösten, auf mit geschmackfreiem Öl bestrichenes Pergamentpapier geben, ausstreichen, erkalten lassen, von der Unterlage lösen, durch Klopfen zerbröseln.
Gemischte oder reine Buttercreme nach Grundrezept herstellen, gebröselte Krokantmasse untermengen. Krokantbuttercreme ist zum Spritzen nicht geeignet; mit Buttercreme oder Schlagrahm bestrichene Torte kann mit gebröseltem Krokant bestreut werden.

Buttercreme, gemischt oder rein wie Nr. 1404

zum Krokant:
125 g geschälte Mandeln
80–125 g Zucker
20 g Butter

1411. Nuß- oder Mandelbuttercreme

Gemischte oder reine Buttercreme nach Grundrezept herstellen; geschälte, evtl. leicht geröstete, fein geriebene Haselnüsse oder Mandeln unter die fertige Creme rühren, mit Arrak oder Rum abschmekken und zuletzt steifen Schlagrahm unterheben. Bei gemischter Buttercreme die geriebenen Haselnüsse oder Mandeln mit der Milch aufkochen lassen. Die zum Überziehen und Spritzen benötigte Cremenge vor Zugabe der Nüsse bzw. Mandeln wegnehmen, unter die restliche Creme zum Füllen Nüsse oder Mandeln mischen.

Buttercreme, gemischt oder rein wie Nr. 1404
100 g geschälte, geriebene Haselnüsse oder Mandeln
2Eßl. Rum oder Arrak

zum Verbessern:
$^1/_8$–$^1/_4$ l Schlagrahm

1412. Arrak-, Rum-, Kirschwasser-, Maraschinobuttercreme

Vanille- oder Mokkabuttercreme als gemischte oder reine Buttercreme herstellen, fertige Creme mit gewünschtem Alkohol abschmecken. (Für reine Buttercreme ist jeweils die geringere Menge ausreichend.)

Vanillebuttercreme wie Nr. 1406 oder Mokkabuttercreme wie Nr. 1407
2–3 Eßl. Arrak, Rum, Kirschwasser od. Maraschino

1413. Borkenschokolade (Tortengarnitur)

Dicke Schokoladenrippe mittels scharfem Kartoffelschäler oder Gurkenhobel borkenartig raspeln.

1414. Biskuittorte

Grundrezept Bikuitteig Nr. 1379 von:
8 (6) Eiern, getrennt
200 (150) g feiner Zucker
Schale von 1/2 Zitrone
200 (150) g Mehl, davon bis 1/2 der Menge Stärkemehl
evtl. 1/2 Teel. Backpulver
zur Form: Butter und Mehl evtl. Pergamentpapier
zum Tränken: Fruchtsaft oder Wein mit Zitronensaft Arrak oder Rum und wenig Zucker oder leicht gesüßter Mokka oder Arrak, Rum, Kirschwasser oder Maraschino
zum Füllen nach Wahl: feine Marmelade oder Buttercreme wie Nr. 1404 oder Schlagrahm wie Nr. 1403
z. Überziehen u. Verzieren: Glasur nach Wahl oder Buttercreme oder Schlagrahm je nach Tortenart

Biskuitmasse von 8 Eiern ergibt eine große, von 6 Eiern eine mittelgroße Torte; für Sahnetorten genügt Biskuitteig von 3 Eiern.
Sehr lockeren Biskuitteig herstellen, wie beim Grundrezept Nr. 1379 beschrieben. Tortenformboden mit weicher Butter fetten und mehlen oder Bodenblech mit gebuttertem Pergamentpapier auslegen, Rand der Form nicht fetten. Biskuitteig in vorbereitete Form füllen, bei mäßiger Mittelhitze (175–200° C) etwa 3/4–1 Stunde backen (Garprobe mit Hölzchen!), in der Form kurz etwas abkühlen lassen, dann Rand lösen und abnehmen, stürzen, Pergamentpapier vorsichtig abziehen, am besten über Nacht völlig erkalten lassen und am nächsten Tag Torte fertigstellen.
Biskuitteig kann auch in 6–8 dünnen Tortenblättern einzeln gebacken werden; diese jedoch bei guter Hitze rasch backen (200–220° C), damit sie nicht trocken und brüchig werden; Backzeit jeweils etwa 5–7 Minuten.
Am nächsten Tag die im ganzen gebackene Torte mehrmals durchschneiden je nach Tortenhöhe, die einzelnen Tortenblätter nach Wahl und Tortenart tränken, füllen, zu Torte zusammensetzen, überziehen und verzieren; dabei nach den Grundregeln verfahren, siehe Backlehre Seite 674. Wird die Biskuittorte in mehreren dünnen Einzelblättern gebacken, benötigt man zum Zusammensetzen entsprechend mehr Fülle.
Bei Herstellung des Biskuitteiges in der elektrischen Küchenmaschine unter Verwendung der ganzen Eier kann der Teig evtl. etwas ausgiebiger gestaltet werden durch geringe Erhöhung der Zucker- und Mehlmenge bis zu höchstens 40 g Zucker und 40 g Mehl je Ei, gleichzeitig ist 1 Teelöffel Backpulver für 1 Torte nötig.
Biskuittorte kann zu einer großen Zahl von Torten verarbeitet werden je nach Wahl der Flüssigkeit zum Tränken, der Fülle und des Überzuges.

1415. Wasserbiskuittorte

Grundrezept Wasserbiskuit Nr. 1380 von:
6 frischen Eiern (getrennt)
6 Eßl. Wasser
300 g feiner Grießzucker
Zitronenschale oder Vanille
300 g Mehl, davon 1/3–1/2 der Menge Stärkemehl
2 Teel. Backpulver
zur Form: Butter und Mehl evtl. Pergamentpapier
zum Tränken, Füllen, Überziehen und Verzieren wie Biskuittorte Nr. 1414

Wasserbiskuit von 6 Eiern ergibt 1 große Torte, für eine mittelgroße Tortenform ist Wasserbiskuit von 4 Eiern ausreichend; für die Herstellung des Tortenbodens von Sahnetorten ist Wasserbiskuit von 2 Eiern ausreichend.
Wasserbiskuit herstellen, wie im Grundrezept Nr. 1380 beschrieben, die Arbeitsweise kann beliebig gewählt werden, tüchtiges Schlagen ist Voraussetzung für lockere Teigbeschaffenheit. Boden der Springform mit weicher Butter gut fetten und mehlen oder den Formboden mit gebuttertem Pergamentpapier auslegen, Rand der Springform nicht buttern. Wasserbiskuitteig in vorbereitete Springform geben, glatt streichen, sofort in vorgeheizter Röhre bei mäßiger Mittelhitze (175–200° C) etwa 3/4–1 Stunde backen, (Garprobe mit Hölzchen), dann in der Form kurz etwas abkühlen lassen, Rand vorsichtig lösen und abnehmen, stürzen, Pergamentpapier vorsichtig abziehen, völlig

erkalten lassen, am besten erst am nächsten Tag fertigstellen wie Biskuittorte Nr. 1414 gemäß den in der Backlehre für Torten angegebenen Regeln. Wasserbiskuittorte kann wie Biskuittorte verwendet werden.

1416. Punschtorte

Biskuittorte Nr. 1414 oder Wasserbiskuittorte Nr. 1415

zum Tränken:
1/8 l Weißwein oder Orangensaft, Saft von 1 Zitrone, 3 Eßl. Rum oder Arrak

zum Füllen:
feine Marmelade

zum Glasieren:
Aprikosenmarmelade
Punschglasur Nr. 1564
evtl. kandierte Früchte
evtl. Eiweiß-Spritzglasur

Biskuittorte oder Wasserbiskuittorte wie Nr. 1414 bzw. Nr. 1415 herstellen und backen. Nach völligem Erkalten, am besten am nächsten Tag Torte 2–3 mal durchschneiden, auf Tortenplatte zusammensetzen, wie in der Backlehre Seite 674 ausführlich beschrieben; jedes Tortenblatt mit gut abgeschmecktem Weißwein bzw. Fruchtsaft und Alkohol tränken (bei Tränkflüssigkeit kann auf Zuckerzugabe verzichtet werden), mit glatt gerührter, feiner Marmelade füllen (gut geeignet sind hierfür Aprikosen-, Hagebutten-, kernlose Johannisbeer- oder Sauerkirschmarmelade). Tortenblätter sorgfältig Kante auf Kante zusammensetzen, Tortenoberfläche mit glatter, evtl. passierter Marmelade dünn bestreichen, an der Luft etwas antrocknen lassen, dann mit Punschglasur überziehen. Sobald die Glasur etwas abgetrocknet ist, mit kandierten Früchten sorgfältig belegen, hierbei Torteneinteilung berücksichtigen; nach Belieben auch mit Eiweiß-Spritzglasur auf trockene Punschglasur spritzen, trocknen lassen.

1417. Sahnetorten verschiedener Art

Biskuittorte von 3 Eiern wie Nr. 1414 oder Wasserbiskuittorte von 2 Eiern wie Nr. 1415 oder Mürbteigboden von 200 g Mehl Nr. 1335

z. Tränken f. Biskuitboden:
6–8 Eßl. Tränkflüssigkeit (je nach Tortenart)

zum Füllen:
Schlagrahmfüllung von 3/4 l Schlagrahm wie Nr. 1403 mit Geschmackszutaten nach Wahl

Biskuittorte oder Wasserbiskuittorte von verringerter Teigmenge herstellen wie bei Nr. 1414 bzw. 1415 beschrieben, in vorbereiteter Springform backen, Backzeit für die kleine Menge etwa 20–25 Minuten; nach völligem Erkalten nach Belieben einmal durchschneiden. Kurz vor dem Füllen die als Bodenplatte verwendete Oberseite des Biskuits je nach Tortenart tränken, eine Pergamentpapiermanschette oder den Rand der Springform um die Bodenplatte legen, damit glatter Rand entsteht. (Bei Mürbteigboden entfällt das Tränken.)

Schlagrahmfüllung von 3/4 l Schlagrahm herstellen wie bei Nr. 1403 angegeben, Geschmackszutaten je nach Tortenart wählen; da sich Schlagrahm mit stückigen Geschmackszutaten (Nüssen, Mandeln, Früchten etc.) zum Überziehen und Spritzen nicht eignet, etwa gut 1/3 der abgeschmeckten Schlagrahmfülle wegnehmen, dann erst diese Geschmackszutaten unter den Schlagrahm mischen. Fülle erst etwas ansteifen lassen, dann dick auf den vorbereiteten Tortenboden legen, Fülle muß bis an den Rand gehen, damit dieser ganz glatt wird, Fülle etwas glatt streichen, Deckblatt (schon in Portionsstücke geteilt) auflegen, leicht andrücken, Deckblatt mit glatter Schlagrahmfülle bestreichen, Portionsstücke leicht angeben, spritzen, nach Belieben verzieren, bis zum Gebrauch kalt stellen, damit Schlagrahmfüllung gut steif wird; kurz vor Gebrauch Rand der Tortenform mit in heißes Wasser getauchtem Messer sorgfältig lösen und abnehmen, wieder kalt stellen.

Nach Belieben kann anstelle von Biskuit bzw. Wasserbiskuit auch ein Boden von Mürbteig verwendet werden; in diesem Fall entfällt das Tränken und man verzichtet auf ein Deckblatt.

zum Tränken:
6 Eßl. Rum, Arrak oder Kirschwasser
zum Füllen: Schokoladen-Schlagrahm Nr. 1403

Schokoladen-Sahnetorte: Biskuit- bzw. Wasserbiskuittorte nach Belieben als Schokoladen-Biskuit unter Zugabe von 50 g bitterer Schokolade (gerieben oder erweicht) oder von 1–2 Eßl. gesiebtem Kakao herstellen; mit Rum, Arrak oder Kirschwasser tränken und mit Schokoladen-Schlagrahm füllen. Torte fertigstellen wie oben beschrieben, nach Belieben Oberfläche und an den Rändern mit Borkenschokolade bestreuen; kalt stellen.

zum Tränken:
6 Eßl. Arrak oder Kirschwasser
zum Füllen:
Nuß-Schlagrahm Nr. 1403

Nuß-Sahnetorte: Biskuit- oder Wasserbiskuittorte herstellen wie oben beschrieben oder 1/2 Rezept Haselnußtorte wie Nr. 1425 backen, erkaltet einmal durchschneiden, Bodenplatte mit Arrak oder Kirschwasser tränken, mit Nuß-Schlagrahm dick füllen und Sahnetorte fertigstellen wie oben angegeben; Oberfläche mit abgeschmecktem Schlagrahm (ohne Nüsse) bestreichen, spritzen, nach Belieben mit geschälten, blättrig geschnittenen, leicht gerösteten Haselnüssen oder mit geschälten, ganzen Haselnüssen, die leicht karamelisiert wurden, verzieren; kalt stellen.

zum Tränken:
4–6 Eßl. leicht gesüßter Kaffee-Extrakt
1–2 Eßl. Rum
zum Füllen:
Mokka-Schlagrahm Nr. 1403
zum Verzieren:
Mokka-Schokoladenbohnen

Mokka-Sahnetorte: Biskuit- oder Wasserbiskuittorte herstellen wie oben beschrieben oder 1/2 Rezept Haselnußtorte Nr. 1425 backen, erkaltet einmal durchschneiden. Unmittelbar vor dem Füllen Bodenplatte mit leicht gesüßtem Kaffee-Extrakt tränken, mit Mokka-Schlagrahm dick füllen, Torte fertigstellen wie oben angegeben, Deckblatt leicht andrücken, Tortenoberfläche mit Mokka-Schlagrahm bestreichen, nach Belieben hübsch spritzen, mit Mokka-Schokoladenbohnen verzieren; kalt stellen.

zum Tränken:
6 Eßl. Obstsaft
1–2 Eßl. Zitronensaft
1–2 Eßl. Arrak
evtl. wenig Zucker
zum Füllen:
1 1/2 Rezept Früchte-Schlagrahm Nr. 1403/1383 mit 3/4–1 kg Erdbeeren oder Himbeeren und 50–100 g Zucker
oder roh gerührte Frucht-Rahmcreme Nr. 1171 mit 8–10 Blatt Gelatine

Erdbeer- oder Himbeer-Sahnetorte: Biskuittorte oder Wasserbiskuittorte backen wie oben angegeben, erkaltet einmal durchschneiden oder Mürbteigboden von 200 g Mehl ohne Rand backen (siehe Mürbteig Nr. 1335 feine Art). Gewaschene, gut abgetropfte, entstielte Erdbeeren, falls groß, halbieren oder vierteln, Himbeeren belassen, mit Zucker bestreuen, etwas durchziehen lassen; Saft abseihen, gut abschmecken. Früchte-Schlagrahm mit Erdbeeren oder Himbeeren herstellen wie bei Nr. 1383 beschrieben. Tortenboden von Biskuit bzw. Wasserbiskuit mit gut abgeschmecktem Saft tränken, mit Früchte-Schlagrahm dick füllen und belegen, evtl. Früchte dazwischen einlegen, evtl. vorbereitetes Deckblatt darauf legen, leicht andrücken, Oberfläche mit Schlagrahm ohne Früchte überziehen, spritzen, mit schönen ganzen Früchten verzieren; kalt stellen. Bei Verwendung tiefgefrorener, mit Zucker eingefrosteter Beeren, diese gut angetaut verwenden, Zuckermenge entsprechend kürzen.

Anstelle von Früchte-Schlagrahm kann als Fülle roh gerührte Frucht-Rahmcreme mit etwas erhöhter Gelatinemenge verwendet werden.
Bei Verwendung von Mürbteigboden entfällt Deckblatt; Fülle gut glatt streichen.

Ananas-Sahnetorte: Biskuit- oder Wasserbiskuittorte backen wie oben angegeben, erkaltet einmal durchschneiden, die Bodenplatte mit gut abgeschmecktem Ananassaft tränken, mit Früchte-Schlagrahm mit reichlich Ananasfruchtstückchen dick füllen, Oberfläche mit glattem Schlagrahm überziehen, spritzen und mit gleichmäßig groß geschnittenen Fruchtstückchen verzieren; kalt stellen.

zum Tränken:
6 Eßl. Ananas-Saft
1–2 Eßl. Zitronensaft
1–2 Eßl. Arrak oder Rum

zum Füllen: Früchte-Schlagrahm wie Nr. 1403 mit Ananasstückchen (1 kg Dose)

zum Verzieren: Ananasstücke

1418. Biskuittorte mit Orangen-Sahnecreme

Biskuittorte oder Wasserbiskuittorte herstellen wie bei Nr. 1414 bzw. Nr. 1415 beschrieben; Backzeit für diese verringerte Menge etwa 25–30 Minuten, nach völligem Erkalten 1–2 mal durchschneiden.
Roh gerührte Orangen-Sahnecreme: Sehr schöne Schaummasse schlagen aus Eigelb, Zucker, fein geriebener Orangen- und Zitronenschale, dann Orangen- und Zitronensaft sowie Weißwein unterschlagen, vorbereitete, nach Vorschrift gelöste Gelatine lauwarm unterrühren, gut durchschlagen, kalt stellen, steifen lassen; sobald die Masse deutlich zu steifen beginnt, steifen Schlagrahm und nach Belieben die geschälten, geriebenen Mandeln unterheben, Creme noch kurz kalt stellen, dann als Fülle verwenden. Nach Belieben kann bis zur Hälfte der Menge Schlagrahm durch sehr steifen, mit 2 Eßlöffel Zucker schnittfest und glänzend geschlagenen Eischnee von 2 Eiweiß ausgetauscht werden.
Torte fertigstellen wie in der Backlehre für Torten ausführlich beschrieben; das als Boden dienende Tortenblatt auf Tortenplatte legen, mit gut abgeschmecktem Orangensaft tränken, mit roh gerührter Orangen-Sahnecreme dick bestreichen, darauf kleingeschnittenes Fruchtfleisch von kernlosen, sorgsam geschälten Orangen verteilen, evtl. zweites Tortenblatt darauf legen, wieder tränken und mit Creme und Fruchtfleisch dick füllen, Deckplatte auflegen, leicht andrücken. Oberfläche der Torte mit leicht gesüßtem und gesteiftem Schlagrahm (siehe Nr. 1403) überziehen, hübsch spritzen, mit Orangen- oder Mandarinenspalten verzieren und bis zum Gebrauch kalt stellen.
Oder die gefüllte Torte mit glatt gerührter Aprikosenmarmelade dünn bestreichen, leicht antrocknen lassen, mit Orangenglasur überziehen, nach kurzem Antrocknen mit Orangen- oder Mandarinenspalten verzieren.

Biskuittorte von 4 Eiern wie Nr. 1414 oder Wasserbiskuittorte von 3 Eiern wie Nr. 1415

Orangen-Sahnecreme:
1/4 l Orangensaft
1/8 l Weißwein, Saft und Schale von 1 Zitrone
1 Orangenschale, gerieben
80 g geschälte, geriebene Mandeln nach Belieben
8 Blatt weiße Gelatine
3–4 Eßl. Saft zum Lösen
1/4–3/8 l Schlagrahm
Fruchtfleisch v. 2–3 Orangen

zum Tränken: 1/8 l Orangensaft, Saft von 1 Zitrone
2 Eßl. Arrak, 1 Eßl. Zucker

z. Überziehen u. Verzieren:
1/4–3/8 l Schlagrahm (gesüßt und gesteift) wie Nr. 1403, Orangen- oder Mandarinenspalten (statt Ananas)

1419. Käse- oder Quark-Sahnetorte, Käse-Sahnetorte mit Früchten

Biskuittorte von 3 Eiern wie Nr. 1414 oder Wasserbiskuittorte von 2 Eiern wie Nr. 1415 oder Mürbteigboden von 200 g Mehl wie Nr. 1335

Käse-Sahnecreme:
3–4 Eigelb- 150–200 g Zucker (nach Geschmack)
1/2 Vanillestange oder Schale von 1/2 Zitrone
1/4–1/2 l Milch f. abgeschlagene Creme, 500 g Quark oder Sahne-Schichtkäse
1–2 Eßl. Rum
evtl. 1 Eßl. Zitronensaft
10 Blatt weiße Gelatine
4 Eßl. Wasser zum Lösen
1/4–3/8 l Schlagrahm
evtl. 2 Eischnee

zum Besieben: Puderzucker

Biskuit oder Wasserbiskuit als Tortenboden backen wie bei Nr. 1414 bzw. 1415 beschrieben, erkaltet einmal durchschneiden; oder Mürbteigboden ohne Rand backen, erkalten lassen.

Käse-Sahnecreme herstellen:

1. Art, abgeschlagen mit Milch: Eigelb mit der Hälfte der Zuckermenge, vorbereiteter Vanillestange oder geriebener Zitronenschale schaumig rühren, Milch zugeben, an Herdstelle abschlagen, bis Masse einmal aufpufft, sofort vom Herd nehmen, nach Vorschrift vorbereitete und gelöste Gelatine unterrühren, unter öfterem Durchrühren erkalten lassen.

In der Zwischenzeit Quark oder Sahne-Schichtkäse mit der anderen Zuckerhälfte gut schaumig rühren, Rum und evtl. Zitronensaft unterrühren, unter abgekühlte Creme schlagen, kalt stellen; wenn die Masse deutlich zu steifen beginnt, steifen Schlagrahm unterziehen. Wird Eischnee verwendet, so kann Schlagrahmmenge auf 1/4 l gekürzt werden: Eischnee sehr steif schlagen, 2 Eßlöffel Zucker (von der gesamten Zuckermenge) unter Schlagen einrieseln lassen, kräftig weiter schlagen, bis Schnee sehr steif, schnittfest und glänzend ist, mit Schlagrahm unterheben.

2. Art, roh gerührt, ohne Milch: Sehr schöne Schaummasse rühren aus Eigelb und etwa Zweidrittel der Zuckermenge, Geschmackszutat nach Wahl unterrühren, Quark oder Sahne-Schichtkäse unterschlagen (nur falls nötig, vorher durch Sieb streichen); vorbereitete, nach Vorschrift gelöste Gelatine lauwarm unterrühren, Masse kalt stellen. Sobald Creme deutlich zu steifen beginnt, steifen Schlagrahm und sehr steifen, mit dem letzten Drittel der Zuckermenge schnittfest und glänzend geschlagenen Eischnee unterheben.

Bodenplatte von Biskuit oder Mürbteig auf Tortenplatte legen, mit Manschette von Pergamentpapier und Rand von Springform umgeben, Käse-Sahnecreme dick darauf geben, gleichmäßig verteilen, glatt streichen, evtl. Deckplatte von Biskuit oder Wasserbiskuit darauf legen, leicht andrücken, damit glatter Rand entsteht, kalt stellen und steifen lassen; vor Gebrauch Rand mit in heißes Wasser getauchtem Messer vorsichtig lösen und abnehmen, Torte mit Deckplatte mit Puderzucker leicht besieben; bis zum Gebrauch kalt stellen. Für große Torte benötigt man 1 1/2 Rezeptmengen an Käse-Sahnecreme. Bei Mürbteigboden bleibt Torte ohne Deckblatt.

Käse-Sahnecreme Nr. 1419
500–750 g Erdbeeren, Himbeeren oder feine, sterilisierte Früchte
75–100 g Zucker für rohe Früchte (ungesüßt)

Käse-Sahnetorte mit Früchten: Hierfür schmeckt feiner Mürbteigboden Nr. 1335 am besten. Käse-Sahnecreme herstellen; vorbereitete rohe Erdbeeren oder Himbeeren mit Zucker bestreuen, etwas durchziehen lassen, große Erdbeeren evtl. halbieren, Saft zum Lösen der Gelatine verwenden; oder sterilisierte Früchte gut abtropfen lassen, geeignet sind Ananasscheiben, Aprikosen, Pfirsiche, entsteinte Sauerkirschen, Mandarinenspalten; große Früchte etwas klein schneiden. Vorbereitete Früchte unter Zweidrittel der fertigen, mit Schlagrahm und evtl. mit Eischnee gelockerten Käse-Sahnecreme mischen, diese Masse erst auf den Tortenboden geben, darauf die restliche Sahnecreme ohne Früchte streich… …d fertigstellen wie oben beschrieben, kal…

19.50
3.00
8.00
30.50

142… …ne

Bisk… …te herstellen wie bei Nr. 1414 bzw.
Nr. … …er Mittelhitze (175–200° C) ³/₄–1
Stun… …vas abkühlen lassen, dann Rand
lösen… …stürzen, völlig erkalten lassen;
oder … …nen Teigblättern rasch bei guter
Hitz… …in Hart- und Brüchigwerden zu
verhü…
Torte… …s durchschneiden; Tortenblätter
jeweil… …ter oder reiner Buttercreme nach
Wahl … …elnen Schichten mit sehr gut ab-
getrop… …eeren, Himbeeren, kleingeschnit-
tenem… …oder Mandarinen oder feinen
sterilis… …en, Pfirsichen, Ananasscheiben,
entstei… …n; große Früchte jeweils klein
schneid… …ssen. Torte Kante auf Kante
zusam… …geln der Backlehre für Torten
S. 674 … Tortenoberfläche entweder mit
Butterc… …treichen oder Tortenoberfläche
mit gla… …e dünn bestreichen, mit Glasur
je nach… …it Buttercreme der Fülle ent-
sprecher… geschälten, blättrig geschnit-
tenen, … oder Nüssen, mit Krokant
oder sc… …mit Mokkaschokoladebohnen
oder Bo… …füllung. Torte bis zum Ge-
brauch k… …rd bevorzugt mit gemischter
Buttercr… fettreich und ausgiebiger ist.
Jede Bu… …ben auch abwechselnd mit
Marmela… …lt werden, um sie leichter
verdaulic…
Wird die… …blättern gebacken, benötigt
man 1¹/₂ … …reme.
Auf diese… …ten Buttercremetorten her-
gestellt w… …kuitteig wird in der Regel
dafür bevo… …t.

Biskuittorte wie Nr. 1414 oder Wasserbiskuittorte wie Nr. 1415

zum Tränken:
¹/₈–¹/₄ l gute abgeschmeckte Flüssigkeit je nach Tortenart (siehe Nr. 1414)

zum Belegen nach Belieben:
¹/₂–1 kg feine weiche Früchte (roh oder sterilisiert)

zum Füllen:
Buttercreme nach Wahl Nr. 1404–1412

zum Überziehen:
Buttercreme (wie Fülle) oder Glasur je nach Tortenart

zum Verzieren nach Wahl:
Buttercreme gespritzt oder geschälte Mandeln bzw. Nüsse (blättrig geschnitten) oder Krokant oder schöne, weiche Früchte oder Mokka-Schokoladebohnen oder Borkenschokolade Nr. 1413

zum Tränken: Ananassaft mit Zitronensaft und Arrak gemischt

zum Füllen u. Überziehen: gemischte Buttercreme mit Früchten Nr. 1405 mit 500 g ***Ananasscheiben***

zum Verzieren: Ananas

Ananasbuttercremetorte: Biskuit- oder Wasserbiskuittorte wie oben beschrieben backen, erkaltet in Tortenblätter schneiden, diese beim Füllen jeweils einzeln mit gut abgeschmecktem Ananassaft tränken. Gemischte Buttercreme mit Früchten wie Nr. 1405 unter Verwendung von Ananassaft herstellen, nach Belieben 1/4 l steifen Schlagrahm unter die Creme ziehen. Zweidrittel der Creme mit feingeschnittenen Ananasstückchen mischen, als Fülle verwenden oder die Fruchtstückchen auf jede Tortenlage geben.
Fertigstellen der Torte wie oben beschrieben; das restliche Drittel der Creme (ohne Fruchtstückchen) zum Überziehen und Spritzen verwenden, Torten mit Ananasstückchen verzieren. Die Tortenoberfläche kann statt mit Buttercreme auch mit 1/4–3/8 l leicht gesüßtem, gesteiftem Schlagrahm überzogen und gespritzt werden.

zum Tränken: ***Orangen-*** *und Zitronensaft mit Arrak oder Wein*

zum Füllen und Beziehen: gemischte Buttercreme mit Früchten Nr. 1405 mit Orangensaft u. -schale 5–6 kernlose Orangen

Orangenbuttercremetorte: Biskuittorte oder Wasserbiskuittorte herstellen und in Tortenblätter schneiden wie oben beschrieben, beim Füllen der Torte die Einzelblätter jeweils mit gut abgeschmecktem Orangensaft tränken. Orangenbuttercreme wie Ananasbuttercreme als gemischte Buttercreme mit Orangensaft und geriebener Orangenschale herstellen, evtl. Schlagrahm unterziehen; Beim Füllen jede Cremelage mit Scheiben von geschälten, kernlosen Orangen belegen. Torte fertigstellen wie Ananasbuttercremetorte, mit Orangenspalten verzieren.

zum Tränken: leicht gesüßter Kaffee-Extrakt etwas Rum nach Belieben

zum Füllen u. Überziehen: Mokkabuttercreme Nr. 1407 evtl. Mokkaglasur Nr. 1566 Mokka-Schokoladenbohnen

Mokkabuttercremetorte: Biskuittorte oder Wasserbiskuittorte herstellen wie oben beschrieben; die Tortenblätter beim Füllen jeweils einzeln mit leicht gesüßtem Kaffee-Extrakt, nach Belieben mit etwas Rum verbessert, tränken, mit gemischter Mokkabuttercreme füllen und Torte fertigstellen, wie oben beschrieben.
Tortenoberfläche entweder mit Mokkabuttercreme überziehen und damit hübsch spritzen oder gefüllte Torte dünn mit Aprikosenmarmelade bestreichen, etwas antrocknen lassen, mit Mokkaglasur überziehen und nach kurzem Antrocknen mit Mokka-Schokoladenbohnen verzieren oder mit Buttercreme spritzen.

zum Tränken: Fruchtsaft mit Zitronensaft und Rum oder leicht verdünnter Rum

zum Füllen u. Überziehen: Schokoladenbuttercreme Nr. 1408 oder Schokoladen-Mokkabuttercreme Nr. 1409

Schokoladenbuttercremetorte: Biskuittorte oder Wasserbiskuittorte herstellen wie oben beschrieben oder dem Teig jeweils 100–150 g geriebene Schokolade oder 3 Eßl. gesiebten Kakao beifügen, daraus Torte backen. Tortenblätter beim Füllen jeweils einzeln mit gut abgeschmecktem Fruchtsaft oder mit leicht verdünntem Rum tränken, mit gemischter Schokoladenbuttercreme oder Schokoladen-Mokkabuttercreme füllen und damit überziehen oder gefüllte Torte mit Marmelade dünn bestreichen, etwas antrocknen lassen, mit Schokoladenglasur überziehen, antrocknen lassen, mit Buttercreme spritzen oder mit Borkenschokolade bestreuen.

1421. Biskuittorte mit Ananas-Sahnecreme

Biskuittorte oder Wasserbiskuittorte backen wie bei Nr. 1414 bzw. 1415 beschrieben; Backzeit für die verringerte Menge etwa 25–30 Minuten, völlig erkaltet 1–2 mal durchschneiden.
Roh gerührte Ananas-Sahnecreme herstellen: Sehr schöne Schaummasse aus Eigelb und Zucker schlagen, Ananassaft, Weißwein, Saft und feingeriebene Schale der Zitrone unterschlagen, vorbereitete, nach Vorschrift gelöste Gelatine lauwarm unterrühren, kalt stellen, steifen lassen; sobald die Masse deutlich zu steifen beginnt, steif geschlagenen Schlagrahm und nach Belieben geschälte, geriebene Mandeln unterziehen, kurz kalt stellen, dann fein geschnittene Ananasstückchen (von 5 Scheiben) untermischen, Creme als Tortenfülle verwenden. Schlagrahm kann evtl. bis zur Hälfte durch sehr steifen, mit 2 Eßlöffel Zucker schnittfest und glänzend geschlagenem Schnee von 2 Eiweiß ausgetauscht werden.
Das als Boden dienende Tortenblatt auf Tortenplatte legen, mit gut abgeschmecktem Ananassaft tränken, mit Ananas-Sahnecreme dick bestreichen, das zweite Tortenblatt Kante auf Kante auflegen, wieder tränken und dick mit Creme bestreichen, dann das nicht getränkte Deckblatt auflegen, leicht andrücken. Tortenoberfläche mit leicht gesüßtem und gesteiftem Schlagrahm (siehe Nr. 1403) überziehen, hübsch spritzen, mit schönen, gleichmäßig geschnittenen Ananasstückchen verzieren, bis zum Gebrauch kalt stellen.
Bei sofortigem Verzehr der Torte kann das Steifen des Schlagrahms zum Überziehen und Spritzen der Torte entfallen.

Biskuittorte von 4 Eiern wie Nr. 1414 oder Wasserbiskuittorte von 3 Eiern wie Nr. 1415
1 kg Dose Ananasscheiben

Ananas-Sahnecreme:
3 Eigelb, 100 g Zucker
1/4 l Ananassaft, 1/8 l Weißwein, Saft von 1 Zitrone
Schale von 1/2 Zitrone
80 g geschälte Mandeln
8 Blatt weiße Gelatine
3–4 Eßl. Ananassaft z. Lösen
1/4–3/8 l Schlagrahm
5 Scheiben Ananas

zum Tränken: 1/8 l Ananassaft, 1–2 Eßl. Zitronensaft
1–2 Eßl. Arrak

z. Überziehen u. Verzieren:
1/4–3/8 l Schlagrahm (leicht gesüßt und gesteift wie Nr. 1403)
3 Scheiben Ananas

1422. Einfache Schichttorte

Sehr gute Schaummasse schlagen im elektrischen Rührgerät aus frischen, ganzen Eiern und Zucker, geriebene Zitronenschale unterrühren, Rührzeit so lange, bis Zucker sich gelöst hat, dann Arrak und gesiebtes Mehl mit Backpulver locker unterheben, nicht rühren. Aus dem lockeren Teig 5–6 Tortenböden gleicher Größe auf jeweils gut gebuttertem und bemehltem Springformboden bei Mittelhitze (200–220° C) backen, sofort vom Blech nehmen und völlig erkalten lassen. Die Tortenböden jeweils einzeln, je nach Art der Fülle mit gut abgeschmecktem Fruchtsaft, etwas Wein oder leicht gesüßtem Kaffee-Extrakt tränken, mit gemischter Buttercreme nach Wahl oder mit Schlagrahmfüllung mit Geschmacksgebung nach Wahl im Wechsel mit Sauerkirschmarmelade füllen, Kante auf Kante sorgfältig zusammensetzen; Oberfläche der gefüllten Torte entweder mit gemischter Buttercreme oder mit Schlagrahmfülle überziehen und damit spritzen oder gefüllte Torte mit glatter Marmelade dünn bestreichen, kurz antrocknen lassen, mit Glasur der Art der Fülle entsprechend überziehen, mit blättrig geschnittenen Nüssen oder Mandeln, mit Borkenschokolade oder Krokant bestreuen.

4 Eier, 250 g Zucker
1/2 Zitronenschale, gerieben
2 Eßl. Arrak
200 g Mehl, 1/2 Backpulver
zum Blech: Butter und Mehl
zum Füllen, Überziehen und Verzieren:
gemischte Buttercreme nach Wahl Nr. 1404–1412 oder Schlagrahmfülle nach Wahl Nr. 1403
etwas Sauerkirschmarmelade
zum Tränken:
1/8–1/4 l Fruchtsaft mit Zitronensaft, Wein oder Arrak oder leicht gesüßter Kaffee-Extrakt

1423. Brottorte

150 g Schwarzbrotbrösel
3 Eßl. Rum oder Arrak
4–6 Eßl. Rotwein
8 Eier getr., 250 g Zucker
Schale von 1 Zitrone
1 Teel. Zimt, 1/2 Teel. Nelken
50 g Zitronat, 50 g Orangeat
200 g Mandeln oder Nüsse
50 g Mehl, 1/2 Teel. Backpulver

zur Form: Butter und Brösel

zum Tränken: 1/8 l Rotwein mit 3–4 Eßl. Rum od. Arrak

z. Füllen: Johannisbeergelee oder Sauerkirschmarmelade evtl. etwas Arrak

Punschglasur Nr. 1564
kandierte Früchte

Schwarzbrot trocken rösten und reiben; Schwarzbrotbrösel mit Mischung von Rotwein und Rum oder Arrak anfeuchten, zugedeckt etwa 30 Minuten durchziehen lassen. In der Zwischenzeit sehr gute Schaummasse rühren aus Eigelb und Dreiviertel der Zuckermenge, Gewürze und fein gewiegtes Zitronat und Orangeat unterschlagen; sehr steifen Eischnee herstellen, Rest des Zuckers nach und nach unter Schlagen einrieseln lassen, weiter schlagen, bis Eischnee schnittfest und glänzend ist, diesen auf Schaummasse legen, die ungeschält geriebenen Mandeln oder Nüsse, die getränkten Schwarzbrotbrösel sowie gesiebtes Mehl mit Backpulver gemischt, locker unter die Schaummasse heben, nicht rühren; Masse in mittelgroße (26 cm Durchmesser), gut gebutterte und gebröselte Tortenform füllen, bei mäßiger Hitze (160–180° C) etwa 1–1 1/2 Stunden vorsichtig backen (Garprobe!), nach kurzem Abkühlen vorsichtig aus der Form nehmen, erkalten lassen. Am nächsten Tag Torte einmal durchschneiden, tränken, mit Johannisbeergelee oder Sauerkirschmarmelade (evtl. mit etwas Rum oder Arrak verrührt) füllen, zusammensetzen, Oberfläche und Rand dünn mit Johannisbeergelee bestreichen (evtl. Gelee hierfür kurz erwärmen), an der Luft etwas antrocknen lassen, mit Punschglasur überziehen, nach kurzem Antrocknen der Glasur mit kandierten Früchten belegen.
Torte schmeckt am besten nach 1–2 tägigem Durchziehen.

1424. Einfache Haselnußtorte

4–5 Eier, getrennt
200 g feiner Zucker
150 g Butter (nach Belieben)
Zitronenschale od. Vanille
4 Eßl. süßer Rahm, 4–6 Eßl. Milch, 2 Eßl. Rum od. Arrak
200 g geschälte Haselnüsse
250 g Mehl, 1/2 Backpulver

zur Form: Butter und Mehl

zum Tränken: 1/8 l Fruchtsaft mit Arrak oder Rum

z. Füllen: feine Marmelade oder 1/2 Rezept Schlagrahmfülle Nr. 1403 oder 1/2 Rezept gemischte Buttercreme n. Wahl Nr. 1404-1412

Punschglasur Nr. 1564
geschälte Nüsse

Sehr gute Schaummasse rühren aus Eigelb, Zweidrittel der Zuckermenge und evtl. Butter, Geschmackszutaten, Rahm, Milch und geschälte, geriebene Haselnüsse unterrühren. Eiweiß zu steifem Schnee schlagen, restliche Zuckermenge unter Schlagen einrieseln lassen, weiter schlagen, bis Schnee sehr steif, schnittfest und glänzend ist; Eischnee mit gesiebtem, mit Backpulver gemischtem Mehl locker unterheben, Teig muß gleichmäßige Beschaffenheit haben; Masse in gebutterte und bemehlte Springform geben, in vorgeheizter Röhre bei mäßiger Mittelhitze (170–190° C) etwa 1 Stunde backen (Garprobe!), Torte in der Form kurz abkühlen lassen, dann aus der Form nehmen und erkalten lassen.
Torte am nächsten Tag 1–2 mal durchschneiden, Tortenblätter mit gut abgeschmecktem Fruchtsaft tränken, nach Belieben füllen, zusammensetzen, Tortenoberfläche dünn mit kernloser Marmelade bestreichen, etwas antrocknen lassen, mit Punschglasur überziehen und mit geschälten, blättrig geschnittenen Haselnüssen bestreuen; oder Torte mit Schlagrahm oder Buttercreme bestreichen und mit blättrig geschnittenen Nüssen bestreuen.
Die Zugabe von Butter in den Teig kann, muß aber keineswegs erfolgen; sie verhindert rasches Trockenwerden des Gebäcks.

1425. Haselnußtorte, Mandeltorte

6 Eier getrennt, 2 Eiweiß
225 g feiner Grießzucker
2 Eßl. Arrak, Schale von 1 Zitrone, gerieben
225 g geschälte Nüsse oder Mandeln, 110 g Mehl
½ Teel. Backpulver

zur Form: Butter und Brösel

zum Tränken: Arrak, Rum oder Kirschwasser

zum Füllen und Überziehen: Nuß-Schlagrahm Nr. 1403 od. Nuß- bzw. Mandelbuttercreme Nr. 1411 oder Buttercreme mit Arrak oder Rum Nr. 1412 oder feine Marmelade
evtl. Glasur nach Wahl

zum Verzieren: Schlagrahm oder Buttercreme gespritzt evtl. geschälte Nüsse oder Mandeln

Sehr gute Schaummasse schlagen aus Eigelb, den beiden Eiweiß und Zweidrittel der Zuckermenge, Zitronenschale und Arrak unterrühren, etwa die Hälfte der geschälten, geriebenen Haselnüsse oder Mandeln zuletzt mit der Schaummasse rühren; Eiweiß zu steifem Schnee schlagen, restliches Drittel der Zuckermenge unter Schlagen einrieseln lassen, weiter schlagen, bis Masse sehr steif, schnittfest und glänzend ist, Eischnee mit restlichen Nüssen oder Mandeln und gesiebtem, mit Backpulver gemischtem Mehl locker und leicht unter Schaummasse heben, Teig muß gleichmäßige Beschaffenheit haben, jedoch nicht rühren! Teig in gebutterte und gebröselte oder mit gebuttertem Pergamentpapier ausgelegte Springform füllen, in vorgeheizter Röhre bei mäßiger Hitze (160–170° C) ¾–1 Stunde backen (Garprobe!), in der Form kurz abkühlen lassen, dann vorsichtig aus der Form nehmen, Pergamentpapier ablösen, erkalten lassen.
Torte am nächsten Tag ein- oder zweimal durchschneiden, Tortenblätter tränken, beliebig mit Schlagrahm- oder Buttercremefüllung oder mit feiner Marmelade füllen, Torte zusammensetzen, Brösel abpinseln, nach Belieben mit Schlagrahm oder Creme (ohne Nüsse) überziehen und spritzen oder Tortenoberfläche dünn mit glatter Marmelade bestreichen, kurz antrocknen lassen, mit Glasur nach Wahl (Punsch-, Arrak- oder Schokoladenglasur) überziehen, mit geschälten, blättrig geschnittenen und evtl. leicht gerösteten Nüssen oder Mandeln bestreuen, Rand damit bewerfen.

1426. Feine Mandel- oder Nußtorte mit Schokolade

200 g Butter, 250 g feiner Grießzucker, 6 Eier, getrennt
150 g bittere Schokolade
1 Teel. Zimt, ½ Teel. Nelken
250 g ungeschälte Mandeln od. Haselnüsse, 130 g Mehl
½ Teel. Backpulver

zur Form: Butter und Mehl

zum Tränken: Arrak

zum Füllen: Johannisbeer- Sauerkirsch- oder Preiselbeermarmelade

z. Überziehen: Schlagrahm od. Punschglasur Nr. 1564 od.. durchgezogener Guß Nr. 1565 od. Schokoladeglasur nach Wahl

Sehr lockere Schaummasse rühren aus Butter, Zweidrittel der Zuckermenge und Eigelb, geriebene bittere Schokolade (keine Milchschokolade!) und Gewürze unterrühren, zuletzt die in feuchtem Tuch gut abgeriebenen, ungeschält geriebenen Mandeln oder Nüsse untermengen. Eiweiß zu steifem Schnee schlagen, letztes Drittel der Zuckermenge unter Schlagen einrieseln lassen, weiter schlagen, bis Schnee sehr steif, schnittfest und glänzend ist; knapp die Hälfte des Eischnees unter die Mandelmasse rühren, die andere Hälfte des Eischnees mit gesiebtem Mehl und Backpulver leicht und locker unterheben, Masse in gebutterte und bemehlte oder mit gebuttertem Pergamentpapier ausgelegte Springform (24–26 cm Durchmesser) füllen, in vorgeheizter Röhre bei mäßiger Mittelhitze (170–190° C) etwa 1 Stunde vorsichtig backen (Garprobe!), Torte in der Form kurz abkühlen lassen, aus der Form nehmen, erkalten lassen. Torte am nächsten Tag einmal durchschneiden, Bodenblatt mit Arrak tränken, mit säuerlich schmeckender Marmelade wie Johannisbeer-, Preiselbeer- oder Sauerkirschmarmelade füllen, zusammensetzen, Tortenoberfläche dünn mit kernloser, glatter Marmelade bestreichen und nach Wahl glasieren oder mit leicht gesüßtem Schlagrahm (¼ l) überziehen und spritzen, evtl. mit Borkenschokolade bestreuen.

1427. Orangen-Mandeltorte

8 Eier getrennt
250 g Zucker, Schale von 1 Orange und 1 Zitrone
250 g geschälte Mandeln
100 g Mehl, davon die Hälfte als Stärkemehl
1/2 Teel. Backpulver
zur Form: Butter und Mehl
zum Tränken: 1/8–1/4 l Orangensaft, 2 Eßl. Zitronensaft, etwas Weißwein
zum Überziehen:
feine, kernlose Marmelade
Orangenglasur Nr. 1562
evtl. Orangenspalten

Sehr gute Schaummasse schlagen aus Eigelb und Dreiviertel der Zuckermenge, feingeriebene Orangen- und Zitronenschale unterrühren, etwa die Hälfte der geschälten, geriebenen Mandeln unterrühren; Eiweiß zu sehr steifem Schnee schlagen, letztes Viertel der Zuckermenge unter Schlagen einrieseln lassen, kräftig weiter schlagen, bis Masse sehr steif, schnittfest und glänzend ist, Eischnee auf Schaummasse legen, Rest der geriebenen Mandeln und gesiebtes Mehl mit Backpulver gemischt darüber geben und locker unterheben, nicht rühren. Masse in gebutterte und bemehlte Springform geben, bei mäßiger Hitze (160–180° C) 1–1¼ Stunden vorsichtig backen (Garprobe!), nach kurzem Abkühlen vorsichtig aus der Form nehmen, erkalten lassen. Nach völligem Erkalten mit gut abgeschmecktem Orangensaft tränken, Oberfläche dünn mit kernloser Marmelade bestreichen, mit Orangenglasur überziehen, antrocknen lassen, nach Belieben mit Orangenspalten belegen.

1428. Nuß-Mandeltorte

6 Eier, getrennt
150 g feiner Zucker
etwas Vanille nach Belieben
90 g geschälte Mandeln
60 g geschälte Haselnüsse
50 g Mehl
zur Form: Butter und Brösel
zum Tränken: Arrak
zum Füllen u. Überziehen: Vanille-Schlagrahm Nr. 1403
zum Verzieren: geschälte Haselnüsse

Sehr gute Schaummasse schlagen aus Eigelb und Zweidrittel der Zuckermenge, nach Belieben etwas Mark einer Vanilleschote zugeben, geschälte, geriebene Haselnüsse und Mandeln unter Schaummasse rühren; Eiweiß zu sehr steifem Schnee schlagen, letztes Drittel der Zuckermenge unter Schlagen einrieseln lassen, weiter schlagen, bis Schnee sehr steif, schnittfest und glänzend ist, Eischnee mit gesiebtem Mehl locker und leicht unter die Schaummasse heben, in vorbereiteter *kleiner* Tortenform (22–24 cm), in vorgeheizter Röhre bei mäßiger Hitze (160–170° C) etwa ¾ Stunden backen (Garprobe!), Torte in der Form kurz abkühlen lassen, aus der Form nehmen, erkalten lassen. Torte am nächsten Tag einmal durchschneiden, nach Belieben mit Arrak tränken, mit leicht gesüßtem, gesteiftem Schlagrahm füllen, mit Schlagrahm überziehen und spritzen, mit geschälten, ganzen, evtl. leicht karamelisierten Haselnüssen verzieren oder mit blättrig geschnittenen Nüssen bestreuen, Rand damit bewerfen, kalt stellen.

1429. Gelbrübentorte

6 Eier getr., 250 g Zucker
250 g rohe gelbe Rüben
1/2 Zitronenschale, gerieben
1 Teel. Zimt, 1 Eßl. Arrak oder Kirschwasser
300 g ungeschälte Mandeln
50 g Mehl oder Stärkemehl
zur Form: Pergamentpapier und Butter
zum Überziehen:
Aprikosenmarmelade
Punschglasur Nr. 1564

Sehr gute Schaummasse schlagen aus Eigelb und Dreiviertel der Zuckermenge, *nicht zu fein geriebene* gelbe Rüben zugeben und mindestens noch 20 Minuten mitrühren (elektrisches Rührgerät); Gewürze und geriebene Zitronenschale zugeben, einen Teil der ungeschält geriebenen Mandeln (gut ⅓) gleichfalls mit der Schaummasse noch 10 Minuten mitrühren; sehr steifen Eischnee schlagen, restliche Zuckermenge unter Schlagen einrieseln lassen, weiter schlagen, bis Masse sehr steif, schnittfest und glänzend ist, auf Schaummasse legen, restliche Mandeln und gesiebtes Mehl bzw. Stärkemehl mit dem Eischnee locker und leicht unterheben, nicht rühren! Masse in die mit gebuttertem Pergamentpapier ausgelegte Springform (24–26 cm Durchmesser) geben, bei mäßiger Hitze (160–180° C) 1 gute Stunde backen (Garprobe!), dann in der Form kurz abkühlen lassen, vorsichtig aus der Form nehmen, stürzen, Pergamentpapier abziehen, erkalten lassen. Nach völligem Erkalten dünn mit Aprikosenmarmelade bestreichen, mit Punschglasur oder Arrakglasur überziehen, trocknen lassen. Gelbrübentorte 1 Tag vor Gebrauch herstellen, damit sie saftig wird.

1430. Schokoladen-Mandeltorte

5 große Eier, getrennt
250 g feiner Zucker
10 Eßl. süßer Rahm (geschlagen), 2 Eßl. Rum
200 g bittere Schokolade
200 g ungeschälte Mandeln
125 g Mehl, davon bis 1/2 der Menge Stärkemehl
2 gestr. Teel. Backpulver
zur Form: Butter und Mehl
zum Tränken: etwas Rum
z. Füllen: Johannisbeergelee Schlagrahmfülle Nr. 1403 (mit Rum oder Schokolade)
zum Überziehen: Schlagrahmfülle od. Schokoladenglasur nach Wahl
Pistazien oder Mandeln

Eiweiß zu sehr steifem Schnee schlagen, Zucker unter Schlagen einrieseln lassen, weiter schlagen, bis Masse sehr steif, schnittfest und glänzend ist. Eigelb unterziehen, steifgeschlagenen Schlagrahm, Rum und die ungeschälten, (in Tuch gut abgeriebenen), geriebenen Mandeln und geriebene Schokolade unterheben, Mehl mit Stärkemehl und Backpulver gemischt, auf die Masse sieben, locker und leicht unterheben, nicht rühren. Teig in gebutterte und bemehlte oder mit gebuttertem Pergamentpapier ausgelegte Springform (26 cm Durchmesser) füllen, in vorgeheizter Röhre bei mäßiger Mittelhitze (175–180° C) 1 Stunde vorsichtig backen, Garprobe mit Hölzchen machen, kurz abkühlen lassen, dann aus der Form nehmen und erkalten lassen. Torte am nächsten Tag einmal durchschneiden, mit leicht verdünntem Rum etwas tränken, mit feiner Johannisbeermarmelade oder -gelee bestreichen, mit Schlagrahmfülle füllen, damit überziehen und spritzen oder mit Schokoladenglasur überziehen, mit geschälten, gehackten Pistazien oder Mandeln bestreuen, so lange Glasur noch feucht ist. Die Torte kann auch ungefüllt, nur mit Glasur überzogen werden.

1431. Haselnuß-Mokkatorte

8 Eier, getrennt
250 g feiner Grießzucker
Saft u. Schale von 1 Zitrone oder Vanille nach Belieben
200 g geschälte Nüsse oder Mandeln oder halb/halb
50 g Zwiebackbrösel
50 g Mehl oder Stärkemehl
od. Haselnußtorte Nr. 1425
zur Form: Butter und Brösel
zum Tränken: 6–8 Eßl. leicht gesüßter Kaffee-Extrakt
zum Füllen nach Wahl: Mokka-Schlagrahmfülle Nr. 1403 oder gemischte Mokkabuttercreme Nr. 1407 oder Nr. 1409 oder abgeschlagene Mokkabuttercreme

Sehr gute Schaummasse rühren aus Eigelb und Zweidrittel der Zuckermenge, Geschmackszutaten nach Wahl unterrühren, die Hälfte der geschälten, geriebenen Mandeln bzw. Nüsse unter die Schaummasse rühren; Eiweiß zu steifem Schnee schlagen, letztes Drittel der Zuckermenge löffelweise nach und nach unterschlagen, weiter schlagen, bis Schnee sehr steif, schnittfest und glänzend ist, auf Schaummasse legen, zweite Hälfte der Mandeln, Zwiebackbrösel sowie gesiebtes Mehl oder Stärkemehl darauf geben, locker unterheben, Teig in gebutterte und gebröselte Springform geben – am besten auf zwei gleichgroße Formen verteilen, in vorgeheizter Röhre bei mäßiger Hitze (170–180° C) etwa 1 Stunde backen (Garprobe!), wird Torte im ganzen gebacken, Backzeit entsprechend verlängern. Torte in der Form kurz abkühlen lassen, dann aus der Form nehmen, erkalten lassen. Oder Haselnußtorte wie Nr. 1425 backen.
Am nächsten Tag Torten je 1 mal durchschneiden, im ganzen gebackene Torte zweimal durchschneiden, Tortenblätter mit leicht gesüßtem Kaffee-Extrakt tränken, nach Belieben mit Mokka-Schlagrahm oder

Mokka-Buttercreme (abgeschlagen);
4 Eigelb, 60 g Zucker
4 Eßl. Kaffee-Extrakt
100 g geschälte Mandeln
200 g Butter
Mokkaglasur Nr. 1566
Mokka-Schokoladenbohnen

Mokka-Buttercreme füllen, Torte zusammensetzen, Oberfläche dünn mit Aprikosenmarmelade bestreichen, mit Mokkaglasur überziehen, etwas antrocknen lassen, mit Mokka-Schokoladenbohnen verzieren oder mit Creme spritzen.

Abgeschlagene Mokka-Buttercreme: Eigelb und Zucker über Dampf abschlagen bis Masse sehr schaumig ist, sich schlängelt und der Zucker sich gelöst hat, Masse darf hierbei nur lauwarm werden, Kaffee-Extrakt unterschlagen, Creme kalt schlagen; Butter schaumig rühren, erkaltete Creme löffelweise nach und nach unterrühren, Creme zum Spritzen wegnehmen, kurz kalt stellen, in restliche Creme geschälte, geriebene Mandeln geben, als Fülle verwenden.

1432. Schokoladenbiskuittorte

Biskuittorte Nr. 1414 oder Wasserbiskuittorte Nr. 1415 mit 100 g bitterer Schokolade oder 3 Eßl. Kakao
zum Tränken: 6–8 Eßl. leicht verdünnter Rum oder 1/8 l gesüßter Kaffee-Extrakt
zum Füllen und Überziehen nach Wahl: feine Marmelade, Schlagrahmfülle mit Vanille oder Schokolade Nr. 1403 od. Schokoladenbuttercreme wie Nr. 1408 oder Nr. 1409
zum Verzieren: wie Fülle od. Schokoladenglasur n. Wahl Borkenschokolade

Biskuittorte oder Wasserbiskuittorte herstellen wie bei Nr. 1414 bzw. Nr. 1415 beschrieben unter Zugabe von geriebener bitterer Schokolade bzw. gesiebtem Kakao zur Schaummasse; falls Teig durch Kakao etwas fest wird, Mehlmenge um etwa 30 g kürzen. Teig in gebutterter und bemehlter Springform bei mäßiger Mittelhitze (175-200° C) etwa 3/4–1 Stunde backen (Garprobe mit Hölzchen), Torte in der Form kurz abkühlen lassen, dann vorsichtig aus der Form nehmen, erkalten lassen.

Torte am nächsten Tag fertig stellen: Torte zweimal durchschneiden, mit leicht verdünntem Rum oder mit leicht gesüßtem Kaffee-Extrakt tränken, mit glatt gerührter, säuerlich schmeckender Marmelade wie Johannisbeer- oder Preiselbeermarmelade, evtl. Sauerkirschmarmelade dünn bestreichen, nach Belieben mit Schlagrahmfüllung oder mit gemischter Schokoladen- oder Schokoladen-Mokkabuttercreme füllen, zusammensetzen, mit Schlagrahm oder Buttercreme oder mit Schokoladenglasur überziehen, mit Creme oder Schlagrahm spritzen und mit Borkenschokolade bestreuen.

1433. Schokoladentorte von Rührteig

150 g Butter, 250 g Zucker
4 Eier, getrennt
150 g bittere Schokolade
1 Eßl. Kakao, 2–3 Eßl. Rum
Vanille, 1/2 Teel. Zimt
100 g Nüsse oder Mandeln (nach Belieben)
6 Eßl. Rahm oder Milch
300 g Mehl, 2 Teel. Backpulver
zur Form: Butter und Mehl
zum Tränken: 1/8 l Fruchtsaft, 2 Eßl. Rum od. Arrak
zum Füllen und Überziehen: wie Nr. 1430

Rührteig herstellen: Sehr gute Schaummasse rühren aus Butter, Zweidrittel der Zuckermenge und Eigelb, im Wasserbad geschmolzene, abgekühlte Schokolade, gesiebten Kakao und Gewürze unterrühren, nach Belieben geriebene Nüsse oder Mandeln, Rahm oder Milch und mit Backpulver gemischtes und gesiebtes Mehl zugeben; Eiweiß zu steifem Schnee schlagen, letztes Drittel der Zuckermenge unterschlagen, weiter schlagen, bis Masse sehr steif, schnittfest und glänzend ist, etwa ein Drittel davon unterrühren, restlichen Eischnee locker unterheben; Teig in gebutterte und bemehlte Springform geben, in vorgeheizter Röhre bei mäßiger Mittelhitze (180–190° C) etwa 3/4–1 Stunde backen (Garprobe!), in der Form kurz abkühlen lassen, dann aus der Form nehmen und erkalten lassen. Wird Teig in der elektrischen Rührmaschine hergestellt, Schaummasse mit gesamter Zuckermenge und ganzen Eiern herstellen.

Torte am nächsten Tag ein- oder mehrmals durchschneiden, Tortenblätter jeweils einzeln tränken, mit Johannisbeer- oder Preiselbeermarmelade bzw. -gelee bestreichen, mit Schlagrahmfülle mit Geschmacksgebung nach Wahl oder mit gemischter Schokoladenbuttercreme füllen, Tortenoberfläche mit Schlagrahm oder Creme überziehen und spritzen oder dünn mit kernloser Marmelade bestreichen, mit Schokoladenglasur überziehen und mit gehackten Pistazien oder Borkenschokolade bestreuen.

evtl. Schokoladenglasur nach Wahl
zum Verzieren nach Wahl: Schlagrahm oder Creme wie Fülle, Pistazien oder Borkenschokolade

1434. Feine Schokoladentorte (Rührteig mit Mandeln)

Rührteig herstellen: Sehr gute Schaummasse rühren aus Butter, 2/3 der Zuckermenge und Eigelb, so lange rühren, bis Masse sehr schaumig und Zucker völlig gelöst ist, geriebene Schokolade unterrühren; Eiweiß zu sehr steifem Schnee schlagen, letztes Drittel der Zuckermenge langsam nach und nach löffelweise unterschlagen, bis Masse sehr steif, glänzend und schnittfest ist; einen Teil des Eischnees (ca. 1/3) mit den ungeschälten geriebenen Mandeln und dem gesiebten Backpulver unter die Schaummasse locker unterrühren, Rum oder Kirschwasser beifügen, den anderen Eischnee locker unterheben, in vorbereiteter Form in vorgeheizter Röhre bei mäßiger Mittelhitze (170–180° C) 1 1/4–1 1/2 Stunden backen (Garprobe!); Torte in der Form etwas abkühlen lassen, dann vorsichtig aus der Form nehmen und erkalten lassen. Am nächsten Tag Torte einmal durchschneiden, mit Johannisbeer- oder Preiselbeergelee bzw. Aprikosenmarmelade füllen, zusammensetzen, Oberfläche dünn mit Gelee oder Marmelade bestreichen, leicht antrocknen lassen, glasieren, trocknen lassen. Torte bleibt unverziert.

200 g Butter oder Diätmargarine, 250 g feiner Zucker, 8 Eier getrennt
250 g bittere Schokolade
3 Eßl. Kirschwasser od. Rum
400 g ungeschälte Mandeln od. halb Mandeln, halb Nüsse
2 Teel. Backpulver

zur Form: Butter und Brösel

zum Füllen: Johannisbeergelee, Preiselbeergelee oder Aprikosenmarmelade

zum Überziehen: Johannisbeergelee Schokoladenglasur n. Wahl

1435. Wiener Sachertorte

Rührteig herstellen: Sehr gute Schaummasse rühren aus Butter, Eigelb und 2/3 der Zuckermenge; die im Wasserbad ohne Flüssigkeit erweichte, aber abgekühlte Schokolade löffelweise nach und nach unterrühren, Masse muß sehr schaumig sein. Eiweiß zu sehr steifem Eischnee schlagen, letztes Drittel der Zuckermenge löffelweise nach und nach unterschlagen, weiter schlagen bis Masse schnittfest, glänzend und sehr steif ist; Eischnee und gesiebtes, mit Backpulver gemischtes Mehl locker unter Schaummasse heben, in gebutterte und bemehlte oder mit gebuttertem Pergamentpapier ausgelegte kleine Springform geben, in vorgeheizter Röhre bei mäßiger Hitze (170–185° C) etwa 3/4–1 Stunde vorsichtig backen (Garprobe), in der Form kurz abkühlen lassen, dann vorsichtig aus der Form nehmen, erkalten lassen. Am nächsten Tag 1–2 mal durchschneiden, mit Aprikosenmarmelade oder Johannisbeergelee bestreichen, zusammensetzen, Brösel abpinseln, Oberfläche dünn mit Aprikosenmarmelade oder Johannisbeergelee bestreichen, leicht antrocknen lassen, mit Schokoladenglasur überziehen, vorsichtig ohne Zugeinwirkung trocknen lassen. Torte bleibt unverziert.

150 g Butter, 150 g feiner Grießzucker, 6 Eier getrennt
150 g bittere Schokolade
150 g Mehl, 1 Messerspitze Backpulver

zur Form: gebuttertes Pergamentpapier

zum Füllen und Überziehen: Aprikosenmarmelade oder Johannisbeergelee Schokoladenglasur n. Wahl

1436. Prinzregententorte (Sandteig)

250 g Butter oder Diätmargarine, 250 g feiner Zucker, Vanille
2 Eigelb, 2 ganze Eier
250 g Mehl, davon evtl. 1/5 der Menge Stärkemehl, 1 Messerspitze Backpulver, 2 Eischnee
zum Blech: Butter und Mehl
zur Fülle: Schokoladenbuttercreme Nr. 1408
zum Überziehen: Aprikosenmarmelade Schokoladenglasur n. Wahl

Rührteig herstellen: Sehr gute Schaummasse rühren aus Butter und Dreiviertel der Zuckermenge, Mark einer Vanilleschote, Eigelb und ganze Eier nach und nach unterrühren, Masse muß sehr locker werden, das mit Stärkemehl und Backpulver gemischte Mehl löffelweise unterrühren, zuletzt den sehr steifen, mit dem letzten Viertel der Zuckermenge schnittfest und glänzend geschlagenen Eischnee untermengen. Aus dem Teig etwa 8 Böden herstellen: Auf gebutterten und leicht bemehlten Springformboden (26 cm Durchmesser) jeweils knapp 2 Eßlöffel Teig gleichmäßig dick aufstreichen, dabei auf gleichmäßig dicken Rand achten (bräunt sonst zu stark), in vorgeheizter Röhre bei Mittelhitze (175–200° C) jeweils goldgelb backen, Backzeit etwa 8 Minuten; Böden nach dem Backen noch heiß vorsichtig vom Springformblech lösen, auf Kuchenrost erkalten lassen.
Die Tortenböden können auch statt aus Sandmasse aus Biskuitmasse Nr. 1379 gebacken werden.
Erkaltete Tortenblätter mit Schokoladenbuttercreme bestreichen, Kante auf Kante zusammen setzen, Tortenoberfläche dünn mit glatt gerührter Marmelade bestreichen, leicht antrocknen lassen, mit Schokoladenglasur überziehen. Torte bleibt unverziert.

1437. Feine Schichttorte, Baumkuchentorte (Sandteig)

250 g Butter oder Diätmargarine, 250 g feiner Zucker, Vanille
2 ganze Eier, 4 Eigelb
2 Eßl. Rum
250 g Mehl, davon 1/3 der Menge Stärkemehl
2 gestr. Teel. Backpulver
4 Eischnee
zur Form: Butter und Mehl Pergamentpapier
zur Fülle nach Wahl: Sauerkirschmarmelade oder Johannisbeergelee und 1/2 Rezept Vanille-, Schokoladen- oder Schokoladen-Mokkabuttercreme Nr. 1406, 1408 bzw. 1409
zum Glasieren: Aprikosenmarmelade durchgezog. Guß Nr. 1565

Rührteig mit sehr schöner Schaummasse herstellen wie bei Nr. 1436 beschrieben, zuletzt sehr steifen Eischnee von 4 Eiern unterheben. Aus dem Teig 8–10 Böden backen wie bei Nr. 1436.
Erkaltete Tortenböden jeweils abwechselnd mit Sauerkirschmarmelade und mit Buttercreme nach Wahl bestreichen, Kante auf Kante zusammensetzen, Tortenoberfläche dünn mit glatt gerührter Aprikosenmarmelade bestreichen, etwas antrocknen lassen, mit durchgezogenem Guß glasieren, gut trocknen lassen.
Baumkuchentorte: Teig in gleicher Weise wie oben herstellen; Springformboden (26 cm Durchmesser) mit gebuttertem Pergamentpapier sorgfältig auslegen, von dem Teig knapp 2 Eßlöffel auf den Boden gleichmäßig dick aufstreichen, bei Mittelhitze (180–200° C) goldgelb backen, Backzeit etwa 10 Minuten. Auf die gebackene Schicht wieder knapp 2 Eßlöffel Teig aufstreichen, wieder backen, Backzeit etwa 8–10 Minuten. Nun Backhitze verringern auf etwa 170–180° C, Unterhitze wegnehmen (evtl. 1 Backblech oder 1 Schüssel mit Wasser unter Springform schieben) jeweils neue Teigschicht von knapp 2 Eßl. Teig auf die gebackene Unterschicht aufstreichen und backen, bis aller Teig verbraucht ist. Torte soll mindestens 8 Schichten aufweisen, die Backzeit pro Teigschicht beträgt etwa 8–10 Minuten.
Fertigen Baumkuchen erkaltet gleichfalls mit durchgezogenem Guß glasieren.

1438. Mohrentorte

4 Eiweiß, 100 g fein. Zucker
100 g bittere Schokolade
100 g ungeschälte Haselnüsse
1 Teel. Kaffee-Extraktpulver
1 Eßl. Rum, 50 g Mehl
25 g Butter oder Margarine
zur Form: Butter und Mehl
z. Überziehen u. Verzieren:
1/4 l Schlagrahmfülle wie Nr. 1403 mit Vanille
Borkenschokolade

Eiweißteig herstellen: Eiweiß zu sehr steifem Schnee schlagen, feinen Grießzucker löffelweise nach und nach unterschlagen, kräftig weiter schlagen, bis Masse sehr steif, schnittfest und glänzend ist, geriebene Schokolade, ungeschälte, geriebene Haselnüsse, Kaffee-Extraktpulver, Rum und gesiebtes Mehl nach und nach locker unterziehen, zuletzt lauwarm zerlassene, wieder abgekühlte Butter unterziehen, in gebutterte und bemehlte Springform geben, in vorgeheizter Röhre bei mäßiger Hitze (175° C) etwa 3/4 Stunden vorsichtig backen. Nach dem Backen Torte kurz abkühlen lassen, dann aus der Form nehmen, erkalten lassen, dann mit leicht gesüßtem und gesteiftem Schlagrahm überziehen und spritzen, mit Borkenschokolade bestreuen, kalt stellen bis zum Gebrauch.
Bei sofortigem Verzehr kann Steifen des Schlagrahms entfallen.

1439. Schwarzwälder Kirschtorte

Schokoladenbiskuittorte Nr. 1432 oder nach Wahl Schokoladentorte Nr. 1430 bzw. 1433
zum Tränken: Kirschwasser etwas Sauerkirschsaft
zum Füllen und Überziehen: Schlagrahmfülle mit Kirschwasser Nr. 1403 von 3/4 l Schlagrahm
750 g entsteinte Sauerkirschen
zum Verzieren: Schlagrahmfülle, Sauerkirschen
Borkenschokolade

Schokoladentorte der Wahl jeweils nach Rezeptangaben backen, erkalten lassen. Nach Belieben kann als Tortenboden auch ein gebackener Mürbteigboden (von 150 g Mehl mit 10 g Kakao), ohne Rand hergestellt, verwendet werden; in diesem Fall genügen jeweils 3/4 Rezeptmengen für die Schokoladentorte.
Torte am nächsten Tag fertigstellen: Sterilisierte Sauerkirschen evtl. entsteinen, gut abtropfen lassen; rohe Sauerkirschen waschen, entsteinen, mit Zucker bestreuen und etwas durchziehen lassen, dann aufkochen, abseihen und völlig erkalten lassen.
Schlagrahmfülle mit Kirschwasser herstellen wie bei Nr. 1403 beschrieben. Schokoladentorte zweimal durchschneiden (falls Mürbteigboden verwendet wird, genügt einmaliges Durchschneiden), Tortenboden mit Kirschwasser, mit wenig Sauerkirschensaft verdünnt, tränken (entfällt bei Mürbteigboden), mit Schlagrahmfülle dick bestreichen, mit völlig erkalteten, sehr gut abgetropften Sauerkirschen dicht belegen, mit Schlagrahmfülle bedecken, zweites Tortenblatt darauf legen, leicht andrücken, wieder tränken, mit Schlagrahmfülle und Sauerkirschen belegen, wieder mit Schlagrahmfülle bedecken. Deckblatt darauf legen, leicht andrücken, Tortenoberfläche mit Schlagrahmfülle überziehen, hübsch spritzen, mit Sauerkirschen verzieren, mit Borkenschokolade bestreuen, kalt stellen.

1440. Schwarzwälder Kirschtorte, feine Art

125 g Butter, 125 g Zucker
6 Eier getrennt, Vanille
125 g geriebene Schokolade
125 g geriebene Mandeln
125 g Mehl, 2 Teel. Backpulver
zur Form: Butter und Mehl
zum Füllen, Überziehen und Verzieren wie Nr. 1439

Butter sehr schaumig rühren, Zucker und Eigelb nach und nach unterrühren, Masse muß sehr locker und schaumig werden, etwas Mark von einer Vanillestange unterrühren, geriebene halbbittere Schokolade und geriebene Mandeln nach und nach beifügen, zuletzt das mit Backpulver gemischte und gesiebte Mehl mit dem sehr steifen, mit 1–2 Eßl. Zucker (von der Gesamtmenge zurückbehalten) schnittfest und glänzend geschlagenen Eischnee locker unterziehen, Teig sofort in gebutterte und bemehlte Springform (24–26 cm Durchmesser) geben, in vorgeheizter Röhre bei Mittelhitze (170–180° C) etwa 3/4–1 Stunde backen, in der Form kurz abkühlen lassen, dann vorsichtig aus der Form nehmen, erkalten lassen, zweimal durchschneiden und fertig stellen wie bei Nr. 1439 beschrieben. Oder aus dem Teig jeweils 3 gleichgroße Tortenböden backen, dadurch erübrigt sich das Schneiden der Torte, ebenso fertig stellen (Teig bricht leicht).

1441. Zuger Kirschtorte

Meringenmasse:
3 frische Eiweiß
150 g feiner Zucker
120 g geschälte Mandeln

Biskuitmasse:
4 frische Eier, getrennt
100 g feiner Zucker
Zitronenschale od. Vanille
100 g Mehl, davon evtl. bis 1/3 der Menge Stärkemehl

zum Füllen:
Buttercreme mit Kirschwasser Nr. 1412 mit etwas Johannisbeersaft oder Himbeersirup

zum Tränken:
4 Eßl. Wasser, 2 Eßl. Zucker
6–8 Eßl. Kirschwasser

für den Rand:
50 g geschälte Mandeln
zum Besieben: Puderzucker

Meringenmasse herstellen: Eiweiß zu sehr steifem Schnee schlagen, sehr feinen Grießzucker unter Schlagen nach und nach einrieseln lassen, kräftig weiter schlagen bis Masse sehr steif, schnittfest und glänzend ist, geschälte, geriebene Mandeln locker unterheben. Von der Masse zwei gleichgroße (26 cm Durchmesser) Meringenböden backen: Tortenform mit gebuttertem Pergamentpapier sorgfältig auslegen, die Hälfte des Meringenteiges einfüllen oder mit Spritzsack Boden schneckenförmig aufspritzen, in vorgewärmter Röhre bei schwacher Hitze (110–130° C) langsam backen, Backzeit etwa 50 Minuten, Meringenböden sollen möglichst weiß bleiben. Hat man keine zwei gleichgroße Springformen, Böden evtl. nacheinander backen (Teig inzwischen aber kalt stellen). Nach dem Backen Böden vorsichtig stürzen, Pergamentpapier mit Wasser bestreichen, dann vorsichtig ablösen, Böden erkalten lassen.
Biskuitteig herstellen wie bei Grundrezept Nr. 1379 beschrieben, in gebutterter und bemehlter oder mit gebuttertem Pergamentpapier ausgelegter Springform (26 cm Durchmesser) Biskuitboden backen bei mäßiger Mittelhitze (175–200° C), Backzeit etwa 25 Minuten; nach dem Backen aus der Form nehmen, Pergamentpapier vorsichtig abziehen, erkalten lassen.
Buttercreme als gemischte oder reine Buttercreme wie Nr. 1412 herstellen unter Verwendung von etwas Johannisbeersaft oder Himbeersirup, so daß Creme leicht rosa Farbe erhält, mit Kirschwasser gut abschmecken.
Tränkflüssigkeit bereiten: Wasser mit Zucker aufkochen, erkalten lassen, Kirschwasser zugeben.
Torte zusammensetzen: Einen Meringenboden auf Tortenplatte legen, mit einem Drittel der Creme bestreichen, darauf Biskuitboden legen, diesen gut tränken und mit zweitem Drittel der Creme bestreichen, als Deckplatte zweiten Meringenboden darauf legen, Tortenoberfläche und Rand mit letztem Drittel der Creme bestreichen, Rand mit geschälten, blättrig geschnittenen, in der Röhre lichtgelb gerösteten Mandeln oder mit etwas Krokant bewerfen; Torte mindestens 1 Stunde kalt stellen, damit Creme steif wird, dann Oberfläche mit gitterartigem Muster versehen, indem man mit feinzinkiger, in heißes Wasser getauchter Gabel oder mit Messerrücken gitterartig durch die Creme zieht, zuletzt mit Puderzucker leicht besieben.
Torte stets 1 Tag vor Gebrauch herstellen; sie gewinnt dadurch an Geschmack und Torte läßt sich besser schneiden.

Kleingebäck, Weihnachtsgebäck

Farbbild neben Seite 721

Schönes und gutes Kleingebäck aus eigener Herstellung ist immer wieder der Stolz und die Freude tüchtiger Hausfrauen; in besonderer Weise gilt dies für die Weihnachtsbäckerei! Und wer möchte auf diesen besonderen Reiz vorweihnachtlicher Zeit verzichten? Vorweihnachtszeit ist eine besondere Zeit und hat ihr eigenes Gepräge; sie führt mehr als alle anderen Zeiten des Jahres die Menschen – nicht nur des Familien- und Freundeskreises – zusammen und gibt stiller Besinnlichkeit Raum.

Der Duft vorweihnachtlicher Hausbäckerei hat ein wenig Teil an der Besonderheit dieser Wochen. Mit welcher Freude und Hingabe sind Kinder mit am Werk, wenn gebacken wird, und mit welchem Eifer werden alte, familiengebundene Rezepte hervorgeholt, wieviele Erinnerungen aus eigenen Kindertagen werden dabei lebendig!

Weihnachtliche Hausbäckerei bedeutet mehr als Backkunst; sie regt uns an, nicht nur dem Kreis der eigenen Familie eine weihnachtliche Atmosphäre zu schaffen, sondern jene, die vielleicht kein rechtes zu Hause mehr haben und der Zuwendung bedürfen, in den Kreis unserer Fürsorge einzubeziehen. In diesem Sinne möge weihnachtliches Backen Ausdruck und Anstoß weihnachtlicher Gesinnung sein und bleiben!

Aber die Vielfältigkeit von Bäckereien verführt manche Hausfrau dazu, dem Wunsch nach einer großen Fülle und dadurch einer Arbeitsüberlastung zu erliegen; dies ist aber nicht der Sinn häuslicher Weihnachtsbäckerei.

Allgemeine Backlehre für Kleingebäck

Grundsätzliches über Backzutaten und ihre Vorbereitung siehe „Allgemeine Backlehre" Seite 557 ff.

Darüber hinaus beachte für das Herstellen von Weihnachtsgebäck:

1. *Den echten Bedarf und hierbei individuelle Bedürfnisse* berücksichtigen, *erwünschte Gebäckarten und deren Mengen festlegen, Zeitaufwand* berücksichtigen.

2. *Gesamtbedarf an benötigten Zutaten und deren Kosten* vorher *berechnen,* in guter Qualität *im ganzen einkaufen.*

3. *Zeitplan für die rechtzeitige Herstellung der einzelnen Gebäckarten,* entsprechend den einzelnen Teigarten, festlegen:

Honigteiggebäck soll durch 3–4wöchiges Liegen weich werden und an Geschmack gewinnen.

Eierteiggebäck ist frisch gebacken meist hart und wird erst durch längeres Liegen weich, deshalb einige Wochen vor Gebrauch herstellen.

Mürbteig-, Backpulverteig- und Eiweißteiggebäck schmecken frisch am besten, deshalb kurz vor Gebrauch herstellen.

Gebäck zum Versand überlegt wählen, rechtzeitig herstellen, sorgfältig verpacken und frühzeitig zum Versand bringen.

4. *Sorgfältig, genau und mit Ruhe arbeiten,* nur formschönes und gleichmäßig gebackenes Kleingebäck sieht gut aus und macht Freude.

Rezeptangaben beachten und Zutatenmengen genau abwiegen (z. B. bei Verwendung geschälter Mandeln oder Nüsse diese auch geschält wiegen).

5. *Zielstrebig und überlegt arbeiten:*
Erst alle Zutaten und nötigen Geräte bereitstellen, dann erst mit den Vor- bzw. Zubereitungsarbeiten beginnen.

Arbeitserleichternde Geräte, z. B. elektrisches Handrührgerät oder Küchenmaschine bevorzugt verwenden, ihre Gebrauchsanweisung genau beachten.
Spezielle Regeln für die Herstellung einzelner Teigarten berücksichtigen, siehe spezielle Backlehre für die einzelnen Teigarten.

6. *Bleche je nach Teigart entsprechend vorbereiten* (siehe spezielle Backlehre der Teigarten); *nur erkaltete Bleche* mit geformtem Kleingebäck belegen.

7. *Stets Probeplätzchen vor dem Formen des übrigen Teiges backen,* um Teigbeschaffenheit zu prüfen. Wenn Teige zu weich sind und beim Backen die Form verlieren, etwas geriebene Nüsse, Mandeln oder Mehl zugeben.

8. *Das Formen von Kleingebäck* erfolge sorgfältig, gleichmäßig und unter Verwendung von möglichst *wenig Mehl.* Auswellen in kleinen Portionen mindert die Gefahr des Anklebens.
Formen *teigsparend ausstechen, raumsparend* auf vorbereitete Bleche legen, *Abstand* nach Bedarf einhalten. Blech nur mit Gebäck gleicher Größe und gleicher Backzeit belegen. Für Versand Gebäck nicht zu dünn formen.
Symbolhafte Sinngehalte von Gebäckformen: Kranz und Brezel: Sinnbild der Unendlichkeit; Lebensbaum: Sinnbild des Wachstums, des Lebens; Tierformen wie Hase, Hahn: Sinnbild der Fruchtbarkeit und neuen Lebens; Sterne, Engel, Nikolausfiguren: christliche Symbole des Heiligen und Ewigen.

9. *Kleingebäck sorgfältig und gleichmäßig backen. Backhitze je nach Teigart* (siehe dort), Röhre entsprechend *vorheizen; Einschubhöhe* in der Regel Mittelschiene; *Backzeiten* je nach Teigart und Gebäckhöhe.

10. *Nach dem Backen Gebäck* vorsichtig vom Blech nehmen, auf Gitter legen und erkalten lassen, warmes Kleingebäck nie aufeinander legen. Glasiertes Kleingebäck gut trocknen lassen. Nur völlig erkaltetes und bei Glasuren getrocknetes Gebäck, möglichst nach Sorten getrennt, (Geschmacksübertragung!) in Blechdosen *verschlossen, kühl* aufbewahren.

11. *Lockerungsmittel frisch* verwenden, Menge und Anwendung nach Rezeptangaben.

Backpulver lockert unter Einwirkung von Flüssigkeit und Wärme durch Abspaltung von Kohlendioxyd. Backpulver deshalb mit trockenem Mehl mischen und sieben. Regeln für Backpulverteige siehe Backlehre Seite 598 und Seite 599. Backpulvermenge hängt von sonstigen Zutaten und Teigbeschaffenheit ab. Rezeptangaben beachten. Durchschnittliche Menge für 500 g Mehl: bis zu 1 Päckchen Backpulver = 18 g = 6 kleine Teelöffel gestrichen; (1 kl. Teelöffel gestrichen = 3 g).

Pottasche lockert bei Einwirkung von Säure im Teig, z. B. von Milch-, Zitronen- oder Ameisensäure durch Entwicklung von Kohlendioxyd. Pottasche wird deshalb gern für Honigteige (Ameisensäuregehalt des Honigs) und Gewürzteige, die bei längerem Stehen Säure bilden, verwendet. Die Triebkraft entwickelt sich langsam, nicht stürmisch. Menge nach Rezeptangabe, im Durchschnitt für 500 g Mehl ca. 5–7 g Pottasche. *Pottasche stets gelöst verwenden.*

Hirschhornsalz und ABC Trieb zerfallen bei Hitze in Ammoniak und Kohlendioxyd; sie haben dadurch eine besonders starke Triebkraft. Sie finden nur für feste, schwere Teige bei trockenem *Flachgebäck* Verwendung, das gut durchgebakken wird (z. B. feste Honigteige für flache Lebkuchen), dadurch werden Geschmacksrückstände vermieden. Mengen nach Rezeptangaben, im Durchschnitt ca. 5 g je 500 g Mehl. *Stets vor Gebrauch lösen.*

Natron entwickelt bei Einwirkung von Hitze Kohlendioxyd; hierbei bleibt jedoch Soda als Rückstand im Gebäck. Für fettreiche Teige ist Natron ungeeignet, da sich im Teig aus Fett und Soda Seife bilden kann, die den Geschmack stark beeinträchtigen würde. Natron wird nur in Ausnahmefällen für fettlose oder fettarme Teige verwendet. Geringe Zitronensaftzugabe kann Seifenbildung verhindern. Meist wird Natron heute durch Backpulver ersetzt.

Kleingebäck aus Honigteig

Backlehre Honigteige:

Gebäck aus Honigteigen ist für weihnachtliche Bäckerei besonders beliebt, insbesondere für Lebkuchen und figürlich geformtes Sinnbildgebäck. Honigteige sind meist feste, gewürzreiche Teige.

Beachte:

1. Honigteiggebäck *2–4 Wochen vor Gebrauch* herstellen. Längeres Liegen macht dieses Gebäck weich und bringt seinen aromatischen Geschmack zur Geltung.

2. *Bienenhonig* ist reich an Aroma und gibt dem Gebäck besonders guten Geschmack; Kunsthonig als billiger Ersatz entbehrt des besonderen Wohlgeschmacks, kann aber auch verwendet werden.

3. Wird Honig für Teigherstellung erhitzt, für Bienenhonig *Temperaturen über 60° C vermeiden,* sonst Minderung seines Aromas und Zerstörung seiner Fermente. Gewürze in der Regel in den heißen Honig geben, vor Mehlzugabe jedoch etwas abkühlen lassen.

4. *Teigherstellung* erfolgt in der Regel als *Rührteig,* ohne oder mit Fettzugabe. Als Lockerungsmittel finden sowohl Backpulver wie Pottasche und Hirschhornsalz Verwendung; *Fertigstellung* des Teiges erfolgt meist als *Knetteig.*

5. *Erwärmte Bleche mit Backwachs* einreiben, erkalten lassen, nur nach Bedarf mehlen. Backwachs verhindert das Ankleben von Honigteigen und ist ohne Eigengeschmack.

6. Honigteiggebäck etwa *1/2–1 cm dick ausformen,* zu dünn geformtes Honigteiggebäck wird trocken, hart und spröde.

7. *Honigteiggebäck vorsichtig backen,* es ist zuckerreich und bräunt leicht von unten.

Backhitze: mäßige Mittelhitze (175–180° C). Vorsicht mit Unterhitze (Mittelschiene). Backdauer entsprechend der Dicke des Gebäcks.

8. Nach dem Backen *geschnittenes Honigteiggebäck* vor Austrocknen schützen, völlig erkaltet in *Blechdosen kühl* lagern.

1442. Honigleckerli (etwa 80 Stück)

Honig warm stellen und flüssig werden lassen, jedoch nicht kochen; Butter schaumig rühren, Zucker unterrühren, flüssigen Honig und Gewürze zugeben, ungeschälte geriebene Mandeln sowie gewiegtes Zitronat und Orangeat beifügen, zuletzt Mehl, mit Backpulver gemischt und gesiebt, untermengen; Teig gut kneten, etwa 1/2 cm dick auswellen, Teigplatte auf gut gewachstes, erkaltetes Blech legen, im ganzen bei mäßiger Mittelhitze (175–180° C) auf Mittelschiene backen; nach dem Backen noch heiß mit scharfem Messer in Rauten schneiden, diese noch warm mit Punschglasur überziehen, gut trocknen lassen. Geschnittene Lebkuchen völlig erkaltet in Blechdose kühl aufbewahren, um Austrocknen zu verhüten.

200 g Honig, 70 g Butter
250 g Zucker, 1 1/2 Teel. Zimt
1/2 Teel. Nelken, 1 Messerspitze Kardamon, Schale von 1/2 Zitrone gerieben
150 g ungeschälte Mandeln
100 g Zitronat,
100 g Orangeat
500 g Mehl, 1/2 Backpulver
zum Blech: Wachs
Punschglasur Nr. 1564

1443. Honigleckerli anderer Art (etwa 80-90 Stück)

500 g Honig, 375 g Zucker
Schale v. 1 Zitrone gerieben
1 Eßl. Zimt, 1/2 Teel. Nelken
1 Messerspitze Kardamon
100 g Mandeln oder Nüsse
100 g Zitronat, 2 Eßl. Kirschwasser, 600 g Mehl
1 Eßl. Backpulver
zum Blech: Wachs
Zitronenglasur Nr. 1562

Honig mit Zucker unter Rühren erwärmen bis etwa 60° C, nicht kochen, vom Feuer nehmen, Gewürze, ungeschälte, geriebene Mandeln oder Nüsse, gewiegtes Zitronat und Kirschwasser unterrühren, zuletzt Mehl mit Backpulver gemischt und gesiebt unterarbeiten, Teig gut kneten, portionsweise gut 1/2 cm dick auswellen, Leckerli ausstechen, auf gewachstes Blech legen, einige Stunden kühl stehen lassen, dann bei Mittelhitze (175–180° C) hellbraun backen. Leckerli nach dem Backen sofort vom Blech nehmen, noch heiß glasieren, gut trocknen und völlig erkalten lassen.

1444. Baseler Leckerli (etwa 50 Stück)

280 g Bienenhonig
310 g Zucker, 15 g Zimt
7 g Nelken
310 g Mandeln, ungeschält
60 g Zitronat, 60 g Orangeat
1/8 l Kirschwasser (knapp)
1 Teel. Pottasche, 625 g Mehl
zum Blech: Wachs, Mehl
Punschglasur Nr. 1564

Honig erwärmen (60° C), nicht kochen lassen, Zucker und Gewürze zugeben, ungeschälte, grob gehackte Mandeln und fein geschnittenes Zitronat und Orangeat unterrühren, vom Feuer nehmen, abwechselnd Mehl, Kirschwasser und die in Kirschwasser aufgelöste Pottasche unterrühren, Rest des Mehles unter den noch heißen Teig kneten, Teig gut durchkneten, 3/4 cm dick auswellen, kleine Lebkuchen ausstechen, auf gewachstes, leicht bemehltes Blech dicht aneinander setzen, bei mittlerer Hitze (175–180° C) vorsichtig backen, noch heiß an den Grenzstellen durchschneiden, vom Blech nehmen, noch heiß mit Punschglasur dünn bestreichen, damit sich „Röschen" bilden.

1445. Nürnberger Busserl (etwa 100–120 Stück)

500 g Zucker, 4 Eier
3 Eßl. Honig, 1/2 Teel. Nelken
1 Eßl. Zimt, 80 g Zitronat
80–100 g Mandeln od. Nüsse
600 g Mehl, 1/2 Backpulver
zum Blech: Wachs
z. Bestreichen: Honigwasser

Schaummasse rühren aus Zucker, ganzen Eiern und Honig, Gewürze, gewiegtes Zitronat sowie gehackte Mandeln oder Nüsse unterrühren, Mehl mit Backpulver gesiebt untermischen, Teig etwas weich halten; mit leicht bemehlten Händen gleichmäßige kleine Kugeln formen, in gutem Abstand auf gewachstes Blech setzen, etwas flach drücken, mit Honigwasser bestreichen, bei Mittelhitze (175–180° C), aber mäßiger Unterhitze backen.

1446. Coburger Schmätzchen

2 ganze Eier, 2 Eßl. Honig
250 g Zucker, 1 Teel. Pfefferkuchengewürz, 1 Teel. Zimt
50 g Zitronat, 50 g Orangeat
50 g Nüsse oder Mandeln
375 g Mehl, 3/4 Backpulver
zum Blech: Wachs
z. Bestreichen: Honigwasser od. Schokoladeglasur n. Wahl
zum Verzieren: Mandeln

Schaummasse rühren aus Eiern, Zucker und Honig, Gewürze unterrühren, feingewiegtes Zitronat und Orangeat und geschälte, geriebene Nüsse oder Mandeln unterrühren, gesiebtes Mehl mit Backpulver gemischt, unterarbeiten, Rest des Mehles unterkneten; Teig etwa 3/4 cm dick auswellen, runde Lebkuchen ausstechen, nach Belieben mit Honigwasser bestreichen, auf gewachstem Blech bei mäßiger Mittelhitze (etwa 180° C) backen. Statt des Bestreichens mit Honigwasser können die kleinen Lebkuchen nach dem Backen erkaltet mit Schokoladeglasur überzogen und mit geschälten, halbierten Mandeln verziert werden.

1447. Honiglebkuchen I. Art (etwa 40 Stück)

Honig leicht erwärmen, bis er flüssig ist; Schaummasse rühren aus Eiern und Zucker, Honig unterrühren, geschälte, grob gehackte oder stiftelig geschnittene Mandeln oder Nüsse, feingeschnittenes oder gewiegtes Zitronat und Orangeat sowie Gewürze zugeben, in Kirschwasser aufgelöste Pottasche unterrühren, Mehl unterarbeiten, Teig gut abkneten, portionsweise sehr gut durcharbeiten, zu Laib zusammenschlagen, etwa 1/2 Stunde ruhen lassen; dann portionsweise etwa 3/4 cm dick auswellen, Lebkuchen ausschneiden oder ausstechen, nach Belieben mit geschälten, halbierten Mandeln oder Nüssen und Zitronatstückchen verzieren, auf gewachstem, leicht bemehltem Blech bei mäßiger Mittelhitze (175–180° C) backen, noch warm mit Punschglasur bestreichen.

625 g Honig, 625 g Zucker
4 Eier, 375 g Mandeln oder Nüsse (geschält)
100 g Zitronat, 50 g Orangeat
Schale von 1 Zitrone
2 Teel. Zimt, 1 Teel. Nelken
1 Messerspitze Kardamon
1/2 Messerspitze Muskatnuß
20 g Pottasche, 3 Eßl. Kirschwasser, 1–1 1/4 kg Mehl
zum Blech: Wachs und Mehl
zum Verzieren:
Zitronat, Mandeln geschält
Punschglasur Nr. 1564

1448. Kleine Honiglebkuchen II. Art (etwa 40 Stück)

Geschälte Mandeln oder Nüsse grob hacken oder stiftelig schneiden, mit einem Teil des Zuckers leicht rösten; restlichen Zucker mit Honig unter Rühren erwärmen (ca. 60° C), bis Zucker völlig gelöst ist, jedoch nicht kochen, vom Feuer nehmen, Gewürze, gewiegtes oder sehr fein geschnittenes Zitronat und Orangeat sowie Mandeln und Nüsse zugeben, wenn etwas erkaltet, die im Kirschwasser aufgelöste Pottasche und Mehl unterarbeiten, Teig gut abkneten, 3/4 cm dick auswellen, kleine Lebkuchen ausstechen, auf gewachstes und leicht bemehltes Blech legen, über Nacht kühl stellen, am anderen Tag bei Mittelhitze (180° C) vorsichtig und gleichmäßig backen, noch warm mit Punschglasur dünn bestreichen.

200 g Mandeln oder Nüsse (geschält), 200 g Zucker
375 g Honig, 70 g Zitronat
70 g Orangeat, 15 g Zimt
7 g Nelken, 5 g Kardamon
3 Eßl. Kirschwasser
1/2 Teel. Pottasche
400–450 g Mehl
zum Blech: Wachs und Mehl
Punschglasur Nr. 1564

1449. Honiglebkuchen III. Art (40–50 Stück)

Honig erwärmen unter stetem Rühren (ca. 60° C), jedoch nicht kochen lassen, sobald er gut heiß ist, Zucker unterrühren; ungeschälte, grob gehackte Mandeln oder Nüsse mit gewiegtem Zitronat und Orangeat und Gewürzen mischen, warme Honig-Zuckermasse darüber gießen, gut durchrühren, wenn etwas abgekühlt, Mehl gesiebt und die in Kirschwasser aufgelöste Pottasche untermengen, Rest des Mehles unterkneten, gut durchkneten, zugedeckt über Nacht kühl stehen lassen, am nächsten Tag 1/2–3/4 cm dick auswellen, kleine, rechteckige Lebkuchen ausstechen oder schneiden, diese ziemlich dicht aneinander auf gewachstes, leicht bemehltes Blech legen, einige Stunden kühl stellen, bei Mittelhitze backen (180° C), noch heiß an den Grenzstellen durchschneiden, noch warm glasieren.

600 g Honig, 250 g Zucker
250 g ungeschälte Mandeln oder Nüsse, 100 g Zitronat
100 g Orangeat, Zitronenschale, 15 g Zimt, 7 g Nelken
1 Messerspitze Kardamon
3 Eßl. Kirschwasser
1 Teel. Pottasche, 625 g Mehl
zum Blech: Wachs, Mehl
Zitronen- oder Punschglasur Nr. 1562 od. Nr. 1564

1450. Honiglebkuchen IV. Art (etwa 50–60 Stück)

125 g Butter, 100 g Zucker
2 ganze Eier, 250 g Honig
2 Teel. Zimt, 1/2 Teel. Nelken
100 g Zitronat
100 g Orangeat
160 g Mandeln oder Nüsse
500 g Mehl, 1 Backpulver
zum Blech: Wachs
zum Bestreichen: 1 Ei
zum Verzieren: Mandeln, Zitronat, Orangeat

Schaummasse rühren aus Butter, Zucker und Eiern, flüssigen Honig zugeben, Gewürze, sowie fein geschnittenes Zitronat und Orangeat und geschälte, grob gehackte Mandeln oder Nüsse unterrühren, zuletzt das mit Backpulver gemischte und gesiebte Mehl einarbeiten, rasch zu glattem Teig verarbeiten, etwas kalt stellen, dann gut 1/2 cm dick auswellen, runde oder rechteckige, nicht zu große Lebkuchen ausstechen, mit Ei bestreichen, mit geschälten, halbierten Mandeln, Zitronat- und Orangeatstreifen verzieren, auf gewachstem Blech bei 180° C goldbraun backen, sofort vom Blech nehmen, erkalten lassen.

1451. Schokoladenhoniglebkuchen I. Art (etwa 25–30 Stück)

200 g Honig, 200 g Zucker
80 g Kakao, 8 g Zimt
375 g Mehl, 1 Teel. Pottasche
3 Eßl. Kirschwasser od. Rum
100 g Haselnüsse
zum Blech: Wachs
Punschglasur Nr. 1564

Honig erwärmen, Zucker und Gewürze zugeben, gut verrühren, gesiebtes Mehl und in Kirschwasser oder Rum aufgelöste Pottasche untermengen, Teig gut kneten, zuletzt geschälte, halbierte Haselnüsse unterkneten. Teig 1 1/2 cm dick auswellen, Teigplatte auf gewachstem Blech bei Mittelhitze (ca. 180° C) backen, noch heiß in gleichmäßige, nicht zu große Stücke schneiden, mit Punschglasur überziehen.

1452. Schokoladenhoniglebkuchen II. Art (etwa 35 Stück)

250 g Honig, 3 ganze Eier
200 g Zucker, 1/2 Eßl. Zimt
1/2 Teel. Nelken
1 Prise Kardamon
1/2 Zitronenschale
100 g bittere Schokolade
80–100 g geschälte Mandeln oder Nüsse, 50 g Orangeat
50–100 g Zitronat
3–4 Eßl. Kirschwasser
450 g Mehl, 3/4 Backpulver
zum Blech: Wachs und Mehl
Glasur nach Wahl

Honig leicht erwärmen bis er flüssig ist; sehr gute Schaummasse rühren aus ganzen Eiern und Zucker, geriebene Zitronenschale, Gewürze und geriebene Schokolade unterrühren, flüssigen Honig zugeben, fein gewiegtes Zitronat und Orangeat sowie geschälte, blättrig oder stiftelig geschnittene Mandeln oder Haselnüsse unterrühren, Kirschwasser beifügen, zuletzt Mehl mit Backpulver gemischt und gesiebt untermengen, Teig soll ziemlich weiche, streichfähige Beschaffenheit haben, evtl. etwas Mehl zurückbehalten. Teig auf gewachstes, leicht bemehltes Blech etwa fingerdick aufstreichen, bei mäßiger Hitze (180° C) backen, vorsichtig vom Blech lösen, etwas abgekühlt, jedoch noch warm in gleichmäßige Schnitten schneiden, mit etwas Johannisbeergelee bestreichen, mit Schokoladen- oder Punschglasur überziehen. In Dose kühl aufbewahren.

1453. Ingwer-Polster

100 g Honig, 100 g Zucker
1 Ei, 1/2 Päckchen Lebkuchengewürz, 1 Orangenschale
50 g kernlose Rosinen
50 g kandierter Ingwer
230 g Mehl, 50 g Stärkemehl
1/2 Backpulver (knapp)
zum Blech: Wachs
Glasur m. Ingwergeschmack

Schaummasse rühren aus Honig, Zucker und Ei, Gewürz und fein geriebene Orangenschale unterrühren, fein gewiegte Rosinen und fein gewiegten kandierten Ingwer untermischen, Mehl und Stärkemehl mit Backpulver gemischt und gesiebt zugeben, zu glattem Teig kneten; dann Teig nicht zu dünn auswellen, kleine Rauten ausstechen oder schneiden, auf gewachstem Blech bei mäßiger Hitze (170–180° C) hell backen, mit Glasur überziehen.
Glasur mit Ingwergeschmack: 75 g Puderzucker sieben, mit einer Prise fein gemahlenem Ingwerpulver mischen, nach Belieben wenig

gesiebten Kakao beifügen, mit 1 Eßlöffel heißem Wasser und 1 Teelöffel erwärmtem, zerlassenem Kokosfett glatt rühren, damit Gebäck sofort bestreichen.

1454. Lebkuchenschnitten

Schaummasse rühren aus Honig, Zucker und Ei, Gewürze unterrühren, gewiegtes Zitronat und Orangeat sowie geschälte, geriebene Mandeln oder Nüsse untermengen, etwas Milch und Kirschwasser zugeben, Mehl mit Backpulver gemischt und gesiebt unterarbeiten, Teig muß schwer vom Löffel reißen und *weiche Beschaffenheit* haben. Teig etwa 1 1/2 cm dick auf gut gefettetes Blech *streichen,* bei Mittelhitze (180° C) 30–40 Minuten backen, noch heiß mit scharfem Messer in Rauten oder Schnitten schneiden, erkalten lassen, mit etwas erwärmtem Johannisbeergelee (besonders an den Schnittkanten) bestreichen, etwas antrocknen lassen, mit Punsch- oder Schokoladenglasur überziehen (dadurch wird die Gefahr des Austrocknens vermindert). In Dose kühl aufbewahren.

250 g Honig, 125 g Zucker
1 Ei, 3/4 Teel. Zimt
1/2 Teel. Nelken
1/2 Zitronenschale
50 g Zitronat, 50 g Orangeat
50 g geschälte Mandeln oder Nüsse, 1/8 l Milch (knapp)
2 Eßl. Kirschwasser
2 Teel. Backpulver, 375 g Mehl
zum Blech: Fett
etwas Johannisbeergelee
Punschglasur Nr. 1564 oder Schokoladenglasur n. Wahl

1455. Printen

Honig mit Zucker unter Rühren erwärmen bis Zucker gelöst ist, vom Herd nehmen, Butter und Gewürze und geschälte, grob gehackte Nußkerne oder Mandeln sowie gewiegtes Zitronat und Orangeat unterrühren, Pottasche in Kirschwasser oder Arrak lösen, mit gesiebtem Mehl zur Honigmasse geben, Teig gut abkneten, messerrückendick zu Rechteck auswellen, Printen in der Größe von 3×8 cm schneiden, auf gewachstem Blech bei mäßiger Mittelhitze (180° C) backen, noch heiß mit Punschglasur bestreichen.

375 g Honig, 375 g Zucker
100 g Butter, 2 Teel. Zimt
je 1/2 Teel. Nelken und Kardamon, 1 Pr. Muskatnuß
250–300 g geschälte Nüsse oder Mandeln
60 g Zitronat, 60 g Orangeat
3 Eßl. Kirschwasser
10 g Pottasche, 750 g Mehl
zum Blech: Wachs
Punschglasur Nr. 1564

1456. Kunsthoniglebkuchen (etwa 50 Stück)

Kunsthonig leicht erwärmen bis er flüssig ist, vom Feuer nehmen, Zucker, Gewürze, Eier und nach Belieben fein gewiegtes Zitronat und Orangeat sowie ungeschälte, fein geriebene Mandeln oder Nüsse unterrühren, gesiebtes Mehl mit Backpulver gemischt zugeben, Teig von fester Beschaffenheit auf Brett gut durchkneten, etwa 3/4 cm dick auswellen, Lebkuchen ausstechen, auf gewachstem Blech bei Mittelhitze (etwa 180° C) backen, nach dem Erkalten glasieren und nach Belieben mit buntem Streuzucker bestreuen.

250 g Kunsthonig
200 g Zucker, 1 Teel. Zimt
1/4 Teel. Nelken
1/2 Zitronenschale, 2 Eier
50 g Zitronat, 50 g Orangeat
50 g Mandeln oder Nüsse
500 g Mehl, 3/4 Backpulver
zum Blech: Wachs
Schokoladenglasur n. Wahl
bunter Streuzucker

2mal Rezept Kunsthoniglebkuchen Nr. 1456 (evtl. ohne Zitronat und Orangeat) oder:

600 g Honig, 1/8 l Wasser
100 g Zitronat, fein gewiegt
50 g Orangeat, fein gewiegt
100 g kernlose Rosinen, (gewaschen, fein gewiegt)
20 g Lebkuchengewürz
3/4 kg Mehl, 1 Backpulver

zum Blech: Wachs

Eiweißspritzglasur von 4 Eiweiß Nr. 1567

zum Verzieren nach Wahl:
Schokoladeplätzchen
abgezogene, halbierte Mandeln, Nüsse oder Walnüsse, Buntzucker
verschiedenes Zuckerwerk
kleine Pralinen u. a. m.
Rote Blattgelatine oder rotes Transparentpapier

1457. Hexenhaus, Pfefferkuchenhaus

Kunsthoniglebkuchenteig wie Nr. 1456 herstellen; oder Honig mit Wasser kurz erhitzen, abkühlen lassen, Gewürz und Geschmackszutaten unterrühren, Mehl mit Lockerungsmittel gemischt und gesiebt einarbeiten, Teig gut abkneten, einige Zeit kühl ruhen lassen, dann zu Hexenhäuschen verarbeiten.

Lebkuchenteig etwa 3/4 cm dick auswellen, Formen für Hexenhäuschen nach vorbereiteter Schablone ausschneiden, auf gewachstem Blech bei Mittelhitze (180° C) backen, vorher leicht stupfen, um Blasenbildung zu verhindern. Schablonenmaße siehe Skizze S. 707

Benötigt werden: Rückwand und Vorderwand, 2 Seitenwände, 2 Dachplatten sowie der Kamin. Aus Teigresten 1-2 Tannenbäume, Zaun, kleine Fensterläden und kleine Scheite für einen Scheiterhaufen ausschneiden und backen oder aus gebackener Teigplatte ausschneiden. Nach dem Backen aus den Seitenwänden *noch warm* je 2 Fenster ausschneiden und von der Innenseite mit rotem Transparentpapier oder roter Blattgelatine bekleben und Türe ausschneiden. Falls nötig, verzogene Kanten begradigen.

Solange Lebkuchenstücke noch warm sind, alle Teile mit Eiweißglasur rasch zusammenkleben und Kamin aufsetzen. Zusammengesetztes Häuschen evtl. mit einer Schnur zusammenhalten, bis Eiweißglasur fest und Lebkuchen erkaltet sind; Häuschen dann auf feste Unterlage stellen, hierbei Pergamentpapierstreifen unterlegen.

Nun Häuschen verzieren: Fenster und Tür mit Eiweißspritzglasur verzieren, Dach dick mit Eiweißglasur bestreichen und Glasur über den Dachrand ziehen, so daß „Eiszapfen" entstehen; solange Eiweißglasur noch weich ist, Dach mit Nüssen, Mandeln und Süßigkeiten verzieren. Auf den Kamin kann man etwas aufgebauschte Watte kleben. Wände des Häuschens gleichfalls nach Belieben verzieren. Rund um das Häuschen Bäume und Zaun aufstellen, die man nach Belieben mit restlicher Eiweißglasur verzieren kann. Boden um das Häuschen herum mit Puderzucker bestäuben.

Selbstgebastelte Figuren von Hexe und von Hänsel und Gretel mit aufgestellt, erhöhen den Reiz eines Hexenhäuschens.

Beispiel einer Schablone für ein Hexenhaus

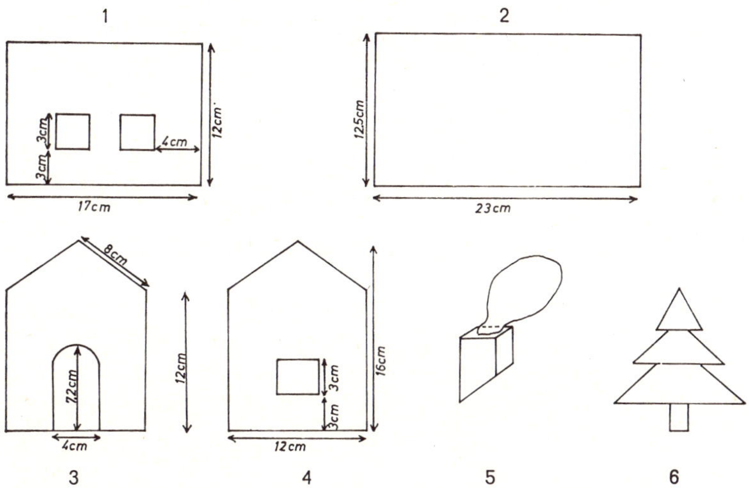

1. Längseite, 2 x nötig
2. Dachplatte, 2 x nötig
3. Vorderseite, 1 x nötig
4. Rückseite, 1 x nötig
5. Kamin zum Aufsetzen mit etwas Watte
6. Tannenbaum zum Einsetzen vor das Häuschen (in beliebiger Höhe)

Kleingebäck aus Eierteigen

Backlehre Eierteige:

Eierteige sind *eier- und zuckerreiche* Teige ohne Fettzugabe und ohne oder mit nur geringen Mengen an Triebmitteln. Ihre *Lockerung* beruht auf dem Eigehalt und der Wirkung sehr gut gerührter Schaummassen unter Verwendung der ganzen Eier.
Gebäck aus Eierteigen ist meist leicht verdaulich.

Beachte:

1. *Eierteiggebäck einige Wochen vor Gebrauch herstellen,* damit es durch längeres Liegen weich wird.

2. *Möglichst frische Eier* der Gewichtsklasse 3 (65–60 g) oder 4 (60–55 g), *feinsten Grießzucker oder gesiebten Puderzucker und nur feinstes, trockenes Weizenmehl gesiebt* verwenden. Mehlmenge wird jeweils durch Eigröße beeinflußt. Mehl zweckmäßig über Nacht warm stellen.

3. *Sehr gute Schaummasse* schlagen aus ganzen Eiern und feinstem Zucker (mit Schneebesen $^1/_2$–$^3/_4$ Stunde, mit elektrischen Rührgeräten unter Verwendung der Schlageinsätze kürzer).

4. *Backbleche mit Backwachs* einreiben und evtl. leicht mehlen je nach Rezeptangabe.

5. *Die Entstehung von „Füßchen"* während des Backens (z. B. bei Anislaibchen, Springerle erwünscht) setzt besonders gut geschlagene Schaummassen voraus; geformtes Gebäck auf gewachstes, leicht bemehltes Blech setzen, über Nacht in *mäßig temperiertem Raum* (weder zu warm noch zu kalt) von oben leicht abtrocknen lassen, so daß sich ein Häutchen bildet. Ausgetrocknetes Gebäck, durch zu große Wärme oder Auflegen auf Holzbretter verursacht, bildet keine „Füßchen" mehr.

6. Bei *schwacher Backhitze* langsam und vorsichtig lichtgelb backen.

Backtemperatur meist 130–150° C, *Einschubhöhe:* mittlere oder untere Schiene, Röhre vorheizen. Backdauer je nach der Dicke des geformten Gebäcks.

7. *Nach dem Backen Gebäck sofort vorsichtig vom Blech lösen.*

1458. Anislaiberl (etwa 100 Stück)

4 Eier (je 55–60 g)
300 g Puderzucker gesiebt
1 Teel. Anis gewiegt
250–300 g Mehl
zum Blech: Wachs und Mehl

Sehr gute Schaummasse schlagen aus ganzen Eiern und gesiebtem Puderzucker (mit der Hand etwa 40 Minuten mit Schneebesen, mit elektrischem Rührgerät kürzer nach Gebrauchsanweisung der jeweiligen Firma), gereinigten, fein gewiegten Anis unterschlagen, trockenes, gesiebtes Mehl nach und nach unter die Schaummasse geben – Mehlmenge wird im Einzelfall durch Eigröße bestimmt. Teigbeschaffenheit muß so sein, daß beim Aufsetzen der Plätzchen der Teig zwar die Form behält, also nicht verläuft, aber die Oberfläche doch glatt fließt. Sofort mit Teelöffel auf gewachstes, leicht bemehltes Blech kleine Häufchen setzen, (oder evtl. spritzen), über Nacht in nur mäßig warmem Raum abtrocknen lassen, am nächsten Tag bei schwacher Hitze (150° C) lichtgelb backen. Anisplätzchen sollen beim Backen von unten „Füßchen" bekommen.

1459. Vanillebrötchen (etwa 100 Stück)

Zubereitung wie Anisplätzchen Nr. 1458, geklopfte, gespaltene Vanillestange mit Schaummasse schlagen, vor der Mehlzugabe entfernen.

Zutaten wie Anisplätzchen Nr. 1458
1/2 Stange Vanille statt Anis

1460. Springerle, Nürnberger Marzipan (etwa 75 Stück)

Sehr gute Schaummasse schlagen aus ganzen Eiern und gesiebtem Puderzucker (mit der Hand etwa 40 Minuten mit Schneebesen, mit elektrischem Rührgerät kürzer nach Gebrauchsanweisung der jeweiligen Firma), Geschmackszutaten unterrühren und etwas mitschlagen, gesiebtes Mehl zugeben, kurz kneten, Teig portionsweise gut 1 cm dick auswellen – restlichen Teig jeweils mit Schüssel zudecken. um Austrocknen zu verhüten. Teigplatte in leicht bemehlte Model drücken, Ränder abschneiden oder abradeln, abheben, Mehl abpinseln, auf gewachstes, evtl. mit ganzem Anis bestreutes Blech legen. Anfallende Teigreste jeweils mit etwas frischem Teig verarbeiten, damit sie nicht zu trocken werden. Geformtes Gebäck über Nacht auf Blech abtrocknen lassen, jedoch nicht warm stellen. 2–3 Plätzchen als „Probeplätzchen" auf kleines Blech eigens legen. Am nächsten Tag (aber innerhalb von 24 Stunden), bei schwacher, gleichmäßiger Hitze, mit Papier bedeckt, langsam und vorsichtig backen, Backtemperatur etwa 150° C, Backzeit 20–30 Minuten. Springerle sollen oben ganz weiß bleiben, die „Füßchen" sollen gleichmäßig hoch und der Boden schön goldgelb gebacken sein. Falls Probeplätzchen beim Backen keine „Füßchen" bekommen, sind sie zu sehr ausgetrocknet, dann Gebäck vor dem Backen auf der Unterseite leicht mit Wasser bestreichen.

4 Eier, 500 g ***Puderzucker***
Schale v. 1 Zitrone, gerieben oder etwas Vanille
1–2 Eßl. Arrak oder Rum
500 g Mehl

zum Blech: Wachs
evtl. etwas Anis

1461. Pomeranzenbrötchen (etwa 40 Stück)

Sehr gute Schaummasse schlagen von ganzen Eiern, Eigelb und feinem Zucker (mit der Hand etwa 30 Minuten mit Schneebesen, mit elektrischem Rührgerät etwa 10–15 Minuten), geriebene Zitronenschale und fein gewiegtes Zitronat und Orangeat unterrühren, gesiebtes Mehl zugeben, Teig kurz kneten, zu dünner Rolle formen, davon kleine Stückchen abschneiden und zu gleichmäßigen, etwa kleinfingerlangen und kleinfingerdicken Brötchen formen, etwas abrunden, mit Messerrücken 3 mal schräg einkerben, mit Eigelb bestreichen, Orangeatstreifchen in Einkerbungen legen, bei schwacher Hitze (150° C) gleichmäßig lichtgelb backen.

Falls Teig beim Formen sehr weich ist, Teig etwas ruhen lassen, so daß er anzieht.

2 ganze Eier, 2 Eigelb
250 g feiner Zucker
Schale v. 1/2 Zitrone, gerieben
30 g Zitronat, 30 g Orangeat
250–300 g Mehl

zum Bestreichen: Eigelb

zum Verzieren:
50 g Orangeatstreifchen

zum Blech: Wachs

1462. Pfeffernüsse (etwa 180 Stück)

4 ganze Eier
500 g feiner Grießzucker
Schale von 1/2 Zitrone
2 Teel. Zimt, 1/2 Teel. Nelken
1 Messerspitze Kardamom
1 Messerspitze Ingwer
1 Messersp. weißer Pfeffer
60 g Zitronat, 60 g Orangeat
60 g geriebene Mandeln
2 Eßl. Kirschwasser
500 g Mehl, 1 Teel. Backpulver
zum Blech: Wachs

Sehr gute Schaummasse schlagen aus ganzen Eiern und feinem Zucker, (etwa 30 Minuten mit Schneebesen, mit elektrischem Rührgerät 10–15 Minuten), Gewürze unterschlagen, fein gewiegtes Zitronat und Orangeat sowie fein geriebene Mandeln und Kirschwasser untermengen, Mehl mit Backpulver gemischt und gesiebt zugeben, Teig gut kneten, gut 1 cm dick auswellen, Pfeffernüsse ausstechen, auf gewachstem Blech über Nacht abtrocknen lassen, jedoch nicht warm stellen; zweckmäßig einige Pfeffernüsse als Probeplätzchen auf kleines Blech eigens legen. Am nächsten Tag vor dem Backen Pfeffernüsse wenden, so daß Unterseite nach oben kommt, sofort bei schwacher Hitze (150° C) lichtgelb backen. Zeigen Probeplätzchen, daß Pfeffernüsse über Nacht zu stark getrocknet sind, dann Pfeffernüsse nach dem Wenden mit Kirschwasser oder Arrak oder evtl. mit Wasser bestreichen.

1463. Einfache Biskuitkeks

2 ganze Eier, 100 g Zucker
Vanillezucker
150 g Weizenmehl
100 g Stärkemehl
1 Teel. Backpulver (knapp)
zum Blech: Butter

Schaummasse rühren aus ganzen Eiern, Zucker und Vanillezucker (elektr. Rührgerät), Mehl mit Backpulver gemischt und Stärkemehl dazu sieben, Mehlmenge hängt von Eigröße ab. Teig glatt kneten, messerrückendick auswellen, runde Plätzchen ausstechen, mit Gabel mehrmals stupfen, auf gut gefettetem Blech bei mäßiger Mittelhitze (150° C) lichtgelb backen.

1464. Mandelbrot, Nußbrot mit Walnüssen, Gewürzschnitten (etwa 30 Stück)

3 ganze Eier oder
2 ganze Eier und 2 Eigelb
250 g feiner Grießzucker
1 Teel. Zimt, 1/2 Teel. Nelken
30 g Zitronat, 30 g Orangeat
1 Eßl. Kirschwasser
200–250 geschälte Mandeln
Nüsse oder Walnußkerne
oder halb Mandeln halb
Nüsse, etwa 250 g Mehl
1/2 Teel. Backpulver

zum Blech: Wachs, Mehl
Zitronen-, Punsch- oder
Schokoladenglasur n. Wahl

Sehr schöne Schaummasse schlagen (elektr. Rührgerät) aus ganzen Eiern (bzw. Eigelb und ganzen Eiern) und Zucker, Masse muß sehr schaumig sein und cremeartige Beschaffenheit haben, Gewürze unterschlagen, feingewiegtes Zitronat und Orangeat und nach Belieben Kirschwasser unterrühren, geschälte, grob gehackte oder blättrig geschnittene Mandeln, Nüsse oder Walnüsse bzw. halb Mandeln, halb Nüsse zugeben, zuletzt gesiebtes, mit Backpulver gemischtes Mehl untermengen; die Mehlmenge wird durch die Eigröße etwas beeinflußt. Der Teig soll weiche, streichfähige Beschaffenheit haben. Masse auf gut gewachstes, leicht bemehltes Blech etwa 1–1 1/2 cm dick aufstreichen, bei mäßiger Hitze (150–160° C) goldgelb backen, noch warm auf Blech mit scharfem Messer in gleichmäßige Schnitten schneiden (etwa 5 cm lang und 1 1/2 cm breit), nach Belieben mit Zitronen-, Punsch- oder Schokoladenglasur überziehen.

Abwandlung: Zucker-, Mandel- bzw. Nußmenge und Mehlmenge je auf 350 g erhöhen; Mandeln bzw. Nüsse fein reiben, Teig herstellen wie oben beschrieben, etwa 1/2–3/4 cm dick auswellen, Halbmonde ausstechen oder Stängerl schneiden, bei mäßiger Hitze wie oben backen, nach Belieben glasieren.

1465. Punschbrot (etwa 40 Stück)

Sehr schöne Schaummasse schlagen aus ganzen Eiern und Zucker (elektr. Rührgerät), Gewürze, grob gewiegtes Orangeat und Zitronat unterschlagen, geschälte, geriebene Nüsse oder Mandeln untermengen, zuletzt Mehl mit Backpulver gemischt und gesiebt zugeben, auf gegewachstem, bemehltem Blech 1½–2 cm dick aufstreichen, bei Mittelhitze (180° C) goldgelb backen, noch warm auf dem Blech mit scharfem Messer gleichmäßig in etwa 5 cm lange, 1½ cm breite Schnitten schneiden, vom Blech nehmen, erkaltet nach Belieben glasieren. In Dose kühl aufbewahren.

4 Eier, 250 g feiner Zucker
1 Teel. Zimt, ½ Teel. Nelken
75 g Zitronat, 75 g Orangeat
50–100 g Nüsse oder Mandeln (geschält)
200–250 g Mehl
1 Teel. Backpulver
zum Blech: Wachs und Mehl
Punschglasur Nr. 1564 oder Arrakglasur Nr. 1563

1466. Pumpernickel

Sehr gute Schaummasse schlagen aus ganzen Eiern und Zucker (elektr. Rührgerät), Gewürze, geriebene Zitronenschale, feingewiegtes Zitronat und Orangeat sowie geriebene oder ohne Flüssigkeit erweichte Schokolade unterschlagen, ungeschälte geriebene Mandeln nach und nach unterrühren, zuletzt Mehl nach Bedarf und gesiebtes Backpulver untermengen. Teig kurz glatt kneten, etwa ½ cm dick auswellen, Halbmonde oder Rauten ausstechen bzw. schneiden, diese auf gewachstem Blech bei mäßiger Hitze (etwa 170° C) backen, nach dem Erkalten mit Schokoladenglasur nach Wahl überziehen, trocknen lassen.

3 ganze Eier, 300 g Zucker
1½ Teel. Zimt
½ Teel. Nelken (knapp)
Schale von ½ Zitrone
50 g Zitronat, 50 g Orangeat
100 g Schokolade
250 g ungeschälte Mandeln
etwa 300 g Mehl n. Bedarf
1 Teel. Backpulver

zum Blech: Wachs
Schokoladenglasur n. Wahl

1467. Haselnußbrot

Sehr gute Schaummasse schlagen aus ganzen Eiern und Zucker (elektrisches Rührgerät mit Schlagbesen), geriebene Zitronenschale und Gewürze unterrühren, gesiebtes Mehl zugeben, geschälte ganze oder grob gehackte Haselnüsse unter den Teig arbeiten. Teig formen zu langem, schmalem Wecken, auf gewachstem Blech bei mäßiger Mittelhitze (160–170° C) backen, Backzeit etwa 30–40 Minuten je nach Dicke des Brotes; abgekühlt mit scharfem Messer in gleichmäßig dicke Scheiben schneiden, erkalten lassen, nach Belieben mit Schokoladenglasur überziehen und mit geschälten, halbierten Nußkernen verzieren. Zweckmäßig in Dose kühl aufbewahren, geschnittenes Gebäck trocknet sonst leicht aus.

Abwandlung: Zuckermenge und Haselnußmenge auf je 250 g erhöhen, Haselnüsse fein reiben, zusätzlich 1 Eßlöffel Kirschwasser. Teig herstellen wie oben beschrieben, Kirschwasser beifügen, durch Zugabe der geriebenen Nüsse erhält der Teig festere Beschaffenheit. Teig etwa ½ cm dick auswellen, Halbmonde ausstechen, auf gewachstem Blech bei mäßiger Mittelhitze (160–170° C) backen, erkaltet nach Belieben mit Schokoladenglasur überziehen und mit geschälten, halbierten Nüssen verzieren.

2 ganze Eier, 140 g Zucker
Schale von 1 Zitrone
1 Teel. Zimt, ½ Teel. Nelken
240 g Mehl, 140 g geschälte Haselnüsse

zum Blech: Wachs

evtl. Schokoladenglasur nach Wahl
geschälte, halbierte Haselnüsse

1468. Haselnußlaiberl (etwa 80 Stück)

4 ganze Eier, 500 g Zucker
Vanillezucker
625 g geschälte Haselnüsse
zum Backen: runde Oblaten
zum Verzieren: Haselnüsse
evtl. Schokoladenglasur nach Wahl

Sehr gute Schaummasse schlagen aus Eiern, Zucker und Vanillezucker (elektrisches Rührgerät mit Schlagbesen verwenden); geschälte geriebene Nüsse untermengen, Teig nicht zu fest halten – Nußmenge wird von Eigröße beeinflußt. Aus dem Teig mit angefeuchteten Händen kleine Kugeln formen, auf rauhe Seite gespaltener Oblaten setzen, etwas flach drücken, in die Mitte jeweils eine halbe geschälte Haselnuß drücken, bei mäßiger Mittelhitze (etwa 160° C) backen, erkaltet nach Belieben mit Schokoladenglasur überziehen.

1469. Walnußplätzchen (etwa 40 Stück)

3 kleine Eier
280 g feiner Grießzucker
Saft u. Schale von 1/2 Zitrone
280 g Walnußkerne gerieben
zum Backen: Oblaten

Sehr gute Schaummasse rühren aus ganzen Eiern, Zucker, Zitronenschale und -saft (am besten in elektrischem Rührgerät herstellen), geriebene Walnußkerne locker unterheben, kleine Häufchen auf rauhe Seite gespaltener Oblaten setzen, bei schwacher Mittelhitze (etwa 160° C) **hellbraun backen.**

1470. Muskaziener

3 Eier, 375 g Zucker
125 geschälte Mandeln
50 g Orangeat, 50 g Zitronat
1 Teel. Zimt
1/2 Zitronenschale, gerieben
etwa 250–300 g Mehl
zum Blech: Wachs
z. Bestreichen: Himbeer- od. Johannisbeermarmelade
Punschglasur Nr. 1564

Sehr gute Schaummasse schlagen aus ganzen Eiern und Zucker, am besten in elektrischem Rührgerät herstellen; geschälte, gestiftelte Mandeln und feingewiegtes Zitronat und Orangeat sowie Gewürze unterrühren, Mehl zugeben, bis Teig sich auswellen läßt; eine Teighälfte gut zweimesserdick auswellen, auf gewachstes Blech legen, mit dicker Himbeer- oder Johannisbeermarmelade (nicht Gelee!) bestreichen, andere Teighälfte ebenso auswellen, auf erste Teigplatte legen, bei Mittelhitze (170–180° C) goldgelb backen, noch heiß mit Punschglasur bestreichen und *sofort* mit scharfem Messer auf dem Blech in gleichmäßige Stückchen schneiden. Obige Masse ergibt 1 kleines viereckiges Blech.

1471. Früchtebissen

150 g kernlose Rosinen
150 g entkernte Datteln
100 g Feigen, 100 g Zitronat
100 g Orangeat, 200 g Nüsse
100 g Mandeln (geschält)
3 Eigelb, 8 Eßl. heißes Wasser, 200 g Zucker
2 Teel. Zimt, Schale von 2 Zitronen und 1 Orange
250 g Mehl, 3/4 Backpulver
zum Blech: Fett oder Wachs
1/2 Rez. Zitronenglasur Nr. 1562
zum Bestreuen: kandierte Früchte oder Mandeln

Früchte vorbereiten: Rosinen gründlich waschen, trocknen lassen; Datteln, Feigen, Zitronat und Orangeat sowie geschälte Nüsse und Mandeln in Streifchen schneiden (nicht zu fein), mit Rosinen mischen, mit etwas Mehl bestreuen.

Eigelb mit heißem Wasser schaumig schlagen (elektr. Rührgerät), Zucker nach und nach unterschlagen, weiter schaumig schlagen, Zimt sowie geriebene Zitronen- und Orangenschale zugeben, zuletzt das mit Backpulver gemischte Mehl darüber sieben und unterheben, vorbereitete Früchte untermengen, leicht kneten; den klebrigen Teig auf gefettetem oder gewachstem Blech mit bemehltem Rollholz etwa 1 1/2 cm dick auswellen, bei Mittelhitze (180–190° C) gut 30 Minuten backen; nach dem Abkühlen mit Zitronenglasur bestreichen, mit klein gewürfelten kandierten Früchten oder geschälten, blättrig geschnittenen Mandeln bestreuen, in kleine Rauten und Stängerl schneiden

1472. Belgrader Brot (etwa 50 Stück)

Sehr gute Schaummasse schlagen aus ganzen Eiern und Zucker (elektr. Rührgerät), Gewürze und feingewiegtes Zitronat und Orangeat unterschlagen, ungeschälte, geschnittene oder grob gehackte Mandeln unterrühren, zuletzt Mehl mit Backpulver gemischt und gesiebt, untermengen, Teig etwa 1/2 cm dick auswellen, kleine Rauten schneiden, auf gewachstem Blech bei mäßiger Mittelhitze (170–180° C) goldgelb backen, noch warm nach Belieben mit Glasur überziehen, trocknen lassen.

3 Eier, 280 g feiner Zucker
1 Teel. Zimt, 1/2 Zitronenschale, 2 Eßl. Kirschwasser
50 g Zitronat, 50 g Orangeat
280 g ungeschälte Mandeln
250–280 g Mehl
1/2 Teel. Backpulver
zum Blech: Wachs
Arrak- od. Zitronenglasur Nr. 1562/1563

1473. Serbisches Brot

Sehr schöne Schaummasse schlagen aus ganzen Eiern und Puderzucker (elektr. Rührgerät), wenn Masse sehr schaumig und cremeartig ist, 1/3 wegnehmen, zugedeckt beiseite stellen für Guß; Gewürze unter Schaummasse schlagen, geriebene Haselnüsse untermengen und zuletzt soviel Mehl zugeben, daß Teig sich auswellen läßt, gut 1/2 cm dick auswellen, kleine Rauten schneiden, auf gewachstes Blech oder auf rauhe Seite gespaltener Oblaten legen, Schaummasse als Guß auftragen, bei mäßiger Hitze (ca. 150–160° C) und geringer Oberhitze langsam lichtgelb backen, Guß soll nicht bräunen!

3 ganze Eier, 500 g Puderzucker gesiebt, 1 Teel. Zimt
1/2 Zitronenschale, gerieben
500 g Haselnüsse
50–100 g Mehl
zum Blech:
Wachs oder Oblaten
zum Guß:
1/3 der Schaummasse

1474. Berliner Brot

Sehr gute Schaummasse schlagen aus ganzen Eiern und Zucker, am besten in elektrischem Rührgerät herstellen, Gewürze unterschlagen, geschälte, gehackte Nüsse oder Mandeln, Butter und geriebene Schokolade unterrühren, zuletzt Mehl mit Backpulver gemischt und gesiebt untermengen, Teig etwas kalt stellen, dann etwa 3/4-1 cm dick auswellen, auf gewachstes Blech geben, bei mäßiger Mittelhitze (170–180° C) lichtgelb backen, noch heiß auf Blech mit scharfem Messer in gleichmäßig große Stängerl schneiden (etwa 5 cm × 1 1/2 cm), vom Blech lösen, erkaltet glasieren, in Dose kühl aufbewahren.

5 Eier, 500 g feiner Zucker
1 Eßl. Zimt, 1 Teel. Nelken
500 g Haselnüsse od. Mandeln
2–3 Eßl. lauwarme Butter
250 g bittere Schokolade
500 g Mehl
1 Teel. Backpulver
zum Blech: Wachs
Zitronenglasur Nr. 1562 oder Punschglasur Nr. 1564

1475. Feine Lebkuchen

Ungeschälte Mandeln mit Tuch gründlich abreiben, mit den geschälten Haselnüssen fein reiben. Sehr gute Schaummasse schlagen aus ganzen Eiern und Zucker (elektrisches Rührgerät mit Schlagbesen), Gewürze, geriebene Zitronenschale und feingewiegtes Zitronat und Orangeat unterschlagen, geriebene Nüsse und Mandeln untermengen. Teig gut 1 cm dick auf rauhe Seite gespaltener Oblaten streichen, Lebkuchen schneiden oder Teig auf mit gesiebtem Puderzucker dick bestreutem Brett gut 1 cm dick leicht auswellen, Lebkuchen ausstechen, auf Oblaten legen, bei schwacher Hitze (150–160° C) etwa 15–20 Minuten backen, erkaltet mit Kuvertürenguß überziehen, nach Belieben mit geschälten Mandeln verzieren.

500 g Haselnüsse, geschält
250–300 g Mandeln, ungeschält, 100 g Zitronat
100 g Orangeat
500 g Zucker, 5 Eier
2 Teel. Zimt, 1 Teel. Nelken, Zitronenschale
Oblaten
Kuvertürenguß Nr. 1571
geschälte Mandeln

1476. Weiße Lebkuchen (12–15 Stück)

5 ganze Eier, 250 g Zucker
1/2 Zitronenschale, gerieben
1 Teel. Zimt, 1/2 Teel. Nelken
1 Messerspitze Kardamom
1 Messerspitze Muskatblüte
60 g Zitronat, 60 g Orangeat
250 g geschälte Mandeln
1/2 Teel. Hirschhornsalz
1 Eßl. Arrak oder Kirschwasser, 150–200 g Mehl
zum Backen: Oblaten
Mandeln geschält, Zitronat

Sehr gute Schaummasse rühren aus ganzen Eiern und feinem Grießzucker, am besten mit elektrischem Rührgerät mit Schlagbesen schlagen, Gewürze sowie grob gewiegtes oder fein geschnittenes Zitronat und Orangeat und abgeriebene Zitronenschale unterrühren, geschälte, geriebene Mandeln untermengen, zuletzt in Arrak oder Kirschwasser gelöstes Hirschhornsalz und gesiebtes Mehl einarbeiten, Teig muß streichfähige Beschaffenheit haben. Oblaten in Rechtecke von Lebkuchengröße etwa 5 cm x 8 cm schneiden, spalten, Teig gut 3/4 cm dick auf rauhe Seite der gespaltenen Oblaten streichen, mit geschälten, halbierten Mandeln und Zitronat verzieren, über Nacht stehen lassen, am nächsten Tag bei schwacher Hitze (150–160° C) lichtgelb backen.

1477. Elisenlebkuchen I. Art (von ganzen Eiern)

5 Eier, 500 g Grießzucker
2 Teel. Zimt, 3/4 Teel. Nelken
1 Messerspitze Kardamom
1 Messerspitze Muskatblüte
Schale v. 2, Saft v. 1/2 Zitrone
100 g Zitronat
100 g Orangeat
500 (650) ungeschälte Mandeln oder halb Mandeln halb Nüsse
zum Backen: runde Oblaten
Punschglasur Nr. 1564 oder Schokoladenglasur n. Wahl

Sehr gute Schaummasse schlagen aus ganzen Eiern und feinem Grießzucker, am besten in elektrischem Rührgerät mit Schlagbesen herstellen, Masse muß sehr schaumig und von cremeartiger Beschaffenheit sein; Gewürze, geriebene Zitronenschale und Zitronensaft unterschlagen, feingewiegtes Zitronat und Orangeat zugeben, die in Tuch gründlich abgeriebenen, mit der Schale geriebenen Mandeln, evtl. gemischt mit Nüssen, untermengen, Masse muß streichfähige Beschaffenheit haben. Die Mandelmenge wird von der Größe der Eier beeinflußt, große Eier erhöhen den Bedarf an Mandeln etwas. Teig 3/4–1 cm dick auf runde Oblaten streichen, diese auf gewachstes Blech setzen (Teig fließt u. U. etwas), einige Stunden ruhen lassen, bei schwacher Hitze (150–160° C) langsam backen, nach Belieben nach Abkühlen mit Punsch- oder Schokoladenglasur überziehen und evtl. mit geschälten Mandeln verzieren.

1478. Haselnußlebkuchen (ca. 20 Stück)

4 Eier 300 g Grießzucker
1 Teel. Zimt, 1/2 Teel. Nelken
50 g Zitronat, 50 g Orangeat
300 g Haselnüsse od. Mandeln
1 Eßlöffel Arrak
100–150 g Mehl
1 Teelöffel Backpulver
zum Backen: Oblaten

Sehr gute Schaummasse schlagen aus ganzen Eiern und Zucker, am besten in elektrischem Rührgerät herstellen, Gewürze, Arrak, feingewiegtes Zitronat und Orangeat und *ungeschälte*, geriebene Haselnüsse oder Mandeln unterrühren, zuletzt gesiebtes Mehl, mit Backpulver gemischt, untermengen (Mehlmenge wird durch Eigröße beeinflußt), Masse 1–1 1/2 cm dick auf rauhe Seite der geteilten, runden Oblaten streichen, bei schwacher Mittelhitze (etwa 150–160° C) langsam backen.

Elisenlebkuchen II. Art (Eiweißteig) siehe Nr. 1546

Gewürzlebkuchen (Eiweißteig) siehe Nr. 1545

Kleingebäck aus Backpulver- und Mürbteigen

Backlehre:

Backpulverteig- und Mürbteiggebäck erst *kurz vor Gebrauch* herstellen, da beide frisch am besten schmecken und knusprig sind. Durch längeres Liegen wird dieses Gebäck weich und infolge des Fettgehaltes leicht ranzig.

Backpulverteig:
Grundsätzliches für Zutaten und Teigherstellung siehe „Allgemeine Backlehre" Seite 598 ff.

Darüber hinaus beachten:

1. *Ein Teil der Mehlmenge* kann auch bei Kleingebäck durch *Stärkemehl* ausgetauscht werden (in der Regel $1/4$–$1/3$ der Mehlmenge). Bei Verwendung von *Schrot* auf frische Qualität achten, altes Schrot schmeckt leicht bitter. Schrotteig gut würzen.
2. Teig in der Regel als *Rührteig* herstellen.
3. Gebäck aus Backpulverteig *nicht zu groß, nicht zu dick und mit möglichst wenig Mehl formen.* Nach dem Formen kurz kalt stellen.
4. *Bleche leicht fetten* oder mit Backwachs einreiben, kalt stellen.
5. *Backen bei mäßiger Mittelhitze. Backtemperatur* 180–200° C je nach Fettgehalt des Teiges und Gebäckdicke, Röhre vorheizen; *Einschubhöhe:* Mittelschiene, gleichmäßig lichtgelb bis goldgelb backen.

Mürbteig:
Grundsätzliches für Zutaten und Teigherstellung siehe „Allgemeine Backlehre" Seite 627 ff.
Darüber hinaus beachten:

1. *Teig herstellen als Knetteig durch abbröseln oder als Rührteig.* Abbröseln geht rascher, gerührter Mürbteig ist jedoch leichter zu formen, besonders für Teige mit hohem Fettanteil und mit Nüssen oder Mandeln geeignet. Rezeptangaben beachten.
2. *Nüsse oder Mandeln jeweils fein reiben,* da Teig sonst leicht bricht. Bei Verwendung von Schrot auf frische Qualität achten.
3. Mürbteig *vor und nach dem Formen kurz kalt stellen.*
4. *Mürbteig portionsweise mit möglichst wenig Mehl auswellen bzw. formen,* nicht zu dünn formen.
5. *Bleche nicht fetten, jedoch kalt stellen.*
6. *Backen bei Mittelhitze* zu gleichmäßig lichtbis goldgelber Farbe.
Backtemperatur 180–200° C je nach Fettgehalt und Dicke des Gebäcks. *Einschubhöhe: Mittelschiene.*
7. *Nach dem Backen* Gebäck auf Blech etwas abkühlen lassen, bis es fest geworden ist, dann vorsichtig abnehmen. Gebäck mit hohem Fettgehalt bedarf besonderer Sorgfalt. Je nach Gebäckart noch warm mit Marmelade füllen bzw. noch warm in feinem Zucker wenden.

1479. Albertkeks (etwa 120–150 Stück)

Rührteig herstellen: Butter schaumig rühren, feinen Grießzucker und ganze Eier abwechselnd unterrühren, Vanillezucker und Rahm beifügen, Mehl mit Stärkemehl und Backpulver gesiebt unterrühren, etwas Mehl zum Auswellen zurücklassen; Teig kurz kneten, er muß sich auswellen lassen; Buttermenge und Eigröße beeinflussen nötige Mehlmenge. Teig kurz kalt stellen, messerrückendick auswellen, nach Belieben Reibeisen leicht auf Teigplatte aufdrücken, runde oder rechteckige Kekse ausstechen, bei mäßiger Mittelhitze (180–190° C) auf gewachstem Blech lichtgelb backen.

150 (125) g Butter
250 g Grießzucker
Vanillezucker
4 Eier, 1–2 Eßl. Rahm
600–700 g Mehl, davon $1/3$ der Menge Stärkemehl
2 Teel. Backpulver
zum Blech: Wachs

1480. Englische Keks

100 g Butter, 150 g Zucker
1 Ei, etwas Vanillezucker oder Zitronenschale gerieben
200 g Weizenmehl, 100 g Stärkemehl, 1 Teel. Backpulver
zum Bestreichen: Eireste oder Dosenmilch
zum Bestreuen: Hagelzucker

Rührteig herstellen: Schaummasse rühren aus Butter, Zucker und Ei, Geschmackszutat unterrühren, Mehl mit Stärkemehl und Backpulver gemischt und gesiebt untermengen, Teig kurz kneten, kalt stellen, dann messerrückendick auswellen, Keksformen ausstechen, nach Belieben mit Ei oder Dosenmilch bestreichen und mit grobem Zucker bestreuen, bei mäßiger Hitze (180° C) lichtgelb backen.

1481. Butterkeks

200 g Butter, 200 g Zucker
3 Eier, Vanillezucker oder 1 Zitronenschale, gerieben
500 g Mehl, davon 1/3 der Menge Stärkemehl
1 1/2 Teel. Backpulver
zum Blech: Butter od. Wachs
zum Bestreichen: Ei oder Zitronenglasur Nr. 1562

Rührteig herstellen: Butter schaumig rühren, feinen Grießzucker und ganze Eier abwechselnd unterrühren, Geschmackszutat zugeben, Mehl mit Backpulver sowie Stärkemehl gemischt und gesiebt unterrühren, Teig kurz kneten, kalt stellen, dann gut messerrückendick auswellen, Keksformen ausstechen, nach Belieben mit Ei bestreichen, bei Mittelhitze (180–200° C) auf gebuttertem oder gewachstem Blech lichtgelb backen; wenn Keks ohne Eistrich gebacken, nach Belieben dünn mit Zitronenglasur bestreichen.

1482. Rahmplätzchen

150 g Butter, 250 g Zucker
1 Ei, Vanillezucker oder Zitronenschale, gerieben
3–4 Eßl. dicker saurer Rahm
500 g Mehl, davon evtl. 1/3 der Menge Stärkemehl
1 1/2 Teel. Backpulver
zum Bestreichen: Ei
Hagelzucker oder bunter Streuzucker

Rührteig herstellen: Butter schaumig rühren, abwechselnd Zucker und Ei zugeben, sehr schaumig rühren, Vanillezucker oder geriebene Zitronenschale unterrühren, sauren Rahm unterschlagen, Mehl mit Stärkemehl und Backpulver gemischt und gesiebt, einarbeiten, Teig kurz kneten, kalt stellen, dann messerrückendick auswellen, Formen ausstechen, mit Ei bestreichen, mit Hagelzucker oder buntem Streuzucker bestreuen, auf gewachstem oder gebuttertem Blech bei mäßiger Hitze (180–190° C) hellgelb backen.

1483. Nußplätzchen einfach

150 g Butter, 250 g Zucker
2 Eier, Vanillezucker oder Zitronenschale, 2 Eßl. Rum
200 g geschälte Nüsse
50 g Zitronat, gewiegt
500 g Mehl, davon bis 1/3 der Menge Stärkemehl
1 1/2 Teel. Backpulver
zum Blech: Butter
zum Bestreichen: Ei oder Zitronenglasur Nr. 1562 od. Schokoladenglasur n. Wahl
geschälte Nüsse

Rührteig herstellen: Butter schaumig rühren, Zucker und Eier abwechselnd unterrühren, sehr gute Schaummasse rühren, geriebene Zitronenschale oder Vanillezucker zugeben, sehr fein gewiegtes Zitronat und geschälte, geriebene Haselnüsse sowie Rum untermengen, Mehl mit Stärkemehl und Backpulver gemischt und gesiebt einarbeiten, Teig kurz glatt kneten, etwa 1/2 Stunde kalt stellen. Teig dann etwa messerrückendick auswellen, Halbmonde und andere Formen nach Belieben ausstechen oder Stängerl schneiden, mit Ei bestreichen und mit geriebenen Haselnüssen bestreuen oder mit Eiweiß bestreichen und mit Hagelzucker bestreuen und auf gebuttertem Blech bei Mittelhitze (190° C) lichtgelb backen oder ohne Eistrich backen, nach dem Erkalten mit Glasur nach Wahl überziehen und evtl. mit gehackten Nüssen bestreuen. Man kann auch jeweils 2 Halbmonde mit glatter Marmelade füllen und zusammensetzen.

1484. Nußschnitten

Sehr gute Schaummasse rühren aus Butter, Zucker und ganzen Eiern, geriebene Zitronenschale und Zimt unterrühren, geschälte, fein gemahlene Haselnüsse zugeben und gesiebtes Mehl einarbeiten; Teig hat weiche, streichfähige Beschaffenheit. Teig dünn auf gebuttertes Backblech streichen, mit verschlagenem Ei bestreichen, mit geschälten, blättrig geschnittenen Haselnüssen und Zucker bestreuen, bei Mittelhitze (190–200° C) backen, Backzeit etwa 20 Minuten. Nach dem Backen Kuchenplatte sofort in gleichmäßig große Schnitten schneiden (etwa 6 cm × 2,5 cm), sofort vom Blech lösen und erkalten lassen.

100 g Butter oder Diätmargarine, 250 g Zucker
Schale von 1/2 Zitrone
2 Eier, 1 Teel. Zimt
200 g geschälte Haselnüsse
150 g Mehl
zum Blech: Butter
zum Bestreichen: Ei
zum Bestreuen: 50 g Zucker
50 g Haselnüsse

1485. Zuckerbrezeln (etwa 70 Stück)

Rührteig herstellen: Schaummasse rühren aus Butter, Zucker und ganzen Eiern, Geschmackszutat unterrühren, Mehl mit Backpulver gesiebt untermengen, Teig abkneten, kurz kalt stellen; Teig dann zweimesserrückendick auswellen, Brezeln ausstechen oder Teig zu bleistiftdicken Rollen drehen, daraus Brezeln formen, kalt stellen; vor dem Backen Gebäck mit Eiweiß bestreichen, bestrichene Seite in Hagelzucker drücken, auf gefettetem Blech bei Mittelhitze (180–200° C) lichtgelb backen. Verzichtet man auf das Eintauchen in Hagelzucker, Brezeln mit Arrakglasur überziehen.

150 g Butter, 300 g Zucker
3 Eier, Vanillezucker oder Zitronenschale, gerieben
400–450 g Mehl
1 1/2 Teel. Backpulver
zum Blech: Fett
zum Bestreichen: Eiweiß
zum Bestreuen: Hagelzucker

1486. Schokoladenbrezeln (etwa 70 Stück)

Rührteig wie bei Nr. 1485 herstellen, gesiebten Kakao und Rum unterrühren, Brezeln formen und backen wie dort beschrieben, erkaltet mit Schokoladenglasur überziehen.

Rührteig wie Nr. 1485
mit 3 gestr. Eßl. Kakao
1–2 Eßl. Rum
Schokoladenglasur n. Wahl

1487. Haferflockenhäufchen

Haferflocken in einem kleinen Teil des Fettes unter Rühren lichtgelb rösten, zuletzt 1–2 Eßlöffel von der Zuckermenge zugeben, kurz mitbräunen, dann kalt stellen. Sehr gute Schaummasse rühren aus restlichem Fett, Zucker und ganzen Eiern, Gewürze unterrühren, das mit Backpulver gemischte und gesiebte Mehl sowie die völlig erkalteten Haferflocken nach und nach unterrühren, Teig hat weiche Beschaffenheit. Von dem Teig kleine Häufchen mit 2 Teelöffeln auf gut gefettetes, leicht bemehltes Blech setzen, in vorgeheizter Röhre bei mäßiger Mittelhitze (175–185° C) backen, Backzeit etwa 10–15 Minuten. Man kann aus dem Teig auch Kugeln formen, in der Mitte eine Vertiefung eindrücken, diese mit etwas dicker Marmelade (nicht Gelee!) füllen und ebenso backen.

150 g Butter oder Diätmargarine, 150 g Zucker
2 ganze Eier, 1 Teel. Zimt
1 Prise Nelken
250 g Haferflocken
100 g Mehl
2 Teel. Backpulver
zum Blech:
Butter und Mehl

125–150 g Butter oder Diätmargarine, 200 g Zucker Vanillezucker od. Zitronenschale, 1 Teel. Zimt, 1/2 Teel. Nelken, 2 Eier, 250 g feine Hafergrütze, 200–250 g Mehl (halb Stärkemehl)
1 Teel. Backpulver
zum Blech: Fett
zum Bestreichen: Ei

1488. Haferkeks

Rührteig herstellen: Schaummasse rühren aus Butter bzw. Margarine, Zucker und Eiern, Geschmackszutaten unterrühren, feine Hafergrütze zugeben, Mehl mit Stärkemehl und Backpulver gemischt und gesiebt, untermengen, (evtl. etwas Mehl zurücklassen), Teig abkneten, kurz kalt stellen, dann gut messerrückendick auswellen, Plätzchen ausstechen, nach Belieben mit Ei bestreichen, bei mäßiger Hitze (170–180° C) goldgelb backen. Nach Belieben kann man je 2 Plätzchen mit Johannisbeergelee zusammensetzen.

100 g Butter oder Diätmargarine, 200 g Zucker
1 Ei, 1 Pr. Salz, 1 Teel. Zimt
Zitronenschale
300 g frisches Roggenschrot
1 1/2 Teel. Backpulver
zum Blech: Butter
zum Bestreichen: 5–6 Eßl. Himbeer- oder Johannisbeermarmelade, Ei od. Eireste

1489. Knusperschnitten

Rührteig herstellen: Schaummasse rühren aus Butter, Zucker und Ei, Gewürze unterrühren, frisches Roggenschrot mit gesiebtem Backpulver untermengen, Teig zuletzt kurz kneten, kurz kalt stellen, zweimesserrückendick auswellen, 8 cm breite Streifen in Blechlänge schneiden, Rand der Streifen mit Ei bestreichen, mit dünnen Teigröllchen belegen, diese gleichfalls mit Ei und die Mitte der Streifen mit Marmelade bestreichen, bei guter Mittelhitze (200° C) backen, noch warm in schräge Schnitten schneiden.

375 g frisches Roggenschrot
1 1/2 Teel. Backpulver
150 g Zucker, 1 Prise Salz
1 Teel. Zimt, 1/2 Teel. Nelken
125 g Butter oder Diätmargarine, 1 ganzes Ei, 1 Eigelb
1–2 Eßl. Milch nach Bedarf
zum Blech: Butter
z. Bestreichen: Ei od. Milch

1490. Roggenschrotknusperchen

Teig wie gebröselten Mürbteig herstellen: Frisches Roggenschrot mit gesiebtem Backpulver, Zucker und Gewürzen mischen, Butter oder Diätmargarine einschneiden, abbröseln, das ganze Ei und Eigelb und bei Bedarf wenig Milch einarbeiten, Teig glatt kneten, kalt gestellt ruhen lassen. Teig dann etwa zweimesserrückendick auswellen, runde Plätzchen ausstechen, diese nochmal kalt stellen, mit Ei oder Milch bestreichen, auf gebuttertem Blech bei Mittelhitze (190–200° C) goldgelb backen.

200 g Butter, 200 g Zucker
3 ganze Eier, 1 Teel. Zimt
1/2 Teel. Nelken, 1 kl. Messerspitze Kardamom
250 g Mehl, 125 g Stärkemehl, 3 Teel. Backpulver
375 g Sultaninen, 125 g Korinthen, 125 g ungeschälte Mandeln
zum Blech: Fett und Mehl
Zitronenglasur Nr. 1562
Haselnüsse oder Walnüsse

1491. Fruchtschnitten

Rührteig herstellen: Sehr gute Schaummasse rühren aus Butter, Zucker und ganzen Eiern, Gewürze unterrühren, mit Backpulver gemischtes und gesiebtes Mehl und Stärkemehl unterrühren; gründlich gewaschene und im Tuch getrocknete Sultaninen und Korinthen sowie die ungeschälten, gehackten Mandeln unter den Teig arbeiten, Masse auf gut gefettetes, bemehltes Blech streichen, bei schwacher Mittelhitze (ca. 180° C) etwa 45 Minuten backen, nach dem Erkalten in gleichmäßige Schnittchen oder Rauten schneiden, mit Zitronenglasur bestreichen, mit geschälten, halbierten Haselnüssen oder Walnüssen verzieren.

1492. Schwarz-Weiß-Gebäck

250 g Butter, 250 g feiner Grießzucker, Vanillezucker
2 ganze Eier, 2 Eßl. Arrak
500 g Mehl, 1 Messerspitze Backpulver oder
Mürbteig wie Nr. 1512

für dunkle Teighälfte:
2 Eßl. Kakao, gesiebt
1 Eßl. Zucker, 1 Eßl. Arrak

zum Bestreichen: Eiweiß

Gerührten Mürbteig herstellen: Schaummasse rühren aus Butter, Zucker, Vanillezucker und ganzen Eiern, Mehl und Backpulver gesiebt untermengen, Teig glatt kneten, halbieren, in eine Hälfte gesiebten Kakao, mit Zucker gemischt und noch etwas Arrak einkneten, beide Teighälften kalt stellen und etwas ruhen lassen.
Oder Mürbteig wie Nr. 1512 herstellen, eine Teighälfte ebenso mit Kakao und Zucker vermengen, kalt stellen.
Helle und dunkle Teighälften im Schneckenmuster oder Schachbrettmuster zusammensetzen.
Für Schneckenmuster hellen und dunklen Teig für sich getrennt gut messerrückendick zu gleichmäßig großen Rechtecken auswellen, weiße Teigplatte mit Eiweiß bestreichen, dunkle Teigplatte darauf legen, ebenfalls mit Eiweiß bestreichen, fest zusammenrollen, kalt stellen, dann in 1/2 cm dicke Scheiben schneiden, etwas nachformen, auf Blech legen, nochmal kalt stellen, dann bei Mittelhitze (190–200° C) hell backen. (Siehe Abbildung unten).
Für Schachbrettmuster hellen und dunklen Teig zu je 1 cm dicken Rechtecken auswellen, mit scharfem Messer 1 cm breite, gleich lange Streifen schneiden, Schnittkanten mit Eiweiß bestreichen, schachbrettartig zusammensetzen, leicht aneinander drücken, mit Eiweiß bestreichen, in dünne helle Teigplatte schlagen (siehe Abb. unten), kalt stelllen, in etwa 1/2 dicke Scheiben schneiden, auf kaltem Blech nochmal kurz kalt stellen, dann bei Mittelhitze (190–200° C) backen.

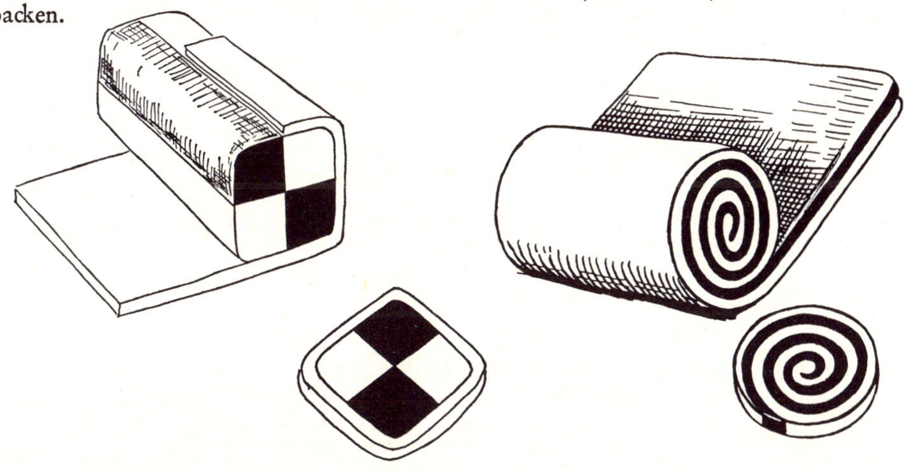

1493. Zitronenlaiberl (etwa 140 Stück)

150 g Butter, 325 g Zucker
3 ganze Eier
Schale und Saft von 1 Zitrone
500 g Mehl
zum Blech: Wachs und Mehl

Gerührten Mürbteig herstellen: Schaummasse rühren aus Butter, Zucker und ganzen Eiern, geriebene Zitronenschale und -saft unterrühren, gesiebtes Mehl untermengen, mit Teelöffel Häufchen in weiten Abständen auf gewachstes und leicht bemehltes Blech setzen, bei Mittelhitze (190–200° C) hellgelb backen.

1494. Mürbe Gewürzplätzchen

100 g Butter, 250 g Zucker
2 ganze Eier, 2 Eigelb
½ Teel. Zimt, 1 Messerspitze Nelken, 50 g Zitronat
50 g Orangeat
250 g geschälte Haselnüsse
250 g Mehl, 1 Teel. Backpulver
zum Bestreichen: Eigelb
zum Blech: Butter

Gerührten Mürbteig herstellen: Schaummasse rühren aus Butter, Zucker, ganzen Eiern und Eigelb, Gewürze und fein gewiegtes Zitronat und Orangeat unterrühren, geschälte, geriebene Nüsse und das mit Backpulver gemischte, gesiebte Mehl unterarbeiten, Teig kurz kneten, etwas kalt stellen, gut messerrückendick auswellen, Formen ausstechen oder Stangen radeln, nochmal kurz kalt stellen, mit Ei bestreichen, auf gefettetem Blech bei Mittelhitze (180–200° C) backen.

1495. Buttergebäck

250 g Butter, 250 g feiner Grießzucker, 4 Eigelb oder 2 Eier, ½ Zitronenschale oder Mark v. Vanilleschote
125 g geschälte Mandeln od. Nüsse nach Belieben
2 Eßl. Arrak oder Rum
500 g Mehl
zum Bestreichen: Eigelb

Gerührten Mürbteig herstellen: Schaummasse rühren aus Butter, feinem Grießzucker und Eigelb oder ganzen Eiern, geriebene Zitronenschale oder Vanille und Arrak bzw. Rum unterrühren, nach Belieben geschälte, fein geriebene Mandeln oder Nüsse zugeben, gesiebtes Mehl untermengen, Teig leicht kneten, kalt stellen. Oder gebröselten Mürbteig herstellen wie bei Nr. 1335 beschrieben, leicht kneten, kalt stellen.

Teig portionsweise messerrückendick auswellen, beliebige Formen ausstechen, auf ungefettetes Blech legen, mindestens nochmal ½ Stunde kalt stellen, mit Eigelb bestreichen, in vorgeheizter Röhre bei Mittelhitze (180–200° C) goldgelb backen. Teig kann auch als Spritzgebäck verarbeitet werden, dafür Teig mit 3 Eiern herstellen.

1496. Gebäck aus Gewürzbutterteig

150 g Butter, 150 g feiner Grießzucker, 2 Eigelb oder 1 ganzes Ei, Vanille
½ Teel. Zimt, 1 Pr. Nelken
30 g geriebene Schokolade
1 Eßl. Arrak, 70–100 g ungeschälte Mandeln od. Nüsse
250 g Mehl
zum Wenden: feiner Zucker mit Vanillegeschmack

Gerührten Mürbteig herstellen: Schaummasse rühren aus Butter, feinem Grießzucker und Eigelb oder ganzem Ei, Gewürze, fein geriebene Schokolade und Arrak unterrühren, nach Belieben ungeschälte, in Tuch gründlich abgeriebene, sehr fein geriebene Mandeln oder Haselnüsse zugeben, gesiebtes Mehl untermengen, Teig kurz glatt kneten, kalt stellen. Teig kann auch als gebröselter Mürbteig wie Nr. 1335 hergestellt werden. Teig gut messerrückendick auswellen, kleine Formen ausstechen, auf Blech nochmal kalt stellen, in vorgeheizter Röhre bei Mittelhitze (180–200° C) lichtgelb backen, noch heiß in feinem Grießzucker mit Vanillegeschmack wenden.

1497. Butterblumen

150 g Butter, 150 g feiner Grießzucker, 2 Eigelb
Vanille, 1 Eßl. Arrak
250 g Mehl
zum Bestreichen: Ei
Hagelzucker

Gerührten Mürbteig herstellen, Teig kurz kneten, kalt stellen, dann gut messerrückendick auswellen, Formen ausstechen, nochmal kalt stellen, mit Ei bestreichen, evtl. mit Hagelzucker bestreuen, bei Mittelhitze (190–200° C) goldgelb backen. Oder Butterteig wie Nr. 1495 oder Gewürzbutterteig Nr. 1496 verwenden.

Biskuitrolle mit Früchte-Schlagrahm ▶
Rezept S. 661

1498. Mandelplätzchen

Gerührten Mürbteig herstellen: Schaummasse rühren aus Butter, Zucker und Ei, Gewürze und Arrak unterrühren, geschälte, fein geriebene Mandeln und Mehl untermengen, zu glattem Teig verarbeiten, mindestens 1 Stunde kalt stellen, dann zweimesserrückendick auswellen, kleine Rauten ausstechen oder ausradeln, nochmal kalt stellen, mit Ei bestreichen, mit geschälten, halbierten Mandeln verzieren oder mit geschälten, geriebenen Mandeln bestreuen; auf gewachstem Blech bei mäßiger Mittelhitze (180–190° C) backen.

125 g Butter, 250 g Zucker
1 Ei, 1 Teel. Zimt, 1 Prise Nelken, 1–2 Eßl. Arrak
250 g geschälte Mandeln
250 g Mehl
zum Blech: Wachs
zum Bestreichen: Ei
zum Verzieren: Mandeln

1499. Mürbes Mandelgebäck ohne Ei

Gerührten Mürbteig ohne Ei herstellen: Schaummasse rühren aus Butter, feinem Grießzucker und Geschmackszutaten, geschälte, fein geriebene Mandeln und Mehl untermengen, zu glattem Teig verarbeiten, kalt stellen, portionsweise gut messerrückendick auswellen, runde Plätzchen ausstechen, auf Blech über Nacht kalt stellen, am anderen Tag mit Ei bestreichen, mit geschälten, gehackten Mandeln bestreuen, bei Mittelhitze (190° C) goldgelb backen.

250 g Butter, 250 g feiner Grießzucker, Vanille
1 Eßl. Arrak, 250 g Mandeln (geschält), 250–300 g Mehl
zum Bestreichen: Ei
zum Verzieren: Mandeln

1500. Heidesand

Butter zerlassen, goldgelb bräunen, erkalten lassen, dann gut schaumig rühren, Zucker, Vanillezucker und Milch nach und nach unterrühren. Rühren bis Masse weißschaumig ist, gesiebtes Mehl untermengen, Rest des Mehles rasch unterkneten, Teig zu Rollen von etwa 2½ cm Durchmesser formen, in Pergamentpapier oder Folie schlagen, kalt stellen; wenn Rollen hart geworden, in etwa ½ cm dicke Scheiben schneiden, auf ungefettetem Blech bei Mittelhitze (ca. 180° C) hellgelb backen.

180 g Butter
180 g feiner Grießzucker
etwas Vanillezucker
1 Eßl. Milch
250 g Mehl

1501. Spritzgebäck, Butter-S (etwa 60 Stück)

Gerührten Mürbteig herstellen: Sehr gute Schaummasse rühren aus Butter, feinem Grießzucker und Eigelb bzw. ganzen Eiern, Mark von Vanillestange oder fein geriebene Zitronenschale unterrühren, geschälte, sehr fein geriebene Mandeln oder Haselnüsse und Mehl untermengen, Teig kurz kneten, dann kalt stellen; mit Backspritze oder Vorsatz von Fleischmaschine Spritzgebäck formen als S, Ringe oder Stängerl, vorsichtig auf Blech legen, evtl. nachformen, kalt stellen bis Teig fest ist, in vorgeheizter Röhre bei Mittelhitze (190° C) hellgelb backen, noch warm die Oberseite des Gebäcks in feinen Zucker, mit Vanille aromatisiert, tauchen oder erkaltet jeweils zur Hälfte mit Schokoladenglasur überziehen. Verzichtet man auf die Beigabe von geriebenen Mandeln oder Nüssen, erhöht sich der Bedarf an Mehl auf 500 g.

Schokoladenspritzgebäck: Teig wie oben unter Zugabe von 80 g geriebener bitterer Schokolade oder 2–3 gestrichenen Eßlöffeln gesiebtem Kakao herstellen.

250 g Butter, 250 g feiner Grießzucker, 5 Eigelb oder 3 Eier, Mark v. ½ Vanillestange oder
½ Zitronenschale
125 g geschälte Mandeln od. Haselnüsse
375–400 g Mehl
Schokoladenglasur n. Wahl od. Zucker mit Vanillearoma

1502. **Husarenkrapferl** (etwa 40 Stück)

140 g Butter, 70 g feiner Grießzucker, etwas Vanille
2 Eigelb, 250 g Mehl
zum Bestreichen: 1 Eigelb
z. Bestreuen: 50 g geschälte Mandeln, 50 g Hagelzucker
zum Füllen: Marmelade
etw. Arrakglasur Nr. 1563

Gerührten Mürbteig herstellen: Schaummasse rühren aus Butter, Zucker, etwas Vanille und Eigelb (evtl. einem ganzen Ei statt 2 Eigelb), Mehl zugeben, Teig kurz kneten, kalt stellen; dann kleine Kugeln formen, kleine Grübchen eindrücken, außen mit Eigelb bestreichen, mit geschälten, gehackten Mandeln und grobem Hagelzucker bestreuen oder Kugeln darin eintauchen, Vertiefung mit fester Marmelade füllen (kein Gelee!), auf ungefettetem Blech bei Mittelhitze (190–200° C) goldgelb backen, erkaltet auf Marmelade einen Tropfen Arrakglasur geben.

1503. **Russische Keks** (etwa 100–120 Stück)

250 g Butter, 250 g feiner Grießzucker, 2 Teel. Zimt
3 Eier, 250 g geschälte Mandeln oder Haselnüsse
400–500 g Mehl
Schokoladenglasur n. Wahl oder etwas Marmelade und Arrakglasur Nr. 1563

Gerührten Mürbteig herstellen: Schaummasse rühren aus Butter, feinem Grießzucker und ganzen Eiern, Zimt, geschälte, sehr fein geriebene Mandeln oder Haselnüsse unterrühren, gesiebtes Mehl zugeben, Teig kurz kneten, kalt stellen; portionsweise in Backspritze mit breitem Einsatz füllen, flache Streifen spritzen, in gleichmäßig lange Stängerl schneiden, auf Blech legen, kalt stellen, bei Mittelhitze (etwa 190° C) lichtgelb backen, erkaltet zur Hälfte in Schokoladenglasur tauchen, trocknen lassen oder nach dem Backen in die Mitte der Stängerl feinen Marmeladenstreifen mittels Pergamenttütchen spritzen, diesen dünn mit Arrakglasur überziehen.

1504. **Haselnußringe, Rumkränzchen** (etwa 40 Nußringe)

250 g Butter, 250 g feiner Grießzucker, 2 Eier, Zitronenschale, 1–2 Eßl. Arrak od. Rum, 100–200 g geschälte Haselnüsse oder Mandeln
450–375 g Mehl (n. Bedarf)
zum Bestreichen: Ei
zum Bestreuen: geschälte Haselnüsse, Hagelzucker

Gerührten Mürbteig herstellen: Schaummasse rühren aus Butter, feinem Grießzucker und Eiern, Arrak oder Rum und geriebene Zitronenschale unterrühren, geschälte, fein geriebene Haselnüsse oder Mandeln und gesiebtes Mehl zugeben (Mehlmenge hängt von der Mandel- bzw. Nußmenge ab – bei höherer Nußmenge geringere Mehlmenge verwenden und umgekehrt), Teig kurz kneten, mindestens 1 Stunde kalt stellen, dann Teig etwa zweimesserrückendick auswellen, mit gezackter Form Ringe ausstechen, auf ungefettetem Blech kalt stellen (mindestens 30 Minuten), dann mit Ei bestreichen, mit Gemisch von geschälten, gehackten Haselnüssen und Hagelzucker bestreuen, bei Mittelhitze (180–190° C) lichtgelb backen.

Rumkränzchen: Teig unter Zugabe von 2 Eßlöffeln Rum und Verwendung geschälter Mandeln ebenso herstellen, mit Backspritze Kränzchen spritzen, auf Blech kalt stellen, bei Mittelhitze backen, nach Belieben nach dem Erkalten mit Punschglasur bestreichen.

1505. **Schokoladestängerl** (80–90 Stück)

210 g Butter, 160 g Zucker
2 Eier, 1/2 Zitronenschale
100 g geriebene Schokolade
400–500 g Mehl

Gerührten Mürbteig herstellen: Schaummasse rühren aus Butter, Zucker und Eiern, Zitronenschale zugeben, geriebene Schokolade und Mehl untermengen, Teig rasch zusammenkneten, etwas kalt stellen, dann mit Backspritze (breiter Einsatz) Stängerl spritzen, gleichmäßig lang schneiden, kalt stellen, auf ungefettetem Blech bei mäßiger Mittelhitze (ca. 190° C) backen.

1506. Karlsbader Plätzchen

Gerührten Mürbteig herstellen: Schaummasse rühren aus Butter und Zucker, Zitronensaft und -schale unterrühren, geschälte, sehr fein geriebene Mandeln und Mehl unterarbeiten, zu glattem Teig verarbeiten, kalt stellen, dann gut messerrückendick auswellen, kleine runde Plätzchen und gleiche Anzahl Ringe mit gleichem Durchmesser ausstechen, noch mal kalt stellen, getrennt bei Mittelhitze (190° C) lichtgelb backen; Ringe erkaltet mit Zitronenglasur überziehen, trocknen lassen, Plätzchen auf der Unterseite mit Johannisbeergelee bestreichen, glasierte Ringe darauf setzen.

150 g Butter
100 g feiner Grießzucker
Schale von 1/2 Zitrone
1 Teelöffel Zitronensaft
100 g geschälte Mandeln
150 g Mehl
zum Bestreichen:
Johannisbeergelee, 1/2 Rez. Zitronenglasur Nr. 1562

1507. Falsches Butterbrot

Gerührten Mürbteig herstellen: Schaummasse rühren aus Butter, feinem Grießzucker und ganzen Eiern, geriebene Schokolade und geschälte, feingeriebene Mandeln oder Nüsse sowie Mehl zugeben, Teig kurz glatt kneten, 2 dünne Rollen formen, kalt stellen; dann mit sehr scharfem Messer zweimesserrückendicke Scheiben abschneiden, etwas nachformen, auf ungefettetes Blech setzen, nochmal kalt stellen, bei Mittelhitze (ca. 190° C) backen, erkaltet auf der Unterseite nicht zu dünn mit falscher Butter bestreichen und im lauwarmen Rohr trocknen lassen. (Halten sich lange frisch.)
Falsche Butter: Eigelb, gesiebten Puderzucker und vorbereitete Vanillestange 10 Minuten schaumig schlagen, sofort verwenden.

160 g Butter, 280 g feiner Grießzucker, 2 ganze Eier
250 g geriebene Schokolade
250 g geschälte Mandeln od. Nüsse, 250 g Mehl
zur falschen Butter:
4 Eigelb, 1/2 Vanillestange
10–12 Eßl. Puderzucker

1508. Schokoladenbrot (50-60 Stück)

Gerührten Mürbteig herstellen: Schaummasse rühren aus Butter, Zucker und ganzen Eiern, geriebene bittere Schokolade und ungeschälte, in Tuch gründlich abgeriebene, feingemahlene Mandeln sowie Mehl zugeben, Teig hat weiche, streichfähige Beschaffenheit; Masse im ganzen auf gewachstem Blech etwa 1 1/2 cm dick aufstreichen, durch Pergamentpapierstreifen Abfließen des Teiges verhindern, in vorgeheizter Röhre bei schwacher Mittelhitze (170–180° C) vorsichtig backen, noch heiß in gleichmäßige Streifen (etwa 5 cm lang und 1 1/2 cm breit) schneiden, erkaltet auf Oberseite mit Schokoladenglasur überziehen.

250 g Butter, 250 g feiner Grießzucker, 6 ganze Eier
250 g bittere Schokolade
250 g ungeschälte Mandeln
100 g Mehl
zum Blech: Wachs
Schokoladenglasur n. Wahl

1509. Krachkuchen

Gebröselten Mürbteig mit Eiweiß herstellen (siehe Nr. 1335), Teig kurz kneten, etwa 1/2 Stunde kalt stellen, dann zweimesserrückendick auswellen, auf Backblech geben, nochmal kalt stellen, mit Eigelb bestreichen, mit geschälten, gestiftelten Mandeln oder Haselnüssen und mit Hagelzucker bestreuen, bei Mittelhitze (190–200° C) goldgelb backen, sofort in gleichmäßig große Stängerl schneiden, erkalten lassen. Hierbei rasch arbeiten, Eiweiß macht Gebäck sehr knusprig, weshalb es nur heiß gut zu schneiden ist.

250 g Mehl, 125 g Zucker
125 g Butter, 1/2 Zitronenschale, 2 Eiweiß
zum Bestreichen: Eigelb
zum Bestreuen: Hagelzucker und geschälte Mandeln oder Nüsse

1510. Buntes Weihnachtsgebäck

200 g Mehl, 50 g Stärkemehl
1 Teel. Backpulver
100 g feiner Grießzucker
Vanillezucker, 1/2 Teel. Zimt
1 Messerspitze Nelken
1 Prise gemahlener Ingwer
50 g Walnüsse, 50 g Haselnüsse, 125 g Butter, 1 Ei
Glasur nach Wahl
zum Bestreuen: bunter Streuzucker, Schokoladestreusel oder Nüsse

Gebröselten Mürbteig herstellen wie bei Nr. 1335 beschrieben, Walnüsse und geschälte Haselnüsse *sehr fein reiben* und unter den Teig arbeiten. Teig kurz kneten, mindestens 1 Stunde kalt stellen, dann etwa messerrückendick auswellen, beliebige Formen ausstechen, bei Mittelhitze (190–200° C) backen, erkaltet verschieden glasieren und mit buntem Streuzucker, Schokoladenstreusel oder geschälten, gehackten Nüssen bestreuen.
Glasuren: Je 75 g Puderzucker sieben, mit 1 Eßlöffel Zitronensaft oder Himbeersaft oder Wasser mit 10 g gesiebtem Kakao gut glatt rühren, auf Gebäck streichen.

1511. Kleienbrötchen (etwa 40 Stück)

Zum Mürbteig: 250 g Mehl
100 g feiner Grießzucker
etwas Vanillezucker
125 g Butter, 2 Eigelb
zum Bestreichen: Ei
zur Makronenmasse:
3 Eiweiß, 180 g Zucker
1 Teel. Zitronensaft
220 g geschälte Mandeln oder Haselnüsse

Gebröselten Mürbteig herstellen, kalt stellen, gut messerrückendick ausrollen, runde, gezackte Plätzchen ausstechen, nochmal kalt stellen, mit Ei bestreichen, von der Makronenmasse je 1 Teelöffel in die Mitte geben, bei mäßiger Hitze (170–180° C) lichtgelb backen.
Makronenmasse: Eiweiß zu sehr steifem Schnee schlagen, feinen Grießzucker und Zitronensaft nach und nach unterschlagen, kräftig weiter schlagen, bis Masse sehr steif, schnittfest und glänzend ist, dann geschälte, geriebene Mandeln oder Nüsse unterheben. Die Menge der Mandeln bzw. Nüsse wird durch die Größe der Eier etwas beeinflußt, bei Bedarf Mandelmenge etwas erhöhen.

1512. Hildatörtchen (etwa 60 Stück)

500 g Mehl, 250 g feiner Grießzucker, Vanillezucker oder Zitronenschale
250 g Butter, 3 Eigelb
1 ganzes Ei
zum Füllen: Marmelade
zum Bestreuen: Puderzucker

Gebröselten Mürbteig herstellen, kalt stellen, messerrückendick ausrollen, runde, gezackte Plätzchen in 3 verschiedenen Größen ausstechen, kalt stellen, bei Mittelhitze (ca. 190° C) hellgelb backen, mit säuerlich schmeckender Marmelade aufeinander setzen, gut mit Puderzucker übersieben.
Dieser Mürbteig ist auch zu Schwarz-Weiß-Gebäck Nr. 1492 zu verarbeiten.

1513. Olgaringe (etwa 60 Stück)

Mürbteig wie zu Hildatörtchen Nr. 1512
rote Marmelade
Schokoladenglasur n. Wahl

Gebröselten Mürbteig wie zu Nr. 1512 herstellen, kalt stellen, gut messerrückendick auswellen, runde, gezackte Plätzchen und ebenso große gezackte Ringe ausstechen, kurz kalt stellen, Ringe und Plätzchen auf getrennten Blechen (verschiedene Backdauer!) bei Mittelhitze (190° C) hellgelb backen; Ringe erkaltet nach Belieben mit Schokoladenglasur überziehen; Plätzchen mit Marmelade bestreichen, glasierte, gut trockene Ringe darauf setzen.

1514. Mürbteighalbmonde (etwa 100 Stück)

Gebröselten Mürbteig wie bei Nr. 1512 herstellen, kalt stellen, zweimesserrückendick auswellen, Halbmonde ausstechen, kalt stellen, mit Eigelb bestreichen, mit geschälten, feinblättrig geschnittenen Haselnüssen bestreuen, lichtgelb bei Mittelhitze (190° C) backen.

Mürbteig wie zu Hildatörtchen Nr. 1512
zum Bestreichen: Eigelb
zum Bestreuen: geschälte Haselnüsse

1515. Mandelringe (etwa 30 Stück)

Gebröselten Mürbteig herstellen unter Zugabe der rohen und der gekochten, durch Sieb gestrichenen Eigelb, kalt stellen, gut messerrückendick auswellen, runde Plätzchen und Ringe gleicher Größe ausstechen, kalt stellen, Ringe mit Eigelb bestreichen und mit geschälten, gestiftelten oder blättrig geschnittenen Mandeln belegen, Plätzchen und Ringe auf getrennten Blechen (verschieden lange Backdauer!) bei Mittelhitze (190° C) lichtgelb backen. Ausgekühlte Plätzchen mit roter Marmelade bestreichen, Ringe darauf setzen. (Hartgekochte Eigelb gewinnt man, indem man rohe Eier trennt und nur die Eigelb in kochendem Wasserbad fest werden läßt oder von harten Eiern die Eigelb auslöst.)

250 g Mehl, 100 g feiner Grießzucker, 200 g Butter
2 rohe Eigelb, 4 hartgekochte Eigelb
zum Bestreichen: Eigelb
zum Bestreuen: geschälte Mandeln
zum Füllen: rote Marmelade

1516. Mürbe Haselnußplätzchen, Nußstängerl (etwa 60 Stück)

Gebröselten Mürbteig unter Zugabe ungeschälter, in Tuch gründlich abgeriebener, sehr fein gemahlener Haselnüsse herstellen, kalt stellen, portionsweise etwa 1/2 cm dick auswellen, kleine, glatte, runde Plätzchen ausstechen oder kleine, gleichmäßig große Stängerl schneiden von 2,5×5 cm, nochmal kalt stellen, mit Ei bestreichen und mit geschälten, blättrig geschnittenen Haselnüssen bestreuen oder halbierten Nüssen belegen, bei Mittelhitze (180–190° C) vorsichtig backen; falls ohne Eistrich gebacken, Gebäck erkaltet mit Arrakglasur beziehen und mit halbierten oder blättrig geschnittenen Haselnüssen verzieren, trocknen lassen.

Abwandlung: Nach Belieben können die Mengen von Zucker, Butter und Nüssen der Mehlmenge angeglichen werden, wodurch Gebäck sehr mürbe wird.

300 g Mehl, 250 g Zucker
250 g Haselnüsse, ungeschält
250 g Butter, 4 Eigelb oder 2 kleine Eier, Schale und Saft von 1/2 Zitrone
zum Bestreichen: Ei oder Arrakglasur Nr. 1563
zum Verzieren: geschälte Haselnüsse

1517. Spitzbuben (etwa 60 Stück)

Gebröselten Mürbteig mit ungeschälten, sehr fein geriebenen Haselnüssen herstellen, mindestens 1 Stunde kalt stellen, zweimesserrückendick portionsweise auswellen, kleine runde Plätzchen ausstechen, kalt stellen, bei Mittelhitze (190–200° C) lichtgelb backen, die Plätzchen noch heiß in mit Vanille gewürztem Zucker wenden, je 2 Plätzchen mit feiner Marmelade zusammensetzen.

420 g Mehl
210 g feiner Grießzucker
250 g Butter, 2 kleine Eier
125 g ungeschälte Haselnüsse
zum Füllen: gute Marmelade
zum Wenden: feiner Grießzucker mit Vanillearoma

1518. Zimtkarten

250 g Mehl, 1 Teel. Zimt
110 g feiner Grießzucker
150 g Butter, 2 Eigelb
zum Bestreichen: 1 Eiweiß
zum Verzieren: geschälte Mandeln

Gebröselten Mürbteig herstellen, kalt stellen, zweimesserrückendick ausrollen, kleine Rechtecke schneiden, kalt stellen, mit Eiweiß bestreichen, mit geschälten, geriebenen Mandeln bestreuen oder mit abgezogenen, halbierten Mandeln belegen, bei Mittelhitze (190° C) backen.

1519. Linzer Plätzchen

200 g Mehl, 200 g Butter
125 g feiner Grießzucker
125 g ungeschälte Mandeln oder Nüsse, 1 Teel. Zimt
1 Prise Nelken
zum Füllen: säuerlich schmeckende Marmelade
Schokoladenglasur n. Wahl
zum Verzieren: geschälte Haselnüsse oder Walnüsse

Gebröselten oder gerührten Mürbteig unter Zugabe von ungeschälten, in einem Tuch gründlich abgeriebenen, sehr fein gemahlenen Mandeln oder Nüssen herstellen, Teig kalt stellen. Den leicht brüchigen Teig dann in kleinen Portionen gut messerrückendick auswellen, glatte runde Plätzchen ausstechen, kalt stellen, bei Mittelhitze (180–190° C) vorsichtig backen; nach dem Erkalten je zwei Plätzchen mit säuerlich schmeckender Marmelade oder Johannisbeergelee aufeinander setzen, mit Schokoladenglasur beziehen, mit geschälten, nach Belieben mit wenig Zucker karamelisierten, erkalteten Nüssen verzieren, trocknen lassen.
Abwandlung: Teig mit 125–150 g Butter unter Zugabe von 1 kleinem Ei herstellen; er ist leichter zu verarbeiten.

1520. Ischler Plätzchen (etwa 40 Stück)

200 g Mehl, 200 g Butter
100 g feiner Grießzucker
100 g ungeschälte Mandeln oder Nüsse, Schale und Saft von 1/2 Zitrone
z. Füllen: feine Marmelade
Schokoladenglasur n. Wahl
zum Bestreuen: Pistazien oder Mandeln

Aus nebenstehenden Zutaten gebröselten Mürbteig unter Verwendung ungeschälter, in Tuch gründlich abgeriebener, sehr fein gemahlener Mandeln bzw. Haselnüsse herstellen (oder Mürbteig wie bei Nr. 1519 verwenden), kalt stellen, den leicht brüchigen Teig in kleinen Portionen etwa zweimesserrückendick auswellen, ovale Plätzchen ausstechen, kalt stellen, bei Mittelhitze (180–190° C) vorsichtig bakken, erkaltet je zwei Plätzchen mit feiner, säuerlich schmeckender Marmelade aufeinander setzen, glasieren, mit geschälten, gehackten Pistazien oder Mandeln bestreuen, trocknen lassen.

1521. Feines Teegebäck (70–80 Stück)

500 g Mehl, 1 Teel. Backpulver, 250 g feiner Grießzucker, 1/2 Teel. Zimt
1 Prise Nelken, 1 Prise Kardamom, 250 g Butter
2 kleine Eier, getrennt
250 g geschälte Mandeln
Schokoladenglasur n. Wahl

Gebröselten Mürbteig herstellen: Mehl, Backpulver, Zucker und Gewürze mischen, kalte Butter einschneiden, abbröseln, Eigelb leicht untermengen; Eiweiß leicht schlagen, geschälte, grob gehackte Mandeln unterschlagen, diese Masse in Teig einarbeiten, rasch zu Mürbteig kneten; aus Teigmenge 4 Rollen formen, Oberfläche nur leicht mehlen, in Pergamentpapier oder Aluminiumfolie einschlagen, kalt stellen; wenn Rollen fest geworden sind, etwa 1/2 cm dicke Scheiben schneiden, leicht nachformen, bei Mittelhitze (190° C) hell backen, erkaltet nach Belieben zur Hälfte in Schokoladenglasur tauchen.

1522. Vanillehörnchen

Gebröselten Mürbteig unter Zugabe geschälter, sehr fein geriebener Mandeln herstellen, kalt stellen, zu dünner Rolle formen, davon kleine, gleichmäßige Stücke abschneiden, diese zu Hörnchen formen, oder Teig zweimesserrückendick auswellen, Halbmonde ausstechen; geformten Teig kalt stellen, bei mäßiger Mittelhitze (170–180° C) vorsichtig lichtgelb backen, noch heiß in feinem Grießzucker mit natürlichem Vanillearoma wenden.

200 g Mehl, 80 g feiner Grießzucker m. Vanillearoma
100 g geschälte Mandeln
150 g Butter, 2 Eigelb
zum Wenden: feiner Zucker mit Vanillearoma

1523. Feine Vanillebrezel

Gebröselten Mürbteig unter Verwendung geschälter, sehr fein geriebener Mandeln herstellen, Teig zu Rolle formen, kalt stellen, dann Teigrolle in gut nußgroße Stücke schneiden, bleistiftdicke Röllchen daraus drehen von etwa 12 cm Länge, Brezeln daraus formen, nochmal kalt stellen, mit Ei bestreichen, mit Gemisch aus geschälten, grob gehackten Mandeln und Hagelzucker bestreuen, bei mäßiger Hitze (170–180° C) lichtgelb backen. Nach Belieben geformte Brezeln ohne Eistrich backen, nach dem Backen noch heiß in feinem Grießzucker mit natürlichem Vanillearoma wenden oder Brezeln erkaltet mit Puderzuckerglasur mit Vanillegeschmack bestreichen, trocknen lassen.

250 g Mehl, 125 g feiner Grießzucker, Vanillezucker
50 g geschälte Mandeln
125–150 g Butter, 1 Ei
zum Bestreichen: Ei
zum Bestreuen:
50 g Mandeln, Hagelzucker oder feiner Grießzucker mit Vanillearoma oder Puderzuckerglasur mit Vanille Nr. 1563

1524. Spekulatius

Gebröselten Mürbteig unter Zugabe geschälter, grob gehackter oder geriebener Mandeln herstellen, rasch zu Teig kneten, mindestens 1 Stunde kalt stellen. Teig portionsweise etwa gut messerrückendick auswellen, in mit Mehl bestäubte Modeln drücken, überstehenden Teig abschneiden, Teigstücke aus Modeln klopfen, auf Blech legen, kalt stellen; hat man keine Modeln, beliebige Formen ausstechen, auf Blech legen und kalt stellen. Spekulatius bei mäßiger Mittelhitze (180° C) lichtgelb backen. Nach Belieben kann Teig auch als gerührter Mürbteig hergestellt werden.

500 g Mehl
1 Teel. Backpulver
300 g feiner Grießzucker
250 g geschälte Mandeln
1 Teel. Zimt, 1/2 Teel. Nelken
1 Messerspitze Kardamom
1 Messerspitze gemahlener Koriander nach Belieben
250 g Butter, 2 kleine Eier

1525. Schwabenbrötchen

Gebröselten Mürbteig unter Zugabe von ungeschälten, in Tuch gründlich abgeriebenen, sehr fein gemahlenen Mandeln herstellen, Teig kurz glatt kneten, mindestens 1 Stunde kalt stellen, dann portionsweise etwa zweimesserrückendick auswellen, beliebige Formen ausstechen, auf Blech über Nacht kalt stellen, am nächsten Tag mit Ei bestreichen, Oberseite in Gemisch aus geschälten, blättrig geschnittenen Mandeln und Hagelzucker tauchen, bei mäßiger Mittelhitze (etwa 180° C) knusprig backen.

375 g Mehl, 250 g feiner Grießzucker, 1/2 Zitronenschale, 2 Teel. Zimt
1 Messerspitze Nelken
250 g ungeschälte Mandeln
250 g Butter, 1 Ei
zum Bestreichen: Ei
z. Bestreuen: 50 g Mandeln Hagelzucker

1526. Makronenschnitten

zum Mürbteig: 250 g Mehl
1 Messerspitze Backpulver
60 g Zucker, Zitronenschale
125–150 g Butter, 2 Eier
1 Eßl. Arrak
zur Makronenmasse:
2 Eiweiß, 1 Teel. Zitronensaft, 130 g feiner Grießzucker, 130 g geschälte Mandeln oder Nüsse

Gebröselten Mürbteig herstellen, kalt stellen, dann gut messerrückendick zu Rechteck auswellen, auf Blech geben, kalt stellen.
Makronenmasse herstellen: Eiweiß zu sehr steifem Schnee schlagen, Zitronensaft und Zucker unter kräftigem Schlagen nach und nach zugeben, weiterschlagen bis Masse sehr steif, schnittfest und glänzend ist; geschälte Mandeln oder Nüsse zur Hälfte gerieben, zur Hälfte blättrig geschnitten, unter Schaummasse locker unterheben, auf Mürbteigplatte gleichmäßig verteilen, bei Mittelhitze (180–200° C), aber geringer Oberhitze lichtgelb backen, noch heiß in kleine, gleichmäßig große Rauten schneiden, erkalten lassen.

1527. Nußecken

zum Mürbteig: 200 g Mehl
1 kl. Messersp. Backpulver
50 g feiner Grießzucker
1 Prise Salz, Zitronenschale
100–125 g Butter, 1 Ei oder 2 Eigelb, 1 Eßl. Arrak
zum Bestreichen:
2–3 Eßl. Marmelade
zum Nußstrich:
50 g Butter, 300 g Zucker
200 g geschälte Nüsse
Vanillezucker, etwas Zimt
6 Eiweiß, 20 g Mondamin
Schokoladenglasur n. Wahl

Gebröselten Mürbteig herstellen, kalt stellen, messerrückendick zu Rechteck auswellen, auf Backblech geben, kalt stellen, bei Mittelhitze (190–200° C) fast gar backen, etwas abgekühlt mit glatt gerührter Marmelade bestreichen, Nußstrich gleichmäßig auftragen, bei schwacher Mittelhitze (etwa 170–180° C) gar backen, Backzeit noch etwa 15 Minuten, sofort in gleichmäßige Streifen von etwa 6–7 cm und diese in gleichseitige Dreiecke schneiden, mit Schokoladenglasur überziehen.
Nußstrich: Haselnüsse auf Blech in vorgeheizter Backröhre leicht rösten, bis Schale zu entfernen ist, dann Schale zwischen Tuch abreiben, Nußkerne reiben. Butter, Zucker, geriebene Haselnüsse, Gewürze und Eiweiß gut verrühren, am Herd bei mäßiger Hitze abrühren, bis Masse dick ist und sich vom Gefäß löst (sie darf nicht mehr zu dünn sein) Mondamin einstreuen, gut unterrühren, abkühlen lassen, als Aufstrich verwenden, bei schwacher Mittelhitze backen.
Nußecken halten sich lange frisch.

1528. Orangentäschchen

200 g Mehl, 50 g Stärkemehl
1 Messerspitze Backpulver
70 g feiner Zucker, Vanille oder Zitronenschale, gerieben
170 g Butter, 1 Ei
zur Fülle: 100 g geschälte Mandeln, 70 g Zucker
Saft u. Schale v. 1 Orange
zum Bestreichen: Eireste
1/2 Rez. Orangenglasur Nr. 1562

Gebröselten Mürbteig herstellen, mindestens 1 Stunde kalt stellen, etwa zweimesserrückendick auswellen, runde Plätzchen von etwa 4 cm Durchmesser ausstechen, in die Mitte jeweils 1/2 Teelöffel von der Fülle setzen, Ränder mit Ei bestreichen, als Taschen in der Mitte zusammenklappen, Rand andrücken, kurz kalt stellen, dann bei Mittelhitze (180–200° C) goldgelb backen, erkaltet mit Orangen- oder mit Zitronenglasur bestreichen.
Fülle herstellen: Geschälte, geriebene Mandeln mit Zucker sowie Saft und fein geriebener Schale einer Orange verrühren.

Kleingebäck aus Eiweißteigen

Backlehre Eiweißteige:

Verwendung finden Eiweißteige vor allem zur Herstellung von Makronen verschiedenster Art, von feinem Mandel- bzw. Nußgebäck mit verschiedenen Geschmackszutaten z. B. Schokolade, Vanille, Zitronensaft und -schale, Zitronat und Orangeat oder Gewürzen verschiedener Art; auch Meringen und Schaumgebäck werden aus Eiweißteig hergestellt.
Gebäck aus Eiweißteigen ist als Weihnachtsgebäck besonders beliebt. *Es schmeckt frisch am besten,* deshalb erst *kurz vor Gebrauch herstellen.*

Eiweißteige sind mehlfreie, zuckerreiche Teige; sie bestehen aus *Eiweiß und Zucker* und enthalten außerdem meist *Mandeln, Nüsse oder Kokosflocken* anstelle von Mehl. Meringen und Schaumgebäck werden meist ohne Mandeln und Nüsse hergestellt.

Die Lockerung beruht auf der Wirkung des sehr steif geschlagenen Eiweißes.

Beachte:

1. *Möglichst frische Eier gleicher Größe verwenden!* Der Anteil des Eiklars am Gesamteigewicht beträgt 58%, das sind bei
Eiern der Gewichtklasse 5 (50–55 g) je Ei ca. 30–32 g Eiklar,
Eiern der Gewichtsklasse 4 (55–60 g) je Ei ca. 32–34 g Eiklar
Eiern der Gewichtsklasse 3 (60–65 g) je Ei ca. 34–38 g Eiklar
Eiern der Gewichtsklasse 2 (65–70 g) je Ei ca. 38–41 g Eiklar.

Der Bedarf an Mandeln, Nüssen oder Kokosflocken und Zucker wird demnach von dem *jeweiligen Eigewicht,* bzw. von der *Eiweißmenge* bestimmt. Deshalb wäre das Abwiegen der Eiweißmenge für das Gelingen des Gebäcks am sichersten.

Grundmengenverhältnis:

Bei durchschnittlicher Eigröße (Gewichtsklasse 3 und 4) rechnet man je nach Herstellungsweise und erwünschter Teigbeschaffenheit:

auf 1 Eiweiß: 50–75 g feinen Zucker (evtl. Puderzucker)
50–75 g Mandeln, Nüsse oder Cocosflocken.

Bei überdurchschnittlicher Eigröße sind Zucker- und Mandelmengen jeweils entsprechend anzugleichen (pro Eiweiß bis zu 10 g Zucker bzw. Mandeln mehr).

2. *Eier sorgfältig trennen, Eiweiß kalt stellen* bis zum Gebrauch! Regeln für Eischnee s. S. 477/478. Die Zugabe von einigen Tropfen Zitronensaft erhöht die Standfestigkeit des Eischnees und ist für Eiweißteige besonders zu empfehlen.

3. *Zucker muß sehr feinkörnig sein;* Puderzucker je nach Rezeptangabe verwenden, vor Gebrauch stets sieben.

4. *Die Teigherstellung* kann auf kaltem wie auf warmem Weg erfolgen. Rezeptangaben beachten.
Kalt abgeschlagener Eiweißteig ist etwas großporiger, hat geringere Standfestigkeit, ist aber in der Herstellung zeitsparend:

a) Kalt gestelltes Eiweiß zu sehr steifem Schnee schlagen (elektr. Handrührgerät bevorzugen);

b) etwas Zitronensaft und sehr feinen Grießzucker löffelweise nach und nach unterschlagen, kräftig weiter schlagen, bis Masse dick-schaumig, sehr steif und glänzend ist;

c) übrige Zutaten rasch und locker unterheben, nicht rühren.

Warm abgeschlagener Eiweißteig ist sehr feinporig und von größerer Standfestigkeit, aber in der Herstellung zeitaufwendiger:

a) Steifen Eischnee oder Eiweiß mit ein paar Tropfen Zitronensaft unter Zugabe des Zuckers im heißen Wasserbad oder über Dampf schlagen, bis Masse sehr schaumig, glänzend und dick ist (elektr. Handrührgerät günstig). Masse darf hierbei nur handwarm werden;

b) Masse aus Wasserbad nehmen, kalt schlagen;

c) sonstige Zutaten rasch und locker unterheben.

5. *Formen von Eiweißteigen* je nach Rezeptangaben. Zum Auswellen Brett nur leicht mehlen, dann mit Zucker, Puderzucker oder geriebenen Nüssen oder Mandeln bestreuen.

6. Eiweißteige meist auf *Oblaten setzen;* diese spalten, Gebäck auf rauhe Seite legen. Weißes Papier kann Oblaten ersetzen, dieses nach dem Backen auf feuchte Unterlage legen, um Abnehmen des Gebäcks zu erleichtern.

7. *Vorsichtig bei schwacher Hitze backen;* Gebäck muß hell bleiben, deshalb mehr trocknen als backen.

Backtemperatur für Makronen und ähnliches Eiweißteiggebäck: 130–150° C,
für Baiser, Meringen, Schaumgebäck: 100–120° C.
Einschubhöhe: Mittelschiene.

8. *Nach dem Backen* überstehende Oblaten abbrechen.

Nachfolgende Rezepte sind in der Regel auf die Eiweißmenge durchschnittlicher Eigrößen (Gewichtklasse 3 und 4) abgestellt. Bei Verwendung überdurchschnittlich großer Eier (Gewichtklasse 2 oder 1) die Zucker- und Mandelmengen entsprechend angleichen!

1529. Mandelmakronen, Nußmakronen, Kokosmakronen
(kalt geschlagen, etwa 40–50 Stück)

4 Eiweiß (130–150 g)
200–250 g feiner Grießzucker oder Puderzucker, gesiebt, 1–2 Teel. Zitronensaft
Vanillezucker od. Zitronenschale, fein gerieben
200–250 g geschälte Mandeln oder Nüsse oder Kokosflocken
zum Backen: Oblaten
zum Verzieren: geschälte, halbierte Mandeln oder Nüsse

Eiweiß zu sehr steifem, schnittfestem Schnee schlagen, (elektrisches Handrührgerät mit Rührbesen), feinen Grießzucker oder gesiebten Puderzucker mit Zitronensaft nach und nach löffelweise unter kräftigem Schlagen zugeben, weiter schlagen, bis Masse steif, dickschaumig und glänzend ist, nach Belieben etwas Vanillezucker unterschlagen, geschälte, geriebene Mandeln oder Nüsse bzw. Kokosflocken locker unterheben, nicht rühren; mit 2 Teelöffeln Makronen formen und auf rauhe Seite gespaltener Oblaten setzen, nach Belieben mit je einer geschälten halben Mandel oder Haselnuß verzieren, bei schwacher Hitze (130–150° C) vorsichtig backen, Backzeit etwa 20–30 Minuten. Makronen müssen fast weiß bleiben, sollen außen knusprig, innen aber etwas weich sein. Nach dem Backen überstehende Oblaten abbrechen.
Nach Belieben kann ein Teil der Mandeln oder Nüsse, etwa die halbe Menge, grob gehackt oder gestiftelt verwendet werden, dies gibt den Makronen andere, lockere Beschaffenheit und sie erhalten dadurch einen kernigen Biß. Mandel- bzw Haselnußmenge der Eiweißgröße anpassen!

1530. Schokoladenmakronen (etwa 40–50 Stück, kalt geschlagen)

4 Eiweiß (130–150 g)
1 Teel. Zitronensaft
200–250 g feiner Grießzucker, Vanillezucker
200–250 g ungeschälte Mandeln, 100 g bittere Schokolade
zum Backen: Oblaten

Eiweiß zu sehr steifem Schnee schlagen, einige Tropfen Zitronensaft unterschlagen, Zucker und Vanillezucker nach und nach unterschlagen, kräftig weiter schlagen, bis Masse sehr schaumig, steif und glänzend ist, ungeschälte, in Tuch gründlich abgeriebene, gemahlene Mandeln und geriebene Schokolade unterheben; nach Belieben etwa $1/3$ der Mandeln stiftelig schneiden statt zu reiben und unter die Masse heben, dadurch erhalten Makronen eine andere, lockere Beschaffenheit. Makronen mit 2 Teelöffeln formen, auf gespaltene Oblaten (rauhe Seite) setzen, bei schwacher Hitze (130–150° C) langsam backen, Backzeit etwa 20–30 Minuten.

1531. Schaummakronen (warm geschlagen)
Mandel-, Haselnuß-, Kokos-Schaummakronen (40 Stück)

Eiweiß zu steifem Schnee schlagen, über Dampf nach und nach Zucker, Vanillezucker bzw. Zitronenschale und Saft unterschlagen, kräftig weiter schlagen, bis Masse dick-schaumig, sehr steif und glänzend ist. Oder Eiweiß mit Zitronensaft, Zucker und Vanillezucker gleich über Dampf oder heißem Wasserbad sehr schaumig schlagen, bis Masse sich deutlich schlängelt, steif und glänzend ist (etwa 20 Minuten); Schaummasse darf hierbei nur handwarm werden. Masse dann aus Wasserbad nehmen, kalt schlagen, geschälte, geriebene Mandeln, Haselnüsse oder Kokosflocken leicht und locker unterheben, Teig soll nicht zu fest werden; mit zwei Teelöffeln Makronen als kleine Häufchen auf rauhe Seite gespaltener Oblaten setzen, nach Belieben je eine geschälte Mandel oder Haselnuß in die Mitte stecken, bei schwacher Hitze (130–150° C) langsam lichtgelb backen. Für Kokos-Schaummakronen Schale und Saft von 1/2 Zitrone in die Eiweißschaummasse schlagen.
Diese Herstellungsweise ist für Kokosflocken, die etwas hart sind, besonders geeignet.

4 Eiweiß (130–150 g)
200 g feiner Grießzucker
etwas Vanillezucker oder
Schale u. Saft v. 1/2 Zitrone
160–200 g geschälte Mandeln, Nüsse oder Kokosflocken

zum Backen: Oblaten

zum Verzieren: geschälte Nüsse oder Mandeln

1532. Mandelhäufchen, Nußhäufchen (kalt geschlagen, 50 Stück)

Die Hälfte der geschälten Mandeln oder Nüsse reiben, die andere Hälfte stiftelig oder blättrig schneiden. Eiweiß zu sehr steifem Schnee schlagen (elektr. Rührgerät), feinen Grießzucker und Zitronenschale und -saft nach und nach unterschlagen, kräftig weiter schlagen, bis die Masse sehr steif, dick-schaumig und glänzend ist, vorbereitete Mandeln oder Nüsse locker unterheben, von der Masse Häufchen auf rauhe Seite gespaltener Oblaten setzen, bei schwacher Hitze (130–150° C) vorsichtig backen.
Dieses Gebäck ist in der Teigbeschaffenheit etwas fester als Makronenteig und ergibt auch etwas festere Gebäckbeschaffenheit.

3 große Eiweiß (100–125 g)
250 g feiner Grießzucker
Schale u. Saft v. 1/2 Zitrone
250 g geschälte Mandeln oder Haselnüsse

zum Backen: Oblaten

1533. Hagebuttenbrötchen, Hagebuttenmakronen
(kalt geschlagen, etwa 50 Stück)

Eiweiß zu sehr steifem Schnee schlagen, Zitronensaft, Zucker und Vanillezucker nach und nach unterschlagen, etwa 20–30 Minuten kräftig weiter schlagen (im elektrischen Rührgerät ca. 10 Minuten), Hagebuttenmark löffelweise unter die Schaummasse schlagen, etwa noch 5 Minuten schaumig schlagen; von der Schaummasse knapp 2 Eßlöffel zum Verzieren wegnehmen, dann die geschälten, geriebenen Mandeln locker unterheben. Von der Mandelmasse mit zwei Teelöffeln kleine Weckchen formen, auf rauhe Seite gespaltener Oblaten legen, in die Mitte etwas von der Schaummasse geben, Makronen mit einer geschälten, halben Mandel belegen, 2 Stunden kalt stellen, in vorgeheizter Röhre bei schwacher Hitze (130–150° C) langsam backen.

3 große Eiweiß (100–125 g)
1 Teel. Zitronensaft
280–300 g feiner Grießzucker
etwas Vanillezucker
2 Eßl. Hagebuttenmark (ungesüßt)
280–300 g geschälte Mandeln

zum Backen: Oblaten

zum Verzieren: 20–25 Mandeln

1534. **Gewürzmakronen** (kalt geschlagen, etwa 40-50 Stück)

3 große Eiweiß (100–125 g)
1 Teel. Zitronensaft
250 g feiner Grießzucker
½ Zitronenschale, gerieben
½ Teel. Zimt, 1 Pr. Nelken
30 g Zitronat, 30 g Orangeat
250 g geschälte oder ungeschälte Mandeln oder halb Mandeln, halb Nüsse
zum Backen: Oblaten

Eiweiß zu sehr steifem Schnee schlagen, Zitronensaft und Zucker nach und nach unterschlagen, etwa 20–30 Minuten kräftig weiter schlagen (in elektrischem Rührgerät etwa 10 Minuten), bis Masse sehr dickschaumig und glänzend ist, Gewürze, sehr fein gewiegtes Zitronat und Orangeat unterschlagen, nach Belieben geschälte oder ungeschälte, in Tuch gründlich abgeriebene, gemahlene Mandeln locker unterheben, Makronen mit zwei Teelöffeln oder mit angefeuchteten Händen formen, auf rauhe Seite gespaltener Oblaten setzen, bei schwacher Hitze (130–150° C) langsam lichtgelb backen.

1535. **Orangenmakronen** (warm geschlagen, etwa 40 Stück)

3 Eiweiß (95–115 g)
200 g feiner Grießzucker
1 Teel. Zitronensaft
3 Eßl. Orangensaft
1 Orangenschale, gerieben
200 g geschälte Mandeln
50 g Zwieback- oder Semmelbrösel
zum Backen: Oblaten
z. Verzieren: 50 g Orangeat

Die geschälten Mandeln zur Hälfte blättrig oder stiftelig schneiden, die andere Hälfte reiben. Eiweiß mit feinem Grießzucker in Schüssel über Dampf mit Schneebesen sehr schaumig schlagen, Zitronensaft, Orangensaft und Orangenschale, fein gerieben, nach und nach unterschlagen, Masse weiter über Dampf schlagen, bis sie sehr steif, schnittfest und glänzend ist. Masse vom Wasserbad nehmen, kalt schlagen, vorbereitete Mandeln und Zwieback- oder Semmelbrösel locker unterziehen, nicht rühren, mit zwei Teelöffeln längliche Makronen formen, auf rauhe Seite gespaltener Oblaten legen, mit Orangeatstreifchen verzieren, bei schwacher Hitze (130–150° C) etwa 25–30 Minuten vorsichtig backen zu lichtgelber Farbe.

1536. **Feine Mandelmakronen** (kalt geschlagen, etwa 50 Stück)

5 Eiweiß (160–190 g)
1 Teel. Zitronensaft
250–300 g feiner Grießzucker
250–300 g geschälte Mandeln
zum Backen: Oblaten
zum Verzieren nach Belieben: Marmelade, Zitronat
etwas Arrakglasur Nr. 1563 od. Zitronenglasur Nr. 1562

1 Eiweiß zu steifem Schnee schlagen, mit den geschälten, geriebenen Mandeln und 200 g Zucker auf nicht zu heißer Herdplatte abrühren, bis sich Masse zu Kloß ballt, abkühlen lassen; restliches Eiweiß zu sehr steifem Schnee schlagen, Zitronensaft und restlichen Zucker unterschlagen, kräftig weiterschlagen, nach und nach unter die völlig erkaltete Mandelmasse heben, gleichmäßige Makronen mit 2 Teelöffeln formen, auf gespaltene Oblaten setzen, in die Mitte jeder Makrone eine kleine Vertiefung drücken, mit etwas roter Marmelade füllen, bei schwacher Hitze (ca. 140° C) langsam lichtgelb backen, etwas abgekühlt Marmeladetupfen mit 1 Tropfen Arrakglasur beziehen.
Oder Unterseite der gebackenen Makronen mit kernloser Johannisbeer- oder Aprikosenmarmelade bestreichen, mit Zitronatstreifchen belegen und mit Arrak- oder Zitronenglasur überziehen.

1537. Dattelmakronen (kalt geschlagen)

Geschälte Mandeln stifteln, Datteln nach dem Entkernen in feine Streifchen schneiden. Eiweiß zu sehr steifem, schnittfestem Schnee schlagen, Zitronensaft, Zucker und Vanillezucker nach und nach unter kräftigem Schlagen einrieseln lassen, noch 10 Minuten weiter schlagen, vorbereitete Mandeln und Datteln auf Schaummasse legen, Rum zugeben, Stärkemehl darüber sieben, locker unterheben, mit zwei Teelöffeln kleine Häufchen auf Oblaten setzen, bei sehr schwacher Hitze (120° C) langsam etwa 50 Minuten backen.

3 Eiweiß (95–115 g)
1 Teel. Zitronensaft
200 g feiner Grießzucker
etwas Vanillezucker
150 g geschälte Mandeln
150 g entkernte Datteln
1–2 Teel. Rum, 30 g Stärkemehl, Oblaten

1538. Zitronenbrot (kalt geschlagen, etwa 80–90 Stück)

Eiweiß zu sehr steifem Schnee schlagen, einige Tropfen Zitronensaft unterschlagen, Zucker nach und nach unter Schlagen einrieseln lassen, kräftig weiter schlagen, bis Masse sehr steif, dick-schaumig und glänzend ist, am besten mit elektrischem Rührgerät herstellen; feingeriebene Zitronenschale und Zitronensaft unterschlagen, ungeschälte Mandeln oder Haselnüsse leicht untermengen; Teig portionsweise auf leicht bemehltem, mit geriebenen Mandeln oder Nüssen oder mit Puderzucker dick bestreutem Brett 3/4 cm dick leicht auswellen, kleine Rauten oder Halbmonde ausstechen, auf rauhe Seite gespaltener Oblaten legen, zwei Stunden kalt stellen, dann bei schwacher Hitze (130–140° C) etwa 30 Minuten lichtgelb backen, erkaltet glasieren.
Zitronenglasur: Gesiebten Puderzucker mit Zitronensaft glatt rühren, erkaltetes Gebäck damit bestreichen, trocknen lassen.
Abwandlung Zedernbrot: Teig ebenso herstellen von 3 Eiweiß (95–115 g), 375 g Puderzucker, Schale von 1 und Saft von 1 1/2 Zitronen und 250 g *geschälten* Mandeln oder Nüssen. Von der sehr schaumig gerührten Eiweiß-Zuckermasse etwa 3–4 Eßlöffel wegnehmen zur Glasur des Gebäcks, Teig portionsweise 1/2–3/4 cm dick auswellen, Sterne oder Halbmonde ausstechen, 2 Stunden kalt stellen, dann mit dem zurückbehaltenen Schaumguß überziehen, auf Oblaten backen bei schwacher Hitze (130–140° C); Guß soll weiß bleiben.

2 große Eiweiß (70–80 g)
einige Tropfen Zitronensaft
375 g feiner Grießzucker oder Puderzucker, gesiebt
Schale v. 1 Zitrone gerieben
Saft von 2 Zitronen
375 g ungeschälte Mandeln oder Haselnüsse
zum Auswellen: Mehl oder Puderzucker und 100 g geriebene Mandeln, bzw. Nüsse
zum Backen: Oblaten
zum Glasieren:
150 g Puderzucker
3 Eßl. Zitronensaft

1539. Zimtsterne, Vanillesterne (kalt geschlagen, etwa 40 Stück)

Eiweiß zu sehr steifem, schnittfestem Eischnee schlagen, einige Tropfen Zitronensaft, dann gesiebten Puderzucker nach und nach löffelweise unterschlagen, noch etwa 20 Minuten kräftig weiterschlagen (mit elektr. Rührgerät kürzer); von der Schaummasse 3–4 Eßlöffel als Glasur für die Sterne kalt stellen; unter restliche Schaummasse Zimt schlagen, ungeschälte, geriebene Mandeln oder Nüsse untermengen. Teig portionsweise auf leicht bemehltem, mit geriebenen Mandeln bzw. Nüssen oder mit gesiebtem Puderzucker dicht bestreutem Brett etwa 3/4–1 cm dick leicht auswellen, Sterne sorgfältig ausstechen, auf gespaltene Oblaten setzen, mit zurückbehaltenem Schaumguß sorgfältig und gleichmäßig dick beziehen (sollte Guß zu dick sein, mit 1 Tropfen Rum verrühren), bei schwacher Hitze (ca. 130–150° C)

4 Eiweiß (130–150 g)
einige Tropfen Zitronensaft
300 g Puderzucker
2 Teel. Zimt
300–350 g ungeschälte Mandeln oder Nüsse
zum Auswellen: Mehl und geriebene Mandeln, bzw. Nüsse oder Puderzucker
zum Backen: Oblaten

und sehr geringer Oberhitze langsam backen, mehr trocknen als backen. Backzeit etwa 30 Minuten. Glasur muß weiß bleiben.

Sollte Glasur einmal nicht ganz reichen, 1 Eiweiß zu Schnee schlagen, mit 100 g gesiebtem Puderzucker schaumig rühren, aufstreichen, in der Röhre trocknen lassen.

Abwandlung Vanillesterne: Teig ebenso herstellen, anstelle von Zimt Vanille und *geschälte* geriebene Mandeln oder Nüsse verwenden. Formen und backen wie Zimtsterne.

1540. Nuß-Mandelgebäck (kalt geschlagen, etwa 40 Stück)

4 Eiweiß (130–150 g)
einige Tropfen Zitronensaft
300 g Puderzucker oder feiner Grießzucker
etwas Vanillezucker oder Schale u. Saft v. 1/2 Zitrone
300 g geschälte oder ungeschälte Mandeln und Nüsse (halb/halb)
zum Backen: Oblaten
zum Auswellen: Mehl, geriebene Nüsse bzw. Mandeln oder Puderzucker

Eiweiß zu sehr steifem Schnee schlagen, Zucker nach und nach mit Zitronensaft unterschlagen, etwa 20–30 Minuten kräftig weiterschlagen (mit elektr. Rührgerät kürzer), von der Schaummasse etwa 2–3 Eßlöffel für Glasur wegnehmen; unter restliche Schaummasse die ungeschälten oder geschälten geriebenen Nüsse und Mandeln locker untermengen, Teig auf leicht bemehltem, mit geriebenen Nüssen oder Mandeln oder mit gesiebtem Puderzucker dick bestreutem Brett 3/4–1 cm dick leicht auswellen, kleine, gleichmäßige Stängerl (etwa 2 x 5 cm) schneiden oder kleine Formen ausstechen, auf rauhe Seite gespaltener Oblaten legen, etwas kalt stellen, mit zurückbehaltener Schaummasse glasieren (sollte Glasur zu dick sein, 1 Tropfen Rum beifügen), bei schwacher Hitze (130–140° C) und sehr geringer Oberhitze lichtgelb backen; Glasur muß hell bleiben.

1541. Wespennester (kalt geschlagen, etwa 40 Stück)

3 Eiweiß (95–115 g)
einige Tropfen Zitronensaft
200 g feiner Grießzucker
etwas Vanillezucker
125 g bittere Schokolade
200–250 g geschälte Mandeln
zum Backen: Oblaten

Geschälte, gestiftelte Mandeln mit 1 Eßlöffel Zucker bestreuen und in der Röhre lichtgelb rösten. Eiweiß zu sehr steifem, schnittfestem Schnee schlagen, Zitronensaft, Zucker und Vanillezucker nach und nach unter kräftigem Schlagen einrieseln lassen, kräftig weiter schlagen, bis Masse schnittfest und glänzend ist; fein geriebene Schokolade und *erkaltete* Mandeln locker *unterheben, nicht rühren,* mit 2 Teelöffeln kleine Häufchen auf rauhe Seite gespaltener Oblaten setzen, bei schwacher Hitze (ca. 130–150° C) backen.

1542. Basler Schokoladengebäck (kalt geschlagen, etwa 45 Stück)

4 Eiweiß (130–150 g)
einige Tropfen Zitronensaft
300 g feiner Grießzucker
etwas Vanillezucker
300 g ungeschälte Mandeln
300 g bittere Schokolade
zum Auswellen: Mehl und geriebene Mandeln oder Puderzucker
zum Backen: Oblaten

Eiweiß zu sehr steifem, schnittfestem Schnee schlagen, Zitronensaft unterschlagen, Zucker und Vanillezucker nach und nach unter Schlagen einrieseln lassen, kräftig weiter schlagen, bis Masse sehr steif, dick-schaumig und glänzend ist, am besten mit elektrischem Rührgerät herstellen; ungeschälte, in Tuch gründlich abgeriebene, gemahlene Mandeln und geriebene Schokolade untermengen, Masse portionsweise auf leicht bemehltem, mit geriebenen Mandeln oder gesiebtem Puderzucker dicht bestreutem Brett etwa 1 cm dick leicht auswellen, Teig auf rauhe Seite gespaltener Oblaten geben, gleichmäßige Stängerl daraus schneiden, etwa 2 cm × 5 cm, in vorgeheizter Röhre bei etwa 150° C langsam backen, Backzeit: 15–20 Minuten.

1543. Schokoladenbrötchen (kalt geschlagen, etwa 50–60 Stück)

Eiweiß zu steifem Schnee schlagen, Zitronensaft unterschlagen, unter kräftigem Schlagen Zucker und Vanillezucker nach und nach einrieseln lassen, ungeschälte, geriebene Mandeln und geriebene Schokolade untermengen, Teig auf Brett rasch und leicht verarbeiten, etwas kalt stellen; dann portionsweise auf leicht bemehltem, mit geriebenen Mandeln bestreutem Brett etwa ¾ cm dick auswellen, Halbmonde ausstechen, auf Oblaten setzen, bei schwacher Hitze (130–150° C) backen, dann glasieren, auf die noch feuchte Glasur geschälte, gehackte Pistazien oder fein gestifteltes Zitronat streuen, in lauwarmer

gesiebten Puderzucker

, Brötchen damit be-

3 Eiweiß (95–115 g)
einige Tropfen Zitronensaft
250 g feinen Grießzucker
etwas Vanillezucker
250 g ungeschälte Mandeln
250 g bittere Schokolade
zum Auswellen: Mehl
etwas geriebene Mandeln
zum Backen: Oblaten
zum Glasieren: 1 Eiweiß
125 g Puderzucker, gesiebt
z. Bestreuen: 50 g Pistazien oder Zitronat

2006

Walnußplätzchen
Spritzgebäck 1/2 Portion
Buttergebäck 1/2 "
Schaummakronen
Mandelmakronen
Zimtsterne
Schokobrot

ronensaft und Zucker
eben, 20–30 Minuten
), geschälte, geriebene
s Zitronat sowie das
er unterheben; Masse
n, einige Stunden kalt
)° C) backen, erkaltet
en mit etwas buntem

4 Eiweiß (130–150 g)
einige Tropfen Zitronensaft
300 g feiner Grießzucker
250 g geschälte Mandeln
100 g geriebene Schokolade
50 g Zitronat, 50 g Orangeat
30–50 g Mehl
½ Teel. Backpulver
zum Backen: Oblaten
Schokoladenglasur n. Wahl
bunter Streuzucker

chlagen, 15–18 Stück)

tronensaft und feinen
a 30 Minuten kräftig
ck-schaumig, sehr steif
und glänzend ist, am besten im elektrischen Rührgerät mit Schlagbesen herstellen, Rührzeit hierbei etwa 15 Minuten; Gewürze und feingewiegtes Zitronat und Orangeat unter die Schneemasse schlagen, ungeschälte, in Tuch gründlich abgeriebene, gemahlene Mandeln, davon nach Belieben ein Drittel der Menge grob gehackt, unterheben, Teig auf runde Oblaten gut 1 cm dick aufstreichen, 1 Stunde kalt stellen, dann bei schwacher Hitze (150–170° C) backen, erkaltet nach Belieben glasieren.

7 Eiweiß (230–260 g)
einige Tropfen Zitronensaft
500 g feiner Grießzucker
Schale von ½ Zitrone
1 Teel. Zimt, ½ Teel. Nelken
100 g Zitronat
100 g Orangeat
560–600 g Mandeln (ungeschält)
zum Backen: runde Oblaten
Arrakglaur Nr. 1563 oder Schokoladenglasur n. Wahl

1546. Elisenlebkuchen II. Art
(Eiweißteig, kalt geschlagen, etwa 25 Stück)

5 Eiweiß (160–190 g)
einige Tropfen Zitronensaft
300 g Puderzucker, gesiebt
1 Teel. Zimt, 1 Pr. Nelken
1 kl. Messerspitze Muskat
Schale von 1/4 Zitrone
50 g Zitronat, 50 g Orangeat
125 g Mehl, gesiebt
3 g Hirschhornsalz (knapp)
1 Eßl. Wasser zum Lösen
150 g Mandeln oder Nüsse
zum Backen: Oblaten
Punschglasur Nr. 1564 oder Schokoladenglasur n. Wahl

Geschälte Mandeln oder Nüsse zweimal durch Reibmaschine geben, auf trockenem Blech leicht rösten, erkalten lassen. Eiweiß zu sehr steifem Schnee schlagen, Zitronensaft und gesiebten Puderzucker nach und nach unterschlagen, kräftig weiter schlagen, bis Masse sehr steif, glänzend und sehr schaumig ist, Masse am besten mit elektrischem Rührgerät herstellen; Gewürze, fein gewiegtes Zitronat und Orangeat sowie Mehl und gelöstes Hirschhornsalz untermengen, zuletzt vorbereitete Mandeln oder Nüsse unterheben. Große Oblaten in Rechtecke von 5,5 x 9 cm schneiden, vom Teig jeweils ca. 25 g (1mal auf Briefwaage wiegen, dann mit Löffel messen) aufstreichen, über Nacht stehen lassen, dann bei schwacher Hitze (ca. 150–170° C) langsam lichtgelb backen, nach Belieben glasieren.

1547. Mandelbögen (warm geschlagen, etwa 25 Stück)

4 Eiweiß (130–150 g)
200 g sehr feiner Zucker
1 Teel. Zitronensaft
Schale von 1/2 Zitrone
1 Teel. Zimt
250 g geschälte Mandeln
zum Backen: große Oblaten

Abgezogene Mandeln gut abtrocknen, zur Hälfte feinblättrig schneiden oder stifteln und mit etwas Zucker leicht rösten, erkalten lassen; andere Hälfte reiben. Eiweiß zu sehr steifem Schnee schlagen, Zitronensaft und restlichen Zucker nach und nach unterschlagen, im Wasserbad oder über Dampf 20–30 Minuten kräftig weiter schlagen, bis Masse handwarm, sehr steif und glänzend ist, vom Dampf oder Wasserbad nehmen, kalt schlagen, geriebene Zitronenschale und Mandeln unterheben, Masse auf große Oblaten etwa 1/2 cm dick aufstreichen, in etwa 2 cm breite, 8–10 cm lange Streifen schneiden, bei schwacher Hitze (ca. 140–150° C) langsam lichtgelb backen, sofort über Rehrückenform oder Wellholz legen und so erkalten lassen.

1548. Schaumkonfekt (kalt oder warm geschlagen)

Baiserteig von:
3 Eiweiß (95–115 g)
einige Tropfen Zitronensaft
150–200 g sehr feiner Grießzucker oder Puderzucker
zum Blech: Pergamentpapier
zum Bestreuen nach Belieben: bunter Streuzucker

Baiserteig herstellen: Frische, kalt gestellte Eiweiß zu sehr steifem, schnittfestem Schnee schlagen (elektr. Rührgerät), einige Tropfen Zitronensaft unterschlagen, knapp die Hälfte der Zuckermenge unter kräftigem Schlagen nach und nach einrieseln lassen, restliche Zuckermenge auf einmal unterheben, kräftig weiterschlagen, bis Masse glatt, glänzend und sehr steif ist. Masse sofort mit Spritzbeutel auf das mit Pergamentpapier belegte heiße Blech in verschiedenen Formen spritzen, evtl. mit buntem Streuzucker bestreuen, bei schwacher Hitze (100–120° C) langsam trocknen lassen; Backzeit etwa 40–50 Minuten. Schaumkonfekt muß weiß bleiben.

Bei Eiweiß von großen Eiern Zuckermenge pro Eiweiß auf 70–80 g erhöhen.

Schaumkonfektmasse kann auch im Wasserbad, warm abgeschlagen werden wie bei Schaummakronen Nr. 1531 beschrieben.

1549. Florentiner

Geschälte Mandeln oder auch evtl. halb Mandeln, halb Nüsse blätt-
… Rahm mit
… Rühren bei
… dann völlig
… andeln bzw.
… Rahm gut
… runde Blät-
… Mittelhitze
… acken, Back-
… chem Messer
… Kuvertüre
… der Glasur
… ziehen.

1/4 l süßer Rahm
1/2 Vanilleschote, 50 g Butter
200 g Zucker, 200 g geschälte Mandeln oder Haselnüsse
200 g Zitronat
50–70 g Mehl
zum Blech: Wachs
Glasur mit Kuvertüre Nr. 1571

2005 gebacken

~~2 kl. Stollen~~ ~~kaufen~~

Mandel-Makronen

Vanill-Kipferl 1/2 Anteil backen

Walnuss-Taler

Butter-Gebäck

keinen Stollen

2006 backen

bleibt übrig von H.S.M., einen kaufen

2006 Spritzgebäck u. andere backen

… fee zu Teig
… Puderzucker
… hen, an der
… ziehen, mit
… n.
… Kaffee glatt

200 g Walnüsse oder Haselnüsse, 200 g Puderzucker
3 Eßlöffel starker Kaffee
zum Auswellen: Puderzucker
zum Glasieren:
125 g Puderzucker gesiebt
2 Eßlöffel starker Kaffee
z. Verzieren: halbierte Nüsse

… len lassen;
… geklopfter,
… besserungs-
… almin lau-
… em Rühren
… lassen.
… ausfüttern,
… mit Keksen
… und Kekse
… sse geben,
… den Kühl-
schrank geben; wenn Masse völlig erhärtet, Form stürzen, Aluminiumfolie oder Pergamentpapier vorsichtig abziehen, Masse mit scharfem Messer in etwa 1 cm dicke Scheiben schneiden.

Prinzregentenbrot: Große viereckige Oblaten mit der lauwarmen, dickflüssigen Schokoladenmasse bestreichen, aufeinander setzen, unterste und oberste Schicht sind Oblaten (Form erübrigt sich hier); das Ganze leicht beschweren, kühl stellen und erhärten lassen; nach völligem Erhärten mit sehr scharfem Messer in gleichmäßige Streifen oder kleine Rauten schneiden, kühl lagern.

250 g Palmin, 3 Eier
250 g Puderzucker
1/2 Stange Vanille
250 g Schokoladenpulver oder 100 g Kakao, gesiebt
nach Belieben:
2–3 Eßl. Rum oder Arrak
2 Teel. Kaffee-Extraktpulver
50–100 g geschälte, gehackte Mandeln
etwa 30 Stück rechteckige Butterkekse (Tortenkekse) oder große, viereckige Oblaten

1552. Krokant, Krokanthäufchen

200 g geschälte Mandeln
100 g Grießzucker
20–30 g Butter
Kuvertüre oder bittere Schokolade nach Bedarf

Geschälte Mandeln blättrig oder stiftelig schneiden, evtl. in vorgeheizter Röhre lichtgelb rösten. Zucker mit etwas Butter in Eisenpfännchen unter Rühren (Backschaufel) goldgelb karamelisieren, Mandeln zugeben, gut mischen und heiß werden lassen. Krokantmasse auf ein erwärmtes, mit wenig geschmackfreiem Öl bestrichenes Emailbrett gießen, sofort mit breitem, leicht geöltem Messer dünn ausstreichen, in gleichmäßig kleine Stücke schneiden oder Röllchen formen, erkalten lassen, nach Belieben in erwärmte Kuvertüre tauchen, trocknen lassen.
Oder Krokantmasse in leicht geölte Muschelformen drücken, dünn ausformen, in den Formen erkalten lassen.
Die Zuckermenge kann bei Krokant nach Belieben verändert, evtl. auf die Gewichtsmenge der Mandeln erhöht werden. Je höher der Zuckeranteil, desto härter, je geringer der Zuckeranteil, desto weniger hart ist Krokant.
Krokanthäufchen: Erkalteten Krokant etwas zerstoßen, mit im Wasserbad erweichter Kuvertüre oder bitterer Schokolade vermengen, bis die Masse dick-breiige Beschaffenheit hat, sie darf nur wenig fließen. Von der Masse sofort mit Teelöffel kleine Häufchen auf Pergamentpapier setzen, erkalten und steifen lassen.

1553. Schokoladentrüffel, Rumtrüffel

100 g Butter
2 Eßl. Kakao, gesiebt
2 Eßl. Arrak oder Rum
200 g gute Schokolade
200 g geschälte Haselnüsse
Puderzucker nach Bedarf
Schokoladenstreusel

Butter schaumig rühren, gesiebten Kakao zugeben, Arrak oder Rum tropfenweise unterrühren; zerkleinerte Schokolade im Wasserbad schmelzen, etwas abgekühlt mit den geschälten, geriebenen Haselnüssen unter die Butter rühren, zuletzt soviel gesiebten Puderzucker unterkneten, als die Masse aufnimmt; sobald diese genügend fest ist, gleichmäßige kleine Kugeln formen, in Schokoladenstreusel wenden, kalt stellen, an der Luft gut trocknen lassen, kühl aufbewahren.

1554. Kastanienkugeln

500 g Kastanien
50 g Butter, 50 g Zucker
50 g ungeschälte Mandeln
50 g bittere Schokolade
10 g Zitronat, 10 g Orangeat
1–2 Eßl. Rum
zum Wenden: Hagelzucker oder Kakao oder Schokoladenglasur n. Wahl

Kastanien einschneiden, in vorgeheizter Röhre trocken erhitzen bis sie gar sind und sich gut schälen lassen, Garzeit etwa 25–35 Minuten, dann Kastanien schälen, durch Fleischmaschine geben oder im Mixer pürieren. Butter schmelzen lassen, ungeschälte, geriebene Mandeln, Zucker, geriebene Schokolade und sehr fein gewiegtes Zitronat und Orangeat sowie Kastanienbrei beifügen, bei mäßiger Hitze gut abrühren, dann vom Herd nehmen, abkühlen lassen, Rum untermengen, kastaniengroße Kugeln formen, in Hagelzucker oder gesiebtem Kakao wenden, über Nacht trocknen lassen; oder die etwas abgetrockneten Kugeln mit Schokoladenglasur überziehen.

Salziges Kleingebäck

zu Bier, Wein, Käseplatte, kaltem Büffet

1555. Kümmelstangen, Salzstangen
(Mürbteig, Quarkmürbteig oder Hefemürbteig)

Gebröselten Mürbteig nach Grundrezept Nr. 1335 herstellen, kalt ruhen lassen, dann gut messerrückendick zu Rechteck auswellen, mit Ei bestreichen, mit Salz-Kümmelmischung bestreuen, gleichmäßige Stängerl von etwa 10 cm Länge und 1½ cm Breite ausradeln oder Teig zu bleistiftdicken, etwa 10 cm langen Stängerln drehen, mit Ei bestreichen, mit Salz-Kümmelmischung bestreuen, nach nochmaligem Kaltstellen bei Mittelhitze (180–200° C) lichtgelb backen.

Oder Quarkmürbteig nach Grundrezept Nr. 1358 herstellen, Teig mindestens ½ Stunde kalt stellen, evtl. 2–3 Touren schlagen, nach jeder Tour kalt ruhen lassen. Teig gut ½ cm dick auswellen, gleichmäßige Streifen von etwa 1½–2 cm Breite und 10 cm Länge schneiden, spiralförmig drehen, kalt stellen, dann mit Ei bestreichen, mit Salz-Kümmelmischung bestreuen und bei Mittelhitze (200° C) lichtgelb backen, frisch reichen.

Oder gebröselten Hefemürbteig nach Nr. 1241 herstellen, kalt stellen, gleichmäßige Stängerl formen, mit Ei bestreichen, mit Salz-Kümmelmischung bestreuen, bei Mittelhitze (190–200° C) lichtgelb backen.
Einfache Kümmelstangen siehe Nr. 1240.

Mürbteig:
250 g Mehl, Salz
evtl. 1 Prise Backpulver
125 g Butter
4–5 Eßl. dicker, saurer Rahm
evtl. wenig Paprika
oder
Quarkmürbteig wie Nr. 1358
oder
Hefemürbteig wie Nr. 1241
zum Bestreichen: Ei
zum Bestreuen:
Salz und Kümmel

1556. Feines Käsegebäck, Käsestangen (Käsemürbteig)

Gebröselten Mürbteig nach Grundrezept Nr. 1335 unter Zugabe von geriebenem Hartkäse herstellen, rasch und kühl zu glattem Teig kneten, kalt stellen. Teig dann ein- bis zweimesserrückendick auswellen, in 1½ cm breite und etwa 10–12 cm lange Stängerl schneiden oder ausrädeln bzw. ovale Formen oder Halbmonde ausstechen, nach dem Formen nochmal kalt stellen, mit Eigelb oder Ei bestreichen, nach Belieben mit etwas geriebenem Käse und wenig Paprika oder mit Salz-Kümmelmischung bestreuen, bei Mittelhitze (180° C) vorsichtig lichtgelb backen, Käsegebäck bräunt sehr leicht und schmeckt dann bitter. Als Beilage zu Suppen genügt für 4 Personen ¼ Rezeptmenge.

Abwandlung: Butter- und Käsemenge jeweils auf 125 g verringern, dafür 1–2 Eigelb und 2 Eßlöffel sauren Rahm zum Teig geben, herstellen wie gebröselten Mürbteig, formen und backen wie oben beschrieben.

Käsemürbteig:
200 g Mehl, Salz
1 Teel. Paprika
200 g geriebener Hartkäse
wie Emmentaler, Schweizer
oder Parmesan
200 g Butter
zum Bestreichen:
Eigelb oder Eireste
zum Bestreuen: geriebener
Käse, etwas Paprika oder
Kümmel und Salz

1557. Käsegebäck, Käsestangen anderer Art (Quarkmürbteig)

Rezept Quarkmürbteig wie Nr. 1358
zum Bestreichen:
Eigelb oder Eireste
zum Bestreuen:
geriebener Käse
evtl. Kümmel

Quarkmürbteig nach Grundrezept herstellen, kalt stellen, 2–3 Touren schlagen, nach jeder Tour kalt ruhen lassen. Teig etwa 1/2 cm dick auswellen, Formen ausstechen oder Stängerl gleichmäßiger Länge und Breite (etwa 10 cm : 1 1/2–2 cm) schneiden oder rädeln, auf mit kaltem Wasser bespültes Blech setzen, kalt stellen, mit Eigelb bestreichen, mit geriebenem Käse und nach Belieben mit Kümmel bestreuen, in vorgeheizter Röhre bei Mittelhitze (etwa 200° C) lichtgelb backen. Gebäck frisch reichen.

1558. Salziges Roggenmehlgebäck

250 g Roggenmehl
1 1/2 Teel. Backpulver
1 Teel. Salz, 1/2 Teel. Paprika
250 g geriebener Parmesan oder Emmentaler
150 g Butter, 1 Ei oder
3 Eßl. dicker, saurer Rahm
zum Bestreichen: Ei
z. Bestreuen wie Nr. 1557

Gebröselten Mürbteig unter Verwendung von gesiebtem Roggenmehl und geriebenem Käse nach Grundrezept Nr. 1335 herstellen, kalt stellen, dann messerrückendick auswellen, gleichmäßig kleine, schmale Rechtecke schneiden, auf kaltes Blech legen, kalt stellen, mit Ei bestreichen, mit geriebenem Käse und evtl. mit Kümmel bestreuen, bei mäßiger Mittelhitze (180° C) hellgelb backen.

1559. Gefüllte Cracker

1 Paket Cracker
zur Fülle nach Wahl:
50 g pikante Butter wie Nr. 969 oder
Roquefortcreme: 30 g Butter
50 g Roquefortkäse oder
1–2 Doppelrahmfrischkäse z. B. Gervais oder
Quarkbutter: 30 g Butter
50 g frischer Quark, Salz
Kümmel oder Petersilie
etwas Zwiebel n. Belieben

Fülle nach Wahl herstellen: *Pikante Butter* wie Sardellen-, Kräuter-, Lachs-, Schinken-, Tomaten- oder Eierbutter bereiten wie bei Nr. 969 angegeben, pikant abschmecken.
Für *Roquefortcreme* bzw. *Quarkbutter* jeweils Butter schaumig rühren, mit den jeweils angegebenen Zutaten glatt rühren (Roquefortkäse vorher mit Gabel fein zerdrücken, evtl. durch Sieb streichen), pikant abschmecken.
Es empfiehlt sich, Füllungen mit verschiedener Geschmacksgebung in kleinen Mengen herzustellen, um unterschiedlichen Geschmacksrichtungen Rechnung zu tragen.
Jeweils 1 Cracker mit Fülle nach Wahl bestreichen, Deckcracker darauf legen, auf Platte mit Tortenpapier oder Papierserviette gemischt anrichten, mit Petersilie verzieren, bis zum Gebrauch kalt stellen.

1560. Salzmandeln

250 g Mandeln
1 Eßlöffel gutes Öl
etwas feines Salz

Mandeln brühen, abziehen, kalt waschen, zwischen Tuch oder in Röhre gut trocknen lassen; Mandeln auf sauberer Stielpfanne mit etwas Öl unter ständigem Wenden leicht goldgelb rösten, noch heiß mit feinem Tafelsalz bestreuen, auf weißem Papier, am besten Löschpapier von anhaftendem Öl befreien und trocknen lassen. Zum Aufbewahren völlig erkalten lassen, in Schraubglas oder Dose kalt verwahren, jedoch nicht zu lange aufbewahren; durch langes Liegen werden sie ranzig.

1561. Schinkenhörnchen, Schinkenrollen

Teig der Wahl jeweils nach Rezeptangaben herstellen (ohne Zucker), mindestens 1/2 Stunde kalt ruhen lassen, dann etwa gut messerrückendick auswellen, für Hörnchen Dreiecke, für Rollen Rechtecke (etwa 7 cm × 14 cm) ausrädeln, Rand mit Ei bestreichen, mit Fülle belegen, Hörnchen aufrollen und so auf gefettetes Blech setzen, daß geschlossene Seite nach oben kommt; Rollen aufrollen, offene Seite nach unten legen; Gebäck je nach Teigart nochmal kalt stellen, mit Ei bestreichen, auf gefettetem Blech bei Mittelhitze (190–200° C) 20 Minuten backen.

Schinkenfülle: Mageren Schinken durch die Fleischmaschine geben oder sehr fein wiegen; feingewiegte Zwiebeln und Petersilie in wenig Butter andünsten, mit Schinken und süßem Rahm mischen, pikant abschmecken. An Stelle von Zwiebeln und Petersilie kann 150 g kleingewürfelter Emmentaler Käse mit Schinken gemischt werden.

Teig nach Wahl:
Mürbteig wie Nr. 1555
Hefemürbteig wie Nr. 1241
Quarkmürbteig wie Nr. 1358
Quarkölteig wie Nr. 1304
(jeweils ohne Zucker)
Fülle: 200 g magerer, gekochter Schinken,
50 g roher Schinken, 3 Teel. Zwiebeln, 10 g Butter
3 Teel. Petersilie
2 Eßl. dicker, süßer Rahm
zum Bestreichen: Ei

Glasuren, Überzüge

Glasuren und Überzüge verbessern Aussehen und Geschmack des Gebäcks und mindern die Gefahr des Austrocknens.

Gebäck soll, von wenigen Ausnahmen abgesehen, völlig erkaltet sein, ehe es glasiert wird. Größeres Gebäck wie Torten, Kasten- und Kranzkuchen, Gebäckstücke aus Hefeteig oder Blätterteig u. a. *vor dem Glasieren aprikotieren,* d. h. ihre Oberfläche dünn mit feiner, glatter Marmelade oder Gelee (Aprikosenmarmelade oder Johannisbeergelee) bestreichen, an der Luft leicht antrocknen lassen, dann glasieren. Dadurch wird das Eindringen der Glasur in die Poren des Gebäcks verhindert, die Glasur erhält glatte, gleichmäßige Oberfläche und behält die Farbe besser. Für Kleingebäck entfällt das Aprikotieren meist. *Glasuren für Torten* müssen gut decken. Dafür sind kalt gerührte Glasuren günstig; sie gelingen sicher und sind einfach herzustellen.

Glasuren für Kuchen und Kleingebäck nicht zu dick halten.

I. Kalt gerührte Glasuren:

Sie sind einfache, sichere und beliebte Glasuren, sowohl für Torten, Kuchen wie auch für Kleingebäck geeignet.

Kalt gerührte Glasuren bestehen aus gesiebtem Puderzucker und meist einer geschmackgebenden, kalten oder warmen Flüssigkeit; ein Teil der Flüssigkeit kann durch Eiklar ausgetauscht werden, wodurch Glasuren besser decken. Durch einige Tropfen giftfreier Küchenfarbe können sie beliebig gefärbt werden.

Beachte:

1. *Grundmengenverhältnis:* auf 50–60 g Puderzucker rechnet man knapp 1 Eßlöffel kalte oder warme Flüssigkeit. Für Torten benötigt man je nach Größe 250–200 g Puderzucker, für Kastenkuchen je nach Größe 150–100 g Puderzucker.

2. *Puderzucker stets gesiebt* verwenden.

3. *Als Flüssigkeit* kommt zur Verwendung: Zitronen- und Orangensaft, anderer Fruchtsaft, Arrak, Rum, Kirschwasser, Kaffee-Extrakt, Karamelflüssigkeit, warmes Wasser und Eiklar.
Für kalt gerührte *Tortenglasuren* ist der Austausch eines Teiles der Flüssigkeitsmenge durch *Eiklar* zu empfehlen, um *bessere Deckfähigkeit* zu erzielen.

4. *Flüssigkeit (kalt oder warm) vorsichtig, am besten tropfenweise unter Rühren* zugeben; schon einige Tropfen zuviel können Glasur zu dünn ge-

raten lassen. Glasuren für *Torten dickflüssig*, für *Kuchen und Kleingebäck etwas dünner* halten.

5. *Glasur in fettfreiem Geschirr rühren, bis sie glatt und glänzend* ist (etwa 5–10 Minuten), sofort verwenden.

6. *Richtig und sorgfältig glasieren:*
Erkaltetes Gebäck evtl. rechtzeitig aprikotieren, kurz antrocknen lassen. *Glasur für Torten in deren Mitte aufgießen* und *ausfließen lassen* durch Schräghalten der Torte, nie streichen! Nur am Tortenrand Glasur mit breitem Messer hochstreichen, siehe auch Backlehre „Torten" Seite 673/674.
Kuchen dünner glasieren, Glasur fließen lassen oder aufpinseln, seitlich mit breitem Messer hochstreichen.

Kleingebäck mit Glasur sorgfältig *bepinseln.*

7. *Glasiertes Gebäck* eben liegend (auf Pergamentpapier) in *warmem Raum,* (nicht in der Röhre), *vor Zugluft geschützt, gut trocknen* lassen.

Eiweiß-Spritzglasur, eine besondere Art kalt gerührter Glasur, wird zum Spritzen von Verzierungen auf glasierten Torten und Lebkuchen verwendet.
Sie besteht aus Puderzucker, Eiklar und wenig Zitronensaft, der das Festwerden beschleunigt. Sie kann mit Küchenfarben beliebig gefärbt werden.

Beachte bei Spritzglasur:

a) *Grundmengenverhältnis:* 50 g Puderzucker gesiebt, 1 Teelöffel Eiklar, 2–3 Tropfen Zitronensaft geseiht – oder:

1 Eiklar, etwa 200 g Puderzucker gesiebt (je nach Eigröße), 1–2½ Teelöffel Zitronensaft.

b) Eiweiß-Spritzglasur muß *sehr steif und glänzend sein, sie darf nicht fließen!*

c) Eiweiß-Spritzglasur mittels *Pergamenttütchen mit kleiner Öffnung auf gut angetrockneten Guß spritzen,* gut trocknen lassen.

d) *Glasur im Gefäß* während des Spritzens mit feuchtem Pergamentpapier *abdecken,* um Krustenbildung zu verhüten.

II. Warm zubereitete Glasuren:

1. *Schokoladenglasur auf erkaltetes, Springglasur auf noch heißes Gebäck* auftragen.

2. *Herstellen genau nach Rezeptangabe* bzw. nach *Gebrauchsanweisung* bei käuflicher Überzugsmasse.

3. Warm zubereitete Glasur während des Arbeitens *im Wasserbad warmhalten.*

4. *Alle Schokoladenglasuren* an *zugfreiem Ort* trocknen lassen.

III. Eiweiß-Schaumglasur:

Sie wird für Kleingebäck verwendet. Sie besteht aus Eiklar und gesiebtem Puderzucker (1 Eiweiß auf 100–125 g Puderzucker) mit einigen Tropfen Zitronensaft und beliebiger Geschmacksgebung z. B. Vanille, Zimt, o. a.; sie wird *kalt gerührt* und nach dem Auftragen auf das Gebäck in der Röhre bei *schwacher Oberhitze mehr getrocknet als gebacken.* Sie soll weiß bleiben.

IV. Überzüge für Obstkuchen, Törtchen u. ä.:

Für *fertige, erkaltete* Obstkuchen oder Obsttörtchen:

Gelatineguß	Nr. 1341
Stärkemehlguß	Nr. 1341
Saftguß mit Tortengußpulver	Nr. 1341
Süßmostschaum	Nr. 1270
Schlagrahmüberzug	Nr. 1403

Zum *Überbacken:*

Rahmguß	Nr. 1342
Biskuitguß	Nr. 1344
Schaumüberzug	Nr. 1338
Makronenüberzug	Nr. 1343

1562. Zitronenglasur, Orangenglasur

Gesiebten Puderzucker mit geseihtem Zitronen- bzw. Orangensaft und warmem Wasser bzw. Eiklar solange rühren, bis Masse glatt und glänzend ist, sofort verwenden.
Für Orangenglasur kann zur kräftigen Farbgebung Wasser mit Sauerkirschen- oder Johannisbeersaft ausgetauscht werden.
Für Hefegebäck kann Glasur etwas dünner gehalten werden; damit heißes Hefegebäck bestreichen.

200–250 g Puderzucker
2 Eßl. Zitronen- oder Orangensaft
1–2 Eßl. warmes Wasser nach Bedarf
für Torten:
1/2–1 kleines Eiklar statt Wasser

1563. Arrak-, Rum-, Kirschwasserglasur, Vanilleglasur

Gesiebten Puderzucker mit Arrak, Rum oder Kirschwasser und wenig warmem Wasser bzw. Eiklar so lange rühren, bis Masse glatt und glänzend ist, sofort verwenden.
Vanilleglasur: Arrakglasur herstellen unter Verwendung von Puderzucker, der mit Vanillestange aromatisiert wurde.

200–250 g Puderzucker
2 Eßl. Arrak, Rum oder Kirschwasser
1–2 Eßl. warmes Wasser
für Torten:
1/2–1 kleines Eiklar statt Wasser

1564. Punschglasur

Gesiebten Puderzucker mit geseihtem Zitronensaft, Arrak und warmem Wasser bzw. Eiklar so lange rühren, bis Masse glatt und glänzend ist, sofort verwenden.
Wird Punschglasur auf heißes Kleingebäck gestrichen, bilden sich in der Glasur „Röschen", die z. B. bei Baseler Leckerli erwünscht sind.

200–250 g Puderzucker
1 Eßl. Zitronensaft
1 Eßl. Arrak
1–2 Eßl. warmes Wasser
für Torten:
1/2–1 kleines Eiklar statt Wasser

1565. Durchgezogene Glasur, Giraffenguß

Punschglasur oder Arrakglasur wie Nr. 1564 bzw. 1563 herstellen; von der fertig gerührten Glasurmasse 2 Eßlöffel mit gesiebtem Kakao färben, bei Bedarf mit 1 Tropfen Wasser verdünnen. Punsch- oder Arrakglasur über Torte geben, auf die noch feuchte, frische Glasur mit gefärbter Glasurmasse mit Pergamentpapiertütchen gerade Streifen oder Ringe in gleichmäßigem Abstand spritzen, mit nassem Messerrücken in rechtem Winkel geradlinig „durchziehen" oder gespritzte Ringe mit nassem Messerrücken in Richtung zur Tortenmitte „durchziehen", dann trocknen lassen. (Siehe Abb. Seite 675).

Punschglasur Nr. 1564 oder Arrakglasur Nr. 1563
2 Teel. Kakao gesiebt

1566. Kaffeeglasur, Mokkaglasur

Gesiebten Puderzucker mit warmem Kaffee-Extrakt und Eiweiß glatt und glänzend rühren oder gesiebten Puderzucker mit 2–3 Teelöffel Pulverkaffee mischen, mit 2–3 Eßlöffel warmem Wasser und Eiweiß glatt und glänzend rühren, sofort verwenden.

200–250 g Puderzucker
2–3 Eßl. Kaffee-Extrakt (warm)
1/2–1 kleines Eiklar

1567. Eiweiß-Spritzglasur

50 g Puderzucker
1 Teel. Eiklar
2–3 Tropfen Zitronensaft
oder:
1 Eiklar, 200 g Puderzucker
1–2 Teel. Zitronensaft
1–2 Tropfen Zuckerfarbe
oder etwas Kakao

Gesiebten Puderzucker, Eiklar und geseihten Zitronensaft in kleinem, fettfreiem Gefäß etwa 5 Minuten glatt und glänzend rühren; Masse muß steif sein und darf nicht fließen. Nach Belieben 1–2 Tropfen Zuckerfarbe (Vorsicht – starke Färbekraft!) oder etwas gesiebten Kakao unterrühren. Aus Pergamentpapier kleines Tütchen formen, Spitze sehr knapp abschneiden, Glasur einfüllen, auf gut angetrocknete Glasur des Gebäcks spritzen. Pergamenttütchen zum Spritzen steil halten, jeweils erst eine Probe spritzen. Nach dem Spritzen gut trocknen lassen. Während der Spritzarbeit Eiweiß-Spritzglasur im Gefäß mit feuchtem Pergamentpapier abdecken, um Krustenbildung zu verhüten; verkrustete Glasur ist zum Spritzen nicht mehr geeignet.

1568. Kakaoglasur kalt gerührt

200–250 g Puderzucker
30 g (ca. 2 Eßl.) Kakao
3–4 Eßl. heißes Wasser
evtl. ½–1 kleines Eiweiß
(zum Austausch von 2 Eßl. heißem Wasser)
25 g Kokosfett zerlassen

Puderzucker und Kakao sieben, mischen, mit heißem Wasser, evtl. unter Zugabe von Eiklar glatt und glänzend rühren, zuletzt zerlassenes, lauwarmes Kokosfett unterrühren, noch warm sofort verwenden. Sollte Masse während des Glasierens zu rasch steifen, Glasur in warmes Wasserbad stellen.
Für einfache Kuchen und einfaches Kleingebäck geeignet.

1569. Schokoladenglasur I mit Eiweiß

200–250 g Puderzucker
2 kleine Eiweiß
150 g gute Schokolade
1 Eßl. Rum oder Wasser

Gesiebten Puderzucker mit Eiweiß etwa 5–10 Minuten schaumig schlagen, im Wasserbad geschmolzene Schokolade und Rum unterrühren, verwenden. Sollte Masse zu dick werden, einige Tropfen warmes Wasser unterrühren.
Für Torten und Kleingebäck gut geeignet.

1570. Schokoladenglasur II

200–250 g gute Schokolade
(Schmelzschokolade)
3–4 Eßl. warmes Wasser
30 g Butter oder Kokosfett
evtl. 100 g Puderzucker

Schokolade in kleine Stücke brechen, mit angegebener Menge warmen Wassers im Wasserbad oder auf Automatikplatte (Stufe 1–2) auflösen, aber nicht kochen, Butter oder Kokosfett zugeben, glatt rühren, sofort warm über Gebäck geben, an zugfreiem Ort trocknen. Bei länger dauernder Glasurarbeit im Wasserbad oder auf Automatikplatte (Stufe 1–2) warm halten.
Für Torten, feine Kuchen und feines Kleingebäck gut geeignet.
Um Glasur ausgiebiger zu machen, kann man aufgelöste Schokolade unter gesiebten Puderzucker rühren, gut glatt rühren, Butter oder Kokosfett unterrühren, aus Wasserbad oder von Automatikplatte nehmen; sobald Masse die entsprechende Dicke hat, noch warm über das Gebäck geben; bei Bedarf für länger dauernde Glasurarbeiten warm halten.
Auch in dieser Form für Torten, feine Kuchen und feines Kleingebäck gut geeignet.

1571. Schokoladenglasur III mit Kuvertüre

200–250 g Kuvertüre je nach Gebäckgröße

Kuvertüre oder Schokolade-Überzugsmasse ist Schokolade, die durch sehr hohen Anteil an Kakaobutter (35%) besonders geschmeidig und leicht schmelzbar ist. Kuvertüre in kleine Stückchen schneiden, in kleinem, fettfreiem Töpfchen auf automatischer Platte (Stufe 1–2) oder in warmem Wasserbad *bei mäßiger Wärme* flüssig werden lassen, nicht zu stark erhitzen oder gar kochen! Dann von Automatikplatte oder aus Wasserbad nehmen, Kuvertüre so lange rühren, bis sie gewünschte Dicke hat und nur noch lauwarm ist, dann sofort Torte, Kuchen oder Kleingebäck damit glasieren. **Zu warm verwendete Kuvertürenglasur wird glanzlos.** Für alle Arten von feinem Gebäck gut geeignet. Bei länger dauernder Glasurarbeit Kuvertüre flüssig halten durch Warmstellen.

1572. Schokoladenglasur IV, Fettglasur

Je nach Bedarf:
1–2 Packungen käufliche Fettglasur

Fettglasur (nach Herstellerangaben aus Erdnußfett, Kakao und Zucker bestehend) in kleine Stückchen schneiden, im Wasserbad bei mäßiger Wärme (ca. 40 °C) flüssig werden lassen, glatt rühren, aus Wasserbad nehmen, Masse lauwarm und dünnflüssig verwenden. Beigefügte Gebrauchsanweisung berücksichtigen.
Vorsichtig arbeiten, damit kein Wassertropfen in die Masse fällt, wodurch sie sofort hart und bröckelig wird.
Bei länger dauernder Glasurarbeit Fettglasur im Wasserbad warm und flüssig halten. Rest von Fettglasur erkalten und erstarren lassen, kann bei gleicher Behandlung wieder verwendet werden.
Geeignet für einfache Kuchen und einfaches Gebäck.

1573. Gekochte Zuckerglasur, Springglasur

250 g Grieß- oder Würfelzucker
1/8 Wasser
1 Eßl. Zitronensaft

Zucker und Wasser mit Zitronensaft kochen bis er Faden zieht oder „spinnt“, d. h. 1 Tropfen der Lösung sich zu dünnem Faden ausziehen läßt, dabei abschäumen, sofort das noch heiße Gebäck damit bestreichen; sollte Gebäck bereits zu stark abgekühlt sein, Glasur in der Röhre bei Oberhitze kurz trocknen lassen. Glasur bei länger dauernder Glasurarbeit in heißes Wasserbad stellen, um rasches Hartwerden zu verhüten.

1574. Eiweiß-Schaumglasur für Kleingebäck (zum Überbacken)

1 Eiweiß
100–125 g Puderzucker je nach Eigröße
1–2 Teel. Zitronensaft
evtl. etwas Vanillezucker

Eiweiß zu steifem, schnittfestem Schnee schlagen, gesiebten Puderzucker und Zitronensaft oder evtl. Vanillezucker, mit Vanillestange hergestellt, nach und nach unterschlagen, etwa 10 Minuten weiter schlagen, Gebäck damit überziehen, in vorgeheizter Röhre bei schwacher Oberhitze mehr trocknen als backen. Glasur soll weiß, mindestens hell bleiben.

Getränke

I. Grundsätzliche Ratschläge:

1. *Trinke langsam,* besonders bei großem Durst und in erhitztem Zustand!

2. *Trinke nicht zu heiß und nicht eiskalt;* am bekömmlichsten sind Getränke in Temperaturen zwischen 18–38° C. Eisgekühlte Getränke und auch Milch stets in kleinen Schlucken, am besten mit Strohhalmen trinken.

3. *Trinke nicht über den Durst* – zu große Flüssigkeitsmengen auf einmal belasten Magen und Kreislauforgane – alkoholische Getränke können gefährlich werden!

4. *Trinke nie alkoholische Getränke während des Autofahrens, wenn Du Fahrer bist!*

II. Überlegungen zur Getränkewahl:

Getränke als fester Bestandteil oder Ergänzung täglicher Mahlzeiten bzw. Zwischenmahlzeiten werden vorwiegend durch ernährungsphysiologische Gesichtspunkte unter Berücksichtigung individueller Bedürfnisse bestimmt.
Die Wahl der Getränke für Feste, Feiern und Veranstaltungen macht zusätzliche Überlegungen notwendig, um bei solchen Gelegenheiten das rechte Getränk zur rechten Zeit verfügbar zu haben und dabei auch individuellen Wünschen und Bedürfnissen gerecht werden zu können. So sind zu überlegen:

1. *Anlaß und Charakter der Veranstaltung,* hierbei sind auch Tageszeit und u. U. Jahreszeit zu berücksichtigen.

2. *Der Personenkreis,* Alter und Zahl der Teilnehmer, deren individuelle Eigenart und evtl. Besonderheiten.

3. Voraussichtlicher *Mengenbedarf und die Kostenkalkulation;* dies ist für festliche Veranstaltungen mit größerem Personenkreis besonders wichtig.

4. *Wirkung und Bekömmlichkeit* der einzelnen Getränke im Hinblick auf den Teilnehmerkreis.

III. Wichtiges über einzelne Getränke:

Milch sowie alle alkoholfreien Frischmilch-, Sauermilch- und Milchmixgetränke sind wegen ihres Gehaltes an Nährstoffen, Mineralstoffen und Vitaminen und wegen ihrer guten Bekömmlichkeit besonders *wertvoll,* speziell für Kinder, Jugendliche, ältere Menschen und viele Kranke, selbstverständlich auch für alle Erwachsenen, insbesondere schwer arbeitende Menschen. Sauermilchgetränke haben wegen ihres Milchsäuregehaltes besonderen diätetischen Wert.

Ausführliches über Milch siehe Seite 756.

Fruchtsäfte und Gemüsesäfte als frische oder pasteurisierte Preßsäfte aus reifen, frischen, nicht angegorenen Früchten bzw. Gemüsen sind alkoholfrei, unvergoren (aber gärfähig) und ohne Zusatz von Wasser und Zucker (z. B. Orangen-, Grapefruit-, Apfel-, Trauben-, Birnen-, Gelbrüben- und Tomatensaft). Fruchtsäfte von Stein- und Beerenobst dürfen leicht gesüßt werden bei entsprechender Kennzeichnung. Frucht- und Gemüsesäfte sind mit natürlichen Trübstoffen oder geklärt im Handel, eine **Wertminderung** durch natürliche Trübstoffe ist nicht gegeben.

Frucht- und Gemüsesäfte sind wegen ihres Gehaltes an Vitaminen, Mineralstoffen und natürlichen Geschmackstoffen bei geringem Kaloriengehalt von besonderem gesundheitlichem Wert und können jede Tagesverpflegung mit diesen Wertstoffen ergänzen.

Süßmoste sind durch Zusatz von Wasser und **Zucker „trinkfertig"** gemachte Fruchtsäfte, vorwiegend aus säurereichen Früchten, die ohne Zusatz zu konzentriert, zu sauer und zu unmittelbarem Genuß meist ungeeignet wären. Ihr Vitamin- und Geschmackswert ist je nach Ausgangsmaterial unterschiedlich; sie können natürliche Trübstoffe enthalten oder geklärt sein. Schwarzer Johannisbeersüßmost gilt als besonders reich an Vitamin C.

Fruchtsaftgetränke bestehen aus Wasser oder kohlensäurehaltigem Wasser, mit oder ohne Zukkerzusatz und haben einen bestimmten Anteil an Fruchtsaft; dieser muß bei Fruchtsaftgetränk aus Kernobstsäften mindestens 30%, aus Zitrusfrüchten mindestens 6%, aus anderen Säften mindestens 10% betragen. *Der jeweilige Saftanteil bestimmt den gesundheitlichen Wert.* Bekannte Fruchtsaftgetränke sind „Orangeade“ und „Zitronade“.

Limonaden werden aus natürlichen Essenzen mit Zucker sowie mit Genußsäuren (Zitronen-, Wein-, Milchsäure) und kohlensäurehaltigem Wasser hergestellt. Der Anteil an Fruchtsaft in den zur Fabrikation verwendeten Limonadesirupen ist verhältnismäßig gering. Dementsprechend ist ihr ernährungsphysiologischer Wert gegenüber Fruchtsäften und Süßmosten wesentlich geringer. Die Kennzeichnung durch Deklaration als „Limonade mit . . . . . Geschmack“ verhindert eine Verwechslung mit Fruchtsaftgetränken. Coffeinhaltige Limonaden haben Coffeinzusatz; ihr Name enthält als Bestandteil meist das Wort „Cola“.

Brausen sind kohlensäurehaltige Kunsterzeugnisse, d. h. künstlich hergestellte Fruchtsaftgetränke oder Limonaden, bei denen Zucker ganz oder teilweise durch künstliche Süßstoffe und natürliche Essenzen durch künstliche Essenzen ersetzt oder verstärkt sind. Sie sind als „Brause“ gekennzeichnet; der Zusatz von erlaubten Farbstoffen, künstlichen Süßstoffen und künstlichen Aromastoffen ist kenntlich zu machen.

Erfrischende, gut durststillende Getränke sind Fruchtsäfte, Süßmoste und Fruchtsaftgetränke; sie sind wegen der darin enthaltenen Wertstoffe gesünder und wertvoller als Limonaden und Brausen; sie sollten deshalb vor allem für Kinder und Kranke bevorzugt verwendet werden, evtl. unter Zusatz von kohlensäurehaltigem Sprudel. Nach großen Anstrengungen mit starker Schweißabsonderung ist warmer Tee, evtl. mit Zitronensaft gegemischt, kaltem Getränk vorzuziehen.

Für festliche Gelegenheiten sind als Erfrischungsgetränke Fruchtsäfte z.B. Orangensaft mit Sekt gemischt, besonders geschätzt.

Kaffee und Tee haben auf Grund ihres Coffeingehaltes belebende, anregende Wirkung; sie zählen zu den Genußmitteln.

Coffein, chemisch Trimethylxanthin, ein Purinderivat, wirkt anregend auf Zentralnervensystem, Herz, Gefäße, Niere und willkürliche Muskulatur. Der Coffeinreiz steigert deshalb die körperliche und geistige Leistungsfähigkeit, verhindert Schlaf, aktiviert Herztätigkeit und Kreislauf, verstärkt die Harnabsonderung und begünstigt die Sekretion innersekretorischer Drüsen.

Die Wirkung hält einige Stunden an.

Die Coffeinverträglichkeit ist individuell unterschiedlich. Größere Coffeinmengen zeigen deutlich nachteilige Wirkungen: Schweißausbruch, Schwindelgefühl, Kopfschmerzen, Unruhe, Herzklopfen, jagenden Puls, Übelkeit, Erbrechen und Kollaps wie bei schweren Vergiftungen.

Kaffeebohnen sind die Samen der kirschenähnlichen Früchte des strauchartigen Kaffeebaumes. Im saftigen, süßen Fruchtfleisch der Kaffeekirsche liegen meist 2 Samen, die Kaffeebohnen, mit ihrer Flachseite aneinander. Entwickelt sich in der Frucht nur 1 Samen, spricht man von sogenannten „Perlbohnen“, die rund oder walzenförmig sind. Fast jeder Kaffeebaum bringt einen gewissen Anteil an Perlbohnen.

Von den vielen Arten des Kaffeebaumes wird vor allem *Coffea arabica* kultiviert; er liefert den Hauptanteil des im Welthandel umgesetzten Kaffees und erbringt die feinsten, vollkommensten und hochwertigsten Edelsorten, insbesondere als *Hochlandkaffee* bei Höhenlagen von etwa 900-1300 m (z. T. 1800 m). Kaffee aus mittleren Höhenlagen (600–700 m) hat durchschnittliche Eigenschaften und wird gerne für Mischungen verwendet. Coffea arabica als Edelgewächs ist aber empfindlich gegen Kälte, Hitze und Trokkenheit und auch anfällig gegen Schädlinge.

Coffea robusta ist dagegen ein ausgesprochenes Tieflandgewächs, anspruchslos, widerstandsfähig, rasch wachsend und ertragreich, deshalb von wirtschaftlicher Bedeutung. Diese Bohnen sind kleiner und von sehr herbem Geschmack, bei uns weniger geschätzt.

Coffea liberica, in Westafrika beheimatet, hat nur untergeordnete Bedeutung.

Hauptlieferanten für Kaffee sind Süd- und Mittelamerika, Afrika und Indonesien (Java, Sumatra, Celebes).

Ernte und Aufbereitung des Kaffees sind für seine Güte wesentlich; nur vollreife Früchte ergeben guten Kaffee. Die Trennung der Samen vom saftigen, süßen Fruchtfleisch erfolgt meist im „Naßverfahren" mit begleitender Fermentation (günstiger Einfluß auf die Samen), dem sich das Waschen, Trocknen und Schälen (Entfernung von Pergament- und Silberhäutchen) anschließen. Das Sortieren nach Größe durch Aussieben und das Aussortieren fehlerhafter Bohnen, die z. T. ganze Portionen geschmacklich verderben, machen den *Rohkaffee* handelsfähig.

Das sorgfältige Rösten erst macht den Rohkaffee zu dem beliebten Genußmittel. Der Röstprozeß ist eine trockene Destillation; hierbei entsteht ein Gewichtsverlust durch Verdampfen von Wasser, das Volumen der Bohnen nimmt wesentlich zu, ihre Konsistenz wird spröde und leicht zu vermahlen, die braune Farbe wird verursacht durch Bildung von *Karamel* aus Kohlenhydraten; es entsteht *ätherisches „Röstöl"* von ausgezeichnetem Duft (gebunden im Kaffeeöl) und die Entwicklung von *Röstbitterstoffen* aus Eiweiß, Kohlenhydraten und Fett bestimmen den Geschmack.

Das Alkaloid *Trigonellin* wird z. T. in das Vitamin *Nikotinsäure* verwandelt. Temperaturhöhe sowie Röstdauer hängen jeweils von der Eigenart bzw. der Sorte des zu röstenden Kaffees ab. Sorgfältige Röstung ist für guten Kaffee entscheidend. Nach dem Rösten erfolgt ein rasches Abkühlen, um ein Nachrösten und Aromaverlust zu vermeiden. Der geröstete Kaffee wird noch einmal verlesen.

Das Kaffeearoma entsteht aus dem Gemisch einer großen Vielzahl mehr oder minder flüchtiger Stoffe, die vielfach in den Kaffeeaufguß übergehen; im einzelnen jedoch sind diese Kaffeearomastoffe noch nicht endgültig geklärt.

Gute Kaffeesorten sind in der Regel Mischungen verschiedener, geschmacklich sich ergänzender Kaffeesorten, wodurch Verbesserungen von Geschmack, Aroma, Farbe des Aufgusses, gleichbleibende Qualität und günstige Preisgestaltung erstrebt werden. Auf diese Weise können, den Verbraucherwünschen entsprechend, Mischsorten als Standardsorten mit sehr unterschiedlichem, spezifischem Geschmack und Aroma erzielt werden. Die Qualität der Mischsorte bestimmt die Güte des Kaffeeaufgusses weitgehend. Ihre Bezeichnung steht den Firmen frei; besteht die Mischung mindestens zu 50% aus einer bestimmten Kaffeesorte und bestimmt diese die Eigenart der Mischung, so darf die Mischung nach dieser Sorte bezeichnet werden.

Röstkaffee enthält i. D. etwa 1,2% Coffein, gebunden an Chlorogensäure, wovon etwa bis zu 90% in den Aufguß übergehen. 1 Tasse mäßig starken Aufgusses enthält etwa 40–65 mg Coffein, starker Aufguß bis zu 100 mg, Mokkaaufguß noch mehr. Duft und Geschmack des Kaffees werden durch Coffein nicht beeinflußt, sie sind weitgehend bedingt durch den Gehalt an ätherischem Röstöl, durch die Röstbitterstoffe und die im einzelnen noch nicht erforschten Aromastoffe. Durch spezifische Behandlungsweise kann Coffein abgespalten und aus dem Kaffee entfernt werden, wodurch *coffeinfreier* Kaffee gewonnen wird, der für coffeinempfindliche Menschen gut verträglich ist.

Durch besondere „Veredlungsverfahren" ist es aber auch möglich, die *Chlorogensäure,* die als Ursache der Unverträglichkeit von Kaffee für magen- und galleempfindliche Menschen angenommen wird, vom Coffein abzuspalten und mit einigen anderen Röstreizstoffen zu *entfernen.* Dadurch ist es möglich, Kaffee bekömmlicher zu machen, ohne seinen Coffeingehalt zu vermindern (z. B. durch das „kofrosta-Verfahren" oder durch Behandlung mit Dampf unter Überdruck).

Kaffee-Extraktpulver ist ein Kaffee-Auszug, der vom Satz getrennt, durch Versprühen oder Gefriertrocknung (–40 ° C) zu Extraktpulver getrocknet ist. Es ist leicht löslich, stark hygroskopisch, deshalb stets gut luftdicht verschlossen aufbewahren!

Kaffee-Ersatzstoffe sind vorwiegend Malzkaffee, meist aus Gerstenmalz u. U. auch aus Roggen- oder Weizenmalz hergestellt, sowie sonstiger Getreidekaffee und auch Eichelkaffee, der sehr bitter und gerbig schmeckt.

Kaffee-Zusatzstoffe sind vorwiegend Zichorien- und Feigenkaffee, die nur als „Kaffee-Gewürz" verwendet werden infolge ihres Gehaltes an Zuckerröststoffen, die gute Farbe geben.

Kaffee-Ersatzmischungen sind Mischungen von Kaffee-Ersatzstoffen, evtl. mit Kaffee-Zusatzstoffen, u. U. mit einem gewissen Gewichtsanteil Bohnenkaffee, der als solcher kenntlich gemacht ist. Sie kommen in der Regel gemahlen in den Handel.

Tee besteht aus Blattknopsen, jungen Blättern und jungen Trieben des echten Teestrauches, die nach dem in den Ursprungsländern üblichen Verfahren aufbereitet sind.

Der chinesisch-japanische Teekulturkreis erstreckt sich auf China, Formosa und Japan; schon seit dem 9. Jahrhundert ist in China Tee zum Nationalgetränk geworden. *Der indische Teekulturkreis* (Indien, Ceylon und Indonesien) ist der Hauptlieferant für Tee an die Welt.

Tee wird bezeichnet nach dem jeweiligen Herkunftsland, Anbaugebiet, nach Blattqualität und Aufbereitung.

Wichtigste Herkunftsgebiete indischen Tees:

Assam liefert vorwiegend extraktreiche, schwere, kräftig ziehende Tieflandtees in großen Erntemengen, die als Mischungsgrundlage sehr geschätzt sind.

Darjeeling am südlichen Auslauf des Himalajagebirges bringt vorwiegend Hochlandtee von höchsten Gütegraden mit feinstem, zartestem Duft und Geschmack mit heller Aufgußfarbe; er wird rein, aber auch zu Mischungen feiner Art verwendet. Die Erträge bei Hochlandtee sind wesentlich geringer als bei Tieflandtee.

Ceylon-Tees sind meist Hochgewächse, liefern einen goldgelben, aromastarken, angenehm herben Aufguß. Sie werden ungemischt und auch zu Mischungen verwendet.

Indonesische Tees (vorwiegend aus Java und Sumatra) ergeben kräftigen, herben, dunklen, stark anregenden Aufguß; sie werden meist als Mischungsgrundlage verwendet, z. B. für Ostfriesische Mischung.

Bezeichnungen nach Blattqualität (siehe Abbildung):

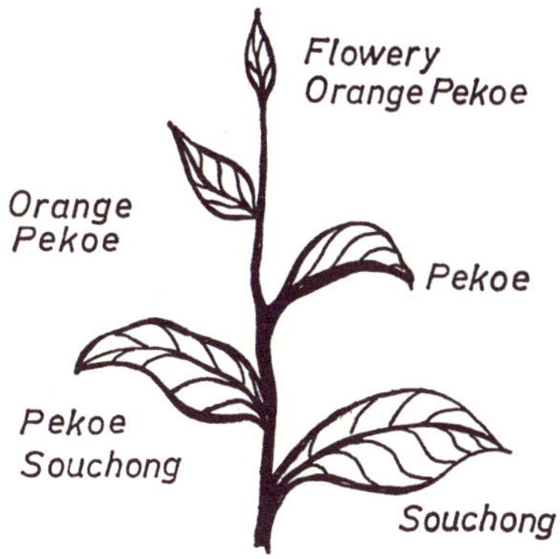

Flowery Orange Pekoe (F.O.P.): feinste Qualität, nur aus zartesten, feinsten, jüngsten Blatttrieben, Blattknospen bestehend, am besten von Hochgewächs und erster Pflückung, enthält meist viele „tips", das sind silberfarbige bis goldgelbe Teilchen, von der Behaarung ganz junger Blätter stammend bzw. die äußersten Spitzen junger Triebe – ein Beweis für junge Teeblätter und damit gute Qualität; solcher Tee ergibt hellen, nicht sehr kräftigen Aufguß, jedoch mit ausgezeichnetem Duft.

Orange Pekoe (O.P.) besteht aus ersten, zarten, feinsten und aufgerollten Blättern und Blattknospen, ohne „tips"; Aufguß ist in der Farbe kräftiger, Duft sehr gut.

Pekoe (P.) enthält Blattknospen, erste und zweite Blätter, ist nicht so dünn gerollt, ergibt kräftigeren, ausgiebigeren Aufguß, hat jedoch weniger Duft.

Pekoe Souchong (P.S.) liegt qualitativ zwischen Pekoe und Souchong.

Souchong (S.) hat viele zweite und dritte Blätter, grob und breit gerollt, weniger aromatischer Aufguß, billigste Blattqualität.

Die Blattbezeichnungen geben ein allgemeines Urteil über die Teequalität, jedoch sind darüber hinaus Herkunft, Höhenlage, Pflückfolge und Aufbereitung von entscheidender Bedeutung.

Vielfach werden die Teeblätter während der Aufbereitung geschnitten oder gebrochen. Solche Tees werden als *Broken-Tee* bezeichnet und die Bezeichnung „Broken" vor der Blattqualität beigefügt, z. B.

Flowery Broken Orange Pekoe (F.B.O.P.),
Broken Orange Pekoe (B.O.P.),
Broken Pekoe (B.P.) u. ä.

Broken-Tees sind wesentlich ausgiebiger und sind deshalb sehr beliebt. Sie haben kürzere Ziehdauer, werden für Tee-Aufgußbeutel bevorzugt verwendet.

Fannings und Teestaub oder Dust sind kleinste Bruchstücke von Teeblättern, die abgesiebt werden und häufig für Tee-Aufgußbeutel Verwendung finden. Dust spielt in Europa keine Rolle.

Schwarzer Tee hat vier Stufen der Aufbereitung durchlaufen: *Welken* der Blätter, *Rollen* derselben, wobei die Zellwände zerrissen werden, so daß Luftsauerstoff auf den Zellsaft einwirken kann, *Fermentieren,* ein Oxydationsprozeß, wodurch das typische Aroma und die besonderen Gehaltsstoffe der Tees entwickelt werden und schließlich das *Trocknen,* wodurch die schwarze Verfärbung und Haltbarkeit bewirkt werden.

Grüner Tee ist nicht fermentiert, sondern nach dem Pflücken sofort in Wasserdampf gedämpft, dann getrocknet, gerollt und fertig getrocknet. Er schmeckt bitterer und ist coffeinreicher. Grüner Tee ist meist chinesischer Herkunft.

Teemischungen sind allgemein bevorzugt, weil die einzelnen reinen Teesorten trotz ihrer hochwertigen Eigenschaften nur selten alle erwünschten Eigenschaften aufweisen. Deshalb werden bestimmte Sorten so gemischt, daß beim Aufguß die gewünschte Geschmacksrichtung, die bestimmte Farbtönung und eine gewisse Ausgiebigkeit harmonisch erreicht werden. Das Mischen kann auch witterungsbedingte Unterschiede in Qualität und Menge einzelner Sorten weitgehend ausgleichen. Bekannte feststehende Mischungen sind die „Ostfriesische Mischung", die einen kräftigen, aromastarken, dunklen Aufguß ergibt; sie enthält meist Assam-Tee und indonesischen Tee; die „Englische Mischung" ergibt einen milden, goldgelben, blumigen Aufguß, sie enthält mehr Ceylon-Tee als Assam-Tee. Die „Russische Mischung" enthält neben Darjeeling auch China-Sorten. Teefirmen können nach eigener Erfahrung Mischungen herstellen. Sie werden meist nach Nummern bezeichnet.

Wert- oder Extraktivstoffe des Tees, die in den Aufguß übergehen:

Coffein (2,5–4,5%) verleiht dem Tee die anregende Wirkung. Es ist vorwiegend an Gerbstoffe gebunden, wird etwa zu 80% im Aufguß gelöst. Der Coffeingehalt des Teeaufgusses ist geringer als bei Kaffee, da pro Tasse nur 1–2 g Tee verwendet werden; er schwankt pro Tasse zwischen 25–50 mg im Durchschnitt, je nach Teesorte, Teemenge und Dauer des Ziehens. Die Coffeinwirkung des Tees ist aber wesentlich geringer, da das an Gerbstoffe gebundene Coffein des Tees nur teilweise vom Körper resorbiert wird. Auch Spuren anderer Alkaloide sind enthalten wie Theophyllin, Xanthin, Adenin.

Gerbstoffe (7% im schwarzen Tee, 10% im grünen Tee) beeinflussen Farbe und Geschmack des Teeaufgusses. Sie wirken außerdem beruhigend und adstringierend auf die Schleimhäute des Magen-Darmkanals, worauf teilweise seine stopfende Wirkung bei Darmkatarrh beruht. Tee verursacht kein Sodbrennen, obwohl er auch etwas Chlorogensäure enthält.

Ätherisches Teeöl verleiht den spezifischen Duft und geht in den Aufguß über. Da es flüchtig ist, muß Tee gut verschlossen aufbewahrt werden. Die „Patina", die sich in jeder Teekanne bildet sowie die „Haut", die beim Erkalten auf Tee entsteht, besteht aus öligen Bestandteilen des Tees wie Wachs, Fett, ätherischem Öl.

„Instant-Tee" ist Tee-Extrakt in Trockenpulverform.

Teeähnliche Erzeugnisse sind Ersatztees aus Kräutern und Früchten:

Mate-Tee oder Paraguay-Tee wird aus Blättern einer in Südamerika heimischen Stechpalmenart gewonnen (Ilex paraquajensis). Er ist das Volksgetränk Südamerikas. Getrockneter Mate-Tee enthält bis zu 1,6% Coffein und Theobromin, etwa 7,5% Gerbstoffe und Aromastoffe; der Aufguß ist durch Chlorophyll leicht grünlich und hat typischen Geschmack, leicht anregende Wirkung.

Kräutertees verschiedener Art kommen rein oder gemischt in den Handel.

Verwendung finden: Blätter von Erdbeer-, Brombeer-, Himbeer- und Heidelbeerpflanzen, von Pfefferminze, Zitronenmelisse u. a. m. – die Blüten von Kamille, Linde, Malve, Schafgarbe u.a.m., Wurzeln von Baldrian und Enzian, Rinden von Faulbaum, Früchte oder Samenkerne von der Hundsrose oder Hagebutte, schließlich auch Apfelschalen. Diese Ersatztees enthalten weder Coffein noch ätherisches Teeöl, aber durch andere Geschmackstoffe ergeben sie aromatische Aufgüsse und haben darüber hinaus teilweise spezifische *Wirkung* und finden deshalb z. T. medizinische Verwendung; z. B.

Lindenblüten-, Flieder- und Stiefmütterchentee wirken *schweißtreibend,* Huflattich- und Spitzwegerichtee gelten als *schleimlösend,* Baldriantee und Johanniskrauttee als *beruhigend;* schmerzlindernd und *entzündungswidrig* wirkt Kamillentee, gegen *Blähungen* sind Fenchel- und Kümmeltee hilfreich, Sennesblätter- und Faulbaumrindentee wirken *abführend;* Pfefferminztee ist wegen seiner *allgemein diätetischen Wirkung* beliebt und wird oft mit anderen Kräutern gemischt, Hagebuttentee gilt als besonders wohlschmeckend.

Die Bezeichnung von Kräutertees als „Deutscher Tee" ist verboten. Die meisten Kräutertees sind heute in Portionsbeuteln erhältlich und durch Aufgußverfahren rasch zuzubereiten.

Aufgußgetränke

Ratschläge für die Herstellung

Kaffee- und Tee-Aufguß werden in ihrer Güte beeinflußt von der Qualität der Sorte, dem Wasser und dem Aufgußverfahren.

Beachte:

1. *Die Sortenwahl* beim Einkauf erfolge nach Geschmacksrichtung! *Gute Sorten* sind aromatischer, schmackhafter und ausgiebiger. Durch besondere Aufbereitungsverfahren sind gute Kaffeesorten häufig von Chlorogensäure und Röstreizstoffen befreit und dadurch bekömmlicher.

Frisch gerösteter Kaffee ist aromatischer als lange gelagerter. *Fein gemahlener Kaffee,* möglichst kurz vor Gebrauch gemahlen, ergibt wohlschmeckenderen und kräftigeren Aufguß und ist sparsamer im Verbrauch.

Kaffee und Tee stets luftdicht verschlossen in Dosen kühl und trocken aufbewahren.

2. *Stets mit frisch und sprudelnd kochendem Wasser* aufgießen. Weiches Wasser ergibt besseren Aufguß als hartes Wasser (mit permanenter Härte). Stark gechlortes Wasser vor dem Aufgießen einige Sekunden sprudelnd kochen lassen.

3. *Kurz vor Gebrauch sorgfältig aufgießen, Aroma dabei bestmöglich erhalten:*

Eigene Kannen jeweils für Kaffee, schwarzen Tee und Kräutertee. *Kannenmaterial* aus Porzellan oder Steingut, evtl. Jenaer Glas, kein oxydierbares Metall. Günstig sind Warmhaltekannen.

Kannen stets gut vorwärmen, am besten unmittelbar vor Gebrauch ausbrühen.

Aufgußverfahren siehe jeweils Rezeptangaben.

4. *Kaffee und Tee immer gut heiß reichen.*

Zu Kaffee heiße Milch, kalten Rahm oder Kondensmilch, zu besonderen Anlässen evtl. auch ausnahmsweise Schlagrahm reichen.

Zu Tee kalten Rahm, Milch oder Zitronensaft, Rum, Arrak oder Weinbrand geben. Weißer Kandiszucker ist zum Süßen besonders beliebt.

1575. Bohnenkaffee

Man rechnet für 1 Tasse (ca. 150 ccm) an Bohnenkaffee für
mittelstarken Aufguß:
5–6 g (1 gehäufter Teel.)
starken Aufguß:
7–8 g (1½ gehäufte Teel.)
mokkastarken Aufguß:
10–16 g (2–3 gehäufte Teel.)
für 1 l Wasser (6 Tassen mittelstarken Aufgusses):
30–40 g Bohnenkaffee

I. Art Filterkaffee: Kaffeekanne ausbrühen, während des Filterns in heißes Wasserbad stellen. Filtertüte in trockenen Filter einsetzen. Mehlfein, möglichst frisch gemahlenen Kaffee in Filtertüte geben, mit etwas kochendem Wasser anbrühen, ½ Minute quellen lassen (angebrühtes Kaffepulver legt sich als Mantel an die Filtertüte an), dann die notwendige, deutlich sprudelnde Wassermenge in die Mitte des Filters nachgießen, Filtermantel hierbei nicht zerreißen. Bei größeren Mengen mehrmals aufgießen. Um zu lange Filterdauer bei größeren Aufgußmengen zu vermeiden, muß Filtergröße der gewünschten Tassenzahl entsprechen. Sofort heiß reichen.

II. Art: Überbrühter Kaffee: Kaffeekanne ausbrühen, feingemahlenen Kaffee, (evtl. mit wenig Karlsbader Kaffeegewürz oder Feigenkaffeezusatz, auf 1 l knapp ½ Teelöffel) in die heiße Kanne geben, mit der notwendigen Menge sprudelnd kochenden Wassers auf einmal überbrühen, zugedeckt 5 Minuten ziehen lassen (Kannenschnabel verstopfen), in gut vorgewärmte Kanne abseihen. Zu langes Ziehenlassen ist nachteilig, da dadurch zu viele Bitterstoffe gelöst werden und Geschmack des Aufgusses leidet.

III. Art: Aufgekochter Kaffee: (geeignet für Herstellung großer Mengen in kurzer Zeit): Kaltes Wasser nach Belieben mit Karlsbader Kaffeegewürz oder wenig Feigenkaffee (etwa ½ Teelöffel auf 1 l Wasser) zum Kochen bringen, feingemahlenen Kaffee in das kochende Wasser geben, einmal aufwallen lassen, vom Herd nehmen, mit 2–3 Eßlöffeln kalten Wassers abschrecken, zugedeckt 5 Minuten ziehen lassen, in vorgewärmte Kanne abseihen.

IV. Art: Mit Kaffeemaschine: Nach Gebrauchsanweisung herstellen. Besonders empfehlenswert ist Kaffeemaschine aus hitzebeständigem Glas.

1576. Mokka

Pro Tasse Aufguß (150 ccm = 2 Mokkatassen):
10–16 g (2–3 gehäufte Teel.) Bohnenkaffee, feingemahlen

Am besten wird Mokka gefiltert wie Kaffee Nr. 1575/I. Art. Sehr heiß mit kaltem Rahm und Zucker reichen.

Türkischer Mokka wird aus stärker gebrannten Kaffeesorten in besonderen Kupfer- oder Messingkännchen bereitet: Wasser mit etwas Zucker (je Mokkatasse 1 Teelöffel Zucker) zum Kochen bringen, mehlfein gemahlenen Kaffee (je Mokkatasse 1–2 Teelöffel) zugeben, einmal aufkochen lassen, als Trübgetränk mit dem Satz reichen.

1577. Bohnenkaffee aus Kaffee-Extraktpulver

Pro Tasse (150 ccm) Aufguß:
1–2 Teel. Kaffee-Extraktpulver
(je n. gewünschter Stärke)

Kaffee-Extraktpulver in Tasse geben, mit heißem Wasser anbrühen, verrühren. Mit Zucker und kaltem, süßem Rahm, Dosenmilch oder mit heißer Milch reichen. 2 Teelöffel Extraktpulver ergeben mokkastarken Kaffee. Kaffee-Extraktpulver stets wieder dicht verschließen!

Käseplatte einfacher Art ▶
Rezept S. 798

1578. Mischkaffee

Frisches Wasser zum Kochen bringen, fein gemahlenen Bohnen- und Malz- oder Mischkaffee in das kochende Wasser geben, einige Male aufkochen lassen, 5–6 Minuten zugedeckt ziehen lassen, mit 2–3 Eßlöffeln kaltem Wasser abschrecken, abseihen.

1 l Wasser
15–20 g (1 Eßl.) Bohnenkaffee
15–20 g (1 Eßl.) Malzkaffee
1/4 l heiße Milch

1579. Malzkaffee

Frisches Wasser zum Kochen bringen, fein gemahlenen Malzkaffee oder Kaffee-Ersatzmischung in kochendes Wasser geben, einige Male aufkochen lassen, 5–6 Minuten zugedeckt ziehen lassen, mit 2–3 Eßlöffeln kaltem Wasser abschrecken, damit sich Satz rascher absetzt, abseihen.

Oder Malzkaffee bzw. Kaffee-Ersatzmischung mit kaltem Wasser zusetzen, zum Kochen kommen lassen, einige Male aufkochen, dann absetzen lassen, abseihen.

Kaffee-Extraktpulver z. B. Caro nach Gebrauchsanweisung verwenden. In der Regel pro Tasse 1 Teelöffel mit kochendem Wasser oder heißer Milch anbrühen oder mit kalter Milch anrühren.

1 l Wasser, 30–40 g Malzkaffee oder Kaffee-Ersatzmischung
1/4 l Milch

Eiskaffee siehe Nr. 1180/1181

1580. Schwarzer Tee

Tee in vorgewärmte Kanne streuen oder auf Einsatzsieb geben, (evtl. Tee-Aufgußbeutel in Kanne einhängen), mit entsprechender Menge frisch kochenden, sprudelnden Wassers aufbrühen, zugedeckt ziehen lassen. Ziehdauer für Blatt-Tee 4–5 Minuten, für Broken-Tee 3–4 Minuten; zu langes Ziehen macht Tee bitter durch vermehrtes Lösen von Gerbstoffen; Coffein löst sich weitgehend in den ersten 2 Minuten. Tee sofort in vorgewärmte Kanne abseihen oder Einsatzsieb bzw. Aufgußbeutel entfernen. Tee-Eier verhindern häufig eine volle Auswertung der Aromastoffe des Tees.

Oder Tee mit 1/3 der frisch kochenden Wassermenge übergießen, zugedeckt nach Vorschrift ziehen lassen, restliche Menge frisch kochendes Wasser darüber gießen, noch 3 Minuten stehen lassen, abseihen. Tee heiß mit kaltem, süßem Rahm oder Zitronen- oder Orangensaft bzw. mit Rum, Arrak oder Weinbrand reichen. Weißer Kandiszucker ist zum Süßen besonders beliebt.

Pro Tasse:
1 gehäufter Teel. Blatt-Tee oder
1 gestr. Teel. Broken-Tee

auf 1 Liter (6 Tassen):
6–8 Teel. Tee

1581. Eis-Tee

Doppelt starker Tee mit erhöhter Teemenge herstellen wie bei Nr. 1580 beschrieben; Eiswürfel in Glas geben, nach dem Ziehen den *heißen Tee* direkt auf Eiswürfel seihen, nach Belieben Zitrone und Zucker zugeben, evtl. mit Zitronenscheibe anrichten. In Eis-Tee kann nach Belieben etwas Gin oder Cognac gegeben werden.

Pro Glas: 2 Teel. Tee oder 2 Teebeutel bzw. 1 Doppelbeutel, 3 Eiswürfel
Zucker nach Geschmack
nach Belieben: Zitronensaft
evtl. 1 Zitronenscheibe

◀ Schwedenplatte
Rezept S. 797

1582. Zitronen-Eistee mit Pfefferminz (4–6 Personen)

1 Liter doppelt starker Tee (12 Teel. Tee pro Liter)
1 Aufgußbeutel Pfefferminztee, 1/8–1/4 l Zitronensaft, Zucker nach Geschmack
Eiswürfel

Schwarzen Tee und Pfefferminztee mit frisch kochendem, sprudelndem Wasser aufbrühen, zugedeckt 5 Minuten ziehen lassen, umrühren, abseihen, in die mit Eiswürfeln halb gefüllten Gläser gießen, mit Zucker und Zitronensaft nach Belieben abschmecken; schmeckt außerordentlich erfrischend. Hierzu nur schwach süßes Gebäck passend!

1583. Mate-Tee

Pro Tasse:
1 Teelöffel Mate-Tee

Zubereitung wie schwarzer Tee Nr. 1580, Ziehdauer 5 Minuten. Mit Zucker, kalter Milch, Rahm oder Zitronensaft reichen.

1584. Kräuter-Tee

Für 1–2 Tassen:
1 Aufgußbeutel oder 1 gehäufter Teelöffel getrocknete Kräuter nach Wahl

Teezubereitung wie bei schwarzem Tee Nr. 1580, Ziehdauer 5–6 Minuten, abseihen bzw. Aufgußbeutel entfernen.
Portionierte Tee-Aufgußbeutel sind heute von fast allen Kräutern im Handel wie Brombeer-, Erdbeer-, Himbeer-, Heidelbeerblätter, Pfefferminze, Melisse, Blüten von Kamille, Linde, Malve, Stiefmütterchen, Schafgarbe u. a. m. Liebt man Kräuter-Tee weniger stark, reicht 1 Aufgußbeutel für 2–3 Tassen Kräuter-Tee.

Kräuter können nach Belieben auch gemischt verwendet werden.

1585. Hagebutten-Tee

Für 1–2 Tassen:
1 Aufgußbeutel Hagebuttentee

Tee-Aufgußbeutel mit frisch kochendem, sprudelndem Wasser anbrühen, zugedeckt 6–8 Minuten ziehen lassen, Aufgußbeutel entfernen. Hagebuttentee-Aufgußbeutel enthalten vielfach zwecks guter Farbgebung etwas Malvenblütenblätter.

Kocht man Hagebuttentee aus Hagebuttenkernen allein (1 Eßl. pro 1/4 l Wasser), so setzt man sie kalt zu, läßt sie mindestens 15–20 Minuten, besser noch länger zugedeckt leise kochen, bis Tee gutes Aroma und schöne Farbe hat, dann abseihen, mit Milch und Zucker reichen. Hagebuttenkerntee erhält durch genügend langes Kochen rote Farbe und vanilleähnliches Aroma.

1586. Apfelfrucht-Tee

Für 1–2 Tassen:
1 Aufgußbeutel oder 1 gehäufter Teelöffel Apfelfrucht-Tee

Apfelfrucht-Tee mit frisch kochendem Wasser anbrühen, zugedeckt 6–8 Minuten ziehen lassen, abseihen bzw. Aufgußbeutel entfernen.

1587. Kakao

Milch zum Kochen bringen, Kakao mit Zucker trocken mischen, mit wenig kalter Milch oder Wasser glatt rühren, in kochende Milch einschlagen, kurz aufkochen lassen, abschmecken.

Oder Kakao mit Zucker und wenig kaltem Wasser glatt rühren, aufkochen lassen, Milch zugeben, rasch aufkochen lassen, abschmecken. Schwach entöltes Kakaopulver hat dunklere Farbe, milderen Geschmack und volleres Aroma, ist deshalb stark entöltem Kakao für Kakaogetränk vorzuziehen trotz des etwas höheren Preises.

Kakao ist durch seinen Gehalt an Eiweiß, Fett und Kohlenhydraten ein kalorienreiches, hochwertiges und sättigendes Nahrungsmittel, durch seinen Gehalt an Theobromin (ca. 2,5%) zugleich ein mildes, aber unbedenkliches Genußmittel; seine anregende Wirkung ist gering. *Wasserkakao* wirkt leicht stopfend, hierfür Wasser statt Milch verwenden, nicht zuckern!

Haferkakao besteht aus Kakaopulver und Hafermehl, hat evtl. Zuckerzusatz. Kochzeit dafür etwas verlängern (5–10 Minuten).

Malzkakao enthält außer Kakaopulver Malzextrakt oder Malzmehl, für Kinder oft bevorzugt.

Pro Tasse:
5 g (1 gestr. Teel.) Kakao
1 Tasse (150 ccm) Milch
1/2 Teel. Zucker

auf 1 l Milch
20–30 g (2–3 gestr. Eßl.) Kakao
etwa 2 Eßl. Zucker

1588. Schokolade

Schokolade in kleine Stückchen brechen, mit wenig Milch oder Wasser bei schwacher Hitze schmelzen lassen, glatt rühren, Milch zugeben und unter Schlagen mit Schneebesen kurz aufkochen lassen, nach Bedarf zuckern, nach Belieben auf jede Tasse 1 Eßlöffel Schlagrahm setzen oder Schlagrahm dazu reichen.

Bei Verwendung von Schokoladenpulver oder Schokoladensirup diese mit heißer Milch verschlagen, evtl. unter Schlagen kurz aufkochen lassen; Zuckerzugabe entfällt hierbei in der Regel.

80–100 g Schokolade oder Schokoladenpulver oder Schokoladensirup n. Bedarf
1 l Milch
Zucker nach Bedarf
evtl. 1/8 l Schlagrahm

1589. Kakaotrunk (Kaba, Nesquik)

Kakaotrunk jeweils nach Gebrauchsanweisung der Herstellerfirma herstellen; Kaba- oder Nesquikpulver mit heißer oder kalter Milch anrühren, heiß oder kalt reichen. Kochen unnötig! Sowohl Kaba- wie Nesquik-Packungen geben im Aufdruck ihre Zusammensetzung an, so daß sich der Käufer über die enthaltenen Wertstoffe selbst orientieren kann.

Pro Tasse Milch:
2 Teel. Kaba,
Nesquik o. ä.

Milchmischgetränke

Ernährungsphysiologisch ist die Milch eines der *wertvollsten* Nahrungsmittel, denn sie enthält alle vom Menschen benötigten Nährstoffe und wichtige Reglerstoffe in harmonischer und besonders leicht verdaulicher Form. Ihre *Eiweißstoffe* sind biologisch hochwertig und vom Körper leicht in körpereigenes Eiweiß umzuwandeln, gleichzeitig ergänzen sie weniger wertvolle pflanzliche Eiweißstoffe z. B. des Brotes mit lebenswichtigen Aminosäuren. Für eine gute und sichere Eiweißversorgung des Menschen ist Milch sehr wichtig, sowohl für den wachsenden wie für den ausgewachsenen und den alternden Menschen, in gesunden und erst recht in kranken Tagen. Das hochwertige, leichtverdauliche *Milchfett* enthält neben essentiellen Fettsäuren auch fettlösliche Vitamine; der *Milchzucker* ist Nährboden für die wichtigen Milchsäurebakterien und unterstützt die Erhaltung einer gesunden Darmflora. Der Reichtum an *Mineralstoffen*, vor allem an Kalk- und Phosphorverbindungen und der vielseitige *Vitamingehalt* (reichlich Vitamin A, Carotin, B-Faktoren sowie etwas Vitamin D, E und C) machen die Milch unentbehrlich für Kinder und sehr wünschenswert für ältere Menschen. Diese Wertstoffe der Milch ermöglichen einerseits gesundes Wachstum und schützen andererseits vor vorzeitigem Knochenabbau.

Milch kann auch als *Heilnahrung* hilfreich sein in vielen Fällen von Fettsucht (Milchtage mit 610–670 kcal. durch 1 l Milch täglich), bei bestimmten Formen von Magen-, Leber- und Nierenerkrankungen, schließlich auch in manchen Fällen von Kreislauf- und Herzerkrankungen (siehe jeweils einschlägige Diät).

Milch in saurer Form als Sauer- oder Buttermilch oder Joghurt ist besonders *leicht verdaulich* und hat durch den Gehalt an Milchsäure spezielle diätetische Wirkung für die Darmtätigkeit.

„Täglich ½ l Milch für jedermann" lautet die Forderung im Dienste einer gesunden Ernährung, sowohl für Kinder wie für Erwachsene, für Jugendliche wie für ältere Menschen! Milchmischgetränke sind ein guter Helfer, diese Forderung in die Tat umzusetzen, denn sie sind sehr gesund, schmecken gut, bieten vielseitige Abwechslungsmöglichkeit, können jedem Geschmack individuell angepaßt werden, sind zudem leicht und schnell, ohne großen Arbeitsaufwand und mit geringen Kosten herzustellen.

Für kalorienarme Kost fettarmen Joghurt und Magermilchjoghurt bevorzugen.

Milchmischgetränke können aus *frischer, süßer Trinkmilch* oder aus *Sauermilcharten* wie Joghurt, Butter- oder Sauermilch mit Geschmackszutaten nach Wahl hergestellt werden. Sie werden meist gekühlt gereicht.

Grundmenge pro Person: ⅕–¼ l Milch im Durchschnitt (je nach sonstigen Zutaten).

Ratschläge für die Herstellung:

1. *Alle Zutaten möglichst kalt* verwenden!
Süße Trinkmilch wie jede Art von Sauermilch muß frisch und möglichst eisgekühlt sein (im Kühlschrank belassen bis zur Verwendung). Trinkmilch darf nicht gekocht sein! Bei Verwendung von Zitronensaft oder sauren Obstarten muß Milch besonders gut gekühlt sein, um grobflockige Gerinnung zu verhüten; evtl. einige Eiswürfel in das Mixgetränk geben.
Als geschmackgebende Zutaten werden verwendet: Rohe frische oder tiefgefrorene Früchte oder sterilisiertes Obst, Fruchtsäfte, Schokolade, Kaffee, Eigelb, alkoholische Getränke oder andere Geschmackszutaten nach Wahl.

2. *Als Arbeitsgerät dienen:* Elektrischer Mixer oder Handmixgerät bzw. elektr. Handrührgerät (Bedienung nach Gebrauchsanweisung), Schüttelbecher oder Shaker, evtl. Schneebesen und hochwandige Schüssel – keine Metallgefäße verwenden (außer Chromnickelstahl).

3. *Herstellungsweise:* Gekühlte Milch bzw. Sauermilchart mit vorbereiteten Geschmackszutaten evtl. unter Zugabe von Eiswürfeln sehr gut mixen, schlagen oder schütteln. Bei Verwendung von *Obst* dieses nach dem Vorbereiten im Mixer mit etwas Zucker bei Stufenschaltung I schaumig schlagen, tiefgefrorenes Obst vorher gut antauen lassen, Milch zugeben und kurz auf Stufe II

durchschlagen; bei elektrischem Handrührgerät entsprechend auf Stufe II und III schalten. Gebrauchsanleitung der Firmen beachten.

4. *Gläser,* in der Regel Bechergläser, für kalte Milchmischgetränke gut *vorkühlen,* nach Belieben mit krustiertem Zuckerrand versehen: Glasrand durch einen eingeschnittenen Zitronenspalt ziehen oder etwa 1/2 cm tief in Zitronensaft tauchen, dann in Zucker tauchen und trocknen lassen oder Glasrand in Wasser, anschließend in Schokoladenstreusel tauchen, trocknen lassen.

5. *Verzierungen* geschmacklich dem Mischgetränk entsprechend wählen. Verwendung finden: Früchte, Mandelsplitter, Schokoladenstreusel, kleine Makronen u. ä. – aber nicht jedes Milchmischgetränk muß verziert werden.

6. Milchmischgetränke nach Fertigstellung möglichst *sofort reichen,* notfalls kalt stellen. Längeres Stehen kann grobflockige Gerinnung und ein Absetzen bewirken.

7. Eisgekühlte, trinkfähige Milchmischgetränke *mit Strohhalm reichen,* um richtiges Genießen in *kleinen Schlucken* zu gewährleisten. Dickere Milchmischgetränke oder mit Zugabe von Fruchtstückchen mit Löffel servieren. Bei Zugabe von Eiswürfeln diese mit dem Milchmischgetränk in die Gläser geben.

Folgende Mengen sind für 1 Person berechnet.

Kalte Milchmischgetränke
von Milch, Joghurt, Buttermilch oder Sauermilch

1590. Fruchtmilch

Frische Früchte nach Wahl wie Erdbeeren, Himbeeren, Johannisbeeren rot oder schwarz, Heidelbeeren, Brombeeren, Kirschen oder Sauerkirschen, Pfirsiche oder Aprikosen waschen (außer Himbeeren), entstielen, Steinobst entsteinen, reife Banane schälen. Vorbereitetes Obst im Mixer auf Stufe I fein zerkleinern (oder durch Sieb streichen), mit Zucker und Zitronensaft schaumig schlagen, nach Belieben Rahm und sehr gut gekühlte Milch und Eiswürfel zugeben, kurz durchschlagen auf Stufe II, mit dem Eis in vorgekühltes Glas füllen, mit Früchten verzieren, sofort mit Strohhalm oder Löffelchen reichen. Fruchtmilch mit Waldbeeren und Himbeeren ist besonders wohlschmeckend. Nach Belieben können Gläser vorher mit Crustarand versehen werden (siehe Seite 757).
Werden anstelle von frischen Früchten Fruchtsirup oder mit Zucker tiefgefrorene Früchte verwendet, kann Zuckerzugabe entfallen, tiefgefrorene Früchte antauen lassen. Nach Belieben kann Fruchtmilch beim Servieren mit eisgekühltem Selterswasser aufgespritzt werden.

125 g frische, tiefgefrorene oder sterilisierte Früchte nach Wahl oder
4 Eßl. Fruchtmark bzw. Fruchtsaft oder
2 Eßl. Fruchtsirup
1–2 Eßl. Zucker n. Bedarf
1/2 Eßl. Zitronensaft
evtl. 1–2 Eßl. süßer Rahm
1/5–1/4 l Milch, Joghurt, Butter- oder Sauermilch
2–3 Eiswürfel

1591. Fruchtmilch Alaska (mit Sodawasser)

Milch und süßen Rahm oder statt dessen 4 Eßlöffel Dosenmilch mit Fruchtsirup nach Wahl und Zitronensaft in Glas gut verrühren, mit eisgekühltem Sodawasser auffüllen, mit Saughalm reichen.

4 Eßl. Milch, 4 Eßl. Rahm
2 Eßl. Fruchtsirup, 1 Teel. Zitronensaft, Sodawasser

1592. Fruchtmilch mit Süßmost

Milch oder Joghurt, gut gekühlt, schaumig schlagen, etwas zerkleinertes Eis beifügen, nach und nach Süßmost und bei Bedarf etwas Zucker zugeben, schaumig schlagen bzw. mixen, in vorgekühlten Bechern mit Strohhalm reichen.

1/8 l Milch oder Joghurt
etwas Eis
1/8 l Süßmost nach Wahl
Zucker nach Bedarf

1593. Gemischte Fruchtmilch

1 Eßl. geschälte Haselnüsse oder Mandeln
1 Apfel, 1 Eßl. Sanddornsaft
1/2 Eßl. Zitronensaft, Saft v. 1 Orange, 1 Teel. Honig od. Zucker nach Geschmack
1/5–1/4 l Milch, Joghurt oder Sauermilch, 2–3 Eiswürfel

Nüsse oder Mandeln schälen, gewaschenen Apfel dünn schälen, Kernhaus entfernen, achteln. Geschälte Nüsse oder Mandeln im Mixer fein zerkleinern oder evtl. reiben, vorbereiteten Apfel zugeben, gut mixen oder Apfel auch reiben, mit Sanddorn-, Zitronen- und Orangensaft sowie Honig oder etwas Zucker kurz mixen oder durchschlagen, dann gekühlte Milch, Joghurt oder Sauermilch und zerkleinerte Eiswürfel beifügen, gut durchmixen, in vorgekühltem Glas mit Eis anrichten, mit Löffel reichen.

1594. Ananasmilch

2 Eiswürfel zerkleinert
1 Scheibe Ananas
2–3 Eßl. Ananassaft
evtl. 1/2–1 Eßl. Zucker
1–2 Teel. Zitronensaft
1/5–1/4 l Milch, Joghurt oder Buttermilch
zum Verzieren: Ananas

Zerkleinerte Eiswürfel mit feingeschnittener Ananasscheibe, Zitronen- und Ananassaft und evtl. Zucker gut mixen, gut gekühlte Milch, Joghurt oder Buttermilch zugeben, kurz durchmixen, mit Eis in vorgekühltem Glas mit Strohhalm oder Löffel reichen, nach Belieben mit Ananasstückchen verzieren. In diesem Fall mit Löffel servieren.
Steht ein Mixer nicht zur Verfügung, Ananasmark verwenden.

1595. Bananenmilch, Bananenjoghurt

2 Eiswürfel, zerkleinert
1/2–1 Banane je nach Größe
1 Eßl. Zucker
1 Eßl. Zitronensaft
evtl. 1 Teel. Honig
evtl. 1 Eßl. Haselnüsse geschält
1/5–1/4 l Milch oder Joghurt

Geschälte Banane mit Zucker, Zitronensaft, nach Belieben Honig und geschälten Nüssen fein und schaumig mixen, zerkleinerte Eiswürfel und gut gekühlte Milch bzw. Joghurt beifügen, nur kurz durchmixen, in vorgekühltem Glas mit dem Eis reichen.
Steht ein Mixer nicht zur Verfügung, Bananen mit Gabel fein zerdrücken, im elektr. Handrührgerät oder mit Schneebesen schaumig schlagen, Nüsse gerieben zugeben.

1596. Sauerkirschmilch

125 g Sauerkirschen
2–3 Eßl. Zucker
1 Teel. Zitronensaft
evtl. 1–2 Eßl. Kirschwasser
2–3 Eiswürfel, zerkleinert
1/5–1/4 l Milch oder Joghurt

Sauerkirschen waschen, entstielen, entsteinen, roh oder gekocht mit Zucker im Mixer fein pürieren, Zitronensaft und nach Belieben Kirschwasser beifügen, zerkleinerte Eiswürfel und sehr gut gekühlte Milch oder Joghurt zugeben, kurz durchschlagen, sofort mit Löffel reichen. Steht kein Mixer zur Verfügung, Sauerkirschsaft verwenden.

1597. Orangenmilch, Zitronenmilch

2–3 Eiswürfel zerkleinert
1/5–1/4 l Milch, Joghurt, Butter- oder Sauermilch
1–2 Eßl. Puderzucker
etwas Orangen- bzw. Zitronenschale, fein gerieben
2 Eßl. Orangensaft oder 1–2 Eßl. Zitronensaft

Zerkleinertes Eis mit sehr gut gekühlter Milch, Joghurt, Butter- oder Sauermilch, Zucker und feingeriebener Schale von Orange bzw. Zitrone im Mixer oder elektr. Handrührgerät schaumig schlagen, Orangen- bzw. Zitronensaft unterschlagen, sofort in vorgekühlten Gläsern mit Eis mit Saughalm reichen. Bei längerem Stehen setzt Milch durch starkes Gerinnen ab.
Mixer oder Handrührgerät notfalls durch tüchtiges Schlagen mit dem Schneebesen ersetzen.

1598. Zitronenschaummilch

Eiweiß zu sehr steifem Schnee schlagen, gesiebten Zucker unterschlagen, Zitronensaft und zerkleinerte Eiswürfel beifügen, sehr gut gekühlte Milch unterschlagen, in gekühltes Glas geben, sofort mit Saughalm reichen.

1 Eiweiß, 20 g Puderzucker
Saft von 1 Zitrone
2 Eiswürfel, 1/5–1/4 l Milch

1599. Preiselbeermilch

Eiswürfel zerkleinern, mit Preiselbeerkompott, Zucker und nach Belieben Zitronensaft gut mixen oder im elektr. Handrührgerät schaumig schlagen, gut gekühlte Milch bzw. Buttermilch oder Joghurt zugeben, schaumig schlagen, nach Belieben mit etwas Kirschwasser verbessern, in gekühltem Glas sofort reichen.

2 Eiswürfel, 1–2 Eßl. Preiselbeerkompott, 1 Eßl. Zucker
evtl. 1 Teel. Zitronensaft
1/5–1/4 l Milch, Buttermilch oder Joghurt, evtl. 2 Eßl. Kirschwasser

1600. Sanddornmilch, Sanddornjoghurt

Sehr gut gekühlte Milch bzw. Joghurt, Butter- oder Sauermilch mit Zucker am besten im Mixer oder elektr. Rührgerät schaumig schlagen, Sanddornsaft und zerkleinerte Eiswürfel beifügen, gut durchmixen, in vorgekühltem Glas mit Saughalm reichen.

1/5–1/4 l Milch od. Joghurt
1–2 Eßl. Zucker
2–3 Eßl. Sanddornsaft
2–3 Eiswürfel, zerkleinert

1601. Sanddornmilch mit Eigelb, Sanddornmilch-Flip

Eigelb mit Sanddornsaft oder Sanddornsirup schaumig schlagen, Zitronensaft und Traubenzucker oder gesiebten Puderzucker nach Geschmack und zerkleinerte Eiswürfel unterschlagen, sehr gut gekühlte Milch unterrühren, in gut gekühltem Glas kalt reichen.

1 Eigelb, 2 Eßl. Sanddornsaft oder -sirup
1 Teel. Zitronensaft
1 Eßl. Traubenzucker
2 Eiswürfel, 1/5–1/4 l Milch

1602. Pfirsichmilch-Flip

Pfirsich schälen, entsteinen, mit zerkleinertem Eis fein pürieren, Eigelb bzw. ganzes Ei, Zitronen- und Sanddornsaft oder -sirup sowie nach Bedarf Traubenzucker beifügen, mixen, sehr gut gekühlte Milch zugeben, kurz durchmixen, in vorgekühltem Becherglas nach Belieben mit krustiertem Zuckerrand anrichten (siehe Seite 757) oder nach Belieben mit Schlagrahm verzieren, kalt reichen.

2 Eiswürfel, 1 reifer Pfirsich
1 Eigelb oder ganzes Ei
1 Eßl. Sanddornsirup oder -saft, 1 Teel. Zitronensaft
1 Eßl. Traubenzucker
1/5–1/4 l Milch, evtl. etwas Schlagrahm zum Verzieren

1603. Fruchtmilch mit Alkohol

Alle Zutaten im Kühlschrank gut kühlen; zerkleinerte Eiswürfel mit Milch, Fruchtsirup nach Wahl und etwas Puder- oder Traubenzucker im Mixer oder im elektrischen Handrührgerät etwa 1/2 Minute sehr gut mixen, dann Alkohol nach Wahl unterschlagen, in vorgekühltem Becherglas mit dem Eis gut kalt mit Saughalm reichen.

2 Eiswürfel, 1/5–1/4 l Milch
1–2 Eßl. Fruchtsirup n. Wahl
1 Teel. Puderzucker, 2 Eßl. trockener Wermut, Sherry, Rum, Cognac, Whisky oder Gin

1604. Orangenmilch mit Wermut

Eiswürfel zerkleinern, mit allen Zutaten im Mixer oder im elektr. Handrührgerät gut mixen, sofort in gut gekühltem Glas mit dem Eis mit Saughalm reichen.

2 Eiswürfel, 5 Eßl. Orangensaft, 1/5 l Milch
etw. Orangenschale, gerieben
3 Eßl. weißer Wermut
2 Eßl. süßer Rahm

2 Eiswürfel, 4 Eßl. Orangensaft od. je 1 Teel. Zitronen- und Grapefruitsaft, 1 Teel. Orangenbitter, 1 Eßl. Curaçao, 1 Teel. Puderzucker 1/8 l Milch, etwas Sekt

1605. Orangenmilchsekt, Zitronenmilchsekt

Eiswürfel zerkleinern, mit Orangensaft oder Zitronen- und Grapefruitsaft, mit Puderzucker und Likör im Schüttelbecher gut schütteln, dann sehr gut gekühlte Milch untermischen, in gekühltes Glas gießen, mit etwas eisgekühltem Sekt aufgießen, sofort mit Saughalm reichen.

1 Ei getrennt, 1–2 Eßl. Puder- oder Traubenzucker 1/8 l Milch, 2–3 Eßl. Weinbrand, 1 Eßl. Schlagrahm wenig Muskatnuß

1606. Weinbrandmilch

Eigelb mit Puderzucker oder Traubenzucker schaumig rühren, (Mixer oder elektr. Handrührgerät), gut gekühlte Milch unterschlagen, Weinbrand beifügen, sehr steif geschlagenen Eischnee unterziehen, nach Belieben wenig Schlagrahm beifügen, in breitem Glas (Cognacschwenker) anrichten, eine kleine Prise geriebene Muskatnuß darüber streuen, sofort mit kurzem Saughalm reichen.
Abwandlung: 1 Eßl. Fruchtmark oder -sirup unter Schaummasse schlagen, auf Muskatnuß verzichten.

1–2 gehäufte Eßl. Vanilleeis 1–2 Eßl. Fruchtsirup oder 125 g frische od. sterilisierte Früchte wie Erdbeeren, Himbeeren, Ananas u. a. m. 1–2 Eßl. Zucker (bei rohen Früchten n. Bedarf), 1/8 l Milch evtl. 1 Eßl. Schlagrahm schöne Früchte zum Verzieren

1607. Fruchtmilch-Shake, Fruchtmilch mit Vanilleeis

Bei Verwendung frischer oder sterilisierter Früchte diese zu Mark verarbeiten; Vorbereitetes Obst mit Zucker im Mixer fein pürieren, tiefgefrorene Früchte vorher gut antauen lassen; ist ein Mixer nicht verfügbar, weiche Früchte wie Erdbeeren, Himbeeren, sehr reife Pfirsiche u. a. m. mit einer Gabel fein zerdrücken.
Vanilleeis mit dem Fruchtmark oder mit Fruchtsirup und gut gekühlter Milch im elektrischen Handrührgerät gut schaumig schlagen oder im Mixbecher sehr gut schütteln, in gut gekühltem Glas anrichten, nach Belieben mit wenig Schlagrahm und schönen, reifen Früchten verzieren, sofort mit Saughalm und Löffel reichen.

1/5–1/4 l Milch (evtl. mit etw. süßem Rahm gemischt) 2–2 Eßl. Schokoladensirup od. 30 g Schokoladenpulver 1 Eßl. Zucker nach Bedarf evtl. 1 Eßl. Schlagrahm Schokoladenstreusel

1608. Schokoladenmilch

Gut gekühlte Milch, nach Belieben mit etwas Rahm gemischt, mit Schokoladensirup oder Schokoladenpulver (dieses in 3–4 Eßlöffel heißer Milch gelöst) und Zucker nach Bedarf im Mixer oder im elektrischen Handrührgerät sehr schaumig schlagen, in gut gekühltes Glas füllen, nach Belieben mit wenig Schlagrahm spritzen, mit Schokoladenstreusel bestreuen, mit Saughalm reichen. Man kann auch 1–2 zerkleinerte Eiswürfel mitschlagen.
Abwandlung: 2–3 Eßlöffel Curaçao Orange oder etwa 1 Teelöffel Kaffee-Extraktpulver mit schaumig schlagen.

1–2 Eßl. Schokoladensirup 1 Likörglas Kakaolikör oder Curaçao Orange 1/8 l Milch, Selterswasser

1609. Schokoladenmilch mit Soda

Schokoladensirup mit Kakaolikör oder mit Curacao Orange und sehr gut gekühlter Milch im Mixer oder elektrischen Handrührgerät schaumig schlagen, in gekühltes Becherglas füllen, vor dem Servieren mit eisgekühltem Selterswasser aufspritzen, mit Saughalm reichen. Sollte der Zuckergehalt des Schokoladensirups nicht ausreichend sein, 1 Eßl. Zucker zum Sirup geben.

1610. Mokkamilch, Mokkamilch mit Ei, Mokka-Flip

Für Mokkamilch alle Zutaten im elektrischen Handrührgerät sehr schaumig schlagen, nach Belieben mit einem Spritzer Cognac abschmecken, in gekühltem Glas kalt reichen.

Mokka-Flip: Eigelb mit Zucker, Kaffee-Extraktpulver und Kakao im elektrischen Handrührgerät schaumig schlagen, Milch und süßen Rahm unterschlagen, in Glas anrichten, nach Belieben mit Schlagrahm spritzen.

1/5 l Milch, 2–3 Eßl. süßer Rahm, 1 Eßl. Kaffee-Extraktpulver, 1–2 Eßl. Zucker
1/2 Teel. Kakao, evtl. 1 Eßl. Cognac nach Belieben
für Mokka-Flip: 1 Eigelb
wenig Schlagrahm

1611. Schokoladenmilch-Shake, Mokkamilch-Shake

Vanilleeis und Schokoladensirup bzw. Mokkaeis und Kaffee-Extraktpulver mit wenig Zucker in Mixbecher oder elektrisches Handrührgerät geben, eisgekühlte Milch beifügen, gut quirlen bzw. schaumig schlagen, in gekühltem Glas anrichten, nach Belieben mit wenig Schlagrahm spritzen und mit Schokoladenstreusel bestreuen.

1–2 gehäufte Eßl. Vanille- bzw. Mokkaeis
1 Eßl. Schokoladensirup bzw. 1 Eßl. Kaffee-Extraktpulver
1–2 Teel. Zucker, 1/8 l Milch
Schlagrahm
Schokoladenstreusel

1612. Mandelmilch, Nußmilch

Mandeln oder Haselnüsse schälen, nach Belieben leicht rösten, reiben oder mit etwas Milch im elektr. Mixer fein pürieren, restliche Milch und Zucker beifügen, gut durchmixen, zuletzt etwas geschlagenen Schlagrahm oder etwas Rum und nach Belieben 1–2 zerkleinerte Eiswürfel unterschlagen, in gekühltem Glas reichen.

1/4 l Milch, 30–40 g Mandeln oder Haselnüsse (geschält)
1 Eßl. Zucker, 2 Eßl. Schlagrahm oder 1 Teel. Rum
1–2 zerkleinerte Eiswürfel

1613. Karamelmilch, Karamelmilch-Flip

Zucker für Karamel in Eisenpfännchen trocken erhitzen, bis goldbraune Farbe erreicht ist und der Zucker schäumt, mit Wasser ablöschen, kochen bis sich Karamel völlig gelöst hat, erkalten lassen. Milch mit Zucker (evtl. mit wenig Rahm), Vanillezucker und erkalteter Karamelflüssigkeit schaumig schlagen, am besten mixen. Mit Saughalm kalt reichen.

Karamelmilch-Flip: Eigelb oder ganzes Ei mit Zucker und Vanillezucker im Mixer oder elektr. Handrührgerät sehr schaumig schlagen, erkaltete Karamelflüssigkeit und Milch unterschlagen, im gekühlten Glas kalt mit Saughalm reichen. Nach Belieben kann Flip auch mit Schlagrahm verziert werden.

zum Karamel:
2 Eßl. Zucker, 4 Eßl. Wasser
1/4 l Milch, evtl. 2 Eßl. süßer Rahm, 1/2–1 Eßl. Zucker
1 Teel. Vanillezucker

für Karamelmilch-Flip:
1 Eigelb oder 1 ganzes Ei
evtl. wenig Schlagrahm

1614. Ingwermilch

Kandierten Ingwer sehr fein schneiden oder wiegen, mit Honig oder Zucker und einigen Eßlöffeln Milch mixen, bis Ingwer sehr fein püriert ist, zerkleinerte Eiswürfel und sehr gut gekühlte Milch langsam zugeben, kurz durchschlagen, in gekühltem Glas anrichten, nach Belieben mit wenig Ingwerpulver bestreuen, mit Saughalm und Limonadenlöffel reichen.

1–2 Eßl. kandierter Ingwer
2 Teel. Honig oder Zucker
2 Eiswürfel, zerkleinert
1/5–1/4 l Milch, wenig Ingwer (gemahlen)

1615. Eiermilch

1 Eigelb, 1 Eßl. Zucker
1 Teel. Zitronensaft oder
1 Teel. Vanillezucker
$^1/_5$–$^1/_4$ l heiße Milch
1 Eßl. Cognac n. Belieben

Eigelb, Zucker, Zitronensaft oder nach Belieben Vanillezucker sehr schaumig schlagen, kochend heiße Milch unterschlagen, kalt schlagen, mit Cognac abschmecken, kalt reichen.

1616. Honigmilch

2 Eiswürfel, zerkleinert
1 Eßl. Honig, $^1/_2$ Banane
Saft von $^1/_2$ Zitrone
einige Tropfen Angostura
$^1/_5$–$^1/_4$ l Milch od. Buttermilch
evtl. 1 Zitronenspalte

Alle Zutaten im Mixer gut durchquirlen bzw. im elektrischen Handrührgerät schaumig schlagen, in Becherglas füllen, an den Rand eine Zitronenspalte stecken, mit Saughalm reichen.
Für dieses Getränk ist es günstig, den Glasrand vorher zu krustieren: Rand des Becherglases erst in Zitronensaft, dann in Grießzucker tauchen, trocknen lassen, Honigmilch vorsichtig in vorbereitetes Glas füllen.

1617. Malzmilch

1 Eßl. Malzpulver
ca. 1 Eßl. Puderzucker
$^1/_5$–$^1/_4$ l Milch, 2 Eiswürfel
Schokoladenstreusel

Malz und Zucker mit gut gekühlter Milch unter Beigabe von etwas zerkleinertem Eis im Mixer oder elektr. Handrührgerät schaumig schlagen, kalt reichen. Nach Belieben Glasrand mit Schokoladenstreusel krustieren. (Siehe Seite 757).

1618. Tomatenmilch

2 Eiswürfel, zerkleinert
$^1/_8$ l frischer Tomatensaft
1 Eßl. Zitronensaft
etwas Salz oder Selleriesalz
1 Prise Muskatnuß
2 Tropfen Worcestersoße
1 Prise Zucker, $^1/_8$ l Milch
etwas Dill oder Petersilie
1 Tomatenscheibe

Zerkleinerte Eiswürfel mit Tomatensaft und allen Geschmackszutaten (Dill oder Petersilie vorher fein wiegen) mixen, gut gekühlte Milch zugeben, durchmixen, in kleinem Becherglas mit Saughalm servieren, nach Belieben Glas mit Tomatenscheibe verzieren.
Hat man keinen frischen Tomatensaft, 3–4 Tomaten brühen, häuten, Deckel abschneiden, kernhaltiges Mark entfernen, Tomaten vierteln und zunächst im Mixer fein pürieren, dann wie oben verfahren. Verwendet man Tomatenmark oder Tomatenketchup, so rechnet man 1 Eßlöffel für $^1/_8$ l Milch.

1619. Karottenmilch

$^1/_8$ l Milch oder Joghurt
$^1/_8$ l frischer Karottensaft
1 Teel. Zitronensaft
1–2 Teel. Traubenzucker
1–2 Eiswürfel, zerkleinert

Alle Zutaten vorher gut kühlen, im Mixer oder im elektrischen Handrührgerät schaumig schlagen, nach Belieben 1–2 zerkleinerte Eiswürfel mitschlagen, in Becherglas mit Saughalm reichen.

1620. Kräutermilch

$^1/_5$–$^1/_4$ l Milch oder Joghurt
1–2 Eßl. Kräuter
1 Teel. Tomatenmark oder
-ketchup, 1 Prise Salz
1 Prise Muskatnuß
1 Prise schwarzer Pfeffer

Gewaschene, gut abgetropfte Kräuter wie Kerbel, Kresse, Petersilie, Dill, Borretsch, Zitronenmelisse, Selleriegrün u. a. von groben Stielen befreien, in beliebter Mischung sehr fein wiegen, in gut gekühlte Milch geben, kalt gestellt 15–20 Minuten ziehen lassen, dann abseihen, mit übrigen Geschmackszutaten durchschlagen oder mixen, gut kalt mit Saughalm reichen.

Heiße Milchgetränke

1621. Heiße Schokoladen-Mokkamilch

1–2 Eßl. Schokoladensirup
1–2 Teel. Kaffee-Extraktpulver, 2 Teel. Zucker
$^1/_5$ l Milch, 2 Eßl. Rahm
evtl. 2 Eßl. Rum od. Cognac

Schokoladensirup oder -pulver mit Kaffee-Extraktpulver und Zukker mischen, mit heißer Milch schaumig schlagen, nach Belieben etwas Rum oder Weinbrand und süßen Rahm unterschlagen, heiß reichen.

1622. Heiße Honigmilch

1 Eßl. Honig, 1 Glas heiße Milch, 1–2 Eßl. Cognac nach Belieben

Honig mit heißer Milch gut mischen, nach Belieben mit etwas Cognac abschmecken, gut heiß reichen.

1623. Hoppel-Poppel, heiße Eiermilch

1 Eigelb, 1 Eßl. Zucker oder Honig, $^1/_4$ Stange Vanille
$^1/_5$–$^1/_4$ l heiße Milch
evtl. 2–3 Eßl. Rum oder Cognac

Eigelb mit Zucker oder evtl. mit Honig und mit geklopfter, gespaltener Vanillestange schaumig schlagen, heiße Milch zugeben, bei mäßiger Hitze abschlagen bis Masse sehr heiß und schaumig ist, nach Belieben Rum oder Cognac unterrühren, Eiermilch heiß reichen.

1624. Heiße Malzmilch

1 Eßl. Malzpulver
$^1/_2$–1 Eßl. Zucker
$^1/_5$–$^1/_4$ l heiße Milch

Malzpulver mit Zucker und kochend heißer Milch gut verschlagen, heiß reichen. Nach Belieben kann man dem Malzpulver $^1/_2$ Teelöffel Kakao oder Schokoladenpulver beimengen.

Mischgetränke mit Fruchtsäften und Süßmosten

Fruchtsäfte als frische oder pasteurisierte Preßsäfte von reifen, unvergorenen Früchten sowie Süßmoste ergeben ausgezeichnete, sehr erfrischende und gesunde Mischgetränke. Sie werden vielfach als alkoholfreie Cocktails bezeichnet.
Sie können in verschiedener Mischung rein oder mit geschmackfreiem kohlensäurehaltigem Wasser gespritzt gereicht werden.
Man rechnet pro Person für:
1 Glas Mischgetränk rein: $^1/_5$–$^1/_4$ l Fruchtsaft bzw. Fruchtsaftmischung oder Süßmost
1 Glas Mischgetränk gespritzt: $^2/_3$–$^1/_2$ Glas Fruchtsaft, Fruchtsaftmischung oder Süßmost und $^1/_3$–$^1/_2$ Glas geschmackfreies Sodawasser, z. B. Selterswasser.
Empfehlenswert für Mischgetränke sind Fruchtsäfte und Süßmoste von Erdbeeren, Himbeeren, roten und schwarzen Johannisbeeren, Brombeeren, Kirschen, Sauerkirschen, Pfirsichen, Aprikosen, weißen und roten Trauben, Orangen, Grapefruits, Ananas und Äpfeln.
Besonders schmackhafte Mischgetränke ergeben *Saftmischungen;* das Mischungsverhältnis kann 1 : 1 oder 2 : 1 betragen oder nach individuellem Geschmack abgestuft werden.

Beispiele für bewährte Saftmischungen:
Erdbeersaft/Rhabarber-, Kirsch- od. Himbeersaft
Himbeersaft / Johannisbeersaft rot;
Brombeersaft / Apfelsaft;
Sauerkirschsaft / Apfelsaft;
Aprikosensaft / Apfelsaft;
Pfirsichsaft / Orangensaft;
Orangensaft / Grapefruitsaft;
Ananassaft / Orangen- oder Grapefruitsaft;
Apfelsaft / Sanddornsaft;
schwarzer Johannisbeersaft / Grapefruitsaft.

Die Herstellung dieser Mischgetränke ist denkbar einfach:

1. Fruchtsäfte, Süßmoste und geschmackfreies, kohlensäurehaltiges Wasser frühzeitig kalt stellen.

2. Rechtzeitig für genügend Eiswürfel sorgen.

3. Zum Abschmecken Zitronensaft, feinen Zucker oder evtl. Traubenzucker bereitstellen, nach Belieben evtl. auch etwas süßen Rahm kalt stellen.

4. Fruchtsäfte bzw. Süßmost erst kurz vor Gebrauch mischen und abschmecken, falls mit eisgekühltem Soda aufgespritzt wird, erfolgt dies erst unmittelbar vor dem Anreichen.

5. In Becher- oder Limonadengläsern nach Belieben mit Eis und mit Saughalmen reichen.

1625. Süßmost - Mischgetränk

Pro Glas: 1/8 l Süßmost
2 Eßl. Zitronensaft
1–2 Eßl. Trauben- oder Puderzucker, 1–2 Eiswürfel
1/8 l Selterswasser, eisgekühlt

Süßmost nach Wahl wie Johannisbeer-, Kirsch-, Sauerkirsch- oder Traubensüßmost, evtl. mit Apfelsüßmost gemischt, mit Zitronensaft und Trauben- oder Puderzucker gut mischen, nach Belieben über zerkleinerte Eiswürfel in Limonadenglas gießen, mit eisgekühltem Selterswasser aufgießen, sofort mit Saughalm reichen.

1626. Gemischtes Fruchtgetränk

100–125 g rohe Erdbeeren (frisch oder tiefgefroren)
100 g Äpfel, geschält
100 g Rhabarber, 2 Eßl. Traubenzucker, 1/8 l Apfelsüßmost, 2 Eiswürfel
1/8 l Selterswasser, gekühlt

Erdbeeren waschen, entstielen, tiefgekühlte Früchte antauen lassen; Apfel schälen, Kernhaus entfernen, jungen Rhabarber waschen, klein schneiden. Vorbereitetes Obst mit Mixer fein pürieren, Traubenzucker oder gewöhnlichen Zucker nach Geschmack zufügen, mit Apfelsüßmost gut mixen, zu Eiswürfeln in Limonadenglas gießen, mit eisgekühltem Selterswasser aufspritzen, sofort mit Saughalm und Limonadenlöffel reichen.

1627. Orangeade, Grapefruit-Limonade

2 Eiswürfel, zerkleinert
1 Eßl. Traubenzucker
1/8 l Orangen- bzw. Grapefruitsaft, 1 Eßl. Zitronensaft
1/8 l Selterswasser

Zerkleinerte Eiswürfel mit Traubenzucker, Orangen- und Zitronensaft kurz mixen, in vorgekühltes Becherglas füllen, mit eisgekühltem Sodawasser auffüllen, sofort mit Saughalm reichen.
Grapefruit-Limonade mit Grapefruitsaft ebenso herstellen.

1628. Hollywood-Cocktail

1/2 Glas Orangensaft
1/2 Glas Gelbrübensaft
1 Eßl. Zitronensaft
1–2 Eiswürfel nach Belieben

Orangensaft und Gelbrübensaft frisch pressen, mit Zitronensaft im elektrischen Mixer etwa 1/2 Minute mixen, sofort in vorgekühltem Glas, nach Belieben mit zerkleinerten Eiswürfeln, mit Saughalm reichen.

1629. Apfelsaft-Mixgetränk

1/8 l Apfelsaft, Saft von 1 Zitrone, 1 Eßl. Sanddornsaft, 1 Eßl. Traubenzucker
etwas Selterswasser
evtl. 1–2 Eiswürfel

Gut gekühlten Apfelsaft mit Zitronensaft, Sanddornsaft und Trauben- oder Puderzucker im elektrischen Mixgerät gut mixen, in vorgekühltes Glas geben, mit eisgekühltem Selterswasser aufspritzen, mit Saughalm reichen. Nach Belieben kann man 1–2 zerkleinerte Eiswürfel in das Glas geben.

1630. Florida-Shake

Orangen- und Zitronensaft frisch auspressen, mit Ananassaft, Himbeersirup und den zerkleinerten Eiswürfeln oder mit dem Zitroneneis im Mixer oder im elektrischen Handrührgerät sehr gut mixen, im vorgekühlten Glas mit Saughalm reichen.
Die Zugabe von Zitroneneis anstelle von Eiswürfeln macht das Getränk ganz besonders wohlschmeckend.

6 Eßl. Orangensaft
6 Eßl. Zitronensaft
6 Eßl. Ananassaft
1 Teel. Himbeersirup
2 Eiswürfel, zerkleinert oder
2 gehäufte Eßl. Zitroneneis

1631. Palm-Beach-Shake

Ananassaft mit Grapefruitsaft und Zitronensaft mischen, mit zerkleinerten Eiswürfel oder mit Zitroneneis im Mixer oder im elektrischen Handrührgerät sehr gut mixen, in vorgekühltem Becherglas mit Saughalm sofort reichen.
Zitronensaft anstelle von Eiswürfeln verbessert das Getränk sehr.

8 Eßl. Ananassaft
8 Eßl. Grapefruitsaft
4 Eßl. Zitronensaft
2 Eiswürfel, zerkleinert oder
2 gehäufte Eßl. Zitroneneis

1632. Orange-Flip, Grapefruit-Flip

Eigelb mit Zucker im Mixer oder im elektrischen Handrührgerät sehr schaumig schlagen, süßen Rahm, zerkleinerte Eiswürfel und Zitronensaft beifügen, schaumig mixen, dann frisch gepreßten Orangensaft oder Grapefruitsaft und schwarzen Johannisbeersaft untermischen, im vorgekühlten Glas mit Saughalm sofort reichen.
Nach Belieben kann man zur Schaummasse ein wenig fein abgeriebene Zitronen- oder Orangenschale geben und dadurch das Getränk zusätzlich aromatisieren.

1 Eigelb, 1–2 Eßl. Puderzucker, 2–3 Eßl. süßer Rahm
1 Eßl. Zitronensaft
1/4 l (knapp) Orangensaft od.
1/8 l Grapefruitsaft und
1/8 l schwarz. Johannisbeersaft
2 Eiswürfel, zerkleinert

1633. Tomaten-Drink

Frisch gepreßten Tomatensaft und Karottensaft mit Apfelsaft und Traubenzucker kräftig durchschlagen oder mixen, abschmecken, kalt reichen.
Abwandlung: Knapp 1/4 l frisch gepreßten Tomatensaft mit 4 Eßlöffeln Orangensaft und 1 Eßlöffel Zitronensaft sowie einer Prise Salz kräftig durchschlagen oder mixen, kalt reichen.

1/8 l Tomatensaft
6 Eßl. Karottensaft
4 Eßl. Apfelsaft
1 Eßl. Traubenzucker

1634. Erdbeerbowle, alkoholfrei (4–6 Personen)

Frische Beeren (am besten schmecken Walderdbeeren) waschen, gut abtropfen lassen, entstielen, leicht einzuckern; tiefgefrorene, mit Zukker eingefrostete Beeren nicht mehr zuckern, antauen lassen, mit wenig Apfelsüßmost begießen, Früchte zugedeckt bei Zimmertemperatur einige Stunden ziehen lassen, damit sich Aroma entwickelt. Sonstige Zutaten kalt stellen. Kurz vor Gebrauch restlichen Apfelsüßmost und Johannisbeersüßmost sowie Zitronensaft nach Geschmack beifügen, abschmecken, zuletzt eisgekühltes Selterswasser zugeben, nochmal abschmecken, in Bowlengläsern kalt reichen.
Zum Kühlhalten Eiswürfel in den Kühlhalteeinsatz des Bowlenkruges, nicht in die Bowle geben.

500 g Erdbeeren (frisch oder tiefgefroren)
100–150 g Zucker
Saft von 1–2 Zitronen
1 Flasche Apfelsüßmost
1/2 Flasche Johannisbeersüßmost, 1/2 l Flasche Selterswasser, eisgekühlt

1635. Pfirsichbowle, alkoholfrei (4–6 Personen)

5 große, reife Pfirsiche
100–150 g Zucker, etwas Zitronensaft nach Geschmack
1 Flasche Apfelsüßmost
1/2 Flasche Johannisbeersüßmost, 1/2–1 Flasche Selterswasser, eisgekühlt

Gut reife, aromatische Pfirsiche waschen, schälen, entkernen, in dünne Scheiben schneiden, leicht einzuckern, zugedeckt 1–2 Stunden ziehen lassen, damit sich Aroma entwickelt, dann 1/2 Flasche Apfelsüßmost zugeben, nochmals etwa 1 Stunde durchziehen lassen. Kurz vor Gebrauch kalt gestellte Süßmoste und Zitronensaft nach Geschmack zugeben, abschmecken, zuletzt eisgekühltes Selterswasser zugießen, nochmal abschmecken, kalt reichen. Eiswürfel in den Kühlhalteeinsatz des Bowlengefäßes, nie in die Bowle direkt geben.

1636. Ananasbowle, alkoholfrei (4–6 Personen)

1 kg Dose Ananasscheiben
2–3 Eßl. Zucker
Saft von 2 Zitronen
1 Flasche Apfelsüßmost
Ananassaft aus Dose
1 Flasche Selterswasser

Ananasscheiben aus Saft nehmen, gut abtropfen lassen, in kleine Stücke schneiden, wenig einzuckern, zugedeckt 1–2 Stunden ziehen lassen; Ananassaft, Süßmost und Selterswasser kalt stellen. Kurz vor Gebrauch zu den gezuckerten Fruchtstücken Ananassaft, Zitronensaft, Apfelsüßmost und eisgekühltes Selterswasser geben, durchmischen, abschmecken, gut kalt reichen. Eiswürfel in den Kühlhalteeinsatz des Bowlenkruges, nie in die Bowle direkt geben.

1637. Fruchtpunsch, alkoholfrei (4 Personen)

1 l Apfel-, Johannisbeer-, Kirsch- oder Sauerkirschsüßmost (evtl. gemischt)
1/2 l guter schwarzer Tee
Schale von 1 Zitrone
Saft von 1–2 Zitronen oder Grapefruits, Saft von 4 Orangen, Zucker nach Geschmack

Guten Teeaufguß herstellen mit frischem, sprudelnd kochendem Wasser und 3 Teelöffeln gutem Tee, nicht länger als 5 Minuten ziehen lassen, dann abgießen. Süßmost nach Wahl, evtl. auch gemischt unter Zugabe von sehr dünn geschälter Zitronenschale von Zitronen- oder Grapefruitsaft und Orangensaft sowie etwas Zucker erhitzen, aber *nicht kochen lassen,* Zitronenschale entfernen, mit Teeaufguß mischen, abschmecken, gut heiß in Punschgläsern reichen.
Fruchtpunsch kann auch eisgekühlt gegeben werden.

1638. Zitrus-Punsch, alkoholfrei (4 Personen)

1/8 l Wasser, 150–200 g Zucker, 4 Stück Nelken
1/4 Stange Zimt
1/2 l Grapefruitsaft
1/4 l Orangen-, 1/4 l Apfelsaft

Wasser mit Zucker und Gewürzen kochen, zugedeckt etwas ziehen lassen, dann abseihen, Grapefruit- und Orangensaft sowie Apfelsaft zugeben, erhitzen, aber *nicht kochen lassen,* abschmecken, gut heiß in Punschgläsern reichen.

1639. Schwarzer Johannisbeer-Punsch, alkoholfrei (4–6 Personen)

3/4 l schwarzer Johannisbeersaft, 3/4 l Apfelsaft
Zucker nach Geschmack
1 Stück Zitronen- oder Orangenschale, 3 St. Nelken
1/2 Stange Zimt, Saft von 1 Zitrone und 4 Orangen

Schwarzen Johannisbeersaft und Apfelsaft mit wenig Zucker, den Gewürzen und einem Stück sehr dünn geschälter Zitronen- oder Orangenschale erhitzen, jedoch *nicht kochen lassen,* zugedeckt etwas ziehen lassen, Zitronen- und Orangensaft und evtl. nach Bedarf noch etwas Zucker beifügen, abschmecken, abseihen, gut heiß in Punschgläsern reichen. Der Zuckerbedarf wird durch den Zuckergehalt der Obstsäfte beeinflußt; Punsch soll nicht zu süß sein.

Alkoholische Getränke

Die wichtigsten alkoholischen Getränke sind: Biere, Weine, einschließlich Schaumweine und weinhaltigen sowie weinähnlichen Getränken und Spirituosen verschiedener Art. Sie alle enthalten Aethylalkohol, der durch alkoholische Vergärung von zucker- bzw. stärkehaltigen Stoffen durch Hefe entsteht. Durch Gärung kann ein Alkoholgehalt bis zu etwa 16–18% erreicht werden, höhere Alkoholkonzentrationen entstehen durch „Brennen" oder Destillation alkoholhaltiger Flüssigkeiten.

Der Alkoholgehalt in Getränken kann in *Gewichtsprozenten* (g Alkohol in 100 g alkoholhaltiger Flüssigkeit) oder in *Volumprozenten* (Vol. %, Raummenge reinen Alkohols in 100 Raumteilen alkoholischer Flüssigkeit) angegeben werden. Die Angabe in Gewichtsprozenten liegt jeweils unter der in Volumprozenten, da das spezifische Gewicht von Alkohol leichter als das von Wasser ist.

Wirkungen von Alkohol im Körper:
Genossener Alkohol wird sehr rasch, z. T. schon vom Magen aus vom Blut resorbiert, wird durch dieses schnell zu allen Körperzellen befördert; die rasche Wirkung des Alkohols erstreckt sich deshalb auch auf alle Organe. Die Menge des in das Blut gelangten Alkohols läßt sich durch die Blutalkoholprobe (Kraftfahrer!) feststellen. Der Abbau von Alkohol erfolgt in der Leber.

Im Verlauf mehrerer Stunden wird Alkohol fast ganz zu Kohlensäure und Wasser oxydiert, hierbei liefert 1 g Alkohol 7,1 Kalorien, nur ein ganz geringer Teil wird in Atem, Schweiß und Harn unverändert ausgeschieden. Jedoch ist Alkohol ein außerordentlich gefährlicher und sehr teurer Kalorienspender!

Für Kinder und Jugendliche ist Alkohol immer schädlich und gefährlich und unter allen Umständen zu meiden!

Für Erwachsene ist die Alkoholverträglichkeit subjektiv sehr unterschiedlich; mitunter führen schon kleinste Mengen zu Minderung der Selbstkritik und zu Ermüdung. *Autofahrer sollen es sich zur festen Gewohnheit machen, vor dem Fahren und während des Fahrens auf den Konsum alkoholhaltiger Getränke grundsätzlich zu verzichten!*

Alkohol in kleinen Mengen von Erwachsenen genossen (nicht auf leeren Magen!) wirkt appetitanregend, verstärkt die Magensaftsekretion, wirkt auch vorübergehend anregend auf Herz und Kreislauf, erweitert die Blutgefäße, besonders in der Haut, so daß zunächst ein Gefühl der Wärme entsteht; er steigert den Blutdruck, regt das Zentralnervensystem an, weckt oft euphorische Vorstellungen, macht zunächst „lustig", führt dann aber rasch zu Müdigkeit.

Beim Genuß größerer Mengen jedoch – die verträgliche Menge ist individuell verschieden groß und auch von äußeren Umständen abhängig, *treten rasch die schädlichen und gefährlichen berauschenden Wirkungen des Alkohols auf:* Minderung körperlicher und geistiger Leistungsfähigkeit, der Anpassung- und Merkfähigkeit, Minderung der Aufmerksamkeit und Denkfähigkeit, Verlust der sittlichen Hemmungen, Störung des Gleichgewichts, Auftreten von Brechreiz, u. U. Bewußtlosigkeit.

Bei großen, rasch getrunkenen Alkoholmengen (unsinnige Wetten!) *kann es zur Lähmung des Zentralnervensystems, des Atemzentrums mit Herzstillstand und Tod kommen.*

Regelmäßiger und reichlicher Alkoholgenuß führt häufig zu schweren Erkrankungen durch Schädigung der Leber (Lebercirrhose), des Herzens und des Nervensystems und mindert die Lebenserwartung, bewirkt darüber hinaus oft Persönlichkeitsverfall durch Abbau geistiger und psychischer Kräfte. Häufiger Alkoholmißbrauch kann zu Trunksucht führen.

Der Genuß alkoholischer Getränke muß grundsätzlich Erwachsenen vorbehalten bleiben, erfordert aber auch von diesen immer ein bewußtes, selbstverantwortliches Maßhalten!

Die wichtigsten deutschen Weinbaugebiete

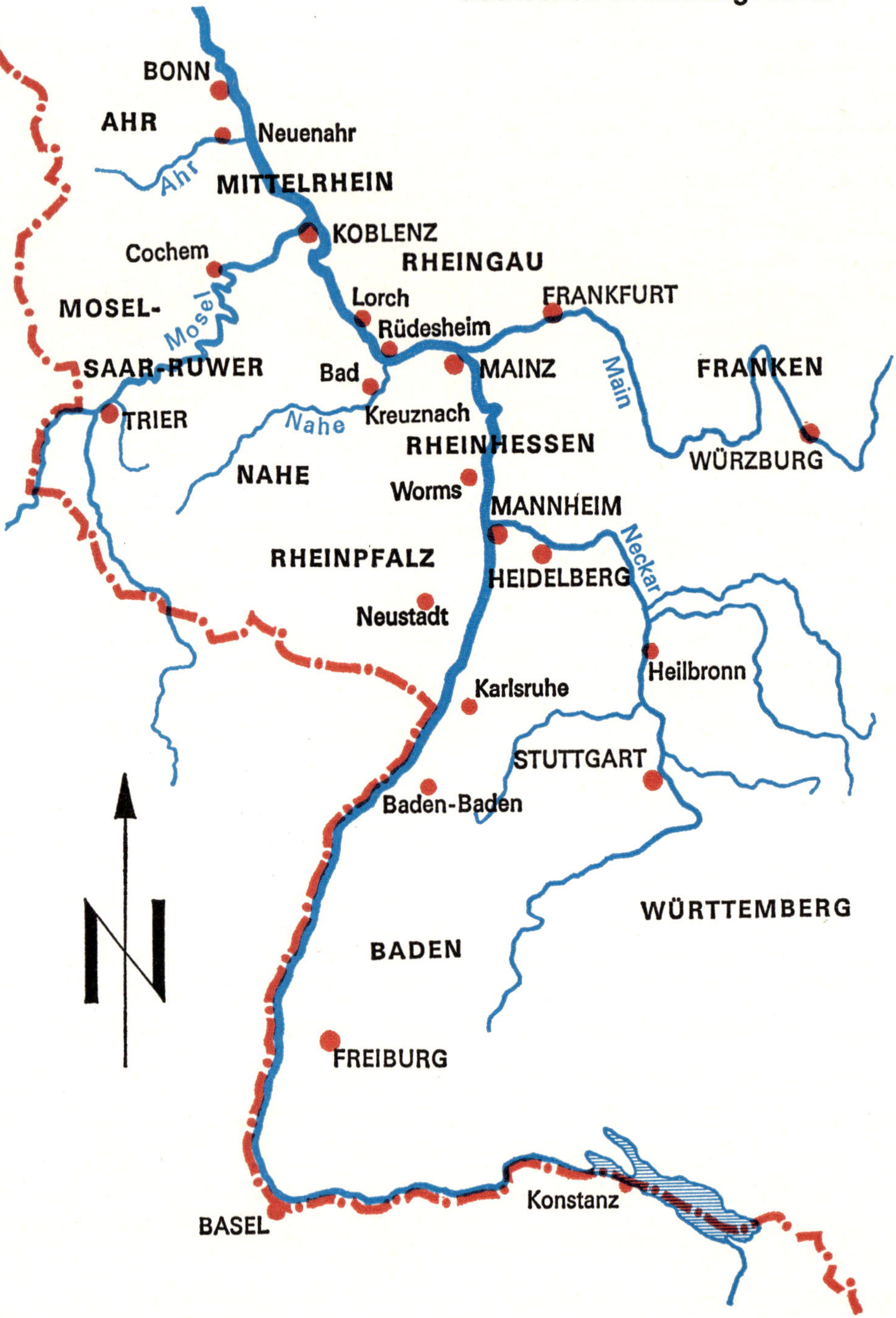

Biere

Biere werden ausschließlich aus Gerstenmalz, Hopfen, Hefe und Wasser durch Gärung gewonnen. In Bayern gilt das absolute Reinheitsgebot, wodurch jeglicher Zusatz, auch Süßung mit Zucker oder Süßstoff oder Zusatz von Zuckercouleur verboten ist. Bei dunklen Bieren tritt der Malzgeschmack, bei hellen Bieren der bittere Hopfengeschmack deutlich in Erscheinung. Biere werden nach ihrem *Stammwürzegehalt* unterschieden und bewertet. „Stammwürze" ist der Extraktgehalt der Bierwürze vor der Vergärung und ergibt sich aus den Gehaltsstoffen (Kohlenhydrate und Eiweißstoffe) des Malzes. Biere mit hohem Stammwürzegehalt sind voller, bzw. stärker als solche mit niedrigem Stammwürzegehalt. Der Gehalt an Stammwürze wird in % ausgedrückt, Vollbiere haben einen Stammwürzegehalt von 11–14%, Starkbiere einen Stammwürzegehalt von 16% und darüber.

Der Alkoholgehalt der Biere beträgt i. D. $1/3$–$1/4$ ihres Stammwürzegehaltes und erreicht bei Vollbieren 3,5–4,5%, bei Starkbieren bis 5,5%; 1 l Bier enthält je nach Art 35–55 g Alkohol.

Der Gehalt an Kohlensäure (0,35–0,45%) gibt dem Bier seine erfrischende Wirkung.

Der *Kaloriengehalt* von 1 l Vollbier beträgt 400–450, von 1 l Starkbier 550–670 Kalorien, die Hälfte des Kaloriengehaltes entfällt auf den Alkohol, die andere Hälfte auf den Gehalt an Restextrakt. 1 l Vollmilch liefert vergleichsweise 670 Kalorien!

Weißbier oder Weizenbier schmeckt besonders erfrischend; seine Bierwürze, aus Gersten- und Weizenmalz gewonnen, wird sehr rasch vergoren und erfährt eine starke Nachgärung, wodurch viel Kohlensäure entsteht; der Alkoholgehalt mit 2–3% ist geringer als bei Vollbieren. *„Nährbier"* ist ein alkoholarmes Malzbier bis zu 1,5% Alkoholgehalt, aus dunklem Malz mit hohem Stammwürzegehalt, in Bayern grundsätzlich ohne Zuckerzusatz hergestellt, in anderen Bundesländern ist Zuckerzusatz erlaubt.

Weine, weinhaltige und weinähnliche Getränke

Wein ist ausschließlich durch vollständige oder teilweise alkoholische Gärung der frischen, auch eingemaischten Weintrauben oder des Traubenmostes gewonnen.

Frucht- und Obstweine aus Kern-, Stein- oder Beerenobst sind im Sinne des Weingesetzes kein Wein, man kann sie als weinähnliche Getränke bezeichnen.

An *Weinarten* im Rahmen deutscher Weine sind zu unterscheiden:

Weißwein, nur aus Weißweintrauben hergestellt,
Rotwein, nur aus Rotweintrauben gewonnen; hier wird die Maische mit den Bälgen vergoren, wobei der Farbstoff der Schalen extrahiert wird.

Roseewein, nur aus hell gekeltertem Most von Rotweintrauben hergestellter Wein von hellrötlicher Farbe, auch *Weißherbst* genannt, wenn er aus bestimmten Anbaugebieten und nur aus jeweils einer Sorte stammt. Hier erfolgt keine Maischegärung sondern Mostgärung, dadurch ist die hellrote Farbe bedingt.

Rotling, aus Weiß- und Rotweintrauben gemischt oder aus deren gemischter Maische hergestellter Wein von blaßroter bis hellroter Farbe.

Perlwein ist ein kohlensäurehaltiger Wein, der bei einer Temperatur von 20° C einen Überdruck von mindestens 1 bis höchstens 2,5 Atmosphären aufweist; das enthaltene Kohlendioxyd, das ein „Perlen" verursacht, kann der alkoholischen Gärung entstammen oder aber teilweise oder ganz zugesetzt worden sein.

Wesensart, Eigenschaft und Güte der Weine sind durch vielerlei Faktoren bedingt wie: Geographische Herkunft (Unterschiedlichkeit von Boden, Klima), Rebsorten, Witterung während des Wachstumsjahres, Zeitpunkt der Lese, Gärung, Pflege und Lagerung der Weine, die deren Ausbau wesentlich beeinflussen.

Wichtigste Weinbaugebiete der deutschen Bundesrepublik sind: Ahr (deutsches Rotweinparadies), Mosel-Saar-Ruwer, Nahe, Mittelrhein, Rheingau,

Rheinhessen, Rheinpfalz, Franken, Baden und Württemberg (siehe Karte Seite 768). In den deutschen Weinbaugebieten überwiegt die Erzeugung von Weißweinen (4/5) gegenüber der Rotweinerzeugung.

Bevorzugte Rebsorten für Weißweine in den deutschen Weinbaugebieten:

Riesling, die edelste einheimische weiße Keltertraube und feinste Qualitätssorte stellt höchste Ansprüche an Boden, Lage, Klima und Bearbeitung; sie ergibt rassigen, edlen, blumigen Wein mit geschätzter Fruchtsäure und typischem Bukett; in guten Jahren ausgezeichnete Spitzenweine von Weltruf.

Silvaner ist weniger anspruchsvoll, in deutschen Weinbaugebieten die meist angebaute Rebsorte, ergibt reiche Erträge und milde, liebliche, harmonische Weine, in guten Lagen und Jahren auch hochwertige, große Qualitätsweine.

Müller-Thurgau ist eine Kreuzung von Riesling und Silvaner, eine frühreifende Sorte, liefert aber pikante Weine mit geringerem Säuregehalt und mit charakteristischem Muskatton.

Ruländer ist eine Qualitätssorte, bevorzugt in Baden kultiviert, ergibt alkoholreichen, feurigen, vollmundigen Wein mit zartem Bukett.

Traminer liefert würzige, säurearme, volle und aromatische, bukettreiche Weine; der Gewürztraminer hat besonders kräftiges, apartes Bukett.

Gutedel liefert säurearme, leichte, liebliche Weine mit zartem Bukett, ist auch als Tafeltraube geschätzt.

Rebarten für Rotweine in deutschen Weinbaugebieten:

Blauer Spätburgunder ist die wichtigste Keltertraube für feine Rotweine, ergibt bei warmem, tiefgründigem Boden edle, alkoholreiche, feurige Rotweine, körperreich, samtig und von feinem Aroma bei tiefroter Farbe. Sie wird in allen deutschen Rotweingebieten angebaut.

Portugieser, eine frühreifende rote Traubensorte, liefert leichten, milden Rotwein als mundigen Tischwein, ertragreich.

Trollinger hat großbeerige, süße Trauben und ergibt je nach Jahrgang mittleren, süffigen Tischwein bei guter Weinqualität.

Örtliche Bedeutung hat die Kultur von *Limberger* und *Schwarzriesling* in Baden und Württemberg, sie liefern kräftigen Rotwein mit angenehmem Geschmack.

Die Angabe der Rebsorte bei Wein setzt voraus, daß er mindestens zu 75 % aus Weintrauben der angegebenen Rebsorte stammt und die Sorte die Art bestimmt. Angabe des Jahrgangs setzt voraus, daß der Wein zu 75% aus Weintrauben des angegebenen Jahres stammt.

Gütebestimmende Stoffe im Wein sind allgemein: Alkohol, Säure, Zucker und Extraktstoffgehalt, Gerbstoffe und Bukettstoffe. In den südlichen Weinländern wird Wein einseitig nach seinem Alkoholgehalt, in der deutschen Bundesrepublik indessen nach seinem Geschmack, der feinen Harmonie zwischen Fruchtsäure und Bukett bewertet.

Der Alkoholgehalt deutscher Weine beträgt in guten Jahren 80–100 g/l, in sehr guten Jahren bis 120 g/l und noch darüber, in schlechten Jahren 55–75 g/l ohne Verbesserung. Je nach dem Alkoholgehalt werden Weine als leicht oder schwer bezeichnet. Die Höhe des Alkoholgehaltes ist vor allem vom Zuckergehalt der Trauben abhängig, der wiederum von der Witterung, insbesondere der des Spätsommers und Herbstes beeinflußt wird.

Der Zuckergehalt des Mostes wird nach Oechsle-Graden gemessen, daraus wird der Alkoholgehalt in Graden errechnet. Der Mindestzuckergehalt der Moste für die verschiedenen Gütegruppen deutscher Weine ist für die einzelnen Weinanbaugebiete jeweils behördlich festgelegt. In schlechten Jahren kann der Zuckergehalt des Mostes zu gering sein und die vorgeschriebenen Oechsle-Grade nicht erreichen.

In diesen Fällen darf eine Verbesserung des Mostes durch Zuckerzusatz innerhalb festgelegter Grenzen und nach dafür festgelegten behördlichen Bestimmungen (fast ausschließlich Trockenzukkerung) erfolgen. Zuckerzusatz ist immer meldepflichtig und beschränkt auf Moste zur Herstellung von Tafelwein und Qualitätswein (ohne Prädikat).

Der Säuregehalt des Weines schwankt je nach Traubensorte, Lage, Witterung und Alter des Weines; schlechte Jahre ergeben Weine mit höherem Säuregehalt als sonnige Jahre, junger Wein ist säurereicher als lange gelagerter Wein. Der Säuregehalt des Weines ist ein wichtiges Merkmal seines Geschmacks, wobei es immer auf das Verhältnis von Säure zum Zuckergehalt des Weines ankommt. Ein Säuregehalt von 3-6 g/l gilt als milder, harmonischer Wein, über 6 g Säure je Liter schmecken sauer und über 10 g Säure je Liter ergeben sehr saueren Wein.

Zucker als Restzucker ist der Zuckeranteil, der nach der Vergärung im Wein bleibt und ihm seine Süße verleiht; seine Höhe unterliegt im Zusammenhang mit der Zuckerung des Mostes einer behördlich festgelegten Begrenzung (mit Ausnahme von Qualitätsweinen mit Prädikat, sie dürfen keinen Zuckerzusatz bekommen). Bei geringem Restzuckergehalt des Weines (4 g/l) wird er als „trocken" bezeichnet; höherer Restzuckergehalt kann sich als süßlich, süß, sehr süß, als edelfeine Süße, aber auch als unangenehme Süße äußern. Extraktreiche Weine haben hohen Restzuckergehalt.

Extraktstoffe (zuckerfreie) des Weines sind nichtflüchtige Stoffe (außer Zucker) wie sonstige Kohlenhydrate, Glyzerin, Stickstoffverbindungen, Mineralstoffe u. a. m.; diese Extraktstoffe gelten als Geschmackstoffe und werden in der Weinfachsprache als „Körper" bezeichnet; körperreiche Weine werden als voll und rund, körperarme Weine als leer empfunden.

Gerbstoffe sind für Rotwein charakteristisch, bei Weißweinen sind sie unerwünscht. Je nach der Höhe des Gerbstoffgehaltes gelten Rotweine als mild, warm samtig oder aber als herb, streng, rauh, – letztere Weine sind nicht geschätzt.

Blume und Bukett des Weines sind die Duft- und Aromastoffe, vorwiegend leichtflüchtige Stoffe, die auf Geruchs- und Geschmacksnerven wirken. Sie stammen teils von der Traube je nach Rebsorte, teils entstehen sie bei der Gärung und während der Lagerung des Weines im Faß (Trauben-, Gärungs- und Lagerbukett). Man nennt sie auch die „Seele" des Weines. Ihr Zusammenwirken mit den oben genannten Inhaltsstoffen des Weines bedingt die unendlich vielen Geschmacksmöglichkeiten der deutschen Weine, die den Niederschlag in der Weinfachsprache finden mit den Worten „duftig, blumig, lebendig, fruchtig, würzig, pikant, erdig, spritzig, flüchtig" usw. Das Aroma des Weines macht diesen zu dem edlen und wertvollen Getränk.

Das neue deutsche Weingesetz vom 14. 7. 1971, das am 19. 7. 1971 in Kraft trat, legt in Berücksichtigung einschlägiger EWG-Verordnungen für unsere inländischen Weine Grundlegendes fest, das auch für den Verbraucher wissenswert ist. Die EWG-Regelung hat drei Weinbauzonen festgelegt: Weinbauzone A, die nördlich gelegene, die mittlere Weinbauzone B und die südliche Weinbauzone C I–III. Für diese verschiedenen Weinbauzonen wurde der vorgeschriebene Mindestalkoholgehalt der jeweiligen Weine verschieden hoch festgelegt, er liegt um so höher, je südlicher die Rebe wächst.
Die deutschen Weinbaugebiete gehören mit Ausnahme von Baden (Weinbauzone B) zur Weinbauzone A.
Innerhalb des deutschen Weinbaugebietes wurden für Qualitätsweine *„bestimmte Anbaugebiete"* festgelegt: Ahr, Hessische Bergstraße, Mittelrhein, Mosel-Saar-Ruwer, Nahe, Rheingau, Rheinhessen, Rheinpfalz, Franken, Württemberg und Baden. Diese Herkunftsbezeichnungen sind den Qualitätsweinen vorbehalten.

Für Tafelweine wurden folgende *„Weinbaugebiete"* als geographische Bezeichnung bestimmt:
Rhein und Mosel
mit der Unterteilung a) Rhein, b) Mosel.
Main, Neckar und Oberrhein
mit der Unterteilung a) Römertor, b) Burgengau.
Als „Tafelwein" deklarierte deutsche Weine dürnur diese geographischen Bezeichnungen tragen.

Darüber hinaus dürfen ab 1. 9. 1971 bei Neuanpflanzungen von Reben oder Wiederbepflanzung nur empfohlene oder zugelassene Rebsorten verwendet werden. Die Weinherstellung unterliegt verbindlichen Vorschriften hinsichtlich Behandlungsverfahren, Alkoholgehalt und seine evtl. Erhöhung durch Zuckerung oder Zusatz von konzentriertem Most, hinsichtlich Gehalt an Restzucker, Säure, anderen Stoffen und auch Verschnitt. Qualitätsprüfungen, Qualitätsbezeichnungen und Kennzeichnungen wurden einheitlich und verbindlich festgelegt.

Auf Grund dieses neuen deutschen Weingesetzes sind folgende *Gütegruppen bei deutschen Weinen* und deren Kennzeichnung verbindlich:

I. Qualitätsweine mit Prädikat:
Inländischer Wein darf nur nach amtlicher Prüfung als „Qualitätswein mit Prädikat" in Verbindung mit einem der Begriffe Kabinett, Spätlese, Auslese, Beerenauslese, Trockenbeerenauslese und evtl. Eiswein gekennzeichnet werden, wenn ihm das Prädikat auf Antrag unter Zuteilung einer Prüfungsnummer zuerkannt wurde. Qualitätsweine mit Prädikat *dürfen keinen Zuckerzusatz* erhalten haben, müssen den jeweils vorgeschriebenen natürlichen Alkoholgehalt aufweisen (in Grad Alkohol angegeben), den sonstigen Qualitätsanforderungen entsprechen und die für das Prädikat typischen Bewertungsmerkmale aufweisen. Die Kennzeichnung als Qualitätswein mit Prädikat muß darüber hinaus die Prüfungsnummer sowie die geographische Herkunft des Weines durch Angabe der in die Weinbergsrolle eingetragenen Namen von Lagen, Bereichen, Gemeinden oder Ortsteilen, von denen der Wein stammt, enthalten.

Die einzelnen Prädikate und Voraussetzungen dafür seitens des jeweiligen Lesegutes sind:

„Kabinett": Die verwendeten Weintrauben müssen in einem einzigen Bereich (zusammenhängende Lagen) geerntet worden sein, der daraus gewonnene Most muß den vorgeschriebenen Mindestalkoholgehalt (aus Oechsle-Graden errechnet) aufweisen.

„Spätlese": Die verwendeten Trauben müssen in einer späten Lese und in vollreifem Zustand geerntet sein.

„Auslese": Hierzu dürfen nur vollreife Weintrauben unter Aussonderung aller kranken und unreifen Beeren verwendet werden.

„Beerenauslese": Es dürfen nur edelfaule oder wenigstens überreife Beeren verwendet werden.

„Trockenbeerenauslese": Hierzu dürfen nur weitgehend eingeschrumpfte, edelfaule Beeren verwendet werden. Ist wegen besonderer Sorteneigenschaften oder besonderer Witterung ausnahmsweise keine Edelfäule eingetreten, genügt auch Überreife der eingeschrumpften Beeren.

„Eiswein" darf nur *zusätzlich zu einem anderen Prädikat* zuerkannt und gebraucht werden; es besagt, daß die verwendeten Weintrauben bei ihrer Lese und Kelterung gefroren waren.

II. Qualitätsweine:
Inländischer Wein darf nur nach amtlicher Prüfung als „Qualitätswein bestimmter Anbaugebiete" gekennzeichnet werden, wenn ihm auf Antrag eine Prüfungsnummer zugeteilt worden ist. Voraussetzung dafür ist, daß die verwendeten Weintrauben ausschließlich von empfohlenen bzw. zugelassenen Rebsorten stammen, in einem einzigen „bestimmten Anbaugebiet" geerntet sind und der aus ihnen gewonnene Most den vorgeschriebenen Mindestalkoholgehalt (aus Oechsle-Graden errechnet) aufwies. Zuckerung darf innerhalb behördlich festgelegter Grenzen erfolgen, muß aber gemeldet sein. Verschnitt darf im Rahmen behördlich festgelegter Bestimmungen erfolgen.

Der Kennzeichnung als „Qualitätswein" ist die Prüfungsnummer und die Angabe des „bestimmten Anbaugebietes" anzufügen.

III. Tafelweine:
Sie stellen die unterste Qualitätsgruppe dar. Die Mindestanforderungen sind gesetzlich festgelegt; werden sie nicht eingehalten, darf der Wein nicht in Verkehr gebracht werden. Diese Mindestanforderungen für als „Deutscher Tafelwein" gekennzeichneten Wein erstrecken sich auf Herstellung, Behandlung einschließlich Zuckerung und Verschnitt, Gehalt an Alkohol, Restzucker, Gesamtsäure und anderen Stoffen. Für Deutschen Tafelwein ist die Angabe von „bestimmten Anbaugebieten" oder von Lagen, Bereichen oder Orten *verboten.* Die geographische Herkunft des deutschen Tafelweines ist mit dem jeweiligen „Weinbaugebiet" anzugeben, wenn mindestens 75% des Tafelweines aus diesem Weinbaugebiet stammen.

Das Flaschenetikett muß den Bestimmungen des neuen deutschen Weingesetzes Rechnung tragen. Als „Geburtsurkunde" deutschen Weines gibt es dem Verbraucher wichtige Auskünfte über:

1. *Die Qualität des Weines* durch seine Kennzeichnung als „Qualitätswein mit Prädikat" mit Angabe des zuerkannten Prädikats oder als „Qualitätswein" bestimmten Anbaugebietes, jeweils in Verbindung mit der Angabe der Prüfungsnummer oder durch die Kennzeichnung als „Deutscher Tafelwein" (ohne Angabe einer Prüfungsnummer).

2. *Die geographische Herkunft des Weines:* „Qualitätsweine mit Prädikat" enthalten neben der Kennzeichnung als solche die Namen der Lage, des Bereichs oder des Ortes bzw. der Gemeinde (gemäß Eintrag in die Weinbergrolle), aus denen der Wein jeweils stammt; die Kennzeichnung der „Qualitätsweine" muß den Namen des „bestimmten Anbaugebietes" angeben. „Deutscher Tafelwein" kann neben seiner Kennzeichnung den Namen des Weinbaugebietes angeben, sofern er mindestens zu 75% aus Trauben aus diesem Weinbaugebiet stammt.

3. *Angegebene Rebsorten* setzen voraus, daß der Wein zu 75% aus der angegebenen Rebsorte stammt und diese die Art des Weines bestimmt.

4. *Das Alter des Weines durch Angabe des Jahrganges* (meist auf der Halsschleife der Flasche stehend), sofern mindestens 75% des Weines aus Trauben dieses angegebenen Jahrganges stammen. Die Jahrgangsangabe erlaubt gewisse Schlüsse auf die Güte des Weines. (Gute/schlechte Jahrgänge).

5. *Angaben des Namens des Herstellers* oder des Abfüllers ist bei Qualitätsweinen üblich.

6. *Auszeichnungen bei Weinprämierungen* der Deutschen Landwirtschaftsgesellschaft und anderer anerkannter Träger von Weinprämierungen, das *Deutsche Weinsiegel* und evtl. andere Gütezeichen dürfen auf dem Flaschenetikett angegeben werden, sofern diese Gütezeichen durch die weinbautreibenden Länder zugelassen sind, der Bewertung des Weines eine entsprechende Prüfung zugrunde liegt und der Wein die geforderte Punktzahl erreicht hat.

Verboten ist die Angabe „natur" für sich allein und in zusammengesetzter und abgeleiteter Form („naturrein" u. ä.) sowie Angaben, die darauf hinweisen, daß dem Wein bei der Herstellung Zucker nicht zugesetzt worden ist.

Gesundheitsbezogene Angaben: Wein, der für Diabetiker geeignet ist, darf gekennzeichnet werden mit dem Hinweis auf der Flasche: „Für Diabetiker geeignet" – „nur nach Befragen des Arztes".

Darüber hinaus müssen hierbei angegeben werden der Gehalt an unvergorenem Zucker als Invertzucker berechnet in g je Liter (höchstens 4g/l), der Gehalt an Alkohol in Grad und der Brennwert des Alkohols und der physiologische Gesamtbrennwert je Liter (Kaloriengehalt).

Ausländischer Wein:

Weine aus Ländern, die Mitgliedstaaten der EWG sind, unterliegen in Herstellung, Behandlung und Bezeichnung den entsprechenden Verordnungen der EWG. Für die sonstigen ausländischen Weine sind die Bestimmungen der Herstellungsländer für ihre Herstellung verbindlich und unterliegen den Einfuhrbestimmungen der deutschen Bundesrepublik.

Ausländische Weine müssen mit den *Namen des Herstellungslandes in deutscher Schrift* gekennzeichnet sein.

Von den *französischen* Weinen sind die roten Bordeaux- und Burgunderweine, die als Spitzenweine eingeführt werden, besonders geschätzt. Von den *italienischen* Weinen sind die Südtiroler Weine beliebt, wie Kalterer See, St. Magdalener und Terlaner, aber auch der Chianti, der Valpolicella und Barolo sind als Rotwein geschätzt, als Weißwein hat der Frascati einen besonderen Ruf. *Österreichische Weine* kommen vor allem aus Niederösterreich (Donautal von Melk bis Krems, der Wachau, dem Weinviertel bei Gumpoldskirchen und der Wiener Umgebung wie Grinzing u. ä.) und aus dem Burgenland.

Dessertweine:

Es sind dies ausländische Weine, die auf Grund besonderer Verfahren hergestellt und dadurch sehr zucker- und alkoholreich sind; teilweise haben sie einen Zusatz von Weinalkohol (Weindestillat). Nach ihrem Zucker und Alkoholgehalt sind zu unterscheiden:

Süße Dessertweine mit hohem Zuckergehalt (bis zu 30%) und geringerem Alkoholgehalt (15-17%). Sie werden aus überreifen, an der Rebe eingeschrumpften Beeren (Trockenbeeren) hergestellt, meist unter Zusatz von eingedicktem Most, wodurch ihr Zuckergehalt stark erhöht wird. Dazu gehören: Tokayer aus Ungarn, Muskatwein aus Frankreich, Samoswein aus Griechenland, Moscato aus Italien, Malaga aus Spanien, Marsala aus Sizilien.

Trockene Dessertweine haben geringeren Zuckergehalt (4-6%) und sehr hohen Alkoholgehalt (15-22%), meist durch Zusatz von Weinalkohol. Bekannte trockene Dessertweine sind: Portwein, nach dem portugiesischen Hafen Porto und Madeira, nach der portugiesischen Insel Madeira benannt sowie Sherry aus Spanien.

Schaumwein:

Hierzu werden meist geeignete junge Weine besonderen Buketts gemischt (Cuvée), der Verschnitt erhält einen Zusatz von etwas reiner Zuckerlösung und wird einer zweiten Gärung unterworfen. Flaschengärung verläuft langsam und wird für gute Qualitäten bevorzugt. Tankgärverfahren wird als Schnellverfahren vielfach für einfache Grundweine benutzt und ergibt billigere Mengenerzeugnisse. Nach der Gärung wird entheft, der dabei eintretende Weinverlust wird durch Weinzusatz wieder aufgefüllt. Dieser Auffüllwein kann zur Erreichung des gewünschten Süßgrades des Schaumweins gezuckert sein. Je nach der Höhe des Zuckerzusatzes ist zwischen extra trockenem, trockenem, halbtrockenem bis süßem Schaumwein zu unterscheiden. Zuckerfreie oder mindestens zuckerarme, also strengherbe oder extra trockene (extradry) Schaumweine sind bekömmlicher als zuckerreiche. Der Alkoholgehalt ist höher als der der Ausgangsweine. Der *hohe Kohlendioxydgehalt* bewirkt das starke Schäumen und Perlen des Schaumweins und macht ein sehr gutes Kühlen vor Gebrauch nötig. Langanhaltendes Perlen ist ein Zeichen von Güte. Der Kohlensäuredruck in der geschlossenen Flasche beträgt bei 20° C mindestens 3,5 Atmosphären Überdruck. Beruht der Kohlensäuregehalt ganz oder zum Teil auf einem Kohlensäurezusatz, muß dies angeben sein mit dem Vermerk „mit zugesetzter Kohlensäure". Bei Schaumwein muß der Hersteller angegeben sein.

Die Güte des Schaumweines hängt ab von der Qualität des Ausgangsmaterials, dem Verschnitt, von Art und Dauer der Gärung, der sorgfältigen Behandlung und Lagerung sowie von der Höhe des Zuckerzusatzes.

Das neue Deutsche Weingesetz vom 14. 7. 71 hat die Herstellung von Schaumwein, seine Behandlung und Bezeichnung sowie den erforderlichen Gehalt an Inhaltsstoffen verbindlich geregelt. Demzufolge darf deutscher Schaumwein besonderer Qualität als „Qualitätsschaumwein", als „Sekt" oder „Prädikatssekt" bezeichnet werden, sofern er mindestens 10° Alkohol und mindestens 3,5 Atmosphären Überdruck enthält, die vorgeschriebene Gär- und Lagerdauer aufweist, fehlerfrei ist und behördlich geprüft wurde und eine Prüfungsnummer erhalten hat. Deutscher Prädikatssekt muß mindesten zu 60% aus deutschen Ausgangsstoffen stammen.

Die Angabe des Jahrganges ist auf Qualitätsschaumwein, Sekt oder Prädikatssekt beschränkt und setzt voraus, daß 75% der Ausgangsstoffe aus Weintrauben dieses Jahrganges stammen.

Ausländische Schaumweine müssen den Namen des Herstellungslandes tragen. Besondere Hinweise auf eine über dem Durchschnitt liegende Qualität müssen den im Herstellungsland bestehenden Rechtsvorschriften entsprechen.

Champagner ist französischer Schaumwein besonderer Qualität aus Weinen ganz bestimmter Sorten aus der Landschaft Champagne nach besonderen Herstellungsvorschriften.

Qualitätsschaumwein oder Sekt ist ein Getränk für festliche, besondere Anlässe und Feiern. Für die Herstellung von sommerlichen Mischgetränken wie kalte Ente, Bowlen u. ä. muß es nicht Qualitätsschaumwein sein, dafür sind auch trockene Schaumweine geeignet.

Wermutweine:

Wermut wird gerne als Aperitif vor dem Essen zur Appetitanregung angeboten, im Sommer wird er vielfach mit Mineralwasser oder mit Eiswürfeln gemischt; schließlich ist er auch ein beliebter Bestandteil von Mischgetränken wie Cocktails.

Wermutwein gehört zu den *weinhaltigen Getränken,* da er 75% Wein als Hauptbestandteil enthält. Für roten Wermutwein finden rote Weine, für weißen Wermutwein Weißweine Verwendung. Die Güte der verwendeten Weine bestimmt die Qualität des Wermutweines. Weitere Bestandteile sind ein Auszug von Wermutkraut zur Geschmacksgebung, evtl. auch Auszug von anderen würzenden Kräutern (bis zu 50 ccm je Liter), außerdem zugesetzter Alkohol (Sprit) und Zucker. Je nach Höhe des Zuckergehaltes ist zwischen zuckerarmem oder trockenem und zuckerreicherem oder süßem Wermut zu unterscheiden. Auf dem Flaschenetikett muß das Herstellungsland des Wermutweines angegeben sein.

Obst- und Fruchtweine, Fruchtschaumweine:

Sie sind die wichtigsten *weinähnlichen Getränke.* Sie werden aus dem Saft frischen Obstes bzw. von Früchten (auch frischen Rhabarberstengeln) durch alkoholische Gärung hergestellt, wobei der Zusatz von Zucker und Wasser zum Saft, das Mischen von Säften sowie die Verwendung von Edelhefen erlaubt sind.

Spirituosen

Dazu gehören Branntweine, Liköre, Punschextrakte und Cocktails. Der Alkohol muß durch alkoholische Gärung und in einem anschließenden Brennverfahren gewonnen sein; synthetischer Sprit darf nicht verwendet werden. Der Alkoholgehalt von Spirituosen wird in Deutschland in Volumprozenten (Vol. %) auf den Flaschenetiketten angegeben.

Branntweine

Die verschiedenen Arten von Branntweinen werden aus verschiedenen Rohstoffen hergestellt: aus *alkoholhaltigen* Flüssigkeiten wie Wein (Weinbrand), aus *zuckerhaltigen* Früchten und Pflanzenteilen (Obstbranntweine, Enzianbranntwein, Wacholderbranntwein, Rum und Arrak) und aus *stärkehaltigen* Pflanzenteilen wie Getreide und Kartoffeln (Getreidebranntweine wie Kornbranntwein, Whisky und Kartoffelsprit).

Branntwein aus Wein: Deutscher Weinbrand, französischer Cognac (Kognak) und Armagnac (38–40 Vol. % Alkohol); ihre Herstellung erfolgt durch Destillation von sog. Brennweinen. *Weinbrandverschnitt* ist ein Branntwein, der neben Weinbrand Alkohol anderer Art enthält, z. B. aus stärkehaltigen Stoffen; er ist wesentlich billiger als Weinbrand. Die Güte eines Weinbrands wird bestimmt durch die Güte der verwendeten Brennweine, die Art des Brennverfahrens, Art und Dauer der Lagerung und die verwendeten Zusätze; bei Weinbrandverschnitt ist außerdem die Güte und Menge des zugesetzten Sprits von Bedeutung für die Qualität.

Das neue Deutsche Weingesetz regelt mit Wirkung vom 19. 7. 71 Herstellung, Behandlung, Bezeichnung und Verschnitt für Branntweine aus Wein für den Bereich der deutschen Bundesrepublik in verbindlicher Weise. Der vorgeschriebene Mindestalkoholgehalt beträgt 38 Grad.

Branntweine aus zuckerhaltigen Stoffen:

Obstbranntweine werden aus der vollen und vergorenen Obstfrucht oder deren Saft oder aus frischen, unvergorenen Früchten ohne Zusatz von zuckerhaltigen Stoffen oder Zucker gewonnen. Der Alkoholgehalt beträgt mindestens 38–40 Vol. %.

Kernobstbranntweine werden aus vergorenen Äpfeln oder Birnen oder deren Säften ohne Zusatz von Zucker oder Alkohol hergestellt.

Branntweine aus Steinobst sind Kirschen-, Zwetschgen- und Pflaumenwasser. Sie werden gewonnen durch Destillation der vollen vergorenen Maische dieser Steinobstarten; Zusatz von Alkohol anderer Art ist verboten.

Branntweine aus Beeren bzw. zuckerarmen Früchten wie Himbeeren, Brombeeren, Johannisbeeren, Erdbeeren, Wacholderbeeren und auch Pfirsichen und Aprikosen werden als *Obstgeiste* hergestellt: dem frischen, unvergorenen Obst wird guter Alkohol oder Primasprit zugesetzt, einige Zeit verschlossen gelagert, dann destilliert; der Alkohol hat die Aromastoffe der Früchte aufgenommen.

Wacholderbranntweine wie „Steinhäger", „Wacholdergeist" und „Gin" haben einen Alkoholgehalt von 32–40 Vol. % und gelten als besonders würzig.

Rum ist ein Erzeugnis aus Zuckerrohr, Zuckerrohrmelasse oder sonstigen Rückständen der Rohrzuckerfabrikation. Nach dem Vergären der zuckerhaltigen Rohstoffe erfolgt die Destillation. Jamaika-Rum ist in Deutschland besonders beliebt, hat sehr starkes Aroma, das sich während der Lagerung in Eichenfässern bildet. Original-Rum kommt mit 76–80 Vol. % Alkohol zum Export, wird im Importland erst genußfähig durch Verdünnung mit Wasser auf Trinkstärke als sogenannter „echter Rum" mit 38–55 Vol.%. „Rum-Verschnitt" entsteht, wenn einem Original-Rum Alkohol anderer Art, z. B. Sprit zugesetzt wird und durch Zugabe von reinem Wasser die gewünschte Trinkstärke erreicht wird (38–55 Vol.%). Jedoch muß mindestens 1/20 seines Alkoholgehaltes von Rum stammen, z. B. Jamaika-Rum-Verschnitt muß mindestens 1/20 seines Alkoholgehaltes von Original-Jamaika-Rum enthalten.

Deutscher Rum wird durch Vergärung von Zuckerrübenmelasse bzw. Rübensaft durch Spezialhefen gewonnen und dem Übersee-Rum ähnlich gemacht.

Arrak ist ein Erzeugnis aus Zuckerrohrmelasse oder zuckerhaltigen Pflanzensäften und Reis, er wird deshalb auch Reisbranntwein genannt. „Original-Arrak" ist aus dem Ausland (Java, Ceylon, Siam und Goa) eingeführter, unveränderter Arrak mit 58–60 Vol. % Alkohol; „echter Arrak" ist ein auf Trinkstärke (mindestens 38 Vol. %) herabgesetzter Original-Arrak. „Arrak-Verschnitt" kann neben Original-Arrak anderen Alkohol enthalten, doch muß 1/10 des Alkohols aus dem Arrak stammen, der den Namen gibt; sein Preis ist natürlich wesentlich niedriger.

Deutscher Arrak wird aus Zuckerrübenmelasse oder anderen zuckerhaltigen Stoffen gewonnen.

Enzianbranntwein, gewonnen durch Abtrieb von der Maische vergorener Enzianwurzeln oder aus Enziandestillat hergestellt. Enzianwurzeln enthalten frisch reichlich Zucker sowie verschiedene Bitterstoffe. Hauptherstellungsgebiete sind die Alpenländer.

Branntweine aus stärkehaltigen Rohstoffen:

Ihre Herstellung verläuft in Stufen: Verzuckerung der Stärke mit Malz, Vergärung der süßen Maische mit Hefe und schließlich Destillation der vergorenen Maische mit Gewinnung hochprozentigen Äthylalkohols und Abtrennung unerwünschter anderer Alkohole (Entfuselung).

Getreidebranntweine z. B. Whisky, vorwiegend aus Gerstenmalz, Roggen und Weizen hergestellt mit mindestens 43 Vol. % Alkohol. Die bekanntesten Whiskyarten kommen aus Schottland. „Korn" oder „Kornbrand" ist Branntwein, der ausschließlich aus Roggen, Weizen, Buchweizen, Hafer oder Gerste aus der Maische gewonnen ist, er darf nicht mit anderem Alkohol verschnitten sein, hat mindestens 32 Vol. % Alkohol.

„Bittere" Branntweine enthalten bittere und aromatische Auszüge oder Destillate von Pflanzen oder Früchten; der bittere Geschmack soll eine stärkere Absonderung von Verdauungssäften wecken; dazu gehören z. B. „Boonekamp" (40 Vol. % Alkohol); stark bitter ist der „Angostura", der vielfach zum Aromatisieren von Cocktails verwendet wird.

Liköre

Liköre sind Spirituosen aus verdünntem Sprit oder Branntwein mit Zusatz von Zucker und aromatischen Stoffen, Auszügen bzw. Destillaten aus Pflanzen und Früchten, Fruchtsäften und/oder ätherischen Ölen. Ihr Alkoholgehalt ist unterschiedlich hoch und ist in Vol. % auf dem Flaschenetikett angegeben. Bekannte Vertreter sind:

Fruchtsaftliköre enthalten als wesentlichen geschmackbestimmenden Bestandteil den Saft der Fruchtart, nach der sie benannt sind z. B. „Cherry Brandy" ein Kirschsaftlikör, „Maraschino" ein feiner Kirschlikör, „Blackberry Brandy" ein Brombeersaftlikör. Alkoholgehalt 25 Vol. %.

Fruchtaromaliköre erhalten ihr Aroma durch Auszüge aus Früchten, nach denen sie benannt sind; dazu gehören vor allem Erzeugnisse aus: Aprikosen („Apricot Brandy"), Pfirsichen, Berberitzen, Hagebutten, Preiselbeeren, Pflaumen, Schlehen, Ebereschen, Stachelbeeren, Zitrusfrüchten („Curaçao" enthält Auszüge aus der Schale von Pomeranzen); i. D. 30–32 Vol. % Alkohol.

Gewürz-, Kräuter- und Bitterliköre wie Pfefferminzlikör, Kümmellikör, „Danziger Goldwasser", „Cointreau", „Benedictine", „Chartreuse", erhalten ihr Aroma durch Zusatz von Fruchtsäften, natürlichen ätherischen Ölen oder natürlichen Essenzen aus Kräutern und Gewürzen verschiedenster Art.

Kakao-, Kaffee- und Teeliköre sind unter Verwendung der Rohstoffe hergestellt, deren Namen sie tragen (mindestens 25 Vol. % Alkohol).

Emulsionsliköre wie Eierlikör, Schokoladenlikör, Sahne- und Milchlikör u. a. m. enthalten die namengebenden Stoffe in emulgierter Form, z. B. Ei, Schokolade, Rahm oder Milch (mindestens 20 Vol. % Alkohol).

Punschextrakte

Darunter versteht man Spirituosen, die mit Wasser verdünnt der Punschbereitung dienen. „Rum-" bzw. „Arrakpunsch" muß einen gewissen Prozentsatz an Original-Rum oder Original-Arrak enthalten, Aromatisierung mit Kunstessenzen ist verboten. Weinpunsch-Extrakte enthalten mindestens 20% Wein. Der Mindestalkoholgehalt beträgt 30 Vol. %, sie sind immer zuckerhaltig.

Cocktails

Es sind dies alkoholische Mischgetränke, die eine oder mehrere Spirituosen enthalten und mit Wein, Fruchtsäften, Essenzen, Früchten u. a. gemischt werden. Sie werden unmittelbar vor dem Genuß gemischt. Je nach Art der Mischung können sie alkoholreich oder alkoholarm hergestellt werden.

Praktische Ratschläge:

I. Für die Auswahl:

Bier ist in weiten Gebieten Deutschlands das beliebteste und häufigste Getränk zu den täglichen Mittags- und Abendmahlzeiten.

Wein tritt in Weinbaugegenden an die Stelle des Bieres. Darüber hinaus wird er allgemein für festliche Mahlzeiten, bei ausgewählten Speisefolgen sowie für gemütliche Abendstunden im Familien- oder Freundeskreis bevorzugt. Im allgemeinen werden als Tischweine etwas leichtere, nach dem Essen schwerere, gehaltvollere Weine geschätzt. Werden im Rahmen eines festlichen Essens mehrere Weine gereicht, so gilt als Faustregel: Von den leichteren Weinen zu den schwereren, also die Qualität steigern, Weißweine meist vor den Rotweinen. Die Auswahl der Weine zum Essen wird durch die Speisen bestimmt:

Zu Suppen: kein Getränk reichen;

zu leichten Vorspeisen, gekochtem Fisch: leichte, spritzige Weißweine, z. B. Mosel/Saar/Ruwer, Rheingauer, evtl. Rheinpfälzer; für kalte Vorspeisen fruchtige Weine, zu warmen Vorspeisen etwas kräftigere Weine bevorzugen;

zu gebratenem Fisch: volle, etwas schwerere Weißweine z. B. Frankenweine, Rheinpfälzer;

zu weißem Fleisch (von Kalb, Schwein, Huhn, Poularde, Pute u. a.): feine, volle, gute Weißweine z. B. des Rheingaus, Rheinhessens, gute Mosel- und Naheweine, Frankenweine, Kaiserstühler oder Württemberger Weine;

zu dunklem Fleisch (Rind, Hammel, Wild, Wildgeflügel): vollmundige, gute, samtige Rotweine von Ahr, Rheinpfalz, Rheinhessen, Baden oder Bordeaux- oder Burgunderweine;

zu Käse: trockene Weiß- oder Rotweine, sie können auch leichterer Art sein;

zu süßem Nachtisch: Sekt (oder Spitzensorten von Weißweinen);

zu Mokka: Weinbrand, Cognac, klare Obstbranntweine wie Kirsch- oder Himbeergeist, evtl. Likör.

Vor dem Essen sind sogenannte „Aperitif-Weine" beliebt wie trockener Wermut oder Campari, die pur oder mit Soda gemischt getrunken werden; Campari wird auch gerne mit Sekt aufgespritzt. Auch trockene Südweine wie Sherry oder weiße Portweine sind geeignet.

Vor festlichen Abendessen sind zahlreiche *Cocktails* beliebt, mittags sind sie wegen ihres Alkoholgehaltes meist zu schwer.

Grundsätzlich: Nie ein süßes Getränk vor dem Essen!

Zu kaltem Büffet eignen sich vollmundige, gute, etwas schwerere Rotweine, gute, reife, nicht zu leichte Weißweine und Sekt; immer sollten aber auch alkoholfreie Getränke z. B. Orangensaft und Grapefruchtsaft neben kohlensäurehaltigem Tafelwasser z. B. Selters- oder anderes Sodawasser bereitgestellt sein.

Für festliche Anlässe und Feiern ist guter Schaumwein das gegebene Getränk; auch hierbei ist die Bereitstellung von alkoholfreiem Saft wie Orangensaft neben Selterswasser wünschenswert, zumal für Jugendliche.

Bei Parties aller Art gilt es, jeweils Personenkreis und Jahreszeit zu berücksichtigen; für jugendliche Teilnehmer und bei sommerlichen Temperaturen sind fruchtsaftreiche und alkoholfreie, zumindest aber alkoholarme Mischgetränke beliebt, z. B. verschiedene Fruchtsäfte mit Selterswasser aufgespritzt, bei Erwachsenen ist Orangensaft mit Sekt sehr geschätzt. Auch Bowlen und Kalte Ente sind beliebte sommerliche Getränke. Schließlich ist bei Parties aber auch zu berücksichtigen, daß unter den Teilnehmern oft Bierliebhaber, Weinfreunde und Cocktailanhänger sind – darauf muß sich der Gastgeber rechtzeitig einstellen. Im Winter sind guter Rotwein, oft auch Glühwein und Punsch, u. U. auch Grog geschätzt.

II. Bei der Lagerung beachte:

Flaschenbier kühl bei 8–10° C, Flaschen *stehend*, jedoch nicht zu lange lagern.

Flaschenweine (außer Südweine) in dunklem, kühlem, gut gelüftetem, sauberem Keller frostfrei, Flaschen *liegend lagern*, damit Korken ständig feucht bleiben und luftdicht schließen. Lagertemperatur gleichmäßig etwa 8–12° C, Weißweine evtl. Außenwand, Rotwein besser an Innenwand (über 12° C). Ruhig liegend lagern, jedoch getrennt von Kartoffeln, Gemüse, Kohlen und stark riechenden Stoffen, da Wein leicht Geschmack annimmt.

Weine nicht auf dem Kellerboden, sondern in Gestellen lagern; die Temperaturschwankungen des Kellerbodens sind für den Wein ungünstig. *Transportierte Weine* vor dem Genuß einige Wochen *ruhen lassen.*

Lagerdauer von Weinen hängt von ihrer Qualität ab: Qualitätsweine können 10–20 Jahre lagern, sollen aber nicht überaltern, da sie sonst an Genußwert verlieren. Kleinere und mittlere Weinsorten werden zweckmäßig bald, etwa nach einigen Jahren getrunken.

Südwein in kühlem, frostfreiem Keller bei 10–12° C *stehend lagern.*

Schaumwein in kühlem, frostfreiem Keller bei etwa 10° C *liegend* aufbewahren.

III. Vom richtigen Temperieren:

Alkoholische Getränke erfordern richtiges Temperieren, denn nur bei bestimmten, der Eigenart der Getränke entsprechenden Temperaturen entfalten sie ihren vollen Geschmack.

Richtige Trinktemperaturen:

Bier im Sommer: 8–10° C; im Winter: 10–12° C;

Weißwein einfache und mittlere Qualität: 11–12° C, geringe Weine erscheinen gut gekühlt besser als sie sind;
gute und Spitzenqualität: 12–14° C, gute Weine verlieren durch zu tiefe Temperaturen, die Blume stirbt dadurch;

Rotweine leicht: 15–16° C; schwere 16–20° C, (Zimmertemperatur) – langsam auf erwünschte

Temperatur bringen, 1–2 Tage ins Zimmer stellen, nicht in warmes Wasser legen!

Südweine und Aperitif-Weine z. B. Wermut, Campari: 14° C, etwa Kellertemperatur; sehr alkoholreiche Südweine können gekühlt werden;

Schaumweine: 5–8° C, genügend lange kühlen!

Weinbrand, Cognac: 16–20° C, Zimmertemperatur;

Obstbranntweine: 4–6° C, im Kühlschrank kühlen;

Liköre: 12–14° C, etwa Kellertemperatur;

Bowle, Kalte Ente: 8–10° C, alle Zutaten gekühlt verwenden.

Heiße alkoholische Getränke nicht kochen, da sonst Aromaverlust.

IV. Für den Konsum merke:

Alkohol nie auf leeren Magen trinken, langsam trinken, Maß halten, Eisgekühltes nur in sehr kleinen Schlucken, am besten mit Saughalm trinken.

Heiße alkoholische Getränke

1640. Glühwein (4 Personen)

Alle Zutaten mischen, erhitzen, aber nicht kochen lassen, sobald sich weißer Schaum bildet, abseihen, abschmecken, in hitzeunempfindlichen Gläsern möglichst heiß reichen. Geschmack des Weins nicht mit Gewürzen überdecken!

1 Flasche Rotwein (nicht zu schwer)
100 g Zucker, 1/4 Stange Zimt, 2 Stück Nelken
2 Scheiben Zitrone

1641. Punsch, Silvesterpunsch (4–6 Personen)
Weißweinpunsch, Rotweinpunsch

Zitronen und Orangen gründlich waschen, Schale spiralenartig, dünn schälen, Saft auspressen. Von frisch kochendem Wasser Tee anbrühen, 4–5 Minuten zugedeckt ziehen lassen, abseihen. Saft mit Zukker, Gewürzen je nach Punschart und Wein erhitzen, bis kurz vor das Kochen kommen lassen, aber nicht kochen (Aromaverlust!); sobald sich weißer Schaum bildet, von Kochstelle nehmen, Gewürze entfernen, mit heißem Tee und Rum oder Arrak mischen, abschmecken, gut heiß in hitzebeständigen Punschgläsern reichen.
Für Tee-empfindliche Menschen empfiehlt sich statt Tee 1/2 l Wasser mit Zucker und Gewürzen einige Minuten zu kochen, dann Orangen- und Zitronensaft und Wein zugeben, gut heiß werden, aber nicht kochen lassen, durchseihen, Rum oder Arrak zugeben, abschmecken, heiß reichen.
Punsch kann auch kalt gereicht werden, dazu Gewürze entfernen, Punsch abkühlen lassen, kalt stellen, Rum oder Arrak erst vor Gebrauch zugeben.

2 Flaschen Rotwein (z. B. Tiroler) oder Weißwein (z. B. leichter Rheinwein), 150–200 g Zucker (nach Geschmack)
Schale von 1 Zitrone und 1 Orange, Saft von 4–5 Orangen
1/2 l schwarzer Tee (von 4 Teel. gutem Tee)
1/4 l Rum oder Arrak
ergänzend für Rotweinpunsch: 1/4 Stange Zimt und 2 Stück Nelken
für Weißweinpunsch: Saft von 1–2 Zitronen

1642. Grog

Würfelzucker in Grogglas legen, kochendes Wasser zugießen; sobald sich Zucker gelöst hat, Alkohol nach Wahl und nach Belieben etwas Zitronensaft oder Zitronenscheiben von gewaschenen Früchten zugeben, sofort möglichst heiß reichen. Beliebt bei Erkältung.

Für 1 Grogglas: 3–4 Stück kl. Würfelzucker, 2 Teile kochendes Wasser, 1–2 Teile Rum, Arrak, Weinbrand oder Whisky, etwas Zitronensaft od. 1–2 Zitronenscheiben

1643. Feuerzangenbowle (6 Personen)

2 Flaschen Rotwein
3–4 Zitronenscheiben oder
Saft von 1 Zitrone und
Saft von 2–3 Orangen
250 g Hut- od. Würfelzucker
3/8–1/2 l guter Rum od. Arrak
(hochprozentig!)

Rotwein in feuerfestem Anrichtegeschirr gut erhitzen, aber nicht kochen, Zitronenscheiben einlegen oder Zitronen- und Orangensaft mit Rotwein erhitzen, auf Rechaud stellen und heiß halten. Quer über das Bowlengefäß Feuerzange legen, Hutzucker darauflegen, diesen mit Rum beträufeln, bis er ganz durchtränkt ist, dann entzünden. Restlichen Rum nach und nach mit einem kleinen Schöpflöffel auf den Zucker gießen, bis dieser ganz in den Wein getropft ist. Zuletzt einmal durchrühren, in Punschgläser ausschenken. Anstelle von Feuerzange kann man auch feuerfestes Sieb mit Würfelzucker belegen.

Bowlen und bowlenartige Getränke

Sie sind wegen ihrer erfrischenden, anregenden Wirkung vor allem im Sommer beliebt. Sie sollen leicht, bekömmlich, aromatisch und gut gekühlt sein. Die Grundlage bilden in der Regel leichtere, jedoch immer gute Weine; zu Aromatisierung sind reife, aromareiche Früchte geschätzt, die moussierende Eigenschaft verleiht ihnen Sekt, bei alkoholfreien Bowlen auch Sodawasser z. B. Selterswasser.

Für die Bowlenherstellung beachte:

1. *Stets nur gute, aber leichtere Weine* verwenden, leichte Mosel- und Rheinweine sind dafür gut geeignet.

2. *Zucker möglichst sparsam verwenden* – zuckerreiche Bowlen sind weniger bekömmlich und hinterlassen oft einen schweren Kopf.

3. *Nur vollreife, tadellose, aromareiche Früchte* verwenden.

4. *Wein, Sekt und evtl. Sodawasser rechtzeitig kühlen,* während etwas Wein zum Ansetzen der Bowle Zimmer- bzw. Kellertemperatur haben darf.

5. *Bowle rechtzeitig und richtig ansetzen,* um gutes Aroma zu gewinnen:
Früchte vorbereiten, evtl. in Stücke oder Scheiben schneiden, mit wenig Zucker bestreuen, zugedeckt 1–2 Stunden bei Zimmer- oder Kellertemperatur ziehen lassen (nicht im Kühlschrank – Kälte verhindert gute Aromaentfaltung). Etwa 1 Stunde vor Gebrauch ca. 1/2 Flasche Wein zugießen, zugedeckt noch 1 Stunde durchziehen lassen.

6. *Gut gekühlten Wein und Sekt, evtl. auch Sodawasser erst unmittelbar vor dem Servieren zugießen!*

7. *Bowle gut kühl halten* (8–10° C); günstig hierfür ist der Bowlenkrug aus Glas mit herausnehmbarem Eiseinsatz; fehlt ein solcher, das Bowlengefäß in eine Schale mit Eis stellen – *nie Eis in die Bowle geben!*
Bowlengläser sollen nicht zu groß sein, jeweils nur 1/2–3/4 voll füllen, damit Bowle stets frisch und kühl ist.

1644. Kalte Ente (6–8 Personen)

2 Flaschen leichter Mosel- oder Rheinwein
Schale von 1/2–1 Zitrone
1 Flasche Sekt
evtl. 1/4–1/2 Flasche Sodawasser

Alle Zutaten einige Stunden vor Gebrauch kalt stellen; Wein in Bowlenkrug gießen, gewaschene Zitrone (ungespritzte Früchte) spiralenartig sehr dünn schälen, Schale 1/2–1 Minute im Wein ziehen lassen, entfernen, gut gekühlten Sekt und nach Belieben etwas Sodawasser zugießen, Eiseinsatz mit Eis füllen, kalt reichen.
Kalte Ente ist außerordentlich erfrischend und gut bekömmlich.

1645. Bowle mit Früchten (6–8 Personen)
Erdbeer-, Himbeer-, Pfirsich-, Ananasbowle

500–750 g vollreife, schöne Früchte nach Wahl wie: Wald- od. Gartenerdbeeren, Himbeeren, Pfirsiche, Ananas (frisch od. aus Dose)
50–100 g Zucker
2 Flaschen leichter Mosel- oder Rheinwein
1–2 Flaschen Sekt
(evtl. 1/2–1 Flasche Sodawasser ohne Geschmack)

Wein, Sekt und evtl. Sodawasser einige Stunden vor Gebrauch kalt stellen. Früchte je nach Art vorbereiten:
Erdbeeren verlesen, rasch waschen, gut abtropfen lassen, entstielen, große Früchte ein- bis zweimal durchschneiden.
Himbeeren verlesen, nicht waschen.
Tiefgefrorene Beeren, mit Zucker eingefrostet, ohne Zucker in Bowlengefäß zugedeckt auftauen lassen.
Pfirsiche waschen, schälen, entsteinen, in dünne Scheiben schneiden.
Ananas roh sorgfältig schälen, in dickere Scheiben und diese in gleichmäßige Stücke schneiden. *Ananas aus Dose* gut abtropfen lassen, in gleichmäßige Stückchen schneiden.
Bowle ansetzen: Vorbereitete Früchte in Bowlengefäß geben, mit wenig Zucker bestreuen, bei Dosenananas etwas Ananassaft zugeben, zugedeckt die Früchte bei Zimmer- oder Kellertemperatur etwa 1–2 Stunden ziehen lassen, damit sich Aroma entfalten kann. Dann etwa 1/2 Flasche Wein zugießen, zugedeckt nochmal etwa 1/2–1 Stunde ziehen lassen. Unmittelbar vor dem Servieren gut gekühlten Wein, Sekt (bzw. Schaumwein und nach Belieben etwas gut gekühltes Sodawasser) zugießen. Um Bowle recht kühl zu halten, Eisbehälter des Bowlenkruges mit Eiswürfeln füllen oder Bowlengefäß in Schale mit Eis stellen.

1646. Orangenbowle, Mandarinenbowle (6–8 Personen)

3–4 schöne, kernl. Orangen oder 6 Mandarinen
einige Stück Würfelzucker
50–100 g Zucker
evtl. 1 Gläschen Curaçao oder Maraschino
2 Flaschen Mosel oder leichter Rheinwein
1–2 Flaschen Sekt

Ungespritzte Früchte gründlich waschen, Schale von 2 Früchten an einigen Stück Würfelzucker abreiben. Früchte sorgfältig schälen, weiße Haut gründlich entfernen, Früchte halbieren, in Querscheiben schneiden, evtl. Kerne entfernen.
Bowle ansetzen: Fruchtscheiben mit dem an den Schalen abgeriebenen Würfelzucker und etwas Grießzucker mischen, in Bowlengefäß geben, nach Belieben Curaçao oder Maraschino zugeben, zugedeckt 1–2 Stunden bei Zimmer- oder Kellertemperatur ziehen lassen, dann etwa 1/2 Flasche Wein zugießen, nochmal 1/2–1 Stunde zugedeckt durchziehen lassen. Unmittelbar vor dem Servieren kalt gestellten Wein und gut gekühlten Sekt zugießen, gut kühl reichen. Eisbehälter des Bowlengefäßes mit Eiswürfeln füllen oder Bowlengefäß in Schale mit Eis stellen.

1647. Kullerpfirsiche

Pro Glas: 1 vollreifer, schöner Pfirsich
sehr gut gekühlter Sekt

Pfirsiche waschen, mit Gabel (rostfreies Material) von allen Seiten stupfen, in tiefe Sektschalen je 1 Frucht legen, mit sehr gut gekühltem Sekt langsam auffüllen. Kohlensäurebläschen des Sekts bringen die Pfirsiche zum Kullern, d. h. sie drehen sich, der Sekt erhält Pfirsicharoma.

1648. Waldmeisterbowle, Maibowle (6–8 Personen)

2 Büschel Waldmeister, (vor der Blüte frisch gepflückt)
50–100 g Zucker
2 Flaschen leichter Mosel- oder Rheinwein
1 Flasche Sekt
(evtl. 1/2 Flasche Sodawasser ohne Geschmack)

Waldmeister verlesen, entstielen, rasch waschen, abtropfen lassen, mit Zucker und 1/2 Flasche Wein zugedeckt 15–30 Minuten ziehen lassen; dann in kalt gestelltes Bowlengefäß abseihen, mit restlichem, kühl gestelltem Wein, gekühltem Sekt und nach Belieben etwas Selterswasser aufgießen, kalt reichen.
Vereinfacht kann man den gewaschenen, gebündelten Waldmeister kopfüber so in den Wein hängen, daß nur die Blätter, nicht die derben Stiele in den Wein tauchen; hierbei erübrigt sich das Entstielen und Seihen.
Waldmeister nur frisch gepflückt und frisch verwenden!

1649. Türkenblut (6 Personen)

1 Flasche Weiß- od. Rotwein
1 Flasche roter Sekt

Wein in Bowlengefäß geben, mit gut gekühltem rotem Sekt aufgießen, sofort reichen.

1650. Eiercognac

5 Eigelb
evtl. 1/2 Vanillestange
100 g Zucker
1/8 l süßer Rahm oder Dosenmilch, ungezuckert
3/8 l Cognac oder Weinbrand

Eigelb, evtl. vorbereitete Vanillestange und Zucker schaumig schlagen, Rahm oder Dosenmilch zugeben, unter Schlagen erhitzen, bis Masse dicklich wird, *nicht kochen* lassen, dann kalt schlagen, Vanillestange entfernen, erkaltet Cognac unterschlagen, sofort in vorbereitete Flasche füllen, verschließen. Bei Verwendung von Dosenmilch kann Erhitzen entfallen.

Herstellung in elektrischer Küchenmaschine: Eigelb und Zucker auf Stufe II schaumig schlagen (etwa 8 Minuten), auf Stufe I schalten, langsam Rahm oder Dosenmilch und Cognac zugeben, noch kurz schaumig schlagen lassen, einfüllen und verschließen, das Erhitzen entfällt hierbei.

Die Zugabe von etwas Weingeist unter den fertigen Eiercognac vor dem Einfüllen verlängert die Haltbarkeit. Vor Licht und Kälte schützen (Farbverlust, Gefahr des Gerinnens), nicht zu lange aufbewahren.

1651. Rotwein mit Ei

Für 1 Portion:
1 Eigelb
1 Eßl. (ca. 20 g) Traubenzucker
1/8 l Rotwein

Eigelb und Zucker schaumig schlagen, Rotwein unterschlagen, sofort reichen.

Soll Getränk heiß gereicht werden, ebenso herstellen, dann auf Kochstelle abschlagen, bis Wein warm und Getränk sehr schaumig ist, nicht kochen lassen!

1652. Eier-Bier (2–3 Personen)

2 ganze Eier
50 g Zucker
1 Flasche Weißbier

Eier und Zucker sehr schaumig schlagen, gekühltes Weißbier unterschlagen, sofort servieren.

Soll Eierbier heiß gereicht werden, ebenso herstellen, auf Herdstelle abschlagen bis Bier gut heiß ist, nicht kochen lassen.

Alkoholische Mischgetränke

Alkoholische Mischgetränke, allgemein mit dem Sammelbegriff „Cocktails" bezeichnet, erfreuen sich zunehmender Beliebtheit. Sie können durch die Möglichkeit mannigfacher Variationen sehr individuell und auch abwechslungsreich gestaltet werden. Sie sind geeignet für verschiedenste Gelegenheiten, sowohl vor wie nach einem festlichen Essen oder im Rahmen einer „Cocktail-Party", die heute vielfach eine Einladung zum warmen Abendessen ersetzt.

Geräte, die man zum Mixen braucht:

1 Schüttelbecher oder Shaker zum Schütteln

1 Sieblöffel (Strainer), der die Eiswürfel im Schüttelbecher zurückhält beim Abseihen des Getränkes in das Glas

1 Mischglas mit 1 langstieligem Limonaden- oder Barlöffel zum Rühren jener Mischgetränke, die gerührt und nicht geschüttelt werden

1 Flaschenöffner, 1 Korkenzieher, 1 Zitruspresse,

1 kleines, rostfreies Messer zum Schälen von Zitronen und Schneiden von Früchten

1 Krug für Getränke

1 Eiskübel zum Kühlhalten von Sekt, Sodawasser

1 Meßglas (evtl. Likörglas) als Meßbecher für die Alkoholika

1 elektrisches Handrührgerät oder elektrischer Mixer.

Zutaten für Mixgetränke rechtzeitig auswählen und bereitstellen. Die Auswahl richtet sich nach den Mixgetränken, die gereicht werden sollen. Wichtiger als eine große Vielzahl von Mischgetränken bei einer Veranstaltung erscheint ihre gute Qualität. Man bevorzuge deshalb beim Einkauf alkoholischer Getränke gute, reine Sorten und lasse sich von einem Fachmann beraten.

Bevorzugt verwendet werden:

Cognac, Whisky, Gin, Obstgeist, Rum;
Sherry, Wermut trocken und süß, Portwein;
ein Likör nach persönlichem Geschmack;
Campari;

Angostura in Spritzflasche;

Sodawasser ohne Geschmack und Sekt, eisgekühlt, Fruchtsäfte z. B. Orangen-, Zitronen-, Grapefruitsaft, Ananassaft usw.;

Cocktailfrüchte verschiedener Art, z. B. Maraschinokirschen, gemischte Früchte, Oliven;

Zuckersirup (500 g Zucker, 1/2 l Wasser gekocht, erkaltet);

etwas Streu- und Würfelzucker.

Darüber hinaus sind reichlich Eiswürfel nötig.

Alkoholische Mischgetränke unterscheiden sich grundsätzlich:

„Kurze Drinks" oder *„short drinks"* sind jene, die meist *stark und alkoholreich sind und deshalb in geringer Menge gereicht werden.* Ihre Herstellung erfolgt meist im Schüttelbecher unter Zusatz von Eiswürfeln, die aber beim Eingießen abgeseiht werden, damit das Schmelzwasser den Drink nicht verdünnt. Sie werden in kleinen Cocktailgläsern (50–65 ccm Inhalt fassend), jedoch meist nur halb voll gefüllt, gereicht und oft in nicht mehr als 2 Schlucken getrunken – daher der Name. Häufig vor dem Essen angeboten.

„Lange Drinks" oder *„long drinks"* sind Mischgetränke, die mit Fruchtsaft, Sodawasser oder Sekt aufgegossen werden. Vielfach werden sie mit Eiswürfeln gereicht. Die Flüssigkeitsmenge ist mehr als 50 ccm, sie werden deshalb in *größeren Gläsern,* z. B. Limonadengläsern oder in Tumblern, meist mit Saughalm gereicht. Bevorzugt nach festlichen Abendessen.

Je nach Wirkung auf Grund der Zutaten und nach Verwendungszweck sind typische Gruppen innerhalb der alkoholischen Mischgetränke festzustellen, von denen nachfolgend die wichtigsten mit einigen Rezepten dargestellt werden.

Folgende Rezeptmengen sind jeweils für 1 Portion berechnet.

Aperitifs

Sie werden vor dem Essen gereicht und sollen Appetitwecker sein durch ihren aromatischen oder herben Geschmack. Aperitifweine wie Wermut, Portwein, Sherry oder Madeira können unvermischt, also rein gegeben werden. Vielfach, besonders im Sommer bei Hitze, werden sie mit Sodawasser oder Sekt aufgespritzt, als „long drink" bevorzugt. Häufig werden sie auch mit anderem Alkohol, z. B. Gin gemischt als Cocktail und zwar als „short drinks" gegeben. Aperitifs werden nur einmal angereicht. (Mengenangaben für 1 Person).

1–2 Eiswürfel
1 Likörglas Campari
Zitronensaft
Sekt oder Soda

1653. Campari mit Sekt oder Soda

In Sekt- oder Becherglas Eiswürfel legen, darauf Campari gießen, Zitronensaft beifügen, mit gekühltem Sekt oder Sodawasser aufspritzen.

1–2 Eiswürfel, 1 Zitronenscheibe, 2/3 Glas trockener Wermut, 1 Eßl. Zitronensaft
1/3 Glas Soda

1654. Wermut-Soda

Eiswürfel und entkernte Zitronenscheibe in Glas geben, Wermut und Zitronensaft zugießen, mit Soda aufspritzen.

1–2 Eiswürfel
1/3 Wermut trocken
2/3 Sekt, trocken

1655. Wermut-Champagner

In Sektkelch Eiswürfel legen, darüber trockenen Wermutwein geben, mit gekühltem Sekt aufgießen.

2 Eiswürfel
1 Spritzer Angostura
3 Spritzer Zitronensaft
2/3 Wermut (italienischer)
1/3 Gin, Sodawasser

1656. Wermut mit Gin

Eiswürfel in Limonadenglas legen, darauf Angostura und Zitronensaft und hierauf Wermut und Gin geben, nach Belieben mit gut gekühltem Sodawasser auffüllen.

1–2 Eiswürfel
1/3 Glas Whisky
2/3 Glas Sodawasser

1657. Whisky-Soda

Eiswürfel in Glas legen, Whisky darauf geben, mit eisgekühltem Sodawasser auffüllen.

2 Eiswürfel
1 Likörglas Sherry
1 Glas Orangensaft

1658. Sherry mit Orangensaft

Im Mixbecher reichlich Eiswürfel mit Sherry und Orangensaft schütteln, in kleines Cocktailglas abseihen.

Einige Eiswürfel
1/8 l frischer Tomatensaft
1–2 Teel. Zitronensaft
3 Spritzer Worcestersoße
1 Prise Salz, 1 Prise Pfeffer
1 Likörglas Gin oder Cognac
evtl. etwas Sodawasser

1659. Tomaten-Drink

Eiswürfel mit Tomaten- und Zitronensaft, wenig Worcestersoße, den Gewürzen und Gin oder Cognac im Mixbecher sehr gut mixen, in Glas abseihen, nach Belieben mit etwas eisgekühltem Sodawasser aufspritzen.

Cocktails

Im engeren Sinn handelt es sich hierbei in der Regel um Mixgetränke aus mehreren Zutaten, die meist verschiedene Arten von Alkohol enthalten. Bevorzugt verwendet werden alkoholreiche Branntweine wie Whisky, Gin, Weinbrand, Rum oder Arrak. Zur Aromatisierung ist die Verwendung von Likören beliebt. Als alkoholreiche, konzentrierte *„short drinks"* werden sie in kleinen Cocktailgläsern gereicht. Ihre Herstellung erfolgt meist unter Zugabe von einigen Eiswürfeln im Schüttelbecher, aus dem sie nach dem Schütteln in das Cocktailglas abgeseiht werden, damit das Eiswasser sie nicht verdünnt. Nach Belieben mit einer Olive oder Kompottkirsche garnieren.

Heute haben sich vielfach Cocktails mit geringerem Alkoholgehalt als *„long drinks"* durchgesetzt; sie werden mit Sekt oder mit Soda, je nach übrigen Zutaten, aufgespritzt. Ihre Herstellung erfolgt je nach Art der Zutaten zunächst im Schüttelbecher, dann werden sie im Sektglas mit Schaumwein aufgespritzt oder aber die wenigen Zutaten werden direkt im Sektglas gemischt; bei Verwendung von Sodawasser werden sie im hohen Limonadeglas oder im Tumbler meist mit den Eiswürfeln und mit Saughalmen gereicht.

1660. Martini (short drink)

Eiswürfel, Wermut, Gin und Angostura im Mischglas gut durchrühren oder im Schüttelbecher schütteln, auf Olive in kleines Cocktailglas abseihen. Nach Belieben von einem kleinen Stückchen Zitronenschale etwas ätherisches Öl in das Glas pressen.

2–3 Eiswürfel
1/3 trockener Wermut
2/3 Gin, einige Tropfen Angostura, 1 Olive
1 Stückchen Zitronenschale

1661. Arosa oder Davos (short drink)

Eiswürfel mit gleichen Teilen Whisky, Cointreau und Orangensaft im Schüttelbecher etwa 1/2 Minute kräftig schütteln, in Cocktailglas abseihen, nach Belieben an den Glasrand vorbereitete Orangenspalte stecken.

3 Eiswürfel
1/3 Whisky, 1/3 Cointreau
1/3 Orangensaft
evtl. 1 Orangenspalte

1662. Side Care (short drink)

Alle Zutaten mit Eis im Schüttelbecher gut schütteln, in kleines Cocktailglas abseihen.

3 Eiswürfel, 1/3 Zitronensaft
1/3 Cointreau, 1/3 Cognac od. Gin

1663. Orangenblüte (short drink)

Eiswürfel mit Orangensaft, Gin und etwas Grenadine im Schüttelbecher gut schütteln, in kleines Cocktailglas abseihen.

3 Eiswürfel, 1/2 Glas Orangensaft, 1/2 Glas Gin
1 Spritzer Grenadine

1664. Orangen-Cocktail, Grapefruit-Cocktail

Eiswürfel mit Orangen- und Zitronensaft bzw. mit Grapefruitsaft, Angostura sowie Wermut und Cognac im Schüttelbecher gut schütteln, in Cocktailglas abseihen.

Abwandlung als short drink: 1/2 Orangensaft, 1/2 Gin mit Eiswürfeln im Schüttelbecher gut schütteln, in Cocktailglas abseihen.

3 Eiswürfel, 1 Weinglas Orangen- bzw. Grapefruitsaft, 1 Spritzer Angostura
1 Likörglas roter Wermut
1–2 Likörgläser Cognac
1 Teel. Zitronensaft für Orangen-Cocktail

1665. Orangen-Cocktail mit Wermut (short drink)

3 Eiswürfel, 1/3 Orangensaft
1/3 Wermut, trocken oder süß
1/3 Gin

Eiswürfel mit Orangensaft, Wermutwein nach Wahl und Gin im Schüttelbecher gut mischen, in Cocktailglas abseihen.

1666. Negroni (short drink oder long drink)

3 Eiswürfel, 1/3 roter Wermut
1/3 Campari, 1/3 Gin
1 Stückchen Zitronenschale
oder 1 Orangenscheibe
Sodawasser nach Belieben

Eiswürfel in Mischglas geben, Wermut, Campari und Gin zugießen, durchrühren, in Tumbler- oder Cocktailglas abseihen, 1 Stückchen Zitronenschale oder eine Orangenscheibe einlegen, nach Belieben mit Sodawasser aufgießen (dafür Tumblerglas).

1667. Orangensaft mit Sekt (long drink)

1/3–1/2 Orangensaft
(gut gekühlt)
2/3–1/2 Sekt (eisgekühlt)

In gut gekühlte Sektgläser gießt man Orangensaft, füllt mit größerer oder etwa der gleichen Menge eisgekühlten Sektes auf. Dieser „long-drink“ ist einer der beliebtesten Cocktails, bei allen Gelegenheiten gut geeignet und wohl bekömmlich.

1668. Ananas-Cocktail (long drink)

1 Eiswürfel
1/2 Scheibe Ananas
1 Likörglas Ananassaft
1 Likörglas Gin n. Belieben
Sekt

In Sektschale oder Limonadenglas Eiswürfel geben, gewürfelte Ananas, Ananassaft und nach Belieben Gin darüber geben, umrühren, mit eisgekühltem Sekt aufgießen, sofort reichen, damit sich nicht soviel Schmelzwasser bildet.

1669. Sekt-Cocktail mit Früchten (long drink)

1 Stück Würfelzucker
1 Spritzer Angostura
3-4 Orangenscheiben oder
Ananasstückchen oder
gem. Cocktailfrüchte
1 Glas Sekt

In Sektglas ein Stück Würfelzucker legen, dieses mit wenig Angostura tränken, mit sorgfältig geschälten, entkernten, dünnen Orangenscheiben, Ananasstückchen oder gemischten Cocktailfrüchten belegen, mit eisgekühltem Sekt langsam aufgießen.

1670. Wermut mit Sekt (long drink)

1 Eiswürfel, 1 Likörglas
trockener Wermut, Sekt

Eiswürfel in Sektglas legen, trockenen Wermut darübergießen, mit eisgekühltem Sekt aufgießen, sofort reichen.

1671. Wermut-Cocktail mit Soda (long drink)

2–3 Eiswürfel
Saft von 1 Zitrone
1 Glas weißer Wermut
Sodawasser zum Aufspritzen

Eiswürfel mit Zitronensaft und weißem Wermut in Mischglas rühren, bis Flüssigkeit gut gekühlt ist, in Tumblerglas oder in Limonadenglas abgießen, mit gut gekühltem Sodawasser aufspritzen.

1672. Wermut mit Campari und Soda (long drink)

Eiswürfel mit Wermut, Campari und einem Stückchen Zitronenschale in Mischglas gut durchrühren, in Tumblerglas abseihen, mit eisgekühltem Sodawasser aufspritzen.

2–3 Eiswürfel, 1/2 Glas Wermut, 1/2 Glas Campari ein Stückchen Zitronenschale Sodawasser zum Aufspritzen

1673. Cocktail mit Coca-Cola (long drink)

Eiswürfel mit Cognac oder Gin in Mischglas verrühren, mit eisgekühltem Coca-Cola aufgießen, in Tumblerglas oder in Limonadenglas abseihen.

2–3 Eiswürfel, 1–2 Gläschen Cognac oder Gin Coca-Cola zum Aufspritzen

Cobblers

Es sind ausgesprochene Erfrischungsgetränke leichterer Art, die ohne, mit wenig oder mit größerer Alkoholmenge hergestellt werden können. Sie enthalten stets *reichlich zerkleinertes Eis* und *reichlich Früchte*. Aromatische Früchte werden bevorzugt verwendet wie Ananas, reife Aprikosen, weiße, aromareiche Birnen, Erdbeeren, Himbeeren, Mirabellen, Pfirsiche, Sauerkirschen, Weintrauben und alle Zitrusfrüchte wie Mandarinen, Orangen, Grapefruits, Zitronen. Die Früchte können einzeln oder gemischt verwendet werden.
Als Flüssigkeit werden verwendet: Fruchtsäfte, Sodawasser oder Sekt, Südwein, Wermut, Weißwein, Gin, Whisky, Weinbrand, Rum oder Likör. Allein die Zutaten lassen erkennen, daß hier eine Vielzahl von Mischungsmöglichkeiten besteht. Es ist immer ein „long drink", im Sommer sehr geschätzt.

Die Herstellung ist sehr einfach: Das Glas (breites Limonadenglas, Tumbler oder Sektkelch) wird etwa 1/2 voll gefüllt mit zerkleinertem Eis, darauf gießt man die im Rezept angegebenen alkoholfreien oder alkoholhaltigen Flüssigkeiten, rührt mit einem langstieligen Limonadenlöffel um und legt die vorher vorbereiteten Früchte rasch ein, damit sich vor dem Anreichen nicht zuviel Schmelzwasser bildet. Man serviert mit Löffel und Saughalmen.

1674. Ananas-Cobbler

Becherglas halb voll mit gestoßenem Eis füllen, Ananas-, Grapefruitsaft und Gin darüber gießen, durchrühren, mit eisgekühltem Sodawasser oder Sekt nach Belieben aufgießen, gleichmäßig geschnittene, gekühlte Ananasstücke und Kompottkirschen einlegen.

Eiswürfel zerstoßen 1/3 Ananassaft, 1/3 Grapefruitsaft, 1/3 Gin Sekt oder Sodawasser Ananasstückchen Kompottkirschen

1675. Erdbeer-Cobbler

Becherglas halbvoll mit gestoßenem Eis füllen, Maraschino, Zucker oder Zuckersirup darüber geben, Erdbeersaft zugießen, durchrühren, nach Belieben mit gut gekühltem Sekt oder Selterswasser aufgießen, reichlich Erdbeeren, die leicht eingezuckert wurden, einlegen.

Eiswürfel gestoßen 1 Likörglas Maraschino 2 Teel. Zucker oder Zuckersirup, Erdbeersaft, Erdbeeren Sekt oder Selterswasser

1676. Grapefruit-Cobbler, Orangen-Cobbler

Eiswürfel gestoßen
2 Teel. Zuckersirup
2 Likörgläser Grapefruit- od. Orangen-Zitronensaft (halb und halb), 1 Likörglas Gin
Sodawasser, Fruchtstücke v. Orange bzw. Grapefruit
Kompottkirschen

Becherglas gut halb voll mit gestoßenem Eis füllen, Zuckersirup, Grapefruit- und Orangen-Zitronensaft sowie Gin darüber gießen, gut durchrühren, mit eisgekühltem Sodawasser auffüllen, sorgfältig geschälte, entkernte, gleichmäßig groß geschnittene Fruchtstücke von Orangen, Grapefruits und entsteinte, ganze Kompottkirschen einlegen.

1677. Royal-Cobbler

Eiswürfel gestoßen
1 Likörglas Cointreau
1 Likörglas herber Weißwein
Sekt, gemischte Früchte

Becherglas zur Hälfte mit gestoßenem Eis füllen, Cointreau und herben Weißwein zugießen, durchrühren, mit eisgekühltem Sekt auffüllen und vorbereitete Früchte wie Ananasstückchen (Dose), Erdbeeren und Pfirsichstückchen einlegen.

1678. Imperial-Cobbler

Eiswürfel gestoßen
1–2 Teel. Zuckersirup
1 Likörglas Kirschwasser
1–2 Likörglas süßer Rahm
Sodawasser, Aprikosen (sterilisiert), Schokolade

Becherglas gut zur Hälfte mit gestoßenem Eis füllen, darauf Zuckersirup, Kirschwasser und frischen süßen Rahm geben, durchrühren, dann mit eisgekühltem Sodawasser aufgießen, mit sterilisierten Aprikosen, die nach Belieben mit etwas geriebener Schokolade bestreut werden, anrichten. Mit Löffel und Saughalm reichen.

1679. Champagner-Cobbler

Eiswürfel gestoßen
feine Früchte oder Cocktailfrüchte gemischt
1 Teel. Zuckersirup
1 Likörglas Zitronensaft
1 Likörglas Curaçao
1 Likörglas Maraschino
eisgekühlter Sekt

Sektglas zur Hälfte mit gestoßenem Eis füllen, darauf vorbereitete feine Früchte oder gemischte Cocktailfrüchte legen, rohes Obst mit Zuckersirup betropfen, mit Zitronensaft, Curaçao und Maraschino beträufeln, locker mischen, mit eisgekühltem Sekt auffüllen. Mit Saughalm und Löffel servieren.

Als Früchte können alle feinen Arten, einzeln oder gemischt, roh oder sterilisiert verwendet werden wie Erdbeeren, Himbeeren, Aprikosen, Pfirsiche, Kirschen, Sauerkirschen, Mandarinen, Orangen, Trauben, Ananas und Bananen; große Früchte nach dem Schälen und Entsteinen in gleichmäßige Stücke schneiden.

1680. Kaffee-Cobbler

Eiswürfel gestoßen
1 1/2 Likörgläser Zuckersirup
1 Tasse starker, kalter Kaffee
1 Likörglas Kirschwasser
1 Likörglas süßer Rahm
Bananenscheiben

Becherglas knapp halb voll mit gestoßenem Eis füllen, Zuckersirup zugeben, darauf Bananenscheiben legen, kalten Kaffee und Kirschwasser zugießen, leicht durchrühren, süßen Rahm beifügen, evtl. noch mit Bananenscheiben garnieren. Anstelle von Bananen können auch feine, weiße sterilisierte Birnen verwendet werden – diese in gleichmäßige Stücke schneiden.

Fizzes

Fizzes sind sehr erfrischende, bekömmliche und alkoholarme „long-drinks“, die stark moussieren. Sie bestehen meist aus Fruchtsäften, nach Bedarf etwas Zucker, evtl. Eiweiß und etwas Alkohol je nach Wahl, reichlich Sprudel, mitunter Sekt. Ihr starkes Schäumen ist verursacht durch ihre Herstellungsweise: Fruchtsäfte und Alkohol, evtl. wenig Zucker und 1 Eiweiß werden unter Zugabe von Eiswürfeln im Schüttelbecher oder Mixer kräftig geschüttelt bzw. gemixt oder mit elektrischem Handrührgerät schaumig geschlagen; die Zugabe von etwas Eiweiß erhöht die Schaumkraft. Anschließend wird mit stark kohlensäurehaltigem, eisgekühltem Sodawasser oder auch mit eisgekühltem Sekt aufgegossen. Fizzes werden sofort in Becher- oder Limonadengläser abgeseiht und mit Saughalm gereicht. Sie werden getrunken, solange sie moussieren; durch langes Stehen werden sie schal und leer.

1681. Aprikosen-Fizz

Eis, Fruchtsäfte, Zucker, nach Belieben 1 Eiweiß und Apricot-Brandy im Mixbecher kräftig schütteln oder im Mixer mixen (wird schaumiger) bzw. mit elektr. Handrührgerät kräftig schlagen, in Becherglas abseihen, so daß das Eis zurückbleibt, mit eisgekühltem Sodawasser auffüllen, mit Saughalm reichen.

einige Eiswürfel gestoßen
1/8 l Aprikosensaft, 1 Teel. Zucker, 2-3 Eßl. Zitronensaft
1 Likörglas Apricot-Brandy
1 Eiweiß nach Belieben
Sodawasser, eisgekühlt

1682. Ananas-Fizz

Eis, Fruchtsaft, evtl. Zucker nach Bedarf, Rum und evtl. Eiweiß im Mixbecher kräftig schütteln oder im Mixer mixen, in Becherglas abseihen, so daß Eis zurückbleibt, mit eisgekühltem Sodawasser auffüllen. Hierbei kann man auf Zugabe von Eiweiß auch verzichten.

Einige Eiswürfel gestoßen
1/8 l Ananassaft, evtl. 1 Teel. Zucker, 1 Likörglas Rum
evtl. 1 Eiweiß
Sodawasser, eisgekühlt

1683. Orangen-Fizz

Eis, Orangen- und Zitronensaft (ohne Kerne) sowie Zucker und Apricot-Brandy im Mixbecher oder elektrischen Mixer gut mixen, in Becherglas abseihen, mit eisgekühltem Sodawasser auffüllen. Meist verzichtet man hierbei auf die Beigabe von Eiweiß.

Einige Eiswürfel gestoßen
Saft v. 1/2 Zitrone u. 1 gr. Orange, 2 Teel. Zucker
1–2 Glas Apricot-Brandy
Sodawasser, eisgekühlt

1684. Gin-Fizz

Eis mit Zitronensaft und Zucker oder Zuckersirup und Gin im Mixbecher oder im elektrischen Mixer sehr gut mixen, in Becherglas abseihen, so daß Eis zurückbleibt, mit eigekühltem Sodawasser aufgießen.

Abwandlung: Anstelle eines Gläschens Gin 1 Gläschen Cointreau beifügen.

Einige Eiswürfel gestoßen
Saft von 1 großen Zitrone
1 Eßl. Zuckersirup
2 Likörgläser Gin
Sodawasser, eisgekühlt

1685. Royal-Fizz

einige Eiswürfel gestoßen
2 Teel. Zuckersirup
Saft von 1/2 Zitrone und 1/2 Orange, evtl. 1 Eiweiß
2 Teel. Maraschino
2 Likörgläser Gin
Sekt oder Sodawasser

Eis mit Zuckersirup, Zitronen- und Orangensaft sowie Maraschino und Gin im Schüttelbecher oder elektr. Mixer schütteln bzw. mixen, in Becherglas abseihen, mit eisgekühltem Sekt oder Sodawasser aufgießen. Nach Belieben kann Maraschino durch Cointreau ausgetauscht werden. Durch Beigabe von 1 Eiweiß (oder 1 ganzen Ei) kann das Moussieren wesentlich verstärkt werden; Eiweiß (oder ganzes Ei) sehr gut mit übrigen Zutaten mixen, damit gute Schaumbildung erfolgen kann.

Crustas

Sie sind Mischgetränke amerikanischer Herkunft und verdanken ihren Namen einmal dem verwendeten Alkohol und zum andern dem krustigen Zuckerrand der Gläser, in denen sie gereicht werden. Die Zuckerkruste entsteht dadurch, daß man den Rand des Glases in Zitronensaft taucht oder den Glasrand durch den Einschnitt einer Zitronenspalte zieht und anschließend sofort in ein Schälchen mit feinem Grießzucker taucht. Dieser Zuckerrand trocknet rasch und hält gut. Crustas enthalten meist Zitronen- oder Orangensaft, etwas Zucker oder Zuckersirup, als Alkohol Gin, Whisky, Weinbrand oder Rum und etwas Likör, evtl. Bitterlikör. Im Schüttelbecher mit Eiswürfeln herstellen, nach kräftigem Schütteln in das mit Crustarand versehene ballonförmige Glas vorsichtig abseihen, mit Saughalm reichen.

1686. Gin-Crusta, Whisky-Crusta

Einige Eiswürfel
Saft von 1 Zitrone
2 Spritzer Curaçao oder Maraschino, 1 Likörglas Gin oder Whisky
1 Spirale v. Zitronenschale

Zunächst Glas mit krustiertem Zuckerrand versehen wie oben beschrieben. Dann einige Eiswürfel mit allen Zutaten außer Zitronenschale im Schüttelbecher kräftig schütteln, in vorbereitetes Glas vorsichtig abseihen, sehr dünn geschälte Zitronenschale als Spirale zugeben.

Nach Belieben kann man mit einem Schuß eisgekühltem Sodawasser aufspritzen, mit Saughalm reichen.

1687. Rum-Crusta

Einige Eiswürfel
1 Eßl. Zitronensaft
1 Eßl. Ananas- od. Orangensaft, 1 Eßl. Apricot-Brandy
1 Glas Rum
1 Spirale v. Zitronenschale

Glas mit krustiertem Zuckerrand versehen, alle Zutaten mit Eiswürfeln (außer Zitronenschale) im Schüttelbecher gut schütteln, vorsichtig in vorbereitetes Glas abseihen, sehr dünn geschälte Zitronenschale als Spirale zugeben, mit Saughalm reichen.

1688. Wermut-Crusta

Einige Eiswürfel, Saft von 1 Orange, 2 Tropf. Angostura
1 Likörgl. Curaçao-Orange
1 Glas roten Wermut
1 Spirale v. Zitronenschale

Eiswürfel mit allen Zutaten (außer Zitronenschale) im Schüttelbecher kräftig schütteln, in das mit krustiertem Zuckerrand versehene Glas vorsichtig abseihen, sehr dünn geschälte Spirale von Zitronenschale zugeben.

Flips

Diese Mischgetränke bestehen aus Eigelb oder ganzem Ei, Zucker, geschmackgebenden Zutaten, evtl. Rahm und Alkohol nach Wahl. Sie gehören zu den „long drinks", sind ziemlich sättigend und werden in Bechergläsern oder Rotweingläsern gereicht. Sie werden in der Regel nachträglich nicht aufgegossen, sondern mit der gesamten Flüssigkeitsmenge hergestellt. Ihre Herstellung erfolgt am einfachsten im elektr. Mixer; falls keiner vorhanden ist, im Schüttelbecher. Alle Zutaten werden im elektrischen Mixer mit einigen Eiswürfeln, im Schüttelbecher mit fein gestoßenem Eis sehr gut gemixt oder geschüttelt, in Gläser geseiht und mit Strohhalm gereicht.

Flips können auch *warm zubereitet* und gereicht werden: Eigelb oder ganzes Ei mit Zucker schaumig schlagen, leicht erhitzten Wein oder Likör unterschlagen, das Ganze unter tüchtigem Schlagen noch kurz erhitzen, aber keinesfalls kochen lassen, sofort in vorgewärmtes Glas gießen, evtl. mit einer Spur geriebener Muskatnuß bestreuen.

1689. Brandy-Flip

Eiswürfel mit Eigelb, Zucker, Zitronensaft oder süßem Rahm und Weinbrand in elektrischem Mixer gut mixen oder im Schüttelbecher sehr gut schütteln, in Glas abseihen, nach Belieben eine Spur geriebene Muskatnuß darüber streuen, sofort reichen.
Liebt man Brandy-Flip mehr gewürzt, kann man den fertigen Drink außer mit Muskatnuß mit je einer Spur Ingwer und Zimt bestäuben.

2–3 Eiswürfel, 1 Eigelb
2 Teel. Zucker, 1 Teel. Zitronensaft oder
1 Eßl. süßer Rahm
1 Cocktailglas Weinbrand
evtl. 1 Spur Muskatnuß

1690. Rotwein-Flip

Eigelb und Zucker im Mixer mischen, bis sich Zucker gelöst hat, dann Rotwein unterschlagen, in Glas gießen.
Kann sehr gut auch heiß hergestellt und heiß gereicht werden: Eigelb und Zucker gut schaumig rühren, heißen Rotwein unterschlagen, an Herdstelle abschlagen, bis Masse heiß ist, nicht kochen, heiß reichen.

1 Eigelb, 1 Eßl. Zucker
1 Glas milder Rotwein
(am besten Burgunder)

1691. Weißwein-Flip, Sekt-Flip

Im elektrischen Mixer Eiswürfel, Eigelb und Zucker sehr schaumig schlagen, Cognac unterschlagen, in Glas seihen, mit gekühltem Weißwein (Rheinwein) oder mit eisgekühltem Sekt aufgießen, mit Saughalm reichen.

1–2 Eiswürfel, 1 Eigelb
1 Eßl. Zucker, 1 Eßl. Cognac
1 Glas Weißwein oder
1 Glas Sekt

1692. Mokka-Flip

Eigelb mit Zucker, Kaffee-Extraktpulver oder starkem Mokka mit Curaçao und Cognac sowie frischem, süßem Rahm, mit oder ohne Eiswürfel sehr schaumig mixen, Mixer etwa 1/2 Minute laufen lassen, dann in Glas abseihen, sofern mit Eiswürfeln gemixt wurde.
Abwandlung: Eigelb durch ein ganzes Ei austauschen, dadurch wird das Getränk besonders schaumig.

1 Eigelb, 1 Eßl. Zucker
1–2 Teel. Kaffee-Extraktpulver oder Mokka
1 Likörglas Curaçao
1 Likörglas Cognac
2–3 Likörgläser frischer, süßer Rahm, evtl. Eiswürfel

1693. Tomaten-Flip

Eiswürfel, 1 Eigelb
1 Cocktailglas Tomatensaft
1 Likörglas Gin
1 Teel. Zitronensaft
1 Spritzer Worcestersoße
1 Prise Salz, 1 Prise Pfeffer
eine Spur Muskatnuß

Einige Eiswürfel mit Eigelb, Tomatensaft, Gin und Zitronensaft sowie wenig Worcestersoße und je einer Prise Salz und Pfeffer im elektrischen Mixer mindestens 1/2 Minute sehr gut mixen, dann in Glas abseihen, nach Belieben mit einer Spur geriebener Muskatnuß bestäuben, mit Saughalm reichen.

1694. Egg-Nogg

Eis zerkleinert, 1 Ei
1 Eßl. Zucker
1 Cocktailglas Rum oder Cognac oder halb/halb
evtl. 4 Eßl. süßer Rahm
1/8 l Milch, eisgekühlt
nach Belieben: Zimt, Muskatnuß oder Schokolade (geraspelt)

Egg-Noggs sind schaumige, chaudeau-artige Getränke mit Ei und ähneln den Flips, sie werden mit Saughalm gereicht.

Zerkleinertes Eis, Ei, Zucker und Alkohol nach Wahl im elektrischen Mixer oder mit elektrischem Handrührgerät sehr schaumig schlagen, (etwa 1 Minute mixen), die Masse muß dick-schaumig sein, dann in Becher- oder Ballonglas (von ca. 1/4 l Inhalt) abgießen, mit eisgekühlter Milch und evtl. wenig Rahm aufgießen, wenig Muskatnuß darauf reiben oder mit gemahlenem Zimt leicht bestäuben oder mit Schokoladenraspeln bestreuen, mit Saughalm reichen.

Abwandlung: Anstelle von Rum oder Cognac bzw. ihrer Mischung kann 1 Cocktailglas Portwein, Sherry oder Madeira verwendet werden. Die Beigabe von etwa 4 Eßlöffeln süßem Rahm macht das Getränk sehr mild.

Egg-Noggs können auch *heiß* hergestellt werden: Ei, Zucker und Alkohol nach Wahl sehr gut mixen, mit kochender Milch unter Schlagen aufgießen, mit Saughalm reichen.

Sorbettes

Sorbett ist eine Mischung von Speiseeis mit Fruchtsaft, Wein, Sekt oder auch Sodawasser und etwas Spirituosen. Ihre Beschaffenheit ist wie Halbgefrorenes halbweich, nicht flüssig.

Ihre Herstellung ist einfach: Sektkelche, Limonaden- oder Punschgläser halb bis dreiviertel voll mit Speiseeis (je nach Sorbettart) füllen, mit eisgekühlter Flüssigkeit nach Wahl (Fruchtsaft, Wein, Sekt oder Sodawasser), evtl. unter Zugabe von wenig, geschmacklich dazu passendem Likör aufgießen, leicht durchrühren, nach Belieben mit geeigneten Früchten garnieren. Bevorzugt werden die verschiedenen Fruchteisarten sowie Cremeeis z. B. Vanilleeis. Alle Zutaten gut gekühlt verwenden. Mit Saughalm und langstieligem Löffel reichen.

Für 1 Glas Sorbett rechnet man 1–2 große Kugeln oder 1–2 gehäufte Eßlöffel Speiseeis, je nach Glasgröße.

1695. Ananas-Sorbett

Gut gekühlte Ananas in gleichmäßig große Würfelchen schneiden; Vanilleeis mit Ananaswürfeln und Ananassaft in großes Becherglas (Limonadenglas) geben, nach Belieben Likör zufügen, leicht durchrühren und mit eisgekühltem Sodawasser auffüllen.
Abwandlung: Zitroneneis anstelle von Vanilleeis verwenden.

1–2 große Kugeln Vanilleeis
2 Scheiben Dosen-Ananas
4–6 Eßlöffel Ananassaft
evtl. 1–2 Likörglas Curaçao
Sodawasser, eisgekühlt

1696. Aprikosen-Sorbett

Aprikoseneis in Becherglas füllen, mit Likör nach Belieben und mit eisgekühltem Weißwein oder Sekt übergießen, leicht durchrühren, mit Saughalm und Limonadenlöffel servieren. Nach Belieben mit eisgekühlten, sterilisierten Aprikosen garnieren.

1-2 gr. Kugeln Aprikoseneis
1 Likörglas Apricot-Brandy
1 Glas Weißwein oder Sekt
Früchte zum Garnieren

1697. Erdbeer-Sorbett, Himbeer-Sorbett

Sektkelch halbvoll mit Erdbeer- oder Himbeereis füllen, mit gut gekühltem Sekt aufgießen, leicht durchrühren, mit langstieligem Löffel und Saughalm reichen.
Abwandlung: Etwas Curaçao unterrühren.

1–2 große Kugeln Erdbeer- oder Himbeereis
Sekt

1698. Pfirsich-Sorbett

In ein großes Becherglas Vanilleeis bis zur Hälfte füllen, Himbeersirup darübergießen, mit gut gekühltem Traubensaft auffüllen, leicht durchrühren, mit dünnen Pfirsichspalten garnieren. Mit Löffel und Saughalm reichen.
Abwandlung: Pfirsicheis anstelle von Vanilleeis, mit Sekt statt Traubensaft auffüllen.

1–2 große Kugeln Vanilleeis
2 Teelöffel Himbeersirup
1 Glas weißer, gut gekühlter Traubensaft
1 reifer Pfirsich

1699. Bananen-Sorbett

Becherglas oder Sektglas etwa halbvoll mit Vanilleeis füllen, mit Bananenscheiben belegen, Orangensirup und Likör darübergeben, mit eisgekühltem Sodawasser oder Sekt auffüllen. Mit Löffel und Saughalm reichen.

1–2 große Kugeln Vanilleeis
1/2–1 Banane
2 Eßlöffel Orangensirup
1–2 Likörglas Cointreau oder Curaçao Orange
Sodawasser oder Sekt

1700. Zitronen-Sorbett

Becherglas halbvoll mit Zitroneneis füllen, Himbeersirup und Cocktailfrüchte nach Wahl darauf geben, mit eisgekühltem Traubensaft aufgießen, leicht durchrühren, mit Saughalm und langstieligem Löffel reichen.

1–2 große Kugeln Zitroneneis
Saft von 1 Zitrone
2 Likörglas Himbeersirup
Cocktailfrüchte nach Wahl
1 Glas weißer Traubensaft

Verschiedenes

1 Wiener Weckerl oder Sandwichwecken
zur Fülle: 150 g Butter
150 g magerer, gekochter Schinken, 100 g geräucherte, gekochte Ochsenzunge
100 g gebratenes Kalbfleisch oder Hartwurst
40 g Sardellen oder etwas Sardellenpaste, 30 g Kapern
3 hartgekochte Eier, Salz
einige Tropfen Zitronensaft
etwas fein gewiegte Petersilie
nach Belieben: einige Trüffel
1–2 Gewürzgurken

1701. Mosaikbrötchen

Fülle herstellen: Butter schaumig rühren, sonstige Zutaten in sehr kleine, gleichmäßige Würfel schneiden, geputzte, gewaschene Sardellen fein wiegen oder etwas Sardellenpaste verwenden; vorbereitete Zutaten unter schaumig gerührte Butter rühren, gut abschmecken, sofort als Fülle verwenden.
Vom Wiener Weckerl oder Sandwichwecken beide Enden abschneiden, lange Wecken zweckmäßig halbieren, durchgehend aushöhlen, gut dicht füllen, so daß keine Luftlöcher bleiben, Brot in Pergamentpapier oder Folie gewickelt mindestens 2 Stunden, besser über Nacht kalt stellen, jedoch nicht gefrieren lassen, kurz vor Gebrauch in Scheiben schneiden.
Herstellung erfolgt zweckmäßig 1/2 Tag vor Gebrauch.

Pumpernickel
Toastbrot oder Kastenbrot
Schwarzbrot oder Vollkornbrot nach Belieben

zum Bestreichen nach Wahl: Butter oder pikante Butter nach Wahl Nr. 969

zum Belegen: Käse wie Emmentaler, Edamer, Chester, Tilsiter u. a. m.

1702. Holländische Käsebrötchen, Pumpernickelbrötchen

Käse entrinden, in gleichmäßige, dünne Scheiben schneiden; Pumpernickel- und Weißbrot- bzw. Schwarzbrotscheiben dünn mit Butter bestreichen und etwa 6 cm hoch abwechselnd so aufeinander schichten, daß jeweils die oberste und unterste Lage Pumpernickel ist; außer Boden- und Deckplatte alle Brotscheiben doppelseitig dünn mit Butter bestreichen, auf jede gebutterte Brotscheibe Käsescheiben einlegen. Schichtbrot in Pergamentpapier oder Folie wickeln, mit Brettchen leicht beschweren, kalt stellen, vor Gebrauch mit scharfem Messer in gleichmäßige Schnitten, Würfel oder Dreiecke schneiden, auf Platte hübsch anrichten, nach Belieben mit vorbereiteten Radieschen verzieren.

Pumpernickelbrötchen werden nur aus Pumpernickelscheiben auf gleiche Weise hergestellt und geschnitten.

Abwandlung: Brotscheiben nur mit pikanter Käsebutter bestreichen, hierfür Käseanteil nach Belieben erhöhen oder Quarkbutter Nr. 1559 oder Gervaiskäse verwenden.

1 Wiener Weckerl bzw. Sandwichwecken oder Toastbrot
Remouladensoße Nr. 975
Schinken, Braten, magere Wurst oder Krabben nach Belieben

1703. Remouladenbrötchen

Sehr dicke Remouladensoße herstellen, pikant abschmecken, nach Belieben mit feingewürfeltem Braten, magerem, gekochtem oder rohem Schinken, magerer Wurst oder mit Krabben aus Dose vermengen, nochmal abschmecken. Weißbrot in gleichmäßige, etwa 3/4 cm dicke Scheiben schneiden, bähen oder toasten, jedoch nicht in Fett rösten – völlig erkalten lassen. Kurz vor Gebrauch Brötchen bergartig mit dicker Remouladensoße bestreichen, sofort zu Tisch geben; längeres Stehen macht Brötchen weich.

Anstelle von Remouladensoße können als Aufstrich auch feine Mayonnaisesalate verwendet werden.

1704. Belegte Brötchen, bunte Brötchenplatte

Die Wahl des Brotes soll verschiedenem Geschmack und dem verschiedenen Belag Rechnung tragen. *Weißbrot* bevorzugen für alle feinen Belagarten, Fischwaren, Eier, Kaviar u. ä.; Wiener Weckerl und Kastenbrot sollen 1 Tag alt sein, da sie frisch schwer zu schneiden sind. Scheiben $^1/_2$-$^3/_4$ cm dick schneiden, nach Belieben vor dem Streichen leicht toasten, erkalten lassen.

Schwarzbrot darf nicht zu frisch sein; kräftig schmeckendes Landbrot und Vollkornbrot sind für kräftig gewürzte Wurstwaren und Käse beliebt; *Pumpernickel* wird für Käsebelag bevorzugt. Brotscheiben nach dem Streichen bzw. Belegen in handliche und gefällige Stücke schneiden.

Butter zum Streichen nicht zu kalt, am besten schaumig gerührt verwenden; bei Verwendung pikanter Butter diese geschmacklich entsprechend dem Belag wählen.

Belag je nach Gegebenheiten, Geschmack und wirtschaftlichen Verhältnissen wählen. Verwendung finden:

Fleischwaren feiner Art wie feine Wurstarten, nicht zu fett, auch gute Streichwurst, Leberpastete, Lachsschinken, magerer Schinken roh oder gekocht, geräucherte, gekochte Ochsenzunge, kalter Braten verschiedener Art.

Fischwaren wie Lachs, Ölsardinen, Thunfisch in Öl, Aal, Kaviar.

Hartgekochte Eier in Scheiben, rohe Tomaten und Gurken in Scheiben sind gleichfalls als Belag beliebt.

Für Käsebelag wird vorwiegend Hart- und Schnittkäse bevorzugt wie Emmentaler, Chester, Edamer, Tilsiter, Räucher- und Butterkäse sowie Frischrahmkäse.

Andere Belagmöglichkeiten: Dicke Remouladensoße mit feingewürfeltem oder gewiegtem Schinken, Braten oder Geflügelfleisch sowie pikante, steif gehaltene Mayonnaisesalate wie Krabben in Mayonnaise, feiner Fleischsalat oder Eiersalat, die bergartig aufgestrichen werden.
Auch Mosaik- und holländische Brötchen können für bunte Brötchenplatte verwendet werden.

Verzierungsmöglichkeiten: Je nach Belagart unter Berücksichtigung von Geschmacks- und Farbwirkung wählen z. B.
bei Fleischbelag: Gewürz- oder Essiggürkchen in Scheiben oder gefächert, Oliven gefüllt oder ungefüllt;
bei Fischbelag: etwas eingelegter Paprika;

Pro Kopf rechnet man:

6–8 Brötchen, dafür werden benötigt:

Verschiedene Brotarten:
Weißbrot (Wiener Weckerl, Sandwichwecken)
etwas Schwarzbrot und Vollkornbrot, Pumpernickel

zum Bestreichen:
20–30 g Butter, evtl etwas pikante Butter nach Wahl wie: Anchovis-, Sardellen-, Kräuter-, Eierbutter u. a. m. Nr. 969

zum Belegen:
60–80 g verschiedenen Belag nach Wahl wie:
Fleischwaren, Fischwaren, harte Eier, frische Tomaten oder Gurken, feine Mayonnaisesalate, verschiedene Käse

Verzierung je nach Belag und Geschmack

bei Eierbelag: Kapern, Kaviar, Sardellen, Schnittlauch, Tomatenscheiben;
bei Tomatenbelag: hartes Ei in Scheiben oder gehackt, Mayonnaise in Tupfen gespritzt, Schnittlauch;
bei Gurkenbelag: Kräuter gehackt, etwas eingelegter roter Paprika;
bei Käsebelag: halbierte Walnußkerne oder geschälte, halbierte Mandeln;
bei Mayonnaisensalaten: sterilisierte Sauerkirschen, Mandarinenspalten oder Gewürzgurkenscheiben.
Platte kann mit etwas frischer Petersilie garniert werden.

Bei der Herstellung beachten:

1. *Nicht zu frühzeitig* herstellen, längeres Stehen mindert gutes Aussehen und Geschmack, Brötchen können je nach Belag durchweichen.

2. Brötchen sorgfältig, *dünn aber bis an den Rand* mit Butter oder pikanter Butter bestreichen; bei feiner Streichwurst kann Butter entfallen.

3. *Sorgsam belegen:* Wurstwaren u. ä. dünn schneiden, enthäuten, dicht belegen, Überstehendes sorgfältig abschneiden. (Reste wiegen oder in feine Würfel schneiden, mit Geschmackszutaten unter etwas Butter rühren, als Aufstrich verwenden).

4. *Einfach verzieren,* nicht überladen, Farb- und Geschmackswirkung beachten.

5. *Hübsch anrichten* z. B. je nach Sorte reihenweise auf Platte legen oder bunt gemischt, bergartig anrichten.

6. *Vor dem Austrocknen schützen:* Angerichtete Platte mit Folie abdecken, kühl stellen.

1705. Kalte Platten

Pro Kopf rechnet man:

100–150 g Fleisch gebraten oder sonstige Fleischwaren

Fleischplatten enthalten vorwiegend kalten Braten, gleichmäßig aufgeschnitten wie mageren Schweinebraten, Schweinerollbraten, gefüllten Schweinebrustbraten, Kalbsbraten, Roastbeef oder Filet englisch gebraten, evtl. auch Hackbraten. Besonders geschätzt sind kalter Rehrücken oder auch Rehschlegel und gebratenes Geflügel wie Huhn, Ente, Pute, auch gekochtes, entbeintes Geflügel (Galantine) und gepökelte oder geräucherte, gekochte Ochsenzunge. Braten jeweils in schöne Scheiben schneiden, schuppenförmig in Gruppen geordnet, anrichten; bei größeren Mengen je nach Belag auf getrennten Platten anrichten. Von Geflügel nur fleischige Stücke, möglichst ausgelöst, verwenden.

Garnituren für Fleischplatten zur Fleischart passend auswählen: Mixed Pickles, Gewürz- oder Essiggürkchen, eingelegter Tomatenpaprika, gefüllte grüne und schwarze Oliven, Sahnemeerrettich (Nr. 981), hartgekochte Eier, Tomaten, Petersilie; für kaltes Wild sind neben Preiselbeeren Maraschino-Kirschen, Ananasscheiben oder Mandarinenspalten aus Dosen besonders geeignet.

Zu kaltem Fleisch reicht man etwas Mayonnaisesoße, pikant abgeschmeckt (Nr. 970), z. B. Remouladensoße (Nr. 975), Kräutersoße (Nr. 971) oder andere pikante Soßen (Nr. 972–975, 979–982); für kalten Wildbraten Cumberlandsoße (Nr. 982).

Aufschnittplatten enthalten verschiedene Wurstwaren, meist auch Schinken, roh oder gekocht, evtl. auch Lachsschinken. Feine Wurstwaren werden hierfür vielfach bevorzugt wie Geflügelroulade, -wurst, Leberpastete, Cervelat, Salami, Schinken- und Zungenwurst u. a. m.; selbstverständlich können aber auch einfache Wurstarten Verwendung finden. Wurstwaren stets enthäuten, hübsch anrichten, am besten in Gruppen anordnen.

Garnituren für Aufschnittplatten nach Wahl wie Gewürz- und Essiggurken in Scheiben oder gefächert, eingelegter Tomatenpaprika, Oliven, hartgekochte Eier in Scheiben oder geviertelt, auch russische oder gefüllte Eier, Tomaten geviertelt, in Scheiben oder auch gefüllt mit pikanten Salaten, Petersilie.

Eigene Schinkenplatten anzurichten empfiehlt sich bei größeren Mengen. Dafür kommen zur Verwendung: Magerer, roher und gekochter Schinken, Lachsschinken, auch Kasseler Rippenspeer ausgelöst bzw. Kaiserfleisch. Schinken nach Belieben in Scheiben oder locker gerollt anrichten, evtl. mit Spargelspitzen und wenig Mayonnaise, mit Meerrettichschlagrahm (Nr. 981) oder pikantem Salat z. B. Eiersalat füllen.

Garnituren für Schinkenplatte nach Wahl wie eingelegte Gurken, hartgekochte Eier, (gefüllt, geviertelt oder in Scheiben), Tomaten, Spargel, Petersilie u ä.

Schwedenplatten (siehe Farbfoto neben Seite 753) bestehen vorwiegend aus kalten, pikanten Fischspeisen, die nach Wahl zusammengestellt und jeweils auf einer Platte, jedoch einzeln getrennt angerichtet werden, sei es in kleinen Glas- oder Porzellanschälchen, evtl. auch in ausgehöhlten Tomaten. Verwendung finden Lachsscheiben als Röllchen mit Meerrettichschlagrahm (Nr. 981), Thunfisch in Öl, Ölsardinen, pikante Heringsröllchen, Krabben in Mayonnaise, Kaviar, Räucheraal und geräucherte Forelle gehäutet, entgrätet und Filets in Stücke geteilt, Thunfischsalat, Gabelbissen u. a. m. Beliebt sind auch gefüllte Eier und gefüllte Oliven.
Kaviar wird zweckmäßig in Schälchen, auf Eis gestellt, angerichtet.

Garnituren für Schwedenplatten: Hartgekochte Eier in Scheiben, Oliven, zarte, gründlich gewaschene Salatblätter.
Butter, hübsch geformt und *verschiedene Brotarten* jeweils getrennt dazu reichen.

1706. Käseplatte (6–8 Personen) Farbbild neben Seite 752

Pro Person:

25–30 g Butter
50–60 g verschiedene Käse

Für 1 Platte für 6–8 Pers.:
200–250 g Butter
400–500 g Käse verschiedener Art, nach Wahl gemischt:
Hartkäse wie Emmentaler, Chester
Schnittkäse wie Edamer, Gouda, Tilsiter
Räucherkäse, Butterkäse
Edelpilzkäse wie Roquefort oder Gorgonzola
Weichkäse wie Brie, Camembert
Frischkäse wie Rahmfrischkäse und evtl. Speisequark, pikant angemacht Nr. 636/637

zur Garnitur:
50 g Salzmandeln Nr. 1560
2 Päckchen Salzbrezeln oder Salzstängerl
100 g Käsegebäck (Nr. 1556/1557) oder Kümmelstangen Nr. 1555
1–2 Bund Radieschen
Petersiliengrün

nach Belieben:
gefüllte Crackers Nr. 1559
holländ. Brötchen Nr. 1702

Heute sind *einfache Käseplatten* beliebt, wobei die verschiedensten Käsearten zwangslos und im ganzen Stück auf einem Holzteller angeordnet werden und das Käsemesser zur Selbstbedienung eingelegt wird.

Käse in guter Qualität wählen; Hartkäse muß mild und saftig, Weichkäse soll gleichmäßig reif und Frischkäse muß wirklich frisch sein, Frischhaltedatum auf Verpackung beachten. Weich- und Frischkäse jeweils aus Schachtel nehmen, jedoch in Stanniol belassen, dieses aber öffnen, so daß Selbstbedienung leicht möglich ist.

Holländische Brötchen und evtl. gefüllte Crackers fertigstellen, kalt stellen; Butter als Kugel oder Röllchen formen, kalt stellen; Radieschen sehr gut waschen, große Blätter entfernen.

Für angerichtete Käseplatten zum Anreichen:

Käse vorbereiten: Hart- und Schnittkäse in Scheiben schneiden, entrinden; bei Weichkäse Stanniol öffnen oder entfernen; Roquefort oder Gorgonzola nach Belieben unter etwas schaumig gerührte Butter mischen, nach Belieben zu Kugeln formen oder zu großen Tupfen spritzen; evtl. Speisequark pikant anmachen.

Runde oder viereckige Platte mit Tortenpapier belegen, Käse, Butter und Garnituren gruppenweise gefällig und sorgfältig anrichten, hübsch garnieren. Käseplatte erst kurz vor Gebrauch anrichten, da sie leicht austrocknet; zweckmäßig mit Folie abdecken und kühl stellen bis zum Gebrauch.

Zur Käseplatte reicht man verschiedene Brotsorten wie Weißbrot, Kümmelbrötchen, Laugenbretzen oder Salzstangen, Pumpernickel, Schwarzbrot, Vollkornbrot, Knäckebrot nach Wahl.

Käseplatten werden gerne zu Wein, Bier oder auch als Abschluß eines Essens gegeben.

1707. Pikante Spießchen, bunte Happen

Pikante Spießchen sind bei vielen Gelegenheiten sehr geschätzt, sowohl als Ergänzung eines kalten Büffets, insbesondere bei einem Stehbüffet, aber auch bei zahlreichen zwanglosen Geselligkeiten im kleinen oder größeren Kreis.

Brotscheiben dünn mit Butter oder pikanter Butter bestreichen, in mundgerechte Stücke schneiden. Alle übrigen verwendeten Zutaten gleichfalls in mundgerechte Happen oder Würfel schneiden, Wurst vorher enthäuten, Fischwaren je nach Art häuten, entgräten, dann erst in Happen teilen; Scheiben von Wurst, Schinken oder Lachs u. ä. zu Rollen formen oder als Paketchen zusammenfalten; harte Eier in dicke Scheiben schneiden; geschnittenes Obst und rohes Gemüse in Zitronensaft tauchen, damit es sich nicht verfärbt und würziger schmeckt (Tomaten, Gurken); Obststücke nach Belieben in geriebenen Nüssen wenden. Vorbereitete Happen, jeweils Fleisch- oder Fischstückchen mit Eischeiben, Obst-, Gemüse- und Käsestückchen in beliebiger Kombination und bunter Reihenfolge – der Phantasie sind hier keine Grenzen gesetzt, doch sollte sich die Zusammenstellung harmonisch ergänzen – mit einem gebutterten Brothappen auf Spießchen stecken. Als Spießchen werden kleine Kunststoffspießchen oder runde Zahnstocher verwendet; Spießchen trocknen leicht aus, deshalb kurz vor Gebrauch herstellen, kühl stellen und evtl. mit Folie abdecken, auf flacher, großer Platte anrichten.

Anregungen für Zusammenstellungen:

1. Weißbrot, Eischeibe, Schinkenwürfel, Gewürzgurkenscheibe, Tomate
2. Weißbrot, Schinkenwürfel, Apfelscheibe, Essiggurke, Käsewürfel mit geriebenen Nüssen
3. Weißbrot, Schinkenwürfel, Ananasstückchen, Käsewürfel mit Walnußkern
4. Weiß- oder Schwarzbrot, gebratenes Fleisch, Mandarinenspalte, Gurke, Käsewürfel
5. Pumpernickel, gekochter Schinken, Ananas, Walnußkern, Käse
6. Toast, Räucheraal oder geräucherte Forelle, Gewürzgurke, Tomate, Eischeibe
7. Pumpernickel, Banane, Walnußkern, Käsewürfel, Ananasstückchen
8. Pumpernickel, Zervelatröllchen, Gewürzgurke, Banane, Chester, Apfel
9. Schwarzbrot, Zervelat oder Salamirolle, Gewürzgurkenscheibe, Käsewürfel, Radieschen
10. Schwarzbrot, Gewürzgurkenscheibe, Rollmopsstück, Apfel, Olive
11. Weißbrot, Gabelbissen, dicke Eischeibe, Tomate, Olive
12. Vollkornbrot, Aprikosenviertel, Zunge, Käsewürfel, Ananas, Walnußkern.

Brotarten:
Weißbrot oder Toast
Schwarzbrot, Vollkornbrot
Pumpernickel

zum Bestreichen nach Wahl:
Butter oder pikante Butter Nr. 969
zum Bestecken nach Wahl:
Fleischwaren wie:
Magerer roher und gekochter Schinken, Kasseler Rippenspeer bzw. Kaiserfleisch
gekochte geräucherte Zunge
kalter Braten oder
Geflügel entbeint
Zervelat- und Salamiwurst oder verschiedene Kochwurst
kl. gebratene Bratwürstchen
u. a. m.

Fischwaren wie:
Räucheraal, geräucherte Forelle, Lachsscheiben
Sardellenringe, Gabelbissen
Rollmops, Filets von marinierten Matjesheringen
u. a. m.

Harte Eier
Käse verschiedener Art
Obst verschiedener Art wie:
Äpfel, Bananen, Pfirsiche
Aprikosen, Ananasscheiben aus Dosen, Walnußkerne od. geriebene Nüsse u. a. m.

Sonstiges:
Tomaten, frische Gurkenscheiben, Radieschen,
Gewürz und Essiggurken,
Mixed Pickles,
eingelegte Champignons,
Oliven, eingelegte Perlzwiebeln u. a. m.

1708. Dips*

Dippen heißt eintauchen oder tunken; es ist dies eine lustige Art, pikante, dicke kalte Soßen zu essen. Dips eignen sich für zwanglose Geselligkeiten im kleinen Kreis und erfordern kaum eine Vorbereitungsarbeit. Es sind nur einige pikante kalte Soßen herzustellen, die in kleinen Schüsseln auf den Tisch kommen; zum Eintauchen werden bereitgestellt: Chips, Cracker, Salz-, Käse- oder Kümmelstangen, Streifen von Weißbrot, Vollkornbrot und Pumpernickel, nach Belieben und Geschmack auch Streifen von frischen Paprikaschoten, frischen Gurken, geschälten Äpfeln, die vorher in gezuckerten Zitronensaft getaucht wurden; auch rohe geputzte Blumenkohlröschen und Würfel von gebratenem Fleisch, Wurst oder Käse sind beliebt. Als Soßengrundlage dient Mayonnaise, insbesondere Quarkmayonnaise oder Frischrahmkäse.

Geeignete Soßen zum Dippen:

Frühlingssoße mit Quarkmayonnaise	Nr. 971
Remouladensoße mit Quarkmayonnaise	Nr. 975
Quarkmayonnaise mit Tomatenmark oder Ketchup	Nr. 973
Quarkmayonnaise mit Meerrettich	Nr. 974
Kalte Fonduesoße	Nr. 977
Pikante Quarksoße	Nr. 984
Käsedip	Nr. 1709

1709. Käsedip*

125 g Doppelrahmfrischkäse
6–8 Eßlöffel süßer Rahm, Joghurt oder Milch
50–80 g Edelpilzkäse
1 Teelöffel Worcestersoße
etwas Paprika, wenig Salz
Schnittlauch oder Kräuter

Frischrahmkäse mit Rahm oder Joghurt bzw. Milch schaumig schlagen, mit der Gabel fein zerdrückten Edelpilzkäse und übrige Gewürze unterrühren, pikant abschmecken, etwas durchziehen lassen, in kleiner Schüssel anrichten, mit Schnittlauch oder gewiegten Kräutern bestreuen.

1710. Kaltes Büffet

Ein kaltes Büffet ist in unserer Zeit für einen größeren Gästekreis gemäßer als ein warmes festliches Essen, das infolge fehlender Hilfskräfte und mangels geeigneter Räume kaum in der eigenen Wohnung realisiert werden kann. Das kalte Büffet bietet vielerlei *Vorzüge.*

Die Gastgeberin, auch die berufstätige Hausfrau und Junggesellin kann ohne Hilfskräfte und auch für eine Vielzahl von Gästen die notwendigen Vorbereitungen rechtzeitig und ohne Hast am Vorabend bzw. im Laufe des Tages treffen und sich dann in Ruhe ihren Gästen widmen. Die Zahl der Gäste ist nicht eng begrenzt und zusätzliche, auch unerwartete Gäste können ohne weiteres einbezogen werden. Die Gäste finden einen zwanglosen Rahmen, können nach persönlichen Neigungen und Interessen sich zu kleineren oder größeren Gruppen zusammenfinden, Gesprächspartner wechseln und sich auch aus der Vielfalt der bereitgestellten kalten Imbisse nach Lust und Liebe selbst bedienen. Der lockere Rahmen kommt einer zwanglosen Geselligkeit zugute.

Das kalte Büffet empfiehlt sich zu *verschiedensten Gelegenheiten*, sei es vormittags gelegentlich eines offiziellen Empfangs oder einer Festlichkeit (meist zwischen 11–13 Uhr), sei es zu einer Cocktailparty in größerem Rahmen (meist 18–20 Uhr) oder zu beliebiger abendlicher Geselligkeit im größeren Kreis (meist nach 20 Uhr). Das kalte Büffet am Vormittag oder Spätnachmittag als „Stehbüffet" beschränkt sich häufig auf solche kalte Gerichte, die man bequem stehend aus der Hand oder nur mit der Gabel verzehren kann, z. B. bunt belegte Brötchen und kleine Spießchen mit kleinen Happen, kleine kalte Fisch- und Fleischspeisen, pikante Salate verschiedener Art. Gerichte, die mit Messer und Gabel gegessen werden müssen, sind für ein „Stehbüffet" ungeeignet, sie setzen genügend Sitzplätze mit Eßmöglichkeit voraus.

Die Zusammenstellung für ein kaltes Büffet muß die Besonderheit und Zahl der Gäste, die Eigenart und Zeit der Veranstaltung und die wirtschaftlichen Verhältnisse des Gastgebers berücksichtigen – ein Kostenvoranschlag schützt vor unliebsamen Überraschungen. Die Vielzahl kalter Gerichte mit sehr unterschiedlichen Kosten ermöglichen ohne weiteres eine entsprechende Abstufung.

Immer aber soll die Zusammenstellung verschiedenen Geschmacksrichtungen Rechnung tragen, eine Auswahl ermöglichen und einige leicht verdauliche Gerichte anbieten. In der Regel besteht ein kaltes Büffet aus einem oder mehreren kalten Fischgerichten, einigen kalten Fleischspeisen, einer oder einigen pikanten Soßen, zum Fleisch passend, einigen pikanten feinen Salaten, Käse verschiedener Art sowie Obst oder einer leichten Obst- oder Süßspeise neben Butter, verschiedenen Brotarten, salzigem und süßem Kleingebäck und verschiedenen Getränken.

Vorschläge für kalte Büffets:

Kalte Fischspeisen zur Auswahl:

Fisch in Aspik z. B. Forelle blau oder Forellenfilets gesulzt, Fisch mit Krabben in Aspik;

Räucheraal, geräucherte Forelle (abgezogen, entgrätet, Filets in fingerlange Stücke geteilt) mit Meerrettichschlagrahm;

Ölsardinen, Thunfisch in Öl, Thunfischsalat, Räucherfischsalat;

Heringsfilets in Rahmsoße oder Mayonnaise, Matjesheringsfilets auf Feinschmeckerart, Fischmarinaden verschiedener Art;

Lachs in Scheiben oder als Röllchen mit Meerrettichschlagrahm gespritzt (mit Toast);

Hummer, Languste oder Krabben (aus Dosen) mit Mayonnaise oder Hummer- bzw. Krabbencocktail;

Kaviar mit Zitrone (auf Eis stellen).

Die verschiedenen Fischgerichte in Gruppen getrennt z. B. als Schwedenplatte (Nr. 1705) oder evtl. auf getrennten Platten anrichten.

Kalte Fleischwaren zur Auswahl:

Kalter Braten wie Roastbeef oder Filet englisch gebraten, Spanferkel, magerer Schweinerollbraten, Kalbsbraten, gefüllter Schweinebrustbraten. Fleisch in schöne Scheiben geschnitten, schuppenförmig in Gruppen oder auf verschiedenen Platten gefällig anrichten und garnieren (Nr. 1705).

Gebratener Rehrücken garniert (Fleisch vom Rücken lösen, in Scheiben schneiden auf dem Rücken wieder zusammensetzen, Garnituren siehe Nr. 1705), Farbfoto neben Seite 177.

Gebratenes Geflügel wie Hühner, Ente, Pute oder entbeintes Geflügel auf eigener Platte anrichten.

Fleisch in Aspik z. B. Zunge, Koteletten, magerer Braten, entbeintes Geflügel, Schinken u. a. m. auf eigener Platte anrichten.

Magerer Schinken roh oder gekocht, Lachsschinken, Kaiserfleisch bzw. Kasseler Rippenspeer ausgelöst; als eigene „Schinkenplatte“ anrichten und garnieren oder zu gemischter Aufschnittplatte verwenden (Nr. 1705). Aufschnitt guter Qualität gefällig anrichten und garnieren (Nr. 1705).

Pikante Soßen, den Fleischarten angepaßt:

Remouladensoße (Nr. 975) oder andere pikante Mayonnaisesoßen (Nr. 971–977) für kalten Braten aller Art.

Senfmayonnaise (Nr. 972) für Fleisch in Aspik.

Rahmsoße mit Meerrettich (Nr. 980) für alle Arten von kaltem Fleisch, Schinken.

Kalte Eiersoße (Nr. 979) für kalten Braten.

Sahnemeerrettich (Nr. 981) zu Fisch, z. B. Lachs, Forelle geräuchert und auch zu Schinken.

Cumberlandsoße (Nr. 982) zu kaltem Wild.

Gefüllte Eier:

Garnierte Eier verschiedener Art (Nr. 632)

Russische Eier (Nr. 634)

Eier mit Quarkfülle bzw. Frischrahmkäse (Nr. 633)

Eier als „Eierplatte“ gefällig anrichten oder als Garnitur für Fleischplatten verwenden.

Gefüllte Tomaten:

Tomaten gefüllt mit pikanten Salaten nach Wahl (Nr. 860)

Tomaten Philadelphia (Nr. 861)

Tomaten mit Quarkfüllung (Nr. 639)

Als eigene Platte anrichten oder als Garnituren verwenden.

Feine, pikante Salate: (siehe Farbfoto neben Seite 401)

Geeignet sind alle feinen, pikanten Gemüse-, Fisch-, Fleisch-, Geflügel-, Pilz-, Eier- und Käsesalate (Nr. 835 – Nr. 859).

Salate je nach Gästen überlegt auswählen, in Glasschalen getrennt anrichten, je nach Salatart garnieren; auch Gemüsesalate roh oder gekocht, ohne Mayonnaise einbeziehen z. B. Spargel, Chicorée mit Obst, Waldorfsalat mit Rahm u. a. m. Nach Belieben kann pikanter Mayonnaisesalat auch in ausgehöhlten Tomaten angerichtet werden.

Käse verschiedener Art: (siehe Farbfoto neben Seite 752)
Saftiger Hartkäse, guter Schnittkäse, pikanter Edelpilzkäse, reifer Weichkäse und leicht verdaulicher Frischkäse nach Wahl. Käsearten jeweils im ganzen Stück auf Holzbrett bzw. Platte mit Messer zur Selbstbedienung bereitstellen oder als gemischte Käseplatte anrichten. Pikant abgeschmeckten Quark in Schälchen anrichten.

Butter:
In Portionsstückchen hübsch formen, auf mehrere Glasteller verteilen, um Selbstbedienung zu erleichtern.

Brotsorten:
Kleine Weißbrötchen, Kümmelbrötchen, Salzstangen, Laugenbrezeln, Toast (in Serviette warm halten), verschiedene Schwarzbrotsorten, Vollkornbrot, Pumpernickel, Knäckebrot. Brotsorten gemischt auf verschiedene Schalen verteilen, um Selbstbedienung zu erleichtern.

Pikante Kleinigkeiten:
Salzmandeln oder gesalzene Erdnüsse, gefüllte Oliven, Mixed Pickles, eingelegte Tomatenpaprikaschoten, eingelegte Maiskölbchen, Chips nach Belieben in Schälchen verteilen.

Salziges Kleingebäck:
Kümmelstangen, Käsegebäck, kleine Salzstängerl oder Salzbrezeln, gefüllte Crackers u. ä. in Schälchen verteilt aufstellen.

Gewürze zum evtl. Nachwürzen:
Salz, Pfeffer, Paprika, Senf, Tomatenketchup, evtl. Worcestersoße oder andere pikante Würzsoßen auf kleinem Tablett bereitstellen.

Süße Speisen:
Kalte Süßspeisen können bereit gestellt werden, sind aber keineswegs obligatorischer Bestandteil eines kalten Büffets. Beliebt sind: Frisches Obst, Obstsalat (Nr. 1076/77), Erdbeeren oder Ananas mit Schlagrahm (Nr. 1079/80), gefüllte Melone oder Ananas (Nr. 1082) oder andere leichte Obstspeisen nach Wahl, evtl. eine leichte Creme (Nr. 1165–1176) oder Biskuitspeise mit Weinschaumsoße u. a. m.
Süßes Kleingebäck nach Wahl in kleinen Schalen verteilen.

Getränke:
Sie werden im Hinblick auf die Gäste und entsprechend den angebotenen Speisen passend ausgesucht und zur Wahl angeboten. Herren bevorzugen häufig anfänglich Bier; gute Qualitätsweine, evtl. mit Prädikat, sowohl Weiß- und Rotwein werden in jedem Fall bereitgestellt und richtig temperiert. Bei besonderen Festlichkeiten wird gerne Sekt gereicht. Cognac ist oft nach fettreichen Speisen geschätzt.

Von Mischgetränken ist „Kalte Ente“ am bekömmlichsten; wird Bowle gewünscht, so sei man mit Zucker sehr sparsam. Auch andere Mischgetränke werden bei Cocktailparties gerne angeboten.
Grundsätzlich sollten immer auch alkoholfreie Fruchtgetränke z. B. Tomatensaft, Orangensaft evtl. gemischt mit Grapefruitsaft bereitgestellt sein; sehr gerne wird Orangensaft mit Sekt gereicht. Alle Getränke entsprechend kühlen, Temperaturen siehe Seite 778/779.
Mokka wird bei abendlichen Veranstaltungen gerne als Abschluß gegeben, sofern nicht eine kräftige Gulaschsuppe vorgezogen wird.

Beim Anrichten beachten:

1. Platten und Schalen hübsch anrichten und garnieren, auf Farbwirkung achten, aber nicht überladen.

2. *Genügend großen Tisch* für die kalten Speisen so aufstellen, daß bequemer Zugang möglich ist, am günstigsten in einem anliegenden Raum, mit großem, weißen Tischtuch decken.

3. *Speisen übersichtlich anordnen,* Salziges und Süßes getrennt aufstellen, genügend Vorlegbestecke einlegen, um gutes Erreichen der einzelnen Gerichte und leichte Selbstbedienung zu ermöglichen. Bei mehr als 12 Personen Platten jeweils doppelt bereit stellen.

4. Teller, Bestecke, Papierservietten in genügender Zahl – einige mehr als geladene Gäste, bereitstellen; je nach Reichhaltigkeit des Büffets 2–3 Teller verschiedener Größe pro Person, Teller der verschiedenen Größe stoßweise aufstellen, günstig auf eigenem kleinem Tisch, seitlich vom Büffet.
   Gläser für die verschiedenen Getränke in Reihen geordnet bereitstellen.

5. Vorbereitete Getränke in Auswahl anbieten, evtl. auf gesondertem kleinem Tisch bereithalten.

6. Für reichliche Abstellmöglichkeiten und genügend Sitzgelegenheiten sorgen.

1711. Festliche Essen mit warmer Speisenfolge

Festliche Tage im kleinen Familien- oder Freundeskreis werden häufig auch heute im häuslichen Kreise bei festlichem Essen gefeiert. Festliche Speisenfolgen hierfür erfordern eine durchdachte Planung, gut überlegte und harmonische Speisenzusammenstellung, die dem Charakter des Festes und der Besonderheit der Tischgäste Rechnung tragen soll, aber auch dem Leistungsvermögen der Gastgeber angepaßt sein muß. Eine festliche Speisenfolge beschränkt sich heute meist auf 4-5 Gänge:

Feine Suppe: Klare oder gebundene Suppe, sie kann vor oder nach der Vorspeise gereicht werden.

Vorspeise warm oder kalt, sie soll keinesfalls das Ausmaß eines Hauptgerichtes annehmen und dem folgenden Hauptgericht etwas Rechnung tragen, Wiederholung von gleichen Gerichtarten vermeiden.

Hauptgericht: In der Regel ein festlicher Braten, garniert oder eine entsprechende Fleischspeise mit ausgewählten Beilagen, feinen Gemüsen und Salaten.

Nachspeise kalt oder warm; heute werden vorwiegend leichte Nachspeisen bevorzugt wie Obstspeisen, leichte Cremes, Eis oder leichte Bäckereien. Anstelle von Süßspeisen kann auf Wunsch auch verschiedener Käse gereicht werden z. B. als Käseplatte, speziell bei festlichen Abendessen.

Getränke: Sie werden angeboten unmittelbar vor dem festlichen Essen als Aperitif, während des Essens zur Vorspeise, Hauptgericht und Nachtisch in entsprechender Auswahl, sofern man sich nicht auf eine gute Weinsorte beschränkt.

Mokka beschließt in der Regel das festliche Essen, wozu Cognac und Likör gereicht werden können.

Durch die Art der ausgewählten Gerichte und Getränke kann eine solche Speisenfolge den Charakter eines besonderen, erlesenen Festmahles erhalten oder aber einfach gehalten werden; in diesem Fall können Vorspeise oder Suppe auch entfallen.

Nicht die Zahl der Gänge und Gerichte ist der Wertmaßstab gepflegter Gastlichkeit und der Kultur eines Hauses, sehr viel wichtiger sind Herzlichkeit und Fürsorglichkeit der Gastgeber, die sich in sorgsamer Speisenzusammenstellung, guter Qualität der Rohmaterialien, sorgfältiger Zubereitung und hübschem Anrichten ebenso äußern wie im geschmackvoll, festlich gedeckten Tisch und in zwangloser Natürlichkeit, die Voraussetzung für gute Stimmung ist.

Beim Aufstellen eines festlichen Speiseplanes sind zu überlegen:

1. *Die Kosten:* Sie werden besser vorher berechnet als nachher bedauert.

Der Preis wird vor allem durch die Wahl der Vorspeise, die Art und Ausgiebigkeit des Bratens und die Art und Menge der Getränke beeinflußt. Das teuerste Festessen ist keineswegs immer das beste – ein wenig Lust und Liebe zur Sache, Sorgfalt und fachliches Können vermögen auch bei geringerem Aufwand viele Köstlichkeiten zu schaffen.

2. *Das Festessen soll hübsch aussehen, gut schmecken, leicht verdaulich und gut bekömmlich, im Nährstoff- und Kaloriengehalt nicht allzu belastend sein.* Die Speisenfolge sei deshalb nicht zu umfangreich, jedoch geschmacklich und farblich gut ausgewählt, die Mengen im einzelnen nicht zu groß, Garnituren nicht überladen, sehr fettreiche Speisen und Schwerverdauliches meiden.

3. *Der Arbeitsaufwand* darf das Leistungsvermögen nicht überschreiten, er darf nicht zur Strapaze für die Hausfrau werden. *Arbeitsspitzen* kurz vor dem Anrichten unter allen Umständen vermeiden, denn sie

bewirken Hetze, Aufregung und erhöhen ein Risiko für das Gelingen. Kalte Vor- und Nachspeisen, die vorzeitig fertiggestellt werden können, auch Gebäck und Suppeneinlagen, die schon am Vortag zu bereiten sind, ermöglichen eine günstigere Arbeitsverteilung im Gegensatz zu solchen Gerichten, die erst im letzten Augenblick herzustellen sind. Die Überlegung hinsichtlich Arbeitsaufwand und Arbeitsverteilung ist besonders wichtig, wenn die Hausfrau keine Hilfe hat.

4. *Die Getränkeauswahl* soll besonderen Wünschen der Gäste Rechnung tragen und den jeweiligen Gerichten angepaßt sein. Auswahl und Temperierung verlangen Sachkenntnis und Sorgfalt. Grundsätzliches dafür siehe Seite 777–779. Sofern man im Rahmen eines Festessens mehrere Weine reicht, gilt als Grundregel: *Nur gute Weine* sind bekömmlich, leichtere Weine gehen schwereren voraus, die Weinqualität erfährt also eine Steigerung; Weißweine werden in der Regel vor Rotweinen gereicht.

Beispiele für festliche Speisenfolgen als Anregung für eigene Zusammenstellungen; die Rezepte sind dem Bayerischen Kochbuch entnommen und im alphabetischen Register nachzuschlagen:

1. Klare Brühe mit Goldwürfeln
Geräucherte Forellenfilets mit Sahnemeerrettich und Toast
Züricher Kalbsrollen in Rahmsoße, garniert mit Spargelspitzen und gedünsteten Tomaten
Beilagen: Butterreis, feine Gemüse nach Wahl wie Butterbohnen, Karotten, Erbsen, Blumenkohl, Spargel oder Champignons, Salat
Birnen Hélène
Mokka mit Gebäck

2. Käserollen aus Blätterteig
Klare Brühe mit Fleischklößchen
Hühnerfrikassee in Reisrand mit Spargeln und Champignons
Beilagen: Butterreis, bunte Salatplatte nach Wahl
Maraschinocreme oder Schokoladencreme
Mokka mit Gebäck

3. Gekühlte Grapefruits
Geflügelcremesuppe
Kasseler Rippenspeer gebraten und garniert mit feinen Gemüsen nach Wahl und gedünsteten Tomaten
Beilagen: Kartoffelbrei, Mischgemüse, Salate nach Wahl
Ananascreme, roh gerührt
Mokka mit Gebäck

4. Waldorfsalat in Tomaten mit Toast
Klare Brühe mit Kümmelstangen
Kalbs- oder Schweinsfilets gebraten oder gegrillt, garniert mit gebratenen oder gegrillten Bananen und Ananasscheiben oder gedünsteten Tomaten

Beilagen: Butterreis, Champignongemüse, Salate nach Wahl
Mokkacreme in Gläsern oder Käseplatte
Mokka mit Gebäck

5. Schinkenrollen mit Spargelspitzen oder mit Sahnemeerrettich und Toast
Klare Brühe mit feinen Semmelklößchen
Kalbsbraten in Rahmsoße mit Champignons, garniert mit gebratenen Bananen oder Tomaten und Reis
Beilagen: Reis, Spätzle oder Kartoffelbrei, feine Gemüse als bunte Gemüseplatte aus Blumenkohl oder Spargeln, Erbsen, Karotten, Butterbohnen, Salat nach Wahl
Obstsalat mit etwas Schlagrahm
Mokka mit Gebäck

6. Leberspätzlesuppe
Schinkenplatte garniert und frischer Stangenspargel mit Holländischer Soße
Beilage: Butterkartoffeln
Erdbeertörtchen
Mokka mit Gebäck

7. Gefüllte Eier mit Butter und Toast
Klare Brühe mit Leberschöberl
Gebratene oder gegrillte Hähnchen garniert mit Pommes frites, Tomaten gedünstet oder Butterbohnen
Beilagen: Feine Gemüse nach Wahl und Reis, Salate nach Wahl
Orangencreme, roh gerührt
Mokka mit Gebäck

8. Krabben-Cocktail mit Butter und Toast
Klare Brühe mit Schinkenhörnchen
Fasan oder Rebhühner gebraten, garniert mit Ananasscheiben und glasierten Kastanien
Beilagen: Ananaskraut, gedünstete Äpfel, Kartoffelbrei, Chicoréesalat mit Orangen
Biskuit mit Weinschaumsoße
Mokka mit Gebäck

9. Krabbenragout mit Toast
Klare Brühe mit Käsebiskuit
Gefüllte Ente gebraten (gefüllt mit Äpfeln und Kastanien), garniert mit Fülle, Mandarinenspalten und sterilisierten Sauerkirschen
Beilagen: Rotkraut, gedünstete Äpfel, Butterkartoffeln, Selleriesalat
Vanilleeis mit heißen Himbeeren
Mokka mit Gebäck

10. Geflügelsalat mit Toast und etwas Butter
Tomatensuppe
Filetsteaks gegrillt mit Kräuterbutter, garniert mit Ananas- und Bananenscheiben

Beilagen: Pommes frites oder Pommes chips, feine Gemüse in Butter geschwenkt oder Salate nach Wahl
Vanillecreme mit Früchten
Mokka mit Gebäck

11. Lachsröllchen mit Meerrettichschlagrahm, Butter und Toast
Champignonsuppe
Gebratenes Roastbeef oder Filetbraten, garniert mit Spargel, Butterbohnen, Erbsen, Karotten, gedünsteten Tomaten
Beilagen: Pommes frites oder Pommes chips oder Kartoffelbrei oder Butterreis, Mischgemüse, Salate nach Wahl
Pfirsichcreme in Gläsern oder Fruchteis
Mokka mit Gebäck

12. Spargelcremesuppe
Gebratene Pute gefüllt, garniert mit glasierten Kastanien, Fülle und Ananasscheiben
Beilagen: Ananaskraut und Kartoffelbrei oder feines Mischgemüse und Butterkartoffeln, feiner Apfelbrei, Salate nach Wahl
Obstsalat oder Eis nach Wahl
Mokka mit Gebäck

13. Klare Brühe mit Käsegebäck
Melone mit Schinken und Toast
Reh- oder Hirschrücken in Rahmsoße, garniert (nach Wahl gefüllte Äpfel, Preiselbeeren, sterilisierte Sauerkirschen, Mandarinen- oder Orangenscheiben, Kartoffelbällchen oder Blätterteighalbmonde)
Beilagen: Blaukraut, glasierte Kastanien, Spätzle oder Kartoffelkroketten oder Kartoffelbrei
Himbeersahnecreme
Mokka mit Gebäck

14. Geräucherte Forellen (filetiert, entgrätet und portioniert) mit Butter und Meerrettichschlagrahm und Toast
Ochsenschwanzsuppe
Rehsteaks mit Champignons, garniert mit glasierten Kastanien und gefüllten Äpfeln
Beilagen: Spätzle, Reis oder Kartoffelbrei, Rosenkohl in Butter
Weingelee
Mokka mit Gebäck

15. Hummercocktail mit Butter und Toast
Klare Brühe mit Biskuit
Geschnetzeltes Kalbfleisch
Beilagen: Reis, Champignongemüse, Salate nach Wahl
Gefüllte Melone
Mokka mit Gebäck

1712. Vorspeisen und Zwischengerichte

Vorspeisen als Vorgerichte zur nachfolgenden Mahlzeit sollen den Appetit anregen, aber nicht sättigen. In der Alltagskost werden heute vielfach die beliebten Suppen als Vorgerichte durch vitamin- und mineralstoffreiche, aber kalorienarme kleine Gerichte ersetzt z. B. durch frisches Obst, Frischkostsalate aus rohen Gemüsen mit Obst, Gemüse- und Obstpreßsäfte u. a. m.
Die Vorspeise im Rahmen festlicher Speisefolgen ist jeweils in Rücksicht auf das nachfolgende Hauptgericht mit Bedacht zu wählen, um eine gute Ergänzung zu erreichen, Wiederholung von Hauptzutaten zu vermeiden und zu hohen Kaloriengehalt und dadurch gesundheitliche Belastung zu verhüten. Vorspeisen können deshalb *immer knapp bemessen und sollen nicht zu fettreich sein.*

Kalte Vorspeisen, teilweise auch als „hors d'oeuvres" bezeichnet, werden in der Regel vor einer Suppe gereicht. Sie sollen möglichst frisch, kalt und hübsch garniert auf den Tisch kommen. Sie haben den Vorzug, daß sie vorzeitig fertig gestellt werden können und bieten große Abwechslungs- und Variationsmöglichkeiten.
Nachfolgende Übersicht enthält eine Auswahl der im „Bayerischen Kochbuch" enthaltenen kalten Gerichte, die als kalte Vorspeise geeignet sind:

Obst:	
Grapefruits gekühlt	Nr. 1078
Schinkengerichte:	
Schinken mit Melone	Nr. 390
Schinkenrollen mit Meerrettichschlagrahm oder mit Spargel gefüllt	Nr. 388
Schinkenrollen mit Apfel-Selleriesalat gefüllt	Nr. 389
Schinkenmus	Nr. 391
Gesulzte Gerichte:	
Schinken, Zunge, Geflügel oder Braten mit Ei in Aspik	Nr. 490
Forellen in Aspik	Nr. 494
Fischstücke in Aspik	Nr. 495
Fischgerichte und Krustentiere:	
Forelle geräuchert (gehäutet, filiert, entgrätet und portioniert) mit Meerrettichschlagrahm, Toast u. Butter	Nr. 981
Matjesheringsrollen mit Sahnemeerrettich	Nr. 544/982
Matjesheringe auf Feinschmecker Art	Nr. 543
Matjeshering mit Ei in Remouladensoße	Nr. 545
Kaviar (auf Eis) mit Butter und Toast	Nr. 553
Krabbenvorspeise mit Obst	Nr. 555
Krabbencocktail	Nr. 557
Krabbensalat pikant	Nr. 556
Hummercocktail	Nr. 557
Hummer mit Mayonnaise	Nr. 560

Thunfischsalat	Nr. 551
Schwedenplatte	Nr. 1705
Eiergerichte:	
Gefüllte Eier	Nr. 632
Russische Eier	Nr. 634
Eier mit Frischrahmkäsefüllung	Nr. 633
Eiersalat	Nr. 635
Pikante Salate:	
Champignonsalat, roh	Nr. 789
Champignonsalat, fein	Nr. 839
Chicoréesalat mit Obst	Nr. 782/783
Waldorfsalat	Nr. 792
Spargelsalat Pariser Art	Nr. 814
Hindhedesalat	Nr. 835
Selleriesalat roh mit Früchten	Nr. 836
Selleriesalat gekocht mit Früchten	Nr. 837
Diplomatensalat	Nr. 838
Palm Beach	Nr. 840
Italienischer Salat	Nr. 841
Geflügelsalat verschiedener Art	Nr. 844/848
Japanischer Reissalat	Nr. 859
Tomaten mit feinen Salaten gefüllt	Nr. 860
Tomaten „Philadelphia“	Nr. 861

Warme Vorspeisen werden in der Regel als Zwischengericht nach einer Suppe oder an deren Stelle gereicht. Sie müssen auch vom Arbeitsaufwand her zeitlich gut überlegt werden. Günstig sind solche Gerichte, die vorzeitig fertig gestellt werden können und kurz vor dem Essen in Förmchen oder auf der Platte überbacken werden, z. B. feines Ragout überbacken oder Frikassee gratiniert oder Zungenragout in Pastetchen u. ä. m.

Nachfolgende Übersicht enthält eine diesbezügliche Auswahl der im Bayerischen Kochbuch enthaltenen Gerichte, die als warme Vorspeisen geeignet sind.

Feines Ragout in Pastetchen oder überbacken	Nr. 157/158
Zungenragout in Burgundersoße in Förmchen oder in Pastetchen	Nr. 279
Briesfrikassee mit Zunge in Pastetchen	Nr. 258
Feines Hühnerragout in Förmchen gratiniert	Nr. 291
Tomaten mit Schinkenfülle	Nr. 686
Champignongemüse in Förmchen gratiniert	Nr. 744
Schinkenrollen mit gebratenen Bananen	Nr. 363
Schinken mit Äpfeln und Orangen	Nr. 364
Schinkenauflauf	Nr. 370
Schinkenrollen in Blätterteig	Nr. 387
Schinkentoast mit Käse und Ananas	Nr. 469
Champignontoast	Nr. 479

Spargeltoast	Nr. 480
Käsetoast mit Ananas	Nr. 476
Forelle blau (kleine)	Nr. 497
Forelle gegrillt mit Remouladensoße	Nr. 446
Fischschnitten gegrillt mit Remouladensoße	Nr. 448
Seezungenfilets in Weißwein	Nr. 501
Seezungenröllchen mit Spargel	Nr. 517
Schwedische Fischspeise in Förmchen gratiniert	Nr. 503
Heilbutt, Steinbutt in Champignonsoße in Förmchen	Nr. 504
Krabbenragout	Nr. 554
Eier in Förmchen überbacken	Nr. 452/615
Käseauflauf in Förmchen	Nr. 647
Käsesoufflé	Nr. 649
Käsepastetchen	Nr. 655
Käserollen von Blätterteig	Nr. 656

1713. Herstellung von Sauermilch

Rohe Milch mit einigen Eßlöffeln Butter- oder Sauermilch verschlagen, in flache kleine Schalen (Weidlinge oder Satten) ausfüllen, leicht zudecken und an warmem, jedoch nicht sonnigem Ort der Säuerung überlassen. Die Zugabe von etwas Butter- oder Sauermilch dient der Beschleunigung der Säuerung. Dauer 36–48 Stunden, ohne Butter- oder Sauermilchzugabe meist 2–3 Tage. Die Milch ist fertig, wenn die ganze Milch gallertartig fest geworden ist. Nicht völlig gesäuerte Milch und zu alte Sauermilch (oft mit Schimmelbildung und bitterem Geschmack) sind unbekömmlich und nicht für den Verzehr geeignet.
Dick gewordene Sauermilch einige Stunden vor Gebrauch kalt stellen und kühl reichen mit Zucker und Zimt zu Schwarzbrot oder verquirlt als Getränk.
Sauermilch kann auch zu Quarkherstellung verwendet werden.

1714. Joghurtherstellung im Haushalt

auf 1 l Vollmilch
1/2 Becher Joghurt

Milch auf etwa 50 °C erwärmen, von der Herdstelle nehmen, mit Joghurt gut verschlagen, in leicht vorgewärmte Gläser oder kleine Flaschen abfüllen, diese leicht abdecken oder verschließen, in Wasserbad von 40–50 °C stellen, so daß Wasserbad bis zur Höhe der Milchfüllung reicht, Wasserbad auf 40–50 °C halten, bis Milch völlig gleichmäßig gedickt ist; dies erfolgt am besten auf der Automatikplatte bei Schaltung zwischen 1–3. Sobald Milch gleichmäßig gedickt ist, Joghurt kalt stellen. Bei regelmäßiger Herstellung von Joghurt kann dieser zur Weiterimpfung verwendet werden; jedoch ist es ratsam, alle 2–3 Wochen frisch gekauften Joghurt zum Impfen zu verwenden, da nach dieser Zeit neue Kulturen nötig sind.
Anstelle von Joghurt können auch Joghurtpilze zum Impfen verwendet werden.

1715. Quarkherstellung im Haushalt

1 Liter Milch ergibt 125–150 g Quark. Haushaltsmäßige Quarkherstellung beschränkt sich heute auf Ausnahmefälle, wobei es sich um Verwertung von sauer gewordener Milch oder um Verwertung größerer Milchmengen im Haushalt handelt. Zweckmäßig wird für Quarkherstellung Magermilch verwendet und Magerquark dann mit etwas Rahm oder Vollmilch aufgewertet.

1. Art: Aus Sauermilch: Aufgestellte Sauermilch abrahmen, (besser wird Magermilch zu Sauermilch aufgestellt); dicksaure Milch im Wasserbad oder an der Herdseite bzw. auf der Automatikplatte (Schaltbereich 1–3) auf 35 ° C erwärmen, bei dieser Temperatur stehen lassen, bis sich Eiweiß von der Molke trennt und diese sich absetzt; höheres Erwärmen macht Quark hart und trocken, dies ist unter allen Umständen zu vermeiden. Masse dann auf Seiher, der mit locker gewebtem, gebrühtem Tuch belegt ist, abseihen, gut abtropfen lassen, nach Belieben leicht beschweren, wodurch Quark trockener wird.

2. Art: Aus Buttermilch: Buttermilch in Wasserbad auf der Herdseite oder auf Automatikplatte (Schaltbereich 2–3) auf 60–70 ° C erwärmen, bis sich Molke abgesetzt hat, dann durch Tuch oder Säckchen abgießen, gut abtropfen lassen. Höhere Hitzegrade vermeiden, da sie Quark trocken und hart machen.

3. Art: Aus entrahmter Frischmilch (für größere Mengen geeignet): Entrahmte Frischmilch auf 30–35 ° C erwärmen; inzwischen Labessenz (1 Tropfen auf 10 l Milch) oder Labtabletten (nach Gebrauchsanweisung) mit 3–4 Eßlöffeln Wasser verrühren, Labmischung in erwärmte Milch einrühren, Milch bei dieser Temperatur ruhig stehen lassen, bis Milch gleichmäßig dick ist; gedickte Milch mehrmals kreuz und quer durchschneiden, bis Molke austritt, nochmals etwas erwärmen auf 45–50 ° C, dann in Säckchen gießen, Molke abfließen lassen, evtl. leicht nachpressen, um gut trockenen Quark zu erhalten.

4. Art: Aus Milch, die beim Erhitzen geronnen ist: Geronnene Milch auf mäßig heißer Herdstelle ruhig stehen lassen, bis sich Molke absetzt, fertigstellen wie bei 1. Art.

1716. Kochkäse

500 g Magerquark
30–50 g Butter
Salz, Kümmel nach Geschmack
1/8–1/4 l Rahm oder Milch

Magerquark an warmem Ort unter täglichem Durchrühren reifen lassen, bis er nach etwa 3–6 Tagen gelb und speckig ist. Butter schmelzen lassen, reifen Quark, Salz und Kümmel zugeben, Masse unter kräftigem Rühren erhitzen, bis sie glatt und glasig ist, Rahm oder Milch zugeben, unter Rühren weiter erhitzen, bis Masse zäh vom Löffel fällt, dann in kalt ausgespülte Form gießen, erkaltet stürzen und bald verwenden. Reifen des Quarks kann durch Zugabe von 1 Messerspitze Natron beschleunigt werden.

1717. Vanillezucker

1 Stange gute Bourbon-Vanille
ca. 250 g feiner Grießzucker

Selbst hergestellter Vanillezucker hat sehr viel feineres und ausgiebigeres Aroma als Vanillinzucker mit synthetisch hergestelltem Vanillin. Vanillestange klopfen, der Länge nach spalten, Mark ausstreifen, Schote in kleinere Stücke schneiden, mit Zucker mischen und in gut schließendem Schraubglas aufbewahren.

1718. Zitronen-, Orangenzucker

Zitronen oder Orangen mit ungespritzter, guter Schale
reichlich feiner Grießzucker

Ungespritzte Früchte mit schöner Schale gut waschen, sorgfältig abtrocknen, Schale sorgsam abreiben und diese mit reichlich feinem Zucker mischen, in dicht schließendem Schraubglas aufbewahren. Zur Herstellung von Süßspeisen und Bäckereien gut zu verwenden.

1719. Schwarzbrot

7 kg Roggenmehl
3,5 kg Weizenmehl
400 g Sauerteig
30 g Hefe
200 g Salz
50 g Kümmel
Brotgewürze n. Geschmack
6 l Wasser

Am Vorabend Vorteig herstellen: Sauerteig mit 2 l lauwarmem Wasser verrühren, in gesiebtes, angewärmtes, gemischtes Mehl einrühren, mit wenig Mehl zu Vorteig anrühren, zugedeckt in warmem Raum über Nacht gehen lassen. Am anderen Morgen Hefe fein zerbröseln, mit Gewürzen auf den äußeren Mehlkranz streuen, Rest der Wassermenge lauwarm zum gegangenen Sauerteig geben, alle Zutaten vermengen und 1/2 Stunde gut kneten, bis sich Teig von Händen und Backtrog löst, Teig zugedeckt 1 1/2–2 Stunden in warmem Raum gehen lassen; 15 Minuten vor dem Formen elektrischen Backofen lt. Gebrauchsanweisung einschalten. Gut gegangenen Brotteig zu 1–1 1/2 kg schweren Broten formen, stupfen, am Rand leicht einkerben, mit lauwarmem Wasser bestreichen, gehen lassen bis Oberseite leichte Risse zeigt, nochmal mit lauwarmem Wasser bestreichen, Brote sorgfältig einschießen bei ca. 250 °C, nach 45 Minuten evtl. Brote umschießen, weitere 45 Minuten backen lassen, Gesamtbackzeit etwa 1 1/2 Stunden. Nach dem Backen Brot aus dem Ofen nehmen, nochmal mit Wasser bestreichen und kurz im Ofen trocknen lassen.

Bei Benutzung von Holzbackofen diesen etwa 2 1/2 Stunden vor dem Einschießen anheizen, wenn Holz zu schöner Glut verbrannt ist, diese gleichmäßig verteilen, alle Klappen schließen, Rest der Glut und Asche etwa 1/4 Stunde vor dem Einschießen herausnehmen, Ofen naß auswischen, durch Mehlprobe Hitze prüfen: eingestreutes Mehl muß sich nach kurzer Zeit gleichmäßig bräunen. Dann gut gegangenes Brot einschießen. Während des Backens ein flaches Gefäß mit Wasser in den Backofen stellen, der Wasserdampf vermindert die Gefahr des Reißens der Brote.

Brotfehler und ihre Ursachen:
Aufreißen und Blasenbildung der Rinde: falsche Feuchtigkeitsverteilung, zu große Backhitze, ungenügende Teiggare.
Abbacken der Rinde von der Krume (Hohlräume zwischen Rinde und Krume): zu altes Mehl, unreifer oder zu fester Teig.

Krümeln des Brotes beim Schneiden: zu geringe Säurebildung und ungenügende Verkleisterung der Stärke, zu trockener, unreifer Teig oder schlechtes Brotmehl.
Gerissene Brotkrume: zu fester Teig.
Speckiges und wasserstreifiges Brot: mangelhafte Teiglockerung, evtl. zu kalte Teigführung, geringer Klebergehalt des Mehles in nassen Jahren oder Mehl von Auswuchsgetreide, mangelhaftes Backen z. B. zu geringe Backhitze, zu frühes Umschießen u. a. m.
Flaches Brot: zu weiche Teigführung, kleberarmes Mehl, zu warmer Sauerteig oder zu niedrige Backtemperatur.

1720. Butter auslassen zu Butterschmalz

Gutes Butterschmalz hat goldgelbe Farbe, ist länger haltbar als Butter und zum Ausbacken sehr gut geeignet. Butter in einem Topf bei mäßiger Hitze langsam schmelzen, leise kochen lassen, bis Fett nicht mehr spritzt und alles Wasser völlig verdampft ist, sonst hält sich Butterschmalz nicht – aber Vorsicht, Schmalz darf nicht bräunen (Automatikplatte). Während des Erhitzens setzt sich gerinnendes Eiweiß oben als Schaum und unten als Bodensatz ab, Butterschmalz wird völlig klar, muß aber hell bleiben, Bodensatz darf nur hellbraun werden. Butterschmalz sorgfältig abschäumen, durch Sieb in vorgewärmten Steintopf gießen, völlig erkalten lassen, dann zubinden, kühl, trocken und dunkel aufbewahren. Bodensatz und Schaum (Saures oder Sieder) bald zu Kartoffelgerichten verwenden.

1721. Schweinefett auslassen

Nieren- oder Flomenfett und Rückenfett oder frischer Speck ergeben das beste Schweineschmalz. Fett häuten bzw. Schwarte entfernen, durch Fleischmaschine drehen oder klein würfeln, anfänglich bei schwacher Hitze unter öfterem Umrühren auslassen; wenn reichlich Fett ausgetreten ist, bei mäßiger Hitze unter mehrmaligem Umrühren so lange erhitzen, bis Grieben hellgelb sind und Fett klar ist; das etwas abgekühlte Fett durch Sieb in vorgewärmten Steintopf gießen, nach vollständigem Erkalten zubinden, kühl, trocken und dunkel aufbewahren. Schweinefett muß nach dem Erstarren rein weiß sein.
Für *Brotaufstrich* durchgedrehtes Rückenfett mit geschälten, ganzen Zwiebeln, geschälten, vom Kernhaus befreiten Schnitzeln saurer Äpfel und etwas Majoran, Pfeffer und Salz auslassen, ausgelassenes Fett durch Sieb in vorgewärmten Steintopf gießen, während des Erkaltens öfter umrühren, kalt stellen.

Grieben, die Rückstände vom Fettauslassen, bald verwenden z. B. zu Kartoffelgerichten, Sauerkraut u. ä.; Griebenverwendung s. Seite 225.
Darmfett vor dem Zerkleinern gut wässern, Wasser mehrmals wechseln, nach dem Zerkleinern mit etwas Wasser und reichlich Zwiebeln

langsam auskochen, sobald Zwiebeln zu bräunen beginnen, Fett abseihen, gesondert aufbewahren und bald verwenden.

Abschöpffett nach dem Erstarren abnehmen, nochmals erhitzen bis Wasser verdampft ist, gesondert aufbewahren und bald verbrauchen.

1722. Geflügelfett auslassen

Fett von Gänsen, Enten, evtl. auch Puten und Hühnern in Würfel schneiden; da es sehr weich ist, nicht durch Fleischmaschine drehen, wie Schweinefett auslassen. Ausgelassenes Geflügelfett ist etwas dunkler als Schweineschmalz. Besonders gut schmeckt Geflügelfett, wenn man das ausgelassene Fett mit Bratenfett vom Geflügelbraten (Abschöpffett) zusammenschmilzt. Verwendung als Brotaufstrich, zu Kartoffel- und Kohlgerichten; in kleinem Steintopf gesondert aufbewahren.

1723. Fettmischungen

Fettmischungen aus verschiedenen ausgelassenen Fetten sind meist preiswerter, mitunter schmackhafter und haben breitere Verwendungsmöglichkeiten als unvermischte Fette; man mischt meiste teure Fette mit billigen, weiche Fette mit härteren.

1. Art: 1 Teil Butterschmalz, 3 Teile Palmin, Biskin oder Kokosfett

2. Art: 1 Teil Schweineschmalz, 1–2 Teile Palmin, Biskin oder Kokosfett oder Schmelzmargarine

Ausgelassenes Butterschmalz bzw. Schweineschmalz mit reinen Pflanzenfetten zusammenschmelzen, in vorgewärmten Steintopf gießen, kühl, dunkel und trocken aufbewahren. Die Butterschmalzmischung ist gut geeignet zu allen Süßspeisen, Hefeteig, allen Pfannensachen sowie als Ausbackfett für Schmalzgebäck. Die Schweineschmalzmischung ist geeignet für Fleisch- und Gemüsegerichte, zum Braten und Ausbacken in der Pfanne, insbesondere salziger Gerichte.

1724. Fett reinigen

Durch das Ausbacken verunreinigte Backfettreste können durch Reinigen ein zweites Mal verwendbar werden: Backfettreste mit reichlich kaltem Wasser (doppelt soviel Wasser als Fett) aufsetzen, mehrmals aufkochen, dann erstarren lassen, Fettplatte abnehmen, alle dunklen Verunreinigungen von der Unterseite der Fettplatte abschaben, Fettplatte in reinem Topf ohne Wasser schmelzen und aufkochen lassen, hierbei evtl. 1 Zwiebel, Kartoffelscheiben oder 1 Brotscheibe zur Geschmacksverbesserung beifügen, so lange erhitzen, bis Fett nicht mehr spritzt und alles Wasser verdampft ist, dann abseihen.
Verwendungsmöglichkeit als Brat- und Kochfett.
Vor mehrmaliger Verwendung zum Ausbacken ist aber abzuraten.
Vor Verwendung von dunkel gebräuntem Backfett ist jedoch aus gesundheitlichen Gründen zu warnen – nicht mehr verwenden!

1725. Einlegen von Eiern

Das Einlegen von Eiern muß immer von wirtschaftlichen Überlegungen bestimmt sein; es ist heute nur in Ausnahmefällen sinnvoll. Nur frische und unversehrte Eier sind zum Einlegen geeignet, eingelegte Eier sind jedoch frischen Eiern nicht gleichwertig.

Möglichst frische Eier sortieren, schmutzige Eier aussortieren, übrige Eier sorgfältig waschen, evtl. auf Frische prüfen durch Schwimmprobe: Eier in 10%ige Salzlösung legen, frische Eier gehen unter, ältere schweben oder schwimmen infolge vergrößerter Luftkammer; das Aufsteigen kleiner Bläschen deutet auf undichte Schale. Vorbereitete Eier mit der Spitze nach unten in gründlich gespülten Eimer oder Steintopf nur $^{3}/_{4}$ voll schichten, mit vorbereiteter Lösung vorsichtig übergießen, so daß diese handbreit über den Eiern steht, zubinden, beschriften mit Stückzahl und Datum, an kühlem, aber frostfreiem Ort ruhig stehen lassen, bei Bedarf später etwas Lösung nachfüllen, damit Eier immer bedeckt sind.

Für 200 Eier benötigt man ungefähr 10 l Lösung.

Wasserglaslösung: 1 Teil Wasserglas, 9 Teile Wasser.

Lösung aus anderen käuflichen Mitteln z. B. von Garantol nach jeweiliger Gebrauchsanweisung herstellen.

Krankenkost

Allgemeines

Die Grundzüge der Krankenernährung werden in der Regel durch den behandelnden Arzt festgelegt, d. h. die diätetischen Vorschriften müssen auf Art und Schweregrad bzw. Stadium der jeweiligen Krankheit abgestimmt werden. Schwere Krankheitszustände mit Störungen der Verdauungs-, Stoffwechsel- und/oder Ausscheidungsfunktionen bedürfen meist einer diätischen Einstellung unter fortlaufender ärztlicher Überwachung, bevor die Patienten im Privathaushalt nach genauen Vorschriften weiter betreut werden können.

Für die Herstellung jeder Krankenkost gelten die allgemeinen Grundregeln der Ernährung für Gesunde in erhöhtem Maß:

1. Ausreichende Kalorien-, Vitamin- und Mineralstoffzufuhr.

2. Frische Nahrungsmittel in guter Qualität. (Tiefgefrorene Nahrungsmittel einwandfreier Qualität kommen in ihrem Wert frischer Ware gleich und sind bei sorgsamer Zubereitung sterilisierten Konserven meist überlegen).

3. Leicht verdauliche und gut bekömmliche Fette verwenden wie frische Butter, hochwertige Pflanzenmargarine, kalt gepreßtes Olivenöl, Butterschmalz und unter Umständen Öle mit hohem Anteil an mehrfach ungesättigten Fettsäuren wie Maiskeim- und Sonnenblumenöl.

4. Die Nahrung täglich frisch in kleinen Mengen zubereiten und schonende Zubereitungsweisen bevorzugen wie Dünsten, fettarmes Grillen, Garen in Aluminiumfolie, nur leichtes Braten, Kochen und Dämpfen. Garen im Dampfdrucktopf ist durch wesentliche Verkürzung der Garzeit vitaminschonend. Nahrung nicht entwerten durch Wässern, zu langes Garen oder Aufwärmen.

5. Im Rahmen des Erlaubten für Abwechslung sorgen und Wünsche des Patienten berücksichtigen. Speisen sorgfältig abschmecken, Küchenkräuter vielseitig und abwechslungsreich verwenden, scharfes Würzen meiden, sorgsam und appetitlich portionsweise anrichten auf gut vorgewärmtem Geschirr (evtl. Wärmeteller oder Wärmeplatte).

Spezielle Diätetik

Die modernen Erkenntnisse auf dem Gebiet des Stoffwechsels haben manche traditionelle Dogmen der Diätetik abgelöst. Die Fortschritte der Medizin, speziell der Arzneimitteltherapie, haben weiter dazu beigetragen, daß bei manchen Krankheitsbildern ein Bedeutungswandel der Diätetik eintrat. Die Krankenernährung ist heute auf großen Gebieten klarer und übersichtlicher, zum Teil auch einfacher geworden; auf anderen dagegen fordert sie sehr spezielle Kenntnisse und ist damit vielfach an ein Krankenhaus gebunden. Nachfolgend konnte nur der ausreichend gesicherte Wissensstand für die im Haushalt wichtigsten Diätformen Berücksichtigung finden. Das rasche Fortschreiten der Forschung wird auch hier immer wieder zum Umdenken zwingen.

Allgemeine Schonkost

Allgemeine Schonkost

Bei vielen Krankheiten genügt eine allgemeine Schonkost, die speziellen Krankheitsprozessen und individuellen Bedürfnissen angepaßt werden kann. Sie besteht aus leicht verdaulichen Nahrungsmitteln, enthält ausreichend hochwertiges Eiweiß, Mineralien und Vitamine, ist aber arm an Zellulose. Fette, nur leicht verdaulicher Art in bester Qualität, müssen mit Zurückhaltung verwendet werden; nicht mehr als $1/3$ des Gesamtkalorienbedarfes soll durch den Fettgehalt der Nahrung gedeckt werden.

Schonende Zubereitungsweisen sollen die Nahrungsmittel aufschließen, dabei ihre Nähr- und Wertstoffe bestmöglich erhalten und Aromastoffe entwickeln. (Zu bevorzugen sind Dünsten, Dämpfen, Kochen, fettarmes Grillen und Garen in Aluminiumfolie.) Diese Schonkost wird zweckmäßig auf 5–6 kleine Mahlzeiten verteilt. Sie unterscheidet sich von der Normalkost durch folgende Einschränkungen:

Verboten:

Schlachttierfette: Fettes Fleisch aller Art, vor allem von Schwein (auch Wildschwein), Hammel, Rind, Gans, Ente; Wurstwaren aller Art, Speck, Räucherwaren; fette Fleisch- und Hühnerbrühe, fette Bratensoßen, Fleischkonserven.

Ausnahme: Magerer milder Schinken roh und gekocht, ohne sichtbares Fett, z. B. Lachsschinken.

Plattenfette: Gehärtete Pflanzenfette.

Fette Fische: Aal, Lachs, Flunder, Hering und Heringskonserven aller Art einschließlich der Heringsmarinaden, Sardinen und Thunfisch in Öl, Sardellen sowie alle Räucherfische.

Sehr fettreiche Nahrungsmittel: Mayonnaisen aller Art, fettreiche und auch scharf gewürzte Käse, Schlagrahm, Nüsse, Mandeln, fettreiches Gebäck, z. B. aus Blätterteig, fettreichem Mürbteig, Torten mit Buttercreme- oder Schlagrahmfüllung.

Stark erhitzte Fette, in Fett Gebackenes, scharf Gebratenes, scharf Geröstetes: Zu meiden sind deshalb Einbrennen, insbesondere dunkle und mittelfarbene Einbrenne, geröstete Zwiebeln, Röst- und Bratkartoffeln, Pommes frites (Chips), scharf gebratene Pfannengerichte, panierte und in Fett gebackene Speisen wie Wiener Schnitzel, gebackener Fisch, Wiener Backhähnchen, Pfannenkuchen, Schmarrn, Spiegeleier, gebräunte Butter, in heißem Fett schwimmend ausgebackenes Gebäck wie Faschingskrapfen u. a. m.

Sehr süße Speisen: Sehr zuckerreiche Süßspeisen einschließlich sehr süßen Gebäcks, alle Zuckerwaren, Schokolade, Pralinen (reich an Zucker und Kakaofett!), Datteln und Feigen.

Stark blähende Gerichte: Die meisten derben Kohlarten (Weißkraut, Blaukraut, Grünkohl, Wirsing) und Hülsenfrüchte. Auch Zwiebeln, Lauch, Paprikaschoten, Pilze, Rettich und Meerrettich werden manchmal schlecht vertragen.

Blähende Obstarten wie rohe Zwetschgen, Pflaumen, Stachelbeeren, Kirschen, mitunter auch Birnen.

Frisches Hefeteiggebäck und Hefeteigspeisen, frisches Brot, grobkörniges und feuchtes Vollkornbrot, oft auch frische Semmeln.

Stark reizende Nahrungsmittel: Stark Gesalzenes, scharf Gewürztes, (die meisten fertig käuflichen, pikanten Würz- und Grillsoßen); Kaffee (schlechte Verträglichkeit der Röststoffe), alkoholreiche Getränke wie Cognac, Schnäpse, Liköre u. ä., Eis und eisgekühlte Speisen und Getränke.

Erlaubt

wenn vom Arzt nicht einschränkende Verordnungen gegeben wurden:

Milch und Milchprodukte: Vollmilch, Magermilch, Buttermilch, Sauermilch, Joghurt von Voll- und Magermilch; frischer Quark, milde und nicht zu fettreiche Käse.

Im Rahmen der Schonkost läßt sich Milch vorteilhaft und vielseitig verwenden. Hierbei ist darauf zu achten, daß es Menschen gibt, die bei Milchgabe zu Durchfällen neigen (siehe Seite 825). In solchen Fällen ist Milch nur beschränkt zu verwenden.

Fleisch und Fleischwaren: Nur mageres, zartes Fleisch von Kalb, Rind, Lamm, Huhn, Taube, Wild, evtl. auch Schweinsfilet (abgefettet) und Innereien – jeweils gedünstet, gegrillt (ohne starke Bräunung), gedämpft oder gekocht oder in Aluminiumfolie gegart, evtl. nur leicht gebraten (ohne starke Bräunung). Bei Geflügel Fett und Haut entfernen.
Als kaltes Fleisch nur Huhn, Kalbsbraten (leicht gebraten), Roastbeef, Rehbraten, magerer, milder Schinken roh oder gekocht.

Fische: Magere See- und Flußfische wie Kabeljau, Schellfisch, Goldbarsch, Rotzunge, Seezunge, Scholle, Seelachs, Steinbutt, Heilbutt – Forelle, Äsche, Barsch, Hecht, Schleie, Zander u. a. m. – jeweils gekocht (blau), gedämpft, gedünstet, gegrillt oder in Aluminiumfolie gegart. Butter als Beilage nur in kleiner Menge frisch oder zerlassen, nicht gebräunt.

Eier: Vorwiegend zum Legieren, zur Herstellung von leichten Mehlspeisen (Aufläufe, Puddinge, Flammeris, leichte Cremes) und leichtverdaulichen Suppeneinlagen sowie Beilagen (Klößchen, Nockerl, lockere Knödel).
Ferner als weiches Ei, Ei im Glas, Rührei im Glas, verlorenes Ei, hartgekochtes Ei.

Fette: Frische Butter, Rahm, hochwertige Pflanzenmargarine, reine Pflanzenöle guter Qualität wie Olivenöl, Maiskeim- und Sonnenblumenöl; alle Fette nur im Rahmen der erlaubten Menge, wobei der Fettgehalt der Nahrungsmittel zu berücksichtigen ist.

Nährmittel, Teigwaren: Alle Arten von Nährmitteln und Teigwaren in leicht verdaulicher, fettarmer Zubereitung, meist gekocht, evtl. mit wenig frischer Butter aufgewertet als Suppeneinlage oder Beilage, als Suppen (insbesondere Schleimsuppen) und Breie oder verarbeitet zu lockeren Aufläufen, Puddingen, Flammeris oder Knödeln bzw. Nokkerln.

Kartoffeln: Kartoffelgerichte in fettarmer, leicht verdaulicher Zubereitung wie Kartoffelschnee, Kartoffelbrei, gedämpft als Salz- oder Schalkartoffeln (mehlige Sorten), Kümmelkartoffeln, gedünstete Kräuterkartoffeln, Petersilien-Schwenkkartoffeln, lockere Kartoffelknödel aus gekochten Kartoffeln, Prinzeßkartoffeln, Kartoffelpudding, Kartoffelring, feine Kartoffelküchlein, nur leicht gebacken – nicht mit Fett durchtränkte oder in Fett scharf gebratene, gebackene oder geröstete Gerichte.

Gemüse: Zarte, junge, leichtverdauliche Gemüse aller Art wie Spargel, Blumenkohlröschen, Spinat, Karotten, gelbe Rüben, rote Rüben, feine Erbsen, grüne Bohnen, Mangold, gehäutete Tomaten, junge Kohl-

rabis, Chicorée, Fenchel, Sellerie, Artischocken, Champignons, gedünstetes Sauerkraut und junger Wirsing (unterschiedliche Verträglichkeit!).
(Schwarzwurzeln, Zwiebeln, Lauch, Paprikaschoten, Meerrettich, Pilze und Gurken als Salat werden oft nicht gut vertragen.)
Gemüse vorwiegend dünsten, evtl. dämpfen bzw. kochen oder in Folie garen. Gedünstete Gemüse mit wenig frischer Butter oder süßem Rahm und frischer Petersilie aufwerten, nicht mit Mehl binden. Gekochte oder gedämpfte Gemüse mit frischer oder zerlassener (nicht gebräunter!) Butter anrichten oder in heller Buttersoße reichen; hierzu Einbrenne durch „Buttermehlkloß" oder durch „Mehlteiglein" (siehe Seite 354/355) austauschen, evtl. mit Eigelb legieren.

Salate: Rohe Salate aus zarten, jungen Blattsalaten aller Art, aus fein geriebenen jungen Wurzelgemüsen wie Karotten, gelben Rüben, Sellerie und roten Rüben, gehäuteten Tomaten, Fenchel, Radieschen.
Gekochte Salate aus allen oben genannten Gemüsearten. Salate werden zweckmäßig mit Zitronensaft, wenig reinem Pflanzenöl oder Rahm bzw. Joghurt angemacht – Quarkmayonnaise (s. S. 888) kann eierreiche Mayonnaise ersetzen.

Obst: Rohes Obst von weichen, reifen, nicht blähenden Arten wie mürbe Äpfel, Erdbeeren, Himbeeren, Aprikosen, Pfirsiche, Orangen, Mandarinen, Pampelmusen, Melonen, Ananas, evtl. auch Heidelbeeren; Preßsäfte von Johannisbeeren und Trauben. Obst sorgfältig waschen, je nach Art schälen. Tiefgefrorenes Obst sorgfältig auftauen, nicht zu kalt essen! Frische Preßsäfte bevorzugen.
(Für einzelne Obstarten kann Unverträglichkeit bestehen).
Gekochtes Obst als Kompott von allen Obstarten, nur leicht gesüßt, Steinobst wenn möglich ohne Schale.
Fruchtsäfte und Süßmoste.

Brot und Gebäck: Weißbrot und Semmeln abgelagert, evtl. gebäht, Toast, Zwieback, Knäckebrot, gut durchgebackenes, abgelagertes Mischbrot, lockeres, abgelagertes, feinkörniges Vollkornbrot, evtl. Leinsamenbrot.
Fettarmes, nicht zu süßes Gebäck wie einfache Kekse, Biskuit.

Getränke: Leichter schwarzer Tee, Mate- und Kräutertee verschiedener Art (Kamillen-, Pfefferminz-, Fenchel-, Malven-, Brombeerblätter-, Hagebutten- und Apfeltee u. a. m.) – nur wenig gesüßt.
Milch in verschiedener Form (s. Seite 756), Milchmischgetränke (mit Fruchtsaft oder weichen Früchten – ohne Alkohol), Fruchtsäfte und Süßmoste sowie Gemüsepreßsäfte frisch oder sterilisiert.
Getränke nicht eisgekühlt, aber auch nicht kochend heiß reichen.

Allgemeine Schonkost

Suppen: Sie werden allgemein gut vertragen. Es kommen alle Arten leichtverdaulicher Suppen zur Verwendung, insbesondere Schleimsuppen, Gemüsesuppen, eingestreute Suppen sowie klare Suppen mit leicht verdaulichen Einlagen wie Eigelb, Eiereinlauf, Eierstich, Reis, Nudeln, lockeren, nicht zu fettreichen Klößchen oder Nockerln verschiedener Art.
Brühe (Fleisch-, Geflügel-, Knochen- und Wurzelbrühe) vor der Verwendung kalt entfetten!

Süßspeisen: Sie sind u. U. durch ihren Fett- und Zuckerreichtum sehr kalorienreich; zu bevorzugen sind deshalb Obst roh oder als Kompott, Obstspeisen, Quarkspeisen (Magerquark!), Sulzen, Kaltschalen, Flammeris, leichte Cremes ohne Schlagrahm, auch einfache aufgezogene Semmel- oder Nährmittelspeisen, leichte warme Aufläufe oder Puddinge mit Kompott oder Fruchtsaft.

Tageskostbeispiele für Allgemeine Schonkost

Beispiele für Tagesverpflegungen mit Allgemeiner Schonkost:

1. Frühstück:
Tee mit Rahm, Milch oder Zitrone, wenig gesüßt, Weißbrot gebäht oder Knäckebrot, frische Butter, frischer Quark oder 1 weiches Ei, Honig, Marmelade oder Gelee.

2. Frühstück nach Wahl:
1 Joghurt mit Weißbrot; oder
1 Glas Milch mit Quarkbrot; oder
1 weiches Ei mit Butterbrot; oder
1 Glas Tomatensaft; oder
1 Glas Orangensaft; oder
1 Glas Joghurt mit Früchten; oder
150 g rohes Obst.

Mittagessen nach Wahl (der jeweils aufgeführte Nachtisch ist kein notwendiger Bestandteil der Schonkost):

Grünkernschleimsuppe, eingemachtes Huhn oder Hühnerfrikassee, Reis, gekochter Rotrübensalat, Orangensteifspeise.

Reissuppe, gedünstetes Kalbfleisch, Gelbrübengemüse, Kartoffelbrei, zarter grüner Blattsalat, rohe weiche Früchte oder Kompott je nach Jahreszeit.

Kerbelsuppe (mit Buttermehlkloß gebunden), gedünstetes Hirn, Reis, roh geriebener Karottensalat oder grüner Blattsalat, Joghurtfrüchtebecher.

[1]) Die Rezepte für alle vorgeschlagenen Speisen finden sich im Rezeptteil des Kochbuches und sind im alphabetischen Register nachzusehen; sie sind, wenn nichts anderes vermerkt ist, für 4 Personen berechnet und sind für 1 Person umzurechnen.

Tageskostbeispiele für Allgemeine Schonkost

Selleriesuppe, Rahmschnitzel gedünstet, Spinat, Salzkartoffeln, Quarkcreme mit gemischtem Obst.

Minestrasuppe, Käsepudding, feines Mischgemüse oder Tomatensoße und Salat, Ambrosiaspeise.

Kartoffelsuppe, Reisauflauf mit Äpfeln, Kompott.

Bunte Gemüsesuppe, Quarkpudding oder -auflauf, Kompott.

Tomatensuppe, Hähnchen gegrillt oder in Aluminiumfolie gegart, zarte grüne Bohnen, Petersilienschwenkkartoffeln, grüner Salat, Vanilleäpfel oder Kompott.

Nudelsuppe, Kalbsgulasch (gedünstet), Kartoffelbrei, gekochter Gelbrübensalat, grüner Blattsalat, einfache Zitronencreme.

Wurzelsuppe, Fisch blau, frische Kräuterbutter, Salzkartoffeln, Obstsalat.

Einlaufsuppe, Fischfilet gedünstet, Salzkartoffeln, grüner Salat, rohes Obst.

1 Glas Tomatensaft, Fischfilet oder Portionsfisch gegrillt, Zitronenbutter, Kartoffelschnee, kleine Salatplatte, Kompott.

Gebundene Gemüsesuppe, Fischfrikassee, Reis, grüner Salat, Orangensteifspeise.

Rohe Tomatensuppe, Seefisch Badische Art, Salzkartoffeln, Tomatensalat und grüner Salat, rote Grütze mit Vanillesoße.

Suppe mit feinen Semmelknöderln, Leber gedünstet, Kartoffelbrei, gedünstete (gehäutete) Tomaten, Quarkspeise mit Obst.

Frühlingssuppe, Kalbssteak gegrillt oder in Aluminiumfolie gegart, Blumenkohlgemüse, Reis, Salat nach Wahl, Apfelkompott.

Leberspätzlesuppe, Ochsenfleisch (mager) gekocht, Spinatgemüse, Salzkartoffeln, Orangensulze.

Grießnockerlsuppe, Filetsteak gegrillt, Spargelgemüse, Butterschwenkkartoffeln, grüner Blattsalat, frisches Beerenobst.

Nachmittags nach Wahl:

Leichter schwarzer Tee oder Kräutertee mit Rahm oder Zitrone, Zwieback mit Butter oder Brot mit Quarkbelag; oder

1 Glas Joghurt oder Früchtejoghurt; oder

Milchmischgetränk mit Zwieback oder Knäckebrot; oder

rohes Obst; oder

1 Glas Milch mit Knäckebrot; oder

1 Glas Obstsaft; oder

einfache Quarkspeise mit Obst.

Tageskostbeispiele für Allgemeine Schonkost

Abendessen nach Wahl:

Gedünstete Leber mit Apfelringen, Kartoffelbrei, Salat.

Rührei mit gedünsteten Tomaten, grüner Salat, Salzkartoffeln.

Verlorene Eier in Kräutersoße, Reis oder Salzkartoffeln, Salat nach Wahl.

Eingemachtes Kalbszüngerl, Reis, gekochter Gelbrübensalat.

Saure Leber, Kartoffelbrei oder Salzkartoffeln, grüner Salat.

Gedünstetes Hirn oder Bries, Salzkartoffeln oder Reis, Rotrübensalat.

Nudelauflauf mit Käse, Tomatensoße, grüner Salat.

Kaltes Roastbeef, kalter Kalbsbraten oder Zunge, Butter, Weißbrot, grüner Salat, Radieschen, Rahmfrischkäse.

Aufgezogener Milchreis mit Kompott, Brot mit Kräuterquark.

Geflügelsalat (mit Ananas, Spargel und Reis – Rahmmarinade statt Mayonnaise), Weißbrot getoastet, Käse.

Tomatensuppe, Scheiterhaufen mit Vanillesoße.

Frische Schalkartoffeln oder Kümmelkartoffeln, Butter, milder Käse, Kompott.

Überbackener Blumenkohl, Salzkartoffeln, Salat nach Wahl.

Chicorée überbacken mit magerem Schinken, Kartoffeln, grüner Salat

Sofern eine 6. Mahlzeit nötig ist, kommt dafür vor allem etwas Obst in Frage.

Diät bei Magen-Darmkatarrh (Gastroenteritis)

I. Diät bei akutem Magen-Darmkatarrh

Diät bei akutem Magen-Darmkatarrh

Die Zeichen eines akuten Magen-Darmkatarrhs sind plötzliche, wiederholte Durchfälle, oft auch Übelkeit, Erbrechen sowie kolikartige Leibschmerzen. Dieser Zustand kann ohne oder mit Fieber einhergehen. Ursachen können verdorbene Nahrungsmittel, aber auch mit der Nahrung aufgenommene Krankheitserreger sein. Auch Infektionskrankheiten können so beginnen. Bei schweren Verlaufsformen ist rechtzeitig ein Arzt zuzuziehen, da es durch den Wasser- und Mineralstoffverlust in kurzer Zeit zu gefährlichen Krankheitsbildern kommen kann.
Es gelten folgende Grundregeln:
1. *1 Hunger-Tee-Tag,* d. h. es wird nur leicht gesüßter schwarzer Tee oder Pfefferminz-Kamillentee gegeben. In schweren Fällen ist bereits am ersten Tag auf ausreichende Mineralstoffzufuhr (Kochsalz und Kalium) zu achten.
2. Anschließend *1–2 Tage Schleimsuppendiät,* ausreichend gesalzen (Wasserschleimsuppen aus Haferflocken, Reis, Rollgerste, Grünkern-

schrot oder -mehl, jeweils passiert, ohne Milch und Butter), daneben Tee mit trockenem Zwieback.

Diät bei akutem Magen-Darmkatarrh

3. In der Regel schließt sich daran für *einige Tage die „Allgemeine Schonkost“* (siehe Seite 818), zunächst *unter Bevorzugung von Breikost* an. Darauf folgt meist rasch der Übergang zur Normalkost.

4. Dauern die Durchfälle länger an, müssen die einzelnen Perioden nach dem Hunger-Tee-Tag mit Schleimsuppen, Milchbreien und Schonkost etwas länger angesetzt und die Kostübergänge allmählich gestaltet werden.

In solchen Fällen kann im Anschluß an den Hunger-Tee-Tag eine reine Apfeldiät oder Gelbrübensuppendiät hilfreich sein.

Apfeldiät: Je Tag 1¼–1½ kg rohe geriebene Äpfel auf 5 Portionen verteilen. Jeweils 250–300 g gewaschene Äpfel halbieren, Kernhaus entfernen, auf Glasreibe bis auf die Schale für jede Mahlzeit frisch reiben, mit wenig Zitronensaft beträufeln, um Bräunung zu verhüten. Frische Äpfel können durch Rohapfelpräparate, z. B. Aplona® ersetzt werden; 40 g Aplona entsprechen 1,5 kg Rohäpfeln. Der Wirkungsmechanismus der in den Äpfeln enthaltenen Pektine bei Durchfallserkrankungen ist noch nicht vollständig geklärt. Sie könnten im Darm entstehende Gifte binden, das Wachstum von Krankheitserregern im Darm behindern und deren Abbauprodukte binden.

Gelbrübensuppendiät: 500 g gelbe Rüben putzen, waschen, klein schneiden, in 1 Liter Wasser weich kochen, durch ein feines Sieb streichen, mit gekochtem Wasser auf 1 Liter auffüllen, mit 3 g Kochsalz abschmecken. Auf mehrere kleine Mahlzeiten verteilen.

II. Diät bei chronischem Darmkatarrh

Diät bei chronischem Darmkatarrh

Bei chronischen, über lange Zeit gehenden Durchfallserkrankungen kommt es vor allem darauf an, daß der Arzt die Ursache des Krankheitszustandes klärt. Nur wenn dies erfolgt ist, kann durch spezielle Diätmaßnahmen der Krankheitszustand wirksam beeinflußt werden.

So kann andauernder Durchfall z. B. durch eine Milchunverträglichkeit (siehe Seite 819) bedingt sein. Diese Kranken können infolge Fehlens eines Enzyms (Laktase) den Milchzucker (Laktose) nicht spalten, wodurch chronische Durchfälle, Blähungen und Bauchschmerzen verursacht werden. Solche Fälle können durch starke Beschränkung der süßen Milch in der Kost gut beeinflußt werden.

Chronische Durchfälle sind auch die Haupterscheinung bei „Zöliakie“ und „idiopathischer Sprue“. Das Wesen dieser Störung besteht darin, daß im Kleber (Gluten) enthaltenes Gliadin von manchen Menschen nicht vertragen wird. Gliadinhaltiger Kleber findet sich im Weizen, Roggen, Hafer und in der Gerste, folglich auch in allen Mehlen und Nährmitteln aus diesen Getreidearten.

Diät bei chronischem Darmkatarrh

Eine strenge Einhaltung der hier nötigen Diät ist wichtig, aber mühsam, weil Brot, Gebäck aller Art, Teigwaren, Grieß, Haferflocken und Mehle obiger Getreidearten zu vermeiden sind. Dies gilt auch für alle Nahrungsmittel, die nur Spuren dieser Mehle in versteckter Form enthalten, z. B. manche Wurstarten.

Glutenfreie Nahrungsmittel erleichtern heute die Herstellung dieser strengen Diät. Glutenfrei sind Reis, Mais, Buchweizen, Hirse, Kartoffeln, Sojabohnen und alle reinen Stärkemehle aus den genannten Getreidearten. Bei Brot ist auf glutenfreies Maisbrot oder Weizenstärkemehlbrot auszuweichen (Luftbrot, Diätbrot, Hersteller Hammermühle GmbH, Maikammer-Kirrweiler/Pfalz). Bezugsquellen für glutenfreie Nahrungsmittel siehe „Grüne Liste", Verzeichnis diätetischer und diätgeeigneter Lebensmittel vom Verband der Diätetischen Lebensmittelindustrie, Frankfurt, Verlag Editio Cantor, Aulendorf/Württ.

Zu der Gruppe der chronischen Durchfallserkrankungen gehört auch die Colitis ulcerosa (mit Geschwüren einhergehende Dickdarmentzündung). Eine spezifische Diät läßt sich hierfür vorerst nicht angeben. Man wird eine schlackenarme, überwiegend in den oberen Darmabschnitten resorbierbare Kost unter Vermeidung stark gewürzter und die Darmbewegung anregender Speisen, d. h. im wesentlichen die **„Allgemeine Schonkost"** bevorzugen.

Diät bei Fieber

Fieber ist eine Begleiterscheinung verschiedener Krankheiten, deren Feststellung Sache des Arztes ist.

I. Diät für akut Fiebernde

Diät für akut Fiebernde

Bei akut auftretendem Fieber, das meist mit Appetitlosigkeit und allgemeiner Abgeschlagenheit einhergeht, ist die **„Allgemeine Schonkost"** (siehe Seite 818) zu geben. Sie muß leicht verdaulich, deshalb kohlenhydratreich und verhältnismäßig fett- und eiweißarm und möglichst reich an Vitaminen sein (Obst-und Obstsäfte). Der Appetitlosigkeit bei kurzdauernden Fieberzuständen braucht keinesfalls mit überreichlichem Nahrungsangebot begegnet zu werden.

Der **erhöhte Flüssigkeitsbedarf,** besonders bei hohem Fieber, ist zu berücksichtigen. Man rechnet mit $^1/_2$–1 Liter zusätzlicher Flüssigkeit in 24 Stunden pro 1 Grad Temperaturerhöhung. Da bei Fieberanstieg durch Schwitzen erhebliche Flüssigkeits- und Elektrolytmengen (besonders Kochsalz) verloren gehen, ist eine ausreichende Zufuhr von Flüssigkeit und Elektrolyten wichtig. Gut geeignet hierfür sind nicht zu süße Obstsäfte wie Orangen-, Grapefruit-, Johannisbeer-, Sauerkirsch- und Kirschsaft, frische Früchte, Obstsalate, Kompotte, Fruchtsuppen, Milchmischgetränke, Buttermilch, Joghurt, evtl. mit Obst oder Obstsäften angereichert, sowie verschiedene Teearten neben **gut gesalzenen Suppen.**

II. Diät für chronisch Fiebernde

Diät für chronisch Fiebernde

Im Gegensatz zu kurz dauernden Fieberzuständen ist bei lang hinziehendem Fieber (z. B. Tuberkulose u. a.) der erhöhte Nährstoffverbrauch zu berücksichtigen.

Die Kost muß eiweißreich sein (Milch-, Quark-, Eier- und Fleischzulagen). Neben der Kohlenhydratzufuhr kann die Fettzufuhr vergrößert werden durch erhöhte Mengen von Butter, Zugabe von Rahm bzw. Öl. Auf reichlichen Vitamingehalt der Nahrung ist zu achten (reichlich frisches Obst, Obstsäfte, frische Gemüse und Salate). Außerdem ist auf große Abwechslung und appetitanregende Zubereitung besonderer Wert zu legen, da sonst bei dem bestehenden Appetitmangel die Gefahr einer zu geringen Nahrungsaufnahme besteht.
Zu meiden sind schwerverdauliche und zu fettreiche Speisen wie Hülsenfrüchte, derbe Kohlgerichte, fette Pfannengerichte usw.

Tageskostbeispiele[1]) für akut Fiebernde:

Tageskostbeispiele für akut Fiebernde

1. Frühstück nach Wahl:

Tee mit Zitrone oder Rahm bzw. Milchkaffee, Zwieback oder Toastbrot, Butter, Honig, Marmelade oder Gelee.

2. Frühstück nach Wahl:

Obstsaft und 1–2 Zwiebäcke oder
frisches rohes Obst oder
Milchmischgetränk mit 1–2 Zwiebäcken oder
Joghurt mit Früchten oder
1 Tasse dünne Schleimsuppe, ausreichend gesalzen.

Nachmittags nach Wahl:

Tee mit Zitrone oder Rahm bzw. Milchkaffee, Zwieback oder Knäckebrot, Butter, Honig oder Marmelade oder
Joghurt mit Knäckebrot oder
Obstsaft mit Zwieback oder
Milch- oder Sauermilchmischgetränk mit 1–2 Zwiebäcken oder
frisches rohes Obst je nach Jahreszeit.

Mittag- und Abendessen:

1. Mittagessen: Grünkernsuppe, eingemachtes Kalbfleisch oder Hühnerfrikassee, Reis, grüner Salat, Obstsalat.
Abendessen: Gemüsesuppe, Bircher Müsli.

---

[1]) Die Rezepte für die angegebenen Kostbeispiele finden sich im allgemeinen Rezeptteil des Bayerischen Kochbuches und sind im alphabetischen Register nachzuschlagen; da die Rezeptmengen meist für 4 Personen berechnet sind, sind die Mengen für 1 Person umzurechnen.

Tageskostbeispiele für akut Fiebernde

2. Mittagessen: Tomatensuppe, geschnetzeltes Kalbfleisch, Kartoffelbrei, Gelbrübengemüse, grüner Salat, Weingelee.
Abendessen: Lachsschinken, Kräuterquark, Weißbrot, Butter, Tomaten- oder grüner Salat, Tee nach Wahl.

3. Mittagessen: Klare Gemüsesuppe, Fisch blau mit zerlassener Butter, Salzkartoffeln, grüner Salat, Kompott.
Abendessen: Hawaii-Toast, grüner Salat, frisches Obst.

4. Mittagessen: 1 Glas frischer Tomatensaft, Quarkauflauf mit Kompott.
Abendessen: Schinken mit Rührei, grüner Salat, Käsebrot.

5. Mittagessen: Selleriesuppe, gefüllte Tomaten, Reis, gemischte Salatplatte, süße Quarkspeise mit Früchten.
Abendessen: Geflügelsalat oder Thunfischsalat, Toast, Brot mit Kräuterquark (Magerquark).

6. Mittagessen: Kerbelsuppe, überbackener Blumenkohl, Kräuterkartoffeln, Salate nach Wahl, frisches Obst je nach Jahreszeit.
Abendessen: Gefüllte Eier, grüner Salat je nach Jahreszeit, Brot, Butter, Käse, Tee nach Belieben.

7. Mittagessen: Spargelcremesuppe, Rahmschnitzel, Kartoffelbrei, Salate nach Wahl, Zitronencreme.
Abendessen: Spargel mit Soße Vinaigrette, magerer Schinken, Toast, Butter, Rahmfrischkäse, Radieschen, Tee nach Belieben.

Tageskostbeispiele für chronisch Fiebernde

Tageskostbeispiele[1]) für chronisch Fiebernde:

1. Frühstück nach Wahl

Porridge (gesalzen) mit Rahm oder Milch
Tee mit Rahm und Zucker bzw. Milchkaffee, Toastbrot oder Zwieback, Butter, Honig oder Marmelade bzw. Gelee, 1 weiches Ei oder 30 g Käse.

2. Frühstück nach Wahl:

1 Glas Milch, Schinkenbrot oder

1 Glas Milchmischgetränk, z. B. mit Banane, 1–2 Zwiebäcke oder

1 Glas Früchtejoghurt mit 1–2 Zwiebäcken oder

1 Glas Tomatensaft mit Käsebrot oder Kräuterquarkbrot oder

150 g rohes Obst je nach Jahreszeit.

Nachmittag nach Wahl:

Kaffee mit Milch und Zucker, Obstkuchen oder trockener Kuchen (Rührkuchen, Sandkuchen u. a. m.); oder

---

[1]) Die Rezepte für die angeführten Kostbeispiele finden sich im allgemeinen Rezeptteil des Bayerischen Kochbuches und sind im alphabetischen Register nachzuschlagen; sie sind in der Regel für 4 Personen berechnet.

Tageskostbeispiele für chronisch Fiebernde

1 Glas Milch mit Butterbrot und Honig bzw. Gelee oder Marmelade; oder

Joghurt mit frischen Früchten, 1–2 Zwiebäcke oder anderes Gebäck; oder

1 Glas frischer Obstsaft mit Rahm verrührt, Zwieback oder anderes Gebäck; oder

1 Schälchen Ambrosiacreme.

Mittag- und Abendessen:

1. Mittagessen: Einlaufsuppe, Rahmschnitzel, Butterschwenkkartoffeln, Blumenkohl mit Butter und Bröseln, grüner Salat, Obstsalat.
Abendessen: Eieromelette gefüllt mit Gemüse, grüner Salat, Käsebrot.

2. Mittagessen: Tomatensuppe, Schweinsfilet gedünstet oder gegrillt, Spinatgemüse, Salzkartoffeln, Salat nach Wahl, Ambrosiacreme.
Abendessen: Überbackener Hawaii-Toast, grüner Salat, Kompott.

3. Mittagessen: Goldwürfelsuppe, Züricher Kalbsrollen, Kartoffelbrei, Karotten und Erbsen gedünstet, grüner Salat, Orangensulze mit Biskuit.
Abendessen: Tomaten gefüllt mit pikantem Fleischsalat, 1 hartes Ei, grüner Salat, Butter, Käse, Brot.

4. Mittagessen: Grießnockerlsuppe, Deutsches Beefsteak, Kartoffelschnee, grüne Bohnen gedünstet, Salat nach Wahl, roh gerührte Himbeer-Sahnecreme.
Abendessen: Verlorene Eier in pikanter Soße, Salzkartoffeln, grüner Salat, Rahmfrischkäse, Butter, Brot.

5. Mittagessen: 1 Glas frischer Tomatensaft, Hähnchen gebraten, Butterschwenkkartoffeln, gemischte Salatplatte, Obstsalat.
Abendessen: Käseauflauf mit Tomatensoße, grüner Salat, Obst oder Kompott.

6. Mittagessen: Champignonsuppe, Forelle oder Renke nach Müllerin-Art, Butterschwenkkartoffeln, grüner Salat, roh gerührte Zitronencreme.
Abendessen: Saure Leber mit Kartoffelbrei, grüner Salat, Kompott.

7. Mittagessen: Königinsuppe, Filetsteak gegrillt, Spargelgemüse, Reis, Salat nach Wahl, Weinschaumsoße mit Biskuit.
Abendessen: Pikanter Geflügelsalat oder kalter Braten, grüner Salat, Butter, Käse, Toast und Brot.

8. Mittagessen: 1 Glas Fruchtsaft, Wildbraten mit Rahmsoße, Preiselbeerkompott, Pilze, Spätzle, Obstsalat mit Gebäck.
Abendessen: Kalter Braten (z. B. Wild oder Roastbeef), Cumberlandsoße, 1 gefülltes Ei, Salat nach Wahl, Butter, Käse, Brot.

Diät bei Magen- und Zwölffingerdarmgeschwüren

Diät bei Magen- und Zwölffingerdarmgeschwüren

Das frische, evtl. blutende Magen- und Zwölffingerdarmgeschwür wird in der Regel im Krankenhaus behandelt.
Die Neigung zu Geschwürskrankheiten, auch der sogenannte nervöse Reizmagen und die Gastritis machen Diät auf längere Sicht notwendig. Hierfür gelten die Grundsätze der **„Allgemeinen Schonkost“** (siehe Seite 818).

Dabei ist besonders zu beachten:

a) *Häufige kleine Mahlzeiten (6–8).*

b) *Vermeidung von Alkohol, Kaffee, starkem Tee, Nikotin,* von *Röststoffen aller Art, scharfen Gewürzen* und größeren *Salz- und Zuckermengen,* da sie die Magensaftsekretion fördern.

c) *Berücksichtigung der individuellen – dem Kranken oft bekannten – Unverträglichkeit* gewisser Nahrungsmittel.

Früher wurde die Dauerkost für Ulcuskranke erst in einem allmählichen Aufbau innerhalb von 4 Wochen erreicht. Der Kranke erhielt:

in der 1. Woche: neben Tee allmählich bis zu $1^1/_2$ l Milch, auf kleine Einzelportionen verteilt mit etwas Zwieback;

in der 2. Woche kamen dazu Milchbreie von feinen Mehlen, Grieß, Reis, Sago und Zulagen von Ei;

in der 3. Woche erfolgten Zulagen von geschabtem magerem Fleisch, fein gewiegtem magerem Schinken, Kartoffelbrei;

in der 4. Woche gab es Zulagen von zartem, weißem Fleisch, gedünstet, wie eingemachtes Kalbfleisch oder Huhn mit leicht verdaulichen Gemüsen.

Ein derartig strenges Diätschema ist sicher nur selten notwendig.

Auch bei der „Allgemeinen Schonkost“ kann durch Einfügung von mehr Milch, Milchbreien, Eiern die Schonkost den Magen- und Zwölffingerdarmgeschwürsleiden etwas mehr angepaßt werden, da Milch und Milchprodukte besonders gute Säurebinder sind. Vor allem bewährt sich ein Porridge (siehe Seite 481) als erstes Frühstück.
Eine Angabe von Tageskostbeispielen kann entfallen, da die Kostpläne nach den Vorschlägen der **„Allgemeinen Schonkost“** unter Berücksichtigung oben genannter Forderungen leicht zu gestalten sind.

Diät bei Erkrankungen der Gallenwege, insbesondere bei Gallensteinen

Diät bei Erkrankungen der Gallenwege, insbesondere bei Gallensteinen

Von Patienten mit Gallensteinen und Neigung zu Steinkoliken werden Speisen, die eine heftige und krampfartige Kontraktion der Gallenblase hervorrufen können, schlecht vertragen. Dies gilt insbesondere für:

Verboten:

a) *Eiskalte* Getränke und *eisgekühlte* Speisen
b) *sehr fettreiche Speisen,* einschließlich Schlagrahm
c) die Kombination von *Fetten mit Eigelb* (z. B. Mayonnaisen)
d) *stark erhitzte Fette* und darin Gebackenes, scharf Gebratenes oder Geröstetes
e) *Kaffee*

Diät bei Erkrankungen der Gallenwege, insbesondere bei Gallensteinen

Für die Diät bei Erkrankungen der Gallenwege und bei Gallensteinen gelten unter Berücksichtigung dieser Besonderheiten die Regeln der **„Allgemeinen Schonkost“** (siehe Seite 818).

Diät bei Lebererkrankungen (Hepatitis, Fettleber, Lebercirrhose)

Diät bei Lebererkrankungen (Hepatitis, Fettleber, Lebercirrhose)

Für die Ernährung des Leberkranken ist wichtig:

1. *daß Alkohol in jeder Form gemieden wird,*

2. daß der Kranke eine *kalorisch ausreichende und relativ eiweiß- und vitaminreiche Kost* erhält.

Eine hinreichende Kalorienzufuhr kann nur erreicht werden, wenn der Kranke genügend Nahrung zu sich nimmt. Der Leberkranke bedarf deshalb einer schmackhaften Kost, zu deren Herstellung eine gewisse Fettmenge nötig ist. Während früher zur „Schonung“ der Leber eine fettarme Kost gegeben wurde, weiß man heute, daß durch diese fettarme Kost die Heilungsaussichten nicht verbessert werden, daß aber die Fettbeschränkung leicht zu einer Unterernährung führt. Erst bei einer Fettmenge von 50–80 g täglich (je nach individuellem Kalorienbedarf) läßt sich jedoch eine schmackhafte Kost herstellen.

Für den Leberkranken zweckmäßige Eiweißquellen sind Milch und Milchprodukte, insbesondere Joghurt und Quark. Quarkspeisen werden für Leberkranke besonders empfohlen, ohne daß aber eine einseitige Quarkkost zu Eintönigkeit und dadurch zu Appetitlosigkeit führen sollte. Alles tierische Eiweiß, auch in Fleisch, Fisch und Eiern ist hochwertiges Eiweiß und ist bei schonender Zubereitung dieser Nahrungsmittel für den Leberkranken wertvoll.

Die **„Allgemeine Schonkost“** (siehe Seite 818), durch Milcheiweiß angereichert, wird also den Bedürfnissen der Mehrzahl der Leberkranken gerecht (Quarkspeisen siehe allgemeiner Rezeptteil Seite 333–336 und Seite 523 ff.).

Nur wenn es zum Leberversagen (Lebercoma) kommt, ist eine starke Beschränkung der Eiweißzufuhr bis zur völlig eiweißfreien Kost notwendig. Solche Stadien der Krankheit sind aber praktisch immer im Krankenhaus zu behandeln.

Diät bei Obstipation (Verstopfung)

Diät bei Dickdarmträgheit

I. Verstopfung bei Dickdarmträgheit

Hierbei versucht man eine Anregung der Darmbewegung durch:

a) *Zellulosereiche Kost:* reichlich Gemüse und Salate aller Art, sowohl roh wie gegart, reichlich rohes Obst, Vollkornschrotbrot, Leinsamenbrot, eingeweichtes Trockenobst oder eingeweichte Feigen.

b) *Milchsäurehaltige Nahrungsmittel,* da Milchsäure (und Milchzucker) leicht abführend wirken z. B. Butter- und Sauermilch, Joghurt, Kefir, roher Sauerkrautsaft und rohes Sauerkraut.

c) *Bohnenkaffee*

d) *Gemahlenen Leinsamen,* 2 Eßlöffel täglich (am besten in Apfelmus verrührt oder mit Obstsaft vermischt).

Zu vermeiden sind:

Schwarzer Tee, Schokolade und Kakao, Rotwein, Heidelbeeren.

Tageskostbeispiele bei Dickdarmträgheit

Beispiele für Tagesverpflegungen bei Dickdarmträgheit:

Morgens nüchtern nach Wahl:

1 Glas roher Obstsaft (Orangen-, Grapefruit-, Rhabarbersaft oder anderer Obstsaft), mit 2–3 Teelöffeln Milchzucker angereichert; oder

1 Glas Gemüsepreßsaft (z. B. Tomatensaft); oder

1 Glas roher Sauerkrautsaft; oder

5–6 über Nacht in reichlich Wasser eingeweichte Trockenpflaumen, getrocknete Zwetschgen, Aprikosen oder Feigen – mit Einweichwasser genießen; oder

2 Orangen, Äpfel oder anderes Obst.

1. Frühstück nach Wahl:

1–2 Tassen Bohnenkaffee oder Fencheltee bzw. 1 Glas Buttermilch oder Joghurt mit

Leinsamenbrot oder Vollkornschrotbrot und
Butter, Honig oder Marmelade, angemachter Quark; oder

Bircher Müsli.

2. Frühstück nach Wahl:

1 Glas Butter- oder Sauermilch oder Joghurt und 1 Scheibe Schrotbrot; oder

Sauermilchmischgetränke mit Obst; oder

Früchtequark; oder

rohes Kern- oder Steinobst oder Zitrusfrüchte.

Mittagessen nach Wahl:

Tageskostbeispiele bei Dickdarmträgheit

Normalkost unter Bevorzugung von:

Gemüsesuppen aller Art

reichlich Gemüsen und Salaten, teilweise als Rohkost

Kartoffelgerichten nach Belieben

Eintopfgerichten mit reichlich Gemüsen, Kartoffeln und auch Hülsenfrüchten

Fleisch- und Fischgerichten aller Art

Obst- und Obstspeisen.

Schlackenarme Nahrungsmittel wie Reis, Teigwaren, feine Mehlspeisen sollen nicht im Vordergrund stehen.

Nachmittags nach Wahl:

Rohes Obst, 1 Scheibe Leinsamenbrot; oder

rohe Obstsäfte, evtl. mit 1 Scheibe Leinsamenbrot; oder

Quarkspeise mit rohem Obst; oder

Buttermilchmischgetränk; oder

Joghurt oder Früchtejoghurt.

Abendessen nach Wahl:

Normalkost mit reichlich rohen Salaten, mit reichlich Öl angemacht und Leinsamen- oder Vollkornschrotbrot.

Vor dem Schlafengehen:

Etwas rohes Obst, Kompott oder Obstsaft mit gemahlenem Leinsamen.

II. Verstopfung durch Dickdarmverkrampfung (Spastische Obstipation)

Diät bei spastischer Obstipation

Bei der spastischen Form der Obstipation ist der Stuhl kleinknollig, schafskotähnlich.

Hierbei ist Vorsicht geboten mit allen sehr groben, zellulosereichen und stark blähenden Nahrungsmitteln. Auf eine schonende Füllung des Darmes kann jedoch nicht verzichtet werden.

Man bevorzuge deshalb, besonders in der ersten Zeit, bis die Neigung zu Spasmen etwas zurückgeht, eine leicht verdauliche Kost, die etwas zelluloseärmer als die Normalkost, aber keinesfalls zellulosefrei sein soll. Eine Normalkost mit zarten Gemüsen, Kartoffeln, Quark, Fleisch und Fisch sowie Obstsäften und Obst wird in der Regel gut vertragen; bei Obst ist allerdings die individuelle Verträglichkeit zu berücksichtigen.

Auch bei der spastischen Obstipation ist die Verabreichung von gemahlenem Leinsamen, täglich etwa 50 g, am besten in etwas Apfel-

Diät bei spastischer Obstipation

mus verrührt, oder die Bevorzugung von Leinsamenbrot zu empfehlen. In ähnlicher Weise wirkt über Nacht in Wasser eingeweichtes Trockenobst wie Pflaumen, Zwetschgen, Feigen oder Aprikosen, morgens nüchtern gegeben.

Zu vermeiden sind:

Alle groben, stark blähenden Kohlarten und Hülsenfrüchte, grobkörniges Vollkornbrot, schwarzer Tee, Schokolade, Kakao, Rotwein, Heidelbeeren.

Diät bei Herzkrankheiten und hohem Blutdruck

Diät bei Herzkrankheiten und hohem Blutdruck

Diese Patienten sollen grundsätzlich eine leicht verdauliche Kost erhalten.

Zu vermeiden sind deshalb:

Frisches Schwarzbrot
frische Hefeteigspeisen und -gebäck
getrocknete Hülsenfrüchte (Erbsen, Bohnen, Linsen)
grobe Krautarten
Zwetschgen, Pflaumen
große Mengen grober Rohkost
stark kohlensäurehaltige Getränke.

Bei Herzkrankheiten, die mit „Wassersucht", d. h. abnormer Flüssigkeitsansammlung im Körper einhergehen, und auch bei vielen Hochdruckkrankheiten kommt es vor allem darauf an, Natrium, d. h Kochsalz, dem Körper zu entziehen. Während man früher bei diesen Krankheiten nur die Kochsalzzufuhr in der Kost beschränken konnte, stehen heute Medikamente (Saluretika) zur Verfügung, die zu einer starken Ausscheidung von Natrium und Wasser über die Niere führen. Die kontrollierte Anwendung dieser Saluretika gestattet es heute in vielen Fällen, von der sehr starken Beschränkung des Kochsalzes in der Kost etwas abzugehen. Dementsprechend ergeben sich heute folgende Kostformen, die der Arzt dem Krankheitszustand unter Berücksichtigung der angewandten Medikamente anpassen muß.

I. Die streng kochsalzarme (streng Natrium-arme) Kost

Streng kochsalzarme Diät

Sie darf pro Tag in der gesamten Nahrung nicht mehr als bis 0,4 g Natrium (entsprechend einem Kochsalzgehalt unter 1 g) enthalten. Dazu bedarf es eines völligen Verzichtes auf Kochsalz und kochsalzhaltige Nahrungsmittel neben einer sorgfältigen Auswahl Natriumarmer Nahrungsmittel.
Diese Kost ist für längere Zeit schwer durchzuhalten und nur in seltenen Fällen angezeigt.

Für wenige Tage kann sie in relativ einfacher Form durchgeführt werden:

Streng kochsalzarme Diät

a) *Kempner'sche Reis-Früchte-Diät* (0,2–0,5 g Natrium pro Tag): 300 g Reis (Trockengewicht) mit Wasser, Fruchtsaft oder streng Natrium-armer „Pennac-Diätmilch" [1]) kochen, 100 g Zucker zugeben; dazu 1000 g frische Früchte nach Wahl wie Äpfel, Bananen, Aprikosen oder anderes Obst reichen, zweckmäßig auf 3–4 Mahlzeiten am Tag verteilen.

b) *Früchte- bzw. Safttage,* sie sind praktisch Natrium-frei:
Safttag: 1–1½ l frischer Obstpreßsaft aus Äpfeln, Beeren, Steinobst, Weintrauben oder Zitrusfrüchten in 5–6 Portionen über den Tag verteilt geben.
Früchtetag: 1 kg frisches Obst in mehreren kleineren Mahlzeiten über den Tag verteilt reichen.

c) *Karell'sche Milchdiät* (0,17 g Natrium pro Tag):
1 l *„Pennac-Diätmilch"* [1]) (streng Natrium-arm) in trinkfertiger Lösung in 4–5 Portionen über den Tag verteilt reichen. Zur Herstellung trinkfertiger Lösung 180 g *„Pennac-Trockenmilchpulver"* mit 1 l Wasser glatt rühren; Verdünnungsverhältnis i. D.: auf 1 Teil *Pennac-Trockenmilch* 7 Teile Wasser. *„Pennac-Diätmilch"* kann auch in Form von Milchmischgetränken gereicht werden. Verwendet man statt streng-Natrium-armer *„Pennac-Diätmilch"* gewöhnliche Kuhmilch, steigt der Natriumgehalt auf 0,5 g an.
Diese streng kochsalzarme (streng Natrium-arme) Kostform ist infolge ihrer besonderen Zusammensetzung und auch wegen ihrer Einförmigkeit im allgemeinen nur für wenige Tage durchführbar. Wenn im Einzelfall eine streng kochsalzarme (streng Natrium-arme) Kost über längere Zeit eingehalten werden muß, ist der natürliche Kochsalz-(Natrium)gehalt aller verwendeten Nahrungsmittel zu berücksichtigen und die Diät mit Hilfe von Nahrungsmitteltabellen zusammenzustellen. Hierzu wird auf folgende spezielle Diätbücher verwiesen:
R. Kluthe - H. Quirin: „Diätbuch für Nierenkranke", Georg Thieme Verlag, Stuttgart, 2. Auflage 1971.
Holtmeier - Heilmeyer: „Rezepttaschenbuch der Diätetik", Gustav Fischer Verlag, Stuttgart, 1967
A. Welsch: „Krankenernährung", Georg Thieme Verlag, Stuttgart, 2. Auflage, 1969.

II. Die kochsalzarme (Natrium-arme) Kost

Kochsalzarme Diät

Hierbei muß der Kochsalzgehalt einer Tagesverpflegung unter 3 g, der Natriumgehalt unter 1,2 g liegen.

---

[1]) 100 ml trinkfertige Lösung der „Pennac-Diätmilch" enthalten: 3,4 g Fett, 3,3 g Eiweiß, 4,7 g Milchzucker, 2,8 g Traubenzucker, 0,017 g Natrium, 73 Kalorien. „Pennac-Diätmilch" streng Na-arm ist als Trockenmilch zu beziehen über die Firma Alete GmbH, München 80, Prinzregentenstr. 155.

Kochsalzarme Diät

Alle Speisen sind ganz ohne Kochsalz zuzubereiten, alle kochsalzhaltigen Nahrungsmittel und Fertigprodukte sind verboten; nur solche Produkte, die ausdrücklich als „Natrium-arm" gekennzeichnet sind, sind erlaubt.

Verboten sind also:

Gewöhnliches Schwarz- und Weißbrot, Wurst aller Art, Schinken, Fleischkonserven, gesalzene Käse, Räucherwaren aller Art, Fischkonserven, Gemüsekonserven, Sauerkraut, Suppen und Soßen in Beuteln, Dosen oder Gläsern, kochfertige Suppen, Suppenwürzen aller Art, Fleischextrakt, Fleischbrühwürfel, Maggi-Würze, Fondor, Aromat, Tomatenketchup, Senf, Worcester-Sauce, Sardellenpaste, Kapern, eingelegte Oliven, Mayonnaisen, Salat-Dressing aller Art, gesalzene Butter und Margarinesorten mit einem Natriumgehalt über 0,04%.

Erlaubt bzw. frei verfügbar sind:

Alle wichtigen Nahrungsmittel der Normalkost wie frisches Fleisch, frische Fische, Eier, frische, ungesalzene Butter, Margarine, wenn sie als „Natrium-arm" deklariert ist, Öle, Kartoffeln, Reis, Grieß, ungesalzene Teigwaren, Gemüse, Obst, Zucker, Marmeladen, Kompotte u. a. m.

Anstelle von gesalzenem Brot kommt ungesalzenes Brot (Natrium-arm) und statt gewöhnlicher Milch die streng Natrium-arme *„Pennac-Diätmilch"* zur Verwendung (Herstellung trinkfertiger Lösung aus *„Pennac-Trockenmilchpulver"* siehe Seite 835).

Die schmackhafte Zubereitung einer kochsalzarmen (Natrium-armen) Kost stellt jedoch an die Küchentechnik besondere Anforderungen. Wichtig hierfür ist die reichliche und abwechslungsreiche Verwendung von Küchenkräutern und Kräutermischungen. Soweit möglich, verwende man die Küchenkräuter frisch oder tiefgefroren, andernfalls getrocknet, evtl. pulverisiert. Unentbehrlich sind Zitronensaft und Essig bei dieser Diät, ebenso wie die vielen einheimischen und ausländischen Gewürze (Curry, Fenchel, Ingwer, Knoblauch, Kümmel, Lorbeerblätter, Muskatnuß, Nelken, Pfeffer, Piment, Vanille, Wacholderbeeren, Zimt); würzig schmeckende Gemüse wie Tomaten, Paprikaschoten, Zwiebeln, Lauch, Sellerie sind auch als Würzmittel oft hilfreich. Zuverlässig Natrium-arme Hefeextrakte (Vitam-RD und als Kräuter-Vitam-RD)[1]) sind gute Würzmittel anstelle der verbotenen salzhaltigen Würzen.

Anstelle von Senf kann „Natura-Reform-Kräuter-Senf, streng Natrium-arm", statt gewöhnlichen Sauerkrauts „Eden-Diät-Sauerkraut,

---

[1]) Siehe Grüne Liste 1970, Verzeichnis diätetischer und diätgeeigneter Lebensmittel, Editio Cantor – Aulendorf/Württ.

streng kochsalzarm", statt Tomatenmark oder Tomatenketchup „Eden-Tomatenmark, streng Natrium-arm" oder „Eden-Tomatensaft, streng Natrium-arm" verwendet werden.

Kochsalzarme Diät

Kochsalzersatzmittel und Würzen, die Verwendung finden können, müssen ausdrücklich als „streng Natrium-arm" (im Sinne des Lebensmittelgesetzes) gekennzeichnet sein; sie werden zweckmäßig hinsichtlich der Art des Präparates wie der Menge durch den Arzt festgelegt.

Erlaubt sind:

Diätsalz „Kahler" DBP[1]) (Kahler-Gewürze-G.m.b.H., Berlin)
„Sina-Salz" streng Natrium-arm [1]) (Nordmark-Werke, Hamburg)
„Natur-Diät-Bisalz" streng Natrium-arm[1]) (Natura-Werk, Gebr. Hiller, Hannover)
„Natura-Diät-Kräutersalz" streng Natrium-arm [1]) (Natura-Werk, Gebr. Hiller, Hannover)

Falsch gewählte Präparate können die gesamte Wirkung des Kochsalzentzuges im Rahmen der Diät aufheben.

Streng verboten sind deshalb „Meersalz" aller Art, Selleriesalz, Titro-Salz spezial, Sinechlor, Curtasal u. a. m.
Bei gewissenhafter Anwendung obiger Vorschriften läßt sich auch im Haushalt eine schmackhafte und abwechslungsreiche kochsalzarme (Natrium-arme) Diät erreichen.

III. Die beschränkt kochsalzarme (beschränkt Natrium-arme) Kost

Beschränkt kochsalzarme Diät

Bei vielen Hochdruck- und Herzpatienten mit Wassersucht reicht diese Kostform aus. Ihr Kochsalzgehalt darf 4–5 g pro Tag nicht überschreiten. Sie wird erreicht durch:

a) *Völligen Verzicht auf Kochsalzverwendung* bei der Zubereitung der Nahrungsmittel

b) *Verzicht auf salzhaltige Nahrungsmittel und Fertigprodukte* wie bei kochsalzarmer Kost (siehe Seite 835).

Hierbei darf gewöhnliche Milch und normal gesalzenes Brot verwendet werden, oder man kann dem Patienten statt dessen pro Tag 1–2 g Kochsalz – auf der Briefwaage abgewogen – zum Nachsalzen zur Verfügung stellen.

Diese Kostform ist verhältnismäßig leicht herzustellen. Für die Zubereitung gilt das bei der kochsalzarmen Kost Gesagte, spezielle Kostbeispiele erübrigen sich deshalb hierfür.

---

[1]) Siehe Grüne Liste 1970, Verzeichnis diätetischer und diätgeeigneter Lebensmittel, Editio Cantor, Aulendorf/Wttbg.

Tageskostbeispiele für kochsalzarme Diät

Tageskostbeispiele[1]) für kochsalzarme (Natrium-arme) Kost:

1. Frühstück nach Wahl:

Tee bzw. Kaffee mit „Pennac-Diätmilch“, streng Na-arm, Zucker
100 g Brötchen, Schwarzbrot oder Vollkornbrot (salzfrei),
20 g Butter oder beste Margarine (sofern sie als „Na-arm“ deklariert ist)
20 g Honig, Gelee oder Marmelade
1 Ei oder 50 g angemachter Quark.

Oder Bircher Müsli.

2. Frühstück nach Wahl:

Frisches Obst oder
200 ml frischer Obstsaft oder Tomatensaft (streng Na-arm); oder
Früchtequark von 80 g Quark und 100 g frischen Früchten; oder
Bircher Müsli; oder
1 Scheibe Brot (salzfrei) mit Kräuterquark.

Nachmittags nach Wahl:

200 ml (1/5 l) Orangen- oder Grapefruitsaft; oder
200 ml (1/5 l) *„Pennac-Diätmilch“*-Mischgetränk mit frischem Obst; oder
2 Scheiben Brot (salzfrei), 10 g Butter, 20 g Honig oder Marmelade, Tee bzw. Kaffee mit *„Pennac-Diätmilch“* (falls freie Flüssigkeitszufuhr erlaubt ist).

Mittag- und Abendessen:

Auf Suppen wurde bei den Vorschlägen verzichtet, da hierbei der Kochsalzentzug meist mehr empfunden wird. Ist Suppe erlaubt und wird sie gewünscht, bevorzuge man Gemüsesuppen von kräftig schmeckenden Gemüsen wie Tomaten, Lauch, Sellerie, Zwiebeln, Wurzelwerk, Kräutern und belasse das Gemüse in der Suppe.

1. Mittagessen: Hühnerfrikassee, Curry-Reis, grüner Salat, Tomatensalat, Obstsalat aus frischem Obst.
Abendessen: Schalkartoffeln mit Kräuterquark, 1 Scheibe Brot (salzfrei) mit kaltem Fleisch, 1 Grapefruit.

2. Mittagessen: Paprikaschoten mit Fleischfülle, gedünstete Tomaten, Kartoffeln mit Petersilie, grüner Salat, Quarkspeise mit frischen Früchten.
Abendessen: Apfelpfannenkuchen mit Kompott.

3. Mittagessen: Leber Berliner Art, Kartoffelbrei (*„Pennac-Diätmilch“*), Feldsalat, Kompott.
Abendessen: Tomaten mit Rührei, Kartoffeln, grüner Salat, 1 Scheibe Brot (ungesalzen), „Gervaiskäse Carré-D“ (ungesalzen).

---

[1]) Die Rezepte für die angeführten Beispiele finden sich im allgemeinen Rezeptteil des Bayerischen Kochbuches und sind im alphabetischen Register nachzuschlagen. Da die Rezepte im Durchschnitt für 4 Personen berechnet sind, sind die Mengen auf 1 Person umzurechnen und salzfrei zuzubereiten.

Tageskostbeispiele für kochsalzarme Diät

4. Mittagessen: Fisch, gedünstet mit Salbei, Petersilienkartoffeln, Rotrübensalat, grüner Salat, Rote Grütze mit **Vanillesoße** ***(„Pennac-Diätmilch“).***
Abendessen: Eieromelette mit Champignons oder Spargel, Kartoffeln, Kompott.

5. Mittagessen: Italienische Leber gedünstet, Reis, gedünstete Tomaten, Chicoréesalat, rohes Obst.
Abendessen: Geflügelsalat mit Reis und Ananas (ohne Gewürzgurken) mit Quarkmayonnaise, 2 Scheiben Brot (salzfrei).

6. Mittagessen: Ochsenfleisch gekocht, Meerrettichgemüse, Kräuterkartoffeln, Rotrübensalat oder Feldsalat, Fruchtschnee.
Abendessen: Quarkauflauf mit Fruchtsoße.

7. Mittagessen: Filetbeefsteak, Spinat auf italienische Art, Tomatenreis, Pfirsichkompott.
Abendessen: Überbackener Chicorée, Kräuterkartoffeln, Orangensalat.

8. Mittagessen: Gulasch, Risotto, kleine Salatplatte, Weincreme.
Abendessen: 1 weiches Ei, Fischsalat mit Quarkmayonnaise, Toastbrot (salzfrei).

9. Mittagessen: Fischgulasch, Petersilien-Schwenkkartoffeln, Salat, Reisauflauf **mit Kompott (*„Pennac-Diätmilch“* für Auflauf).**
Abendessen: Saure Leber, Kartoffelbrei *(„Pennac-Diätmilch“)*, Salat.

10. Mittagessen: Rahmschnitzel mit Salbei gedünstet, Tomatenreis, grüner Salat, rohes Obst.
Abendessen: Grießschnitten *(„Pennac-Diätmilch“)* mit Tomatensoße, Salat, 1 Scheibe Brot (salzfrei) mit Kräuterquark.

Diät bei Nierenkrankheiten

Diät bei Nierenkrankheiten

Bei Nierenkrankheiten kommen je nach Art und Stadium der Erkrankung zum Teil sehr unterschiedliche Diätformen in Frage. Sie unterscheiden sich durch den verschiedenen Gehalt an Eiweiß, den verschiedenen Grad der Kochsalzbeschränkung und die jeweils erlaubte bzw. nötige Flüssigkeitsmenge. Klare und bestimmte ärztliche Anweisungen zu diesen einzelnen Punkten sind für eine richtige Diät des Nierenkranken notwendig. In schwierigen Situationen ist auch für den Arzt die Auswahl der richtigen Diätform nur unter laufender Kontrolle des Mineralstoffwechsels und der Ausscheidung harnpflichtiger Substanzen möglich.

I. Bei schweren akuten Stadien von Nierenentzündungen und akutem Nierenversagen

Streng eiweißarme und streng kochsalzarme Diät

Hierbei kommen **streng eiweißarme und streng kochsalzarme Diätformen** in Frage, zunächst mit **starker Beschränkung der Flüssigkeitsmenge.**

Dies erreichte man früher durch:

a) Hunger- und Dursttage für 1–2 Tage. Kleinste Mengen von Obstsaft, kaffeelöffelweise gegeben oder wenig Apfelmus, Fruchtbonbons, Zitronenscheiben mit etwas Zucker bestreut, erleichtern das Durchhalten.

Streng eiweißarme und streng kochsalzarme Diät

b) Reine Obsttage für nur kurze Zeit: 1 kg Obst, auf 4–5 Mahlzeiten am Tag verteilt; sie haben oft den gleichen Erfolg wie Hunger- und Durst-Tage. Da diese strenge Form aber sehr kalorienarm ist, kommt sie nur für wenige Tage in Frage.

c) Die „Kempner'sche Reis-Früchte-Diät" (siehe bei Herzerkrankungen Seite 835) ist streng eiweißarm, streng kochsalzarm, bietet aber den Vorteil, daß sie kalorienreicher ist und gegebenenfalls auch für einige Tage im Familienhaushalt einfach und leicht herzustellen ist.

An die Stelle dieser obengenannten Diätformen ist heute in der Regel eine **streng eiweißarme, streng kochsalzarme, aber kalorisch ausreichende, vor allem kohlenhydratreiche Diätform** getreten. Dabei werden, beginnend mit 6 g Eiweiß, steigend bis zu 15–25 g Eiweiß pro Tag (je nach Größe und Gewicht des Patienten) gegeben. Hierbei macht man von hochwertigen Eiweißgemischen, z. B. aus Kartoffeln und Ei, von eiweißarmen Teigwaren und eiweißarmen Spezialbroten Gebrauch.

Die erlaubte bzw. notwendige Flüssigkeitsmenge bestimmt in jedem Fall der Arzt.

Für diese Diätform wird hier auf Kostvorschläge verzichtet und auf spezielle Diätbücher verwiesen, da derartig schwere Stadien von Nierenkrankheiten im allgemeinen eine Krankenhausbehandlung notwendig machen.

Einschlägige Diätbücher:

R. Kluthe und H. Quirin: „Diätbuch für Nierenkranke", Georg Thieme Verlag, Stuttgart, 2. Auflage, 1971

H. J. Holtmeier – L. Heilmeyer: „Rezepttaschenbuch der Diätetik", Gustav Fischer Verlag, Stuttgart, 1967.

H. J. Holtmeier: „Kochsalzarme Voll- und Schonkost", Georg Thieme Verlag, Stuttgart, 1960.

A. Welsch: „Krankenernährung", Georg Thieme Verlag, Stuttgart, 2. Auflage, 1969.

II. Nach Behebung akuter Stadien und bei chronischen Formen der Nierenkrankheiten

In diesen Fällen wählt der Arzt mit *Festlegung der erlaubten Flüssigkeitsmenge* unter folgenden Diätformen aus:

Eiweißarme und kochsalzarme bzw. beschränkt kochsalzarme Diät

1. **Eiweißarme Kost mit 30-55 g Eiweiß/Tag** (je nach Gewicht und Größe des Patienten).

Diese Kost wird je nach Befund als **kochsalzarme Kost** (bis 3 g Kochsalzgehalt) oder als **beschränkt kochsalzarme Kost** (bis 5 g Kochsalzgehalt) gegeben. Die erlaubte Eiweißmenge soll möglichst durch biologisch hochwertiges Eiweiß gedeckt werden. Bei der notwendigen Eiweißbeschränkung werden Fleisch und Fisch wegen ihres hohen Eiweißgehaltes in der Regel nicht verwendet. Man bevorzugt deshalb solche Eiweißspender, die sich in ihrer biologischen Wertigkeit gut

Eiweißarme und kochsalzarme bzw. beschränkt kochsalzarme Diät

ergänzen und dadurch besonders hochwertige Eiweißgemische ergeben wie: Kartoffeln und Ei (auf 250 g Kartoffeln 1/2 Ei), Bohnen mit Ei, Milch und Milchprodukte mit Brot bzw. Getreideprodukten.

Die Zulage von Fleisch oder Fisch erfolgt erst nach ärztlicher Weisung. Der Eiweißgehalt von Gemüsen und Obst fällt nicht wesentlich ins Gewicht. Ob eiweißarmes Spezialbrot (aus Roggenmehl und Weizenstärke hergestellt) verabreicht werden muß, hängt von der erlaubten Tageseiweißmenge ab; bei 30 g Eiweiß pro Tag ist eiweißarmes Spezialbrot empfehlenswert.

Der notwendige Kaloriengehalt der Tageskost, die eine ausreichende Versorgung gewährleisten muß, wird durch zucker- und stärkereiche, jedoch eiweißarme Nahrungsmittel und durch Fett erreicht. Letzteres soll etwa 1/3 des täglichen Kalorienbedarfs decken, wobei neben Butter reine Pflanzenmargarine mit hohem Gehalt an essentiellen ungesättigten Fettsäuren (streng Na-arm) und ebensolche Öle wie Maiskeimöl und Sonnenblumenöl bevorzugt werden.

Da die eiweißarme Kost in der Regel in **kochsalzarmer Form** verordnet wird, ist das über kochsalzarme Kost Gesagte (siehe Diät bei Herzkrankheiten Seite 834 ff.) zu berücksichtigen; insbesonders ist jeglicher Zusatz von Kochsalz sowie die Verwendung gesalzener Nahrungsmittel verboten. Eiweißarmes Spezialbrot wird auch in ungesalzener Form angeboten. Bei geringer Milchmenge kann in der Regel gewöhnliche Milch, bei größeren Milchmengen muß *„Pennac-Diätmilch"* (streng Na-arm) oder Rahm-Wassermischung verwendet werden.

Der Eiweißgehalt von 30–55 g in der Tageskost der eiweißarmen Diät kann z. B. erreicht werden durch:

1. Beispiel

100 ccm Milch (evtl. Na-freies Milchpräparat)	3,3 g Eiweiß
1 Ei (60 g)	7,7 g Eiweiß
400 g Kartoffeln	8,0 g Eiweiß
200 g eiweißarmes Brot (salzfrei)	3,4 g Eiweiß
400 g Gemüse und Salate	– 8,0 g Eiweiß
250 g Obst bzw. Obstsaft	– 1,0 g Eiweiß
	= 31,4 g Eiweiß

2. Beispiel

100 ccm Milch (evtl. Na-freies Milchpräparat)	3,3 g Eiweiß
50 g **Quark** (mager)	8,5 g Eiweiß
1 Ei (60 g)	7,7 g Eiweiß
300 g Kartoffeln	6,0 g Eiweiß
200 g Brot (salzfrei) i. D.	14,0 g Eiweiß
300 g Gemüse und Salate	– 6,0 g Eiweiß
250 g Obst oder Kompott	– 1,0 g Eiweiß
	= 46,5 g Eiweiß

Eiweißarme und kochsalzarme bzw. beschränkt kochsalzarme Diät

3. Beispiel

200 ccm	Milch (evtl. Na-freies Milchpräparat)	6,6 g Eiweiß
50 g	Quark (Magerstufe)	8,5 g Eiweiß
1 Ei	(60 g)	7,7 g Eiweiß
200 g	Brot (salzfrei) i. D.	14,0 g Eiweiß
300 g	Kartoffeln	6,0 g Eiweiß
60 g	Reis	4,2 g Eiweiß
400 g	Gemüse und Salate	– 8,0 g Eiweiß
250 g	Obst	– 1,0 g Eiweiß
		= 56,0 g Eiweiß

Tageskostbeispiele siehe Seite 843 ff.

Diät mit normalem Eiweißgehalt, kochsalzarm oder beschränkt kochsalzarm

2. Eine kochsalzarme bzw. beschränkt kochsalzarme Kost mit normalem Eiweißgehalt von 60–80 g je Tag (1 g Eiweiß je kg/Körpergewicht) für Nierenkrankheiten, bei denen die Abbauprodukte des Eiweißes normal ausgeschieden werden, aber eine Störung des Wasserhaushaltes besteht.

Diese Kostform verwendet, wie die normale Kost, selbstverständlich neben Milch (evtl. *„Pennac-Diätmilch")* Quark, Eier und auch Fleisch und Fisch.

Die Anweisungen zur Herstellung einer kochsalzarmen (bis 3 g Kochsalzgehalt) bzw. einer beschränkt kochsalzarmen Kost (bis 5 g Kochsalzgehalt) sind zu beachten (siehe Seite 835–837).

Da die Herstellung dieser Kostform keinerlei Schwierigkeiten bereitet, wird hier auf besondere Anleitung und Erstellung von Tageskostbeispielen verzichtet.

III. Bei Nierenkrankheiten, die mit großen Eiweißverlusten im Harn einhergehen (Nephrosen)

Eiweißreiche Diät, kochsalzarm bzw. streng kochsalzarm

In diesen Fällen ist eine **eiweißreiche Kost** nötig. Der Eiweißgehalt der Diät soll pro Tag etwa 90–110 g, unter Umständen mehr, betragen. Eventuell muß diese Kost **gleichzeitig kochsalzarm,** gelegentlich sogar **streng kochsalzarm** sein.

Neben den normalen Mengen an Fleisch, Fisch, Eiern etc. muß diese Diät eine Anreicherung mit Eiweiß erfahren. Diese erfolgt zweckmäßig durch Milcheiweiß in Form von Na-freien Milchpräparaten (*„Pennac-Diätmilch"*, Quark, „Gervais Carré-D" ungesalzen) und von Eiern. Hierzu sei auf die Kapitel „Quarkspeisen" Seite 333 ff. und Seite 523 ff.) sowie „Eierspeisen" (Seite 318 ff.) verwiesen, die aber gegebenenfalls kochsalzfrei zuzubereiten sind.

Da auch die Herstellung dieser eiweißreichen, kochsalzarmen Kost keine Schwierigkeiten bereitet, konnte hier auf Kostbeispiele verzichtet werden.

Tageskostbeispiele[1]) für eiweißarme, kochsalzarme Kost (Eiweißgehalt 30–55 g)

Tageskostbeispiele für eiweißarme, kochsalzarme Kost (Eiweißgehalt 30–55 g)

Vorbemerkung: Die Grundregeln zur Herstellung kochsalzarmer Kost (siehe Seite 835 ff.) sind zu berücksichtigen; deshalb:

1. Alle Speisen sind ohne Salz herzustellen.
2. Auf alle bereits gesalzenen Nahrungsmittel, Fertigprodukte und Gerichte ist zu verzichten. Anstelle von gewöhnlichem Brot ist nichtgesalzenes, evtl. auch eiweißfreies Brot zu verwenden; salzfreie Würzmittel siehe Seite 836/837.
3. Bei geringen Milchmengen (100 ml) kann in der Regel gewöhnliche Milch verwendet werden; bei größeren Milchmengen ist *„Pennac-Diätmilch“* (streng Na-arm) zu verwenden. Für die Herstellung von Milchbreien, Flammeris oder Milchsoßen ist es empfehlenswert, anstelle von Milch ein Gemisch von süßem Rahm (30%ig) und Wasser zu verwenden (auf 50 ml süßen Rahm 100 ml Wasser).
4. Die vom Arzt festgelegte Flüssigkeitsmenge ist einzuhalten unter Einbeziehung aller tropfbaren Speisen wie Fruchtsäfte, Tee, Kompotte, Soßen und Suppen. In den Kostvorschlägen wurde vorsorglich auf Suppen verzichtet.
5. Die Nahrungsmittelmengen werden zweckmäßig abgewogen bzw. gemessen.

1. Frühstück nach Wahl:

200 ml (1/5 l) leichter schwarzer Tee mit Zitrone und Zucker oder mit Rahm – oder Pfefferminz-/Kamillentee oder

200 ml (1/5 l) Wasserkakao (10 g Kakao) mit Rahm oder *„Pennac-Diätmilch“* oder

200 ml (1/5 l) Malzkaffee mit *„Pennac-Diätmilch“* oder

200 ml (1/5 l) Rohsäfte von Obst
und
60-100 g Brot (Weißbrot, Mischbrot oder Vollkornbrot, eiweißarm und ungesalzen)
20 g Butter
30 g Honig, Marmelade oder Gelee.

2. Frühstück nach Wahl:

150 g frische Beeren mit Zucker und süßem Rahm oder

1-2 Bananen oder

150 ml Orangensaft mit etwas Traubenzucker gesüßt oder Saft von

[1]) Die angegebenen Rezepte finden sich im allgemeinen Rezeptteil des Bayerischen Kochbuches und sind im alphabetischen Register nachzuschlagen; die Mengen sind auf 1 Person umzurechnen, bzw. oben angegebene Mengen sind einzuhalten und ohne Salz zuzubereiten.

Tageskostbeispiele für eiweißarme, kochsalzarme Kost (Eiweißgehalt 30–55 g)

Äpfeln, Birnen, Aprikosen, Johannisbeeren, Kirschen, Sauerkirschen, Grapefruit, Tomaten, Karotten; oder

200 g Melone oder

150 ml *„Pennac-Diätmilch"*-Mischgetränk mit frischem Obst oder Obstsaft hergestellt oder

150-200 g Bircher Müsli (von 4 Eßl. Haferflocken und gemischtem Obst – statt Milch süßer Rahm)

Nachmittags nach Wahl:

40 g Brot (eiweißarm, salzarm), 10 g Butter, 20 g Honig, Gelee oder Marmelade; oder
150 g Obst nach Wahl und Jahreszeit; oder

200 ml (1/5 l) Obstsaft nach Wahl, evtl. mit Traubenzucker angereichert.

Mittag- und Abendessen:

1. Mittagessen:

Kartoffelkroketten (300 g Kartoffeln, 1/2 Ei), Spinatgemüse (200 g Spinat), Rotrübensalat,
Obstsalat mit süßem Rahm.
Abendessen:
Bratkartoffeln (200 g), Bohnengemüse oder Bohnensalat, Rührei (1/2 Ei + 20 ml Milch), Brot (50 g) mit Kräuterquark (50 g), 1 Apfel.

2. Mittagessen:

Spargel oder Schwarzwurzeln, überbacken (1/2 Ei), Kartoffelbrei (200 g Kartoffeln, 100 ml *„Pennac-Diätmilch"*, etwas Rahm), grüner Salat, Schokoladenflammeri (Rahm-Wassermischung) mit gesüßtem, kaltem Rahm.
Abendessen:
100 g Brot, 20–25 g Butter oder beste Margarine; zum Belag: 30 g pikanter Quark, 2 Tomaten, 50 g frische Gurken, 50 g Radieschen, 1 Banane.

3. Mittagessen:

Rührei mit Tomaten (1 Ei, 250 g Tomaten), Bratkartoffeln (300 g), reichlich grüner Salat
Banane karamelisiert.
Abendessen:
Bircher Müsli (Rahm statt Milch), 50 g Brot, Tomatenquark (30 g).

4. Mittagessen:

Gefüllte Paprikaschote (Pilzfülle von 80 g gedünsteten, mit 1/2 Ei legierten Champignons), Tomatensoße, Butterreis, grüner Salat,
Karamelflammeri mit Fruchtsoße (100 ccm *„Pennac-Diätmilch"*, mit Wasser und Rahm gestreckt).

Abendessen:
Eieromelette (1 Ei), Bratkartoffeln, grüner Salat, 50–100 g Brot, 10–20 g Butter, 50 g pikanter Quark,
Pfirsichkompott.

Tageskostbeispiele für eiweißarme, kochsalzarme Kost (Eiweißgehalt 30–50 g)

5. Mittagessen:
Kartoffelpuffer (300 g Kartoffeln, 1/2 Ei), Apfelbrei, Früchtequark (50 g Quark).
Abendessen:
Tomaten gedünstet (250 g), Risotto (60 g Reis), grüner Salat, Rettichsalat (gerieben, mit Rahm),
Apfelkompott.

6. Mittagessen:
Semmelknödel (1 Ei), Champignongemüse, Salat nach Wahl,
Obstsalat.
Abendessen:
Kartoffelbrei, („*Pennac-Diätmilch*“), Blumenkohl gratiniert oder in Buttersoße, Bohnensalat,
1 „Gervais-Carré D“ mit 1 Banane verrührt.

7. Mittagessen:
Kartoffelnudeln (300 g Kartoffeln, 1/2 Ei), gedünstete junge Bohnen, gemischter Salatteller,
Vanilleflammeri (100 ccm Milch bzw. „*Pennac-Diätmilch*“ oder Rahm und Wasser) mit Fruchtsaft.
Abendessen:
Waldorfsalat (mit gekochtem Sellerie und verschiedenem Obst), Quarkmayonnaise (1/2 Ei),
100 g Brot, 20 g Butter, 50 g Quark pikant.

8. Mittagessen:
Aufgezogene Spaghetti (60 g), Tomatensoße, gemischter Salatteller, Rote Grütze oder Rhabarbergrütze mit gesüßtem Rahm.
Abendessen:
Reisauflauf (50–60 g Reis – „*Pennac-Diätmilch*“ mit Wasser und wenig Rahm strecken, 1 Ei), Pflaumenkompott.

Diät bei Zuckerkrankheit (Diabetes mellitus)

Diät bei Zuckerkrankheit

Bei der Zuckerkrankheit besteht eine Störung der normalen Verwertung der Kohlenhydrate im Körper, so daß Traubenzucker im Harn ausgeschieden werden kann.

Die genauen Diätvorschriften müssen durch den Arzt der Stoffwechsellage und dem Kalorienbedarf des einzelnen Kranken angepaßt werden.

Grundregeln:

1. Die tägliche Kohlenhydratmenge (Stärke und Zucker) ist zu beschränken. Deshalb sind reiner Zucker, zuckerhaltige Speisen, Backwaren, Marmeladen, Honig, Datteln, Feigen, Schokolade etc. ganz zu meiden.

2. Der Grad der Beschränkung der Kohlenhydrate ergibt sich aus dem Gesamt-Kalorienbedarf des einzelnen Zuckerkranken. Grundsätzlich gilt, daß der Zuckerkranke so einzustellen ist, daß ein niedriges Normalgewicht gerade erhalten wird.

Das Gewicht des fettsüchtigen bzw. übergewichtigen Diabetikers soll auf das Normalgewicht vermindert werden. Bei der Berechnung des Kalorienbedarfs sind Gewicht, Größe, Geschlecht, Alter und Art der Tätigkeit – ob leichte oder mittelschwere bzw. schwere Arbeiten verrichtet werden – zu berücksichtigen.

Unter diesen Gesichtspunkten berechnet der Arzt den individuell verschiedenen Kalorienbedarf des einzelnen Zuckerkranken und bestimmt, wie dieser durch Eiweiß, Fett und Kohlenhydrate gedeckt werden kann. Dabei wird der Kalorienbedarf etwa zur knappen Hälfte (45%) durch Kohlenhydrate, zu 1/3 (35%) durch Fett und der Rest (ca. 20%) durch Eiweiß gedeckt.
Aus diesen Angaben über die erlaubten Mengen an Eiweiß, Fett und Kohlenhydraten läßt sich die Diät jeweils leicht zusammenstellen.

Für die Berechnung des **Eiweißes** und der **Fette** in der täglichen Nahrung dient die Nährwerttabelle (siehe Seite 897 ff); im allgemeinen genügen folgende Durchschnittswerte:

je 100 g Nahrungsmittel enthalten	Eiweiß: g	Fett: g
mageres Fleisch	15–22	2 – 8
magerer Fisch (Filet)	17–19	1 – 4
1 Ei (57 g)	7	6
Vollmilch	3,5	3,5– 4
Quark (je nach Fettgehalt)	12–17	1 –12
Käse (je nach Fettgehalt)	14–37	3 –31
Wurst (je nach Fett- und Wassergehalt)	11–17	20 –51
fette Fische (geräuchert oder in Öl)	14–24	9 –21
Butter	1	82
Margarine	1	80
Butterschmalz	–	100
Öl	–	100
Schweineschmalz	–	100
Speck durchwachsen i. D.	8	60
Speck fett	2	90

Innerhalb der verschiedenen Eiweißspender kann im Rahmen der erlaubten Eiweißmenge beliebig ausgetauscht werden; so sind z. B. etwa 70 g Eiweiß enthalten in:

1/2 l Milch	: 16 g Eiweiß	70 g Eiweiß
150 g magerem Fleisch	: 30 g Eiweiß	
1 Ei (57 g)	: 7 g Eiweiß	
100 g Magerquark	: 17 g Eiweiß	

oder:

1/2 l Milch	: 16 g Eiweiß	70 g Eiweiß
200 g magerem Fleisch	: 40 g Eiweiß	
2 Eiern (je 57 g)	: 14 g Eiweiß	

oder:

1/2 l Milch	: 16 g Eiweiß	76 g Eiweiß
150 g Seefischfilet	: 25 g Eiweiß	
100 g Magerkäse (Mainzer)	: 35 g Eiweiß	

oder:

200 g Joghurt	: 10 g Eiweiß	69 g Eiweiß
2 Eier (je 57 g)	: 14 g Eiweiß	
100 g Schmelzkäse (halbfett)	: 25 g Eiweiß	
100 g Quark (als süße Quarkspeise mit Früchten u. Nüssen oder anderen Geschmackszutaten mit wenig Süßstoff gesüßt)	: 20 g Eiweiß	

Hinsichtlich der erlaubten Fettmenge kann man annehmen, daß 1/3 derselben in der Nahrung versteckt enthalten ist (z. B. in Milch, Ei, Fleisch, Wurst, Käse u. a. m.), daß gut 1/3 der Menge für die Zubereitung der Nahrung in der Küche benötigt wird und daß ein knappes Drittel der Menge als Brotaufstrich verwendet werden kann. Bei nur geringen erlaubten Fettmengen bleibt für den Aufstrich nichts verfügbar, da eine gewisse Fettmenge für die Zubereitung einer schmackhaften Kost nötig ist.

Die erlaubten **Kohlenhydratmengen** sollen auf 6–8 einzelne Mahlzeiten über den Tag verteilt gegeben werden, da der Diabetiker die Kohlenhydrate bei häufigerem Angebot in kleiner Menge besser verwerten kann. Die ärztlich erlaubte Menge an Kohlenhydraten und die ärztlich festgelegte Einteilung der Mahlzeiten sind streng einzuhalten. (Kohlenhydratreiche Nahrungsmittel dürfen nicht von einer Mahlzeit zur anderen aufgehoben und dann in entsprechend größerer Menge auf einmal verzehrt werden!).

Für die praktische Durchführung werden die erlaubten Kohlenhydratmengen in **Broteinheiten (BE)** angegeben.

1 (BE) = 12 g Kohlenhydrate = 21 g Semmel oder Toastbrot. Statt Weißbrot können andere Kohlenhydratspender gegeben werden. Soweit Nahrungsmittel größere Mengen an Kohlenhydraten enthalten, ist ihre Menge entsprechend der Kohlenhydrat-Austauschtabelle (siehe Seite 851 ff.) zu berechnen.

Der Austausch der Kohlenhydratträger soll in der Regel nur innerhalb der gleichen Nahrungsmittelgruppen erfolgen (z. B. Obst gegen Obst, Gemüse gegen Gemüse usw.).

Etwa 1 BE ist jeweils enthalten in:

einer dünnen Scheibe Grau- oder Mischbrot,

einer mitteldicken Scheibe Schrotbrot,

einer dicken Scheibe Toastbrot oder Weißbrot,

einer halben Semmel,

einem gestrichenen Eßlöffel Nährmittel trocken (Grieß, Haferflocken, Teigwaren, Reis, Rollgerste),

einer hühnerei-großen Kartoffel,

zwei Eßlöffeln Kartoffelbrei oder Kartoffelschnee,

einem mittelgroßen Apfel,

einer mittelgroßen Birne,

zwei Pfirsichen,

drei Aprikosen,

einer kleinen Banane,

einer mittelgroßen Orange,

einer Grapefruit,

einem Schälchen Beerenobst (ca. 150 g),

$^1/_4$ l Voll- oder Magermilch,

$^1/_3$ l Butter- oder Sauermilch,

$^1/_4$ l Joghurt.

Hinsichtlich der Zubereitung der Nahrung ist zu berücksichtigen: Fettarme Zubereitungsweisen bevorzugen, z. B. Dünsten, Garen in Aluminium-Folie, Garen im Dampfdrucktopf, fettarmes Grillen, Braten in fettsparenden Spezialpfannen.
Gemüse nach Möglichkeit dünsten, Mehlzugabe entfällt in der Regel. Ein Teil der Gemüse wird zweckmäßig als Frischkost in Form von rohen Salaten, Obst nach Möglichkeit als Frischobst gegeben. (Mit Zucker hergestellte Kompotte, Obstkonserven und Marmeladen sind verboten.)

Süßungsmittel:

Zum Süßen von Speisen kommen kalorienhaltige Zuckeraustauschstoffe und kalorienfreie künstliche Süßstoffe zur Verwendung:

Zuckeraustauschstoffe:

Sie erhöhen in kleinen Mengen nicht den Blutzucker.

Fruktose (in kleinen Mengen, ca. 40 g/Tag, auf mehrere Portionen verteilt) wird gut vertragen. Die Süßkraft ist bei gleichem Kaloriengehalt mindestens 1½mal stärker als die des gewöhnlichen Zuckers.

Xylit hat etwa gleiche Süßkraft und gleichen Kaloriengehalt wie gewöhnlicher Zucker; es ist koch- und backfest. Xylit wird in begrenzter Menge (bis ca. 60 g/Tag), auf mehrere Portionen verteilt.

Sorbit (Sionon) süßt halb so stark wie Zucker; als *„Sionon zuckersüß“* erreicht es durch beigefügten Süßstoff die Süßkraft von Zucker. Der Kalorienwert beträgt 390 Kalorien je 100 g; Sionon ist koch- und backfest. Es wird ebenfalls in begrenzter Menge (etwa 60–70 g/Tag) auf mehrere kleine Portionen verteilt.

Kalorienfreie künstliche Süßstoffe:

Sacharin und *Cyclamate* sowie *Süßstoffgemische* kommen von verschiedenen Firmen unter verschiedenen Namen in den Handel. Ihre Süßkraft ist zum Teil außerordentlich groß, sie sind gut wasserlöslich und weitgehend koch- und backbeständig.

Grundsätzlich ist zu empfehlen, die Wahl des Süßungsmittels sowie die Festlegung der erlaubten Menge dem behandelnden Arzt zu überlassen. Für den Gebrauch ist im Einzelfall die Gebrauchsanweisung wegen der unterschiedlichen Süßkraft und der etwas unterschiedlichen Koch- und Backfestigkeit zu beachten.

Marmeladen und Konfitüren:

Sie dürfen nur als deklarierte „Diabetikermarmeladen“ verwendet werden. Ihr Gehalt an Kohlenhydraten bzw. Zuckeraustauschstoffen (Fruktose, Sionon) und ihr Kalorienwert für 100 g Marmelade sollen angegeben sein.

Obstsäfte müssen unvergoren und ohne Zuckerzusatz sein; sogenannte „Muttersäfte“ werden vor Gebrauch mit Wasser oder Milch verdünnt.

Süßmoste müssen als „Diabetiker-Süßmoste“ deklariert und ohne Zuckerzusatz sein.

Tageskostbeispiel für Diabetiker mit 20 BE

Beispiel einer Tagesverpflegung eines normalgewichtigen Diabetikers mit einem Kalorienbedarf von 2200 Kalorien; sein Nährstoffbedarf wird gedeckt durch:

105–110 g Eiweiß
80 g Fett
240 g Kohlenhydrate = 20 BE

Berechnung der Tageskost:

Mahlzeit	Nahrungsmittelmengen	Eiweiß g	Fett g	Kohlenhydrate g	Broteinheiten
1. Frühstück:	1½ Semmeln (60 g)	4,0	—	34,5	3
	10 g Butter	—	8,2	—	
	50 g Magerquark (als Kräuterquark)	8,6	—	0,9	
	20 g Diabetikermarmelade	—	—	—	
	Kaffee od. Tee mit Milch (ev. m. Süßstoff)	—	—	—	
2. Frühstück:	75 g Schwarzbrot	5,0	0,8	38,0	3
	10 g Butter	—	8,2	—	
	30 g Schmelzkäse (20% Fett i. T.)	7,5	3,3	—	
Mittagessen:	Klare Wurzelsuppe	—	—	—	4
	150 g Hähnchenfleisch (ohne Knochen)			—	
	gebraten, gedünstet oder gegrillt	31,0	6,0	—	
	250 g grüne Bohnen (gedünstet)	5,5	—	12,5	
	180 g Kartoffeln (3 Stück v. Eigröße)	3,0	--	34,0	
	reichlich Salat (grüner Salat, Tomaten-, Gurkensalat)	—	—	—	
	20 g Öl f. Zubereitung	—	20,0	—	
Frühnachmittag:	1 Tasse Kaffee mit Milch (ev. mit Süßstoff) oder Buttermilch	[3,5]	[0,5]	[4]	2
	50 g Vollkornbrot	3,6	0,6	23,0	
	5 g Butter	—	4,0	—	
Spätnachmittag:	200 ml Joghurt mit	6,6	7,2	10,0	2
	100 g Früchten (je nach Jahreszeit) oder	0,9	—	13,0	
	200 g frisches Obst	[1—2]	—	[25]	
Abendessen:	2 Spiegeleier (je 57 g)	14,0	12,0	—	4
	Spinatgemüse (v. 200 g Spinat) oder reichlich grüner Salat	5,0	—	5,0	
	180 g Kartoffeln	3,0	—	34,0	
	10 g Öl z. Zubereiten	—	10,0	—	
	25 g Schwarzbrot	1,6	—	13,0	
	50 g Magerquark (als pikanter Quark)	8,6	—	0,9	
Spätmahlzeit:	200 g rohes Obst je nach Jahreszeit z. B. Aprikosen, je 1 Apfel und 1 Birne oder Orange, Beeren etc.	1,5	—	24,0	2
	insgesamt (abgerundet):	106–109	80	243	20

Kohlenhydrat-Austausch-Tabelle für Diabetiker

Herausgegeben vom Ausschuß „Ernährung" der Deutschen Diabetes-Gesellschaft 5. überarbeitete Auflage 1969
Georg Thieme Verlag, Stuttgart
(Durch jede Buchhandlung zu beziehen.)
Nachdruck mit freundlicher Genehmigung des G. Thieme Verlages

ANMERKUNGEN

1. Die in der Tabelle angegebenen Kohlenhydratmengen (in g KH) beziehen sich auf den genießbaren Teil der Ware (Gemüse siehe unten). 12 g KH = 1 BE (Broteinheit). Die einer BE entsprechenden Nahrungsmittelmengen stellen abgerundete Werte dar.

2. Die verordnete tägliche Kohlenhydratmenge (in g KH oder in BE) soll ebenso wie ihre Verteilung auf die einzelnen Mahlzeiten unbedingt eingehalten werden. Einsparungen bei einer Mahlzeit zugunsten einer anderen sollen vermieden werden. Dies ist besonders bei Diabetikern wichtig, die Insulin spritzen.

3. Die Diabetesdiät soll Kohlenhydratträger verschiedener Nahrungsmittelgruppen, vor allem auch Milch, Obst und Gemüse, täglich enthalten. Der Austausch der Nahrungsmittel soll in der Regel nur innerhalb der gleichen Nahrungsmittelgruppen erfolgen (z. B. Obst gegen Obst, Gemüse gegen Gemüse usw.).

4. Gemüse: Die Angaben der Kohlenhydratmengen beziehen sich auf geputztes, rohes Gemüse. Gemüse der Gruppe 1 können ohne Anrechnung gegessen werden. Gemüse der Gruppe 2 sind ohne Anrechnung frei bis zu 200 g am Tag (größere Mengen sind zu berechnen, siehe Tabelle). Gemüse der Gruppe 3 sind in jedem Falle zu berechnen. Gemüse soll möglichst gedünstet werden.

5. Obst: Bei eingemachtem Obst (ohne Zuckerzusatz) wird zur Berechnung nur das Fruchtgewicht zugrunde gelegt (Abtropfen des Saftes auf einem Sieb!). Danach kann eine der entnommenen Fruchtmenge entsprechende Saftmenge wieder zugegeben werden. Bestimmte Obstsorten sind deswegen verboten (vergleiche Tabelle), weil sie besonders viel Traubenzucker enthalten.

6. Alkoholische Getränke: Nach Rücksprache mit dem behandelnden Arzt ist der mäßige Genuß kohlenhydratarmer alkoholischer Getränke (siehe Tabelle) gestattet (z. B. bis zu 3 Glas von deklariertem, ohne Zuckerzusatz ausgegorenem Wein).

7. Diabetiker-Zucker: Wie beim Alkohol ist zu beachten, daß Zuckeraustauschstoffe (Fruchtzucker, Sorbit, Xylit) zwar in kleineren Mengen nicht den Blutzucker erhöhen, aber eine erhebliche Menge Kalorien enthalten. Aus diesem Grunde soll die tägliche Menge des erlaubten Diabetiker-Zuckers ebenfalls mit dem behandelnden Arzt abgesprochen werden. Süßstoffe (Saccharin oder Cyclamate) können ohne Berechnung auch von übergewichtigen Patienten genossen werden.

Kohlenhydrat Austausch-Tabelle für Diabetiker		1 BE entspricht Gramm	100 g enthalten gKH
I. Getreide-Erzeugnisse			
a) Brot	Grahambrot (Weizenschrotbrot)	25	48
	Grau- oder Mischbrot (Roggen)	25	51
	Knäckebrot	16	77
	Kommißbrot (Roggenbrot)	25	53
	Pumpernickel	24	49
	Roggenschrotbrot (Roggenvollkorn)	26	46
	Semmeln, Brötchen, ca. 1/2 Stck.	21	58
	Simonsbrot	24	50
	Steinmetzbrot	24	50
	Weißbrot	24	50
	Zwieback, eifrei	17	71
b) Mehle	Buchweizenvollmehl	18	67
	Grünkernmehl	16	75
	Hafermehl	18	66
	Kakaopulver, schwach entölt	32	38
	Kartoffelstärkemehl, Kartoffelsago	14	83
	Maismehl	16	74
	Maisstärkemehl (z. B. Mondamin)	14	87
	Reisstärkemehl	14	85
	Roggenmehl Type 1150	16	75
	Sojamehl, voll	46	26
	Weizenmehl Type 405, Weizenmehl Type 550	16	74
	Weizenmehl Type 812	17	70
c) Nährmittel und Teigwaren (Trockengewicht)	Cornflakes (Mais)	14	83
	Eier-Teigwaren	17	72
	Graupen, Gersten	16	74
	Grieß, Weizen-	16	75
	Haferflocken, grob und fein	18	66
	Reis	15	79
	Tapioka	14	86
II. Milch und Milchprodukte	Buttermilch, 0,5% Fettgehalt	300	4
	Joghurt	240	5
	Kaffeerahm, 10% Fettgehalt	300	4
	Kondensmilch, ungesüßt, mind. 7,5% Fettgehalt	120	10
	Magermilch, ca. 1/4 l	240	5
	Saure Milch	300	4
	Trockenmilch, Vollmilchpulver	32	38
	Trockenmilch, Magermilchpulver	23	52

Kohlenhydrat Austausch-Tabelle für Diabetiker		1 BE entspricht Gramm	100 g enthalten gKH
	Trinkmilch, 3% Fettgehalt, ca. 1/4 l	240	5
	Vollmilch, ca. 3,8% Fettgehalt (Goldmilch), ca. 1/4 l	240	5
III. Kartoffeln	Kartoffeln, geschält	60	19
IV. Gemüse 1. *Gruppe:* *bis 4 g KH/100 g Gemüse* *(ohne Anrechnung erlaubt)*	Broccoli		
	Blumenkohl		
	Butterpilze		
	Champignons		
	Chicorée		
	Chinakohl		
	Endiviensalat		
	Feldsalat		
	Gurken		
	Kohlrabi		
	Kopfsalat		
	Mangold		
	Oliven, mariniert		
	Pfifferlinge		
	Radieschen		
	Rettich		
	Rhabarber		
	Sauerkraut		
	Spargel		
	Spinat		
	Tomaten		
	Weißkohl		
	Wirsing		
2. *Gruppe:* *5–6 g KH/100 g Gemüse* *(ohne Anrechnung bis zu 200 g am Tag erlaubt)*	Auberginen, Eierfrüchte	240	5
	Grünkohl	240	5
	Kürbis	240	5
	Lauch, Porree	200	6
	Morchel (Speise-)	240	5
	Paprikaschoten	240	5
	Rotkohl	240	5
	Schnittbohnen, junge, grüne Bohnen	240	5
	Steinpilze	240	5
	Wassermelone	240	5
3. *Gruppe:* *ab 7 g KH/100 g Gemüse* *(BE-Anrechnung)*	Artischocken	100	12
	Erbsen, Konserve, grün	110	11
	Erbsen, frisch, grün	90	13
	Fenchel	130	9
	Gelbe Rüben, große Mohrrüben	170	7
	Karotten	170	7
	Kohlrüben	170	7
	Meerrettich	80	15
	Rosenkohl	170	7
	Rote Rüben	150	8
	Schwarzwurzeln	75	16

Kohlenhydrat Austausch-Tabelle für Diabetiker		1 BE entspricht Gramm	100 g enthalten gKH
	Sellerieknolle	170	7
	Speiserüben, Steckrüben	170	7
	Tomatenmark	130	9
	Zwiebeln, frisch	120	10
Hülsenfrüchte	Bohnen, weiße	21	58
	Erbsen, gelbe, geschälte, reif	20	61
	Kichererbsen	20	59
	Linsen	21	56
	Sojabohnen	45	27
V. Obst	Äpfel	100	12
	Apfelsinen, ohne Schale	130	9
	Apfelsinen, mit Schale	170	7
	Aprikosen, ohne Stein	100	12
	Aprikosen, mit Stein	110	11
	Bananen, ohne Schale	60	21
	Bananen, mit Schale	90	14
	Birnen	90	13
	Brombeeren	130	9
	Erdbeeren	150	8
	Grapefruit, Pampelmuse, ohne Schale	120	10
	Grapefruit, mit Schale	170	7
	Heidelbeeren, Blaubeeren	90	14
	Himbeeren	150	8
	Holunderbeeren	130	9
	Johannisbeeren, rot	150	8
	Johannisbeeren, schwarz	120	10
	Kirschen, sauer, ohne Stein	90	13
	Kirschen, sauer, mit Stein	100	12
	Kirschen, süß, ohne Stein	90	14
	Kirschen, süß, mit Stein	90	13
	Mandarinen, ohne Schale	110	11
	Mandarinen, mit Schale und Kernen	170	7
	Mirabellen, ohne Stein	75	16
	Mirabellen, mit Stein	80	15
	Pfirsiche, ohne Stein	110	11
	Pfirsiche, mit Stein	120	10
	Pflaumen, ohne Stein	100	12
	Pflaumen, mit Stein	110	11
	Preiselbeeren	120	10
	Quitten	75	16
	Reineclauden, ohne Stein	70	17

		1 BE entspricht Gramm	100 g enthalten gKH
	Reineclauden, mit Stein	75	16
	Stachelbeeren, reif, grün	130	9
	Zwetschgen, ohne Stein	75	16
	Zwetschgen, mit Stein	90	14
VI. Obstsäfte (unvergoren ohne Zuckerzusatz)	Apfelsaft	110	11
	Grapefruitsaft	120	10
	Himbeersaft	120	10
	Johannisbeersaft, rot	100	12
	Johannisbeersaft, schwarz	90	13
	Orangensaft	120	10
	Zitronensaft	150	8

Verbotene Obstsorten: Ananas, Datteln, Feigen, Süßmoste, vergoren, mit Zuckerzusatz, Weintrauben, Trockenobst

		1 BE entspricht Gramm	100 g enthalten gKH
VII. Nüsse, Hartschalenobst ohne Schale *Fettgehalt beachten!* (der zumeist über die Hälfte des Gewichtes ausmacht)	Cashewnüsse	40	32
	Erdnüsse	60	19
	Haselnüsse	90	13
	Kastanien, Maronen, frisch, ohne Schale, lufttrocken	30	43
	Kastanien, Maronen, frisch, mit Schale, lufttrocken	35	34
	Kokosnüsse, Kern, frisch	120	10
	Mandeln, süß	75	16
	Paranüsse	170	7
	Walnüsse	85	14
VIII. Getränke *Kaloriengehalt beachten!*	Wein, weiß, naturrein[1]) ausgegoren		0,2
	Wein, rot, naturrein[1]) ausgegoren		0,2
	Diät-Pils		0,8

Verbotene Getränke:

Bier, Schankbier hell und dunkel	Sekt
	Liköre
Lagerbier	Südweine
Exportbier, Starkbier	Dessertweine
Malzbier	süße Obstweine
Pilsener	Colahaltige Getränke
Weißbier	Limonaden

[1]) Ohne Zuckerzusatz

Diät bei Gicht

Gicht ist eine vererbte Stoffwechselstörung, die zu einer Vermehrung der Harnsäure im Körper führt. Dadurch kommt es zu Harnsäureablagerungen mit plötzlich auftretenden Gelenkentzündungen (Podagra, Zipperlein) und zu einer Schädigung der Niere. Gutes Essen und Trinken sind die Schrittmacher der Gicht; in Notzeiten tritt sie nur selten auf.
Die Harnsäure im Körper ist das Endprodukt des Purinstoffwechsels. Purine sind Eiweißstoffe der Zellkerne tierischer und pflanzlicher Organismen. Durch Vermeidung purinreicher Nahrungsmittel kann der Entstehung eines hohen Harnsäurespiegels bis zu einem gewissen Grad entgegengewirkt werden.

Nachdem heute Medikamente zur Verfügung stehen, durch die der Harnsäurespiegel entweder über eine vermehrte Ausscheidung oder eine verminderte Bildung im Körper gesenkt werden kann, werden extreme Diätformen nur selten notwendig.
Für die Mehrzahl der Fälle wird eine purinarme Kost genügen. Dies bedeutet, da die Diät dauernd eingehalten werden muß, eine große Erleichterung für den Kranken und die Küche. Daneben kennen wir eine purinfreie und ein streng purinarme Kost.

Grundforderungen:
In der diätetischen Behandlung der Gicht kommt es darauf an:

1. Nahrungsmittel mit hohem Puringehalt zu meiden und solche mit mittel-hohem Puringehalt zu begrenzen.

2. Überernährung zu vermeiden. Die Kost soll kalorisch knapp, also auch fettarm sein (40-50 g pro Tag). Bei bestehendem Übergewicht ist auf Gewichtsverminderung Wert zu legen.

3. Alkohol, der erfahrungsgemäß Gichtanfälle auslösen kann, darf nur beschränkt genossen werden (höchstens bis 1/4 l Bier oder Wein pro Hauptmahlzeit).

Puringehalt der Nahrungsmittel:
Je nach dem Gehalt an Purinstoffen sind zu unterscheiden:
Nahrungsmittel mit hohem Puringehalt (über 200 mg je 100 g): Fleischextrakt, alle inneren Organe von Schlachttieren, Wild und Geflügel (Bries, Hirn, Leber, Milz, Niere, Zunge); außerdem Anchovis, Ölsardinen, Sardellen, Sprotten, Heringe (somit praktisch alle Fische, die kleiner sind als eine Forelle).

Nahrungsmittel mit mittel-hohem Puringehalt (50-200 mg je 100 g): Fleisch aller Art, Geflügel, Wild, Wurstwaren, Fische aller Art (die größer sind als eine Forelle), Schalen- und Krustentiere, Kaviar, Hülsenfrüchte (Linsen, Erbsen, Bohnenkerne), frische grüne Erbsen, Spargel, Spinat, Pilze, Körnerfrüchte bzw. Vollkornprodukte, Fleischbrühe, Erdnüsse.

Diät bei Gicht

Nahrungsmittel mit geringem, unbedeutendem Puringehalt oder purinfrei:

Milch, Butter- und Sauermilch, Joghurt, Quark, Käse, Eier, Obst und Obstsäfte, Gemüse und Salate (Ausnahmen siehe oben), Kartoffeln, Reis, Teigwaren, Nährmittel, Weiß- und Schwarzbrot, (Vollkornbrot hat etwas höheren Puringehalt, da das volle Korn verarbeitet ist). Fette sind purinfrei.

Tee, Kaffee und Kakao enthalten zwar im Coffein bzw. Theobromin Purinstoffe, jedoch werden diese nicht zu Harnsäure abgebaut und sind deshalb unbeschränkt erlaubt.

Beim Aufstellen einer Diät für Gichtkranke ist neben dem unterschiedlichen Puringehalt der Nahrungsmittel auch die jeweils zu verwendende Nahrungsmittelmenge zu berücksichtigen.

Diätformen mit unterschiedlichem Puringehalt je nach ärztlicher Anweisung:

I. Purinfreie Kost

Purinfreie Kost

Nur für 1–2 Tage mit Saftfasten: 5–6 mal täglich je 200 ml frische Obstpreßsäfte. Zusätzlich 1 Liter Flüssigkeit als Tee usw.

II. Streng purinarme Kost

Streng purinarme Kost

Sie besteht aus Nahrungsmitteln mit geringem, unbedeutendem Puringehalt und purinfreien Nahrungsmitteln (siehe oben). Es handelt sich um eine lakto-vegetabile Kost mit Milch, Quark, Käse und Eiern neben Kartoffeln, Gemüsen und Salaten, Obst, Reis oder Teigwaren und Brot. Der Eiweißgehalt soll 1 g pro kg/Körpergewicht (60-80 g täglich im Durchschnitt) nicht übersteigen. Fleisch und Fisch entfallen in der Regel, mitunter werden 2 mal wöchentlich je 100 g Fleisch genehmigt. Fett und Kohlenhydrate sind knapp zu bemessen, so daß ein niedriges Sollgewicht gerade gehalten wird.

III. Purinarme Kost

Purinarme Kost

Sie enthält neben den purinarmen bzw. purinfreien Nahrungsmitteln beschränkte Mengen an Fleisch, Fisch bzw. Wurst mit mittel-hohem Purinstoffgehalt. So sind täglich etwa bis zu 150 g Fleisch, Fisch oder Wurst erlaubt. Hierbei wird das Garen durch Kochen und Dünsten gegenüber dem Braten bevorzugt.

Verboten bleiben alle Nahrungsmittel mit hohem Puringehalt (siehe oben) und zweckmäßig auch Hülsenfrüchte.

Empfehlenswert ist es, wöchentlich 2-3 fleisch- bzw. fischfreie Tage einzuschalten.

Flüssigkeitsaufnahme bei Gicht

Merke: Bei allen Patienten mit Gicht ist durch ausreichende Flüssigkeitszufuhr darauf zu achten, daß der Urin nicht zu konzentriert wird, da hierdurch die Bildung von Nierensteinen begünstigt wird.

Zumindest bei Patienten mit Nierensteinen ist eine Harnmenge von 2 Litern/24 Stunden anzustreben.

Tageskostbeispiele für streng purinarme Diät

Tageskostbeispiele[1]) für streng purinarme Diät:

1. Frühstück nach Wahl:
Tee, Kaffee oder Malzkaffee mit Milch und Zucker
100 g Brot (Weißbrot, Mischbrot)
10 g Butter
15–20 g Honig, Marmelade oder Gelee
30–50 g Kräuterquark oder Käse oder 1 Ei.

2. Frühstück nach Wahl:
Milchmischgetränk mit Obst oder
Joghurt oder Früchtejoghurt oder
Früchtequark oder
Bircher Müsli oder
200 ml ($^1/_5$ l) Obstsaft mit Zwieback oder
150 g Obst je nach Jahreszeit oder
Sauermilchkaltschale.

Nachmittags nach Wahl:
Obst je nach Jahreszeit oder
Früchtemilch oder
Obstsaft mit Zwieback oder
Tee oder Kaffee mit Butterbrot, Honig oder Marmelade.

Mittag- und Abendessen:
1. Mittagessen: Tomatensuppe, 2 verlorene Eier in Dillsoße, Salzkartoffeln, grüner Salat, frisches Obst je nach Jahreszeit.
Abendessen: Grießschnitten mit Kompott.

2. Mittagessen: Kartoffelsuppe, Quark- oder Apfelstrudel, evtl. mit Vanillesoße.
Abendessen: Rührei mit Tomaten, Bratkartoffeln, grüner Salat.

3. Mittagessen: Lauchsuppe, aufgezogene Käsespaghetti, Tomatensoße, Kopfsalat, Gurkensalat, Obstsalat.
Abendessen: Bircher Müsli, Kräuterquark oder Rahmfrischkäse, Butter, Brot.

4. Mittagessen: Kerbelsuppe, Grießgnocchi, mit Käse aufgezogen, Tomatensalat und grüner Salat, Kompott.
Abendessen: Überbackener Blumenkohl, Salat nach Wahl, Käsebrot.

5. Mittagessen: 1 Glas Tomatensaft, Käsepudding oder -auflauf, Kräutersoße, Salatplatte, Preiselbeerschaum.
Abendessen: Omelette von 2 Eiern, Salat oder Gemüse nach Wahl, Kräuterquark, Brot.

---

[1]) Die Rezepte zu den Tageskostbeispielen finden sich im allgemeinen Rezeptteil des Bayerischen Kochbuches und sind im alphabetischen Register nachzuschlagen. Da die Rezepte für 4 Personen berechnet sind, müssen die Mengen auf 1 Person umgerechnet werden.

6. Mittagessen: Gemüse- oder Wurzelsuppe, Kartoffelpuffer mit Apfelbrei und Preiselbeerkompott.
Abendessen: Eiersalat mit Quarkmayonnaise, Salzkartoffeln, pikanter Quark, Radieschen, Brot.

7. Mittagessen: Selleriesuppe, Reisauflauf mit Kompott.
Abendessen: Eier-Käse-Toast, überbacken, grüner Salat, Obst.

Tageskostbeispiele für purinarme Kost:
(Dauerverpflegung bei chronischer Gicht)

Tageskostbeispiele für purinarme Kost

Tägliche Fleisch- oder Fischmengen je nach ärztlicher Weisung auf 100–150 g beschränken, 2–3 fleisch- und fischfreie Tage je Woche einschalten!
Erstes und zweites Frühstück sowie nachmittägliche Zwischenmahlzeit wie bei streng purinarmer Diät, jedoch kann auch Knäckebrot oder anderes Vollkornbrot verwendet werden.

1. Mittagessen: Reissuppe, gekochtes Ochsenfleisch, Petersilienkartoffelgemüse oder Meerrettichgemüse und Kartoffeln, Preiselbeerkompott.
Abendessen: Spiegeleier mit grünem Salat, Quarkbrot.

2. Mittagessen: Käsesuppe, Kalbskotelett gedünstet, Kartoffelbrei, Gelbrübengemüse, Salat.
Abendessen: Semmelschmarrn mit Kompott.

3. Mittagessen: Minestrasuppe, Käseauflauf, Tomatensoße, grüner Salat, frisches Obst.
Abendessen: Chicorée mit Schinken, überbacken, Kräuterkartoffeln, Salat nach Wahl.

4. Mittagessen: Grießsuppe, Fisch blau, zerlassene Butter, Salzkartoffeln, Obstsalat.
Abendessen: Käsespaghetti mit grünem Salat.

5. Mittagessen: Tomatensuppe, Kartoffelkroketten fein mit Spinatgemüse, Quarkspeise mit Obst.
Abendessen: Gedünstete Tomaten, Risotto, Salat nach Wahl, Käsebrot.

6. Mittagessen: Gemüsesuppe, Kalbsgulasch, Kartoffelbrei oder Spätzle, grüner Salat, frisches Obst.
Abendessen: Béchamelkartoffeln mit etwas Schinken, überbacken, Chicoréesalat.

7. Mittagessen: Wurzelsuppe, Schweinebraten, Blaukraut, Kartoffelknödel, Selleriesalat.
Abendessen: Quarkauflauf mit Kompott.

Eine eingehende Darstellung der Beziehungen zwischen Gicht und Diät findet sich in „Diät bei Gicht und Harnsäuresteinleiden“ von Prof. Dr. med. Nepomuk Zöllner, Thienemanns Diätkochbücher Heft 5, Thienemann Verlag, Stuttgart, 1969.

Diät bei Übergewicht (Fettsucht)

Übergewicht bedeutet erhöhtes gesundheitliches Risiko. Nach übereinstimmenden Statistiken großer Lebensversicherungsgesellschaften und nach allgemeiner ärztlicher Erfahrung nimmt die vorzeitige Sterblichkeit mit steigendem Übergewicht zu.

„Sollgewicht":
Das **Soll- oder Normalgewicht** für Erwachsene ist leicht zu errechnen:
Körperlänge (in cm) weniger 100 = Sollgewicht in kg
z. B. Körperlänge 165 cm weniger 100 = 65 kg Sollgewicht.
Je nach leichtem oder schwerem Knochenbau können 2–3 kg ab- bzw. zugerechnet werden.

„Idealgewicht":
Die höchste Lebenserwartung (nach amerikanischen Erfahrungen) liegt etwas unter dem Sollgewicht, d. h. bei einem Untergewicht von 10%; man bezeichnet dieses Gewicht als das sogenannte **„Idealgewicht"**. Bei einem Sollgewicht von 65 kg beträgt das Idealgewicht:
65 kg weniger 10% (6,5 kg) = 58,5 kg.

Zu Übergewicht und Fettsucht kommt es, wenn über längere Zeit mehr Kalorien aufgenommen als verbraucht werden. Der durchschnittliche Kalorienbedarf ist heute durch die veränderte Arbeits- und Lebensweise niedriger als früher und beträgt im Mittel für Männer 2400–3000 Kalorien/Tag, für Frauen 2000–2500 Kalorien/Tag. (Für schwere körperliche Arbeit liegt der Kalorienbedarf natürlich erheblich höher.) Der tatsächliche mittlere Kalorienverzehr liegt aber bei uns heute vielfach über dem echten Bedarf. Daran ist die gesteigerte Aufnahme fettreicher (125 g Gesamtfettverzehr je Tag und Person im Durchschnitt) und zuckerreicher Nahrungsmittel zusammen mit einem gesteigerten Alkoholkonsum wesentlich beteiligt. Allein ein Mehrverzehr von 10 g Fett/Tag bewirkt bei gleichbleibender Arbeits- und Lebensweise in 1 Jahr einen Gewichtszuwachs von etwa 3,65 kg, in 5 Jahren von über 18 kg.

Da die Einhaltung des Körpersollgewichtes also ein Bilanzproblem darstellt, sollte der Kaloriengehalt der Nahrung dem tatsächlichen Bedarf individuell angepaßt werden. Soll Übergewicht vermindert werden, muß die tägliche Kalorienzufuhr unter den tatsächlichen Bedarf gesenkt werden!

Um 1 kg Fettgewebe im Körper im Verlauf von etwa 1 Woche abzubauen, ist während dieser Zeit mindestens ein Entzug von 6000 Kalorien nötig, d. h. die tägliche Kost muß mindestens 1000 Kalorien unter dem tatsächlichen Tagesbedarf von 2400 bzw. 2000 Kalorien liegen, so daß der Körper gezwungen ist, eigenes Fettgewebe abzubauen.

Intensive körperliche Bewegung vermag zur Gewichtsverminderung beizutragen: Ein flotter einstündiger Spaziergang (5 km/Std.) verbraucht 214 Kalorien, einstündiges Tischtennisspielen benötigt etwa 264 Kalorien, einstündiges Schwimmen durchschnittlich 450 Kalorien und Bergsteigen kann pro Stunde bis zu 950 Kalorien benötigen (bei einem Körpergewicht von 60 kg). Um 1 kg Fettgewebe im Körper abzubauen, wären etwa 18 Stunden ununterbrochener schwerer körperlicher Arbeit nötig. Damit wird deutlich, daß körperliche Bewegung gegenüber der Kalorienbeschränkung nur wenig ins Gewicht fällt, daß sie aber die Abmagerungsdiät wohl zu unterstützen vermag.

In der Praxis hat sich eine **stufenweise Einschränkung** der täglichen Kalorienmenge bewährt: 1500 Kalorien/Tag für die ersten Tage der Abmagerungsdiät, 1000 evtl. 800 Kalorien/Tag für die Dauer der Diät, bis die erwünschte Gewichtsverminderung erreicht ist. In besonderen Fällen kann eine Einschränkung auf 300 Kalorien/Tag oder auch völliges Fasten bei reichlicher Flüssigkeitsaufnahme unter ärztlicher Überwachung empfohlen werden.

Ausmaß und Dauer der Kostbeschränkung bestimmt zweckmäßig in jedem Fall der Arzt (evtl. gesundheitliche Gefahren!). Dringend zu warnen ist vor dem Gebrauch sogenannter „Appetitzügler" ohne ärztliche Anweisung.

Ist die erwünschte Gewichtsverminderung erreicht, ist in umgekehrter Weise die Kost wieder langsam aufzubauen bis zu der vom Arzt festgelegten Tageskalorienmenge, die dann zur Erhaltung des reduzierten Gewichtes beibehalten werden muß. Abmagerungsdiät bedeutet immer eine Form von Unterernährung und ist deshalb keine Dauerkost.

Ratschläge für die praktische Durchführung:

Die Beschränkung der Kalorienzufuhr wird dadurch erreicht, daß kalorienreiche Nahrungsmittel ganz gemieden oder nur beschränkt verwendet werden, so daß in der täglichen Kost die kalorienarmen Nahrungsmittel überwiegen.
Im einzelnen ist zu beachten:

1. **Ganz zu meiden sind hochkalorische Nahrungsmittel** wie:

Alle sehr fetten Nahrungsmittel, fette Suppen und Soßen, fettes Fleisch, fette Wurstwaren, fette Fische aller Art (frisch, als Räucherware sowie als Konserve oder Präserve in Dosen), Mayonnaisen, fette Käse, fettreiche Kuchen, Torten und Gebäcke, in Fett Gebackenes, Schlagrahm, Nüsse und Mandeln.

Zucker und zuckerreiche Nahrungsmittel, z. B. Schokolade, Pralinen, zuckerreiche Süßspeisen aller Art, zuckerreiches Gebäck, zuckerreiche Marmeladen und Konfitüren, Honig, sehr süße Früchte wie Datteln, Feigen, Rosinen, kandierte Früchte und auch Bananen.

Kompotte, Süßspeisen und Marmeladen werden zweckmäßig mit kalorienfreien Süßungsmitteln (siehe Seite 849) gesüßt.

Stärkereiche dicke Suppen, Hülsenfrüchte (Erbsen, Bohnenkerne, Linsen).
Alkoholreiche Getränke aller Art. Alkohol begünstigt die Fettbildung, er liefert nach Fett die größte Kalorienmenge (7,1 Kalorien/g).

2. Zu beschränken sind:

Die tägliche Fettmenge; der Anteil der Fettkalorien soll nur 25–30% der reduzierten Kalorientagesmenge betragen. Dem entsprechen bei:
1500 Kalorien/Tag: 40–48 g Fett/Tag
1000 Kalorien/Tag: 27–32 g Fett/Tag
800 Kalorien/Tag: 22–26 g Fett/Tag.

Da ein Teil der erlaubten Gesamtfettmenge bereits in Nahrungsmitteln wie Fleisch, Käse, Eiern u. a. m. versteckt enthalten und für die schmackhafte Zubereitung der Nahrung eine Mindestmenge von etwa 20 g Fett nötig ist, bleiben bei der 1500-Kalorien-Diät etwa nur 5–10 g Butter bzw. hochwertige Margarine für Brotaufstrich verfügbar. Bei den strengeren Diätformen muß für Brotaufstrich u. U. Fett bei der Speisenzubereitung eingespart oder aber darauf verzichtet werden.

Fettarme Zubereitung der Nahrung ist nötig. Günstig ist das Garen in Aluminiumfolie (siehe Seite 31 ff.), das Garen in Drucktöpfen, die ein Garen ohne oder mit wenig Fett bei gleichzeitiger starker Garzeitverkürzung ermöglichen (siehe Seite 27), fettarmes oder fettloses Grillen in modernen Grillgeräten (siehe Seite 29/227 ff.) sowie das Garen in Reformpfannen, die ein Braten ohne oder mit nur sehr wenig Fett ermöglichen (siehe Seite 28).

Kohlenhydratreiche Nahrungsmittel; der Kalorienanteil aus langsam aufschließbaren Kohlenhydraten an der täglichen Kalorienmenge soll nicht mehr als 45–50% betragen. Je strenger die Abmagerungsdiät, desto geringer muß der Kohlenhydratanteil sein. Die Kohlenhydratmenge soll demnach folgende Mengen nicht übersteigen; bei
1500 Kalorien/Tag: 164–183 g Kohlenhydrate/Tag
1000 Kalorien/Tag: 110–122 g Kohlenhydrate/Tag
800 Kalorien/Tag: 88– 98 g Kohlenhydrate/Tag.
Diese beschränkte Kohlenhydratmenge wird vorwiegend durch stärkehaltige Nahrungsmittel wie Brot, Kartoffeln, Reis, Teigwaren und sonstige Nährmittel gedeckt. Zucker ist ganz zu meiden. Sehr süßes Obst (z. B. Trauben, Trockenobst) wird zweckmäßig durch weniger süßes wie Äpfel, Beeren, Pfirsiche u. ä. ausgetauscht.

3. Nicht beschränkt werden soll der normale Eiweißgehalt der Abmagerungsdiät (durchschnittlich pro Tag 1 g Eiweiß je kg/Körpersollgewicht, für Jugendliche und ältere Menschen 1,2 g Eiweiß/kg Körpersollgewicht); 50% der Menge sollen durch tierisches Eiweiß fett-

armer Nahrungsmittel (sehr mageres Fleisch ohne sichtbares Fett, Magerfisch, Mager- und Buttermilch, Magermilchjoghurt, Magerquark, Magerkäse) angeboten werden.
Der Anteil der Eiweißkalorien an den Tageskalorien bzw. die Tageseiweißmenge beträgt demnach bei:

1500 Kalorien/Tag: 24%, dem entsprechen 88 g Eiweiß/Tag i. D.
1000 Kalorien/Tag: 28%, dem entsprechen 68 g Eiweiß/Tag i. D.
800 Kalorien/Tag: 32%, dem entsprechen 62 g Eiweiß/Tag i. D.

4. **Unbeschränkt erlaubt sind kalorienarme Nahrungsmittel** wie:

Frisches Obst (mit Ausnahme von Bananen und sehr süßen Trauben), am besten in roher Form; als Kompott oder Obstsaft ohne Zuckerzusatz, evtl. kalorienfreie Süßungsmittel (z. B. Saccharin) zum Süßen verwenden.

Gemüse und Salate roh und gegart in fettarmer und mehlfreier oder mehlarmer Zubereitung (mit Ausnahme von stärkereichen grünen Erbsen, Hülsenfrüchten, Kartoffeln, Kastanien sowie fettreichen Avocados).

5. **Die Menge an Trinkflüssigkeit** (kalorienarme Form!) muß ausreichend groß sein (1–1½ l/Tag), so daß mindestens 1 l Harn/Tag ausgeschieden wird.

6. **Erhöhte Vitamin- und Mineralstoffzufuhr ist u. U. nötig.** Eine medikamentöse Versorgung mit einem Multivitaminpräparat durch den Arzt ist (vor allem bei sehr strengen Diätformen) u. U. empfehlenswert.

Tägliches Wiegen, jeweils zur gleichen Zeit, ist für die Dauer der Abmagerungsdiät wichtig. Es ermöglicht die notwendige Kontrolle für die richtige Zusammenstellung und Einhaltung der Kost und macht u. U. einen Fehler in der Zusammensetzung der Diät oder einen Verstoß in der Durchführung sofort deutlich.

Kochsalz wird zweckmäßig etwas eingeschränkt.
Die Nahrungsmittel werden zweckmäßig ohne Kochsalzzugabe zubereitet, zum Nachsalzen werden jedoch täglich etwa 3 g Kochsalz zur Verfügung gestellt. Stark kochsalzhaltige Nahrungsmittel (scharf gesalzener Schinken, Pökelfleisch, scharfe Räucherwaren, Fischmarinaden) werden am besten gemieden.

Kochsalz begünstigt die Wasserretention. Durch geringen Kochsalzgehalt der Diät kommt es in den ersten Tagen der Diät durch vermehrte Wasserausscheidung zu einem raschen Gewichtsverlust. Dadurch wird die Bereitschaft des Übergewichtigen zur Fortführung der Abmagerungsdiät wesentlich gestärkt. Dies ist wichtig, da die eigentliche Gewichtsabnahme durch Abbau von Fettgewebe wesentlich langsamer erfolgt.

Diät mit 1500 Kalorien/Tag

I. Abmagerungsdiät mit 1500 Kalorien/Tag

Übersicht über Nahrungsmittel und deren Tagesmengen, die 1500 Kalorien liefern:

100 g	Vollkornbrot	240 Kalorien
50 g	Mischbrot (Hausbrot)	125 Kalorien
200 g	sehr mageres Fleisch (ohne sichtbares Fett und ohne Knochen) *oder*	266 bzw. 210–288 Kalorien
	200 g magerer Fisch (Filet) [156 bzw. 224 Kalorien]	
100 g	Magerquark *oder*	88 Kalorien
	1 Ei (57 g) [84 Kalorien]	
$^1/_2$ l	Butter- bzw. Magermilch	180 bzw. 175 Kalorien
150 g	Kartoffeln (gut 2 eigroße Kartoffeln) *oder*	127 Kalorien
	30 g Reis oder Teigwaren [110 bzw. 112 Kalorien] (Trockengewicht = 2 Eßlöffel)	
– 400 g	Gemüse und Salate (Durchschnittswerte)	90–100 Kalorien
– 300 g	erlaubte Obstarten (Durchschnittswerte) bzw. Obstsäfte	150 Kalorien
10 g	Butter oder Margarine	78 Kalorien
20 g	Öl (Maiskeim- oder Sonnenblumenöl)	186 Kalorien
	insgesamt je nach Zusammensetzung:	1410–1530 Kalorien

Der Nährstoffgehalt der 1500 Kalorien-Diät beträgt je nach Zusammenstellung:

96–78 g Eiweiß   41–37 g Fett   etwa 175 g Kohlenhydrate

Bei Austausch einzelner Nahrungsmittel durch andere ist deren Menge je nach ihrem Nährstoff- und Kaloriengehalt entsprechend der Nährstofftabelle zu berechnen.

Tageskostbeispiele für Diät mit 1500 Kalorien

Tageskostbeipiele[1]) für 1500 Kalorien-Diät:

1. Beispiel

1. Frühstück:

150 ml Bohnenkaffee mit 1 Teelöffel Kaffeesahne (10% Fettgeh.) bzw. Tee mit Zitrone (evtl. mit Süßstoff süßen)
80 g Vollkornbrot

---

[1]) Die angegebenen Rezepte finden sich im allgemeinen Rezeptteil des Bayerischen Kochbuches und sind im alphabetischen Register nachzuschlagen; sie sind jedoch auf die hier angegebenen Mengen zu reduzieren. .

Tageskostbeispiele für Diät mit 1500 Kalorien

5 g Butter bzw. hochwertige Margarine
50 g Magerquark als Kräuterquark
1 Teel. Diabetikermarmelade (kalorienarm).

2. Frühstück:
100 g frisches Obst
1 Scheibe Knäckebrot.

Nachmittags:
150 ml Orangensaft frisch gepreßt.

Mittagessen:
100 ml Grapefruitsaft
Deutsches Beefsteak (125 g Tatar, 1/2 Ei)
Kartoffelbrei (150 g Kartoffeln und Magermilch)
rohe Salatplatte von 250 g verschiedenen Gemüsen
15 g Maiskeimöl.

Abendessen:
70 g kalter Kalbsbraten
5 g Butter
reichlich grüner Salat mit Radieschen
50 g Tomatenquark (Magerquark)
70 g Vollkornbrot
5 g Öl.

2. Beispiel

1. Frühstück:
Wie 1. Beispiel, anstelle von Kräuterquark 1 Ei.

2. Frühstück:
100 ml Grapefruitsaft.

Nachmittags:
100 ml Tomatensaft.

Mittagessen:
150 g Ochsenfilet oder entfettete Lende, gegrillt
Kohlrabi, gedünstet (–250 g)
150 g Salzkartoffeln mit reichlich Petersilie
reichlich grüner Salat
10 g Öl insgesamt.

Abendessen:
Tomaten, gedünstet mit Rührei (1 Stück)
reichlich grüner Salat
10 g Öl insgesamt
70 g Vollkornbrot
30 g Edamer (30% Fettgehalt i. d. Trockenmasse)
1 Apfel.

3. Beispiel

1. Frühstück:
200 ml Buttermilch
80 g Vollkornbrot
50 g Magerquark, pikant abgeschmeckt oder mit 1 Teelöffel Diabetikermarmelade (kalorienarm) verrührt
5 g Butter.

2. Frühstück:
100 ml Tomatensaft.

Nachmittags:
150 g frisches Obst.

Mittagessen:
150 g Kalbsschnitzel (gegrillt oder in Aluminiumfolie gegart)
Kartoffelbrei (von 100 g Kartoffeln und Magermilch)
Gurken-Tomaten-Paprikagemüse gemischt (250 g) gedünstet,
reichlich grüner Salat
1 Schälchen Rharbarberkompott (mit kalorienfreiem Süßstoff gesüßt)
10 g Öl.

Abendessen:
Spinatgemüse (200–250 g Spinat)
verlorene Eier (1 Stück)
50 g Salzkartoffeln
70 g Brot
50 g pikanter Magerquark
10 g Öl
1 Orange oder 150 g frische Beeren.

4. Beispiel

1. Frühstück:
200 ml Buttermilch
80 g Vollkornbrot
5 g Butter
1 Ei
1 Teelöffel Diabetikermarmelade (kalorienarm).

2. Frühstück:
150 g Obst.

Nachmittags:
150 g frisches Obst.

Mittagessen:
150 g Seefischfilet, mit Kräutern gedünstet
150 g Salzkartoffeln
gemischte Salatplatte (250 g verschiedene Gemüse bzw. Salate)

10 g Öl
Buttermilchspeise (1/8 l Buttermilch, gesüßt mit kalorienfreiem Süßstoff).

Abendessen:
Gefüllte Paprikaschote, gedünstet (100 g Tatar für Fülle)
30 g Reis (Trockengewicht = 2 Eßl.), gekocht
reichlich Tomatensalat und grüner Salat
10 g Öl.

5. Beispiel

1. Frühstück:
100 ml Grapefruitsaft
150 ml Bohnenkaffee bzw. Tee (evtl. süßen mit kalorienfreiem Süßstoff)
20 g Kaffeesahne (10% Fettgehalt)
80 g Vollkornbrot
5 g Butter
1 Ei
1 Teelöffel Diabetikermarmelade (kalorienarm).

2. Frühstück:
150 ml Tomatensaft oder 2–3 Stück Tomaten,
1 Scheibe Knäckebrot.

Nachmittags:
150 g frisches Obst je nach Jahreszeit.

Mittagessen:
100 ml Obstsaft, frisch gepreßt
150 g Ochsenfleisch (sehr mager), gekocht
Spinat auf italienische Art (250 g)
150 g Kartoffeln als Bouillonkartoffeln
reichlich Rotrübensalat und grüner Salat
10 g Butter bzw. Öl.

Abendessen:
Tomaten, gefüllt mit Rührei (1 Ei)
gemischte Salatplatte (150 g verschiedene Gemüse als Salate)
70 g Vollkornbrot
50 g pikanter Magerquark
5 g Butter, 5 g Öl
100 ml Grapefruitsaft.

6. Beispiel

1. Frühstück:
150 ml Bohnenkaffee oder Tee (evtl. mit kalorienfreiem Süßstoff)

2 Teelöffel Kaffeesahne (10% Fettgehalt)
50 g Magerquark (als Orangenquark mit ½ Orange, gewürfelt, mit kalorienfreiem Süßstoff gesüßt)
5 g Butter
80 g Vollkornbrot
1 Teelöffel Diabetikermarmelade (kalorienarm).

2. Frühstück:
150 ml Grapefruit-Orangensaft gemischt.

Nachmittags:
150 g frisches Obst.

Mittagessen:
100 ml Grapefruitsaft (ungesüßt)
Pichelsteiner (von 150 g sehr magerem Fleisch, 200 g verschiedenen Gemüsen, 100 g Kartoffeln, 5 g Öl)
gemischte Salatplatte (Tomaten-, Gurken-, grüner Salat mit insgesamt 5 g Öl)
120 g Obstsalat (evtl. mit wenig kalorienfreiem Süßstoff gesüßt).

Abendessen:
70 g kaltes Corned beef, sehr mager
1 hartes Ei
80 g Vollkornbrot
5 g Butter oder Margarine
reichlich grüner Salat, 5 g Öl
30 g Radieschen.

7. Beispiel

1. Frühstück:
150 ml Kaffee oder Tee (evtl. mit kalorienfreiem Süßstoff gesüßt) und 20 g Kaffeesahne (10% Fett) oder
150 ml frischer Obstsaft (ungesüßt)
80 g Vollkornbrot
5 g Butter
30 g Edamer (30% Fettgehalt i. d. Trockenmasse)
1 Teelöffel Diabetikermarmelade (kalorienarm).

2. Frühstück:
150 ml Tomatensaft, 1 Scheibe Knäckebrot oder
150 ml Buttermilch-Mischgetränk mit Obst.

Mittagessen:
1 Tasse klare Gemüsesuppe
125 g Leber, gegrillt oder gebraten
grüne Bohnen, gedünstet

Kartoffelbrei (von 100 g Kartoffeln und Magermilch)
reichlich grüner Salat
10 g Öl.

Nachmittags:
150 g frisches Obst je nach Jahreszeit.

Abendessen:
Kümmelkartoffeln, i. d. Röhre gegart (100 g Kartoffeln, 3 g Öl)
100 g Magerquark mit verschiedenem Geschmack
50 g Brot
5 g Butter
50 g Rettich, 2 schöne Tomaten
150 g Birne (1 große).

8. Beispiel

1. Frühstück:
150 ml Kaffee oder Tee (evtl. mit kalorienfreiem Süßstoff gesüßt)
20 ml Kaffeesahne (10% Fettgehalt)
80 g Vollkornbrot
5 g Butter
1 Ei
1 Teelöffel Diabetikermarmelade (kalorienarm).

2. Frühstück:
150 ml Orangen-Grapefruitsaft oder
150 g frisches Obst.

Nachmittags:
150 g frisches Obst je nach Jahreszeit.

Mittagessen:
1/4 Hähnchen, gegrillt
gemischte Salatplatte (200–250 g verschiedene Salate und Gemüse)
oder gemischte Gemüseplatte je nach Jahreszeit
Kartoffelbrei (100 g Kartoffeln und Magermilch)
10 g Öl oder Butter
150 g Obstsalat (mit kalorienfreiem Süßstoff nur wenig gesüßt).

Abendessen:
Eieromelette gefüllt (1 Ei), 150 g Champignons oder 200 g Spargel,
5 g Butter
reichlich grüner Salat und Tomatensalat (3–5 g Öl)
80 g Brot
30 g Schmelzkäse (20% Fettgehalt i. d. Trockenmasse)
100 ml Grapefruit- bzw. Orangensaft oder 1 Apfel.

Diät mit 1000 Kalorien/Tag

II. Abmagerungsdiät mit 1000 Kalorien/Tag

Übersicht über Nahrungmittel und deren Tagesmengen, die 1000 Kalorien liefern:

100 g	Vollkornbrot		240 Kalorien
100 g	Magerquark *oder*		88 Kalorien
	1 Ei (57 g)	[84 Kalorien]	
1/8 l	Butter- bzw. Magermilch		42 Kalorien
150 g	sehr mageres Fleisch (ohne sichtbares Fett und ohne Knochen) *oder*		185 Kalorien
	150 g magerer Fisch	[124–190 Kalorien] [je nach Fettgehalt]	
100 g	Kartoffeln *oder*		85 Kalorien
	Reis oder	[74 Kalorien]	
	Teigwaren	[78 Kalorien]	
	20 g (Trockengewicht = gut 1½ Eßlöffel)		
15 g	Öl (mit hohem Gehalt an mehrfach ungesättigten Fettsäuren z. B. Maiskeim- oder Sonnenblumenöl) evtl. ein Teil dieser Fettmenge als Butter		139 Kalorien
– 400 g	Gemüse und Salate (Durchschnittswerte)		90 Kalorien
– 300 g	erlaubte Obstarten (Durchschnittswerte)		150 Kalorien
	insgesamt je nach Zusammensetzung:		943–1019 Kalorien

Der Nährstoffgehalt dieser 1000-Kalorien-Diät mit obigen Nahrungsmittelmengen beträgt im einzelnen (je nach Auswahl der Nahrungsmittel):

69–70 g Eiweiß 23–29 g Fett 122 g Kohlenhydrate

Werden einzelne Nahrungsmittel durch andere ausgetauscht, so ist deren Menge auf Grund ihres Nährstoff- und Kaloriengehaltes mit Hilfe der Nahrungsmitteltabelle zu berechnen. Da magerer Fisch etwas kalorienärmer ist als Fleisch, kann die Fischmenge etwas erhöht werden oder aber es dürfen für die Zubereitung etwa 5 g Fett mehr verwendet werden. Für Brotaufstrich steht im Rahmen dieser Diät kein Fett zur Verfügung, es sei denn, es wird bei der Zubereitung der Speisen an Öl eingespart.

Tageskostbeispiele für Diät mit 1000 Kalorien

Tageskostbeispiele[1]) für 1000 Kalorien-Diät:

1. Beispiel

1. Frühstück:

150 ml Bohnen- oder Malzkaffee mit 1 Teelöffel Kaffeesahne (10% Fettgehalt) oder Tee mit Zitrone (evtl. mit kalorienfreiem Süßstoff gesüßt)

---

[1]) Die angegebenen Rezepte finden sich im allgemeinen Rezeptteil des Bayerischen Kochbuches und sind im alphabetischen Register nachzuschlagen; die in den folgenden Beispielen angegebenen Mengen sind auf 1 Person umgerechnet und entsprechend der 1000-Kalorien-Diät reduziert worden.

50 g Vollkornbrot
50 g pikanter Quark (Magerquark)
1 Teelöffel Diabetikermarmelade (kalorienarm).

2. Frühstück:
100 ml Tomatensaft.

Nachmittags:
100 ml Grapefruitsaft oder 1/2 Grapefruit.

Mittagessen:
Pichelsteiner von 100 g sehr magerem Fleisch, 200 g verschiedenen Gemüsen, 100 g Kartoffeln,
reichlich grüner Salat und Tomatensalat
10 g Öl
100 g frisches Obst.

Abendessen:
50 g Schrotbrot
5 g Butter
50 g Corned beef, mager
30 g Radieschen, 50 g Tomaten
50 g Kräuterquark (Magerquark).

2. Beispiel

1. Frühstück:
wie beim ersten Beispiel, Tomatenquark anstelle von pikantem Quark.

2. Frühstück:
100 g frisches Obst je nach Jahreszeit.

Nachmittags:
100 g frisches Obst je nach Jahreszeit.

Mittagessen:
100 g Kalbsschnitzel, gedünstet oder gebraten
Spinat auf italienische Art (250 g) mit 5 g Parmesan
100 g Salzkartoffeln
reichlich Salat nach Wahl
10 g Öl, evtl. Butter
100 g frische Beeren oder 1 Apfel

Abendessen:
50 g kaltes, mageres Fleisch
50 g Vollkornbrot
Salatplatte von Tomaten, Paprikaschoten und Kopfsalat
5 g Öl
100 ml Orangensaft.

3. Beispiel

1. Frühstück:
100 ml Grapefruitsaft
50 g Vollkornbrot
1 Ei.

2. Frühstück:
100 g Obst.

Nachmittags:
100 ml frisch gepreßter Obstsaft oder Grapefruitsaft.

Mittagessen:
100 ml Tomatensaft
150–200 g Seefischfilet, gedünstet mit
2 Tomaten oder 1 Eßlöffel Tomatenketchup
100 g Salzkartoffeln
Feldsalat oder Chicoréesalat
10 g Öl.

Abendessen:
Saure Leber oder Nieren (100 g)
50 g Kartoffeln
reichlich grüner Salat und Rettichsalat
10 g Öl.

4. Beispiel

1. Frühstück:
100 g Magerquark als Früchtequark mit
100 g frischem Obst wie Beeren, Aprikosen, Pfirsichen, Orangen oder Mandarinen, evtl. gemischt (wenig mit kalorienfreiem Süßstoff gesüßt), mit Zitronensaft abgeschmeckt
1 Scheibe Knäckebrot
150 ml Bohnenkaffee oder Tee mit 1 Teelöffel Kaffeesahne (10% Fettgehalt), (evtl. zum Süßen kalorienfreien Süßstoff).

2. Frühstück:
100 g frisches Obst.

Nachmittags:
100 ml Grapefruitsaft.

Mittagessen:
50 g roher Gelbrübensalat mit Äpfeln
100 g Hähnchen, gegrillt (reines Fleisch)
150 g Champignons, gedünstet
100 g Kartoffelschnee
10 g Öl
reichlich Gurkensalat und grüner Salat
100 g frisches Obst.

Abendessen:
Geflügelsalat von:
50 g magerem Geflügelfleisch
50 g Spargel, 1 Gewürzgurke
50 g Champignons
Quarkmarinade von 20 g Magerquark und 10 g Öl, Zitronensaft, Salz,
1 Semmel.

5. Beispiel

1. Frühstück:
150 ml Kaffee oder Tee mit 1 Kaffeelöffel Kaffeesahne (10% Fettgehalt) (evtl. mit kalorienfreiem Süßstoff gesüßt)
100 g Magerquark als Früchtequark mit
50 g frischem Obst (Orangen, gewürfelt, Beeren, Aprikosen o. ä., mit wenig kalorienfreiem Süßstoff leicht gesüßt)
1 Scheibe Knäckebrot.

2. Frühstück:
100 ml Tomatensaft.

Nachmittags:
200 g frisches Obst je nach Jahreszeit.

Mittagessen:
Deutsches Beefsteak von 125 g Tatar, 1/2 Ei
200 g Blaukraut, gedünstet mit 1/2 Apfel
100 g Kartoffeln
10 g Öl (zum Zubereiten)
grüner Salat.

Abendessen:
50 g geräucherter Schellfisch
1 Semmel (40 g)
reichlich Tomaten- und grüner Salat
5 g Öl
30 g Magerquark als pikanter Quark.

6. Beispiel

1. Frühstück:
200 ml Joghurt als Früchtejoghurt mit
100 g frischen Beeren oder gewürfelter, entkernter Orange, Aprikosenfleisch o. ä. (mit wenig kalorienfreiem Süßstoff gesüßt)
1 Scheibe Knäckebrot.

2. Frühstück:
150 ml Buttermilch.

Nachmittags:
150 g frisches Beerenobst.

Tageskostbeispiele für Diät mit 1000 Kalorien

Mittagessen:
150 g Kalbskotelett, gegrillt oder gedünstet
200 g Chicorée, gedünstet oder 150 g Pilze, gedünstet
100 g Kartoffeln
Gurken- und Rettichsalat
10 g Öl für Zubereitung.

Abendessen:
Rührei (1 Ei) mit
gedünsteten Tomaten und Paprikaschoten gemischt (150 g)
reichlich grüner Salat
5 g Öl für Zubereitung
1 Scheibe Knäckebrot
1 kleiner Apfel.

7. Beispiel

1. Frühstück:
150 ml Kaffee oder Tee mit 1 Kaffeelöffel Kaffeesahne (10% Fettgehalt) (evtl. kalorienfreien Süßstoff)
50 g Vollkornbrot
10 g Diabetikermarmelade (kalorienarm)
1 Ei.

2. Frühstück:
100 ml Tomatensaft oder Grapefruitsaft.

Nachmittags:
150 g rohes Obst.

Mittagessen:
1 Portionsforelle (ca. 300 g – liefert etwa 150 g reines Fischfleisch)
5 g Butter
100 g Salzkartoffeln mit reichlich Petersilie
Salatplatte mit verschiedenen Salaten (150–200 g)
5 g Öl.

Abendessen:
2 kleine Paprikaschoten, gefüllt mit
120 g Tatar und 20 g Reis gemischt
Tomaten- oder grüner Salat
5 g Öl zum Zubereiten.

Diät mit 800 Kalorien/Tag

III. Abmagerungsdiät mit 800 Kalorien/Tag

Diese strenge Form der Abmagerungsdiät kann auf verschiedene Weise durchgeführt werden. Soll sie für längere Zeit gegeben werden, ist für ausreichenden Eiweißgehalt der Kost zu sorgen. In diesem Fall müssen eiweißreiche, jedoch kalorienarme tierische Nahrungsmittel bevorzugt werden (Magerquark, Magerkäse, sehr mageres Fleisch ohne sichtbares Fett, sehr magere Fische). Fett- und

Diät mit 800 Kalorien/Tag

kohlenhydratreiche Nahrungsmittel sind stark einzuschränken oder ganz zu vermeiden. Ein ausreichendes Sättigungsgefühl kann durch Ergänzung der Kost mit sehr kalorienarmen Gemüsen, Salaten und Obstarten erreicht werden.

Folgende Übersichtsangaben zeigen, wie eine 800-Kalorien-Diät durchgeführt werden kann:

800 Kalorien liefern folgende Tagesmengen an Nahrungsmitteln:

80 g	Vollkornbrot		192 Kalorien
20 g	Kaffeesahne (10% Fett) oder Kondensmilch (7,5% Fett)		25 Kalorien
100 g	Magerquark *oder*		88 Kalorien
	1 Ei	[84 Kalorien]	
150 g	sehr mageres Fleisch (ohne sichtbares Fett und ohne Knochen) *oder*		154 Kalorien
	200 g sehr magerer Fisch (Schellfisch, Kabeljau, Seelachs als Filet)	[156 Kalorien]	
50 g	Kartoffeln (1 kleine Kartoffel, kleiner als eigroß)		43 Kalorien
15 g	Öl (oder im Austausch Butter)		139 Kalorien
- 300 g	Gemüse und Salate, (kalorienarme Arten bevorzugt)		68 Kalorien
200 g	Obst bzw. Obstsaft (kalorienarme Arten bevorzugt)		100 Kalorien
		insgesamt tägl.	807–809 Kalorien

Der Nährstoffgehalt dieser 800 Kalorien-Diät mit obigen Nahrungsmittel-Tagesmengen beträgt je nach gewählten Nahrungsmitteln:

53–63 g Eiweiß 20–26 g Fett 85 g Kohlenhydrate.

Sollen einige der angegebenen Nahrungsmittel durch andere ausgetauscht werden, so ist deren Menge auf Grund ihres Nährstoff- und Kaloriengehaltes nach der Nährstofftabelle zu berechnen. Nachfolgende Tageskostbeispiele sind auf rund 800 Kalorien/Tag berechnet; an Einzelnährstoffen enthalten sie (je nach Zusammenstellung): 59–71 g Eiweiß, 17–26 g Fett und 79–85 g Kohlenhydrate.

Tageskostbeispiele für Diät mit 800 Kalorien

Tageskostbeispiele für 800 Kalorien-Diät:

1. Beispiel

1. *Frühstück:*
   150 ml Kaffee oder Tee (evtl. mit kalorienfreiem Süßstoff gesüßt)
   1 Kaffeelöffel Kaffeesahne (10% Fettgehalt)
   40 g Vollkornbrot oder 1 Semmel
   50 g Quark (Magerquark)
   1 Teelöffel Diabetikermarmelade (kalorienarm).

2. *Frühstück*
   1 Glas (100 ml) Tomatensaft.

Nachmittags:
100 g frisches Obst (kalorienarme Arten bevorzugen wie Erdbeeren, Johannisbeeren, Orange, Mandarine, Grapefruit, Äpfel).

Mittagessen:
Kalbsgulasch (von 100 g magerem Kalbfleisch) mit
10 g Kaffeesahne (10% Fettgehalt)
50 g Salzkartoffeln mit reichlich Petersilie
roher Selleriesalat
reichlicher grüner Salat
10 g Öl für Zubereitung.

Abendessen:
50 g Corned beef (mager)
50 g Magerquark als Kräuterquark
40 g Brot
100 g Rettich oder Radieschen
100 g Tomaten als Salat
5 g Öl.

2. Beispiel

1. Frühstück:
wie bei 1. Beispiel.

2. Frühstück:
100 g frisches Obst (kalorienarme Arten bevorzugen wie frische Erdbeeren, Grapefruit, Pfirsiche, Äpfel).

Nachmittags:
100 g rohe Tomaten.

Mittagessen:
100 g Kalbsleber, gegrillt oder in Aluminiumfolie gegart
50 g Kartoffeln mit reichlich Petersilie
150 g Paprikagemüse gedünstet
Rotrübensalat
10 g Öl für Zubereitung.

Abendessen:
Fischsalat (von 100 g garem Fischfilet)
reichlich Tomaten- und grüner Salat
5 g Öl
40 g Vollkornbrot.

3. Beispiel

1. Frühstück:
150 ml Kaffee oder Tee (evtl. mit kalorienfreiem Süßstoff gesüßt), mit 1 Kaffeelöffel Kaffeesahne (10% Fettgehalt) oder

Kondensmilch (7,5% Fettgehalt)
10 g Diabetikermarmelade (kalorienarm)
1 Semmel
1 Ei.

2. Frühstück:
100 ml Grapefruitsaft (ungesüßt).

Nachmittags:
100 g frische Beeren oder Pfirsiche.

Mittagessen:
200 g Schellfischfilet, gegrillt oder in Aluminiumfolie gegart
50 g Salzkartoffeln mit reichlich Petersilie
reichlich Salate von Tomaten, Paprikaschoten und Kopfsalat
10 g Öl zum Zubereiten.

Abendessen:
100 g Magerquark als pikanter Quark
100 g Radieschen
40 g Vollkornbrot.

4. Beispiel

1. Frühstück:
150 ml Kaffee oder Tee (evtl. kalorienfreien Süßstoff zum Süßen) mit 10 g Kaffeesahne (10% Fettgehalt) oder Kondensmilch (7,5% Fettgehalt)
40 g Vollkornbrot
10 g Diabetikermarmelade (kalorienarm).
50 g Magerquark als Früchtequark mit
50 g Orangenfleisch (gewürfelt), evtl. mit kalorienfreiem Süßstoff wenig gesüßt.

2. Frühstück:
100 ml Tomatensaft.

Nachmittags:
100 g Grapefruit.

Mittagessen:
100 g Kalbslende, gegrillt oder gedünstet
150 g Champignons, gedünstet
50 g Kartoffeln (Salzkartoffeln mit Petersilie)
Tomatensalat und Gurkensalat
10 g Öl oder evtl. Butter.

Abendessen:
50 g kalten Kalbsbraten

Tageskostbeispiele für Diät mit 800 Kalorien

50 g Krabbensalat
reichlich Tomaten- und grüner Salat
40 g Vollkornbrot
5 g Öl für Zubereitung.

5. Beispiel

1. Frühstück:
150 ml Buttermilch
40 g Vollkornbrot
10 g Diabetikermarmelade (kalorienarm)
50 g Magerquark als Kräuterquark.

2. Frühstück
100 ml Tomatensaft.

Nachmittags:
100 ml Grapefruitsaft.

Mittagessen:
100 g Hähnchen, gegrillt (ohne Knochen berechnet)
200 g Spargel oder Spinat auf ital. Art
50 g Kartoffeln als Kartoffelschnee
reichlich Salat von Tomaten, Gurken und Paprikaschoten (etwa 200 g insgesamt)
10 g Öl oder Butter.

Abendessen:
50 g Schellfisch, geräuchert
40 g Vollkornbrot
50 g Kräuter- oder Tomaten-Magerquark
100 g Radieschen oder Tomaten.

Sonderformen der Abmagerungsdiät

IV. Sonderformen der Abmagerungsdiät

Es handelt sich hierbei meist um verhältnismäßig eintönige, einseitige Diätformen, die als sogenannte „Schalttage“ eingebaut werden; für längere Dauer sind sie wegen der Einseitigkeit wenig geeignet.

Zur Anwendung kommen:

Reine Milchtage

Reine Milchtage:

Vollmilch- oder Joghurttag: 1 Liter Vollmilch oder Joghurt auf 4 Mahlzeiten verteilen und je mit 1 Scheibe Knäckebrot langsam genießen. Zum Frühstück können zusätzlich 10–20 g kalorienarme Diabetikermarmelade gegeben werden. Diese Kost liefert pro Tag 822 Kalorien.

Buttermilchtag: Infolge des geringen Kaloriengehalts von Buttermilch kann diese Tagesdiät etwas abwechslungsreicher gestaltet werden:

Reine Milchtage

1 Liter Buttermilch	360 Kalorien	818 [814] Kalorien
100 g Vollkornbrot	240 Kalorien	
10–20 g Diabetikermarmelade (kalorienarm)		
10 g Butter	78 Kalorien	
100 g Magerquark *oder*	88 Kalorien	
1 Ei	[84 Kalorien]	
100 g frisches Obst (Beeren, Pfirsiche, Orangen, Grapefruit oder Äpfel)	52 Kalorien	

Die Buttermilch wird gleichfalls auf 4 Mahlzeiten verteilt, die geringe Brotmenge wird zweckmäßig zu den Hauptmahlzeiten gegeben; Quark kann mit wenig Buttermilch glatt gerührt, als Früchtequark oder als Kräuterquark zu einer Hauptmahlzeit gereicht werden.

Quarktage

Quarktage:

Quark hat den Vorzug guter Sättigung und ermöglicht verschiedene Geschmacksgebung. Diese Diät kann pro Tag enthalten:

700 g Magerquark	616 Kalorien	803 Kalorien
100 g Vollmilch zum Anrühren	67 Kalorien	
20 g Diabetikermarmelade (kalorienarm)		
200 g frisches Obst verschiedener Art (kalorienarme Arten bevorzugen)	100 Kalorien	
100 g verschiedene Gemüse wie Radieschen, Rettich, Tomatenmark, Meerrettich, Kräuter verschied. Art	20 Kalorien	

Quark mit Milch glatt und schaumig schlagen, auf 4-5 Mahlzeiten verteilen, jede Quarkportion verschieden abschmecken z. B. mit Diabetikermarmelade, mit den verschiedenen, zerkleinerten Früchten (und wenig kalorienfreiem Süßstoff) oder jeweils mit einer der genannten Gemüsearten als pikanten Quark abschmecken.
Nach Belieben kann zusätzlich Kaffee oder Tee zum Frühstück bzw. Tee zur Abendmahlzeit gegeben werden.

Reine Obsttage

Reine Obsttage:

1–1½ kg frisches Obst wird roh (evtl. auch als Kompott, mit wenig kalorienfreiem Süßstoff gesüßt) auf 5 Mahlzeiten verteilt; zweckmäßig stellt man die Kost aus verschiedenen Obstarten (unter Vermeidung der kalorienreichen süßen Trauben, Bananen sowie von Nüssen) zusammen. Je nach Wahl der Obstarten liefert 1 kg Obst i. D. 400–600 Kalorien. Solche Obsttage werden gerne im Rahmen einer Abmagerungsdiät als sehr kalorienarme Schalttage eingebaut.

Reine Safttage

Reine Safttage:

Zur Verwendung kommen vorwiegend frische Obstsäfte (Ausnahme süßer Traubensaft), aber auch Gemüsesäfte wie Tomatensaft werden zur Abwechslung gerne einbezogen. Günstig ist es, über den Tag verteilt 5–6 mal je 200–250 ml Saft zu geben, dazu insgesamt 50 g Zwieback oder Knäckebrot. Die tägliche Kalorienmenge beträgt dabei:

1 Liter Obstsaft i. D.	400 – 550	Kalorien
50 g Zwieback (oder Knäckebrot)	198 [190]	Kalorien

Reis-Früchtetag

Reis-Früchtetag:
80 g Reis (Trockengewicht) nach gründlichem Waschen in Wasser gar kochen, mit kalorienfreiem Süßstoff leicht süßen, Reismenge auf 4 Tagesmahlzeiten verteilen. Zu jeder Mahlzeit die gekochte, abgemessene Reismenge mit jeweils 100 g geschälten Äpfeln, Birnen oder Aprikosen (kurz gegart ohne Zuckerzusatz) mischen oder mit 150 g rohen Erdbeeren oder Johannisbeeren vermengen. Darüber hinaus kann 1 Zwischenmahlzeit nur aus 200 g Obst bestehen (kalorienarme Obstarten bevorzugen).

Die Tageskalorienmenge beträgt hierbei:

80 g Reis (Trockengewicht)	295 Kalorien
600 g–650 g Obst i. D.	300 Kalorien
Insgesamt abgerundet:	600 Kalorien

Auch der Reis-Obsttag kommt nur als Schalttag während einer Abmagerungskur zur Anwendung; für längere Zeit ist er wegen der Einseitigkeit und Eintönigkeit nicht geeignet.

Diät bei Lipoid-Stoffwechselstörungen

Diät bei Störungen des Fettstoffwechsels

Lipoide sind Fette und fettähnliche Stoffe, die als Bausteine der Zelle und als Energiespeicher für den menschlichen Organismus unentbehrlich sind. Zu den Störungen des Lipoidstoffwechsels gehören die Lipoidspeicherkrankheiten, die zu einer Anhäufung von Lipoiden in inneren Organen führen und durch Diät nicht zu beeinflussen sind, und die Hyperlip(o)idämien, die mit einer Vermehrung von Cholesterin und/oder Triglyceriden im Blut und gelegentlich Lipoidablagerungen in Haut und Sehnen, sogenannten Xanthomen, einhergehen. Bei Patienten mit einer Hyperlip(o)idämie treten früher und häufiger als beim Durchschnitt der Bevölkerung degenerative Veränderungen an Herz und Gefäßen im Sinne einer Arteriosklerose auf. Aus diesen Erfahrungen kommt das Bemühen, die Blutfette zu senken und die Komplikationen einer Arteriosklerose wie Herzinfarkt oder periphere Durchblutungsstörungen zu verhüten. Die Hyperlip(o)idämien sind durch Diät zum Teil sehr gut, zum Teil nur wenig zu beeinflussen. Eine Diätbehandlung sollte hier deshalb nur auf Anweisung des Arztes erfolgen. Dies ist vor allem notwendig angesichts der raschen Entwicklung wissenschaftlicher Erkenntnisse auf diesem Gebiet. Hier sind noch viele Fragen offen. So ist z. B. die Diskussion über den optimalen Gehalt der Kost an mehrfach ungesättigten Fettsäuren noch nicht abgeschlossen.

Sekundäre Hyperlipidämien sind Folge bzw. Begleitsymptom von bekannten und klar definierten Erkrankungen (wie z. B. Zuckerkrankheit, Schilddrüsenunterfunktion, Nierenkrankheiten mit starkem Eiweißverlust, Entzündung der Bauchspeicheldrüse, Gicht u. a.). Therapie und Diät sind hier unter ärztlicher Aufsicht auf die Grundkrankheit abzustellen.

Für die *primären, essentiellen,* auch meist familiär auftretenden Hyperlipidämien bewährt sich z. Z. folgende Einteilung (nach Fredrickson):

I. Durch Fett induzierte Hyperlipämie[1]

(Hyperlipoproteinämie [2] Typ I nach Fredrickson)

Diät bei durch Fett induzierter Hyperlipämie

Die durch Fett induzierte Hyperlipämie ist ein sehr seltenes Krankheitsbild, bei dem das Serum wegen des hohen Gehaltes an Triglyceriden milchig trübe aussieht. Das Cholesterin im Blut ist im Vergleich dazu nur mäßig vermehrt. Bei normaler Zufuhr von Fett kann es rasch zu Einlagerungen von Lipoiden in die Haut kommen, die innerhalb kurzer Zeit als juckende, gelbe Knötchen mit einer umgebenden Rötung auftreten.
Zur Senkung des Triglyceridgehaltes im Blut führt nur eine extrem fettarme Diät mit weniger als 30 g Fett pro Tag (einschließlich der verborgenen Fette). Auch Pflanzenöle mit mehrfach ungesättigten Fettsäuren fallen unter diese Einschränkung. Lediglich ein spezielles Diätfett (Ceres® [3]) oder Portagen®), das im Stoffwechsel den dieser Krankheit zugrundeliegenden Defekt umgeht, darf zur Verbesserung der fettarmen Kost als Streich- oder Kochfett benutzt werden. Bei dieser extrem einseitigen Ernährung ist eine Zulage von fettlöslichen Vitaminen notwendig.

65–70% des Kalorienbedarfes sind durch Kohlenhydrate, und zwar überwiegend durch Polysaccharide (Stärke) zu decken. Bei einem Tagesbedarf von 2000 Kalorien sind also etwa 340 g Kohlenhydrate zuzuführen. Diese Menge ist z. B. in folgendem Nahrungsmittelangebot enthalten:

300 g	Schwarzbrot	= 340 g Kohlenhydrate
50 g	Weißbrot oder fettarmes Hefegebäck	
250 g	Kartoffeln oder 70 g Reis bzw. Teigwaren	
20 g	Nährmittel	
250 g	Gemüse	
250 g	Obst	
375 g	Obstsaft	
50 g	Honig, Marmelade oder Gelee	

[1]) Hyperlipämie: Vermehrung der Neutralfette (Triglyceride) im Blut: Hyperlipidämie: Vermehrung der Neutralfette und fettähnlicher Stoffe im Blut.
[2]) „Hyperlipoproteinämie“ = krankhafte Vermehrung der „Lipoproteine“. Letztere sind als Fett-Eiweiß-Komplexe Transportform der Triglyceride (Fette) und Lipide (Cholesterin und Phosphorlipide) im Blut.
[3]) Bezugsquelle für Ceres: nur Direktbestellung bei **Margarine Union,** 2 Hamburg 50, Postfach 1020

Diät bei essentieller Hypercholesterinämie

II. Essentielle[1] Hypercholesterinämie

(Hyperlipoproteinämie [2] Typ II nach Fredrickson)

Die essentielle Hypercholesterinämie ist unter den Hyperlipidämien relativ häufig und zeigt einen erhöhten Cholesterinspiegel im Blut. Die Triglyceride sind normal oder gering erhöht. Bei einem Teil der Patienten finden sich typische Hautveränderungen (Xanthome).

Diese Krankheit ist durch Diät meist schlecht zu beeinflussen. Trotzdem sind besonders cholesterinreiche Nahrungsmittel wie Eigelb, Hirn, Herz und tierische Fette zu meiden. Sichtbare und versteckte tierische Fette sollten durch Speiseöl mit hohem Anteil an mehrfach ungesättigten Fettsäuren (z. B. Sonnenblumen- oder Maiskeimöl) oder hochwertige Pflanzenmargarine mit hohem Anteil an mehrfach ungesättigten Fettsäuren ersetzt werden. Bei manchen Patienten senkt eine stark erhöhte Zufuhr dieser Pflanzenöle (mehr als 100 g pro Tag) den Cholesterinspiegel. In der Praxis läßt sich diese Kost am besten durch Aufbesserung einer sehr fettarmen Kost mit Pflanzenölen zubereiten. (Im einzelnen siehe Tabelle Seite 884 ff.)

Diät bei essentieller Hypercholesterinämie mit Hyperlipämie

III. Essentielle[1] Hypercholesterinämie mit Hyperlipämie

(Hyperlipoproteinämie[2] Typ III nach Fredrickson)

Die essentielle Hypercholesterinämie mit Hyperlipämie ist selten. Sie zeigt neben dem erhöhten Cholesterinspiegel auch einen Anstieg der Triglyceride im Blut (= Hyperlipämie). Neben Xanthomen findet man gelegentlich strichförmige Fettablagerungen in den Handlinien.

Auch bei dieser Krankheit soll der Cholesteringehalt in der Nahrung gesenkt und müssen tierische Fette durch Pflanzenöle ersetzt werden. Die Hyperlipämie wird häufig durch Kohlenhydrate in der Nahrung verstärkt. Die Kost sollte deshalb nicht mehr als 40% der Kalorien als Kohlenhydrate enthalten; die als Kalorienträger notwendige Menge Fett (etwa 40% der Kalorien) sollte wegen der Hypercholesterinämie weitgehend als Pflanzenöl oder Margarine mit hohem Gehalt an mehrfach ungesättigten Fettsäuren aufgenommen werden (siehe auch Tabelle Seite 884 ff.).

---

[1]) Essentiell (von Krankheitserscheinungen): ein Krankheitsbild ohne erkennbare äußere Ursachen.

[2]) „Hyperlipoproteinämie“ = krankhafte Vermehrung der „Lipoproteine“. Letztere sind als Fett-Eiweiß-Komplexe Transportform der Triglyceride (Fette) und Lipide (Cholesterin und Phosphorlipide) im Blut.

IV. Durch Kohlenhydrate induzierte Hyperlipidämie[1)]

(Hyperlipoproteinämie [2)] Typ IV nach Fredrickson)

Diät bei durch Kohlenhydrate induzierter Hyperlipidämie

Sie ist relativ häufig und zeigt vor allem eine Vermehrung der Triglyceride im Blut. Auch das Cholesterin kann erhöht sein. Der Fettspiegel im Blut schwankt mit dem Gehalt der Nahrung an Kohlenhydraten und ist schon bei einem 40%igem Anteil der Kohlenhydrate an der Gesamtkalorienzufuhr erhöht. Auch hier kann es zu Fettablagerungen in der Haut kommen. Der Kohlenhydratanteil an den Gesamtkalorien darf nur 20–25% betragen. Dabei sind rasch resorbierbare Kohlenhydrate (z. B. Traubenzucker, Haushaltszucker) zu meiden, da diese Patienten häufig auch einen latenten oder manifesten Diabetes haben. Wegen der Wirkung auf den Cholesterinspiegel muß das Fett als notwendiger Kalorienträger (mehr als 50% der Kalorien) in Form von Pflanzenölen mit mehrfach ungesättigten Fettsäuren angeboten werden. (Kohlenhydratgehalt von Nahrungsmitteln siehe unter „Diabetes mellitus“ Seite 852 ff. und Tabelle Seite 884 ff.).

V. Durch Fett und Kohlenhydrate induzierte Hyperlipidämie[1)]

(Hyperlipoproteinämie [2)] Typ V nach Fredrickson)

Diät bei durch Fett und Kohlenhydrate induzierter Hyperlipidämie

Bei dieser Krankheit steigen Cholesterin und Triglyceride infolge übermäßiger Zufuhr von Kohlenhydraten und Fett an. Sind die Fettspiegel im Blut über längere Zeit erhöht, kommt es auch zur Ausbildung von Xanthomen.

Die Diät soll fett- und kohlenhydratarm, also insgesamt kalorienarm sein. Dies erreicht man mit einem Fettanteil von unter 30% der Tageskalorien (weniger als 70 g pro Tag), der weitgehend aus Pflanzenölen mit hohem Anteil an mehrfach ungesättigten Fettsäuren bestehen sollte. Es ist zu berücksichtigen, daß vor allem tierische eiweißreiche Nahrungsmittel meist zugleich viel Fett enthalten. Auch der Verzehr von Kohlenhydraten sollte, wenigstens bis zur Normalisierung des Körpergewichtes, knapp bemessen sein (Beispiele siehe unter 1000-Kalorien-Diät Seite 870). Der Alkoholkonsum ist stark einzuschränken.

---

1) Hyperlipämie: Vermehrung der Neutralfette (Triglyceride) im Blut; Hyperlipidämie: Vermehrung der Neutralfette und fettähnlicher Stoffe im Blut.

2) „Hyperlipoproteinämie“ = krankhafte Vermehrung der „Lipoproteine“. Letztere sind als Fett-Eiweiß-Komplexe Transportform der Triglyceride (Fette) und Lipide (Cholesterin und Phosphorlipide) im Blut.

Nachfolgende Tabelle soll eine Übersicht vermitteln über Art und Menge der erlaubten bzw. der verbotenen Nahrungsmittel bei den einzelnen Störungen des Lipoidstoffwechsels.
Bei allen Formen dieser Störungen ist eine kalorisch knappe Einstellung der Diät wichtig.

Lebensmittelgruppe	Erlaubt	Nicht erlaubt
Fette	Hochwertige Pflanzenmargarine, Maiskeimöl, Sonnenblumenöl, Sojaöl, Baumwollsamenöl; beschränkt Butter; insgesamt nicht mehr als 2/3 der erlaubten Tages-Fettmenge.	Alle anderen Fette wie Schlachttierfette, Brat- und Backfette usw.
Milch und Milchprodukte	Magermilch, Magermilchpulver, Buttermilch, Magermilchjoghurt, Magerquark, alle mageren Käsesorten bis 20% Fett in der Trockenmasse; Tagesmenge an Käse mit 10% Fett i. d. Trockenmasse 60 g, Käse mit 20% Fett i. d. Trockenmasse 30 g, Magerquark belieb. Menge; Kondensmilch mit 7,5% Fettgehalt nur 2–3 Teelöffel.	Süßer und saurer Rahm, Vollmilch, Kondensmilch über 7,5% Fettgehalt, Vollmilchjoghurt, Sahnejoghurt, Quark mit mehr als 10% Fettgehalt, alle Käse mit mehr als 20% Fettgehalt i. d. Trockenmasse, Vollmilchpulver, Eiscreme.
Eier	Eiklar beliebig, 1/2 Eigelb pro Tag oder jeden 2. Tag 1 ganzes Ei.	Eigelb in größerer Menge als angegeben, Eipulver.
Fleisch, Geflügel, Wild	Nur Fleisch ohne sichtbares Fett – davon 100 g täglich (ohne Knochen); Kalbfleisch aller Art; Schweinefleisch: Filet, Lende, Schnitzel, entfettet; Rindfleisch: Filet, Lende, Schlegel, Kammstück (ohne sichtbares Fett), Tatar; Brathuhn, Taube, magere Teile von Pute; Hase, Reh, Hirsch.	Alles Fleisch mit sichtbarem Fett von Rind, Schwein, Hammel; Gans, Ente; Wildschwein, Wildente; Spicken von Wild oder Speckfülle für Rouladen; Rahmsoßen und fette Bratensoßen.

Lebensmittelgruppe	Erlaubt	Nicht erlaubt
	Leber (außer bei II u. III), Herz, Lunge, Zunge; nur 1mal wöchentlich anstelle von Fleisch.	Hirn, Bries, Niere.
Fleisch- und Wurstwaren	Lachsschinken (ohne Fett), magerer roher oder gekochter Schinken (ohne sichtbares Fett), Corned beef, kalter Kalbsbraten, Roastbeef, kalter Rehbraten, kalter Schweinebraten (nur von oben genannten Stükken), kaltes Brathuhn. Je Tag 40 g. Sülzen (mit 40 g magerem Fleisch obiger Sorten).	Alle Wurstarten und sonstige Fleischwaren.
Fische und Fischwaren	Alle mageren See- und Süßwasserfische wie: Kabeljau, Schellfisch, Seelachs, Rotzunge, Scholle, Steinbutt, Seezunge; Forelle, Hecht, Schleie, Karpfen, Zander; geräucherter Schellfisch, Kabeljau, Seelachs; 125 g Fischfilet oder entsprechende Fischmenge von ganzen Fischen anstelle von Fleisch.	Alle fetten Fische wie: Heringe, Makrelen, Heilbutt, Lachs, Aal; Fischräucherwaren (außer den erlaubten), Fischmarinaden, Fischkonserven und -präserven in Öl und in Soßen. Muscheln, Krabben, Hummer, Kaviar.
Mayonnaisen	– – –	Nicht erlaubt.
Kartoffeln	250 g täglich (Beschränkung bei IV und V)	– – –
Nährmittel, Reis, Teigwaren	Alle Sorten erlaubt, eifreie Teigwaren bevorzugen; Tagesmenge etwa 70 g anstelle von Kartoffeln; 20 g tägl. als Suppeneinlage. (Beschränkung bei IV u. V)	Weizenkeime.
Gemüse	Alle Sorten erlaubt Oliven nur 1–2 Stück je Tag.	Avocados, Oliven in größerer Menge.

Lebensmittelgruppe	Erlaubt	Nicht erlaubt
Obst	Alle Arten erlaubt.	– – –
Nüsse	Walnüsse in beschränkter Menge (nur bei II, III, IV)	Alle übrigen Arten nicht erlaubt.
Brot, Backwaren, Gebäck	Alle Sorten Vollkornbrot, Mischbrot, Weißbrot, Knäkkebrot, Zwieback (ohne Ei und fettarm); Hefegebäck (ohne Ei und fettarm); Honiglebkuchen (ohne Ei), Printen, Meringen (fettfrei bzw. fettarmes und eifreies Gebäck). (Beschränkt bei IV und V)	Fettreiches Gebäck wie: Blätterteig, Rührteig, Mürbteig, Creme- und Sahnetorten, Nußgebäck, Schokoladengebäck, eierreiches Gebäck wie Biskuit, Anislaiberl, Springerle u. a. m.; in Fett Gebackenes, z. B. Faschingskrapfen.
Marmeladen, Confitüren, Honig	Nur in begrenzter Menge (etwa 40–50 g täglich), (stark einschränken bei IV)	In größerer Menge.
Zucker	Nur in sehr begrenzter Menge zum Zubereiten von Speisen bzw. Getränken; (etwa bis 20 g), (völlig vermeiden bei IV).	In größerer Menge.
Süßwaren	Möglichst meiden; (Schokolade nur begrenzt erlaubt bei II, III, meiden bei I, IV, V).	Fetthaltige Süßigkeiten wie Nougat, Marzipan.
Getränke	Tee, Kaffee, Buttermilch, Magermilch, Magermilch-Obstsaftgetränke als Mischgetränke, Obstsäfte, Gemüsesäfte, Mineralwasser; alkoholhaltige Getränke nur in begrenzter Menge.	Alle anderen Getränke.
Gewürze, Verschiedenes	Alle Arten von Küchenkräutern und Gewürzen, Tomatenmark, Tomatenketchup, Fondor, Aromat, Hefewürze; 1 Messerspitze gekörnte Brühe oder ½ Teelöffel flüssige Würze, entfettete Fleischbrühe, Gemüsebrühe, Gelatine.	Fertige Salatsoßen mit Ölzusatz (Salatdressing), fertige Sandwichspreads, pflanzliche Brotaufstriche, Nußpasten, Fleischbrühwürfel, fertige Suppen und Soßen in Dosen oder Beuteln.

Spezielle Krankenkostrezepte

In der Regel können für alle Fälle von Diätkost Rezepte aus dem allgemeinen Rezeptteil des Bayerischen Kochbuches verwendet werden. Im Einzelfall ist eine Auswahl unter Berücksichtigung der speziellen Diätvorschriften nötig. So scheiden z. B. für Schonkost alle in heißem Fett gebackenen Gerichte aus, und für eine Abmagerungsdiät müssen alle fettreichen und zuckerreichen Rezepte gemieden werden. Für Zuckerkranke ist bei allen zuckerhaltigen Gerichten der Zucker durch koch- bzw. backfeste Süßungsmittel auszutauschen; der Kohlenhydratgehalt ist den erlaubten Broteinheiten anzupassen.
Im allgemeinen Rezeptteil sind die Rezepte, wenn nicht anderes vermerkt, für 4 Personen berechnet; für Diätzwecke sind deshalb die Mengen auf eine Person umzurechnen bzw. den vorgeschriebenen Mengen anzupassen.
Anschließend folgen zur Anregung einige spezielle Krankenkostrezepte.

Kräutertee für Kranke

1 Tee-Aufgußbeutel oder
2 Teelöffel der gewünschten Teeart
2 Tassen Wasser

Herstellung:

1. Tees aus Blüten oder Blättern mit kochendem Wasser aufgießen, zugedeckt 6–8 Minuten ziehen lassen, Aufgußbeutel entfernen oder abseihen, evtl. leicht süßen.
2. Tees aus Rinden, Wurzeln oder Samen gewonnen, mit Wasser 5–10 Minuten leise kochen lassen, abseihen, evtl. leicht süßen.
3. Von einzelnen Teearten Auszug herstellen: Tee mit kaltem Wasser über Nacht zugedeckt ziehen lassen, in der Regel nicht kochen; abseihen und kalt oder lauwarm reichen (Anwendung für Baldrian- und Sennesblättertee).

Kamillentee ist beliebt bei empfindlichen Verdauungsorganen;
Pfefferminze wird oft mit Kamille gemischt.
Lindenblüten- und Holunderblütentee wirken schweißtreibend;
Fencheltee soll gegen Blähungen helfen;
Faulbaumrinden- und Sennesblättertee wirken abführend;
Baldrian- und Johanniskrauttee wirken allgemein beruhigend.

Zitronenlimonade, Fruchtsaftlimonade

3 Eßlöffel Zitronensaft oder Fruchtsaft
Zucker nach Geschmack
1/5 l Wasser

Zitronen- oder Fruchtsaft mit Zucker mischen, frisches oder evtl. frisch kochendes Wasser auffüllen. Für heiße Zitronenlimonade nach Belieben Wasser mit 1 Stückchen Zitronenschale von ungespritzten Früchten aufkochen, damit Zitronensaft und Zucker aufgießen, Schale entfernen, heiß reichen.

Eierbier

1 Eigelb
1 Eßlöffel Zucker
1/8 l Milch
1/8 l Bier

Eigelb und Zucker schaumig schlagen, heiße Milch und Bier unterschlagen, bei mäßiger Hitze abschlagen bis Masse einmal aufpufft, heiß reichen.

Kraftbrühe

250 g mageres Ochsenfleisch
1/2 l Wasser
Salz

Fleisch rasch waschen, in kleine Würfel schneiden, mit kaltem Wasser zusetzen, zum Kochen bringen, 1–1 1/2 Stunden bei mäßiger Hitze leise kochen lassen, abseihen, abschmecken, evtl. erkaltet entfetten.

Kalbfleischbrühe

125–150 g Brustspitze vom Kalb
1 kleine gelbe Rübe
1/2 l Wasser
Salz

Gewaschenes Fleisch in kleinere Würfel schneiden, gelbe Rübe putzen, waschen, grob schneiden; vorbereitetes Fleisch und gelbe Rübe in kaltem Wasser zusetzen, zum Kochen bringen, bei mäßiger Hitze 1–1 1/2 Stunden leise kochen lassen, abseihen, abschmecken, bei Bedarf evtl. erkaltet abfetten.

Zwiebacksuppe

1 Stück Zwieback
1/4 l Milch, Salz
evtl. 1 Eigelb
Zucker nach Geschmack

Zwieback in Stückchen brechen, mit Milch und 1 Prise Salz aufkochen lassen, mit Schneebesen glatt schlagen, mit Eigelb legieren, abschmecken.

Weinsuppe

1 Eigelb, 1 Eßl. Zucker
1 Teelöffel Stärkemehl
1/8 l Wasser knapp
1 Stückchen Zitronenschale
1/8 l Weißwein

Eigelb und Zucker schaumig rühren, Stärkemehl, Geschmackszutaten, kaltes Wasser und Wein unterrühren, am Feuer abschlagen, bis Masse aufpufft, Zitronenschale entfernen, gut heiß reichen

Weiches Ei im Glas

1 frisches Ei
1 kleine Prise Salz
Jenaer Glas mit Deckel („Eierkoch")

Ei vorsichtig in Glas schlagen, nicht verrühren, evtl. eine kleine Prise Salz darüber streuen, Deckel schließen, in heißes Wasserbad stellen, 3–4 Minuten leise kochen lassen, bis Eiweiß leicht geronnen ist, in der Form reichen.

Rührei im Glas

2 frische Eier
Salz
2 Eßlöffel Milch
evtl. 5 g Butter zerlassen

Alle Zutaten gut verquirlen, in nur wenig gebuttertes, feuerfestes Förmchen bzw. in Glas geben, bei mäßiger Hitze, evtl. im heißen Wasserbad unter öfterem leichten Durchrühren dicken lassen, dann sofort in der Form bzw. im Glas zu Tisch geben.

Quarkmayonnaise

40 g frischer Magerquark
3 Eßlöffel Buttermilch
10 g Mayonnaise
Zitronensaft oder Essig
Salz, Kräuter oder etwas Tomatenmark
evtl. 1 Tropf. Worcestersauce

Quark mit Buttermilch glatt schlagen, Mayonnaise und Geschmackszutaten nach Wahl unterschlagen, gut abschmecken. Kräuter nach Wahl jeweils gründlich waschen, abtropfen lassen, sehr fein gewiegt verwenden.
Gut geeignet für alle Arten von gemischten Salaten.

Joghurtmayonnaise

Joghurt mit allen Zutaten gut verschlagen, pikant abschmecken. Gut geeignet für alle Arten von Salaten.

60 g Joghurt (1/16 l)
10 g fertige Mayonnaise
Salz, Paprika
Zitronensaft oder Essig
feingewiegte Kräuter

Gehacktes Steak

Vorbereitetes Fleisch sorgfältig häuten, zweimal durch Fleischmaschine mit feiner Lochscheibe drehen (oder vom Metzger frisch durch Maschine geben lassen), mild würzen, mit Ei, Rahm bzw. Kondensmilch (oder Brühe) gut abrühren, rundes fingerdickes Steak formen, in Butter oder Öl bei mäßiger Hitze auf beiden Seiten langsam braten, Bratzeit je Seite etwa 5 Minuten; falls ein Braten vermieden werden soll, nach leichtem Anbraten auf beiden Seiten 3–4 Eßlöffel Brühe zugeben und Steak zugedeckt bei mäßiger Hitze gar dünsten, Garzeit etwa 15 Minuten.

125–150 g Ochsenfilet oder -lende bzw. Kalbsschlegel
Salz, 1/2 Ei
etwas Petersilie
wenig Zitronenschale
1 Eßl. Rahm, Kondensmilch oder
2 Eßl. magere Fleischbrühe
10 g Butter oder Öl
evtl. 3–4 Eßl. Brühe

Bries- oder Hirnpudding

Bries bzw. Hirn wässern, blanchieren, häuten, grob wiegen oder feinwürfelig schneiden, abkühlen lassen; abgeriebene Semmel in Milch einweichen. Butter schaumig rühren, Eigelb, gut ausgedrückte Semmel, feingewiegte Petersilie und vorbereitetes Bries oder Hirn zugeben, gut vermengen, salzen, steifen Eischnee unterheben, in vorbereiteter Form 1/2 Stunde im Wasserbad kochen, stürzen, sofort zu Tisch geben. Die Masse kann auch als Auflauf in feuerfestem Förmchen in der Röhre bei mäßiger Hitze gebacken und in der Form zu Tisch gegeben werden.
(In Ermangelung einer kleinen Puddingform in gefetteter und gebröselter Tasse, mit Teller abgedeckt, kochen.)

1/2 Kalbsbries oder Kalbshirn
Salzwasser
1/2 Semmel (abgerieben)
etwas Milch zum Einweichen
10 g Butter
1 Ei, getrennt
Salz
Petersilie, fein gewiegt
zur Form: Butter und Brösel

Gedünstete Hühnerbrust

Ausgelöste Brust von jungem Geflügel in wenig Butter oder Öl leicht andünsten, mit wenig Brühe aufgießen, salzen, zugedeckt bei mäßiger Hitze gar dünsten, Garzeit je nach Alter des Geflügels 1/2–3/4 Stunden. Soße nach Bedarf etwas aufgießen, nach Belieben wenig binden, aufkochen lassen, evtl. mit Eigelb und Rahm legieren, abschmecken. Entbeinte Hühnerbrust in der Soße anrichten.
Beilage: Reis, Salate nach Wahl.

1 ausgelöste Hühnerbrust
10 g Butter oder Öl
etwas entfettete Hühner- oder Fleischbrühe, Salz
1/2 Teel. Mehl od. Stärkemehl
1 Eßl. Rahm, 1/2 Eigelb
wenig Zitronensaft oder Weißwein, 1 Prise Zucker

Zuckererbsenbrei

125 g Zuckererbsen
$^1/_8$ l Brühe oder Wasser
Salz, evtl. $^1/_2$ Teel. Mehl
10 g Butter, etw. süßer Rahm
1 Prise Zucker
Petersiliengrün, gewiegt

Gewaschene Zuckererbsen in Brühe oder Wasser weich kochen, durch feines Sieb streichen, Kochbrühe beifügen, nochmals aufkochen lassen, nach Belieben mit wenig Mehl (als Teiglein) oder mit Buttermehlkloß leicht binden, kurz durchkochen, mit Rahm verbessern, mit Zucker, Salz und Petersilie abschmecken. Werden Zuckererbsen mit Mehlteiglein gebunden, Butter zuletzt zugeben.

Aprikosen-, Pfirsich- oder Apfelsoufflé

150 g gut reife, entsteinte Aprikosen oder Pfirsiche oder sehr dicker Apfelbrei
Zucker nach Geschmack bzw. Süßungsmittel für Diabetiker
Saft von 1 Zitrone
2 Eischnee
zur Form: Butter

Sehr reife, gewaschene und entsteinte Aprikosen oder Pfirsiche mit etwas Zitronensaft im Mixer zu Fruchtmark verarbeiten, mit Zucker bzw. Süßungsmittel abschmecken; sehr steifen Eischnee schlagen, gesüßtes Fruchtmark unterschlagen, abschmecken, in leicht gebutterte, flache feuerfeste Form füllen, bergartig anrichten, in vorgeheizter Röhre bei guter Oberhitze kurz überbacken, sofort zu Tisch geben.
Bei Verwendung von Äpfeln diese mit sehr wenig Wasser oder Wein und etwas Zitronenschale zu sehr dickem Apfelbrei kochen, durch Sieb streichen, ebenso verarbeiten wie oben beschrieben.

Zwiebackbrei

3 Zwiebäcke
$^1/_4$ l Milch
1 Stückchen Vanilleschote oder etwas Vanillezucker
wenig Zucker nach Geschmack
5 g Butter nach Belieben

Milch mit vorbereiteter Vanilleschote rasch aufkochen lassen, Schote entfernen, in kleine Stücke gebrochenen Zwieback zur kochenden Milch geben, glatt schlagen, abschmecken.
Falls Milchmenge auf ärztliche Anordnung beschränkt ist, Zwiebackstücke in $^1/_8$ l kochendes Wasser geben, zugedeckt kurz ziehen lassen, mit $^1/_8$ l kochender Vanillemilch glatt schlagen, abschmecken.

Aufgezogenes Mehlmus

$^1/_4$ l Milch
25 g Mehl
1 Prise Salz
1 Ei, getrennt
20 g Zucker
Zitronenschale
zur Form: Butter

Mehl mit etwas kalter Milch zu glattem Teiglein rühren, restliche Milch mit einer Prise Salz zum Kochen bringen, Mehlteiglein einrühren, einige Minuten gar kochen, dann abkühlen lassen. Eigelb mit Zucker schaumig rühren, wenig feingeriebene Zitronenschale unterrühren, abgekühlten Mehlbrei unterschlagen, sehr steifen Eischnee unterziehen, in kleiner gebutterter Auflaufform bei mäßiger Mittelhitze hochziehen lassen, Backzeit etwa 15 Minuten.

Mehlmusauflauf

$^1/_4$ l Milch, Salz
1 Stück Zitronenschale oder
1 Stückchen Vanilleschote
70 g Mehl
20 g Butter
2 Eier, getrennt
30 g Zucker
zur Form: Butter

Die Hälfte der Milch mit Salz, etwas Zitronenschale oder Vanilleschote zum Kochen bringen, Mehl mit restlicher Milchmenge zu glattem Teiglein rühren, in kochende Milch einrühren, mehrmals aufkochen, dann abkühlen lassen. Schaummasse herstellen aus Butter, Eigelb und Zucker, abgekühlten Brei unterrühren, sehr steifen Eischnee unterheben, in kleiner, gebutterter Auflaufform bei mäßiger Mittelhitze etwa 15–20 Minuten in vorgeheizter Röhre backen, sofort zu Tisch geben.

Saurer Rahmauflauf

Eigelb mit Zucker und Geschmackszutaten schaumig schlagen, sehr dicken sauren Rahm und gesiebtes Mehl unterrühren, sehr steifen Eischnee unterheben, in gebutterter kleiner Auflaufform bei mäßiger Mittelhitze 15–20 Minuten backen, sofort zu Tisch geben. Dazu Kompott oder Fruchtsaft reichen.

2 Eier, getrennt
20–30 g Zucker
etwas Zitronenschale oder
1 Teelöffel Vanillezucker
4 Eßlöffel dicker saurer Rahm
30 g Mehl, 1 Prise Salz
zur Form: 5 g Butter

Aufgezogene feine Grießspeise

Schaummasse rühren aus Eigelb, Zucker bzw. Süßungsmittel und Geschmackszutaten, steifen Eischnee und Grieß locker unterheben, in gebutterte und gebröselte Form füllen, bei Mittelhitze 20 Minuten backen, dann kochend-heiße Milch über Grießspeise gießen, zudecken, heiß stellen, bis Milch eingesogen ist.

1 Ei, getrennt
20–30 g Zucker bzw. backfähiges Süßungsmittel für Diabetiker, Zitronenschale oder Vanille
40 g grober Grieß
zur Form: Butter und Brösel
zum Übergießen:
reichl. 1/8 l Milch

Zwiebackauflauf

Zwieback bröseln, mit Milch übergießen, durchziehen lassen; gewaschenen Apfel schälen, von Kernhaus befreien, feinblättrig aufschneiden und in gebutterte kleine Auflaufform schichten. Schaummasse rühren aus Butter, Zucker bzw. Süßungsmittel und geriebener Zitronenschale oder Zimt, Eigelb unterrühren, Zwiebackbrösel untermengen, sehr steifen Eischnee unterziehen, Masse über eingeschichteten Apfel geben, in vorgeheizter Röhre bei mäßiger Mittelhitze etwa 15–20 Minuten backen.
Dazu heißen Rotwein bzw. Weißwein oder Kompott reichen.

3 Zwiebäcke, 1/8 l Milch
1 großer Apfel, 10 g Butter
20 g Zucker bzw. für Diabetiker backfestes Süßungsmittel nach Bedarf
etwas Zitronenschale oder wenig Zimt, gemahlen
1 Ei, getrennt, 1 Eiklar
zur Form: 5 g Butter

Quarkauflauf oder -pudding

Schaummasse rühren aus Butter, Zucker bzw. backfestem Süßungsmittel, Eigelb und fein geriebener Zitronenschale, nach und nach Quark unterrühren, zuletzt Semmelbrösel, gemahlene Nüsse oder Mandeln und Arrak untermischen, sehr steifen Eischnee unterheben, in gebutterter, kleiner Auflaufform in vorgeheizter Röhre bei mäßiger Mittelhitze 20 Minuten backen oder in vorbereiteter kleiner Puddingform im Wasserbad 1/2 Stunde leise kochen lassen, zum Anrichten Pudding stürzen.

150 g frischer Quark
10 g Butter, 20–30 g Zucker bzw. backfest. Süßungsmittel für Diabetiker nach Bedarf
Schale von 1/4 Zitrone
1 Ei, getrennt, 1 Eiklar
30 g Semmelbrösel
1 Eßlöffel Arrak
evtl. einige geschälte, geriebene Mandeln oder Nüsse
zur Form: Butter und Brösel

Brandteigauflauf oder -pudding

1/8 l Milch, 30 g Butter
20 g Zucker, 50 g Mehl
2 Eigelb, Zitronenschale
einige geschälte Mandeln
2 Eischnee
z. Form: Butter u. evtl. Brösel

Milch mit Butter und Zucker zum Kochen bringen, Mehl auf einmal in kochende Flüssigkeit geben, bei mäßiger Hitze abbrennen, bis sich die Masse zum Kloß ballt und vom Topf löst, vom Herd nehmen, geriebene Mandeln sowie etwas geriebene Zitronenschale und Eigelb nach und nach unterrühren, zuletzt sehr steifen Eischnee unterziehen, in vorbereiteter Form 20–30 Minuten bei mäßiger Mittelhitze backen oder im Wasserbad kochen; Pudding vorsichtig stürzen.

Früchte-Joghurt

1 Becher Joghurt
evtl. Magermilchjoghurt
50–100 g frische Früchte wie Beeren, Aprikosen, Pfirsiche, Banane, Orangen-, Mandarinen- oder Grapefruitfleisch, Äpfel, geraffelt
etwas Zitronensaft
etwas Zucker bzw. Diabetiker-Süßungsmittel nach Geschmack

Obst vorbereiten: Beeren gründlich waschen, gut abtropfen lassen, entstielen, evtl. einen Teil davon zu Fruchtmark verarbeiten; gewaschene Aprikosen oder Pfirsiche evtl. häuten, entsteinen, kleinwürfelig schneiden oder zu Mark verarbeiten; Zitrusfrüchte sorgfältig schälen, weiße Haut gründlich entfernen, Fruchtfleisch klein schneiden, Kerne entfernen; Äpfel geschält oder ungeschält raffeln, Banane schälen, mit Gabel zerdrücken und schaumig schlagen.

Joghurt mit vorbereiteten Früchten oder Fruchtmark gut durchschlagen, mit Zitronensaft und Zucker bzw. Süßungsmittel abschmecken, nach Belieben mit einigen zurückbehaltenen Früchten verzieren.

Joghurtschaumspeise mit Früchten

1 Becher Joghurt
evtl. Magermilchjoghurt
etwas Zitronenschale
Zucker bzw. Süßungsmittel für Diabetiker n. Geschmack
2 Blatt Gelatine
2 Eßl. heißes Wasser z. Lösen
1 Eischnee, 1 Eßl. Arrak
100 g frisches Obst n. Wahl

Joghurt mit fein geriebener Zitronenschale und Zucker bzw. Süßungsmittel für Diabetiker schaumig schlagen; vorschriftsmäßig vorbereitete Gelatine gut ausdrücken, in wenig heißem Wasser lösen, unter Joghurt schlagen, kalt stellen; sobald Masse zu steifen beginnt, sehr steifen Eischnee, Arrak und vorbereitetes Obst untermengen, abschmecken, in Schälchen oder Glas füllen, kalt stellen und steifen lassen, nach Belieben mit einigen Früchten verzieren.

Als Früchte eignen sich gut Erdbeeren, Himbeeren, geschälte, fein geschnittene Pfirsiche oder Aprikosen, klein geschnittene Ananasscheiben und Zitrusfrüchte.

Früchte-Quark

150 g frischer Quark (Magerquark)
4 Eßlöffel Milch oder Buttermilch
Zucker nach Geschmack bzw. Süßungsmittel für Diabetiker
evtl. etwas Zitronensaft
100–150 g Früchte je nach Jahreszeit

Quark mit Milch oder Buttermilch und Zucker bzw. Süßungsmittel gut schaumig schlagen, nach Belieben mit etwas Zitronensaft abschmecken, vorbereitetes Obst leicht untermengen, in Glasschale anrichten.

Als Obst eignen sich Erdbeeren, Johannisbeeren, Himbeeren, kleingeschnittene Aprikosen oder Pfirsiche, kleingeschnittenes Fruchtfleisch von Orangen, Mandarinen oder Grapefruits, schaumig geschlagene Banane, geschälte oder ungeschälte, geraffelte Äpfel.

Nach Belieben kann Obst ausgetauscht werden mit etwas Marmelade bzw. Diabetikermarmelade. Diese unter abgeschlagenen Quark rühren.

Süße Quarkspeise mit verschiedenem Geschmack

Frischen Magerquark mit Flüssigkeit und Geschmackszutaten sehr schaumig schlagen, Zucker bzw. Süßungsmittel für Diabetiker nach Geschmack unterschlagen, gut abschmecken, nach Belieben 1 Eigelb unterrühren, in Schälchen anrichten, nach Wunsch mit 1 Eßlöffel geriebener Schokolade bzw. Diabetikerschokolade bestreuen.

100–150 g frischer Magerquark, 2–3 Eßl. Milch
1 Eßl. süßer Rahm
1 Eßl. Arrak oder Fruchtsaft
2 Eßl. Zucker bzw. Süßungsmittel für Diabetiker nach Geschmack
1 Eigelb nach Belieben

Obstsulze

Fruchtsaft oder Süßmost mit Zitronensaft, Wein und Zucker bzw. Süßungsmittel für Diabetiker mischen, gut abschmecken; nach Vorschrift vorbereitete Gelatine gut ausdrücken, in wenig heißem Fruchtsaft lösen, unter Saftmischung rühren, in Glasschälchen geben, kalt stellen und steifen lassen.

Nach Belieben können gekochte oder sterilisierte Früchte vor dem Ausgießen eingelegt werden, z. B. Erdbeeren, entsteinte und gehäutete Pfirsiche oder Aprikosen, entsteinte Sauerkirschen oder Kirschen oder geschälte, halbierte, gekochte Äpfel.

$^1/_5$ l Fruchtsaft oder Süßmost von Erdbeeren, Himbeeren, Kirschen oder Sauerkirschen (ungesüßt für Diabetiker)
Zitronensaft, 2 Eßl. Wein
20 g Zucker bzw. Süßungsmittel f. Diabetiker n. Bedarf
2–2$^1/_2$ Blatt Gelatine
2 Eßl. heißen Saft
Früchte zum Einlegen

Weinsulze, Weingelee

Wein mit Wasser und Zitronensaft mischen, mit Zucker bzw. Süßungsmittel für Diabetiker verrühren, gut abschmecken; nach Vorschrift vorbereitete Gelatine gut ausdrücken, mit wenig heißem Wasser lösen, unter Wein rühren, mit Arrak abschmecken, in Schälchen oder Weinglas füllen, kalt stellen und steifen lassen. Nach Belieben sterilisierte oder gekochte Früchte in Glas einlegen und Sulzflüssigkeit darauf gießen. In diesem Fall verringert sich der Weinbedarf etwas.

$^1/_5$ l Wein, 2 Eßl. Wasser
etwas Zitronensaft
20–30 g Zucker bzw. Süßungsmittel für Diabetiker nach Bedarf, 1 Eßl. Arrak
2–2$^1/_2$ Blatt Gelatine, (evtl. davon $^1/_2$ Blatt rote)
2 Eßl. heißes Wasser

Orangensulze

Ungespritzte Früchte waschen, trocken reiben, Schale sehr fein abreiben, Saft auspressen. Milch mit Zucker bzw. Süßungsmittel, Rahm und abgeriebener Orangen- und Zitronenschale durchschlagen, abschmecken; vorbereitete Gelatine gut ausdrücken, in wenig heißem Wasser lösen, unter Milch schlagen, kalt stellen; sobald Milch zu steifen beginnt, Orangen- und Zitronensaft unterschlagen, Sulzflüssigkeit in Schälchen oder Glas ausfüllen, kalt stellen und steifen lassen. Nach Belieben vor dem Servieren mit Orangenspalten verzieren.

Milch kann mit einem weiteren $^1/_8$ l Orangensaft ausgetauscht werden.

$^1/_8$ l Orangensaft
Saft von $^1/_2$–1 Zitrone
Schale von $^1/_4$ Orange und $^1/_8$ Zitrone
20–30 g Zucker bzw. Süßungsmittel für Diabetiker nach Bedarf, $^1/_8$ l Milch
1 Eßl. süßer Rahm
2–2$^1/_2$ Blatt Gelatine (davon evtl. $^1/_2$ Blatt rote)
2 Eßl. heißes Wasser

Buttermilchsulze, Buttermilchspeise

1/5 l Butter- oder Sauermilch
1–2 Eßlöffel süßer Rahm
20–30 g Zucker bzw. Süßungsmittel für Diabetiker nach Bedarf, Zitronenschale
Saft von 1/2 Zitrone
1 Eßlöffel Arrak
2–2 1/2 Blatt Gelatine, (davon 1/2 Blatt rote)
2 Eßlöffel heißes Wasser

Milch, Rahm und Zucker bzw. Süßungsmittel für Diabetiker nach Geschmack schaumig schlagen, fein geriebene Zitronenschale, Zitronensaft und Arrak unterschlagen; nach Vorschrift vorbereitete Gelatine sehr gut ausdrücken, in wenig heißem Wasser lösen, unter Buttermilch schlagen, Masse abschmecken, in Schälchen oder Glas füllen, kalt stellen und steifen lassen.
Speise am Tage des Verbrauchs herstellen, da die Speise durch langes Stehen durch Enzyme der Milchsäurebakterien bis auf eine dünne Deckschicht entfärbt wird.

Milchsulze mit Früchten

1/5 l Milch, etwas Vanille
1 Eßl. Arrak, 20–30 g Zucker bzw. Süßungsmittel für Diabetiker nach Bedarf
2–2 1/2 Blatt Gelatine
2 Eßlöffel heißes Wasser
1 Eischnee nach Belieben
zum Einlegen nach Belieben: 50–100 g Früchte

Milch mit Vanille, Arrak und Zucker bzw. Süßungsmittel für Diabetiker durchschlagen; nach Vorschrift vorbereitete Gelatine gut ausdrücken, in wenig heißem Wasser lösen, unter Milch schlagen, kalt stellen; sobald Milch zu steifen beginnt, sehr steifen Eischnee unterziehen, vorbereitete Früchte in Schälchen oder Glas einlegen, Masse darüber geben, kalt stellen und steifen lassen.
Als Früchte zum Einlegen sind geeignet: Erdbeeren, Himbeeren, Ananasstückchen, entsteinte, gekochte und gehäutete Aprikosen- oder Pfirsichscheiben.

Roh gerührte Fruchtcreme

125 g Erdbeeren, Himbeeren oder andere Früchte
2–3 Eßlöffel Weißwein
1/2 Eßlöffel Zitronensaft
Zucker bzw. Süßungsmittel f. Diabetiker nach Geschmack
2 Blatt Gelatine
2 Eßlöffel heißes Wasser
1 Eischnee oder
3 Eßlöffel steifer Schlagrahm (falls erlaubt)

Sorgfältig gewaschene Früchte gut abtropfen lassen, entstielen, im Mixer zu Fruchtmark verarbeiten, mit Weißwein, wenig Zitronensaft und Zucker bzw. mit Süßungsmittel für Diabetiker nach Geschmack schaumig schlagen, abschmecken; nach Vorschrift vorbereitete Gelatine gut ausdrücken, mit wenig heißem Wasser sorgfältig lösen, unter Fruchtmark schlagen, kalt stellen; sobald Masse zu steifen beginnt, sehr steifen Eischnee – evtl. steifen Schlagrahm – unterziehen, abschmecken, in Schälchen oder Weinglas füllen, kalt stellen und steifen lassen, vor dem Anrichten nach Belieben mit einigen zurückbehaltenen Früchten verzieren.
Zur Fruchtmarkherstellung sind außerdem geeignet: Johannisbeeren, entsteinte Aprikosen, Pfirsiche, Kirschen oder Sauerkirschen oder auch käufliches Hagebuttenmark.

Roh gerührte Zitronen- oder Orangencreme

Eigelb mit Zucker- bzw. Süßungsmittel für Diabetiker schaumig schlagen, Zitronensaft und Wein bzw. Orangensaft beifügen, feingeriebene Zitronen- oder Orangenschale unterrühren; nach Vorschrift vorbereitete Gelatine gut ausdrücken, in wenig heißem Wasser völlig lösen, unter Schaummasse schlagen, kalt stellen; sobald Masse zu steifen beginnt, sehr steifen Eischnee und evtl. steifen Schlagrahm unterziehen, in Schälchen oder Glas füllen, kalt stellen und völlig steifen lassen.
Für Diabetiker nur ungezuckerte, gut vergorene Weine mit sehr niedrigem Restzuckergehalt verwenden.

1 Eigelb, 25 g Zucker bzw. Süßungsmittel f. Diabetiker nach Bedarf
2 Eßl. Zitronensaft und
6 Eßl. Wein oder Orangensaft, etwas Zitronen- bzw. Orangenschale
1 1/2 Blatt Gelatine
2 Eßl. heißes Wasser
1 Eischnee
evtl. 1–2 Eßl. Schlagrahm (falls erlaubt)

Weincreme, roh gerührt

Herstellen wie roh gerührte Zitronen- oder Orangencreme.
Für Diabetiker nur ungezuckerte Weine mit sehr geringem Restzuckergehalt verwenden und Zucker austauschen mit Süßungsmittel für Diabetiker nach Bedarf.

1 Eigelb, 25 g Zucker
8 Eßl. Weißwein
etwas Zitronensaft
1 1/2 Blatt Gelatine
2 Eßl. heißes Wasser
1 Eischnee, evtl. 1–2 Eßl. Schlagrahm (falls erlaubt)

Abgeschlagene Zitronencreme

Eigelb mit Zucker bzw. Süßungsmittel für Diabetiker und feingeriebener Zitronenschale schaumig rühren, Milch zugeben, am Herd abschlagen bis Masse einmal aufpufft, sofort vom Herd nehmen, kurz weiterschlagen; nach Vorschrift vorbereitete Gelatine gut ausdrücken, in wenig heißem Wasser lösen, zur heißen Creme geben, gut durchschlagen, kalt stellen; sobald Masse zu steifen beginnt, Zitronensaft unterschlagen, Masse abschmecken, sehr steifen Eischnee und falls erlaubt, etwas steifen Schlagrahm unterheben, in Schälchen füllen, kalt stellen und steifen lassen.

1 Eigelb, 30 g Zucker bzw. Süßungsmittel f. Diabetiker nach Bedarf
etwas Zitronenschale
1/8 l Milch, 1 1/2 Blatt Gelatine
2 Eßlöffel Wasser
Saft von 1/2 Zitrone
1 Eischnee
evtl. 1–2 Eßl. Schlagrahm (falls erlaubt)

Mokkacreme

Eigelb mit Zucker bzw. Süßungsmittel für Diabetiker schaumig schlagen, Kaffee-Extraktpulver und heiße Milch (oder Wasser) unterschlagen; die nach Vorschrift vorbereitete, gut ausgedrückte Gelatine in wenig heißem Wasser lösen, unter Crememasse schlagen, kalt stellen; sobald Masse zu steifen beginnt, Cognac, sehr steifen Eischnee und evtl., sofern erlaubt, wenig steifen Schlagrahm unterziehen, in Schälchen oder Glas füllen, kalt stellen.

1 Eigelb, 30 g Zucker bzw. Süßungsmittel f. Diabetiker nach Bedarf
1 Teel. Kaffee-Extraktpulver
8–10 Eßl. heiße Milch
1 1/2 Blatt Gelatine
2 Eßl. heißes Wasser
1 Eßl. Cognac, 1 Eischnee

Mondaminflammeri

$^1/_4$ l Milch, 20 g Mondamin (knapp)
10 g Zucker oder Süßungsmittel f. Diabetiker n. Bedarf
etwas Vanille
1 Eigelb nach Belieben
1 Eischnee nach Belieben

Stärkemehl mit einigen Eßlöffeln kalter Milch glatt rühren, restliche Milch mit Vanille zum Kochen bringen, Stärkemehlteiglein in kochende Milch einrühren, aufkochen lassen, Zucker unterrühren, vom Herd nehmen, nach Belieben Eigelb und evtl. sehr steifen Eischnee unterziehen, in eine mit kaltem Wasser ausgespülte Form füllen, kalt stellen, nach Belieben stürzen. Dazu Fruchtsaft reichen. Wird Speise nicht gestürzt, genügen 15 g Stärkemehl.

Puffreisspeise

25 g Puffreis
25 g Zucker zum Karamelisieren
150–200 g frische oder sterilisierte, entsteinte Sauerkirschen
$^1/_8$ l Milch, evtl. mit süßem Rahm gemischt

Karamel herstellen: Zucker in Stahlgeschirr goldgelb bräunen, $^1/_4$ der Puffreismenge darin umwenden, sofort vom Herd nehmen, abkühlen lassen. Restlichen Puffreis abwechselnd mit Sauerkirschen lagenweise in Schälchen einschichten, als oberste Lage karamelisierten Puffreis geben, Milch bzw. Milch-Rahmgemisch darüber gießen, etwas durchziehen lassen.
Verwendet man sterilisierte Sauerkirschen, den Saft der Früchte mit etwas Rahm mischen, über die Speise gießen, kalt stellen.

Obstkuchen für Diabetiker

30 g Butter oder Margarine
2 Eier, getrennt, 100 g backfähiges Süßungsmittel
etwas Zitronenschale
100 g Mehl
1 kl. Teel. Backpulver
250 g mürbe Äpfel oder Aprikosen
zur Form: Fett, Mehl

Schaummasse rühren aus Butter bzw. Margarine, Eigelb und Süßungsmittel, geriebene Zitronenschale beifügen, gesiebtes Mehl, mit Backpulver gemischt und sehr steifen Eischnee unterziehen, in gefettete, bemehlte kleine Form geben, mit geschälten Apfelschnitten oder entsteinten Aprikosenhälften belegen, bei Mittelhitze (ca. 180-200° C) backen.
Der gesamte Kuchen (8 Stück) entspricht 8 Broteinheiten, so daß ein Stück einer Broteinheit entspricht.

Mürbteiggebäck für Diabetiker

100 g Mehl, 1 kl. Messerspitze Backpulver
40 g backfähiges Süßungsmittel, Zitronenschale
50 g Butter oder Margarine
1 Eßlöffel Arrak oder Rum
1 Ei
zum Bestreichen: Milch

Gebröselten Mürbteig herstellen, rasch zu glattem Teig verarbeiten, kalt stellen, dann messerrückendick auswellen, Formen ausstechen, auf kaltes Blech setzen, nochmals kalt stellen, leicht mit Milch bestreichen, bei Mittelhitze (190–200° C) backen.

Kleine Nährwerttabelle
der Deutschen Gesellschaft für Ernährung e.V.
(Auszug)

21. Auflage, 1971, zusammengestellt von Prof. Dr. W. Wirths
im Max-Planck-Institut für Ernährungsphysiologie, Dortmund

UMSCHAU VERLAG, FRANKFURT AM MAIN

Der Abdruck erfolgt mit freundlicher Genehmigung des Verlages

---

Erläuterungen zum Gebrauch der Tabellen

Aus den folgenden Tabellen ist zu ersehen, wieviel Nährstoffe im verzehrbaren Anteil von 100 g eingekauften Lebensmitteln enthalten sind.

Die Mittelwerte der physiologischen Brennwerte betragen für 1 g Eiweiß = 4,1 kcal, 1 g Kohlenhydrate = 4,1 kcal, 1 g Fett = 9,3 kcal, 1 g Zitronensäure (Fruchtsäure) = 3,4 kcal, 1 g andere organische Säure = 4,1 kcal, 1 g Extrakt (Bier) = 4,1 kcal, 1 g Extrakt (Wein) = 3,4 kcal, 1 g Alkohol = 7,0 kcal. Für die Berechnung der Kalorienwerte werden nicht die Mittelwerte, sondern der für das Lebensmittel maßgebende Brennwert verwendet. Für Eiweiß liegen die Brennwerte zwischen 3,75 und 4,55 kcal/g; für Fett zwischen 9,25 und 9,50 kcal/g; für Kohlenhydrate zwischen 3,75 und 4,20 kcal/g.

Neben den energieliefernden Nährstoffen (Eiweiß, Fett, Kohlenhydrate) sind unentbehrliche Mineralstoffe (Natrium, Calcium, Phosphor, Eisen) und Vitamine (A = Retinol, B_1 = Thiamin, B_2 = Riboflavin, Niacin = Nicotinamid und C = Ascorbinsäure) in den Tabellen aufgeführt. Wenn die tabellarisch erfaßten Nährstoffe mengenmäßig der wünschenswerten Höhe der Zufuhr gerecht werden, kommt es im allgemeinen nicht zur Unterversorgung mit anderen, nicht verzeichneten Nährstoffen. Der Gehalt an Vitamin A ist in Retinoläquivalenten verzeichnet.

Die angegebenen Analysenwerte beziehen sich auf die ausnutzbaren Nährstoffe der Lebensmittel. Der in der eingekauften Ware durchschnittlich enthaltene Abfallanteil ist bereits abgezogen. Er wird in den Tabellen nicht angegeben. Bei den berücksichtigten Abfallmengen ist vorausgesetzt, daß bei Lagerung, Transport und Zubereitung keine ungewöhnliche Wertminderung der Nahrung stattgefunden hat. Die Tabellen enthalten also Angaben, wieviel Nährstoffe sich der Mensch durchschnittlich zuführt, wenn er 100 g eines Lebensmittels handelsüblicher Qualität einkauft. Die aufgeführten Nährstoffmengen beziehen sich aber nicht darauf, wieviel von den Nährstoffen tatsächlich resorbiert, d. h. aus dem Verdauungstrakt in den inneren Stoffwechsel aufgenommen wird, sondern auf den resorbierbaren Teil der Nährstoffe und auf deren Energiegehalt. In den Angaben über den Caloriengehalt sind mithin auch die Energiemengen der verwertbaren Nährstoffe enthalten, die unausgenutzt verlorengehen.

In den Tabellen ist nicht der in der Küche, bei Lagerung oder Zubereitung entstehende mögliche Verlust an genießbarer Substanz enthalten, folglich die Nahrungsmengen, die dem menschlichen Konsum vorenthalten werden. Es kann sich sowohl um unvermeidliche Verluste handeln, wie Festhaften von Nahrungsresten an Töpfen und Schüsseln, um Verderb oder Schwund, oder um Lebensmittel, die an Haustiere verfüttert werden. Diese Verluste sind von Lebensmittel zu Lebensmittel und von Nährstoff zu Nährstoff sehr verschieden. Nach vorliegenden Erhebungen geht man nicht fehl in der Annahme, daß gegenwärtig derartige Verluste an genießbarer Substanz im Durchschnitt der Bevölkerung etwa 10% betragen. Die sich aus den Tabellen ergebenden Nährwertmengen sind also durchschnittlich um rund 10% zu kürzen, wenn man den tatsächlichen Nahrungsverzehr zu ermitteln versucht.

Der Nährstoffgehalt pflanzlicher Erzeugnisse schwankt in weiten Grenzen je nach Produktionsvoraussetzungen wie Standort, Klima, Düngung, Ernte, Art und Dauer der Lagerung. Der Nährstoffgehalt tierischer Produkte wird von Rasse, Fütterungs- und Haltungsverhältnissen beeinflußt. Infolge dieser großen Schwankungsmöglichkeiten in der Zusammensetzung der Lebensmittel enthalten die Tabellen gerundete Näherungswerte für die einzelnen Nährstoffe. Der Energiegehalt errechnet sich aus den gerundeten Analysenwerten der Nährstoffe in den Lebensmitteln in Calorien; 1 Kilocalorie (kcal) = 4,186 Kilojoule (kJ).

Bei der Berechnung der Calorienwerte alkoholischer Getränke wird der Alkoholgehalt voll berücksichtigt.

Die Auflage enthält Angaben aus den bisherigen Lieferungen des Tabellenwerkes „Die Zusammensetzung der Lebensmittel“ von **S. W. Souci, W. Fachmann** und **H. Kraut**, Stuttgart 1962, 1964, 1969.

Zeichenerklärung:

+	=	Nährstoff ist nur in Spuren enthalten
*	=	es liegen keine genauen Analysen vor
( )	=	Analysenwerte sind unsicher
i. D.	=	im Durchschnitt
i. T.	=	in der Trockensubstanz
o. Sch.	=	ohne Schalen
kcal	=	Kilogramm-Calorie
1 µg	=	1/1000 mg
1 mg	=	1/1000 g

Lebensmittel	Der genießbare Teil von 100 g eingekaufter Ware enthält:												
				Energie	Mineralstoffe				Vitamine				
	Eiweiß g	Fett g	Kohlenhydrate g	Calorien kcal	Natrium mg	Calcium mg	Phosphor mg	Eisen mg	A µg	B_1 mg	B_2 mg	Niacin mg	C mg
Lebensmittel tierischer Herkunft													
Fleisch[1]) und Fleischwaren													
Schweinefleisch, sehr mager	21	4	*	118	*	8	150	2,0	*	0,70	0,15	3,5	*
Schweinefleisch, mager	19	7	*	143	*	8	150	2,0	*	0,70	0,15	3,5	*
Schweinefleisch, mittelfett	18	21	*	269	*	8	150	2,0	*	0,70	0,15	3,5	*
Schweinefleisch, fett	10	37	*	389	70	7	140	1,4	*	0,40	0,10	2,5	*
Rindfleisch, sehr mager	22	2	*	111	*	11	170	3,0	*	0,10	0,20	4,5	*
Rindfleisch, mager	15	11	*	173	45	9	140	2,1	*	0,05	0,15	4,0	*
Rindfleisch, mittelfett	15	18	*	238	75	8	125	2,4	10	0,05	0,15	4,0	*
Hackfleisch (halb u. halb)	20	14	*	210	*	9	160	2,5	*	0,40	0,15	4,0	*
Kalbfleisch, mittelfett	16	8	*	140	85	10	170	1,8	*	0,10	0,20	5,0	*
Hammelfleisch, mittelfett	13	20	*	246	75	7	135	1,8	+	0,10	0,10	3,0	+
Herz, ∅ aus Rind und Kalb	12	5	1	117	90	10	225	2,8	6	0,40	0,80	5,5	(4)
Hirn (Kalb)	10	8	1	125	170	9	345	2,6	*	0,20	0,20	3,5	18
Leber (Kalb)	18	4	4	137	80	4	300	10,2	4000	0,25	2,45	16,5	39
Leber (Rind)	18	3	6	131	110	7	335	6,6	7760	0,30	2,70	13,5	28
Leber (Schwein)	19	5	1	137	72	9	335	20,6	3290	0,30	2,95	14,5	21
Lunge (Kalb)	13	2	+	75	117	4	+	4,0	*	0,10	0,25	3,0	30
Niere (Kalb)	15	6	1	121	175	9	230	10,1	185	0,35	2,20	5,5	11
Zunge (Rind)	12	12	+	167	75	7	170	2,2	+	0,10	0,20	3,5	*
Schinken, geräuchert, roh	16	29	*	344	2200	9	180	2,0	+	0,50	0,20	3,0	*
Schinken, gekocht	19	20	*	274	850	10	155	2,4	+	0,50	0,25	3,5	+
Speck, durchwachsen	8	60	*	605	1630	83	100	0,7	+	0,40	0,15	2,0	*
Bratwurst	12	35	*	375	*	5	*	1,0	*	0,40	0,10	2,0	*
Fleischwurst	11	30	*	324	*	9	165	2,5	*	0,20	0,25	2,5	*
Leberkäse	13	23	+	271	600	4	*	*	*	0,05	0,15	2,5	*
Mettwurst	12	51	*	530	1070	13	(155)	(1,6)	*	(0,20)	(0,15)	(2,5)	*
Mortadella	12	32	+	360	655	41	*	*	+	0,10	0,15	3,0	+
Salami	17	47	+	523	1185	33	*	*	+	0,15	0,20	2,5	+
Zervelatwurst	17	41	*	454	*	20	110	1,5	*	*	*	*	*
Dosenwürstchen	13	20	*	239	710	10	185	2,7	*	0,03	0,10	3,0	*
Frankfurter Würstchen	13	21	+	250	780	8	105	1,8	+	0,20	0,20	2,5	*
Kasseler Rippchen	15	22	+	272	795	5	135	2,1	+	*	*	*	*
Fleischbrühe	1	1	1	15	*	*	*	*	*	*	*	*	*
Hase	17	2	*	99	40	7	175	1,9	*	0,05	0,05	6,5	*
Reh (Rücken)	16	3	*	93	59	18	155	2,1	*	*	0,20	*	*
Wildgeflügel i. D.	13	3	*	81	*	18	*	2,0	45	(0,05)	(0,10)	(5,0)	*
Ente	15	14	*	194	64	9	145	1,7	*	0,25	0,15	3,0	(6)
Gans	10	20	*	230	54	8	+	1,2	41	0,10	0,15	4,0	*
Huhn (Brathuhn)	15	4	*	107	61	9	150	1,3	7	0,05	0,10	5,0	2
Suppenhuhn	20	13	*	200	*	14	200	1,5	*	0,10	0,15	8,0	*
Truthahn (Puter)	15	11	+	168	48	19	185	3,1	+	0,10	0,10	6,0	*

[1]) einschließlich des Nährwertes der eingewachsenen auskochbaren Knochen

Lebensmittel	Der genießbare Teil von 100 g eingekaufter Ware enthält:												
				Energie	Mineralstoffe				Vitamine				
	Eiweiß g	Fett g	Kohlenhydrate g	Calorien kcal	Natrium mg	Calcium mg	Phosphor mg	Eisen mg	A µg	B_1 mg	B_2 mg	Niacin mg	C mg
Fische und Fischwaren													
Heilbutt	14	4	*	98	59	10	160	0,5	70	0,05	0,05	4,5	*
Hering[1]) (ganzer Fisch)	11	12	*	161	74	36	150	0,7	25	0,05	0,15	2,5	0,3
Hering, Filet	17	19	+	255	118	57	240	1,1	40	0,05	0,25	4,5	0,5
Kabeljau, Dorsch (ganzer Fisch)	10	+	+	44	48	6	105	0,3	*	0,03	0,02	1,0	1,0
Kabeljau, Dorsch (Filet)	17	+	+	78	86	11	190	0,5	*	0,05	0,05	2,0	2,0
Rotbarsch, Goldbarsch (Filet)	19	3	+	112	94	46	210	4,3	*	0,10	0,10	2,5	3,0
Schellfisch (ganzer Fisch)	10	+	+	46	66	10	100	0,4	10	0,03	0,10	2,0	*
Schellfisch (Filet)	18	+	+	80	116	18	175	0,6	17	0,05	0,15	3,0	*
Seelachs (Filet)	18	1	+	88	81	14	300	1,0	11	0,10	0,35	4,0	*
Forelle, Bach-Regenbogenforelle	10	1	+	52	20	7	110	0,5	23	*	0,15	2,0	*
Hecht	10	1	*	49	35	11	105	0,6	8	0,05	0,05	0,9	*
Karpfen	10	4	+	83	22	19	120	0,6	*	*	0,02	0,1	(1,0)
Aal, geräuchert	14	19	1	246	583	69	155[2])	0,5[2])	1300	0,10	0,25	3,0	*
Bückling, geräuchert	14	9	+	146	454	20	160	(0,9)	9	0,03	0,20	2,0	*
Seelachs, geräuchert	19	1	*	87	*	*	*	*	9	0,05	0,10	2,5	*
Hering, mariniert (Bismarckhering)	17	13	*	203	950	29	145	*	45	*	0,10	*	*
Salzhering (Pökelhering)	9	7	+	100	2550	48	(145)	(8,6)	20	0,02	0,15	1,5	+
Matjeshering (ganzer Fisch)	12	12	*	161	*	*	*	*	*	*	*	*	*
Heringe in Soßen	17	20	3	268	*	*	*	*	*	*	*	*	*
Lachs in Büchsen	21	9	*	170	529	181	285	1,0	58	0,05	0,15	6,5	+
Ölsardinen (nur abgetropfte feste Teile)	24	14	1	240	505	330	430	2,7	60	0,05	0,30	6,5	+
Thunfisch in Öl (feste u. flüssige Anteile)	24	21	*	304	361	7	295	1,2	370	0,05	0,05	11,0	+
Krabben in Büchsen	18	1	1	84	*	75	210	2,0	18	+	0,05	2,0	*
Eier													
Hühnerei (Gesamtei-Inhalt)	11	10	1	147	127	49	190	1,8	265	0,10	0,25	0,1	+
Hühnerei, Stück ca. 57 g	7	6	+	84	72	28	110	1,0	150	0,05	0,15	0,05	+
Hühnereigelb (Flüssigeigelb)	16	32	+	377	51	140	590	7,2	1490	0,30	0,40	0,1	+
Hühnereiweiß (Flüssigeiweiß, Eiklar)	11	+	1	55	170	11	20	0,2	+	0,02	0,30	0,1	0,3

[1]) Fangzeit Juli bis November [2]) Berechnet aus den Werten für Aal frisch

Lebensmittel	Der genießbare Teil von 100 g eingekaufter Ware enthält:												
				Energie	Mineralstoffe				Vitamine				
	Eiweiß g	Fett g	Kohlenhydrate g	Calorien kcal	Natrium mg	Calcium mg	Phosphor mg	Eisen mg	A µg	B1 mg	B2 mg	Niacin mg	C mg
Milch und Milcherzeugnisse													
Kuhmilch, 3,5% Fett (Trinkmilch)	3,5	3,5	5	65	50	128	85	0,1	25[1])/ 10[2])	0,05	0,20	0,1	2,0
Kuhmilch (Vollmilch, Roh-, Vorzugsmilch)	3,5	4	5	70	50	128	90	0,1	35[1])/ 15[2])	0,05	0,20	0,1	2,0
Magermilch (entrahmte M.)	4	+	5	35	53	123	95	*	*	0,05	0,15	*	*
Buttermilch	4	1	4	36	57	109	90	0,1	9	0,03	0,15	0,1	0,6
Kondensmilch, ungezuckert (7,5% Fett)	7	8	10	141	94	228	215	0,1	90	0,10	0,35	0,2	1,4
Trockenvollmilch	25	26	38	500	370	920	710	0,7	220	0,25	1,30	0,7	2,0
Trockenmagermilch	35	1	52	370	560	1300	1000	0,8	12	0,35	2,20	1,1	2,0
Schlagsahne mit mindestens 28% Fett	2	30	3	302	38	75	65	*	270[1])/ 120[2])	0,03	0,15	0,1	1,0
Sahne (Rahm)	3	10	4	127	*	110	80	0,1	75	0,05	0,15	0,1	*
Trinkmilch-Joghurt	5	4	5	74	62	150	135	0,2	35[1])/ 20[2])	0,05	0,25	0,2	2,0
Hartkäse, vollfett (45% Fett i. T.)	25	27	3	372	650	830	510	0,6	240	0,05	0,35	0,2	+
Hartkäse, dreiviertelfett (30% Fett i. T.)	27	16	3	279	870	790	555	0,6	130	0,05	0,35	0,1	+
Weichkäse, halbfett (20% Fett i. T.)	26	9	1	195	1250	500	270	0,4	40	0,05	*	*	+
Edamer Käse, fett (40% Fett i. T.)	24	22	3	316	685	711	425	0,7	167	0,05	0,35	0,1	+
Doppelrahmfrischkäse (60% Fett i. T.)	15	31	2	354	606	64	190	*	320	0,05	0,30	(0,1)	+
Camembert (45% i. T.)	19	23	2	301	1150	382	185	0,5	510	0,05	0,45	1,5	+
Schmelzkäse, vollfett	14	24	6	305	126	547	945	1,0	380	0,05	0,40	0,2	*
Schmelzkäse, halbfett	25	11	1	209	*	600	*	1,0	150	+	0,50	0,2	*
Magerkäse unter 10% F. i. T.	37	3	4	192	*	1200	400	1,0	30	0,05	0,05	+	1,0
Speisequark, mager	17	1	2	88	36	71	190	0,5	11	0,05	0,30	0,1	1,0
Schichtkäse (10% Fett i. T.)	16	4	3	115	35	75	190	0,4	30	0,05	0,30	0,1	*
Sahnequark (40% Fett i. T.)	12	12	4	166	30	70	200	0,3	110	0,05	0,20	0,1	*
Fette und Öle (pflanzliche und tierische)													
Butter, Dtsch. Markenbutter	1	83,5	+	777	4	16	20	0,2	700[1])/ 340[2])	0,01	0,02	*	*
Margarine	1	80	+	751	104	13	15	0,1	710[3])	+	+	+	+
Mayonnaise	2	80	3	764	*	19	60	1,0	3	0,05	0,05	0,2	6,0
Mayonnaise	1	52	5	509	*	*	*	*	*	*	*	*	*
Schweineschmalz	+	100	+	947	1	*	*	*	+	+	+	+	+
sonst. pflanzl. Fette und Öle (Olivenöl)	+	100	+	927	1	*		*	(40)	*	*	*	*

[1]) Wert für Mai bis November [2]) Wert für Dezember bis April [3]) Vitamin A-Werte je nach Höhe der Vitaminierung

Lebensmittel	Der genießbare Teil von 100 g eingekaufter Ware enthält:												
				Energie	Mineralstoffe				Vitamine				
	Eiweiß g	Fett g	Kohlenhydrate g	Calorien kcal	Natrium mg	Calcium mg	Phosphor mg	Eisen mg	A µg	B_1 mg	B_2 mg	Niacin mg	C mg
Lebensmittel pflanzlicher Herkunft													
Getreideerzeugnisse													
Vollreis	7	2	75	371	10	23	325	2,6	+	0,40	0,10	5,0	+
Reis, poliert	7	1	79	368	6	6	120	0,6	+	0,05	0,03	1,5	+
Gerstengraupen	10	1	74	371	5	14	190	(2,0)	*	0,10	0,10	3,1	+
Haferflocken	14	7	66	402	3	66	405	3,6	*	0,40	0,15	1,0	*
Weizengrieß	10	1	75	370	1	17	85	1,0	*	0,10	0,05	1,5	*
Corn flakes	8	1	83	388	915	13	60	2,0	+	*	0,05	1,4	+
Eierteigwaren, Nudeln u. ä.	13	3	72	390	7	20	195	2,1	60	0,20	0,10	2,0	*
Weizenmehl, Type 1050	12	2	71	370	2	14	230	2,8	+	0,45	*	*	*
Weizenmehl, Type 550	11	1	74	370	3	16	95	1,1	20	0,10	0,10	0,5	+
Roggenmehl, Type 1150	9	*	75	356	1	20	235	2,4	+	0,20	0,10	1,2	*
Kartoffelstärkemehl	1	+	83	361	8	35	5	1,8	+	+	+	+	+
Maisstärkemehl	+	*	87	367	*	+	30	0,5	+	+	0,01	+	+
Roggenvollkornbrot	7	1	46	239	424	43	220	3,3	50	0,20	0,15	0,5	*
Roggenbrot	6	1	51	253	220	20	135	1,9	+	0,15	0,10	1,0	*
Brötchen (Semmeln)	7	1	58	278	486	24	110	0,6	+	0,10	0,05	1,0	+
Mischbrot (Roggen-Weizen)	7	1	52	252	*	20	145	1,5	*	0,15	0,10	1,5	*
Weizenvollkornbrot	8	1	47	241	*	95	265	2,0	*	0,25	0,15	3,3	+
Knäckebrot	10	1	77	383	463	55	*	(4,7)	+	0,20	0,20	1,0	+
Zwieback, eifrei	10	4	76	403	263	42	120	1,5	*	*	*	1,5	*
Kartoffeln													
Kartoffeln mit Schalen	2	+	15	68	15	10	45	0,7	4	0,10	0,05	1,0	12
Kartoffeln ohne Schalen	2	+	19	85	19	13	60	0,9	5	0,10	0,05	1,0	15
Kartoffelknödelmehl	5	+	77	337	*	*	110	+	*	*	*	*	*
Pommes frites (erhitzte)	4	8	34	220	*	9	86	1,8	+	0,15	0,02	2,6	21
Hülsenfrüchte													
Bohnen, weiße	21	2	57	349	2	105	425	6,0	65	0,45	0,15	2,0	3
Erbsen, gelbe, geschält	22	1	59	359	29	44	290	5,0	20	0,70	0,20	3,0	1
Linsen	24	1	56	354	4	74	410	6,9	20	0,45	0,25	2,0	*
Süßwaren													
Zucker	*	*	100	394	+	1	+	0,3	*	*	*	*	*
Vollmilchschokolade	9	33	55	563	58	214	240	3,1	25	0,10	0,40	0,5	+
Kakaopulver, schwach entölt	20	25	38	472	35	115	650	11,5	8	0,10	0,10	1,9	*
Bienenhonig i. D.	+	*	81	305	7	5	20	1,3	+	+	0,05	0,1	2
Marmelade i. D.	+	*	66	261	12	10	13	*	*	+	+	+	8
Gemüse													
Blumenkohl	2	+	2	17	10	13	35	0,4	4	0,05	0,05	0,4	43
Bohnen, grün (Schnittb.)	2	+	5	31	2	47	35	0,7	50	0,05	0,15	0,5	18
Chicorée	1	+	2	14	4	23	25	0,7	190	0,05	0,05	0,2	9
Endiviensalat	1	+	2	13	41	42	40	1,1	145	0,05	0,10	0,3	7

Lebensmittel	Eiweiß g	Fett g	Kohlenhydrate g	Energie: Calorien kcal	Mineralstoffe: Natrium mg	Calcium mg	Phosphor mg	Eisen mg	Vitamine: A µg	B1 mg	B2 mg	Niacin mg	C mg
	Der genießbare Teil von 100 g eingekaufter Ware enthält:												
Erbsen, grün	3	+	6	37	1	10	50	0,8	35	0,10	0,05	1,0	10
Feldsalat (Rapunzel)	1	+	2	15	3	22	35	*	*	0,05	0,05	0,3	13
Grünkohl (Braunkohl)	2	1	3	23	21	108	45	1,0	350	0,05	0,15	1,0	54
Gurken, ungeschält	+	+	1	7	6	11	15	0,4	21	0,01	0,02	0,2	1
Kohlrabi	1	+	3	18	7	51	35	0,6	30	0,05	0,03	1,2	36
Kopfsalat	1	+	1	10	5	15	25	0,4	105	0,05	0,05	0,3	7
Lauch	1	+	4	22	3	51	25	0,6	+	0,05	0,05	0,3	17
Meerrettich	2	+	8	40	5	56	35	0,7	2	0,05	0,05	0,3	60
Möhren, Karotten	1	+	6	29	37	29	25	0,6	1120	0,05	0,05	1,0	5
Paprikafrüchte, -schoten	1	+	4	22	1	9	20	0,6	230	0,05	0,05	0,3	107
Radieschen	1	1	2	20	*	37	30	1,0	3	0,05	+	0,5	24
Rettich	1	+	3	15	14	25	20	0,6	1	0,05	0,02	0,3	22
Rhabarber	+	+	3	16	3	34	25	0,5	16	0,02	0,02	0,1	10
Rosenkohl	4	1	6	42	6	24	70	0,9	65	0,10	0,15	0,5	84
Rote Rüben, Rote Beete	1	+	6	29	67	23	35	0,7	2	0,02	0,03	0,2	8
Rotkohl (Blaukraut)	1	+	4	21	3	27	25	0,4	4	0,05	0,05	0,4	39
Schwarzwurzeln	1	+	9	41	3	30	40	1,9	2	0,05	0,02	0,2	2
Sellerie	1	+	5	28	56	50	60	0,4	2	0,05	0,05	0,7	6
Spargel	1	+	2	15	3	16	35	0,7	4	0,10	0,10	0,5	16
Spinat	2	+	2	18	48	83	35	5,2	630	0,05	0,20	0,5	37
Tomaten	1	+	3	18	6	13	25	0,5	130	0,05	0,03	0,5	23
Weißkohl (Weißkraut)	1	+	3	19	10	36	20	0,4	6	0,05	0,03	0,3	36
Wirsingkohl	2	+	3	24	7	34	40	*	5	0,05	0,05	0,2	32
Zwiebeln	1	+	9	42	8	29	40	0,5	5	0,03	0,03	0,2	8
Petersilie	3	+	6	37	20	147	75	4,8	735	0,10	0,20	0,8	100
Schnittlauch	4	1	8	55	3	167	75	13,0	50	0,15	0,15	0,6	47
Sauerkraut	2	+	4	26	355	48	45	0,6	3	0,05	0,05	0,2	20
Gemüsekonserven i. D.	2	+	6	36	300	24	40	1,3	53	0,10	0,05	0,6	9
Champignons	3	+	3	22	6	8	105	1,7	+	0,10	0,40	5,5	5
Pfifferlinge (Rehling)	1	+	2	14	2	5	25	(3,9)	+	0,01	0,15	4,0	2
Steinpilze	2	+	4	27	(5)	(7)	(90)	(0,8)	+	0,03	0,30	(3,9)	3
Obst		Fruchtsäure											
Äpfel	0,3	+	11	48	2	7	10	0,3	10	0,03	0,03	0,1	11[1])
Aprikosen	0,8	*	12	50	1	13	20	0,6	180	0,05	0,05	0,5	7
Birne	0,5	+	13	55	2	16	20	0,3	15	0,05	0,03	0,2	5
Kirschen, süß	0,7	1	13	57	2	14	20	0,4	45	0,03	0,03	0,2	9
Pfirsiche	0,7	1	10	42	3	5	30	1,2	70	0,05	0,05	0,7	10
Pflaumen	0,7	1	12	50	2	13	20	0,4	25	0,05	0,05	0,5	6
Brombeeren	1,2	1	9	48	3	29	30	0,9	45	0,03	0,05	0,4	17
Erdbeeren	0,9	2	8	37	3	25	30	0,9	9	0,03	0,05	0,3	56

[1]) Schwankungen von Sorte zu Sorte

Lebensmittel	Der genießbare Teil von 100 g eingekaufter Ware enthält:												
				Energie	Mineralstoffe				Vitamine				
	Eiweiß g	Fruchtsäure g	Kohlenhydrate g	Calorien kcal	Natrium mg	Calcium mg	Phosphor mg	Eisen mg	A µg	B1 mg	B2 mg	Niacin mg	C mg
Hagebutten	2,3	2	14	66	*	*	*	*	*	*	*	*	813
Heidelbeeren	0,6	1	13	60	1	10	10	0,7	20	0,02	0,02	0,4	21
Himbeeren	1,3	1	8	40	*	40	45	1,0	7	0,02	0,05	0,3	25
Johannisbeeren, rot	1,1	4	8	37	2	25	30	0,9	10	0,05	0,02	0,3	32
Johannisbeeren, schwarz	1,0	3	10	46	3	17	25	0,9	21	0,05	0,03	0,3	133
Preiselbeeren	0,3	2	9	43	2	13	10	0,5	4	0,01	0,02	*	12
Stachelbeeren	0,8	*	9	43	2	28	30	0,6	34	0,02	0,02	0,2	34
Weintrauben	0,7	*	16	70	2	21	25	0,5	5	0,05	0,03	0,2	4
Ananas	0,3	+	8	32	1	6	5	0,2	63	0,05	0,01	0,1	12
Apfelsinen, Orangen	0,7	1	7	39	2	32	15	0,4	17	0,05	0,05	0,2	37
Bananen	0,8	+	14	61	1	7	20	0,4	28	0,03	0,03	0,5	8
Pampelmusen	0,5	4	7	23	1	14	10	0,2	2	0,05	0,02	0,2	32
Zitronen	0,5	3	5	18	2	7	10	0,3	2	0,03	0,01	0,1	34
Obstkonserven i. D.	0,5	+	20	84	5	10	14	0,8	67	0,03	0,02	0,3	10
Erdnüsse,		Fett											
geröstet und geschält	27	47	19	631	5	67	410	2,0	22	0,60	0,10	16,4	+
Haselnüsse ohne Schale	14	62	13	690	2	243	325	3,8	4	0,40	0,20	1,6	5
Mandeln ohne Schale	18	54	16	651	*	252	455	4,1	20	0,20	0,60	4,2	1
Walnüsse ohne Schale	15	63	14	705	4	72	430	2,1	4	0,35	0,10	1,0	15
Trockenobst		Fruchtsäure											
Trockenmischobst i. D.	2,7	+	64	276	53	43	90	3,5	210	0,10	0,10	1,5	9
Feigen	3,5	1	61	269	40	191	105	3,3	9	0,10	0,10	1,1	*
Pflaumen	1,9	2	59	249	7	35	60	2,0	95	0,15	0,10	1,5	3
Rosinen	2,3	1	64	271	144	31	*	2,7	5	0,10	0,05	0,5	1
Obstsäfte													
Apfelsaft	+	1	11	47	2	7	5	0,1	+	0,01	*	*	1
Grapefruitsaft in Dosen	1	*	10	30	1	8	15	0,3	2	0,03	0,02	0,2	35
Johannisbeersaft, rot	0,4	1	12	50	+	7	7	0,3	4	+	+	*	6
Johannisbeersaft, schwarz	0,4	1	13	55	5	15	10	0,3	4	+	+	+	30
Orangensaft	1	1	10	47	3	20	15	0,3	2	0,10	0,40	0,3	53
Sanddornbeerensaft	1	4	*	26	6	9	*	*	*	*	*	*	266
Traubensaft	+	+	18	74	*	13	15	1,7	*	0,05	*	*	2
Zitronensaft	+	6	8	24	2	14	15	0,1	2	0,05	*	0,1	55
Alkoholische Getränke	Eiweiß	Alkohol	Extrakt										
Weißwein, deutsche Lage	* 7,6	2,3	0,1[1]	61	*	10	15	0,5	*	+	+	+	*
Rotwein, deutsche Lage	* 8,5	2,6	0,1[1]	69	*	10	10	*	*	0,05	0,05	0,2	*
Vollbier, hell	0,5 3,6	4,3	[2]	45	*	4	25	+	*	+	0,05	+	*
Vollbier, dunkel (Malzbier)	0,4 2,4	3,5	[2]	33	*	4	25	+	1	*	*	*	*
Trinkbranntwein	* 26,4	*	*	185	*	*	*	*	*	*	*	*	*
Weinbrand i. D.	* 31,4	*	*	220	*	*	*	*	*	*	*	*	*

1) Zuckerfreier Extrakt 2) Kohlenhydrate sind im Extrakt enthalten

Alphabetisches Register

Fett gedruckte Rezepte sind Grundrezepte, mit Sternchen (*) versehene Rezepte sind Schnellgerichte. Ziffern sind Seitenangaben.

C

G

H

I

L

M

N

O

P

Qu

R

S

Sch

St

Register für Krankenkost

Spezielle Krankenkostrezepte